襄河抗日民主根据地史

★鄂豫边抗日民主根据地史丛书★

湖北省新四军暨华中抗日根据地历史研究会◎编

康中喜　孙正国　范先治◎主编

曾求腾◎修订

新四军和华中抗日根据地
历史研究全书

中国文史出版社
CHINA CULTURAL AND HISTORICAL PRESS

图书在版编目（C I P）数据

襄河抗日民主根据地史 / 康中喜，孙正国，范先治主编；曾求腾修订 . -- 北京：中国文史出版社，2021.12
（鄂豫边抗日民主根据地史丛书）
ISBN 978-7-5205-3432-1

Ⅰ . ①襄… Ⅱ . ①康… ②孙… ③范… ④曾… Ⅲ . ①鄂豫皖抗日根据地—史料—湖北 Ⅳ . ① K269.506

中国版本图书馆 CIP 数据核字 (2021) 第 249851 号

责任编辑：梁玉梅

出版发行：中国文史出版社
社　　址：北京市海淀区西八里庄路 69 号院　邮编：100142
电　　话：010-81136606　81136602　81136603（发行部）
传　　真：010-81136655
印　　装：北京温林源印刷有限公司
经　　销：全国新华书店
开　　本：16 开
印　　张：74.75
字　　数：1066 千字
版　　次：2022 年 6 月北京第 1 版
印　　次：2022 年 6 月第 1 次印刷
定　　价：258.00 元（全 4 册）

《新四军和华中抗日根据地历史研究全书》

总序

习近平总书记说："历史是最好的教科书。"一个没有历史记忆的民族是没有前途的。由南方八省红军游击队组建而成的新四军，是中国共产党领导下的主要抗日武装力量之一，在全民族抗日战争中，与八路军相呼应，与正面战场相配合，驰骋大江南北，纵横华中敌后，在日伪军指挥中枢所在地周围和补给通道两侧的华中敌后地区，开展游击战争，灵活机动，浴血奋战，以弱制强，为赢得中国抗日战争和世界反法西斯战争的胜利作出了重大贡献；依靠人民群众，建立了地跨苏、皖、鄂、豫、浙、赣、湘等广大地区的华中抗日民主根据地。新四军不仅创造了辉煌的战绩，积累了丰富的建政、理财、兴文和统战经验，还为后人留下了以铁军精神为特色的宝贵精神财富。新四军和华中抗日根据地的历史，是中国共产党和人民军队历史不可分割的一部分。

中国新四军和华中抗日根据地研究会成立以来，在叶飞、彭冲、周克玉、朱文泉几任会长的带领下，在新四军和华中抗日根据地历史资料搜集整理和学术研究方面，取得了可喜的进步和丰硕成果。随着中央档案馆大量历史文献的陆续公开，各兄弟新四军研究会一些有价值的回忆史料和专题研究论著的出版，这就有可能也有必要把这些最新成果整合起来，更系统、更全面地反映新四军和华中抗日根据地的历史面貌，科学总结带有规律性的历史经验，形成《新四军和华中抗日根据地历史研究全书》（简称《新四军全书》）。坚持历史唯物主义、辩证唯物主义观点，以实事求是的科学态度，以新四军和华中抗日根据地史为经，以战役战斗、事件、人物为纬，全面规划，通力协作，广泛收集，科学整理，逐步实施，努力打造一部约200册规模，系统全面、准确规范、具有权威性的《新四军全书》，发挥存史、资政、育人作用，为实现中华民族伟大复兴的中国梦服务，这是功在当代、利及千秋的重大文化工程，是从事新四军和华中抗日根据地研究者的共同任务，让我们携起手来，去完成这一光荣而艰巨的历史使命。

编撰《新四军全书》，是在党的十八大后，由朱文泉会长发起，已经并将继续得到国家教育部、民政部、中共中央党史研究室、中共江苏省委、江苏省人民政府、军事科学院、原南京军区、南京大学以及北京、上海、重庆、江苏、安徽、湖北、浙江、江西、福建、四川、河南、广西、黑龙江、云南、广州等15省、市、自治区新四军研究会的支持。一代代新四军研究人员的辛勤工作，他们的功德将与新四军的名字相联，永载史册。

中国新四军和华中抗日根据地研究会

2013年10月

《新四军和华中抗日根据地历史研究全书》
（湖北部分）

序

《新四军和华中抗日根据地历史研究全书》（简称《新四军全书》）是中国新四军和华中抗日根据地研究会正在打造的一部汇集新四军及华中抗日民主根据地历史研究现有成果的丛书，它规模宏大、系统全面、准确规范，由各省市新四军研究会共同编写，集史料性、学术性和权威性于一身。

湖北省按照中国新四军研究会（新办字〔2017〕13 号）文件精神进行了认真研究和合理规划，正在分步实施。我们已报中国新四军研究会 10 多个书目，决心用五年完成好。

编撰出版《新四军全书》（湖北部分），有利条件很多。其一是新四军在湖北书写了一段波澜壮阔的辉煌历史。他们所开辟的豫鄂边抗日民主根据地是一块拥有 9 万多平方公里，1300 多万人口，成为活跃在武汉外围的横跨鄂、豫、皖、湘、赣五省的抗战基地，成为新四军和华中抗日民主根据地中面积最大、人口最多的一个战略区，为中国人民取得抗日战争的胜利作出了重要贡献。

在这块抗日热土上，以李先念、陈少敏、任质斌等为代表的新四军第五师党政军领导，高举抗日民族统一战线大旗，在日伪顽的夹缝中，将原则的坚定性和策略的灵活性结合起来，以百折不挠的精神和不胜不休的毅力，破关越隘，克难渡险，稳步开拓根据地，逐步建立"三三制"政权，快步发展人民军队，最终实现了对敌占华中重镇武汉的战略包围。这一奇迹的出现，是中国共产党人坚强领导的生动体现，是新四军铁军精神的生动体现，是中国革命事业从无到有、从弱到强、从挫折走向胜利的生动体现。

新四军第五师所创造的这一段历史，为后人留下了宝贵的精神财富。自 20 世纪 80 年代初湖北省新四军研究会成立以来，在历任领导及新四军第五师老战士、广大研究工作者的共同努力之下，我们搜集、整理了一批极富历史保存价值的资料，推出了一批极有分量的研究成果，出版了一批质量较高的专题著作。《新四军全书》（湖北部分）即是根据这些年史学界研究的成果和国家解密的一些档案资料，对原出版过的重点书籍进行修订出版，而主要精力，则放在深入挖掘史料和撰写重大题材上，编纂推出一批新的专著，完善史料，弥补研究空白，以更好地实现存史、资政、育人的目的。

事过豪情在，精神代代传。这次汇集出版《新四军全书》（湖北部分），既是赓续红色血脉、传承红色基因的需要，也是弘扬革命精神、推进新时代中国特色社会主义道路建设的需要。正如习近平总书记一直强调的"要讲好中国共产党的故事"那样，我们编印《新四军全书》（湖北部分）也是为了给大家学习党史、国史，知史爱党，知史爱国，提供一份精神食粮，因为"伟大的抗战精神，永远是激励中国人民克服一切艰难险阻，为实现中华民族伟大复兴而奋斗的强大精神动力"。当前，我国正处于改革开放深化阶段，各种矛盾交错；新冠肺炎疫情之下，又面临着严峻复杂的国际环境，处在世界未有之百年大变局之中。对此，我们必须以坚定的意志、坚韧的毅力，沉着应对来自各方面的挑战。而宣传抗战历史，反映抗战精神，加强爱国教育，以凝聚全国人民磅礴之力，万众一心建设好中国特色社会主义，在当下更有着特殊的意义。

感谢中共湖北省委、省政府的大力支持和关怀，感谢中国新四军和华中抗日根据地研究会各位领导和编辑委员会对《新四军全书》（湖北部分）出版的大力支持和帮助，感谢中共湖北省委党史研究室的鼎力协助和付出，这一切对我们进一步做好新四军第五师历史的整理和研究工作，都是莫大的鞭策和鼓励。

曾求腾

2021 年 3 月 10 日

目录

前言

《襄河抗日民主根据地史》，是鄂豫边区革命史册中的光辉篇章。它记叙了襄河地区军民在中国共产党的领导下，开展敌后抗日游击战争，创建襄河抗日民主根据地（简称襄河根据地）的光辉历程；颂扬了襄河地区军民八年抗战的丰功伟绩；讴歌了襄河地区军民为争取民族解放，前赴后继、浴血奋战的革命精神。她是一部用革命先烈的鲜血染成的历史。

襄河，是指长江最大的支流汉水流入江汉平原以后的这段河流。襄河根据地包括襄河两岸，长江南北。它以江汉平原为中心，东迄武汉，西溯巴蜀，南临洞庭，北依大洪山麓，跨湘鄂两省 27 个县市。全盛时期，根据地有土地面积 4.8 万多平方公里，人口 500 多万，面积和人口分别占鄂豫边区近一半，是鄂豫边抗日民主根据地的重要组成部分。

襄河根据地境内除少数山区冈峦起伏、山岳连绵外，大多是湖沼密布，港汊交错，江河纵横。这里土地肥沃，民殷物阜，是我国著名的鱼米之乡。优越的地理条件，丰富的自然资源，决定了它在军事上具有进退裕如、攻守皆宜的重要战略地位。“乃四战之地，历来为兵家所必争。”我国许多著名战例，如秦将白起伐楚、西汉绿林军起义、三国赤壁之战、唐军巧计取江陵等都发生在这里；历史上多次农民起义也把这里作为重要的攻占目标。在现代革命史上，这里点燃过农民运动的烈火，也印下了北伐军的足迹；土地革命战争时期，这里诞生了中国工农红军第六军和红二军团，贺龙、周逸群、段德昌等同志创建的湘鄂西革命根据地，成为全国三大根据地之一。抗战爆发武汉沦陷后，这里地处中日正面战场的西部前沿，是敌人进攻的主要目标。我党为了抗日救国，在这里发动抗日游击战争，创建根据地，先后建立起15个县级抗日民主政权和天汉、襄西、襄河、襄南、襄北等五个地委。其中以襄河地委时间较长。因此，本书定名为《襄河抗日民主根据地史》。

创建襄河根据地，大致经历了以下四个阶段。

一、1937年7月至1938年10月为根据地准备阶段

土地革命战争时期，湘鄂西苏区的红军转移长征后，襄河地区还有少数共产党员，坚持地下活动，建立过秘密党组织。抗战爆发后，我党相继派人来这里恢复和发展党组织，审查、认定了荆沙地下党支部，建立了鄂西中心县委，统一领导包括荆（州）沙（市）和石（首）公（安）华（容）在内的鄂西地区党的工作；同时在汤池训练班建立鄂中特支，继而成立鄂中中心县委、鄂中特委，统一领导包括天门、京山、钟祥、汉川、汉阳、荆门等县在内的鄂中地区党组织；在武汉门户——沔阳建立了党的特别支部，在荆门建立了荆当远中心县委，统一领导襄西各地党组织，襄河地区各县党组织也都相继建立。

党组织的恢复和发展，使抗日救亡运动有了坚强的领导核心，人民群众的抗日烈火，迅即燃遍襄河大地，工农青妇、文艺、教育、新闻各界抗日救亡团体，如雨后春笋般涌现出来。他们深入城市、农村，采取各种形式，广泛宣传抗日救国道理，揭露日军暴行，唤起民众的抗战激情。同时，筹建抗日武装，分派干部上山下湖，准备开展敌后抗日游击战争。

二、1938年10月至1942年10月为根据地创建阶段

1938年10月，武汉沦陷，接着周围各县也相继沦陷。在此形势下，鄂中

特委迅速组建了“应城县抗日游击司令部”等几支武装，开展游击战争。陶铸亲率部队在京山公安寨伏击敌人，打响了襄北抗日第一枪；汉川自卫大队也一举击溃了进攻南河渡的日军。李先念、陈少敏率部南下，会合鄂中地方部队建立起新四军豫鄂独立游击支队，随后，进行了有名的新街战斗。经过几次战斗和反击敌人的“扫荡”，京北根据地初步形成。

1939 年 8 月下旬，鄂中区党委派李人林率第四团队在汉阳五中队配合下，两次击溃驻汉阳的伪中国人民自卫军九十二师熊光部，接着又进剿土匪岑鹏部，铲除了发展根据地的一大障碍，初步打开了局面，先后建立了天汉工委、天汉中心县委、天汉特委，1940 年 1 月又成立了天汉地委，天汉湖区根据地形成。

接着开辟天西。第四团队赴天门赖兴场，首次重创天西日军。返回天汉湖区后，又在竹桥对企图进占天汉的国民党军第一二八师予以有力还击，后经谈判，达成了互不侵犯、各守防区、共同抗日的协议，这样，稳定了根据地的局面。在此期间，李先念还亲率部队首次进击汉阳侏儒山之敌，直叩武汉门户。

为了开辟天西，1940 年 8 月，刘少卿按照鄂豫边区党委决定，具体部署，击溃了天西地主土匪武装潘典华、潘尚武父子，重创崔志洪、张明道等匪部，创建了天西根据地。与此同时，毛凯率部挺进襄西，会合当地武装，建立襄西独立团，成立襄西地委（后更名为荆当钟京地委），开辟了襄西根据地。1940 年至 1941 年，还先后初步创立了江陵三湖、潜江、川汉沔根据地。

各小块根据地开辟后，加强了政权、武装、经济、文化建设，并多次粉碎了敌伪顽的夹击，战胜了 1942 年春荒，度过了严重困难时期，根据地基本得到巩固。

三、1942 年 10 月至 1944 年 11 月为根据地的发展阶段

1942 年秋，日军进行大“扫荡”，侵犯根据地，天汉地委所在地先后被日

军“蚕食”。鄂豫边区党委为了加强根据地的统一领导，决定成立襄河地委，并派具有丰富斗争经验的张执一任地委书记。1943年初，一二八师抗战失利，襄南各县已先后沦陷，襄河地委及时决定派李人林率部进入襄南。在地下党的配合下，收编了一二八师倪辑伍部，并夜战易小河口（刘银国老巢），乘胜进占徐李市，在襄南站稳了脚跟，建立了襄南工委和指挥部以及江陵县抗日民主政府。接着又争取了李正乾部反正。6月，新四军打开了熊口和新观，消灭了伪军朱秉坤部。同时，四十五团二营在新观又击溃了从监利出来骚扰之伪军李生坤部。接着，又相继攻克了周老嘴、总口等地，从而完成了重返洪湖的重大历史使命，开辟了襄南根据地。新四军进入洪湖后，与活动在沙湖以东汉沔支队胜利会合，使襄南连成一片。

10月，新四军又组建了江南挺进支队，开辟了桃花山抗日游击根据地；1944年1月又进军嘉（鱼）蒲（圻）临（湘）地区。与此同时，恢复了襄西根据地，成立了襄西中心县委。粉碎了敌人的多次“扫荡”和“蚕食”，加强了各项建设，使根据地得到进一步的发展和巩固。

四、1944年11月至1945年8月为根据地进一步巩固和战略反攻阶段

随着形势的发展和根据地的扩大，为了加强党的领导，统一指挥，便于开展工作，1944年11月，襄河地委一分为二，成立襄南、襄北两个地委。襄北的工作重点是剿匪，襄南坚持“以发展为主”的方针，继续向江南、鄂西发展。1945年2月贺炳炎、廖汉生率部南下，加强了领导，在潜江熊口召开了县委书记联席会议，研究了具体发展方向，并成立了江南中心县委和江南指挥部，主动出击日伪军据点，使根据地扩大、延伸到洞庭湖滨，进入嘉蒲临地区，与湘鄂赣打通了联系，实现了从西南面包围武汉的战略意图。

同时，根据地的党和政府，领导人民开展了各项建设，大搞农业手工业生产和节约运动，加强主力军和地方军建设，培训干部，动员群众支援前线。

1945 年 8 月，日本政府宣布投降，襄河地区军民同全中国人民一道赢得了抗日战争的彻底胜利。

我们这部根据地史，采取章节目体，以根据地发展的不同阶段的形势与任务的客观实际进行分章。全书共分为五章，第一章为开创根据地的准备阶段，第二、第三章为根据地创建阶段，第四章为根据地发展阶段，第五章为根据地战略反攻，夺取抗战胜利阶段。

襄河根据地，经历了由小到大、由分散到统一的逐步发展过程，党组织的隶属关系，也随着根据地的发展变化而变化，边缘地区先后隶属于几个党组织领导，处于交叉状况。对此，本史相应做到有详有略，尽量避免与其他地方史内容相重复：抗战初期的京钟、京北等地有鄂中史详写，这里的一些重大事件，如养马贩会议、新街战斗及京北根据地的形成等则略写；后来，属襄河地区时，则详写；对襄西也作了同样处理，在它属襄河地区后，用了专门小节记叙，而对于它前期的情况，因有襄西史详写，本史稿只在有关小节中进行简略追述。史稿中还写了鄂南与襄河地区有关的情况，与鄂南史稍有重复，但篇幅很少，影响不大。

我们在编写本史的过程中，以马列主义、毛泽东思想为指导，坚持辩证唯物主义、历史唯物主义和实事求是原则，秉笔直书。在写法上，按照时经事纬与纪事本末相结合的体例，力求做到史实准确，语言简朴，文笔生动，有可读性。以求真实地再现这一时期的历史面目，准确叙述这块根据地的地位与作用，科学地总结历史经验教训，为现实斗争服务。

襄河根据地的创建与发展对鄂豫边区和解放战争初期中原解放区的发展具有十分重要的战略意义。

（一）襄河根据地的创建，实现了党中央关于从四面八方包围武汉的战略意图

1938 年 10 月，武汉沦陷后成为日军在中原战场的指挥中心。襄河地区地处武汉西部外围，直接威胁着武汉之敌。早在抗战开始，党中央就高瞻远瞩，通观战争全局，作了周密的部署，指示湖北的党组织要站住两只脚：一只脚上山，一只脚下湖。上山就是打回鄂豫皖地区，下湖就是重返洪湖。并把这两个地区连成一片，形成一双拳头，钳制武汉，完成对武汉日军的包围，这样，就可以绾毂中原，左右华中，进而配合全国各个战场，发动全面反攻，驱逐倭虏，光复中华。

李先念肩负着党中央赋予的这一伟大使命回到湖北，与陈少敏等一起领导创建新四军第五师和鄂豫边抗日民主根据地。襄河地区在李先念和上级党委领导下，建立了党的组织，发展了武装，与敌人进行了艰苦战斗，取得了一系列重大胜利，最后，终于完成了重返洪湖的任务，并跃马长江，进军洞庭湖畔，打通了与湘鄂赣的联系，还计划开辟湘北鄂西根据地。这不仅实现了对武汉的战略包围，而且威胁平汉、粤汉铁路，西扼长江，缚住了敌人手脚，为战略反攻创造了条件。

（二）襄河根据地的开辟配合了友军正面战场作战，牵制了敌人兵力，为阻止正面战场进攻之敌发挥了重大作用

武汉沦陷后，日军的战略意图是继续西进和南犯。日军西进的目标是夺取沙市、宜昌，控制入川门户，建立机场，借以轰炸重庆，逼迫蒋介石投降；同时，妄图截断武汉以西、巴山以东的通路。襄河地区正处于从东到西的入川通道和南北交通要道。襄河根据地的开辟，既有效地牵制了日军西犯，也保证了南北交通的畅通，给友军以有力的支持。

1941 年底至 1942 年初，日军企图打通粤汉线，两次发动长沙战役，这时我军趁机发起三打侏儒山战役，给敌伪以毁灭性打击，铲除了日军武汉外围的屏障，直接威胁着武汉日军，拖住了敌人第 3、第 4、第 13 等三个师团及第 18 独立旅团，直接牵制了敌人进攻长沙的兵力，使敌人首尾不得相顾，被迫突围，退出长沙。敌人两次进攻长沙，折兵约 6 万人，损失惨重。

1943 年，日军为了打通从中国大陆到南洋的通道，又侵占我襄河以南、长江两岸、洞庭湖西北广大地区，襄河地委遵照党中央战略意图，进军襄南，给敌人以有力的打击，威胁着敌人在粤汉铁路的交通，迟滞了敌人进攻南亚的时间，也支援了盟军作战。

（三）襄河根据地的开辟为鄂豫边区提供了物力、财力和兵源基地，破坏了敌人“以战养战，以华制华”计划的实施

江汉平原是有名的鱼米之乡，日军占领武汉后，计划把这里搞成它的大粮仓和棉花生产供应基地，支持南亚战争。襄河根据地开辟后，不仅使敌人的计划不能实现，还为边区开辟了一大财源基地。首先，这里成立了襄河贸易分总局，加强了贸易统制，与敌顽进行贸易和货币斗争。在根据地内严格控制棉花和粮食的外流，有计划地以粮棉等物换回边区急需的军用品和工业品，并通过税收肃清伪币，控制法币内流，稳定边币币值，将收回的伪币、法币上交行署，到敌顽区换取所需的重要物资。在根据地内还实行抵制“仇货”的政策，到处设伏打击敌军差船，拦截敌人军用物资，对敌人实行经济封锁。同时，还在重要地点设置税收机构，征收湖税、田赋税、工商税、关税等各种税收。这不仅保证了自身的费用支出，并将巨额财政收入上交鄂豫边区。例如，1944 年边区关税 4 亿元，其中，近 70% 是襄河地区提供的。

襄河地区为边区提供了大量的兵员。这里原来是老苏区，有光荣的革命传统，同时各级抗日民主政府大力发展生产，减轻了群众的负担，从而调动了广大群众参军参战的积极性。人们形容当时扩军的情景是“走一天，扩一千，走一转，扩一万”，可见襄河地区的兵源之多。仅据 1944 年底不完全统计，襄河地区县区武装发展近万人，民兵 1.6 万余人。

创建襄河根据地，积累了丰富的革命斗争经验。

（一）襄河根据地做到了地方党组织与正规部队相结合、主力部队与地方武装相结合，共同开辟发展根据地

1932 年秋红军撤走后，襄河地区还有少数共产党员，继续开展秘密活动。

抗战爆发，上级党组织又派回来一批党员恢复发展党的组织，进行抗日宣传，发动群众开展抗日武装斗争。但由于这里没有正规武装，也一时难以得到外地正规部队的支持，斗争常受挫折。后来得到正规武装的支持，又组建了地方武装，因而斗争就能取得胜利。这说明要开辟根据地，必须要有正规部队的支持；地方游击队的活动必须与主力部队重点打击相结合。

（二）加强统一战线，发展进步势力，壮大抗日力量

在国内民族矛盾上升为主要矛盾、国共合作共同抗日救国的总形势下，上层的统一战线为襄河地区统战工作的开展提供了有利条件。在开辟襄河根据地的过程中，各级党组织十分注意做好各阶层人士的统战工作，并取得了很好的效果。在政权建设方面，坚决执行“三三制”原则，经济上认真地实行了减租和交租政策。同时，还努力组织工、农、青、妇、商、学各种抗日群众团体，巩固和扩大抗日民族统一战线的基础。在处理友军关系方面，做到有理、有利、有节。除正确处理了与国民党五战区的关系外，特别是正确对待国民党一二八师，做到以诚相见，既团结又斗争，在斗争中求团结。经过我党我军对其艰苦细致的工作，在制止反共摩擦、团结抗日方面，取得了显著的成效。

（三）区别不同情况，采取不同的方式和方法，分化瓦解敌伪军

襄河地区情况复杂，敌伪顽犬牙交错。对此，襄河地区各级党组织根据不同情况开展工作。一是通过民主人士做伪军工作，争取伪军反正；二是利用敌伪之间及其内部矛盾进行分化瓦解，争取其中部分与我暗中保持关系；三是做好伪军家属工作，让其劝说伪军弃暗投明；四是对顽固不化的伪军给予严厉打击，促使其内部分化。通过这些工作，分化了汪步青内部，争取团结了王伯膏，争取曾尚武保持秘密联系，争取了李正乾起义、廖友三反正，狠狠打击顽固不化的朱秉坤等。实际斗争证明，襄河地区开展敌军工作是卓有成效的，经验是宝贵的。

（四）为了群众，依靠群众，实行全民抗战路线

争取中华民族的解放，如果没有广大人民群众参加，显然是不能取得成功的；要把群众充分发动起来，不解决好群众生产、生活后顾之忧，也是难以实现的。因此，襄河地区党组织总是把群众工作放在重要的位置。各级政权一建立，首先就领导群众努力发展生产，改善生活。可以说，襄河地区的群众工作是做得非常出色的。其显著特点：一是正确处理了阶级矛盾，坚持向阻碍生产力发展的封建势力作斗争。天东开展柴山斗争，天门县委负责人陈明等组织群众同湖霸、鱼行进行了坚决的斗争，还以政府（行委会）名义布告周知，将所有荒山、森林、柴山、湖水归公，由政府统一掌管，因而使群众扬眉吐气，生产得到很大发展。二是针对平原湖区灾害严重，特别是水涝灾害严重的问题，大搞水利工程建设。在襄南就兴建了金家拐、马颈项两项重大水利工程。襄南地委领导贺炳炎、廖汉生等亲自参加工地劳动。这些工程完工后，产生了巨大的效益，保证了生产的发展，激发了群众抗日积极性。

（五）加强领导，一步一步地发展根据地

襄河根据地是一小块一小块由北向南步步推进、逐步发展起来的。前一小块根据地的开辟，或为基地，或为依托，或为跳板，有利于开辟后一小块根据地。同时每一小块根据地的开辟都是在党中央和鄂豫边区党委的正确领导下进行的。每一小块根据地开辟前，上级党组织总是以战略眼光，从战争全局出发，周密分析形势，进行决策，亲自部署，指挥实施。因此，根据地才得以步步向前、不断发展，最后形成了一个完整的襄河根据地。

（六）发扬洪湖革命精神，利用河湖港汊，开展抗日游击战争，保存、壮大自己，打击敌人

1938 年 5 月，毛泽东在《抗日游击战争中的战略问题》一文中指出："红军时代的洪湖游击战争支持了数年之久，都是河湖港汊地带能够发展游击战争并建立根据地的证据。"襄河地区军民的斗争实践进一步丰富和发展了这一

经验。在襄河湖区，建立根据地比山岳地带困难，但由于这里河网交叉、湖草联片，敌人难以用大兵力进攻和驻守，而我军则可以在人民群众配合下大显神通，巧妙地与敌人周旋，灵活机动、出奇制胜地消灭敌人，巩固发展根据地。那种认为在湖区不能开展游击战争、不能创建革命根据地的观点是没有根据的。

在伟大的抗日民族解放战争中，襄河地区军民为争取民族解放事业承受了巨大牺牲，作出了不可磨灭的贡献。今天，我们谨以这部根据地史，缅怀革命先烈，教育后代，永远铭记根据地人民的光辉业绩，继承发扬革命传统，为中华民族伟大复兴而努力奋斗。

第一章

抗战全面爆发前后襄河地区的形势

（1937 年 7 月—1938 年 10 月）

第一节　历史地理环境和战略地位

一、历史地理环境

襄河地区抗日民主根据地地处江汉平原，居鄂中、湘鄂西、鄂南、鄂北之中。其范围包括现在湖北省荆州市，荆门市，天门市，潜江市，仙桃市，孝感的汉川、应城、安陆三县市，咸宁的嘉鱼、蒲圻二县市，宜昌的当阳、远安、枝江、宜都四县市，武汉的汉阳区、汉南区，湖南省的华容、安乡、南县、临湘等县市。面积约4万平方公里，当时人口约500万。其地理特点是跨越长江、汉水，河网交错，湖泊众多。地势西北高，东南低。西北部为丘陵山区，从钟祥到京山，重峦叠嶂，境内有大洪山余脉，西部荆当远等地系小山丘陵。襄北、襄南和江南系平原湖区，约有湖泊400个，其中比较大的有洪湖、长湖、运粮湖、三湖、白鹭湖、大同湖、大沙湖、汈汊湖、中洲湖、沉湖、肖家畈湖、龙赛湖、张家湖、华严湖、排湖、王家大湖等。这里气候温和，土壤肥沃，物产丰富，盛产粮、棉、油、猪、鱼、蛋、糖、菜、烟、果、药、木材等，是远近闻名的鱼米之乡。这里的工业，主要是手工业作坊、家庭手工业，产品有丝绢、陶器、棉纱、棉布、木炭、石灰、铁竹木器等。这里交通比较便利，水路有长江、汉水、内荆河、通顺河、天门河、虎渡河等；公路有汉宜、襄沙（市）、荆当、荆沙（洋）等线。这里市镇较多，除县城外，在广大农村，相距十里左右即有小镇。比较大的有沙市、新堤、仙桃、岳口、沙洋等。若遇丰年，市镇比较繁荣，许多集镇有“小汉口”之称。因为这里城乡经济比较发达，所以文化教育也比较普及。历史上是楚文化的中心。市县大镇高等学校虽少，但中小学比较多，乡村还有私塾。这里培养教育出来的学生，有到外地求学的，还有出国求学的，他们是新思想新文化的传播者。这里曾是第二次国内革命战争时期湘鄂西革命根据地的中心。1932年秋，红军撤退后，国民党反动政府对革命者和人民群众进行残酷的压迫剥削。加上这里水旱灾害频繁，“沙湖沔阳洲，十年九不收”，群众过着饥寒交迫、逃荒讨米的生活。这里的人民在大革命和土地革命时期经受过革命思想的影响和艰苦斗争的考验，具有光荣的革命传统，对共产党和红军有深厚的感情。在七七事变爆发、日军全面侵华，中华民族面临生死存亡的时刻，这里的人民群众积极响应中国共产党的号召，勇敢加入爱国抗日的洪流。这是创建襄河根据地的先决条件和良好基础。

二、战略地位

襄河地区是湖北省重要的政治经济文化区域之一，是九省通衢的武汉通往鄂西、鄂北、鄂南的必经之地，古有“得之者强，失之者亡”的说法。《方舆纪要》上也说：“荆州轻重，则举国安危。”这里历来为兵家必争之地。在抗日战争中，襄河地区更具有重要的战略地位。抗日战争爆发后，日本侵略军企图以“速战速决”的野蛮战争，迅速占领全中国。在这种战略思想支配下，日军在占领上海、南京后于1938年1月北渡长江大规模向淮河推进，并于5月占领徐州，6月进占开封。在这关系民族存亡的紧要关头，毛泽东发表了《论持久战》，全面地分析了中日战争所处的时代以及敌我双方的基本特点，阐明了持久抗战的总方针。鉴于徐州失守后，武汉危急，鄂豫皖边战略地位突出，中共中央及时提出成立鄂豫皖省委，准备发动游击战争，坚持持久抗战。1938年9月，中共六届六中全会召开，全会决定撤销长江局成立中原局。10月武汉及其周围28座县城沦陷，中原局部署在武汉外围全面发动抗日游击战争，创建根据地，以形成对武汉的战略包围，而创建襄河根据地则是实现战略包围武汉的重要组成部分。襄河地区地处武汉西大门，是开辟湘北鄂西抗日根据地与华南打成一片的纽带，也是夺取抗战最后胜利并对国民党顽固派的进攻实行战略牵制的一个重要基地。在这里创建抗日根据地具有重要的战略意义。

第二节　各地党组织的恢复和发展

1937 年 7 月，抗日战争全面爆发，第二次国共合作，这是历史的转折。

中国共产党领导的红军和活动在南方各省的游击队相继改编为八路军、新四军，开赴抗日前线。八路军驻武汉办事处和湖北省工委（后改为省临委）相继建立，统一领导各地抗日斗争和党组织的恢复发展工作。由于襄河地区具有重要的战略地位，上级党组织十分重视，相继派陶铸、钱瑛（女）、杨学诚、曾志（女，又名曾霞）、郑绍文、顾大椿、于光远、罗乃夫、谭友林、金华龙、密加凡、王治（又名漆子恒）、张绍书、廖学道、郭名魁、侯礼祥等来到这里帮助恢复和发展党的组织，从事抗日救亡运动。抗战初期，襄河地区并无统一的党组织，党组织由分散到统一，由多头领导到统一领导，由秘密组织到公开活动，由宣传群众到武装群众开展武装斗争，由培训骨干建立战略支点到广播火种到星火燎原，经历了一个长时间的发展变化过程。

一、举办汤池训练班

襄河地区党组织的恢复与发展，抗日游击战争的准备与发动，都与汤池这个战略支点分不开。当时人称她是“江汉平原的小延安”。而汤池战略支点的建立又是以举办汤池训练班为起点的。1937 年 11 月，毛泽东提出全面抗战的主张，这时中共中央驻武汉代表董必武利用统战关系，同辛亥革命时期的老朋友、国民党湖北省政府建设厅厅长兼农村合作事业委员会主任石瑛洽谈，商定由建设厅出钱，农村合作委员会委员、爱国人士李范一先生出面，共产党派领导人，在地处京山、应城、天门三县交界的汤池，举办农村合作委员会农村合作事业指导员培训班（简称汤池训练班），主要任务是以合法的名义，培训有独立工作能力的抗日骨干，为恢复和发展党组织，宣传动员组织武装群众，开展敌后游击战争，建立抗日根据地做好准备。为了完成这一任务，1937年12月，董必武与周恩来研究，委派湖北省工委副书记兼宣传部长陶铸（化名陶剑寒，又名任洵）到汤池具体负责训练班和汤池附近各县的工作，并派曾志、雍文涛、潘怡如、刘顺元、童世光等共产党员担任教员。训练班设训练委员会，李范一任主任，陶铸任教务主任，杨显东负责联络和筹集经费，许子威负责总务，孙耀华负责招生、农贷工作。

训练班的学员，有来自北平、天津、上海、南京等地的流亡学生及武汉的大中学生，还有来自应城、京山、天门、钟祥、汉川、荆门、松滋、安陆等县的知识青年和一部分与党组织失掉联系的老党员。

训练班的课程有政治、军事及合作社业务等，但主要是教育培养学员的抗日思想和游击战争的技能、战术，训练时间为一个月。由于国民党顽固分子石毓灵、卫挺生、杨子福、徐恩曾的破坏，王明右倾投降主义错误的干扰，训练班办了三期就停办了。为了继续培养抗日骨干，陶铸又以补习文化为名，在汤池附近办起了一所临时学校。陶铸和童世光先后任校长，蔡承祖任副校长，吴声凯、李苍江、余一梦、潘琪、李寿慈、须浩凤、胡笃冲、张烈、胡笃畏等任教员。这所临时学校一直办到武汉撤退为止。学员多数是附近各县的中小学生，人数最多时达200余人。

汤池训练班及临时学校，共培训学员近600人。其中除少数中途离去外，都已学习结业，被分配到湖北30多个县市，成为那里的抗战工作骨干。在学员中有一位特殊旁听生，他叫张谦光，是应城县的“督学”，被国民党派来“监督”汤池训练班的活动的。他听了陶铸等讲课后，深受感动，毅然投入抗日行列，不久加入了共产党，以后担任过地县党政重要职务，在解放战争时期同国民党军队作战中壮烈牺牲。训练班建有中共党支部，曾志、李华、雍文涛先后担任支部书记。1938年2月，在汤池成立了中共鄂中特支，由童世光、蔡承祖先后任书记。训练班支部以训练班的工作为主，鄂中特支以地方工作为主。这两个党组织都由陶铸代表湖北省委直接领导。汤池训练班为恢复和发展湖北各地党组织，为发动敌后抗日游击战争做了思想、干部、组织等方面的准备。

二、京山、钟祥、荆门党组织的恢复与重建

抗战开始时京山属鄂中党组织领导。1938 年 2 月，陶铸派顾大椿、夏菲（女）、谢威、石维新等到京山。陶铸指示：“应把办合作社当作敲门砖，敲开重建共产党的大门。”顾大椿等人到京山后，执行陶铸的指示，很快打开了工作局面，组建了中共京山特支，顾大椿任书记。他们在京山、钟祥交界的孙官桥、东桥地区，审查恢复了土地革命时期隐蔽下来的几个老党员的组织关系，同时发展了一批新党员。1938 年 7 月，鄂中特委决定将京山特支扩建为京山工委，顾大椿任书记。工委主要任务是发展农村党的组织，全面发动群众，广泛建立统战关系，筹建抗日武装。到京山县城沦陷，工委基本完成了这些准备工作。

钟祥位于襄河两岸，是鄂中、鄂北、鄂西的接合部。1937 年冬至 1938 年春，鄂中党组织派刘慈恺带领汤池训练班的学员蒲通修、李蕴辉（女）、袁立（女）、马仲凡等到钟祥。接着又调黄德钦、谭扶平等到钟祥。1938 年春组建中共钟祥县支部，刘慈恺任书记。钟祥党组织按陶铸的指示，通过组织合作贷款，动员组织群众抗日和发展党的组织。经过几个月的工作，恢复和建立了一批党支部，于 1938 年 7 月重建中共钟祥县委，刘慈恺任书记。新县委的建立，加强了抗日救亡活动的领导，发展了党的组织，到钟祥县城沦陷前，全县建立 7 个区委，60 多个党支部，党员六七百人。

荆门地处襄河西岸，东北与钟祥县毗邻，靠近著名的荆钟北山抗日根据地。1942 年 10 月以前，荆门党组织先后属于湖北省委、鄂中特委、鄂西北区党委、襄西地委领导。1938 年 5 月，陶铸根据湖北临时省委关于“积极开辟工作，通过各种渠道派遣党的干部与党有关系的人到农村去”的决定，派汤池训练班学员郑速燕（女）、吴显忠、王炎、唐振裘、张经谋、杨萍（女）、江有为等到荆门，以开办合作事业的合法身份进行党的工作。郑速燕到荆门

后，首先寻找土地革命时期隐蔽下来的老党员，审查恢复其党籍，同时培养发展了一批党员，于10月建立中共荆门县委。这年初夏，省委还派张芳松（张清华）、黄柏青到荆门，积极宣传共产党的抗日主张，组织抗日群众团体，积极筹组武装。10月日军占领武汉，国民党三十三集团军退守襄河防线，军部驻荆门。党派曾志到荆门，在三十三集团军参谋长张克侠（地下党员）的资助下，在县城关开办了军民合作大饭店，进一步宣传了党的抗日主张，扩大了党的影响。

京山、钟祥、荆门三县党组织的恢复和重建，为而后开展抗日游击战争，创建抗日根据地做了组织领导准备。

三、天门、汉川党组织的重建

天门、汉川在土地革命战争时期是湘鄂西革命根据地的一部分。1932年10月，红军撤离后，这里的党组织被破坏殆尽。抗日战争爆发后，湖北和鄂中党组织派人到这里恢复重建党的组织。

1937年底，八路军驻汉办事处派梁成美、廖学道、陈奇芳等回到天西渔南地区活动。廖学道原是红九帅干部，这次回到家乡阋马寺，以办私塾为名，秘密串联，联系同志，从事抗日救亡的宣传活动，培养发展党员。1938年春建立了赖新场党支部。原随红军长征的老党员陈奇芳、梁成美回家乡蒋场，以开杂货店为掩护，从事地下活动，发展党的组织；同时，梁成美还以八路军代表的公开身份，扩大活动范围。开始，他只在渔南周围活动，后来，他到县城，拜访了国民党天门县党部书记长曾仲闻，并由曾仲闻陪同视察了监狱。在视察中，梁成美了解到所谓的“政治犯”中，还关押着红军李人林、万全等。梁成美及时向董必武写信，经董必武营救，李人林出狱到延安学习。由于廖学道、梁成美、陈奇芳等人在渔南做了深入细致的工作，发展了李才常、邓克、邓家生、陈在廉等人入党，并在廖家河岭建立了党支部，李才常任支部书记。

1937年11月，汉川县彭怀堂、张华堂、郭秀庭、张继堂等人经董必武出面交涉从武昌反省院获释，先后回到汉川，开展抗日救亡活动。他们先聚集于汉川南河渡，以“抗日救亡协会”的合法身份从事党的组织建设和抗日救亡的宣传工作。1938年7月，中共汉川马口区委在马口的旧口堡成立，石维新任书记，刘敬堂任宣传委员，曾超和陈德文任组织委员。马口区委将高养、椰头、索子垸划为三个小区，并首先成立了椰头支部，萧春芳任支部书记。

从监狱释放的同志是天门、汉川各地党组织的恢复和重建的骨干，同时，有少部分红军流落人员也先后恢复了党组织关系，成为党组织核心。

天门县城织袜生产合作社的李云鹤是土地革命时期的老党员，他与中共湖北临时省委派来的王哲君等人一起，在织袜合作社开办了天门书报分社，销售进步书刊，开展抗日宣传活动。天门区委建立后，恢复了李云鹤的党籍。同时，从上海回来的老党员黎少岑和汤池训练班派驻在县城棉业改进所的合作指导员罗振，介绍谢桂林、文振鑫到汤池训练班学习。1938年4月，谢桂林从汤池回来后，经曹志坚介绍加入了中国共产党，谢桂林又发展了姚双庆、刘琴香入党，成立了县城党支部。

1938年10月中旬，鄂中特委派梁立玲（女）、谢文耀分途到天门和汉川开展工作。梁立玲以“国民党军事委员会合作特派员”的身份于21日到达汉川，先后与汉川城东区委的曾超、汉阳的邓秋舫、汉川老兴集的彭怀堂等人接上了关系；谢文耀来到天门的干驿镇找到曹志坚开展工作。此后不久，天门的干驿、汉川的椰头和老兴集、汉阳的侏儒山等地党的组织迅速恢复和发展起来。

天门皂市是襄北比较大的集镇，1938年1月，汤池训练班党支部建立后，即在皂市开办了书报合作社，由童世光负责，林涯萍、骆剑秋等任营业员。书报合作社开业后，大量销售《新华日报》以及《大众生活》《妇女生活》等进步报刊，大张旗鼓地宣传党的抗日主张，吸引了一大批进步青年。接着，就有钟宇安、钟道华、李维新、杨德能等一批青年到汤池训练班学习。钟宇安、李维新在训练班加入了中国共产党。他们结业回到皂市，又发展了李统明、董培生、李晟、罗梅林、胡至中、李宏模等人入党，并建立了党支部，钟宇安任党支部书记。党支部建立后，领导皂市等地人民开展了声势浩大的宣传活动。先后成立了“乡村工作促进会”“青年社会服务团”和“妇女救国会”等进步群众团体，推动了各地救亡运动的开展。

1938 年 5 月，天门在汉读书的学生韦为、彭正廉、郭建周先后回到芦市、麻洋两地。他们以组织青年救国团（简称“青救”）活动的公开身份，广泛联系进步青年学生，培养积极分子，发展“青救”骨干。彭正廉在芦市发展了万家鸣、李国亮、李流海等人入党，建立了党支部，韦为、郭建周在麻洋佛岭等地发展了万骏声等人入党，建立了党支部。

为适应天门各地党组织的发展，经鄂中中心县委决定，1938 年 4 月，成立中共天门区委，童世光任书记，曹志坚任组织委员，王哲君任宣传委员，机关设立在天门县城织袜生产合作社。在天门区委的领导下，天门各地党组织发展迅速，到 1938 年 10 月，党员已发展到 50 余人，干驿、麻洋、彭家、皂市、赖新场、县城等地先后建立了党支部。

汉川县，时至 1938 年 9 月，先后于分水、马口、榔头、庙头、南河渡、韩家集、叶集、老新集、同兴集、西江亭、打雁湖、江家集、屈王家台、大小芦排以及河阳县的杨林沟、脉旺嘴等地建立了 20 个党支部，有党员 120 多人。

从抗日战争全面爆发到武汉沦陷前夕，仅在一年多的时间里，天门、汉川等县党组织的迅速恢复和发展，极大地推动了各地的抗日救亡运动。

四、汉沔党组织的重建

汉沔（汉阳县和沔阳县），地处襄河以南。第二次国内革命战争时期，是湘鄂西革命根据地的主要县份。1932 年，红军撤离后，汉沔各地党组织完全遭到破坏。抗日战争爆发后，汉沔地区党组织迅速恢复和发展。

汉阳县七萧大湾（包括柏林乡新集、华英、新民三村）的老红军萧利三、萧瑚（萧毓福）等奉董必武的指示，在汉阳县成立了“湖北省乡村工作促进会汉阳分会”，积极组织汉阳人民开展抗日救亡运动，先后恢复和发展了十几名党员，建立了党支部。随后，董必武又派邓真如、舒卓到汉阳县工作。他们在组织各界民众参加抗日救亡的同时，积极发展党组织。1938 年 5 月，正式建立了中共汉阳区委，邓真如任书记，萧琳管组织，萧抱真管宣传，萧瑚管农运，萧利三管统战。汉阳区委建立后，邓着手领导了汉阳地区的抗日救亡运动，党员分头参加各个抗日救亡团体，并秘密从事“抗救”的组织工作。

沔阳县党组织的恢复建立，是从 1937 年底开始的。此时，沔阳籍的雷泽民（又名雷考廷）、向秋舫、石玉堂、石松山、苗得月、吴龙榜、裴敦炎、裴腊保、杨本番、胡忠桂等人经八路军驻汉办事处营救出狱后，董必武鼓励他们坚持革命，团结群众，开展抗日救亡运动，并给他们分送了大量宣传品。几天后，他们回到曾战斗过的家乡投入了新的战斗。

1937 年 12 月，八路军一二〇师师长贺龙派干部金华龙到达沔阳。金华龙又名金山，沔阳县彭家场人，1928 年入党，参加红军后，经历了二万五千里长征，毕业于抗日军政大学，回县前任八路军一二〇师没收主任。金华龙回来后，在武汉拜访了其伯父金巨堂（时任国民党湖北保安处少将副处长），并在伯父家，先打听到雷泽民的情况，于是以雷泽民为依靠，找到了其他释放出狱的同志。金华龙根据上级指示，对这些出狱的同志和红军流落人员逐一进行了审查和了解，恢复了雷泽民、汪文翰、朱同科、苗得月、向秋舫、陈柏春、高道明、葛聘山、石玉堂、陈赤鑫、熊继万、孙龙标、滕敬宾、刘复、施振东、童仲燮、邵艮廷等人的党籍。

1938 年 3 月，金华龙赴省委汇报党员审查情况，在钱瑛的直接领导下，经省临委批准，在武汉筹备成立了河阳县特别支部，由三人组成，金华龙任书记，葛聘山任组织委员，雷泽民任宣传委员。3 月底，特支在沔阳郑道湖召开第一次党员大会，有 20 余人出席。会议根据临时省委指示精神，决定继续全面清理党员。在特支的领导下，沔阳县党组织迅速恢复和发展起来。先后建立了排湖、郑道湖、金家湾斗沟、柳沟等四处分支部和嘉蒲特别小组，分布在沔阳的排湖、郑道湖、老沟、中革岭、杨林尾、坝潭、彭场、沙湖、官湖一带，积极从事抗日救亡的宣传活动，对本地社会上层分子进行思想政治工作，动员他们行动起来，投入抗日救国的行列。特支还筹建了“战时乡村促进会”，共产党员作为这一组织的骨干，不暴露党员身份。

1938 年 2 月，王治（漆子恒）遵照中共湖北临时省委指示，重返新堤，秘密建立中共新堤支部。书记王治，委员熊正炎、李咸安、卢逸清。支部受《新华日报》社长潘梓年委托，在新堤设立《新华日报》发行所，发行数量为 300 份。

沔阳党组织的重建，鼓舞着全县 70 余万人民的斗志，一个以共产党员为核心组织起来的抗日救亡宣传活动，迅速在沔阳全县展开。1938 年夏，湖北省委派陈秀山到沔阳县检查工作，在彭场童仲鳌家召开特支会议，传达了省委指示，肯定了沔阳县前段时间工作取得的成绩。

五、鄂中特委的成立

襄河地区襄北部分，从抗战开始到 1939 年底天汉地委建立，先后属中共湖北省委和鄂中党组织领导。1938 年 6 月初，湖北临时省委在周恩来、董必武的支持下，在武汉召开了临时省委第二次扩大会议，会议决定正式成立湖北省委，下设鄂东、鄂南、鄂中三个特委和鄂西、鄂北两个中心县委。会后，省委派刘青到天门皂市书报合作社召开会议，传达省委指示，宣布成立鄂中特委，刘青为书记，顾大椿为宣传部长，蔡承祖为组织部长，刘慈恺、童世光、邓先柱、陈秀山等为委员。下辖应城、天门、京山、钟祥、荆门、沔阳、汉阳、汉川等县党组织。刘青到任不过两个星期，就赴武汉参加省委扩大会议，会上决定他回鄂南工作。省委派何彬（何功伟）接任鄂中特委书记。不久，省委又将何调走，派杨学诚接任特委书记。宣传部长、组织部长及特委委员人选未变。特委机关迁到离汤池不远的临时学校里。机关除留一人管理日常事务外，顾大椿、刘慈恺、邓先柱、陈秀山等分别驻京山、钟祥、应城矿区等地开展党的工作，但重点在矿区，因为这里工人集中，群众受土地革命的影响较深，所以大批党的干部都留在矿区。他们在矿区举办工人夜校，宣传抗日救亡，发展了一批新党员，并与在红军撤走时留下来的一批老同志接上了组织关系。

为了进行抗日游击战争，1938 年春，陶铸与李范一商量，申报董必武决定，通过统战关系从皂市米油厂抽出资金 3600 元，通过八路军驻汉办事处订购枪支弹药。同年夏秋之间，陶铸带领林镇南、李寿慈等人，到大洪山腹地八字门（属京山）、炸泉河、娘娘寨、黄仙洞、罗汉洞、月亮门（属钟祥）、仙人洞、洪山坪（属随县）察看地形，绘制简易地图，为开展游击战争寻找后方根据地。通过几天考察，陶铸认为京山是一个开展游击战争的好地方。一旦武汉沦陷，京山就可成为鄂中抗日游击战争的重要基地。由于陶铸坚决执行党中央和毛泽东关于抗日民族统一战线中的独立自主的方针，团结一切抗日爱国的进步力量，培养抗日干部，发展党的组织，筹建抗日武装，引起了王明的不满，王明要陶铸到长沙去。但周恩来和董必武看到鄂中快要沦陷，正需要陶铸这样的领导干部，便要他到沙市、宜昌待命。因此陶铸于 9 月末离开鄂中。10 月上旬，鄂中特委在潘家集蔡松云家举行了三天的扩大会议。与会代表有杨学诚、顾大椿、刘慈恺、蔡承祖、童世光、邓先柱、陈秀山、郑速燕、萧松年、沈德纯、蔡松云等。这是鄂中特委成立以后的一次重要会议。会议由杨学诚主持，讨论通过了《一切服从游击战争的准备工作》的决议。会后，为了做好抗日游击战争的准备，杨学诚从武汉率领庄果、谢文耀、鲁明健、吴云鹏、梁立玲、陈秀山、谭扶平、李三番等到皂市，分工庄果留皂市，吴云鹏到荆门，鲁明健到京（山）安（陆）。随后杨学诚派谢威去参加钟祥县委会议。谢威在会上传达了鄂中特委关于日军逼近武汉的形势和党的中心任务的指示。会议根据特委的指示，决定集中力量筹建抗日武装，准备开展敌后抗日游击战争。

武汉沦陷前夕，省委秘书长王翰奉董必武、周恩来之命，到鄂西北主持筹建鄂西北党组委。他从武汉撤退时，经蔡甸、汉川、应城陈家河矿区，到达鄂中特委驻地夏家庙临时学校，并在特委召开的干部会议上讲了形势及上山打游击的任务。同时还讲了要学习过去洪湖苏区的经验，在湖区开展抗日游击战争，创建湖区根据地。会后决定童世光、谢文耀、梁立玲、曹志坚、周彬等在天汉湖区建立游击据点。

六、鄂西中心县委的成立

鄂西是指长江南北的监利、江陵、石首、公安、华容、南县、安乡、松滋、枝江、宜都、宜昌、长阳、五峰、秭归县等。其中江（陵）石（首）公（安）华（容）是襄河根据地的组成部分。

江陵县在土地革命失败后，仍有党组织坚持地下活动，1934 年 11 月成立中共江陵中心县委，下辖三个区委、三个联络站，党员发展到 63 人。1936 年 2 月中心县委遭敌破坏。1936 年由原中心县委副书记杨茂新为首组成荆（州）沙（市）地下党支部，下辖江陵、公安、石首等县党小组。抗日战争全面爆发后，荆沙党支部立即派党员陈钟万、李万顺到武汉与八路军办事处联系。接着杨茂新到武汉向董必武详细汇报荆沙地下党的情况，请求恢复组织联系。董必武听取了杨的汇报后，给杨传达了党的抗日民族统一战线的有关政策，强调目前各地党组织的任务是注意巩固，搞好统战工作。11 月，杨从武汉回来后，在公安县毕家垱召开了鄂西联县党代表会议。参加这次会议的有江陵、沙市、公安、宜昌、石首、监利、南县、安乡、华容、枝江、当阳等 10 余县市的代表。会议由王铭鼎主持，杨茂新传达了董必武的指示，会议决定成立中共鄂西联县县委，选举了杨茂新、徐少保、欧阳幼珊为联县县委负责人，隶属湖北省工委领导，下辖荆沙支部和宜昌特支，有党员 184 人。这次会议对于恢复和发展鄂西各地党组织，开展抗日宣传活动具有重要的意义。

鄂西联县县委成立后，湖北省工委派省农委负责人于光远到荆沙地区审查荆沙地下党支部。经过20多天的审查，于光远代表省工委承认了以杨茂新为首的党组织，并命名为荆沙特别党支部。杨茂新为书记，邓东（陈中万）为组织委员，夏阳（王铭鼎）为宣传委员，特支下设荆州、沙市、公安、石首、华容、监利6个支部（组）。

1938年2月湖北临时省委派罗乃夫、谭友林、魏西等来荆沙，又对荆沙特支进行审查。4月，临时省委决定解散原鄂西联县县委，成立鄂西工作委员会，罗乃夫任书记，谭友林任宣传部长，魏西任组织部长。工委成立后，临时省委组织部长钱瑛来沙市听取鄂西工委审查荆沙特支情况的汇报。经过三四个月时间的审查，鄂西工委的结论是：以杨茂新为首的荆沙地下党支部是红军撤离洪湖根据地时留下的革命火种。当红军由洪湖地区转移到湘鄂边后，他们先后几次派人到中央分局请示。红军长征到陕北后，他们又派代表艰苦跋涉到达陕北，向红二方面军领导机关汇报。这个支部是根据红二军团政治部提出的“长期隐蔽，以待时机”的方针，秘密地组织起来的，是一个很坚强的有战斗力的支部。钱瑛听了汇报后说：“这个支部在那样白色恐怖的环境下，能保存下来，坚持战斗，是我们党一个不可多得的支部。”

这次审查推动了鄂西地区党组织的发展。4月底，鄂西工委在宜昌召开了组织工作会议，制订了5月工作计划，提出并研究了发展党员和对新党员及干部训练等问题。随着鄂西地区党组织的发展，1938年7月，省委派王致中、黄杰从武汉到沙市召开鄂西党的会议，传达贯彻临时省委第二次扩大会议精神，撤销鄂西工委，成立鄂西中心县委，王致中任书记，王曦任组织部长，黄杰任宣传部长，熊宇忠、罗乃夫、余杰为委员，以后又增补了魏泽同、张凌云为委员。下辖宜昌、荆沙、公安、石首区委和宜都县委、远安特支。鄂西中心县委机关设在沙市，具体领导江陵、监利、公安、石首、宜都、枝江、松滋、宜昌、长阳、五峰、秭归等11个县的工作。鄂西中心县委的成立，对领导鄂西地区的抗日救亡运动，加强鄂西各县党组织的建设，为开展抗日游击战争，开辟襄南、进军江南、创建襄河根据地打下了基础。

第三节 各地抗日救亡运动

一、荆沙地区的抗日救亡运动

荆沙地区，即荆州和沙市。抗战爆发后，荆沙地下党组织集中力量在荆沙市区发动抗日救亡活动；随后，又转向农村、小集镇从事抗日救亡宣传发动工作。在董必武的直接领导和关怀下，荆沙地下党支部迅速发展组织，积极从事救亡活动。

与此同时，荆沙地区在外读书的学生，如彭祥麟、余鸣籍、谭兴帮、钱达椿等数十人，回到荆沙地区，他们中间有的是党员，有的是进步青年学生，在地方党组织的领导下，积极投入抗日救亡的洪流，成为抗日救亡宣传的主力军。

1937 年 11 月，于光远受中共湖北省工委的派遣，奔赴荆沙地区，以“青救”的公开身份，对荆沙地下党支部进行审查，并亲自主持和指导荆沙的抗日救亡工作，积极培养“青救”骨干，发展党的组织。沙市的余杰、冀昌茂、钱达椿、章洛、陈钟芝等就是这时培养发展的党员，他们是各抗日救亡团体的中坚和核心。

于光远离开荆沙以后，省委再次派罗乃夫、谭友林等到荆沙，进一步推动了荆沙的抗日救亡群众运动。荆沙地下党组织一面接受审查，一面分头深入江陵的郝穴、普济、沙岗、岑河以及公安的南平、北闸等地，组织和发动乡镇的救亡运动，使以荆沙城区为重点的抗日救亡运动，向农村纵深发展。

荆沙地区抗日救亡兴起的一个重要标志，是新生剧社和黎明剧社的形成。

抗战全面爆发以后，中华民族解放先锋队（简称“民先”）组织是在各大城市首先建立的以青年学生为主体的进步青年团体。荆沙一带在汉读书的学生和参加集中军训的青年，加入“民先”组织后，先后回到荆沙地区，参加和领导荆沙地区的“民先”活动。

“民先”活动的开展，使一些青年学生“同声相应，同气相求”。他们有的爱好文艺，倾向左翼文学，在一起传阅进步书刊，组织读书会，积极开展“民先”活动。同时有一些到沙市隐蔽的四川籍的共产党员，以鄂中小学和四川小学为立足点，后来四川小学合并到鄂中小学。抗战全面爆发后，鄂中小学兴起抗战团体，荆沙地区演抗战话剧，以鄂中小学为先进，于是，荆沙地下党组织即以鄂中小学为核心，组织成立了新生剧社，剧社的负责人是陈星芒（鄂中小学教员），主要工作由王枫、钱达椿、张升贵、陈明、刘明德、陈克东等负责。

新生剧社成立后，对外的主要活动是排演抗日救亡的街头宣传节目，如《放下你的鞭子》等，演员们热情很高。为了搞好宣传活动，大家积极学普通话，导演编排戏剧。

开始演出时，困难很多，剧社在党组织的领导下，发动群众同一切干扰破坏演出的人作斗争。1937 年秋后，新生剧社搬迁到沙市剧院隔壁一个会馆。有一次新生剧社同剧院经理协商，准备演一场抗战话剧，名叫《林中口哨》，经理答应了，观众也知道了。谁知正待新生剧社的演员们要登场时，经理忽然变卦，宣布话剧不演了，顿时全场哗然。演员们强行拉开幕布，唱起了救亡歌曲，台下齐声应和，群情振奋。经理又跑上台，坚持不让演。演员们质问他：“反对演抗战话剧，居心何在？”台下观众也怒吼起来：“打倒汉奸！”几个热血青年跳上台，给了经理一阵拳头，连看戏的国民党士兵也支持剧社演出，要把经理抓起来。经理受众人指责，只好赔礼道歉。话剧在抗争中演完了，演得很成功，台下掌声雷动。这就是新生剧社成立后的第一场斗争，被称为剧场事件。

新生剧社还成立了专业剧团。为了扩大影响，剧团走出剧院，走上街头演出。街头宣传活动，一般都是：先集体唱救亡歌曲，再向观众演讲抗战形势，然后演剧。演完剧后，又领呼口号，有的还教唱救亡歌曲。新生剧社的活动方式很灵活，时分时聚，除了集体演戏外，还有单独的行动，他们还深入学校、工厂、街道，向广大群众宣传抗日救亡，散发各种抗日救亡的传单。在荆沙党组织的领导下，新生剧社为抗战初期荆沙地区的抗日救亡做了大量的工作。

黎明剧社是与新生剧社同时成立发展起来的。成员多是沙市“圣太”和“新安”两个小学的师生。党组织派从汉口回来的余杰进入学校，并同社会上的进步青年相结合，组织成立了黎明剧社，主要成员有余杰、冀昌茂、王遇璋、陈钟芝、朱梦云、吴德钟等，新发展的党员是其中的骨干。

黎明剧社的宗旨，以宣传抗日救亡为中心，宣传形式与新生剧社相同。黎明剧社除了街头演剧宣传，还组织了读书会，加强演员们自身的思想建设。他们在街上演出的《三江好》深受群众喜爱。为了宣传抗日，扩大影响，黎明剧社还到荆州城内从事宣传活动，他们与荆州城内的救亡团体联系得较紧密，相互帮助，为推动荆沙的抗日救亡运动，作出了一定的贡献。

在荆沙党组织的领导下，两个剧社的活动卓有成效。1938 年元旦，通过党组织秘密活动，两个剧社在沙市中山公园中山纪念堂组织了一次联合公演，演出了《最后一计》《三江好》《九一八以来》《烙印》《蜕变》等剧。联合公演抗日救亡的舞台剧，这在荆沙地区还是首次。

“青救”在武汉成立之后，荆沙地区党组织进行了研究，决定成立“青救”荆沙区团。它是以党组织为核心、有组织有计划地开展工作的。1938 年 1 月荆沙区团建立，荆沙各行各业、工农商学各界也建立了分团。

“青救”创办了《荆沙民众》刊物，开始由邓东牵头，成员大都是八中的学生，如李泽裕、徐永禄、周通旦、冀昌茂、李宗杰、余杰等人。余杰为主编。《荆沙民众》刊物以党的《抗日救国十大纲领》的精神为宗旨，从事抗日救亡宣传，刊出了“青救”的章程。在合法的形式下，引用蒋介石在庐山讲的“地无分南北，年无分老幼，无论何人，皆有守土抗战之责任”来说明抗战必须发动广大群众。但仍受到沙市民众教育馆长卢俊等人的干涉，以书店未登记为由，拒绝代销刊物。刊物内部也出现纠纷。原来的办刊方针是“有钱出钱，有力出力”。荆江堤工局局长的儿子徐永禄，拒不同意把刊物的地址设在他家，并申明退出。然而余杰等毫不灰心，通过“新生”和“黎明”两个剧社的成员分头去推销刊物，为继续办刊准备印刷费用。由于刊物上登了青年救国团的章程，并有宣传抗日救亡的文章相配合，这样就把推销刊物同宣传“青救”、发展“青救”的工作结合起来了。

“青救”荆沙区团成立以后，面临着如何与国民党当局打交道的问题。当时蒋介石以军事委员会名义统治一切，陈诚任部长的政治部成立之前，有一个军事委员会第六部，在各专区都派有所谓“民众运动指导专员”及其办事机构。江陵县属于第四行政督察区，在沙市文昌宫设有“军事委员会第六部民众运动指导专员办公处”，陶尧阶任指导专员。陶是国民党省党训班的学员、“十人团”的CC骨干。该处依靠一些地方“党棍”，如熊维则（国民党公安县党部书记长）等。他们以指导民众运动为名，限制群众抗日救亡活动。另外还有设在沙市商会内的官办“荆沙各界抗敌后援会”，负责人彭凤昭，是徐源泉第十军政训处秘书、复兴社鄂西的负责人，在荆沙文化教育界一手遮天，这是荆沙救亡运动的严重障碍。

荆沙“青救”组织在党的领导下，根据合法斗争与非法斗争相结合的原则，以“正在办理之中”等手法来对付。荆沙的“青救”区团是武汉的“青救”总团的下属机构，它没待上面批复，已先成立。在立案登记的过程中就大胆开展活动。有一次《大同日报》的记者黄剑秋向“青救”采访情况后，即在《大同日报》上登出了一条关于荆沙“青救”的消息，并在文中表扬了“热心爱国青年余鸣籍”，于是“青救”组织便以“你们的报纸都承认了”为理由，大肆展开活动。

1938年3月底，荆沙地区一度风传收复了济南，当时人心振奋。党组织就以“青救”名义，因势利导，大张旗鼓地在街头呼口号，唱救亡歌曲，组织群众打着青年救国团的旗帜上街游行。有些商店放鞭炮庆祝。第二天，“青救”的各个分团在三府街、拖船埠等热闹市区贴满大型壁报。

发展“青救”组织，原则是放开手脚广泛发展。青年入“青救”，只要有团员介绍即可。一个单位只要有三个以上团员就可成立分团，团员除参加一些对外的抗日救亡宣传活动外，内部经常传阅进步书刊，学习团刊。当时各分团的团员数以百计。如鄂中小学，教员中有几个团员，成立了分团，遇到开会游行之类的大型活动，全校学生一起参加，打着“青年救国团鄂中小学分团”的横幅旗帜，队伍的行列有一条街长。

1938年4月，官办的荆沙各界抗敌后援会奉命在沙市体育场召开群众大会，庆祝台儿庄大捷。会前“青救”并未接到通知，但“青救”组织所有的团员，打着旗帜去了。会议中间有一议程是自由演讲，彭祥麟、余杰等人走上讲台，以“青救”的名义向大会讲话，宣传抗日救国，号召广大民众积极行动起来，支援抗战，反对卖国贼。台下民众情绪高涨，爆发出一阵阵热烈的掌声。接着余杰领呼口号，顿时会场沸腾了。主持会议的国民党右派，以不合法组织为由，制止“青救”的行动。但台下的人喊着：“你们讲下去！”“讲下去！”一时秩序混乱。为了不发生更大的冲突，“青救”组织打着旗帜，唱着抗日歌曲，离开了会场，以示抗议。这就是当时所说的“体育场事件”。“青救”组织被国民党右派注意之后，荆沙地下党组织通过邓初民出面同彭凤昭联系，又以抗敌后援会的隶属机构青年服务团（简称“青服”）的名义展开工作。不少学校以“青服”的名义建立工人、店员、农民夜校和识字班，原来的“青救”团员有的变成教员，有的变成学生。仅鄂中小学就开设了两个班。“青服”还经常派出一些以原“青救”骨干组成的三至五人的小型宣传组，用“青服”的合法身份，到工厂、街头和郊区农民中去开展活动，不仅唱歌、演讲，而且携带一些通俗书刊，在群众中传阅。

在纪念“七七”抗战一周年的时候，“青服”出动了流动献金车，用板车扎彩装饰，别开生面。献金车活动于荆沙的大街小巷，并沿着街道不时停留，演唱救亡歌曲，广大群众踊跃参加献金活动。集腋成裘，一日收集的金额也为数不少，充分表现了荆沙人民的抗战意志。为纪念“八一三”，“青服”举行了火炬游行，震动很大。

抗战全面爆发后，外地一些进步团体也迁来荆沙参加抗日宣传活动。北京朝阳大学，以曹子久（共产党员）为首的师生开展了学生宣传工作。他们在中山公园举行演讲会。邓初民、马哲民、黄松龄等教授分别主讲，宣传抗日救亡，深受人民欢迎。北京学生流亡剧团也在 1938 年 4、5 月间到达沙市。他们在剧团党组织的领导下对荆沙地区各抗日救亡团体以极大的支持。“青救”成员吴德钟、张先贵等先后调进这个剧团。朝阳大学师生与荆沙“青服”成员一道，推动了“沙市各救亡团体联合座谈会”的召开。随后又出现了抗敌后援会领导下的铁血剧团、指导专员办公处领导的抗敌剧社。荆沙党组织同铁血剧团开展公演，并派代表参加铁血剧团召开的座谈会。

荆沙抗日救亡运动同时向农村发展。1937 年底，荆沙特支即派共产党员深入郝穴、普济等地，秘密联系同志，宣传抗日救亡。1938 年，郝穴首先成立了抗日救亡宣传队，还深入学校，组织学生到街头、乡村去宣传，演唱救亡歌曲。普济区也成立了抗日救亡宣传分队，他们自筹资金，打着红旗在偏僻的乡村从事抗日救亡的宣传活动。荆州八中学生李宗杰，在共产党员陈中万的帮助下，参加了“抗日大同盟”，随后又以“大同盟”为核心，组织了十余人的抗日宣传队，他们先后深入董市、公安、石首、监利、郝穴等地开展抗日救亡的宣传活动。

1938 年 10 月，在周恩来、郭沫若等统一领导和安排下，原在国民政府军事委员会政治部三厅任职的刘明凡，到沙市组建“战地文化服务处沙市总处”。刘明凡任主任，萧志锋任秘书，另有四个干事，下设沙洋、宜昌分处，通过各种渠道向前线输送书报和刊物。自重庆战地文化服务处来的书报刊物良莠混杂，有进步的，也有反动的。服务处就进行仔细挑选，然后设法将进步书报刊物散发出去，让前线军民传阅，这对安定民心、鼓舞士气起了一定作用。

服务处除向外地散发书刊外，还在荆沙各地建立了进步书刊发行网点。并在沙市编出大幅壁报、小型墙报，张贴标语，揭露日军烧杀奸淫的罪行，斥责国民党右派的投降妥协行为，讲明只有抗战到底，才能挽救民族危亡的道理。

服务处还以合法的地位，协助当地党组织做了大量工作。如为地下党员发身份证、委任状，使他们以合法身份，从事党的工作。

二、天汉抗日救亡运动

天门、汉川抗日救亡运动的兴起，主要是从党内开始的。党组织不断发展，抗日救亡运动就不断深入。各地党组织一面从事党的建设，一面深入城乡，建立各种抗战群众团体。汤池训练班许多学员，来到天门、汉川，发放合作贷款，宣传抗日救亡，发展抗日力量。这是领导天门、汉川各地抗日救亡运动的主要力量。另外，从监狱中营救出来的共产党员和第二次革命战争时期的流落人员，也是天门、汉川抗日救亡运动的重要骨干。

天门县党领导的抗日救亡运动，是从1930年3月开始的，从城镇到农村，由学生、工人发展到农民。1938年2月，汤池训练班的第一期毕业生，以合作指导员的身份分赴各县从事抗日救亡活动，其中分到天门县的有10人，潘琪（共产党员）、庞俊（共产党员）为正副组长。他们到天门同当地党组织取得联系，在天门中学操场召开了群众大会，会上控诉了日军侵略的罪行；宣讲了《抗日救国十大纲领》和团结各界人民共同抗日的有关政策。会后，天门城关党支部分别组织党员和进步青年学生，深入工厂、学校、剧院和乡村，进行抗日救亡活动。

1938年春，王哲君受董必武派遣，从武汉来天门从事抗日宣传活动，发动李鸿杰、李佐坤、郭厚成、黎澍德、郭圣英等组织成立了青年救国团天门分团，恰好郭沫若领导的“抗敌演剧第七队”（胡丹佛领导）到天门作巡回演出。王哲君等配合一起，运用歌咏活动和展览、座谈各种形式，宣传发动群众。同年5月，韦为从武汉返回家乡麻洋地区，发展青年救国团团员100多人，建立了麻洋、横林、彭市、黑流、多祥、茅湖、临江、鹤江8个区团部。不久，李书昕、程锦玉、朱鸿恩、文振鑫等人成立了天门旅省同学会，办起了《抗战壁报》，开展宣传活动。后又建立了抗战歌咏队，在街头巷尾演唱抗战救亡歌曲。元宵节的晚上，他们提着灯笼上街游行，一面唱歌，一面呼喊“打倒日本帝国主义”“抗战到底”等口号。还与旅省同学战时服务团举行了联合公演，演出了《九一八以来》《秋阳》《转变》《回头是岸》等独幕剧。演出后受到了在县视察的湖北省政府委员张难先的接见。此后，他们又组织县城的一部分青年学生成立了两个宣传队，深入各地开展抗日宣传。

在纪念抗战全面爆发一周年时，他们还开展了“七七”献金运动。

献金台上贴着“前方流血后方流汗，他们出力我们出钱”的对联。

天门中学的师生献出了自己的积蓄和学习、生活费。有的妇女取下金耳环、金戒指投入了献金箱，有的农民把刚卖菜的钱都投入了献金箱，广大群众积极献金，共募捐127.75元。

宣传队还到小板、黄潭、渔薪等地进行宣传。岳口青年组织抗敌救亡剧团，除搞演出宣传外，还编印《战事新闻》小报，每期发放500份。战区学生抗战移动剧团到岳口后，专门赴医院慰劳伤兵，帮助伤兵写信50余封。

天门皂市镇的抗日救亡运动也搞得很活跃，鄂中特委办有皂市书报合作社，街头巷尾都贴满了墙报、标语和漫画，民众教育馆、民众夜校识字班、杏花村茶社等处，都在宣传党的《抗日救国十大纲领》和关于游击战争的基本知识。这些活动，受到各界人士的欢迎。有个医生叫周愚难，是晚清翰林的大公子。由于出身官宦家庭，封建礼教很严，对年轻的三姨太王桂英的活动限制得很厉害，不准她出深闺和内堂。周在共产党抗日救亡宣传的影响下，在思想和生活上发生了急剧变化。他的独女周文在武汉读书，寒假一回家，就组织了20个同学，投入了宣传队伍。以后又动员王桂英冲破封建礼教的限制，参加排戏演出。1938年1月的一天，大雪纷飞，周愚难先生一家冒着呼啸的风雪，到民众教育馆进行演出。演出的《送郎参军》《木兰从军》，从演员到服装、道具都是周先生家的。演出时虽然天气奇寒，但是热情的观众挤满了演出大厅。周家的这一抗日爱国行动在皂市引起了连锁反应，连国民党“抗敌后援会”的负责人杨溶川，也来到街头演讲，当他讲到日军侵华罪行时，激动得声泪俱下。皂市妇女在抗日救亡运动中表现突出，在“三八节”那天，召开了妇女庆祝大会，会上展开了募捐活动，当场就募捐银圆100多元。会后，妇女们忙着替前方将士做衣服、编草鞋，通过八路军驻汉办事处转送前方。汤池训练班结业的第一期学员郑速燕分到皂市后，起早贪黑，在穷苦人家中帮助干活，在劳动中教育和鼓舞妇女积极行动起来，参加抗日救亡。在郑速燕的帮助下，广大妇女积极参加识字班和生产合作社。不仅学了文化，接受了进步思想，而且解决了妇女在生产、生活上的困难。抗战全面爆发后，海口被日军封锁，脱脂棉不能进口，发生了恐慌。天门是产棉区，有自然优势，因此，她们在汉口弄回了一台脱棉机，以换人不停机的办法夜以继日地生产脱脂棉。为支援前方抗日部队，起了很大的作用。郑速燕是天门抗日救亡妇女组织中的先进人物之一。

汉川县，自董必武营救出彭怀堂、张华堂、张继堂、郭秀庭等人后，他们回到家乡积极开展抗日救亡工作。随后，从汤池训练班回到汉川县的学员也参与抗日救亡的领导工作。1938年2月，湖北战时乡村工作促进会派黄治国到汉川县榔头地区领导当地抗日救亡运动，成立了湖北省战时乡村工作促进会榔头分会，公开设立办公室、阅报室。随后，又建立了“中华民族解放先锋队”，下设中队、分队和小队。湖北省乡村巡回宣传队第十二队，此时也来到了汉川，并协助汉川成立了系马口战时服务团和分水嘴同学会。接着汉川的老兴集、南河渡、系马口、杨林沟、城湟港、西江亭、湾潭、同兴集、养鱼铺、播义湖、分水嘴等地也建立了青年救亡分会。杨林沟有28名“抗敌后援会”成员，学习了八路军朱德、彭德怀3月29日通电，深受教育，向八路军驻汉办事处邮汇一笔捐款，作为军队购置药品和防毒用具费，以表示自己抗日的心意。

三、汉沔抗日救亡运动

汉（阳）沔（阳）的抗日救亡运动直接受武汉的影响。在襄河地区，汉（阳）沔（阳）的抗日救亡运动兴起得最早，发展比较突出，影响深远。

距武汉仅20余公里的汉阳蔡甸，1937年8月即掀起了轰轰烈烈的抗日救亡运动。汉阳旅省读书的大中学校的学生，暑假回乡，组织动员青年学生开展抗日救亡的宣传活动。他们走上街头，深入乡村，向群众讲述祖国危亡已迫在眉睫，领呼口号。《救亡进行曲》悲壮嘹亮，抗日怒吼响彻蔡甸镇的大街小巷。在这些学生的启发和推动下，蔡甸城乡的中小学校深受鼓舞，踊跃参加活动。接着侏儒、南河渡、杨林等地的青年学生纷纷响应，先后组成各种抗日救亡团体，积极开展抗日救亡运动。

汉阳县以萧利三、萧瑚、萧抱真、邓真如等人为首先后成立了“中国青年抗日救亡协会汉阳分会”和“湖北省乡村促进会汉阳分会”等群众团体。他们发动学生和工人，组织从武汉到汉阳来的中学生，开展抗日救亡的宣传活动，并办起了文化补习班，学习语文、数学、英语。在创办补习班的同时，“乡促”“青救”公开与出版机关、报纸、杂志社联系，要求他们义务寄送共产党主办的《新华日报》、邹韬奋主编的《全面抗战》等进步书刊。还购买了一批延安出版的图书，如斯诺的《西行漫记》《毛主席青少年的故事》等。这些团体的骨干，有地方党组织派来的，有民族解放先锋队派来的，也有从延安抗大毕业分配来的。他们一面教学，一面搞宣传活动，把学生组织起来，成立歌咏队、演讲队，并邀请知识界的知名人士，讲抗战形势，以提高群众对抗日救国的认识。歌咏队、演讲队从城镇到农村，发动广大群众积极行动起来参加抗日救亡运动。同时，还不断发展会员，壮大组织。

救亡团体的不断发展和壮大，为汉阳城乡的抗日救亡工作增添了新的内容。一个由政府（国民党）按行政体制实施的“社会军事训练”，虽然标榜训练目的是“全民皆兵、抵御外侮”，但训练已进行了半月，还未进行过一次实弹射击，当以爱国青年学生为主体的“蔡甸青年救国会”组成时，许多受过“社会军事训练”的青年工人、农民，纷纷要求加入，并请求政府发给枪支弹药，进行实弹射击训练。此时担任汉阳县长的CC分子张导民，原本对救亡宣传活动并无兴趣，当青年工人、农民要求加入救国会，请求发给枪支时，张即密令对青年救国团体严行取缔。为此，爱国青年志士们义正词严地提出抗议：现在全国一致抗日，必须唤醒全体民众参战，方能保证抗战必胜，为什么要干涉、制止我们的爱国行动？张蛮不讲理，依仗警察局和各区公所势力，对各地救亡活动进行压制。张的倒行逆施，激起了群众的义愤。著名中医黄云椎，将张的罪恶事实控告于武昌地方法院。黄先生与张对簿于公庭，当局被迫于1938年8月3日撤免了张的县长职务，由萧逸阶继任。萧县长在汉阳人民爱国精神的感召下，对群众的救亡活动采取了较为开明的态度。汉阳县乡村促进分会、民众教育馆（政府所属机构）组织的抗敌宣传队以及聚恒剧社等爱国救亡团体，又在汉阳城乡活动起来。

1938年夏秋之际，“誓死保卫大武汉”的号召愈益激动人心，而武汉的军事形势也愈益紧张起来，日军已突破马当封锁线，进占田家镇、半壁山等要塞，汉阳城乡的爱国青年们，在“乡促”和“青救”的启发推动下，明确认识到“执干戈以卫国家”的神圣义务必须勇敢而坚决地担当起来，他们迫切要求加强军训。国民党军队某师驻汉阳团指挥员刘某，是一位爱国青年军官，主动辅导青年学军事知识，操练作战技术，同时还根据政府颁布的总动员令，督促和协同警察局、区公所对居民进行防空、防毒训练。如蔡甸地区，即由全镇店员、工人中的青年组成一个个战时工作大队，担任挖掘防空壕等工作。整个蔡甸千余码头工人组成了三个战勤大队，担负了蔡甸大部分战勤工作。

1938年9月中旬，武汉危急，为拯救民族，持久抗战，汉阳的“乡促”

和“青救”组织邀请武汉的朝鲜战时服务团、新生活运动总会妇女指导委员会、二十三救亡图书室等团体组织到汉阳各地巡回演出宣传。浩浩荡荡的联合宣传队，带了大批的海报、标语、漫画等宣传品，来到汉阳蔡甸。9 月 13 日上午，在蔡甸河街张王庙的广场上召开群众大会。大会还未开始，各地男女老幼已云集广场。会上由宣传队演出了《放下你的鞭子》等街头剧。会议号召，广大民众团结起来，一致抗战，有钱出钱，有力出力，誓死保卫家乡，保卫祖国。参加会议的各救亡团体代表，工人、农民代表纷纷登上讲台振臂高呼：“我们决不离开家乡，誓死保卫家乡！”他们激动得热泪直淌。会议结束时，主席台上几次宣布散会，但会场仍是人声鼎沸，不愿离去。当晚，汉阳蔡甸的青年学生，又在蔡甸贴满了标语、漫画。奓山还请武汉宣传队到该地继续进行宣传活动。

沔阳县党组织重新建立以后，担负的第一个工作，即是组织沔阳人民投入抗日救亡的洪流。

在中共沔阳县特支的领导下，一个个以“青年救国团”和“战时乡村促进会”为主体的群众团体组织，在沔阳县各地应运而生。“地不分南北，人不分老幼，全面抗战，才能战胜日寇”“民族危亡，匹夫有责”“有钱出钱，有力出力”等抗日的呼声，四处可闻。

1938 年初，北平民国大学学生彭涛，借陪同妻子回家养病之机，经武汉青年救国团总部姜纪常同意，决定以“青救”的公开身份，回到彭场开展工作。彭涛是沔阳彭场人，家势很大，伯父、叔父是地方的有名人物，他可以利用这一社会关系，开展工作。彭涛回到彭场后，首先找到向思贡、彭福生、彭万武、朱祖培、昌绍文等人，动员他们参加了“青救”活动。接着，组织成立了“武汉青年救国团彭场分团”，开展各种形式的抗日宣传活动。彭场的横堤街是彭场人民的活动中心，人们赶集都要从这里往来经过，于是彭涛率领分团成员，自筹资金，在横堤街出墙板报、写标语，还贴出一幅彩色画：上面画着两只粗壮有力的臂膀，共同高举着一支钢枪，一只臂膀上写着“国民党”，一只臂膀上写着“共产党”，意即国共合作抗战，形象鲜明，通俗易懂，群众看后，深受教育。

“青救”彭场分团经常走上街头，从事宣传活动。他们自编自演抗战话剧，以戏剧招来观众，用演讲宣传抗日道理。彭场下街小学，是“青救”兴办的夜校。在这里，他们除教青少年识字外，还教唱抗战歌曲，讲解抗日救亡、抗战必胜的道理。

随着沔阳县各地抗日救亡运动的发展，太阳垴、张沟、白庙、尤拔、杨林尾等农村小集镇也先后成立了“青救”分团。为了便于工作和统一领导，决定成立沔阳县区团。1938 年春在彭场召开各界抗日救国群众大会，与会代表约 3000 人，国民党沔阳县代表彭沙千乡联保主任王大鹏也参加了大会。会前“青救”通知王大鹏，请他做好讲演的准备。大会开始后，王站在台上，涨红了脸，讲了两三句，就走下台站在彭涛面前说：“我们说不到点子上，还是请您来讲吧！”彭涛被请上台，台下一阵热烈的掌声。彭涛向大会讲解全国的抗战形势，接着又简要地分析了沔阳地区的“青救”工作和抗战局面。他说：都是中国人，同是炎黄子孙，眼看着日军践踏我们的国土，蹂躏我们的同胞，我们必须携起手来，动员所有的力量，地不分南北，人不分老幼，有钱出钱，有力出力，为驱逐我们的共同敌人，为挽救我们伟大的民族，实行全面抗战，夺取最后的胜利。他讲完后，由向思贡向大会宣读《大会宣言》，全场热烈鼓掌通过。接着是自由讲演。会议在热烈的掌声和口号声中结束。

这次会议以后，沔阳的“青救”组织迅速向乡村扩展。为加强领导，1938 年 8 月，彭涛奔赴汉口请示省委，由钱瑛派陈一震到沔阳协助彭涛工作，将陈、彭的党员关系介绍给沔阳特支，以便由地方党组织直接领导“青救”的工作。然而，8 月 17 日，武汉卫戍总司令陈诚却下令解散“青年救国团”“中华民族解放先锋队”“蚁社”等 14 个群众抗日救亡团体。8 月 21 日《新华日报》为此发表社论，要求恢复上述团体活动，国民党当局置若罔闻，迫害日紧。沔阳县区“青救”停止了活动，原有团员转入“战时乡村促进会”，继续开展抗日救国活动。

1938年1月5日，湖北省战时乡村促进会正式成立，中共湖北省临委先后派何彬、郭佩珊、林达飞、张执一等人到该会组织部、宣传部及汉阳分会负责实际工作。该会主席由国民党元老孔庚担任，黄松龄、马哲民负责日常工作。“乡促会”成立以后，在全省影响很大，各县都先后建立了这一组织。

1938年4月，在沔阳党组织的领导下，于何家场成立了“战时乡村促进会沔阳筹备会”。筹备会主任由胡家林担任。胡参加过长征，因需要养伤，随同金华龙回沔阳家乡。筹备会址设在何家场真觉寺，离金华龙家不远，便于特支指导工作。同时，新堤战时乡村促进会筹委会也宣告成立，主任王治。至6月，会员由100余人发展到500余人。“乡促会”以共产党员为骨干，组织广大爱国志士，积极投入抗日救亡运动。“乡促会”的活动是公开的。他们从武汉带回《抗战宣言》和《告全国同胞书》等抗日宣传品，在各地散发，将“保卫大武汉”“中国人不打中国人”“团结一致抗日”“不做亡国奴”等抗战标语贴满了墙头、树干。“乡促会”的会员们常常废寝忘食，积极性很高。一次金华龙率领会员，在一夜之间，分别跑了上百里地，把传单、标语散发张贴到郑道湖、老沟、中革岭、杨林尾、老沙沟、官垱等地，抗日运动高潮迅速到来。然而，“限制”与“反限制”的斗争也很激烈。1938年6月12日，正当日军攻占安庆，揭开了武汉会战的序幕时，国民党军统特务头子康泽即安排其羽翼潜入沔阳，并在武汉建立了三民主义青年团武汉支团沔阳分团筹备组，黄潮任主任。武汉失守前夕，金亦吾继任三青团武汉支团主任。在交接仪式上，康泽对金亦吾说：“你们唯一奋斗目标，就是绝对不能让异党侵入和控制江汉地区。特别是监沔等县的洪湖区域。……为了达成这个目标，你们可以随机应变曲为应付时局。各分团主任、书记应立即回到各县，趁武汉撤退之机，搜缴散兵游勇的枪支，组成分团的武装力量。如发现异党活动，应立即扑灭。对其人员可坚决地秘密处理。对于所有江汉地区的各竿子头（指土匪）应深相结纳，给以名义，为我所用。如果拘于环境，宁可策其暂行附敌。总之，要以制共为第一要务。”8 月中旬，国民党沔阳县长王愚勤刚刚上任，即由反共顽固分子陈定道、保安中队长郑海东等在特务头子康泽的指使下率部到彭场捉拿共产党人。朱同科、汪文翰均在童仲燮家被捕。童本人因送客外出幸免于难。汪文翰因其族叔汪发盛和国民党县政府承审员陈卓堂的竭力作保而获释，星夜出走河南。朱同科系 1926 年的老党员，过去曾多次率领赤卫队同“北极会”头子陈定道血战，两人结下不解之仇。所以尽管有人全力作保，也无济于事。沾满人民鲜血的刽子手郑海东，托词将朱同科解送沔阳县府候审，行至彭场对河的州河嘴上，郑海东突然开枪射击，朱同科壮烈牺牲。金华龙得到噩耗，赴汉向省委汇报，董必武、钱瑛等听了汇报，即让童仲燮以八路军驻汉办事处的名义致函国民党湖北省政府民政厅长严立三，要求惩办残杀抗日救亡战士的凶手。

金华龙从武汉回沔阳的第三天下午，在家听取了柳沟党支部书记胡葛珍的汇报。晚上，郑海东带领 30 多人包围了金的住处。然后，破门而入，将金抓获。金严词质问郑海东，郑只冷冷一笑，命人将金华龙和可疑之物带走，行至朱同科就义处时，金华龙被郑海东一枪击倒在地，壮烈牺牲。

金华龙不幸牺牲的消息传到武汉，中共湖北省委为他开了追悼会，《新华日报》9 月 28 日发表题为《克服困难，抢救武汉》的社论，指出：“某些地方政治的黑暗和反动，没有受到必要的制裁，如最近沔阳县屠杀共产党员的事件不断发生……对若干朝气蓬勃的青年组织，努力工作的救亡团体，不断地加以摧残；对救亡分子和共产党员还有随意逮捕等暴举，对于民众运动，不仅不予扶植领导，且多方阻扰。最后，对于汉奸和亲敌派的一切破坏抗日民族统一战线，破坏抗战的阴谋，还没有给予应有的打击。……”朱同科、金华龙牺牲后，在沔阳工作的陈一震、葛聘山等人分头隐蔽起来，基层党组织一时与上级失去了联系，救亡团体组织活动一时处于低潮。但是广大共产党员，并没有被顽固派的迫害所吓倒，他们一面寻找党的关系，一面继续开展抗日救亡活动。

在日军进攻武汉的紧要关头，当时在国防部三厅任职的革命剧作家田汉和著名的翻译家冯乃超带领武汉学生抗宣队50多人来到新堤镇，宣传抗日救国的真理。时逢中秋节后，田汉一行从武汉乘船于23日到新堤。当日，由新堤党组织领导的新堤乡村工作促进会及新堤抗敌后援会等抗战群众团体到水码头迎接。

田汉和抗宣队的队员们顾不得安顿好，就开始了工作。他们有的提着石灰桶写标语；有的站在街头巷尾教孩子唱救亡歌曲；有的敲鼓演出街头剧。第二天，田汉在新堤镇邀请各界人士代表开会，呼吁全镇人民团结起来，坚持抗战救国。他语重心长地反复向大家宣讲：在这生死存亡的最后关头，中国人民除了抗战到底外是没有任何出路的。田汉的讲话，深受与会者的赞扬。最后，田汉即席演唱了自己连夜赶写的抗战歌曲《团结起来和鬼子拼》："新堤同胞们，万众齐一心，团结起来和鬼子拼。收复我中华，完全靠大家，男女老少起来吧，起来把敌杀。"晚上，抗宣队男女队员50多人在新堤民乐戏院演唱了《打回老家去》《大刀歌》《毕业歌》等救亡歌曲。第三天，抗宣队白天在新堤演出话剧《放下你的鞭子》《活捉小鬼》和《慰问伤兵》，晚上在戏院又演出了《亡国恨》《卧薪尝胆》等戏。

此外，冯乃超和抗宣队员还为沔阳县立小学、新堤私立江峰小学、教会办的新民小学及几所私塾师生教唱抗日歌曲。

田汉率领的抗宣队在新堤活动的时间虽然不长，但影响深远，它不仅激发了人民群众同仇敌忾的爱国精神，而且使很多不战而逃的国民党散兵游勇深受感动，重新参加了抗日队伍。

四、石公华抗日救亡运动

石（首）公（安）华（容），东濒洞庭湖，西临虎渡河，南起南县，北抵江陵，长江横贯其间，把它分成江北、江南两个部分。境内湖泊密布，连绵45里的桃花山横亘其中。第二次国内革命战争时期，这里是湘鄂西革命根据地的一个重要组成部分。红军撤离后，石公华的革命火种没有熄灭。在荆沙地下党组织的统一领导下，隐蔽下来的共产党员坚持在白色恐怖之中秘密活动。抗战爆发后，石公华等地党组织迅速恢复和重建。1937 年冬八路军驻湘办事处派李服波到华容等地恢复和发展党的组织。1938 年 2 月，南华工委成立，同时八路军驻汉办事处派人到石首协助工作。同年，成立了中共石首支部和中共石首特支、区委。1937 年冬，公安县成立了中共公安支部，1938 年冬，组成中共公安县委。石首、公安、华容三县的党组织通过党员和进步青年学生在群众中宣传发动，使党的抗日路线、方针深入人心，抗日的群众团体如雨后春笋般发展起来。1938 年初，刘俊就任石首县县长，在石首党组织和进步势力的鼓舞和支持下，对石首县政府实行了全面改革。刘俊虽为国民党石首县县长，但他思想开明、进步，支持抗日活动。同年 3 月，刘俊和邓初民商议，决定成立石首战时宣传队，深入农村，以唤起民众，团结抗战。邓初民是石首人，著名教授，在地方上很有威望。为了便于工作，刘俊和邓初民商量，以邓初民个人的名义，组织战时宣传队，由邓初民任队长，以密加凡、郑黄、胡兆平、赵垩、杜正尧、吴先玲、王延令、熊家凤等人为骨干，吸收部分中小学教员参加。全队共 30 多名成员，大部分是本地青年学生，也有外地流亡来的学生。战时宣传队的一切活动经费由国民党县政府提供。宣传队成立后，便开赴农村，先后到新厂、横沟市、藕池、调关、焦山河等集镇，进行了为期一个多月的抗日宣传。宣传队每到一地即召开群众大会，会上先由邓初民发表抗日演讲，然后演出抗日救亡的文艺节目。邓在群众大会上揭露了日军的侵略罪行，指出了民族危亡的严重性，号召民众团结抗敌，有钱出钱，有力出力，有知识出知识，以实际行动开展抗日斗争。宣传队还在街头和乡村，演出《放下你的鞭子》《流亡三部曲》《义勇军进行曲》等抗日节目，深受群众欢迎。演出完毕，进行献金活动。许多开明士绅、富商和群众怀着强烈的民族自尊心，争先恐后地献金，捐献了大量银圆和纸币，以调关、焦山河两地捐献的数额最多。

为动员全民抗战，邓初民还以他本人和刘俊县长个人的名义，特邀在汉的黄松龄、马哲民、郑独步等一道来到石首，为县教师讲习班讲课。在讲习班上，这四位教授就抗日形势作了鼓舞人心的讲演。邓初民教政治课。他用马克思主义的观点分析当前的政治态势，宣扬解放区的政治民主和进步。黄松龄教哲学课。马哲民教经济学课。他们以各自的专业学科为基础，紧密结合当时的抗日斗争形势，宣传抗日救国的道理。马哲民在讲习班结业大会上讲："国家兴亡，匹夫有责，我们是中国人，不能丧权辱国。"讲习班提高了教师们对抗战的认识，为打败日本侵略者、进行民众教育培训了骨干。

由于党组织的领导，刘俊、邓初民等进步人士的密切配合，石首全县的抗日救亡运动得到更加广泛深入的开展。地下党员席道炎在河口、西堤拐等地组织成立了抗日十人团。地下党员王芸夫在团山组织成立了抗日民族先锋队，并在藕池建立了《新华日报》分销处、《观察日报》阅览室。六波庵、胡家巷党支部分别办起了"烽火壁报"和抗日宣传专栏，主要刊登抗日军民痛击日军的新闻，揭露日军侵华的罪行和动员群众抗日支前的文章，很受群众欢迎。王芸夫在壁报"小言论"专栏里写的《逃到哪里去》一文，指出了"只有打倒日本侵略者，民众才有出路，国家才有前途，不然，走到哪里去也是死路一条"。六波庵党支部在"民先"队员中，还开展了"敌人来了我们怎么办"的讨论，大大激发了群众的抗战热情。

公安县的党组织发动外地流亡学生和本地失学青年，组织了一个抗日宣传队（又名抗日话剧团），由共产党员陈又新、黄莺等领导，在麻豪口、斗湖堤、闸口等地演出抗日话剧。演出的剧目有《九一八的枪声》《日寇抢占我东北》，快板《不当亡国奴》，歌曲《流亡三部曲》《吕梁颂》《义勇军进行曲》《大刀进行曲》等。在他们的影响下，全县各地出现了很多业余抗日宣传队，一时激昂慷慨的抗战歌声响彻城乡。党组织还在闸口、麻豪口开设书店，出售鲁迅、郭沫若、茅盾等人的著作和《群众》《解放》《二万五千里长征记》《八路军敌后抗日》等书刊。在闸口设立了《新华日报》分销处，抗日的书刊常常供不应求。这些抗日宣传活动对动员全县人民参加抗战，起了积极作用。

为了解决部分党员和群众对党的统战政策不理解和对全面抗战缺乏认识的问题，公安县党组织几次举办训练班，对党员、干部和进步青年进行培训。如县委在沙口市猪獾台开办党训班，学习党的六届六中全会文件和毛泽东《中国共产党在民族战争中的地位》，围绕党的建设、抗日民族统一战线、抗日游击战争问题进行学习和讨论，借以加深理解和提高思想认识。党训班的学员学习结束后，回到本地，又以所学的内容对党员和积极分子进行教育，使人民群众进一步加深对全面抗战、统一战线政策的理解。

公安县还广泛地组织群众性的抗日团体。为了防止顽固派的破坏，又易于为群众接受，建立一些政治色彩不很鲜明的或没什么政治色彩的组织。根据年龄、性别的不同，发动中青年结“金兰”“十弟兄”，妇女结“十姨妈”、“十姊妹”、拜干亲（收干姑娘、拜干娘）。青少年办珠算班、读书班。对文艺爱好者则组织演戏和音乐会。对社会上的婚丧嫁娶、庆生祝寿，提倡礼尚往来，互相祝贺。春节组织玩春景，端午邀约划龙船。总之利用一切办法在各种群众场合，向群众灌输抗日救国思想，动员青年参军参战，保家卫国，誓死不做亡国奴，反对充当汉奸走狗，争取民主权利，要求乡保公职人员廉洁奉公，反对贪污中饱，以减轻人民负担。党组织还派部分党员和进步青年加入抗日自卫队。抗日自卫队的成立和发展，对宣传抗日救国、发动抗日游击战争，都具有重要的作用。

华容县党组织自1937年底李服波来恢复和重建以后，在南华工委的直接领导下，抗日救亡运动迅速掀起高潮。党组织先集中训练区委、支委及部分党员，提高党员的政治觉悟。接着培训各地抗日救亡的宣传骨干。为了开展“民先”活动，多次举办“民先”队员训练班。党组织的主要负责人亲自讲课，用通俗易懂的道理引导“民先”队员起来开展抗日救国活动。训练班还结合湖区特点，组织军事训练，提高“民先队”的军事素质，为开展抗日游击战争做好准备。还成立了以共产党员为骨干的文化抗日会。据1938年《关于湖南省工委工作报告》记载：“抗敌剧团，在北景港的公演，曾将全镇的老百姓四五百人号召来，进行两天宣传，发了数千传单。”1938 年 8 月，有关党组织参与了国民党领导的石（首）公（安）华（容）南（县）安（乡）岳（阳）六县联防政府成立，并组建了洞庭湖巡逻大队。六县联防的实现，是我党的统一战线政策在石公华地区的充分体现。

石公华党组织坚决执行民族统一战线政策，团结一切爱国人士，遭到了那些打着抗日的旗号却干着反共勾当的坏蛋的干扰破坏。国民党石首调关区区长张仲平和藕池区区长管子超等人，秘密勾结土匪武装以清查“异党”为由，多次捕杀共产党员。石首东乡区统战委员胡治常惨遭杀害。接着，他们又在东乡区和江北区杀害了 10 余名抗日骨干（大部分是共产党员）。他们还到处打家劫舍，危害人民，破坏抗战，当地人民恨之入骨。石公华党组织与原东北军第五十三军一三〇师师长朱鸿勋协商，为了民族利益，为了维护统一战线政策，确保抗日救国运动顺利展开，必须清除隐患。由朱师长派兵将张仲平等人抓获，就地枪决。对此，石公华人民无不拍手称快。

青年救国团石首分团在动员全民族抗战的过程中，也遭到了石首反动势力的阻挠。国民党石首县党部负责人孙增珪，用“洽”的笔名在《石首日报》上发表了题为《危言》的文章，攻击“青救”是破坏抗战的团体，针对孙增珪的公开攻击“青救”的行径，密加凡写了《答〈危言〉作者洽先生的一封公开信》，以密加凡、熊家凤两人的名义刊登在《石首日报》上，予以有力的回击。

由于抗日运动的蓬勃开展，共产党的抗日民族统一战线政策深入人心，石公华广阔乡村、集镇的工人、农民积极行动起来，为抗日游击战争的展开做好了思想上和组织上的准备。

五、简师抗日救亡运动

简师，是湖北省第四区简易师范学校的简称。这所学校，是 1937 年 2 月由国民党第四区行政督察专员公署在江陵城内开办的，1938年10月25日迁至松滋。简师有教职员工数十人，开设师范班、师范科班。1938年1月，招收女子师范科班。全校有学生两百余人，在江陵、潜江、沔阳、监利、石首、公安、松滋、枝江等县招收学生，学制有一年和四年两种。

七七事变以后，全国上下的抗日救亡运动风起云涌，荆沙地区的抗日救亡活动方兴未艾。此时，虽然是国共合作期间，简师有地下党支部，但国民党顽固派仍然是仇视和害怕共产党领导的抗日群众，以国民党员、复兴社分子王家福任简师教导主任并代行校长职权。他严密控制简师，不准学生阅读抗日书刊，不准唱抗日歌曲。在民族危亡、国难当头之时，简师学生不堪忍受王家福的禁锢，于1938年6月1日爆发了震动荆沙的"六一"学潮。

6月1日中午，简师学生乘王家福外出，将揭露王罪行的标语口号贴满了校内墙壁。晚上，王家福一进校门，等候在校门口的师范班学生蔡国栋，以关电闸熄灯为信号，发起了驱王之举。集中在教室里的学生手持棍棒，高呼口号，冲进王的宿舍，王见势不好，越墙逃遁。接着，学生起草散发了"六一宣言"，要求各界声援。国民党湖北省第四区行政督察公署派田绥祥（公署秘书科长）等三人来调查处理此事。田绥祥站在学生一边，并疏通同来的邵汉元等，同意了学生的正义要求。王家福也暂时回校。7月，田绥祥任简师教导主任代行校长职权。

田绥祥，又名田畲民，河北省安新县人，在河北省第二师范学校读书时，参加过著名的"二师风潮"。1924年由辛琪田介绍加入中国共产党。第一次国共合作时期，又由辛介绍加入国民党。大革命失败后，田与共产党失掉了关系。田绥祥出任简师教导主任不久，即到武昌中央训练团教育大队受训，在汉期间田几次到八路军驻汉办事处，向董必武汇报，要求恢复自己的组织关系。董必武指示田绥祥，要利用国民党员的公开身份，与国民党上层人物陈果夫、张厉生、邵汉元等保持旧关系，秘密从事党的地下活动。董必武审查了田绥祥与党失掉关系的情况后，确认了田的党籍，并派傅君哲随田到简师协助工作。此后，田受省委的直接领导，不与简师地下党发生横的联系，以“国民党员”的身份，掩护简师地下党的活动。

随后，鄂西中心县委派党员张国栋、刘秉信到简师，组建了简师地下党支部，由傅君哲任支部书记。简师党支部受鄂西中心县委领导。

1938 年 6 月初，日军实施进攻郑州南犯武汉、广州的计划。国民党湖北省政府撤退前，在武昌召开教育工作会议。会议决定宜昌以下中学一律停办，均合并到恩施联合中学。还决定简师并入利川乡师。为此，田绥祥到八路军驻汉办事处请示董必武。董必武根据中共中央关于徐州失守后，华中要把工作重心转移到农村，准备开展游击战争的精神，指示田绥祥，简师不能停办，也不能合并，要转移到农村去，保住我党的这个抗日据点。因此，田绥祥在这次会议上与陈诚进行了面对面的说理斗争，后又经多方周旋，迫使国民党当局收回成命，同意简师迁往农村，继续开办。简师地下党组织利用其合法形式，成立了时事、演讲、哲学、政治经济学、作文、绘画、音乐等 10 个研究会。各研究会均有老师和学生参加，都有不定期的刊物。这些刊物既联络了同志，交流了学习心得体会，又宣传了党的抗日救亡主张。

在实施抗战教育的同时，开展军事训练。国民政府教育部规定中等以上学校开设军事课。简师军事教官林峰利用其合法规定，在军事训练中讲授《八路军游击战术》《军队政治工作》等军事理论。为了把学生训练成具有连级指挥能力的军事人才，田绥祥、林峰从保安大队请来一位排长，借来 10 多条枪，进行步兵操练。操练项目有单个教练、班教练、排教练、连教练，持枪、刺杀、投弹、行军、作战、偷袭等。虽然简师的条件差，生活艰苦，政治教育和军事训练极为严格，但广大师生充满着革命乐观主义精神，朝气蓬勃，愉快活泼，操场上、课堂上常歌声响亮，政治军事素质提高得较快。

1938 年 10 月初，简师成立了湖北省第四区简易师范学校战时服务团。团内分演剧队、歌咏队、演讲队。演讲队和歌咏队多次上街宣传。正值演剧队加紧排练节目准备公演时，武汉危急，10 月 25 日简师迁往松滋而停止了公演，未能按计划举行。

简师迁到松滋后，经第四区行政督察公署批准，成立了抗日宣传工作队。师范班学生李良珂任队长。宣传队一成立，立即开展了抗日宣传周活动。其宣传方式有三种：一是游行，街头演讲；二是举办抗日战争形势报告会；三是化装宣传。师范班学生杨顺来化装成40多岁的相命先生，在西斋街头摆摊算命，借以进行宣传活动。师范科学生龚少遂和赵蓉蓉化装成流亡的母女，沿街宣传。师范班学生孙震环，化装成逃难的老汉深入居民中，揭露日本侵略军在沦陷区杀人、放火、奸淫、劫掠的罪行。他惟妙惟肖的扮相和逼真的表演，调动了广大居民的感情，有的请他吃饭，有的留他住宿。

简师师生的积极宣传和鼓动，教育和启发了广大青年学生，也为抗日斗争培养了大批骨干，在襄河根据地史上写下了光辉的一页。

第四节　日军轰炸襄河地区的暴行

一、日机轰炸汉阳、天门、公安、江陵等地

武汉沦陷前，日机在襄河地区实行狂轰滥炸，惨绝人寰。

汉阳县　1938年3月29日午后1时许，日机5架侵入汉阳县大别镇上空，街上行人和居民来不及隐蔽，敌机俯冲下来，用机枪来回扫射，正街上当场死伤数人。继而敌机投掷炸弹20余枚，顿时，段家巷被毁为平地，务兹里等处房屋相继被炸毁，共计毁掉50余栋房屋，炸死居民130余人，伤残300余人。

同日，两架敌机飞窜至鹦鹉洲上空，炸毁四湾等村的房屋10余栋。当时居民均向腰路口长堤两边躲避，见敌机又向大堤上飞来，只好卧倒在堤坡边。狡猾的敌人探头俯视，压低飞行，用机枪向卧倒的群众进行扫射，顷刻间，手无寸铁的人们惨死在数里长堤之下，400余具尸体横卧荒郊，其状惨不忍睹。

1938 年 4 月 5 日 12 时，敌机 4 架向汉阳大别镇月湖堤繁荣市区投放大量炸弹，一时间火焰冲天，20 余栋房屋被炸毁，无辜同胞 80 余人惨遭劫难。

1938 年 4 月 13 日午后 2 时许，9 架敌机窜入汉阳县大别镇上空，居民和行人在奔向鼓楼东街与晴川街之间的防空壕内躲避时，被敌机发现。敌机在防空洞周围左右来回轰炸，西街房屋被炸毁 40 余栋，防空壕被炸成沟壑，壕内的 240 余人均被炸死，其中有 70 多岁的老人，有几个月的婴儿，有妇女和儿童。壕内鲜血脑浆一起流出，遗体完全泡在血泊之中。敌机过后，幸存者在洞里寻找妻子、孩子和老人，呼天唤地、顿足捶胸，凄惨至极。

1938 年 5 月 4 日，敌机 6 架飞窜至大别镇上空进行轰炸。这次居民已提前撤离，躲进荒郊，伤亡居民 6 人，炸毁 14 栋房屋。5 月 13 日午后 3 时，敌机 3 架在汉阳县城乾隆巷上空投弹 10 余枚，炸毁房屋 20 余栋，居民死伤 20 余人。

1938 年 6 月 17 日 12 时，大批敌机云集汉阳县城上空，先用机枪扫射地面，后又转向大别镇北郊，对汉阳兵工厂、铁厂疯狂投弹，中国人民近百年来搞的一点工业设备，毁于一旦。工厂附近乾隆巷、高公桥及沿襄河一带被炸得地裂山崩，墙垣倒塌，尸横遍野，血流成河。日军还将遐迩闻名的汉阳古琴台炸毁。同年 7 月 6 日午后 2 时许，敌机对准汉阳古琴台投弹 4 枚，将古琴台前半部炸毁，所有的陈设、珍贵文物化成灰烬，并炸毁附近民房两栋，死伤 6 人。同年 8 月 13 日，敌机窜入汉阳县城炸毁 20 余栋房屋，死伤 10 余人。

天门县 1938 年 5 月 6 日，敌机两架侵入天门干驿镇上空，沿街盘旋，并以机枪扫射，投弹数十枚，炸毁房屋 12 栋，死伤男女 28 名。同年 8 月，敌机 3 架飞向皂市上空，对皂市实行轰炸后，接着又飞向天门县城上空，炸毁东门堤街房屋和河南岸边砖窑。一老年妇女被炸死，伤一人。同年 10 月，敌机两次侵入天门岳口镇上空，炸毁房屋 12 间，炸死无辜百姓 25 人。

公安县 据史料记载，1938 年 11 月 11 日下午，日机在县城南平东门投燃烧弹数枚，顿时整个市镇淹没在火海之中，继而对准城中心往复穿梭轰炸，投掷大小炸弹100多枚，接着低飞用机枪扫射达一小时之久。这次敌机空袭，死150余人，伤60余人，毁房屋100余栋，损失积谷4000余石。顷刻间，繁荣的小镇成了废墟一片，尸横遍地。全家蒙难者有十数户，有一家4口被炸得连残缺的尸骨都找不到一块，仅留下他家女儿的一条长辫挂在电线杆上。自此，南平机关迁徙，居民散离，百业荒废，路断人稀。

江陵县 1938年10月3日，敌机6架进犯荆沙上空，据国民党江陵县县长李培文的《江陵县抗战史料》记载："敌机6架进入荆州城区，伤亡57人，炸毁房屋56栋。""此次炸新营坊、宾兴街、玄帝宫口、陶家巷、西正街等处，以玄帝宫澡堂死人最多。"1938年10月武汉沦陷前后，日军先后出动飞机109架次，对江陵古城、沙市、郝穴等沿江重镇、村庄实行狂轰滥炸，全县炸毁房屋537栋，炸死629人，伤残人数数以千计。江陵城区，乃是楚国都城，具有悠久的历史文化，珍贵文物很多，然而，野蛮的日军不顾千百年来中国人民的心血，不顾子孙后代的痛斥，将江陵城东汉马融的"降帐台"、明朝宰相张文忠公故宅等40多处重要文物遗址夷为焦土，设在江陵城的荆南书院被炸为平地。城区瓦砾成堆，尸满街巷。

日军在襄河地区狂轰滥炸、肆无忌惮。魔掌所及，血流成河，一片灰烬，真是罪行滔天，罄竹难书。襄河地区遭受日机轰炸的地方，下从汉阳、汉川、侏儒山、黄陵矶起，到沔阳、天门、潜江、京山、钟祥等地，南从嘉鱼、监利直到江南石首、公安、华容，西抵江陵、荆门、当阳。敌机的轰炸，使多少户合家被葬于废墟；多少人被炸伤后，横街呻吟、呼救，到活活折磨至死；多少人无家可归，露宿街头、荒野。然而，襄河人民没有因此而倒下，中国共产党和一切爱国的炎黄子孙没有被吓倒。他们正像邓颖超当年在诗文中所写的那样：以牙还牙，以眼还眼，燃起民族仇恨，坚持抗战到底，赶走万恶的帝国主义——日本！

二、燕子窝惨案

1938年10月23日，八路军驻武汉办事处和《新华日报》总馆的25名同志，在汉阳境内燕子窝（现属洪湖市）惨遭敌机轰炸而壮烈殉难。这是震惊全国的一起重大事件。

1938年10月19日下午，八路军驻武汉办事处和《新华日报》总馆，在进行了著名的武汉会战以后，除留下少数人坚持到25日撤退外，其余的工作人员均撤往宜昌、重庆。22日，两单位大部分工作人员在李克农等人的带领下，携带报馆器材与另外50余名逃难群众乘坐“新升隆”轮前往宜昌。

轮船逆水而上，同志们在轮船上仍然以饱满的热情向乘客们教唱抗日歌曲，讲述抗日斗争的故事。23日晨，该轮抵达燕子窝，由于日机封锁长江江面，不时地对过往船只进行袭击，而且时间又通常在上午8时至下午3时之间，所以，新升隆轮抵达燕子窝后，李克农、王炳南、潘梓年等负责人研究决定停泊，船上除少数人担任值班警戒以外，其余人员全部上岸，分散到村子里隐蔽防空。离开新升隆轮的人，有的到附近村子隐蔽，有的则分头到邻近村庄从事抗日救亡的宣传活动。他们跑遍了燕子窝附近的村庄，抓紧一切时间，深入村庄，甚至群众家里，宣讲救亡形势、抗日的道理，揭露日本侵略中国领土、残杀中国人民的滔天罪行。他们的宣讲，受到当地人民的热烈欢迎。

10月23日下午3时许，人们按约定的时间陆续回到船上，正在轮船生火、准备启航的时候，突然空中响起微微的飞机声。原来是敌机从东方上空飞过客轮上空，接着又折回来，四架敌机向新升隆轮掷下炸弹，炸中船头。新升隆轮的前舱被炸塌了，当场死伤数人。接着敌机轮番俯冲投弹轰炸，新升隆轮顿时燃起熊熊大火，船上乘客纷纷跳入江中。轰炸持续半小时之久，敌机除了投弹，还用机枪扫射四处逃生的人群。一些人负了伤，拼命挣扎跳入水中，奋力向岸上游去，但来回俯冲的敌机，用机枪扫射逃生的人，刚刚快要泅到岸上的人又被机枪击中，沉入江水中。江上血肉横飞，浓烟翻滚，浑浊的江水，一下子变成了黑红色。

在这次惨案中，殉难的有八路军驻武汉办事处张海清、赵兴才、徐挺荣、任高年、傅世明、韩金山、张清新、孙世实等8人;《新华日报》潘美年、李密林、程德仁、项泰、陆从道、李鉴秋、王祖德、罗仁贵、罗广耀、胡炳奎、胡宗祥、潘香如、季履英、许厚银、李元清、易竟成等16人；新知书店钱岐等共25人。这些人在武汉会战中，没有倒下，却不幸惨死在转移宜昌、重庆途中。

轰炸过后，新升隆轮上还剩下80个两手空空、一身透湿的幸存者。他们有的鲜血淋漓，动弹不得；有的一身泥沙，黑烟满面。李克农将他们集中起来，分成8个小组，当晚设法住在燕子窝、冯家湾等村子。翌日晨6时，除李克农、潘梓年等人留下继续处理善后工作外，其他人员在傍晚细雨中离开了燕子窝，于午后3时徒步到达荻障口，是日黄昏抵坪坊。10月25日，周恩来闻讯后专程赶至燕子窝，察看新升隆轮被炸的现场，听取了李克农、潘梓年的汇报，进行善后处理，重新部署了行动计划。出于对日本法西斯强盗的仇恨和对遇难者的同情，当地群众冒着生命危险，从江面救起了落水人员。当离开燕子窝时，当地群众用担架将5名重伤员冒雨抬到30余里远的荻障口。为了不被敌机发现，船夫提议走远离交通要道的狭小内荆河水路。到达峰口时，受到了峰口居民的热情慰问和招待，民船工人表示愿意将他们送走。据幸存者王安娜记述，当时，船民很少和他们说话，等弄清他们是当年的红军以后，“情况立即好转，沉默寡言的同行者现在成了健谈的朋友”。“每当我们上岸时，便受到村里人的热情欢迎。他们就像是欢迎久未见面的老朋友一样。如果说不是亲眼所见，我一定不会相信，经过这么悠长的岁月，红军的名字竟然还有如此巨大的力量！”“在这以前，每当上岸购买食物时，李克农总要絮絮叨叨对我们讲一番，要付钱。现在，他却要我们想方设法说服农民，无论如何请他们收款。而农民们对我们说：我们是老朋友了，你们现在遇到困难，钱不多，还是留作不时之需吧！这充分说明了在这块洒满革命烈士鲜血的土地上的人民对共产党、对抗日战士的真挚感情。”以后，燕子窝群众在打捞沉船什物时，捞起不少烈士骸骨，并将骸骨就地掩埋，以寄托对遇难者的哀思。

在众多的遇难者里，有保卫武汉的英雄潘美年，有年轻的报社编辑李密林，有一贯表现刚毅、坚决的女性项泰，还有年幼的 13 岁学生（练习生）易竟成、14 岁的李元清和 15 岁的许厚银，这些乳臭未干的孩子过早地献出了宝贵的生命，洒尽了炽热的鲜血。他们是死在保卫大武汉、保卫中华民族的战斗中，他们的血没有白流。

惨案发生后，董必武等联名著文悼念殉难的烈士，邓颖超在吊唁诗中写道：

> 我们的热血在沸腾，
> 我们的心头在悲愤，
> ………
> 永远纪念着他们啊！
> 永远学习着他们的热烈伟大精神！
> ………

《新华日报》为此发表社论，号召广大民众继承死难者的伟大精神，再接再厉，继续奋斗，争取抗战胜利早日到来。

燕子窝惨案发生以后，新升隆轮上的幸存者和全国各地同胞纷纷表示，要以牙还牙，以血还血，誓为死难同胞报仇，誓为民族复仇。同时全国各地信电如雪片一般飞来。这不仅表达了全国人民对死难同胞的怀念，而且表现了人民对日寇的刻骨仇恨和抗战到底的决心。襄河各地民众更是以实际行动声援遇难同胞，加紧组建各抗日救亡团体，积极参加抗日救亡活动，勇敢参军、参战，决心同日寇血战到底。

第二章

天汉地委成立，襄河地区小块根据地的开辟

（1938 年 10 月—1940 年 8 月）

第一节　襄河地区大部城乡的沦陷和敌伪顽友态势

一、日军侵占襄河地区频施暴行，培植伪军、伪组织

武汉失守后，日军战线延长，兵力不足，遂对重庆蒋介石政府由军事进攻为主，转为政治诱降为主，把军事力量重点转向八路军和新四军。同时，为了配合策应政治诱降，巩固已占据的武汉等要地，日军继续对国民党军队进行战役性进攻。从 1938 年 10 月至 1940 年 6 月，日军继续西进，襄河地区的汉阳、汉川、沔阳、天门、京山、钟祥等县大部和监利、潜江、嘉鱼、蒲圻、江陵等县部分城镇和乡村相继被日军侵占。汉阳县城、蔡甸、新沟、十里铺、升官渡、黑山等地和通往武汉的水陆交通要道三眼桥沌口和襄河城头山一带，日军都派有重兵把守，控制水路和公路等交通要道。

日军所到之处，大肆烧杀掳掠，将手无寸铁的群众用铁丝穿在一起，推向水塘，然后用机枪扫射。敌人吃饱了肚子，抢光了财物，接着又纵火烧毁一座座村庄。驻汉阳县城的 270 多名日军有一次乘汽船由城头山上岸，又乘汽车到新隆集，带着硫黄、汽油、燃烧弹，气势汹汹地冲向新隆集附近各村，从鲍家庄开始放火，一连烧了会子湾、朱家嘴和张家湾等 20 余个村庄，烧得浓烟四起，火光冲天，被烧农户 570 户，房屋 280 余栋，受害群众达 3000 多人。没有逃出的被活活烧死，躲在楼上床下的老弱妇孺无一幸免，有的从火坑中逃出来又遭到敌人枪杀。有的群众在路途、村庄碰到日军，若不作揖跪拜，则性命难保。1940 年 6 月 18 日，琴断口农民舒坤进城买东西，行经陶家巷口，碰上两个日本兵，没有作揖、敬礼，被日本兵用刺刀扎伤数处，鲜血直流，当场毙命。人们称三眼桥惠济善堂的敌人据点为“阎王关”。敌人在此

调戏妇女，刁难行人，过往商客不仅财物被劫，而且性命难保。日军侵占新隆集后，将肖湾农民肖文友等 6 人推入水中淹死。还将会子湾农民余见狗拉去扛机枪，余病饿无力，扛不动，日军用皮带抽打，并将他抛入半空，摔个半死，又乱踩乱踢至死。强盗们还把一个叫邱仁贤的裁缝砍成几块，抛到田里。把田湾的田杨氏吊在门框上用火烧死。开枪打伤鲍湾农民毛洪富后，又将其推进火坑活活烧死。

日军还在占领区实行“以华制华”的策略，豢养一批失意政客、流氓和汉奸，作为统治压榨人民的帮凶。汉阳地区先后成立了伪汉阳县治安维持会，伪汉阳县政府及伪区乡组织。

日军进入汉川县境时国民党汉川县长龚勋南及其军政人员闻风弃城而逃，日军长驱而入。仅 10 月 30 日、31 日两天，即占领了汉川的主要集镇。敌又派富田中佐、山田大佐、渡边中佐、角田中佐等 20 多个大、小分队，分驻于分水嘴、城隍港、系马口、刘家隔等要地。不久，日军出动 80 余人进扰分水嘴一带，被国民党汉川县中队三面围攻，击毙 20 余名。接着，200 余日军在三架飞机掩护下再次进攻分水嘴，大肆烧杀抢掠，杀害群众 100 余人。

日军进占汉川县城后，在日军特务部指挥官佐藤敬夫与驻县宣抚队富山司令的扶持下，于 12 月 1 日县城二铺街成立伪汉川县维持会，由王伟、陈兰轩充任正副会长，管辖分水嘴、城隍港、蚌湖口、杨池口、县河口、榔头、长湾等地。并在这些地区大施两面政策：一面大放和平厥词，勾引落后与无耻无赖分子；一面进行烧杀抢掠，用英国殖民主义者对待非洲土著居民的手段，要 15—50 岁的男女脱去上衣，照半身像，每保要照一集体像。“良民”由甲地到乙地，必须先一周通知，外出须有外出证，戴在右臂，上有号码和“警备队”印章，一月核一次。出外还须说明目的，否则处以死刑。

1938 年 10 月底，日军进占沔南各大小集镇。此前日机进行多次轰炸。1938 年 11 月 20 日，日机轰炸沔东沙湖，炸死 190 余人，伤 30 余人，毁房屋 80 余栋。1938 年 12 月初和 1939 年 3 月日机又两次轰炸沙湖，人民生命财产损失更为惨重。1938年11月21日，日机轰炸沔城，下关街从龙家湾到头天门这一段闹市几乎全部化为灰烬，被炸死的无辜群众累累一街。有一个小商人，被炸得仅剩下一只腿，其妻从脚上的鞋袜才辨认出来，哭得死去活来，抱着这只血淋淋的腿回去安葬。敌机走后，打扫现场，有籍可查、有尸可认的300余人，伤50余人。

随后又有日机20余架穿梭轰炸沔阳县城、峰口、通海口3处，炸死炸伤600余人，毁房500余栋。11月23日，敌机10余架又轰炸沔阳县城，毁坏房屋20余栋。

1938年12月，日军警备队长村上率兵120多名，沿长江而上，侵占新滩口、燕子窝、龙口、宝塔洲、老湾、黄蓬山、螺山等地（现均属洪湖市）。接着侵占监利的荆河垴、白螺矶、杨林山等地，并在白螺矶、杨林山一带修建飞机场，翌年建成。机场占地2500亩，最多时一次起降100多架飞机。机场常驻日军一个加强大队，400余人。

1939年1月8日，日本军官木村率200余人，从天门皂市出发，经柳河到达湾坝场，分三路由东西北进攻天门县城，翌日分兵进犯岳口。2月20日，山田部队600余名步兵，200余名骑兵，由皂市再次侵据县城，攻占岳口。在占领区路口、街口、交通要道设哨卡，来往行人经过，必须屏气凝神，低首小心，一躬到地，然后拿出以3块银圆向维持会购买的“通行证”才许通过。否则便被认为是危险分子。不少妇女被日军残害。

1939年3月，日军向京山、钟祥大举进犯，5日钟祥沦陷。京山及钟祥以东地区的交通线和大小城镇全部陷入敌手。日军在汉宜、皂钟、宋应公路线上设立大小据点二三十个，极力推行以“公路为链”、以“据点为锁”的“囚笼”政策，并在皂市汉宜公路交叉处驻一个旅团部，作为它的兵力转换站。

1939年4月，日军沿汉水入侵潜江泽口、聂吕滩等地。5月29日，又由天门岳口南渡襄河，占领潜江县城，建立以洪瑞廷为会长、汪子荣为副会长的伪潜江县维持会（不久改为伪县政府），又驻重兵于田关，实行“三光”政策，四处掠夺。县城群众8人被俘活埋，15人被当场刺死，86栋民房被烧毁，财产损失不可计数。8月中旬，日军出动步骑兵100余人，由潜江县城北犯莫老潭等地。

1939年10月上旬，日军奈良晃率兵300余人从天门岳口渡襄河侵占沔阳仙桃，国民党一二八师退居峰口。下旬，日警备司令青赖率兵200余人，侵占沔阳县城。12月上旬，日军在沔阳仙桃设武汉西区警备司令部，先以木村中校为司令，后由左贺代之。同时成立伪仙桃维持总会。随着以仙桃为据点，出动步兵4000余人、骑兵1000余人，侵占张沟、白庙、峰口等地，建立伪维持分会。

1940年春，日军调第18旅团萱蒿岛部7000余人据守潜江，控制潜江、沔阳一带。

1940年2月至6月，日军出动飞机129架次，轰炸荆州沙市等地，炸死群众415人，重伤上千人。6月8日，日军在飞机的掩护下，从沙洋侵占荆沙。守备荆沙的国民党军队肖之楚二十六军南渡长江，日军长驱直入，6月12日侵占宜昌。

日军除在占领地区安设军事据点，组织地方伪政权外，还网罗社会渣滓、民族败类组成伪军，充当他们的爪牙。在襄河沦陷区的伪军，主要有“中国人民自卫军”八十二师、九十二师和“华中剿匪军”。

伪中国人民自卫军八十二师于1939年5月成立，汪步青任师长，黄潮任参谋长，3000多人枪，分驻在汉阳侏儒山、铜山头、永安堡、肖泗沟、九沟和沔阳周家帮、西流河、双河口、彭家场及汉川南河渡一带。他们在那里大肆搜刮民财，强拉民夫，修筑工事，大抓壮丁，扩充力量。并在九沟设有兵工厂，制造步枪，是伪中国人民自卫军中实力较强的一个师。

汪步青又称汪老二，系沔阳西流河堤北口人，黄埔军校五期生。1928年在夏斗寅部任连长，参加过北伐战争，后任国民党八十二军营长。武汉沦陷后，他乘国民党军队溃退之机，利用汉阳县三青团分团主任的名义，大肆招兵买马，扩充实力，先后收罗了一批被打散的国民党军的士兵和土匪武装。

同时又在沔阳招兵。不到一个月的时间，就拉起了上千人的队伍。1938 年底，被国民党战地工作总队长金亦吾任命为第二支队司令，宋东为副司令，下辖两个团。1939 年 5 月，在日军的压力下，在汪精卫的引诱和国民党“随机应变”策略（“曲线救国”）的指使下，投靠日军，被编为伪中国人民自卫军八十二师。日军武汉特务部与武汉警备队发给汪伪军饷日钞 20 万，长短枪 300 余支，并准许其继续活动于川汉沔地区。同时汪精卫和国民党均派特务继续控制汪部。

九十二师师长熊光，原为金龙章部参谋，武汉沦陷后投降日军，1939 年 7 月，被日军任命为“中国人民自卫军”九十二师师长。8 月，驻武汉日军为了打通蔡甸至马口的交通，将该师从黄陂调来进驻汉阳蔡甸，约 2000 人枪。

“华中剿匪军”是由刘天雄、刘国钧兄弟组织起来的。有三个大队的人枪，驻沔阳宋家新场至通海口一带。刘国钧原籍沔阳刘家河（现属天门市）人，曾留学日本士官学校，讲日语，很受冈村宁次的赏识，1938 年 10 月，刘在重庆被康泽任命为别动大队长。武汉沦陷后，刘回沔阳，被荆沙警备司令刘伯龙任命为三青团武汉支团部战地工作总队参谋长。不久，冈村宁次派人从武汉到沔阳仙桃与刘秘密联系，刘经蒋介石允许，1939 年秋投降日军，被冈村宁次委任为“华中剿匪军”总司令，以后刘让其族兄刘天雄任总司令，自任参谋长。

这些伪军原本是一些游杂土匪武装，投降日军后，为虎作伥，残害百姓，是共产党新四军在襄河沦陷区开展抗日游击战争、创建根据地所要消灭的重点对象之一。

二、国民党主力部队退守武汉外围，地方杂牌武装蜂起

日军占领武汉前夕，国民党第五战区和第九战区所属部队分别向武汉以北、以西、以南撤退。第五战区的兵力有 7 个集团军，1 个江防军，共 20 个军、50 多个师、4 个警备旅。此外，还有炮、工、通讯部队等特种兵，全部

兵力在40万人以上。这些部队分别退驻在襄阳、樊城、枣阳、宜城、荆门、钟祥、监利、潜江、江陵、当阳、宜昌等地。司令部设老河口，北与第一战区、南与第九战区连接，依靠汉水的阻截和大洪山、桐柏山作屏障，与日军对峙。薛岳的第九战区司令部设湖南长沙，所辖霍揆章第二十集团军的彭位仁第七十三军、周翔初第八十七军驻江南公安、石首地区，与第五战区驻江北江防军相连接，扼守长江两岸，互相策应，防止日军西进。从此，襄河地区处于抗日的敌后战场和正面战场。

除上述日伪军和国民党正规军外，襄河地区还有国民党地方实力派和土匪武装。他们乘日军进攻和国民党军溃退之机，拼命扩充实力，以致一时游杂队伍蜂起，“司令”多如牛毛。这些游杂队伍少则百余人枪，多则数百上千人枪。他们有的通敌投敌，有的沿用国民党地方武装的番号，各霸一方，各自为政，祸国殃民。其中势力较大的有金亦吾、曹勖、曾宪成等几支游杂武装。

金亦吾，系京山人，黄埔军校三期生。早在土地革命时期，他便是天门、潜江、沔阳、监利等县臭名昭著的人物。武汉沦陷前，金任三青团武汉支团筹备处主任兼支团部战地工作总队长。1938年10月24日，金率部从武汉迁入潜江，以组织抗日游击武装为名，收编土匪、散兵游勇，委任朱乔松、汪步青、黄潮、熊文星、管子芳等人为第一、第二、第三、第四、第五游击支队司令，委任杜华廷、朱炳坤、聂大辉、陈必祥为第一、第二、第三、第四独立大队长，号称万人，驻汉阳、沔阳、天门、潜江等地，并设前进指挥所于天门岳口。他们在驻地奸掳烧杀，无恶不作，扰得鸡犬不宁。连国民党天门县长胡光麓都说他们是“游安全之区，击无辜之民”。1939年1月，日军进犯岳口，金率部南渡襄河，逃至潜江下蚌湖、泽口一带。3月，撤销三青团武汉支团部和前进指挥所，成立三青团江汉区团，任第五战区第七游击纵队司令，属二十六军三十二师师长兼荆沙警备司令王修身指挥，担任潜江下蚌湖的河防。

曹勖，系京山人，黄埔军校二期生。1935年任国民党第八十二师副师长。

抗战全面爆发后，任一九三师副师长。1939 年 5 月到潜江任第五战区二十九集团军四十四军第七游击纵队司令，前任司令金亦吾为副司令，属长江上游江防司令部指挥。不久，因与金有矛盾，辞职回京山，将京山各地国民党区乡武装和其他游杂部队收编组成第六游击纵队，自任司令，辖四个支队，3000 余人，驻京山丁家冲、大小花岭一带。11 月受命为鄂中中将游击指挥官兼第六游击纵队司令，辖五战区第五（汪步青）、第六、第七（金亦吾）三个游击纵队。

曾宪成，系钟祥人，黄埔军校武汉分校学生。1935 年任钟祥县大队中队长，后升为湖北省保安旅营长，活动于钟祥县城、长寿、张集一带。抗战全面爆发后，被第三行政督察区专员石毓灵委任为钟祥县保安大队长。1940 年 6 月任钟祥县长兼县抗日游击司令。1941 年 3 月任国民党五战区鄂豫边区第二游击纵队司令；1942 年任国民党京（山）钟（祥）应（城）三县军政联防总指挥和五战区第三游击纵队少将司令等职。他在抗日的同时，积极进行反共活动，多次进剿共产党和新四军的抗日根据地，对京钟南山和荆钟北山抗日根据地的危害很大。

此外，在天汉湖区有土匪岑鹏、王泥巴各自扩充实力，到处为非作歹。在天西还有国民党天门县第四游击支队潘典华和第五游击支队潘尚武约 2000 人，驻九真庙以西和雷八家。这些杂牌地方武装除曹勖曾与新四军有过半年的合作抗日关系外，有的消极抗日，有的暗中与日伪勾结，且都积极反共、残害人民，其中最为恶劣的是盘踞天西的潘氏父子。

三、国民党一二八师的突起

国民党陆军第一二八师，是武汉失守后由王劲哉所部改编而成的。王劲哉是陕西渭南人，出身于西北军讲堂。原系杨虎城将军的第十七路军第三十八军第十七师第四十九旅旅长。西安事变后，东出潼关，出任新编陆军第三十五师师长。1938 年夏，参加豫东会战，伤亡惨重。同年秋，该师又奉命参加武汉会战，在江西瑞昌等地与日军交战，又遭受严重损失。武汉失守后，该部转进到湖北贺胜桥、汀泗桥，仅剩三四百人枪。番号由一三五师改为一二八师。因害怕被汤恩伯吞并，于11月北渡长江进入沔阳沙湖、太阳垴，匿迹整理。1939年3、4月间，为了扩充实力，扩大地盘，一二八师以不足一营的兵力，击溃国民党沔阳县政府自卫队驻彭场第一支队邹兴部。邹兴逃往仙桃，王部跟踪追击，击溃驻仙桃镇金亦吾第三支队司令黄潮部。彭场、仙桃遂为一二八师占领。同时一二八师还消灭了驻西流河金亦吾二支队副司令兼一团团长宋启东部。是年夏，国民党中央军委命令江防总司令郭忏派湖北省第四区行政督察公署专员金巨堂组成战地慰问团前往仙桃犒赏一二八师，派沈诚任一二八师副师长，将古鼎新部调一二八师指挥，正式承认了一二八师的番号。

1939年8月，王劲哉趁朱树烈继任国民党沔阳县长之机，先后收编沔阳县自卫队杨振华等三个中队，汉川脉旺嘴一个大队，撵走李太平部，一时声威大振，队伍扩大到万人之众，控制了沔阳、汉川、天门、潜江、监利等地。

一二八师虽在襄河地区积极抗日，但它为扩张势力，抢占地盘，也与共产党新四军发生过摩擦，吞并过人民抗日武装。经共产党新四军与王劲哉谈判，建立过合作抗日的统战关系。

第二节　襄河地区党组织继续发展壮大，天汉地委成立

1938年9月29日至11月6日，中共中央六届六中全会召开。全会批准了以毛泽东为首的中央政治局的正确路线，批判了王明的右倾投降主义错误，强调了中国共产党独立自主组织人民抗日武装斗争的极端重要性，决定党的

工作重点放在战区和敌后，大力“巩固华北、发展华中”。会议决定撤销长江局，成立南方局、中原局。在敌后不设党的省委，而设省级区党委，区党委下设地委、中心县委或县委区委、支部。中共中央还决定所有长江以北的河南、湖北、安徽、江苏地区党的工作，概归中原局领导。中原局根据武汉外围的政治军事形势和经济地理特点，决定撤销湖北、河南两个省委，成立豫鄂边、鄂豫皖边、鄂中、鄂西北等区党委。襄河地区大部属鄂中、鄂西北区党委领导，其余则由南方局所属的区党委领导。

一、天汉工委成立

1938 年 10 月下旬，鄂中特委决定由童世光、谢文耀、梁立玲、王栋组成中共天汉工作委员会。天汉工委是襄河地区建立的第一个管辖范围比较大的跨县党组织，下辖天门、汉川、汉阳、沔阳、监利、江陵等县党组织。11 月 3 日，天汉工委在汉川县童家岭召开成立大会。童世光在会上传达了鄂中特委扩大会议精神，讨论议决了关于恢复、发展党组织，动员全民抗战，组织抗日武装，做好统一战线工作等问题。工委成员具体分工是：童世光任书记兼组织部长，谢文耀任军事部长，梁立玲任宣传部长，王栋在荆沙做联络工作。工委机关设在汉川县境的小王家台，不久迁往小芦排。

1938 年 12 月，天汉工委召开扩大会议，决定成立中共汉川县委，夏昌云任书记，彭怀堂任组织部长，刘敬堂任宣传部长。汉川县委成立后，立即着手抓建党工作，积极恢复和发展基层党组织。在分水嘴、系马口、榔头、庙头、南河渡、韩家集、叶家集、老新集、西江亭、打雁湖、江家集、屈王家台、大小芦排、脉旺嘴、杨林沟等地，仅一个多月的时间就发展党员 160 多人，建立党支部 22 个。

1938 年 12 月下旬，在天汉工委指导下，中共天门县委在干驿成立。曹志坚任书记，郭建洲任组织部长，周彬任宣传部长，廖学道任社会部长。下辖芦市、赖新场区委和方王家场总支及县城、彭家垴、麻洋、赖新场、伏岭、干驿、皂市、方王家场、金河滩等支部，党员50余人。

1938年12月，日军继续西进，为加强江陵抗日救亡工作的领导，鄂西中心县委决定成立江陵县委，王任书记，彭祥麟任组织部长，张礼成为委员。下辖荆沙、岑河、郝穴三个区委和马山支部，党员300人。1939年3月，鄂西中心县委撤销，中共中央南方局决定成立湘鄂西区党委，统一领导鄂西和湘西北未沦陷地区的党组织。钱瑛任书记，何功伟任副书记，王致中、蔡书彬先后任组织部长，曾凡一任宣传部长，曾惇为委员。下辖南县中心县委（10月改为公南特委）、松（滋）枝（江）宜（都）工委和江陵县委。南县中心县委（公南特委）统一领导公安、石首、南县、澧县、安乡、常德、华容等县党组织，书记曾惇。江陵县委由天汉中心县委和湘鄂西区党委双重领导。同年秋，湘鄂西区党委决定成立江陵中心县委，魏西任书记，张礼成任组织部长，王干青任政权部长，下辖荆沙、岑河、西北、龙西、龙湾四区委，郝穴中心区委，马家寨区委和监利工委。1940年4月，湘鄂西区党委决定调魏西到天汉解放区工作，派刘百川（曾惇）接任中心县委书记。6月8日，日军侵占荆沙，中心县委东迁岑河口。8月，中共中央南方局决定撤销湘鄂西区党委，成立湘鄂边特委。石首、公安、松滋、枝江、宜都、南县、华容、常德、安乡、临澧等县党组织隶属湘鄂边特委领导。江陵中心县委划归豫鄂边区党委领导。刘百川调任湘鄂边特委书记，陈约珥（王锡珍）继任江陵中心县委书记，继续领导江陵、沙市、潜江、监利等县党组织，发动群众，开展抗日活动。

二、天汉中心县委成立

1939年2月，鄂中区党委在随县长岗店召开扩大会议，钱瑛、杨学诚、陶铸等在会上传达了中共六届六中全会精神和党中央关于八路军、新四军在敌后建立政权的指示以及中原局关于开展敌后抗日武装斗争的决定。会议确定了加强党的建设，积极发展党的组织，做好抗日民族统一战线工作，争取各阶层进步人士参加抗日救亡运动，改造国民党的区乡政权；发展武装，收集购买枪支弹药准备开展敌后游击战争；做好群众的宣传组织工作等新的工作方针和具体任务。会议根据中原局的决定，襄河以东和以北党组织划归鄂中区党委领导，襄河以西和以南党组织划归鄂西北区党委领导。3 月，鄂中区党委决定将天汉工委改为天汉中心县委（又称汉汉天江中心县委），童世光任书记，习东光任组织部长，梁立玲任宣传部长，彭怀堂任军事部长，谢文耀为委员，仍辖天门、汉川、汉阳、沔阳、监利、江陵等县党组织。中心县委机关驻地多在汉川老新集、小芦排等地。此时，党员已发展到 600 多人。

为了加强党的组织建设，提高党员的思想觉悟，中共天汉中心县委于 1939 年 5 月在汉阳七萧大湾举办了党员培训班。由宣传部长梁立玲主持培训工作。培训班先后举办三期，共培训学员 70 多人。培训班结束后，学员分赴各地农村，充分动员群众，宣传抗日主张，组织抗日武装。同时，天汉中心县委派彭怀堂去做争取龙登云的工作。

1939 年 6 月上旬，李先念、陈少敏等率领新四军挺进团一大队到达京山大山头。6 月中旬，鄂中区党委在京山养马畈召开会议。会议根据中共六届六中全会精神和中原局关于鄂中抗日武装整编与扩大等问题的指示，决定改组鄂中区党委，由陈少敏任书记。会后，区党委统一整编豫南、鄂中共产党的武装，成立新四军豫鄂独立游击支队，李先念任司令员，陈少敏兼政治委员（不久，由陶铸代理政治委员）。

1939 年 7 月，新的鄂中区党委决定撤销中共天汉中心县委，成立中共天汉特委。特委由雍文涛、习东光、李人林组成。雍文涛任书记，习东光任组织部长，李人林任军事部长。8 月，易家驹、罗通参加特委，易家驹任组织部长，习东光任宣传部长。不久，因雍文涛腿病复发，由易家驹代理特委书记。此时林迅调任特委秘书长。至此，天汉特委主要工作部门人员配备齐全。

天汉特委初建时，下辖天门县委和汉阳区委，汉川的马口、芦排、分水三个区委和城隍、韩集两个支部。

天汉特委非常重视发展党组织、开展统一战线工作，但是有些党员对此并不十分理解。有一个曾在土地革命时期担任过区委书记的同志，在抗战已经两年的时候，仍然把组织关系装在自己的口袋里，不与党组织接头。因为他对党的统战政策很不理解，对共产党员喊“拥护蒋委员长”的口号和汉川三中队穿国民党军队的制服想不通，甚至怀疑这些人是不是真正的共产党人。特委发现这一情况后，认为这个同志的思想很有代表性，如果把他的思想工作做通了，不仅可以使他同党组织接上关系，而且可以带动更多的同志加入共产党组织。于是，特委及时派人去做这位同志的工作，经过耐心细致的思想工作，终于使这位同志重新回到党的怀抱。特委将这个典型材料编入党员读本，发到各个支部，供党员学习阅读，收到了较好的效果。

特委还在汉阳七萧大湾举办党训班，培训了一批区委成员和支部书记。由于采取上述措施，加上豫鄂独立游击支队第四团队的武装开辟，各地党组织得到了较快的发展。以汉川为例，原在襄北只有分水区委。到 11 月份，又成立了汈汊湖、城隍两个区委。在襄南两个区委划分成四个区委。天汉特委根据形势的发展，决定成立川汉沔工委（一说川沔工委），将汉川襄河北岸的分水、城隍区委和襄南的马口、榔头、芦排、杨林区委划归川汉沔工委领导，工委书记由林迅担任，川汉沔工委以汉川为依托，迅速向汉阳、沔阳发展。汈汊湖区委仍然直属天汉特委领导，由熊映庭任区委书记。

三、天汉地委的建立

1939 年秋，蒋介石在日本帝国主义的诱降下，把已经开始的反共摩擦更加推向白热化。11 月，国民党五届六中全会决定由政治反共进入军事“剿共”，把与新四军、八路军的局部摩擦扩大到大规模的武装进攻。地处豫鄂边区南线前哨的襄河地区，由于敌伪顽势力并存，斗争形势变得更加错综复杂。

为应付敌伪顽严重夹击的形势，中共中央中原局于 11 月中旬作出决定，建立新的豫鄂边区党委，统一领导鄂中、鄂东、豫南地区党的工作。同时决定将这三个地区的抗日武装力量统一整编为新四军豫鄂挺进纵队，由李先念任纵队司令员，朱理治任政治委员，刘少卿任参谋长，任质斌任政治部主任。12月初，中共豫鄂边区党委组建完毕，郑位三任书记，陈少敏任副书记，郑位三因病未能到职，陈少敏代理书记。不久，边区党委决定将中共天汉特委改组为天汉地委。12月30日，顾大椿到达天汉特委所在地陡埠头，着手组建天汉地委领导班子。书记顾大椿，组织部长易家驹，宣传部长兼社会部长习东光，军事部长李人林，民运部长陈秀山，秘书长林迅。童世光于1940年5月参加地委，担任政权部长。下辖天门县委、川阳工委、川沔工委和汈汉湖区委。

为了提高党员和干部的素质，加快党组织的发展，天汉地委于1940年5月在汉川韩家集举办党员训练。郭松岑任主任，曹力任党支部书记。党训班有学员50多人，学习内容主要是社会发展史、党的基本知识、抗日民族统一战线理论、抗日游击战争理论。原定学习三个月，后因急需基层干部，党训班只好提前结业，绝大多数学员被分配到县区工作。

紧接着，天汉地委又在天门干驿举办青年训练班，其目的是为开辟天（门）西做好干部准备。青训班有学员100多人，大部分来自天门，他们大都是积极要求入党的进步青年。青训班由曹力负责，吴昭苏等人任教员，学习内容与韩家集党训班的基本相同。8月中旬，青训班学员多数被调去开辟天西。以后这些人都在基层担任党政领导工作。

第三节　襄河地区抗日游击战争的发动，小块根据地的开辟

一、地方抗日武装的组建

毛泽东指出：“建立根据地的基本条件，是要有一个抗日的武装部队，并使用这个部队去战胜敌人，发动民众。所以建立根据地的问题，首先就是武

装部队问题。从事游击战争的领导者们必须用全副精力去建立一支以至多支的游击部队，并使之从斗争中逐渐地发展为游击兵团……建立武装部队是建立根据地的最基本一环。”[①] 襄河根据地创建也是要有抗日武装这个“基本条件”。1939 年 6 月新四军豫鄂独立游击支队公开组建之前，襄河地区各级党组织主要是利用统战关系，建立各种名义的抗日武装。此后，即开始公开组建共产党直接领导的抗日武装。

（一）天门、汉川、汉阳抗日武装的组建

天门、汉川、汉阳等地组建的抗日武装，先后有 12 支，其中汉阳民众抗日游击队、汉川县自卫队第三中队、汉阳县自卫队第五中队、汉川县抗日游击大队、汉川县自卫队第五中队、汉川县国民自卫兵团、汤池抗日游击大队、天门皂市商民游击队等武装，是以国共合作抗日的名义组建起来的；天汉抗日自卫总队、川阳抗日游击大队、川沔抗日游击大队、天门县抗日游击大队等武装，是由共产党直接领导组建的抗日武装。

天汉工委组建抗日武装，是从建立汉阳民众抗日游击队开始的。1938 年 11 月，天汉工委军事部长谢文耀在汉阳侏儒山战地文化服务站召开了一次为创建抗日武装、组织抗日游击队的会议。会议决定，以七萧大湾为基地，发展抗日武装。会后，由中共汉川城东区委书记张天晖与汉阳区委的萧抱真、萧利三、萧毓福、姚杰等人一起，共同负责筹备建军工作。为了保证筹建工作的顺利进行，在萧利三的家里成立了汉阳民众抗日游击队办事处。

办事处成立后，便以汉阳民众抗日游击队的名义在各地开展工作。首先召开党员大会，动员党员千方百计搜集枪支。同时，组织小分队深入农村、集镇，向群众作广泛宣传，动员群众为建立抗日武装积极寻找武器，捐献枪支弹药。

汉阳民众抗日游击队开始只有一条枪。这条枪是曾在国民党汉口警察局

①《毛泽东选集》第二卷，人民出版社 1991 年版，第 414 页。

工作过的张永光参加抗日武装时带来的。后又通过肖雨村先生动员其岳母，将其岳父徐子卿先生（曾任江汉关抄班股长）生前藏在家中夹墙内的一支勃朗宁手枪献了出来。为了筹款购枪，办事处先后两次召开党员大会和各界人士联席会议，号召大家“有钱的出钱，有力的出力”。共产党员萧文安、萧懋之、萧伯阶、萧铮、王文斌等“毁家纾难”，变卖田产，捐献银圆 1000 块，作为购枪经费和建立游击队的费用。在先东乡民主人士陈直夫先生及周兴记、朱贞记、肖洪茂三家杂货店老板的带动下，许多殷实富户纷纷捐款，少则一二十元、多则二三百元，一个群众性的捐款购枪活动很快在川阳地区展开。索河名医吴轩屏动员族长交出吴氏宗祠私藏的 12 支长枪，合贤集孙克发献出了 5 支长枪。

经费解决之后，立即派人分赴各地购枪。在原来的基础上，又增辟了辛安渡、马仓湖、什湖、武汉等收购。搜集枪支的人员每到一地，当地群众就把捡到的枪支主动交出来，需要付钱的，就作价收买。每支步枪 3 元，手枪 5 元，机枪 10 元。榔头的群众敲锣打鼓把从水塘里捞到的一挺手提式冲锋枪送到办事处。武昌的舒士杰、鹦鹉洲的岳群配合熊树珍、吴新堂等人，冒着生命危险，到舒的家乡武昌油坊岭一带搜集枪支。他们动员群众献枪，出钱购枪。经过艰苦的工作，一共搜集到 30 多支步枪。他们用高粱秆将枪分包成捆，伪装成烧柴，在日军舰艇来往如梭的长江上驾着民船从黄陵矶偷渡过江，步行几十里路，将枪运回驻地。共产党员李远华打入蔡甸镇伪维持会做勤杂工，一面搞情报工作，一面搜集枪支。他与交通员徐万春密切配合，巧妙地运出了藏在维持会储藏室内的 14 支步枪和 1 副重机枪脚架。同时，姚杰带领分队在姚家岭一带打败了一小股土匪，缴获了六七支步枪。他们的行动不仅充实了游击队的武器，而且受到了人民群众的赞誉。由于群众积极提供线索，并给予大力帮助，在距汉口市区不远的舵落口一带，挖出了两挺飞机上用的机枪。董家台有个市侩想把捡到的两支步枪以高价卖给土匪，游击队得到消息后，连夜赶去以武力强行收缴过来。榔头青年吴新堂乘国民党一个过境逃兵上厕所之机，将靠在门口的一支步枪收起来，作为他参加抗日人民武装的见面礼。

搜集来的枪支，不是部件锈蚀，就是零件短缺。汉阳民众抗日游击队请来原在京汉铁路江岸机务段工作的工人师傅肖秀康，并挑选了两名助手，由余成刚负责，成立了一个枪械修理所。修理所的几位师傅依靠仅有的钳子和扳手等小型工具，用手工操作，不仅修好了步枪、手枪，而且还为一挺只有枪身的马克辛（苏式重机枪）与两挺飞机机枪配上了枪鞍和枪架。同时，他们还自力更生，生产出能自动脱壳的“撇把子”枪。

由于人民群众的积极支持、各界人士的大力协助，在不到一个月的时间里，就搜集到五六十支枪。川阳两地的共产党员、老青年团员以及青年群众，纷纷参加游击队。许多当年的老赤卫队员闻讯后，也陆续赶来参加抗日武装。

1938 年 12 月，汉阳民众抗日游击队改编为川阳抗日游击大队，姚杰任大队长，张天晖任副大队长兼指导员，下辖三个分队：一分队长熊树珍，指导员岳群；二分队长章焕甫，指导员蔡彬；三分队长张永光，指导员萧文安。全大队有 160 多人枪，活动在金牛、嵩阳、玉贤、合贤、榔头等地。

川阳抗日游击大队建立后，在天汉工委的领导下，为广泛开展抗日民族统一战线工作，扩大中国共产党的政治影响，为保卫家乡、维护地方治安，做了许多有益于党、有益于人民的工作，为初创敌后抗日民主根据地奠定了良好的基础。

川阳抗日游击大队是在险恶的环境中经过艰苦奋斗成长起来的。建军初期，正值天汉地区国民党顽固派、“汉流”帮会、地痞流氓趁机浑水摸鱼，各自为政。他们打着抗日的旗号，到处招摇撞骗，称王称霸，甚至弱肉强食，互相火并。当时的一支枪、一粒子弹，都成了他们升官发财的法宝。对于这支拥有 100 多人枪的抗日武装，不少野心分子曾打过主意。丁国武许以高官厚禄，妄想收编这支队伍，王新哲派人进行串联，假借同志的名义，打入内部，企图分化瓦解它。还有一些“汉流”组织和杂牌武装来搞假投靠，妄图混进革命营垒，图谋不轨。这些野心分子的阴谋都被一一粉碎。

在团结争取“汉流”帮会的斗争中，川阳抗日游击大队根据党的统战政策，严格区分危害人民的“汉流”组织同反对日本侵略者和国民党顽固派反动统治的“汉流”组织、“汉流”头子同“汉流”会徒的界限，镇压了榔头地区准备投靠蔡甸日伪的“汉流”匪徒谢东瓜和龚老幺，赶走了“汉流”头子倪凤山。同时，还消灭了盘踞在蔡甸附近的一股反动“汉流”。“硬肚会”头子丁文斗以投靠为名，先后几次率队进驻榔头，妄图达到吞并游击大队的目的。游击大队并不因此而敌视他们，而是以友军看待，始终坚持用党的统一战线政策团结争取他们，并派曾超等人到他们部队去做思想政治工作。恶习难改的丁文斗不但不接受改造，反而助纣为虐，一头钻进伪军的怀抱，勾引敌伪烧民房、做坏事，后来被川阳抗日游击大队所消灭。

给养是军队生存的大问题。以前只顾抓枪杆子，而忽视了给养问题，游击大队成立后，才发现给养的重要。作为人民的军队、抗日的武装，如果只在当地派款派粮，必然会增加群众的负担。这样不仅违犯了“三大纪律，八项注意”，而且也违背了建军宗旨。为了不侵犯群众利益，又能较好地解决给养问题，川阳抗日游击大队经过讨论，并取得天汉工委的同意，采取了“借饷渡难关”的权宜之计。萧利三和萧伯阶作为游击大队的代表，经与国民党汉阳县长陈绳武协商，得到蔡甸商会的支持，征得20万法币作为军饷，分期交付，使游击大队的给养暂时得到解决。

为了使游击大队给养有固定来源，保存共产党领导的武装力量，1939年1月，中共天汉工委领导人同国民党汉川县长龚勋南商洽，将川阳抗日游击大队大部分人枪改编为国民党汉川县自卫第三中队，开赴国民党汉川县政府所在地南河渡一带驻防。由姚杰任中队长，张天晖任副中队长兼指导员，下辖三个分队。熊树珍为第一分队长，萧文安为指导员；张永光为第二分队长，王德彰为指导员；章焕甫为第三分队长，陈明为指导员。4月，天汉中心县委调姚杰、张天晖、熊树珍到监利，由岳群任中队长，周彬任指导员。部队发扬红军的光荣传统，官兵薪饷平等，秋毫无犯，保境安民，深受群众欢迎，在当时被评为模范中队。

由于三中队在自卫队中树立了榜样，连国民党顽固派也不得不称赞“三中队是好样的”。1939 年 3 月，国民党汉阳县长陈绳武参观三中队以后，回到汉阳县立即整顿县自卫队，并且要求把川阳抗日游击大队改编时留下的部分人枪和汉阳区委所领导的武装改编为国民党汉阳县自卫第五中队。在天汉中心县委的领导下，萧利三与陈绳武协商，于 5 月正式成立了汉阳县自卫第五中队。由萧文安任中队长，萧伯阶任指导员。这样，汉川县自卫三中队和汉阳县自卫五中队就成了名义上是国民党的地方武装，实际上是天汉地区共产党所领导的坚强的抗日武装。以后，这两支武装成为鄂豫边区独立游击支队四团队的骨干力量。

1939 年 1 月，天汉工委与汉川县委争取了原国民党田二河区中队长程世杰的 10 余人枪和城隍港王新哲游击队的 7 条枪。在此基础上，天汉工委又从汉阳等地调集 30 支枪、1 挺机枪，组建了汉川抗日游击大队，由程世杰任大队长，彭怀堂任政治委员。

程世杰又名程香庭，外号程豁子，汉川杨业陂人，曾参加过红军。土地革命后期到汉口隐蔽，与彭怀堂一起在谌家矶挑码头。汉川抗日游击大队组建后，程世杰与王新哲各率一部分人枪分别在汈汊湖、城隍港一带活动。同年 2 月，程世杰与周干臣因争夺国民党溃军丢弃的枪支发生冲突，岑鹏、李定高怂恿周干臣并吞程世杰，两部打了起来。程世杰深知自己势力小，在襄（河）北站不住脚，就把部队拖到了襄（河）南的老新集。此时，程世杰严重违反军纪，侵害群众利益，不服从党组织的调动。天汉中心县委认为程世杰的错误不可救药，而采取紧急措施将其处决（新中国成立后程世杰被追认为烈士），将该部人枪编入汉川三中队。

汉川县自卫第五中队是 1939 年 5 月由“汉流”大哥龙登云所部改编过来的。龙登云在国民党军队里当副官，后来参加红军并在上海参加共产党。以后脱离共产党加入帮会组织，成了汉川的“汉流”大哥。武汉沦陷后，龙登云在窑湾、洪兴一带搜集国民党溃军丢弃的枪支，组织了一支100多人枪的队伍，经常活动在城隍港附近。为了扩大天汉地区的抗日武装，天汉中心县委于1939年5月派彭怀堂去做争取工作。

彭怀堂是汉川老新集人，早在土地革命时期，他就在家乡组织武装暴动，反对土豪劣绅，废除苛捐杂税。土地革命失败后，彭怀堂的家被国民党查封。为了免遭敌人的搜捕，彭怀堂转移到外地。1934年夏天，因叛徒出卖而被捕入狱。抗日战争全面爆发后，由八路军武汉办事处营救出狱。彭怀堂回到家乡的第二天，就被当地的反动武装逮捕，后经董必武与国民党汉川县长刘远聪交涉，才获释放。刘远聪是黄冈人，既是董必武的同乡，又是董必武的学生。此人具有爱国民主思想，支持共产党的抗日救亡运动。那时，龙登云正在汉川县城坐牢。受同乡之托，彭怀堂找到刘远聪，将龙登云保释出来。凭着这种关系，彭怀堂到龙登云的驻地潘许大湾，理直气壮地去做工作，谁知一到驻地，就被龙的部下抓了起来。他们用“汉流”黑话问彭，彭不懂；接着又在盛水的碗上摆一双筷子，彭不知其中奥妙。彭怀堂只得用“龙头大哥的老熟人”身份面见龙登云。经过一番努力，终于把龙登云争取过来，将其所部编为汉川县自卫第五中队，由龙登云任中队长，钟子洲任指导员，下辖三个分队，成为天汉地区共产党领导的又一支抗日武装。

1939年6月，汉川县县长龚勋南欲将自卫队编入国民党一二八师，五中队一分队指导员王治恐被吃掉，便将分队全部人枪拖到汉阳，并入汉阳县自卫五中队，龚勋南以此为借口，将汉川县自卫五中队的其余两个分队全部缴械。龙登云、钟子洲离开龚部。而后，龙登云编入税局（天汉财委），担负税收工作。后又任天汉地委警卫营长，在刘家隔被日军杀害。

1939年8月，国民党汉川县长龚勋南投靠一二八师，任旅长。9月初，新任汉川县长向岩，将汉川县自卫队改为汉川县国民自卫兵团，自任团长，委任中共党员吴师筑为副团长，安琳生为政治处主任。1940年初，吴师筑调边区工作，由谢威任副团长。6月，汉川县国民自卫兵团改为天汉抗日自卫总队，谢威任总队长，安琳生任副总队长，谢康平为参谋长。初辖两个中队，不久，扩大为三个中队，计有300多人枪。这是天汉地委军事部领导的一支武装。1940年2—3月，在天汉地委领导下，川阳工委、川沔（襄南）县委先后组建了川阳抗日游击大队和川沔（襄南）抗日游击大队，分别由李少萍和张书文担任大队长。

天门地区抗日武装，早在武汉沦陷前夕就开始组建。1938年10月，皂市米厂负责人许子威（共产党员）将原来通过八路军驻汉办事处订购的24支德国造驳壳枪和300发子弹运回，加上进步人士李范一留下的3支短枪，以米厂工人为主，成立了一支抗日护厂队。未过几天，与国民党应城县保安队第三中队（30来人枪）合编为汤池抗日游击大队，下属一个短枪队和一个长枪队，由小学教师鲁尔英任大队长，鲁孚若任副大队长。开始活动在天汉湖区，后到京山丁家冲编入"应抗"支队。

皂市商民游击队，是在武汉危在旦夕时，由皂市联保主任李维新（中共特别党员），把联保处所属县委的30余人枪组织起来的。先在干驿、芦市一带进行活动，后由天门县委编入县委的抗日武装，以后又编入豫鄂挺进纵队第六团警卫连。由于该部成员复杂，思想政治工作没有跟上，在整编中，李没听从庄果的意见，结果被国民党天门县常备队区中队潘氏父子吞并。

1939年底至1940年春，中共天门县委在进行半公开的斗争中，先后在干驿、赖新场等地通过统战工作，争取了乡保武装，成立了直接由共产党领导的天门县抗日游击大队，其大队长先后由方尚武和丁世谟担任，队伍由30多人枪发展到100余人枪。

（二）整顿监利、石首抗日自卫队

由于日军进犯监利，国民党监利县长郑桓武多次与天汉中心县委联系，要求派人帮助他治理军政事宜。郑桓武系汉阳蔡甸镇人，第二次国内革命战争时期参加过革命。武汉沦陷前，任国民党湖北省民政厅巡视员，与共产党有着合作共事的关系。武汉沦陷后，任第九战区总动员委员会视察员。1939年3月，就任国民党监利县长。4月，天汉中心县委应郑的要求，派张天晖、韩白起、萧抱真、姚杰、熊树珍等人赴监利。郑将他们分别安置在县、区政府、县自卫队工作。并首先整顿县自卫队，将县自卫队扩编为三个大队（以后又增编第四大队），下辖七个中队、四个直属区队和一个警卫队，共1000余人枪，大队领导多由共产党员担任。姚杰任第一大队长，韩白起任指导员；熊树珍任第二大队长，萧抱真任指导员；黄雅清（非共产党员）任第三大队长，王德馨任指导员；蔡训蒙任警卫队长。以后又吸收许多土地革命时期的共产党员、赤卫队员和红军战士担任自卫队的各级指挥员。至此，监利县抗日自卫队基本上成了由共产党领导的一支武装力量，勇敢机智地开展对敌斗争。

1939年6月15日，监利县抗日自卫队在距白螺矶15里的柘木桥附近设下埋伏，袭击日军机场外出骚扰的敌人。敌人遭到突袭后，狼狈逃窜。是役毙伤日军20余人，打伤敌中队长野村，缴获步枪十余支，子弹2000多发，给日军以沉重打击。

敌人受到打击后，于7月上旬又纠集白螺矶、邹码头、界牌等地日军近1000人，兵分三路，从柘木桥、陡口子、王福三桥而来，在聂家河一带进行合围，对自卫队进行报复。自卫队即以第一大队首先攻其薄弱环节，在王福三桥伏击界牌之日军。三大队一个中队和警卫队、手枪队则混编为30个便衣狙击小队，分别潜伏在聂家河以南纵横20余里的地区阻滞白螺矶、邹码头之敌，配合一大队行动。一大队伏击界牌日军后，又分两路挺进柘木桥、陡口子，构成合围态势，敌见此状，仓皇撤退。经过一昼夜战斗，毙敌40余人，缴获步枪30余支，轻机枪1挺。共产党员、自卫队中队长连祖孝牺牲，10余名战士阵亡。

1939年秋，监利县自卫队又配合驻监利国民党四十九师温团，袭击白螺矶日军机场。自卫队第一、第二两个大队于凌晨5时攻占邹码头，并向西侧击白螺矶，以配合主力温团向机场发动正面进攻。此后，第二、第四两个大队又疾进界牌，困扰该处守敌，战斗到夜晚。因正面攻击几经受挫，温团在自卫队的掩护下，撤至聂家河一线。此后几日，自卫队又几次夜袭敌据点，后因日军加强了防守力量，自卫队才被迫撤离。此役牺牲二大队长熊树珍等30多人。

1940年3月中旬，监利县抗日自卫队配合驻防江陵郝穴的国民党第四十四师郑团，计划袭击白螺矶，炸毁飞机场，以配合国民党第九战区对岳阳的反攻。郑团在第一天进攻受挫后，即由自卫队担任主攻任务。在韩白起、姚杰等人指挥下，自卫队英勇奋战，三次进攻白螺矶，两次夜袭飞机场，先后处决了日本翻译官和宣抚班的“汉流”大哥张×。在第二次夜袭中，由蔡训蒙、杨斯云率领30多人的敢死队，炸毁了设在杨林山腰部的日军重机枪阵地。并且冲进飞机场，向停在跑道上的飞机投放燃烧物。后发现是一架伪装的飞机，便迅速撤离。这次战斗摧毁了敌重机枪3挺，毙敌20余名。

在开展对敌斗争的同时，监利县抗日自卫队还于1939年5月和1940年5月，先后严惩了企图投降日军、危害乡邻的金亦吾第七游击纵队独立大队杜华庭部和第四支队司令熊文星部。

石首县抗日武装，是石首共产党组织支持国民党石首县进步县长刘俊整顿县常备队开始的。1938年1月31日（阴历正月初一），刘俊就任石首县长，在共产党和进步人士的支持下，决心改革县政。为保证改革的顺利进行，首先整顿拥有600余人枪的县常备队，撤了夏志良的队长职务，委派随同刘到石首的广济同乡陈光汉担任队长。随后又将县常备队改编为两个中队。一中队长仍由姚成美担任，二中队长换上由刘带来的人，还撤换了一批区自卫队长。此外，县政府还直接掌握一支30多人的手枪队。并抓紧县常备队和区自卫队的军事训练。委派共产党员赵垩等人担任县中队政治指导员，加强思想教育工作。赵在自卫队中秘密发展共产党员30多人，并在二中队建立了党支部。这样，石首地方武装实际上成了有共产党员做骨干的国共合作的抗日武装。自卫队除留一中队驻守县城外，二中队分驻焦山河、调弦口、藕池、梅田湖等集镇，维护地方治安。但时间不长，由于石首孙增珪等顽固派一再向国民党湖北省政府诬告，1939 年 5 月 25 日刘俊被撤销县长职务，离开石首，这支武装又落到了顽固派手中。

二、四团队转战天汉沔，天汉湖区根据地的开辟

中共六届六中全会后，中原局派李先念回湖北，并指示一到湖北，就要站住两只脚：一只脚上山，一只脚下湖。上山就是重返鄂豫皖老苏区。下湖就是重返湘鄂西洪湖老苏区。李先念为了完成这一伟大使命，于 1938 年 12 下旬从延安南下抵达河南省竹沟。次年 1 月 17 日，李先念率新四军独立游击大队从竹沟出发，向鄂豫皖敌后挺进，同鄂中陶铸等领导的抗日武装会合。于 6 月成立新四军豫鄂独立游击支队，下辖一、二、三团队和挺进团队。7 月下旬根据鄂中区党委的决定，抽调第三团队第二大队的两个中队和前不久到达京山八字门的汉川县自卫第三中队合并组成新四军豫鄂独立游击支队第四团队，团长李人林，政治委员雍文涛（兼），副团长黄定陆，下辖两个大队、三个中队，共有 400 余人枪。

李人林系湖北天门人，贫苦农民出身，1931 年参加中国工农红军，1934 年加入中国共产党。入伍后，历任排长、连长、指导员。后在一次战斗中不幸受伤被俘入狱，在狱坚贞不屈。抗战全面爆发后，经中共中央南方局与国民党当局交涉营救出狱，赴延安抗日军政大学学习，结业后回湖北，任新四军豫鄂独立游击支队第四团团长。李人林率领的四团队，于 1939 年 8 月初挥师南下，拉开了开辟天汉湖区抗日根据地的战幕。

所谓天汉湖区，是指汉川襄河以北、天门县城以东的水网地带，面积约 1000 平方公里。主要湖泊有汈汉湖、东西汉湖、龙赛湖、五垱湖、芒洞湖、白湖、杨林湖、中洲湖、沉湖、华严湖等。境内河流纵横，主要有襄河（汉水）、府河、天门河等。

李先念曾经指出，发展鄂豫边区游击战争，天汉湖区是理想的根据地之一。天汉湖区的开辟，与襄西、襄南相策应，从西部和南部形成对武汉的包围态势。

天汉湖区是鄂豫边区南线的支撑点，是向襄西、襄南发展的战略基地。开辟天汉湖区具有许多有利条件。

在政治上，这里曾经是湘鄂西苏区的重要组成部分。1927 年秋至 1932 年夏，中共鄂中特委、汉川中心县委、襄北特委先后在这里的净潭、韩家集等地建立过指挥中心。这里的人民经过革命战争的考验，具有光荣的革命传统和丰富的斗争经验。从目前情况来看，天门东乡、汉阳西境、汉川大部分地区党的组织基础较为雄厚。

在军事上，这里河湖港汊纵横，芦苇蒲草丛生，地形十分复杂，非常有利于开展敌后游击战争。土地革命时期，汉川独立团在这里创造了光辉的战绩，曾受到贺龙的称赞。目前，这里尚有几支由共产党掌握的抗日武装，还有部分游杂武装。这就为四团队的发展壮大打下了基础。

在经济上，这里土地肥沃，物产丰富。在正常年景，可以保障部队的给养。襄河、府河、天门河等主要河流上的商船来往如织，沿河设卡收税，是一笔重要的财源，有利于支持长期抗战。

（一）歼灭伪军九十二师

四团队的 400 多名抗日健儿高举民族解放的旗帜，于 1939 年 8 月初从京山八字门出发，踏上了开辟天汉的征程。当四团队行至应城陈家河时，接到天汉特委的紧急来信，要李人林速渡襄河，前往汉阳蔡甸镇，歼灭伪中国人民自卫军第九十二师熊光部。

伪九十二师进驻蔡甸后，为了扩充势力，向西发展，妄图吃掉汉阳、汉川两县政府的自卫队。熊光一到蔡甸，就烧杀掳掠，无恶不作，严重地威胁着川汉沔一带人民的生命财产安全。熊光托人带信给汉阳五中队：“要萧文安把那百把条破枪赶快捆着送来，免得老子费劲。”其气焰何等嚣张！中共汉阳区委针对这种情况，一面指示部队加强警戒，一面派人向天汉特委汇报。特委经过研究，迅速作出了歼灭熊光的决定。

李人林率领四团队穿越汈汊湖，渡过襄河，火速开赴汉阳，在乌梅山与汉阳区委、汉阳五中队会合，当夜就分析敌情，研究攻打熊光部的战斗方案。

伪九十二师司令部驻离蔡甸镇约二里地的泰山寺。其第一旅为左翼，驻马家渡；第二旅布于正面，驻俞家港；其右翼距汉江不远，未设防。除四团队外，加上汉阳五中队，共计四个中队，大约500人枪，敌我力量对比悬殊。能否打胜这一仗，还没有多大把握。经过分析研究，大家一致认为，伪军初来乍到，立足未稳，既未修筑工事，又不很了解四团队动态。而四团队的战士个个都具有高度的阶级觉悟、英勇顽强的战斗精神，再加上地方党组织的周密安排和广大群众的大力支持，只要充分利用这些有利条件，采取突然袭击的办法，是完全可以打败熊光的。

1939年9月初的一天深夜，四团队和五中队分两路向泰山寺发起进攻，四团队一中队配合汉阳五中队以左翼迂回，团长李人林和教导员杨子仿带领两个中队从正面进攻。当四团队摸到伪军司令部门口时，伪军哨兵惊慌地打了一枪，拔腿就跑。熊光从梦中惊醒，仓皇出逃。从屋里跑出来时，屁股上挨一枪，被卫士拖着跑到了蔡甸。由于伪军司令部被一锅端掉，伪军官兵像树倒的猢狲，四处逃散。许多军官只顾自己的性命，连老婆也丢下不管。是役，生俘敌王毓华以下官兵300余人及随军家属70余人，缴获轻机枪及步枪300余支及大批军事物资。李人林团长将俘虏和伪军"太太"们集中在一起，对他们进行抗日救国教育，讲明共产党对俘虏的政策。最后，发给每人五元光洋做路费，全部予以释放。

新四军打败伪军熊光部的消息不胫而走，迅速传遍汉阳、汉川、天门、沔阳及荆沙一带，极大地鼓舞了广大群众的抗日斗志。各地群众纷纷前去看望子弟兵，热情地为部队运粮、做饭、送子弹。国民党汉川、汉阳县政府也派人员前往慰问。汉阳县长陈绳武将战况报告荆州专员金巨堂，请求通报嘉奖，并请发弹药、被服。金巨堂接到报告后，立即批准发给步枪子弹 50 箱，棉服数百套。陈绳武及时拨给汉阳县五中队弹药 20 箱，棉服 200 套。三天后，国民党《沙市日报》还报道了这次战斗的消息。

熊光挨了这当头一棒，躲在蔡甸日军据点里不敢出来。剩下的几百人马也是提心吊胆地过日子，每天晚上靠放空枪壮胆。闹得日本“皇军”也坐卧不安，痛骂伪军“大大的混蛋”，搞得熊光十分恼火，很是咽不下这口气，总是寻找机会，妄图卷土重来，但又感到自己的力量不足，梦想借助“神灵”的威力来扭转局面。他派人到汉川刘家隔，向“红枪会”头子丁文斗求援，搬来 800 多名所谓“枪打不进，刀砍不入”的“神兵”，驻在伪军司令部旁边助威。自己仍住在泰山寺，外面由“神兵”保护，熊光的气焰又开始嚣张起来了。

熊光亲自率队伍窜到七萧大湾进行报复，因为没有找到汉阳五中队的踪迹，一把火烧了好几间房子，还把老百姓的东西抢了个精光。“神兵”和伪军沆瀣一气，变本加厉地危害群众，捕杀抗战人员及其家属。群众对此无比愤恨，强烈要求再次打击熊光，为民除害。一个老太婆拉着一个五六岁的小孩泣不成声地说：“同志们啊，你们不消灭熊光这个狗杂种，我们老百姓就没法活呀！这个孩子的爹妈都被熊光杀害了，剩下他孤零零的一个人。”老人家声泪俱下，此情此景，使战士们实在难以忍受，纷纷向团部请战，要为老百姓报仇。

在上次战斗七天以后，又是一个晴朗的夜晚，四团队向伪九十二师发起了第二次进攻。四团队一中队和汉阳县自卫第五中队从左右两翼予以配合，李人林和雍文涛带领警卫排跟在钱日新中队的后面。

战斗在离泰山寺半里路的地方打响了。熊光把“神兵”推在前面挡阵拼杀，让伪军在后面督战掩护。只见泰山寺内喊声震天，一窝蜂似的冲出好几百人。这些“神兵”个个头上缠着红布，脸上涂得乌漆墨黑，身上画着八卦图案，一手举着火把，一手舞着大刀，口中振振有词地念着“打不进，杀不进，观音老母保佑我神兵”，连蹦带跳地向新四军阵地扑来。

为了避免杀伤这些受蒙蔽而被骗来的“神兵”，新四军战士们对空射击，意欲吓退“神兵”。哪知那些“神兵”更加气势汹汹地冲向新四军阵地，只见刀光闪闪，血肉横飞，中队长钱日新带领战士反扑过去，把“神兵”赶出了阵地，突然从“神兵”后面射来一排子弹，钱日新不幸中弹牺牲。团长李人林再也按捺不住心中的怒火，拔出手枪，发出了反击命令，四团队步枪、机枪、手榴弹一起怒吼。前面的“神兵”立即倒了一大片，后面的“神兵”看到“观音老母”并不保佑他们，慌了手脚，丢下刀矛，拼命逃窜。“神兵”一散，伪军失去屏障，完全暴露在四团队的火力之下。战士们抓住这个机会，用步枪、机枪进行猛烈射击。经过十多分钟的激战，伪军也全部被击溃。待日军从蔡甸赶来增援时，新四军早已撤出战斗。

在离武汉日军大本营仅50里的蔡甸，四团队和汉阳五中队两次攻打伪九十二师熊光部的胜利，不仅打出了新四军的军威，长了人民群众的志气，保卫了群众的生命财产，扩大了新四军的政治影响，推动了抗日民族统一战线工作，而且打掉了敌人的威风，震惊了武汉三镇的守敌。妄想夺取汉阳五中队“百把条破枪”的熊光，不仅没有如愿以偿，反而蚀光了老本，被其主子调出了汉阳。

（二）消灭土匪岑鹏

四团队歼灭伪九十二师熊光部后，立即挥师襄北，前往天汉湖区，开辟抗日民主根据地。而盘踞此地的是自立为王的岑鹏匪部。岑鹏是汉川韩家集汉马沟人。汉川沦陷前，任国民党分水区副区长兼区中队长。汉川沦陷后，他投奔周干臣的抗日游击大队，当上副司令，架空周干臣，掌握实权，把游击大队引入歧途。周干臣部被一二八师吞并后，岑鹏见机拖着部分人枪逃回汈汊湖，在杨业陂一带拉起一支队伍，自封为“一二九师”。企图与王劲哉平起平坐，分庭抗礼。他到处招兵买马，并且恬不知耻叫嚷什么：“我们现在只有几条枪，将来搞到两千条枪，哪个还不求我们？以后再搞几个钱，到上海去开个银行，你们都可以沾光！”1939年夏秋之交，岑鹏迅速拉起了100多人、七八十条枪的队伍，在汈汊湖区打家劫舍，杀人越货，害得群众苦不堪言。

为了合作抗日，四团队起初曾派两名代表前去做争取岑鹏的工作，但都被其沉水。争取未成，只好武力围剿。四团队经过多方努力，才在万年方湾将岑鹏包围，俘获 60 余人枪，而岑鹏却带着其余人枪溜掉了。

岑鹏是当地人，不但熟悉地形，而且控制着一批保甲长，经常出没于柴山湖水之中，一般人很难寻觅到他的踪迹。根据群众提供的情报，得知岑鹏的一个副官经常出入杨业陂街上的一个鸦片馆。一天，这个家伙偷偷溜进了杨业陂。四团队立即派部队将三家鸦片馆团团围住，将那个副官逮住。经过审讯，他供出了岑鹏的住处和动向。岑鹏目前暂住严家嘴，妄想把部队带到京山去与曹勖会合。四团队领导立即决定，派汉阳五中队为前锋，四团队分左右两路包抄严家嘴。拂晓前，四团队和汉阳五中队完成了对严家嘴的包围。待天亮后进村一看，只见杯盘狼藉，不见岑部人影。原来，在开早饭时，岑部听到动静，就钻进柴林溜走了。四团队跟踪追击，尾随其后，岑部退至蛇沟，凭堤顽抗。汉阳五中队正面佯攻，其余部队进行包抄，断其后路。岑鹏见势不妙，拔腿就跑，率残部 10 余人枪散入芦苇荡中，一时不知去向。

群众看到四团队全力以赴剿土匪的情景，纷纷向部队提供情报。经过周密侦察，得知岑鹏已率残部逃到了袁李家东台。

袁李家东台四面环水，只有西北角有一条小路可以出进。岑鹏以为这是一块神不知鬼不觉的“洞天福地”。他布置好两道岗哨后，就和喽啰们打牌赌博去了。四团队和五中队趁着夜色，在东台四周撒下了包围网。等到夜深人静时，五中队从西北角进村搜索。第一道岗哨为民哨，两个农民听到风声，立即弃枪而逃，回家睡觉去了。五中队跑步进村，被岑鹏的哨兵发现。哨兵鸣枪报警，岑鹏部属吓得东跑西窜。经过仔细搜索，匪兵大部被俘，只有岑鹏及其随从不知去向。天亮以后，战士们发现村子四周的湖水中有人绊动蒿草芦苇的痕迹，部队立即缩小包围圈，在湖汊将岑鹏及其随从俘获。岑鹏由于作恶多端，罪行极大，被处以死刑，带着“银行梦”到阴曹冥府“银行”

报到去了。至此，取得了歼灭岑鹏匪部的彻底胜利。几天后，鄂豫边区《挺进报》以活捉岑鹏为题，发表了一篇专题报道。

消灭岑鹏匪部，是奠定天汉湖区抗日民主根据地基础的关键一仗，从此，天汉特委机关从襄南老新集迁往襄北虾子沟。

四团队剿灭岑鹏匪部以后，接着在汉川、应城、云梦三县交界的地方进行游击战争，打击和收编伪军及地主游杂武装，取得了显著成绩，部队进一步发展壮大。

11 月，四团队通过民主人士马笙陔前往应城黄滩，争取伪鄂西保安司令部侦察处张作云部。张作云系汉川麻河渡人，对日本侵略者的所作所为，早已深恶痛绝，经过马笙陔的一番工作，张作云欣然接受改编，将所部编为四团队第一特务大队，有 70 余人，50 多支枪。

12 月，四团队又收编了活动在道人桥一带的伪和平救国军陈少清部 200 余人枪。接着，在应城盛家滩攻打伪军吕华奎部，歼灭其一个连，缴枪 30 余支，战马数匹，俘获伪军数十人。垌冢地区左斌超组织的 100 余人枪的抗日游击队也加入了四团队的战斗行列。12 月 31 日，四团队根据鄂豫边区党委的指示，在汉川陡埠头进行整编，全团下辖三个大队、九个中队，另有两个特务中队，计 1000 多人枪。由李人林任团长，罗通任政治委员兼参谋长（后改由汪进先任参谋长），黄定陆任副团长。第一大队大队长青雄虎，教导员朱大山；第二大队大队长赵安之，教导员宋修汉；第三大队大队长李冠群，教导员徐步清。

四团队在成长中战斗，在战斗中成长，不断发展壮大，成为开辟天汉抗日民主根据地的中坚力量。

（三）首战侏儒山

1940 年 1 月 3 日，新四军豫鄂挺进纵队在京山八字门正式宣告建军，下辖五个团队和三个总队。一团队由原五、六大队合编组成，罗厚福任团长，方正平任政治委员；二团队由原独立支队一团队和挺进团队合编组成，周志坚任团长，黄春庭任政治委员；三团队由原独立支队二团队和信阳三团队合编组成，肖远久任团长，钟伟任政治委员；四团队即原独立支队四团队，李人林任团长，周志刚任政治委员；五团队即原独立支队三团队，蔡松荣（后改名蔡斯烈）任团长，杨焕民任政治委员。

新四军豫鄂挺进纵队建军后，更加广泛地开展了打击敌伪的活动。1939年12月5日日军“扫荡”京山马家冲以后，边区党委和挺进纵队机关驻地就成了敌伪顽进攻的主要目标。面对这种情况，挺进纵队司令部决定挥师南下，进军武汉西郊侏儒山。这样既可出其不意地打击敌伪，又可摆脱顽军的进逼。

1940年2月中旬，李先念司令员率领二、四、五团队，在广大群众的大力支援下，分东西两路南渡襄河，直叩武汉西大门，进攻盘踞在汉阳侏儒山的伪军汪步青部。

从东路进军的二、四团队，由蚌湖口附近渡过襄河，斜插汉阳与汉川交界的高庙、彭新集、石山堡，由于中途与系马口日军遭遇，未能按时到达作战区域。从西路进军的五团队，由杨林沟附近渡过襄河，经西江亭进入作战区域。五团队在蔡松荣团长的率领下，按照预定计划向汪步青部发起进攻，抢占了侏儒山街道及几个重要山头。经过半日激战，打死打伤伪军营长以下官兵100多人，生俘20余人，遂即撤出战斗，回师襄北。

首战侏儒山的胜利，不仅有力地打击了汪步青的嚣张气焰，而且使日军受到极大的震慑，盘踞在武汉三镇的日军慌忙下令，戒严三天。

（四）第一次进军天西

首战侏儒山胜利后，为了扩大抗日游击根据地，打通从西线进入洪湖的通道，新四军挺进纵队司令部命令第四团队进军天西。天西，是指天门县城以西，沙洋东北，岳口西北，京山的永隆河以南这一片土地。北有京钟公路，南面和西面都濒临襄河，东面有天（门）皂（市）公路，中间有汉宜公路横贯东西。面积约240平方公里，人口约30万。其地势北高南低，北面是大洪山，中、南部是平原和湖区。土地肥沃，物产丰富，交通方便，商业发达，是江汉平原的重要财源之一。全面抗战初期，陶铸、杨学诚等派汤池训练班毕业的干部在这里进行过抗日宣传，办过合作社，建立过党组织。这就为开辟这一地区创造了有利条件。

进军天西，是一次有计划的战略行动。1939 年 11 月，朱理治和李先念在信（阳）南主持召开的四望山会议上就提出：在鄂中以大洪山南部的京山八字门一带为基地逐步向南推进，直到恢复土地革命时期贺龙领导的洪湖革命根据地，以配合鄂东、鄂南的部队完成战略包围武汉的设想。而要恢复洪湖根据地，京钟公路以南、汉宜公路以北的南山和汉宜公路以南、襄河以北的天西，是最理想的跳板。天西北出荆当远，南可迂回洪湖。因此，进军天西，是在包围武汉的战略蓝图上早就标定了。但敌人对这一地区控制得很严。1939 年 1 月，日军 13 师团奈良晃旅团在天门县城设了旅团部指挥部，有 4000 余人的军队，沿襄河边以及天皂、天岳、汉宜等主要的水陆交通线设有大小据点 20 多个。1940 年 2 月底，四团队顶风冒雪，开赴天西赖新场，部队驻扎下来以后，四团长李人林等人赴廖家河岭一带了解地方党组织的情况。不料，被当地汉奸发现而告密。日军集中 1000 多人，从岳口、天门县城、渔薪河、多宝湾、永隆河、泗港、张截港等地出发，分七路向四团队和天门抗日游击大队进攻。拂晓，渔薪河、张截港之敌包围了四团队和游击大队的驻地。四团队和游击大队指战员奋起反击，打退了敌人的多次进攻，并适时发起反冲锋。敌人见势不妙，赶紧抢筑工事。四团队和游击大队指战员连续进攻，与敌展开肉搏，由于敌强我弱，激战到午后突出重围，回师天汉湖区，四团队第三大队教导员徐步清和天门抗日游击大队长丁世谟在战斗中壮烈牺牲。

赖新场战斗，是四团队组建以来与日军的第一次交战，也是开辟天西的一次尝试。这次战斗，给敌人以重大杀伤后胜利突围，不仅扩大了四团队的政治影响，而且为以后的开辟工作和武装斗争积累了经验。

（五）竹桥战斗

1940 年 4 月，在天门干驿西北竹桥、余李家台等处出现一股土匪。他们大肆抢劫群众财物，并扬言要火烧干驿，群众惶恐不安，干驿商会多次派代表请求汉川县政府发兵剿匪。向岩县长感到事关重大，找到地委书记顾大椿，要求派四团队为民除害。天汉地委经过研究，决定派四团队会同汉川县国民自卫兵团联合进剿。

4月中旬，四团队团长李人林、政委岳林率两个营，汉川县国民自卫兵团副团长谢威率两个中队，经干驿到达马湾。四团队留下一个营在此担任警戒。另一个营和国民自卫兵团的两个中队约600人继续向竹桥前进。当四团队和自卫兵团接近竹桥时，土匪抵抗一阵后，便向华严湖方向撤退。李人林、岳林当即决定以四团队一个营为左翼、自卫兵团两个中队为右翼，向北包抄前进，衔尾穷追。此时，土匪已钻进余李家台。自卫兵团追到村前的小桥，对方的步枪、机枪、迫击炮等轻重火器从四周一齐打响。战士们根据对方火力判断，以为误入了日军的伏击圈。因为土匪不可能有这样强的武器。经过一阵激战之后，一中队冲过小桥，夺取了桥头堡。后续部队迅速穿过小桥，对敌予以还击，掩护二中队继续冲锋。二中队与敌人展开巷战，逐房逐屋进行争夺、拼杀，一些亡命之徒脱衣卸帽，拼命抵抗。战士们从敌人背心上所印字样，发现对手竟是国民党一二八师特务团的队伍。随后，又从一个俘虏的口供中得到证实，特务团是由一二八师的精华组成，有五六百人枪，武器装备精良。他们偷渡襄河，潜入竹桥地区，化装成土匪，设置陷阱，妄图引诱四团队和游击大队进入伏击圈，以便一口“吃”掉。

四团队和自卫兵团误入陷阱后，处于一二八师特务团的包围之中，李人林、岳林、谢威等人镇定自若，沉着指挥。战斗正在紧张进行，他们发现前面300米处的一间民房处于制高点，特务团的人来往频繁，行动异常，估计是特务团的指挥所。为了扭转战局，他们决定“擒贼先擒王”，抢占制高点，搞掉指挥所。

自卫兵团一中队队长兼指导员汪潮挺身而出，主动请战。在二中队的掩护下，汪潮带领一排战士匍匐前进，迅速抢占制高点，打掉了特务团的指挥所。指挥所一垮，特务团的队伍就乱了阵脚，再也无力组织进攻了，只好狼狈逃窜。四团队和国民自卫兵团遵循有理、有利、有节的原则，并未追击。在战斗快结束时，汪潮被特务团的冷枪击中，不幸牺牲。

竹桥战斗后，王劲哉对其特务团打了败仗非常恼火。他一气之下，杀了出点子攻占竹桥的“参谋”，并且还写信对李人林进行无理指责和谩骂。李人林在回信中写道：我们是新四军，是应汉川县政府的请求前来剿匪的，根本不知道是阁下的部队来到此地。为了群众的安宁、社会的安定，我们这样做是没有什么错的。至于误伤贵部一事，完全是由于事先没有联系所造成，望今后多多加强联系。

接着，天汉地委根据豫鄂边区党委的指示，抓紧做王劲哉的统战工作。地委请向岩县长出面，对竹桥事件进行调解。5 月 12 日，向岩给王劲哉写了一封亲笔信，要他“不咎既往，期其将来”。向岩在民国初年曾任西北军讨袁混成旅的旅长，与杨虎城、匡厚生等西北军将领平起平坐。那时，王劲哉还只是向岩部下的一名连长。尽管王劲哉已经爬上了师长的宝座，但对向岩丝毫不敢怠慢，仍以前辈相称，经常书信来往。经过向岩从中斡旋，王劲哉终于表示谅解，并就竹桥事件和今后关系，双方在田二河进行谈判，达成了协议。保证各自据守自己的防区，互通情报，互相支援，共同对敌。谈判结束后，边区党委成员陶铸、杨学诚于 5 月 28 日联名致函王劲哉，晓以大义，真诚地希望他“以民族事业为重，共策前途”。

竹桥之战，不管是在战场上，还是在谈判桌上，天汉的共产党组织和军队都取得了胜利。尽管这次胜利打开的局面并未维持多久，后来又被一二八师所破坏，但它毕竟为巩固和发展天汉根据地争取了时间，使天汉地区的人民看清了谁在真正维护抗日民族统一战线，谁在制造反共摩擦，从而使王劲哉在政治上进一步处于被动地位。

经过蔡甸、汈汊湖、侏儒山、竹桥等战斗，站住了下湖这只脚，人们把四次战斗的意义，概括为“四战定天汉”，这是十分确切的评价。

第四节　发展抗日民族统一战线，战胜国民党反共逆流

一、襄河地区抗日民族统一战线的发展

1938 年 11 月 17 日，在共产党推动和国民党军第五战区当局同意下，半军事半政权性质的第五战区豫鄂边区抗敌工作委员会在随县均川镇成立，下设军事指导部和政治指导部。其任务是发动和组织群众，发展民众抗日武装，配合国民党正规军作战并协助地方行政进行抗日文化教育和组织生产。由国民党湖北省第三行政公署督察专员石毓灵任主任委员兼军事指导部总指挥，李范一任副主任委员兼政治指导部主任，李相符任副主任。陶铸被聘为名誉顾问，许子威为政治指导部主任秘书。政治指导部设组织、宣传、军事、行政四科和一个政治工作总队。鲁明健任政治工作总队中校队长，夏菲（女）任少校副队长，政治工作总队设有政治宣传队和群运工作队。宣传队有队员 60 多人，其中女队员 20 多人。他们经常排练、演出文艺节目，揭露日军的侵华罪行，宣传团结一致，共同抗日。群运工作队的 10 余个分队深入农村，串联发动群众，进行全民性的抗日救亡活动，协助建立抗日救亡群众团体，举办保甲人员训练班，恢复乡保地方政权。

抗敌工作委员会为推动全面抗战，在随县均川镇和长岗店举办了两期训练班，为豫鄂边区 13 个县培养了约 200 名干部。这 13 个县，除了河南的信阳、桐柏外，其余是湖北的枣阳、随县、钟祥、京山、安陆、云梦、孝感、应城、天门、汉川、汉阳等县。鄂中特委利用抗敌工作委员会的名义，向各县派出小分队和政治指导员，开展统一战线工作和群众工作，组织抗日自卫武装，整顿游击队，整顿基层政权，改造旧保甲，使之抗日化、民主化。

1938 年 11 月，天汉工委书记童世光被抗敌工作委员会任命为汉川县政府政治指导员。天汉工委便通过童的合法身份在汉川县政府内大力开展统一战

线工作。在赤手空拳的情况下，要迅速打开工作局面，开展抗日民族统一战线工作就显得尤为重要。天汉工委决定把汉川作为工作基点，以充分发动群众、积极恢复和重建党组织为重点，广泛深入地开展抗日民族统一战线工作。

国民党汉川县政府和县区自卫队内部情况复杂，各派人物都有：既有明显的三青团特务分子，也有阴险狡猾的投机分子；既有国民党顽固分子，也有爱国民主人士。天汉工委在县政府内首先争取了财委会主任王华舫和秘书邓衍系合作。王华舫曾留学日本，在国民党内政部合作司任过司长。他为人正派，富有爱国心，积极拥护共产党团结抗日的主张，在本地很有声望。但是他经常住在家里，日常事务全由副主任王连山、秘书邓衍系处理。邓衍系在担任财委会秘书之前，曾任过国民党汉川县第三区区长。他非常痛恨国民党的反动统治，真心拥护共产党。在国共合作抗日的形势下，邓衍系帮助童世光进行统一战线工作，争取了县政府主管武装、保甲的一科科长王春诚共同抗日。王华舫还极力推荐童世光担任国民党汉川县政府修缮委员会主任。他们还积极协助童世光工作，主动介绍县区机关许多头目和国民党内的情况，为天汉工委开展统战工作创造了有利条件。

天汉工委抓住一切机会，在国民党汉川县政府中争取了秘书叶树屏，三科科长杨质钦，在乡保中争取了联保主任魏一民。在县大队区中队中广泛接触官兵，宣传中国共产党的抗日主张和统战政策，发现和培养进步分子加入共产党。通过耐心细致的工作，争取了中队长邓道芳、分队长罗连仿等人合作抗日。

同时，天汉工委还注意团结社会上的各界人士，把他们团结组织到抗战的旗帜之下，充分发挥他们的特殊作用。马口商界的张咏秋、陈和笙等人，早在北伐战争时期就同情共产党，积极支持革命。他们曾以全部家产作为铺保，签字盖章交给共产党组织。大革命失败后，国民党反动派反攻倒算，他们也遭到迫害。但仍然一如既往，支持革命。武汉沦陷前，汉川马口区委遭到破坏，许多共产党员转入地下，张、陈等人一面进行掩护，递送情报，掌握国民党顽固派的动态；一面在工商界做工作，积极筹措商捐，在经济上予以资助。后来，陈和笙和张咏秋还通过花行及其他渠道从汉口买回一批批医药、文具和军事物资，为抗日斗争作出了有益的贡献。

与此同时，在江南的石首、公安、松滋等县的统战工作也有新的进展。

中共石首县党组织紧密结合当地的形势，积极主动团结国民党进步县长刘俊，与之密切合作，粉碎了国民党顽固派孙增珪等人破坏抗战的阴谋，发动并领导各界人士投入了火热的抗日救亡运动。

武汉沦陷后，石首党组织决定将工作重点转向农村，并且提出了“一切工作围绕消灭民族的敌人——日本帝国主义，一切服从抗日这个中心”的口号，充分发动群众，团结开明士绅，广泛开展群众性民主斗争，重点揭露了当地联保主任和保甲长中的贪赃枉法行为，并联名向县政府控告。石首共产党组织负责人密加凡积极配合刘俊，惩处了那些贪赃枉法、破坏抗战的顽固派，撤销了他们的职务，选派共产党员和开明士绅去继任。团山、桃花山、泥巴沱、积玉口等地的联保主任中，王芸夫、吴绍堂等人是共产党员，其余的是开明士绅。

1938 年 12 月，中共石首区委成立，区委先后在共产党员任联保主任和与共产党关系较好的联保主任所在的东乡、维新乡、刘发乡等地成立了“战时服务团”。在城区以“战时服务团”的合法名义举办了培训抗日骨干的训练班，组织剧团到各地进行抗日宣传。1939 年初，区委利用统战关系，在县长刘俊等进步人士支持下，与国民党县区党部进行谈判交涉，释放了被关在国民党石首县政府监狱内的 80 多名共产党员和革命群众，进一步增强了共产党的力量。

1939 年 4 月，中共江北地下支部书记刘一明发动群众，秘密处死了当地一个民愤极大的劣绅。江北的劣绅联合向国民党石首县政府和县党部告状说，这个人是共产党，要捉拿杀人凶手。国民党石首县党部书记长兼商会会长孙增珪要亲自办理此案，企图趁机捕杀共产党员。刘俊见孙增珪心怀叵测，便以搞党务的不参与政务为由，拒绝了孙的要求。当晚，刘俊找密加凡和赵垩查问此事，密加凡回答系群众打架斗殴。刘俊提醒要注意策略，现在是国共合作时期，不要让人家钻空子，并且暗示江北的共产党员赶快转移。因此，次日县中队到江北只捉了几个无关的群众回县交差。后经刘俊派人审理，全部予以释放。这样既保护了革命同志，又平息了风波，使顽固派妄图趁机捕杀共产党员的阴谋未能得逞。

石首县党组织从国民党县政府到乡保政权，从县城到乡村，团结广大群众，争取了以刘俊为代表的进步势力和开明士绅，壮大了抗日力量，从而孤立和打击了反共顽固势力，推动了抗日救亡运动的深入开展。

公安县党组织根据《中央关于大量发展党员的决议》，不仅注意恢复与审查原有的党员关系，而且十分注意吸收在抗战中新涌现的积极分子，包括国民党政权机构中的进步人士和军队中的爱国官兵加入共产党。宣传只有强大的党才能有强大的统一战线的真理。公安县委经过长时间的认真考察培养，于1939年秋，吸收了国民党公安县滨江干堤修防处主任程鹏万入党。程鹏万在土地革命时期曾任国民党编练队长，镇压革命，后任滨江干堤修防处主任，转变立场，倾向革命，掩护革命同志。程入党后，秘密为党工作，起了特殊的作用。原国民党公安县公安局局长樊希茂被吸收入党并任区委书记，以合法身份掩护党组织，保护了不少同志。国民党二十集团军上校军法官王灿然，被发展为党的外围组织的成员并予以重用，为保卫湘鄂边的党组织起了重大作用。

为了争取抗日活动的主动权，公安县委还选派了李士英、陈启风、徐占魁、高家钦、李世全、王以山等40余名共产党员参加竞选乡、保长，进入国民党政权机构，利用合法身份，开展抗日活动。同时，公安县委还先后选派一些优秀的有活动能力的共产党员到国民党军队、地方武装、土匪武装内部，了解情况，进行统战工作，收到了好的效果。

松滋地下党组织也利用统战关系，积极开展抗日救亡运动，创办战时工作人员训练班。早在1938年冬，松、枝、宜三县动员委员会办事处主任、松滋爱国民主人士雷鸣泽就想仿效李范一办汤池训练班之举，积极筹办战时工作人员训练班，为抗日培训基层骨干。1939年1月，中共松枝宜工委成立后，对雷鸣泽给予了积极的支持，在共产党的大力推动和组织参与下，松枝宜战时工作人员训练班于1939年3月在松滋刘家场庆贺寺正式开学，共招收松枝宜三县学员200余人。战时工作人员训练班开学后，工委广泛发动爱国进步青年，团结上层进步人士，积极进行抗日宣传教育活动和秘密发展共产党组织。

1939年春节期间，松滋爱国进步人士雷言午与湖北四区简易师范学校教导主任、共产党员田绥祥一起，召集从延安抗大、陕北公学和武汉等地回松滋的进步青年雷伯衡、刘明哲等开会，研究进一步开展抗日救亡活动的问题。雷言午在会上传达了董必武的指示，介绍了前段活动的情况，并讲了后段工作任务。会议决定以雷言午的名义向国民党松滋县长写信，建议把“松滋民众动员组织起来，投入抗日救亡活动”。建议信当即由田绥祥拟稿，会后分送县长鄢说和县抗敌动员委员会。

鄢说接信后，派人与刘明哲联系商洽。刘明哲邀约从武汉、沙市等地回县的进步学生商议，成立了松滋青年抗战通讯社和抗战服务社，联络不同层次的青年。抗战通讯社创办了《三月刊》，主要报道抗战动态，揭露日军罪行，宣传抗战必胜，号召各界人民支援抗战。抗战服务社在全县建立了六个分社，在各地办黑板报、阅览室，举行报告会，设立茶水站，供过往抗战军人饮用。抗战服务社除领导各分社开展活动外，还帮助县商会在县城举办商民训练班。参加这个训练班的有店员、工人和商家子弟共100多人，为期一个多月。

此外，还办起了书报供应社。这是汤池训练班毕业学员、共产党员李逊夫于1938年秋向雷言午建议，由县民众教育馆资助，由雷伯衡出面筹备开办的。该社专门出售《新华日报》《雷雨》《日出》等进步报纸书刊。抗战通讯社和抗战服务社的宣传资料，主要来源于该社的报纸书刊。

二、坚持团结抗战，战胜反共逆流

（一）国民党制造反共摩擦

1939年1月下旬，国民党召开五届五中全会，蒋介石在会上做了《唤醒党魂，发扬党德与巩固党基》的秘密报告，决定了“溶共、防共、限共、反共”的政策，设立了“防共委员会”。会后，又陆续制定了《限制异党活动办法》《共党问题处置办法》《沦陷区防范共产党活动办法草案》《异党问题处理办法》《处理异党实施方案》《运用保甲组织防止异党活动办法》等反共文件，实行消极抗日、积极反共的政策，要取消敌后抗日根据地的抗日军政组织，并要在这些地区建立反共据点，推行保甲制度，在政治、军事、经济、民运、宣传诸方面对共产党及其领导的抗日武装力量加以限制、打击和消灭，不断制造借口，搞军事摩擦。他们在襄河地区也是如此。

1939年3月中旬，由共产党员和进步人士参加的第五战区文化工作委员会被国民党顽固派明令解散。接着又污蔑国共合作组织的抗敌工作委员会为“共产党的扩张势力”，令其解散。一些在日军进攻面前闻风丧胆而逃的国民党土顽势力又卷土重来，使敌后抗战又无端地增加了一种内部阻力，反共摩擦事件接连发生，日趋频繁。汉川县自卫第五中队改编后不久，身为汉川县长兼自卫总队长的龚勋南加紧了吞并抗日武装的步伐。他首先吃掉了五中队，接着开始打三中队的主意。龚勋南与汉川县三青团书记长何定华、王连三等人勾结，公开指派特务，在系马口烧了一家花行，用以表示“抗日”，来麻痹人民，背地里却派人刺探三中队的布防情况，准备把三中队连锅端掉。在这一关键时刻，邓衍系将这一情况向天汉中心县委作了汇报。1939年6月中旬，雍文涛以鄂中区党委特派员的身份到天汉中心县委机关所在地汉川老新集检查指导工作，得悉龚勋南要吃掉三中队，立即召集天汉中心县委领导成员童世光、谢文耀、梁立玲、彭怀堂以及三中队领导人岳群、周彬、陈明等人进行紧急磋商，决定由雍文涛带领三中队前往京山八字门，童世光做好善后工作。第二天夜晚，雍文涛带领汉川自卫三中队离开老新集，向北开进。童世光草拟了《汉川三中队告全县人民书》并在全县散发。《告全县人民书》郑重宣告："汉川三中队为避免被顽固派'吃'掉，暂时转移到外地，不久将重返家乡坚持抗日斗争，望县府及各界士绅耆老不要伤害我们的家属、亲友。"三中队经过两天两夜的长途跋涉，到达京山八字门，受到豫鄂独立游击支队李先念、陈少敏等首长的热烈欢迎。

（二）一二八师吞并抗日武装

一二八师师长王劲哉先在江南借共产党与他合作之机，吞并了中共鄂南特委所领导的咸宁抗日游击队。1938 年 12 月，王劲哉先将该队收编为湘鄂赣游击总司令部直属咸宁县第二大队，由何寰桢任大队长。下辖三个中队，300 余人枪，全部指挥人员都是共产党员。月底，王劲哉以"元旦团拜"为名，设鸿门宴，将何寰桢杀害，夺去人枪一部，余部亦被混入内部的投机分子拖到国民党咸宁县保安团去了。

王劲哉到江北进驻沔阳仙桃后，野心越来越大，不论国民党地方部队还是共产党领导的游击队，他只要有机会就加以吞并。

1939 年夏，王劲哉故技重演，又以宴请七六六团连以上军官为名，将团长周干臣及连以上军官 30 多名全部杀害，从而吞并了天汉地区最大的一支人民抗日武装。

这支武装开始是由周干臣组建，并在地方党组织领导下发展起来的。周干臣当过红军。1938 年春，参加汉川县"抗日救亡协会"。同年夏天，周干臣与分水嘴抗协分会的几个人一起先夺了国民党汉川县缉私队的几条枪，接着又夺了国民党刘家隔区公所的 30 多支枪。后来，与彭怀堂、张华堂、周祥娃等 10 多个土地革命时期被迫流亡的革命者到黄安投军未成，返回汈汉湖区，在水口、桃园、鸡公洲一带收集散枪 300 多支。11 月，在韩家集成立了汉川县抗日游击大队，共有 600 余人枪，编成三个连和一个手枪队，由周干臣任大队长。年底，这支部队发展到 1000 多人，七八百支枪。国民党分水区长岑鹏趁机率区自卫队混入周干臣部，当上了副大队长。在岑鹏的唆使下，加上天汉工委和汉川县委派到周部做争取工作的李定高等人叛变，与岑鹏勾结在一起，架空周干臣，篡夺了游击大队的领导权。他们霸占湖区，专干坏事，在当地群众中造成很坏影响。

为了及时解决汉川抗日游击大队的这些问题，天汉工委决定派谢文耀、彭怀堂等人到韩家集去做工作。谢文耀等人一到那里，就被岑鹏、李定高逮捕起来。岑在幕后操纵，李在幕前指挥，他们恶毒攻击共产党和新四军，说什么“只听说有个八路军，没有什么新四军”，借口将谢文耀、彭怀堂关押在一所祠堂里，严刑拷打后准备活埋。警卫连长周祥娃闻讯赶到，命令全连包围了司令部，自己带着短枪班冲入室内。岑鹏、李定高见势不妙，为保全性命，才释放了谢文耀、彭怀堂。事后由于没有认清这一事件的性质，没有妥善处理与此事有关的人和事，只是乘李定高逃到襄南时，把他处决了，而让岑鹏隐藏了下来。

1939 年 3 月，因部队给养不济，周干臣将部队从驻地田二河拉到襄河南岸的侧船山一带乡村，准备攻占南河渡，就地筹款，解决给养。这时，系马口据点的日军正在蠢蠢欲动，企图包抄周干臣部的后路。南河渡一带的国民党县区中队也已投入了战斗准备，妄想拦头阻击，置周干臣于死地。天汉中心县委得到情报后，立即派人分头给国民党汉川县政府和周干臣做工作，并调汉川县自卫三中队控制制高点，占领有利地形，监视系马口日军的行动和县区中队的动向，保证周部顺利返回驻地。

天汉中心县委由于缺乏复杂斗争的经验，对王劲哉的本质认识不清，没有警惕，为解决周干臣部队的给养，决定搞个合法名义，于 1939 年 5 月将该部编入国民党一二八师，受编不受调。王劲哉将周干臣部编为该师七六六团，由周干臣任团长，岑鹏任副团长，仍驻田二河。

部队改编后，王劲哉施展各种手段，分化瓦解这支队伍。王一面假惺惺地吹捧周干臣年轻能干，才华超群，并要周干臣做他的“干儿子”，经常请周干臣到师部去下棋；一面却以重金收买一营营长周文宽，要周文宽把部队拉到仙桃去。周文宽因受重贿，见利忘义，结果将一营人马拉到仙桃，投靠了王劲哉。

一营是周干臣部的精华，周文宽把部队拖走以后，使周的实力受到很大的影响。面对这种情况，周干臣遂将部队移驻回龙湾。

为了吞并周干臣的全部人马，王劲哉又派副官和周文宽到回龙湾“文请武接”，周干臣便把部队拉到了仙桃镇。周干臣到仙桃后，王劲哉设宴招待该部连以上全体军官。席间，王劲哉派人缴了周干臣的枪。警卫连长周祥娃见势不妙，拔枪抵抗，不幸中弹身亡。周干臣等 30 多名军官惨遭杀害。岑鹏趁机逃走，带着部分人枪，到汈汊湖区当土匪去了。这支队伍被一二八师吞并，给了天汉党组织十分深刻的教训。

（三）石公华等地党组织遭受严重破坏

正当共产党领导的石公华等地区抗日活动蓬勃发展的时候，国民党顽固派在这一地区也掀起了反共逆流。石首、公安、华容等地党组织遭到严重破坏。

1939 年 2—4 月，国民党在石首的顽固派极力推行“消极抗日，积极反共”的两面政策，千方百计地分裂抗日民族统一战线，把斗争矛头对准石首的共产党组织。以孙增珪为首的一伙反共分子，为了实现其反共目的，首先对与共产党有密切联系的进步人士、国民党石首县长刘俊采取行动。先后两次向国民党湖北省政府告状，诬陷刘俊是共产党员，赤化石首。见刘俊没有被告垮，孙增珪就指使同伙，调关区区长张仲平暗杀共产党员。4 月底，张仲平组织土匪武装破坏中共东乡区委，杀害区委统战委员胡绍堂。5 月初，维新乡的党组织也遭到破坏。张仲平率领土匪队伍捕死了 5 名共产党员，4 名原民先队员，其中有两名支部书记。后因一个党小组长叛变，供出了全组的 8 名共产党员姓名，致使这些同志遭到逮捕，并有 3 人牺牲。长津乡区委组织被摧毁，县委组织部长郭植等人被捕。6 月，石首县的反共顽固势力纠集华容县的国民党军统特务、警察局长徐上达，在桃花山地区进行“清乡”，大肆捕杀共产党员和革命群众，使石首县的党组织遭到严重破坏。

同年7月，国民党洞庭警备司令刘召东派遣徐上达带领特务队到南（县）华（容）地区制造血案，将中共华容县委和南山区委负责人刘小逸、何汉广、何光德、陈次潘等人暗杀，使华容县委和南山区委也遭到严重破坏。属南安中心县委领导的安乡县党组织安（乡）北特区委也受到严重破坏。区委书记张凤翘、组织委员何春舫、宣传委员邓继高，被国民党安乡县长谭巨涛派县警备队捕去暗杀。

（四）党在国统区工作方针的贯彻，简师迁至庆贺寺

1939年10月，湘鄂西区党委在松滋李家坪召开扩大会议。钱瑛、何功伟、蔡书彬、曾惇、密加凡、马识途等参加了会议。会议分析了抗日战争形势发展的特点，作出了"转变作风，隐蔽组织，随时准备应付突然事变"的决定。会议还听取了简师党支部的工作汇报，肯定了简师坚持统一战线、广泛发动群众，运用各种形式培训抗日骨干的成绩，并表扬了统战工作做得好的田绥祥。

为贯彻党在国统区的工作方针，这年冬，公南特委在公安县胡家厂邹永杰家召开了特委和各县县委负责会议，学习党的文件，研究部署本地区的工作。曾先后三次派人到南县找王芸夫、王一樵传达党的工作方针和特委的指示。要他们按照"隐蔽精干、保存实力，长期坚持、等待时机"的方针，和国民党搞统一战线，进行合法斗争。同时，特委还派人到藕池进行联系，具体了解已经暴露身份的党员转移、隐蔽和党组织被国民党顽固势力破坏的情况，并指示他们"党组织之间，党员之间，只能单线联系，不发生横向关系"。

由于正确贯彻了党在国统区的工作方针，地方党组织和党员都得到了较好的隐蔽和安全转移，为党组织的再度恢复和发展奠定了基础。

湘鄂西区党委根据中共中央、毛泽东关于"战胜国民党的反共逆流，争取时局好转"的指示，确保党在湘鄂西培训干部的据点，决定将简师迁往已被迫撤销的松枝宜三县战时工作人员训练班所在地庆贺寺，并决定由简师教导主任、共产党员田绥祥出面进行交涉。

为执行区党委的决定和董必武关于“简师要扩大，要办成培养干部的学校”的指示，田绥祥利用国民党第四区行政公署督察专员兼简师校长邵汉元病逝的机会，对国民党上层人士进行统战工作。经过据理力争，终于取得了“扩大简师，增设附中部，迁校庆贺寺”的胜利。

庆贺寺位于山高林密的群山环抱之中，是一座颇具规模的古刹禅寺。东北距刘家场约 6 里，西南与湖南的澧县、石门毗邻。这里地势险要，易守难攻，曾是贺龙在第二次国内革命战争时期武装割据的范围，非常有利于建立敌后抗日根据地。

1939 年 9 月，简师迁校庆贺寺后，为了加强党的领导和学校的师资力量，湘鄂西区党委指示原在战训班工作的张师载、李镇等人进入简师工作，成立党团联合支部，由张师载任支部书记，李镇、林峰为支部委员。

1939 年秋，简师除原有的师范班以外，还招收了第三届师范科学生 40 余人，附中部初一上学生 50 余人，初一下学生 30 余人，初二上学生 20 余人，全校学生 200 人。1940 年春，又以招收插班生为名，招收初一上甲乙两班，全校学生达 300 余人。同年秋，第三届师范科学生毕业后，又招收第二届师范班学生 40 余人，初一上学生 50 余人，全校学生达 380 人。

由于简师规模逐步扩大，学生数量急剧增加，中共中央南方局和湘鄂西区党委通过田绥祥，先后安排了许多共产党员在简师以教书为职业，从事党的地下工作。从此，简师的抗日活动据点得到进一步巩固与扩大。

为了推动抗日运动的深入发展，田绥祥与松滋爱国人士雷言午商定，募征武器弹药，建立抗日自卫武装，开办农村保甲培训班，组织青年进行政治学习和军事训练，以充实抗日后备兵源；建立简师战时服务团，在校内创办农民夜校，组织农民学习抗日游击战争知识。学员均为农村失学青年，每期学习两个月，共办两期，受训约 100 人。

与此同时，简师还派学生、共产党员蔡振万等人到街河市为松滋县保甲长培训班上课，讲授政治常识和军事知识。

此外，简师战时服务团对外还办有黑板报、阅览室，定期举行报告会，为抗战军人代写家信，为抗战将士募集寒衣、鞋袜、毛巾、款项等。捐赠的慰问品送到前线后，使抗战将士深受鼓舞。

为增加简师地下党员中的工人成分，湘鄂西区党委通过爱国民主人士刘隽的关系，以输送松木坪七七纱厂工人到简师附中部学习为名，将余兴夏等人转入简师。此时，全校共产党员已达 60 多人，其中教师党员 20 余人。

简师地下党支部紧密结合形势和任务，举办党员训练班，主要学习政治形势和党的方针政策，学习马克思列宁主义的基本原理，社会发展简史，党的组织工作、宣传工作、群众工作以及秘密工作等内容。通过学习培训，提高了党员的思想觉悟和政治素质，加强了党的战斗力，为在恶劣的环境中坚持团结抗战和击退国民党顽固派的进攻创造了条件。

1939 年冬至 1940 年秋，松滋地区的国民党顽固派极力推行“消极抗日，积极反共”的方针，把简师视为主要进攻目标。简师地下党组织根据变化了的政治形势，把巩固党的组织作为中心任务，与国民党顽固派进行了针锋相对的斗争，田绥祥以其特殊身份，用公开合法的方式，从政治上反击顽固派的进攻，掩护了简师地下党组织及其活动。

1940 年上半年，国民党反共活动日益加剧，简师地下党在中共中央“隐蔽精干”方针的指引下，正确实行职业化、社会化、合法化和勤学、勤业、勤交友的“三化”“三勤”原则，利用各种学术团体，积极开展活动，扩大交友范围，团结教育广大进步青年，与国民党顽固派进行一系列合法斗争。每个党员在庆贺寺周围农村交了 2—3 个“朋友户”，许多“朋友户”在关键时刻积极资助和掩护了地下党员。

1940 年秋，国民党陆军第八军配合地方反动势力镇压简师的抗日活动，极力鼓吹“一个主义，一个政党，一个领袖”的论调，攻击共产党“破坏抗日”，“妨碍抗日”，“应予打击之”。简师地下党组织针锋相对地向该部官兵宣传“坚持抗战、反对投降，坚持团结、反对分裂，坚持进步、反对倒退”，中国人不要做“外战外行，内战内行”的事情，揭露国民党顽固派在国家、民族生死存亡的紧急关头，不但不抵抗日军的进攻，反而加剧摩擦，疯狂反共反人民的罪行，并对国民党顽固派“围剿”简师进步势力的活动予以迎头痛击。

简师地下党组织在这个特殊的环境里，在与国民党顽固派的顽强斗争中，正确执行党的路线、方针、政策，创建抗日活动据点，发展了党的地下组织，开展了抗日救亡运动，为鄂豫边区的抗日斗争输送了大量干部和骨干力量。

第五节　杨经曲率部起义

加强对敌伪的工作是中国共产党及其人民军队坚持敌后抗战的重要任务之一。李先念在谈到对伪军的方针时指出，“主要是从政治上争取，辅之军事力量的打击”，“以军事政治力量的灵活运用，来促进伪军的瓦解”。

1940 年 2 月，新四军豫鄂挺进纵队在汉阳侏儒山给伪军汪步青部以沉重打击之后，天汉地委利用有利时机，加强对其一六五旅的争取工作。经过近三个月的努力，终于取得了重大胜利。

伪一六五旅原为鄂南人民抗日自卫总队，成立于 1939 年初，它是由黄人杰、许大鹏等人组织起来的，曾受中共武昌县委的领导。

黄人杰是武昌县油坊岭人，出身于书香门第，北伐战争时期曾加入中国共产党，土地革命时期被开除党籍。抗日战争爆发后，他与许大鹏等人一起，捡枪、买枪，收编国民党溃军的散兵，拉起了一支拥有 1000 多人、700 多条长枪、20 多挺机枪的队伍，由黄人杰任总队长。为了表示抗战的热忱，他把自己的独生儿子送往延安抗大学习。不久，鄂南人民抗日自卫总队改为鄂南抗日游击樊湖二大队。为解决给养和取得合法的名义，黄人杰从国民党鄂南专员李辉武那里弄了个“鄂南保安司令部直属独立团”的番号，自任团长，活动于油坊岭、五里界、覃公庙、豹子澥、梁子湖一带。同年夏天，天汉中心县委应鄂南特委的要求，派共产党员韦为、余成刚等七人到该部工作，以加强共产党对这支武装的领导。韦为和许大鹏等人在该部组织了中共党支部，由韦为任支部书记。

许大鹏于第二次国内革命战争时期加入中国共产党。红军长征后，以讨饭、做苦工为掩护，进行地下工作。抗日战争爆发后，遵循党组织的决定，随父亲许保明回家乡武昌油坊岭开展抗日救亡活动。武汉沦陷前夕，任乡村促进会工作大队长。武汉沦陷后，以油坊岭为中心，在乡促会工作大队的基础上，搜集枪支，组建抗日武装。

1939 年冬，国民党反共摩擦加剧，鄂南局势进一步恶化，黄人杰怕被国民党吞并，遂通过其舅父杨经曲的关系将部队编入伪中国人民自卫军金龙章部，编为该部八十二师一六五旅，黄人杰任旅长，杨经曲任金龙章部秘书长。

杨经曲是老同盟会员，参加过辛亥革命，与董必武有过交往。大革命时期曾任国民党湖北省财政厅秘书长，以后又当过几任县长，在老家武昌有较高的声望。抗日战争初期，与张执一一起主持过湖北省战时乡村促进会的工作。乡促会被国民党强行解散，杨经曲蛰居汉阳县城，与金龙章、汪步青有一定的联系，因此黄部编入该部，以图“借庙躲雨”，保存实力。

鉴于黄人杰部编入伪军后，公开宣布与共产党脱离关系。韦为等人决定于农历七月十五日（8 月 29 日）“兰会”发动兵变。因叛徒告密，黄人杰将韦为等人逮捕，并准备枪杀，由于许大鹏保释，韦为等人才免遭一死，最后被黄人杰礼送出境。

1939 年 10 月，金龙章与其日本主子闹翻而弃职出走，其直属部队袁世正一六四旅、黄人杰一六五旅由秘书长杨经曲带领，开赴汉阳与汪步青的八十二师会合，袁、黄二旅分别驻扎在侏儒山、永安堡等地。

时任一六五旅一营营长的许大鹏为了寻找中共组织，通过新四军的一个侦察员与汉川的余成刚取得联系。余成刚将情况向天汉特委代理书记易家驹作了汇报。不久，易家驹在汉川何家台秘密会见了许大鹏，并要他谨慎、耐心地做好争取黄人杰的工作。天汉地委成立后，对争取黄人杰的工作又作了进一步部署。

1940年春，天汉地委将许大鹏的父亲许保明从均县请到汉阳，要他利用与杨经曲、黄人杰的同乡关系和多年私交，以共产党的使者身份，直接到黄人杰部，正面开展对杨经曲、黄人杰的争取工作。

许保明到汉阳后，住在儿子许大鹏处，抓住一切机会做争取杨经曲的工作。许保明经常找杨经曲谈古论今，引申比喻，借题发挥。从春秋无义战、七雄争霸谈到辛亥革命和当今的国际国内形势；从流芳百世、忧国忧民的屈原，抗击民族入侵的岳飞、文天祥，谈到遗臭万年的秦桧、李鸿章；从大革命时期的国共合作谈到抗日民族统一战线的形成；从孙中山的三大政策谈到杨最仰慕的董必武。这样推心置腹的交谈，使杨感触颇深，并向许表露，只要新四军不嫌愚陋、给予机会，愿同新四军一起抗日。鄂豫边区党委了解到杨的态度后，于1940年夏派政治部联络部长张执一以豫鄂挺进纵队参谋长的名义去做杨的争取工作。张执一带着董必武给杨经曲的电报，在天汉地委负责人顾大椿、易家驹的陪同下，到达汉阳官塘角。经过周密的安排，张执一秘密会见了杨经曲，并且把董必武的电报转交给杨，杨经过反复斟酌思考，终于下决心率部起义。

杨经曲虽然下了决心，但部队却掌握在黄人杰手中。黄因曾杀害过中共武昌县委组织部长王健民，担心共产党不会饶恕和原谅他。尽管许保明等多次向他宣传共产党的政策，只要共同抗日，就一定“捐弃前嫌、不咎既往”，但他仍然举棋不定。后经许大鹏反复劝说，黄才勉强表态。

共产党派人到黄人杰部的活动，引起了汪步青的警觉，他用封官许愿的手段收买了黄部第二团团长胡杰三。汪步青还妄想利用点验部队的机会，将黄人杰部一举缴械。1940年7月中旬，汪步青命令所属各部到黄陵矶点验，黄人杰已知有诈，称病不出，由一营营长许大鹏率部前往。点验结束后，许大鹏带队返回途中，突然遭到汪步青直属部队的袭击。许大鹏指挥部队冲出包围圈，回到了永安堡。第二天，汪步青亲自率领部队，分三路进击黄人杰部，经过竟日激战，黄人杰率部撤退到索河、李家集一带，此时，伪一六四旅袁世正部因受排挤，也撤至蔡甸一带。

黄人杰部被汪步青袭击的消息不胫而走，张执一闻讯后，立即指示中共汉阳工委组织群众前去慰问，榔头区委派出两名医生带着药品前去给伤病员治疗。此情此景，使黄人杰深受感动。

此时，国民党一二八师和伪军也派人前往索河进行活动，纷纷向黄人杰抛出诱饵，什么副司令呀、师长呀。这边出价，那边索价，信使往返，函电交驰。杨经曲见时机成熟，立赶赴张家台与张执一制定了起义的部署。

首先由（汉）川（汉）阳两县群众护送黄部军官家属及军饷，经榔头、杨池口、桃花台，安全抵达韩家集，然后组织部队转移。大部队转移是一个十分艰巨的任务，除一六五旅的1100多人枪外，还有一六四旅杨经曲之义子杨瀛任团长的某团500多人枪，共计1600多人枪。这支队伍成分复杂，人心不一，要想从狼窝虎穴中拉出来，穿过40多里路的日伪防区，渡过一二里宽的襄河，然后在汈汉湖南岸上船，整个行军途中不能让敌人有丝毫察觉，否则，就会全军覆没。而且，要在敌人的眼皮底下汇集几百条船安全偷渡襄河，这也是非常困难的事情。

为了保证杨经曲部起义的圆满成功，李先念司令员亲自到天汉湖区进行部署。张执一和天汉地委负责人顾大椿、易家驹等领导与杨经曲共同研究行军方案，布置了行军序列和行进路线，并且交代了口令。

1940年8月13日夜晚10时，杨经曲向部队下达了“移师襄北，领取军饷”的命令。起义部队悄无声息地离开索河，踏上了新的战斗历程。当起义部队行至汉川丁家集时，张执一代表挺进纵队和天汉地委前来迎接。部队经老新集、芦排地到达襄河南岸，乘天明之前，分乘200多只船迅速抢渡襄河，天亮时分到达汈汉湖边的杨家集。在这里早已有300多只船静候着，由于突然狂风大作，木船难于起航，部队暂时在杨家集原地休息。

此时，汉川县城、城隍港、分水嘴、蚌湖口等地的日伪，加上从汉阳尾随而来的汪步青部数千人蜂拥而至。在这万分危急之时，张执一和杨经曲指挥部队迅速转移，由营长许大鹏带领一个营进行堵截，连长张子敬（共产党员）带领一个连抢占湖堤进行阻击。他们与敌伪短兵相接，进行白刃格斗，终于为大部队转移赢得了时间。整个部队安全登船，转入湖中芦苇深处，张子敬等 30 多位战士英勇献身。

起义部队劈波斩浪，开赴韩家集，而后转赴天西，受到新四军豫鄂挺进纵队首长的热烈欢迎。

随后，成立新四军豫鄂挺进纵队第四支队，杨经曲任支队长，王海山任副支队长，郑绍文任政治委员，下辖第四团、第十团、第十一团。第四团团长曹玉清，政委岳林；第十团团长黄人杰，政委黄德魁；第十一团团长杨瀛，政委娄光琦。

中国共产党对待伪军的方针政策的正确，边区党委和天汉地区党组织通过各种关系认真做好伪军的分化瓦解和团结争取工作，从而使杨经曲起义获得了圆满成功。

杨经曲率部起义的壮举，不仅有力地打击了武汉的日军，削弱了伪军的力量，壮大了抗日队伍，为其他伪军指明了出路，而且也使挺进纵队官兵更加明确，只要正确贯彻执行中国共产党对伪军的政策和加强争取工作，瓦解和争取更多的伪军反正是完全可能的。

第六节　襄河地区的政权建设

一、促进国民党地方政权的改革

早在1938年5月，毛泽东就在《抗日游击战争的战略问题》一文中指出："经过游击战争的必要过程，消灭或打败了许多敌人，摧毁了伪政权，发动了民众的积极性，组织了民众的抗日团体，发展了民众武装，建立了抗日政权，游击区就转化成根据地。"1939年9月18日，中原局致刘少奇的电报中指出："不建立抗日政权，单靠军事行动是很难立足的。""因此，从下而上，从小而大地建立政权，这是今天的主要方式。"还指出，在"部队活动地区，只要该地区的县长、区长，甚至于几个联保对抗日是同意的，就应当在该地区武装地方民众，进行肃清汉奸、公布有利于民众的命令，收集物资，组织地方民众团体，进行必要的行政改革"。根据毛泽东和中原局的指示，天汉特委从实际出发，积极与国民党地方政府合作，争取民主，改善民生，使之成为坚持抗日的进步政权。

国民党汉川县政府是倾向抗日的，特别是县长向岩，是一位爱国民主人士，与共产党有着合作共事的历史。向岩，1870年出生在汉川县田二河神灵台，1906年加入孙中山领导的同盟会，随后参加辛亥革命。在护法讨袁的战争中，任靖国军第八军参谋长兼旅长。是时，杨虎城在该军中任师长，与向岩私交甚深。大革命失败后，任国民党沙市征收局局长，曾掩护受反动当局通缉的共产党员。抗日战争全面爆发后，向岩托董必武将儿子和女儿送往延安。汉川县城沦陷不久，前任县长龚勋南离开县府，任国民党一二八师旅长，向岩经省民政厅厅长张难先推荐，由国民党湖北省政府委任为汉川县县长。他一上任就找天汉特委代理书记易家驹，要求派干部到县政府和自卫队担任领导工作。特委根据毛泽东有关改造国民党政权的指示，为了把汉川县政府改造成为人民拥护的政府，先后推荐童世光、吴师筑、谢威和安琳生等人到汉川县政府工作。童世光任一科科长，主管武装、保甲；吴师筑、谢威任国民自卫兵团副团长，安琳生任团政治处主任。按照国民党的有关规定，县自卫兵团团长由县长兼任，不设副职。但向岩打破常规，仍然配备了副团长。同时他还委任民主进步人士杨质钦为三科长、叶树屏为秘书。接着，向岩对区、乡、保政权机构进行调整，委任原中共天门县委书记曹志坚担任第四区（麻河口）区长，进步民主人士魏一民、邓衍系分别担任第一、第二区区长。至于乡、保两级政权的领导人员中，共产党员和进步民主人士则占了绝大多数。

因汉川县城沦陷，国民党汉川县政府迁往南河渡。1939 年 10 月，驻武汉日伪军出动两万多人，对川汉沔地区进行“大扫荡”。南河渡陷入日军的铁蹄之下。向岩率领县府机关人员和县国民自卫兵团向西转移。当走到汉川边境五星街时，国民党汉川县马口区区长张锦藩率五个区中队也来到此地。二者会合后，下一步如何走，究竟到哪里？出现了两种截然不同的意见。何定华、王连三（王赞承）、张锦藩等少数人主张到沔阳去投奔国民党一二八师，而绝大多数人则主张留在汉川继续抗战。由于共产党的抗日民族统一战线政策深入人心，县区八个中队大部分官兵认为“沔阳是后方，那里无日可抗”，主张“汉川自卫武装要保卫汉川人民”。这些意见立即得到了县区机关人员和广大官兵的热烈赞同，而何定华、王连三、张锦藩依然坚持自己的意见，带走了二三十人枪，大多数人员没有离开五星街。五星街地处汉川、沔阳交界地带，离一二八师的防区比较近，随时都有被一二八师剿灭的可能，县府机关自卫兵团不宜在此地久留。因此，童世光建议迅速离开这里。向岩欣然接受了这一建议，决定带领机关人员和自卫兵团向襄北的田二河转移。但自卫兵团仍有一部分人滞留在双马山、芦排一带，未能跟随转移。

田二河位于汉川的最西端，与天门的干驿接壤，是一座历史悠久、商贾云集的集镇。在经济繁荣的鼎盛时期，曾享有“银河”的美誉。这里商业发达，交通便利，是进出荆沙和襄宜的要道。汉川县政府刚到田二河时，许多不明真相的人外出躲避，商店关门闭户，街上一片沉寂。县政府机关内也是囊空如洗，钱粮俱无，食宿困难。在这危难关头，童世光找田二河商会会长陈锐夫进行磋商，陈深明大义，一面动员商店开市营业，一面发动商家捐粮献款。爱国民主人士匡子桢也在匡氏宗祠为县府安排办公室和宿舍。同时童世光找四团队借了1000元钱，作为开伙费。叶树屏回老家虾子沟，在商会中募集到一笔款。由于多方的努力，终于渡过难关，使县政府这部机器正常运转起来。1940年1月，向岩在田二河召开全县士绅乡保长联席会，宣布“抗日、团结、进步”乃正确之政治方向。

1940年春，鄂豫边区党委统战部长陶铸赴延安开会途经汉川时，在童世光的陪同下，专程到神灵台拜访向岩（这里距田二河二里多路，向多住家中），同时代表边区党委，向汉川县政府赠款3000元（此款由天汉财委会拨出），这对向岩以很大鼓舞。

向岩真心实意地接受共产党的帮助，积极调整区、乡、保机构，普遍开展民主选举运动，肃清土匪，整编县自卫队，禁止抽丁、贪污，使政权工作有了很大起色。而汉川的一伙反共顽固派，则对向岩横加指责，并且向上控告向岩“年老昏庸，勾结共匪”。国民党湖北省政府偏信顽固派的诬告，撤销了向的职务，另委一贯坚持反共立场的王连三为县长。为此天汉地委广泛发动群众，掀起了一场“拥向反王”群众运动，全县4万多名“抗十团”成员到处召开“拥向反王”大会，极力支持向岩继任汉川县县长。

1940年3月，在田二河召开的“拥向反王”万人大会上，汉川县宪政促进会会长匡子桢宣布宪促会一致推举向岩为县长，与会群众长时间地热烈鼓掌欢呼。向岩看到群众衷心拥护他当县长，激动得老泪纵横。他感慨激昂地说：“抚今昔兮蹉跎，瞻国事而长吁……今后唯有追随吾挺公、念公及吾诸大豪杰、大名士之后，凤翥鸾翔，龙骧虎步，为吾中华民国最后写一页有声有色、有趣有味之光荣史也！”[①] 王连三慑于群众运动的威力，将省政府的委任状装进口袋，

① 1942年《七七月刊》：史光文《县城陷落后的汉川》。

灰溜溜地走了。汉川县地方政权仍掌握在共产党和进步人士的手中。

二、天汉军政委员会成立，抗日民主政权的初步建设

为了统一天汉党政军民等方面的领导，根据鄂豫边区军政委员会的指示，1940 年 3 月，成立了天汉军政委员会。军政委员会由周志刚、顾大椿、易家驹、李人林等组成，周志刚任书记。

军政委员会成立后，继续抓国民党地方政权的改选和抗日民主政权的建设。

（一）汉川县民选运动的开展，县宪政促进会的成立

为了团结抗日，实行民主政治，1940 年 2 月，汉川县政府在共产党的帮助下，在各区、乡、保开展了民主普选运动。天汉地委和军政委员会派出工作队深入汉川县各区、乡、保广泛发动群众，大力宣传民主普选的意义和做法，然后在“抗十团”“妇救会”等群众组织中进行酝酿，提出候选人，凡年满 18 周岁的公民都有选举权和被选举权。最后召开民众大会，进行选举，选举的方式有举手、插旗、投豆等。

以田二河乡委员会的产生为例。在选举之前，由商会、小学、抗十团、妇救会与县政府工作人员到各保进行宣传，召开保民大会，选举保委会。然后再召开乡民代表大会，选举 7 人为乡委。其中共产党员 1 人（张怀宽当选为乡长，后被害），进步分子 1 人，商人 1 人，妇女 2 人，工人 2 人。

在汈汊湖区的田二河、韩家集、杨业陂、小里潭、麻河渡、城隍港等地普遍开展了民选。这是继土地革命时期苏维埃政权建立之后，劳动人民又一次以主人翁的姿态管理国家大事。

通过民主选举，许多工农分子当选为乡、保务委员，昔日那些骑在人民头上作威作福的头面人物被赶下台去。史沫特莱目睹了天汉人民参政的盛况后，在《中国的战歌》一书中这样称赞道：“十人团的会员、乡村教员、铁匠、农民，甚至一些妇女等都当选负责，代替那些只做官不管老百姓死活的地头

蛇。人们说上任的新官会烧三把火的。他们是真正的人，不抽烟、不赌博、不动摇，老老实实为老百姓办事。”有人攻击“共产党的民选都是凭借暴力操纵选民”，史沫特莱反驳道：“暴力操纵选民的事我没有见过。”她认为“这是比近代英美还要进步的普选，是真正的民主”。

1940年3月，汉川县宪政促进会在田二河成立，由匡子桢任会长。

匡子桢1875年生于汉川田二河镇。早年留学日本，曾参加孙中山组织的同盟会。学成回国后，辗转全国各地，从事教育、新闻、法律等工作。抗日战争全面爆发后，他同情共产党，积极支持抗日。

早在1939年11月，国民党五届六中全会迫于中共和各党派民主人士的强烈要求，宣布于1940年1月12日召集国民大会，实行宪政。所谓宪政，就是民主政治。国民党虽然宣布了，但并不准备真正实行。因此，在中国共产党领导下的各抗日民主根据地组织了宪政促进会。

汉川县宪政促进会的建立，更加推动了各地的民选运动。1940年5月，县宪政促进会于民众馆召开第三次大会，通过每乡迅速选乡代表二人，于6月18日召开大会，成立县参议会。

（二）汉川县临时参议会召开，县行政委员会成立

汉川的顽固派诬告向岩，王连三当县长的阴谋未遂，但他们仍不甘心失败，经常制造事端，危及县政府的安全。童世光和谢威跟向岩建议，把县政府迁往天汉地委所在地曾家壕口，但向岩没有同意。童世光、谢威还指出：“王劲哉靠不住，他已吃掉几个县政府。”向岩却回答说：“王劲哉的一二八师是国民党的，我的县政府也是国民党的，他不敢把我怎么样！”

国民党汉川县政府主管财政的二科科长李献其、三区（田二河）区长向翼云等人日益暴露出反共的真面目，他们经常在向岩面前拨弄是非，离间向岩与童世光等共产党员的关系，李献其以财政拮据为由，鼓动向岩停了谢威的职，停发自卫兵团的军饷。李还进一步鼓动向岩把县政府大印送走（县印由向岩保管），经童世光、谢威等人做工作，才将县印留住，并由童世光掌握。

李献其的阴谋败露后，又勾结国民党天门县县长胡光麓，策动一二八师古鼎新旅进占田二河。1940年农历五月初四（6月9日），县自卫兵团驻扎在田二河以东约两里路远的一个村子里，在天汉交界的地方放了一道排哨，晚上，当班的排长因玩女人而玩忽职守，放松警戒，致使古鼎新旅程权五团趁机进占田二河。童世光闻讯后，立即带着县印化装转移。途中被古鼎新旅部哨兵捉住，押送至程权五团部，县政府一科科员胡弗前冒着生命危险到神灵台给向岩送信，向岩立即前去程权五部交涉，救出了童世光。

由于向岩不听童世光等人的劝告，以他为首的汉川县政府被一二八师用武力解散，另外扶植起以王季常为县长的汉川县政府，童世光、叶树屏、杨质钦等人愤然离开田二河，前往韩家集。谢威、安琳生率领自卫兵团也转移到这里。

于是，天汉地委决定民主选举汉川县行政委员会，并将县促进会原定于6月18日在田二河举行的县参议会成立大会，改在7月7日于韩家集举行。24个乡和各界群众团体代表共计110多人出席了大会。会议选举产生了汉川县临时参议会，向岩（国民党员）为议长，叶树屏（民主人士）为副议长，胡弗前（民主人士）为秘书。同时，大会还选举产生了汉川县行政委员会常务委员和主席。常务委员有童世光、顾大椿、谢威、谢康平、杨质钦，主席为童世光。

县行政委员会下设民政、财政、建教三科，分别由邓衍系、安琳生、杨质钦任科长，李相武任秘书。原拟设司法科，魏一民因故一时不能赴任，该科暂时阙如，司法工作由民政科承担。

汉川县行政委员会成立前，全县37个乡中有6个乡被日军盘踞，9个乡受伪军及土匪把持，西境6个乡分崩离析，乡政权未能统一。县行委会成立以后，加强了边缘地区的工作，在政治上与敌伪开展了针锋相对的斗争，各乡政权逐渐恢复起来，到1940年11月11日止，县行委会能直接控制的乡有25个，半统治的乡有8个，尚未恢复统治的乡有4个。此外，被敌伪占据的集镇及各地伪维持会均表示归服。

县行政委员会的建立，进一步推动了民选运动的开展。各乡乡长、乡务委员及各保保长、保务委员大都在县行委会的监督之下，由民众直接选举产生。到 1940 年 11 月份为止，总计实施民选的就有 25 个乡，500 余个保。

县行政委员会还先后制定和颁布了《汉川县行政委员会组织条例》《汉川县选举条例》《汉川县乡民代表会组织条例》等条例和法令，制订了县行委会工作方案，建立了县行委会集体会议领导制度。

三、襄河地区“抗十团”的兴起和发展

天汉地区沦陷后，日伪残酷推行“三光”政策，国民党顽军和地主游杂武装趁火打劫，地痞流氓胡作非为，人民群众深受其害，苦不堪言，迫切要求恢复正常的生活秩序。

为了迅速稳定社会秩序，安定群众生活，充分发动群众，坚持抗日斗争，天汉特委决定成立“抗日十人团”。

抗日十人团这一名称，最早出现在五四运动中，它是由北京爱国学生组织的反对日本侵略者的群众团体，在历史上曾起过一定的作用。以后，这个组织就不复存在了，但它的名称却铭刻在人们的心中。当日军的铁蹄践踏武汉外围城乡的时候，一批流亡学生从平津来到这里，在中国共产党的指引下，从事抗日斗争，抗日十人团便又在新的形势下出现了。

1939 年 8 月，抗日十人团首先在京山县丁家冲一带出现。9 月，便在丁家冲成立了京应抗日十人团总团。10 月，汉川的彭怀堂、龙登云根据天汉特委的指示，在襄河沿线建立和发展抗日十人团。该组织以 10 人为一基层单位，区乡为团，县为总团。1940 年 1 月 1 日，天汉抗日十人团总团在汉川陡埠头成立。陈秀山为总团长，田昆为组织部长，吴鄂民为宣传部长（后由曹力接任），李斌（李秉范）为武装部长，曲鸣为妇女部长。

天汉抗日十人团总团成立后，立即派出巡视团到各地帮助指导组建“抗十团”。在襄北，除城隍、分水地区外，还陆续在垌冢、吕家巷、虾子沟、韩

家集、横堤、杨业陂、小里潭、回龙湾、夏家塌、芦嘴、双凤、田二河、陡埠头、麻河渡等地建立了区团。在仙桃、脉旺嘴、马口等敌据点也有秘密“抗十团”组织活动。天门县委在干驿、芦家口、胡家场等地也相继建立了抗日十人团。在襄南，川汉沔工委领导建立了芦排、杨林、西江（亭）、打雁（湖）、南河（渡）、老新（集）、榔头、庙头等区团。

与此同时，在敌占区和襄南的国统区，如沔阳的新堤、龙口、峰口、长埫口、张家沟、彭家场、排湖、白庙、郑道湖、杨林尾、官垱湖、沙口、府场、新滩口、汉河口和江南的公安、石首等地也组织起了抗日十人团，对我党开辟襄南起了很大的作用。

天汉抗日十人团从发动到成立，仅几个月的时间，参加的成员就达4万人以上。抗日十人团同当年的洪湖赤卫队不同，它不仅具有广泛的群众性，而且具有一定的社会性。参加“抗十团”的成员不仅有工农大众、商人、学生、居民，也有小地主和富农，而且还有洪门弟兄、士绅名流、游民难民。在抗日十人团中，不仅实现了一切抗日人士最广泛的联合，而且还促进了最初挺进湖区的新四军和地方人士的亲密团结，使二者在敌后游击战的发动中紧密结合成一支不可战胜的武装力量。

抗日十人团的发展，在某些地区的斗争是尖锐复杂的，有时甚至是惊心动魄的。

在天（门）东的胡家场，“抗十团”的活动引起了土匪头子程树人的强烈不满，他千方百计地扼杀这一新生力量。程树人开始将“抗十团”的组织者、天东区委书记钟宇安扣押，后经营救钟获释。汉川垌冢抗日十人团区团负责人吕汉卿出于义愤，带领“抗十团”团员包围了程的住所，并将其处决。三天以后，程树人的爪牙带人来进行报复，枪杀共产党员和“抗十团”成员七人，对其中没有断气的，他们还用盐水将其灌死，真是惨绝人寰。为了打击土匪的嚣张气焰，四团队立即派出一个连将胡家场团团围住，将程树人的得力干将程觉逮捕，当众处决。经过反复较量，天东区委和“抗十团”才在那里站稳脚跟。

当时，由于抗日十人团在发展过程中速度过猛过快，党的领导工作难以跟上，缺乏严格的审查工作，“抗十团”混进了一些“汉流”分子，他们利用抗日十人团的名义，在打击日军差船、没收“仇货”的过程中，趁机浑水摸鱼，中饱私囊，在社会上造成了不好的影响。经发现后，抗日十人团严格处分了一些不法分子，做了一些挽救工作，吸取了深刻的教训。

天汉抗日十人团总团为了克服不良影响，于1940年2月下旬在汉川虾子沟召开了代表大会。会议总结了前段工作的经验教训，确定了这次整顿的要求及今后的工作任务。会后，对各地的抗日十人团组织进行了全面整顿。从此，抗日十人团的工作重新走上了健康发展的轨道。

抗日十人团在抗日民主政权尚未普遍建立的情况下，充分发挥了半政权、半军事的作用，为抗日救亡运动作出了重要贡献。

第一，打击汉奸，摧毁伪政权或控制伪政权为抗日服务。汉川分水抗日十人团成员发现镇上一家鸦片馆老板王某为日军收集四团队和游击队的情报后（每份情报可获款5元），及时向天汉抗日十人团总团部报告。团部立即派龙登云带领两名团员化装成日本特务，摸到王的家中，用反将法说王向游击队出卖“皇军”的情报。王矢口否认，并说伪维持会长黄某可以为他做证。龙登云将王带到黄的家中，当面对证，黄说自己可以向“皇军”保证，王是响当当的亲日派。龙登云将王、黄带到虾子沟交给四团队进行审讯，王、黄二人交代了为日军效劳、充当汉奸的罪行后被处决。此后，分水镇新上任的维持会长对四团队、“抗十团”再也不敢马虎了，他们还经常为四团队提供情报，按期缴纳抗日捐。

第二，打击零星日军，没收“仇货”。一天，蚌湖抗日十人团成员发现襄河边停着一艘汽艇，满载着一批物资，船上只有一名日本兵和两个日本妇女照看。几个“抗十团”团员经过商议后，决定把它干掉。他们有的放哨，有的偷偷爬上汽艇。原先准备开枪射击，后因子弹卡壳，只得与日本兵展开肉搏。经过短暂的拼打，将日本兵揍死在船上。“抗十团”团员将满船物资和两名日本妇女迅速送往汈汊湖边的虾子沟，交给了四团队。

第三，配合正规部队做好后勤保障工作。1939年12月，四团队在府河口伏击日本三井洋行的两只商船，缴获了大批物资。四团队通知城隍“抗十团”派船去帮忙转运，他们立即在潘许家台一带调集木船70多只，将战利品运往四团队所在地王马家垸东高村。

1940年2月中旬，李先念率新四军豫鄂挺进纵队第二、第四、第五团队攻打侏儒山时，决定分别从杨林沟附近的蒋家滩和蚌湖口附近的茨湾渡过襄河，分水、杨林、蚌湖、城隍等“抗十团”立即动员全体团员为部队做服务工作。他们在渡口的上下游地段设岗放哨，距离长达三里路左右。为了保证部队顺利过河，他们筹集了大量木船，仅在蒋家滩渡口，就有木船60多只。为了严密封锁消息，城隍“抗十团”派人将彭宋河至蚌湖口（长达20里）沿线的电话杆砍倒，切断了日伪的通信联络。由于地方党组织和抗日十人团的积极支持与配合，部队迅速安全地渡过了襄河。

第四，团结教育群众，做好群众的宣传组织工作。川沔抗日十人团分团油印《抗日民族统一战线的问题》《抗日救国十大纲领》《告青年同胞书》等传单到各地散发，在一些小学、私塾向师生进行宣传，动员青年参军参战。许多地方的抗日十人团还组织群众修堤治水，恢复生产。有的抗日十人团的负责人还主动调解民事纠纷，平息邻里争端，使乡村的社会秩序日趋安定。

襄河地区抗日十人团的兴起和发展，为抗日救亡运动造就了一大批群众领袖和领导骨干，为共产党组织的发展打下了坚实的基础。同时，也为地方各级政权的建立和各界救国会、人民抗日自卫队的建立准备了大量的干部。

四、史沫特莱访问天汉湖区

正当天汉地区党组织在豫鄂边区党委和新四军豫鄂挺进纵队的领导和帮助下，和第四团队挥师开辟了天汉区抗日民主根据地，政权建设和各项工作蓬勃开展的时候，国际友人、美国著名女作家、记者和社会活动家艾格妮丝·史沫特莱到豫鄂边区党委和新四军豫鄂挺进纵队司令部机关所在地京山八字门访问。为了驳斥国民党顽固派反共谰言，让世界反法西斯的人民了解抗日民主根据地的真相，争取国际和平阵线的同情和支持，进一步鼓舞军民的抗日斗志，天汉地区党政军民和汉川县向岩给史沫特莱去信，邀请她到天汉湖区访问。天汉抗日十人团总团在发出邀请信的同时，还向她赠送了战利品。

史沫特莱欣然接受邀请，于1940年2月下旬满怀对天汉人民的深情厚谊，在中国女作家安娥的陪同下由一个步兵排掩护，离开京山八字门，冒着敌人的枪林弹雨，穿越汉宜公路，从应城陈家河乘船来到天汉湖区，受到天汉地委书记顾大椿的热情接待，顾大椿向她们介绍了开辟天汉根据地的情况。

史沫特莱听了介绍之后对天汉抗日十人团特别感兴趣，她不仅参观了“抗十团”截击差船所缴获的八船“仇货”，访问了汉川县麻河渡“抗十团”团长龙登云，并且出席了天汉抗日十人团总团代表大会。史沫特莱在会上发表了长篇讲话，详细介绍了世界反法西斯战争的形势，使人们听后大开眼界，深受鼓舞。

随后，史沫特莱在韩集乡采访了民主选举乡、保长的活动。起初，她对选民在被选人背后用投豆的方式进行选举不大理解，她摊开双手，耸耸肩膀，认为这种方式不太严肃。这时，陪同人员立即给她作了解释：中国的老百姓绝大多数是文盲，只好采用这种变通的办法，从实质上讲，投豆与投票是一样的，关键是要让选民真正行使民主权利。她听了陪同人员的解释，连连点头，表示理解。

在四团队的驻地，史沫特莱连续几个星期和指战员朝夕相处，同舟共济。白天和战士们促膝谈心，了解情况，晚上和战士一样和衣而睡。几乎每天三更半夜都有人敲门送信，说声要走，她立即打好背包，火速登上停在驻地附近河边的木船。在一个星期内，她跟游击队员们一起，经历了三次战斗。3月中旬，史沫特莱冒着倾盆大雨，离开天汉地委驻地陡埠头，到国民党汉川县政府所在地田二河访问，向岩县长为她举行了欢迎宴会。她对年高望重的向岩县长能同其他县府人员一起过着戎马倥偬的生活表示无比钦佩。向岩县长将驻扎在汉川境内的日军军官丸山写给他的一封劝降书递给史沫特莱，并说明自己已经给丸山回复了一首斥责日军的旧体诗，向岩还请史沫特莱把一份报告转交给蒋委员长。

同时，史沫特莱还会见了县府一科科长童世光，并请童介绍了汉川的革命斗争历史。因童善英语，不用翻译，两人交谈恳切，使史沫特莱感受很深，表示很满意。她在参观了汉川县国民自卫兵团的驻地以后，和战士们摄影留念，还专门到田二河天主教堂，与神父进行了广泛交谈。

史沫特莱在天汉湖区访问了天汉地委机关、抗日民主政府、群众团体以及许多工人、农民和部队指战员，多次发表讲话，高度评价、热情赞扬这里的军民坚持敌后抗战的成就和英雄事迹。史沫特莱一个多月的访问，给天汉人民带来了世界各国人民的友谊和支持。她离开边区后，广泛宣传报道了根据地军民坚持敌后抗日斗争的情况，并把她所掌握的第一手材料写成不朽的篇章，载入她的名著《中国的战歌》。

第七节　襄河地区各工作的开展

天汉党组织和天汉军政委员会积极贯彻执行 1939 年 9 月中原局的决定，全面开展根据地的各项工作。

一、关于群众工作

在天汉湖区根据地的创建过程中，具有广泛群众性的抗日十人团组织，曾经起过重要的作用。随着斗争形势的发展，这种包括各个阶级、各个阶层、各行各业在内的庞大的抗日群众团体，已不能适应新形势的要求。因此，边区党委决定，抗日十人团成员按照自愿的原则，逐步分别参加工、农、青、妇、商各界救国会、儿童团、自卫队等群众组织。

1940 年 4 月 13 日，天汉妇女救国分总会成立，江萍（女）为总会负责人。在襄河地区各界救国会中，天汉妇女救国分总会成立最早。4 月 27 日，天汉妇女救国分总会向蒋介石等各级军政首长以及各阶层同胞发出快邮代电，提出天汉妇女参与政务的迫切要求和强烈愿望。同时，还坚决表示“一致反对破坏抗战、破坏团结的汪精卫的傀儡政府，拥护国民政府蒋委员长抗战到底”。在天汉则“拥护抗日军队、抗日的汉川县政府和向县长，实行民主政治，坚持天汉的游击战争”。

1940 年 5 月底，边区党委在黄陂姚家山召开了各界救国联合会代表大会，大会成立了边区各界救国联合总会，在总会的领导下，天汉地区县、区、乡、保各界救国会如雨后春笋般地涌现出来。

1940 年 8 月，汉川县各界救国联合会代表大会在干合子举行，会上成立了汉川县救国联合会，夏昌云任会长，丁立修任副会长。

二、关于地方武装和民兵建设

为了加强民众自卫力量，天汉等地在抗日十人团的基础上，组建自卫队、游击队等地方群众武装。

自卫队一般是：县设自卫总队，乡设自卫大队，保设自卫中队。据 1940 年 11 月上旬的统计，汉川县 23 个乡就有 19 个乡组织了自卫队，其中 17 个乡有完整编制。在 1 个乡中，有大队 55 个（有一个乡称纵队），中队 225 个，有武装中队直属中队（脱产和半脱产的自卫队）5 个，共 6 万多人。按照边区军政联合办事处颁布的《边区国民抗敌自卫队组织条例》的规定，自卫队的任务主要是锄奸剿匪，保境安民；配合正规军和游击队作战；担任警戒、交通、转送伤兵；等等。

此外，还建有地县两级地方武装。天汉地委军事部直接领导的武装有天汉抗日自卫总队；天门、汉阳、川沔有一支游击队，即天门抗日游击大队、川沔抗日游击大队、川阳抗日游击大队（亦称襄南二大队）。这三支游击队为巩固和发展天汉根据地作出了积极的贡献。天汉抗日自卫总队于 1940 年 6 月下旬游击襄南，在杨林沟附近伏击日军两只差船，截获大批牛奶粉、罐头（肉、水菜）、酱油、食盐、红糖等。他们将 70%的物资分给当地群众，其余带回韩家集分给机关干部和战士。此次战斗在群众中影响很大，说明新四军是能打仗的，与当年的红军一样，是为群众谋福利的。同时，也震动了分水嘴、杨林沟、脉旺嘴的日军，他们龟缩在据点里好几天都不敢出来。

为了将脉旺嘴的伪维持会改造成为两面政权，天汉抗日自卫总队总队长谢威奉命去做争取工作。脉旺嘴以襄河为界，分成南北两部分。脉南为日伪据点，脉北设有伪维持会。一天夜晚，谢威率一个中队摸到脉北，将部队埋伏在四周村子里，自己带着手枪队（有手枪 10 多支，轻机枪 1 挺），直接进入伪维持会长家中，向伪维持会长交代共产党的有关政策。这时，突然闯进来两个日本兵，要伪维持会长为他们派夫派款。伪维持会长打发两个日本兵走后，对谢威提出的筹款、送情报、保证新四军干部来往的安全等要求，一一接受，并在实践中基本上履行了。脉旺嘴两面政权的建立，为新四军、游击队开辟襄南提供了有利条件。

三、关于财政工作

在天汉根据地开创初期，为解决部队和机关的给养，一般是采取打差船、筹集商捐等办法。但这只能是临时的、突击性的，部队和机关的给养往往是没有保障的。经过一段时间的摸索总结，财政工作才逐步走上正轨。

为了扩大经济来源，天汉地委于 1940 年 10 月成立了天汉财委会，易家驹为书记，岳林为副书记，庄果为秘书。财委会主要是在各水陆交通要道设立稽查所、税卡，征收关税，先后在荷花堰、麻河渡、垌冢、窑场、吕家巷、分水嘴、蚌湖口、杨林沟、小里潭、榔头、芦嘴等地设立税卡，首先在汉川境内开征关税。

汉川县行政委员会成立后，为增加财政收入采取了下列措施：

1. 征收田赋。首先是在芦排、澄波两个乡开征。据统计，1938 年、1939 年两年共征收田赋 10474.56 元，占 1940 年 7—10 月县财政收入的 31%。

2. 实行统税。1940 年 9—10 月共收烟酒屠宰等税 3716.81 元，占 7—10 月县财政收入的 11%。

3. 开办天汉合作社。主要经营油盐、日用杂货、大米杂粮，共获利 2024.10 元，占 7—10 月县财政收入的 6%。

4. 抗战捐款。由各地商会及殷实富户认捐，共收 5900 元，占 7—10 月县财政收入的 18%。

四、关于改善民生的工作

汉川县行政委员会建立后，把改善民生放在第一位。

1. 公布土地减租办法。此办法以不损害佃户与业主双方利益为原则，确立以土地收获量 2/10 为规定租额。租佃契约在本办法施行前成立的，其租额重于现在规定租额者，应照二五减租办法减至适合于现在规定之租额；轻于现在规定租额者，应按原租佃契约规定不变。土地出租人除收回自力耕种外，不得请求解除契约将土地转租他人。此办法从 1940 年 8 月 1 日起实行。正值秋收，得到佃户的热烈拥护。但少数地主以柴米油盐百物价格飞涨，钱粮堤费尤其不少为由，未经佃户同意，甚至并不通知原佃户即擅自拨给另一佃户。同时二八租制颁发后，地主有请求租者，因此佃户以有轻于现在规定租额者，按原租佃契约规定不变的条文，反对加租和转让。对于靠收租过活的孤寡老弱者，其地租在二三石之间，虽高于现在规定租额者，但因生活关系，不准减租。

2. 明令宣布水道湖泽收为公有，取消湖课、渔课。襄北十之七八为湖地，天然资源丰富，盛产鱼、菱、芡实、荷叶、莲子、藕、芦苇、飞鸟、野鸭等，价值巨大。以前多为黄、孙、王等湖霸所占有，宣布收归公有后，襄北渔民可以自由出入汈汉湖上，每日以三四千只船计算，每只船每日可采菱三石左右，至少可换一石米。

3. 修筑堤垸、增加生产。襄北各垸七年淹六水，百姓苦不堪言。1940 年在县行委会的严格督导之下，已完成工程者有襄北韩集等 6 个乡 33 个垸，襄南榔头等 5 个乡 7 个垸，合计 11 个乡 40 个垸。生产建设运动给全县人民尤其是襄北人民以很大鼓舞，他们除少数要求耕牛贷款外，多半自动购买耕牛。往年群众多作出外打算，一保无一头耕牛。今年群众很少外出，且多从外地归来，每保的耕牛平均增至 10—15 头。

4. 增加工资，禁止高利借贷。县行委会规定第一次增加工资标准，照 1940 年 6 月底的工资标准，“月活”（一个月的短工）加 10%，“季活”（一个季度的短工）加 15%，“年活”（一年的长工）增加 25%。第二次增加工资标准为地主对“年活”（工人）除供给本人伙食、单衣两套外，应当给以足能维持一个成年人、一个儿童一年最低生活费做“年工”工资。此事因襄南雇工最多，斗争也最为激烈，结果襄南有超过上项规定者。高利借贷与类似高利贷之剥削绝对禁止后，借贷年息最多不能超过两分，因之农村“游资”多变成小贸易资本，借贷关系多属临时性质。

5. 合理负担船差。天汉湖区为鄂豫边区南线之大本营，军务浩繁，差务至多，过去经常供给部队与机关的船只，平均每天 300 只左右，而负担往往只限于湖区各乡各保，很不公平。县行委会于 1940 年 8 月成立了船舶管理委员会，专门管理船差及其费用。船差费用由天汉财委会和全县各保共同负担。随着部队的扩大和机关人员的增加，船差及费用也出现一定的困难，为解决这一问题，县行委会积极想办法，力谋更加合理化。

五、关于宣传教育工作

为了加强宣传，鼓励人民抗战，1940年春，天汉地委创办了《前卫报》。《前卫报》的创办和发行，是在中共天汉地委直接领导下进行的，是天汉地委的一个不定期的机关报，油印八开两张四版。报社主要负责人是地委宣传部长习东光，主编林迅，编辑江萍（女）。报纸的宗旨是宣传与贯彻党的方针政策，反映地方实际，指导地方工作，发动群众，武装抗日，打击敌人，保卫家乡。文章短小精悍，形式多样，编排灵活，印刷清晰，在对敌斗争和宣传群众等方面都起了一定的作用。1941年春，由于敌伪的“扫荡”，《前卫报》的出版和发行受到了一定的影响，但是，报社的工作人员为了保证《前卫报》的继续出版，克服一切困难，把报社从陆地搬进了芦苇林，在小船上，在芦苇林中继续出版。芦苇中的蚊虫多，白天黑夜围着叮咬，报社的同志你一言我一语地编了一首顺口溜：“芦苇柴林蚊虫多，共产党人不在乎。多印报纸打敌人，几个蚊虫算什么！”在这样艰苦的情况下，《前卫报》照常出版和发行。

1940年春，为了配合地方政权开展对敌斗争，《前卫报》广泛宣传开展组织“抗日十人团”的工作，及时报道各地组织的经验，刊载抗日小故事，印发抗日歌曲，以激发群众的抗战热情，提高部队的战斗力，打击敌人的侵略和奴化宣传。《前卫报》自1940年春创刊到停刊，一年左右的时间共出版发行了36期，为发动群众抗战起了积极作用。

1940年9月1日汉川县行委会开办军政干部训练班一所，有学员70余名，经考试及格者23名，均分配到基层工作。9月初，在韩家集设立汉川抗日公学小学第一部，学生40余名。10月初，又在芦排、澄波、麻河、里潭、倪家、垌冢等地各设抗日小学一所，其中班次有一、二、三不等。小学和私塾均采用国民政府教育部审定的课本及新民主主义政治读本，如因购买不易，由老师照课本抄在黑板上，指派学习成绩优异的学生照板抄读。

10月底，汉川县行委会在县建教科召开第一次教育会议，决定成立汉川县文化促进会，推举吴昭苏、郭松岑、江萍（女）、叶树屏、杨质钦为筹备员负责组织。经过紧张的筹备，于12月正式成立汉川县文化促进会，各乡成立了文化促进分会。参加人数共达400多人。

县建教科还翻印政治读本100余本，小学读本200余本，分别散发阅读，以资增加儿童与民众的文化知识，提高抗战觉悟。还编印《文教月刊》指导全县文化教育工作。

六、关于司法工作

司法科由于魏一民因故一时不能赴任，所有民刑诉讼由民政科兼理。民政科仅四个月，就审理民刑案件100余件，其中民事案件70%，普通刑事案件10%，特种刑事案件20%，已经判决70%。

天汉地委开展这些工作，对安定人心，巩固抗日民主根据地，起了积极的作用。

第三章

襄河地区抗日根据地在复杂斗争中发展

（1940 年 8 月—1942 年 10 月）

1940年5月，日军为了压迫蒋介石集团投降，集中了六个师团的兵力，对鄂西北国民党第五战区发动了一次战役性进攻，先后占领樊城、宜昌、沙市，使襄西广大地区，北自荆门的石桥驿，南至长江一线包括荆州、沙市等大片国土陷于日军的铁蹄之下。

襄西失陷，战局发生了变化。1940年6月，中共中央中原局指示："襄西失陷，纵队发展方向应暂向路西。"鄂豫边区党委和新四军豫鄂挺进纵队按照这一指示，立即采取敌进我进的方针，纵队主力向京汉铁路以西作战略展开，借以牵制敌人，配合正面战场作战，还制订了发展襄西和天西的战略计划。实现这个战略计划的第一步就是向京（山）、钟（祥）边的南山进军，为襄河区的抗日斗争打开局面。

7月，豫鄂挺进纵队一部开进南山，不战而取。南山得手以后，鄂豫边区党委和新四军豫鄂挺进纵队即派三团队伺机向襄西发展，六团队三营西渡襄河，与荆钟南宜特委领导的一部分武装会合后，击溃了向钟祥石牌等地劫掠的土匪周良玉部，使新四军在石牌附近获得了一个立足点。不久，鄂豫边区党委决定在襄西成立军政委员会，李守宪任书记，以便统一领导武装斗争和根据地的开辟工作。

襄西立足之后，即制订了开辟天（门）西的方案。8月，鄂豫边区党委和豫鄂挺进纵队在白兆山成立了指挥部，率部开辟了天西。天西开辟后，天汉地委即着手进行开辟襄南的准备工作，在东部以汉阳为中心，建立了川汉沔工委，开辟了汉川、汉阳、沔阳三县在襄南边缘地带的抗日根据地。在西南部，组建了潜江工委和县委，开辟了潜江抗日根据地。与此同时，江陵中心县委也从鄂西划入鄂豫边区由天汉地委代管，使天汉地委管辖的范围扩大到了襄河中游的南北两岸，襄河地区的抗日斗争进入了新的阶段。

1941年8月至1942年8月一年的时间里，由于国民党制造军事摩擦，日本侵略军的“扫荡”和“蚕食”，襄南地区所开辟的东西两块抗日游击根据地，先后为日伪军占领，一部分干部转入了襄北，少部分干部仍然在襄南坚持斗争，直到1943年春新四军再入襄南。

第一节　天西抗日根据地的开辟

一、天西复杂的军政形势，临时指挥部的建立

1940年2月，新四军豫鄂挺进纵队第四团队曾进军天西，驻赖新场，因受日军的袭击，经过激战突围，没有站住脚。天汉湖区抗日根据地创建后，为开辟天西提供了有利条件。但天西敌伪顽匪情况错综复杂，要完成开辟天西的任务必须有计划有准备，见机行事。

早自1939年5月起，日军为了继续西进，巩固其占领地，陆续向天门一带增兵，在天门县沿襄河边以及沿天皂、天岳、汉宜公路边的主要集镇设立大小据点18个。日军凭借据点四处奸掳烧杀，仅在新堰口日军一次就抓了男女老幼50人，用铁丝穿手押至县城，惨杀于城西门外的笑月庵和古雁桥。日占区的人民生命财产毫无保障，迫切希望新四军来消灭日寇，挽救他们于水深火热之中。

长期盘踞天西的潘典华、潘尚武父子，打着国民党游击队的旗号，消极抗日、积极反共，残害百姓，无恶不作。

潘典华，1878年生于天门县潘家渡，1924年任国民政府天门县杨场区区长，1932年红三军离开天门后充任国民党天门县清乡委员会西乡主任，坐镇渔薪河，组织“铲共”队，屠杀共产党员、革命干部、革命群众、革命军人及家属1280多人。徐家嘴180户中被杀绝35户，杀死308人。1938年充任国民党

天门县第五区（渔薪河）区长兼第五支队长。由于他积极反共，蒋介石赐给他“华胄荣誉”金质奖牌一块，重庆的《中央日报》还发表吹捧他的文章。

潘尚武系潘典华之子，参加过国民党复兴社、蓝衣社等法西斯特务组织。1930年充任天门县保安第九中队队长、铲共团副团长时，杀害中共党员近百人，抗战初期当上国民党天门县第四区（皂市）的区长。天门沦陷后，潘尚武把天门县保安支队第四中队改称四支队，自任支队长并兼任天门县游击副司令。1940年4月，国民党天门县县长胡光麓逃离天门时，将分散在天门各地的国民党武装统统交给潘尚武指挥。潘将这些队伍改编为12支游击队，分驻农村各地，专门对付共产党。中共天门县委以民族利益为重，从抗日大局出发，曾多次派人与他谈判，力主合作抗日，但都遭到拒绝。不仅如此，他还在皂市、文家墩、渔薪河、石家河等地杀害刘云川、杨承香等新四军干部和群众300余人。

天西还有打着第五战区第七游击纵队第一支队旗号的土顽队伍，共有六个团，几个团长均是为匪起家。如冲击团团长高华廷，出身于天门县夏场乡李家台，青年时期当国民党兵，后开小差回家，结识了一些游荡青年，与崔子洪、张明道、朱乔松、邓孔生等人结成兄弟。1935年开始明火执仗当土匪。1938年武汉沦陷时，他们拦截了国民党溃兵的大量枪支，一下子膨胀到二三千人，国民党五战区第七游击纵队司令金亦吾收编了他，给了个第一支队的番号，朱乔松、邓孔生当上了正副支队司令，高华廷、崔子洪、张明道、许启山、江应标都当上了团长。天门沦陷后，他们各霸一方，狼狈为奸，成了天门、京山、潜江三县交界一股不可小看的土顽势力。当时张明道驻拖船埠、观音湖；许启山驻蔡家新集；高华廷驻夏家场；崔子洪驻南河，数千人全靠杀人越货、拉票上款过日子。1939年秋，朱乔松、邓孔生在石家河被潘尚武所杀，继由高华廷任支队司令。

1940年春，中共天门县委书记周彬、军事部长方尚武在天西的廖家河岭召开天西地方干部会议，被第五战区第七游击纵队第一支队第二团的陈玉官部发现，陈带兵包围廖家河岭，打死了军事部长方尚武，捉走了县委书记周彬，以后天门县委与陈玉官交涉，才释放了周彬。5 月，第一支队骑兵团长张明道派副官杨作俊找到天门县委，请县委派代表去谈判合作抗日。县委研究后，认为县委委员胡汉屏、天西区委书记朱显伟是天西人，了解张的情况，做谈判代表比较合适。哪知张早已设伏兵，当他们两人行至石汝山时，一伙歹徒一拥而上，将他们五花大绑起来，要他们写出申明脱离共产党，跟着他们去搞危害人民的勾当。胡汉屏大义凛然，宣传共产党的抗日统战政策，并指出只有团结抗日，才有出路。这些杀人红了眼的歹徒，哪里听得进去这些话，就在石汝山脚下，挖了一个两米深的坑，将胡汉屏推入坑中活埋。当快埋到胡心口边时，还听得到他那微细的声音："打倒日本帝国主义！""打倒国民党反动派！""中国共产党万岁！" 这伙歹徒中有的知道朱显伟和张明道有来往关系，一时难以对他下手，只将他打得遍体鳞伤后丢在山边了。

随着抗日形势的发展变化，1940 年 7 月，豫鄂边区党委指示天汉地委，派人对天西及其周围的情况进行认真了解。天汉地委及时派魏西到天西，在渔南地区负责人安排下，扮作修理匠，深入赖新场、金河滩、方王场、石汝山等党部，经过 30 多天的调查，进一步弄清了天西日伪顽匪的分布情况和各阶层的政治态度。8 月上旬，魏西回到天汉地委，向地委领导顾大椿、易家驹、习东光、童世光、陈秀山、谢威等作了汇报。天汉地委将魏西调查的情况和意见，迅速向豫鄂边区党委报告，正在白兆山彭家祠堂举行八一军政干部大会的边区党委和纵队负责人李先念、陈少敏等当即进行了研究，认为开辟天西的时机已成熟，必须立即行动，决定组成临时指挥部，以新四军豫鄂挺进纵队参谋长刘少卿为指挥长，边区党委组织部长杨学诚为政委，并调二团第三营、五团全部和四团两个营共六个营的兵力去执行开辟天西的任务。

二、雷八家战斗

天西指挥部成立后，指挥部首长根据天西敌伪顽匪的复杂情况进行了具体分析。

这时，日军主力正在向西推进，天西兵力由4000多人减少为2000多人，分散在各据点里，处于守势，不敢贸然出兵。土顽各部互有矛盾，各部内部也是分崩离析，纷争不已，有利于新四军对其进行分化瓦解，各个击破，逐步解决。因此，指挥部决定，首先打击潘氏父子，对高、崔、张、许、江等部，在打潘时，争取其中立。南面的一二八师与潘矛盾很深，打潘时它不会支援。东面和北面均为新四军控制地区，西面是潘的宿敌张明道，他不会出兵打新四军。在战术上，指挥部决定采取长途奔袭、分割包围、各个击破的战术，部署五团队的全部三个营近1000人，由政委杨焕民、副团长黄德魁、参谋长刘友海带领，从王家松林出发；二团队第三营（营长张其山）由参谋长张水泉带领，随指挥部从园子冲出发，15日中午以前到达南山吴堰岭一带与五团队会合后待命出击；四团队两个营约400人，由团长曹玉清、政委岳林、政治处主任罗时初带领，从湖区曾家壕口出发，限16日拂晓到达指定的地区，与二团队、五团队协同围歼两潘。

8月13日，指挥长刘少卿率领二团队一天行军近100里，穿过日军两条公路封锁线，14日到达南山，与五团队会合。入夜，一面派人与张明道、许启山等联系，争取其保持中立；一面布置对潘氏父子发起攻击。

这时，潘尚武的四支队驻石家河东的九屋湾一带，潘典华的五支队1000多人驻雷八家、代家河、王家湾、梅家岭、袁家岭、崔家槽坊等村子里。司令部设在雷八家，潘典华本人驻王家湾。这一带丘陵起伏，地势复杂，易守难攻，且在东北面有一条小河（西河）为其屏障，更增加了新四军行动的困难。

15日午夜，新四军到达土城一带，指挥部署五团队一营两个连，由政委杨焕民、教导员林镇南带领，从东、西正面进攻雷八家潘典华司令部所在地，黄德魁、刘友海分别带领五团队二营、三营从南面和北面攻击潘部两翼。张水泉带二团队三营从代家河以北插过梅家岭，占领潘部西面阵地。16日拂晓，全线出击。五团队一部渡过西河朱家桥时，被潘部一个班发现，前进受阻。

指挥部便乘势发起总攻。北面，代家河潘部在五团队二营打击下，退至袁家岭，与其据守袁家岭的俞文分队合流后，继续顽抗。经过一场短促战斗，俞大部溃散，剩下一小部，爬上房顶，用机枪向新四军扫射，新四军伤亡数人。新四军缩小包围圈，将俞部团团围住，开始向俞部喊话，促令投降。俞见走投无路，叫喊愿意投降，并从屋顶上丢下机枪。但等新四军战士接近房屋时，他从屋顶上扔下一枚手榴弹，使新四军又牺牲数人（其中连长一人）。战士们在愤怒中将俞文击毙，缴获机枪两挺，步枪 34 支。

东面雷八家方向，新四军尚未合围，前锋刚一接触，潘典华部就开始向西南方向溃逃。潘典华从梦中惊醒，来不及穿好衣服就混入乱军中，逃到渔薪河日伪据点附近的彭家湾，寻求日军庇护。新四军乘胜追击 20 余里，与渔薪河出动的日军在解家新场遭遇，战至天黑，日军开始南撤，新四军因地形生疏，回师坟禁一带宿营。

石河以东方面，四团队因向导引错方向，行至王家坡与潘尚武的特务中队刘左龙部遭遇，新四军立即将其包围，经半小时战斗，其大部向西南溃逃，歼其小部，缴获机枪一挺，长短枪数十支，俘 40 人。潘尚武在九屋湾一带，早已得到新四军进攻的情报，作了备战部署，但到 16 日拂晓，听到代家河、雷八家方向和附近王家坡的枪声，为保存实力，连他老子也不顾，拔腿跑到渔薪河去了。

四团队在王家坡战斗结束后，听到雷八家、代家河方向的枪声，向西跑步前进。等他们跑到雷八家时，战斗基本结束，五团队、二团队已追赶顽军去了。他们开始打扫战场，发现弹药、军需、粮秣极多，堆了雷八家几间房子，只是没有枪支，动员当地民工往湖区运了好几天。

潘尚武在渔薪河附近将他们两个支队进行调整，集中 1000 多人，于 17 日凌晨向新四军指挥部驻地陈家场一带进犯。指挥部驻地由二团队第三营一个营警卫，在潘部进攻下，因众寡悬殊，不支后撤。指挥部立即调五团队来援。五团队听到指挥部的军号声，留下三营向西警戒，黄德魁、刘友海率一、二两个营赶来助战。潘见势即向南溃退，新四军乘胜猛追，赶到张石岗岭附近，潘部全部钻进了高粱地。新四军因地形不熟，恐中其埋伏，遂撤回坟禁。雷八家战斗胜利结束。

在这次战斗中，潘氏父子虽未被全歼，但损失过半，大伤元气。潘典华的中队长王克勤，分队长俞文、方耀卿、雷春山等11名骨干被击毙，死伤170余人。新四军也有损失，二团队第三营营长张其山、五团队作战参谋刘湘泉在战斗中壮烈牺牲。

经这次雷八家战斗，两潘被赶出他们多年苦心经营的老巢，不得已跑到天东找国民党天门县代县长刘又仙，接受国民党一二八师的改编，潘尚武被任为独立第一旅旅长。从此，天西成为天汉地委领导下的抗日游击根据地。

三、收编张明道

雷八家战斗胜利后，天汉地委负责人顾大椿、易家驹等来到天西，还带来了一大批早已准备好的开辟新区的地方干部。指挥部负责人刘少卿和杨学诚与地县两级领导立即着手研究解决张明道、许启山两部的问题。从张、许的历史及现实表现来看，他们和两潘不一样，他们既有顽固的一面，也有可争取的一面。据此，决定对他们采取先礼后兵的策略。

张明道系天门人，第二次国内革命战争时期，参加过红军，任过排长。红军撤走后，张和崔子洪、高华廷赶马运粮做生意，与崔、高拈香拜把结成兄弟，后又与朱乔松、邓孔生等人结成兄弟，并开始其土匪生涯。武汉沦陷时，张和崔子洪、高华廷一起在天门县河收集国民党溃军的枪支弹药。这时观音湖附近农村差不多家家都放有枪支弹药。于是，他们运用各种手段，通过各种关系招兵，很快组织成三个团，张、高、崔各自封为团长，团以下又按亲疏关系分封队长和班长。当地群众讽刺道："五里三团长，隔河两队长，到处是班长。"张的手下1000多人，大多是本地人，其中不少是张氏家族的人，也有一部分是国民党的散兵游勇。张拥有相当的武器配备，但多数没有什么战斗力，只有第一营有一定的战斗力。张的副团长兼第一营营长罗伟，原是国民党川军的一个营长，武汉沦陷后，他带着这个营从鄂西跑回来，与张明道合流。张在观音湖地盘很小。驻蒋家新场的许启山这个团只有10多人，情况和张明道相似。他们既不是国民党的嫡系，也不是杂牌军，与潘氏父子是几代世仇。这时虽打着国民党的旗号，目的是免土匪名声。他们虽与日军有勾结，但还没有公开充当汉奸。过去，张反共活埋过与他谈判的中共天门县委宣传部长胡汉屏，但在新四军攻打潘时，他慑于新四军的强大势力，处于中立态度。因此指挥部派了两个与张有交往的同志前去与张谈判，争取其合作抗日，但遭到张的拒绝，于是指挥部决定以武力压制，逼张接受改编。

为了达到这个目的，8月下旬，指挥长刘少卿对张明道部采取以围为主、以打为辅的办法，令五团队派两个营驻守龙尾山一线，分一个营与二团队三营一起由张水泉率领经廖家场，过曾河口直插金河滩，封住张部的北面。四团队由潘家渡过河，经杨家场向西发展，进攻观音湖张明道团部，然后到河滩与二团队三营会合，完成对张部的包围。

部队半夜出发时正下大雨，二团队三营和五团队一个营，在大雨中行军50里，按时到达金河滩，从西、北两面封锁了张部。四团队在潘家渡过河，第二天拂晓抵杨家场，急行五里，向张的团部发起进攻。张明道仓皇应战，一触即溃，一部就歼，大部渡河逃往石汝山。四团队没有追击。这时，驻夏家场的高华廷团和驻南河的崔子洪团闻讯，各自向南向西逃走。四团队留部据守观音湖沿河一线，一部继续西进，傍晚抵达金河滩，与二团队会合，完成了对张部的包围。第三天，部队从四面搜索前进，缩到石汝山放鹰台之间纵横不到五里的地方。张、许被迫派人与新四军谈判，表示愿意接受改编。因此，指挥部和天汉地委商量决定，派魏西前去谈判。魏西临走时，刘少卿对他讲，张明道要求停火改编是好事，但真假不明，你代表指挥部去告诉他们，愿意参加新四军、走抗日的正路我们竭诚欢迎，但要接受我们提出的以下条件：

第一，改编为新四军豫鄂挺进纵队第八团队，原建制基本不变，团、营、连长就地产生，政治工作干部由我们派去。

第二，部队从收编之日起，必须停止一切土匪活动，给养由纵队司令部统一供给。

第三，接受豫鄂挺进纵队司令部统一指挥调遣，服从革命军队的“三大纪律、八项注意”。

第四，兵工厂、被服厂、卫生队等一切后勤部门，由豫鄂挺进纵队总管，建制可以保留。

第五，如愿意接受上述各条，两日内到指挥部指定的地点举行第八团队整军誓师。

魏西带着指挥部的意见，前往观音湖，受到张明道等人的热烈欢迎。谈判中，魏西传达了指挥部的五个条件，张当场表态完全接受。下午3时，在广场召集军人大会。张在会上说，我们走了几年的弯路，现在找到正路了，我们决定参加新四军，编为挺进纵队第八团队，望全体官兵上下一心，在新的道路上前进。魏西在会上宣讲了共产党关于抗日救亡的各项政策。

会后，张明道随魏西来到指挥部，刘少卿、杨学诚等接见了他，委任他为第八团队团长，魏西代理团政委。8月30日上午，在放鹰台召开了豫鄂挺进纵队第八团队成立大会，纵队司令员李先念到会作了重要讲话，指挥长刘少卿宣布了八团队建制，政委杨学诚宣布了八团队团、营、连三级干部的名单。

八团队成立不久，指挥部和二、四、五团队撤出天西，五团队一个营和八团队继续留在天西。随后豫鄂挺进纵队政治部组织部部长栗再山派周杰、卫华、薛国斌、李林到八团队工作，卫华任参谋长兼一营营长，薛国斌任一营教导员，李林任政治部主任，周杰任四连指导员。鉴于这支部队组织纪律、思想作风离人民军队的要求相差很远，决定以四连为试点着手进行整顿。召开全连军人大会，宣布应遵守的纪律，安排每天上一次政治课，以提高军人的政治觉悟。正当整顿工作展开的时候，日军、伪军加紧“扫荡”活动，增加兵力，企图南北夹击，这时八团队由坟禁转移竹隐寺以南的任家集附近宿营，因为这里离汉宜公路只有20余里，一旦情况紧急，可以向京南根据地转移。正在此时，张明道的把兄弟崔子洪等则对张施加压力，威胁说："如果张跟新四军走，就杀张家的人……"张明道迫于把兄弟的威胁，借故要去别处开辟地方，于10月中旬带着部队逃回观音湖与高华廷、崔子洪会合。张在逃走前，将纵队派去的四位政工干部送到拖船埠。纵队知道消息后，刘少卿和李先念商量，本着"来者自愿、去者自由"的原则，没有追击，这表明共产党和新四军对张做到了仁至义尽。同时，还把张明道派到纵队随营军校学习的六个连长连人带枪送了回去。他们开始不肯走，经纵队首长相劝之后才走。临走时他们说，"共产党和新四军有气度"，并表示回去决不当汉奸。张逃走后，五团队怕许启山又走张明道的路，未经请示，缴了许的枪，结果许还是跑了。

1941年春，张明道等并未实行自己的诺言，而和崔、高、江一起投降日军，被编为伪湖北省保安第二总队，任伪五团团长，成了日军的帮凶。

四、天门县行政委员会成立

开辟天西斗争的胜利，使共产党和新四军在天门站稳了脚跟，至此天门除天东的县南、岳口镇、皂市镇、县城、渔薪镇等城镇为日伪军占领外，广大农村均成为抗日的基本区和游击区。鉴于新的局面和有利形势，中共天汉地委根据鄂豫边区军政联合办事处颁布的县以下政权组织暂行条例的规定，决定成立天门县行政委员会。

9月初，天门县各界代表大会在天西高鸡公湾召开。县委书记魏西主持了会议。会上传达了中共天汉地委关于成立天门县行政委员会的决定。选举产生了天门县行政委员会，曹志坚任行委会主席，下设财政、教育、建设三个科和公安局，骆剑秋任财政科长，汪少卿（民主人士）任教育科长，何玉清（民主人士）任建设科长，廖学道任公安局长。

天门县行政委员会建立后，即着手建立区级机构，一律采取委派制度，按全县发展的情况，下辖4个联乡办事处。天东联乡办事处主任魏成瑞，区委书记钟宇安，下辖民主、民权、民生、博爱、成岗、大板、四合、兵铁等8个乡。天北联乡办事处主任李晟，区委书记（对外称督导员）王元强，下辖石东、长寿、花台、白马、西段、平等、走马、骆特等8个乡。渔北（新开辟的地区）联乡办事处主任鄢济民，下辖石河、白竹、坟禁、马北、黄潭、官风、瓦北、钱场等8个乡和石河镇。渔南联乡办事处主任戴月，区委书记陈在廉，下辖渔南、汪场、赖场、黑流、蒋场、郑滩、赵场、三河、陈场、金场、截河、陶林等12个乡。

新的县、区、乡政权建立，共产党的各项方针政策的贯彻执行，令行禁止，乡风大变，苛捐杂税废除殆尽，恐怖气氛顿时消除，人民生产生活大为安定。同时县行委会在群众团体的建立、乡保政权的改造、土匪恶霸的清剿、地方武装的扩大等方面进行了一系列工作，天西抗日民主根据地逐渐得到扩大与巩固。这不仅使天汉湖区根据地与京钟根据地连成一片，扩大了豫鄂边区的财源兵源基地和新四军的回旋余地，而且成为而后开辟襄南、进军江南的依托。

第二节　保卫天汉抗日根据地的斗争

天西开辟后，天汉抗日根据地拥有襄河以北的汉川县西部和天门县东部及西部（包括京山、潜江两县各一部），在这里普遍建立了抗日民主政权，天汉地委所领导的党组织和抗日救联组织十分活跃，一直深入敌人据点附近。

正在此时，国民党蒋介石发动第二次反共高潮。1940年10月19日，蒋介石指使其正副参谋总长何应钦、白崇禧发出“皓电”，强令黄河以南的八路军、新四军在电到之后一个月内，撤到黄河以北指定区域。同年11月14日，国民党军部拟订了“黄河以南剿灭共军作战计划”，部署第三、第五战区主力避免与日军作战，集中力量分期迫使八路军、新四军撤至黄河以北。1941 年 1 月初，新四军皖南部队惨遭国民党军队的“围歼”，这就是震惊中外的“皖南事变”。同时，蒋介石电令（密令）任命李宗仁为华中“剿共”最高总司令，妄图于 2 月底全歼新四军豫鄂挺进纵队，摧毁豫鄂边抗日根据地。天汉抗日根据地是鄂豫边抗日根据地的重要组成部分，地处国民党正面战场的前哨，国民党顽固派在进攻鄂中、鄂东的同时，亦向天汉、襄西进攻。日军也乘此机会，向天汉地区进犯。为了保卫天汉抗日根据地，统一主力部队与地方武装的指挥，豫鄂边区党委和纵队首长决定成立天汉作战指挥部，并派天汉地委委员易家驹与国民党一二八师进行谈判，建立了合作抗日的关系，为保卫天汉根据地创造了有利条件。

一、武装保卫根据地

1941 年初，天汉根据地的汉川，23 个乡中就有 19 个受到日军的侵扰。日军还在分水嘴强迫群众加筑由分水嘴到田二河、分水嘴到脉旺嘴以及干驿镇经天门城关至皂市的公路，企图控制主要交通线。把维持会改为联保处，以统发食盐为名，强迫群众领取“良民证”，强化其反动统治。并实行粮食封锁，使根据地发生了食米恐慌，米价飞涨。还禁运货物，抢劫耕牛，破坏物资金融流通。还火烧西江亭、韩家集、横堤、严家嘴、周家台等地房屋。派遣特务、汉奸进行破坏活动，到汉川的 6 个乡拉票、牵牛，借封建迷信进行破坏活动。伪汪精卫反共三青团在汉川分水嘴建立了汉川分团，专门用金钱收买一些地痞流氓作为该组织的头目和骨干。分团团长一月 200 多元，小组负责人一月 60 多元。在很短的时间里，他们在汉川全县成立三青团小组 50 多个，团员达到 500 多人。他们还利用“汉流茶会”、拜把捆柴的形式，拉拢群众，挑拨国共合作关系。这些人如同土匪，横行乡里，无恶不作。国民党队及地方游杂部队加紧制造反共摩擦。在这种敌伪顽夹击的形势下，天汉根据地军民的头等大事，就是开展武装斗争，保卫和巩固抗日根据地。

在天汉地委的领导下，汉川县委领导人民群众在与敌伪展开殊死斗争的同时，站在自卫的立场上，同国民党顽固派进行针锋相对的斗争。汉川县行委会于1941年1月发出紧急动员令，要求各地切实清查户口，不准收留外人。对造谣生非、挑拨内战者，一律处以极刑。并号召全县人民掀起以反内战、反摩擦、剿匪锄奸为中心的自卫斗争高潮。紧急动员令颁布后，汉川县救联会及各乡都召开了反内战、反摩擦动员大会，有些地方还召开了保民大会和干部会。通过广泛的组织动员与宣传，大大提高了群众的觉悟。杨业陂的一个老人听了宣传后说："要是何应钦在这里搞摩擦，反对共产党，我一定打死他。"由于汉川县采取组织动员与深入调查相结合的办法，发现了国民党顽固派搞的一系列反共降日活动，如准备以"维持会""济公会""茶会""梅花团"等组织名义欢迎日军等。

为了自卫斗争的需要，中共汉川县委遵照上级指示，于1941年1月12日将新四军汉川独立九营与汉川县自卫总队合编为抗日游击支队，简称"汉抗"，大队长黄忠诚，政委魏西，下辖三个中队，共300多人枪。"汉抗"建立后，积极配合各乡自卫队，日夜行动，随时准备歼灭来犯之敌。1月15日和2月8日，日军两次进犯韩家集，均遭到"汉抗"和乡自卫队的迎头痛击，慌忙逃走。2月20日，襄南日军"扫荡"西江亭，"汉抗"打死日军伍长1人。1—3月，"汉抗"共与敌伪作战8次，缴枪40余支，打死日军7人，伪军50人，土匪20人左右。"汉抗"还对伪军开展政治攻势，分水嘴伪军在"汉抗"政治攻势下，有20多人脱离伪军，将所携20余支枪，交给"汉抗"后，自动解散而去。同年5月"汉抗"奉命编为豫鄂边区保安司令部汉川第四团，团长陈炼，下辖3个连，共600多人，400多条枪。此时，驻脉旺嘴的日军出动"扫荡"杨林沟、芦排、西江亭等地，烧毁民房400余栋。汉川保安第四团奉命出击，第六连在杨林沟西湾歼灭日军一个小分队，毙敌海军6人，获长枪5支，手枪1支。

汉川县各乡自卫队为了保卫政权，也积极配合抗日武装打击敌伪顽。他们送情报，在 15 里之内，只要两小时即可送到。敌据点附近的流动哨、化装哨也运用得很巧妙。此外，他们还破坏敌人控制的公路，到处粉刷标语，散发传单，开展政治宣传，教育群众，打击敌人。韩集、杨业两乡自卫队一次破坏敌人控制的公路 20 余里。青林、南河渡鸡公两乡自卫队，还积极开展锄奸活动。青林乡接近汪步青部和敌人的据点。汪步青经常派特务到这里来刺探新四军的情报，进行破坏活动。青林乡于 1940 年 9 月就成立了自卫队，从 1940 年冬至 1941 年 5 月，这个乡的自卫队、游击队先后进行了 5 次锄奸斗争，捉到伪三青团团长高逢和一团副、一个大队长，以及伪汪步青的两个坐探和情报长张必干。张必干的家在临近汪部的一个湾子里。有一天晚上下着大雪，张在家中嫁姑娘，客人很多。青林乡游击队长和两个队员带着三支枪，混进张的家里，将张捆住。此时，湾子前面突然来了一队人马，他们以为是敌人的骑兵来了。但他们经过试探，才明白这是驮运粮食的老百姓。正在这时，后面湾子里的人也吼起来了。于是，他们急中生智，摆出威风，要赶马运粮的人跟他们走。十几个赶马的人又不敢不跟他们走。这样，当地老百姓就传开了，说新四军马队来了，真威武。从此以后，乡里安静，土匪绝迹。

由于汉川县、乡两级地方武装狠狠打击来犯敌伪顽，保卫了群众的生命财产，使敌伪顽破坏天汉根据地的阴谋以失败而告终。汉川县委和行委会在天汉地区党政军组织领导下，率全县军民取得反敌伪顽的胜利后，于 1941 年 8 月下旬，在杨业陂召开了党代会，出席会议的代表共计 100 余人。会议总结了抗战以来的各项工作，作出了加强根据地建设的决定，选举产生了新县委，书记夏非，副书记彭怀堂，组织部长夏非兼，宣传部长粟栖，政权部长程敦秀，民运部长夏昌云，妇女部长蒲云香。

二、易家驹与王劲哉谈判

皖南事变后，蒋介石密令一二八师向天汉抗日根据地发起进攻，以图消灭天汉地区的共产党、抗日政权和抗日武装。中共天汉地委通过统战工作与一二八师进行谈判，才避免了这一冲突的发生。

1941年春，驻武汉日军警备司令部对国民党一二八师采取两面政策：一面对一二八师使用武力，一面写信劝王劲哉投降。王劲哉当即亲笔复信武汉警备司令部河野："河野将军，来信收悉。你即称我不愧为一个军人而又劝我投降，岂不是自相矛盾？古今中外，只有能战死沙场者，方不愧为一个真正的军人，哪有投降的军人？难道将军连贵国的'武士道'精神都不懂吗？至将军所说'识时务者为俊杰'，这也不过是指利害而言。如果专指个人利害，我就劝将军识点时务吧！我们中日打了四年仗，究竟是中国越打越强还是日军越打越强？彼此心中有数，谁也骗不了谁，都不要吹牛！何况贵国打的是非正义战，我们打的是正义战。最后的结果必将是日本必败，中国必胜！这难道不是很明显的'利害'吗？我现在诚恳地奉劝将军：早日弃暗投明，对贵国有利，对我国有利，对你个人有利。我代表中国政府保证：决不失你现在的地位。如果要打，我们一定奉陪。"

王劲哉估计回信发出后，必然激怒河野，可能引起一场大战。河野在写信给王劲哉前，就扬言："大日本皇军到支那来是攻无不克、战无不胜的，小小的一二八师有什么了不起？现在给我准备步骑人马各八千，坦克40辆，野炮40门，飞机50架，由我指挥，三天内不把该部消灭，也要叫他溃不成军。"同时，王劲哉也担心国民党这个时候派兵来围剿，造成腹背受敌。于是，他立即命令部队抢修工事，派潜江县长饶如薛与天汉地委联系。饶是湖北咸宁人，中华大学毕业。在校期间参加过共产党，同新四军有过联系，并主张一二八师和新四军合作抗日。1941年4月，饶如薛到天汉湖区会见了天汉地委书记顾大椿，转达了王劲哉的要求：希望新四军五师派个代表去他们师部，有事相商。恰好新四军五师师长李先念正在汈汊湖视察工作。天汉地委将此情况向李师长作了汇报。李师长认为王劲哉派使者来请我们去商谈，我们应当派人去看看王劲哉究竟想同我们商谈什么，并可借此一行，尽力争取同一二八师在天汉地区求得关系缓和，以便我军集中主力自卫反击蒋介石顽固派对我白兆山根据地的进攻。于是，决定派天汉地委组织部长易家驹作为新四军代表前去与王劲哉会谈，并嘱咐易见机行事。为什么派易家驹做代表呢？因为早在 1940 年 5 月，易为竹桥事件就与王劲哉进行过谈判，这次派易去有方便之处。易接受任务以后，随带保护人员邓杰，在饶如薛的陪同下，离开天汉湖区，从仙桃镇以西渡过襄河，途经里仁口、沔城北、通海口等地，再由两阳与监利交界处过东荆河，到达监利的龚家场，次日到峰口和王劲哉进行会谈。王举行盛大的欢迎宴会，欢迎新四军谈判代表。进行会谈时，王劲哉把蒋介石要进犯豫鄂边区的密电，包括命令一二八师向天汉地区进攻的电文交给易家驹看，并表示“我是不执行蒋介石这个命令的”。还说：“大敌当前，怎能自相残杀？”王还要易将他这个意思转给李师长，请李师长放心。易接过王的话，讲了蒋介石的反共阴谋只能使仇者快、亲者痛，是违背人民的利益的。同时，易对王师长深明大义，拒不执行蒋介石的命令而深表敬佩。

在谈判中，易家驹向王劲哉申明了新四军的立场。他说：“我军是坚持我党中央抗日民族统一战线政策，团结一切可以团结的力量，坚决打击日本侵略者的。我党中央曾讲过，如果蒋介石一意孤行，倒行逆施，制造内战，我军只好进行自卫反击。我军愿同一二八师在双方的防地上互相合作抗日，互不侵犯。”王劲哉对此表示赞同，并说，他将命令他的部属不到天汉防区活动，以免发生冲突。易家驹对王这种共同抗日的诚意，表示赞赏。于是，双方达成了互相合作抗日、互不侵犯的口头协议。由于情况紧急，易家驹和邓杰由饶如薛陪同，离开峰口，返回天汉湖区根据地。

易回到天汉后，立即将王劲哉交出的蒋介石密令以及和王劲哉的谈判内容，电告李师长。当国民党嫡系队部暂一师进攻豫鄂边区时，在襄南的一二八师确实没有执行蒋介石命令，遂使天汉地区的紧张局势得到了一定程度的缓和。

1941 年 5 月，天汉地委得到武汉日军将要纠集万余日伪军，向一二八师防地进攻的情报，立即向王劲哉通报。王很受感动，并马上召开军事会议，命令七六七团团长李钰担任第一线总指挥，严密布防，严阵以待，准备痛击来犯之敌。未几日，武汉警备司令河野果然气势汹汹地率步兵5000余人、骑兵2000余人、坦克40辆，集结于仙桃、白庙两地，分两路进犯一二八师。还有30架飞机配合。敌人以飞机、大炮、坦克、步兵轮番进攻一二八师七六七团的阵地陶家坝。七六七团阵地工事虽然大部被毁，官兵伤亡过半，但仍击退了敌人的多次进攻，敌死伤500余人。河野恼羞成怒，以作战不力的罪名处死了少佐指挥官，又亲自部署兵力进行反扑。七六七团顽强固守，与日军相持7天，间或寻机出击，前后共毙伤敌军1800余人。敌因伤亡较大，于是暂退峰口镇，大做防御工事，形成对峙局面。这是易家驹与王劲哉达成共同抗日的协议后，取得的一次团结抗日的胜利。

三、新四军游击渔南、渔北段家岭战斗

1941年春，武汉日军在钟祥旧口成立伪湖北省鄂西保安第二总队司令部，委任原伪中国人民自卫军九十二师师长熊光为司令，兼任旧口县长，任命高华廷、崔子洪、张明道、江应标、何平为三团、四团、五团、六团团长，约3000人，分驻在夏家场、白土地、多宝湾、南河、永隆河、罗汉寺、雁门口等据点内，以配合日军进攻天西抗日根据地。

高华廷、崔子洪、张明道等分驻夏家场、南河等集镇据点后，为虎作伥，比以前更加猖狂。为了巩固扩大天西根据地，新四军豫鄂挺进纵队司令部决定派四团队到天西，与地方抗日武装结合，消灭这几股伪军。1941年3月上旬，团长张水泉、政委岳林和政治处主任余潜带领四团队一、二两个营，从京山县向家冲到达渔北陈家新场一带。正值中共天门县委在这里召开县区干部会议，张水泉、岳林在会上传达了边区党委和司令部的意图。天门县委据此研究决定，首先攻打驻白土地高华廷部第一营（营长陈玉官），部署天门保安五团二营营长张英武带全营警戒监视夏家场永隆河之敌。这个营是由天汉地委从天汉游击总队中抽出来支援天西的部队组成的，兵力不足100人。四

团队一营（营长康合祥）、三营（营长李冠群）主攻白土地。当晚，部队从陈家新场出发，在潘家渡过河，经中和场直指白土地。拂晓前，部队到达白土地，准备发起进攻。陈玉官发现新四军后立即集合部队撤出白土地。四团队两个营即到白土地附近肖家沟休息。

陈玉官撤出白土地后，即向驻夏家场的高华廷报告。当天晚上，夏家场据点的日伪军突袭四团队。团长张水泉指挥部队突围，三营副营长和团部司号班长负伤，岳林亲自吹号指挥部队战斗。团部随一营冲到一片竹林里阻击敌人，但三营被围困在竹林西南面一片水洼地的对岸，情况十分危急。张水泉立即命令一营三连连长张胜、指导员高孟银带三连向敌炮兵阵地发起进攻，吸引敌人，掩护三营突围。三连指战员英勇顽强，机智灵活，出其不意，冲进敌炮兵阵地。敌人仓皇应战，三营趁机冲出，与一营交替掩护，向北撤退到周刘平台。不料，正面日军、两翼伪军，从三面包围周刘平台。三营和一营两个连顽强抵抗，打退了敌人的几次冲锋，直到下午5时左右，狂风大作，守卫潘家渡渡口的一个连赶来支援，张英武也带着保五团二营从西面赶来。敌害怕断其退路，乘夜幕降临、风沙大作之机撤走。四团两个营连夜转移到雷家场宿营。张英武也带领部队从青山过河，到陈家新场宿营。这次战斗，部队伤亡较重，其原因主要是轻敌所致。

随着又进行了青龙嘴战斗。白土地战斗结束不久，天门县直机关移驻渔北、青龙嘴一带，四团队驻海湾、副使湾、三湾等几个村子里。青龙嘴距离渔薪河仅12里。一天早上，天还没有亮，渔薪河的敌伪军由南面向四团队进攻，天门城的敌人也从石家河方向袭击青龙嘴。四团队和保五团且战且退，双方一直交战到黄昏才撤出战斗。这次战斗，双方伤亡都很大。不久，四团队调走。1941年夏，天门城、渔薪河、雁门口、钱家场等10个据点的日伪军，分几路进犯渔北根据地。这里是天门县委的所在地。天门县党政军负责人谢威、陈明、曹志坚、万全、廖学道、胡为云等根据天汉地委的指示，号召军民紧急行动起来，粉碎敌人的进攻。各地群众响应县委的号召，积极站岗放哨，递送情报，连一些小脚婆婆亦参加了这些活动。有一次，一个农民半夜里得到敌情，来不及穿衣服，赤身裸体跑去向县委报警。正在这时，边区党委副书记陈少敏收到天门县委的紧急报告后，亲自来到渔北，调查了解情况，并指示天门县委："能坚持就坚持，不能坚持就向南山和湖区转移。"同时，杨学诚也来信，要求天门县委保存实力，不要硬拼，必要时转移到外线作战。但天门县委想到天西根据地来之不易，如果不战而走，拱手让给敌人，那就辜负了党和人民的重托，特别是想到天西在战略上的重要地位，认为自己更应该努力坚持下去。

陈少敏走后，天门县委立即召开紧急会议，研究如何坚持斗争，摆脱困境。会上经过充分讨论决定，采取集中优势兵力，打击敌人的薄弱环节，把战争引向敌占区，争取变被动为主动。会后，县委书记谢威和豫鄂边区保安司令部天门保安五团团长万全将保安五团 3 个营和 4 个区中队，约 400 人的武装集中起来，从中挑选出步枪 40 支，大小短枪 20 支，机枪 2 挺，战马 20 余匹，组成一支精悍部队坚持斗争，其余部队向湖区转移。为了虚张声势，到处张贴"欢迎陈大姐"的标语。一天夜晚，谢威、万全带领这支精悍部队袭击雁门口日伪军据点，机枪、步枪、手榴弹一起开火，敌人从梦中惊醒，不知来了多少新四军，只好拼命打枪打炮。谢威随即命令撤出战斗，驱骑南下，在渔薪河的公路上大摇大摆地向西进发。渔薪河的日伪军不知新四军来了多少骑兵，躲进城里不敢出来。这时进犯渔北天门城、雁门口、渔薪河等地的日伪军也不知虚实而撤回原地。进犯天北的日伪军因害怕新四军断后路，捣其老巢，亦纷纷撤回据点。部队来到徐马湾时，渔南联主任涂祖谦报告说，在国民党一二八师三八四旅扶植下的天门代理县长刘又仙乘日军撤回之机，派人到渔南，正在召开区乡长会议，企图"收复"天北、渔北。谢威听后，觉得这是难得的机会，立即带领部队渡过县河，迅速将会场包围。谢威和岳连福等进入会场，向参加会议的人讲了目前国内外形势、日军的侵略罪行、共产党的抗日统一战线政策，并提出了三条意见：第一条，渔南、渔北、天北是新四军的防区，请转告国民党长官，立即下令撤离该区，返回原防，并保证以后不再发生同类事件。第二条，今后，在对日作战中，要互通情报，互相配合，打击敌人。如果两军发生误会，应由双方派代表协商解决，不得动用武力。第三条，双方在各自的防区内应保护对方人员及家属的安全。谢威还指出，对以上三条如有不同意见，可充分协商。总的一条，希望大家以民族利益为重，消除误会，团结抗日。谢威刚一讲完，就有几个代表人物站起来指天发誓说："长官说得及时，兄弟们全部接受，一定照办。"随后，谢威带部队到周围转了一圈，并在渔南开了一个乡长联席会，即返回天北。国民党的区乡长散会回去后，在国民党县长、一二八师三八四旅长官面前，尽量夸大新四军兵力，说陈少敏带了多少部队到天西，新四军兵强马壮，装备精良。特别是说新四军讲团结，讲义气，对他们以礼相待，等等。这时，王劲哉已与新四军达成互不侵犯的协议，因此，未过几天，一二八师三八四旅奉命撤到天岳公路以东去了。过端午节时，还派代表给天门县委送酒送肉，表示友好。

天西形势虽然有所好转，但仍然很严峻，随时有被日伪军进犯的危险。日军奈良晃旅团除在天西设据点外，还在天门城关、皂市、岳口等地驻有重兵，其中皂市一个队约1000人，城关约500人。还有伪天门县保安大队五个中队，约250人，分驻在岳口、耙子、九真庙、柳河、皂市等地。其余还有渔薪河、彭市、麻洋等地的伪军各部。天门境内共有伪军据点23个，伪兵总数约5000人。此外在县河南驻有国民党一二八师潘尚武独立旅，约700人，继续与新四军为敌。国民党第六战区挺进军总指挥部第二游击纵队第七支队聂大辉部，约1000人，司令部设潜北竹根滩，不时从黑流渡附近渡河窜扰。为了巩固天西根据地，1941年秋，新四军第五师派四十四团参谋长刘友海率一营来到天西，在石家河一带配合天门县委发动群众，破坏敌人的交通运输和通信联络网，反击敌人的"扫荡"。这时，天皂公路上日军岗哨林立，汽车来往频繁，对公路沿线封锁很严，严重影响了天门县委与天汉地委的联系。

为了打破敌人的封锁，在一天晚上，刘友海参谋长带一营三连的战士，从石家河出发，翌日到达天皂公路旁的文家墩一带，部队就地隐蔽，准备伏击日军。等了一上午，却没有发现敌人。下午，部队破坏了设伏地段的电线杆，直到天黑也没有发现敌人。次日拂晓前，部队撤离公路行至段家岭时，三连的前卫排已走过了段家岭南端的岗岭，另外两个排还在后面。这时突然从段家岭响起了一阵猛烈的枪声，敌人狂妄嗷叫："缴枪吧，捉活的回去有赏。"敌人突然出现，情况十分危急。刘友海在路西边的水沟里，观看了周围的地形，只有距段家岭南面的两百米远外有一片高地，是大大小小的坟包，其地势高出段家岭，东低西高。高地东面有一片开阔地。刘便下令三连连长罗径科率领前卫排，迅速抢占这片高地。这时敌人以为新四军丧失了战斗力，便倾巢而出，两军短兵相接，进行肉搏。200 多名日伪兵（其中日军有一个小队约 40 人）被打得晕头转向，乱了阵脚。前卫排趁机以最快的速度，抢先占领了高地北面，后面的两个排随即赶到。但高地南面被敌人抢占，敌我双方展开了一场殊死搏斗。三连不惜一切代价，固守高地两头，并乘敌立足未稳之时，组织出击，伪军全部溃散，三连抢占了大部分高地。但日军负隅顽抗，用机枪疯狂向三连扫射。三连干部战士爬到距离敌人仅几个坟包的前沿，观察敌情，发现日军的主要火力，是三挺歪把机枪和两个掷弹筒。由于敌我双方距离太近，谁先撤退谁吃亏，因此，双方都只能坚持在这里。三连为了先发制人，组织了特等射手，待敌露头就开枪射击。三连还组织了两次出击。在第二次出击中，八班班长当场中弹牺牲，刘友海也负了伤。敌人也死伤过半。下午 4 时左右，敌人的援兵从汉宜公路赶来。三连一面坚守阵地，一面组织十几名战士，在汉宜公路上阻击敌援军。敌援军不知虚实，进展缓慢，当他们接近高地时，天已黄昏。三连借着夜幕悄悄地撤离阵地。此时，敌人的阵地上也没有动静，经过侦察，方知敌人也已撤退。三连返回阵地打扫战场，搜到敌人丢下的十几条枪和几百发子弹。段家岭的遭遇战，是在敌强我弱的情况下进行的。在这险恶的环境中，三连战士没被敌人压倒，反而给了敌人以沉重的打击。

第三节 初创襄南敌后抗日根据地

一、日军侵占荆沙，江陵三湖抗日根据地的创建与丧失

三湖，系指江陵东部的三湖、豉湖和白鹭湖地区。这里湖泊遍布，港汊纵横，地形复杂，又是第二次革命战争时期的老苏区，群众基础好，便于开展抗日游击战争。荆沙沦陷前，中共江陵中心县委即在这里建立了党的组织，有一定工作基础。

1940 年 6 月荆沙沦陷，江陵中心县委东迁岑河口，设在河东一家丝烟铺里，县委书记刘百川（曾惇）以丝烟铺管账先生为掩护，同中心县委成员彭祥麟、张礼成、杨知时、周伟志等发动组织抗日游击武装，开展抗击日伪顽的艰苦斗争。

江陵中心县委组织抗日武装，首先从改造"黄学会"入手。

"黄学会"是带有迷信色彩自发的群众性组织，它的主要宗旨是保家自卫、防匪锄奸。由于荆沙沦陷，国民党江陵县政府逃亡江南，广大农村匪霸横行，一片混乱。为了保卫自己，江陵岑河、三湖等农村普遍发展了"黄学会"组织，参加者除极少数职业性的会门首领以外，多数是青壮年农民。几个村子建一个"会堂"，推选"会主"一人，亦称"主旗"。每天晚上，会员们系着黄色头巾，手持长矛大刀，在"主旗"的指挥下集中"占香"，自称"神兵"，迷信刀枪不入。黄学会有一副对联："黄帝伐蚩尤，杀敌全凭天着眼；学会科佛祖，交锋自有神当头。"中心县委认为，这种自发性的群众组织，只要多做工作，因势利导，是可以改造成为共产党领导的抗日武装的。因此，中心县委派组织部长彭祥麟去做进步士绅简舜卿的工作，由简出面做黄学会会首的工作。同时，中心县委派从荆沙转移到岑河口的地下党员和进步青年，以难民身份参加黄学会，进行抗日宣传活动。经过耐心细致的工作，争取了黄学会的基本群众和一些会首，同意成立黄学会总指挥部，简舜卿任总指挥，

会首潘德龙任副总指挥，下设大队和中队。不久，黄学会从国民党散兵游勇中收缴了 7 条步枪和几枚手榴弹，又建立了一个“防匪队”，作为黄学会的骨干武装。正在这时，顽匪朱尚发（自封营长）窜到岑河农村，占地盘、拉队伍，残害抗日群众。黄学会总指挥部发现后，即派“防匪队”武装在岑河口以东的清水口，与朱匪接火，有意边打边退，把匪军引至岑河口附近，以鸣锣为号，各村黄学会员鸣锣响应，一时 1000 余名会员，手持长矛大刀从四面八方像潮水般地涌来，一举将朱匪歼灭。活捉 4 人，缴获长短枪 40 支，战马 3 匹，望远镜 1 个。

黄学会打了胜仗，增加了装备，中心县委及时从各地调来一批共产党员和积极分子，在“防匪队”的基础上编成了“民众自卫队”，简舜卿任队长。从此，将黄学会的“黄巾”标志改为“红带”标志，民众自卫队成了江陵中心县委直接掌握的一支武装。

1940 年 7 月，国民党江陵县政府由江南返回江北，原国民党岑河区副区长李品月（汉流大哥）也返回岑河口，大唱“国共合作”的高调，县委放松了统一战线中的独立自主原则，把黄学会 40 余人的骨干武装“民众自卫队”编入了国民党“江北民众自卫总队”，由李品月兼任总队长，陈北杨（汉流）和简舜卿任总队副。不久，凡属共产党员进步人士都被排挤掉了，简也是个空名。实权被李品月掌握后，李即带领爪牙捕捉抗日志士。南九甲党支部书记朱贡炳、组织委员童年科及刘家花园的群众刘年甲被其抓去。为了打击反共顽固派的嚣张气焰，县委和区委研究，设法组织对被捕人员进行营救，同时组织了一个行动小组，除掉了李品月的爪牙刘希根。

1941 年 1 月 5 日，荆沙日军司令两角率步骑兵 400 多人，以两辆坦克开路进占岑河口，中共江陵中心县机关转移至三湖农村，从此岑河口成为日军据点。

1941 年 3 月，豫鄂边区党委为了加强对江陵抗日救亡工作的具体领导，决定在天（门）西渔南召开江陵中心县委扩大会议。江陵县区以上干部 30 多人，分别以各种身份为掩护，分头抵达渔南，参加会议。边区党委组织部副部长孙西岐代表边区党委参加并指导了这次会议。会议由彭祥麟主持，会上传达了中央关于皖南事变的指示和决定，总结了兵运工作中的经验教训，具体讨论了建立根据地的各项工作；宣布了边区党委关于改江陵中心县委为江陵县委和组建新四军第五师江陵独立营的决定。会后，王锡珍调离江陵，彭祥麟任县委书记，张礼成任副书记兼组织部长，杨知时任军事部长，周伟志任宣传部长。同时，县委立即抽调区委干部和各支部的党员组成了一支60多人的行动队，实施消灭反共顽固武装国民党江北民众自卫总队，建立江陵抗日游击武装的计划。县委考虑敌强我弱的情况，决定用智取的办法。正好这时简舜卿生了“千金”，要请喜酒，于是县委研究采用调虎离山之计，将李品月、陈北杨引到简家湾简舜卿家中吃酒，行动队趁机到王波口迅速将顽军缴械，获枪30余支。行动队又赶到简家湾将李、陈两个反共顽固头目捉住，根据其严重罪行，予以处决。这次行动，狠狠打击了反共顽固势力，又使原黄学会民众自卫队武装重新回到江陵县委的手中。县委决定在简家湾成立江陵县抗日游击队，简舜卿任队长，区委书记王玉璋兼任指导员，主要活动在岑河口以东20多里的三湖一带，因此人们亦称这支游击队为“三湖游击队”。

1941年4月初，江陵县委在岑河口龙陈潘（三姓地名）召开各界人士大会，县委书记彭祥麟在会上讲了抗日战争的形势、中国共产党的方针政策和开辟抗日根据地的意义，号召各界人士和广大群众参加抗战、支援抗战，为巩固和扩大边区根据地而斗争。会上宣布成立江陵县抗日民主政府和江陵县独立十四营，彭祥麟任县长兼独立营政委，简舜卿任独立营营长。独立营隶属新四军第五师和县委双重领导。5月，由于国民党顽固派的反共摩擦加剧，中共熊河区委遭到破坏，乃决定区委领导的20多人枪的武工队由武工队长彭先富带领到三湖编入独立营。至此，全营有130多人，长短枪60多支，下辖三个连、一个手枪队和一个青年突击队。其中一连连长龚化龙、二连连长胡光禄、三连连长陈广平，均系共产党员。独立营主要活动在岑河口以东的广阔湖区。

随着江陵县抗日游击武装的扩大，同日伪顽的斗争也十分激烈。此时，受陈诚之命出任第六战区挺进军指挥兼湖北省第四区行政督察公署专员凌兆尧指挥两个纵队、四个独立支队驻防江北，指挥部设江南公安申津渡。名曰抗日，实为限制共产党领导的抗日活动，限定共产党不得到襄南活动。并派第一纵队司令何大熙所属一个分队到岑河口龚家桥设立据点，控制游击区的通道。为了开展抗日活动，粉碎国民党顽固派的进攻，于1941年6月的一天晚上，县委集中独立营武装奇袭龚家桥顽军，缴步枪11支，机枪1挺，手榴弹60多枚。这次奇袭拔掉顽军据点，使龚家桥为独立营的防区。接着，独立营出其不意，在龙陈潘缴获伪军30多支枪和几箱子弹。到7月底，独立营取得了10次战斗胜利，游击活动范围伸展到南边的资福寺、熊河、滩桥，直到长江边；北至长湖、豉湖；东抵张金河、龙湾以至白鹭湖等方圆一百余里，帮助组建了三湖、豉湖等地方民主政权，显示了共产党领导的新四军组织人民群众抗战的威力。

三湖抗日根据地开辟不久，就遭到了国民党顽固势力的严重摧残。1941年9月，日军进攻长沙，这时蒋介石命令第六战区司令长官陈诚派部队攻打驻宜昌、沙市日军以策应长沙会战。但陈诚借进攻宜昌、沙市日军之机，令挺进军总指挥凌兆尧进攻江陵三湖抗日根据地。凌兆尧即纠集挺进军第一纵队和第二纵队，分三路“围剿”三湖抗日根据地。

9月21日，时值日全食，天气阴晦，江陵独立营二连发现一支便衣队闯入二连驻地李家岗。县委书记兼独立营政委彭祥麟知道这一情况后，立即通知各连严密监视顽军的行迹，并做好战斗准备。不一会儿，侦察员报告，在10里外的地方，有大批顽军向我独立营扑来。彭立即命令全营迅速转移到莲花垸堤边集中，抢占有利地形。莲花垸有一道防水堤，外有一条几十米宽的河流，仅有一座木桥通行，桥东有个大藕塘，水浅泥深，有利于阻击顽军。独立营急行军控制了大桥。

上午9时许，顽军靠近莲花垸，从藕塘向独立营进攻，独立营连续打退顽军的三次进攻，毙伤顽军10多人，战斗进入僵持状态。鉴于敌强我弱，准备后撤。但因堤后是一片开阔地带，白天不便撤退，需要坚持到天黑。因此，彭令全营指战员要节省子弹。中午时分，顽军分10多处向河南岸突进，独立营来回阻击，又打退了顽军多次进攻。天黑以后，独立营边打边向湖区撤退。当顽军占领南岸时，独立营已安全转移到茫茫湖区。

独立营突围到湖中后，县委在刘家台召开紧急会议，决定当晚由彭先富和交通员张驼子带手枪队向西北，以引开顽军；县委副书记张礼成和军事部长杨知时则带领主力向沙岗、白鹭湖转移；彭祥麟带小分队就地坚持，掩护主力撤退。

顽军强占三湖后，四处“清乡”，搜捕共产党员和新四军战士，烧毁民房数百户，人民群众惨遭劫难。

独立营转移到沙岗地区后，为保存实力，由张礼成、杨知时率部分人枪转移到襄西，留下的少数同志则将枪支埋在林家垱的马家窑，就地隐蔽。而留在三湖的县委书记彭祥麟，因被叛徒出卖，在靖尧台落入顽军魔掌。彭祥麟，1917年生于沙市，祖籍湖南常德，1936年加入中国共产党。抗战全面爆发后，受组织上的派遣回到沙市，积极投入荆沙的抗日救亡运动。随着时局变化，党组织派他到农村开展抗日救亡工作，秘密发展农村党的组织。荆沙沦陷后，中共江陵中心县委撤到岑河口。1941年4月，建立了三湖抗日根据地，三湖地区的人民群众亲切地称之为“彭县委”。

彭祥麟被捕后被押送到石首新厂国民党挺进军总指挥部，面对凌兆尧软硬兼施的狡猾伎俩，彭祥麟掀翻了满桌佳肴，义正词严地揭露国民党顽固派的反共反人民行径。在惨遭酷刑时，他大义凛然，视死如归，表现出一个共产党员忠贞不渝的高尚品德。恼羞成怒的凌兆尧气急败坏，最后只得按照陈诚的密电，将彭祥麟秘密处死在新厂渣滓岗竹林里。

三湖抗日根据地存在的时间虽然只有半年，但它是沿江敌后建立最早的小块根据地之一。三湖抗日根据地是江陵党组织在远离边区独立自主领导人民向日伪顽进行错综复杂的斗争中创建起来的，它为敌后滨湖地区的抗日斗争提供了宝贵的经验。而三湖抗日根据地的丧失，更激起各界爱国人士义愤，广大人民群众进一步认清了国民党顽固派的反共嘴脸，更加认识到共产党的全民团结抗日主张的正确，这就为而后新四军五师开辟襄南准备了有利的政治条件和群众基础。

二、潜江抗日根据地的初创及潜江事变

（一）初创潜江前的政治状况

潜江古称潜沱，地处江汉三角洲的腹地，居湖北省中南部，东抵沔阳，南交监利，西邻荆门、江陵，北连天门，总面积约1500平方公里，人口约36.6万人。境内四无山阜，旷然平地，河道纵横，湖泊棋布，素有“江汉间一泽国”之称。襄河横贯东西，东荆河贯穿南北，较大的湖泊有长湖、后湖、史家湖、返湾湖、白鹭湖、大小苏湖。这片水网湖区气候温和，雨量充沛，物产丰富，是土地革命时期湘鄂西苏区的重要县份，开展抗日游击战争的战略要地。

1939年5月至1940年6月，日军侵占潜江县城，控制襄河沿线，北犯莫老潭，西犯田关三台垸、三汊河、长市（长垴渊）、浩口、泽口、周矶、杨家场等地，并在这些地方安设据点，网罗民族败类，建立伪维持分会，奸掳烧杀。日本强盗实行残酷的“三光”政策，给潜江带来了一场空前的大浩劫，烧毁房屋8000余栋，伤害无辜百姓1000余人，造成田园荒芜，人口锐减，民不聊生。日军占领周矶后，五名日本兵到陈家台抢掠财物，劫去陈甲松与妻王氏的衣服，强奸王氏，杀害陈甲松，王氏投塘而死。日军将陈家夫妇遗体刀分数块，并火焚陈家台。日军侵占潜江之前，潜东驻有国民党一二八师；潜西驻有靠收编土匪游杂起家的金亦吾游击挺进纵队，担任下蚌湖的河防；东荆河以西驻有国民党第三十二师，担任三河口防守；天潜交界的渔泛峰驻

有号称襄南游击司令的曾繁涛伪军；还有多如牛毛的土匪，与官兵勾结，鱼肉人民。1940年6月至8月，日军进攻潜西时，国民党三十二师及金亦吾部不战而溃，逃往监利、江陵。

国民党潜江县政府及县保安队，在日军侵占潜城的前一天，逃往潜南总口拖船埠一带。潜江县长万廉自行离职出走，由县府秘书袁祥麟代理县长。1940年10月，国民党一二八师师部进驻拖船埠，王劲哉委任袁祥麟为潜江县长，辖一区、二区、三区三个区，区长分别由张明富、李逢春、杜礼炎充任。国民党湖北省政府不予承认，又委任已被撤职的陈树民为潜江县长。县府机关设熊口附近黄家桥。不久，驻张金河、易家口一带的国民党第十军徐源泉部薛豫屏团，因与龙西区黄学会发生矛盾而投靠一二八师，被任命为少将旅长。从此，潜东南和潜西南地区为一二八师所控制。

金亦吾部走后，潜西国民党蚌湖区仍然存在，区长聂国柱和区乡武装、行政人员大部分是土匪出身，均受区长控制，只有保安队分队长张生廷不受聂的指挥。

第一区区长张明富驻潜北竹根滩。张于1926年曾任国民党潜江莫市区分部宣传委员，投入农民运动，后参加"清乡""剿共"，当上了国民党潜江县党部执行委员、区长兼自卫大队长，武汉失守后，张明富带着一支100余人的区武装到竹根滩赶走了王洪纪等土匪武装，接着以设宴欢迎来竹根滩避乱的张港商团的方式，缴了商团二三十条步枪。日军占领潜北后，张明富凭借手下的一支武装，动员何氏家族何勤能充当竹根滩维持会长，刘其贤之弟充当沙街维持会长。这两个维持会长表面应付日军，实际是张的耳目。

1940年秋，驻张港日军和国民党第六战区金亦吾部陈必祥骚扰竹根滩，经过这两次骚扰后，张明富的思想起了一次大的变化。他感到在四面楚歌中独撑门户，不仅不能扩充自己的实力，反而随时有被别人吃掉的危险，于是，自己带两个中队的武装和区公所人员逃往周家矶，借国民党三十二师掩护存身。这年8月，由于日军进攻周家矶，三十二师撤走，张明富又逃往拖船埠投靠国民党一二八师委任的潜江县长袁祥麟。同月，袁被国民党一二八师王劲哉捕押沙港，王要袁交出武器，张和县保安二大队李逢春抗拒不交，将人马带回竹根滩。

潜江在土地革命时期，是贺龙等创建的洪湖革命根据地的重要县份。抗日战争全面爆发后，潜江人民高举抗日民族统一战线的旗帜，组织各种抗日救亡团体，开展各种形式的抗日活动。

1938 年春，中共荆沙特别支部成员彭祥麟到张金河一带发展党员，组建了龙湾党小组（组长姚承恩）和策营堡党支部（书记李学本）。1938 年秋，中共荆沙区委派张礼成、周伟志来龙湾一带发展党员，先后建立了以姚承恩为书记的龙湾党支部和以王佑民（又名王作卿）为书记的龙西区委。1938 年冬，中共江陵县委在龙湾上街汪祥光茶馆建立秘密交通联络站，公开的招牌为“同生客栈”。

1937 年冬，红军干部、共产党员张绍书到家乡（潜江渔洋对河之监利晏桥）发动群众抗日救国，组织新沟、老新、渔洋一带的进步青年，用里应外合的办法，先后争取了晏桥、莫老潭两个乡公所的 25 支枪。1938 年 3 月，与张礼成接上关系，组建了以刘孝诗为书记的中共江陵县老新中心支部，到 1940 年初，发展了袁家场、刘庙、田李、姚桥、李场、傅家湾、漆台等七个支部，80 多名党员，开展了抗日宣传和游击活动。

1939 年夏，刘明芳、隗德厚、王贤伯等人在黄场、刘场、双土地等地开展抗日宣传活动，组织抗日御匪的民团，不久被王清纪、任玉成匪部打散。他们从失败中吸取教训，决心投靠新四军，并于 1940 年秋，与党组织接上了关系。戴月奉来潜西建立黄家场地下党组织，并在黄场组建了“白皮红心”的两面政权，成立抗日锄奸团，发动抗日救国的群众运动。1939 年下半年，潜西三台垸农民张昆仑、魏兴旺、翟章林等人在议合桥创办黄学会，领导三台垸农民消灭了多股散匪。1940 年 6 月，三台垸遭日寇血洗。同年 8 月，张昆仑率黄学会众击溃了骚扰三台垸的国民党游击支队雷春山部 30 余人，遭到雷春山几百人枪的报复，10多名黄学会员被打死，黄学会的主要骨干唐新怀被抓，张昆仑、魏兴旺、翟章林等也遭到通缉。

1939年至1940年建立与恢复的党组织还有：以赵永松为书记的张金林家沟党支部，以王开泰、汪均然为首的竹根滩田店村党支部，高场、后湖一带的桥家庄土地党支部（书记张治炳）、谢家湾党支部（书记谢云兰）、保安闸党支部（书记李佑国）、胡李村党支部（书记李学福）、金家沟党支部（书记郑金炳）和浩口大兴饶家台的区乡联络支部（书记何正权）。潜江各地党组织的恢复、发展与活动，为开创潜江抗日根据地打下了组织基础与群众基础。

（二）潜江县委的成立，潜江敌后抗日根据地的开辟

1940年8月，天西抗日根据地创立后，天门县委根据天汉地委的指示，继续开辟天门所辖的襄南黑流渡、渔泛峰等并同潜江党组织取得联系。同年11月，天门县委派渔南联乡办事处主任戴月前往襄南黑流渡、渔泛峰等地恢复发展党组织，建立抗日游击武装，开展统战工作，主要是与潜北区长张明富和潜西区长聂国柱建立统战关系。这时，驻竹根滩的张明富怕新四军从襄北抄他的后路，请民主人士李国墀到襄北与共产党联系。戴、李两人途中相遇，经过共同商讨，在襄南黑流渡成立渔南联乡办事处渔上乡公所，贺其彩任乡长，潘涤新任副乡长，所辖范围上起五支角，下至渔泛峰，共12个保。不久，戴月和贺其彩遵照李先念司令员的指示，和李国墀一起，同国民党第一区区长张明富，在李垸村举行了互不侵犯、合作抗日的首次谈判。

在潜西隐蔽的张昆仑得到潜北有新四军活动的消息后，立刻与魏兴旺、翟章林等商量，认为只有去投奔新四军，御匪抗日，保家卫国，赶走日寇，才是唯一正确的道路。他们商定派翟章林前往黑流渡与新四军联系，但翟往返三次都没有联系上，第四次才找到渔上乡副乡长潘涤新，潘同意接收他们参加新四军。事隔不久，张等三人相继加入中国共产党，成立了潜西双河桥党支部，翟章林为书记，张昆仑为组委，魏兴旺为宣委。党支部成立后，戴月、肖道炳、王贤伯、张昆仑等，到莲花寺、周家矶、田关、金家沟、青年庵、玉石

桥、阳家场、双土地等地恢复党支部，开展敌后抗战的发动工作。

在恢复和发展党组织的同时，戴月派黄场支部党员刘明儒去刘场游击队开展争取工作，刘去了月余，由于人多复杂，无法领导。不久，刘场的张人桥游击小队领导人被聂国柱的部下聂国芝借故杀害。为减少损失，黄场支部放弃了对刘场游击队的争取工作。同时，收编了双土地游击队许厚轩 20 余人枪。

1940 年冬，天门县委书记谢威到黄家场召开党员会议。成立黄场党支部，选举刘明芳（又名刘大海）为书记、隗德厚为组委、王贤伯为宣委。有党员 20 余人。会后，谢威和王贤伯同往双河桥谢从龙家（大学生、知名人士）宣传共产党抗日救国的主张，并针对张明富怀疑新四军实力、没有合作诚意的态度，派四团团长张水泉率一营兵力活动于潜西。张明富看到新四军兵力强大，纪律严明，害怕新四军将他的“豆腐”部队吃掉，在赵家榨（现罗赵湾）赵名祥家举行第二次谈判。共产党代表有谢威、戴月、贺其彩，对方谈判代表有张明富、胡金波、刘植臣。这次谈判基本上达成了互不侵犯、停止摩擦、合作抗日的协议。张明富为人乖戾多变，阴险狡猾，先是投靠国民党地方政府，在国民党县政府里有较高地位，县政府走后，他转而与新四军合作，只是权宜之计，并无诚意。

1941 年 1 月，张明富又投靠国民党一二八师。王劲哉委任他为游击第一大队长（1941 年 7 月升为独立第七团团长）。同年 2 月，边区党委又派李智到潜北黑流渡组建新四军襄南办事处和潜江工委，李智任工委书记兼办事处主任，戴月、张昆仑为委员，民主人士李国墀为办事处顾问。办事处辖渔上乡公所，负责开辟潜北的工作。

办事处成立后，李智即与张明富在罗赵湾进行接触。参加这次接触的有戴月、贺其彩、李国松，对方依然是张明富、胡金波、刘植臣等人。李智在这次接触中，重申了共产党抗日民族统一战线的方针、政策，希望双方携手合作，共赴国难。

1941 年 3 月，边区党委组织部副部长孙西岐和五师独立营营长沈清（陈清）奉命带干部和100余人枪到襄南黑流渡，与李智会合，改潜江工委为潜江县委，并召开干部和民主人士会议。会议由李智主持。孙西岐在会上就皖南事变的严重教训，作了关于团结抗战、反对投降的重要讲话。并强调要开展统一战线工作和武装斗争，加速对潜江地区的开辟，为发展襄南、江南做准备。戴月、贺其彩、李国松及民主人士胡金波、李万书、李万发、何正湖、朱万盛、李国墀等出席了会议。参加会议的还有襄北、襄南的地方干部和一些知名人士约20人。接着中共潜江工委在潜北黑流渡召开党代会，沈清、李智、戴月、张昆仑、李忠发、张恕等40余人参加了会议。会议重要任务是成立中共潜江县委，整顿组织，开展抗日游击战争。会议选举沈清为县委书记兼军事部长，李智为组织部长兼统战部长，戴月为民运部长，张昆仑、贺其彩为委员，左有方为县委秘书，属天汉地委领导，下辖潜北、潜西两个区委。行政机构仍称襄南办事处，由李智、贺其彩任正副主任。军事编制属新四军第五师潜江独立营，营长沈清，下辖三个连，由王家俊、孙栋村（孙冰）、潘德林分别任连长。

党政军机构在潜北黑流渡成立后，为了稳定潜北的局势，同年4月的一个晚上，李智带领贺其彩、李国松到罗赵湾村与张明富谈判。这次谈判，有地方士绅陈顺章参加。李智又反复宣讲了共产党关于建立“三三制”抗日民主政权的政策。

在与张明富建立统战关系的同时，边区党委组织部副部长孙西岐指示潜江党组织：“一定要把聂国柱争取过来。”为此，李智几次到潜西，同王贤伯一起，做聂国柱的统战工作，争取聂合作抗日。1941年3月，李智和王贤伯到聂家，聂不仅口头表示同意合作抗日，而且还在义兴、王场两个联保处各取一支手枪送给李智和王贤伯，以表诚意。李智婉言谢绝说：“抗战，武器当然重要，但更重要的是人，是人心，如果你区长真心同我们携手合作，那就比什么都好了。”从此聂国柱一直表现较好。

（三）江潜监中心县委成立和潜江事变

与聂国柱的统战工作成功后，中共潜江县委为与江陵县委联系配合工作，在三台垸、周矶一带成立了周矶区委，并在周矶敌伪据点里成立了特别支部，利用各种社会关系，建立了联系江陵的秘密交通站。1941 年 4 月，边区党委为发展潜江、江陵、监利沦陷区抗日游击战争，派沈清到潜江组建中共江潜监中心县委。沈清按照豫鄂边区党委关于“潜江是前沿阵地，江（陵）监（利）是发展方向”的指示，在潜西享堂湾召开潜江、江陵两县负责人会议，正式成立江潜监中心县委。沈清任书记，李智任组织部长，彭祥麟任宣传部长。下辖潜江、江陵两个县委和监利几个支部，隶属边区党委领导。原潜江、江陵两个县委的领导成员未变。潜江县委下辖三个区委，即渔泛峰区（潜江）、黄场区（潜西）、周矶区（潜南）。区委书记分别由张恕、李忠发、张昆仑担任。在中心县委领导下，潜江、江陵两县的抗日斗争均有新的发展，取得了反“扫荡”斗争的一个又一个胜利。5 月，潜西区公所公开成立，李忠发兼区长，许厚轩任区中队长。而后，又以区公所的名义，召开各保保长会议，决定征收抗日经费，这样，既解决了干部和地方武装的给养问题，又资助了地方的经济建设。6 月，伪军陈玉官部进犯潜西黄场，沈清率部与伪军激战几小时，击毙伪军 3 人，缴枪 10 余支，并在黑流渡两次夜袭日军汽艇。

鉴于伪天门县岳口区长曾繁涛常到黑流渡附近李垸、朱湖和何家大湾各村骚扰，闹得鸡犬不宁，1941 年 8 月初，潜江县委决定联合张明富，配合襄北新四军共同消灭盘踞在渔泛峰的曾繁涛伪军，并由李智与张约定了会合的具体时间和地点。但张不守信用，致使新四军孤军深入，遭到重大损失。一连长王家俊英勇牺牲。这次战斗的失利，对潜北根据地的巩固与发展有着极大影响。沈清带领部队转至竹根滩张家湾休整。随即在朱家湖召开区委书记联席会议，分析了斗争形势，决定暂时放弃潜北，留下 20 名战士由孙冰带领，在李智领导下就地坚持游击战争，沈率潜江独立营向潜西黄家场转移。

独立营大部分战士向西转移后，曾繁涛部见有机可乘，遂与马王庙的伪军陈玉官部串通一气，由日伪打头阵，曾繁涛部殿后，对根据地进行大“扫荡”。为了缩小目标，减少损失，李智写信要沈营长返回潜北商量。沈回去与李智决定，孙冰和8名战士同去潜西，留下12名武装，由李智和李国松带领，主要任务是掩护黑流渡税收，保障军需供应。

张明富也乘沈清率独立营转至潜西黄场之机，令陆诗臣带领全中队进驻竹根滩附近，又令伪沙仁联保主任陈炳心侦察李智的驻地和动态，并以“共商抗日剿匪”为名，暗杀李智。张明富对陆诗臣说：“我曾与李智举行两次谈判，现仍旧借共商抗日为名，将李智诱而杀之。”陆诗臣按照张明富的旨意，要陈炳心写好请柬，邀请李智、戴月、贺其彩、潘涤新、李国松等五人，于9月13日赴回龙庵保长刘益成家会谈，妄图将潜北抗日根据地的党政军主要负责人一网打尽。

此时，戴月已随沈清到潜西，李智接到陈炳心送来的请柬后，虽觉其中有诈，但不去又怕错过一次做统战工作的机会，决定带领贺其彩、潘涤新深入虎穴。临行前，李智对李国松说：“此行凶多吉少，如果我有什么不测，一切拜托你了。”当李智等三人行至保长刘益成家时，堂门大开，未见张明富。正当李智等三人进退维谷时，埋伏在厢房边的一二十个保安队员蜂拥而上，将李智、贺其彩、潘涤新等五花大绑。李大骂张明富背信弃义，行同土匪。陆诗臣强令部下将李智等带往新四军驻地黑毛塔，到了离黑毛塔不远的地方，李智连声大呼：“张明富叛变了，你们快跑。”话音未落，匪徒们开枪，李智、贺其彩随即倒在血泊之中。

1915年出生于沔阳县的李智，为了民族的解放事业，为了掩护战友转移，献出了自己年仅26岁的生命。潘涤新曾于1940年在陆诗臣部当过兵，当场虽未遇害，但之后仍被活埋了。李智牺牲后，张明富派中队长曾凡松率部包围了中共江潜监中心县委驻地享堂湾，打死打伤新四军战士10余人，这是反共顽固派制造的“潜江事变”。与此同时，金亦吾部向周矶、黄场逼近。为了保存革命力量，沈清被迫率潜江独立营北渡襄河，9月转至京山小花岭，编入边区党委警卫团。

潜西蚌湖区保安分队队长张生廷趁沈清率部北渡襄河之机，在潜西大肆搜捕双河、黄场的革命同志。场支部书记刘明芳和王贤伯及程家发、蒋万炳被捕。刘、程二人被张活埋，王贤伯、蒋万炳趁哨兵麻痹之机，逃脱了虎口。潜西惨遭张生廷埋杀的有 10 多人，是继李智被害后的又一次惨案。潜江县少数革命幸存者被迫转移外地或转入地下坚持斗争。至此，中共江潜监中心县委和江陵、潜江两县委消失。

平时做好应付突然事变的准备，不仅关系到革命同志的个人生命安危，而且关系到革命发展的前途，如果在思想上有所准备，采取组织措施，做到知己知彼，防患于未然，是可以避免或减少这样的损失的。这是一个沉痛的教训，为而后再创襄南提供了经验。

三、开辟川汉沔敌后战场

（一）开辟川汉沔敌后战场的准备

川汉沔地区，位于长江、汉水（襄河）交汇处的三角地带，为武汉西部屏障。包括襄河以南的汉川南部、汉阳西部、沔阳东部，人口约 20 万人，面积 300 多平方公里。除汉阳西部有侏儒山和少数丘陵外，全是平原湖区，河湖纵横，水陆交通便利，土地肥沃，物产丰饶，商业发达，是开展抗日游击战争、建立抗日民主根据地的要地。开辟这一地区，既可控汉水、扼长江，又可下洪湖，威逼武汉，发展襄西、大襄南。为此天汉地委派人南渡襄河，到川汉沔地区建立党组织，组织抗日武装，在川汉沔地区燃起抗日游击战争烽火。

1939 年 10 月，日军“扫荡”（汉）川、汉（阳）、沔（阳），国民党汉阳县政府南撤，陈绳武辞去县长职务。11 月，根据天汉地委指示，建立汉阳县行政委员会筹备处，萧利三任主任委员，按照“三三制”筹备汉阳县行政委员会，通过选举的方式与国民党汉阳县政府所辖的区、乡政权组织实行了接管。1941 年 1 月，汉阳抗日民主政府汉阳县行政委员会正式成立，萧利三任主任委员，安琳生任副主任委员。行委会内设民、财、司、教四个科，民政科长李星，财政科长安琳生（兼），建教科长孟熊（萧伯阶），司法科长朱秉公，行委会秘书陈荣先。下辖大集、柏泉两个区行政办事处，先东、嵩阳、玉陈（玉贤）、合贤、城头、三合、党先、新代等九个乡行政办事处和蔡甸镇行政办事处。在此同时，成立了汉阳县抗日自卫大队，下辖两个分队，李少萍任大队长，王大才任副大队长。在组建之初，根据广大群众的要求，摧毁了武汉近郊升官渡日军据点，生俘日军下士军曹以下官兵10余人。缴枪10余支及其他军用物品，毁碉堡1座、地洞4个。在返回途中，在蔡甸附近与抢劫民财的敌兵相遇，战数分钟，将敌生俘，缴获法币34000余元，纸烟一部。3月，奇袭蔡甸伪军营房，缴获步枪12支，子弹3箱。6月，张执一回汉阳，为开辟川汉沔做准备时，将这支游击队改编为天汉支队。不久，成立了抗日保安十一大队，李贤哲任大队长，黄炎任指导员。

随着抗日游击战争的深入开展，1940年7月，根据天汉地委的指示，撤销中共川阳工委、汉阳区委，成立汉阳工作委员会，王文斌任书记，杨毅任组织部长，梁洪任宣传部长，萧利三任统战部长，萧毓福任民连部长。下辖先东、嵩阳、玉陈、城头、三合（上述五地政权组织称乡）、大集、柏泉七个区委，合贤、新代两个直属乡支部。1941年8月夏夔奉命到汉阳任嵩阳区委书记，他以三一小学教导主任的身份，宣传共产党的抗日政策，动员青年参军参战，建立了一个20余人枪的区中队。

1941年11月，根据鄂豫边区党委和天汉地委的指示，汉阳县党员代表大会在嵩阳乡竹林湾召开，选举产生了中共汉阳县委员会，张麟书任书记，王文斌任副书记，杨毅任组织部长，梁洪任宣传部长，安琳生任财经部长，萧利三任政权部长，萧毓福任民运部长，刘文煊任敌工部长。下辖先东、嵩阳、城头、三合、大集、玉陈六个区委，合贤、新代、天长三个直属乡支部。

在川沔地区，沔阳特支被沔阳县国民党顽固派破坏后，天汉地委民运部长陈秀山到川沔一带活动，清理沔阳地下党组织。1940年6—7月，天汉地委决定成立川沔工委，书记林迅，组织部长兼社会部长彭怀堂，宣传部长方思进，民运部长夏昌银，军事部长张明炎，活动于杨林沟、脉旺嘴一带。工作范围包括汉川系马口以西，襄河沿线及其以南和沔阳地区。下辖西江、打雁、芦排、脉南、新老里仁口、张家沟等七个支部。坚持斗争几个月，因遭土匪袭击，林迅、彭怀堂负伤，工委被迫撤回襄北。同年 9 月，天汉地委认为杨经曲的起义和天西的开辟，对开辟川沔有利，于是决定重建川沔工委和游击大队，派韦为继任书记，彭怀堂仍为组织部长。游击大队大队长张明炎，副大队长许维邦，韦为兼游击大队政委。川沔工委和游击大队建立后，积极开展活动，捕获了汉川县西霸天田化龙，缴了他的手枪两支。智捕土匪王泥巴，缴获长短枪 80 余支。还袭击了驻叶兴集伪苏振东部，活捉伪军 30 余人。川沔游击大队也由 60 人、50 余支长短枪，发展到近 200 人枪。

1941 年 1 月，日军加紧对游击区的“扫荡”。驻蔡甸日军 300 余人，包围了川沔工委驻地小周家台。工委和游击大队在当地群众的掩护下，从芦苇丛中安全突围至蔡甸附近。在这种残酷斗争的面前，川沔游击大队副大队长许维邦经不起考验而叛变投敌。工委被迫再次撤回襄北。是年 3—4 月，天汉地委又派魏西组织川沔工委，魏西为书记。1941 年夏，又成立川沔武工队，负责人彭怀堂、程敦秀，直到 11 月撤离。这样几进几出川沔地区，主要是敌强我弱，统战和争取分化瓦解敌人的工作没有取得成效，也是重要原因。

（二）侏儒山之战

1941 年 3 月底，新四军重建军部，豫鄂挺进纵队组编为新四军第五师，豫鄂挺进纵队第四支队改为五师第一游击纵队。为了争取川汉沔的伪军，第一游击纵队奉命从反正过来参加新四军的黄人杰部中选派人员，通过关系找同情分子，去做汪步青伪军的工作。同时派侦察员打进汪伪内部做内应和情报工作。因这时五师正在集中力量发展大悟山区，主力部队东进还击国民党程汝怀，因此五师对襄南取缓和之势，对川汉沔之敌伪军加强争取工作，以待时机。4 月，五师十五旅在襄西成立，旅长王海山，政委周志刚，参谋长张文津，政治部主任张执一。还成立了第一游击纵队，杨经曲任司令员，张执一任政治委员，不久，第一游击纵队番号取消，黄人杰部由第一游击纵队第三团改为十五旅四十四团。

1941 年 11 月，豫鄂边区党委和新四军五师决定再次开辟川汉沔。从 1941 年 11 月 17 日至 1942 年 2 月，发动了威逼武汉的侏儒山之战。

这次战斗前的形势是苏德战争爆发后，日军在中国战场进攻长沙，进犯郑州；12 月 8 日日本海军偷袭美国珍珠港，太平洋战争爆发。武汉日军为了策应太平洋战争，于 1942 年 1 月 4 日又进攻长沙。武汉周围日军调动频繁，各据点守备兵力减弱。为弥补兵力不足，乃驱使伪军参战，因之敌伪矛盾进一步加深。这时五战区国民党各部也以抗日为名，趁机派兵侵入豫鄂边抗日根据地。

鉴于这种形势，新四军第五师师部决定以相当兵力深入武汉近郊敌后，加紧开辟川汉沔地区，以造成包围武汉的战略态势，扩大五师回旋区和抗日根据地。并命令十五旅开赴京（山）南，执行开辟川汉沔的任务。十五旅到达京南后，即派政治部主任张执一带一个营的兵力深入敌区，依靠地方党组织和人民群众，全面了解敌伪情况，以便正确选择打击对象，制订作战方案。

张执一首先到汉阳。1941 年 9 月下旬，张执一率四十四团一个营（营长袁春田）和一个手枪队（也叫特务队，队长范敏夫），回到故乡汉阳的奓山和索河、蔡甸附近的官塘角、长新集一带活动。在索河附近，张执一与汉阳县工委书记王文斌、行委会主任萧利三会合。为了扩大新四军的影响力，打开局面，四十四团在襄南大张旗鼓地开展活动。在敌伪据点的附近区域，对一些认贼作父、罪大恶极的敌伪人员进行镇压。在奓山地区召开群众大会，就地正法了敲诈勒索、鱼肉群众、民愤极大的伪联保主任左渭川。接着，以三个连分别同时夜袭武汉附近蔡甸、黄陵矶、大集场日军一个据点，拂晓撤离。四十四团的活动，一方面大大伸张了民族正气，鼓舞了人民群众的抗日斗志。另一方面，也震动了敌伪，一些伪军政人员纷纷同新四军接触，声称他们绝不是死心塌地的汉奸。

为了缩小目标，便于接近敌伪据点，开展敌伪工作，四十四团在局面打开之后回师襄北待命。张执一带手枪队留下继续活动，其任务：一是继续了解敌伪军的基本情况，开展政治攻势，利用矛盾，进行分化瓦解，争取伪军反正，编入新四军；二是对人民群众宣传共产党、新四军的抗日主张，动员当地爱国民主人士积极参加抗日斗争；三是向武汉及近郊敌占区的工商资本家筹集抗日经费，扩大活动地区，开辟财源。

为了掌握敌伪的情况，张执一利用各种社会关系，争取地方的伪区长、伪联保主任、伪保长，要他们为新四军办事，去做伪军官兵的工作，摸清敌伪军的详细部署、工事、武器配备以及敌伪之间、伪军之间的种种矛盾。

伪定国军号称万人。其中实力较强的是伪定国军副军长汪步青统率的第一师，该师下辖三个团，一个机炮营，一个卫士营，一个新兵教导大队，约5000人。盘踞在汉阳之侏儒山、永安堡、铜山头、三羊头、东江垴、水洪口、窑头沟、肖泗沟、九沟以及沔阳之彭家场、西流河，汉川之南渡，并设有兵工厂。其次是第二师李太平部，下辖两个团，近2000人，分驻于沔阳沙湖、平场一带。直属伪军长刘国钧指挥的是教导团，约1000人，军部设在沔阳沙湖镇。伪定国军名义上是一个整体，但其内部派系很多，斗争很激烈。有国民党特务与汪步青亲信的矛盾，有沔阳籍军官与汉阳籍士兵的矛盾。师团内部和师团之间的矛盾也很尖锐。例如，汪步青手下有一个叫何定华的团长，原系三青团汉川分团主任。何为了扩充自己的实力，搞了个新兵队。汪步青同意从兵工厂拨给他两挺机枪和100多条步枪。此事为另一团长苏振东探知，派了一个连的武装，抢先一步赶至兵工厂，硬把拨给何定华新兵队的枪支抢走，为此双方闹得几乎火并。

由于伪军内部派系斗争，各派都想吃掉对方来扩充自己，常常在日军面前互相攻击，而日军又对伪军采取利用、限制的政策。因此，日伪双方各怀鬼胎，各有防备。汪步青甚至在背向武汉的一线修筑工事，以防日军突然翻脸。但又为了缓和与日军的矛盾，常给日军的宣抚班、宪兵队送人情。日军也因汪步青实力较大，又靠近据点，经常提防。事实上汪步青是脚踏两只船，既靠国民党又靠日军，目的是谁胜利了他都有出路。日军利用汪“以华制华”，国民党则派特务黄潮当汪伪副师长，勾结日军，搞日军的情报。日军也知道黄潮是国民党的特务，既想联络他诱降国民党，又对他搞情报活动不满，企图杀掉他。敌伪顽之间的矛盾，有利于张执一做分化瓦解工作。

为争取汪伪反正创造条件，张执一一方面做加深日军与汪伪之间矛盾的工作，另一方面通过当地士绅带信给汪步青，向他交代共产党的政策，敦促其反正。但汪不仅不听劝告，反而扬言：“我有万人之众，新四军岂奈我何！”鉴于汪的顽固态度，争取不成，十五旅党委决定采取军事行动。在军事行动之前，仍首先向汪部发动政治攻势。张执一和汉阳县党组织派出干部和群众骨干，通过各种渠道向伪军展开政治攻势。汉阳地区的青红帮特别活跃。青红帮的大哥，大多数都和伪方有联系，他们在伪方的人也很多。因此，利用他们去争取分化瓦解汪部是会有成效的。一些地方士绅、青红帮、商人及伪军亲友等，以民族利益为重，还将新四军和汉阳县委编印的抗日传单向汪伪内部散发，使之了解共产党新四军的抗日政策，以促进汪伪内部的分化瓦解。

伪一师是汪步青利用家族和帮派关系拉起来的，很多士兵是被骗来的。1940年2月中旬，美国记者史沫特莱访问新四军首战侏儒山时俘虏的二十几名汪伪士兵后写过这样的报道：“被俘的伪军目光忧郁、面色惨淡，声称他们是被迫参加伪军的。有个伪军说，汉口沦陷后日本人到了黄陂，把他们那个村子烧成平地。他听说要招收苦力修铁路，就同五个青年人一起报名，结果被带到侏儒山汪步青这里当了伪军。”因此，伪军中很多人并不甘心事敌。汪步青的亲信大多数是其家乡沔阳人，当官的也是沔阳人居多。这些人的家属在汉阳挨家挨户住着，向每个村子派粮派款，甚至烧的柴草也向群众摊派。所以汉阳人民非常痛恨这些伪军官及其家属。针对伪军同当地群众的矛盾，新四军派出人员对群众说：“汪步青这些沔阳的地主流氓地痞跑到汉阳来帮助日本鬼子搜刮你们，吃你们的粮，烧你们的柴，使你们生活更加困难，你们只有支持新四军抗日才能得到翻身。”

汪步青的兵工厂多是汉阳人，常受沔阳军官欺压。受派人员对他们说：“你们应该起来，反对那些当官的沔阳人，促使他们反正，才能得解放。”对当伪军的沔阳人，则宣传：“当伪军就是替日本人卖命，杀自己的同胞，哪有什么曲线救国的事？要救国就得脱离伪军。沔阳洪湖是当年的革命老根据地，是有光荣传统的，你们不要把老根据地的名声搞坏了！你们应当反过来，和新四军共同抗日。”同时，对所有伪军则宣传：“当伪军是没有前途的，曲线救国是假，投降日军是真，替敌人卖命，残害同胞是民族的罪人，只有投奔新四军，同新四军一道抗日救国才有出路。”

十五旅手枪队和天汉支队还对俘虏的汪部官兵实行宽大政策，通过教育，予以释放。有的伪军官兵，其家属和朋友在根据地的，只要他们不破坏抗日，也允许他们回家探亲访友。还动员伪军官兵的亲友去做他们的工作，消除他们对新四军的恐惧和对立，争取他们转到抗日斗争中来，或给新四军提供情报，暗中保持联系。不少伪军官兵在新四军的政策感召下，弃暗投明，参加新四军。有个叫傅玉和的伪军班长，参加新四军后，提供了汪伪军的防线、工事、火力点、部队的编制及一个团的营团长的姓名、籍贯、亲属、社会关系、政治态度等情报。许多伪军经过争取教育，认识到：“汪家给了我们什么好处？何必为他卖命！”

在政治瓦解工作奏效后，张执一立即报请新四军第五师师部，决定从十三旅和十五旅各抽两个团组成襄南临时指挥部，指挥长周志坚，副指挥长王海山，政委王翰，十三旅三十七团、三十八团两个团原地待命。十五旅四十三团和四十四团由王海山率领会同天汉支队向汪伪第一师发起进攻。其时，伪一师的部署是：伪师部三团全部及机炮营、卫士营、新兵队驻永安堡一带，师部设在裴家山下的王家湾；二团苏振东驻参山、三羊头一带；一团汪扬波驻侏儒山、南河渡一带，团部设在东至山下尹家湾；兵工厂设在九沟。

为了偷袭伪军，张执一派傅玉和到伪军内部去搞口令。傅玉和曾是伪一师副师长黄潮的警卫班长，经做工作，反正过来，当了四十四团三营的侦察班长。不久调十五旅旅部任参谋，曾为旅部搞到过汪步青驻防地图。这次他又奉命回侏儒山，乘朱月堂为儿子做10岁生日之机，搞到了伪一师一团的口令。朱原来做裁缝，专门给汪步青的小老婆做衣服。后来当了汪部参谋处的主任参谋，对伪军的机密知道不少。傅与朱既是多年的朋友，又是同乡，所搞的口令，经与伪一团侯副官接头证明是真实的。

副指挥长王海山根据傅玉和搞到的口令，决定偷袭驻侏儒山的伪一团团部，并命令四十四团以两个连偷袭伪一团团部，天汉支队以两个连牵制驻汉川南河渡伪军，一个连保障四十四团两个连的撤退。与此同时，汉阳县各级党组织积极组织群众为部队进军侏儒山做好支前准备。他们把各个湖港渡口的渔船集中编号，准备随时听从部队调遣。离据点较远的村庄都组织了担架队、搬运队。据点附近的群众，一面把伪军的一举一动报告给新四军，一面秘密组织公路破坏队，准备战斗一打响，就迅速挖断公路，以阻止蔡甸日军的增援。永安堡附近的群众被伪军逼迫到九真山修炮楼，他们机智地把稻草、木梢填入墙基，结果未等新四军攻打，一夜北风就把炮楼吹塌了。

汪步青对新四军可能采取的突然袭击，也早有防范。他强迫群众在各要道路口日夜放哨。并规定，如果发现新四军，要及时向据点报警，知情不报者杀头。新四军为了麻痹伪军，不断派出游击小队夜晚到各据点附近活动，迷惑敌人。开始游击小队一去，民哨就在烽火台点火，等伪军集中起来时，游击小队又走了。汉阳党组织组织群众天天点火报警，闹得伪军一夜数惊。这样，一连闹了四五天，伪军未见到新四军大部队来攻，也就对防范松懈了。

在做好战前准备的基础上，11月17日晚，十五旅四十四团和天汉支队奉命各以两个连的兵力，分两路进袭侏儒山和南河渡。四十四团副团长许大鹏率部队从叶家兴集出发，由汪部反正过来的傅玉和、袁宏照等人带路，奔袭伪一团团部的驻地东至山。东至山的南面是侏儒山街，东面是一座独木桥，桥边设有一个警戒哨，西边是伪一团团部所在地，并驻有一个营的兵力，周围山口都有民哨。由于东至山地形复杂，部队必须经过三道哨，部队刚越过一道岗岭，从山口一条小路进去，就被民哨发现，要点火给伪军报信。当民哨听说是新四军要去打汪老四（伪一团团长汪扬波是汪步青的四弟，故称），很高兴地表示："等你们响枪了，我们再点火。"

许大鹏及时命令傅玉和带领 8 个便衣人员，装着送俘虏的民哨，从千湖泾迅速地插进东至山的东面独桥边，利用伪军口令，缴了警戒哨的枪。后继部队迅速奔袭伪一团部，一枪未发，即将伪团部及特务连、卫士班全部缴枪，俘伪团部军需主任以下官兵 100 余人和汪老四的太太周桂香，共缴获大炮 2 门，重机枪 2 挺，轻机枪 3 挺，步枪 100 余支。汪老四赤身逃走。此时，枪声四起，民哨点火，天已大亮，部队无法经原路撤退，乘预先备好的船只，由湖中返回肖家集、索河根据地。天汉支队两连牵制南河渡据点的伪军，保障了四十四团两个连的安全转移。

伪一团挨打后，汪步青惶恐不安，次日纠集其部下及蔡甸、黄陵矶、大集场三个据点的日军，共 200 余人，分三路向肖家集、索河进攻。十五旅部队已迅速向天汉湖区转移，使敌伪军扑了个空。敌伪在桐山头对岸，向索河一带打了一阵枪，又分兵到马泗寨船口的余家门、易家门等处，乱抓无辜群众 40 余人，并拉到侏儒山，进行毒刑拷打，追查新四军的踪迹。伪军还对侏儒山街上的商民进行威胁，强迫商民和群众到天汉湖区去保回汪老四的太太，不然就要烧毁侏儒山大街，杀害所捉的群众。

十五旅首长得知此情后，即将俘来的伪连长叶少平教育释放，要他回去传话给汪老四，只要他把群众全释放，新四军会优待释放他的太太。结果汪老四把群众全部放了，新四军也释放了汪的太太。在释放汪的太太时，还让她参观了天汉湖区根据地的建设和军事力量，借以启发她回去劝说汪老四不要为日军卖命作恶，与新四军为敌。她被新四军派船送回侏儒山后，就对汪老四和一些军官太太宣传，说她看见新四军过来了数不清的兵，扛着"两个腿的枪，三个腿的枪，碗口粗的炮，哪里有个数。我们这些豆腐兵，趁早莫跟人家打"。

其实在天汉的新四军正规武装并不多。这是十五旅政治部有意安排部分战士扛着缴获的各种武器在驻地转圈，以此在周桂香眼里造成千军万马之势，好让其回去宣传。新四军一贯实行宽待俘虏政策。对俘来的伪军官兵，均给予优待，经过教育，予以释放。这些伪军官兵受到新四军的抗日主张和宽大政策的感化，释放回去后影响很大。趁此时机，汉阳县各级党组织发动群众向伪军散发十五旅印发的“反正通行证”，鼓励伪军反正。通过一系列的宣传教育争取工作，伪军中有的副官、参谋、连长、排长带着伪兵起义，有的虽未起义，但对新四军的态度也有转变。有一个被俘释放的连长回去对伪兵训话说:“今后遇到新四军，没有我的命令不准随便开枪，谁要是乱打枪引来了新四军，我就对他不客气。”

十五旅及时利用伪军军心动摇的有利时机，向汪部发动第二次进攻。12月7日晚上，副指挥长王海山率四十三团、四十四团两个团和天汉支队一个大队，从天汉湖区出发，天汉地委书记顾大椿和汉阳县嵩阳区委书记夏夔组织支前的干部群众随部队同行。部队渡过襄河后，王海山部署：四十四团全部、四十三团三营及二营两连、天汉支队一部，分别向侏儒山、南河渡进攻；副旅长朱立文率四十三团一营全部及二营一连向桐山头、永安堡一线进攻。第二天清晨，两路纵队组成一个铁钳形，迅速向伪军靠拢，四十四团一举攻占侏儒山将军岭，并乘胜向坝上发展，全歼伪军机炮营。朱立文率部进攻桐山头，冒充伪营长叫开寨门，将伪军一个连全部缴械，获手提机枪30余支。接着以一个连的兵力进攻裴家山，击溃伪军新兵队。南河渡一个排的伪军在天汉支队攻击下，携械投降。

当部队正在继续扩大战果时，附近各据点和汉阳警备队的200余名日本兵出动增援。奓山日军一部出扰檀树坳，企图切断四十三团退路。由于情况急剧变化，副旅长兼四十三团团长朱立文即令部队撤退，但敌人已跟踪追至索河边，朱立文及少数人掩护张执一和部队渡河。最后，朱等来不及乘船，只好徒手泅渡。在泅渡时，朱立文不幸中弹牺牲。

朱立文，原名朱连升，1909年生，广西百色县（今改市）人，出身于农民家庭，于1930年参加红军，次年随张云逸、邓小平领导的第七军和第八军从广西转战到江西中央苏区，他在中央苏区和长征时期，当过周恩来的警卫员。1938年调河南竹沟新四军八团队教导处工作。后随军南下，任新四军豫鄂挺进纵队第三团参谋长，第五团参谋长、副团长和第六团团长，参加过第三次坪坝保卫战。朱立文牺牲时年仅32岁，十五旅首长和战士们都很悲痛。

汪步青原以为四十四团是黄人杰的人，一打就垮，结果吃了败仗。又以为黄团换了人，其实黄团自参加新四军后，历经多次战斗的锻炼，其战斗力已不同于往日了。

二打侏儒山后，国际国内形势又发生了新的重大变化。1941年12月9日，美国和英国向日本宣战。12月26日，日军第23军侵占中国香港。同月15日，国民党为形势所迫，在抗战全面爆发四年之后才正式向日本宣战。驻武汉的日军为了配合太平洋战争，准备再次发动长沙战役，敌后各据点兵力调动频繁。日军疲于奔命，厌战情绪增长，伪军士气更加低落。伪汪步青部犹恐再次挨打，于是撤出南河渡、桐山头两据点，仅在永安堡驻新兵队及后勤机关一部，其主力集结于九沟至周家帮一线。师部移驻沔阳彭家场，侏儒山只留驻一个营。汪步青一面在九沟修筑工事，一面向各据点日军求援，驻武汉日军特务部鼓励其固守侏儒山，并以支援，驻汉阳日军警备队亦许以弹药补充。为了孤立汪步青，加深日军对汪步青的怀疑和不满，张执一巧施反间计，有意将汪步青写给新四军的有关等待时机准备杀敌反正的信，泄露给汉口特工部的两个特务。这两个特务名叫周凝学、甘仲文。周是张执一在小学读书的同学，起初参加国民党，日军来后摇身一变，成了日特。甘是汉阳人，是汪部经常来往于敌伪之间的联络员。他们俩到张执一办公室窃取信件后即将信件带回武汉，交给日军。日军见信后即放弃了原来对汪许诺的援助。趁此时机，新四军十五旅旅部向伪一师发起第三次攻击。

1941年12月23日，旅部采取速战速决的战术，部署四十三团进攻侏儒山、九沟，四十四团及天汉支队进攻沔阳的周家帮。伪军因得不到日军的支援，军心更加涣散，一触即逃。当天清晨，四十三团一举攻占侏儒山，突破汪步青在九沟一带凭借河岸修筑的工事，守敌纷纷向何家帮、西流河溃退。同时，驻周家帮的伪一师一部分主力，在四十四团和天汉支队的猛烈攻击下，溃不成军，慌忙经西流河向王家场、余家场一线撤退。当这股伪军退至西流河时，正碰上九沟的溃军也退下来了。两股伪军都想夺路逃命，竟互相火并起来。枪一响，前头逃命的伪军以为新四军追来了，更加亡命地跑；后面的伪军则以为前面被新四军卡住了，拼命往前挤过去。就在此时，四十三团和四十四团追至西流河，拦腰一砍，全歼伪军一个主力营。次日，部队继续向王家场、余家场追击，直至沙湖附近，发现沙湖据点的日军和刘国钧部蠢蠢欲动。为了判明情况，不打无把握之仗，部队即撤回西流河、何家帮一线。第三天，驻武汉日军发现中了新四军的离间计，严令驻沙湖的日军配合刘国钧倾巢出动，向新四军进攻。刘国钧自从当军长起，一直没有尝到新四军的厉害，这时，他想恃日军的气焰，表现一下自己作为奴才的决心，以便进一步赢得主子的宠爱。于是，亲自率教导团及伪二师一部共 1000 余人，随沙湖据点日军 20 余人，分三路向十五旅四十三团驻地西流河进犯。四十三团采取“杀鸡儆猴”的战术，以少数部队坚守阵地，对付两翼的伪军，正面的主力则严阵以待，专打日军。战斗打响后，两翼伪军在重机枪的扫射下，不敢向四十三团阵地进攻，等待着正面进攻得手后再冲。坚守正面阵地的四十三团部队等气势汹汹的伪军冲到阵地约 200 米时，轻重机枪一齐开火，扫倒一片。后面的伪军见前面被扫倒，扭头就跑，几乎把刘国钧的指挥阵地冲垮了。其中的二十几个日本兵见伪军溃逃，“武士道”精神发作，“膏药旗”一挥，向四十三团阵地进攻，等他们接近阵地，四十三团一连跃出战壕，一拥而上，与日军展开肉搏。二十几个日本兵，除一个跑回沙湖外，全部被刺死。伪军见日军被消灭，吓得乱作一团。四十三团乘势全线出击，追至沙湖附近后，又主动撤回西流河。此次战斗，缴获九沟伪军兵工厂全部设备及轻重机枪、步枪 4000 余支和大批军用物资，击毙敌军10余人，俘伪军官兵400余人。新四军对被俘人员除了自愿留下抗日外，其余都发给路费释放。获释的伪军回去以后到处宣传新四军的政策，规劝同伙放下武器，起到了瓦解伪军的作用。

三打汪步青对敌伪震动很大，为此武汉日军戒严三天。汪步青迫于无兵增援，也不敢再回侏儒山，只好在汉沔交界处，依仗日军据点收容残部。据点的日军则力图挣扎，从沔阳拼凑一部兵力进驻沙湖。与此同时，国民党一二八师亦乘此时机，向南扩张至彭家场附近。在这种情况下，十五旅一面主动与一二八师进行统战工作，一面利用李太平与汪步青争夺地盘的矛盾，争取李太平中立。李太平、刘国钧考虑到他们自身的利害，又迫令汪步青返回侏儒山。

1942年1月中旬，汪步青率残部2000多人向汉阳的响水港、肖泗沟靠近。汪一路行动十分谨慎，一遇风吹草动，就夹起尾巴跑了。这时，由于新四军五师十三旅部队远在京山、钟祥、汉孝陂一带，只有十五旅四十三团、四十四团及天汉支队在响水港附近，与汪部隔河对峙。不久，汪步青派代表到新四军十五旅旅部，要求给他让开一条出路，准备过河反正。新四军同意给他让路，但他又不守信用，偷偷向沔阳的王家场、余家场和汉阳的三羊头逃窜。于是，十五旅部队又进占侏儒山，并以四十四团两个营向三羊头奔袭，在三羊头附近，俘获伪军部队全部和兵工厂厂长刘松青。经过教育，刘松青将兵工厂器材全部交出，其中车床11部，铣床2部，钻床1部，马达2部，步枪身2000余条，轻重机枪50余条，煤炭2万多斤。当四十四团两个营胜利返回三羊头时，黄陵矶的日军数十人企图强占三羊头，切断该部的归路，但该部事先已令一个连占领三羊头有利地形并构筑了工事。日军向该部阵地进攻时，被该连击溃。追击部队顺利通过三羊头，返回侏儒山。23日，汉阳日军100余人向侏儒山进攻，途经千湖泾时，因桥梁被新四军破坏受阻。天汉支队两个连趁机迂回到敌后，正在搭桥的日军发觉后立即撤退，四十四团三营又正面出击，与天汉支队夹击日军，毙伤日军10余人。

为了集中兵力迅速彻底地歼灭汪步青部，1942年1月28日，十三旅旅长周志坚、政委方正平奉五师师部命令率三十七团、三十八团两个团各一部从汉孝陂一带出发，赶到汉阳，与十五旅四十三团、四十四团配合，采取神速的穿插战术，前阻后追，分两路向盘踞在沔阳境内的王家场、余家场、向家场的汪步青残部进攻。枪一响，汪部如鸟兽散。驻牛拔的一个伪军机炮营，仅隔河打了几枪就吓得丢下枪炮，落荒而逃。此次战斗，共歼伪军1500多人。汪步青本人带亲信数十人，逃到沔城附近，投靠日军。其第二团苏振东部几百人，脱离汪的指挥，窜踞彭家场。五师部队亦逼近彭家场，并派人与苏振东谈判，争取其受编。此时，国民党一二八师亦派特派员刘承烈携带大批款项到达彭家场，劝说苏振东，并许其任独立五旅旅长。苏在一二八师金钱和升官的诱惑下，拒不与新四军代表见面，并乘夜间渡河至新里仁口，归顺一二八师，任独立第五旅旅长。不久，苏振东投靠日军，被日军编为伪独立十三旅，任旅长。

全歼伪一师后，十五旅和十三旅各一部直逼武汉近郊，使武汉敌伪受到了严重的威胁。武汉日军又拼凑近郊几个据点的日军和伪军数百人，企图击败新四军第五师部队。

1942年2月，十五旅四十三团、四十四团两个团，与十三旅三十七团、三十八团各一营，会合于彭家场东北的胡家台一带，布下一个口袋阵势，等待敌人来钻。当天下午，驻仙桃镇日军100余人，配合伪军数十人进占胡家台，三十七团一连、九连两个连，三十八团第五连及四十四团一个连，将胡家台包围，杀伤其大部，其余日军凭借胡家祠堂负隅顽抗，经一昼夜激战，双方僵持不下。次日午后，沙湖日军20余人增援，被四十四团一个连击退。第三天午后，汉川日军100余人在3架敌机掩护下，来援救日军，亦被击退。为了尽快解决战斗，十三旅首长决定采用火攻，当地人民群众为了消灭敌人，也同意用火攻。战士们立即燃烧大捆稻草加汽油，抛进祠堂，一时火光冲天，烟雾弥漫，将负隅顽抗的几十个日本兵活活烧死。这次战斗，共击毙与烧死日军200余人。至此，进攻侏儒山的战斗胜利结束。

这次战斗，经历了两个月半，对敌伪作战14次，全歼伪定国军第一师，击溃伪定国军第二师1000余人，击溃日军7次增援，并在战斗中首次与日军开展肉搏战，毙伤日军近300人，俘伪军950余人，缴获大批战略物资。这次战斗，新四军第五师部队也伤亡官兵200多人。这次战斗不仅实现了五师的战略意图，而且解放了大片国土，摧毁了伪政权，扩大了边区抗日游击根据地，增强了五师的力量，并为而后向襄南、襄西敌后纵深发展，创造了前进阵地；同时还间接地配合了国民党部队保卫长沙的作战，扩大了共产党和新四军的政治影响，也因此打破了敌伪对解放区实行的经济封锁。武汉商人公开向伪特务机关声明，为新四军转运物资，伪特务机关亦不敢查禁没收。因而大批战略物资如白纸、药品、电讯、军工器材等，不断运向边区，这对边区坚持长期抗战，起了重要作用。

侏儒山战斗之所以能取得胜利，不仅是边区党委和五师选择了日军发动两次长沙战役和太平洋战争爆发的有利时机，更重要的是执行任务的部队坚决执行共产党的抗日民族统一战线政策，紧紧依靠地方党组织和人民群众，对敌伪情况进行深入调查研究，制定切合实际的斗争策略，既采取政治攻势，分化瓦解敌伪军内部，使其战斗力大丧，又适时施以军事进攻，运用机动灵活的战术，速战速决，不拼消耗。因此，每战必胜，并以小的代价，换取了巨大的胜利。

（三）汉阳县政府和沔阳县政府筹备委员会的成立，川汉沔党组织的发展

随着侏儒山战斗的胜利和根据地的扩大，天汉地委在川汉沔地区建立了两个县级民主政权。1941年1月汉阳县委在七萧大湾召开汉阳县首届人民代表大会，成立汉阳县抗日民主政府，范精秋当选为县长，安琳生当选为副县长。并成立了汉阳参议会，萧利三当选为参议长。县政府设民、财、司、军四个科。李星为民政科长，安琳生兼财政科长，萧伯阶为建教科长，朱秉公为司法科长，黄炎、萧铮为军事科长，陈荣光为县政府秘书。下辖大集区抗

日民主政府，先东、嵩阳、玉贤、合贤、城头、三合、党生、新代、天成、天长、永裴11个乡抗日民主政府和蔡甸镇抗日民主政府。

1942年1月31日，天汉行政办事处在汉沔交界的恩福（今沔阳大福乡），召开了沔阳县各界临时代表大会。参加大会的有各乡乡长、文化股长、警卫股长和各地士绅共80余人。大会为期10天，通过了成立沔阳县政府筹备委员会的决议，并选举刘文光、陈秀山（共产党员）、杨懋斋（国民党法院推事）、夏庆堂、蒋炳麟（国民党区政训练员）、杨华庭（共产党员）、张方肇（国民党区长）、向慕禹（国民党区长）、杨雄斌等12人为委员，刘文光为筹备委员会主任。2月2日正式就职，临时代表大会发表了《告全县父老书》。告父老书宣称：

> 概自沔邑政权，横被敌伪窃夺以来，吾父老所受之痛苦，不一而足——滨襄南北，烧杀时闻；沉湖一区沦为盗薮，敌人统治经济于前，伪军苛派捐税于后，总计每保之所费，月达两千余元，遂至老弱流散，商旅戒途，而人民慑于淫威，皆敢怒而不敢言——凡此，皆为吾邑父老所目击而身受，自不得以危言耸听目之。
>
> 通观豫鄂边区行政公署政令所及之区，如京山、天门、汉川、汉阳等县，虽同处于敌军控制之下，但其经济、政治之建设，则与日俱进——军民相处，精诚无间，宵小敛迹，井里不惊，官吏无贪污腐化之现象，人民有自由建设之权，举凡农田水利教育司法诸端，莫不次第革新，其尤者，平均每户税捐之所负，月不超乎五角，而其受赐于合作社者较所负为多——凡兹所述，吾邑父老居近咫尺，耳目匪遥，当亦知之甚悉，毋待代表等之喋喋也。
>
> 吾人深觉本县之较天汉诸县为落后者，是由于抗战以还，上失政权之领导，下无自治之认识，有以致之，年来有志之士，虽曾致力于政权恢复，以期领导邑人，为改善乡帮，从事抗战而努力，终以敌伪之压力

甚强，动遭钳制，每不克如愿似偿，偶一念及，悲愤何似！

现幸太平洋战争爆发，日寇之覆亡可期，而依附于日寇之伪军，已呈动摇瓦解之象。本县政治环境，亦渐转入有利之时机。代表等再三商量，以为机不可失，受于十二月十五日（即1942年1月31日）召开沔阳县临时代表大会，商讨拯救本县之方策，当经会场一致决议：先行组织一沔阳县政府筹备委员会，代负全县行政之责，并选出刘文光、陈秀山、杨懋斋、夏庆堂、蒋炳麟、杨华庭、张方肇、向慕禹、杨雄斌等先生为筹备委员，业于本月十七日，宣誓就职，此后有能本爱国爱乡之热忱，共为抗战建国而努力，瞻望前途，光明在握，此也可以告慰于吾邑父老之前者也。

再者：代表等曾确定四大任务，为县政筹委会今后施政之方针，附告于左。

一、实行民主政治——一切县政兴革，皆应以民间为攸归，凡人民合理之愿望，应尽其力所能及，严格执行，尤于乡保各级工作人员，应由民众直接选举，一扫过去“专断”“委派”之弊。

二、争取敌伪来归——太平洋战争爆发以后，驻脉旺嘴仙桃镇之敌军，异常恐慌，而依附于敌军之地方武力及维持会，其怀念祖国之心，当较迫切，吾人趁此时机，加紧争取敌伪之宣传，而于对伪军之三大保证（不缴枪、不改编、不减俸），尤须明之示，以释其疑。

三、建立自卫武装——凡一政令之实施，必赖有武力以为之保障，本县现处于敌伪军事控制之下，有赖于武力者，更为迫要。因此，代表等待限定县政筹委会，必须于最短期间，建立一本县武装保安团，以为推进县政之保障。

四、减轻人民负担——此为吾人目前迫切之要求，县政筹委会，应竭力以促其实现。对于敌伪不合理之摊派，固应作有效之斗争，如以前“恩福”之反征积谷，可为一证，而于实施县政所必不可少之负担，亦应尽量减轻，如乡公所之经费，此后亦不得另向保甲征收。

以上四项，固为县政筹委会当前之任务，而所望于全县父老督促与协助，其实现者亦至深且切，惟我全县父老实利附之。

唯代表等尚有必须郑重申明者：吾人此次所召开之临时代表大会，因受特殊环境之限制，全县人士未能普遍参加，诚为遗憾！但吾人期与全县人士，共相勠力之率直态度，当为乡父老所共。此次之代表大会，仅为一县政治之雏形，正式代表大会拟于最短期内召集，甚望我县父老公正士绅与抗日民众竭诚拥护，通力合作，以期普选之民主政权——正式县政府早日实现。

沔阳县政筹委会成立后，各乡人民纷纷派代表前来要求恢复政权，仅一个月时间，就建立了23个乡公所，统治区域达全县十分之三。同时，先后收编汪步青残余势力的枪支160余支，安定了地方秩序。

1941年11月13日，边区党委为了加强川汉沔地区的领导，派组织部副部长孙西岐到柳沟组建沔阳工委，任命葛聘山为工委书记，并决定留四十四团袁春田的一个营协助建立地方武装，开展抗日游击战争。不久，天汉地委又派陈秀山接任工委书记。1942年3月，工委在赤土坡召开扩大会议，确定建立官×[①]区委和中帮区委，分别由朱桂生、陈昌洪任区委书记。同时，天汉地委派熊国栋（后叛变）到土坝建立川汉沔工委，熊任工委书记，所辖地区北至襄河，南至东荆河，西至通海口，东至彭家场。正当汉沔党组织领导抗日民主政府和地方武装，积极开展抗日救亡活动的时候，国民党一二八师为争夺地盘突然出兵侵犯，仅农历二月七日一天即杀害抗日工作人员20余人。后又多次挑起冲突，致许多乡政权停止了活动，原有的31个乡政权，能行使职权的，仅有17个。县政筹委会无法行使职权，于5月夭折。

① 原文缺字。——编者注

第四节 天汉根据地反“扫荡”、反“蚕食”斗争

一、襄北反“扫荡”斗争

1942年5月至8月驻天门皂市、岳口等地日伪军与汉川县城、分水嘴、脉旺嘴等据点日军和伪黄卫军第二师邹平凡部三个团，大举“扫荡”天汉湖区根据地。他们对天汉湖区几乎每月有1—3次“扫荡”，每次“扫荡”的范围大小不等，最多时达七八路，1000人左右。“扫荡”的方式有纵深配合“铁壁合围”、对角扫压。交通要道设以伏兵，来回搜巡，还有飞机配合。

敌人还封锁了从天门岳口至汉川马口200多里长的襄河航线，把民用渡口集中为十几处，每个渡口戒备森严，对过往行人进行验证搜查。每天下午5时以后，即将渡口所有船只，分段集结到几个据点上，套上铁索，到第二天上午9时又放回渡口去。每次“扫荡”时，都实行“三光”政策。1942年5月某日，韩家集、虾子沟、芦林沟、杨业陂等20多个湾子的1000多栋茅草房，全部被烧光，烧死男女群众10余人，很多家具被装在船上运走。敌人称这是“建设性的扫荡”，以为这样就可以扑灭抗日烈火。

为了打击敌人的嚣张气焰，新四军五师十五旅四十四团和汉川、天门两县地方武装，运用土地革命时期“敌来我退，敌去我归，敌驻我扰，敌疲我打”的战术，开展反“扫荡”斗争。1942年7月3日，伪黄卫军第二师三个团围攻新四军第四十四团。四十四团在天汉地方武装配合下，夜袭伪军，击溃伪黄卫军李吉知一个团。4日，皂市的敌伪军800余人，分两路向天汉湖区根据地进行“扫荡”，四十四团和天汉武装跳出敌伪的包围圈，绕到敌伪后面，抄袭敌人。敌伪怕前后夹击，即向左右两侧溃退。

随着形势的变化，天汉地委机关和十五旅直属机关及四十四团奉命撤出天汉湖区，向天西及京钟南山转移。天汉抗日武装在多次反“扫荡”中消灭

敌伪军300余人。

敌伪大举“扫荡”天汉湖区根据地，不仅给人民生命财产造成了严重的损失，而且有几位共产党组织的领导人遭到杀害。被杀害的有天汉地委社会部长田润民、汉阳县委副记王文斌、地委政治交通员萧毓福等。萧毓福，化名萧珊，汉阳柏林乡新集村七萧大湾人，自幼过着半年糠菜半年粮的生活，16岁时即出外帮工。1926年8月，他积极组织群众支援北伐军，使北伐军得以顺利地向汉阳城进击，受到了部队的赞扬。1927年春，被选为汉阳县第五区农民协会委员长，并加入中国共产党。第一次国内革命战争失败后，他积极投入秋收起义运动，和张天晖一起参加暴动队。1928年春至1931年夏，他先后担任过中共（汉）川（沔）阳临时县委委员，兼柏林庄党支部书记，川汉县边区苏维埃政府委员、汉阳县农协副主席、修堤防水财务总管等职。随后，川阳独立团奉命调往洪湖，配合主力部队作战时，他随军前往。1934年秋，在湖南澧县与国民党军激战。队伍溃散后，萧毓福与萧利三潜回汉阳柏林庄，又因国民党缉拿，去汉口藏身。抗战爆发后，他在汉口找到了董必武。根据董必武的指示，返回汉阳，积极开展抗日救亡宣传活动。次年3月，中共湖北临时省委派邓真如、舒卓来汉阳县，审查、恢复了他的党籍。武汉沦陷后，他积极组织抗日游击队，配合新四军独立游击支队第四团队攻打伪熊光部。此后，他先后担任汉阳县委农运部长、汉阳县农救会主席、天汉地委农民救国会主席。在一次转移中，因处理经济案失当，受到行政处分，改为天汉地委政治交通员。他情绪稳定，并以高度的革命热情，肩负着新的任务，不顾危险出入敌区，为地委及时掌握情况、下达指示作出了贡献。1942年7月，他落于魔手后，日特对他以高官厚禄诱降，遭到他的愤怒斥责，继而施尽各种酷刑，妄图迫使他供出党的秘密。他守口如瓶，不泄露任何情况。日特在一无所获的情况下，于是年9月把他和王文斌一起杀害于蔡甸杨柳堤河边。萧毓福就义时，正气凛然，从容不迫。他的这种民族气节和献身精神，给抗日军民以很大鼓舞。

二、襄南反“蚕食”斗争

全歼伪定国军第一师的胜利，威胁到日军的心脏——武汉重镇。日军华中派遣军第11军为加强武汉守卫，乃将进攻长沙遭到惨败的第4师团、第13师团、第39师团、第40师团及独立第18旅团调返原防，并把驻监利螺山（现属洪湖市）、杨林山、白螺矶的伪黄卫军熊剑东两个师、六个团、一个独立大队，约万人调来汉阳，进攻侏儒山。鉴于这种形势，新四军第五师师部密令十三旅、十五旅星夜撤离襄南东翼，集结到白兆山一带，留下少数部队配合地方武装，在襄南川汉沔地区坚持斗争。十五旅政治部主任张执一从手枪队和天汉支队中各抽一部分及王大才的一个营组成十五旅特务团，团长石永超，副团长荣绍南，政委王珊（陕西人），协理员韩白起（海南岛人），特派员范敏夫。留在川汉沔的还有四十四团政处主任王建桥带领的一个营和川汉沔支队三个大队。

1942年3月底，武汉日军纠集汉阳各据点日军及伪黄卫军第二师邹平凡部数千人，攻占嵩阳、龙霓山、铜山头、永安堡、侏儒山、奓山、大集场、官塘角、李集等地。敌人的部署是以伪黄卫军第二师第五团王维哲部打头阵，采取稳步前进的方针，逐步由东南向西北榔头、马口推进、压缩。其进攻步骤分为三步：第一步是大规模的“扫荡”，捕捉或驱逐新四军五师主力；第二步是派小型武装，小规模地“清剿”；第三步是强化统治“清乡”，严密特务组织，根除抗日力量，缩小新四军五师主力的活动范围。随着军事行动还配合政治进攻。

强化伪政权，将汉阳、沔阳的维持会改为伪县政府。伪县政府设指导班，指导伪政权工作，建立严格的保甲制度：（1）保甲必须侦察新四军及各方面的情形；（2）威胁利诱抗日根据地的民众组织维持会，否则即烧房子；（3）组织伪自卫军，各队、联队，设立情报网，也使用旧武器；（4）清查户口，实行连坐法，户口移动，必须随时报，不得虚报，调查、统计、登记尤严；（5）各保甲必须向民众按时收缴应出捐税，延期受罚；（6）保甲负责保护公路、电线，如有破坏，统由该保甲负责修理；（7）抽调伪县长到南京受训，调各县伪科长到汉口受训。

在经济上严格封锁：（1）从汉口出来的人，只能带一套（件）衣服、一件用品；（2）严令伪保甲不准运盐到抗日根据地来，违者罚款；（3）人民应用其他农产物去换盐，无形中抵制法币；（4）人民应给他送米，自动送者给原价；伪军下令催者，给半价；强迫送者，给四分之一价；卖给根据地者，杀头。合作社收集民众应纳之款物。

在政治宣传方面，敌人宣传形式颇多，有报纸、刊物等。伪中央、伪省政府之各种刊物报纸在据点内流行。还利用旧形式作宣传，如七月七日牛郎会织女、中秋节吃月饼团圆等。还制发告新四军士兵书、叛徒告新四军同志书，或用新四军名义发给中共中央的书，或用国民党名义发消灭新四军书，或用伪省政府名义发告新四军书。内容有"蒋介石在后方享福，你们在此受苦，快与皇军合作"。并令各师团在每乡开办一所小学，对青少年学生实行特别优待，出入不要"良民证"，并可以出入各机关。在"蚕食"的地方，开办阅报室及各种娱乐场所引诱青年，用各种组织官衔笼络妇女、青年、儿童等各界人士。并以每月200元的报酬利诱、拉拢一部分顽固士绅，成为他们的社会基础。还勾结土匪、反共分子组织拖枪叛变，强迫抗日人员自首，甚至要保长、农救委员等普遍自首，并用威胁利诱的办法，逼他们来破坏抗日斗争。还收买流氓和苦力，装作卖布、收鸡蛋等小贩，侦察情况，从远距离调兵封锁消息，进行突击性"扫荡"，或反复合击。在蚕食区实行"转战驻剿""夜行晓宿""声东击西"，或召开伪方人员会议，使之不能出外报讯。或以便衣在前，乔装新四军番号来袭捕共产党地方领导机关工作人员。并组织侦缉队，到处捕人，到处敲诈，人民无不惶恐终日。连自首分子都没有自由，三天一会，五天一训，不敢动弹一步。

面对敌伪在襄南的"蚕食"，天汉地委提出了开展全面反"蚕食"斗争的口号，要求各级党组织继续采用各种办法对付敌人。

（1）加强情报工作，随时了解敌伪的动态；（2）不要死守一个地方，要经常移动，使敌人找不到目标；（3）在有利的条件下，经常派出短小精悍的武装，伏击敌人，扰乱敌人；（4）坚决肃清敌人的情报侦察，加强岗哨盘查，不使一个奸细混到内地；（5）审查自己的乡公所、游击队中的成分，清除内奸分子，对组织拖枪投敌、通风送信的采取坚决镇压的手段；（6）民兵中实行坚壁清野工作，把粮食、耕牛、农具都严密藏好，使敌人来了一无所有，扑一个空。

由于新四军第五师主力转向了襄北，敌人封锁了襄南主要交通要道。汉阳县委、汉沔工委及各级政权抗日武装遵照天汉地委的指示，加强情报工作，随时了解敌伪的动态，在政治上瓦解伪政权、伪军及其社会力量，并利用伪黄卫军军长熊剑东与师长邹平凡的矛盾以及伪黄卫军第一师汪步青与第二师邹平凡部的矛盾和伪定国军师长李太平与军长刘国钧的矛盾，争取李部和汪部“人在曹营心在汉”。通过做争取工作，在敌人“蚕食”川汉沔时，汪、李两部或按兵不动，或略作敷衍，有的甚至在进攻之前给新四军送情报，实际上坚决与人民为敌的只是伪黄卫军第二师王维哲、李吉知两个团，这就有利于襄南的反“蚕食”斗争。

在动员群众争取伪军的同时，汉阳县委和汉沔工委一方面组织基本区的民兵坚壁清野，用木船将粮食、牲猪等运往湖区；另一方面开展反特斗争。汉口水厂设有日军特务机关，经常派特务从三眼桥到柏泉进行破坏活动。由于汉阳东南部形势恶化，汉阳县委和县政府迁到柏泉，同汉孝陂县委一起活动，汉阳县长范精秋利用在敌占区三眼桥一带活动的余黄毛开展反特斗争。余黄毛是汉阳铁铺墩人。开始他是当地一股小土匪的头目。张执一在汉阳时，把他争取过来，为新四军办了一些事。张执一走时，把他交给范精秋。范给余黄毛的任务是捉日本特务。范对他说：“凡是从水厂出来的特务你都捉到。捉到了能送过来就送，不能送就地杀掉。”余黄毛在三眼桥一带活动，水厂出来的特务被他捉到杀了几个。后来他在打日军的卡车时被捕牺牲。

在军事上，针对敌人重兵“扫荡”与兵力不够的矛盾，抗日武装采取

“松入紧出”“避实击虚”和打一枪换一个地方的游击战术，摧毁伪政权，打击敌伪军。1942年4月，四团政治处主任王建桥率一个营避敌锋芒，跳出敌伪的合击圈，一举击溃驻青林嘴王维哲部一个连。随之又击溃进犯雁湖的日军一部。同时，深入敌伪据点蔡甸、舵落口、姑嫂树、郭茨口、十里铺、三眼桥、汉川城、马口等地活动，不断袭击伪政权伪军，致使武汉敌伪一日数惊，不时戒严。敌伪遭此打击后，气焰更加嚣张起来。武汉日军命令伪黄卫军第二师三个团全部出动，寻找新四军五师主力踪迹，捕杀共产党员和抗日人士。王维哲部在榔头杀害中共榔头区委书记张明，并把一些区乡干部和共产党员抓到汉川县城、马口、分水等地进行毒刑拷打，逼着他们自首，打入新四军内部搞情报。有些坚贞不屈的同志惨遭杀害。同年5月，为了保存力量，四十四团王建桥奉命率部撤出襄南，退守襄河沿线。十五旅特务团转移到曲口与汉沔支队会合。曲口一带是伪李太平部控制的地方，开始李太平和特务团的关系比较好，后来特务团在响水港、王家台子遭到李部的袭击。7月17日，特务团和汉沔支队奔袭新滩口（现洪湖市）。新滩口是内荆河入长江之口，是水陆交通的要道，镇内驻有日军一个小分队，还有伪军李太平部，敌人认为这是他们的“治安区”，戒备不严。汉沔支队和特务团的手枪队进入镇内后，敌人毫无察觉。当天晚上，手枪队在新滩口维持会的宋传孝、陈宗全等人配合下，袭击三井洋行，杀死日军1人，俘日伪军各2人，缴获步枪2支、手枪1支和伪储币5麻袋。日军受此袭击后，急调一个中队将内荆河口一带民房烧毁，修筑两座碉堡，对过往船只进行检查，否则不许通行。十五旅特务团随即撤到爹山附近的螺丝岗，准备第二天撤出襄南。天未亮，爹山、黄陵矶、永安堡的敌人来袭特务团。特务团团长石永超带领部队边打边撤出襄南。但有一个连长被俘，损失枪数支。不久，范敏夫带领特务团保卫队也撤到襄北。随着天汉地委命令汉阳县委、汉沔工委和汉沔支队撤到襄北。汉阳县长范精秋带领县政府一批机关人员从湖里突围到天汉湖区。汉沔工委在撤退时，留下长枪15支，短枪两支，组成一个游击小组，坚持在大同湖、沙湖、肖家湖一带活动，保卫地方民主政权。

这次，日军“蚕食”襄南，尽管部署周密，战术狡猾，但都被天汉地委领导的抗日军队和人民群众打败了。敌伪军不仅没有消灭新四军第五师的主力和地方武装，反而损兵几百人。

第五节　天汉根据地各项建设

一、党的建设

随着形势的发展和抗日根据地的扩大，党的组织和党员队伍也迅速壮大起来。1940 年 8 月至 1942 年 8 月，天汉地区的党组织，根据边区党委提出的“团结各个阶级，结成统一战线，反对共同的敌人，长期坚持敌后游击战争，建设巩固的敌后抗日根据地”的指示精神，配合主力开辟天西，初创襄南，顽强奋斗。天汉地委领导的县级党组织，由原来的天门、汉川两个县委发展到汉阳、潜江、江陵五个县委，一个江监潜中心县委和一个汉沔工委。党员发展到 5000 人以上。1941 年 8 月至 1942 年 8 月由于国民党顽固派的破坏，敌人的“扫荡”和“蚕食”，潜江、江陵、汉阳、沔阳四个县的县级党组织先后撤销，但基层党组织仍然分散在各地活动。

天汉地区各县的党组织处于敌我交战的前哨，环境十分险恶、复杂，不是日军来“扫荡”“蚕食”，就是国民党顽军来破坏或骚扰。因此，党组织不仅要领导军民同日伪军进行斗争，而且还要同国民党顽军进行有理、有利、有节的斗争。

天汉地区各县的党组织，多数是在抗战全面爆发后重建和恢复起来的。党员中的大部分是工农群众中的优秀分子，本地党员多，外地党员少，老党员少，新党员多，成分比较复杂。商人、和尚、道士、阴阳先生、流氓地痞占了相当的比例，工人、手工业者、雇工、流亡无产者占少数。因此，党员的非无产阶级意识——封建思想意识、资产阶级思想意识、商人思想意识、流氓地痞思想意识比较浓厚，这些非无产阶级思想意识，往往通过不同的形式，在各种不同的环境中反映出来。有的缺乏抗战胜利的信心，有的被敌人的武力进攻所吓倒，自行脱党，还有的被家属拖后腿而脱党，有的甚至违反党纪，损害党和人民的利益。凡此种种，严重地削弱了党的战斗力。如不进行教育，开展思想斗争，要坚持敌后游击战争和巩固发展抗日根据地是不可能的。为了克服党内存在的各种非无产阶级思想及不良作风，提高党员的素质，增强党的战斗力，完成驱逐日本侵略者出中国、夺取抗战最后胜利的任务，天汉地区各级党组织随着形势的发展变化、党的任务要求及党的历史发展状况，加强了党的建设。

一是加强党的政策教育。1941 年和 1942 年，是世界法西斯势力最猖狂的时期，也是中国人民抗日战争艰苦的时期。蒋介石发动第一、第二次反共高潮之后，又准备着发动第三次反共高潮。为了克服困难，坚持抗战取得最后胜利，党中央先后制定了加强对敌斗争、精兵简政、加强党的统一领导、拥政爱民和拥军优抗、发展生产、整顿党的作风、审干、加强时事教育、建立“三三制”政权、减租减息等十大政策。而下层区乡干部和党员对党的这些政策并不都很了解。如有的把“三三制”政策理解为:“贫农三个、中农三个、富农三个。”有的还认为实行“三三制”是名义上的，实质上不给党外人士一点权力。在政府工作中有的共产党员包办一切。也有的党员为争取党外人士参加抗战工作而放弃党的立场，不了解统一战线中包含着斗争，需要通过必要的斗争达到真的团结。还有的党员和党外的地主联合起来反对减租，反对统一领导，严重地妨碍着党的政策的贯彻执行。

为了对党员干部进行政策教育，天汉地委根据边区党委指示，专门召开组织部长会议，要求各级党组织要教育党员认真学习和执行党的政策，用党的政策去发动广大群众，进行合法的经济和政治斗争。为保证党的总任务总政策的实现，对有政治问题的分子、派进来的阶级异己分子、不执行党的政策的地主和富农成分的分子、流氓地痞及典型的商人、贪污腐化分子、挂名的党员等区别情况，进行处理。并在斗争中吸收工农群众、知识青年中的积极分子入党，从组织上保证党的纯洁性。

二是不断地进行党性教育。1940 年以来，天汉地区的党组织发展得很快，但因宣传教育不够，致使不少党员对党的认识差，对党的基本知识了解甚少，有些党员根本不知道共产党员的宗旨是什么，把党组织当成“难民收容所”，认为“加入党可以做做官，出出头角”，“给钱给米就入党”，“入党为了不出点米”，为个人谋福利。

天汉地委为了提高党员的政治觉悟，自上而下地举办各种形式的党训班，从党的干部到普通党员，都能接受到一次党性的教育。1940 年下半年，区党委指示各个县委办党训班，对党的干部和党员进行党的基本知识、党的建设、党的政策和策略的教育。1941 年 3 月，天汉地委在汉川韩家集开办了一期党员干部训练班，时间一个多月，50 多人。其次是加强基层干部的建设。天汉地委认真执行 1942 年 1 月边区党委发布的《关于加强农村支部领导的指示》精神，在天门、汉川两县普遍开办了党支部委员训练班，通过轮训，使支部委员认识到“支部是党的基本组织，只有支部巩固、健全，才是实现新民主主义和社会主义到共产主义的主观上的基本条件”。

由于天汉地委坚持党的建设，不断对党员进行党的基本知识、党的政策、党性的教育，提高了党员的素质，党员在对敌斗争中，在政权、经济、文化等建设中，都起到了先锋模范作用。

二、政权建设

1940 年 7 月至 1941 年 3 月，通过武装开辟和统战工作，在天汉地委管辖的襄河南北建立了汉川、汉阳、天门、江陵、潜江五个县级政权。1941 年春，边区党委为坚持抗战，团结各阶层、各党派抗日人士，巩固和发展边区的抗日民主力量，粉碎蒋介石发动的第二次反共高潮，决定将边区军政联合办事处改为边区行政公署。同年4月1日，边区在京山向家冲召开第二次军政代表大会。大会经过正式选举，成立了边区行政公署，许子威当选为行署主席，涂云庵当选为行署副主席。决定下设鄂东、襄西、天汉、信应四个办事处。5月，天汉行政办事处成立，童世光任主任，周彬任秘书，内设行政科、财政科、司法科，另设科员3—4人。邓衍系、张放澜、魏一民等分别任行政、财政、司法等科科长。机关设在汉川陡埠头。其任务是团结人民群众在抗日民主政权的领导之下，坚持团结抗战，坚持保卫根据地，实施彻底的民主政治，建立巩固的模范的抗日根据地。

天汉行政办事处成立后，认真贯彻执行边区第二次军政代表大会通过的各项决议，按照新制定的选举法及各级政府组织法，民主选举人民代表和政府组成人员。首先，对汉川县行政委员会组成人员进行了调整，科以上干部10人，其中党员4人，进步分子4人，中间分子2人。科员共28人，其中党员6人，非党员22人。基本上体现了“三三制”的民主政策。

1941年12月，随着天汉抗日根据地的巩固和扩大，天汉地委和天汉行政办事处，根据鄂豫边区行政公署有关政权建设的指示，在牟万方湾召开参议会，决定将汉川县行政委员会改为汉川县政府，选举政府领导人员。会议选举叶树屏为县长，程敦秀为副县长兼民政科长，邓衍系为秘书，周志为财政科长，杨质钦为教育科长，程升庭为司法科长，谢康平为建设科长。至此，除江陵县政府和襄南（潜江）办事处因国民党顽固派进攻而被迫解散外，天汉行政办事处辖汉川、汉阳两县政府和沔阳县政府筹备委员会及天门县行政委员会。

县政权建立后，即着手建立和调整县以下的区署机构。天汉地委和天汉行政办事处从实际出发，采取不同的方法，建立不同形式的区乡政权组织。在基本区建立的有区、乡、保政权，在游击区和边缘区建立有两面（敌我）政权以及三面（敌顽我）政权。各县的区署都是采取委派制度，为县政府的派出机关。1941年5月，在汉川的襄南成立襄南办事处，主任彭怀堂，副主任张斧。两个月后，汉川县统一建立乡政权，撤销襄南办事处，划全县为六个联乡办事处。天门、汉川两县设联乡办事处，其性质、制度和区署相同，各辖若干乡公所。由于天汉地委及各县委在领导县区两级政权建设中，认真贯彻执行中共中央提出而且为全国抗日人民所拥护的“三三制”原则，吸收开明士绅、进步知识青年和热心积极的工农分子充实县区领导机构，培养了大众化的政治领袖，提高了民主政权的威信，发挥了县区政权的领导作用。

对乡保实行彻底民选。民选前多数乡保政权没有实行“三三制”，不是清一色的党员，就是清一色的非党员。为了改变这种状况，1941年6月，天汉地委和天汉行政办事处根据边区第二次军政代表大会的议决，开始对乡保实行彻底民选，按乡建立包括党政军民士绅代表组成的选委会，广泛动员进行改选。在有党组织的地方则在党支部、群众团体中产生候选人；在无党组织的地方则派工作队进行宣传访问，征求各方意见产生候选人。在部分敌占区也实行了选举。汉川敌占区八个保的民众，向乡公所要求改选。在维持会的掩护下，有三个保进行了改选。投票数比上年增加一倍以上。上年汉川一保为50人，今年达140人。在改选乡保中，认真执行了“三三制”政策，如汉川23个基本乡136个干部，其中党员46人（含乡长17人），进步人士和中间人士各45人（小职员、士绅、名流）。保干部中起主要作用的是保长，保委党员数量极少。汉川基本区原保委200个，只有党员2人。在改选中，按“三三制”配保委7人，其中有党员2人。改选乡保的活动，大大调动了群众的抗日积极性。汉川在改选乡保的同时动员新兵220名，超过原定计划的22倍。

由于民主政治的扩大，抗日民主政权的健全，使根据地内各阶级的利益有了保障，并宣布和实行保护一切寄居敌占区的地主及士绅（汉奸除外）的利益。因此，跑到敌占区的地主、士绅、商人等纷纷回来，各就其业。同时，通过扩大民主政治，健全政府机构，也促进了各级政府工作人员作风的改变，他们深入群众，与民众打成一片，利用各种关系，争取团结一切抗日人士，积极领导游击小组、自卫队和地方军队同日伪进行斗争，而斗争的胜利，又进一步提高了政府的威信。

1941 年秋，汉川县财委会做团结全县中上层士绅的工作，利用中秋节开老人会，团结地方名流，扩大影响。县文教促进会争取团结教育界人士，曾开会七天，到会 100 人。同年 11 月，还把边区翻印的陕甘宁边区施政纲领广为传布。汉川有一个三青团分子收到陕甘宁边区施政纲领后，写信给一个同志说："我再不搞了，希望你们切实执行。"

在改选乡保的同时，整顿了政风。由于环境动荡，民选运动发展不平衡，在各级政府工作中，还存在着一些比较严重的不正之风。如家长制、自由主义、游击主义、官僚主义，甚至有贪污腐化现象。为了实行边区施政纲领，1942 年 4 月，地县两级政权，根据陕甘宁边区民主政府和鄂豫边区行署关于"整顿政风"的指示，采纳进步人士提出的必须注重下层机构、认真贯彻法令的意见，对家长制、自由主义、游击作风、官僚作风，以及宗派主义和雇佣观念的表现，领导机关中的八股式的会议和主观主义的计划，领导方法上的事务主义表现等，进行了整顿，并撤换了那些不称职的干部和处理了个别贪污腐化分子。如汉川县政府对贪污腐化的个别乡长进行了处理。同时清洗了一批贪污、腐化、两面三刀、敷衍怠工、假公济私、吓唬乡邻的乡保委员。

通过改选乡保，整顿政风，进一步提高了民主政权的威信，加强了党对政权的领导，增强了各级政权的战斗力。汉川县的教育工作，原来很落后，通过乡保的改选，在两个月内即建立起 9 个抗日小学，一个抗小有学生 70 余人。汉川伪军在襄南成立三乡办事处，撤惩保长，并向各保每月派 80 元。新选的乡长即下令："出款者以通敌论。"并召开士绅会议，宣布凡为敌人出款者，不予保护。结果在群众的一致抵抗下，并致书伪乡办事处主任，晓以大义和利害，迫使其自动停止活动。天门县是日伪统治极强的地区，敌我斗争十分尖锐。天门抗日民主政权建立时，曾给予伪组织以坚决打击。1941 年 10 月，日伪强化伪政权，极力对抗日民主政权实施破坏。随着抗日力量逐渐加强，天门党组织加强了对伪军的争取工作，以革命的两面政策与日伪进行斗争，从而保持和扩大了政权。

1942 年 6—8 月，由于日伪军“扫荡”和“蚕食”襄河以南和襄河沿线，天汉地委所领导的抗日根据地缩小，川汉沔被日伪军和国民党一二八师占据。汉阳县政府和沔阳县政府筹备委员会解散。

总之，天汉各级政权，在宣传执行《抗日救国十大纲领》，实行民主政治，保护抗日人民，调节各抗日阶层利益，发展生产，搞好财经文教工作，保证部队给养，改善工农生活，镇压汉奸反动派，组织民众自卫，进行扩军支前，开展拥军优属等方面都起了重要作用。

三、地方武装和民兵组织的建设

天汉地委在抓好党政建设的同时，还加强了地方武装和民兵组织的建设。1941 年初，由于蒋介石发动第二次反共高潮，边区党委在天汉地区成立了天汉作战指挥部，指挥长王海山，后为汪进先、胡林继任，政委顾大椿（兼），统一指挥天汉地区的各级武装。7 月，“汉抗”编入鄂豫边区保安司令部第四团后，汉川县委将县内分散的地方武装合编成汉川的统一武装组织——保安第十大队（番号由鄂豫边区统一编制），大队长张明炎，副大队长张瑞生，教导员曹惠卿（曹力），下辖三个连，300 人枪。同年 10 月，由于日军进攻长沙，张执一率部进入汉阳，将汉阳县委领导的汉阳抗日游击大队改编为天汉支队，以原汉阳抗日游击大队李少萍为支队长，派李炳南为副支队长兼参谋长，张斧为政委，辖两个大队，300 多人枪。同年 11 月，天汉地委和天汉指挥部为配合张执一的行动，决定成立川汉沔游击支队，任命葛聘山为支队长，汪文翰为副大队长，陈秀山为政委，辖三个大队，300 多人枪。

天门县地方武装是在新四军豫鄂挺进纵队开辟天西后逐步发展起来的，1940 年 9 月，张英武所领导的天门县独立第十大队，200 多人枪，与挺进纵队一部合编为天门县独立第十营，营长由张英武、张嵩山先后担任，政委由魏西、谢威先后担任，300多人枪，1941年春并入天门县游击大队。7月，该大队改为鄂豫边区保安司令部第五团，团长万全。9月，天门县委书记陈清将联乡中队组成天门县大队，大队长曹中魁（安徽人）开始以天北联乡中队为基础编了一个连，后与九真庙日军小分队交战，缴获了几十支枪，又成立了一个警卫排。不久，襄西又来了一个连。这时，渔南联乡也组织了一个连。于是，县大队有了四个连。1942年春，天门县委通过争取伪湖北省鄂西保安第二总队第六团江应标600多人反正，天门县武装发展到一个团的兵力。同年秋，鄂豫边区保安司令部撤销，汉川县保安四团和十大队除一部编入十五旅四十四团以外，其余编为汉川独立十一团，团长陈炼，后为胡元成继任，政委张世彤。天门县保安第五团也与天门县大队合编为独立十二团，团长王珊，副团长江应标，政委陈清（兼），1000多人枪。

天汉地方武装，除汉川、汉阳、沔阳、天门等地方武装外，还有潜江独立十一营和江陵独立十四营。

“要坚持敌后游击战争，只依靠正规军和半正规性的地方武装还是很不够的，必须要有遍布于广大地区的群众性的民兵组织。没有群众性的民兵组织的支持，正规部队和半正规性的地方武装坚持敌后抗日斗争就会遇到更多的困难。”（李先念语）天汉各县在地委的领导下，在加强地方武装建设的同时，加强了民兵建设。为了加强民兵建设，汉川县行政委员会于1940年12月召开了第一次政务扩大会议，专门研究了自卫队的工作，并对自卫队的任务规定了六条:（1）进行反日斗争，不做亡国奴;（2）配合正规军及游击队进行各种抗日工作;（3）彻底消灭汉奸与土匪;（4）担任警戒及交通，护送伤员;（5）坚壁清野，扰乱敌人;（6）进行有关军事方面的工作，如破坏公路、电线等。1942年初，边区党委根据中央军委1941年11月7日关于“目前军事建设的中心注意力，应放在地方军及人民武装的扩大与巩固”的指示，提出每个保组织一个游击小组和一个自卫队。同年4月，边区受到敌顽的严重夹击，环境动荡。针对这种形势，8月3日，边区党委又发出了《关于猛烈开展群众战争动员的指示》，要求每个保建立一个队和一个基干队，每个乡建立一个10—20人的脱离生产的游击队。天门、汉阳等县委遵照边区党委的指示，猛烈开展群众战争动员工作，采取多种形式组织人民武装，普遍建立了民兵自卫队。据不完全统计，到1942年10月，天汉地区已有区中队24个，乡分队80个。其中汉川县区中队15个，乡分队37个；天门县区中队5个，乡分队29个；县南联乡中队3个，乡分队14个；汉阳县第三区中队，总共5000多人。武器多数是土枪、撇把枪、汉阳造步枪，有时配合主力打了胜仗，也换回些枪。多数区委领导都配有驳壳枪或夹子枪。为了提高民兵自卫队的政治军事素质，天门县还举办了民兵自卫队干部训练班。

天汉各县民兵自卫队建立后，运用土地革命时期“敌来我退，敌去我归，敌驻我扰，敌疲我打”的游击战术，积极主动地打击敌人。1941年9月，天北联乡区中队配合主力军在渔薪河缴获日军汽艇一艘。1942年初，汉阳县第三区自卫队通过争取黄陵矶伪保安队，潜入敌营，全歼敌警备队长吉田山以下官兵20余人，缴获步枪22支，歪把机枪1挺，子弹10余箱，炸药1箱。4月，天北联乡基干民兵和九真乡基干民兵共11人、7支撇把枪，夜袭天门城关日光医院（日军办的），缴获各种医药器械八箩筐，送往边区第二医院，解决了缺药困难。

各地民兵自卫队还千方百计破坏敌人的运输线。汉川和天门两县民兵自卫队于1942年8月，配合十三旅一部，在汉宜公路两侧设伏，袭击日军汽车队，毁伤日军汽车4辆。接着又在天皂路伏击日军车队，击毁日军车7辆，毙敌数十人，俘敌20余人，缴获大批军用物品。

各地民兵自卫队，除了直接配合主力部队作战外，还组织担架队、运输队、救护队，积极支援前线。还为部队侦察敌情、送信、带路等。还配合新四军敌工干部和反战同盟的盟员到敌前沿刷写宣传标语，散发对敌宣传品，对敌喊话，瓦解敌军。如驻天门日军队长石旷高看到新四军敌工部和反战同盟散发的对敌宣传品，汉奸在旁连忙要撕掉，被他拒绝，并诵读良久。不仅如此，1942

年 8 月，仙桃之敌发生内讧，一个日军士兵刺死队长，抢出一挺轻机枪，投奔新四军。

天汉各县不脱离或半脱离生产的民兵自卫队，不仅为加强根据地建设、壮大人民武装力量、发展人民游击战争、抗击日本侵略者，发挥了重要作用，而且在战斗中成长、发展、壮大，并积累了丰富的斗争经验，如自卫队与生产结合，与主力部队结合，与武工队结合，与乡保政权结合，与群众及士绅结合，与敌伪工作结合。这“六结合”的经验反映了天汉地区民兵自卫队建设达到了较高的水平。

四、统战工作

统战工作是共产党战胜日本帝国主义和反动派的三大法宝之一。抗战一开始，共产党就提出了团结一切可以团结的力量，开展全面抗战的政治主张。天汉地区处在日本侵略者和国民党顽固派夹击的斗争环境中，只有正确贯彻“发展进步势力，争取中间势力，孤立顽固势力”的统战工作方针，建立广泛的抗日民族统一战线，调动一切积极因素，才能战胜强大的敌人。因此，天汉地区各县在建党建军的同时，狠抓统战工作，分别运用宪政促进会、参议会、各界救国联合会等组织形式，团结爱国民主人士，开展根据地的建设。天门县 1941 年成立各界救国委员会，选举涂云庵（民主人士）为主任委员，李钧（共产党员）为副主任委员。10 月，在天东召开民主人士会议，参加会议的有胡家场酱园老板孙少原、商会会长熊步州、教师李子选等 15 人，选出李子选为天门县行委会教育科长。天门县石河乡（镇）1940 年建立政权时，选举民主人士何镇超为石河乡长。石河乡第 1—4 届乡长中，程谷民、程世安系国民党员，卢斌员、谭汉庭系地方乡绅，甚至连石河乡带兵的总队长黄甫臣也是国民党员。选举国民党员和民主人士担任乡长后，不仅稳定了各阶层的情绪，而且通过他们教育了想外逃还没有逃走的士绅，对已外逃的家属则采取保护政策，农忙时组织人为他们代耕代收。何镇超、程谷民、程世安等以个人关系，动员他们的家属去说服外逃人员回来，原国民党联保主任罗官二、陈伯平，国民党区长汪长宏，中队长杨全，国民党员余国兴、李以清、李以顺、孙义安、许德章等30余人都被先后动员回来。这批人回来后，有的中立，有的还积极支持当地的抗日工作。

对于有名望的爱国人士，通过做思想工作，安排他们担任各项重要工作。天门县临时参议会主任涂云庵，系岳口附近人，前清秀才，是天门一位德高望重的长者，潘尚武（国民党区长）曾多次拉他为国民党卖力，都遭到谢绝。他的学生曾繁涛当了伪军中队长，窃据岳口，多次登门求教，他也置之不理。后在渔南乡工作的廖学道随同县委书记谢威去看望他，向他讲明共产党的抗日政策，晓以大义，请他出来工作，他满口答应，并带了一大批学生参加工作。后担任天门行政委员会的民政、司法科长，临时参议会的参议长，以后任边区司法处处长、边区行政公署副主席和边区参议会副会长。在共产党的领导下，勤勤恳恳地工作（新中国成立后任湖北省司法厅厅长，湖北省人民法院院长）。许多进步人士在县区乡各级政权中担任重要任务后，他们不仅在根据地积极向党和政府提供合理建议，参加各种抗日活动，而且冒着风险到敌占区去开展统战工作和抗日活动。脉旺嘴商会负责人张吟秋利用同马口洋行的买办和杨林、分水等地的商会交往，为抗日民主政府提供了许多经济情报，还动员商业人员捐献财物，支援抗战。

总之，由于天汉地区各县正确贯彻执行党的抗日民族统一战线政策，把根据地内绝大多数爱国民主人士都发动起来了。如有的开明士绅为机关部队掩护伤病员和工作人员，有的协助扩兵。这些都说明，抗日民族统一战线政策在天汉敌后抗日斗争中发挥了很重要的作用。

五、公安工作

天汉地委成立初期，公安工作由社会部承担（习东光兼部长后由田润民继任）。社会部配有秘书、干事三人，手枪队五人，警卫连两个班10多人。

后来，由于形势的发展和抗日斗争的需要，根据边区党委决定，于1941年5月，天汉行政办事处成立了天汉公安分总局，李斌任局长，组成了精干的手枪队和警卫连，下设侦缉科、情报联络科、审讯科、行政科。

侦缉科（始称侦察科）科长姚江，其主要任务是管理境内汈汉湖各河口的派出所、检查站以及负责掌握所辖地区的特务、坏分子的活动情况，检查过境人员，拦截不法商船以及日伪船只，等等。情报联络科科长葛聘山，主要任务是建立情报网点或调遣情报人员。审讯科科长朱昭文，其任务是负责查获、审理犯人。行政科主要负责经费的筹集与发放津贴等事宜。手枪队队长张茂林，副队长张尧汉，其任务是经常进入敌占区，惩治汉奸与特务。手枪队像一把尖刀，插在敌人心脏里，使敌伪顽胆战心惊。警卫连开始只有20多人，到1942年底，已发展到60多人，连长邓讲彦、谢金川，指导员邓杰（兼），副指导员杨大斌，主要任务是保卫地委机关，有时参加战斗。

天汉公安分总局建立后，在地委的领导下，根据不同的情况，运用不同的斗争形式，向敌伪顽展开了特殊的战斗。

一是广泛撒网，重点建站，分化瓦解敌人，争取伪军反正。根据不同情况，物色各行各业各方面的人员，分别进行短期的特种训练，然后派往敌伪据点和敌人内部去进行活动，搜集情报，组织策反，购买军用物资等。这些情报人员都有合法的身份和职业作掩护，一般是单线联系，有点有面，秘密捕捉敌探和敌特情报人员、重要敌伪据点，专门建站，专案专人办理。公安局掌握全面敌情，分析、研究、联系、判断，综合处理。如汉口汉正街孙寿康中药店，就是天汉地区军需物资供应站。在汉口硚口一带搞军事经济情报的张吟秋（脉旺嘴商人）和天汉地委派往武汉做地下工作的陈牛佴，他们在第一纱厂和码头工人中建立了秘密的党组织。此外还利用敌伪上层人物和青红帮等组织去进行活动。

二是利用敌人内部矛盾，消灭汉奸。汈汉湖、黄家洲上有一个黄姓大地主，一贯反共反人民。红军长征后，他曾任铲共团长，他依仗有同姓的家门在国民党政府任职，与汉川伪县长晏衡甫勾结，想当分水嘴的维持会长，企图挤走共产党派往分水嘴的维持会长周义宽，暗中切断新四军与周围的联系。天汉公安分总局分析这一情况后，当机立断，利用麻河渡“汉流”刘老八（绰号猴老八）向日军告密，说黄家洲上的黄某与新四军有密切联系，借用敌人之刀铲除了汉奸黄某。国特活动，在汉川地区曾发生两起，天汉公安分总局给予了坚决的打击。第一次，通过特工情报和信件发现从湖北恩施（当时国民党湖北省政府所在地）和重庆派回汉川一批“三青团”骨干分子。这些人大都是大中学生，为首的是何富耀（喻家集人）、何振邦（南河渡人）。天汉公安分总局掌握这一特情后，及时向地委作了汇报。地委指示采取“放长线，钓大鱼”的方法，不打草惊蛇，派人进行监控，进一步了解他们的活动。不久，汉川县委书记魏西去襄南检查工作，正好在马口附近的喻家集碰上了几个“三青团”分子，当场抓了六七人。第二次是1942年5月，伪黄卫军团长王维哲部在襄河一带大搞“蚕食”的时候，从大后方重庆来了一个李某（分水嘴下李家湾人）。此人身份不明，和一些行踪可疑的人交往，跟王维哲的情报人员也有往来。经查证，他是由重庆回来组织国民党汉川县地下政权的。他与伪军勾结，在伪军的掩护下，秘密活动于分水嘴一带，计划先成立国民党汉川县分水区公所，再进一步成立汉川县政府，国民党委派他为汉川县第二区区长。汉川县委搞清这个人的身份后，向天汉公安分总局做了报告。天汉公安分总局局长李秉范带领手枪队，配合区委周子龙、周名山等潜入分水嘴街，在李某姘头家里将其捉住。经简单审问，他交代共来了三个人，随即将李就地处决。第二天敌伪发现后，吓得胆战心惊，再也不敢到分水嘴一带来活动了。

三是狠狠打击内奸的破坏活动。在残酷的对敌斗争中，地方军内部的不坚定分子，在敌特引诱和恐吓下，拖枪叛变的事时有发生，对地方工作造成了很大的损失。天汉公安分总局在对外加强武装巡逻，注意捕捉敌特情报人员，发动群众监视敌特活动的同时，对内则对干部战士进行调查了解，掌握情绪的变化。汉川县麻河区游击队一分队队长（天门沉湖人）系土匪出身，在一二八师当过兵，开始区委未经审查就重用了，不久拖枪叛变，并当场打死区委同志，准备将队伍拖到刘家隔据点。天汉公安分总局手枪队发觉后，中途拦截下来，打死了叛徒，将队伍带回了麻河区。

1941 年春，天北西段家场自卫分队队长叛变，杀伤了黄希芳等三名乡干部，带走了 16 名战士。天门县公安局长廖学道带领手枪队员深入虎穴，侦察叛徒行踪。在一个夜晚，当叛徒正在与两个伪兵吃酒时，当场抓获，缴了武器，并及时处决了叛徒。

汉川县公安局长熊映庭经常带着手枪队到襄河线上及汉川县城附近打击日伪顽的特务、侦缉队、密侦组织，取得了很好的成果。

总之，天汉公安分总局和各县公安局的成立及其活动，对打击敌人、巩固内部、保卫机关部队的安全、瓦解敌伪军都发挥了应有的作用。

六、经济建设

（一）发展农业生产，兴修农田水利

1941—1942 年，由于日本侵略军的进攻和国民党顽固派的包围封锁，加之旱情十分严重，边区的财政经济极度困难。为了克服困难，渡过难关，鄂豫边区行署根据党中央发出的“自己动手，丰衣足食”的号召，决定积极组织干部、战士开荒种地，兴修水利，发展农业生产。天汉地区各县、区、乡党组织和政府响应党中央的号召，遵照边区的决定，带领群众一手拿枪抗击敌伪顽的“扫荡”“清乡”“蚕食”，保卫根据地；一手拿镐整修塘堰，蓄水保水，疏通排灌水渠，修筑堤垸，发展农业生产。1941 年春，天汉地委组织倪家（汉川县属）、养黄（天门县天东区）的群众修垸筑堤长达 50 余里。天门行委会十分重视兴修水利的工作。天北区所辖四合垸地势低洼，20 年洪水成灾，淹坏良田万亩，人民不堪其苦。1942 年 2 月，天门行委会召集几垸士绅开会，成立了筑堤委员会，由何骥磙、石英、曾子静、陈权衡、孙庭发等人

组成。并即刻组织各垸开工。三合垸（包括同兴、合兴、么复、么垸等六个垸子）督修主任由石英乡长兼任。为了树立廉洁作风，建立了各种规章制度，并经常召集会议，进行检查，发现有贪污者必予追究，特别是乡长亲临工地，督工巡视。经过努力，于1943年3月完成土方652方，受益田亩达8000石。

1942年，在汉川行委会的督导下，襄北韩集等6乡33垸、襄南榔头等5乡7垸，由区乡政府和农救会领导，自筹资金进行了整修，投工12935个，当年完工，为农业丰收打下了基础。为了解决群众缺乏耕牛、种子的困难，各级行委会积极发放贷款。从外地购买耕牛种子，并通过农救会向殷实富户借种，仅天门县就借出谷种150石，保证了所有田地的播种。由于时局动乱，有些青壮年奔走他乡或准备出走，甚感劳力不足，各县即组织互助组、变工队，互相协作，还组织代耕队，支援军工烈属。由于各级党政领导采取了这些有效措施，大大带动了群众的积极性，有想走的青壮年也不走了，走出去了的又从外地归来。在农忙季节，机关干部、部队指战员下到各地帮助群众抢收抢种。机关干部自己也开荒生产，扩大耕地面积。汉川县开荒达10万亩。天门县委组织部在简家垸开荒5亩，当年就收获了黄豆800余斤。这既减轻了群众的负担，又改善了机关干部的生活。此外，1940年冬和1941年春，天汉地委还发动群众大搞副业生产，如纺纱、织布、饲养家禽畜、捕鱼、割芦苇等。仅汉川县就收入690万元，其中鱼360万元，这不仅改善了人民的生活，而且为部队提供了给养。

（二）天东柴山斗争和反十三太保斗争

天门县东部从卢家口到净潭的东北面沿河两岸近两万亩的土地上，长满一望无际的芦苇，那里没有山，没有岭，当芦苇吐穗扬花的时候，人畜进去都看不见，本地人习惯地称之为“柴山”。柴山，原叫太子湖。从狮子口倒口连淹18年后，才逐渐淤积起来。河北杨家桥背靠柴山，这一带的老百姓常年烧火做饭，换米换油盐全靠在柴山割柴，尤其是每年春天割青肥田，更是依靠这片柴山。因此，柴山是这一带群众的“命根子”“米坛子”。可是柴山长期被净潭的恶霸严秉权霸占。土地革命失败后，严曾任国民党卢市区长，铲共团长。他伙同地方反动派杀害革命同志和群众。仅在沙口、净潭被他枪杀活埋者，就达 100 多人。他借用封建族权地位，长期霸占着几千亩良田、十几里的河水和万亩柴山。他派人在柴山周围立下“鱼木水草尽归严家”“禁止人畜通行”的禁碑。还养了一批走狗充当管山佬，搞了一个“看青队”，连柴山附近都不让人靠拢。二三月间谁要是到柴山割青，如果被他的管山佬捉住，轻的没收镰、冲担，剥去衣服牵走牛；重则抓人坐牢，上刑具，甚至打死或活埋到乱草堆里。当地流传着四句话：“人见严霸怕打，畜见严霸怕杀，黑杆子不敢龇牙，有理也得让他。”这一带群众早已对他恨之入骨。新四军来后，严秉权见风使舵，不敢露面，他的左膀右臂魏传贤却道貌岸然，披上了抗日民主人士的外衣，当上了县参议员。魏当面拥护抗日民主政府，背后却与严串通一气，欺压百姓，破坏抗日民族统一战线政策。

1942 年春天，正是群众普遍要求上山割青肥田的时候，严霸的“看青队”不准群众上山。就在 2 月的一天，土屋台的章元生驾着一只小船从柴山边经过，被“看青队”严贡福、严么发现了。他们过来就打人扣船。章元生只得请人说情调解，罚了款，严霸才答应还他的船，但是船上的东西都被没收了，连锅碗都不给。严贡福横行霸道，仗势欺人，杨家桥一带 100 多户人家没有一户不挨整的。

中共天东工作组的胡祥林得知这一情况后，召开杨家桥几个党支部的负责人会议，大家气愤地说，再也不能让严恶霸这样横行下去，我们要在这里开展抗日运动，就要领导群众发展生产，就要充分发动群众，与恶霸作面对面的斗争，不打掉恶霸的嚣张气焰，不把柴山湖水的权利夺回到人民手中，群众就不能割青肥田，生产就不能得到发展。大家还认真回顾了去年割枯时群众巧斗管山佬的经验教训，研究了一些斗争方法。会后胡祥林向县委作了汇报和请示。

中共天门县委为了正确执行抗日民族统一战线政策，派县委组织部长陈明带领工作组在天东成立了反霸指挥部，陈明任指挥长，胡祥林、张恕任副指挥长。一天，杨家桥党支部在做好各种上山的准备后，带领基干民兵、积极分子二三百人向湖区开进，过沟后刚刚开镰，严秉权组织的“看青队”提着刀、举着矛向群众冲过来。这时，支委魏成龙、杨牯牛带领基干民兵冲锋在前，没伤一兵一卒，打退了严恶霸的“看青队”。这一消息传开后，激发了三民、养黄、卢家口农民的反霸热情。县委反霸指挥部抓住这一有利时机，经过酝酿和串联，组织了以基干民兵为主体的一万余人的割青大军，高举红旗，开进柴山与地主斗理、斗力、斗法，掀起了声势浩大的反霸割青运动。经过两三天的紧张战斗，割平了严霸控制的柴山，取得了柴山斗争的彻底胜利。

严秉权并不甘心他的失败，他买通国民党一二八师的营长沈俊山，联名向天门行政委员会告状，诬陷群众割了他私人的青苗。县行委会主任曹志坚接到状纸后，开庭进行审判。农民杨海山、沈老六、陈金华、刘炳杨等先后在法庭上揭发严家霸占姓鄢、姓周、姓刘的农田几千亩，搞翻山号子霸占柴山边农民的农田，天旱不放河水，渍水关闸，淹农民的田等大量事实。在受害人的控诉下，严秉权由原告变成了被告。根据群众的控告，曹志坚以“取缔一切封建特权对公产的把持”为由，作了“从今柴山都归县政府统一管理，交农救会代管，由农救会组织群众割青积肥”的判决。封建豪绅长期霸占的柴山回到了群众的手中。一位老农高兴地说：“昔日柴山地主占，又愁烧又愁肥；如今柴山农救会管，从此烧柴用肥不发愁。”通过这一斗争，极大地鼓舞了群众的抗战热情。当时天汉地委书记顾大椿写的一篇题为《谁的天下？》的文章中说：“他们在积肥斗争（指柴山斗争）后袭扰了敌据点，把最坏的汉奸杀了。”

天东柴山斗争胜利后，边区行政公署颁布法令，规定“取缔一切封建特权对公产的把持”，天门县委组织部长陈明出席边区党委召开的第四次组织工作会议，并在会议上介绍了柴山斗争的经验。这次会议决定把民族斗争和阶级斗争结合起来，组织群众开展反霸斗争。会后，李雨膏带领边区调研组到天汉湖区韩集开展反鱼霸斗争。汉川县的韩集一带连接汈汊湖，盛产鱼虾，是一个水产品聚销处。这里的鱼行长期被孙姓的地主、劣绅所把持，他们任意压级压价，大秤进小秤出，囤积居奇，欺压盘剥渔民。渔（农）民们被压得喘不过气来，称这帮人是“十三太保”一类的恶霸。抗日民主政府建立后，将韩集一带的牙行（鱼、粮、油、蛋等共有十三行）改为公行合作社，招牌虽然变了，但大权仍然掌握在老经纪人手里。他们沿用旧制，欺行霸市，垄断市场，如果谁要讲一个“不”字，就要大祸临头。“十三公行”变成了“十三公害”。人民群众忍无可忍，一再要求党和政府为他们铲除“公害”。李雨膏等到湖区后，即配合汉川县委组织部长粟栖和区委刘平，以及县委工作组的曹力、李林等，根据群众的要求，开展了反“十三公行”（十三太保）的斗争。

“十三公行”里的老板多数是在国民党里混过的，有的是老经纪人，鱼行指导员孙光明是韩集乡的大地主，抗战前曾任国民党联保主任，抗战时任乡政府乡长，因有不法行为曾被抗日民主政府捉过一次。他的社会关系复杂，既与国民党、汉奸有联系，又是当时的边区行署委员叶树屏的同学。公行合作社社长孙德清也当过国民党联保主任，是劣绅族长。主要成员王勋庭是族长，土地革命时期是国民党的没收“匪产”主任、“清乡团”文书。孙保诗是土地革命时期“清乡”团长，沾满了革命群众的鲜血。孙义成是霸占大埠河口的鱼霸。孙姓的封建大族堡垒在九湾，这里的群众由于土地革命失败后惨遭杀害，都不敢出头露面和他们斗。为了开展大生产运动，支援抗战，巩固根据地，县委决定发动群众，从反鱼行的斗争入手，摧毁这一封建堡垒。斗争开始时，一面布置调查队的同志搜集材料，一面进行宣传鼓动。第一次刘平到王家湾党支部动员时，支部几个积极分子马上就要搞起来。经了解，这些人带有私心杂念，是想取而代之。他们说：“有我们八个人（支部党员）就可以搞起来，用不着组织群众。”当时，区委和工作组同志为了不挫伤他们的积极性，做工作要求他们回去发动群众，避免造成不必要的损失。后来，他们组织了二三十人，要求立即搞起来。在这种情况下，区委的几个同志临时开了一个会，决定一面派人到王家湾支部做群众的思想工作，一面派干部到韩集周围各保去发动群众，初步确定行动方案：以王家湾党支部为主，发动几个基本群众到鱼行去，有意做出孙光明等平时容易发生冲突的事情来，激起“十三太保”先动手，找出理由，将斗争由非法转为合法。

一天上午，王家湾党支部的一个同志拿着三张非常破烂的边币去粮行买米，管事的说边币太烂，不能卖米，这个同志开口就骂起来了。孙光明知道是要寻事，就在一旁婉言解劝。这时有人将鱼行的秤和斗扔到了街心。孙光明实在忍不住了，便愤怒出街，刚到门前，便被一个不知内情的群众打了。于是韩家集的基干民兵就将“十三太保”捆起来了。接着往县政府送，没走多远，工作组又觉得是自己先动的手，捆送不当，只好将他们放了。

为将斗争引向深入，工作组决定发动群众告状，要求公审。第二天，区政府召开了公审大会，将孙光明等人传到了会场，群众开始控诉的时候，提出的罪行不中要害，反被孙光明等申辩所驳倒。为了反驳孙的发言，于是法官宣布，由群众控诉后，再由被告申辩。经过公审后，群众要求把社长孙德清和指导员孙光明杀掉。工作组即将“十三太保”押送县府，经县府决定把孙光明押到韩集街头处决了，其余的人进行了罚款和罚苦工，至此斗争结束。

这场斗争由于没有注意策略，对封建堡垒的对象没有进行分化瓦解，区别对待，群众发动也不充分，以行政的权力代替了群众的斗争，结果封建势力未削弱，反而影响了统一战线政策。后来几位老人评价这次斗争是：“打击了一部分敌人，得罪了所有的朋友，组织了狭小的群众。”

（三）创办工厂，发展手工业

天汉地区的工业、手工业是在敌人实行经济封锁的情况下，为了实现军需民用自给自足而发展起来的。主要是边区办的印钞、印刷、兵工、被服等工厂。特别是在“日钞”“储币”充斥市场，严重影响群众生产生活的严重时刻，为抵制日伪以军用票和伪币掠夺边区物资，减轻法币急剧贬值的影响，稳定物价，安定群众生活，1940年9月，边区党委第一次军政代表会决定成立银行，发行边币为本位币（但仍允许法币在市场流通），严厉禁止日伪军用票和伪钞流入境内。会后边区即派齐光、冯佴、李承章、刘英、樊允等秘密筹建印钞第一厂。通过各种渠道赴武汉聘请技术人员，购买设备和原材料、绘制图案，投入生产。1941年4、5月在鄂豫边区农贸市场上出现了第一张崭新的钞票，这是一张二角票面的钞票，正面印有“鄂豫边区建设银行”八个大字，字的下面有一个妇女纺线的图案。这张边币一出现，立即受到了人民群众的喜爱，有的说：“这是我们自己的钞票。”有的说：“这是陈大姐（少敏）在纺线啊！”有的群众随手拿出携带的法币（同时流通的货币），去兑换边币。印钞一厂在艰苦中创业，战斗中产生。1941年初印钞厂驻在汉川杨业陂新陈湾，这里地势低洼，芦苇丛生，周围人烟稀少，交通不便，不易被敌人发现。由于敌人的“扫荡”，印钞厂要经常转移，有时还分散进行生产。1941年冬，边区行政公署处长刘子厚来湖区检查工作，在听取汇报后，同意副厂长李承章提出边币生产票面额要扩大、速度要加快的意见。为此，该厂干部和工人克服了环境动荡、原材料缺乏的困难，生产了1元、2元、3元票面额的边币。随之又印出5元、10元票面额的边币。这批边币投放市场后，对活跃根据地的经济、抵制伪币、稳定物价、促进生产、稳定生活起到了积极的作用。

1942年春，印钞厂通过各种关系，运用多种渠道从敌占区招聘了十几名技术人员，购买了一部分器械和原材料，生产规模逐步扩大，已有石印机八部、圆盘机一部，技术职工已发展到30余人。正当印钞一厂准备投入大规模生产的时候，日伪军对天汉湖区抗日根据地进行大规模的“扫荡”，印钞厂于1943年2月转移到潜江县熊口北的李家台。

为了加强抗日宣传活动，1941年7月，边区党委派张日新、喻仲武和几个工人在天汉湖区建起第二印刷厂，厂长张日新，副厂长喻仲武，指导员杨汝明，主要负责印刷《七七报》。《七七报》是鄂豫边区党委的机关报，于1939年7月在京山八字门创刊，该报不仅数量大，而且质量要求高。这个厂建立后，就遇到了敌人的两次大“扫荡”。第一次是 1941 年 10 月至 11 月，第二次是 1942 年 8 月。在这两次大“扫荡”中，为了保质保量地完成印刷《七七报》的任务，该厂干部和工人采取“游击”战术，有时把厂设在渔船上，有时把厂设在村里，工人们都装扮成渔民模样，在天汉湖区出没无常。他们在冬冷夏热、缺衣少食的艰苦条件下，都能坚持工作，按时完成任务。1943 年夏，奉令转移到京山县罗家桥的汪万家冲。从建厂到转移，他们在天汉湖区战斗了将近两年，为宣传抗战发挥了重要的作用。

由于抗日队伍日益壮大，边区在天汉湖区办起了被服厂。被服厂设在湖区农村侯湾王茂兴、陈昭兴家里。他们两家都是四户头房屋，面积比较大。该厂有工人 20 多人，其中有一半是女同志，有缝纫机七八台。当敌人“扫荡”时，他们就将机器和做好的被服及被料藏起来，和群众一起撤离。敌人走后，他们又返回来生产。这个厂从 1941 年开办到 1942 年，在天汉湖区坚持生产达一年多，为部队和机关生产了上万数的被服。

天汉湖区兵工厂，是鄂豫边区最大的兵工厂。为加强武器装备，边区在天汉湖区办了一个修械所，所长余成刚，指导员肖秀康，工人 16 人，主要是整修破旧枪支，配制枪支零件。1942 年初，由于获得伪定国军第一师兵工厂的全部设备和枪身及制造弹药的原材料，便将修械所改为边区兵工厂。厂长肖秀康，政委吴亚雄，工人由 16 人发展到 300 余人。其中有的是原汉阳兵工厂的工人。该厂主要制造步枪和轻重机枪，还造短枪、手榴弹、炸药等。为了防止敌人的破坏，便于分散隐蔽，兵工厂分三所：一所负责修理；二所负责制造枪炮弹药、手榴弹；三所负责装配。当时兵工厂设在汉川杨业陂、罗家湾等地农村，以罗鹤兵、徐九到、罗又元、罗东海等四家住房为厂房。1942 年 7 月以后，由于敌人经常“扫荡”，机器不好用木船转移，所以该厂奉命迁到京钟南山。

与此同时，汉川、天门等县也开办了榨油厂、农具厂、被服厂、罐头厂（农具）、鞋厂、卷烟厂等手工工厂。天汉乡间，也有很多采用新式织布机织布的。

这些工厂，都是白手起家，土法生产，没有专门的厂房，办在湖区农村的农民家里。工厂原料多在本地购买，以手工操作为主。工厂规模小，人不上百，便于转移。大部分工人来自农民。工厂的性质是公营的，工人是工厂的主人，工厂实行民主管理，有严格的生产制度。工人生活很艰苦，有的厂有工资，有的厂没有工资，但工人的生产积极性很高，生产一直向上发展。

（四）加强财政税收工作

为了扩大财源，坚持长期抗战，顾全人民利益，激发人民的抗日热情和生产热情，保证工、农、商各业的发展，保证根据地军民逐渐实现自给自足，达到战胜敌人的掠夺和封锁的目的，1940 年 10 月，边区党委根据中共中央关于“长期准备和全面打算的精神，为实施新民主主义的经济建设而斗争”的指示，召开了财经工作会议，建立了财委会，统一了财政经济管理，并要求各地、县整顿税款，统一税收制度，建立预决算制度与报告制度，加强财政税收工作。

天汉财委会根据财经工作会议精神，本着不伤民、不资敌的原则，从有利于抗战的需要和人民群众的利益出发，制定了税收政策。

天汉地区的税收，主要是两种：一是工商税（包括坐商税，即营业税；行商税，也称关税。共两大类），二是田赋。关税是对过往流动行商征收的一种税。征收关税，是河湖港汊根据地的一个重大特点。为了在河湖港汊地区开征关税，早在 1940 年 4 月，边区党委就派庄果到天汉湖区，对关税出口货物的税则税率做了规定，并分别采取了轻税、重税、免税以及禁运等措施。据庄果回忆：到 1940 年底天汉湖区的关税收入，居全边区各地关税收入的首位。税款除少数供给地委机关开支外，其余全部上缴边区党委供给主力部队与首脑机关及其直属单位。由于边区党委及时配备了天汉的税收干部，拨给武装，使天汉湖区的关税收入在边区的财政收入中占有很大的比重。

1941 年初，（中央军委命令）豫鄂挺进纵队改编为新四军第五师后，边区主力部队由 1 万多人发展为 2 万多人。规模这样大的部队和党政机关人员，光靠基本区收税供给就不够了。为了扩大财源、加强税收、保障供给，是年6月，边区行政公署成立了边区税务总局，制定了《关税税率》《关税税则》《关税奖惩办法》《缉私办法》等税收法则。随着边区税务总局的成立，天汉税务分总局、边区建设银行天汉分行等相继在汉川杨业陂一带建立，庄果任天汉税务分总局局长，下辖汉阳分局、天门分局及1942年建立的沔阳分局。天汉税务分总局为了加强关税征收工作，根据边区行政公署制定的税收法则，对原天汉财委会规定的税则、税率进行了调整，对进出口关税的税率、税目等作了新的规定：进口税，对人民群众生活用品和军需品如食盐、西药、文具等仍免税进口；对与国计民生关系较大的工业原料，由原税率10%降为3%；对日用百货针织品保持原税率，按10%收税；化妆品税率提高为20%；迷信品税率提高为30%。出口税，粮棉油保持原税率10%；土产品降为5%或3%；军用物资如猪鬃、蓖麻油等禁止出口。由于规定的税则、税率合理，保证了征收关税工作的顺利开展。

1941年是天汉地区的全盛时期，也是关税收入最好的时期。这个时期，天汉的税卡，已由汉川境内发展到天门河、府河（刘家隔）、襄河沿岸。在襄河沿岸的脉旺嘴、杨林沟、分水嘴、城隍港、马口、黑流渡和天门河的净潭、大椒、黄潭、灰市、拖市等地都设有税卡。这些税卡地处敌我交错的地带，根据物资流向，有的是固定性的，有的是流动性的。在敌人的严密封锁下，商人时常偷越敌人的封锁线，敌特也时常化装成商人，袭击税卡，拦截商人，敌我斗争非常尖锐复杂。天门河西段的潘家渡，上沙市、下京山，往来客商很多。有一天，一伙日伪特务装扮成商人对潘家渡税卡进行突然袭击，税务干部邓和道、朱德龙、曾庆华等拼命与敌人搏斗，当场壮烈牺牲。为了保护行商，保证税收，打击敌人，天汉行政办事处组织了缉私队，建立固定与游击相结合的税所，对行商进行保护，对敌特进行打击。通过几次对敌特的打击，保护了行商和税所的安全，保证了税收工作的顺利进行。

关税收入最大的是棉花关税。襄河两岸的汉川、天门、沔阳等县盛产棉花。日本侵略者的三菱、三井、日信、江商、阿布司等八大洋行，在襄河沿线的蔡甸、分水嘴、马口、仙桃、麻洋、岳口、张港等地设有分支行，吸收棉花，运往汉口。襄河两岸的棉花关税，主要是边区税务总局局长李健驻天汉后开辟的。边区税务总局在襄河沿线设有工作站，主要活动在汉川的分水嘴堤后淤洲一带。边区税务总局一方面用天汉税务分总局的税收武装力量去征收从襄河船运中的棉花关税，另一方面通过民主人士张吟秋（杨林沟花行老板）对襄河沿岸各敌据点的花行老板晓以大义和利害，向日军洋行交涉，把缴税款加在棉花货价上。

襄河从汉阳蔡甸到沔阳仙桃镇 180 多里内，有 8—11 处冬季浅滩，敌人的运棉船只常在这些地方搁浅。天汉税务分总局武装队即上船捉拿洋商或买办，迫使他们缴纳过境税。后来他们不敢来收运棉花了，造成天门等地的棉花销售不出去，换不到工业品。边区政府就派了一个很机灵的青年，带着边区政府的信到汉口和洋商、买办联系，说明边区政府的政策——是允许他们来收购棉花的，但要缴纳过境税，结果达成了协议。这样农民的棉花有了销路，边区政府也增加了税收。

李健还专门派联络员常与武汉洋行中的中国人和襄河沿线各敌据点的花行老板联系，要求他们按期照税收通知单的税额，如数交款。这些人以民族大义为重，都按规定如数缴纳了税款。仅天门皂市镇，洋行每年缴纳税款就有 5000 多元。有一次，边区急需经费，五师司令部派一营长带一连武装径直到总局提款，当时局里税收有限，营长又到汉川堤后淤洲找李健。李健随即带领几名便衣队员，到日军据点分水嘴日信洋行支行找中国经理黄文晋，说明用款紧急，请他筹备税款，送出据点。当李健和几位手枪队员刚刚回到距离分水嘴五里的淤洲活动地点时，大捆的日钞、法币已经送到。为了进一步扩大税收，1942 年春，边区财政处长刘子厚到天汉湖区五房台召开了税收工作会议，举办了税收干部培训班。

除关税外，主要是田赋（农业税）。襄河地区地处江汉平原，土地面积大。因此，田赋在边区财政收入中占有很大比重。征收田赋，首先在汉川的芦排、澄波两个乡开征。开始是收款，每亩每年出一块钱。农民5亩以下只出半数，30亩以上的绅商富户每月出月捐一元。后来由于金融货币贬值，粮价上涨，改为征收实物。为了实行合理负担，汉川、天门等县政府发动群众核实面积，以田亩等级（上、中、下）按累进税率征收。以收成多少计征，收入多的多纳赋。天门行委会财政科经征处采取的办法是，首先由各保发动基本群众，摸出各业主的土地面积。第一步，由各保把业主的田契收起来交给经征处。第二步，验契，就是把各业主的面积和各保摸底的面积核对，看是否相符。第三步，看契结果，如验契相符，即在契约的后面写上——据查该户没有隐瞒现象，然后盖上县政府的公章。如不相符，政府就立即通知业主到县府查问。如坦白交代，就从宽处理；如不坦白，就根据情况予以罚款。比如养黄中心乡有一个叫卢宪彰的业主，是天门东乡的有名人物，人称“一枝花”，能说会道，当发现他隐瞒土地时，他百般抵赖，政府罚了他100块现洋，得到了群众的拥护。在此基础上，政府通知各业主按田亩等级缴纳田赋数额。上等每亩8升，中等每亩6升，下等每亩3升。天门县行委会发给业主通知单有一笔写道:（第四）区（官风）乡（115）保（3）甲花户（王作林）共有上则田（六亩五分）、中则田（两亩），应完本年度上中下田赋税共计谷子（六斗四升）整，特此通知。仰该花户即于（七月四日）照税交齐，不得拖延为要。中华民国（三十一）年（七）月（二）日，主席（渔北乡)(杨云）征收主任（××）等字样。由于田赋负担合理，比敌占区和国统区人民的负担轻80%和60%，所以天汉人民都积极向政府缴纳田赋。据统计，1942年，仅天门县沿河两岸人民就上交田赋粮约200万斤。

从田赋粮开征后，天汉行政办事处就把田亩月捐和一切临时摊派全部取消，把原来向殷实富户借的粮款全部清还。这不仅真正执行了合理负担的原则，减轻了人民的负担，而且增加了政府的收入，减少了月月征收的麻烦和种种舞弊行为，并替财政工作打下了一个坚固的基础。

为了加强财税工作的管理，天汉税务分总局依据边区政府的规定，对财税干部实行奖惩制度。对税收有功人员给予晋级、发给奖状等奖励，对工作刻苦、廉洁奉公、功绩卓著者给予记功或物质奖励。对不负责任、徇私受贿、挪用公款者给予处分，对舞弊严重者送司法机关予以法律制裁，甚至处以极刑。对因收税而牺牲的烈士予以抚恤，召开追悼会予以悼念。

（五）发展商业贸易

起初，天汉各地对“仇货”采取禁运政策，禁止棉花、粮食流入敌伪统治区，而武汉日军则派出八大洋行，组织伪合作社，以敌伪钞票和奢侈品向天汉各地大量换取棉花、粮食等必需品，并且垄断食盐，盐价比战前上涨几百倍，严重影响群众生活。为团结商人、组织贸易、兴办合作社、统制对外贸易，1941 年 10 月，天汉地委根据边区财经工作会议精神，成立了天汉贸易局，各县相继成立了贸易管理所，实行贸易统治制。为了解决军民生产、生活必需品的需要，天门、汉川各级贸易机关，帮助群众组织合作社，采取由公家贷款，或由民众自筹资金的办法，办起了经销耕牛、农具、猪鬃、布匹、小百货，以及油、盐、柴、米、酱、醋等合作社，这对稳定物价、活跃市场、打破敌人的经济封锁禁运、保证根据地生产生活资料的供销都起了较好的作用。

天门贸易管理所所长王子安，根据天门盛产棉花和土布销路很广的情况，一面组织渔北地区家家户户利用农闲纺织，一面收土布外销，换回生活日用品和军需物资。1942 年由于天旱，边区所在地——京（山）北山区粮食缺乏，加之国民党又常在这一带闹摩擦，军民生活都很困难，他们就组织用土布到襄南换回大批粮食，源源不断向边区运送，保证了机关部队的供应。

汉川县行委会为服务群众，调节农村经济，先后在韩集、横堤、里潭等地建立了 15 个合作社。蚌湖乡消费合作社，经营大米、大小麦、谷子、疋头、食盐等日杂用品。合作社设在杨家集，有股金 2.3 万余元，平时使用的都是建设银行的票证。日伪在蚌湖地区也办了一个合作社，但他们必须得到抗日政府的允许，否则以汉奸论处。

芦桃乡合作社，直接属汉川县行委会管理，社长张协成，司库黄波学，售货员曾庆伯，会计朱占鳌，采购员刘锦堂、周天苟，合作社的主要任务是解决粮食和食盐供应的困难。全乡共15个保，集资收入近一万元，在外地采购的大米、小麦、大麦和食盐，乡政府规定除运费和采购盘费外，每石粮食只准加两元钱的利润，合作社的粮价比商人卖的便宜得多。

为了实现对外统制，对农民生产的粮棉实行预购，由保、甲长负责领取预购金一半，到收获时，将预购的粮棉存放在群众家里等政府和部队需要时，随要随卖。这种办法比自己修建仓库要好，可以节约大量的周转资金。提前发预购金，群众也满意，因为解决了生产上的资金困难。对未预购的杂粮、稻草等也规定不准卖给敌人，这是以封锁反封锁的一个有效措施，有力地回击了敌人的“以战养战”的政策。

（六）实行减租减息

抗日战争爆发后，民族矛盾变为主要矛盾，阶级矛盾变为次要矛盾，所以中共中央将过去打土豪、分田地的政策，改为减租减息的政策。1940年8月，鄂豫边区颁布《土地减租法》，规定地租不得超过实际收获的千分之三百七十五。要求地主一律实行二五减租，佃农一律按此原则交租。借贷利息由双方规定，旧债年息不得超过二分。旧债超过原本一倍者，停息还本；超过二倍者，本息停付。凡农民典当押出之田地，期满后有随时赎回之权利。曾经土地革命之区域，在红军走后，凡属非法没收取得原有的土地房屋者，应全部交还农民……

天汉地委为了贯彻执行《土地减租法》等有关规定，早在汉川实行过减租减息政策。但由于区乡的政权建设还不够完善，“双减”工作没有全面展开。到1941年秋，天汉地区的减租减息政策，才在天门、汉川两县普遍展开。为了做好减租减息工作，天门、汉川两县委先后召开了农救代表会、参议会、佃农会、地主士绅会，组织了县、区、乡各级评租委员会、秋收委员会。参加各级评租委员会、秋收委员会的有政府工作人员、农救会代表、开明士绅。减租减息开始后，大多数地主士绅都按政府规定减租减息，但少数地主却阳奉阴违，明减暗不减。如汉川韩集乡的孙习甲、叶定候、祁振东等五人，明减暗不减，被群众揭发后，汉川县行委会依法责令他们每人写悔过书100份，张贴在全县各地，以儆效尤。但在工作过程中，发动农民自己起来斗争不够。1942年边区政府减租法令颁布后，天汉地委通过总结1941年减租减息的经验教训，认真做好动员工作，发动农民起来自觉进行“双减”斗争。减租减息是为了解决农民和地主的矛盾，但解决这个矛盾，还得服从于解决中日民族矛盾这个需要，团结愿意抗日的地主。所以同不法地主的斗争，必须坚持有理、有利、有节的方针，既要调动农民的抗日和生产积极性，又要团结地主的大多数共同抗日。由于坚持了正确的方针政策，因此，天汉地委在1941年、1942年的减租减息当中，工作比较顺利，农民的觉悟和农救会的威信都提高了，共产党的政策更加深入人心。

七、发展文教卫生事业

日本侵略者为了灭亡中国，不仅进行武装侵略，而且进行文化侵略。他们在占领区办教育，向中国青少年大力推行奴化教育。1939年春，驻武汉日军以其军特务部汉阳宣抚长三木主持推行奴化教育，并指派石星川具体负责，先后在县城办起小学六所、日语专修学校一所。县内各乡镇，如蔡甸、黄陵矶、侏儒、大集、小集、新滩口、沌口各办小学一所。日语专修班完全按日本学校制度开课。它是日军推行奴化教育的师资训练班。其他小学都以日语为主要课程。每校配有日语专任教员两人。由日本人或专修班毕业生担任。教材和教员讲课的内容，尽是“中日亲善”“文化沟通”“军事同盟”“经济合作”“共同防御”“拥护和平建国政策”“建立东亚新秩序”“实现大亚洲主义”“巩固东亚和平”“参加大东亚圣战”“中日满小朋友联合起来”等反动货色。企图通过潜移默化，欺骗蒙蔽中国青少年，使其认敌为友，忘掉国恨家仇，永做日本侵略者的奴隶。

为反对敌人的奴化教育和提高民族抗战意识，天汉地委于1940年8月在汉川、天门两县的基本区办起了抗日中小学。到1941年底，汉川全县共办抗小18所，改良私塾70所，开办天汉中学1所，中小学生达2000人。天汉中学是1941年春在牟万方湾创办的，校长童世光（兼），副校长刘先觉，第一期有学生40余人。中小学的在校学生，主要是当地农民和其他阶层的子女。天门县因敌人“扫荡”频繁，办学比较困难，只开办抗日小学4所，改良私塾20所。天汉第一抗日中心小学是办得比较好的，该校于1941年春在刘家集创办。开始校名为“天东抗日小学”，1942年秋，改为“天汉第一抗日中心小学”，由县长程敦秀、副县长周彬（主管教育）、教育科长胡弗前等直接领导。学校筹建期间，群众积极拥护和支持。刘家集街上熊长寿药铺的熊默佑捐献时钟一座，群众把刘、卢二宗祠祠堂进行维修，改作校舍，桌凳由学生自备，只有黑板及简易教具由县政府拨款购置。校长黄福泽，教导主任严与慎，先后在校任教的有黄瑞熙、卢咸荣、严宗彦、魏成英、荣耀东、张志洲、郭莲青（女）、周莲芳、黄在衡等。

“抗小”总校设一、二、三、四年级，编为低、中两个混合班，学生80余人。后来又设五、六年级，编为一个复式班，学生总数达120人左右。抗小有黄大、净潭、刘老三个分校，黄大分校设在黄氏宗祠堂，学生约30人。净潭分校设在净潭后街严氏宗祠堂，学生约30人。刘老分校设在张四房湾，学生20多人。当时各分校教师工资由县政府发放，业务上属抗小总校领导。学生的课本，由边区教育处编印。高年级的课程有政治、语文、算术、自然、历史、地理、体育、音乐、图画、劳作，中年级有语文、算术、常识、体育、音乐、图画、劳作、唱歌。高年级政治，以边区审编的《政治一百课》为主，结合选编毛主席著作，如游击战争中的“敌进我退、敌退我追、敌驻我扰、敌疲我打”；语文课选授鲁迅作品和《七七报》发表的有关文章，如《动员民众兴修水利》《送夫参军》《送子参军》《踊跃交公粮》《实行二五减租》《团结一切抗日力量》等篇章。其他科目均选自小学同级的课本并进行传抄。中年级政治、语文均讲授边区编印的课本。低年级语文，以讲读边区编印的课本《抗日三字经》为主，如“中国人，四万万，要团结，要抗战”。除上述规定的正课外，早上还上早操、朝读，中午练习大、小毛笔字。冬闲季节，学校还组织中青年男女上夜校。抗日中小学教师辅导的夜校有刘集、刘家新湾、刘家三湾、卢家老湾等四所，上课以识字为主，由民师担任。还结合宣传党的政策，教唱一些革命歌曲，带领学生参加县、区召开的干部群众大会，由学生演出节目。学校开办期间，学生实行免费入学，教职人员工薪一律由县政府发放，每月以市斤计，发食盐一斤五两、食油一斤五两、谷子 70 斤、蔬菜 60 斤，一律按当月市价折合边币发给。另外还领津贴费（边币）3 元。校长、教导主任和高年级学员的津贴略高一些，学校实行春季始业，不放星期天，只放寒暑假。这所学校为抗日斗争培养了大批有志之士。

天汉地区的教育事业发展很快，除中小学外，不少地方办起了妇女识字班、夜校、冬校。例如天门养黄区，1941 年冬季在汪家台、魏家下湾、把握台、白龙嘴等村办起了冬校，学员共有 93 人，大部分都是不识字的农民。

1942 年 5 月以后，国民党顽固派加紧向根据地进攻，动用九万兵力，疯狂地“清剿”新四军第五师，掀起了持续八个月之久的摩擦。日伪军更是趁机对天汉沔进行夹击，形势空前严重。学校教育也因之而受到很大的影响，办得颇有成绩的天汉中学被迫停办，正在计议创办的天门中学中途流产，汉川有 14 所小学停课分散，坚持开学的只有 4 所学校了。

边区野战医院也是办得比较好的。1940 年春，在侏儒山、赖新场战斗中，约有 200 人负伤，为了使这些病员及时得到治疗，从四团抽调 10 名医务人员组建了一个医疗所，由罗海峰（原五团卫生队长）、李才常（原四团卫生队长）负责，该所先后驻严家嘴、曾家壕口、猴狗湾。同年底，又迁移到杨业陂附近冯家湾。1941 年初，鄂豫挺进纵队改编为新四军第五师后，由第一野战医院部分转移到汈汉湖区与冯家湾这个所合并，改称野战医院十五旅分院，7 月改为第二野战医院。1942 年 10 月，改为三军分区野战医院，谭太阶、李才常、张英辅、汪毅（女）先后担任正副院长，周南（女）、宁静、段庆元、徐静先后担任正副指导员、协理员和政治委员。医院工作人员由开始的 10 多人发展到 100 多人。

战争年代，湖区环境恶劣，医院条件很差，以祠堂、庙宇开设医院，在群众家里铺上蒿梗、稻草就是病床。民房不够用时，工作人员就自己动手搭盖草棚，筑建土床。为避开敌人的“扫荡”，医务人员经常带领伤员钻柴山，进芦林，住在船上，宿在窝棚里，以菱藕度日，用苞谷充饥，所以当时称为“水上医院”。医药器材缺乏，医务人员采取各种办法来补救：一是通过商人秘密采购；二是从敌人手里夺；三是自己动手，配合当地中药铺就地取材。当时运用“中药西制”，配制片剂、针剂和多种药剂达二三十种，并自做器械供医院使用。

天汉地区各级党政机关和游击队，为了保证医院的安全，组织当地群众建立健全了情报网，布置民兵自卫队在村头放哨，在湖汊设岗，及时了解和掌握敌人动向。组织上百只船队供医院使用。一旦发生敌情，伤病员及工作人员下湖，敌人向东，他们就向西，敌人搞合围，他们就在地方党组织和游击队掩护下，向外围安全转移，分散隐蔽。有时敌人突然奔袭，进村搜索，伤病员来不及转移，住户就机智地将伤病员隐蔽起来，声称是自己的小子、丈夫，就是遭受敌人的毒打也坚持不改口，千方百计保护伤病员的安全。医院还为当地群众免费治疗。1941 年，十大姓湾有个小孩从牛背上摔下来，肚子被牛角刺穿，肠子流出来了，医院立即抢救。院长谭太阶亲自给他做手术，使这个小孩得以治愈，至今在湖区传为佳话。农忙季节，医院工作人员还帮助割麦、插秧。天汉湖区医院从 1941 年春组建后，在极其艰险的斗争环境中，由于有各级党组织和政府、游击队、广大人民群众的积极支持，凭借天时、地利、人和等有利条件，战胜了一切艰难险阻，保卫了医院的安全，取得了政治思想业务等方面的重大胜利。

第四章

敌进我进，襄河抗日民主根据地的大发展

（1942 年 10 月—1944 年 11 月）

第一节　襄河地委成立，实行党政军一元化领导

太平洋战争爆发后，日军的作战重心，已由中国战场转移到南太平洋地区。1942 年上半年，日军在军事上取得了暂时的优势。但不久，反法西斯阵营在各个战场上即开始反攻。在中国战场，日军除组织浙赣战役，进行鄂西和常德作战外，直到 1944 年春季，对国民党军队再没有进行过大的战役。在正面战场上，国民党与日军处于互不相扰的休战状态。蒋介石则乘此时机，于 1943 年发动了第三次反共高潮，由于世界舆论和中国人民的反对，才有所收敛。在此国际国内环境下，襄河抗日民主根据地出现了大发展的局面。从 1942 年 10 月中共襄河地委成立，到 1944 年 11 月，在鄂豫边区三军分区部队和新四军第五师十五旅以及地方武装的配合下，大胆挺进敌后，广泛开展河湖港汊和丘陵山区的游击战争，光复了一万多平方公里的国土，解放了 300 多万同胞，恢复了土地革命时期的洪湖根据地和 1940 年建立的襄西根据地，使襄河地区与鄂中、鄂东、鄂南互相策应，从四面八方实现了对武汉日军的战略包围。

1942 年 9 月 1 日，中共中央作了《关于统一抗日根据地党的领导及调整各组织间关系的决定》。决定指出："抗战以来，各抗日根据地党的领导，一般的是统一的，党政军民（民众团体）各组织间的关系，基本上是团结的，因而支持了几年来艰苦斗争的局面，配合了全国的抗战。"同时又指出："根据地的建设与民主制度的实行，要求每个根据地的领导一元化，即各级党委（区委、地委）为各地区的最高领导机关，统一各地区的党政军民工作的领导。"

同年 10 月，鄂豫边区党委根据党中央的指示和襄河地区的形势，为了加强这一地区的一元化领导，决定撤销天汉地委和荆当京钟地委，成立襄河地

委、襄河地区行政专员公署、襄河军分区（又称三地委、三专署、三分区）。由张执一、李守宪、王海山、李人林、刘真、吴云鹏、陈秀山、谢威、黄海滨、李蔺田、陈清（现名郭子清）等组成襄河地委，以张执一、李守宪、王海山三人为地委常委。张执一任地委书记兼军分区政委，党外人士杨经曲任军分区司令员，王海山任副司令员，李人林任参谋长，刘真任政治部主任，李守宪任副书记兼襄河专署专员，谢威任副专员，实现了襄河地区党政军工作的一元化领导。

张执一是这个领导班子的主要成员，他是湖北省汉阳县人。1926 年北伐军光复武汉时，15 岁的张执一就投入了革命浪潮，参加了青年运动和农民运动，并于 1927 年加入了青年团，1929 年转为中共党员。大革命失败后，在白色恐怖极为严重的形势下，他隐姓埋名在武汉、襄阳、上海等地做党的工作，曾任武汉青年反帝大同盟书记，武昌区党委宣传委员、部长，武昌农民行动委员会书记，并组织了武汉左翼青年联盟。1932 年任中共武汉特委委员兼共青团湖北省委书记时，不幸为叛徒出卖被捕，虽经敌人种种威胁利诱，却一直未暴露自己的党员身份，表现了共产党人“牢记红旗麾下誓，牺牲一切莫踌躇”的革命气节。1935 年出狱后到上海找到了党，继续从事党的地下工作，曾任上海文化界救国会和上海各界救国会干事。1937 年 10 月至 1938 年 9 月，党指派他参加湖北战时乡村工作促进会，做农运工作。1938 年 10 月至 1939 年秋，他参加鄂北特委和鄂西北区党委，主持统战工作，负责联络国民党第五战区司令部及桂军、川军、西北军的上层军官，广交朋友，建立统战关系，为鄂中部队筹措经费、输送干部，掩护地下党开展工作。1939 年被选为出席党的七大代表。同年秋，被分配到豫鄂边区新四军工作，先后任新四军豫鄂挺进纵队政治部联络部长，第四支队政治部主任、支队政治委员，新四军第五师第一纵队政治委员等职。这时的张执一已是一位具有坚定的共产主义信念、丰富斗争经验和卓越指挥才能的领导干部。党任命他为襄河地委书记兼军分区政委，既体现了党对襄河地区的重视与期望，也为他提供了用武之地。

襄河地委成立后，对下属机构进行了调整，撤销中共汉川、天门两县县委，成立天汉中心县委、天京潜县委、荆当钟中心县委。

天汉中心县委由吴云鹏任书记，夏菲任组织部长，粟栖任宣传部长，刘宝田任政权部长，史维汉任社会部长，陈明任民运部长，陈秀山任统战部长，安琳生任财经部长。同时，将汉川县政府改为汉川中心县政府，刘宝田、程敦秀分任县长、副县长。同时成立天汉军事指挥部，石永超任指挥长（一个月后改由吴云鹏兼任）。

天京潜县委由陈清任书记，陈明任副书记（12 月到职），王竹萱任组织部长，陈建宏任宣传部长，李钧任民运部长，廖学道任社会部长，曹志坚任政权部长，王珊任军事部长，戴月为委员，孙冰为秘书。同时，将天门县行政委员会改为天京潜县抗日民主政府，曹志坚任县长，张家振任副县长。同时成立天京潜军事指挥部，万全任指挥长。

荆当钟中心县委由宁玉庭任书记，叶云、李纯斋、王展、洪范为委员；同时成立了襄西支队，叶云任支队长，宁玉庭任政委。

襄河地区党政军机构于京山罗家桥组建，随后不久，迁驻天京潜夏家场。

襄河地委的成立使南山和天汉两块抗日根据地在思想、政治一致的基础上，又从组织上保证了党的集中统一领导，加强了襄河地区的抗日斗争。这时，边区党委赋予襄河地委的任务，就是广泛发动山地和湖区的游击战争，配合正面战场，抗击日伪军，收复襄河地区的大片失地，同时坚决地反击国民党顽军的摩擦，不断扩大和巩固襄河抗日根据地，从西面实现对武汉日军的战略包围，并做好襄河地区的建设工作，为边区开辟一大财源。

襄河地委成立之后，立即加强了京钟、天京潜、京北、天汉根据地的巩固工作和发展襄南、恢复襄西的准备工作。

第二节　襄北军民抗击日伪顽的斗争

一、巩固天汉湖区的斗争

襄河地委成立后，天汉湖区党组织为天汉中心县委（1943年10月改为县委），辖天门县东部和汉川县西部襄北地区，南抵襄河，北至汉宜公路沿线，在汉川境内辖韩集、麻河、杨业等三个中心区委和襄河工委；在天门境内辖四合中心区委，在天门、汉川边界地区辖县南工委、倪养、三民中心区委。

从1942年冬开始，汉川、天门、皂市、应城日伪军多次对天汉湖区进行“铁壁合围”和“拉网式”的大“扫荡”，并采取堡垒政策，步步为营进行“蚕食”。

为了击败敌人的“扫荡”和“蚕食”，天汉中心县委加强对武装力量的领导，健全区乡保游击队、基干队、自卫队等群众武装，与正规武装配合，开展了巩固天汉湖区根据地的斗争。1943年春，独立十一团在曾家壕口击毙日伪军数十人，阻止了500多名日伪军对邓三台的进攻。同年夏，天汉地方武装配合四十三团一个营，攻打横林口伪军倪同部，歼其两个连。7月，在皂市至倪家海之间攻打日差船，击沉3只，击伤3只，毙伤日军20余人。

1943年秋，由于开展了大规模的生产运动，天汉湖区根据地的稻谷喜获丰收。正当群众挥镰收割的时候，盘踞在田二河、陡埠头的伪五师师长古鼎新派出李结之团一个营伪军进占韩集地区，在韩集、黄牯牛、虾子集等地修筑碉堡，建立据点，抢劫群众粮食。此时，新四军主力部队已转入外地作战，天汉中心县委、县指挥部紧急指示杨业、韩集区委，发动群众和民兵打击伪军，保卫秋收。韩集、杨业区委紧密配合，协同作战，组织区乡游击队，基干队在堤上和大路上挖陷阱，埋地雷，伏击伪军，在水上组织“海军”小分队拦截日伪抢粮食的船只，每到夜晚就到伪军驻地周围骚扰，并派出游击小组长途奔袭分水、里潭、陡埠等敌伪据点，迫使敌伪龟缩在据点里。白天组织群众到汈汊湖、中洲湖芦林中隐蔽，晚上掩护群众抢割、抢脱粒、抢收藏。秋收结束时，在伪军驻地周围造房子、造锅灶、搭浮桥，造成新四军主力即将参战的声势。一天夜晚，杨业、韩集地区的各个村湾同时烧篝火、吹军号、打土炮，一时火光四起，杀声震天，伪军以为新四军发起总攻，仓皇逃出韩集地区的三个据点。

这次保卫秋收的战斗持续了一个多月，基干队出击 43 次，毙伤伪军 40 余人，缴获长短枪 40 余支，一二百名基干队员打败了一个营的伪军。保卫秋收的战斗结束后，在杨业陂召开了祝捷大会，表彰了祁炎发、李运来、屈连之等一批民兵英雄。天汉中心县委书记吴云鹏和英雄代表讲了话，会上还表演了蚌壳精、彩莲船、高跷、龙灯和天沔花鼓戏。

此后，又取得了反“扫荡”、反“蚕食”的一系列胜利。1943 年 8 月 31 日，天门、皂市、应城日伪军 500 余人，连续五天“扫荡”倪家、养黄地区，被地方武装击退。1944 年 2 月，又粉碎了日军第 58 师团对天汉湖区进行的“扫荡”。3 月 15 日，天汉地方武装在沙滩口附近与天门出扰之日伪军 50 余人遭遇，经过两小时激战，毙伤日伪军 5 人，日伪军溃退。3 月 16 日，驻芦家口伪倪同一部进扰朱家嘴，天汉县大队配合乡游击队将其包围，俘伪 14 人（含教官 1 人），缴获步枪 7 支，短枪 9 支。3 月 17 日，天门八字垴日伪军 40 余人出扰舍河澜龙地，天汉县大队给予迎头痛击，日伪军当即逃窜，毙敌小队长 1 人，伤敌 7 人。

1944 年 3 月，日军集中兵力企图打通平汉线和粤汉线，伪二十九师王维哲团调往湖南，天汉地区的伪军力量大为削弱。天汉县委抓住这一有利时机，大力巩固和发展根据地。

同月，伪古鼎新之一部进驻倪养地区修筑碉堡，构筑工事，步步为营，不断“蚕食”基本区。天汉县委书记史维汉带领县总队一个连，配合倪家、养黄中心乡的游击队和基干民兵，采取“敌驻我扰，敌疲我打”的游击战术打击伪军。一天晚上，各村统一行动，一时号声动地，火光冲天，枪声齐鸣，吓得伪军晕头转向，唯恐陷入包围圈，很快撤出了倪养地区。

8 月，伪古鼎新之一部进占白湖口，天汉民兵坚持反“蚕食”与抗粮斗争，多次袭击白湖口伪军据点，迫使伪军撤出白湖口。

9 月，天汉民兵开展“武装大换工”活动（民兵去值勤时，由保农救会组织群众帮他们家里换工秋收），韩集乡组织了数十人的战斗连，杨业乡组织了数十人的土炮队，倪家乡、养黄乡还组织了河防队，其他各地民兵也都先后组织起来。他们担负着瞭望、监视和打击前来抢劫的伪匪的任务，保卫了秋收。驻张家场敌伪出动 100 余人进犯吕巷，被河防中队击退。

同年秋，天汉税警营与麻河乡游击队在郭家湾拐角堤伏击日本差船，毙敌数人，从 30 多只船上截获大批枪支、弹药和布匹、食盐、香烟等物资。

10 月，天汉县总队特务队与韩集乡游击队、基干队配合，从分水日据点仓库扛出皮花包 104 个（21000 斤），连夜运交三军分区后勤机关。

同月，鄂豫边区在大悟山白果树湾召开庆祝反“蚕食”斗争胜利大会，孙国栋等 5 位同志代表天汉县民兵出席了大会，孙国栋在会上介绍了天汉民兵反“蚕食”斗争的事迹。大会期间中共中央发来贺电，电文中赞扬了天汉等地民兵的英雄事迹，边区行署奖给天汉代表 10 支汉阳造步枪。

到 1944 年底，天汉县发展了大有、三民两个中心乡和竹营、陈炼、麻河口三个联乡。

二、巩固天京潜根据地的斗争

新四军在对侵入根据地内的顽军潘尚武旅和古鼎新旅予以严厉打击之后，又对“扫荡”“蚕食”根据地的伪天门县保安总队和驻天门横林口潜北张截港的伪六师金亦吾所部第一旅陈赓、第三旅陈必祥部，进行了英勇的抗击，使天京潜根据地得到巩固和发展。

（一）曾家湾战斗

1942 年 10 月 24 日，中央电示：李宗仁已令五战区于两个月内，彻底“肃清”我五师，我对李宗仁仍以斗争求团结的方针，进行反摩擦。28日，华中局指示各师、各区党委利用冬闲巩固抗日根据地。从1941年至1942年上半年，国民党一二八师和新四军关系尚好，经常互相通信联络，互不侵扰。1942年下半年，由于国民党顽固派对边区发动第三次反共高潮，一二八师潘尚武旅侵入天京潜辖区的渔南联乡，在曾家湾、刁家口等地建立据点，骚扰乡里，并派人刺探军情，企图侵占天京潜抗日根据地。

对此，五师党委根据以斗争求团结、求生存的方针，决定调十三旅和三军分区的部分团队挥师南下，对侵入天京潜根据地腹部的顽军一二八师潘尚武旅和古鼎新旅发起自卫反击，给予必要的教训，于1942年10月31日至11月4日进行了天（门）西曾家湾战斗。

曾家湾是位于天门河以南、天岳公路以西的一个大村庄，潘旅派第一营营长江鸿在此设立据点，妄图以此为大本营向周围“蚕食”。要反击顽军的“蚕食”，必须拔掉这个深入解放区的钉子。曾家湾战斗是由路西反“清剿”指挥部指挥的。十三旅和三军分区的联合团队到达灰埠头后，十三旅旅长兼指挥长周志坚、三军分区副司令员王海山主持召开了有团以上干部和天京潜县党政军负责人参加的战前会议。会议决定以强攻赶走守顽。具体部署是：由罗孟刚带领四十三团一个营围攻曾家湾，由黄德魁带领四十四团两个营、刘友海带领三十九团一个营，一同去郑家滩一带设防，阻击潘部增援。

10月31日晚间，各团按作战方案行动。11月1日拂晓，四十三团向曾家湾潘部驻军发起进攻，激战终日无进展。11月2日，又调三十九团、四十三团各一个营增援，继续攻打曾家湾。不料曾家湾守顽不仅在村庄周围修了一道土城，周围还挖了两米多深的壕沟，而且，拆毁民房构筑了坚固的碉堡和隐蔽的地下工事，囤积了大量武器弹药，他们组织交叉火网，易守难攻。部队在处于不利地形和严密火网下，依然英勇顽强，前仆后继，当攻坚受挫，伤亡严重时，仍不退缩，不叫苦，表现了硬骨头的战斗作风。

与此同时，潘尚武派出一团兵力，由天东越过天岳公路，四十三团向曾家湾驰援。当其行至郑家滩时，四十四团进行阻击，歼其一部，残部逃逸，缴获重机枪一挺和其他战利品。

2日白天，攻击曾家湾仍无进展，周志坚与王海山遂于当晚召集营长以上干部会，决定改变战术：在县委的支援下，发动广大群众，军民一心，一夜之间，在曾家湾土城东、西、北三个方面筑起了三座高台，居高临下，控制湾内之敌。

3日凌晨，在土台上重火力的掩护下，再次向土城内发起进攻，因敌工事坚固，弹药充足，双方仍呈胶着状态。

相持到4日下午，反“清剿”指挥部得到情报，驻干驿、田二河的一二八师古鼎新旅已倾巢而出，一部直扑曾家湾，一部迂回至天门县河以北，企图切断新四军后路。同时，日军也在向天门县城、岳口、渔薪河、皂市、旧口、沙洋等据点增兵，大有与一二八师夹击新四军之迹象。于是，指挥部决定停止向曾家湾强攻，立即转移至县河以北有利地形，在运动中打击顽军。

当晚，攻击曾家湾的部队渡过县河，向北转移。夜半，四十四团到达天西石家河时，一二八师古鼎新旅史耀光的七六八团尾追而来，天京潜县独立十二团与四十四团紧密配合，沿西河左岸布阵，准备迎战。5日凌晨3时，四十三团亦来石家河，三股力量合围，将史团全部击溃，史团遗尸70具，伤90余人，其残部狼狈逃跑。

此役共击溃顽军三个营，毙伤350余人，俘70余人，给一二八师潘尚武、古鼎新部以沉重打击，把潘旅赶出了习家口。从此，新四军五师掌握了整个天西，扩及京南、潜北、襄河联乡地带。曾家湾战斗的胜利，也震慑了土匪，一些土匪自动归顺民主政府。为了瓦解土匪，天京潜县政府对土匪订了四条：（1）你来，可以自愿；你走，可以告别。（2）你走，不能伤害我工作人员；若回家，要保护我工作人员。（3）不能损失群众的财产。（4）给他们一点出路，把田赋给他们一点。到1942年底，争取了1000多名加入了土匪队伍的群众回家生产。曾家湾战斗是巩固天京潜根据地的关键一仗，为开辟襄南、恢复襄西创立了前进的阵地和可靠的后方。

参加反击的新四军第五师部队伤340人，四十三团参谋长林光耀、营长郑明强、营副郭成枢等团营干部阵亡，为五师有史以来伤亡最大的战斗。11月16日，四十三团为缅怀这些烈士，在石家河的马溪桥边立了一块“名震鄂豫”的石碑。

（二）抗击伪军张明道

1940年8月，张明道被新四军收编后又于1941年春投降日军，任伪鄂西保安司令部第二总队第五团团长，驻京山永隆河。1943年5月，张趁驻天西新四军渡河南进之机，出兵占领了天门吴刘新场和石家河，切断了天京潜通往边区首脑机关的重要通道。同年秋，张明道被编为伪天门县保安总队第四大队并任大队长兼伪石河区区长，驻石家河、吴刘新场、九真庙等地，辖三个中队和一个特务队，250人枪。从此，他以石家河为中心，不断派兵到天北、渔北两块根据地进行“扫荡”。一次，派驻石家河的两个中队100余人向中共渔北区委所在地白竹乡扑来。白竹乡乡长李才科得此情报后，立即带领全乡100余名民兵，摆成长蛇阵，阻挡伪军前进。伪军看到民兵的阵势，担心后面有正规军，把队伍又转向青山湖边的张家湾，包围了区委会，县委组织部副部长王克强、区委书记胡恒山从树林中潜入湖中，以荷叶作掩护与敌周旋。敌人到湖边搜查时，没有发现人影才撤退。而白竹乡民兵中队长、副乡长张落成等5人被捉去，杀害于石家河。

10月30日，伪张明道部袭击渔北区。四十四团在中途设伏，战斗两小时，将敌击溃，毙俘伪军7人，获步枪7支，救回被捉民众50余人。

1944年4月，在反对伪张明道部“蚕食”的斗争中，建立了以王克强为书记的天北工委，统一领导天北、渔北两个区委进行反“蚕食”斗争。天北工委领导天北、渔北两个区中队，多次与张明道的红刀队、铁杆队开展斗争，从而巩固了天北根据地。

（三）袭击顽军向新民部

向新民原是国民党第五战区第六游击纵队第八支队向觉民的部属。1940年7月京山县委通过统战工作，做好了八支队副支队长刘辅珩的工作，处决了支队长向觉民，向新民逃回天北一带，混入地方民主政权担任乡长。

1942年国民党发起第二次反共摩擦，五战区调用大量兵力扑向根据地。曹勖派人找日军密谈，要求派兵配合国民党军队进剿新四军。这时，向新民摇身一变成了曹勖的部下。1943年，中共天北区委剿匪时捉住了向新民，向表示悔过自新，重新做人，天北区委书记王克强当即释放了他。1943年冬，曹勖为了笼络人心，搜罗了一批土匪、汉奸、叛徒挂起了所谓“新国军”（表示新组织的国民党军队之意）的招牌，勾结日伪军对付新四军。向新民被委任为中队长，率30余人窜到天门，驻在莲北嘴，经常随日伪军骚扰根据地。

1944年春，天北工委建立后，决定除掉这颗毒瘤。2月的一天，天北工委书记王克强派人到莲北嘴，侦察到向新民驻地后，于当晚带领天北、渔北两区中队的60余人枪袭击向新民部。莲北嘴在县城的东北角约一里，三面环水，一面是通往县城的小路，四周又是芦苇丛林，南面是伪军的据点。向新民认为这里是天然的屏障，新四军无法进入这里。王克强带领的部队从北面涉水包围了莲北嘴，进入阵地后从坟包地里匍匐前进，插至向部哨位，被哨兵发现，哨兵惊慌失措地打了一枪，随即鼠遁。王克强指挥战士还击，直捣向部巢穴。顽军从睡梦中惊醒，纷纷弃枪而逃，向新民被生擒。他跪倒在王克强的脚下，哀求饶命。战士们见到这个败类后，怒火满腔，一刀结束了他的性命。这次袭击只花了一粒子弹，却缴获了枣红马1匹、步枪9支。王克强率军离开莲北嘴时，战士们向城内日军开枪示威，驻在城内的日军听到枪声和犬吠声，明知有事，也龟缩在城内不敢动弹，只向董家台方向击发三炮。天北区中队无一伤亡，胜利而归。

（四）击溃伪六师金亦吾部

伪金亦吾部原有四个旅，一个独立团，一个警卫团，一个直属大队。到

1943 年 6 月，除了独立团反正，第一旅朱秉坤及直属大队刘银国被新四军在襄南歼灭外，还剩下陈赓一个旅、陈必祥半个旅、饶子骐特务旅、沈锡赓警卫团。司令部驻天门岳口，部队驻天门横林口、张截港和监利等地，仍与新四军为敌。

1943 年 6 月 1 日，陈必祥部 700 余人，分 300 余人窜至岳南各地抢劫。三军分区派 50 人向该伪部奔袭，战斗 6 小时，将其全部击溃，毙 8 人，伤 30 人，俘 55 人，缴获机枪 1 挺，步枪 30 支，战马 3 匹。

不久，四十三团五个连和四十四团半个连又夜袭张截港伪军陈必祥部，毙 8 人，俘 55 人。

7 月 30 日，四十三团围攻驻横林口伪六师陈赓部，激战 10 小时，毙敌 4 人，俘伪军官 2 人，伪兵 4 人，投诚 59 人，缴获机枪 2 挺，步枪 55 支，马 2 匹。

8 月 1 日，四十三团又与天京潜指挥部配合向横林口、白家场陈赓部进攻，激战 10 小时，将其击溃，俘伪军官 3 人，伪兵 10 人，获步枪 22 支，驳壳枪 3 支，发射筒 1 个，子弹 276 发。

日军见伪军连续遭到打击后，1943 年 10 月，驻永隆河、张截港日军 100 余人，向天京潜县委所在地夏家场"扫荡"。天京潜县独立十二团团长王珊率部与敌激战一小时，歼敌 20 余人，敌人渡县河向刘家榨坊撤退。王珊率兵尾追，将敌人逼进刘家榨坊，敌以榨坊楼为制高点，用机枪向下扫射，封锁了独立十二团前进的道路。王珊组织突击队，指挥战士用手榴弹炸掉楼上的敌人，不料一颗飞弹射中王珊的头部，王珊当即牺牲。同时日军也被迫撤回原据点。

陈必祥旅经新四军多次打击后，继续与新四军为敌，在张截港的狮子桥筑碉堡，切断天京潜根据地与襄南的通道。1944 年 5 月，天京潜县委决定拔掉这个碉堡。先派出了公安局审判股长陈其芳，利用社会关系结识了碉堡内的伪军张大凯、贺大松，经过多次工作，贺大松同意反正，配合天京潜县独立十二团行动。

一天深夜，天京潜县独立十二团副团长江应彪带一个连在外警戒，贺大松按事先约定的时间、方法接应，贺将碉堡外围马槽处的围墙扒了一个洞，手枪队员梅余支、鄢克仁带领手枪队从洞口摸进了碉堡，干掉了哨兵。当伪军还在梦乡时，战士们已收缴了伪军的长短枪 20 余支，战马 10 匹，3 个伪兵企图逃跑，被当场击毙，其余全部生俘。此次战斗俘虏伪中队长以下官兵 40 余名，缴长短枪 40 余支。经过这次打击后，陈必祥第三旅于同年 10 月 6 日全部调往江西九江，改编为伪江西保安队。

在陈必祥第三旅调往九江之前，被新四军击溃的刘银国部全部拖走，后被伪二十九师击溃编散。警卫团沈锡赓部内部火并，沈被击毙。特务旅饶子骐被襄南指挥部在周老嘴歼灭。陈赓第一旅和朱秉坤全部调往江西九江、石灰窑一带修筑飞机场。

（五）三打柳河

柳河是天皂公路上的要冲，驻有伪军汤世泽中队的 50 余人，他们依仗日军做后盾，经常到天北根据地“扫荡”，当地群众恨之入骨。天北工委根据群众要求，组织两个区中队兵力，三打柳河敌据点。

1944 年 6 月，王克强率天北两个区中队 30 余人，在花台、长寿等地基干民兵的配合下，长途奔袭，冲入柳河城墙。碉堡内的伪军见到处是新四军，不敢鸣枪抵抗。王克强率部很快包围了汤世泽的住房，汤企图逃跑，被天北区中队战士一刺刀砍断了左膀，汤乘夜幕逃脱，此役俘伪军 20 余人。

不久，王克强又组织第二次夜袭柳河，因汤世泽不在据点，佯攻后撤离。1944 年秋末，王克强率部第三次袭击柳河，焚烧了碉堡，毁平了土城，把汤世泽部赶出了柳河。

由于反“扫荡”反“蚕食”斗争取得了胜利，天京潜抗日根据地不断巩固与扩大。1943 年夏发展了潜北区（辖五个乡），1944 年又发展了襄河区（辖六个乡）。至此，天京潜根据地的范围扩大到岳口以上、沙洋以下、襄河以北、汉宜公路以南、天皂公路以西的一大片土地。

三、巩固京钟根据地的斗争

京钟根据地指京北山区、京钟南山地区，位于皂（市）钟（祥）公路两侧。行政区划上分属京、钟两县。这里战略地位十分重要，它是连接鄂西北、天汉、襄南的枢纽，是襄南、襄西的门户。抗战初期，上级党组织在京山和钟祥点燃了抗日火炬。这里沦陷后处于日、伪、顽犬牙交错的夹缝中，四面受敌，东南西北分别驻有国民党顽固武装刘辅珩、周良玉、冯志儒、曾宪成等部及其区乡武装和零星土匪，他们鱼肉乡里，残害百姓，人民群众处于水深火热之中。

1938 年 12 月，京山县城沦陷后，京山县党组织主要活动于京北山区，这时京山工委撤销，成立京山临时县委，组织京山县抗日自卫大队，于 1939 年 3 月进行了著名的公安寨战斗，京山临时县委与应城县委合并，成立京应县委。1940 年 3 月，京应两县分设京山县委和应城县委。1940 年秋南山根据地开辟后，成立京南工委，为了在名称上加以区别，1941 年 3 月改京山县委为京北县委。1941 年 2 月撤销京南工委成立京南县委。钟祥县委于 1938 年 7 月建立后，组织抗日游击武装，活动于钟祥南山、水湖一带。1940 年 5 月，钟祥县委撤销。1940 年 8 月鄂豫边区党委决定开辟京（山）钟（祥）南山，成立钟祥特区委，1941 年春正式成立钟祥县委。

1941 年 11 月，鄂豫边区党委为了统一领导南山的抗日斗争，把京钟南山根据地连成一片，将钟祥县委与京南县委合并，成立京钟县委、县行委会、独立第七营（后改称边区保安司令部第四大队），辖 11 个区委、1 个特支和 11 个区（中心乡）抗日民主政府。至此，京钟南山成为一块完整的抗日根据地，其范围包括京钟公路以南、汉宜公路皂（市）沙（洋）段以北、襄河以东的山丘、平原地区。

1942 年 4 月，由于国民党顽军进攻京北、襄西，襄西地委、行政办事处和主力部队及钟西县委和行委会撤到京钟南山，成立京钟荆当地委，下辖京钟县委和襄西北山等三个坚持委员会。6月，边区党委和五师的司政后勤机关及京北县委转移到京钟南山，京钟县行政委员会改为县抗日民主政府，成立县参议会。此时，京钟南山成为边区党委和五师指挥边区各地抗日斗争的中心。

1942年5月开始，日军配合国民党第五战区的第三次反共高潮，妄图一举歼灭南山根据地的抗日武装。1942年8月，调集京山、钟祥、天门三县的日伪军3000余人，分12路向南山根据地分进合击。驻吴岭的主力部队四十三团一部和吴岭地方武装，在吴岭木马垭一带对敌人进行阻击。激战一天，日伪前进不到20里。当晚，主力部队则以隐蔽的形式迅速埋伏在离罗家桥约三公里的倒灌溪上，占据有利地形俯视敌人，使敌不敢妄动，这样相持了一天。入夜，抗日武装又以快速行动跳出日伪的包围圈，派一部分武装向敌巢挺进以迷惑敌人。第三天拂晓，下洋港和孙桥两方面的敌人将倒灌溪阵地团团包围，以猛烈炮火攻击，结果扑了个空，又得知抗日部队向其巢穴挺进，怕巢穴被捣，便立即撤退到各自的据点，而抗日武装却连夜行军返回了罗家桥，部队未受任何损伤。当时，京钟县委驻叶家冲一带，也用这种避实就虚转圈子的战术，将日伪军迅速赶出了抗日根据地中心区。

1943年，钟祥城关通往旧口的咽喉、南山与水湖地区和襄西连接的战略要地罗汉寺，被伪军副团长梁杰率一个团驻守。这里，百姓受尽日伪蹂躏之苦，纷纷要求京钟西南区武工队消灭这股伪军。武工队在摸清了敌人的兵力、装备、布防等情况后，便于3月底的一天晚上，由襄河专署副专员谢威率两个正规连、一个警卫排和区武工队约300人，于9时出发，行进到黄家湾老屋场后，令一个连从北面进攻，一个连从南面进攻，两个排埋伏在公路两侧阻击敌援兵，警卫排坚守指挥阵地，以备策应，同时派人掐断了敌人的电话线。凌晨两点，部队发起攻击，日伪军从睡梦中惊醒，来不及穿衣服就蜂拥而逃，敌军官挥刀大喊大叫，妄图负隅顽抗，但在抗日武装的凌厉攻势下不堪一击，乖乖举起了白旗。经过三小时战斗，毙敌10多人，俘伪副团长梁杰、副营长庄秀山以下300多人，缴获步枪200多支、机枪3挺、手枪10多支。

同年7月，京北独立九团一部在京山三台大冲围歼顽军曹勖六纵队一个营部。京北独立九团是1942年11月由原活动在京山东南、西北地区的两支地方武装和一些乡分队合编建成的，辖两个营、五个连和一个警卫连，全团400余人，张泽普、安克平分任团长和政委。7月下旬的一天，这个团副团长彭友德带七连在刘河安冲驻扎，得到地下党支部书记杨维仁提供的情报：经常制造反共摩擦的顽六纵队的一个营部驻在三台大冲一个单家独户的山沟里，戒备松弛。一天拂晓，彭友德率七连战士趁顽军在睡梦之中，从四面包围这个山冲，留下一个口子让顽军逃命。一时枪声四起，顽军从留下的冲口逃命，完全处于新四军火力之下，无力反抗，纷纷投降。经40多分钟的战斗，毙伤顽营长以下官兵6名，俘顽副营长以下官兵30余人，缴获轻、重机枪3挺，步枪10余支，手榴弹90多枚，子弹6000余发。此战斗受到襄河地委的表扬。

1943年4月，在南山根据地不断巩固的情况下，由国民党改编的汉奸土匪周良玉纵队，面临被五战区第三挺进纵队司令曾宪成吞并和缺粮断饷的困境，想暂时投靠新四军。对于周良玉的反动本质，地委、军分区等领导都有所认识。为了扩大抗日力量，决定收编周良玉的两个团1000余人，编为新四军第五师特三旅。此决定得到了边区党委和五师首长的同意。任命周良玉为旅长，派谢威任政委，杜邦宪任政治部主任，韩光甸任政治部宣传科长，张烈、周书人分别任团政治委员，并派一个警卫排保卫被派去的干部。

周良玉率部开往南山受编时，三军分区在万家冲召开了欢迎大会。时逢大暴雨，河谷满水，南山军民想方设法供应军粮，使周部官兵深受感动。为了改造这支土匪武装，旅政治部采取一系列措施进行思想政治教育，提倡官兵平等，拥政爱民，克服旧军队习气，同时加强军事训练，改善部队生活，师部还派文工团慰问演出。经过短期的政治训练，部队变化很大，抗日热情高涨，罗汉寺日军到许家集、黄家畈骚扰，官兵们感到丢脸，多次向上级请战。

随着部队的不断变化，周良玉越来越焦急不安，他不愿失去这支私人军队和升官发财的本钱，进行了一系列的阴谋活动。

9 月，周良玉趁日伪大“扫荡”和三军分区主力部队转战襄南之机，于 14 日在长滩埠肖家冲发动叛乱。首先包围了新四军派去的警卫排，打死了向排长，杀害了谢威的警卫员汪洋，扣压了谢威、杜邦宪、韩光甸、张烈、周书人等人。并派二营袭击西南区，打死区中队长王开运，夺取了区中队的武装，逮捕了区委书记祝华、县民政科长茹传品、区委委员邹毓万等人。

三军分区副司令员王海山闻讯后，率四十三团由天汉湖区火速赶来刘集围剿周匪，攻破了刘集土城，解救了谢威、韩光甸、茹传品。

四十三团一营营长王通成在战斗中牺牲。杜邦宪被周良玉部用绳索活活勒死。杜邦宪 1907 年出生于钟祥石牌镇一个贫寒的小市民家庭，中学读书时加入中国共产党，1927 年后以教书为掩护从事革命活动，1930 年考入襄阳师范，毕业后任中共钟祥县委委员，1933 年考入开封大学，毕业后回石牌开展革命斗争。1939 年春，参加应城抗日游击队，后任新四军鄂豫挺进纵队第一、第二团政治处主任。1941 年 8 月，调任十五旅政治部副主任。他牺牲后，襄河地委和京钟县委召开追悼会，各单位、部队和当地群众送来了不少挽联和花圈。一位进步士绅在挽联中写道：“数十年尽忠党国苦口婆心勋将士，一霎时祸起萧墙惊天地泣鬼神。”

谢威脱险后，带领一部分部队和龙飞所率的县公安局手枪队到西南区剿匪，消灭了罗来春等八股土匪。通过开展政治攻势，原周良玉部属中上层人士王锡仲、陆春阳、王学精、田万金、张健礼等人纷纷弃暗投明，有的参加抗日政府和军队，有的回家务农，还争取了周部数百名流散人员，扩大了抗日队伍。接着，重建了西南区委和区政权，使西南区和整个京钟地区的形势得到了好转。

周良玉为了讨好日军，将逮捕的其余人员作为晋见之礼送交了日军。而这时日军已失去了对周的信任，将周良玉 500 名官兵全部缴械。在押解途中，大部分官兵寻机逃跑，溃散为匪。他后来又招兵买马，投靠国民党和日军。1945 年 5 月，周良玉被他的曾受新四军影响的三个警卫员击毙，从而结束了他的罪恶的一生。

通过一系列斗争，京钟南山根据地得到了巩固与扩大，使介于南山两侧和其间的广阔地带连成一片，人民群众在基本区内安行无虑了。

四、襄北坚持反特锄奸斗争

国民党顽固派和日伪在襄北各县根据地进行“扫荡”“蚕食”和“清乡”的同时，还派遣特务、密探刺探情报，进行策反、造谣破坏活动。为此，襄北各县社会部、公安局采取武装镇压与秘密工作相结合的方法开展了反特锄奸斗争。

1943 年 3 月，边区党委召开了敌伪工作会议。会后，各地进一步健全了公安保卫组织，县委设有社会部，县政府设有公安局，区委有保卫委员，乡政府有公安员，党支部有锄奸委员，部队有锄奸部、科干事。各地都设置了情报站和情报员，有的情报员还打入日伪据点内部。京钟县委还举办了政警人员训练班，培训了 60 多名公安保卫人员。

1943 年春，京钟县委社会部长李金锡率部全歼了国民党顽固派伸入京钟西南区的魔爪——叛徒李继贤匪部。李继贤原是抗日游击分队队长，1939 年 11 月叛变后沦为土匪。后国民党钟祥县政府派李继贤率领小型武装深入旧口附近同日伪勾结，建立反动政权，破坏根据地。县委决定歼灭李匪部，并派手枪队班长王开运（原是李部战士），深入虎穴诱敌就歼。于是，先以王开运违反军纪加以“禁闭”，继而假作看守不严，让王开运星夜“逃走”，并通报全县“追捕王开运”。王开运跑去“投靠”了李继贤，取得了李的信任，摸清了李部情况。王对李说：“东桥有个吴大哥，有七八条枪，愿意到这边来，只要你同意，我保证明天早上就把他们带来。”李满口答应。王开运连夜向县委汇报了情况。县委派李金锡带 30 多人枪于第二天清早赶到遥堤芦苇深处隐蔽。王开运又叫李继贤列队欢迎。李继贤走在前面，被王开运开枪打死，列队的众匪不知所措，事先隐蔽的部队一拥而上，将其全部缴械。李匪被歼后，旧口的日伪龟缩镇内。至此，西南区全部解放，建立了抗日民主政权。

为了巩固根据地，京北县公安局紧紧依靠群众，开展锄奸运动。1943年3月下旬，县公安局在石板河曹武街两次拦截了国民党的邮差。经过检查发现，全是送入曹武街、源泉镇、永兴镇、王家场和天门、汉川等地的国民党三青团的文件。而且从迹象表明，这些文件与当时发生在曹武区民办小学毕业生大部逃往国统区事件有关。这件事严重地影响了人心的安定。京北县委和曹武区委为了弄清事实真相，决定由县公安局长程少康、侦缉股长孙世英和曹武区委书记屈萼专门负责这项工作，并要求曹武区委、各乡公所、各保党支部广泛发动群众，配合专门小组进行调查研究。经过一个多月的工作，终于弄清了事实真相。根据确凿的证据，公安局逮捕了潜入曹武区搞破坏活动的为首分子及其他嫌疑分子。在转移这些案犯途中，阻击了前来劫持案犯的日伪军，使案犯得到安全转移。这次锄奸斗争，历时三个月，胜利完成任务。

1943年秋，京钟南山的六合、孙桥等乡的封建势力同日伪勾结，几次企图夺取区乡武装，残杀地方干部，使财源受到威胁，交通受到阻隔，群众惶恐不安。对此，三军分区派出一个连同京北独立九团一个连和县手枪队及六合乡中队共约300人组成行动大队，由县委社会部长李金锡率领，在方圆三十里的范围内统一行动，狠狠打击了反共的日伪保甲长、地主恶霸与叛徒。于是，他们派代表接受了县委提出的关于保护抗日地方干部、军人及其家属的安全、向抗日民主政府交纳钱粮赋税等条件，从此，这两个游击乡的局面得到稳定。

与此同时，天京潜、天汉等根据地锄奸反特斗争也取得了很大的成绩。

1942年冬，天京潜县公安局在游击区发展了一批秘密情报员，对破获案件起了重要作用。1943年春，天京潜县公安局长廖学道带领手枪队员，侦察破获了一起国民党特务窃取部队机要文件的案件，防止了泄密事件的发生。

1944年5月，廖学道还带领手枪队夜袭截河敌据点，砍死伪军10余人，缴获长短枪90余支，拔除了这个敌伪据点，使这个基本区得以稳定。

天汉公安分总局还通过邮检，查清了国民党特务驻随县环潭的对武汉行动组联络站，破获了从襄南喻家集、南河渡、马口等地潜入天汉地区进行特务活动的骨干分子，从而保证了根据地的安全。

五、战斗在敌后交通线上

1942年，日军凭着长江、汉水和公路以及众多的据点，把襄北根据地分割成许多“豆腐块”。第三军分区为了把被分割的根据地连成一片，加强与边区党委和师部的联系，除了拔掉敌人据点，打破敌人的封锁外，还建立了空中与地面的联系。空中联系依靠无线电台，地面联系建立交通线。为了加强交通线的建设，第三军分区从部队抽调一批骨干，建立了交通分局，在各县和重要地区设立了交通站，其主要任务是传递文件书报。

1943年4月的一天，三军分区交通分局派出了8个交通员挑着几担书报、文件，从天（门）皂（市）公路东侧根据地出发，送到天门以西的根据地去。这天拂晓以前，8位交通员接近天皂公路时，忽然发现远处开来8辆日军汽车，车顶上架着机枪。8个交通员迅速把担子转到麦田里，脱掉罩在外面的便衣，变成一色的伪军打扮。然后排成一列，昂首挺胸站在公路旁。日军汽车开到他们面前停车一看是“伪军”，便伸出大拇指说：“你们大大的，大大的。”等日军汽车开远了，他们从麦林里挑起担子，安全地跨过了天皂公路，胜利地完成了任务。

不久，组织上又派这8个交通员去开辟一条通往新区的交通线。一天晚上，他们到了郑家桥，这里地形开阔，两面是水，中间只有一座石桥可以通过，桥头有一个碉堡，伪军在桥上巡逻。这时，8个交通员又化装成伪军大胆地向石桥走去，伪军问他们：“干什么的？”他们说：“交通团有任务。”没等伪军哨兵来得及问第二句，就强行通过了。伪军反应过来后，立刻追上去，但已找不见他们的踪影了。

伪军为了卡死这条交通线，捕捉交通员，调来了一个连的兵力，加强封锁。隔了两天，8个交通员又化装成老百姓，大白天回到郑家桥，敌人盘查很严，被迫撤回。在往回走的路上，碰见了三军分区的两个排的武装，送战利品到师部去的，就与带队的参谋商量，要求部队配合，拔掉这个钉子。当天晚上，8个交通员领着部队到离郑家桥两里左右的地方埋伏好后，又化装成伪军，大摇大摆地向桥上走去。伪军问他们:“哪一部分的?”当哨兵听说他们是“交通团”的就开枪。8个交通员边打边退，把据点里的伪军引进了埋伏圈。这时，两个排的部队一起向伪军开火，把伪军打得狼狈不堪。伪军挨打以后，连忙撤除了郑家桥据点。从此，通过敌占区的这条交通线畅通无阻了。

战斗在交通线上危险性很大，许多优秀的交通员因此献出了宝贵的生命。1942年秋的一天，交通员祥麟从天汉送文件到天（门）北乌鸦岭，忽然发现镇上有便衣侦探。他连忙把文件塞进正在燃烧着的牛屎堆里后，迅速混到人群中。但还是被敌人抓住，受到各种酷刑，敌人用烧红了的火钳烙他，强行要他站在烧红的青砖上。在酷刑面前，敌人从他口中得到的只有这样一句话：“我是中国老百姓，什么也不知道。”后来新四军救出了祥麟，但他已被折磨成残疾，不久就光荣牺牲了。在京应两侧的大山头和石板河两个交通站，有30多名交通员献出了生命。

第三节 襄南根据地的开辟和巩固

一、进军襄南的战略部署

襄南是指东自武汉、西抵沙洋的襄河以南、长江以北的平原湖区，包括江陵、潜江、监利、沔阳、汉阳等县和汉川、荆门、石首等县局部。境内洪湖、排湖、白鹭湖、三湖、长湖等大小湖泊星罗棋布，大小河流纵横交错，是典型的河湖港汊地带，面积约1.2万平方公里，人口约200万，交通便利，商业发达，盛产粮棉鱼藕，是闻名全国的鱼米之乡，是兵家必争的战略要地。

从1939年到1942年底，襄南的沙市和江陵、潜江、监利、沔阳、汉川等县县城、集镇及襄河沿线的码头相继为日军占领，但大部分农村仍为国民党军队所控制，有兵力3万余人。特别是扼守在这里的国民党一二八师，对日军盘踞的华中重镇武汉构成了严重威胁。日军为了歼灭这里的国民党军队，特别是一二八师师长王劲哉统率的九个旅，将占据线推进到长江北岸一线，以改善并加强派遣军的战略态势，振奋其消沉的士气，日军第11军等部共五万之众从1943年2月中旬起在这里发动了“江北歼灭战”。

1943年2月21日，日军对以百子桥为中心的一二八师构成包围网。王劲哉率领全师官兵凭垒固守，进行了顽强抵抗。但由于旅长古鼎新叛变投敌，与日军签订密约，为日军做向导和策反工作，加之敌人兵力强大，采取“捕捉奇袭”的战术，迫使一二八师主力困于狭小地带。25日，王劲哉在激战中受伤被俘。随后，国民党其他部队如金亦吾等不战而降，大部分被编为伪军，少数溃散为匪。至此，襄南全部陷落。江北战役后，日军继续渡江南犯，占领了石首、华容和藕池口、江波渡一线。活动在这里的一一八师、六战区三个挺进纵队几乎全部被歼。

襄南陷落后，抗击日伪军的重任全部落在新四军第五师肩上。此时，人民深受日、伪、匪的蹂躏，多次派代表请求新四军第五师快来解救他们。边区党委和第五师师部根据中央的部署和人民的要求，适时地作出决定，再次进军襄南，发展河湖港汊地区的抗日游击战争，建立襄南抗日民主根据地。

1942年冬至1943年1月，三军分区从东、西组织过四次进军襄南的行动。1942年12月彭怀堂、王建桥两次率部从汉沔渡河；1943年1月陈清、王珊两次率四个连从张港附近渡河，都没有站住脚，就折回来了。面对这种情况，地委书记兼军分区政委张执一说：“不管敌人有多狠，为了拯救襄南人民，重返洪湖，我们非去不可！”地委对前几次进军襄南受挫的情况进行了分析，认为那是时机不成熟，遇到了江北战役的日军主力。现在日军攻占襄南后，势必进而占领洞庭湖西部地区，其主力部队不可能在襄南滞留太久。我军可以采取“敌进我进”的作战方针，挥师襄南，牵制敌人兵力，使敌首尾不能相顾，既能策应正面战场作战，又能收编国民党部队溃散武装，发展我军力量，扩大抗日民主根据地。张执一还结合前几次渡河受挫的教训，提出了重返洪湖，迅速站稳脚跟，打开局面的办法。他说，襄南的敌情是严重的，要开辟襄南根据地，第一步是要站稳脚跟，在军事上设法粉碎敌人的“扫荡”，避免又被敌人赶过河来。部队要紧紧依靠群众，要常流动、多走路，避开敌人合围；必要时甚至可以化整为零，采取“贴烧饼”的战术靠近敌人据点隐蔽；要抓住战机，消灭敌人，在军事上打开局面；要加强对保甲长的争取工作，搞两面政权；还要重视瓦解伪军的工作；要迅速建立政权。张执一同志这些意见无疑是正确可行的，受到了襄南地区党政军民的一致拥护。

经请示五师师部并经中央同意后，地委和军分区对开辟襄南作出了具体部署：部队主力由潜西进入江陵、潜江边三湖地区建立立足点。然后，由西向东进入洪湖；东面派一支小部队由马口附近进入汉沔，恢复汉沔根据地，配合主力开辟襄南。

当时，襄南有土匪和国民党溃散武装以及地主武装万余人。仅在荆（门）江（陵）潜（江）边地区的地主武装和伪军就主要有四股：荆门李家市的国民党游击队王伯膏部约 300 人；沙市外围的伪军曾尚武部约 2000 人；驻潜江城附近的伪军李正乾部约 1000 人；驻熊口的伪军朱秉坤部近 2000 人。而五师能开进襄南的主力部队不过 2000 余人。考虑到敌强我弱，单纯靠军事打击，是难以打开局面的。为此，地委和分区决定：必须高举抗日的旗帜，放手发动群众，壮大抗日力量；坚决执行党的抗日民族统一战线的各项方针政策，发展进步势力，争取中间势力，孤立打击顽固势力和死心塌地的汉奸走狗，团结一切可以团结的力量共同抗日。其具体步骤是：团结王伯膏部，争取曾尚武部暗中为我所用，以稳定西线；争取李正乾部反正，化敌为我；集中力量歼灭顽固不化的朱秉坤部。

1943年3月，五师师部决定成立新的十五旅，任命吴林焕为旅长，方正平为政委，方正为参谋长，刘放为政治部主任。十五旅组建后即准备进军襄南，从平汉路西侧出发，越过日军封锁线，向天京潜挺进，与三军分区部队一起进行大的军事行动，以保证进军襄南取得胜利。

二、李人林率部挺进三湖，江陵县抗日民主政府成立

（一）徐李市首战告捷

1943年3月下旬，三军分区参谋长李人林、四十五团政委戈平奉命率四十五团一营由江陵地下党员邓佑文（又名邓理）、潜江籍党员王贤伯做向导，从潜北泗港、京山多宝湾两个敌人据点之间的巴家台夜渡襄河。在此之前，张执一曾派天京潜县副县长张家振和朱显伟多次与聂吕滩的国民党蚌湖区区长聂国柱进行谈判达成了协议，由聂提供船只，保障部队顺利过河。因此，部队得以顺利过河。过河后，李人林摸清潜西敌情和社会情况后，留下一个连和部分干部成立荆潜军政联合办事处开展工作，率部继续向西南挺进。潜江、江陵各集镇和东荆河渡口都驻有日伪军，乡村到处是土匪。李人林派熟悉情况的邓佑文带领手枪队在前面侦察敌情，做土匪和黄学会的工作。部队在敌人缝隙中前进，经万里镇、太和场，进入江陵三湖附近的洪宋场、土地口一带埋伏起来，与江陵地下党负责人张礼成取得了联系，布置了收集敌伪军的情报，积极争取伪乡保人员为我工作，在敌据点及附近迅速建立两面政权，为部队筹集给养和做争取伪军工作等。

不久，新四军的活动被日军发现，岑河口、丫角庙、浩口等地日军向新四军部队进行合围“扫荡”，部队便采取“贴烧饼”的办法，迅速开到岑河口日军据点附近，在三湖地下党和群众的支援下，分乘十几只船到岑河芦苇湖中隐蔽起来。在三湖坚持武装斗争的地下党负责人朱玉衡带领武装监视敌人。

群众为部队送饭送菜、站岗放哨、传递情报。过了两天，日军找不到新四军的踪迹，撤回原据点。日军走后，部队又回到原来的驻地。

李人林率部过河后，敌众我寡，力量悬殊，光凭硬拼不行。他们一面做争取伪军反正的工作，壮大自己；一面则对最顽固的伪军给予打击。

部队一开到土地口、洪宋场一带，就做该地原国民党一二八师独立团长倪辑伍的工作。倪辑伍是江陵洪宋场人，原是私塾教书先生。他组织黄学会当了头头，后又当了联保主任，借助黄学会的势力，发起民变，收缴了地方保安队的一些枪支，组织了几百人的武装打游击。后被国民党江陵自卫团张振华部进剿，被逼迫去投靠了一二八师，当了独立团团长。一二八师被日军歼灭后，他带残部300余人在洪宋场一带活动。经过江陵地下党几次做工作，他愿意接受中共领导，很快同李人林接洽，与营长田美艾一起率300余人枪起义，改编为江陵抗日自卫团，倪被任命为团长，王建桥任政委，田为大队长。

倪辑伍反正后，李人林部还对盘踞张金河和易小河口一带的几起小股伪军进行收编，至此，白鹭湖北部地区的伪军除刘银国外，基本瓦解。

刘银国本是长湖一带的土匪头子，后投靠第六战区挺进军第二纵队司令金亦吾部任直属大队大队长，有600多人枪，以后又追随金亦吾投敌，被编为伪军，驻守在白鹭湖的张金河至徐李市一线。李人林先去信劝其反正，遭到拒绝。于是，由龙湾地下党员姚承恩去王家台做刘银国手下两个中队长姚承宫、蔡绍汉的工作，他俩答应不配合刘银国与新四军作战。5月9日，李人林即率部包围刘的司令部驻地——白鹭湖边的牛佬湾，经过激战，将其击溃，缴获轻机枪2挺，步枪40余支，子弹308发，毙伤敌数十人，俘敌百余人，一举解放了徐李市、张金河。接着又打退了敌伪对土地口、徐李市等地的“扫荡”，歼灭伪军李胜坤之监利保安大队一部。

徐李市首战告捷，新四军军威大振，小股土匪和伪军纷纷前来投诚，敌占区的伪保长也大部分转变态度，两不得罪。李人林部在江陵地下党的配合下，经过一个多月的军事斗争和瓦解伪军的工作，在江陵、潜江边的三湖、白鹭湖地区站稳了脚跟。

（二）襄南工委和指挥部的成立

为了加强开辟襄南的力量，襄河地委和军分区决定派第二批部队进入襄南。4月上旬，三军分区政治部主任刘真奉命带一批干部和军分区所属的第十二团四个连，从襄北观音湖到聂吕滩过襄河，经万里镇、太和场、浩口抵达洪宋场与李人林部会合。不久，四十五团参谋长青雄虎，亦奉命率一个营从京山南山赶到襄南开辟白鹭湖以南地区。根据边区党委和地委的指示，在徐李市建立了中共襄河地委襄南工作委员会和襄南指挥部，由刘真任工委书记兼指挥部政委，李人林任指挥长，刘放为工委委员，三人负责全面领导开辟襄南的工作。

（三）江陵县抗日民主政府成立

1941年9月，三湖抗日游击根据地遭到国民党顽固派的破坏后，江陵县党组织大部分人转移到襄西，一小部分人留下就地坚持斗争。1942年3月，张礼成、邓佑文等人从襄西回到江陵，领导了三湖、白鹭湖地区的游击武装恢复工作。李人林率部来到三湖地区后，与江陵地下党取得了联系。襄南工委成立后，刘真于4月上旬到洪宋场组建了中共江陵县工委，由王建桥任工委书记、李秉范任副书记、张礼成任组织部长。

江陵工委成立后，在三湖地区积极建立和发展区武装。在李人林部配合下，以原地下武装为基础，挖出埋藏的枪支弹药，很快组建起沙岗、岑河口、老新口、张金河等区游击队。这些武装，不仅直接打击了敌伪军，起到了抗日保民的作用，还有力地支援了主力部队的作战和扩充。与此同时，还清理整顿党的组织，在全县建立了5个区委共17个支部，150多名党员，为全面开展地方工作创造了良好的条件。

在建立区乡抗日民主政权的基础上，1943年4月下旬，江陵工委在洪宋场召开了江陵县各界抗日民主人士代表大会，即县临时参议会。一致选举倪辑伍为县长，张礼成为副县长，王建桥为参议长，祝甘亭为副议长。这是新四军进入襄南以后建立的第一个县级抗日民主政府和参议会，在群众中产生了重大政治影响。会后，各界代表回去广泛宣传党的抗日民族统一战线政策，有的到敌伪据点做争取、分化、瓦解工作；有的积极筹粮筹款，协助解决部队给养；有的做敌伪政权工作，建立了大批两面政权；有的通过据点内的伪军关系，替新四军搜集情报。

在江陵工委的领导下，各区乡政府动员开明士绅和殷实富户筹款、借粮解决部队的后勤给养，有时还用武力向敌人夺取财物。邓佑文、张绍书带领地方武装配合正规部队攻打新沟嘴的日军据点，抄了日军的洋行、仓库，活捉了洋行经理，缴获了大批钞票和粮食、布匹、百货等物资，张礼成还在张金河、土地口等地筹办了临时医务所和小型被服厂。这些，都为解决部队后勤给养起了很大作用。

江陵工委在基本控制区的局面打开以后，还抓了扩大游击区的工作。5月，地委决定撤销江陵县工委，正式成立江陵县委，由李秉范任书记，张礼成任副书记兼组织部长，舒赛任社会部长兼公安局长，周伟志任宣传部长，张绍书、朱玉衡、邓理（邓佑文）为县委委员。襄南工委和指挥部还决定以原独立十二团的两个连为基础，将江陵县抗日自卫团和田美艾、龚文科的两支游击队整编为新四军襄南指挥部所属三十团，由倪辑伍任团长，李秉范任政委，杨震东任副团长兼参谋长，邓杰任政治协理员。整编后的三十团下辖五个连、一个警卫排，有470多人，长短枪430多支、轻机枪5挺。

三十团整编后即对敌伪作战，5月8日，该团一部进袭江（陵）监（利）边境的新沟嘴，激战三小时，攻克该据点，毙日军13名，俘日军1名，获日钞20余万元。5月9日，部队乘胜袭击白鹭湖畔，歼灭伪刘银国部。5月10日，江陵丫角庙敌伪300余人出扰八区，江陵地方武装闻讯后予以迎头痛击，日伪逃窜，毙日军7人，俘伪军中队长以下7名，获长枪3支，短枪1支。

三、十五旅挺进襄南，荆潜行委会成立

（一）荆潜军政联合办事处成立，平匪安民，控制河防

荆潜地区系指襄河以南、东荆河以西的潜江西部地区和荆门县西南部李市、毛李两区。荆门、京山、潜江三县交界的聂吕滩、张新场一带，是新四军襄河南北交通的咽喉。这一带除长垴渊驻有日军外，都是伪军。而这些伪军，大多数是靠土匪起家的。他们受日军整编后，到处拦路邀抢，绑标劫舍，使这里田园荒芜，商业绝迹，老弱坐以待毙，少壮逃匿四方。

李人林部过襄河后同留在荆潜的戈平分析了潜西的形势后认为：这个地区当前突出的矛盾是广大劳苦群众与土匪的矛盾，要开辟这一地区，巩固河防，当务之急是清匪安民。鉴于大多数土匪是迫于生计而走上犯罪道路的，清匪的方针应是剿抚兼施，以抚为主。同时要积极建党建政，组织武装，建立广泛的抗日民族统一战线。为了领导这一地区的工作，1943 年 3 月下旬，建立以戈平为政委、王贤伯为主任的荆潜军政联合办事处。办事处成立后，潜伏在匪首张生廷部的双土地抗日游击队长许厚宣率 20 余人枪来到办事处，成为地方武装的核心力量；就地隐蔽的共产党员和干部张昆仑、魏兴旺、蒋万炳、王升松等人也迅速归队，充实了领导力量。4 月份，刘真在双土地主持组建了中共荆潜工委，戴月任书记，左有方任组织部长，王贤伯任政权部长，魏兴旺、张昆仑为委员。在办事处和工委领导下，开展了卓有成效的工作。

首先是清匪安民，建立河防大队。李人林部过河后留下的一个连由戈平率领开辟荆潜，第二天就在双土地附近捕捉了一股 20 余人枪的土匪，戈平决定教育后全部释放，被俘者为新四军的宽大政策所感动，都表示愿意参加新四军，办事处当即发还枪支，并发给每人两块银圆，令其自由活动，搜集同伙，前来受编。

这伙土匪获释后，四处宣扬新四军好。不几天，张新场土匪张兆文在新四军政策感召下，率 20 余人枪前来受编，并做向导，带新四军直捣张新场匪巢，活捉了曾杀害过不少共产党员的顽匪张黑山。这一放一捉震动很大，土

匪头目张德文、聂大勋等立即请当地士绅张一民前来办事处，转达他们愿意受编的心意。不久，地方士绅聂兆松、聂国发、聂光勋等陆续前来与王贤伯畅叙旧情，使清匪工作不断深入，后又通过任场士绅任俊山做工作，使匪首龚润章率30余人枪前来受编。办事处又在钟市收编了50余人枪。对继续作恶的土匪，则坚决予以镇压，新四军直捣代河匪巢，从地洞里救出被害男女30余人。同时，捕获了3名在黄场伪军庇护下拦路抢劫的土匪，根据群众的要求，就地正法。

在新四军政治、军事攻势下，土匪很快收敛，敌伪据点陷于孤立，工委又团结黄场进步人士赵连城带动群众返回家园，基本上达到了士、农、工、商各安其业。与此同时，经过天京潜县委派人做工作，张新场匪首聂忠炳率20余人枪前来受编，工委在张新场、聂吕滩一带建立了河防大队，备有20余只木船担任渡河任务，任命聂忠炳为河防大队长。由于这一带的土匪基本肃清，又有河防大队和较多的渡船，迎接十五旅主力渡河的准备工作基本完成。

办事处和工委还在交通河防线和敌据点周围恢复了党组织，组建了民兵，配合地方武装开展对敌斗争。在三汊河口和东荆河沿线，恢复了黄场、赵台、田关等地的党组织，在黄场、陶朱埠等重点渡口，建立了游击小组，还建立了范新、赵台两个乡政权，担负侦察敌情、控制渡口等任务。潜江城一个伪军副营长由陶朱埠渡河来侦探情报，当即被游击小组活捉。在熊口、周矶等敌据点周围，恢复了保安闸、金家沟等地党组织，建立了游击小组、情报组和熊口区政权，掌握敌伪动态。在中心区和重点地方，建立了张戴乡、义兴乡、刘场乡、蚌湖乡等乡政权。

到4月底，荆潜地方武装和正规军发展到近300人，建立了荆潜县独立营，由张昆仑任营长。有一次200多名日伪军向蒋家湖轭头湾“扫荡”，独立营采取包抄敌人后路的战术，很快将其击退。

为了拔除黄场伪军据点，控制三汊河渡口，解决军政人员的给养，4月，办事处还攻打了泽口洋行。泽口日军据点离洋行一里多路，一天晚上，正规部队和地方武装共300多人，在争取了泽口伪警察谢邦发、王升全当向导后，顺利进入泽口，一枪不发就活捉了维持会长谢南星，缴获泽行食盐、布匹、纸烟等物资100余担（不包括自发去的群众所缴之物），待物资搬运过东荆河后，才向日军鸣枪示威。

夜袭泽口的胜利大大提高了新四军声威，伪区长聂国柱放弃陶朱埠渡口，移防汪家桥，黄场伪中队长王洪纪放弃黄家场据点逃往潜江县城，原泽口伪警长董藩能和李良海前来参加新四军。军政联合办事处很快组建起东荆河河防队，控制了三汊河、陶朱埠渡口，并建立了泽口乡抗日民主政权，加强了前沿阵地。4月下旬，匪首张德文、聂大勋率50余人枪前来受编，刘真将其分别任命为独立营长、第四中心乡主任。张、聂就职后，对维护四、五中心乡的社会治安和襄河南北交通起到了保障作用。到5月底止，荆潜县先后建立了五个中心乡和两个外围乡政权，荆潜根据地的开辟工作基本上打开了局面，为十五旅挺进襄南建立了前进阵地。

（二）争取曾尚武、王伯膏，安定西线

早在新四军进入襄南之前，张执一就确定了争取曾尚武、安定西线，以便集中力量歼灭伪军金亦吾部的方针。曾尚武是晚清秀才，参加过辛亥革命，抗战前受蒋介石排挤而弃官还乡，落魄为汉流大哥。日本占领荆沙后，他通过江湖朋友的关系，拉起了一支约2000人的队伍，负保乡守土之责。后投靠日军，当上了江陵县伪保安司令，下属四个大队，协同日军驻守荆沙、丫角庙、观音垱、岑河口、资福寺、郝穴、马家寨等地。但他没有反共历史，同蒋介石政府也没有关系。如能争取曾尚武伪军暗中为我所用，从丫角庙到荆沙，从荆沙到郝穴长达100多公里的西线，将会成为襄南根据地一条无形的防线，既可减轻日军对新四军的压力，又可挡隔国民党反共游杂队伍对根据地的干扰。

三军分区司令员、民主人士杨经曲先生同曾尚武早年就有很深的交情，4月份，杨经曲通过江陵进步人士祝甘亭与曾尚武取得了联系，在丫角庙附近进行了秘密约会，曾尚武表示决不与共产党为敌，并主动提出请新四军秘密代表进驻他私人的公馆，以便随时向新四军提供敌伪顽诸方面的情报。4 月底至 5 月，中共江陵工委社会部秘书周方琳奉刘真之命，同祝甘亭一起前往沙市曾公馆联络。曾除表示不与东边金亦吾部配合对新四军作战外，还答应在日军行动前向新四军提供可靠情报；不骚扰解放区老百姓；不妨碍民主政权在敌据点征收工商税。并陪同周到各防区做好了几个大队长的工作。直到抗战胜利，曾一直与新四军保持良好的关系，虽因此被日军逮捕，但他“私通”新四军仍被传为佳话。

与此同时，还做好了争取荆门李家市的国民党游击队王伯膏部共同抗日的工作。

王伯膏，荆门人，拥有 300 余人，百余支枪。1941 年以前曾任国民党荆门县长、第六战区荆江潜抗敌指挥官，他赞成国共两党团结抗日。早在 1940 年 9 月，新四军就同他建立了统战关系，1942 年聘他为鄂豫边区参议员。刘银国曾是王伯膏委任的游击支队长，1943 年 3 月，李人林率部歼灭了伪军刘银国部，后派人向他解释此事时，王伯膏说：“刘银国现在是投降了日军的伪军，贵军歼灭他的行动是正义的，我赞成。”十五旅发动熊口战斗之前，为争取王伯膏合作，阻隔沙洋、后港日伪军对熊口伪军的策应，襄南工委派代表与王伯膏进行了谈判，要求他协助新四军掌握沙洋、后港一线日伪军的情报。王伯膏当即表示同意，随即布置沙洋、后港的部属为新四军提供情报，并让三军分区在他的辖区中心邓家洲设情报站，做到了敌伪军的一举一动及时传送到三军分区指挥部。

直到日本投降，新四军与王伯膏部的关系一直相处得很融洽。日军投降后，王伯膏及其长子王振纲曾被国民党沙市驻军以通共的罪名扣押。新中国成立后，王伯膏受到党和人民政府的照顾。

争取曾尚武和王伯膏的工作获得成功，使襄南西线有了一个稳定的环境，不仅孤立了熊口伪军朱秉坤部，而且为以后襄南的巩固创造了西部安定的条件。

（三）十五旅全部进入襄南，襄南代表团成立

日军在发动江北歼灭战之后，为了歼灭由洞庭湖至宜昌长江右岸的国民党野战军，使宜昌附近的船舶在下游通航，以加强长江运输能力，日军第11军纠集三个师团、一个旅团和五个支队的兵力，于5月上旬至6月中旬发动了所谓“江南歼灭战”。从5月5日开始，对湘北鄂西发起进攻。

为了配合正面战场作战，牵制日军兵力，新四军第五师师部电令十五旅旅直、四十四团及四十五团三营全部渡过襄河，迅速向东南挺进，创建襄南抗日根据地。5月14日，十五旅旅长吴林焕、政委方正平率部进入襄南，四十四团留在潜西和江陵长湖一带活动，四十五团在监西和监北周老嘴地区活动。襄河地委决定，撤销襄南工委，成立襄河地委襄南代表团，由方正平任书记，吴林焕、李人林、刘真、刘放、方正为委员，统一领导襄南的军事和地方工作。

十五旅主力渡过襄河后，在积极寻找战机的同时，立即进行剿匪。主力部队除留下部分作为机动外，都分散开来，化装成便衣，3—10人一组，配合地方武装，一面发动群众，一面剿匪。由于统一战线工作做得好，土匪纷纷归顺，一个多月就争取、收编了好几十股土匪，避免了他们靠向敌人，保护了群众利益。就这样，襄南地区的土匪很快基本上消灭了，群众情绪异常高涨。与此同时，还争取了李正乾起义，组织了熊口和新观两次战斗。

（四）李正乾起义

李正乾是四川省安岳县人，出身于破落小地主家庭，少年求学时就萌发了抗日救国思想，为寻找出路，他弃教当兵，先后投考特务头子康泽领导的别动总队教导队和国民党中央军官学校特训班受训，加入了国民党和复兴社，但他不满蒋介石的黑暗统治和“攘外必先安内”的政策，1939年底前往潜江投靠他在别动总队教导队受训时认识的教官金亦吾，希望在实际抗战中对祖国和人民有所贡献。1942年任经济游击大队长时，曾一次枪毙土匪30多名。1943年春，金亦吾公开降日，李正乾仍坚持“汉贼不两立”的严正立场，力

主向西突围，继续抗战。襄南地委和军分区领导认为，李正乾虽然受过反共特务训练，后被裹胁投敌，当上伪军暂编第六师第三旅第七团团长，但他是个有民族觉悟、有血性的中国人。如果对李晓以大义，指明出路，是可以争取过来的。于是，襄南指挥部派人去做他的工作。李正乾旧部龚文科接受新四军改编后向李介绍了所见所闻，使他的思想受到很大震动，产生了与共产党合作抗日的愿望。4 月底，他就和新四军派到潜江城的地下工作人员有了接触。5 月初，潜江日伪军联合“扫荡”直路河地区，李正乾得悉后，将敌人的作战计划抄送新四军，他的部队竭力避免与新四军发生战斗，使新四军在击毙日军少尉指挥官 1 名、毙伤日军 10 余名后安全转移。

5 月底，日军将李正乾的防区划到襄北，迫使其“清剿”新四军。李正乾坚决反对日寇假手中国人“萁豆相煎，自我残杀”，毅然于 5 月 23 日深夜将全团 800 余人枪拉出潜江县城，翌晨到达直路河。但他还没有下定决心参加新四军，想独树一帜，自成一股势力。24 日襄南指挥部派联络科长祁武、区长张绍轩前往联系时，他只是希望和新四军互相友好、互不侵犯。不料，伪军暂编第六师第三旅旅长陈必祥于 25 日配合日军前来追击，与李部发生战斗，李将部队转移到徐李市，这才感到“只有走新四军这一条路了”，当即与几个营长商量，“归附新四军”，并通过龚文科与襄南指挥部联系，于 27 日宣布反正抗日，参加新四军。

李正乾率部起义，受到人民群众的热烈欢迎和慰问。指挥部派部队向群众借粮，老百姓热情帮助，顺利地解决了李部近千人的吃饭问题。李正乾感动地说：“得民者必昌，共产党将来一定能够胜利！”

根据五师首长决定，李正乾部改编为新四军第五师第三军分区第一纵队（亦称襄河第一纵队）。李正乾为司令员，徐达三为政委，下辖三个支队。6 月 1 日，在张金河附近召开建军大会。李正乾反正后，就同李人林商讨攻占熊口的计划。

7 月，李正乾到京山南部，与徐达三、李先宾一起领导部队整顿和训练。

李正乾排除各种干扰，协助做了大量工作，使得这一支旧式武装在短期内被改造成为一支政治上可靠的人民军队，在对敌斗争中发挥了很大作用。他认为只有共产党才能救中国，向党组织提出了入党申请。8月23日，经边区党委批准，李正乾加入了中国共产党。此后，他一直坚定不移地跟党走，在斗争中锻炼成为一个忠诚的共产党员，为民族解放和革命胜利作出了积极的贡献。

（五）熊口战斗胜利，荆潜行委会成立

潜江西南重镇熊口，是新四军南取监利，东趋汉（阳）沔（阳）的要冲。李人林率部渡过襄河后，敌伪立即派伪六师第二旅朱秉坤部约2000人扼守熊口，妄图阻止新四军挺进洪湖。十五旅主力进入襄南后，决定集中力量歼灭伪军朱秉坤部，拔掉熊口据点这颗钉子。

朱秉坤是江陵长湖的老土匪，盘踞长湖达10余年之久。他一贯反共，同江陵、潜江的地方当权者有千丝万缕的联系，江潜边的老土匪都投靠其门下，是伪军金亦吾最强大的一股军事势力，是新四军在江潜边界地区最凶恶的敌人。朱旅拥有三个团，其兵力部署是：以两个团驻守熊口镇，构筑了坚固的工事，其中有一个营是由李正乾已争取过来的营长王启瑞带领，驻扎在街北头日军修筑的工事里，距熊口镇约一里；一个团驻扎在新阳家场。三个点形成鼎足之势，还在熊口镇附近设了10多个据点互为声援。

这次战斗由十五旅和襄南指挥部首长共同指挥，战前作了周密部署：四十四团和军分区地方武装一部由浩子口向南推进；四十五团两个营从徐李市赵家一带向北推进，形成包围熊口的态势；江陵三十团两个连在丫角庙方向监视荆沙敌人的动向；荆潜地方武装围攻周矶据点沈锡赓部，牵制该部敌援朱，并沿东荆河一线监视潜城日军驰援；李正乾部在徐李市、张金河一线待命，主要对付龙湾、余家埠之敌。江陵工委负责动员群众支前，组织了四五百名民工、二三百只船和大批给养、担架，听候调度使用。

6月6日夜晚，部队开始行动，7日拂晓向熊口、周矶、新阳家场等据点发起攻击。周矶据点之敌沈锡赓部突破荆潜地方武装的重围，向潜江县城方向狼狈而逃。驻守熊口的两个团则顽固抵抗，战斗十分激烈，十五旅送来的伤员有30多人。上午9时，驻守街北头阵地的王启瑞营长在火线上起义，让出北街防御阵地，四十四团一营乘势攻入街内，消灭敌人一个中队，四十五团也在街南头打开缺口，将伪军压在街北一角，伪军仍凭借工事进行顽抗。十五旅部队一面进攻，一面通过李正乾、王启瑞在阵地前喊话，指挥部一再写信迫使朱秉坤投降。在强大的政治和军事攻势下，下午5时，朱秉坤被迫宣布投降，开赴指定的洪宋场集合待命。

熊口战斗并未因朱秉坤投降而结束。6月9日夜，襄河地委襄南代表团在洪宋场召开专门会议，研究处置朱秉坤的办法，提出了派政工干部进入朱部进行改造工作，以四十四团全部同朱部合编，给朱部一个番号，划一个防区，同他友好相处等三种解决办法，但各有利弊。正在权衡之际，王启瑞送来了朱秉坤在秘密部署向长湖逃窜的紧急情报。鉴于朱坚持与新四军为敌，会议决定将其包围缴械。于是，十五旅开赴洪宋场将朱部围歼，俘获人枪千余，伪六师第二旅全部就歼，仅朱秉坤带随从逃走。至此，熊口及附近的阳家场、马家场、吴家场、周家矶等10多个敌伪据点均被拔除，潜西、潜南广大地区获得解放，通向洪湖的道路终被打开，熊口战斗取得了完全彻底的胜利。

熊口战斗歼灭了伪军金亦吾部在江、潜两县的主要军事力量，使其一蹶不振；孤立了潜江县城的日军，解放了除潜江县城以外的江、荆、潜边界广大地区；有力地支援了国民党六战区在江南对敌作战；以熊口为中心的江潜边地区成为襄南根据地巩固的中心区域，为东向洪湖、南向石公华发展奠定了基础。由于用争取反正和武力围歼两种方式解决了李正乾、朱秉坤两股伪军近3000人，获枪近2000支，从而壮大了襄南抗日武装，不仅使十五旅在人员与装备上获得补充，而且使地方武装得到了很大的扩充。

熊口战斗不久，正在白鹭湖西岸新观掩护地方工作的四十五团三营突然遭到江陵郝穴、普济观、沙岗等据点的日伪军120余人的袭击，三营立即占领有利地形坚决反击。战斗自上午9时打到下午3时，日伪伤亡40余人后逃窜。

熊口战斗后，伪蚌湖区长聂国柱慑于新四军强大的军事威力和政治影响，最后下决心起义，投向了人民。从此，荆潜地区除长埫渊外，均属抗日民主政权管辖。6月下旬，在范新召开了荆潜县参议会，正式建立了荆潜县抗日民主政权县行政委员会，民主选举李凌云为行委会主席，王贤伯、聂国柱为副主席，赵连城为县参议长。1月，在周矶召开县参议会，改荆潜县行委会为荆潜县抗日民主政府，民主选举周美成为县长，聂国柱为副县长，赵连城为县参议长。同时，将中共荆潜工委改为中共荆潜县委，由李旭任书记，吴文舟任组织部长，韦英任宣传部长，戴月任委员。至此，荆潜县成为巩固的抗日民主根据地。

自新四军挺进襄南至熊口战斗，共俘虏、瓦解、收编伪军和土匪武装4000余人。延安《解放日报》6月15日头版报道了这一战果，陈毅军长也曾著文加以赞扬。

四、四十四团挺进天潜沔，天潜沔县行委会成立

熊口战斗后，十五旅基本控制了襄南西部地区，旋即分兵向天潜沔和洪湖中心区挺进。天潜沔地区系指天门县襄河以南，潜江县东荆河以东，沔阳县排湖以西地区，境内有排湖、苏湖等众多湖泊，通顺河横贯其间。土地革命时期，这里是以拖船埠为中心的沔西潜东苏区。日军侵占后，在潜江城、深江站、莫老潭、老杨家场、通海口、潘家场、范溉关、毛嘴、坡子场、中沟、姚家嘴、沔阳城、府场等地建立了日伪据点，加上土匪横行，水旱灾害频仍，这里的人民生活极为悲惨，天天盼望新四军来解救他们。

为了开辟天潜沔地区，襄南指挥部于1943年5月派黄绍元、万洪纶、左有方回到家乡发动群众，建立地方武装和基层政权。黄绍元在左桥、金庙一带建立了一支游击队和潜东联乡办事处。万洪纶在沔阳县谢家场一带建立了天潜沔游击大队和天潜沔联乡办事处，又发动伪班长弃暗投明、拖枪反正，于6月18日在珠矶寺成立了天沔第二游击大队。第二游击大队名义上虽然是

郑明发任大队长，实权却掌握在汉流大哥朱自卿手中，朱受编不受调，还拦路抢劫滥收税，郑也对共产党存有戒心。为了争取这支队伍，天河第一游击大队长胡圣清（汉流大哥）、教导员万洪纶接受了郑的要求，在铁鼓庙焚香盟誓，并由万兼任第二游击大队教导员，后朱叛逃，这支队伍才得以巩固。6月下旬，将三支游击队合并为天潜沔游击大队，并建立了以左有方为首的中共天潜沔工委和天潜沔军政联合办事处，为十五旅主力部队开辟这一地区打下了基础。

7月上旬，新四军第五师团长黄人杰、政委黄德魁奉命率四十四团主力渡过东荆河，经十家大垸，顺利地挺进天潜沔地区。该团以一个连配合地方武装进击潜江总口日伪据点，歼伪军一个排，打通了天潜沔地区通向襄南指挥部的通道。

沔阳毛嘴驻有日军一个伍（一个班）、伪军一个中队40多人，他们奸掳杀烧，无恶不作，群众恨之入骨。四十四团开进天潜沔地区后，毛嘴的敌伪龟缩到深江站据点去了。万洪纶当晚带一个班的武装同100多名群众连夜炸毁敌人碉堡，铲平敌人工事。8月5日，伪军大队长陆诗臣带两个中队100多人枪来毛嘴修复工事。在得到毛嘴街上的商人王士昌送来的情报，并化装侦察之后，于8月8日晚上11时，由政委黄德魁亲率四十四团一个连和游击大队50人枪，分四路向敌伪进攻，经四小时激战，歼灭了伪军陆诗臣一个大队部，毙伪军31名，俘伪军83人，缴获长短枪62支，子弹2500发，手榴弹104枚，战马8匹。

毛嘴一战，狠狠打击了敌伪的嚣张气焰，新四军军威大振。接着，四十四团配合游击大队收编了几十股土匪，解放了排湖以北、襄河以南的广大地区。8月份，成立了以杨知时为书记的中共天潜沔县委和以洪范为主席的天潜沔行政委员会，下辖三个区和六个中心乡。

五、四十五团东进洪湖，监沔县行委会成立

（一）四十五团东进开辟监北

为了实现重返洪湖的任务，早在1943年5月初，四十五团三营即由副团长曹玉清率领，从江陵之徐李市出发进入监利之周老嘴地区活动，与先期到达该地活动的襄南指挥部敌工科长韩白起会合，组织群众与日、伪、匪势力进行斗争。

监沔地区是指以洪湖为中心的监利全境和沔阳县东荆河以南、长江以北地区（今洪湖市境），这里是土地革命时期湘鄂西苏区的中心区域，红军转移后，国民党势力卷土重来，对人民进行了残酷镇压。1943年2月日军占领监沔后，原国民党一二八师独立团长王一鸣、罗必正、沈家常、张威和国民党特务柳标等投降日军。王一鸣被编为皇协和平军，第一团驻观音寺；周道行（特务）、冷后知为第二团，驻监城。后改为监利县伪保一、二团。柳标、张威和沈家常等被编为伪侠义军，李月波任军长，柳标任副军长，下辖二个师四个团。张威任第一师师长，沈家常任副师长兼第一团团长；何大相任第二师师长，分驻监利各地。伪独立十三旅（苏振东）下辖三个团，分驻沔城、通海口、府场、白庙、里仁口、彭场等地。在监利县境，日军在汪家桥、观音寺、余家埠、新沟嘴、毛家口、柳关、朱河、上车湾、盐城等设有驻点；在江陵，日军设有龙湾、沙岗、普济观、秦家场、郝穴、胡家场、马家寨、岑河口、沙市等驻点。从荆沙到郝穴，由驻沙市日军派出；从石首、新厂、调关沿长江南北两岸各据点，由驻监利日军派出。同遍布监沔地区的日伪匪势力相比，前去开辟该地的新四军一个团显然力量甚微。但这里党的地下活动和人民的抗日斗争，为新四军开辟这一地区打下了良好的基础。

1941年前后，在湖北省第四专区简易师范读书的监利籍学生胡良发（中共党员）、胡卓云（即田农，民先队员）、王见之（即王哲夫，中共党员）等人陆续回到家乡，以各种形式开展抗日救亡活动。胡卓云、周畲农在剅口一带组织起了100余人的进步青年组织。王见之组织的同学会发展到200余人，

在县城周围和监西北地区影响颇大。胡良发以办补习班的名义进行活动，还自发地吸收了一批党员，成立了朱河党支部（自发组织）。朱河一带的抗日基本力量达二三百人。监利沦陷后，为了使这支抗日力量免遭摧残，胡良发即通过黄国藩与饶子骐（伪金亦吾部特务旅长）联系，将所属200多人在朱家塔成立了伪军第八团（属饶旅），黄国藩任团长，胡良发任团政治处主任。胡卓云打入李明显团，王哲夫等打入伪王一鸣的一大队、三大队以及伪饶子骐特务营。他们利用这个合法形式在李家庙、朱家塔一带继续活动。这三支以进步学生为主的抗日革命力量，总计不下600人。在新四军挺进洪湖前，他们在全县城乡广泛地进行了宣传、发动、组织民众的工作，使“迎接新四军”“驱逐倭寇，抗日救亡”的口号成为各阶层人民的一致要求。新四军进入洪湖后，这些进步学生几乎都参加了新四军，其中斗争经验丰富者则充实到党政领导岗位，所有这些，都为监沔根据地的开辟与巩固打下了基础。

6月，熊口战斗胜利后，新四军四十五团团长曹玉清和团参谋长青雄虎率四十五团二营、三营两个营从周老嘴南下，攻打驻毛家口伪军饶子骐旅。虽因敌情有变，打入伪军内部的人员暴露，一接火伪军就南逃，未消灭伪军有生力量，但使得伪军头目饶子骐、李明显闻风丧胆，向石首调关逃窜，四十五团由此开辟了监北一带。

（二）徐育扬反正，监沔游击支队成立

在开辟监北的同时，襄南指挥部于7月底收编了盘踞在周老嘴、分盐一带的伪军支队长徐育扬等部。

徐育扬在土地革命时期当过赤卫队员，红军撤走后自首，当了汉流大哥，拉起土匪武装，一二八师被日军打垮后，他收拾一批枪支，投奔伪军苏振东部当了支队长，在陈沱子口一带活动。民主进步人士杨济民组织了一支50多人的自卫武装，在韩白起的具体指导下，利用社会关系打入伪军苏振东部的第一团，经过一段时间的工作，将伪团长刘昆绍、伪支队长陈希山及所部200余人争取过来。接着又争取伪支队长徐育扬率一二百人枪参加了新四军。后

经过整编，只留下60多个贫农出身的战士。8月，江陵县委书记李秉范调监沔工作，按照襄南指挥部的命令，以李秉范带来的三十团一个排为骨干，将这几股武装整编为监沔县抗日游击支队，任命徐育扬为支队长，杨济民为副支队长，李秉范为政委。

新编的监沔县游击支队，只有100多人，80多支步枪，两挺轻机枪。出去转了几圈，不到一个月的时间，就扩大到一百八九十人，参加的多是爱国热情高的青年农民、学生，还搜集了一二八师丢在民间的10多条枪和部分弹药。这支地方武装和襄南指挥部的警卫部队在一起驻防，共有三四百人，经过一段时间的训练和作战，得到了巩固。后来，在敌人对周老嘴地区进行多路“扫荡”的最艰苦的环境里，大多数人经受住了考验，坚持了斗争，成为人民军队的坚强战士。

（三）收编张威与张威叛变

张威曾当过红军，红军撤走后，他向国民党自首，加入汉流。武汉失守后，他乘兵荒马乱之际纠合一伙流氓土匪，拉起一支100多人的土匪武装，后被一二八师收编为独立第四团，他任团长，沈家常任副团长。一二八师被歼后，张威在洪湖搜集散兵游勇，队伍发展到400多人枪。1943年3月，日军在新堤组建伪侠义军，收编张威为该军第一师师长，沈家常为副师长。该师有800余人300余支枪，轻机枪4挺，炮3门，驻扎在白螺矶、杨林山、螺山、界牌一带。7月，日军命令张、沈部移防武汉整编。为了保全实力，张、沈率部窜回老巢郭家铺、柳家湖一带，与剅口抗日根据地毗邻。张、沈既害怕日军追剿，又恐新四军出击，于是派师参谋长余培青会见韩白起，说他们未听日军摆布，希望不要发生误会，但未提投诚之事。韩白起报告李人林后，李即派韩与张、沈谈判收编，韩反复晓以大义，陈明利害，而张见新四军在洪湖的部队只有两个连、一个警卫排，迟迟不愿受编。7月下旬，李人林亲率两个连到洪湖，给张下最后通牒，强令张部限期受编。张威不明李部虚实，迫不得已，于7月30日率两个团约800人枪到剅口接受李部收编。李人林将张部编为襄南抗日游击第二纵队，任命张威为纵队司令，沈家常为副司令，韩白起为政委，胡良发为政治部主任。韩白起当晚即率政工人员进入该部，开展工作。

张威接受新四军改编，并非出自他本人的民族觉悟和爱国心，而是迫于新四军的压力和民众的呼声。李人林觉察到这点，要韩白起提高警惕。8 月 14 日，张威在伪侠义军副军长、军统特务柳标煽动下，发动反革命武装叛乱，新四军驻渊尾的一个连利用河湖港汊的有利地形对叛军进行阻击，击毙营长以下 30 余人，并将监利新收编的伪军张继银部轻重机枪各 3 挺、步枪 10 余支缴械。张威为了讨好日军，将新四军派进去做政治工作的韩白起、胡良发和宣传职员等 37 位同志逮捕，后来，除韩白起越狱逃回周老嘴外，其他同志均遭杀害。叛军还将朱北联乡办事处及 10 多个乡公所摧毁，将汴河游击队缴械，将剅口以下大小村墩的民房全部烧光。8 月 16 日，曹玉清率三个连和一个警卫排向驻扎在汴河剅口叛军攻击，击毙伪团长鲁文屏，毙伤俘伪排长以下 20 余人，将叛军驱逐出汴河剅地区。沈家常再次投靠日军，当上了伪监利县保安二团团长，驻守毛家口。监利县城日军不理睬张威的投靠，出动几百人将张威部缴械，张威成了丧家之犬。

张威叛变之后，襄南指挥部派李秉范和四十五团二营营长徐德率一个连再下洪湖，经过监利吴家新场（现属洪湖），到邓家庙与四十五团团长曹玉清、参谋长青雄虎会合。由于张威叛变时将剅口以下邓家庙周围的大小村墩全部破坏，加之洪湖涨大水，东荆河堤马颈项地段溃口，使监北地区和洪湖遭受大水灾，群众缺衣少食，连安身也感困难。为了拯救灾民，安定民心，维护社会秩序，新四军在剅口建立了朱北联乡办事处。监沔县委派田农任联乡办事处主任。四十五团二营亦以剅口地区为活动中心。8 月底，四十五团侦察人员在郭家铺一带活动时，捕获了伪侠义军副军长、策动张威叛变的柳标。

（四）张家坊战斗

张威叛变后，日伪军蠢蠢欲动。朱河的日军出来到桐梓湖封船，王一鸣伪军集中到码头浒，监利县城、上车湾的日军又有增加，柳关的伪军四大队吕正刚部连续几天都出来骚扰。对此，地委委员陈秀山同监沔县委和四十五团的负责人一起研究敌情，认为敌人的企图是乘新四军立足未稳，把新四军赶出洪湖，估计敌人可能在近二三天内要下湖“扫荡”。为了粉碎敌人的“扫荡”，决定兵分两路转移，避实击虚。一路由团长曹玉清和李秉范率四十五团三营及团直向洪湖北岸的渔村彭家墩、张家坊一带转移；一路由团参谋长青雄虎率二营两个连向洪湖中间的仓墩、中墩转移，等待敌人行动，趁机予以打击。由于青到洪湖时间不长，对地方情况不熟悉，决定由邵萍带着刚组织起来的剅口区游击队和新兵大队，同他一起行动，朱北联乡办事处的工作人员就同李、曹一起行动，以便做些侦察联络工作。这样部署以后，当天晚上就分头出发，离开了剅口。

张家坊（当时属沔阳，今属洪湖）地处洪湖中心，上通剅口，下连新堤，南望螺山，北接小沙口，是两县的水陆咽喉。四十五团到达张家坊后，为了弄清小沙口、峰口、新堤等地敌人的动向，特派刚从沔东地下党调来的石玉堂到小沙口伪军中队长杜斌那里打听消息。杜由打入伪沔南县自警团任团长的中共地下党员黄标领导。石第一次去，杜不见他，未弄到情报。第二次，陈秀山亲自给杜斌写了一封信，要石送去，杜才把他知道的敌人行动情况告诉石。他说：新堤敌人传出要“五路合围”，“扫荡”洪湖的新四军，明后天就可能行动。他还说：“黄老板（黄标）早有交代，如果新堤的敌人要他们出来‘扫荡’，他就带着队伍在堤上走一趟，放他几枪，应付一下敌人就回去。”得到这个确切的情报后，四十五团更有把握了，知道沔阳县境内的敌人不会有多大行动，就可以集中力量对付从监利城、朱河两方面出来的敌人。青雄虎带的一个连，由于洪湖水大，又被日军几艘汽艇冲散，等到天黑才摸到中墩。船刚靠岸，青雄虎就发现有部队在渔民家里做饭吃，以为是自己人，但一看是伪军，急中生智，命令部队猛扑上去，包围了敌人，并大声喊话：“我们是新四军，不准动，缴枪不杀！”“你们当汉奸是没有好下场的，当伪军是没有出路的。”不费一枪一弹，便俘虏了伪军 20 余人，缴获轻机枪 1 挺，长短枪 20

余支。从俘虏口中获悉，他们是驻朱河伪军王一鸣部派出的一个先遣排，来武装侦察和堵截新四军向东去的必经要道中墩的。王一鸣已集中 100 多名班长以上的骨干，准备第二天亲自带领主力部队，配合日军到中墩一带水域进行联合“扫荡”。

青雄虎立即派侦察员前往张家坊给曹玉清、李秉范送信。曹、李立即作好了战斗部署，命令各部队连夜做好战斗准备，并在进入张家坊的河口上修起临时工事，架好轻重机枪，等待敌人到来。青带一个连到后河老墩、彭家墩，以便在张家坊小河两岸夹击来犯之敌。以五连留守中墩、仓墩一带设伏，其中一部分到仓墩后边去堵敌人退路，一部分人在中墩换上俘虏的伪军服，挂上日本太阳旗，引诱敌人进入埋伏圈。

9 月 6 日早上 8 时多，日伪军乘坐大小渔船约 200 只，浩浩荡荡地向挂着太阳旗的中墩驶进。当敌人进入四十五团设伏圈时，张家坊前面的河口上巡逻哨船的枪声响了，敌人顾不得向中墩去，就向打枪的地方猛扑过来。埋伏在张家坊的小河两岸的机枪、步枪一齐开火，打得敌人乱作一团，纷纷落水，有的被淹死，上了岸的大部分被活捉。这一仗歼灭了王一鸣部两个中队，活捉伪军中队长以下 60 余人和日军政务指挥官田中，毙伤日伪军 100 余人，其中打死日军 3 人，淹死数十人，总共歼灭日伪军 350 多人，缴获长短枪 200 余支，轻机枪 10 多挺。这个伪军团的高昌标大队基本上被打垮了。王一鸣本人带着 100 多人枪，狼狈不堪地逃回朱河。

这一仗，是新四军进入洪湖以后打的一次大胜仗。但由于前头部队未等到敌人全部进入包围圈，就过早地开枪，故未达到全歼该敌之目的，也是一个教训。经过这次战斗，新四军军威大振，群众也受到很大鼓舞。洪湖周围各大小据点的日伪军，有一段时间均不敢轻举妄动，特别是朱河的伪军王一鸣部，很长时间龟缩在朱河。柳关的伪军吕振刚部，再也不敢到洪湖北面的墩子上抢粮拉夫了。

（五）监沔县行委会成立，周老嘴地区争夺战

新四军从1943年5月东进监沔，经过近半年的军事斗争与基层政权的建设，到10月份在洪湖地区基本站住了脚跟，打开了局面。

为了加强党的领导，早在1943年7月，襄河地委决定成立中共监沔县委，李秉范任书记，邵萍任组织部长，夏夔任宣传部长，青雄虎任军事部长，赵石荪（赵季）任政权部长兼县行政委员会主席，胡芝田任财政部长兼县行委会财政科长，陈曼杰、徐德为县委委员。由于朱北、朱南地区远离周老嘴，偏处沔东南一隅，县委研究决定：邵萍、徐德继续留在洪湖朱南朱北地区领导工作。10月15日，监沔县委在陈沱子口召开了监沔各界抗日民主人士代表大会（临参会）。出席这次会议的200多人中，有监北、监西地区和沔阳南部地区的开明士绅、抗日民主人士、教育界人士，有周老嘴、分盐、陈沱等集镇的工商业者。会议热热闹闹地开了两天。李人林指挥长还到会讲了话，他主要讲了全世界反法西斯战争和中国抗日战争的大好形势，阐明了共产党的抗日民族统一战线的方针、政策，使到会代表很受教育。一位代表说："我们从来没有听过这样好的讲演，深受教益，贵军里真有能人。"

会上，成立了第一届监沔县临时参议会，选举李秉范为议长，徐育扬为副议长，杨济民、潘淑毓等人为常务委员，委员20多人；同时，成立了洪湖地区的抗日民主政权——监沔县行政委员会，选举赵石荪为主席，徐育扬为副主席，夏夔为秘书长，潘淑毓为民政科长，杨济民为建设科长，胡芝田为财粮科长，王耀卿为秘书。县行委会下辖六个联乡办事处（区政府）。县委和行委机关经常在周老嘴、陈沱子、双鸣寺、分盐、扒子垱一带活动。

9月份，日伪军从张家坊的惨败中吸取了教训，他们在洪湖地区的水上打不过新四军，便把矛头转向新四军控制的监北重镇周老嘴地区。他们对这个地区加紧进行连续"合围""扫荡"，企图切断洪湖的新四军部队与后方领导机关的联系，从而孤立和消灭洪湖地区的新四军。从1943年10月开始，监沔抗日武装与日伪军在周老嘴地区进行了为时半年的激烈争夺战。

为了加强反“扫荡”的武装力量，根据襄南指挥部的命令，以四十五团二营为基础与监沔县游击支队合编成立了三十一团，辖六个连，其中有一个重机枪连和一个通讯排。以青雄虎为团长，李秉范兼政委，徐德任副团长兼参谋长，陈曼杰任副政委。

为了机动地打击敌人，坚持做到内线与外线作战有机地结合，采取了三部曲的部署：第一部，在周老嘴中心地区坚持，如遇敌多路合围，则南向黄蓬口、扒子垱、排子桥、半渡港等地与敌周旋；第二部，如周老嘴中心地区无法坚持，则向周老嘴西南的施家场、双鸣寺、土地树、北十三垸、李家新场一带转移，来回跳动；第三部，如敌人在上述地区安插据点、我部队无法活动时，就主动向周老嘴以西的晏家桥、老新口一带转移，留下小股游击队，继续在周老嘴内地区坚持斗争。由于正确估计了敌情，后来监沔抗日武装基本上按照这个三部曲在活动。

三十一团刚刚整编就绪，余家埠、柳关、府场的敌人就同时出动，到周老嘴地区“扫荡”。三十一团在杜家横堤同余家埠由西向东出击的敌人狠狠打了一仗，副政委陈曼杰负伤。三十一团经过激战，冲出敌人三路合围的包围圈，从维四湾过莲湖垸，安全地向扒子垱方向转移，使从柳关、府场来的两路敌人扑了一个空。

从 11 月初开始，敌人对周老嘴地区发动多路“合击”和连续性的“扫荡”。周老嘴地区是一个狭长的水网地带，只有几条孤堤是大路，大部队行动很不方便，如果敌人把几条堤的总口子一堵，新四军就无法周旋了。加之周老嘴地区的周围，敌伪据点林立，新四军的地方工作刚刚展开，区乡民主政权还很不巩固，群众工作基础较弱。当时，三十一团的处境非常困难，加上战斗极其频繁，几乎每天都与日伪作战，有时一个晚上要转几个地方，部队得不到休整，弹药得不到补充。敌人加紧连续“扫荡”和分块“蚕食”，在周老嘴地区新增加了大小 10 多个据点，企图压逼三十一团撤出周老嘴地区。经常是二三路，四五路，有时甚至是七八路敌人分进合击。在这种极端困难的情况下，为了避免与敌人硬拼和打消耗战，县委决定将部队化整为零，组织若干精干的游击小组和小股武装，深入周老嘴、分盐、陈沱子口、秦家场、刘家场等敌伪据点附近村庄活动，昼伏夜出，不断袭扰敌人。三十一团主力则向双鸣寺、土地树、晏家桥一带活动，集中力量对付新沟嘴、余家埠两大据点的敌人，既可以使部队得到适当的休整，又可以寻找战机，以突击的行动深入周老嘴、分盐、陈沱等地去打击敌人。在这段时间内，三十一团除主动向柳关、北口、纲埠头、府场之敌出击外，还在周老嘴街上狠揍了余家埠出来的日伪军，取得了比较好的战果。有一天，余家埠的敌人出来六七十人，到周老嘴抢粮，掠夺物资。已是下午3时了，敌人还赖着不走。三十一团从砖刬子赶来攻击该敌，把周老嘴团团围住，敌人爬上屋顶抵抗，巷战一直打到天黑才结束，共打死打伤日伪军20多人，其中日军10多人，缴获三八式步枪10多支，日式轻机枪1挺。这次战斗，大大地鼓舞了士气，增强了胜利信心。战斗结束，当地老百姓和商人送来很多慰问品，庆贺新四军的胜利。从此余家埠的敌人就很少到周老嘴了。

六、汉沔支队三进汉沔，恢复汉沔根据地

1942年夏，侵占武汉及其外围的日军，为了“强化治安”，派邹平凡的伪二十九师、李宝莲的伪十一师，向汉阳、汉川、黄陂、孝感等解放区大举“扫荡”。中共汉沔工委和汉沔支队被迫撤回天汉湖区，襄河被日伪封锁，襄南被日伪军和国民党军队、土匪控制，天汉湖区与洪湖地区的联系中断。为了打通天汉与洪湖的通道，恢复襄南的工作，三军分区决定派彭怀堂、王建桥率领小股部队到汉沔活动。

1942年底，彭、王带一个营，从日伪军的空隙里偷渡襄河，插到沔阳长淌口附近的汤家湾，不料，当晚被1000多名日伪军团团包围，该营被迫退到一条沟里隐蔽。日伪军从凌晨开始发动猛烈攻击，该营进行了顽强抵抗，一直坚持到下午3时左右才突围回到襄北，突围中牺牲30多人。

过了不久，三军分区又派彭怀堂、王建桥带 10 人过河侦察了一次敌情，以图再举。

此时，天汉湖区周围各据点的日伪军为了策应日军进攻国民党一二八师，对湖区根据地进行了频繁的“扫荡”。敌人大肆破坏抗日政权和群众组织，屠杀共产党员和干部，烧毁基本区的民房，封锁天汉与川汉沔地区的交通，使地方抗日武装、小型游击队和工作人员不能公开到襄河边活动。

面对汉沔地区复杂的敌情和恶劣的环境，为配合从西路挺进襄南的新四军部队，1943 年 3 月，襄河地委和三军分区在天汉湖区组建了中共襄南工委和襄南挺进支队，由东路渡河开辟汉沔根据地，向西挺进洪湖。该支队由 26 名排级党员干部组成，彭怀堂任支队长兼政委，范敏夫（樊明辅）任协理员，每人配一支驳壳枪、一支马步枪，另外还有两挺歪把子机枪，因为每人有两支枪，所以被称为“双枪支队”。地委交给他们的任务有三条：（1）开辟与洪湖部队联系的道路；（2）扩大武装，建立政权；（3）征收商税，解决部队的给养。并要求他们以机动灵活的战术、一往无前的精神，克服困难，战胜敌人，即使只剩下一人一枪，也要战斗到底，不能再退过河来。

1943 年 4 月，该支队通过对马口的一个日伪便衣队员做思想工作，弄到一条船，使部队从日伪据点马口附近顺利渡过了襄河。支队从凉亭起，到了预定的宿营地高庙。拂晓，在村子前面约两里路远的地方突然响起了枪声，接着又响起了机枪声，对着挺进支队驻地射击。但敌人只在村子外面跑，不敢进攻。支队判断敌人还没有摸清我方的虚实，就用了个“疑兵计”：他们借用房东老板的红布做了两面红旗，绑在村边的大树上。天大亮后，敌人看到树林里红旗招展，以为村里有大军屯集，打了一阵炮之后跑掉了。

挺进支队疑兵却敌之后，马上转移。当部队前进到汉阳、沔阳交界处的肖泗沟、九沟地区时，伪军王维哲部的两个连追了上来。支队决定隐蔽在堤边的芦苇里打埋伏，等追击的敌人过来一半之后，从中间猛烈开火，伪军死伤数十人，狼狈溃窜。这次战斗缴获枪支 70 多条，因难以带走，只好暂时就地掩埋起来。

挺进支队到罗汉洲驻扎后，就派人到几里外的肖泗沟、九沟，与同情新四军的开明士绅、老秀才陈邦彦取得了联系，使支队顺利地驻进肖泗沟、九沟，并以这里为中心开展活动，在从沔阳通往长江的沌口河、通顺河上建立税卡，向过往商船征税，同时发动群众，扩大队伍、建立政权，开展抗日游击战争。

7 月中旬，襄南挺进支队在小港地下联络站万享谟等人的掩护下，迅速而秘密地通过了日军小港封锁线，到达邓家墩与四十五团一营胜利会师。这两支小部队会师后，相互配合，基本打开了局面，洪湖西北岸蔡杨湾、韩家湾、下新河、张家坊、瞿家湾、漱口、剅口、周河家湾等地党组织和农救会、青救会等群众抗日组织也随之建立，小沙口、瞿家湾、渡口等据点的伪军相继与新四军联系，约法三章：一不打新四军，不抓抗日干部；二不阻碍新四军游击队活动，暗中协助新四军和游击队；三不危害和勒索群众。

7 月中旬，四十五团一营和襄南挺进支队长途奔袭珂里湾，消灭伪军第二区保安队和伪定国军第二师李太平部手枪队，毙敌手枪队队长丁超以下 30 余人，生俘敌军 10 余人，缴长短枪 10 余支，摧毁了伪区公所，使敌伪十分惊慌。李太平主动派人与新四军接头，保证做到“身在曹营心在汉”。伪第二区共计 65 保，就有 57 保置于新四军控制下，以两面保长作掩护，为新四军开展活动服务。

8 月下旬，伪中央储备银行汉口分行代表朱振沟，携带伪储备券 70 余万元，乘坐日军特务部派出的汽艇，到新堤第二次兑换旧法币，汽艇经新滩口 3 公里处的胡家湾江边时，遭襄南挺进支队伏击，汽艇起火，日军伍长高田太郎在起火时跳江淹死。支队缴获步枪 10 余支，机枪 1 挺，所得伪储备券挑回了指挥部。

襄南挺进支队还分散成排活动，配合地方武装，创造了“三击”（伏击、侧击、尾击）和“三速”（速战、速决、速撤）的反“扫荡”战术，有效地打击了敌人。9 月 8 日，新滩口伪军一个连，突击姚湖、荻障联乡抗日政府驻地，恰好落入新四军宦子口埋伏圈内，敌连长韩振以下50余人当场毙命，新四军无一伤亡。

就这样，襄南挺进支队神出鬼没，打得敌伪风声鹤唳，草木皆兵，部队在艰苦的斗争环境中，迅速发展壮大起来，在汉沔地区站稳了脚跟。

七、十五旅与三军分区合并，襄南政务委员会成立

随着进军襄南的节节胜利，为便于就近领导和指挥，襄河地委和三军分区的领导机关于1943年9月移驻潜江浩子口一带。这时期五师师部来电，令十五旅与三军分区合并，对内取消十五旅名义，撤销襄河地委襄南代表团，王海山调任五师第二军分区司令员，由吴林焕任三军分区副司令员，张执一任襄河地委书记兼三军分区政委，方正平任军分区副政委，方正任军分区参谋长，刘放任军分区政治部主任，三军分区仍以杨经曲为司令员，但他长驻大悟山，兼任鄂豫边区行政公署副主席。与此同时，成立中共襄南中心县委、襄南政务委员会和襄南指挥部（驻熊口孙桥一带），由李人林任中心县委书记、指挥长兼政委，刘真任副书记兼副政委，刘宝田为常委兼任襄南政务委员会主席。

襄南政务委员会下辖江陵、荆潜、监沔、天潜沔、汉沔等县，并相应建立了区乡一级政权，每县都有二三百人的县大队武装，配合民兵，出没于芦林、莲丛的水网中，像当年洪湖赤卫队一样英勇战斗。在襄南地区，不仅粉碎了日伪军的“扫荡”，还基本上消灭了这一带的土匪。抗日民主政府领导人民兴修水利，实行减租减息，使老根据地人民安居乐业。

襄南地区抗日民主政权——襄南政务委员会的成立，标志着重返洪湖老苏区的战略任务基本实现，襄南抗日民主根据地正式形成。

八、襄南根据地抗击日伪军的斗争

襄南抗日根据地的发展壮大，对日军在华中的统治中心——武汉构成了

严重威胁。日军为巩固其占领区，多次对襄南根据地发动“扫荡”。襄南根据地军民运用抗日游击战争的战略战术，胜利地进行了反“扫荡”斗争。

1944 年 3 月，日军出动千余人，配合伪暂编第六师特务旅饶子骐部 600 余人枪侵占周老嘴后，强迫群众抢修工事，修筑碉堡，大肆进行疯狂扫荡。为拔掉根据地内的这颗毒牙，3 月 20 日夜晚，参战的主力部队三十四团在李人林的亲自指挥下，开始了围歼伪饶子骐部的战斗。21 日凌晨战斗打响。由于下雨路滑，又黑又冷，驻在周老嘴北面碉堡内的伪特务旅副旅长侯学易没想到新四军会在雨夜攻打他。枪声一响，敌人在慌乱中进行抵抗。经八小时的战斗，歼灭该旅大部，毙伪军 100 余人，侯学易被击毙，俘伪参谋主任、营长以下 230 余人，一举收复了周老嘴。至日军投降，周老嘴一直为抗日军民所掌握。

1944 年 10 月 16 日，潜江日伪军 1000 余人分三路“扫荡”潜西地区。17 日，沙洋日军又出动 400 余人向阳马家场进犯，妄图消灭襄南新四军主力。“扫荡”中，日伪军烧毁了荆潜县五个中心乡百分之六十的民房。对此，荆潜县地方武装在浩子口、苏家港一带英勇阻击了日伪军，掩护了三军分区部队安全转移。各路日军扑了空，18 日窜回原防。是年冬，日军又向荆潜进行“扫荡”。县委书记李旭等总结了前次被日伪“扫荡”的教训，跳出根据地打反“扫荡”战。由聂国柱、张德文率地方武装主力向日伪据点长垴渊发动进攻，日伪军被迫退却，未能进入根据地。在粉碎日伪“扫荡”的同时，襄南地区军民多次主动攻击日伪军，拔掉了不少据点，进一步巩固与发展了根据地。

1943 年秋末，天潜沔县独立营副营长郑名发率部配合四十五团一部攻打老杨场日伪据点，战斗接近胜利时，日军派来两汽车援兵，郑名发接过机枪阻击敌人，掩护部队突围。以后，独立营多次袭击老杨场据点，迫使伪军张明富部撤离据点，维护了天潜沔县总口陶河岭的安全。

1944 年春节，天潜沔县地方武装配合四十四团一部，攻打沔阳县胡场伪军苏振东部。由于事先通过伪方人员家属摸清了据点的设施与伪军兵力部署情况，迅速将其包围，只甩了一颗手榴弹，就将喝得大醉的伪军一个营全部缴械。同年5月，天潜沔县两个中队还伏击了从深江站到杨家场的一个伪军中队，使敌损失惨重。这年冬，天潜沔县又组织了1000多名基干队员，用土枪、土炮打退了日伪军800余人向新沟嘴的进攻。至此，天潜沔县根据地，以总口陶河岭为中心，建立了9个中心乡，24个分乡，根据地得到了发展。

这时，驻守在龙湾的日军，孤立于以熊口为中心的江陵、潜江根据地内，四面楚歌，被迫撤走，但伪军及维持会尚未逃跑。为了拔掉这个日伪据点，1944年4月底江陵县龙湾区地方武装派人进龙湾摸清了据点内外的情况。据点内是伪江陵县保安大队。5月2日，龙湾区抗日武装夜袭了该据点，经三小时激战，将该据点攻克，毙、伤伪官兵数人，缴获步枪200多支，重机枪3挺，轻机枪5挺。龙湾收复后，为了庆祝胜利，汉剧班子在龙湾演了三天戏。参战部队受到五师师部的通令嘉奖。

位于襄河南岸的下蚌湖街，是襄河南北交通线上的重要通道，日伪多次想在这里设立据点，切断这条交通线。1944年夏的一天，长埫渊的伪军押着200多名民夫来下蚌湖街做工事。荆潜县总队长唐忠英得到情报，立即带领一连战士赶到襄河堤上堵截。等前面的大批民夫一过，立即朝伪军开火，打得伪军抱头鼠窜。以后，荆潜总队又多次袭击长埫渊日伪据点，迫使他们龟缩在据点内，不敢到下蚌湖来。

1944年8月7日，监利伪保安二大队李生坤与区队何克章部共约200人，进驻汪家桥，破坏根据地。次日，监利地方武装一部捉获了李之弟之后，以一个连进袭汪家桥。围困到11日，监利城敌伪先后来援。监利地方武装与其激战一小时，双方撤退。12日，监利地方武装被包围。李人林、李正乾率三军分区三十四团增援，将敌伪军击溃。汪家桥仅剩李生坤100余人，于14日向监利县撤退，遭到了三十四团中途伏击，将其击溃。三十四团占领汪家桥，将敌工事碉堡全部拆毁。随后，郝穴敌百余与石首之敌一部会合于普济观，以3架飞机低空掩护，配合“扫荡”潜监地区。这时，三军分区部队和地方武装已安全转移。是役伤敌伪官兵30余人，击毙10余人，俘50余人，获战马14匹，土炮2门，短枪1支，指挥刀1把，平毁碉堡30座。

位于沙市近邻的江陵三区有几个日伪据点，区委领导区乡地方武装和民兵同日伪进行了激烈的斗争。日伪在三区中心的资福寺、西寺黄家场建起了据点和乡公所。区委委员段振经带领40多人枪在五家渊伏击资福寺伪乡长带的伪军，迫使资福寺的敌伪撤到岑河口据点。不久，又攻击西寺黄家场的日伪乡公所，活捉了伪乡长，缴获了武器弹药。至此，两个据点均被拔掉。后来，日伪军又占领资福寺，对三区造成很大威胁。区委派人去争取伪乡长和密侦组长，与之约法三章。多数伪军人员为给自己留条后路，答应了区委的条件，并在一些边远地带建立了两面政权，使区委能及时掌握日伪活动情况。有一天，从资福寺出来一个日伪军分队骚扰破坏，区中队得信后，立即分两路夹击这股敌人，将敌赶回据点，缴获了一些枪支弹药，把被敌人抢劫的物资夺回交还给群众。正在这时，岑河口据点出来一批日伪军，为资福寺的敌人打气壮胆。区中队趁机配合县武装袭击岑河口，迫使敌人往回撤。后撤途中，区中队伏击了这股敌人，击毙日军两名，毙伤伪军多人。接着发动群众拆毁了资福寺的日伪工事，捣毁了敌人的巢穴。还有一次，区中队在万家场附近伏击了由岑河口到马家寨去驻防的一个伪中队，俘获了全部人枪，拔掉了马家寨的敌据点，孤立了岑河口的日伪军。区中队还击毙了杀过不少革命同志的伪区长杨大林，为民除了一害。

九、洪湖地区的艰苦斗争，汉沔政务委员会成立

（一）反叛斗争

1944年2月，襄河地委扩大会议决定撤销三十一团，留下两个连交监沔县总队部指挥，其余五个连和一个通讯排归还四十五团建制。

主力部队离开洪湖后，驻上车湾、汴河到的伪军匡国、匡雄部和驻毛家口的伪军沈家常部，企图将新四军全部赶出洪湖，他们调动较多的兵力“扫

荡”，节节“蚕食”，将新四军原来活动过的汴河到朱河的周围广大地区完全控制住了。由于监沔县党政军活动的范围缩小，供给困难，环境恶化，有的人经受不了考验，自动脱党，有的人甚至叛变投敌。

1944 年 3 月，出身于小商家庭的朱北区游击队长龚吉廷带了四五个平日与他关系密切的人，拖了 5 支长枪、1 支短枪，投奔驻上车湾之伪军李明显部。龚吉廷叛变，使部队内部情况严重暴露，“扫荡”与反“扫荡”的斗争更加残酷。

是年 4 月下旬，朱北叛变事件刚处理不久，朱南区又发生了叛变事件，当场打死朱南联乡办事处主任黄雄等多人，抢走了近 10 万元的税款和田赋款，拖走一个班，投奔了何家桥伪军高昌标部。此前，永太乡干部李显树暗中投敌，与伪军高昌标勾结在游击队中策反，在一天晚上里应外合，偷袭联乡办事处后叛逃。

事件发生后，县委即派李秉范、郑华友、邵萍等带一个连去朱南处理善后事宜。通过叛徒家属找来各自的族内户长和当地一些有名士绅，要他们去做敌伪军的工作。老士绅张南溪去朱河向伪军团长王一鸣作揖磕头，要王“快离朱河，少在地方上作恶，给自己留一条后路”。并要求王将叛徒及拖去的枪支还给新四军。王慑于新四军声威，在张先生催逼下只好一一应允。不久，王叫高昌标将叛徒全部开除，让为首的那个叛徒坐了牢。

县委认真总结了这次事件的教训，认识到：在新区发展地方武装，一定要保持政治警惕性，对新吸收的人员，必须进行严格审查，同时一定要坚持党指挥枪的原则，派得力的党员干部去掌握自己的武装。在总结经验的基础上，重新组建了区委和联乡办事处的领导班子，加强了区游击队的领导和武装力量。朱南地区很快恢复了正常工作，还派小股武装到何家桥、柘木桥等地活动，主动袭扰敌人。

（二）黄标打入敌人内部

黄标，1925 年加入中国共产党，1930 年至 1931 年先后任沔阳县苏维埃政府经互会主席、湘鄂西省苏维埃政府海关登记处主任、洪湖修械所所长。1940 年 7 月奉地方党组织指示，到新堤去做敌伪工作，以后中共天汉地委命他打入敌人内部。他以汉流大哥的身份，取得了日本人的信任，当上了峰口伪维持会长，1943 年下半年，被委任为伪峰口区区长兼伪沔南县自卫团团长；万尧阶被委任为县自卫团军需；另一名地下党员刘凤亭被委任为伪峰口区自警队队长，有 200 余人枪，三人组成秘密党小组，刘为组长。他们取得了合法地位，很少出去“扫荡”，即使开出去，也是下乡转一转，应付日军，还用夸大敌情等办法阻止日军“扫荡”，因此驻峰口日军很少出扰。他们还制裁了一批死心塌地的汉奸，并与沔东游击队配合，杀掉了峰口日军宣抚班豢养的宪佐队的 6 名汉奸、特务，还派人暗杀了戴家场伪维持会长，以“私通新四军”为名处决了谢仁口伪维持会长。

1944 年 4 月，县委书记李秉范等由万尧阶带领潜入峰口，会见了事先由沔东区委派人约好的黄标，建立了峰口地区特别党小组，进一步明确了潜伏任务。此后，又由黄标牵线，县委派人与驻小沙口伪军中队长杜斌（受黄管辖）取得了联系，及时掌握了敌伪情报。这样，就改变了新四军两面受敌的被动局面，在洪湖以北和以东沿湖地方可以周旋，遇到敌人再大的“扫荡”也无后顾之忧了。1944 年春，为了打通与汉沔支队的联系，开辟沔东地区，又经黄标介绍，与驻小港之伪军分队长肖功廉取得了联系，肖多次哄骗日军，秘密掩护新四军来往洪湖与沔东的船只顺利通过。这条秘密关系一直保持到日寇投降，黄标率部起义回到汉沔指挥部。

（三）拦截敌差船，打破经济封锁

1944 年 5 月，日军在长江线上军运繁忙，准备再次进犯常德。为了牵制日军的这次侵略行动，三军分区命令监沔县地方武装在长江沿线袭击敌人。

县委书记李秉范和田农、胡葛珍带一连武装来到螺山一带检查地方政权建设和税收工作，并在界牌与螺山之间的江边上设伏拦截敌人的军用物资。一天下午，李部截获了日军武装押运的 4 只大木船，缴获长枪 10 多支，短枪

2支，子弹10多箱，炮弹200多箱，夏季军服1000多套，军鞋、军靴500多双，军用大蚊帐数十床，还缴获了大批食盐、食糖、大米、罐头、酱油、香烟等物品。指战员和200多名群众迅速将战利品搬运到湖内渔船上，留下一些食盐、大米、食品，分给参加搬运的群众和差船上的船夫，将军用物资送到三分区司令部后，受到了首长的表扬。

此后，监沔武装在长江线上又多次拦截过日军差船，多次捕捉到日伪和国民党顽军派过江来的特务武装密探和便衣情报人员。

开辟洪湖南岸地区之后，监沔地方武装很快控制了辖区沿江的拖船码头，在引港、螺山、颜家嘴等地设立了流动性税卡和税务所，征收东来西往的商船税，每天可收到二三十万元（伪币、法币）的税款，旺季一天可收七八十万元，为边区开辟了一个财源。

1944年5—8月，为了反对日军的经济封锁与掠夺，监沔县委根据地委书记张执一关于“敲金乌龟”的指示精神，开展了经济战线的斗争。日军禁运食盐及军用物资到抗日根据地，群众用一石谷只能换回一斤盐，有时谷子被日军没收，人还要坐牢；三井、三菱、日新等随军洋行以食盐作交换，疯狂掠夺解放区的粮食、棉花、油料等各种物资。监沔县委派人与驻新堤之日本洋行谈判，以一石谷子换3—5斤食盐。解放区内由政府出面组织了群众性的供销合作社，把从新堤运来的食盐分销给群众（一石谷子换3—5斤盐）；同时，采取措施控制粮食、棉花等物资出境，由县行委会出布告，各税卡和巡逻洪湖的游击队进行检查，凡运往新堤、汉口的粮食，必须持有县政府粮食部门和税收部门发给的许可证、通行证方能放行，否则不予放行，对偷运通敌者，除没收其物资外，还酌情予以惩处。这样控制粮食出境以后，敌人曾出来抢过几次粮，均被新四军阻击，空手而回。以后，襄南各地所需的食盐、军用药品、印刷、办公用品，甚至印刷机器和兵工修理器材，也可以从汉口买来了，反对日寇经济封锁与掠夺的斗争收到了很好的效果。

（四）开辟沔东，汉沔中心县委成立

1943 年 3 月，襄南挺进支队从东翼楔入汉沔，在肖泗沟、九沟一带开展游击战争，建立了地方政权。同期，沔阳工委创建了万家口根据地，建立了三个乡级政权。9 月，挺进支队打通了通往洪湖的道路，与襄南指挥部取得了联系，地委决定成立中共汉沔工委，并将襄南挺进支队改名为汉沔支队，彭怀堂任工委书记兼支队政委，范敏夫任支队长。1944 年 4 月，建立了汉沔、彭家边两个联乡和侏儒、沔东等五个中心乡，创建了以银莲湖、五湖为天然屏障的根据地。同年 5 月，江南嘉（鱼）蒲（圻）工委与支队渡江与汉沔工委、支队合并，由张进任工委书记，范敏夫任支队长，根据地随之扩大到长江以北的姚湖、燕子窝、龙口一带。

早在 1940 年 6、7 月，与天汉湖区一水之隔的川沔地区就建立了中共川沔工委，1942 年 7 月，因避免与一二八师摩擦而撤离。1944 年 5 月，襄河地委组建了川沔工委、川沔行政办事处（彭怀堂任书记兼主任）和川沔支队（汪文翰任支队长），进行抗日游击战争，打通了从马口到仙桃的通道，建立了 7 个党支部、20 多个乡级政权，将毗邻的伪政权改造为两面政权，建立了以芦林湖为中心，北至襄河、南至通州河、西至排湖与天潜沔根据地接壤、东与汉沔根据地毗邻的川沔抗日根据地。

1944 年 3—5 月，根据襄河地委和襄南中心县委的指示，监沔县委书记李秉范带一个连去开辟沔东，迅速打开了峰口和汉河以东的十三墩地区，在各界民主人士和广大群众的拥护和支持下，很快建立了沔东联乡办事处和六个乡政权，整顿并加强了中共沔东区委（原郑道湖区委）。在此期间，监沔地方武装与汉沔支队在官垱湖胜利会师，建立了联络站，从此，汉沔支队即可通过监沔地区直接与襄南指挥部取得联系，襄南各县连成了一片。

汉沔根据地发展很快，到 1943 年底，汉沔与监沔抗日根据地所控制的长江、内荆河交通线已达百余公里，两块根据地已连成一片。这里接近武汉，敌伪据点很多，为统一领导这一地区的工作，1944 年 7 月，襄河地委决定成立中

共汉沔中心县委（机关常驻黄家口下丰岸一带），由李蔺田任书记，下辖监沔县委、汉沔工委、川沔工委、嘉蒲工委和五个直辖区委，同时建立了以陈秀山为参议长的参议会，以陈秀山为主席的汉沔政务委员会和以翁绍元为指挥长的汉沔军事指挥部（下辖监沔总队、汉沔支队、川沔支队、嘉蒲支队）。

（五）汉沔根据地反“扫荡”斗争

汉沔中心县委主要在沔东、大同湖、洪湖北岸一带活动。汉沔根据地东靠长江，日伪不时进行“扫荡”和骚扰，汉沔支队进行了针锋相对的斗争。

1944 年 7 月上旬，峰口、白庙、沙湖等地日伪军向汉沔抗日根据地中心连续进行“扫荡”。3 日，汉沔军事指挥部警卫排在宋家墩伏击日军，歼敌 10 余名，打沉汽艇 3 艘；5 日，汉沔支队在鲫鱼湖伏击战中，歼日伪军 30 余人，缴获汽艇 4 艘；7 日，刘黑牯游击队伏击日军 5 辆汽车后换上日军服装，排成一路纵队，毫无阻拦地闯进汉河口镇袭击伪合作社，打死伪沔南县合作社指导官上谷英三，将起运的 10 余只粮船全部缴获。等到日军发现时，游击队已押着俘虏和粮船胜利返回岗塔。

7 月中旬，监利朱河日伪军远距离奔袭监沔县党政领导机关驻地洪湖边的张家坊。11 日，伪军秦经武一个排刚进至龚家老墩，即遭新四军包围，将其全歼。13 日，伪侠义军特务团团长余长源带领一个营，乘汽艇冲入张家坊，新四军进行伏击，经过两小时战斗，将其击退。这次伏击，毙日军小队长大场新平少尉和伪军营长孙明纯以下官兵 170 余名，缴重机枪 3 挺，长短枪 100 余支，掷弹筒 5 具，子弹 2000 余发，汽艇和折叠舟 5 艘。15 日，日军监利县警备队长金子六郎和新堤警备队长滨野康信纠聚 500 余人分三路向张家坊进行报复性“扫荡”，但监沔县党政机关早已转移。敌人“扫荡”两天，到处扑空。伪监利县突击队出缉组组长王防曾供认说：“洪湖到处是无边无际的芦苇蒿排，汽艇进不去，大兵力展不开，人少了又打不过新四军，只有烧房子。”

（六）活捉汪步青，伪和平救国军全部瓦解

汪步青原是伪定国军副军长兼一师师长，1942 年春被新四军打垮后，在日军扶植下，又当上伪和平救国军军长，为日军看守长江水运交通线。1944年9月5日，范敏夫带领支队打日军差船后转到沔阳大垸子，一个渔民跑来报告：汪步青打着新四军的旗号，在姚湖附近拦了一只日本差船，搞到一挺机枪和不少子弹。范敏夫听到这个消息后，联想到汪步青最近一连挤掉了新四军几处税卡，打算利用日伪矛盾，搞垮死灰复燃的汪步青伪军。接着又得到姚泗乡自卫队送来的情报：日寇在新滩口一带增加兵力，可能到湖东进行“扫荡”。此时又听到新滩口方向传来一阵阵枪声，便决定分散转移。

范敏夫带60余人枪乘10多只渔船向银莲湖西前进，在下官棚发现敌人哨兵，指导员胡学思首先带机枪班和手枪队10多个战士冲上岸，对敌群猛烈扫射，范敏夫冲上去一枪打倒了敌人的射手，扭转了一挺美式机枪的枪口，对着乱跑的敌人扫射。后边几船战士陆续赶到，迅速投入战斗，打得敌人乱跑乱窜，有的扑水，有的钻柴堆，有的缴枪投降，不一会儿便俘虏了五六十名敌人。

经彭怀堂审问俘虏，才知道打的是汉奸汪步青的卫队。指战员们分头搜索，没有发现汪步青。直至深夜，一个哨兵抓到了从湖边芦林里钻出来查看动静的汪的勤务员李静华，便由他做向导抓到了汪步青和他的参谋长张维藩。两个人湿淋淋的，缩着头，举着双手，在火把圈中不停地发抖，汪连说“有罪”，张口口声声道“误会”，两人都表示“愿将功赎罪”。彭怀堂、范敏夫命令汪步青立即通知他的侄子、警卫营营长汪长香速来投降。张见机想溜，说：“让我前去面谕所属。”彭说：“想在新四军面前金蝉脱壳吗?”汪说：“我写信去。”范也以支队的名义给汪长香写了一封信，鼓励他举起义旗，反正抗日。天亮前，汪长香来了，经过协商，决定将他的警卫营改编为汉沔支队独立营，并从基本区调一批自卫队员进去做骨干。第二天，把汪步青、张维藩送到军分区，指战员在下官棚召开了独立营成立誓师大会。从此，汪长香的100多人枪被改造成了抗日武装，伪和平救国军的残部全部瓦解。

（七）贯彻湖区工作方针，开展对敌斗争

在巩固扩大汉沔敌后抗日根据地的过程中，以李蔺田为书记的汉沔中心

县委认真贯彻了边区党委关于湖区工作的方针：以政治工作为主，以军事斗争为辅；加强群众工作，加强统战工作和敌伪军工作。

汉沔地区是革命老根据地，有一定的群众基础。这里又是河湖港汊地带，日伪不能用大兵力来驻守，新四军只用些小部队，配合人民群众，就可以大显神通。

广阔的湖面上浮着一块块泥台子，每个台上住着十几户乃至数十户渔民。湖泊四周全是三四里到七八里的河汊子，河汊两旁是一丈多高密密层层的柴林。在这样的水网地带活动，举步离不开船。群众给新四军备船只，搞情报，当向导，筹给养。有了群众的多方援助，新四军便能在河湖水网中自由往来。遇到敌人时，有利，就给予突然袭击；不利，则迅速隐蔽柴林中。日军开着汽划子出来"扫荡"，不是扑空，就是碰得鼻青脸肿，不敢轻易出来。许多伪军听到新四军来了，也不敢出据点骚扰，一些土匪也销声匿迹。有一次，杨林尾的伪军要修工事，经常到对岸来派工派款，汉沔指挥部派部队去巡逻游击，群众配合战士们向伪军喊话，点着火把，擂鼓助威，以后伪军就不敢再过河来了。所有商船，经过抗日民主政府设立的税卡时，只要听到税收人员一声呼唤，就连忙靠岸按章纳税，后来很多商船不待呼唤，就主动靠岸纳税。

根据汉沔地区的复杂敌情，中心县委着重抓了统战工作与敌伪工作。伪军中有很多人与当地士绅有关系，有些伪军的家属住在抗日根据地。当地党组织就通过士绅和伪军家属做伪军工作，要他们支持抗日军民，不要骚扰群众，为自己留条后路。通过做工作，有的伪军官态度有很大好转，从而减少了伪军的骚扰。

在游击区，许多地方的保长都是两面保长，即使是敌人派的保长，只要他们为抗日政府收税，为抗日武装送情报，不做坏事，也加以保护。

在统战工作中，注意抓上层人士的工作。如国民党沔阳县长王愚怀没有什么实力，只有几十个文职人员，经常背着包裹到处游动，被人称为"游击县长"。他的家属住在抗日民主政府辖区内，中心县委和他取得联系，并派员担任他的秘书，这样使县委了解了一些关于江南嘉蒲的情况。又如同盟会员、武昌军政府内务部长杨舒武，被聘为汉沔临时参议会参议员，主动提出做伪二师师长李太平的工作。汉沔中心县委书记李蔺田还请他做伪军苏振东的团长杨振华的工作，经数次往返做工作，劝杨弃暗投明。汉沔中心县委给他活动经费时，他说："我是为了民族的存亡，为了抗日，不是为了钱。"1944年4月中旬，国民党沔阳县长朱树烈，携带县府大印从沔北的伍家场到达洪湖下丰岸，他在中共汉沔县委举行的欢迎会上说："除拥护国共合作抗战到底外，别无起死回生之途；唯有与共产党共患难之念，此外都非所计。"

汉沔地处武汉近郊，又没有新四军主力部队活动，而根据地不断巩固扩大，并且给边区提供了大量的军用物资和经费来源。这是中共汉沔中心县委正确贯彻党的抗日民族统一战线政策的成果。

十、襄南的反特锄奸斗争

襄南军民在同敌伪顽斗争的过程中，在反特锄奸斗争中也取得了显著成绩，其中以江陵舒赛（女，又名祝成龙）领导的反特锄奸斗争最为突出。1943年4月，舒赛被任命为中共江陵县委社会部长兼江陵县抗日民主政府公安局长。她机智果敢，作风泼辣，功绩卓著，日伪汉奸、密侦组闻之丧胆，多次受到上级好评。在她的领导下，破获了几起重大案件。

（一）奇袭岑河口，严惩叛徒和汉奸

1943年冬，汉奸简化轩和岑河口日军勾结，利用房族亲戚关系，拉拢收买新四军地方武装人员。江陵三区游击分队长简学美被拉拢后，带10余人枪叛变投敌，经常带领日军"扫荡"，弄得三区一时很不安宁。地委组织部长吴云鹏、江陵县委书记陈建新和公安局长舒赛一起研究了对策，决定由公安局秘书周方琳和手枪队长冷丹墀带公安局手枪队30余名队员奇袭岑河口，活捉汉奸简化轩、叛徒简学美。

一天，手枪队乘简化轩、简学美在岑河口北场茶馆喝茶，玩得十分开心

之机，乘上三区中队早已备好的六条船，分两路驶向岑河口，区中队在外面掩护，周方琳和冷丹墀各带一半手枪队员，装扮成上街赶集的农民，分别从东面花蓝台、湖边和北面堤上进街，一下子将茶馆暗中包围起来。冷丹墀走进茶馆向里喊："哪位是简学美？外面有人找你。"简学美信以为真，一出大门就被十几个队员擒住背走了。周方琳接着进去喊简化轩，简化轩不耐烦地说："谁找我？"却坐着不动。周方琳把手一挥，几个大个子队员进去用枪口抵住了他的后脑壳，他吓得连忙下跪求饶，死赖着不走。周和冷商量后，下令开枪，打死了简化轩。听见街内枪响，埋伏在街外的区中队也响枪了，伪军鸣枪报警，日军赶到北场，只见简化轩尸体一具。手枪队押着叛徒简学美，回到三湖瞿家湾，第二天，三区区委书记兼区长朱玉衡主持召开公审大会，处决了简学美，群众拍手称快，伪顽特务受到震慑，三区社会秩序得到稳定。此后，江陵县各敌占区域的工商税，每月都按时缴纳，为新四军所用的两面政权普遍开展工作。边区的《七七报》《老百姓报》对此作了报道。

（二）破获张金河反革命案件

1943 年 11 月，混进革命阵营的汉奸、江陵县张金河中心乡青救会主席杨礼荣纠集高绍文、聂辅堂等人以青救会活动为名，非法组织了一个"金兰兄弟互助会"，暗中收罗地方上大小"名流"，从事秘密活动，企图另立"山头"，与民主政府对抗。但杨在与青教会副主席胡作相的争夺中发生了矛盾，互不相让。胡便向公安局长舒赛揭发了杨礼荣等人秘密组织"金兰兄弟互助会"一事。

为了不打草惊蛇，舒赛一方面让胡作相装着无事的样子，回去继续参与活动，配合公安人员进一步查明情况；另一方面即派公安人员王昌福等人深入虎穴调查。经过大半年的侦查，查清了真相：以杨礼荣为首的反革命组织已经在张金河、沙岗、熊口等地秘密发展了 20 多个支部，200 多名成员；并且查明，"金兰兄弟互助会"只是个比较秘密的外围组织，更秘密的核心组织是"中国国民党沦陷区特务工作团"，它不仅收编县内零星分散的土匪，建立了一支别动队性质的特务武装与新四军对抗，而且派其核心人物万述海打入民兵大队，拟订了一个抢夺张金乡政府的枪支、杀害新四军干部的反革命暴动计划。1944 年秋，县公安局和县指挥部联合武装行动，在张金河抓获了 100 多人。

经过两个月的审讯，查清了全部案情。鉴于这个案件的一些主要核心人物涉及共产党一些统战对象的子弟，襄河地委决定在襄南地区临时参议会上公开进行审理；为了争取当地一些中上层人物抗日，根据坦白从宽的原则，地委决定一个不杀，并公开在临参会上作了宣布，得到了党外人士的拥护。后来，捕获的 100 多人经教育后都具保释放。这一震动鄂豫边区的反革命案件，经过一年多的侦查和审理，终于破获，并得到了宽大处理。《七七报》和《襄河报》报道后，在边区党内外都引起了强烈反响。

（三）识破特务叶康林的真面目

1944 年夏的一天，一个化名叫叶康林的年轻人来到石公华古长堤一带，持国民党重庆方面的证件，声称他是叶挺将军的儿子，因不满国民党的统治，要求参加新四军，为父报仇。不久，石公华县公安局派人将叶康林送到熊口襄南指挥部。指挥部领导发现叶康林回答问话很不自然，开始产生怀疑，但一时难以辨别，便将此案交江陵县公安局审理。

江陵县公安局一方面把叶康林当客人相待，另一方面每天和他谈话，进行秘密审查。在谈话中，叶康林不知道重庆到江陵的路线，对叶挺将军的家世也不甚了解。经请示，李人林决定将此人扣押进行公开审查。审查中，叶仍答不出上述问题。李人林拍案而起：“叶犯纯属冒充，先跟我把他捆起来！”叶康林连忙跪下求饶，承认自己是国民党六战区派来做某人的策反工作的。又经过一段时间的审查，确认此人是第六战区军事特务系统派来的特务分子。经上级批准，李人林下令，对叶康林执行枪决。

（四）打入敌人内部获取情报

派人打入敌人内部获取情报，对打击敌伪顽也起了重要作用。1944 年，江陵县杨西乡有一股10多人的武装密侦组，经常对江陵三区进行骚扰破坏，群众恨之入骨。有一次，大批日军经沙市开往郝穴，这伙密侦也趁火打劫。江陵三区区委得到区委派往沙市当密侦组长的童年科送回的情报后，派武装埋伏在花港，将这伙武装密侦全部俘获，处决了首恶分子，教育释放了一般成员，起了杀一儆百的作用。

与此同时，襄南其他各县也狠狠打击了汉奸、叛徒的破坏活动。汉沔游击支队长汪文翰派朱绍武设法打入伪军施品山部当上副官后，查清了向敌伪报告游击队活动情况、使游击队多次遭受损失的叛变投敌的地下党员、万家口保长艾云廷。不久，汪文翰率10余名游击队员处决了这个内奸，夺回了被称为“小延安”的万家口。沔阳张家沟日军的苦力头、汉奸李显延，带日军搜捕游击队，对不愿为日军卖力的苦力心狠手辣，群众纷纷要求汉沔指挥部为民除害。1944年7月，游击队长田德国带领队员在张家沟敌据点的洋行里将其活捉，游乡示众后，当即处决。

日伪谍报人员李显树潜入监利剅口地区刺探情报，1944年7月4日，带日伪军包围朱南区委驻地，杀害区委书记黄雄等三人。朱南游击大队长戴辉芹将其抓获，在群众大会上宣布罪状后执行枪决。

十一、营救美国飞行员

1944年，在日军发动豫湘桂战役期间，由陈纳德少将指挥的驻华美军第十四航空队反复轰炸武汉和长江线上的日军事目标，打击日军空中优势，给中国抗战以很大的支持。但在空战中，有些飞行人员在飞机失事时被迫跳伞降落。在襄南，抗日军民就营救了四名美国飞行员，给予热情接待，在治好他们的伤痛后，护送他们返回了抗日的战斗岗位，受到美国朋友和大后方各界人士的高度赞扬。

5月6日，美国援华空军和日机进行空战，中午12时，一架飞机在监利县周老嘴上空爆炸坠毁，一名飞行员降落在稻田里，从怀中掏出印有中国国旗的护照，向田间招呼。农民纷纷奔来。当地一位教书先生认清护照，始知是美国飞行员，当即营救回家，以鸡蛋招待，休息了10天。当地农民用一只小木船将他送到襄南指挥部，受到襄南中心县委和指挥部领导李人林、吴云鹏、徐达三的热情接待。通过略懂英语的秘书夏夔翻译，方知他叫莱威士（一说叶里格拉），时年21岁，美国中部人，美驻华十四航空队P51式战斗机的中尉驾驶员。他于5月6日上午从湖南芷江起飞，其任务是掩护中美混合轰炸机大队机群，轰击汉口日军机场。在武汉近郊上空与三倍以上的敌机遭遇，当即展开激烈空战，莱威士被五架日机包围冲击，终因众寡悬殊，机身受创，只得开足马力奋勇突围，沿长江向西疾飞，五分钟后，被迫降落，机身全毁。莱威士受到指挥部款待，李人林为他备酒饯行，并以指挥部名义赠送给他两件纪念品：一把日军指挥刀，一面日军小太阳旗。他非常感激，还写了一封信交给夏夔。这封信是致以后遇险的美国飞行员战友的。大意是说：他跳伞遇救，李先念将军领导的新四军第五师地区军民是他的救命恩人，给了他许多的帮助和十分良好的生活待遇。你们如果遇险，千万不要发愁，这里的朋友是真正抗日的、友好的，你一定会生活愉快，重返部队。后来襄南指挥部派部队将莱威士护送到三军分区司令部，转送到五师司令部，受到李先念师长的热情接待。

5月8日11时左右，又有一架美国飞机在沔东下丰岸湖边坠落，当地农民和沔东游击队员立即赶到现场，在离飞机四五十米处找到了一具遇难飞行员的残骸，只剩下一条腿，在离飞机约两里处找到了另一名受伤昏迷的飞行员，当即抢救于农家安顿，随之派一个班的武装乘船护送至洪湖邓家庙监沔县总队部治病调养。这位美国飞行员一天多时间里沉睡不语，不吃不喝。县委书记李秉范请来略懂英语的方云霞先生当翻译。当这名飞行员得知营救他的是“中国抗日游击队”时，才露出了微笑。他说，他叫葛莱格，25岁，美十四航空队某联队代理中队长，驾驶P38式战斗机从老河口机场起飞，在掩护轰炸武汉日军机场时与敌激战于武汉上空，在打落追击友机的一架敌机之后，又打落三架敌机。此时，他多处负伤，被迫降落时又摔伤背部昏迷过去。当他知道营救他的是新四军的抗日游击队时，就狼吞虎咽地吃起面条煮鸡蛋来。他到襄北十五旅后，受到方正平政委的款待和新四军医生的精心治疗。他见到部队在开体育运动会，便问此地离日军据点有多远，方政委告诉他："近的只有四公里，远的不超过八公里。"他惊奇地伸出舌头赞叹："新四军真了不起！"后转送五师师部。在护送途中，曾两次遭到敌伪袭击，葛莱格均安全脱险，他说："新四军见了国民党部队总是退让，见了日军总是打；国民党军队见了新四军总是打，见了日军总是退让。"

过了几天，抗日军民又在潜江湖区营救了一个叫白劳德的美国飞行员。襄河地委组织部长黄海滨和正在休息的原天汉地区专员童世光（均懂英语）热情接待了他，随即送往大悟山五师师部。

不久，在沔东沙湖地区又营救了一个名叫福特的美国飞行员。当地农民发现福特后，一面派人向日军谎报降落地点，把日军引到芦林里转了几圈，一面由税收人员把福特送往汉沔指挥部，后转送到襄南军区司令部。

襄南军民营救的四名美国飞行员先后被护送到五师师部后，受到李先念师长的盛情款待，然后被辗转送回他们所在的美空军基地。美空军陈纳德将军致信李先念将军，称赞五师将士在抗日战争中的功绩，感谢边区军民对十四航空队飞行人员的大力援救和真诚款待，表示愿与五师交好，并在后来的合作抗日中作出贡献。

在这期间，襄南军民还先后营救过两名国民党飞行员，一个叫周亮，东北人；一个姓徐，浙江人，是副大队长，他们都被送回了五战区。

第四节　襄西根据地的恢复和发展

一、恢复前的襄西

襄河在钟祥境内至荆门沙洋为南北走向。襄西地区包括襄河以西的荆门、当阳、远安、南漳、保康、宜都和钟祥、宜城等县一部分地区以及长江以北的江陵、枝江、宜昌等县的一部分地区。这块根据地是在日军发动宜昌战役后，于1940年9月，襄西地下党在新四军豫鄂挺进纵队的支持下建立起来的。

早在抗战初期，当时的湖北省委和董必武就派人到这里恢复和重建党的组织，发展武装，组织抗日救亡运动。1938年10月，成立了中共荆（门）当（阳）远（安）中心区委，1939年2月底成立了中共荆当远中心县委，曾志任书记，到1939年，襄西各地已有党员500余人。为了准备抗日游击战争，党组织动员了一批党员到以共产党员何基沣任副军长的国民党七十七军去当兵。这批党员后来东渡襄河参加豫鄂挺进纵队后，成为襄西部队的骨干力量。

1940年5月，荆当远中心县委与南保宜中心县委合并，成立了中共荆（门）当（阳）地委（亦称荆钟南宜）特委，赵石为书记。接着特委布置了准备发动抗日游击战争的工作。

1940年6月，襄西地区的荆门石桥驿以南的广大区域沦陷，敌13、39两个师团的一半兵力驻守，在公路沿线各大城镇，遍设据点，组织伪维持会和伪军。国民党游击队周赞廷、左墨香、曾宪成、郑家良等部，则拥兵自重，祸害人民。

此时，这里的党组织立即开始了抗日武装斗争。在荆北的地方党领导人刘真、叶云率部上北山与掳掠的小股日军作战。在当阳的特委负责人李守宪和当阳县委的领导人王建桥、王全国，充分发挥县委委员刘宝田掌握的当阳脚东乡自卫队，一面发动当阳的党员、群众参军，收集国民党丢失的枪支，扩大武装；一面动员荆门的党员、群众携带所掌握的枪支参加这支部队，计划在香炉山一带开展游击战争。李守宪、王建桥、王全国同荆门县委书记李纯斋共同研究，派王建桥、王全国、杨震东率领荆门的党员武装，打入龙剑平大队，经过深入工作，成功地掌握了龙剑平部。

日军侵占襄西后，1940年7月，鄂豫边区首长命毛凯率挺进纵队路西指挥部特务中队（亦称“远植大队”）挺进襄西，与襄西地区党的负责人李守宪领导的襄西各地游击武装会合，首战石牌告捷，取得了一个立足点。随即以石牌为依托相继打开了当东、荆南、北山的局面。9月，成立襄西独立团，毛凯任团长，并由点到面，逐步展开。在短短的几个月内，襄西根据地就粗具规模。为了实行统一领导，加强根据地的建设，1940年8月，鄂豫边区党委在襄西成立了襄西军政委员会、襄西地委、襄西行政委员会及妇女、农救会等群众组织，领导了对敌伪军的各种复杂斗争，使根据地得到不断巩固和发展。

1942年春，国民党反动派发动第三次反共高潮，第五战区令第一八〇师一部和荆门、钟祥两县的地方顽军共数千人向襄西根据地进犯。与此同时，日军增设据点，纠集1000多名敌伪军对北山、荆南、当阳根据地进行“清剿”。在敌伪顽大举进犯的情况下，为避敌锋芒，保存实力，边区党委指示襄西主力部队和党政机关于1942年6月，向襄河东作战略转移，跳出敌人包围圈，转入外线作战。襄西地委决定留下少数干部及武装，成立了当阳、荆南、北山三个“坚持委员会”，分别由洪范、李纯斋、叶云负责，在三个基本区坚持对敌伪顽的斗争。

在敌伪配合进攻下，荆门土顽姚金陵侵占了荆南地区，钟祥土顽侵占了石牌及北山大部分地区，当阳土顽郑家良经常袭扰当阳香炉山。襄西根据地遭到极大破坏。在最困难的时候，当阳只剩下三个乡的部分地方，北山只剩下十几个村庄，荆南全部被侵占。对此，三个区委紧紧依靠人民，同敌伪顽进行了卓有成效的斗争，保护了人民的利益，武装力量不断壮大，根据地得到部分恢复。1942年10月，襄河地委决定成立荆当钟中心县委，统一领导襄西地区的斗争，并加派部分武装和干部到襄西，加强了坚持斗争的力量。中心县委成立后，恢复了当阳县委、荆南工委、北山区委，洪范、李纯斋、王子才分别任书记。同时，成立了襄西支队，叶云任支队长。决定当阳建立县大队，下属一个连队、一个区中队和一个手枪队，北山建立区政府和北山大队，丁锐任区长兼大队长。荆南建立一个班的武装。12月，北山区委改称北山工委，叶云任书记，隶属荆当钟中心县委。1943年1月，襄河地委又派许猛率一个连到襄西，进一步加强了襄西支队。这三块根据地的坚持，为恢复襄西根据地奠定了基础。后来，边区党委授予其一面“北山人民坚持有功”的锦旗。

新四军五师挺进襄南，为恢复襄西根据地创造了条件。这时，恢复襄西根据地不仅有利于鄂中、襄南两块根据地的巩固和发展，而且有利于在西部前线配合正面战场作战。因此，边区党委和五师首长决定，在发展襄南的同时，恢复襄西抗日民主根据地。

二、反击姚金陵部，襄西中心县委成立

1943年春，十五旅进军襄南后，即着手再一次打开襄西的局面。早在1942年6月，五战区第三游击纵队副司令刘黎辉派所属姚金陵支队千余人，勾结荆南各据点的日军，全面进攻荆南根据地，他们到处摆战场、设据点，对荆南根据地实行残酷大“清剿”，大批共产党员、基层干部和革命群众惨遭杀害。如姚金陵的三大队陈楚武在路西杀害民权乡长李向云等10余人，在路东区李集杀害共产党员和村干部陈向才等七人。姚金陵支队侵占了荆南根据地大部分，切断了荆南与当阳北山根据地的联系。

1943年5月，三军分区四十五团从襄南插入荆南，在荆当大队的配合下，反击侵占荆南根据地的国民党荆门县保安支队姚金陵部，将其从柴家集地区驱出，使荆南雷李新集、柴家集以西得到恢复，路西区得到部分恢复，打通了襄南和襄西的通道。7月，荆南恢复了路东、路西两个区委，李家谟、王展分别任这两个区区委书记，并重建了区、乡抗日民主政权，从而使荆、当两

块根据地连成一片，为联系北山创造了条件。这时，襄河地委派原任江陵县委书记的王建桥率一个连从襄南来襄西，加强襄西的领导和武装力量，将新四军襄西支队改建为新四军五师三军分区三十三团，将荆当钟中心县委改为襄西中心县委，由王建桥任书记，李纯斋任副书记。辖北山、荆南工委和当阳县委。中心县委坐镇北山，领导整个襄西。宣布历时一年零七个月的坚持阶段胜利结束。而后，全面开展对襄西根据地的恢复和扩大工作。

三军分区部队撤走后，姚金陵又重占荆南。8 月，十五旅旅长吴林焕率一个团到荆南柴家集东北地区，再次进攻姚金陵部，姚部再次北逃。

三、争取伪军廖友三、严兴华反正

为了扩大抗日武装力量，中共襄西地委根据李先念师长《致湖北各地伪军官兵、伪组织同胞函》的精神，决定争取伪军刘小约部起义。

刘小约是当阳黑土坡人，1941 年投靠日军，任当阳县皇协保安司令。辖三个大队，第一大队长由其副司令廖友三兼任，第二大队长李伯阶，第三大队长严兴华，共 1000 余人，600 余枪。1943 年春，日军要在当阳脚东镇设置日伪据点，刘小约即派人与新四军联系，征得同意后，将廖友三、严兴华两个大队调脚东驻防，为以后反正做准备。

中心县委为了做好刘小约部的反正工作，派“汉流”身份的统战干部张云龙、周栋云与刘部“汉流”兄弟进行联系，并通过同刘小约有关系的刘真与其通信，以促使其早下决心。经过一段时间的工作，各方面的进展都比较顺利。于是，当阳县委负责人洪范、刘华廷亲自在张家同廖友三、严兴华会晤。廖、严终于在抗日民族统一战线政策的感召下，于 1943 年 10 月 14 日，率两个大队 500 余人枪反正。部队从脚东出发，向绿林山一带前进，受到沿途军民的热烈欢迎与款待。襄西中心县委将廖、严反正部队编入新四军襄西支队，由刘小约任司令员，廖友三任副司令员，王建桥任政委。虽然不久严兴华又投奔郑家良，廖友三经同意被送回枝当边界地区，但广大的起义战士参加了襄西主力部队，对于壮大襄西抗日力量、巩固和发展襄西抗日根据地，都起了较大的作用。

廖友三、严兴华部的反正，对襄西敌伪震动很大。当阳县委又抓住时机，相继争取了罗家河伪军李登朝和育溪镇伪军严静兰部分人员反正，参加了新四军。

日军不甘心在襄西的失败，又加派一个警备队控制脚东镇。根据地人民武装奋起，将日军警备队长平宁周作打死，迫使日军不敢轻易出动。

四、进击郑家良部，开辟江枝当地区

1942 年至 1943 年上半年，对当阳抗日根据地骚扰最频繁、危害最大的，是第六战区挺进军第三纵队司令郑家良。如 1942 年 8 月 19 日、郑部出动 1000 多人洗劫脚东港，抓走共产党员和革命群众 300 多人。匪徒们强迫被抓去的中共脚东镇宣传委员刘望龙，共产党员刘洪尧、李明伟等人杀群众，遭到他们坚决拒绝。匪徒们就用烧红的烙铁烙他们的皮肉，他们被烙得昏死以后，匪徒们又用凉水泼醒再烙，刘望龙等惨遭杀害。这一次，郑家良部杀害和打伤共产党员和无辜群众 200 余人。直到 1943 年 4 月，郑家良还派 300 多人进攻清平河，对根据地威胁很大。

1943 年 10 月，中共襄河地委和三军分区决定以四十五团主力及襄西三十三团和地方武装，反击顽军郑家良部。由军分区副司令员吴林焕担任总指挥，反击盘踞在当阳南部凤台、草埠、孙家场一带的郑顽老窝。战前，吴林焕与刘真商定于一天晚上奔袭敌巢。这一仗歼敌一部，残部向当阳北逃窜，以后再没有进扰根据地了。

此次战斗，扫除了襄西根据地的一大祸害，开辟了江枝当地区。1943 年 10 月，中共襄西中心县委在江（陵）枝（江）当（阳）地区建立了中共江枝当工作委员会（王展任书记）和江枝当办事处。

五、襄西指挥部的成立

1943 年，三军分区部队在襄西地方武装配合下，沉重打击了敌伪顽，使襄西抗日根据地得到了部分恢复。襄河地委为了全面恢复襄西，于 1944 年 2 月，调刘真、魏正兴、李云程、陈曼杰去襄西，由刘真任襄西中心县委书记，王建桥任副书记。将王建桥、刘真先后从襄南带到襄西的两个连同襄西支队两个连以及新吸收的地方自卫训练班参军的战士合编为三十三团，由许猛任团长，陈曼杰任政委。同时，成立襄西指挥部和襄西政务委员会。魏正兴任指挥部指挥长，刘真任政委，王建桥任副政委，李云程任政务委员会主席。

襄西中心县委和指挥部认真分析了襄西根据地的形势，认为北山、荆南、当阳几块根据地虽已初步恢复，但局面还未完全打开。除日军在根据地周围增设据点外，还有大大小小的伪顽军数十股。国民党荆门县保安支队即姚金陵部打着“襄西剿共司令”的牌子，又窜回了荆南，钟祥县土顽曾宪成部的四支队张云斋部盘踞在石牌地区。当阳县土顽郑家良部被击溃逃往当阳北之后，仍然派小股武装到脚东港、新平河、洪家山一带窜扰。在荆南、沙洋至十里铺汉宜公路两侧，还有舒厚甫、杨春芳等反动武装；在十里铺至当阳汉宜公路以南，还盘踞有伪军赵益之、毛泽等部；在北山还有国民党派来的乡公所武装陶沛龙、刘维汉等。

对此，襄西中心县委认为应当争取国民党正规军与地方武装同新四军协同抗日；同时，集中兵力，各个击破侵占根据地的土顽。决定首先打击危害最大、反共最为坚决并和日军相勾结的荆门土顽姚金陵，然后进击钟祥土顽曾宪成。

为了集中力量，1944 年 4 月将江枝当地区撤出的部队，与从各县、区抽调的部分武装充实到三十三团。同时，还进一步加强了统战工作，继续和王伯膏、舒厚甫改善关系。他们不仅保证襄南、襄西交通安全通行，还同意新四军可以到他们驻区活动，舒厚甫还给新四军提供一些情报，为新四军打击最反动的姚金陵和郑家良部创造了条件。

六、争取舒厚甫，歼灭姚金陵

舒厚甫原系国民党地方武装左墨香支队第三大队长，后又投靠周赞廷支队，驻在建阳马平以东地区。后来，舒和姚金陵在收粮收款问题上发生了矛盾，舒转而对中共表示友好，对根据地未造成什么危害，襄西抗日武装也未与舒部发生什么大的冲突。

1944 年初，襄西中心县委为了促使舒厚甫继续保持中立，曾多次派王展去做舒的争取工作，并要求留在荆南的地方武装对舒部以友军相待，不去舒的地盘。为了加强襄西与襄南的联系，尽快恢复襄西，中心县委针对舒的思想疑虑，继续派王展反复向他讲述共产党的抗日民族统一战线政策，只要他支持抗日，可以不咎既往。同时还以实际行动感召他。当他看到抗日武装在通过自己的防区时秋毫无犯，感到共产党说话算数，也要求其乡、保、甲人员不要刁难辖区内的新四军家属，还允许新四军在其辖区内游击日军、临时驻军，并帮助安置新四军伤病员，保护新四军交通线，向新四军提供情报等。由于对舒厚甫的争取工作做得细微，到抗战胜利时，还与舒保持着良好关系。

新四军在争取了舒厚甫后，就放手解决姚金陵的问题了。1944 年 4 月的一天晚上，三十三团从荆南、路西出发，越过荆沙公路，突然包围了姚部驻地。一营从中间直插姚金陵在孙家剅子的支队司令部，首先打垮了姚部的指挥机构。部队进攻枪声一响，正在陪姚金陵打牌的一些指挥官就乱了阵脚，很快四散逃跑，保卫支队司令部的直属中队，在新四军强大攻势下，打了不到两小时就溃散了。是役，除姚金陵等数人逃脱外，姚支队全部就歼，缴获步枪 200 余支，机枪 10 余挺，子弹 10 万余发，打死数十人，俘虏 100 多人。这是新四军自 1940 年 6 月建立荆南抗日根据地以来取得的一次最大胜利。姚金陵部被歼后，襄西抗日根据地的中心地区荆南完全恢复。9 月，全歼姚残部陈楚斌、陈楚武兄弟，开辟了陈家新集、麻城铺一带地区，建立了三个乡公所。

七、荆南、当阳的反“扫荡”斗争和刘家宝事件

荆南的不断巩固与发展，给日军造成了威胁。1944 年 1 月，日伪军出动 4000 余人向襄西路东柴家集、雷李新集地区进行大规模的“扫荡”，在荆南设立了五个据点，烧毁村庄 100 余处，打死群众数十人，并企图在压迫新四军退出根据地之后，修筑麻城铺至后港的公路，以分割荆南路东柴家集根据地。荆南地方武装依靠根据地人民的支援，以袭击日伪据点，伏击掩护修公路的日伪军，组织群众“跑反”不替敌人修公路和夜间破坏等办法，经过近一个月的反“扫荡”、反筑路斗争，终于击败了日军分割控制荆南解放区的计划。

8 月，日军一个小分队对荆南许家新场以北进行袭扰，荆南路西办事处集中区中队力量分三组攻击日军，迫使日军缩回杨集据点。8 月 16 日，日军 222 联队奉第 39 师团长令，在每大队中挑选一个中队的精兵，附左野炮兵一中队山炮三门，到当阳绿林山、脚东港一带“扫荡”新四军。21 日又向绿林山发动进攻。襄西三十三团和荆当大队在人民群众的配合下英勇抗击日军，击毙驻溪河日军司令官，打死打伤日本兵多人。

在反击日军“扫荡”的困难时刻，1944 年 3 月 25 日，在当阳发生了刘家宝叛变事件。

刘家宝是荆当大队第一中队长、共产党员。他当上中队长以后，生活逐渐腐化，乱搞男女关系，贪污公款。对此，当时兼任当阳县委书记的王建桥决定将刘家宝调离部队，送抗大十分校学习。刘家宝串通他的亲信排长廖湘林和两个班长，将指导员罗海棠杀害，胁迫这个中队袭击县委机关。王建桥在与叛徒搏斗中被杀害。

事件发生后的第二天，襄西指挥部负责人率三十三团一个连赶往当阳。3 月 27 日拂晓，在洪庙北击溃刘家宝叛军，俘获一部。经审讯，处决了廖湘林等九名叛徒。刘家宝带少数人逃跑，投靠荆门县三青团，其余溃散。刘在 1948 年底被解放军捕获，判处死刑。

王建桥的牺牲，对襄西的工作造成了一定的损失。他 1916 年出生在枣阳

县的一个农民家庭。他在读中学时，就和一些进步同学团结在一起，组织读书会，跟学校的国民党复兴社分子进行斗争。七七事变发生后，他和一些进步学生回到故乡进行抗日救亡宣传。1938 年 5 月加入中国共产党，任区委组织委员。武汉失守后调襄阳工作。1939 年，调当阳县委担任领导工作。1941 年调任四十三团政治处主任。1943 年 3 月，调任中共江陵县委书记，同年 7 月，任中共襄西中心县委书记。他团结县委全体干部，依靠群众，克服困难，完成了恢复襄西根据地的任务，牺牲时年仅 28 岁。

王建桥牺牲后，襄西中心县委对当阳县委领导班子进行了调整，刘华廷任县委书记，张焕先、魏霁岚为委员。同时，对荆当大队领导也进行了调整，大队长由张焕先担任。

八、围攻剪子垱

在襄西，围攻剪子垱是广泛发动群众进行人民战争，并取得胜利的一例。

1944 年，中共荆南工委书记李纯斋在荆南剪子垱隐蔽疗伤，被汉奸发现，报告了杨家集日军。4 月的一天上午，日军出动一个小分队突然包围了剪子垱。当地群众立即送信给基干队，并由七十三保保长许支香跑到许家新场榨屋湾，将敌情报告给了路西办事处中队长李洪元。李拿出在家的三条步枪，带领民兵和情报人员立即出发，李洪元想，要营救李纯斋，靠三条步枪是打不过日军的，要靠人多势众。于是他在去剪子垱途中一路走一路喊：“父老乡亲们，快到剪子垱打日军去！”群众听后，丢下一切，有的拿土枪，有的拿大刀，从四面八方汇成 100 多人的大军向剪子垱冲去。他们边打枪，边呼喊，向日军冲去。日军见愤怒的群众从四面八方冲上来，怕被团团围住，不得不从剪子垱撤出，逃回据点。日军不甘心失败，过了几天，又组织两个小分队对许家新场以北农村进行“扫荡”。他们拉耕牛，抢生猪，捉鸡鸭，然后集中到杨家庙以北的一块土岗上放炮，妄图引出地方武装上钩，给予报复。对此，路西办事处当即决定，集中区中队的力量，分三组打击敌人。南方组从正面向敌人发起进攻，东西两组趁机插入土岗歼灭敌人。战斗进行中，当南面组与敌正面交火后，西面组也立即配合正面攻击与敌人打响了，敌人见势不妙，撤回了杨家集。这次战斗虽然没有达到全歼敌人的目的，但夺回了被日军抢去的耕牛、生猪、鸡鸭等，全部归还了群众。此后，日军也不敢轻易出来抢劫了。

九、京钟南山和北山根据地的巩固与发展

1943年，北山根据地得到逐步恢复。1944年3月，驻京钟地区的四十四团，计划先拔掉旧口伪军团长高华廷部设在高集、刘集、徐集的三个据点。但这些据点离旧口很近，如果战斗一打响，日军定会出来增援，对新四军很不利。于是，事先与打入日军侦察队的地下人员徐道明联系，要他设法牵制旧口日军，在战斗打响后的两小时内不增援三据点。一天深夜，战斗打响了，高华廷找到徐道明，想请他一起去说服日军出兵增援。徐为了趁此机会拖住高华廷和日军，便满口答应。高华廷向日军告急，徐故意说："这次进攻三据点的是新四军大部队，太君一定要派兵增援。"日军本来就没有夜间出兵的胆量，加上徐道明说新四军大部队来了，害怕吃亏，一直拖到天亮后才出兵。待援兵赶到时，战斗早已结束。这次战斗，徐集一锅端，高集、刘集虽未打下来，但俘虏四五十人，缴获枪支30余支。

1944年4月，襄西中心县委调北山武装力量参加荆南之战，全歼顽匪刘黎辉下属姚金陵支队之后，又命令许猛率三十三团到北山，在孙家台、罗沟子将伪军邓克昌打垮，缴枪20多支，迫使邓匪龟缩在山内，不敢轻易出来骚扰。接着，三军分区司令员吴世安率两个团，配合三十三团，在肖家店、毛沟子一带追歼张云斋、刘黎辉部，将张、刘打败，打死打伤40余人，其中打死连长3人。

1944年夏，京钟县副县长杨筱震带一个排的兵力到东桥路南乡，消灭了朱志高、曾昭坤两股土匪队伍。接着又同县总队长白宪文一起带领县总队去捉拿妄图逃窜的东桥伪乡长陈厚安和伪中队长曾庆海。在陈家冲夜袭了陈厚

安的一个中队60多人，活捉了陈厚安，缴获了40多支长枪、两挺机枪。

同年秋天，顽匪宋超然的一个中队，窜到九里冲边家畈，檀山区中队和基干队将其击溃，活捉匪首宋超然和中队长皮光银等4人。1944年底，三十三团在三军分区部队的支援下，在石牌的皮家集、贺毛集一带，将曾宪成匪部贺世明支队彻底打垮，余下的百余人于大年初一进至北山，又被新四军北山部队伏击打散。

此后，北山形势有了大发展。原有自治、团结、荆东、西陵四个乡，又发展了精诚、大林、诚德、树德、罗集、利南、石南、邱罗等八个乡，共建了12个乡政府，整个北山内外都为新四军所控制，范围比1942年大了4倍，东西90里，南北120里。紧接着又开辟了石牌中心乡下辖的南湖、马良、雨霖、北湖、滨汉等五个乡。

第五节　进军江南，石公华抗日根据地的开辟

一、日军进攻湘北、鄂西，石公华人民的抗日斗争

石（首）公（安）华（容）抗日根据地亦称桃花山抗日根据地。1943年春，日军在攻陷襄南之后，接着进攻鄂西、湘北。2月12日，日军进攻石首江北地区。3月8日，日军在沙市至岳阳间，分兵五路强渡长江，向洞庭湖区进犯。一些有爱国心的国民党官兵不畏强敌，奋起抵抗，守卫在石首崔家台的国民党七十三军的一个班，凭借三面临水的地形阻击敌人，用机枪猛烈扫射，击毙日军130余人，一个班的战士全部壮烈牺牲。但大部分国民党部队溃逃，日军长驱直入，华容、石首两县之大部和公安县之虎东地区皆陷入敌手。

日军侵入石公华后，即实行野蛮的杀光、烧光、抢光政策。侵略者的铁蹄踏上华容乡土刚刚两月，华容人民死于日军屠刀下的即达14056人，伤残

及其他受害者6600多人，被日军烧毁的房屋有6178栋，被日军掳掠去的粮食达3万多石，耕牛3000多头。在公安，被日军杀死的男子772人，妇女219人，儿童36人，被抓去当夫役的3793人，其中被整成残疾的237人，被奸污的妇女无法计算，被烧毁的房屋万余间，被抢夺走的粮食2000多万斤，棉花320万斤，猪肉40多万斤，牲畜1000余头，铜15000斤，铁45000斤，还掠夺去了大量的条木。4月28日，日军在石首调关打死群众20多人，把一个有400多户居民的调关镇烧成了一片废墟。

日本侵略者的种种暴行，激起了石公华地区群众的极大愤怒，他们纷纷行动起来，同日本侵略者展开了英勇的斗争。1943年3月，石首江北地区的方以成、彭城捡了国民党部队溃退时丢弃的枪支，自发组织起一支拥有300多人枪的抗日武装——和平救国军。李人林率部挺进襄南后，江陵县委李秉范和杨震东、黄凤池等人通过外湖党支部做工作，收编了方以成部，将其改编为江北抗日支队，任命方以成为支队长，四十五团的马金波任教导员。这支队伍在维护社会治安、打击日军和土顽方面发挥了好的作用。4月，麦粮洲党支部建立了一支有20多人枪的抗日武装——石首特务中队，活动在古长堤、千亩洲一带，搞得日伪汉奸惶恐不安。5月，曾在土地革命时期入党的王保安、童吉清等人与三军分区联系后，相继建立了江北联乡办事处和六个乡的抗日政权。1943年6月，张泽生和杨震东送给公安县委11条枪，在毕家垱成立了公安游击中队，袁定一任中队长，彭桂泉任指导员。游击队就凭着这11条枪，开展游击活动，袭击小股伪军，剪除汉奸特务，使得当地日伪军惶恐不安，汉奸走狗提心吊胆。这支游击队在敌人的眼皮底下，在崇湖的港汊芦林之中坚持战斗了四个月之久，由原来的10余人扩大至30多人，成为江南一支勇敢善战的游击队。7月，国民党公安县沙江乡乡长、原黄埔军校学生尹腾伊，组织乡保丁建立了一支30多人的抗日武装——沙厂游击队积极投入反“扫荡”、杀汉奸、保卫家乡的斗争。

二、石公华县委和江南挺进支队成立

为了进一步打击日军，策应正面战场作战。三军分区决定组建江南挺进支队向桃花山进军。

石公华地区的党组织，原属中共中央南方局的湘鄂边特委领导。早在1942年，南方局就指示湘鄂边特委：在湘鄂边未被日军占领时，要隐蔽精干，长期埋伏，积蓄力量，以待时机；如果日军占领了湘鄂边，就要发动群众，组织游击战争，并迅速与中原局所辖鄂豫边区党委取得联系，属其领导。

1943年8月，湘鄂边特委派特委成员、公安县委书记张泽生和魏恒若到鄂豫边区联系，在潜江县熊口镇找到了襄南代表团、三军分区和十五旅领导人吴林焕、方正平、李人林，汇报了三县的党组织和抗日武装发展情况，并通过吴、方、李将情况报告给了鄂豫边区党委和五师首长。至此，石公华地区的党组织与鄂豫边区党委接上了组织关系。接着，鄂豫边区党委指示襄南代表团直接领导石公华地区，着手进行开辟石公华抗日根据地的工作。9月，在潜江熊口建立了中共石公华县委和新四军江南挺进支队，由张泽生任县委书记兼支队政委，李凌云任副书记兼组织部长，杨震东任支队长，尚志任副政委。支队由一个武装连组成，三军分区拨给支队40多名战士和38支步枪、1挺机枪、3支手枪。

三、再次收编方以成部，石公华县行委会成立

1943年9月18日，江南挺进支队在四十五团参谋长青雄虎率领的一个营的兵力配合下，进抵石首江北地区，对方以成部进行了第三次收编。

方以成第一次被新四军收编后，不听从调遣。三军分区派杨震东率部于6月在石首三户街进行第二次收编，将方部200多人枪全部编入四十五团，安排方以成任三军分区管理科长。方以成不习惯新四军严格的军事纪律的约束，不久便跑回石首江北地区，挖出埋藏的枪支，重新拉起一支有100多人枪的队伍，独行其是。因此，三军分区指示江南挺进支队对方部强行收编。9月

19日凌晨，青雄虎率领的一个营和江南挺进支队出其不意地将方部包围，在迫不得已的情况下，方以成接受了第三次收编。这次清除了少数顽固分子，留下出身较好的，把近百人枪编入了江南挺进支队。这样，挺进支队由一个连编为两个连，有100多支步枪、8挺机枪和10多支手枪。稍后，又收编了唐云涛土匪部的几十条枪，挺进支队很快在石首江北地区打开了局面。

收编方以成后，挺进支队按照在熊口拟定的初步行动方案，由张泽生、杨震东各带一个连进军公安。由于公安境内敌伪据点多，势力大，部队行动受阻，经过认真分析，决定放弃进军公安，返回石首江北。石首江北有较强的地下党组织和抗日十人团组织，群众基础好，加上江北靠近长江，地势开阔，芦苇丛生，便于游击，完全符合上级党委“在长江边建立一个极其隐蔽的、有战斗力的、向江南前进的前沿根据地”的指示精神。因此改以石首江北地区作为石公华抗日根据地的中心。

10月，中共石公华县委在石首江北炮船口召开石公华县人民代表大会，民主选举产生抗日民主政府——石公华县行政委员会，魏恒若为主席，李树人为副主席。建立了江北、池东、池西三个联乡办事处和区委。

随着抗日政权的建立和武装斗争的开展，江北社会秩序井然，生产恢复很快，商业得到发展，不少敌占区的群众纷纷迁居江北，江北由一万多人很快发展到三万多人，古长堤由千余人发展到一万多人。

四、进军桃花山

11月上旬，日军统帅部又调集其华中派遣军第11军之第3师团、第34师团，第9军之第39师团、第58师团及第13军之一部，加上伪军一部，共7万余兵力，再次向湘北、鄂西的国民党部队进攻，发动了常德战役。为了配合正面战场作战，三军分区奉命进军桃花山，向江南敌后发展。

11月28日，李人林率江南挺进支队、四十五团一个加强连和边区文工团向桃花山挺进。当晚，部队由桃花山党支部派来的张德珍带路，先从斋公桥秘密渡江，在刘发洲以北隐蔽。然后在调弦口与焦山河之间偷渡调弦河。当时，调关驻有日军，焦山河驻有皇伪军，为防新四军过河，已将这一带的船只大部抢走。调关、桃花山一带的地下党组织事先得知新四军渡江过河的消息，早已做好了部队过河的准备，待部队到达调弦河边时，他们立即组织抗日十人团和广大群众，将隐蔽在芦苇丛中的船只开到河边，搭成浮桥，让新四军通过。部队过河时，他们还在调关、焦山河四周密布岗哨，封锁消息，严密监视日伪军的动向，使指战员深受鼓舞。是夜，部队在才子庙宿营，29 日到达古井口，30 日到达小石桥，12 月 1 日胜利到达桃花山。李人林在小石桥召开了民主人士座谈会，在桃花山下的大旺厂召开了群众大会，宣传共产党的抗日民族统一战线政策和支队进军桃花山的意义，使当地士绅、名流、民主人士消除了对新四军的恐惧心理，使群众受到很大鼓舞。江南挺进支队到达桃花山后，为了进一步发动群众，震慑敌人，扩大影响，又马不停蹄、挥师西进，然后回师桃花山区。他们击溃了侯辅成匪部，赶走了伪军饶子骐部，消灭皇伪军刘伟民部 100 多人，在菀子口、麻布拐等地消灭了前来“扫荡”的小股日军，打击了日寇的嚣张气焰。在桃花山地区建立了东山、官挠旗两个联乡办事处，下辖 14 个乡，每个联乡还建立了 30 余人枪的区中队。

从 1943 年 9 月至 12 月的四个月时间里，石公华地区相继建立了 5 个联乡办事处（后又建立了两个，共 7 个联乡办事处）和 32 个小乡的抗日民主政权，石公华抗日根据地便巩固地建立起来了。

桃花山抗日根据地开辟以后，襄河地委书记兼三军分区政委张执一曾赋《饮马长江》诗一首，他满怀胜利的豪情吟道：“南渡长江饮马欢，桃花山望井冈山。洞庭湖水连天碧，放眼三湘尽笑颜。”

五、粉碎日军“扫荡”

石公华抗日根据地牵制了日军向湘北鄂西的进犯，威胁着日伪据点。日军为争夺这一战略要地，派 2000 余名日军、4000 多名伪军分驻各大小据点和交通隘口，对根据地发动了一次又一次的“扫荡”。根据地军民团结一心，打退了敌人多次进攻，并且主动出击，给敌人以沉重打击。

1943 年 12 月，李人林带一个加强连袭击闸口日军，日军受挫后，撤出了闸口据点。

1944 年 1 月，驻华容县城的日军 300 余人，经杀猪港“扫荡”桃花山。适逢襄南中心县委副书记吴云鹏和四十五团副团长杨洪先带一个营来到桃花山，当即投入战斗。鉴于敌军武器精良，弹药充足，又占据了有利地形，便采取了声东击西的战术。杨洪先率主力向砖桥方向边打边退，杨震东率挺进支队向敌人空虚的华容县城发动佯攻，迫使进犯之敌回援华容，杨震东则率部安全返回桃花山，赢得了这次反“扫荡”的胜利。

同年 1 月 24 日（农历腊月二十八日），杨震东率两个连夜袭墨山铺日军据点，除缴获步枪 20 多支、子弹 3000 多发外，还缴获了日本洋行的一批布匹、食盐、腊肉、火柴、香烟。这次战斗给日军以很大打击，迫使日军在一段时间内龟缩据点内，让根据地军民过了一个太平年。当时有位老人挥笔写了一副春联：“新四军不来抗日，老百姓岂能过年”，表达了群众的感激之情。

1944 年 5 月，江南挺进支队一个班又夜袭了日伪石首焦山河据点。这个班在焦山河街口的堤坡下埋伏，四名战士先摸进敌哨，当两名日本兵对两名战士强行搜身时，另外两名战士冲上去夺过日军枪支，迅即将两名日本兵分别装进了麻袋，背起就跑，埋伏的战士趁机袭击了日军碉堡。这次行动，打死日哨兵 1 人，俘虏日军 2 人，缴枪 3 支，子弹 60 余发。

1944 年 9 月，日军一只铁驳停靠石首寡妇夹，30 余名日军上岸抢劫。驻西堤拐的江南挺进支队七连一排得到情报后，立即在敌必经之道埋伏，待敌窜入柴林芦苇之中杀猪宰鸡得意忘形时，即分三路包抄，向敌人发起猛烈袭击。敌军乱成一团，纷纷逃命，支队战士紧追不舍，打死敌军 10 余人。余敌逃上铁驳，躲入船舱，支队战士追上铁驳，撬开舱板，歼尽残敌，缴枪 30 余支，子弹 2000 多发。

六、打击伪匪和汉奸

江南挺进支队在狠狠打击日本侵略者的同时，还不断打击伪军。1943 年 12 月的一天，驻监利伪军一个排从藕池领取军饷后，途经调关宿营。杨震东连夜率领一个连的兵力埋伏在伪军必经之鹅公包丁字堤的后侧树林中。次日中午，伪军押运军饷进入杨部伏击地带，遭到突然攻击，仓皇后撤，杨部乘胜追击，将其全歼，缴获长短枪 30 余支，子弹两袋，战马 4 匹，军饷（银圆）4 袋。

1944 年 3 月，杨震东率一连、三连、七连，夜袭驻横堤市伪军屈子静部，经一小时战斗，毙伤日伪军 30 余人，俘敌 10 余人，缴枪 10 余支，战马 4 匹。

1944 年 5 月，华容伪保安大队长张世杰带两个伪军中队 200 多人枪到岳阳、华容边境“扫荡”。驻华容烟墩的江南挺进支队第一连闻讯，连长彭守春率全连战士潜伏在敌人必经之柿树岭一带，当张世杰带着 20 多名骑兵和两个中队步兵进入伏击地段时，即发起突然袭击，一时军号四起，杀声震天，打得伪军抱头鼠窜。这一仗，打死伪军 10 余人，俘虏 40 多人，缴枪 50 多支。此后，张世杰再也不敢轻易下乡骚扰了。

1944 年 7 月的一天深夜，杨震东率部埋伏在焦山河土城外围，派一个排进去将洋行经理抓到郊外进行教育，洋行经理在三天之内向新四军交齐 3000 元（银圆）税款，解决了江南挺进支队的经费困难。

1944 年 8 月的一天深夜，杨震东率两个连包围了驻新沙洲的一个伪军营。伪军碉堡林立，防守森严。杨部强打硬攻，经两小时战斗，敌军败退至河边。杨部乘胜追击，歼敌大部，一部分敌军泅水淹死。这次战斗毙伪军 100 余人，俘伪军 50 余人，缴获长短枪 80 余支，弹药 10 余箱。

1944 年 9 月，江南挺进支队三连探明了伪军饶子骐部 100 多人在章华港一带抢得群众大批粮食，急欲运走。当夜支队三连即从青竹沟跑步赶至章华港，对敌人进行追击。饶子骐伪军仓皇上船逃跑，支队三连将 3000 余斤粮食全部追回，并缴获战马10匹。

此外，江南挺进支队还在地方武装的配合下，于1944年春先后袭击了墨山铺、三封寺等三个日伪据点，给伪军金亦吾部、顽军侯宗瀛部以沉重的打击。

除江南挺进支队以外，石公华各地的游击队也频繁出击了日伪汉奸和土匪，为巩固根据地作出了贡献。

早在1943年下半年，公安游击中队处决了日保安总队谍报组组长季少一、汉奸崔庆芳、麻豪口伪维持会长周斌等死心塌地的汉奸。不久石首游击中队又处决了汉流首恶分子张文斌等人。

1943年底，公安游击中队在周家铺与石首游击中队合编为池西游击大队。池西游击大队先后在公安管家桥歼灭土匪九五支队100余人，在黄天湖歼灭土匪段百川部30余人，在胡家厂打散了刚成立起来的日伪保安司令部，在周家铺歼灭伪军屈子静部一个中队80余人枪。1944年夏秋间，又两次配合江南挺进支队攻打屈子静的伪和平救国军，在横堤市消灭该部30余人，在积玉口消灭该部一个中队，共缴获机枪3挺、手枪3支、步枪50余支、子弹和手榴弹2担。

七、潘哲夫率“抗纵”北渡长江

为了打破日军在江南的“扫荡”计划，配合江南挺进支队反“扫荡”斗争，襄河地委和军分区命令中共地下党员潘哲夫，率湘鄂边抗日游击纵队1200余人于1944年3月北渡长江，开赴襄河抗日根据地。这支抗日武装的组建经历了艰苦曲折的历程。

湘鄂边地区是抗日战争时期共产党的一块活动基地。1939年7月以后，在湘鄂西区党委的领导下，这个地区的抗日救亡运动和党的组织都有很大发展，但这里是国民党重点控制的地区之一，建立抗日人民武装特别困难。

湘鄂边抗日武装的建立，主要是通过爱国知识分子潘哲夫利用江南汉流（洪帮）组织，逐步发动与筹建起来的。潘哲夫，松滋县人，早年在武汉读书时即参加革命活动，与恽代英等相识，受到进步思想影响。1926年辍学回家，适遇北伐军贺龙师过境，被举为农协巡查队队长，参加反对土豪、土匪的斗争，并为北伐军筹办军饷。大革命失败后遭到通缉，但仍与红军贺龙部有联系，并为红军提供枪支20余支。其后屡与国民党政令冲突，五次被地方当局逮捕入狱。1938年夏初，因筹组抗日自卫团，被国民党逮捕，判处死刑。1938年10月，潘哲夫在临刑前夜由监狱看守汪光玉、丁振山营救越狱，即以汉流大哥的身份在湖南石门甸子良区进行武装活动。因他与李逊夫交往甚厚，李将他的情况向湘鄂西区党委组织部长蔡书彬作了汇报，蔡又报告给南方局的组织部长、区党委书记钱瑛。区党委决定与潘建立联系，通过考察，区党委于1940年1月决定吸收潘入党，由区党委直接掌握其关系，领导其活动。潘哲夫受命以汉流组织的名义，在松滋、澧县、石门、公安一带秘密筹建党的抗日武装。1940年6月，沙市、宜昌沦陷后，潘哲夫根据区党委的指示，利用省学联的旧关系打入国民党六战区第二游击纵队司令金亦吾部充任上校高参，开展兵运工作。1942年秋，潘哲夫根据南方局的指示，积极联络地方土著武装，加紧筹组抗日武装部队。

1943年5月，日军大举南侵，鄂西湘北的大片国土为日军占领。这时，丁振山等在松滋、澧县边境的六个泉地区，以潘哲夫的名义发起组织部队，抗击日军侵略。当时民情激愤，应者云从，不到两个月，即发展到3000余人枪。根据湘鄂边特委的指示，潘哲夫随即到达六个泉地区点编部队，命名为湘鄂边游击总指挥部（党内命名为湘鄂边抗日游击纵队，当时没有公开，简称“抗纵”），司令潘哲夫，副司令丁振山，政委徐达三，政治部主任李东波。下辖五个支队，一个直属大队，一个独立大队，一个特务大队，在湘鄂边开展抗日游击活动。

1943年6月，日军南犯失败，国民党军队趁日军东撤，很快占领了湘鄂边地区，因与潘哲夫宿怨很深，急欲除之，便以第十集团军两个师的兵力向“抗纵”围攻。澧县大堰垱一仗，“抗纵”损失惨重，人枪折半。潘哲夫率小部人枪突围至公安、江陵边境，始知弥陀寺已为日军占领，“抗纵”处于腹背受敌的险境。潘哲夫则以洪帮山主的名义在江陵、公安敌占区进行地下活动。8月，国民党七十九军配合松、澧、石、公等县地方武装再次对“抗纵”进行“清剿”。“抗纵”在湘鄂边特委领导下，依靠广大群众，采取化整为零、昼伏夜击的战术，穿杂色便衣，分散游击于松、澧、石、公边境地区，突击乡保武装，奇袭分散孤立之敌，从而取得了反“清剿”斗争的胜利。

11月3日，日军再犯湘鄂边。“抗纵”复于松、澧、石边境游击，再度发展到2000余人枪。不久，日军又撤至松滋、江陵一带，国民党军队又向“抗纵”压来，“抗纵”再陷腹背受敌之险境。襄河地委和三军分区指示潘哲夫在日伪内部抓一部分武装。潘即通过洪帮的关系与日接触，通过谈判，达成了“抗纵”接受和平建国军称号，但不受改编，日军不得进入“抗纵”防区的协议。此时，正值刘飞被日军撤职，日酋乃委潘哲夫为和平建国军江南纵队副总指挥。潘即以此为掩护，在日伪内部进行策反活动。

此时，江南挺进支队已开辟了桃花山根据地，为配合根据地反“扫荡”斗争，鄂豫边区党委决定“抗纵”以伪军起义的名义过江与新四军五师会合。李东波向潘哲夫传达了边区党委决定，进行过江的组织工作。是时正值日寇进犯桃花山，“清剿”江南挺进支队，潘哲夫也受命率部参加“清剿”。为麻痹敌人，“抗纵”将司令部移驻马家寨对岸，摆开参加“清剿”的态势，而将主力秘密集结于公安湖堤附近之天星洲。1944年3月19日夜，在江陵游击队的配合下，“抗纵”主力1200余人枪胜利渡过了长江天险。渡江后即被日军发现，沙市敌军立即派兵追击，被三军分区部队打退。“抗纵”开赴熊口杨马家场与三军分区派来的接应部队会合。21日，李人林在马家场廖马河子隆重举行了欢迎大会。为扩大影响，分化瓦解敌军，延安新华社和《解放日报》以《湖北千余伪军反正》为题报道了这一事件。此后，“抗纵”即集中学习、训练，整编为新四军第五师第三军分区江南挺进纵队，下辖两个团、一个警卫连、一个军官队，纵队司令潘哲夫，副司令丁振山，政委徐达三，政治部主任李东波，成为共产党领导的一支抗日人民军队，在抗日战争及其后的解放战争中作出了贡献。

第六节　襄河抗日民主根据地各项建设蓬勃发展

襄河地区军民在进行抗日游击战争、不断扩大和巩固根据地的同时，遵循抗日民族统一战线政策、中共中央《抗日救国十大纲领》和鄂豫边区施政纲领，结合本地实际情况，较大规模地开展了根据地的各项建设。这不仅保证了抗日战争的需要，而且使各阶层群众获得了广泛的民主权利，改善了生活。

一、党的思想建设和整风运动

襄河地区各级党组织十分重视党的思想建设。地委、分区领导张执一、方正平等经常布置、检查党员干部的理论学习，多次到地委党校、洪山公学、分区教导队做形势与任务的报告，向机关干部讲革命理论、任务与策略的报告。地委负责组织工作的黄海滨、吴云鹏等还深入基层，同党员干部促膝谈心，了解思想状况，讲解党的基本知识、党的建设理论、党性锻炼的要求与方法，帮助他们树立无产阶级世界观。地委、专署和军分区领导不仅带头执行党的政策，而且非常重视对党员干部进行党的政策和策略的教育，防止和纠正在执行政策上“左”的、右的倾向。

为加强党的思想建设，襄河地区各级党组织采取三条措施：一是地委、中心县委和县委都坚持办党校或党员训练班，分期分批轮训各级党员干部。如地委党训班从 1943 年 9 月起至 1944 年 11 月止，共办了四期，每期三个月，培训区乡干部 150 多人。襄南中心县委的党训班每期一个月左右，仅在 1944 年就办了五期，培训区乡党员干部 150 多人。党训班以学习党的基本知识、学理论、学政策为主，也兼学文化，还参加生产劳动，到驻地农村调查，使理论与实践相结合。二是坚持党的组织生活。各级党委会、支部会、小组会都有计划、有检查、有汇报。在生活会上，每个党员自觉检查自己的思想和作风，反映群众的情绪和要求，发现情况及时向党组织报告。三是各级党委针对党员干部中存在的问题进行思想和作风整顿。如天京潜县委负责人在日军“扫荡”和“蚕食”时，命令渔北群众将刚用青砖做的民房拆毁了一部分，引起了群众的强烈不满。1943 年春，县委在观音湖召开扩大会，对县委负责人侵犯群众利益、打骂干部等问题进行了批评与帮助，与会干部作了严肃的自我批评，及时纠正了在思想上和执行政策上出现的偏差。

在加强经常性党的思想建设的同时，襄河地委针对新发展的党员中因未受过系统的马列主义教育而出现的主观主义、宗派主义、党八股和腐化堕落等错误，于 1944 年和 1945 年春开展了一次整风运动。根据边区党委作出的《关于彻底开展整风运动的决定》和具体部署，襄河地委、三军分区成立了分学委。县团以上主要领导干部有的参加了边区党委集中举办的高干整风班。地委和三军分区于 4 月至 7 月上旬在潜江举办了地方中心区委书记和部队营级以上干部整风班。襄西中心县委于 3 月份在荆南王家草场集中区以上干部约 40 人进行了整风学习。汉沔中心县委于 7 月在下丰岸召开了为时半月的整风会议。天汉县委党校于 2 月 8 日在袁李家开学后，就开展了以自我教育为主的整风学习，县委领导经常讲课。同时，在基层党支部中也普遍开展了整风学习。各县委、县指挥部也分别以 10 天半个月时间集中乡级、连级以上党员干部进行整风。各基层党支部开展了不脱产的整风学习。干部除集中整风外，主要是坚持在职学习。尽管战斗频繁，环境紧张，但干部们的学习情绪很高，通过学习整风文献，大多数干部都知道注意调查研究，实事求是，反对主观主义、宗派主义，搞好党内外团结；讲话写文章要看对象，反对老一套、党八股等。在整风中还加强时事教育，经常宣传世界反法西斯战争的发展形势，特别是苏联红军反攻的胜利，盟军在太平洋的攻势和第二战场的开辟，坚定了抗战必胜的信心。“今年打败希特勒，明年打败小日本”，成了大家的奋斗目标。

整风的内容，第一阶段是进行阶级教育，以肃清国民党影响为主；第二阶段是整顿“三风”即学风、党风、文风，并审查干部，以整顿思想方法和思想作风为主。根据各地情况不同，整风的具体内容也可以结合实际有所侧重，做到密切结合党的中心工作进行整风。如荆潜县委在县委委员和区委书记参加的整风会议上，结合组织群众大多数这项中心工作，着重学习党中央有关群众路线和工作作风的文件，纠正脱离群众、脱离实际、工作走过场等不良倾向，促进了党员干部作风的大转变。高场实验乡区委副书记彭忠谈了他整风时的收获。整风前，他的作风不深入，初到襄南时，他带领减租减息工作组在古淌乡搞了几个月，回机关后，发现房东家的老婆、孩子出门逃荒去了。后来查明，佃户的租没有减，房东缺粮问题也没有解决，减租政策在这里并没有兑现，工作组只是当了“宣传组”。彭忠垂首深思，认识到工作不深入，就会脱离群众。整风以后，他被调到实验乡，以三分之一的时间到各村检查工作，用三分之二的时间蹲在点上，与农民同吃、同住、同劳动，使“组大”的工作做得很出色，在全县起了典型引路的作用。

整风的方法，是领导做动员报告，学习边区规定的整风文件武装思想；然后，结合实际，进行反省，开展批评与自我批评，同时，结合进行审查干部；最后进行组织处理、整风总结，制订今后的行动计划。各地在整风中注意讲究实效，不走过场，让党员在每个环节中都切实受到教育。石公华县委于1944年3月召开了有县委成员和区乡主要干部共50多人参加的整风会议，结合本县实际，县委书记张泽生在动员报告中提出进行“三整”（整顿思想、整顿作风、整顿组织）、“三查”（查历史、查贪污腐化、查政治）。与会人员在学习文件的基础上，对照文件自我检查，开展批评与自我批评，制定纠正缺点和错误的措施。县委还用有个干部不分青红皂白地杀人，有个干部曾参加过汉流，整风中拒不向组织交代这两个典型，对与会者进行加强党性和党的政策教育，并作了严肃的组织处理。根据整风中揭发的问题，县委作出了党员经常性的学习和坚持组织生活会的规定。在整风中由于坚持把思想整顿放在首位，使一些党员克服了主观主义、宗派主义和其他错误思想，党群关系、党政关系和军政关系得到进一步改善。

在整风审干中，坚持正确开展党内斗争，认真执行了“团结—批评—团结”和“惩前毖后，治病救人”的方针，没有搞“逼供信”，对犯错误的人的处理，采取了“思想批判从严，组织处理从宽”的方针，没有伤害干部，使参加整风的干部既受到教育，又心情舒畅。天潜沔县委于1944年冬，集中30多名县、区、乡主要干部进行了为期10天的整风学习。他们在学习文件、提高认识的基础上，结合自己一年来的工作和执行政策的情况进行认真反省。对问题比较严重、思想顾虑较大的干部，县委领导进行个别谈心，开导他们“放下包袱，开动机器”，大胆交代自己的问题，打消他们怕受处分、怕组织不信任等顾虑，并有意识地组织互助组进行互相帮助，培养典型作示范发言，以启发大家大胆检查。参加整风的干部，都自觉地检查了程度不同的各种错误与缺点。检查之后，进行了互相批评，分析了错误的根源与危害，对照整风文件，分清了是非，认识到怎样做才算一个真正的共产党员。由于大家都能自觉检查，痛改前非，这次整风没有处分一个人。有贪污受贿行为的人，主动退还赃款、赃物；犯有一般错误的，只要作了检查、愿意改正，一律免于处分；对交代了历史问题的，组织上同样给予信任，这次整风没有伤害一个同志，大家感到真正是洗了一个干净澡，可以轻装上阵了。

通过这次整风，改进了干部作风。如荆钟县委经过整风以后，精简了人员，除县委书记兼指挥部政委有警卫员、勤务员和马匹之外，其他干部都是自背行李文件。县委机关各部门从部长到干事、交通员，总共不超过20人，多余的人员都愉快地服从分配，有的到区乡工作，有的到连队当兵。县委常委成员除开会聚在一起研究解决问题外，平时都在基层同干部群众同吃、同住、同劳动、同战斗。1944年由于大旱，农业歉收，群众生活艰苦，部队供给也十分困难。干部战士每天只能吃上一顿野菜饭，夜间两三人裹一床单被，垫稻草，盖稻草，冬天只得烧柴取暖，病了只能熬点姜汤喝。为了减轻群众负担，他们除打仗以外，还开荒种地，没有耕牛，用人拉犁。襄河地区副专员、京钟县委书记谢威深入茅草岭，白天和群众一起开荒种地，夜晚走村串户，做群众工作，安排生活。副县长杨筱震深入尹家滩，和群众一道披星戴月，挑水落种，组织纺纱织布小组。干部的以身示范，对调动各阶层人民抗战和生产的积极性起了很大的作用。

二、政权建设

（一）各级抗日民主政权的建立

襄河地委时期是襄河地区抗日民主根据地大发展和巩固的时期，随着解放区的扩大与巩固，在各级党委的领导和推动下，逐步建立并完善了各级抗日民主政权。

1943 年，新四军第五师十五旅和三军分区部队开辟了襄南的潜江、江陵、监利、沔阳和长江以南的石首、华容、公安等县的大部或一部，恢复并发展了襄西荆门、当阳、钟祥和襄北天门、京山等县的一部。1944 年，又扩大了石公华、江陵、潜江、天潜沔等基本区的范围，发展了汉沔、川沔等游击区。到 1944 年 11 月，襄河抗日根据地的范围，东至汉阳、蔡甸，西至当阳、宜昌，南至石公华、洞庭湖，北至京山、钟祥，全部面积共 48000 余平方公里，占鄂豫边区总面积近一半。其中基本区面积 18000 余平方公里，占襄河根据地总面积的 38%，占鄂豫边基本区总面积的一半以上；游击区面积近 30000 平方公里，占鄂豫边游击区总面积的一小半。襄河地区下辖江陵、荆潜、天潜沔、汉沔、监利、监沔、石公华、当阳、天京潜、天汉、京钟、荆钟、京北等 13 县，共 265 乡，2963 保，人口 500 万左右，是鄂豫边区总人口的一半。

建党、建政和建军的工作，同红军时期一样，随着军事打开局面，一方面剿匪，另一方面派干部下去摆摊子，先建立各级党的组织，然后组建各级地方政权和武装机构。

到 1944 年下半年，襄河地区共建立了襄西、襄南、汉沔等三个政务委员会，以及天汉、京北、天京潜等三个直辖县政府。

襄西政务委员会，下辖当阳县行政委员会、荆钟县行政委员会、荆南办事处、北山办事处。

襄南政务委员会，下辖江陵、荆潜、天潜沔、监沔、石公华、川沔、汉沔（后划归汉沔中心县委）等七个县行政委员会。

汉沔政务委员会，下辖监沔行政委员会、汉沔行政办事处、川沔行政办事处，以及坝潭、黄蓬、福兴、老沟、张沟等五个直属中心乡政府。

襄河地区每个县都建立了县、中心乡（联乡）和乡三级抗日民主政权。县一级政权机构的名称，在县级党组织为县工委时，叫县军政联合办事处，设主任、副主任，这是临时政权机构，其负责人由上级委任；在党的机构改为县委时，叫县行政委员会，设主席、副主席，其负责人由全县各界人民代表大会或县临时参议会选举产生；后来又改称县抗日民主政府，设县长、副县长。县行委会（政府）下设有民政、财政、水利建设、教育、粮赋、贸易、税务、公安等科（局）。

县以下的政权机构，开始叫联乡办事处，设正、副主任，以后改为中心乡政府，设正、副乡长，并配有财政、民政、水利建设、武装等助理员。

中心乡以下的政权组织利用原来的保甲形式称为保，设保长，以后部分地区改保为行政村，设村长，改甲为自然村，设组长。保长（村长）一般由保（村）民代表大会选举产生。

在襄河地区的各级政权建设中，始终坚持了党的抗日民族统一战线方针，严格按照“三三制”原则办事，注意团结一切进步的爱国力量，吸收各阶级、各阶层、各党派的进步人士和有影响的中间分子参加抗日民主政权。如天潜沔县的副县长和民、财、建、教等四科的科长均由党外人士担任。石公华县的区、乡两级政权中，共有干部 200 余人，其中党员 70 余人，非党员 130 余人，形成了以共产党为核心的广泛的抗日民族统一战线的政权。各个方面的代表人物参加民主政权，对于化消极因素为积极因素，动员各方面人员抗日救国和加强根据地的建设起了很大作用。如荆潜县聂吕滩的聂国柱，系土匪出身，先后当过国民党和日伪的区长，同顽、伪、匪都有密切的关系，为潜西一霸。他弃暗投明率部投诚后，担任了县行委会副主席、县民主政府副县长。他利用社会关系与威望，做了不少有利于人民的事，对清除匪患、安定社会秩序、分化瓦解伪军、打击日军、征收赋税，以及保护襄河渡口的交通安全，都起了重要作用。经过他做工作，还在聂吕滩建立了一支拥有数十人枪的河防大队，专门负责党政军人员的过渡与安全。

在处理党政关系上，由于处于抗日游击战争的动荡环境，强调党的一元化领导是十分必要的。党的一元化领导是指由党委统一领导全面工作，统一部署各项工作，统一协调各方面的力量；但在政权建设上，党只抓方针政策的贯彻、大政要事的决策和政权干部的配备，并不包办日常政务。第三次反共高潮至 1944 年春因环境动荡，而提出强化政权，很多地方县委书记兼县长，区委书记兼区长，支部书记兼保长。各级政权在党的统一领导下充分行使自主权，在动员群众抗日、剿匪、扩军支前、拥军优抗、组织财税、减租减息、发展生产与文化教育、推行政府法令、惩办汉奸、维护社会治安等方面，都做了大量的工作。

（二）临时参议会

参议会是中国共产党在抗日根据地吸收各界人士参政议政、行使人民当家做主权利的组织形式，是具有人民代表大会性质的地方最高权力机构，临时参议会就是这种机构的临时阶段。

1944 年 5 月，边区党委召开了政权工作会议，确定政权建设的基本方针是扩大民主，加强政府与人民之间的联系，使临时政府早日走上民主化的道路。其民主化的主要内容是，建立各级临时参议会，建立各级政府委员会及政府工作的民主制度，培养法制观念，发扬民主作风。同月，边区公布了经修正的县临时参议会组织条例。

根据边区党委的指示和本地的实际情况，襄河地区各级政府加速了政权民主化的进程，襄南、汉沔等中心县政务委员会和荆潜、江陵、天潜沔、监沔、石公华、天汉、天京潜等县政府或行委会于1944年夏季前后，先后召开了临时参议会（鄂豫边区1944年召开临参会的县共有16个），一些基层乡、保也召开了乡、保民代表大会，民主选举乡、保长。1944年8月，襄南政务委员会召开民主人士大会，商议合作抗日、建立“三三制”政权、民主选举政府。会上推举左有方等20余名代表参加边区参议会。

襄河地区各县都成立县临参会筹备委员会，各区委、中心乡对各阶层的代表人物进行摸底审定，在广泛征求群众意见的基础上确定拟任参议员名单，经县委、县行委会审定后向参议员发出聘请书。监沔县还先召开全县各界人士代表大会，由县委、县行委会提出参议员候选人，由到会代表选举产生参议员。各县参议员最少的有33人，最多的有99人。

各县（中心县）参议员的组成具有广泛的代表性，既有中共党政军干部、民众团体代表，也有国民党员、士绅和各界贤达。对党外人士，不论他们有何党派关系或有无劣迹，只要他们赞成抗日民主并有一定的威望，就可担任参议员。如汉沔中心县的参议员中，有老同盟会员、武昌军政府内务部长杨舒武，辛亥老人、国民党县长朱树烈。监沔县33名参议员中，有共产党员8人，非党干部3人，国民党员3人，士绅和各界知名人员19人。其他各县参议员的组成，也都贯彻了“三三制”原则。

各县（中心县）临参会充分行使法定的职权，选举县长、县政府委员、议长和驻会委员，听取审议政府工作报告并提出质询，制订本县施政计划与单行法令，审议与通过预决算，监督与审查行政人员，讨论县政府提交的审议事项，选举驻会委员会，于闭会期间负责执行其委办事项及日常事务。

各县（中心县）临参会开得很活跃，民主气氛浓厚，参议员们争相献计献策，既反映了民意，也集中了群众智慧。如荆潜县临参会不仅对政权建设、发展生产、兴修水利、减租减息、动员参军、拥军优抗等几项主要工作进行了认真讨论并作出相应的决议，而且对个别态度粗暴、搞强迫命令的政府工作人员提出了批评，要求他们转变作风，还对政府工作提出了许多很好的意见。

按条例规定，县临时参议会每半年召开一次，必要时由议长临时召集，驻会委员会之会期由各县自行决定。襄南中心县临参会自 1944 年夏至 1945 年秋开过三次会，天潜沔、监沔等县临参会和驻会委员会在 1944 年就召开过两三次会。临参会在各县政治生活中发挥了重要作用，参议员们代表和反映各界人民的意志与要求，积极讨论并决定全县的重大问题，加速了襄河抗日根据地政治民主化的进程。

1944 年 5 月，监沔县召开第一次临参会，通过了一系列施政决议，驻会委员积极督促并协助政府实施兑现。如为了解决渍灾和水利纠纷问题，建立了以县行委会主席甘正非为主任委员，由政府干部、水利专家、开明士绅（多为参议员）组成的水利建设委员会，集中解决了徐家垸、万家垸、南湖垸、万家港子的排渍问题，破十斛垸开了一条六里长的渠道，解决了剅口地区上下垸的水利纠纷。当时差船负担问题矛盾很大，由于洪湖水面大，河港多，机关、部队常年需要差船 100 多只，由乡公所平均摊派到保、甲、户，不论穷户富户轮流当差，一次连人带船当差 15 天，穷户实在负担不起。参议员就此提出提案，要求政府合理解决。会后，甘主席多次召开乡、保长和群众代表会议，研究差船合理负担问题，决定以田亩数为依据分配差船负担，大保出差船两只，小保出差船一只，按田亩出钱购船雇请专职船夫，县行委会派干部任差船队队长。这样处理，群众都认为公平合理，又便于差船的管理与调配。同年 9 月，监沔县召开了第二次临参会，主要议题是进一步动员各方力量去做争取伪军的工作。会后议员们各显神通，取得了很大成效。不久，监沔县又召开了第三次临参会议，研究并通过了减租减息、开征田赋、水利建设和调处秣场、猎野纠纷等决议。如开征田赋，在确定田亩数和征收标准以及组织征收队伍上都有一定困难，经过充分讨论，决定以“知根”（旧政府征收田赋机构设在各垸、管理田亩数的人）的田亩清册上的田亩数和土地等级为依据，上田每亩收一元（银圆），中田每亩八角，下田每亩六角，受灾田酌情减免。由各乡选派能写会算的人和“知根”组织征收队，经县财政科培训后分到各乡开征。又如罧场、猎野纠纷，是争湖面、争鱼群、争野鸭群的矛盾，实质上是渔民、猎户与湖霸之间的斗争。会议确定了处理罧场纠纷的原则：既适当照顾历史习惯，又要求占有好湖水的大姓、大湾主动让出一些地方给其他渔民。如发生矛盾，由县行委会进行调解或仲裁。处理猎野纠纷的原则是：提倡互相协商，互相照顾，决不允许有意破坏对方“打孔”。会议还决定由游击大队派武装人员下湖，一则征收野鸭税，二则调解纠纷。这些决议既符合抗日民族统一战线的政策，又符合地方实际，具有可行性，实为推动工作、解决问题的良策，结出了实现民主政治的硕果。

各县临参会和参议员在宣传解释党的政策，消除中上层人士的怀疑恐惧情绪，动员各方人士抗日救国方面做了大量工作。石公华县参议员不仅协助本联乡做好各项工作，还到调关、焦山河、滑家垱、沙岭子、藕池和县城等敌据点，以士绅、名流的身份与各方面的人士交往，进行抗日宣传，动员各商户向民主政府交税，认购建国公债，掩护新四军工作人员，并通过各种渠道做分化伪军的工作，掌握敌方情报。天潜沔县参议员带头为新四军筹粮，带头减租减息，带头认购公债，推动了全县各项工作的开展。

三、地方军和民兵建设

抗日游击战争是人民的游击战争，在人民武装的组成上有主力军、地方军和民兵。抗日根据地的开辟，民主政权的建立与巩固，都必须依靠人民武装的力量。襄河地区的各级党组织和政权，都十分重视地方军和民兵的建设。

1943 年 1 月，边区党委在大悟山蒋家楼子召开扩大会议，通过了 1943 年边区军事建设计划，襄河地委、军分区认真实施这个军事建设计划，建设了一支有相当数量、有很强战斗力的地方军和民兵队伍。据 1944 年 6 月《五师呈报1944年上半年鄂豫皖各分区的概况》的不完全统计，三军分区县大队以上的武装和人员有：军分区直属队1345人，四十四团1241人，四十五团973人，三十一团398人，三十二团（编入十三旅）420人，三十三团402人，三十四团464人，江南挺进纵队308人，襄南指挥部305人，襄西指挥部62人，荆潜总队166人，汉沔总队180人，天潜沔总队207人，江南挺进支队178人，荆当总队176人，天汉总队383人，天京潜总队254人，京钟总队221人，总计7683人。据八个县统计，有区乡武装1776人，其中天汉283人，荆潜318人，江陵250人，天潜沔120人，监沔115人，襄西107人，天京潜543人，石公华40人。在民兵方面只记载了几个县的数字。基干队：天汉2385人，荆潜6645人，天京潜3097人，潜北6145人。自卫队：天汉2385人，荆潜1810人。京钟南山和荆钟北山拥有3000人的基干队、自卫队、武工队和5000人的民兵。

据《五师1944年年终工作总结报告》的不完全统计，原三军分区所辖地区有县大队以上人员7078人，区乡武装2147人，1944年地方军扩军779人。除监沔、襄西、汉沔、京北外，其余各地均有民兵组织，民兵基干队员约16000人。

1943年和1944年，三军分区部队和各县大队武装抓紧在战斗间隙进行了整训和整风，通过分区教导团、洪山公学和各级党员训练班对地方军班排以上干部，政治战士，轻重机枪、枪榴弹射手和区中队长、基干队长进行了分期培训，在“组大”工作中，对民兵基干队和自卫队进行了整顿，建立了政治工作制度和管理教育制度，从而提高了地方军和民兵的战斗力。

襄河地区抗日军民就靠这不足8000人的地方正规军，不足2000人的半正规区乡武装和不足2万人的不脱产的群众武装（民兵），以低劣的武器装备，抗击了不下10万人并有优良武器装备的日伪军，战胜了两万多顽军的武装进攻，打击了多股土匪敌特的破坏，维护了地方的治安，使根据地群众得以安居乐业，从事各项建设。

广大民兵组织，在配合正规军、地方军反“扫荡”、反“蚕食”、反“清乡”、剿匪锄奸、维持治安、保卫生产等方面，发挥了伟大的作用。《襄河报》曾在一篇题为《活跃在江陵的民兵》一文中报道说：

江陵的民兵，经过不断的整训与群众觉悟的提高，在政府的积极领导和鼓励下，大大地活跃起来。当去年（指1944年）有三个伪军经过周老，基干队自动集合把他们围到，捉着了，送到政府。

三区在民兵检阅大会上，基干队自卫队员们都一色的白绑腿、红套子，非常整齐，下操挺精神，郝穴的日军非常害怕地说：“江北新四军大大的有的。”不敢到江北来。杨西乡曾捕捉了两百多名密侦。

六音、郝西，各得一支三八式步枪，捉到两个日军。岑浦、三湖、六音等处民兵常捉了土匪送上来。

在五区，有一次乡公所配合该处民兵打仗，捉到一个敌人，还搞了一些军用品。

胡市乡十一保、十二保、十三保这三保的民兵非常活跃，配合乡公所一路，集合万把人，编成队、班，自己带伙食，出发剿匪，白天用陈少敏大姐奖给他们的步枪和撇把子放哨，晚上捉土匪。另外还配合正规军在新口打过仗，马××用冲担缴了伪军一条枪。

张土、老新、龙南等乡的基干队同自卫队互助，团结得好，经常放哨查哨，龙南基干队并领导该乡反“皮绊”，收效甚大，开检阅会时一次到了几百人。

严市乡每天都有基干队集合下操，时常活动，以后，土匪不敢放抢。五区普济观的民兵干部，多半是老实人，每保有六十至七八十人不等，过半数的人都有枪刀，每夜中都配合乡公所捉土匪“新国军”。

一个保一个自卫队及基干队，三个至四个保为一个中队。一保制一个哨牌，轮流转，每天出发，你保里查我保里的哨，我保里查你保里的哨，免得查哨时拉不下面情来。彼此互相监督赌博，互相供给材料。情况恶劣时，基干队有侦察组，自卫队有联络组，互相传递消息。这一些都是民主讨论的。

几年来的成绩是很大的。由于他们组织渐渐坚强和活跃，使得土匪不能扰乱人民，敌人的行动也受到了很大的限制，老百姓的财产有了保障。

天汉湖区的民兵，为全边区之模范。1944 年 10 月，五师政治部曾对韩集虾子沟基干队自卫队作了专门调查，总结了他们的经验与存在的问题。

总结中说：战时活动与工作，自卫队配合基干队站哨作战，担任慰劳、通讯、担架等工作；基干队侦察游击，扰乱袭击。基干队集中时以前由公家发伙食，1944 年自给自带。

基干队的教育与训练：值星时由大队长讲一些军事常识，或中队长讲话；1943 年 3 月整训时，晚上出操、唱歌，并将全乡基干队班长以上干部训练一星期；办冬学以基本队为基本学员进行政治教育；但教育无统一计划，自卫队教育更少。

韩集乡系基本乡，河湖港汊纵横交错，便于隐蔽打圈子，但处于敌伪最前线，环境最动荡。韩集乡基干队在群众中有很高的威信，成为民众不可须臾离开的基本武装。

存在的主要问题是：联乡无武委会组织，基干队与自卫队、乡游击队的关系不够协调，教育训练不够，基干队怕集中怕调走的心理未完全根除，基干队集中与生产的矛盾不好解决。

根据 1944 年 10 月五师政治部对天京潜之京南区中队、青山区中队的调查，三军分区区乡武装存在的主要问题是：叛变、逃跑事件多。仅 1944 年元月至 5 月即发生叛变事件 13 起；在行动上没有积极主动地向外活动，多半是敌人打到门口来了才打，有些区中队成了联乡的警卫部队，乡游击队成了乡公所通讯员；县、区没有建立武委会，区乡武装陷于无人领导的状态，完全由联乡主任及乡长指挥；缺乏教育训练，缺乏管理制度，违反群众纪律的现象比较严重。

四、“组织人民大多数”与减租减息

1944年以前，襄河地区各级党组织结合抗日支前、剿匪锄奸和生产自救等中心任务进行了一些动员组织群众的工作，普遍建立了民兵、农救会、妇救会等抗日群众组织，但多数地方组织群众的工作尚未深入展开。1944年2月襄河地委召开了扩大会议，传达了边区党委关于赶紧组织人民大多数（简称“组大”）的指示信，提出将“组大”作为1944年党的工作中心，要求各中心县委、县委先做好准备和实验，然后普遍开展“组大”工作，争取在秋收前将80%的基本群众组织到各种组织中去。在具体做法上，要求因地制宜，抓住群众的切身利益，结合群众生产生活、对敌斗争、执行政策等活动一道进行。襄河地区的“组大”工作，没有发生一刀切、一阵风等形式主义的偏差，对提高人民的组织程度和抗日救国的积极性，改进党政干部作风，完成各项任务，巩固根据地，起了积极的作用。

襄河地委用一个月时间在荆潜古淌乡办了“组大”试点，3、4月，各县先后召开区、乡干部会议，动员和部署“组大”工作。到11月份，各县都建立了县、乡、保三级农救会、妇救会、青救会、儿童团等群众组织，并在各项活动中发挥了作用。同月，成立了襄河地区农救会，谢威任会长。

荆潜县高场实验乡的“组大”工作受到了襄南中心县委的表彰。经过社会调查，该乡缺粮户占35%，缺粮都在两个月以上，余粮户只有20%，全乡没有一个怀孕的妇女，12岁以下的儿童也不多。实验乡党委认为：巩固根据地的重要任务，是解决人民的温饱问题，一定要拿出最大的力量来领导群众生产自救。他们按照群众农忙换工的习惯，普遍组织换工队，抢种晚秋作物，加强秋田管理。同时，又以换工队的积极分子为骨干，成立农救会和妇救会，把生产自救作为农民当前抗日救国的紧急任务，进一步由农救会扩大换工互助活动范围，发展农救会和妇救会的会员，用农救会和妇救会的组织巩固了换工队。仅一个“六月忙”，换工队的在队户就超过了80%，达到了“组大”的目标。秋收后，群众除了交租交田赋公粮外，家家都有冬春口粮，从而调动了群众修堤、开荒的积极性。修堤补堤，夺湖造田，需要依靠换工队的集体力量。各村因地制宜，领导换工队苦战了一冬一春，全乡平均每人增加了八分水田。与此同时，整训基干队，开展阶级教育，建设党组织，慰劳伤病员，办冬学，群众安居乐业，抗日热情高涨。

荆潜县于3月建立县农救会筹备处，派出工作队到各中心乡，以个别串联发动、自愿报名的方法发展会员，以甲为单位建立农救小组，在全保会员大会上选举乡农救会主席。6月，召开了全县农救会会员代表大会，建立了县农救会。到11月份，全县农救会员发展到3万余人。他们在生产自救、换工互助、兴修水利、减租交租、参军支前、拥军优属、缴田赋公粮等活动中，发挥了主力军作用。县里还成立了各界救国联合会筹委会。全县各保都建立了妇救会，妇救会员发展到近万人，她们除积极从事农副业生产外，还做军鞋，为部队炒干粮，慰劳军队，看护伤病员。各集镇商会也积极从事抗日救国工作，动员商民努力进行商品交流，把解放区的农副产品运往敌占区、国统区去卖，买回解放区军民需要的食盐和日用百货。有的商人受专署、县政府的委托，买回电池、油印机、蜡纸、药品、医疗器械等，还教育商人依法纳税，不偷税漏税。全县7—14岁的儿童大都参加了儿童团，他们站岗放哨，查路条，盘查可疑行人，送信、读书、识字、唱歌都很活跃。在青年知识分子较多的乡保，还建立了青救会小组，进行抗日宣传，办冬学。

江陵县通过“组大”工作，发展了农救会员6496名（直路河、徐李市未统计），民兵1495名（张金二乡未统计），妇救会452名（两个乡统计），自卫队员4742名（三个乡统计），儿童团员513名（两个乡统计），商救会员110名（龙南二乡统计），青救会员35名（龙南乡），工救会员19名（龙南乡），读报小组2个（张金乡），换工队员601名（胡市等三个乡统计），代耕队114

名（胡市）。

石公华县委于1944年2月举办了为期一个半月的民运训练班，培训了100多名工作队员。民运工作队在古梅乡试点后，用三个月时间在各区、乡普遍组织起了农救会、妇救会、青救会等组织，并巩固和加强了基干民兵队的工作。各群众组织的负责人都是先经过群众酝酿提出候选人名单，然后经群众大会选举产生的。为了解决当时农村劳力少、农具缺的困难，民运工作队到各乡发动群众，在自愿的基础上，组织了许多互助组。同年6月，在炮船口召开了各联乡工农青妇及各界人士代表会议，成立了县农救会、青救会、妇救会和各群众团体联合会。这些组织在减租减息和动员全民抗日支前等工作中发挥了作用。仅一、二、五联乡就向政府交售救国公粮7640石，除满足本县机关、部队用粮外，大部分调往边区政府。各联乡妇救会做军鞋4200余双，一、五、六联乡妇救会还发动妇女捐献了一批米、菜、鱼、肉，慰问部队的伤病员，全县有近200名青年自愿报名进入洪山公学学习。

襄西中心县委在部分地区进行了“组大”工作，各县、区训练了民兵基干队和农救会的干部，有些重点地区，中心县委还派去了工作组。在反奸清匪的斗争中，处理了顽固地主反攻倒算问题，镇压了一些顽固的汉奸和反共分子。在春耕生产中，发动组织换工队。由农救会出面说理，政府出面教育，由地主、富农提供口粮、种子，帮助贫苦农民解决生产中的困难，并在春耕生产中访贫问苦，发现和培养积极分子，整顿民兵、农救会组织，加强岗哨、情报、拥军、优抚等工作。下半年开展了减租减息和合理负担运动。合理负担，遇到有的地主、富农比较顽固的抵抗，就开展群众性的查瞒田、查仓的斗争。随着军事斗争的胜利和根据地群众优势的树立，统一战线工作和分化伪军的工作也获得较好的开展。但组织群众的工作发展是不平衡的，只是在过去基础较好的地区做得好些，使这些地区得到了进一步巩固。“组大”工作所起的作用，在解放战争时期也得到了考验。如北山在巨大风浪中，始终保持红旗不倒。

京钟县委在开展“组大”工作中，结合农民的切身利益，根据各区、乡的工作基础和环境条件，提出了不同要求。在罗桥、三合、檀合、水湖等区，以减租为主，坚持法定的利益，发动群众，整顿农救会；在吴岭、六合、西南区，以对敌斗争为主，组织群众站岗、放哨、送情报和成立自卫队；在边缘外围区以组织生产为主，发动群众组织互耕队。县委领导带领工作队分途前往各中心区，既抓点，又抓面。经过半年多的工作，基本区的农民优势基本形成，涌现出一批新的农民骨干分子，调整充实了农救会、自卫队、乡政府的领导，因而战斗力更强了。外围区的农救会、自卫队也得到了一定的整顿。边缘区的农救会公开或秘密地组织起来了。是年秋末，在游家集召开了全县农民救国代表会，建立了县农救会，下设组织部、宣传部、生产部、福利部、武装部。这一年的群众工作相当活跃，是全县农民团结起来当家做主的兴盛时期，边区农救会还介绍过京钟地区“组大”同生产自救、二五减租、对敌斗争紧密结合的经验。

1944 年春，荆南路东区在反“扫荡”取得胜利的基础上，建立了农救会，开展了生产运动。为了克服缺耕牛、缺农具、缺劳力的困难，以民兵基干队员为骨干，积极串联发动、组织了换工队，个别顽固地主怕群众占便宜，不愿将耕牛、农具参加换工，不肯借种子，群众就不给地主帮工和卖工，使得地主找不到人干活，只好照农救会的规定办。对不借种子的顽固地主，农救会的干部就率领会员去讲理，行政组织召开群众会与地主斗争，并清查仓库。顽固地主看到农救会势头大，只好答应把种子借给农民。“组大”激发了农民的生产积极性和拥军优抗的积极性，群众组织了代耕小组，对缺乏劳力的贫苦抗属实行包工包产，保证抗属的田地有种有收。这一切不但鼓舞了根据地的青年积极参军，还吸收了外区青年参加新四军，许多外地群众纷纷迁往根据地定居。曾家巷、雷家巷、蒋家大凹、白冢等地群众先后迁来千余户。减租减息是“组大”工作的一项主要内容，也是各级抗日政府在秋收时的一项中心工作。当时，地主对农民的剥削是很重的，租佃分成，有的地方是四六开即收获量的四成交地主，佃户只得六成，有的地方是对半开，放债的利息一般是月息三分、四分、五分，有的还利上加利，贫苦农民受的剥削很重。减租减息是党在抗日战争时期解决农民同地主、富农矛盾的一项重要政策，是广大农民的迫切要求。边区行政公署颁发了《鄂豫边区1943年度减租办法》，天汉、天京潜、京山等老解放区的基本区于1943年普遍开展了减租工作。如京山地区共有33个乡，其中，29个乡不同程度地减了租，减租业主7000多户，受益佃户近万户，共减租谷一万多石。1944年襄河地区将“组大”作为党的工作中心，无论是老解放区，还是新开辟的襄南地区的基本区，都按边区的减租法令实行了减租。

边区减租办法规定:“凡佃田户之租稞无论公田和私田，一律按其原定实付租额减百分之二十五。减后租额如仍超过主要收成之实收量千分之三百七十五时，须减至千分之三百七十五。在水旱荒地地区，须按歉收数规定租额，再按规定租额实行二五减租。减息则按原来的利息标准，减少百分之五十，也就是分半减息，利息超过原本一倍者，停利还本，超过两倍者本利停付。”在不同的地区，根据不同的情况，比例有所增减。许多地方放债保密，减息未能执行。在减租的同时也强调交租，照顾了佃主的利益。

各地减租的做法大致相同。准备阶段，召开各级干部会进行动员，培训民运工作队或减租工作队，进行试点摸索经验，并以政府名义出布告，召开参议会，号召士绅带头减租。进行阶段，工作组进村，召开农救会、佃主会、佃户会，反复宣传动员，对不愿减租的顽固地主，由农救会出面组织说理斗争，组织评租委员会，主佃双方和评委一起下田看稞定成，确定实际收获量，然后按数交租。复查阶段，签订保佃协议，对退租的佃户做工作使其收回租谷，对夺佃的地主进行说理斗争，巩固减租成果，进一步查实田亩，落实田赋和堤工负担。

通过减租减息，在一定程度上改善了贫苦农民的生活，调动了他们抗战和生产的积极性。由于减租政策照顾了佃主双方的利益，许多开明士绅带头减租，大多数地方拥护减租。据1944年10月中旬洪湖的坝潭、黄蓬、老沟、宋家墩等5乡、56保的统计，减租业主224户，共减租谷5400余石，得益佃户1500余户；减息债主507户，共减息28000余元，得益债户2700余户。黄蓬乡减租减息后，自卫队由原来的72人发展到150余人；坝潭乡在扩军运动中，原定计划招兵17人，报名者达60余人。汉沔政务委员会财政科到坝潭、老沟、宋家墩等14个村调查的结果表明：实行“双减”后农民收入普遍增加。1943年农民每人平均收入为1.3石谷，1944年则为2.7石谷；交租政策也保障了地主的合法利益，1944年获得丰收，27户业主收的租谷比1941年多480余石。

由于襄河地委在“组大”工作中，正确处理了巩固与发展的关系，不仅没有缩小根据地，反而建设和发展了根据地。

五、大生产运动与兴修水利

1943年1月，边区行政公署颁布了《豫鄂边区1943年度春耕生产紧急动员条例草案》，边区党委提出了“战争、生产”“生产、战争”的口号，要求各地在战争动员和武装斗争中领导人民生产，坚持一面战斗，一面生产。1943年11月，边区党委召开了各县宣传部长会议，认真贯彻党中央关于实行大生产运动的指示。襄河地区各级党政军机关认真贯彻党中央和边区党委关于大生产运动的指示，一面抓群众生产，一面抓部队和机关生产，使群众安居乐业有饭吃，军政脱产人员生活费用部分自给，并为边区克服财政困难提供了可观的财源。

在组织群众生产方面，一是大兴水利，战胜旱涝灾害，为农业生产创造最基本的条件；二是政府发放贷款和提倡互助，帮助群众解决生产资金、耕牛、种子和农具等生产资料的困难；三是组织换工互助，解决劳力困难，提高生产率；四是实行减租和合理负担，鼓励劳动英雄，调动群众生产积极性；五是实行劳武结合，武装保卫生产。

在机关、部队生产方面，一是开荒种地，办小型农场，兼搞副业、商业；

二是在大农忙和兴修水利时，机关部队进行助民劳动。

襄河地委、专署在抓武装斗争的同时，千方百计扶持农民发展生产。1943年新四军解放了襄南大片国土，许多农民返回家园，但大片土地荒芜，耕牛多被日军抢走。为了扶植农业生产，鄂豫边区建设银行襄南分行一面发放无息耕牛贷款，一面派工作人员到江南华容、南县敌占区采购水牛，到襄西采购黄牛，仅一年多时间就购进耕牛五六百头。当时农民缺少犁铧，分行又组织人员到江南采购焦炭，贷给资金，恢复农具生产作坊。农民开荒种田，按政策可申请几年不缴公粮，但他们看到银行工作人员冒着生命危险为他们到敌占区购运生产、生活资料，因而十分爱戴民主政府，收获后仍然如数缴纳公粮，归还贷款。

地委组织部长黄海滨领导一个工作团到荆潜县古淌乡搞组织人民大多数的试点，首先就是帮助群众生产自救。1944年1月日军“扫荡”古淌乡时，烧毁民房近千间，抢走了大批耕牛和其他财物。工作团给房屋被烧的农民每户发放救济款三四十元，总共发放了3万余元，帮助群众用芦苇搭起了简易的房子，给约300户无耕牛的农户共发放耕牛贷款3万余元，到荆南去买牛，使无牛户都能有“一条牛腿”。给约占四分之一的缺种子的农户，共发种子贷款4000余元。还采用自愿结合的办法，组织了40多个编织组，编织芦席，发展副业生产。这样，很快稳定了群众的情绪，使生产上路。当时，荆潜县田地荒芜了50%，经过两年的大生产运动，荒地开出了20%，群众生活有了保障。荆潜县党政机关和部队开荒种田，实现了30%自给。

1943年，天潜沔党政干部和军队开荒种粮菜40亩，参议长许荣藻还拿出良田90亩给机关耕种。1944年下半年，县级机关、部队组织了一个生产管理领导班子，利用空隙时间，共开荒1500多亩，第二年收大麦150石，小麦约1000石，油菜籽40石，部队生活有了很大改善。各区、乡政府和游击队也开荒生产，搞副业。如河防队开荒种麦子、油菜共60亩，还与商民合股在沔阳横口、雷家场开了两家榨坊，按股分红的钱可以解决部队一个月的菜金。

再如同兴中心乡除开荒种地外，还养猪、养鸡，下湖捕鱼，开粉坊，打豆腐，达到了粮食自给一个月、菜金自给三个月的计划要求。在垸东、垸西、剅河等乡靠湖边的地方，还抽出机关干部和游击队战士下湖捕鱼，改善生活。

1944年，桃花山一带遭受旱灾，石公华县行委会组织军民大力抗旱。县行委会工作人员和驻桃花山的江南挺进支队的干部、战士，夜以继日地车水抗旱，战胜了干旱，夺取了丰收。县行委会还在江北廖家台开荒种地30多亩，收获的粮食可做机关干部三个月的口粮，棉花收入可解决机关的部分办公经费。

监沔县机关、部队在下丰岸种了几百亩水田，在湖中摘莲子、捕鱼、打野鸭，做到了自给有余。

天京潜、天汉、京山和襄西是老解放区，这里的党政军领导一直坚持一面战斗，一面生产，在敌伪顽经常"扫荡""清乡"的游击环境中，大生产运动搞得热火朝天。

天京潜实验乡地势低下，易被水淹，1944年春夏，他们开沟19条，长50余里，受益田12825亩，沟开好后，又修桥20余座。乡农救会开了一个合作社，卖布匹、针线、油盐、肥料，对农民帮助很大。政府为解决群众生产中的困难，贷款87390余元作为置农具、买种子、养猪、养鸡的本钱。群众欢欣地说："哪怕伪匪扰乱得苦，我们只要再享新四军一年福，保险每家都有饭吃了。"

天京潜县政府为解决天西群众生产上的困难，1944年春，动员天北区的农民牵着耕牛、带着口粮到天西支援生产。为解决种子问题，县里还发放种子贷款，从外地购进了一批种子。各地组织了互助组、串工队，还组织了代耕队帮助抗属生产。农忙季节，所有机关干部、部队指战员都下地帮助农民抢收抢种。县政府与独立十二团还利用战斗空隙开荒生产，仅在孙家台一带就开荒500亩。

1943年，天汉中心县委、县政府、县指挥部决定实行半供给制，不足部分通过生产来解决。机关干部和部队战士在紧张的战斗环境中开展大生产运动。天汉总队在裴家垸子开荒180多亩，办起了天汉农场。县指挥部在高家湖种水田8亩，收稻谷4000多斤。1944年，又在萝卜垸开荒几十亩。还搞捕鱼、割芦苇等副业。韩集乡机关干部在叶家庙种田8亩，收谷子5000多斤。杨业乡干部在东湖沟种水田10多亩，收谷子27石，还下湖打鸭子，一半收入上缴县财政。倪家乡区委机关干部种地30多亩，收谷子三四十石，砍柴10万多斤，除自给外，还上交一部分收入给县财政。三民乡区委机关种7亩水稻、2亩蔬菜，喂了猪、羊、牛，砍柴4万多斤，做到了自给有余。

天汉县在组织群众生产方面，兴修了水利，发放了农贷，组织了换工互助。韩集乡为了解决劳力不足的问题，还发动小脚妇女下田生产。杨业区发动群众向湖霸开展说理斗争，将柴山湖水收归公有，广大农民向左家渡湖进军，割青积肥，捕鱼挖藕，解决了生产和生活上的一些困难。1943年秋，天汉县政府在倪家集召开了全县劳模代表大会，表彰在大生产运动中涌现出来的先进人物。由于根据地生产搞得好，靠近敌伪据点的许多老百姓纷纷搬家到根据地。

襄西中心县委积极组织部队和机关工作人员开荒造田、筑坝修堰、种菜养猪。1944年夏，日军在长达30里的钟祥旧口公路两侧进行作战演习，在罗汉寺、南新集、张家集一带拉夫抢劫物资达一个多月之久。正值割麦插秧的夏忙时节，为使群众免遭敌人抢劫，需适时组织抢收抢种，京钟县委立即召开檀合、三合两乡区委联席会议，施以坚壁清野的对策，迅速将群众转移到山区，分成若干互助组，有的看小孩，有的喂牛，有的抢收抢种，有的站岗放哨，实行白天躲避、夜晚生产，基本上完成了抢收抢种任务，又保护了身强力壮的劳力未被拉走。京北县和京钟南山在几年大生产运动中，军民共开荒7590亩，兴修较大水利工程14处，共动员民工1万人，受益面积约6000亩。南山成立了消费合作社，开办了织布厂、毛巾厂、被服厂，京北开榨坊、熬桐油、纺纱织土布，克服了敌伪顽和自然灾害造成的经济困难。

襄河根据地之襄南、江南、天汉乃河湖港汊地区，地势低洼，抗战以来堤垸失修，水旱频仍，十年九灾。襄河地委和专署负责同志一再强调，兴修水利是关系到襄河地区人民生命财产的大事，是恢复和发展农业生产、克服财政困难的根本大计。因此，襄河地区各级党组织和民主政权，积极领导群众因地制宜地兴修水利，大大减少了水旱灾害的威胁。

据《解放日报》1944 年 8 月 16 日报道，自 1943 年夏，新四军五师挥师襄南，从敌人手中夺回大块国土后，在当地人民的要求下，建立了抗日民主政府，一年来成绩卓著，仅就水利建设一项，成绩即颇惊人。（1）修筑东荆河堤溃口三处共 3 万土方，费工 15 万个，经费 400 万元，受益者达 3 个县 19 个乡，受益田 12 万亩。（2）返湾湖开驰家挡潮河 20 里，用工 600 个，受益乡 6 个，田 5 万亩。（3）白鹭湖开挡潮河 30 里，用工 800 个，受益乡 5 个，田 4 万亩。（4）张土乡排渍水花工 10 万个，受益者 2 个乡，田 2 万亩。（5）天（门）潜（江）沔（阳）筑大小溃口 62 个，共 22900 个土方，花工 86000 个，受益县、乡田亩不详。统计总共修堤 72 处，疏河 5 道，土方共 52900 方（返湾湖、白鹭湖未统计土方），经费 400 万元（仅东荆河经费，其余未统计在内），人工 337400 个，受益 3 县 32 乡，受益田 31 万亩（天潜沔未统计）。

又据《解放日报》1945 年 1 月 10 日报道，1944 年单襄南三县即修筑堤坝 727 个，疏通河道 50 里，共做工 337400 个，能浇 31 万亩，又做溃口工 531496 个。通过大规模兴修水利，致使 1944 年丰收，为 15 年来所未有。

《解放日报》1944 年 10 月 3 日报道，汉川修筑垸堤，修筑倪、养二乡 15 个垸子，全堤长 61 里，受益田 2 万亩，耗工 212 万，2 月开工，4 月完工。天京潜实验乡开沟 19 条，长 50 多里，修桥 20 多座，其中一条大沟宽 2.2 丈，深 1.2 丈，长 30 余里。受益田 12825 亩，耗工 22622 个，6 月完工。

上述水利工程，是在极端困难的条件下，抢在大农忙前完成的。一是斗争环境艰苦。水利工程周围大都有日伪据点，日伪军不时进行武装骚扰。为了防止敌伪破坏，大型工程都派新四军部队武装保卫，中小型工程实行劳武结合，地方部队和民工一面参加劳动，一面担任保卫。民主政府还派知名士绅与日伪谈判，阻止敌伪骚扰。二是技术条件差。这些地区缺乏水利工程师，就向能工巧匠学习，起用当地的土知识分子，或通过统战关系聘用日伪水利工程人员。缺乏钢筋水泥，就以石头、石灰代替。运输全靠人力畜力。荆潜四个中心乡修堤时缺乏石硪，中心乡乡长王贤伯以石磙代替石硪打夯，后一直沿用至今。三是经济困难。经过多年战乱，农民生活十分困难，生活要靠生产自救解决，在劳力、财力上承受力很差。在这种情况下，一方面实行合理负担，另一方面由政府拨款实行以工代赈，进行施工。终于抢在大农忙前完工，能不误农时，当年受益。

襄河地区能在水利建设上取得很大成绩，有几条主要经验：一是实行坚强有力的领导，层层有人负责水利。正、副专员非常重视水利建设，专署按期召开水利会议，通盘筹划。专署设有水利科具体负责实施，各县设有水利委员会、建设科，分县、分段负责，涉及几县的水利工程，则由专署牵头组成联县指挥部。县以下也建立了专门的水利机构。石公华县行委会于1944年5月召开县区乡三级干部会议，制订了水利建设规划，由建设科具体领导实施。各联乡相应建立了水利建设机构，全县30多个堤垸，每垸配修防主任一名。水利建设任务由建设科统一安排到垸，然后由各乡保按田亩分摊，落实到户。溃口的地方由县行委会给予经济补助。1944年洪汛期间，行委会考虑到新码头和小河口一带的大垸原溃口处修筑不牢，有被洪水再一次冲塌的危险，便一次拨款近万元，组织群众采石垫基，抢筑垸堤确保了安全。

二是实行均夫制度，废除不合理的封建剥削制度，使人民负担公平合理。国民党统治时，各级官僚和地方士绅借水利以中饱私囊，趁机向人民勒索。民主政府对水利夫工和经费，均实行民主讨论，按受益田亩和劳力派到户，长进短出。费用太大时，由政府适当补助，并规定乡保长、农救会、自卫队、基干队都要分担防洪抢险任务。天潜沔县实行以田派工的累进法，即每户有1—3亩田的，每亩负担标工1个；有3—5亩田的，每亩负担标工2个；有5—10亩田的，每亩负担标工5个；有10亩田以上的户，每亩负担标工10个。修堤竣工后，以夫返费，即田多出工少的出钱，田少出工多的进钱。此种负担办法有利于照顾田少的贫苦农民，也符合有钱出钱、有力出力的原则。天潜沔县修复朱公堤等处溃口，兴建垸北马墟水闸，就是采取上述办法负担的。

三是在解放区范围内通盘规划，打破了过去以邻为壑的旧观念。洪湖西岸上、下垸的水利纠纷几十年来无法解决，上十八垸的渍水要通过下垸排往洪湖。下垸怕水淹，到处堵塞，不准上垸泄水，上、下垸群众为此常发生械斗，几十年来死伤群众难以计数。1944 年春，监沔县临参会为解决这一历史纠纷，决定在荁口下破十斛垸开一条长 10 里、宽 20 米的大河。年秋动员民工上河，辅之以武装保护，挖蒿草，排稀泥，疏河床，10 多万土方的疏河任务，一个多月就完成了。从此，上、下垸大片湖田免受水淹。为了感谢共产党领导破垸成河，结束了历史纠纷，群众把这条河称作“新四军河”。又如江陵、潜江边界的群众常为冯河坝水利纠纷发生械斗，结下世仇。1944 年春，襄南政务委员会主席刘宝田听取了荆潜县副县长萧文安的情况反映后，立即找江陵县副县长倪辑伍商量。为解除荆潜县浩口乡人民的水患，倪辑伍同意挖开冯河坝，并请江陵冯家垸的开明士绅担任江、潜两垸的水利主任，给冯家垸群众做工作，让返西垸群众挖开了冯河坝，不出 10 天即排除了渍水，浩口乡当年获得丰收，粮食增产 70%。

四是彻底改变官僚作风，废除打骂，严禁贪污。各级领导人员与夫工同劳动，同生活。特别是部队指战员和机关干部参加突击劳动，对群众鼓舞很大，形成热烈的劳动竞赛。1943 年 7 月，荆潜县南部的东荆河右岸朱家月堤溃口，造成江陵、荆潜两县大片农田受灾。为了退挽朱家月堤，在专署领导下，建立了两县朱家月堤退挽工程处，政府拨款 13 万元边币，以工代赈，动员两县 6 个乡 3000 民夫上堤，两县军政干部和部队参加修堤，专员李守宪亲临工地视察，鼓励修堤，还动员原国民党管堤的士绅合作，民工掀起竞赛热潮。

天汉县政府领导群众大力兴修水利，逢庙一带的群众修筑了一条长 500 米的围堤，使数万亩农田受益，群众称为“解放堤”。

六、商业与工业

随着根据地的扩大与巩固，襄河地区的工商业有了较大恢复与发展。

商业在襄河地区的经济中占有重要的地位，特别是出入口贸易的发展，对改善边区的财政状况产生了积极的作用。

襄河地区出入口贸易的发展，得力于开明的贸易政策。面对日本侵略者严密的经济封锁和疯狂的物资掠夺，边区政府没有实行闭关锁境的自杀政策，而是充分利用襄南的有利条件（拥有大后方与武汉敌占区之间的便利通道），以加强物资统制和制定合理的关税税率税则的手段，积极发展出入口贸易。按照《鄂豫边区物资统制总局公告》精神，对有关军需民用的战略物资如粮、棉、油料等，在边区范围内实施统制。凡统制物资出口，须向物资统制分局及其委托机关请领出口特许证，并照章纳关税，否则，一经查获，即行没收。根据物资统制原则和抗战、民生需要的具体情况，对出入口商品规定了不同的税率。为了限制统制物资出口，统制物资税率高达30%；为了鼓励土布、土纱、芦席、草药等土特产品和过剩产品输出，这类商品的税率低到2%；耕牛、金银、五金、猪鬃等严禁出口。入口物资，对根据地急需的五金、电器、文具、纸张、机器、食盐、医药器械等物资实行免税；对某些生活必需品如肥皂、眼镜、钟表等，征税15%；对奢侈品、化妆品、烟酒等商品，征税20%；鸦片等毒品、敌伪书报、赌具等严禁入境。凡抗属、灾民贩运日用品及消费品，其资本在法币500元以下者免税。与此同时，还实行了一次税制度和在边区境内保护合法商人安全的政策，即在解放区范围内已经纳过一次税的不再征税，并采取武装保卫等措施保卫商人的安全。

正确的政策导致了襄河地区出入口贸易的发展。古长堤原是石首江北一个拥有五六十户人家的小镇，新四军开辟襄南以后，它成了解放区与大后方贸易的战时口岸。由于正确执行党的财经政策，石公华行委会又派出地方武装保护古长堤市场，防止敌顽匪破坏骚扰，因而吸引了武汉、天门、潜江、沔阳、沙市、宜昌及上海、河北、四川、湖南、广州等地的大量客商，他们有的在古长堤开业，有的组织商队，用船装、车运、马驮、肩挑，把各种货物运到这里交换。使古长堤成为边区对外贸易的重要市场，有时一天成交的土布达10万匹之多，棉纱达10吨以上。镇上有行栈100多家，旅栈80多家，居民激增到5000多户，常住人口达3万人之多，流动人口有时比常住人口还多，这里的商业呈现空前的繁荣。

襄河地区积极贯彻边区政府制定的对内贸易自由的方针，通过政府投资、银行贷款、组织商会和同业公会、疏理流通渠道、实行低税率等措施，大力扶持和发展公营、合作社和私营商业。专署，军分区，各中心县委、县、中心乡、分乡都兴办了一些公营商店和合作社，关闭的私营商店纷纷开业，从事长途贩运的行商日益增多，一些原来萧条的集镇变成繁荣的商业中心。在襄河地区的商业中，政府和军队办的公营商店和合作社发挥了主导作用。商业活动的宗旨，首先考虑的不是赢利，而是立足于扶持和发展农工业生产，满足军需民用。解放区内的商业大都与出入口贸易紧密相连。

熊口原是潜江、江陵、荆门三县交界的商业重镇，日军占领后商店倒闭，市场萧条。新四军开辟襄南后，襄河地区和襄南中心县党政军机关设在熊口附近。为了恢复和发展农工业生产，专署和三军分区组织当地开明绅商在熊口开办了红星商店，在阳马场开办了群益商店，在老新口开办了生计合作社，发动浩口和周矶商界的头面人物庄晋璋、陈樵松等开展了广泛的贸易活动，并在上述集镇建立了工商联合会。熊口红星商店是襄南政务委员会投资开办的国营商店，规模大，资金雄厚，除批零经售食盐、食糖、布匹和其他日用工业品外，还开办了简恒榨坊和粮食交易所，解决群众卖粮和吃油的困难。红星商店发挥了公营商业的领导作用，把各集镇商会、商人团结在民主政府周围，为抗日服务。它通过建立购销业务关系（如代购农副产品），将各集镇商业连成一体，形成一个有组织的贸易网。这个贸易网对边区四邻集镇的商人产生了很大吸引力，他们纷纷把农副产品和手工业产品运到熊口出售，或通过熊口运往外地销售，这就使得熊口镇商品云集、商店林立、市场繁荣，成了襄南根据地的贸易中心。

熊口是通往沙市、宜昌、湖南的要道，群众生产的大量棉花、棉纱、棉布、黄丝等产品难于销售，襄南政务委员会财粮科便以熊口红星商店为中心，积极组织对外贸易，主要通过古长堤进行出入口贸易，也设法直接与国统区进行贸易往来，这样便掌握了贸易的主动权，有力地促进了根据地经济的发展。

1943 年夏，襄南政务委员会在江陵老新口创办了一个公办民助的生计合作社。其开业资金由该社社员集资一部分（每股 10 元银圆），政府拨款 3 万多元银圆，照章纳税，不收利润，所获利润用于扩充资金和工作人员工薪。鉴于老新地区盛产之粮食、棉花及农副土特产品无法向外运销，人民急需之食盐奇缺，故生计合作社以收购粮棉批发食盐为主，附带收购农副土特产品，并由几家山货行代销日用杂品。所购之粮食用作军粮，棉花则运销外地，以棉易盐。棉花登场旺季，日购棉花万斤，造成敌方棉花危机，迫使敌伪主动用食盐来换取棉花，新沟嘴日伪商人一次就运来食盐 17000 余斤。棉花成批输出，食盐不断购进，合作社将食盐源源不断地批给商户和交山货行代销，以致食盐充足，盐价陡跌，一斤棉花可换六斤食盐，群众感恩不已。生计合作社还积极动员逃避到外地的商户老板回家开业，老新口呈现出一派复兴繁荣的景象。

襄河地区工业基础薄弱，没有工业城市和现代化的工业。日军侵占后，一些手工工场、作坊和分散在各家各户的土纺土织也受到摧残。在一片工业废墟之上，各级抗日民主政权采取提供资金、原料，统购包销，引进技术设备等多种措施，大力恢复和发展了一批私营手工作坊和个体土纺土织。兴建了一批小型工厂，主要是为农业生产服务的罐头厂、农具厂、桐油厂，为军需民用服务的织布、被服、制鞋、制袜、毛巾、榨油、卷烟等工厂。并在极端困难的条件下创办了小型兵工厂和印钞、印刷厂，为新四军提供了不少武器弹药，出色地完成了印钞、印报等任务。

1943 年至 1944 年，襄河地区的兵器工业有三军分区创办的京钟南山兵工厂和三湖修械所。

京钟南山兵工厂是从天汉湖区迁来的。1943年夏，日军再度“扫荡”天汉湖区，兵工厂一部分遭到破坏，驻在严家嘴的工人有三人被敌人装进麻袋，丢在湖里淹死，周围群众的房屋全被烧光。同年9月，因敌伪不断“扫荡”湖区，全厂200余人携车床两部迁移京山之南山，已有的南山修械所约20人合并到该厂，下设修械所、装配所、炸弹所，主要是修枪和生产枪榴弹。当时材料十分缺乏，工厂一面派人到敌占区购买，一面发动群众搜集民间的铜铁器。除生产枪榴弹以外，还生产了俄国式弹簧炸弹、木柄手榴弹和宣传弹等。1944年秋，还把飞机上的机关枪改装成陆用重机枪，打钟祥县高家集皇伪军时，工人肖昌甫、岳孝文亲自掌握机枪投入战斗。

1943年3月，三军分区先遣部队收编当地伪军中的修械人员，以随军修理小组为基础，在龙湾寻湖嘴等地办了一个十七八人的修械所。同年9月，三军分区调来襄西独立三十三团的一个小修械所的十七八人和天汉湖区兵工厂的七名技术工人，在江陵、潜江的浩子口、寻湖嘴、龙湾一带合并组建了三湖修械所。后来五师兵工厂又派来几名技术骨干，职工人数增加到60人左右。主要设备有手摇钻床两台、闸钳八部、土化铁炉一座、红炉一座，厂房借用当地民房。主要任务是修枪，改装子弹，制造撇把枪、手榴弹、枪榴弹、刺刀，制皮革，加工皮件。除供应十五旅主力部队武器弹药外，还供应兄弟旅和襄南各县地方武装武器弹药。1944年还组织10多座红炉，由各区农救会收集废铁，打制了大批镰刀、锄、耙，帮助农民解决农具缺乏的困难。

《襄河报》印刷厂（鄂豫边区第二印刷厂）于1943年9月随地委由汈汊湖迁到潜江县浩子口附近之新河岭一个四面环水芦苇丛生的小村子。设备有四开平台印刷机两台、二号元盘印刷机两台、四开石印机一台、念四盘三副，五号字基本够用。内设排字房、机印房、装订房和后勤组，有职工40人。印刷厂的主要任务，是承印《襄河报》、军用地图和书刊、小册子等宣传品。如毛泽东的《论联合政府》《论持久战》《评〈中国之命运〉》，朱德的《论解放区战场》，五师政治部编的《科学历史观》，还有五万分之一的军事地图、《边鉴》，日本反战同盟第五支部编写的日文传单等。当时环境艰苦，设备很差，工人们设法克服困难，完成任务。如开始没有切纸刀，就用皮刀和菜刀切纸；没有铸字炉，就用土法代替；铅条不够用，就用皮壳代替；夜间蚊虫多，就用特大的四方蚊帐把生产房罩起来赶印；铅字不够用，报纸版面却排得活泼新鲜；用的纸张是发黄的毛边纸，但印出的报纸很清晰。

1943 年 3 月，鄂豫边区建设银行第一印钞厂，迁移到潜江县浩子口附近一个四面临水的村子黄家台，开始有 30 多人、8 部石印机、1 台铅盘机。1944 年 9 月发展到 50 多人，拥有 10 多部石印机、2 台元盘机、两套清样底版。其任务是印制 5 元、10 元两种边币，1945 年还印刷过襄河贸易管理分总局流通券。厂里规定每人每个工作日的定额是 800 大张，废品率不得超过 2%。工人们知道印刷材料来之不易，都十分爱惜，在印刷时特别注意质量，尽力降低废品率。由于经常转移驻地，遂采取了一系列保密护厂措施，特别是驻地群众的积极帮助与掩护，使印钞厂在潜江长达三年的时间内，始终没有暴露过目标，没有遭受过任何意外损失。

七、财政金融

建立边区政权以后，保障边区军政人员的供给，筹粮筹款，成了一项突出的任务。鄂豫边区是一个孤悬敌后的独立战略单位，处于“三角斗争”的恶劣环境，日军在发动大规模“扫荡”“清乡”的同时，对解放区实行残酷的经济封锁与掠夺，造成了边区严重的经济困难，以致驻守大悟山的一万多主力部队连粮食供给都成了大问题。

为了克服财政困难，保证供给，1943 年 7 月 25 日至 8 月 8 日，边区党委和行政公署召开了财粮会议，提出了财政工作的总任务。在此前后，边区行政公署和物资统制总局又就统制物资、征收关税颁布了一系列政策法令。为了抓好襄南这个财源重地的财政工作，边区派财政特派员李健到襄河地区工作。

襄河地区物产丰富，交通方便，历来是湖北的粮仓和财税基地。襄南根据地开辟以后，各级党、政、军主要负责同志亲自抓财政工作。地委设了财经部，专署设了财政科、粮食科、物资统制分总局、建设银行分行，县以下各级也建立健全了财政机构，配备了大批得力的财政干部。

财政机构的设置根据收入项目和业务范围，分两个系统。

统制对外贸易和管理关税的专门机构，边区叫贸易管理总局，襄河地区设有天汉、襄南两个分总局。由于襄南是边区关税收入的重点，总局和襄南分总局两级机构一套人马，不过二三十人，机关驻潜江熊口附近的天门新场一带。总局局长李健兼襄南分总局局长。分总局内设总务科、人事科、秘书科、会计科，配有专人了解日本洋行的情况，有税警连、手枪队保卫机关和提款。襄南分总局下设汉沔、洪湖、潜江、石公华等四个分局。分局以下设所，一般3—6个所。所以下设卡，工作人员一般3—5人，配有武器自卫。固定卡设在根据地范围内，游击卡设在对敌前沿地带。在所、卡中，有中心实验所、卡，负有培训税收干部的任务。局、所和卡，是根据物资流向（主要针对武汉）和交通路线合理设置的，税收工作人员数是根据税收量而定的。为适应敌我犬牙交错的特殊环境，也设一些横向税卡。如石公华县沿荆江口岸建立了六个税务所和20余处税卡，每天可收税款万元左右。

管理财政收入、征收地方税的是财政系统，边区各级政权均设财政机构。专署和县有财政（粮）科，设正副科长、科员和工作人员若干人，各县都有几十人组成的财政（粮）工作队，担任调查田亩、刻制和填写田赋券、组织田赋征收等工作。中心乡有财政（经）股，设股长、会计、征收员。分乡有财政股，配股长或干事一人。中心乡和分乡两级的主要任务是负责征收坐商税，管理支出，配合县财粮工作队开展田赋征收等项工作。荆潜县有五个中心乡、一个实验乡，23个分乡，全县财政系统干部有110多人。

各级领导十分重视财税干部的配备。在建立财税机构时，边区行署从洪山公学派来一批学员充实财政队伍，从军队中选调一批班、排、连干部充当税收基层骨干，多数财税干部是经过短期培训的有革命觉悟的青年。财税干部的生活待遇是供给制，标准基本上与部队一样。他们在极端艰苦的情况下，恪尽职守，无私奉献，有许多同志为完成任务献出了生命。如汉沔税务局长徐克东、沔东税卡卡长钱又龙，都在执行任务中壮烈牺牲。财税工作人员实行严格的纪律和奖惩严明的制度。如规定对税票必须妥为保存，做到人在票在。熊口所有个姓彭的税收干部在赵台被敌人追逼时投东荆河牺牲，打捞遗体时，发现税票和税款还紧紧绑在身上，他用生命保卫了税票和税款。刘发洲税卡卡长曾庆发接受了客商一套绸料的贿赂，石公华分局发觉后，责令他退还赃物，罚做苦工两个月。

襄河地区的财政收入来源，除截击敌差船，打汉奸，募捐，公营经济收入和机关、部队的大生产收入外，主要是关税、田赋和地方税等三项收入。关税收入全部上交边区，田赋收入由县财政上解专署，地方税收入基本上为县级财政支配。

关税的征收，以加强物资统制、反对敌人的物资掠夺、保护解放区经济、保障财政收入为基本方针，对出入口物资，分门别类地规定了不同的税率。

襄河地区的关税收入，主要来源是长江便道、汉水和天门河等三条水系沿线。长江和汉水水道均为日军封锁，只有日本军用差船、洋行和日伪合作社的差船可以行驶。新四军开辟襄南后，控制了东至汉阳沌口，西至石首古长堤，途经汉沔、洪湖、监利、潜江、江陵，长达300多里的水运交通线（古称长江便道），从古长堤通过藕池，西可去四川，南可达湖南、广东、广西，这里水陆相连，环境稳定，是武汉及其外围敌后与国民党大后方的一条安全而便利的通道。国民党大后方急需从长江中下游输入所需物资，襄南的大量农副土特产品也需运到武汉和大后方，换取军需民用物品，这就为襄南提供了丰富的税源。天门河、汈汊湖是汉川、天门、京山、钟祥等地与武汉的水运通道，这里有一笔可观的关税收入。还有一个较大的税源是日本洋行交纳的税款。日本的八大洋行在汉水沿线各据点采购大量棉花和其他物资用船运往武汉。边区税收机构通过武力打击和政治攻势，迫使日方如期按数交纳关税，大约相当于一个分局的收入。

边区领导机关和主力部队的经费来源，有很大一部分靠关税收入。林镇南日记记载：鄂豫边区每月财政收入800万—1400万元，其中襄河关税为500万—800万—1000万元，1944年边区关税收入近4亿元，其中三分之二以上是在襄河地区收的。襄南与天汉的收入比例约为四比一，有“大襄南”和“小乌克兰”之称。

在田赋公粮的征收上，坚持广征薄收和合理负担的政策，既考虑抗战的经费需要，又照顾基本群众的负担能力，以有利抗战，有利发展生产。边区规定，按土质和产量将田亩区分为上、中、下三个等级，按级计征，上、中、下三等则平均每亩征收额为一斗六升谷子（襄河地区樊斗20斤），占每亩收获量的5%左右，其中田赋六升，由土地所有者负担，公粮一斗，由主佃各负担一半，这样一亩田的农业税，地主负担一年一升，佃农仅负担五升。还规定：5亩以下的农户征收二分之一，5亩以下的抗属免征，对特殊困难户和因灾减产者酌情减征或免征，生荒三年不交粮，熟荒一年不交粮，30亩以上的绅商富户，仍每月出月捐一元。在征收前，层层进行宣传动员，提高农民纳税的自觉性，并由财粮工作队查实田亩，发动群众互清互查，配合进行减租，达到合理负担，增加税收。

1944年边区共收农业税60多万石谷，其中襄河地区收30多万石。由于废除了苛捐杂税，农民只交纳低额农业税，因而负担大大减轻。党的农业税政策调动了农民抗战与生产的积极性，农民们踊跃交纳救国公粮。1944年10月，监沔县开展征收田赋公粮工作，群众踊跃交纳公粮，该县全年征收田赋公粮约70万石，折合边币50万元。姚四联乡应交公粮7500余石，结果多交500余石。汉沔县黄蓬乡有七个保系敌占区，可免交公粮，而群众自动交了800余石公粮。汉川杨业农救会长张雄才将芦子台二十几户的公粮30多石收集起来，交给政府，是天汉县第一个交公粮的模范单位，他家又是第一个交公粮的模范户。

地方税包括营业税（坐商税）、出产税（卷烟、榨坊、糟坊、糖坊等）、鱼税、湖产税、屠宰税、过境船舶登记费和公产收入，以营业税为大宗。营业税率为利润额10%。征收办法，各小集镇及农村零星税源由区乡财政股直接征收；较大集镇，由财政科每月派人会同区乡财政股与各集镇商会联系，由商会会长召开商民大会进行动员，召开商民代表和同业公会组长会评议到户，再召开商民大会公布各户应负担税额，由区乡财政股长协助商会会长征收上缴。此外，还采取政治攻势和武力震慑相结合的办法，迫使敌占区的日商洋行交纳营业税。通过统战工作，动员商会、维持会和开明士绅在敌占区为民主政府征收营业税。各县征收的地方税一般能保障全县党政军人员的支出，有些县还有结余上缴。如石公华县征收的营业税，除了满足本县财政支出外，每月还上交两三万元。

抗战时期解放区的财政支出，除了保证军费和少量的办公费外，主要是供给党政军脱产人员的生活。在物质条件很差的情况下，为保证支持长期抗战，只能实行以实物计算、维持起码生活、待遇基本平等的供给制。党政军人员的供给标准，一般以每人每天大米1.5斤、食油5钱、食盐3钱、蔬菜1斤为基本伙食，节日加餐每人猪肉1斤，着装单衣（包括内衣和外衣）一年1套，棉衣两年1套。出差人员每天补助3角，连以上干部每月发给3斤肉食营养费。政治经济状况好转之后，每人每月发津贴1—2元。妇幼保健费，分娩后45天内每天1斤猪肉。医药费实报实销。在战争环境下按这样的低标准保证供给已属不易，党政军人员体恤民疾，发扬了艰苦奋斗、勤俭节约的作风。

专署以下各级财政部门，对于财政收支情况按月汇总上报，边区对县以下一般无下拨经费。县级财政不仅要解决经费自给，而且要按时完成上交的财政收入任务。1944年，荆潜县上交田赋收入约40万元，可供3000人以上的支出；地方税收入约15万元，除供给本县约1000人的支出外，还向专署上缴财政节余款约2万元。监沔县1944年有地方税收入14万元，下半年出现了3万元财政赤字。为了解决财政困难，县区乡干部和武装人员开展农副业生产，做到粮食自给三个月，蔬菜自给半年，游击区的干部和武装则实行自筹自给，渡过了难关。襄河地区重视金融建设，运用金融手段同敌人进行了货币斗争，促进了经济发展，缓解了边区财政困难。

1943年秋，在潜江肖家嘴建立了鄂豫边区建设银行襄南分行，行长安光荫，工作人员不到10人。这是一个十分精干的班子，加上总行对分行只进行方针政策的领导和控制货币发行，给予分行相当大的自主权，使分行在投放货币、发放贷款、组织农副业生产、扩大流通和开展对敌占区的经济斗争等方面能够放开手脚干，因而金融工作搞得比较活跃。

襄南分行发行5角、1元、2元、3元、5元、10元等六种票面的边币约5000万元，币值稳定。为稳定边币市场，分行努力使货币发行量同商品流通的需要相适应，并在促进生产和扩大流通的基础上，掌握一批物资，增值资金。襄南地区盛产粮、棉、油等农产品，农产品收获上市时价格被商人压得很低，同第二年上市前的差价很大，有的在一倍以上。如果加上货币贬值的因素，差价就更大了，农民被盘剥得很苦。分行考虑到农民的这种损失，就在农产品新上市时适当提高价格，大量收购，当商人用法币、伪币在解放区抢购时，分行就抢在前面更多地收购一批。通过收购，既帮助了农民，又发行了边币，掌握了一批重要战略物资。待农产品价格上涨时，就抛售一批，获取季节差价。还将中心区的物资贩运到边沿区，既赚地区差价，又换取法币。分行还通过商会和商行组织商人到河南信阳一带运购食盐，保证人民的食盐供应，在江南收购桐油，供湖区渔民油船用，较快地恢复了渔业生产。分行进行这些工作，不仅对恢复农副渔业生产、扩大流通、繁荣经济起了一定作用，也使分行发行的货币有了物质基础作保证。分行在中间也赚了不少钱（主要是季节和地区差价），获得了大量法币，上缴给总行，供给路东的主力部队。在路东边币贬值、发行供过于求的情况下，总行每次送来二三十万元边币，分行都能在襄南地区顺利发行。

分行还进行信贷业务，发放了一些生活救济性贷款，主要是生产性贷款，用于扶持农、副、商、工业，以提高解放区的生产力，改善人民生活，增加财政收入，既使贷款具有相应的物质保证，又使群众具有偿还贷款的能力。当时发放最多的是春耕贷款和水利贷款。如分行在1944年为熊口附近的新民乡提供无息贷款，办了这样几件好事：购耕牛60头贷给20个保的231户，除保证基本农田的耕作外，还开垦荒地1500余亩，增收粮食8100余石；在罐老村办起了罐头厂，在三个月内就生产罐头8600多个；还开办了榨油厂、粉坊和供销合作社，使新民乡的生产和市场开始出现了勃勃生机。

1944年及以后，襄南贸易管理分总局通过加强贸易管理和建立货币兑换制度，同敌伪进行了一次货币斗争。由于汪伪政府滥发伪钞，连同搜罗的法币大肆向解放区投放，套购物资，以致边币市场伪币充斥，使边币地位下降。又由于边区领导机关和主力部队面临严重的经济困难，在路东投放边币量过大（超过1亿元），贸易入超，边币贬值到六七折，边区外汇紧张，特别需要关金、法币到黄陂的蔡店和黄安的梅店两个市场去采购主副食品、食盐和日用品。为了驱逐伪币，稳定边币，满足边区对法币的需要，襄南分总局于1944年6月在熊口召开了一次重要会议，中心议题是联合法币，驱逐伪币，使边币独占市场。会议决定在襄南解放区市场禁止伪币流通，凡在解放区购买物资、交纳关税，必须使用边币，建立货币兑换站供外币持有者去兑换边币（法币与边币兑换比例为1比1，伪币与边币兑换比例为2比1）。大后方商人蜂拥到古长堤购买解放区的棉花、土布等农副产品，都遵照贸易管理分总局的有关规定，先将关金、法币在兑换站兑成边币。由于棉花、土布每天的交易额很大，襄南地区的边币远远不能满足兑换的需要，经请示襄南地委同意，以分总局的名义发行票面5元一张的边币流通券，在襄南地区流通。每天从古长堤把兑换的关金、法币成担运回熊口，又把边币和流通券送到古长堤。这样，就驱逐了伪币，稳定了边币，换取了大量的外汇，缓解了边区领导机关和路东主力部队的财政困难。

八、文教卫生

（一）教育

边区党委和行政公署对文教工作十分重视。1942 年 3 月《鄂豫边区施政纲领》第 21 条规定：“发展边区抗战文化教育，提高边区人民文化政治水平，提高民族气节，粉碎敌伪奴化教育与亲日反共宣传，普及国民教育，推广识字运动，减少文盲，改良私塾，训练师资，改善教员待遇，推广书报发行，加强干部学习，提倡文化娱乐，爱护与培养知识青年，救济失业失学青年，建立正规学校。”为发展边区文化教育事业确定了明确的任务与政策。1943 年初，行署教育处召开了有各地、县教育科长参加的教育工作会议，提出 1943 年边区学校建设的方针，仍以普及小学、改良私塾为主。同年 9 月，行署公布了《鄂豫边区小学教育实施办法》，为改造和整顿中小学教育作出了规定。1943 年是大发展的一年，1944 年又以巩固为中心，襄河地区形势比较稳定，财政状况有所好转。这一切，都为襄河地区教育事业的恢复和发展创造了有利的条件。

1942 年在敌伪顽的严重摧残下，京钟、襄西、天京潜、天汉等老解放区的学校大都被迫停办。襄南沦陷后，原有的学校破坏殆尽，大批青少年失学失业，日伪大肆推行奴化教育，妄图从思想意识上灭绝中华民族。襄南开辟后，不仅面临着敌伪顽争夺青少年的严重斗争，而且存在着新区党政军干部奇缺的严重困难。襄河地区各级领导一致认为：抗日救国，必须发展教育，培养革命力量，唤醒广大民众，发扬民族气节，团结一致抗日，才能取得胜利。因此，他们把发展教育作为巩固根据地的一项重要工作来抓，不仅贯彻抗战教育方针，解决发展教育的具体问题，而且亲自到学校讲课，做团结知识分子的工作。从专署到中心乡层层都建立了教育主管部门，专署、中心县和县政府设了教育科，中心乡设教育股，各乡也配了分管教育的干部。各级临参会、农救会、青救会、妇救会和民兵组织也积极配合抓教育。天汉、监沔等县临参会还建立了文教促进会，积极动员和组织老教育界人士和乡村知识分子兴办教育。各级教育部门积极发动群众因陋就简，兴办学校，并在财政困难的情况下，尽力拨款办教育，保证公办学校教师能得到养活两口人的薪金，学生免交学费，特困学生还能享受公费待遇。由于各级党和政府牢牢掌握办教育的领导权，紧紧抓住为抗日战争服务的中心环节，高举抗日民族统一战线的旗帜，团结各类知识分子和各抗日阶级共同办教育，所以，襄河地区的各级各类教育都得到了很大的恢复和发展。除遍布乡村的族学、私塾得到恢复和改善外，各级民主政府都办了一批公办小学，天汉、监沔等县还办起了初中。如天汉县办了实验中小学和20多所抗日小学，天京潜县办了两所小学和37所改良私塾。据1944年初的不完全统计，监沔县有抗日小学（包括保小）50所，学生2500余人；汉沔县有小学47所，学生1800余人。在洪湖的郑家湖、坝潭和监利的剅口，各办初中一所，每所学生近百人。

公办小学由县教育科直接领导，办得比较正规，成为提高教学质量和改良私塾的基地。如天汉县第一抗日小学，坚持办了五年，除进行正规的文化教育外，还组织师生采取各种形式，开展社会活动，进行抗日宣传。1944年冬，天汉地区举行联校演讲和歌咏竞赛，第一抗日小学取得第一名，获“大众歌手”红旗一面。监沔县第一抗日小学不仅通过自编教材和歌词、开展课外活动等形式对学生进行民族精神教育，而且通过办墙报、演出抗日文艺节目、写对联、参加反“扫荡”等活动引导师生投入火热的抗日救国斗争。学校开办两年，培养的300多名学生，大部分参加了革命。当阳县民主政府办的傅氏宗祠学校为洪山公学输送了数十名有志青年。

为了动员各种力量扫除文盲，普及抗战教育，各县教育科都很重视改良私塾的工作，其要求是：采用民主政府编订的国语课本，教材不够时可以采用《三字经》、“四书”、“五经”这类教材，但绝对不能用敌伪编的课本。如日寇“扫荡”时可以准备几套摆在桌面上做样子；组织学生读《七七报》《襄河报》，教唱抗日歌曲，对学生进行时事教育和爱国主义教育；江陵等县还提出了改变死记硬背的古板教学方法。对私塾老师的任用和经费开支，政府不加过问。各地通过成立教育促进会、保小联合小组，组织检查和经验交流等措施，在改良私塾上取得了很大成绩。

襄河地区群众教育的主要形式是一年一度的冬学运动。各县由宣传部、民运部、农救会、妇救会、青救会共同组成冬学运动委员会进行领导。县教育科、中心乡教育股负责具体组织，教学人员由中小学教师、私塾教师和其他有文化者担任。冬学运动的内容，以政治教育为主，识字教育为中心，通过识字教育进行政治教育和开展生产运动。各县冬学运动很活跃，对扫除文盲、普及抗战教育和生产知识作用很大。据 1945 年 4 月监沔县教育促进会公布：全县有冬学 107 处，学员 4300 余人；识字组 528 个，组员 16000 余人。办冬学前文盲比例为 93%，办冬学后 47%的人识字 100—200 以上。

襄河地区在抓普通教育的同时，还着重抓了干部教育和成人教育，并采取速成的办法培养干部。各种干部训练班分职前培训与在职轮训两种，新吸收的基层党政军群干部在分配工作前都参加了培训，在职干部也大都接受了分期分批轮训。训练班都由党委分管组织、宣传和其他业务的负责同志主持，党政军主要领导人亲自讲课，每期时间一般在三个月左右，学习内容主要是党的方针政策，兼学业务、军事和文化，学习理论后都要进行实习和鉴定。地区和各中心县、县都分别办了几期干部训练班，内容有党员训练班、青年训练班、民运训练班、财税训练班、民兵训练班、教育训练班、卫生训练班等。总计培训新干部 1000 余人，轮训在职干部 3000 余人。三军分区医训队在潜西举办了三期医训班，每期时间半年，培训看护长、医助、司药以上人员 78 人，调剂员、看护长以下人员 108 人。每期学员毕业后，绝大部分调往新区部队担任卫生技术骨干，少数回原单位工作。

在襄河地区还有一所边区的正规干部学校——洪山公学。这所学校于 1940 年创办于京山八字门，是边区党委培训民运、政权、文教、财税等方面干部的学校。1942 年秋迁至鄂东。1943 年秋，襄南开辟后需要大量干部，边区党委决定迁往襄南，由边区行署教育处领导。1943 年 9 月迁至潜西三军分区驻地附近。到抗战胜利，洪山公学在襄南一共办了5期，毕业学员1500余人，大部分分配在襄南和襄西。

洪山公学是一所坚持民族的、科学的、大众的新民主主义文化和抗战教育方向的新型干部学校。在领导与管理上，贯彻了党政分工、民主自治的原则，实行党总支领导下的校务委员会负责制。党总支以下分设党支部、党小组。党组织的任务主要是贯彻党的方针政策，做思想政治工作，发挥党员的模范带头作用，保证教员和其他各项任务的完成，不处理行政事务。学校最高行政组织是校务委员会，下设教务、总务、干部管理、生活指导等职能处，襄河专署专员李守宪兼任校长，委员由副校长和各处主任组成。学校一切重大问题均由校务会民主讨论决定，日常工作由各职能处组织。学生自治组织有校学生救国会、各大班分会和教学班班委会，干部均民主选举，还规定每周星期三下午为学生会活动日，学生会活动很活跃，锻炼了学生自我教育、自我管理的能力。学校还适应战争环境，在学生中建立了大队、中队、分队、小组等一整套军事组织，以便组织学军、转移和警戒。

洪山公学的教育方针是为抗日战争服务，为抗日事业培养骨干力量。教育原则是理论与实践结合，启发诱导，因材施教。教师队伍由专、兼职两部分组成。地区党政军和业务部门的领导常到校上政治课、军事课和业务课。学生主要是根据地各级政府和军队选送的有培养前途的基层干部和读过几年私塾的青年学生，以及地下党从敌占区、大后方输送来的爱国学生和进步青年。在专业设置上，根据学生的文化程度和培养目标，开设行政班、青训班、财经班、民运班和高级班。学制一般为半年左右。高级班以政治教育为主，其他班业务课与文化课的分量较重，各个班都要结合地方中心工作上社会实践课。教学方法上创新了学用结合、互教互学、包教包学、集体讲课、小组讨论、个别辅导等经验。学生必须学完规定的课程，经考试和实践合格方能毕业分配。学生享受供给制待遇，生活相当艰苦，但他们通过学习，树立了革命的人生观、劳动观和群众观，都能以苦为乐，发奋学习。还开荒种地，助民劳动，做群众工作，同驻地群众建立了亲密的关系。学员毕业后，大部分成为各条战线的骨干力量。

（二）文化

襄河地区的文化建设，在出版报刊、发展地方戏和开展群众性的文娱宣传活动等方面都是很突出的。

在印刷条件很差的情况下，襄河地委坚持出版了铅印的《襄河报》，三军分区办了《襄河部队报》，襄南贸易管理分总局办了《贸易通讯》(每周一期)，洪山公学办了《洪公生活》，天汉农救会办了《组织起来》，天汉县文教科办了《文教月刊》，荆潜农救会办了《农救消息》。这些铅印和油印的报刊结合当地实际，进行宣传教育与业务指导，其中影响最大的是《襄河报》。

《襄河报》是襄河地委的机关报，也叫“边区《七七报》襄河版”，主编为陈剑虹。1942年创刊，1945年9月停刊。报纸为5日刊，不定期出版。据《襄河报》印刷厂指导员聂春武回忆，1944年5月至1945年9月，经他校对总共出了大约32期。四个版的内容编排是：一版为要闻版，刊登本区和各解放区以及国际发生的大事；二版和四版的一部分为本区新闻版；三版为思想教育版，以发通讯为主；四版刊登本区新闻和文艺作品，如诗歌、民谣、故事、歌曲等。除因无法照相制版没有照片外，无论是报道的内容，还是编辑、排版、插图、印刷的质量都是很高的，出版质量不会比现代报纸差。多数稿件出自通讯员（基层干部）之手，也有派记者采访的稿件。各级党政军负责同志都带头撰稿。多数稿件短小精练，通俗易懂，生动活泼，很少八股调。每期发行量二三千份，最高达5000份。其主要发行对象是襄河根据地的军民，有时也通过各种渠道送到沦陷区去秘密发行和张贴。不仅根据地军民爱读，沦陷区的群众也暗地里传阅。传烂了，摸破了，也舍不得丢弃。《襄河报》被誉为襄南的火炬，对于唤起群众抗日救国、推动根据地各项工作起了很大的作用。

襄河地区各级领导认真学习了毛泽东《在延安文艺座谈会上的讲话》，深知文化对军队的重要性，十分重视文化建设。三军分区建立了文工队，各团、营有宣传组，连有文化教员和宣传员。花鼓戏是襄河地区的地方剧种，深受群众喜爱。各县注意团结民间艺人，发挥旧戏班子的作用。京山著名花鼓艺人项么、天门著名花鼓艺人沈山、河阳著名花鼓艺人吴鹤显、潜江著名花鼓艺人杨笃清等人都组成戏班子在农村流动演出，地方党政领导常召开座谈会，鼓励他们为工农兵演出，为抗战服务。每次开庆功大会、群众大会时，他们都到指定地点演出。海报一贴，锣鼓一响，戏场上就人山人海，收到很好的宣传效果。1944年初，监沔县民主政府在杨笃清、黄崇香等戏班子的基础上组建了花鼓戏团，共50多名演职员，分两个队巡回演出。主要活动在监利、沔阳、潜江一带，也到天门、华容演出过。

演出花鼓戏剧目有200多个，主要是传统戏，也有一些新编的现代戏。在襄河地区活动的专业文艺团体还有边区文工团和边区楚剧二队。

襄河根据地的其他群众文化活动也十分活跃。地直各单位、各地部队、学校和青救会、商救会、农救会等团体都有业余文艺宣传队，群众性的大唱抗日歌曲活动深入各村各户，街道村头的墙报、宣传画和标语应有尽有。部队、学校和各单位之间的球赛很火热，有的地方还举办了体育运动会和龙舟竞赛。每逢祝捷、慰问和节日，文化活动更是盛况空前，玩狮子、舞龙灯、划彩莲船、打莲湘、扭秧歌、唱渔鼓、演花鼓戏，运用各种群众喜闻乐见的文艺形式进行宣传鼓动。《襄河报》印刷厂业余文艺队在熊口演出过《十八相送》《夫妻观灯》《农家乐》《老汉推车嫁姑娘》等节目，都是新编台词。三军分区文工团在熊口戏楼还演出过歌剧《白毛女》和歌舞《慰问抗日战士》等节目。

（三）医疗卫生

襄河地区的医疗卫生建设，由于处于战争环境，救治伤病员是当务之急，因而着重加强了部队的卫生建设。三军分区建立了卫生科和襄南野战医院，各团设有卫生队，营配备了医助，连配备了卫生员。各县武装也根据不同情况建立了卫生机构。如襄西指挥部在京钟办有南山野战医院，石公华江南挺进支队办起了卫生队，在前线设立了救护所，在后方柴山里开办了伤病员休养所。1944年秋，三军分区在天西夏家场、观音湖建立了天京潜休养所，由天汉湖区、南山医院抽调20多名医护人员组成。该所除收治十五旅的伤病员外，还收治天京潜、京钟等地方武装的伤病员，到中原突围前，共收治伤病员约2000人次。

襄南野战医院（也叫鄂豫边区第十二野战医院）是1943年9月以四十四团临时休养所为基础在潜西湖区组建的。医院下设院部、重伤所和轻伤所，共有医、药、护、行管、后勤人员114人，其中有业务院长1人，政治协理员1人，所长2人，政治指导员2人，医生2人，医助2人，司药1人，调剂员5人，看护长3人，看护班长6人，看护员42人。建院初期能处理一些普通内科和战伤外科的包扎缝合，以后能做截肢、取弹（片）等外科手术。该院负责收治襄南、襄西和江南部队的伤员，也收治少数日俘伤员和当地党政地方干部及少数群众，最高收容量可达600余人，在两年多时间里，共收治伤病员数千人。

当时医药短缺，除设法购买、战斗缴获和少量捐助外，就靠土洋结合的办法自己生产药物，并大量使用土方偏方。四十五团卫生队医生张国良拜群众为师，收集民间验土方为战士和群众治病，如用拔疔散治疗疖肿、五灵散治疗牙痛、通大海加冰糖治疗菌痢、蚯蚓粪治疗蜜蜂蜇伤、胆矾散治疗湿疹、刺猬皮治疗骡马鞍伤等都收到特异功效。每个土方的搜集和应用都凝聚着军民鱼水情。如部队在潜西驻扎时，一个战士腿上长了一个乌头疗（西医称疖肿），疼痛高烧，不能随军行走，只好将他安置在群众家里，三天后这个战士痊愈归队了。部队再次转移到该地宿营时，张医生特意上那位治病的老大娘家中拜访致谢，并求她献方。老大娘慷慨地献出了治疖肿的祖传秘方拔疗散（由糖鸡屎、红糖、尿干配制）。此方经多次应用，对红白头疔，对口疽、疖肿及蜂窝组织炎均有理想的疗效，在无抗菌素和磺胺类药物的年代，发挥了很大的作用。

第五章

襄河军民为争取抗战的最后胜利而斗争

（1944 年 11 月—1945 年 8 月）

第一节　襄南、襄北党政军机构成立，三五九旅南下支队抵达襄河地区

一、襄南、襄北党政军机构成立

1944年，国内外形势发生了重大变化。在欧洲战场，苏联红军对德国侵略军发动了全面大反攻，于夏季收复了全部国土，并很快攻入德国境内。在太平洋战场，英美军队反击日军，使日军连连失利，节节败退。日军为挽救其在太平洋战场的失利，援救它侵入太平洋的孤军和准备以中国大陆作为它垂死挣扎的基地，急需打通从中国到越南的大陆交通线，于1944年4月到12月，发动了豫湘桂战役。国民党政府在日军的进攻面前，采取避战观战的政策，其军队不战自溃。国民党的正面战场，处处失败，100多万军队被十七八万日军打败，使日军打通大陆交通线的计划得逞。中原沦陷，长沙失守，大片华南国土沦于敌手，6000万同胞处于水深火热之中。日军打通大陆交通线的计划完成后，为了巩固和扩大战果，继续向逃入贵州的国民党军发起进攻。

与此同时，驻襄河地区的日军，为了配合豫湘桂战役，利用伪军不断对抗日根据地进行“扫荡”，大量抢夺根据地的物资，根据地人民的生命财产遭受到空前浩劫。在此形势下，党中央、毛泽东及时作出了“巩固华北、华中，发展华南”的战略方针，并确定派八路军一二〇师三五九旅南下，发展华南根据地，把华中、华南连成一片，以争取抗日战争的最后胜利。

1944年11月25日，边区党委和五师首长根据襄河抗日根据地“地域辽阔、领导不便”的客观实际，为了加强对襄河地区的领导，不断扩大抗日根据地，为战略反攻做准备，决定以襄河为界，将襄河地区划分为襄南、襄北两个地区，其党政军机构一分为二：襄河地委划分为襄南、襄北两个地委；

第三军分区划分为第三、第五两个军分区；襄河行政专员公署划分为第三、第五两个行政专员公署。

襄南地区下辖江陵、监利、监沔、天潜沔、川沔、汉沔、嘉蒲、石公华、荆潜、荆钟北山、当阳11县（共140个乡、1445个保），共有面积48078平方公里，其中基本区约15075平方公里，占37.8%，游击区约25703平方公里，占62.2%，人口255万（人口为1945年9月数字）。襄南党政军机关设潜江熊口，方正平任襄南地委书记，李守宪任副书记，吴云鹏任组织部长，萧松年任宣传部长；李守宪任第三行政专员公署专员，潘哲夫、刘宝田任副专员；吴世安任第三军分区司令员，地委书记方正平兼任政治委员，刘放任政治部主任，方正任参谋长。三军分区下辖四十五团、三十团、三十一团、三十二团、三十三团、襄西中心指挥部、江陵中心指挥部、汉沔中心指挥部、嘉蒲支队、江南中心指挥部、天潜沔总队、荆潜总队、监利总队、川沔支队、嘉蒲支队、江南挺进支队、池西游击大队。

襄北地区下辖京北、天汉、京钟、天京潜、天北、应西六县（共125个乡、1518个保），共有面积7300平方公里，其中基本区3209平方公里，占43.82%，游击区约4091平方公里，占56.18%，人口130万（人口为1945年9月数字）。襄北党政军机关设在天门夏家场。原抗大十分校政委郑绍文调任襄北地委书记，谢威任组织部长；张谦光任第五行政专员公署专员，谢威任副专员；吴林焕任第五军分区司令员，地委书记郑绍文兼任政委，李人林任参谋长，侯政任政治部主任。五军分区下辖四十三团、四十四团、天汉总队、天京潜总队、京北总队、京钟总队、应西总队、天北大队。

襄南、襄北党政军机构的成立，为不断扩大抗日根据地，加强根据地的各项建设和准备战略反攻，创造了极为有利的条件。

二、三五九旅南下干部大队抵达襄河地区

1944年11月9日，以王震为司令员、王首道为政治委员的国民革命军第

十八集团军独立第一游击支队（简称南下支队）和由贺炳炎、廖汉生、文建武、张成台等率领的第五、第六两个南下干部大队，从延安出发，于1945年1月29日抵达鄂豫边区的大悟山，同李先念领导的新四军第五师胜利会师，受到鄂豫边区党政军民的热烈欢迎。

2月初，郑位三、李先念主持召开了边区党委会议，王震、王首道在会上传达了党中央和毛泽东的指示。会议根据中央的指示，研究了形势和任务，确定了五师的工作方针以发展为主，恢复与扩大抗日根据地。会议决定三军分区以襄南洪湖抗日根据地为依托，创立以洞庭湖为中心的湘北鄂西根据地，与湘鄂赣边根据地相连接。会后，随军南下的干部陆续分配充实到各地工作。

2月底，贺炳炎、廖汉生率领的南下干部大队，分批渡过襄河。

沿途所经各地，人民群众成群结队，打着红旗，高呼“向八路军老大哥学习”等口号，热烈欢迎南下八路军。当地群众还计算好部队到达的时间，为他们准备好铺睡、饭食，在沿途要道摆好茶桌，烧好茶水，准备工作十分周密。

3月1日，贺、廖率部抵达襄南根据地，襄南地区党政机关、部队、地直、农救、妇救、基干队、学校、儿童团及襄南所属各县的代表数千人，在地直机关驻地潜江熊口孙家台隆重集会，热烈欢迎南下八路军。三军分区政治部主任刘放致欢迎词，贺炳炎、廖汉生、吴世安各位首长相继讲话。欢迎会上，拥军剧团进行了慰问演出。当地儿童团、妇救会派代表提着鸡蛋、鞋袜、香烟、吃食等物品来慰劳八路军。八路军首长拉着他们的手，请他们并排坐在台前观看演出。军民亲切交谈，亲如一家。

次日，三军分区在会师室召开干部联欢会，欢迎八路军“老大哥”。司、政两部及各县的代表、《襄河报》的记者及工作人员等，分别在八路军南下干部的下榻处，拜访和慰问了“老大哥”。包括饲养员、炊事员、勤务员在内的其他勤杂人员，对“老大哥”都一一进行了拜访和慰问。代表们和“老大哥”在一起亲切交谈，共叙战斗友情，感情十分融洽。

贺、廖率部到达襄南地区后，边区党委和五师首长对襄南地委、第三军分区的领导人员进行了调整和充实。边区党委决定：方正平任襄南地委书记兼三军分区政委，廖汉生任地委副书记兼三军分区副政委（1月后，方正平调任第六军分区政委，廖接任地委书记兼军分区政委），贺炳炎任第三军分区司令员，吴世安调任第五军分区司令员，吴云鹏任地委副书记兼组织部长，王绍南任副司令员，魏国运任参谋长，陈菊生任副参谋长，刘放任政治部主任，朱绍田任副主任。这时所辖部队除三十团、三十四团两个团编入四十五团外，其他未变。

紧接着，3月6日，三专署召开了第一次行政扩大会议，选举了陈守一、潘哲夫、刘宝田、贺炳炎、邓东平、李健、杨舒武、倪辑伍、张元晖、张泽厚、刘济民、刘升庭、李云程等13人为专署委员，陈守一为专员，潘哲夫、刘宝田为副专员。

江陵、天潜沔、监利、石公华、襄西、潜江等地100多位代表参加了专署第一次行政扩大会议。贺炳炎司令员在会上作了热情洋溢的讲话。他说："13年前，我们是没有机会跟大家见面的，那时是打土豪分田地的时代，一直到现在，还有许多先生们怀疑，恐怕我们还要继续过去的政策，进行土地革命，打土豪分田地。我们实行孙中山先生革命的三民主义，但是，我们要建立新民主主义的新中国。"廖汉生副政委也在会上讲了话。他说："这次南下干部回家，有许多人的父母兄弟在过去土地革命失败后被杀了，但是，共产党人是不会为私仇而违反党的政策的，只要这些人现在是抗战的，我们还是以朋友相待，过去的账不算了。希望襄南人民为了赶走敌人的共同目的，一致团结，旧仇旧怨，一笔勾销，这是我今天代表南下八路军同志要向各位表明的。"

各县的代表都纷纷发言，对南下干部回来表示热烈的欢迎。江陵代表邓先生说："我这次到专署是代表三区人民来欢迎八路军的，无能的国民党抛弃了襄南人民，让大家像孤臣孽子，无所依靠，新四军来后，我们才有了保障。现在八路军来了，老百姓的力量更加强了，所以，大家让我做代表，欢迎老大哥。”潜江的代表赵先生跑上台兴奋地说：“今天我来参加大会，适逢八路军来了，十多年辛苦斗争的老朋友回来了。他们从我们地方过身时，我们打着旗帜去欢迎，他们没有休息，就走了，到今天，我才看清了。”洪山公学民运班洪湖实习队傅平等八名同志，还向南下干部写来了慰问信。信上写道：

亲爱的老大哥——八路军：你们像春天的阳光，给我们带来了温暖，带来了生气，带来了光明。只恨我们没有生翅膀，不能飞到你们跟前来问候你们，我们只有一个办法，把工作搞好，来欢迎你们。

在襄河地区军民热烈欢迎八路军南下干部到来的形势下，大批八路军南下干部不负厚望，纷纷充实到襄南、襄北各级党政军领导机构，并大都担任了正职领导，其中有天汉中心县委书记鲁持久、江南中心县委书记梁诚、江陵中心县委书记张树林、天潜沔县委书记陈贻训、天京潜县委书记范保顺、监利县委书记郑依保、川沔工委书记周树槐、汉沔工委书记张兴炎以及潘选才、周凤山等人。他们的到来，为襄南、襄北的抗日斗争增加了生机。

第二节　襄南、襄北根据地的巩固

一、襄北开展反击敌伪顽匪的斗争

（一）清除匪患

襄河党政军机构一分为二后，摆在襄北地委、第五行署、第五军分区面前的首要任务就是清除匪患，为巩固和发展抗日根据地扫清障碍。

襄北地区辖区内，曾在1941年进行过一次剿匪。但在新四军主力部队挺进襄南之后，敌伪匪又相互勾结，破坏抗日根据地，特别是天京潜的土匪十分猖獗，公然在光天化日之下行劫抓人。年轻的女子更是不敢露面，一些十七八岁的姑娘为防不测，只好在自己漂亮的脸上涂上灶灰，穿上打补丁的深色土布衣，扮成老太婆模样。为逃避匪患，这一带的群众每天都很早吃完晚饭，夹上简单的行李到野外露宿，晚上不敢待在家里。有的用砖把大门封上，从后门进出，以防土匪侵入。驻夏家场的地委机关与部队，也因时常遭到土匪的袭击而经常移动。部队开拔时，根据地许多群众扶老携幼跟着部队走，群众称之为“贴烧饼”。一个好端端的根据地被闹得谈匪色变，草木皆兵。如不清除匪患，根据地人民的生命财产就得不到保障，党的地方工作就会受到严重干扰，根据地也不可能得到发展。加之，襄北地区是襄南与路东大悟山之间的通道，襄南解送上缴鄂豫边区的税款的部队也必须经过这里。严重的匪患对新四军的给养供应，也造成了直接威胁。

新的地委成立时，李先念对新上任的地委书记郑绍文交代任务时说：“你这次到襄北去的主要任务第一是剿匪，第二还是剿匪。你们的司令部就叫个剿匪司令部；你们的地委就叫个剿匪地委。”根据李先念的指示，新的地委决定把开展工作的重心首先放在剿匪上。

11 月底，地委在夏家场召开了各县县委书记会议，贯彻执行“外围区”工作的指示和研究剿匪办法。地委和五军分区司令部经过反复研究，决定首先抽出四十四团的一个营，配合天京潜地方武装在泗港和多宝湾之间进行剿匪。并根据这一带土匪的活动规律，制定了具体的剿匪办法。

剿匪部队为探清匪情，白天一个个化装成农民，广泛侦察土匪行踪。待把土匪盘踞的地点、人员、武器装备等匪情摸准后，或夜晚对匪巢进行突然袭击，或待土匪出门行动时各个击破。不几天，部队在泗港至多宝湾之间俘获土匪百余人。经过审讯和调查，地委和分区司令部决定枪决其中 10 个罪大恶极的分子。

为了扩大影响，惩治匪患，地委在夏家场召开了审判大会，天京潜县委书记陈建新宣布了 10 个土匪的罪状，将他们就地枪决，因而沉重地打击了土匪的嚣张气焰，当地群众无不拍手称快。

剿匪首战告捷后，地委开始普遍组织各县开展搜查土匪活动，很快收到成效。为了配合主力部队四十四团进行剿匪，天北工委将天北、渔北两个区中队组织起来，主动出击，四处剿匪。天北区委书记胡祥林和渔北区委书记胡恒山组织小分队进行突击。他们白天有的化装成回娘家的新娘子，有的化装成赶集的群众摸匪情。胡恒山装作卖猪的，身穿长袍，手拿竹条深入土匪驻地进行侦察。像这样，他们将侦察到的匪情进行分析研究后，作好兵力部署，晚上对土匪进行突然袭击，包围他们居住的湾子，将其全部活捉。天北工委还组织地方区中队消灭了长寿、莲北嘴、七屋岭等地的几股土匪，使天京潜一带的社会秩序大为稳定。同时，也为襄南解款的部队扫清了沿途障碍。

（二）团山战斗

盘踞在团山的是曹勖六纵队第二支队。他们与日伪勾结在一起，在天西、京山、应城、天汉等地抢掠财物，捕杀根据地基层党政人员，建立起匪伪政权。他们与国民党天门代理县长李辉越串通一气，破坏抗战。将坚持抗日主张、积极参加中共统一战线活动的民主人士、天汉县参议员李相武、陈代魁等人捕捉关押（李相武曾被选为出席延安参议会的代表），这一带的人民群众无不切齿痛恨。

为消灭这股土顽，1944 年 11 月，五军分区参谋长李人林率四十四团一个营进剿团山。部队到达离团山不远的王家松林，和天京潜、京钟、应西、京北四个县大队及天北支队等地方武装会合。李人林在这里召集了各武装部队的负责人会议，研究制订了作战方案，并成立了由李人林任指挥长的作战指挥部。

在李人林的统一指挥下，四十四团之一营，与天汉、天京潜、京钟、应西等地方武装紧密配合，联合进剿团山，直捣土顽老窝，击毙顽军六纵队副司令徐 ××，生擒钱粮处长。这一仗，五军分区部队共歼顽军 100 多名，缴获长短枪 200 余支，手榴弹、子弹不计其数。紧接着，李人林又率四十四团一部和四个县的地方武装共13个连的兵力，对盘踞在天门柳河、花台之间的顽军纵队三支队发起了进攻。经两昼夜激战，活捉了土顽天门县代理县长李辉越、挺进大队长邱凌、皂市区长谢大德、警保科长方城、财政科长章履文、县府参事刘仲言、县府指导员胡东平等，击伤顽军400余人，救出了天汉县参议员李相武、陈代魁等人。

与此同时，四十四团另一个营，在皂市和永兴场之间打了一仗，消灭了顽军六纵队的邓明理部，救出了被绑去的张伯尼等两个士绅，从而开辟了一条通往路东的交通线。

为庆祝团山战斗的胜利，天汉县委、县府、天汉指挥部在垌冢地区的太白楼前广场召开了有当地党政军负责人、凯旋的部队和3000多名当地群众参加的庆功大会。被救出来的李相武先生也兴致勃勃地参加了大会。

此次战斗，给顽军以沉重的打击，使经常骚扰天皂路、破坏中共交通站的曹勖顽军受到震慑，再也不敢出来骚扰捣乱了。

（三）攻克曹武街

京山东部曹武街，是京山、安陆、应城三县交界的乡村重镇。它的两侧，分别有日伪占据的京（山）皂（市）公路和宋（河）应（城）公路。1944年秋，应城县日军旅团司令官，从天汉调来皇伪军一个团，采取突然袭击，侵占曹武街和邻乡陈家围子。他们与顽军第六纵队曹勖部相勾结，到处拆房、砍树、抓夫，在曹武街修筑碉堡、围墙，安下据点，妄图扩大日伪占领区，破坏抗日根据地。

鉴于此，五军分区决定派四十四团三个营袭击曹武街，打击敌人的嚣张气焰，保卫抗日根据地。

1945年初，五军分区参谋长李人林和四十四团团长黄德魁率部从夏家场出发，长途奔袭曹武街。元月5日，部队到达集结地点——曹武街西部的王家松林。

在此之前，为了配合军分区攻打曹武街，京北县委派秘密侦察员王乐山等人到曹武街以开肉案做生意为掩护，详细调查过敌人的兵力部署、工事设施、火力配备等情况。

在岗岭起伏、松柏葱茏的密林里，李人林、黄德魁和早已迎候在这里的京北县委、县府的领导同志接上了头。县委书记王家吉把这里的敌我斗争形势、伪军活动规律和曹武街的地形特点等情况向部队作了介绍，并绘制出了详细地图。

敌在此驻扎兵力三个营，从东至西一字摆开在陈家河、陈家围子、曹武街一线。敌团部和第三营驻守曹武街，修有一系列防御工事。在街周围筑起了一道高 3 米、厚 2 米的土城。城外又挖出一圈宽 4 米、深 3 米的壕沟。敌大小头目自恃工事坚固，又加上几天来风雪交加，满以为万事大吉，纷纷把“战地夫人”接来，摆开了长期驻扎的架势。

李人林、黄德魁根据王家吉提供的情报，迅速作出了战斗方案：一营担任主攻，二营打敌增援，三营包围曹武街，防止逃敌漏网。另外，京北县地方游击队在丁正学、张泽普的带领下，也配合部队投入了战斗。地方党组织积极为部队挑选熟悉地形的向导，组织担架队、慰问队，随时配合部队行动。

1 月 6 日凌晨 3 时许，部队踏着满地的积雪，从王家松林出发，雪光与月光如同白昼。为了不暴露目标，战士们有的把棉衣棉帽反穿着，让白色里子在外，有的干脆把衬衣当罩衣，顺利地进入了阵地。

凌晨 4 时，一营主攻开始。副营长王登宪带领突击队，悄悄拆除土城外的鹿寨，跨过壕沟，迅速翻过土城进入街巷。一连消灭了敌人的耳目——伪维持会。二连也跟着冲了进去。很快，一颗手榴弹在敌营房中开了花。遭此突然袭击，那些未被炸死的伪兵吓得手足无措，完全丧失了战斗力。在外正与小老婆厮混的敌副营长听见枪响，慌乱中穿条短裤，披一件皮大衣向营部跑来，被新四军战士当场击毙。伪兵们见头目已毙，乱了阵脚，吓得狼奔鼠窜。二连迅速占领敌营部，又一口气消灭了敌人的特务连和九连。

消灭街北的敌人后，部队紧接着又向街南的敌伪部发起猛攻，慌乱中的敌人此时开始冷静下来，在街心架起两挺机枪，向北街交叉扫射。部队南攻受阻，马上调整了进攻路线：让一部分战士抢上屋顶，压住敌人的火力；一部分战士越墙穿巷，和敌人进行激烈的巷战。

在敌人猛烈的炮火下，四十四团一营几个战士巧妙地接近敌机枪阵地，用几颗手榴弹炸哑了敌机枪，战士们趁机冲向敌团部。经过一场短兵搏斗，战士们歼灭了敌短枪队。接着，部队又乘胜摧毁了敌七连、八连两个连的防卫。敌副团长在混战中西逃时，被战士生擒。拂晓时，守敌全歼，无一漏网。

战斗结束后，鄂豫边区《七七报》很快刊登了这一胜利的消息，喜讯传遍了边区。从此，伪二十八师只得龟缩武汉，再也不敢对襄北根据地轻举妄动了。

二、襄南各县开展清匪反顽斗争

襄河地区划分为两个地区后，襄南地委、第三行署、第三军分区根据襄南地区当时面临的形势和任务，为了扩大解放区，缩小沦陷区，狠抓了健全和充实各县党政军领导机构、兴修水利、加强税收和清除匪患、打击敌伪等方面的工作。

1944年11月底，襄南地委成立了荆当远县委，将原荆当大队改为荆当总队，原当阳办事处改为荆当办事处。王展任县委书记兼总队政委，张炳辉任总队长。同时，还成立了当阳工委，张焕生任书记。

1944年11月，襄南地委和三军分区决定撤销襄南中心县委和襄南指挥部、第一纵队；三十一团、三十二团两个团调入十三旅。同时成立江陵中心县指挥部和江陵中心县委、中心县抗日民主政府。书记吴云鹏，组织部长赵方，宣传部长周伟志；县委秘书夏夔，县长吴云鹏（兼），指挥长温家福，政委吴云鹏（兼），公安局长祝成龙（舒赛）。县委机关设在龙湾。

为了适应战略反攻的新形势，1944年12月底，地委派李忠发回沙市建立沙市地下党支部，以便秘密组织群众，策应反攻。

地委还狠抓了各县政权机构的建设。至1944年底，监洒县行委会先后设立了民政、司法、教育、水利、财政等科。

各县的组织机构健全和充实后，积极组织根据地人民兴修水利，开展大生产，号召青壮年参军参战，支援战争。当阳工委成立后，不到一个月，就组织动员了800多名青壮年，参加到新四军第五师的行列，走上了抗日前线。

为确保根据地的各项建设，襄南地区在根据地内组织了一系列打击敌伪、进剿土匪的战斗。

1944年12月28日，三军分区部队对天潜沔一带骚扰抗日根据地的顽军刘明辉部进行了围剿。战斗进行了20多天，最后将其全歼。

1945年1月，三军分区三十三团进剿了驻皮家集、贺毛集一带的曾宪成匪部贺世明支队，彻底摧毁了他的据点，结束了顽匪曾宪成部在襄南北山的活动，使整个北山为三军分区控制。

与此同时，各县地方武装也纷纷对当地敌伪和土匪展开了卓有成效的武装斗争。

1944年12月29日，汉沔地方武装在汉川桃花湾附近一带，击溃了敌伪50多人的袭击，毙敌伪12人。

在江南石公华地区的桃花山一带，石公华地方武装也广泛组织了清除匪患的活动。1944年11月底，石公华县板桥乡武装股长李美成智取土匪头子蔡维藩，在九佛岗将其处决，在桃花山一带震动很大。

同年12月，国民党军统特务侯宗瀛凭着百余人枪，贸然进犯石公华县五、六联乡部分地域，并扬言要新四军"让出三郎堰、九佛岗、古井口一带地盘，否则，决不罢休"。1945年2月12日，四十五团一个营在杀猪港围歼侯部，打得侯部溃不成军。从此，侯部在桃花山销声匿迹，再也不敢进犯桃花山根据地了。

三、开展反特锄奸，加强保卫工作

1944年至1945年上半年，边区不断出现国民党特务的破坏活动，根据地安全受到严重的威胁。襄河地区，国民党特务曾横行一时。抗日根据地建立后，虽然这些特务组织陆续被破坏，但他们仍然利用流氓地痞，重新建立特务组织，破坏抗日民主政权。

1945年3月，襄南军分区保卫科科长李国友在襄南召开的锄奸保卫工作会上说："襄南总的方针是大发展，这与防特锄奸工作有密切关系，奸细等于细菌，在大发展中如不注意，可能有伤我们性命的危险。"

反特锄奸，是一项严重的政治斗争。1945年6月8日，五师司令部、政治部发布紧急命令，强调"要彻底揭露国民党的这一切不顾民族利益的罪恶行为……对于一切造谣及扰乱地方秩序的特务活动，严厉予以制裁"。同时，边区在反特斗争中，开展了坦白运动。李先念公开宣布对特务坦白交代的五项保证：（1）坦白后不杀头；（2）坦白后不登报、不公开；（3）坦白后愿留在我军工作者，不降低原职，分配适当工作；（4）坦白后要求回国民党统治区者，给予路费，护送出境；（5）坦白后愿留我军工作，但担心在国统区家属的安全，或要求将家属接来边区者，我军当设法协助。

根据李先念的五项保证，襄南地区提出，对特务奸细案犯在生活上要尽量优待，在政治上要让其走争取宽大的道路；并强调重证据、不重口供，以避免犯过去肃反扩大化的错误；并要求各首长亲自动手抓锄奸保卫工作。

在共产党政策的感召下，一些特务奸细纷纷交代其特务活动，大都得到宽大处理，但对少数顽固坚持反共立场者，也给予了坚决打击。1945年上半年，石公华境内新厂的汉奸杨光华，勾结新厂伪军，准备筹集30条长枪、10支短枪，组织汉奸游击队，并拟出屠杀共产党员的行动方案。县行委会得知这一情报后，当即派出手枪队，处决了杨光华，获枪两支，使敌人的阴谋彻底破产。

各县公安保卫部门还对其他危害民主政府利益的行为进行了打击。1945年春，天京潜县抗日民主政府被服厂厂长李竹安携带巨款到渔南乡买布，当晚被蒙面人持枪抢走全部公款。此案在基本区影响很大，县委责成公安局全力破案。公安局长廖学道命令全县情报网和锄奸队协同侦察破案。经调查分析，此案可能是这一带积年匪首黄振伯所为。为进一步获得证据，抓获案犯，廖学道派人在黄活动的地区开设赌场，诱黄上钩，终于在黄的输款中发现了与被劫票面相符的号码，经反复核对无误后，逮捕了黄振伯，追回了公款。案件审理后，天京潜抗日民主政府在渔北雷场乡召开公审大会，宣布黄振伯历次的罪行，当场将其枪决。

四、加强主力和地方军建设

为巩固和发展根据地，做好反攻准备，襄河地区第三、第五军分区都十分重视加强主力军和地方军的建设。

1945 年春，第三军分区规划在襄西地区发展 4 个团、1500 人，每县成立 5—6 个连的独立团，并确定上半年要在原有武装力量的基础上扩大一倍。具体要求是三十三团要扩充为大团，江南洞庭湖部队要扩大到 5 个连，半年之后扩大到 10 个连。军分区对解决兵员、武器等问题进行了研究，确定“人枪主要靠从敌伪顽手中夺回来”和“在基本区广泛动员群众参军，并把动员的重点放在江南和襄西”。军分区要求各地努力做好策反工作，对于可争取的伪军和顽军，采取政治攻势，派人打进去，动员其反正，并动员各地地方武装广泛搜集散枪和收缴土匪的枪支。军分区要求江南洞庭湖一带要弄到 2000 支枪，以适应武装扩充的需要。

在上述思想指导下，襄南地区开始广泛动员根据地青年参军参战，并积极开展对伪军的策反工作。各地扩军活动十分活跃。江南石公华县行委会在桃花山建立了专门训练新兵、为主力部队输送合格兵员的新兵大队。新兵大队主要从各联乡基干民兵、青年学生中征集。据统计，至 1945 年 4 月止，石公华地方武装和新兵大队为主力部队输送的新兵达 800 人。

与此同时，襄北地委在 1945 年有各县县委书记、县总队队长参加的地委扩大会议上，也确定了“在巩固中求发展，在发展中求巩固”的方针，并提出“整军经武”的口号。会后，五军分区为了发展主力部队，分别在襄北各地召开了扩军工作会。在扩军工作中，各地都涌现出许多扩军模范。京钟某乡基干民兵班长李正海就是其中的一个。在京钟召开的扩军会议上，他表态：“我不要20天，就要动员5个青年入伍，还要个个合格。”会后，他深入各个阶层，因势利导地做工作，用叙家常的方式，宣传参军抗日、报效国家的道理。并以新兵扩大新兵的办法，动员新兵现身说法做工作，仅15天就扩新兵10个。

对于地方军的建设，三军分区确立了“要像党中央重视中央直属军一样去重视地方军”的指导思想。因为在抗日根据地，地方军与主力军同样重要。在战略相持阶段，地方军能分散而有效地打击敌人。在敌我顽交错的地方，正规军长期和敌周旋，消耗大，地方军可以牵制敌兵力，使正规军得以休整。地方军还能不断为主力军提供兵员。因此，三军分区十分重视加强地方军的建设，并对地方军提出了“地方化、群众化、游击化”的要求。因为地方武装要有效地开展斗争，必须熟悉地方风俗习惯、风土人情，以便接近群众，有效地打击敌人。1945年春，襄南地区的地方武装发展很快，并且军事素质不断提高，各地的区中队也特别能战斗。1945年4月，日军40余人，从石首县城乘了三艘汽艇到江北上岸后，大肆烧杀抢掠，群众纷纷携家带小外逃。石公华一联乡区中队趁黑夜赶到篼子口，摸掉了敌人岗哨，包围了敌军驻地，歼敌30余人，缴枪30余支。行委会主席李树人自豪地说：“我们的土部队也能打败洋鬼子。”在襄北，五军分区新建后，对各地脱产的地方武装进行了扩充和加强。天汉县总队地方武装发展较快，不到半年，由原来的300多人发展到500多人。编制由原来的三个连整编成四个大队。各区均建立了区中队，各乡也建立了乡中队。各大队、中队的武装干部一律由县总队统一配备。

在加强地方军建设中，各地十分注意进行政治、军事训练，以提高其战斗力。

天汉总队在各区乡武装迅猛发展的情况下，在刘家集附近举办了区中心乡和县总队中队长以上的武装干部训练班。县总队长许树庭、副政委王遵义在训练班上分别讲解《抗日游击队的基本任务》和《抗日游击战术》等课程。训练班结合理论学习，进行了实战训练。培训期间，县总队率80余名地方武装干部，采取“引蛇出洞”“钓鱼战术”，引诱九真庙、四合两据点的敌伪军约80人进入地方武装事先布置的包围圈。经两小时战斗，歼敌8名，俘获伪军40余名，缴获枪支40余支，地方武装无一伤亡。这种实战形式的教学方法，很快提高了地方军的军事素质。

为提高地方军的政治素质，各地都十分注意在地方军中发展党组织。天汉总队部的各中队都建立了党支部，排都建立了党小组。针对地方军中俘虏人员多、思想乱、成分复杂，并时有逃亡、叛变现象发生等问题，各地方军党组织加强了党的政治思想工作。三军分区党委要求所辖各地的地方军“统一在地方党委的领导之下，各县总队部对所属区乡中队武装只作原则指导，不能包办一切，以强化地方党委对地方武装的领导作用”。

襄河各地还十分注重发挥民兵的作用。自1945年春开始，各地都对民兵进行了整训：根据地适合年龄的农救会员大都参加了自卫队，优秀的青年参加了基干队。天汉的基干民兵，一面战斗，一面生产，创造了“分班生产、分班战斗”的先进经验。在反“清乡”的斗争中，他们经常配合正规部队袭击敌人。对于小股伪军和土匪的骚扰，他们经常单独组织有效的反击，且连连得胜。为总结经验，1945年春，天汉县召开了全县民兵代表大会，重点强调加强基干民兵建设。大会向全县民兵推广“分班生产、分班战斗”的先进经验，要求民兵不断提高军事素质，为保卫家乡、抗击日本侵略者作出贡献。大会还对民兵人力使用进行了研究，对基干民兵的巡逻、放哨等任务，按平时与战时、白天与夜晚等实际情况，进行了具体的布置。鄂豫边区在《关于全民武装的决议》中这样写道：“特别是天汉民兵，在长期反‘清乡’的斗争中，忠诚英勇，成绩辉煌，对民兵建设积累了较完整的经验，较之华北民兵并不逊色。”高度赞扬了天汉民兵在抗日斗争中的作用。

经过整训后的江陵民兵也十分活跃。全县各保都建立了自卫队和基干队。全县各地的基干队经常进行列队、射击等军事训练。他们打上白绑腿，佩戴红袖章，很是威风。三区基干民兵在江堤上上早操时，江中汽艇上的日本兵见后，非常害怕，惊呼："江北新四军大大的有！"江陵民兵在保境安民、动员伪军反正等工作中，也作出了很大的贡献。南禅乡22保民兵基干队，计捉6个叛徒，缴枪5支，受到县指挥部的嘉奖。郝穴民兵还捉了两个日本兵，缴步枪一支。二区基干队在麻布拐一带曾破坏公路20多里，在汪家桥、陈家集配合主力作战时，缴获战马4匹，粮食20多担，步枪1支。他们还利用亲友关系，写信给伪军，动员他们反正，有40多名伪兵弃暗投明，回到了人民的怀抱。

襄河地区的基干民兵不仅有良好的军事素质，还有着高度的政治觉悟。荆潜三保的基干民兵郑登云，不贪不义之财、计捉逃兵的事迹，在当地曾传为佳话。一天，他查哨归来，发现两个背包裹的人形迹可疑，便渐渐地接近他们。由于郑的"热情"关照，这两人消除了戒心，泄露出他们开小差的真实情况，并掏出1万元法币和两支钢笔给郑，郑收下了，假意找船送他们，却找来6个基干民兵，将他们捉住，连人带钱物送交了县指挥部。

襄河地区民兵队伍经过整训，提高了政治素质和军事素质，他们一面生产，一面战斗，为抗击日本侵略者、保卫根据地，立了很大的功劳。

五、举办干部培训班

随着抗日根据地的扩大、各区乡政权的纷纷建立和各地方武装的加强，各地基层干部的需求量愈来愈大。新开辟的石公华县，干部更是奇缺，四、六两个联乡，各仅有一名干部。为此，襄河地区各地都积极地有计划地举办各种不同形式的训练班，培训出了一批又一批军政素质高、思想和工作作风好的基层干部队伍。

襄南地委以地委党校、洪山公学为基地，培训了大批干部。地委规划1945

年上半年为外围区、新辟区，培训区、乡干部600名，为各基本县培训800名，并要求在7月以前培训好。

1945年春，地委在熊口漆家桥举办了为期六个月的干部培训班（又称洪山公学民运班），专门培养区、乡党员干部。干训班共招收学员60余名。干训班的学习内容以时事政治、唯物论、社会发展史、党史和七大文件为主。军分区首长和地委负责同志廖汉生、吴云鹏等时常到校讲课。

干训班学习环境差，生活也十分艰苦。学员们上课没有固定的教室，没有必备的学习用品。在生活上，甚至没有蔬菜供应。但在这样的环境下，学员们的学习情绪仍然很高，他们想办法克服重重困难，没有钢笔就用子弹壳片自做蘸水笔；没有教室，晴天在树林，雨天在祠堂上课；没有蔬菜吃，就利用课间休息时间去挑野菜、挖柴笋、采水浮藤等。

在学习期间，敌人向这里进行了一次大“扫荡”。为此军分区给学员们每人配备一支步枪，组成警卫连，保护了机关驻地的安全。通过六个月的艰苦学习，学员们圆满结业，于7月初陆续分往襄南各县、区、乡，成为基层的骨干力量。

在此期间，各地根据自己的办学条件，也举办了规模不等的各种干部培训班。其中，襄西中心县委和指挥部在十分动荡的环境下，在举人湾举办的干部培训班就很有特色。

这个干训班从1944年4月创办到1945年4月底，先后办了五期，每期培训时间为2—3个月，共培训区、乡干部和部队连、排级干部160余人，为恢复荆南及整个襄西革命根据地培养了一批基层领导骨干。

这个干训班的全称是中共襄西中心县委军事指挥部干部训练班，由中心县委组织部长段玉美负责。学员的来源主要有三个方面:（1）各地优秀的区、乡干部;（2）少数来自部队的连、排干部;（3）新吸收的少数知识青年。后来洪山公学毕业回来的学员，也有部分参加了这个干训班。

干训班采取理论与实践相结合的教学方法，让学员们结合学习参加发动群众的实践。因而这个干训班对外又被称为实践工作队。学员们在学习期间，学政治，学军事，学文化，并通过实践以提高其领导能力和政策水平。

为了加强政治思想工作，干训班成立了党支部。支委会由5—7人组成，书记由干训班负责同志兼任，支委由学员担任。支部工作的重点，主要是抓学员的思想教育和组织发展。学员中有党员，也有非党员，每期党员占学员总数的40%—50%。每期都发展一些学员入党，其中有许世雄、杨顺德、金正鹏、李忠秀、黄良斌、何先知、何远新、何先勋等。

干训班的教员大都由中心县委领导同志兼任，如段玉美、王平。指挥长魏正兴也曾给学员讲过课。学习的主要内容大致有五：

一是党的基本知识。如《党员须知》《论共产党员的修养》《论组织纪律》等。

二是政治理论。如毛泽东的《改造我们的学习》《整顿党的作风》《反对党八股》《新民主主义论》和郑位三的《组织群众大多数》等文件。

三是军事。主要学习毛泽东关于抗日游击战争的战略战术思想和操练。与政治课相比，教学时间较少。

四是一般文件、革命歌曲和文化识字课。一般文件如报刊公文，由学员自行阅读；文化识字课是专为文化程度低的党员开设的。

五是实习。实习占整个学习训练时间的一半以上。内容大致有建立和整训民兵，建立、发展和整顿农救会、妇救会、儿童团等组织。做党的发展工作，发动群众开展大生产、减租减息、拥军优抗和做军鞋、交公粮等活动。同时还组织群众学唱革命歌曲，以激发群众的抗日热情。

艰苦的生活，锻炼了学员的意志；理论与实践相结合的学习方法，提高了学员的政治军事素质和实际工作能力。北山根据地的许世雄，初来时竟然不知道自己是不是共产党员，以为参加革命就是参加了共产党，通过学习，提高了对党的认识，支部吸收他入了党。路东的刘光直进干训班时只是一般干部，结业后，回去担起了区委副书记的重担。

荆南举人湾干训班，采取一种不同的组织形式和教育方法，在较短的时间内，为党培养了一批优秀的基层领导骨干。

襄河地区还配合当时党的中心工作，举办过其他各种小型、灵活的较短干训班，如“进城人员训练班”“减租减息工作队训练班”等，均收到了较好的效果。

六、开展大生产和节约运动

1944年，鄂豫边区财政经济发生了严重的困难，财政赤字达3亿元。1944年冬至1945年春，五师部队差六个月的给养。

为解决边区财政经济困难，中共中央曾电示华中局，让华中各根据地在经济上给五师以帮助。1944年8月12日，中央在给五师《关于度荒指示》中强调：“解决财政困难，不外是开源节流。开源方面，除整顿税收外，主要是应组织机关部队进行生产，即自己动手，种菜种粮、喂猪喂鸡鸭、打豆腐、榨油、打鱼、采集各种山货和进行各种手工业生产，均可克服很大困难。”12月28日，中共中央又向鄂豫边区发出财政工作指示，提出以开展大生产运动等办法克服财政困难。

襄河地区是为边区提供给养的主要地区，帮助边区克服财政经济困难，任务艰巨，责任重大。根据党中央的指示，襄南、襄北党政机关、部队、学校再次兴起了大规模的生产运动。

（一）襄南地区群众性的兴修水利热潮

在襄南地区，过去由于水利失修，水旱灾害经常发生，农业生产没有保障，农民没有信心生产。解决好襄南地区的水利问题，是保证襄南农业大丰收、缓和边区财政困难和巩固发展襄南抗日根据地的关键。

1944年冬和1945年春，襄南地委、第三专署和三军分区，十分重视水利建设，在襄南地直和襄南各县分别成立了由地、县主要负责人为主任的水利建设委员会，以全盘领导各地的水利建设。各地水利建设委员会先后在襄南

地区组织了成千上万的农民，筑堤开渠，兴修水利。襄南地区党政军负责人亲自到水利工地参加劳动，具体指挥，推动了群众性兴修水利活动的开展。

1944年12月底，第三军分区司令员吴世安组织1500余名指战员到潜江参加水利建设，吴司令员身体力行，和指战员们一道挖土挑土，奋战五天五夜，挖了一条上起吴家洲，下至金家场板，长2500米、宽3米、深1米的排水渠，完成土方37000余立方米，解除了驻地民众的渍水之困。为了铭记新四军这一功绩，当地群众将此渠命名为"世安渠"。

1945年3月，三专署召开了专署委员会，着重研究了春耕生产、水利建设等问题。刘宝田副专员在《一年来的政府工作报告》中指出："襄南的水利问题，是有关人民的生死大事。"因此，襄南专署决定拿出大量的边币投资用于水利建设，并决定把投资的重点首先用于襄南急需兴修的金家拐和马颈项工程上。这两项工程均抢在1945年的春耕大生产前完工，取得了较好的经济效益，赢得了边区党委和五师首长的好评。

金家拐月堤工程从1945年1月30日开工，至同年4月30日竣工，历时三个月。参加工程施工的有潜江浩口、熊门、周矶、王场四个中心乡及江陵老新、龙么、赵蒋、直路四个乡，共出动民工2000余人。施工期间，民工们既从事修堤，又肩负着抗击日伪匪骚扰的任务。金家拐与陶朱埠日伪据点隔河相望，距潜江县城日伪据点也只有10余里，为防止敌伪的骚扰，荆潜县民主政府采纳了县副议长赵连诚的建议，派员与伪县政府谈判：由伪县政府报请伪省政府水利局批准修筑并拨款，由县政府组织民工修筑。与伪县政府谈判获得成功，伪省水利局的拨款虽没有给县民主政府，但在施工中，日伪军一直没有骚扰，使民工的安全得到了保障。

马颈项退挽工程，是一处急需抢修的危险堤段，它涉及江、监、潜、沔四县群众生活与生命财产的安全。险段全长1.01公里，堤身低矮单薄，堤基已被河水冲空。历史上此处曾溃口，致使河岸西南大部分农田被淹，冲走粮食和淹死人畜不计其数。如不及时退挽抢修，又将重复历史上的大灾难。为此，在 1945 年 3 月的专署委员会上，政府确定拨给 3500 石谷子做修堤经费，进行退挽月堤的施工。

三军分区首长对这项工程十分重视，在决定修筑该堤的当天，方正平、廖汉生、贺炳炎等首长冒着倾盆大雨，亲临马颈项堤段视察。专署派江陵县副县长倪辑伍和县农救会主席周伟志负责组织工程处，并聘请热心公共事业的爱国士绅吴鼎臣做技术指导。

施工中，襄南地区各党政军机关干部、战士、洪山公学的学员均上了工地。三军分区首长贺炳炎、方正平、廖汉生、王绍南、刘放、朱绍田和专署负责人陈守一、潘哲夫、刘宝田等都到工地参加劳动，进行指挥。四十五团 1500 名指战员突击了艰难工程。贺司令员肩挑泥土，健步疾行，汗滴如雨。国民党军队搜刮民财，打骂百姓，共产党领导的军队帮助百姓挑堤，首长亲自担土，在群众心目中形成了鲜明的对比，目睹者无不感慨万分。工地上，一位 50 多岁的民工感叹道："我活到了这么大年纪，没见过司令员还担土？"群众上堤一天比一天踊跃，工地上还出现了竞赛热潮，工程进度大大加快。

在襄南地区，这两项大水利工程的竣工，保证了江、潜、监、沔等四县之生存，受益田达 100 余万亩。

此外，从 1944 年到 1945 年，石公华县在江北修了从新厂到笼子口的 10 里江堤，在江南修了河口的 10 余里江堤，开通了从阎所寺至三岔港的一条大渠，开挖了陈公东垸、西垸、范兴垸等河渠，做到了沟港畅通，堤垸牢固。

1944 年底，监河县委书记王全国还亲自领导监沔到家河开挖工程，解决了周围一带湖田渍涝成灾的问题。

襄南地区大搞农田水利建设，激发了根据地人民的生产积极性，促进了襄南地区的春耕大生产运动。

（二）襄南、襄北群众性的春耕大生产运动

在 1945 年的春耕大生产到来之前，3 月 9 日，第三行政专署召开行政扩大会议，着重讨论了春耕生产问题，会议就春耕生产急需解决的耕牛、种子、

农具和组织开荒、换工互助、领导机构等问题作出决议。会议决定：

（一）耕牛问题：1. 由政府代购耕牛贷给农民；2. 政府贷款由人民自购耕牛；3. 耕牛互助或以劳力交换；4. 切实禁止耕牛出境和禁宰耕牛，并要人民爱护耕牛。

（二）种子问题：1. 政府贷一部分款；2. 私人贷款；3. 私人互助。

（三）农具问题：1. 设公办民助的农具制造厂（铁器、木器两种）；2. 发动互助。

（四）开荒：除耕牛、种子、农具解决外，成立换工队。

（五）领导机构：成立各级春耕生产委员会。

（六）实行种子与耕牛互助、耕牛与人工互助。各样的贷款除政府接济部分外，主要靠人民之间的互助解决。

（七）专署根据边区《春耕生产条例》及各组的意见和襄南具体情形，制定单行生产法令。

3 月 11 日，行政专署根据扩大会议的决定，召开了专署委员会，对全专区的春耕大生产作了具体部署。会议提出到江南大批买牛，以补充江陵、天潜沔、潜江各县的耕牛缺额；由监利运输谷种以解决襄西种子困难；由专署责成各县创设农具制造厂（潜江当时已经创办）。会议根据襄南地区人民生活困苦、生产基金缺乏的实际情况，决定给潜江、天潜沔、江陵等地增拨 200 万元耕牛贷款，拨给特别困难的襄西 200 万元救灾款（后又陆续增拨 400 万元，共 600 万元）。

襄西政务委员会根据三专署会议的精神，为了解决本地区大多数农户缺谷种的困难，发动了借种运动，并颁布了《借贷利息条例》，提倡互助，对自动借种者给予奖励。该地仅雪柴乡 9 个保，就借出谷种 82 石 3 斗 5 升，受益户 188 户，扩大耕地面积 1884 亩。

襄南、襄北各地在春耕大生产中，普遍实行了集体换工。各地对集体换工的做法进行了表彰和推广。如江南之石公华县，在春耕到来之前，举办了为期三天的春耕短训班，由各联乡抽调生产积极分子受训。学习交流了生产经验，特别对集体换工形式的“换工队”作了充分肯定。1945 年 4 月 20 日的《襄河报》以“还是换工好”为标题，对这次春训班的活动作了报道。

襄北地区的天汉县在春耕生产前的割青积肥活动中，也普遍采取了大换工的形式。地委组织部长谢威领导农救干部到卢家湾对换工互助的生产形式进行了实地调查研究，并亲自参加割青劳动，及时解决换工互助中出现的问题，促进了换工互助活动的开展。过去，这里的群众每人每天只割三担青（一担为 100 斤），通过换工，每人每天可割青六担。

天汉县的倪家乡，还充分发挥农救会会员的作用，在春耕生产到来之前，召开了全乡 30 多名农救会活动分子会议，讨论了春耕生产、换工办法等问题。

在各级党政部门的领导下，襄南、襄北根据地人民纷纷开始进行开荒、积肥、泡种下秧等春耕生产活动。各级领导干部身先士卒，带头参加生产，给根据地人民作出了表率。监利县委书记郑依保在春插期间，到荒湖董家台帮助农民插秧，使当地群众深受感动。一位姓董的农民激动地说：“自古以来，从来没听说县长还帮群众插秧，更没有看见过。有共产党的干部在这里指挥生产，我们胆子都大些。县长还亲自插秧，共产党的干部就是好！”在春插阶段，各地互助换工活动更是热烈展开。六七十岁的老头和老太婆、穿红衣的新娘与十七八岁的大姑娘都上阵参加车水、抢插等生产活动。

天潜沔以垸东为重点的大生产运动，到 5 月份更出现了高潮。

垸东第八保五湾地势低，堤工失修，涨水时，三成田就要渍掉两成。因为收成不好，有很多农户不打算种田。由于 1944 年冬至 1945 年春，垸东的 11 处险堤得到了修治，收成有了保障，群众种田的积极性大为提高。垸东某保王德元 1944 年一家只种了三亩地，1945 年通过开荒，种到六亩，增加了一倍。

京钟县各地农民在保与保之间，开展了劳动生产竞赛。崔家嘴与王家垸子在竞赛中，提出了具体的竞赛条件，其中特别强调每亩产量要达到三石谷的标准，并派出各自的代表互相检查。检查的步骤和内容是：2 月查修堰和整秧田；4 月比满月秧；5 月检查换工队，看谁的工换得齐心些；6 月看田里的草；7 月查堤沟；8 月看谷子，一亩有没有三石。他们相约：输了的就打着锣鼓送一架“飞机”给赢了的湾子。这种做法在整个襄南地区也很普遍。

江陵新民三保在甲与甲之间的竞赛中，纷纷写下挑战书、应战书。他们在挑战书中写道：“比赛荒要开得多，田要耕得好，事要做得快，不偷懒，不换班，不发牢骚，看谁能够做模范、得奖品、坐‘飞机’。”

荆潜高场乡某保的农救会会长张治平，还制订了个人全年生产计划。

襄西雪柴乡春耕生产中，全乡组织了十几个换工队，某保六个甲组织了九个换工小队，并制定了换工公约。

各地在春耕生产中，特别注意帮助抗属解决生产中的具体问题。荆潜高场乡还在各保保民大会上，通过了在春耕生产中的优抗决议。换工队在给贫困的抗属做工时，不要工钱，不吃饭。抗属们一个个十分感动，激发了春耕生产的积极性。

（三）机关部队的大生产和节约运动

为缓和边区财政困难，保证部队供给，完成 1945 年的大生产任务，襄河两岸部队开展了轰轰烈烈的大生产和节约运动。

为了适应 1945 年春耕生产形势的需要，第三军分区于 4 月初成立了以王绍南副司令员为主任、史 ×× 部长为副主任、朱绍田等为委员的生产节约委员会总会，全盘领导分区生产工作。各县、团成立支会，营成立分会，连以下成立生产小组。军分区强调各级委员会均应有懂行的生产积极分子参加。

在总会的领导下，三军分区制订了具体的生产计划草案。草案规定：“由于环境的动荡，部队机动性很大，在不妨碍工作、不影响防卫的原则下，伙食单位应由一定人员组成长期生产队，专门负责平时生产工作。除此以外，全体人员原则上都应参加生产，编入生产小组，在农忙时投入生产和组织变工。”“一般机关干部每人均应完成三个月的粮食，即一石五斗谷（种子除外），半年的蔬菜270斤。”草案对节约问题也作了规定：“节约的原则是爱护公物，反对浪费。制度规定之物品数内，凡节约者，不论私人与团体，在公私兼顾原则下，节约物品均按实物价格，二分之一分红，即公家私人各半；但故意浪费者，应由私人或从单位生产中赔偿，以明赏罚。”“节约范围，凡公家供给之物品，如粮食、被服、鞋袜、办公费、津贴、毛巾、肥皂等。在提倡节约的原则下，首先应该是遵守供给制度，严格预决算。”

4月5日，三军分区召开了生产动员大会，各县、团代表50多人参加了会议。分区生产节约委员会总会委员、分区政治部副主任朱绍田在会上介绍了华北的生产经验。三军分区副政委廖汉生在会上做了题为《机关部队今年怎样开展生产节约运动》的动员报告。

地委组织部长吴云鹏在会上介绍了部队在1944年生产运动中的生产经验。吴云鹏说：“江陵、天潜沔的部队已自给了一个月的伙食，每人还分了400元红利。仅江陵的一个工作队，7个人就种了22亩地。由于部队去年就开始了大生产活动，各部队的耕牛、农具已基本齐备，为今年的春耕生产打下了基础。”吴云鹏号召机关与机关、连队与连队展开竞赛。

接着，天潜沔、江陵、荆潜、专署等单位的代表纷纷发言，对回去后如何组织大生产表了决心。江陵七连的蔡延昌还介绍了该连开垦荒田的经验。

这次大会是襄南春耕生产的发动机，到会的代表就是几十条纽带，会后，带动襄南各部的大小齿轮飞快地旋转起来。襄南各机关部队轰轰烈烈的大生产节约运动全面展开。仅荆潜杨马中心乡机关部队就种田220多亩，并且收到了较好的经济效益。春季收获了麦子、蚕豆等，秋季收获了稻谷和芝麻。

部队在大生产运动中，比较注重精耕细作，既注重开荒耕种的数量，更注重产量。四十五团在潜江兰桥村种黄豆35亩，一季就产11200斤。

各地还比较注重种菜和副业生产。如杨马中心乡的机关干部除了种蔬菜外，还喂猪12头，养鸡140只。农、副业生产合起来的全年收入，除上交三个月的粮食、五个月的蔬菜外，7、8月两月的供给，全乡机关部队均不需上面拨款。

天潜沔垸东机关总队部刘指导员，根据战士们所掌握的不同的生产技巧，分别带领战士下湖采藕、打青，也颇有成效。

汉沔党政军干部和战士在下丰岸一下子就开出荒地几百亩，均种上了水稻。在副业方面，他们从湖中采摘了莲子200担，而且还经常下湖捕鱼，打野鸭，做到了自给有余。

天京潜县总队利用战斗空隙进行开荒生产，仅孙家台一带一次开荒就达500亩，还养猪种菜捕鱼，除自给外，还上交了一部分支援边区。

监沔县总队除卄荒种地外，还根据湖区特点，采摘莲子，打鱼捞虾，做到了生产自给自足。

在襄北，四十三团、四十四团两个团的干部战士在枣树庙开荒时，克服了重重困难。没有耕牛用人拉犁，没有经验向当地群众学习，同样收到了较好的经济效益。

根据地各机关部队在春耕生产中，特别注意和当地群众搞好协作。天汉指挥部指挥长王遵义和县农救会长熊映庭，率天汉县机关干部到高家湖垦荒种田，种水稻8亩，和当地群众换工互助，配合相当密切。农忙时，他们帮当地群众抢插、抢种、抢收、打青肥，当地群众帮助他们耕作，当年就收稻谷4000多斤。

各地机关、部队在搞好春耕大生产的同时，还广泛地开展了节约运动。三军分区廖汉生副政委在生产动员会上指出："光生产，不节约，就是左手进，右手出，像流水沟一样。"各机关部队的领导人，为推动节约运动的开展，都带头节约，并纷纷制订了个人的生产节约计划。天潜沔县委书记李秉范，于1945年春耕大生产中，制订的一份生产节约计划，在当时很有代表性：

生产节约计划

（一）吃战士伙食，不拿公家一文钱替私人买东西，供私人享受。

（二）今年全年不要公家发衣服，自己设法生产解决。

（三）不要干部营养费，物资配给减去一半。

（四）节省纸张与电水，自做节约信封，写化靛水。

（五）不穿有颜色的衣服，可以节省日常用品如肥皂、毛巾、洗澡布等。

李秉范于1945年春耕大生产中

各机关领导干部制订生产节约计划后，严格按所定计划执行，根据地机关部队掀起了轰轰烈烈的节约运动。江陵××中心乡乡长朱××原来烟瘾很大，在生产节约运动中，他宣布戒烟，并一举成功。其他乡长、股长都向朱乡长学习，全乡机关干部出现戒烟热。襄河两岸机关、部队开展春耕大生产和节约运动，不仅有明显的经济效益，更有广泛的政治影响。军与民、干与群共同生产，关系更为融洽。党与群众的心贴得更紧。根据地广大人民群众抗日斗争的情绪空前高涨。

（四）实施粮食禁运与加强粮食管理，农民踊跃交售救国粮

1945年春，襄河地区由于狠抓了农田水利建设，根据地内广泛开展了群众性的垦荒大生产运动，夏粮获得了较大丰收。但是，由于旱灾所致，部分地区粮食十分紧缺。在此形势下，粮食奇缺的武汉敌占区派出大批商人，带着大量银圆和伪钞，深入襄南根据地边界，高价套购粮食，并在天门岳口、潜江长市等敌据点设立收购点，一时粮价飞涨。1945年农历年关前后不到两个月，粮价由原来的每石2000元一下猛涨到1万元。为防止粮食外流进入敌占区，保证军粮和根据地内部粮食的调剂，第三专署根据边区颁布的《粮食禁运与管理办法》有关精神，号召人民储足粮食，并将余粮作为救国粮按市价卖给政府。

重点粮食产区的江陵、监利、监沔、天潜沔、荆潜、石公华等县民主政府，积极响应专署的号召，采取紧急措施，广泛发动基干队、自卫队、农救会查私缉私，开展禁运工作。为确保收购救国粮任务的完成，根据地各级政

府根据丰收地区与受灾地区之区别和各农户田亩与实际收成多少之分的不同情况，制定了合理的定购任务。获得了丰收的根据地人民群众，除留足口粮种子外，纷纷将余粮向政府交售作为救国粮。许多人超过定购数字，石公华五联乡农救会员张大娘，家中田少人多，是个困难户，政府没有给她分配征购任务，但她仍然主动向政府交售了救国粮100多斤。仅石公华县的一、二、五三个联乡，一次就征购了救国粮7640余石。

汉沔政务委员会和监沔行政委员会将土地分成三等九则，上等每亩征收一斗六升谷，中等每亩征收一斗二升谷，下等每亩征收八升谷，每等二分三则。实行结果，农民负担比敌占区少80%、比大后方少60%以上，农民踊跃交售救国公粮。姚四湖联乡应交公粮7500石，结果多交500担。黄蓬乡有七保系敌占区，应免交公粮，群众自动交800余石公粮。

天京潜县夏北乡十四保，开展了群众性的上缴公粮比赛活动，提出了“完得好、完得齐、完得快”的口号。为确保公粮质量，保内推选出六人组成的评粮委员会，农救会干部首先将整好的上等粮食拿出来做样板，并提出和虾子乡五保进行交粮竞赛。虾子乡五保积极应战，掀起了一个“多交粮、交好粮”的热潮。根据地内类似这样的交粮竞赛活动，处处可见。不少地方只一天就完成了征收和征购任务。

七、加强城市和交通要道工作，襄南城工部成立

早在1944年6月，中央就发出了关于城市工作的指示，明确指出目前共产党有两大任务：“一方面发展与巩固根据地，依靠现有基础建设比现在强大得多的正规军队与地方部队；另一方面争取城市及交通要道的千百万群众，争取伪军政权，准备武装起义。”

根据党中央的指示和华中局、鄂豫边区党委的部署，襄河地区开始着手加强城市工作。1945年3月，襄南地委在县委书记联席会上，对加强城市工作作了具体部署。方正平、廖汉生等人就城市工作和交通要道工作的重要性

及如何开展工作作了讲话，使与会者明确了目前城市工作和交通要道工作与以往的不同点：过去只限于搜集情报、购买物资，现在要发动、组织广大群众参加地下党，武装起义夺取大城市。会议认为，缺乏干部是开展城市工作的一大困难。为此，会议提出：（1）经常到城市工作中去发现培养干部；（2）在我区的外围设立接待站，收容城市中各种各样的人进行训练；（3）移住城市为我工作，或者组织失业人员、贸易界人士、俘虏中表现好的人员，经过训练后，去开展工作；（4）大小城市、交通要道，要建立共产党的组织，作为领导城市工作的指挥部。会议确定了襄南城市工作、交通要道工作的发展方向是从武汉、新堤到荆沙、宜昌的长江沿线以及襄河沿岸的各个城市。并确定，汉沔、监利、石公华、江陵、襄西负责长江线；荆潜、天潜沔（包括襄西、汉沔部分地区）负责襄河线。并要求在这些城市周围及交通要道两侧建立密切的联系，以便由外而内地开展工作。

会议确定把城市工人、贫民、青年知识分子、文化界经济界人士、妇女、儿童以至伪政界、伪军、伪警察、流氓作为城市工作的主要对象。"人参与巴豆，兼收并蓄。"会议对城市工作所需的干部作了安排，决定先从城市中吸收先进的工人、知识青年、商人作为骨干，进行培训，然后投入工作。会议对成立地、县各级城市工作部作了酝酿，确定地委城工部由三人组成，中心县委城工部由2—3人组成，县城工部由两人组成。

会议强调，城市人民还不了解共产党，党要抓紧进行宣传，特别要宣传国共力量的对比，使城市人民树立信心，认识到靠国民党来收复失地是不可能的，只有依靠共产党，并同共产党积极协作、里应外合，才能争取抗日战争的最后胜利。

会后不久，地委城市工作部正式成立，原监利县委书记谭扶平调任地委城工部部长。城市工作部成立后，积极地开展了一系列的工作。首先，城工部举办了城市工作干部培训班，训练了大批城市工作干部，并准备了进驻沙市的人员班子。在此之前，地委曾派监利县周老嘴区委书记李忠发潜入敌占区沙市，不久，任命其为分区武装工作队指导员。为配合武工队在沙市开展城市工作，军分区给武工队调来10余名经验丰富的老班长，并配备手枪20多支，其中快慢机枪三支，由李忠发带领到沙市周围的资市、岑河、浩口、高家场、拾回桥一带活动。武工队广泛接触沙市来往客商，借以了解沙市情况，为进城做准备。

不久，城工部专门开办了进沙市干部训练班，参加训练班的有城工部的汤干事、王秀成、李忠华等人。在为期半个月的训练班中，与会人员认真学习了城市工作的方针、政策和有关革命理论，提高了认识，武装了头脑。1945年6月，武工队在资市通过敌维持会长，弄到了三份“良民证”，陆续潜入沙市开展工作。至此，襄南、襄北都相继成立了地、县两级的城市工作部，并开始了物色进城干部、举办培训班等活动。

八、加强财政工作，发行建国公债

（一）整顿田赋税收工作

襄河地区地域宽广，土地肥沃，气候好，农作物产量高，是边区的财源基地。征收田赋税收，是襄河地区的重要任务之一，是解决边区部队给养、军费开支的重要来源。但1944年边区田赋税收比根据地初建时减少了三分之二。其主要原因有四：一是根据地一度缩小并遭受了严重的灾荒；二是敌占区物资枯竭，敌占区的商人到边区用高价套购粮食，敌人实行经济封锁，工业品、食盐又运不进来，引起物价上涨，货币贬值；三是某些税率偏高，没有从发展生产、繁荣经济着眼，反而影响了财政收入；四是田赋制度不够健全，有瞒田的现象。整顿税收工作是缓和边区财政困难的重要一环。为此，边区政府采取了适当降低某些货物的税率、清查田亩、调整税收机构、加强税务干部培训等办法，以开辟税源。

在调整税率方面，1944年边区制定的《新税法》规定：行商税：船货征10%；肩运征3%；青靛征3%；消费品征5%；化妆品征10%；迷信品征

10%；布匹征 5%；香烟征 10%；米、油、盐和手工业品不收税。

襄南地区严格执行边区的《新税法》，采取广征薄收、增设税卡等措施，效果尤为显著。

第三专署在长江、襄河的一些渡口、码头增设关卡，对过往的船商实行收税。襄南税务总局局长李健、驻襄南财政特派员顾剑平、副局长骆近丘（后叛变），曾多次坐镇石公华、监沔等长江沿岸根据地，领导和督促税收工作。由于税务工作人员严格按照边区《新税法》办事，加之这一带河流多，物产丰富，经商比较安全，因此，吸引了许多船商到这一带经商。

在调整税收机构方面，襄河地区各县都逐步健全了税收机构。

1944 年秋，根据地大部分县成立了财税局，下设财政科，专管农业税收。各地税务局、所，还分别成立手枪队，所收税款均由手枪队专门解送边区。

不断扩大税收范围，是增加税收额的重要途径，也是整顿税收工作的重要内容。襄河根据地的税务工作人员，时常采取武装斗争的方式到游击区甚至敌占区去收税。

1945 年春，汉沔辖区内一直暗中向新四军交税的彭家场商户突然连续两个月停止纳税。经调查，原来是伪军副师长郑辅汉从中作梗，将应交税款全部扣留。川沔工委书记彭怀堂得知此情，通过郑的警卫班长摸到了郑的行踪。在年关逼近的农历腊月二十八，彭怀堂率 10 名手枪队员，悄悄潜入彭家场镇，混进郑的住所。支队长汪文翰带一连战士在郊外策应。彭怀堂率战士闯入郑辅汉的房间，亮明了身份，质问郑为什么扣压商户交给新四军的税款。郑辅汉吓得磕头求饶，当面交出 2000 元税款，并亲自护送彭怀堂及战士们出街口。第二天，郑又派人送来税款 2000 元，外加两头肥猪和一些烟酒，以表示“慰问”。从此，彭家场商户一如往常，按月交税。郑辅汉不仅不敢再扣压商户税款，甚至还与新四军通情报，捉住根据地逃往敌据点的要犯后，也送新四军审处。彭家场的敌伪据点，实际为新四军控制。

1945 年夏，汉沔地区组织了一次突击到敌占区征税的活动。

汉沔政委会秘书朱惠民带领手枪队员潜入敌占区黄蓬乡，分头秘密找到各保伪保长，限其按一亩地一元光洋的税率交纳田亩税，各伪保长不敢违令，纷纷通知户主纳税，半个月便如数完成了任务。接着，朱惠民又率手枪队到茅埠一带活动，亦采取限令伪保长征税的办法，七天完成任务。等敌伪军发现后追来，新四军税务人员已撤离，回到了根据地。

1944年秋，石公华行委会派人到敌伪占领的调关、焦山河等地向伪乡、保长，钱粮处的人员做工作，对他们进行爱国教育，既动之以威，又动之以情，要他们代为征税。于是，由石公华行委会定税率，由伪钱粮处按亩册填发通知单，伪保、甲长将通知单发到各户主，要各户主自行到根据地交纳田亩税。考虑到日伪对群众的搜刮很重，新四军在敌占区收税税率从轻。敌占区的老百姓到根据地交田亩税，税收人员热情接待，老百姓都很高兴，感到向新四军交税，就是为抗战尽了一份责任。

特别值得一书的是，在恶劣的斗争环境里开展税收工作，税务工作人员有时要付出巨大的代价甚至牺牲生命。1945年7月，监沔余埠税所所长周子义带领征收员朱凤山等四人到白鹭湖收税时，遭到敌伪李胜坤部袭击，四位同志全部壮烈牺牲。

此外，为加强田赋（田亩赋）征收工作，襄河两岸还于1945年春结合减租斗争，发动群众清查田亩，查出了一些“黑田”。许多人在民主政府的教育下自觉地报出了隐瞒的田亩。京钟黎岗第四保曹安明，得知民主政府要清查田亩，在甲民大会上率先将自己未报的20亩田全部补报出来，并针对甲内有些人犹豫不决、既想报又想瞒的思想，现身说法做工作。他说：“你们看，新四军在这里，我们才能过安逸日子，政府对我们讲仁，我们就应该讲义。”在曹安明的带动下，甲内有些犹豫不决的人，打消了隐瞒田亩的念头，全甲群众争先恐后地将自己所隐瞒的田亩全部补报出来。

（二）发行建国公债

1944年底，鄂豫边区民主政府，为克服财政困难，做好战略反攻的物资准备，决定发行建国公债。

1944 年 12 月，边区行署在大悟山召开发行建国公债会议，部署了发行公债的工作。随后颁布了《鄂豫边区发行公债条例》，对发行公债的作用、总额、种类、债券金额以当地谷价折成实物、利率、付息还本、推销对象、推销办法作了说明和规定。

至于公债的名称不称为救国公债而称为建国公债，边区领导人也作了一番推敲。1944 年底，由于整个国内国际形势发生了重大变化，日本侵略军的末日临近了，我们不仅要打倒日本帝国主义，我们还要建立新民主主义的新中国，因此，边区领导确定公债的名称为建国公债。

建国公债分为甲乙丙丁四种，甲种为 20 万元（边币，下同）；乙种为 5 万元；丙种为 1 万元；丁种为 5000 元。推销公债的主要对象，一是边区的富商；二是沦陷区与大后方的富商；三是地主、富农。推销的办法是，逐级下达任务，领导上阵，层层动员，通过各种社会关系劝销。

边区整个推销公债的工作，尤以襄河地区的第三行政专署最为活跃。边区计划共发行建国公债 5 亿元（边币），给襄南分配了 5000 万元的任务。

在劝销公债的活动中，刘宝田副专员托人回当阳变卖了大宗田产，所折银洋全部购买了建国公债，在人民群众中做出了表率。在他的带动下，襄南地区推销建国公债的活动出现了高潮。

1945 年 3 月 6 日，第三行政专署召开的第一次行政扩大会议的主要任务之一就是推销建国公债。出席会议的有各县代表 89 人。会议第一天，专员陈守一、分区司令员贺炳炎等领导同志做了报告。会议第四天（3 月 9 日）上午，专门讨论推销公债，各地代表发言踊跃，争相认购。

陈守一动员推销公债的讲话刚结束，天潜沔代表便抢着发言："我们天潜沔三县昨夜商量，共担任推销 1500 万元的任务。"监利代表一士绅先生接着说："我们住敌占区，过去不知道民主政府，去年参加民主政府后，才认识了民主政府，政府的困难就是我们的困难，别人叫我们担任 1500 万元公债，我们愿意担任2000万元公债，争取做个模范；我们要尽量找关系，找朋友，多推销建国公债。”潜江小组代表一老先生说：“找关系，找朋友，多推销，我们有信心。我们小组的代表赵连成先生去年出席边区会议时，房子被烧，回家后买了一栋瓦房，为了买建国公债，他准备把这栋瓦房卖掉两间，买5000元公债；他个人还打算推销100万元。”农救会会长王吉庆说：“我没钱买，打算办两桌酒席，把士绅请来，多说些话，来推销公债。”荆当、石公华、江陵、襄西等地代表都争先恐后地发言。代表们的发言，不时被一阵阵热烈的掌声打断。这次会议，各地代表共承担推销公债32425万元（包括代表们认购的在内），相当于边区分配5000万元任务的6倍多。

会议最后作出决议，自下而上，以自然区为单位，成立推销组织机构：乡成立劝销委员会（简称“劝委”），由乡参议员、公正的士绅、农救代表组成；中心乡劝委，由各乡劝委推选代表参加；县劝委由中心乡劝委推选代表参加；专署劝委由县劝委推选代表参加。

会议对劝销范围和劝销对象作了规定。劝销对象为友区、敌占区、基本区的殷商、有钱人，不向穷人推销，防止平摊现象；向丰收区推销，不向歉收区和贫困区推销。

会后，专署刘宝田副专员组织专署劝销委员会工作组到熊口镇办点，以推动全专区劝销工作的开展。劝销工作组首先在熊口进行了个别拜访，从各方面了解各商家的营业情况及人民群众对政府发行公债的态度。第二步是召开座谈会，由负责同志做动员报告、征求群众意见，成立了由士绅、参议员、殷商、中小商人和商救、青救的代表组成的熊口劝销委员会。劝委组成后，迅速地开展了工作。他们在充分了解有钱人家家底的基础上，召开各种动员大会，宣传公债的意义，讲解推销的办法，用民主评议的方式，对劝销对象评议等级。劝委积极动员最热心抗战的商人起模范作用，为民主政府排忧解难，自觉积极认购。有一青年商人，按其经济状况来说本来只能购丙种，但他首先认购了乙种，对全镇起了推动作用。对于比较落后的劝购对象，各劝委分工分别上门拜访做说服工作，动员其认购到合理数字。全镇动员五天，推销公债达130万元。

由于点上的经验起到了很好的指导作用，各地面上的工作也开展得十分出色。天潜沔行委会副主席许家俊等人出席边区第二次临参会时，考虑到自己县小，且有灾情，仅接受了350万元公债的任务。回县后，许家俊在2月份召开的天潜沔第四次临时参议会上传达了边区关于推销公债的有关精神，并进一步摸清了本县的经济实力。在3月初专署行政扩大会上，他把认购数从350万元增到1500万元。会后，县行委会组织了对外、对内两种形式的劝销组。根据各种关系组织的对外劝销组，专门向沦陷区劝销；对内劝销组又分为集镇组、农村组，专门对基本区劝销。各地按自然区召开动员大会，劝委主席主持会议，由地方士绅、商家、参议员、农救会员自愿认购。很多老先生冒雨赶来参加会议，盛况空前。在劝销公债中，行委会开辟了五个乡，团结了两个士绅当科长，做到了推销工作和其他工作的结合。至4月底止，天潜沔的公债任务只剩下7.55万元没有完成。为了圆满完成任务，县行委会副主任许家俊利用敌占区彭市河商会会长彭德常与自己是同学、彭市河黄卫军中队长覃传柏的家又在天潜沔抗日根据地并与自己沾亲的有利条件，冒着生命危险，深入敌占区，在日军的眼皮底下做商户的劝销工作，激发了敌占区广大商户的爱国热情，一个个纷纷认购建国公债，终于如数完成了任务。

江陵的劝销工作进展也很快。县里一名副参议长为推销公债四处奔走，常常忙得满头大汗。及至3月26日止，江陵一个中心乡就完成了400万元的公债任务。有的集镇分配80万元的任务，被士绅商家一口气分光。张土乡十二保农民周厚才平时一毛不拔，1944年春，保内发动互助借谷，他借给困难户八斗谷种，却又后悔说："有什么搞头，谷多了还不是别人的！说还？还个屁！把田少种几亩，明年看他还求我借不？"后来秋收时保内还了他的谷，还加了一斗六升的利息。他产生了对民主政府的信任感。在别人向他劝购公债时，他很爽快地认购了5000元边币，亲自送上门，还劝别人买公债。他说："政府的话是不骗人的。"

监利的参议员开会回县后，就争先恐后地找城市对象劝销。监沔劝销委员会在讨论劝销工作时，一位士绅代表说："为国家，为抗战，卖田也要买公债。"

石公华在劝购建国公债时，新厂的樊明珍等两个参议员首先各认购5万元，其他商家见此，一一表示认购。新厂的日本吉田洋行经理大东慑于新四军的威力，背着其主子也认购了2万元。这样，新厂一次就认购了30余万元。在党的政策感召下，日伪盘踞的藕池镇的商家，也背着日军，向政府认购建国公债。藕池的日伪宪兵局长黄华中一人就购买了10万元，石首日伪县长邓志新也购买了6万元。

第三专署行政扩大会开会不到半个月，江监潜沔等地推销公债达数千万元之巨，为襄南根据地在推销建国公债方面抬了大头，为缓和边区的财政困难和取得抗战的胜利作出了很大的贡献。

由于抗战胜利后不久，蒋介石挑起了内战，襄河两岸的八路军、新四军被迫北撤，在战争中，群众手中的债券大部分没有保存下来，因此后来无法还本付息；全国解放后，凡持有建国公债债券者，已由人民银行折实兑款。此次虽然大部分买了公债的人没有兑到本利，但换来了一个新中国，也是对革命的一份贡献。

九、活跃在襄河南北两岸的各级农救会

（一）贯彻边区农代会精神，襄南农救总分会的成立

1944年11月，鄂豫边区党委在姚家山召开边区各地农民救国会代表大会。襄河地委委员谢威率襄河地区各县农救会代表出席了大会。襄河地区的襄南新区和土匪骚扰比较严重的天京潜地区以及遭受敌伪"扫荡""清乡"频繁的天汉地区，均派出了自己的代表。郑位三在会上做了《迎接曙光——鸡叫三遍了》的政治报告，陈少敏作了一年来农救工作的总结，吴祖贻作了减租减息的总结。大会肯定了各地农救会在组织农民生产、进行水利建设、开

展互助换工、拥军优抗等方面作出的巨大贡献，着重交流了边区减租斗争的经验。会议通过了农救会的斗争纲领，确定了奋斗目标。大会要求各地完成五项重要任务：一是农救会要领导农民大进步，积极参加根据地的全面建设；二是加紧生产，切实准备1945年的春耕；三是党政军民结成一体，农民要帮助政府、军队克服财政困难；四是开展全面武装建设，整顿基干民兵；五是巩固与扩大农救组织，培养大批农民运动的领袖。大会选举了边区农救会，通过了宣言，作出了生产、减租、粮食、救灾、拥军以及要求改组国民政府统帅部等决议。

会上，襄河地区江陵县沙岗乡被评为模范乡。李先念亲自授予沙岗乡代表、沙岗乡乡长徐耀鼎三八式步枪1支和子弹15发，作为对沙岗的奖励。

为了贯彻边区农代会精神，更进一步组织群众，准备反攻，襄南地委于1945年5月28日，召开了襄南地区各县农救会主席、秘书联席会议，会议研究了农救会建议的防止旱荒、准备秋收等主要工作，肯定了各地农救工作的成绩，检讨了某些不足之处。联席会表彰了潜江高场，江陵张金、新民等各县农救工作模范试点和孙家桥、李家台、黄家岭、张金、新民等模范村湾以及李学富、郝嫂子、孙光喜、漆为发等模范人物。联席会对农救会在春耕生产、农田水利建设、减租减息等工作中取得的成绩进行了总结，找出了部分地区农救工作不够活跃的原因。会议指出了有些地方农救组织只搭架子，没有充实内容，未建立农救会日常工作，干部训练差，骨干也没有培养，农救工作与群众利益还未结合起来等问题。会议要求各地农救会按边区农救总会指示办事，建立正常的会议、联系等制度，农救组织应争取在秋收前的稍闲时期进行整顿与扩大。

会议最后推选陈秀山、彭怀堂、李秉范、李凌云、魏胡子、李纯齐、蔡振万、周伟志、李明、庞俊、戴月、包永汉、吴云鹏、张智等15人组成襄南农救总分会筹备会，吴云鹏任主任委员，张智为秘书。

（二）整顿各级农救会组织

为贯彻边区农代会精神，襄河地区各地都对农救组织进行了整顿。在整顿中，各地农救会深深地认识到：选拔和配备好农救会领导人，是农救工作能否有效开展工作的关键。在襄南地区，随着襄南农救总分会筹备会的成立，襄南地区各级农救组织更是把调整好领导班子作为一项十分重要的工作来抓。潜江高场乡1944年组织农救会时，由于会长不热心农救工作，20余名会员群龙无首，没有发挥作用，农救会有名无实，死气沉沉。边区农代会后，这个乡经过农救会员充分酝酿，重新选举了主持公道、办事干练又有生产经验的一位姓宋的群众任会长，农救会的工作很快有了起色。在春耕生产中，宋会长带领全乡农救会员搞互助换工，给困难的抗属无偿地帮工，自己身体力行地参加各种活动，受到群众的好评。该乡参加农救会的会员也增加到40人。在上交夏季公粮时，由于有农救会员带头，全乡一天就完成了任务。

好的带头人，对提高农救会在群众中的威信至关重要。50多岁的江陵县新民乡农救会长吴敬雄，在兴修水利中，见全乡有些人的堤费尚未交齐，自己便拿出几百元钱垫做堤费，以应急需。其侄子仗着伯父是会长，上堤挑土不积极，躲在草堆里睡大觉，吴敬雄当场训斥道："我不是过去的乡老爷，你想拿我当门面，投机取巧，不行！"硬是将侄子逼上了工地。群众都说："有这样好的农救带头人，我们搞事都有劲些。"

整顿后的潜江县熊口乡农救会，由于撤换了不称职的农救干部，农救会的战斗力大为增强。新的农救干部扎扎实实地为群众办事，并在各保发起成立拾粪小组，乡长也亲自到熊口参加拾粪。

1945年7月，荆潜县召开全县农救大会，认真检查了1944年减租中的问题，决定把消灭"明减暗不减"作为减租工作的重点。整顿与充实后的各地农救会组织，在组织群众进行秋后减租、动员全民抗日支前等方面，日益显示出强盛的生命力。

（三）农救会在大生产中

各级农救会在组织广大农民进行水利建设、春耕生产等方面发挥了巨大的作用。在马颈项水利工程中，农救会积极组织群众，开展生产竞赛，大大加快了进度，使工程在大农忙之前胜利完工。江陵新民三保在大生产运动中，成立垦荒委员会，有效地推动了生产运动的开展。垦荒委员会设正、副主任，理田委员（主要负责找田、看田），催工委员，记账委员和护牛委员（主要负责喂牛、转牛、用牛）。垦荒委员会下辖四个垦荒小组，各委员分别兼各小组的正、副组长。小组由农民自愿组合。垦荒委员会建立了严格的奖惩制度，鼓励先进，促进落后，并组织各组进行比赛，不到一个月，全保垦出荒地100余亩，分别种上了水稻和黄豆，当年就获得了大丰收。

京山各地农救会在农忙时，积极组织换工队，由各甲农救组长负责记工，使穷人在换工中不吃亏。他们在换工中，对各家男女老少作具体分工，年轻人做重活，快割，快打，快藏；老年人做轻活，放牛，做饭，送茶水，照管小孩，使各家各户农忙不闲人。

换工队是根据地开展生产运动中的一个新生事物，要让群众接受和适应还需要一段时间，江陵县新民乡农救会首先在孙家桥、漆家村办了试点。在试点中，农救会注意物色公正、负责的换工队长，树立其威信。通过实践，换工互助的优越性明显地表现出来，劳动效率大为提高。同样的田，过去栽秧需要20个工，通过换工，15个工就完工了。经过试点，新民乡的换工队在全乡活跃起来。

农救会在组织换工的同时，也活跃与发展了农救会。农救会规定，对换工不热心者，收回会员证；对破坏换工者，清洗出农救会；对热心换工者，吸收进农救会。这样，在换工中，农救会发现了不少积极分子，培养了一些农救干部，从而健全了农救组织。

农救会在组织群众大生产中，还有一个突出的成就：改造了懒汉。荆潜高场乡有一个二流子，平时游手好闲，放荡成性，吊儿郎当。他自家的几亩地也懒得耕种，任其荒芜。在大生产运动中，农救会对其积极引导，多次上门做工作。在群众开展大生产的热烈气氛感染下，他终于脱掉了漂亮的衣服，和其他农救会员一起，参加了换工队。通过割芦、开荒、整田等劳动，逐渐改变了过去的懒习惯，开始过一种全新的生活。发愤耕种的第一年，庄稼就获得了好收成。高场乡另一姓张的二流子，人们用“睡着像西瓜，坐着像冬瓜，站起像南瓜，走起路来像王八”来形容他的懒散。农救会在引导他生产的同时，设法借牛给他用，终于使他悔悟，慢慢地向懒散的昨天告别，变得勤快起来。半年后，他加入了农救会。

农救会在组织大生产中，还打破了地域界限，组织相邻而不同乡、村的人，共同抗灾夺产。1945 年农历四月，天汉久旱无雨，旱情严重。地处倪家、养黄交界处的养黄十保等地农救会协商召开了两乡农救会联席会议，共同商讨救灾办法。协商结果，在养黄附近开挖新口。农历四月二十六日正式开工，各乡都争先恐后地派出了劳力，很快，开挖新口工程顺利完工，为附近两乡几百农户提供了车水方便，节省了三分之一的抢水人工，打破了被灌溉的车墩界限，救活了 300 石（2100 亩）田的水稻。

（四）农救会在减租减息中

1944 年秋，边区进一步开展了减租减息的斗争。襄河地区的一些县，在连续几年的减租减息斗争中，已积累了不少斗争经验，但对襄南部分新区来说，还是一项全新的工作，减租减息工作十分艰巨。尚未实行减租减息的地方，地主对农民的剥削相当厉害。租田分成，有的地方是四六开，即农民收谷一石，须向地主交租四斗；有的是对半开。有些已开展减租减息的地方，明减暗不减的现象也很普遍。因此，开展减租减息斗争，是广大农民群众的迫切要求，也是党在抗战时期解决农民同地主、富农矛盾的一项重要政策。襄南地委副书记吴云鹏在传达边区党委关于 1945 年秋收与减租工作的意见时指出：“今年的秋收与减租工作处在大反攻的前夕，一定要造成农民优势，搞好这两件工作，是为反攻奠定好基础。”在减租减息斗争中，各地农救会都发挥了积极的作用。1945 年 5 月，京山县农救代表大会，专门讨论了开展减租减息斗争的问题，并制定出了具体的减租措施。会议决定各地以保为单位成立减租委员会，保以下成立减租小组，并具体规定：(1）督管减租，使减租工作做到公平合理，不使农民吃亏，交租要通过减租小组；(2）反对明减暗交，调查清楚后，双方同时受处分；(3）地主不减，佃户可向政府申诉；农民要团结，防止地主威胁。

石公华县明确规定：关于减租，按战前的收租实况，实行“二五”减租；关于减息，旧债年息不得超过百分之五十，交息已超过原本一倍者，停利还本；超过两倍者，本利停付。凡农民典当押出之田地，期满后，有随时赎回之权利。石公华各地农救会在县委的领导下，采取了一系列减息措施。各地先后召开贫农代表大会、佃农会等，反复向农民宣传党的减租减息法令和政策，并组成了以农救会为主体的评租委员会，合理地评定收成和租谷。其中一、五两个联乡减租减息工作抓得较早、较好，只一个月就完成了任务。

对明减暗交和其他不合理的租佃关系，各地农救会领导农民进行了坚决的斗争。天京潜县观杨乡二保老实农民陈明华，租了四保一个地主的两亩荒田，地主曾声称：只要把田种熟了，任种几年不收租。可陈明华刚把田耕熟，一季没种上，地主便将此田租给了别人。为此，陈忍气吞声。后来，他参加了农救会，向领导反映了这个情况。农救会马上召开大会，让地主在大会上承认错误，并补偿陈明华八斗小麦以作工资。陈明华高兴地说：“农民有了自己的团体，就有这样的好处。”北港乡地主邓其清，在减租斗争中阳奉阴违，表面承认减，暗中将比较软弱的佃户的租谷又逼回来。他还将荒地租给佃农，答应租种五年，待佃农把田一年种熟后，他便把田收回。乡公所、乡农救会得知此情，立即召开了近 200 人参加的业、佃户会议。会议通过说理斗争，邓其清当场认错，并退还了要去的租和佃农种熟了的田。佃农们高兴地说：“要不是农救会撑腰，我们怎能又有田种，又减租！”

十、开展拥军优抗活动，动员全民抗日支前

在战略性反攻前夕，根据地广泛开展了拥军优抗、动员全民抗日支前的活动，涌现出了许多优抗工作的先进典型。京北林泉乡优抗工作做到了保证抗属不荒地、不少吃穿。他们还在各保建立了有农救会长参加的优抗会。优抗会由五人组成。他们经常向出征军人写信，帮助抗属解决生产和生活中的困难，如有田缺人的，由优抗会组织本甲的人帮工，有人无田无依靠的，由全保负担。优抗会还把五月端阳节定为优抗日，请全保的抗属欢聚吃酒，并送礼慰问，使抗属深受感动。在军民教导团工作的郭某，了解到自己的家属得到政府各方面关怀的消息，格外振奋，他立誓要好好干革命，来报答党和政府。

根据地还广泛开展了种田拥军的活动。江陵县张土乡某保农救会王会长，领导会员（又是换工队）除把每人所有的田都种好外，集体开垦了22亩荒田，种上水稻，收获后，全部无偿地献给国家，作为军火费支援前线。

鄂豫皖湘赣边区农救会第一次代表大会决议，确定农历十一月为拥军月。为此，天汉县农救组织相应作出了“天汉拥军决议”，要求在已交5000石粮食的基础上，“一、继续开展一把米运动；二、8000双鞋子不要钱；三、每个基本乡基干队种一石拥军田；四、拥军500斤鱼、500斤野鸭”。

各地妇救会在抗日支前活动中也很活跃。妇救会积极动员妇女参加生产，开展为抗战“多种一亩地、节约一把米”的活动，动员妇女做鞋袜慰问部队，捐献物资、献金，支援前线；还通过妇女动员青年入伍。仅石公华县就为江南挺进支队和政府工作人员做鞋4200余双，该县第一、五、六等联乡的妇救会，动员妇女捐献了一批米、菜、鱼、肉，慰问部队的伤病员。京钟县罗鹿乡妇救会陈会长，发动三个会员开荒种了五斗田的棉花，所得收入，全部买布做了军鞋，交政府转送部队。江陵护民乡的徐婆，把自己打芦席所得的200元钱，也捐献出来，支援前线。

天潜沔县在开展拥军优属工作中，努力完成专署分配的献募拥军谷1000

石的任务，并坚持了“广泛动员，自愿献募”的原则。经县委研究，成立了以洪范为主任委员的拥军优抗委员会，专门负责抓这项工作。他们首先在县级机关、部队召开动员大会，宣传八路军老大哥南下的重大政治意义和全国抗日战场上的大好形势及开展献募拥军谷的重要性，确定了重点募捐的区乡。会后，县委成员分工，下到各区乡向群众做宣传动员工作。经过广泛宣传发动，从开始到结束，只用了半年时间，就超额完成了任务。据最后统计，共完成拥军谷1150石、法币3万元、银圆78元、黄豆50石、军鞋300双、白布110匹。春节前夕，当南下的八路军部队和军分区收到天潜沔县送去的军鞋、猪肉、鲜鱼、糯米、糕粑、豆皮等过年物资时，有的人感动得热泪盈眶地说：“还是老苏区人民对我们亲热。”有的人收到军鞋舍不得穿，包在背包里作为纪念品保存下来。春节期间，襄南军分区在漆家桥召开的联欢大会上，分区首长表扬了天潜沔县拥军工作任务完成得最早最好。

第三节　襄河抗日根据地在斗争中进一步扩大

1945年，抗日战争已进行到了最后阶段。襄河地区军民响应毛泽东主席“扩大解放区，缩小沦陷区”的号召，积极对敌人进行武装斗争，开展对敌伪的策反工作，进一步扩大了根据地。

由于根据地内普遍实行减租减息、开展大生产运动，人民群众生活初步得到了改善，而敌占区的同胞却在日伪的高压政策下，处于水深火热之中。名目繁多、花样翻新的苛捐杂税，已使他们喘不过气来。据当时《襄河报》记载，监利何家乡十七保需付杨灵关、孙家场两处敌人的捐税达30多种，名目有军粮、军用费、办公费、招待费、下委费、生活费、节礼费、夫子费、壮丁费、鸦片费、开会费以及其他物资和借款。更不能容忍的是，每年还要负担“花姑娘”三个，供日伪蹂躏，如没人去，须抵款5万元，这个保平均每月需负担费用808680元。这是多么惊人的数字！在敌伪统治的京钟湖区，有一首诗反映了当时人民群众苦不堪言的凄凉情景：“敌来国军去，敌去国军来。禾场尽生草，人死无人埋。湖区多良田，十垄却九空。瓦房变卖尽，皆因税太重。大路虽还在，谁敢舍命行。昼看似坟野，午间闻獾声。”在敌人刺刀下生存的敌占区同胞，他们的血已经被榨干，他们盼望八路军、新四军，如久旱盼甘雨。

在此形势下，为拯救敌占区同胞逃出苦海，不断扩大抗日根据地，襄河地区各武装力量抓住有利时机，有计划地向敌占区进行了主动出击。

一、江南中心县委的成立，石公华抗日根据地的扩大

为了迅速创立以洞庭湖为中心的湘北鄂西根据地，中共襄南地委于3月10日至20日在潜江熊口召开的县委书记联席会上，就江南如何发展的问题，进行了专门研究。方正平、贺炳炎、廖汉生、朱绍田等地委、军分区领导在会上作了重要讲话，传达了党中央、五师首长关于发展江南的指示精神，会议强调在发展江南的同时，还要发展襄西和嘉蒲，要尽快打通嘉蒲与洞庭湖的联系。江陵、监利、潜江之间的空白区也要打通。

会议分析了江南桃花山根据地的斗争形势，认为桃花山存在着危机：古（鼎新）部进驻，张（振华）汪（奎阶）两部矛盾不能马上缓和。池东地区失掉，桃花山失去了江北屏障。但也有有利条件：（1）桃花山地理位置十分重要，是整个边区向江南发展的一个触角，是革命老根据地，人民对共产党新四军有深厚的感情，群众基础好，党的抗日民族统一战线得到了较好的贯彻执行，同情共产党的民主人士很多；（2）依托石公华根据地，西北可向松滋发展；南可深入洞庭湖，向湖南省南县、沅江发展；西南可向安乡、澧县发展；东可向岳阳发展，可与鄂豫湘赣打通联系，使之连成一片，完成对武汉的战略包围。

会议根据鄂豫边区党委关于江南要组成中心县委的指示，决定撤销中共

石公华县委，建立中共江南中心县委，石公华行委会继续存在。同时建立新四军江南指挥部，原新四军江南挺进支队的名称和建制仍然不变。会议确定：原石公华县委书记张泽生调边区党校学习，江南中心县委由梁诚任书记，李秉范任副书记，张洪卿为常委，沈国栋、李凌云、杨震东、尚志为委员。江南指挥部由张洪卿任指挥长，梁诚兼任政委，沈国栋任副指挥长兼参谋长，李秉范兼任副政委。江南挺进支队由杨震东继任支队长，郑怀远任副支队长，尚志任副政委，郭宗宝任参谋长。

会议要求江南中心县委、江南指挥部成立后，迅速开创以洞庭湖为中心的湘北鄂西根据地，为准备反攻、夺取抗战胜利奠定坚实的基础。方正平在会上强调指出："桃花山的问题，目前主要是对付古部。桃花山的严重危机说明，我们只有斗争才能发展。"贺炳炎指出："（藕）池西地区一定要想法收回来，江南四个连不能离开江南。"会议特别强调，不管环境恶劣到什么程度，都必须守住桃花山，要千方百计发展武装，半年内，除现在的五个连要发展到一个大团外，各区、乡均要建立地方武装，要积极宣传共产党抗日民族统一战线政策，加强对伪军的分化瓦解工作。对顽军要争取他们反正或起义。我们的同志经组织批准，可以打入敌人内部去做工作。要放手发动群众，对士绅、流氓甚至土匪，要站在民族的立场上去争取他们，要尽快赢得时间，迅速打开局面。

1945年4月初，中共江南中心县委、新四军江南指挥部在石首桃花山九佛岗正式成立，管辖范围除石公华外，还包括岳阳河西的全义、全兴两个乡。

江南中心县委成立后，为了不削弱党对江北地区的领导，决定在原一联乡区委的基础上成立江北工委，工委书记由中心县委委员、县委组织部长李凌云兼任。

为贯彻襄南地委在熊口召开的县委书记联席会议精神，江南指挥部屯兵桃花山后，向日伪所驻的薄弱据点，主动地、连续不断地发起了进攻，并积极地开展策动伪军反正或起义的工作。

1945年2月下旬，华容日军在桃花山附近的三峰寺设置新据点，并时常组织伪军对桃花山根据地进行“扫荡”。江南挺进支队一连在徐副指导员的带领下，2月24日晚，乘月色分两路袭击三峰寺，先头部队首先化装成农民，干掉了敌军前哨，敌闻枪声，仓皇应战。徐副指导员率战士与敌人激战20分钟，毙伤伪军30余人，缴获步枪9支，掷弹筒1个，沉重地打击了敌人的嚣张气焰。

3月16日，敌人又组织大量伪军对桃花山进行疯狂的“扫荡”，并抢走民间耕牛500余头，抓走青年200余人，江南挺进支队积极组织反击，将敌人击退，夺回了部分耕牛，救出了被抓的青年。

根据军分区首长关于“要利用时机，设法打古（鼎新）”的指示，江南挺进支队决定伺机袭击华容新沙洲伪军古鼎新部。该部一个营经常在新沙洲一带胡作非为，骚扰百姓，当地人民对他们深恶痛绝，因此，消灭古部，也是广大群众的强烈要求，1945年4月的一个晚上，杨震东、郑怀远率江南挺进支队对古部发起突然袭击，一举歼敌一个排，缴枪几十支，缴获骡马12匹。

同月下旬，日伪军共300多人枪到岳阳县柿树岭一带抢粮。杨震东率四个连的兵力拦击敌人。因敌人抢占了附近高地，战斗于我不利，伤亡20多人。这时，支队一名副连长带领一个班坐着小船穿湖绕到敌人背后，发起猛烈攻击，杨震东率战士从正面发起冲锋，夹击敌人，打死打伤敌40余人，俘敌80多人，缴获长短枪50余支。

江南指挥部成立不久，指挥长张洪卿调洪湖工作，沈国栋继任指挥长，参加中心县委常委；柿树岭战斗之后，杨震东、尚志调鄂豫边区党校参加整风。郑怀远继任支队长，参加中心县委。7月的一天，支队长郑怀远带领警卫百余人枪，攻打了驻华容三峰寺一个营的日伪军。日伪在三峰寺周围筑有碉堡，防守严密，这天夜晚，支队从三角洲出发，行至离三峰寺不远时，部队分别在筲箕塔、毛家巷、珠头山等处埋伏下来。郑怀远派出5名战士，摸进敌军阵地，用手榴弹炸死了碉堡内的敌军，想引敌出巢，但敌人异常狡诈，龟缩在据点内不出来。为迅速歼灭敌人，郑怀远指挥部队发起猛烈攻击，与敌展开激战，毙敌30余人，俘敌20余人，缴枪10余支。

7月24日，江南挺进支队攻打焦山河日伪据点后，回桃花山根据地休整时，日军300余人从广兴洲蔡家祠堂向桃花山开来，妄图袭击根据地武装。郑怀远指挥部队予以迎头痛击，打死打伤敌中队长以下官兵50余人，缴获枪支70余支。

在江南主力部队向桃花山周围的日伪军连续不断地发起进攻的时候，石公华地方武装在保境安民、反敌伪“蚕食”和分化瓦解敌军等斗争中也十分活跃。6月1日，石公华三联乡区中队向屈子敬所属一个伪军便衣大队（前名为经济大队）发起了进攻。这个大队经常抢劫当地群众和过往船商的财物，并不断对根据地进行骚扰。在根据地群众的强烈要求下，三联乡区中队于6月1日之夜，长驱直入，迅速攻入伪军大队部。生俘伪军大队长管海章、大队副涂斌及伪兵共15人，缴枪4支，缴手榴弹1枚。6月22日至7月1日，桃花山一带的石桥乡基干队及三峰乡区中队，在反敌伪蚕食、抢粮的斗争中，与敌作战3次，共获枪10支，子弹10发，刺刀1把，毙敌2名，伤敌5名，俘虏伪特务大队长夏子银及伪军共20余人。

在江南武装斗争节节胜利的形势下，江南中心县委、县指挥部还广泛发动群众，加紧了对伪军的策反工作。1945年5月，石公华二联乡办事处，通过周密调查，了解到有10余人枪的焦山河伪军小分队中，对日军的不满情绪时有流露，如通过做工作，可望唤醒他们反正。于是，联乡办事处通过焦山乡乡长陈恭云与驻焦山河伪军小分队队员熊金海的熟人关系，首先说服熊金海让其反正，并通过熊金海再向伪军做工作，使小分队部分队员表示愿意向新四军投诚。5月6日（农历四月初一），陈恭云带领二联乡区中队到焦山河接应熊金海小分队起义时，其中有一伪军持枪反对，被区中队当场击毙。当时伪军驻扎在焦山河北头廖安化的台子上。日军驻扎在焦山河南头张光耀的屋里，日军听到北头的枪声追来时，区中队已带领起义人员安全离开了焦山镇，取得了策反的胜利。此后，6月28日至7月1日四天内，又陆续有华容的北景港、黄公庙、塔市驿的伪军共 19 人，携带武器反正归来。

为了尽快向南县、澧县、岳阳等地发展，5 月初，三军分区政治部敌工科科长韩伯起率部深入洞庭湖滨的注滋口、插旗、新河口、南山一带活动，准备组建中共华（容）南（县）工作委员会，同时，中共江南中心县委还做好了组建池西工作委员会的准备。

随着革命形势发展的需要，在江南中心县委的领导下，1945 年 6 月，石公华县行政委员会在华容东山召开了石公华各界代表会议，岳阳河西也派代表参加了会议，到会代表约 100 人，会期三天，主要议题为组织联合政府，加强抗日力量。会议最后通过了致毛主席电：

延安

毛主席勋鉴：

慨自卢沟桥事变发生后，暴日向我倾巢进犯，欲一举而亡我家邦，奴役我人民，到处烧杀淫掠，罪恶滔天。

国民党拥有数百万大军，军实虽充，军容徒盛，乃闻敌即逃，不战自溃，坐使我锦绣河山沦陷及半，民心大失，国运垂危，瞻念前途，曷胜痛惧！

幸赖钧座及中国共产党领导下之八路军与新四军展开敌后游击，收复广大失地，创建边区根据地达十几处之多，扩充正规军达一百余万，组训民众达一千余万，今日真能驱逐出日寇，光复国土，为祖国命运所依托，全国人心所向望者，实惟此如旭日方升之新生力量。

惟进步之军事，必须辅以进步之政治，方能发挥其宏大威力，由于国民党政府之腐败专横，招致民族巨祸，故必须予以改革代之，以钧座裁定之优良政制，即三三制联合政府，以集中各方力量，支持抗日军事，则歼彼岛夷，固我金瓯，乃指日可期之事。

我全体代表一致拥护钧座组织联合政府之主张，时机迫切，请即明令实施，谨此电呈，望祈垂察。

石公华县各界代表大会上

为了提高部队的军事素质和政治素质，部队自屯兵桃花山后，一方面加紧练兵，干部战士苦练射击、刺杀、投弹三大技术；另一方面加强政治思想教育，要求干部战士继续发扬我党我军的光荣传统，做到爱护群众像爱护父母一样，尊重政府像尊重部队领导一样，服从政府法令像服从部队纪律一样。为此，部队还颁布了一些纪律与禁令，如“五不走”的规定和“三不准”的禁令。“五不走”即不宣传不走，不把门板上好不走，不把地扫干净不走，不把水缸挑满不走，不检查不走；“三不准”即不准侮辱妇女，不准强买民间小菜和鸡蛋，不准乱抓民夫。经过政治思想工作，加强了部队纪律，更加密切了军民关系。

在武装实力上，指挥部五个连在不到半年时间内，发展到1000余人枪，各联乡成立了区中队，各乡成立了分队，区、乡干部大都配备了武器。

江南中心县委、县指挥部根据1945年3月襄南地委、第三军分区关于“桃花山应建立小型兵工厂和医院”的指示，先后在桃花山跑马岭、青竹沟等地分别办起了兵工厂和医院。兵工厂创建后，根据当时的生产能力，主要制造拉筒手枪和适合这种手枪的子弹，这种手枪一次可压10发子弹，颇受指战员们的欢迎。兵工厂还负责部队的机械、枪支的修理工作。桃花山医院是在原江南挺进支队卫生队的基础上建立的，又称新四军江南野战医院，先设于桃花山和尚湾，后迁至跑马岭，1945年5月，医院又转至青竹沟。随着战斗的频繁和伤病员的增多，医院原有医官两名、护士六名，后又从江北调来肖开栋等两个医官。医院的医药用品除大部分从敌人手中缴获外，第三军分区也派员送来了一些。因此，野战医院的药品比较充足，伤病员能得到及时、较好的治疗。个别重伤员由支队送往第三军分区医院治疗。野战医院除了为伤病员治伤治病外，还开设门诊，免费为当地群众治病和向群众传授防病、治病的知识。因此，医院每到一处，都受到当地群众的欢迎、帮助和支持。

二、发展嘉蒲临，嘉鱼县伪县长张国宾起义

早在1944年初，为了巩固和发展鄂南地区，根据五师关于继续开辟嘉（鱼）蒲（圻）临（湘）地区的指示，第三军分区三十一团团长青雄虎率三个连配合第四军分区四十一团分遣队北渡长江，开展抗日游击战争。两部会师后，回师蒲圻，击退顽六纵队八支队1000余人的进攻，打开了嘉蒲临的抗战局面，使鄂南与襄南两块根据地直接联系起来。1945年2月，边区党委派张体学配合南下支队挺进湘鄂赣，为配合开辟湘鄂赣的抗日斗争积极做好反攻准备。4月，第三军分区派张进（政委）、谭云（支队长）率江南第二挺进支队再次渡江进入嘉蒲临，活动于洞庭湖东岸，与湘鄂赣打通了联系，直接威逼岳阳之敌。

这时，伪嘉鱼县县长张国宾出于民族大义，毅然决然地选择了爱国光明之路——率部起义。

张国宾是东北人，1944年出任汪伪嘉鱼县县长。他手下掌握的县保安大队共三个中队，其中特务队驻县城，一中队驻石矶头，另一中队驻陆溪口，属地方豪绅武装，张国宾实际不能控制。

1945年5月，张国宾和伪县政府秘书张新我经过商量，并由张新我出面找中共领导的抗日青年救国会成员罗雄，沟通了与新四军的关系。罗接受了这一正义要求，很快找到中共汉沔中心县委领导的嘉鱼抗日青年救国会负责人聂彬。聂彬向汉沔中心县委书记李蔺田、副书记陈秀山作了汇报。中心县委迅速决定，派刘昆协秘密到嘉鱼与张国宾谈判。

从5月到7月这段时间内，刘昆协根据汉沔中心县委的指示，四次到嘉鱼和张国宾就起义时间、步骤和方法等具体问题进行了谈判。在做好了准备工作的情况下，张国宾征得汉沔中心县委同意，将起义时间定为7月21日。

21日清晨，驻嘉鱼城的特务中队一切活动如常，军队照常吹起床号，按

时出操，司务长仍然上街买菜，伪县政府机关还照常上班。在外表上看不出什么异样，真是“太平无事”。但紧张的准备工作在合法的形式掩护下秘密地进行着。张国宾为了争取合法，以惊人的沉着和勇气，向驻嘉鱼城的日军司令部提出他马上“出巡”石矶头的请求。为了掩人耳目，还安排了不到一个班的兵力看守伪县政府衙门。在一中队方面，为了集结渡江船只，从清晨6时起以防共军渡江为名，在石矶头开始封江。在新四军方面，为了使嘉鱼日军不致在江北发现什么破绽，新四军手枪队化装隐藏在汪家洲一带，严密监视江南的动向。为了接应反正部队，汉沔指挥部早已安排县区武装潜伏在龙口附近。

刘昆协和周中队长在石矶头从清早起，就一面从事紧张的准备工作，一面不时向嘉鱼城瞭望。上午10时，一中队已提前吃午饭，大小船只集结了200余只。由于张国宾为“出巡”事和日本人交涉，耽误了一些时间，11时半，张及其所率的特务中队才以急行军赶到了石矶头。

在石矶头，刘昆协、张国宾和周、王二中队长在一起进行紧张的磋商，决定:（1）暂时不向两个中队的全体官兵宣布反正，由张国宾训话，宣布去江北“清乡”;（2）动用百来只船渡江，争取在半小时内在江北登岸;（3）张率特务中队为前卫，周率第一中队殿后;（4）过江后再由张国宾宣布反正，请刘昆协讲话。12时半，张集合部队作了简短的训话后，部队有秩序地开始乘船走向新途。

这天天气晴朗，万里无云，四五级的东南风，吹得扬帆的木船向北疾进。不一会儿，船靠江北汪家洲码头，部队登岸，集合在江滩上，张国宾首先讲话，号召所有官兵迷途知返，立即反正，参加抗日行列，争取立功赎罪。他的讲话得到了全体官兵热烈的拥护。接着，刘昆协以新四军汉沔指挥部代表的身份对全体反正官兵表示热烈的欢迎，宣布了进入根据地的路线和行军秩序。部队正要出发的时候，新四军手枪队20余人及时赶到，为反正部队开道，当晚到达汉沔根据地的下丰岸。

汉沔中心县委书记李蔺田、汉沔指挥部指挥长张洪卿等经与张国宾反复商量，经地委、军分区批准，张被任命为汉沔指挥部副指挥长。汉沔指挥部的警卫连扩建为警卫营，反正的两个中队（约170人，步枪150余支，机枪7挺，手枪20余支）编入其中，特务中队改编为第一连，一中队改编为第二连，警卫连改编为第三连。原一中队中队长周义成被任命为警卫营营长，特务中队中队长王兴山任副营长，王、周并兼一、二连连长，祝仪亨（老红军）为营教导员。整编就绪后，部队即开始整训。

张国宾率部反正后的第三天，驻嘉鱼城的日军才得知这一消息，立即上报日军第58师团长下野霍，请求讨伐。8月初，驻新滩口之日伪开始向沙湖集结，驻峰口、白庙、汉河口之敌开始向新堤集结。8月7日前后即分两路向汉沔根据地中心地带进行“扫荡”。沙湖之敌直指下丰岸，新堤之敌直指宋家墩，两路之敌800余人同时在宋家墩合围后，即向浜谦、浮沟等地追击。汉沔指挥部直属部队在浜谦设伏，阻击敌人组织群众向福沟、下斗湖、江泗口等地转移，使两路之敌一无所获，不得不撤到各自的据点。

三、襄北根据地反击日伪的斗争

（一）石家河围困战

石家河由伪军张明道部约300人据守，是敌伪在天门北部的重要据点，防守严密、工事坚固，外有外壕、内有内障，壕外还有茅柴等障碍物，硬打强攻难以成功。在此之前，五军分区曾配合十五旅攻打过一次石家河，伤敌200余人，但战斗进行到第三天，终因敌工事坚固，只得撤退。

1945年4月28日晚，五军分区参谋长李人林率新四军主力部队，在天北、京北游击队配合下，冒雨再次进击石家河。

李人林参谋长根据敌据点易守难攻的情况，决定设法派人打入敌据点，搞里应外合。方案确定后，李人林率部在离石家河不远的竹隐寺驻下来，开始发动群众，调查了解情况，做当地伪军家属的工作。在调查访问中，部队了解到当地有两人在石家河伪军据点当班长，便重点做这两人家属的工作。家属的思想工作做通后，由家属帮助做工作，这两个伪军班长表示愿意掉转枪口作内应，配合新四军攻城。战斗开始后，四十四团刚到达城外，两个伪军班长立即打开城门，让部队顺利地进了城。部队突破敌五道工事，直捣伪军营房，当场打死伪军大队长张义清及以下官兵20余人，生俘伪中队长李才成以下官兵50余人，缴获轻机枪1挺，步枪50余支，破坏碉堡1座，并控制了石家河东街伪军100多人，碉堡2座，吴家新场伪军90多人，碉堡1座。同时，还监视了天石公路和吴石公路的敌伪行动，掐断了石家河与天门县城日军的通道。石家河东街尚未被歼灭的伪军用电话向驻天门县城的日军司令官要求增援，日军司令官因慑于新四军的威力，按兵不动，伪张明道部在石家河处于孤立无援的地步。

石家河的老百姓见街东头伪军碉堡未攻开，纷纷向新四军建议：发动全体军民将伪军长期围困。新四军采纳了这一意见。5月10日，伪军大队人马由天门县城出发，向石家河开来，走到红山庙，遭到新四军伏击，打死打伤伪军20余人，余敌泅水而逃，又淹死10多人。新四军缴获三八式步枪6支，掷弹筒1个，大米7石，食盐数百斤。

敌伪吃了这次大亏后，纠集雁门口、钱家场、九真庙、渔薪河的伪军分途向石家河开来，以图报复。雁门口、钱家场、九真庙的敌伪行至途中，恐中埋伏，掉头转回。渔薪河敌伪百余人在朱家岭与新四军接火，被击毙4人，打伤3人，遂狼狈逃回。

此后，天门日伪军几次来援，均被击退，石家河东头的伪军仍处于内无粮草、外无救兵的境地。但因据点的包围圈较大，伪军常常三五成群出来，到肖家垸子偷黄瓜或用机枪掩护派人冲出重围到附近村子抢粮。新四军接受一位老人的建议，在敌工事周围挖一道壕沟，并用挖出来的土筑成一道土城，土城上布满树枝，使敌人难以进出。同时，动员周围三四个乡的百姓，带着粮食财物离家暂避，实行彻底空室，伪军即使出来也捞不到任何物资。6月4

日，驻天门的日军司令官只得将张明道部调走，派潘尚武部约300人的武装到石家河换防。伪军虽能凭借火力，通过我包围圈调进调出，但仍无法解除重围，摆脱困境。潘尚武部也于11日晚被迫撤退。

石家河围困战从4月28日至6月11日，历时40多天，大小战斗10余次，毙敌伪200人以上。这次围困战，主力部队和地方游击队密切配合，同时集中了当地人民群众智慧，因而取得了斗争的胜利。实践证明：人民群众是真正的铜墙铁壁。党领导的军队只有同人民群众取得密切的联系，相信他们，依靠他们，方能取得战争的胜利。

（二）天汉湖区伏击敌差船

日本侵略军为加紧对天汉人民的掠夺，通过其三进洋行、吉田洋行在其所占据的城镇，廉价收购粮食，高价销售食盐。农民用稻谷一担，仅换得食盐一斤。洋行所有工业品、农产品多从汈汊湖、三台湖等湖港中运输。日军经常通过伪维持会派民船为其无偿劳动，谓之“打差”。船上有日军押运，有时，船停靠码头，日军还上岸骚扰，找“花姑娘”或抓鸡抢物。水上运输线成了日本侵略军对天汉人民的一支吸血管，押运的日军则是一群魔鬼，他们对船工动辄打骂，开口就是“八格呀噜”，群众对他们无不恨之入骨。

1945年6月下旬，驻天汉新四军通过情报得知，敌有一差船队押运着大量的食盐、食糖及其他日用品将通过天汉湖区。6月20日，新四军一部埋伏于渡口，待敌船靠近渡口时，给敌人突然袭击。经过一场激战，押船的18个日军除2名逃走外，新四军生俘敌长官和上等兵各1名，其余均击毙。缴获机枪1挺，步枪13支，食盐670包，糖和其他日用品不计其数，解放了打差的民船40只。这次战斗，有力地打击了湖区日军的嚣张气焰，人民群众无不拍手称快。

四、襄西根据地在斗争中发展

襄西根据地恢复后，三军分区决定尽快发展襄西根据地，积极为反攻做准备。三军分区首长指出："过去的发展，是为了坚持抗战，现在的发展是为了争取抗战的全国胜利与民主革命的胜利。"在此形势下，襄西根据地军民对敌开展了一系列卓有成效的斗争，在襄河抗日斗争史上写下了光辉的一页。

（一）三家店歼灭战

三家店，是襄西荆南路东区的一个小集镇，是通往襄南的交通要道。盘踞在三家店附近的曾家集、筲箕庙一带的伪军纷纷向三家店集结靠拢。他们在此布设据点，修筑工事，准备随时向抗日根据地进行反扑。三家店南街口的王家大湾，地势险要，居高临下，村庄四角有土炮楼，四周修筑了土堡多处，还有散兵坑、交通壕紧密相连。主要路口设有障碍，防守严密，过往敌人大都来这里歇宿，这里成为敌人的重要据点，如无强大火力，很难攻破。为保卫根据地，襄西三十三团决定集中兵力奔袭三家店，乘敌不备，将其全歼。

5月初夏的一天，由三十三团副团长许猛率领的五个连兵力，从襄沙公路西的许家新场出发，长途奔袭，一夜行军80多里，赶到了三家店。许猛对战斗进行了具体布置：三连担任对沙洋、沈家集方向打援，其他四个连队从四面将王家大湾紧紧包围起来。指战员们不顾行军的疲劳，在三家店和王家大湾四周的田埂旁、堰塘边、山坡上秘密隐蔽，忍受着蚊叮虫咬的痛苦，默默地坚守阵地，等待着战斗的打响。

次日凌晨7时，二连在敌阵地抓住一个敌"舌头"，从其口中得知：日军在此驻有一个中队的兵力，另有伪军200余名。此外，还弄清了王家大湾内外地形、军事设施、岗哨位置等情况，为我提供了详细的军事情报。在战斗即将打响的紧要关头，团首长根据掌握的新情况，重新部署了兵力，采取对敌围困、强攻的办法，于上午8时发起猛攻。

敌人仗着工事坚固，武器精良，一直负隅顽抗。战斗持续到下午1点后，团指挥所决定重点突破，尖刀插入敌阵，用原缴获敌人飞机上的高射机枪和六〇炮以及其他轻重武器，向敌指挥所轰击。二连一排龙排长带领一个排，顺着敌散兵壕冲上去。龙排长一马当先，用手榴弹炸毁了敌人的核心土堡，为后援部队前进开辟了道路。接着，敌其他地堡也相继被我攻下，顿时敌阵营大乱，纷纷退出王家大湾，向南面洼地一个大堰塘移动，企图利用塘堤继续顽抗。下午 2 时许，三十三团对敌的包围圈渐渐缩小，敌人已成瓮中之鳖。二连一排战士、神枪手王成洁端起轻机枪一阵扫射，将日军指挥官打落水中，敌人失去指挥，只得举起白旗投降。

此次战斗，除击毙了日军指挥官外，伪军中队长杜家新、杜国玉也先后被击毙，共打死打伤日伪士兵 70 余名，其余全部被俘。缴获步枪、手枪 100 多支，机枪 4 挺，子弹 3000 余发，这是襄河地区一次较有影响的全歼敌人的漂亮仗。

（二）荆南根据地的发展，李纯斋牺牲

地处襄西中心的荆南根据地，在同日伪顽的斗争中，也得到了较快的恢复和发展。至 1945 年 6 月，荆南根据地建立了路西、路东、路南三个办事处，包括合作、民权、民族、朱店、赵庙、周集、凤台、卓埠、双琢、孙黄、雷柴、大同、志惟、桥头、蔡庙、三家店、赵罗、曾集、横店、毛鲁、清漳 21 个乡人民政权，下辖 160 多个保。

在荆南根据地日益巩固和发展的时候，日伪对抗日根据地发动了一次又一次的“大扫荡”。

1945 年 2 月 24 日，襄西中心县委副书记吴士芳、荆当总队队长张炳辉、政委王展同荆南工委书记李纯斋一道，带领机关工作人员和部分武装从九口堰搬到野鸡庙召开紧急会议，研究布置反击日军“扫荡”根据地的斗争计划。由于叛徒徐万金从蒋家集地下联络站获得部队首长驻在该地的准确情报后，趁夜深人静之际，带领团林铺的日伪军对县委机关进行偷袭。政委王展在敌人火力封锁大门的情况下，带领通讯员来到南面火房的侧门，集中火力向敌人射击，趁机冲出门外，然后向屋后的竹园林转移脱险。荆南人民的好儿子李纯斋终因叛徒出卖，在抗战即将胜利的时候，为民族的解放献出了自己宝贵的生命。

李纯斋，1897 年 12 月出生于荆门杨家集一个中农家庭，1926 年在家乡参加农民运动。1927 年秋在严重的白色恐怖下，加入中国共产党。1928 年 1 月，与李云程一起领导了靳家湖农民起义。起义失败后，逃到江陵隐蔽，不久，又返回家乡坚持斗争。他与洪湖地区红军联系后，动员了一批农民加入红军。由于敌人的搜捕，不得不隐藏在一户农民夹墙中长达三年之久。

抗战全面爆发后，李纯斋与郑速燕取得联系，在杨家集建立党支部。经过努力，于 1938 年底成立了中共荆门县委，担任县委副书记和荆当远中心县委委员。

1939 年 3 月，日军进至襄河一线，上级党组织决定李纯斋任荆门县委书记，他积极整顿荆南党的组织，训练党员，搜集武器，为开展抗日游击战争打下了坚实的基础。1940 年底，荆南已成为中心地区，在日顽夹击中，他继续领导荆南党组织和人民剿匪锄奸，减租减息，生产救灾，兴办学校，坚持统一战线，动员群众参军参战，开展拥军优属活动，经过不到两年时间，建成了荆南抗日根据地。

1942 年春天，由于国民党顽固派发动反共摩擦，荆南根据地仅剩几个湾子。李纯斋依靠群众，开展游击活动，打击汉奸、敌特，从日顽手中夺回 40 多个保，恢复了荆南一部分抗日民主政权。

1943 年 2 月，李纯斋任襄西中心县委书记，在抗日反顽的艰苦岁月中，表现出色，为恢复和发展襄西抗日根据地作出了重要贡献。

（三）攻克孔艾山

位于荆门、钟祥两县交界的北山，方圆约有 60 里，东临汉水，西跨襄沙公路，钟祥县境内的孔艾山（孔家山、艾家山的合称）属北山山脉，高耸入云，奇峰重叠，地势险要，易守难攻。

盘踞在这里的土匪头子孙思秀，啸聚匪徒共有 300 多人，国民党曾宪成任命他为支队长。孙挂着抗日招牌，一方面向当地老百姓派粮派款，另一方面又拦路抢劫，强掳猪羊，霸占民女，百姓深受其害。新四军北山游击队决定除掉这个祸根。孔艾山有一个保长叫艾呈章，目睹孙匪暴行，愤怒之情，时有流露。北山党组织获悉这一情况后，派出李宪顺做艾的工作，争取艾为人民做点好事。在党的政策感召下，艾决定回到人民的怀抱，并答应待孙匪归巢时，即向游击队密报。

为了弄清敌人的准确情况，1945 年 2 月 22 日，北山游击支队长叶云亲自率一个班，隐蔽接近敌人，对孙匪进行侦察性袭击，借以弄清敌人军事哨所的设置、武器、武装等情况。目的达到后，即迅速撤离。

3 月上旬，新四军三十三团副团长许猛派陈参谋到北山与支队长叶云研究作战计划。支队又派出周辅臣、李宪顺同陈参谋一道作了再次侦察。他来到孔艾山，白天隐蔽在密林深处，夜间乘月光察看地形、路线，风餐露宿三天三夜，绘制好了一幅比较完整的军事地图。

4 月 11 日深夜，保长艾呈章将匪兵全部归巢、匪首孙思秀驻在艾家台子艾品山家里等情况，通过单线联系的李宪顺报告了支队长叶云。次日夜晚，游击队由山外出发，急行军 60 里，约深夜 2 时开到罗家陡山。游击队兵分三路：一路由副团长许猛亲自率领，抄敌人后山，占领制高点，以防敌向后山逃窜；二路由叶云率领，堵住通往北面和西面的两条路，防敌逃往秦冲、利河和杨家榨、狮子口；三路由北山支队第一连连长唐家信率领，直捣匪首孙思秀的驻地艾家台子，进行正面袭击。

一连唐连长带领一班尖刀班与连部文书严世柱一道，由向导带领，迅速接近了敌哨兵。摸掉敌人岗哨后，尖刀班和后续部队很快攻进了匪首孙思秀驻的艾家台子。刹那间，机枪声、手榴弹的爆炸声、匪徒们的叫喊声响成一片。未被炸死的匪兵有的乖乖地当了俘虏。夺路向后山逃走的，正好进入了游击队埋伏圈，被守在后山的游击队全部擒获。

拂晓前，匪首孙思秀带着 10 余名保镖，爬上艾品山的屋顶，用步枪、机枪向游击队一连扫射，企图冲出重围逃命。这时，游击队从四面八方涌来，紧缩了包围圈，终于擒获了匪首孙思秀。

战斗中，三十三团刘营长在指挥部队攻克艾品山制高点时，同他的通讯员一起光荣牺牲。这次战斗，游击队共缴获长短枪 70 余支，轻机枪 2 挺，各种子弹万余发，缴获大量现洋、布匹等财物，并解救了被孙匪蹂躏的 7 名青年民女。

战斗结束后，游击队在艾家坪召开宣判大会，将孙思秀当众处决，民心大快。这次战斗，对敌顽震慑很大。驻附近冷水铺和朱堡埠的日军，从此都龟缩在据点之内，不敢轻易出巢。

五、江监川沔根据地反击日伪的斗争

（一）计灭匡国，攻占汴河剅

根据襄南地委关于“江南要发展，江陵、监利、潜江之间的空白区要打通”的指示精神，为了积极迎接反攻，监沔县委、县行委会和县总队在监沔地区卓有成效地开展了对敌伪的分化瓦解工作。

1945 年春节前后，县委书记兼县总队政委王全国，利用春节期间，和进步士绅广泛接触，开展统一战线工作，有计划地向监沔各地的伪军发动了政治攻势。王全国根据不同的统战对象，亲自向他们写信，让进步士绅相互传递，对伪军头目进行抗日救国宣传，激发他们的民族觉悟。并宣布：凡家住抗日根据地的伪军官兵，在新春佳节期间，如愿意回家聚首团圆，只要不带武器，一律欢迎，并保证人身安全。王全国还派出行委会秘书蔡国栋，到监利汴河剅给伪军营长匡国送贺年片。随同匡国到汴河剅担任伪乡长的原伪侠义军一师军械修理处处长熊昌海，通过我方工作脱离了伪军，并向监沔党组织介绍了伪军内部尔虞我诈、相互倾轧的情况，为监沔部队对敌伪进行分化瓦解、各个击破，提供了可靠的依据。特别是为以后计灭匡国、攻占汴河剅创造了有利条件。

匡国是监利日伪保安二团一个营长，该营驻守汴河剅。汴河剅，南抵长江，西南为监利城、上车湾，东南为朱河、陶家埠，正西为毛家口、太平桥，西北为福田寺，是监沔抗日根据地的首府——剅口的门户，是敌我双方激烈争夺的焦点。

有200余人枪的日伪营长匡国，系与驻毛家口的伪军团长沈家常貌合神离，早想分道扬镳。适时，驻府场的日伪沔阳保安团团长张威也在拉拢匡国。1945年5月，张威信使被新四军的税卡人员抓获。总队政委王全国拆阅敌密信后，得知张威欲拉拢匡国到府场入伙。因此，决定利用敌人内部矛盾，采取分化瓦解的办法，迫使匡国出走。于是，王全国用酒菜很客气地款待信使，并写好三封信，分别送给沈家常、匡国和沔阳的另一支伪军头目吕正刚。王全国在给沈家常的信中写道："据情报获悉，张威受苏振东之命，任沔阳保安团团长，驻扎府场，因无枪支，密召匡国带领全营官兵，投入其麾下，这将大大削弱你的势力，特告。"写给匡国的信中说："据可靠消息，沈家常近日大发雷霆，说'匡国公然与张威私下勾结，妄图把全营人马拖到府场，给他撑持门面。如果匡国敢于这样做，我将予以严厉制裁'，不知你是否果真有此打算？沈家常阴险毒辣，不堪共事，你们要走就早走，行前要提防他设鸿门宴。"写给吕正刚的信中说："最近匡国将率二百余兵力，有步枪百余支，机枪三挺，从汴河出发，开往府场，投奔张威，可能经过你防区。你如欲扩充势力，不妨将其枪支截留。"

在此之前，监沔总队为了分化瓦解敌人，对敌伪采取了政治攻势，曾派人向沈家常、匡国、吕正刚等人做工作，劝他们悬崖勒马，反正归来。此次的三封信，收信人均不感到突然。

不出所料，沈家常得信的第三天和第四天，分别两次派人到汴河剅通知匡国去毛家口开会，说有要事相商。匡国借口腿病发作，拒绝赴会。私下抓紧召集各连、排长开会，宣布离开沈团，投奔张威的计划，并研究了行军的路线。确定队伍沿福田寺河北北上，眷属乘船穿过嘉音港，两路均到子贝渊集合，然后向府场前进。这条路线，正在王全国意料之中。

匡国率部走到柳关至翟家湾之间的堤坡下，恰好进入吕正刚部队的伏击圈，吕部不费一枪一弹，便让匡国部全部缴了械。随后，吕部将匡部人员全部放行。匡国与吕正刚同属伪军，本无利害冲突，但吕部为扩充实力，在混乱的情况下，自然也不怕上司追究责任，自会找到搪塞的理由。只苦了匡国，他带着200余名徒手的部下，行至府场与张威见面，彼此抱头痛哭，徒呼奈何！

王全国计灭匡国，虽未得到他的枪支，却削弱了监沔伪军的力量，为新四军收复汴河剅创造了有利条件。

计灭匡国后，监沔总队政委王全国率两个连和杨林焕的游击队，抓住有利时机，进驻汴河剅。当日，毛家口伪军沈家常部200余人抵达谢家窑，打算与监沔部队争夺汴河剅，游击队开枪阻击，敌未敢前进，撤回原防。同日，朱河伪军崔子芳部也欲与游击队交火，见游击队严阵以待，停留一小时亦自动回防。

第二天上午9时许，护国山的日军30余人，经王家塘向汴河剅开来。待日军进入射程以内时，游击队向敌猛烈射击，日军转到河边，以堤为掩护，向游击队西头部队发起猛攻，遭到埋伏在胡家湾游击队的侧击。战斗进行了一个多小时，日军见游击队火力强大，不敢恋战，只得全部撤走。下午，监沔总队回师剅口，王全国断定，日军必不肯善罢甘休，决定让税警连也参加战斗。税局局长彭静宇迅速到税警连作好了战斗动员。

第二天一早，县总队和税警连从剅口奔向汴河剅。总队的一连、二连进入原来阵地，税警连开往汴河剅北与杨林焕所率游击队一起驻庙场，如敌来犯，则抄其后路。

不出所料，上午9时许，监利城和护国山的日军共60余人，向汴河剅冲来，向游击队发起猛攻，游击队坚守阵地，给敌人以迎头痛击。战斗持续了半个多小时，敌见攻克不下，便撤至松叶湾，将一挺重机枪、三挺轻机枪架上民房屋顶，向游击队不断射击，小钢炮、掷弹筒亦不时向游击队发射。

王全国在上街用望远镜察看敌人的阵地，了解到敌兵力是以松叶湾为立足点，不断部署进攻。王回到下街，指挥税警连同游击队迅速运动到汴河剅的河堤南面，包抄敌人；指挥杨林焕带领游击队从福星桥过林长河，进入聂家渊。用游击队一个排的兵力以聂家祠堂为阵地，向松叶湾（两地相距约一里）之敌开火；游击队另两个排沿聂家渊至王家塘的垸堤南进，在敌人的归路边设伏。这样从三面（汴河刭、胡家湾、聂家祠堂）包围松叶湾之敌。战斗部署经过调整后，汴河刭的县总队第一连向敌发起反攻，二连从胡家湾出发由南向北打，敌人三面挨打，渐渐不支。中午12时，开始边打边撤，企图沿老路逃脱，却又遭到游击队的伏击，追击的游击队渐渐逼近，在聂家祠堂的游击队亦从北面猛扑过来，这时，因南面的游击队未能迅速合围，部分残敌得以在王家塘的东边破水田南逃。

下午，汉沔指挥部指挥长张绍武率一个连赶来助战，税警连遂回师刭口。

晚上，监沔县总队政委王全国、总队长郑华友、汉沔指挥部指挥长张绍武等在一起讨论了下一步的作战方案。王政委认为：日军连续两天吃了败仗，定会有大规模的报复行动。为保存实力，相机歼敌，汴河刭周围除留游击队监视敌人动向外，主力应撤出汴河刭，以便寻找有利战机，取得战争的彻底胜利。与会者一致赞同这一意见。

果然不出所料，敌人在第二次挨打以后，又纠集了监利城及朱河日军百余人、古鼎新一个营及沈家常部共1000余人，经汴河刭向刭口一带“扫荡”，并放火烧了刭口镇。当时，汉沔指挥部指挥长张绍武率三个连隐蔽集结义扑墩、郭胡曹一带，总队长郑华友率一个半连驻在邓家庙子一带。原计划利用有利地形在敌伪撤回的途中经过义扑墩、郭胡曹时打击敌伪军。战斗打响后，郑华友率部从方家湾堵住敌伪军的退路，将敌伪一部消灭在义扑墩的孤堤上。但当敌人的一路行进至离义扑墩只有近百米时，张绍武临时改变了原计划，将设伏后撤，让敌伪的一路撤回了朱河。另一路从刭口经郭家铺子、汴河刭，撤回监利城及毛家口。

这天，敌人未敢留部队占据汴河刭，但由于未遇到游击队抗击，第二天中午前，古鼎新一个加强营进占汴河刭，企图长期盘踞，被游击队发现。下午2时，王全国、张绍武率三个连，乘敌伪立足未稳发起进攻，另派税警连的四个班及杨林焕的游击队渡过汴河北岸，从北面迂回侧击敌人。战斗打响后，敌人仓皇逃窜，游击队一个连迅速占领了汴河剅镇，另一个连进攻松叶湾，游击队的枪榴弹大显威力，让伪军住房爆炸起火，敌人丢盔卸甲，狼狈逃窜。敌人撤退后，稍事整顿，又组织兵力三次反扑均被游击队击退。这时，王全国还掌握着一个连做预备队，主张拉上去，追击敌人，并派税警连及游击队从北边侧击配合。张绍武担心部队拉出去后，伪军再次反扑时游击队会吃亏，没有同意。敌我相持了一段时间，敌人撤走了，游击队也撤回了汴河剅。这次战斗敌人死伤20余人，游击队受伤数人，缴获七八支枪和数匹战马。将抓获的俘虏当即放回，并附了一封信交沈家常，责其违约失信，令其不要再犯。否者，勿谓言之不预也。从此，监沔部队便长期进驻了汴河剅。

此外，监沔党组织还抓紧了对其他各地伪军的策反工作。1945年3月，原日伪监利县第五区保安中队长高华武率15人，携带几条步枪在白螺矶宣布起义，全部人枪加入朱南游击队。根据高华武提供的情报，1945年4月，朱南游击队协同监沔总队一个连，夜袭了白螺矶日军军事要地，获步枪8支，子弹数十发，游击队无一伤亡，有力地打击了日伪军的嚣张气焰。

监沔地区卓有成效的统战工作和武装斗争，为实现打通江陵、监利、潜江之间的空白区，为进行战略性的反攻，奠定了良好的基础。

（二）伪军杨少卿起义

1945年初，新四军对敌伪占领下的沙岗实行围困，对敌伪不断予以打击，使其坐卧不安。驻沙岗的敌伪于3月17日撤退到胡家场，临行时将沙岗的工事全部拆毁。3月20日下午，由沙岗退到胡家场之敌和原驻胡家场之敌伪同时撤退至郝穴，胡家场工事亦自行破坏。沙岗、胡家场遂先后收复。与此同时，江陵党组织还抓紧了对敌占区敌伪人员的策反工作。其中，江陵岑河伪军大队长杨少卿起义，对敌震慑较大。

杨少卿，原是国民党江陵游击队第三大队大队长，1940年日军侵占沙市后，他抱着“曲线救国”的想法，投降日军，被编入鄂西绥靖军任第四大队大队长，率部1000余人驻守岑河。在日伪任职期间，杨少卿目睹了日本侵略军的暴行，对自己在伪军中任职感到羞愧。江陵党组织掌握这一情况后，经常派党员到岑河口做杨的工作，使杨幡然悔悟，决定弃暗投明。适时，正值岑河日军调走，换防日军未到，杨少卿利用这一有利时机，迅速召集大队副和三个中队长开会，计划于当日晚上行动。并立即给江陵县抗日民主政府第三区负责人朱玉衡、段振经写信，要求策应。段振经与杨接上头后，迅速组织了接应船只。区中队当晚开进岑河口，监视沙市日军，掩护杨部拖走，杨带着1000多人枪，两挺机枪，一个掷弹筒，分乘20多条船往三湖开来，到张金河向新四军投诚。区中队在岑河口开仓济贫，摧毁了日伪区的工事，方才撤出。杨少卿率起义队伍到达熊口后，第三军分区将其队伍编入四十五团，任命杨为副团长。

（三）川沔根据地击退敌人围攻

汉川、沔阳地处汉水的下游，与武汉相距较近。新四军在川沔的活动，对占领武汉的日军构成很大的威胁。

1945年3月1日，驻彭家场、西流河、王家塌、下查埠、王市口五据点的伪军二十九师邹屏藩部配合日军共400余人，向川沔根据地的芦林湖、汆鸡台、荣霸湖三地进攻。正值倾盆大雨，新四军以一个班之兵力掩护群众转移，另以一部冒雨连扑三道深沟，夺取沟口阵地。敌人狂呼乱叫：“这是新四军游击队，围呀！冲呀！”新四军指战员沉着应战，首先一枪不发，待敌接近阵地200米时，即以机枪猛烈扫射，吓得伪军不敢前进。战斗坚持约五小时，敌人渐感不支，纷纷扑水逃窜。

3月19日晨，驻新滩口日军约20人，携步枪18支，轻机枪一挺，掷弹筒一个，袭击新四军驻白釜池汉水部，汉水部沉着应战，与敌激战三小时。新四军在机枪的猛烈扫射下，击毙敌人两名，敌人狼狈逃走。

第四节 襄河地区军民赢得抗战胜利

一、襄河地区军民欢庆抗战胜利

1945年8月15日，日本宣布无条件投降。当天，中、苏、英、美等国的广播电台都播送了这一振奋人心的消息。襄南地委和襄北地委都决定召开群众大会，把这一特大喜讯迅速转告襄河两岸人民。

8月15日，第五军分区和天汉县委在沙口联合举行庆祝抗战胜利大会，参加大会的有军民6000多人，天汉县委书记鲁持久在会上讲了话。同日，石公华行委会在江北斋公桥举行庆祝抗战胜利大会，参加大会的有军民500多人，县行委会主席李树人在会上讲了话。8月16日，汉沔、监沔根据地人民听到消息后，热泪盈眶，纷纷举行庆祝活动，开庆祝会，放鞭炮、唱戏，村村户户像过节一样，庆祝用流血牺牲换来的胜利。监沔县委在史港沟、吴家新场（附近）、小河、剅口、汴河剅五个地方，分别召开了群众大会，欢庆抗战胜利。汉沔中心县楚剧团在下丰岸连唱三个昼夜的戏，监河县军民在洪湖水上举行火把游行，形成条条巨龙游来游去，十分壮观。15日、16日两天，天潜沔、京钟、荆当等县亦纷纷举行庆祝抗战胜利的集会。会后，人们奔走相告，喜笑颜开，老人们互相拱手，祝贺抗战胜利。

二、警惕蒋介石抢夺胜利果实

日本宣布投降后，躲在峨眉山的蒋介石将要下山摘“桃子”，抢夺人民的胜利果实。中国共产党领导人民和蒋介石进行了针锋相对的斗争。

8月10日、11日，延安总部朱德总司令连续向各解放区发布七道命令，指出：“各解放区任何抗日武装部队均得依据《波茨坦宣言》规定，向其附近各城镇交通要道之敌人军队及其指挥机关送出通牒，限其于一定时间内向我作战部队缴出全部武装。”“如遇敌伪武装部队拒绝投降缴械，即应予以坚决消灭。”

与此同时，朱德总司令对日军之命令中指出："在鄂豫两省的日军，应至新四军大别山地区，接受李先念将军之命令。"

11日，新四军五师根据延安总部司令和中共中央指示，向各军区（旅）发布紧急命令，立即动员全部力量迅速占领被敌伪盘踞的大小城市、交通要道，限令伪军反正、投降，并按指定地区驻扎，否则予以消灭。襄南襄北第三、第五军分区立即执行命令，对所在地日伪军发出通牒，展开受降工作。

11日，蒋介石连发三道命令，命令伪军抵抗人民军队受降。

12日，美国麦克阿瑟以远东盟军总司令的名义，对中国战区的日军下令，只能向国民党政府及其军队投降，不得向中共的武装力量缴械。

13日，延安总司令朱德和副总司令彭德怀致电蒋介石，坚决拒绝蒋介石11日命令，要求人民军队继续向日伪军作坚决的进攻。

日本宣布投降后，国民党第五战区司令李宗仁命令曹勖等部由大洪山区向襄河流域各城镇和交通线上开进。国民党五战区第三挺进支队司令曾宪成抢占了钟祥县城，国民党监利县流亡县长李潭从华容注滋口派人回监利到伪军中活动，叫他们不要向新四军缴械，原地不动。李潭回监利后，将他们改编为监利县保安团。与监利相类似的情况，襄河地区各县都有。由于日伪军拒不投降，在日本宣布投降后的一段时期，襄河两岸继续激荡着抗日战争的余波。

三、襄河地区迫令敌伪投降的几次重要战斗

襄河以南的第三军分区、襄河以北的第五军分区接到新四军第五师的命令后，迅即分别颁布受降条例，分别成立了受降指挥部，所属各县也成立了受降指挥部，积极开展受降工作。遵照总部命令，襄河境内日军应到大悟山新四军第五师师部接受李先念将军之命令，各军分区一般只接受伪军投降。所有日伪军拒绝投降者，当坚决歼灭之。

襄河地区军民在受降工作中，有许多重要战斗，堪称范例。

（一）吴家新场战斗

吴家新场位于天门城北偏西10公里的一处岗岭上，是一个约有50家商店的小集镇。守敌是伪军天门县保安队的一个中队，中队长潘典明。潘典明兵力百余，配有机枪三挺，长短枪100多支。敌人在集镇周围筑有土城，城外有一道壕沟，壕外遍布鹿寨，再外就是一片被夷平的开阔地带。土城中心筑有高达四层、可容纳百人的碉楼一座。土城的几处犄角处配有暗堡，组成立体交叉火网。日本宣布投降后，该中队龟缩据点之内，等待“国军”前来受降，拒不向新四军缴械。

8月16日，五军分区司令部在天西召开会议，决定以四十四团为主，配合地方武装，围攻吴家新场伪军据点，诱敌来援，然后聚而歼之。17日拂晓，小雨中，围城战斗开始。四十四团一营三个连分别从土城南、西、北三面发起进攻。因为目的是打援，所以未发起强攻，只是在北面用火力掩护基干队从罗汉堰挖掘坑道，接近土城，准备必要时用火药爆破。敌见新四军火力不强，也只在土城内固守，未多加还击，这样僵持了一天，双方无伤亡。

入夜，小雨未停，一营副营长傅云清指挥一连、二连从南面和西面攻打土城，三连在指导员王木香带领下从北面进攻。战斗约一小时无进展。司令部接受了李人林的建议，连夜在土城外西南面筑起一座高出敌城的土台，在上面构筑了阵地。

18日，雨还未停，新四军加强火力继续攻城，战士们趴在土台上，居高临下，用机枪步枪向城内之敌瞄准射击。在西北高地上用一挺高射机枪，射向敌人碉楼。这一天，天北、渔北两个联乡的自卫队、基干队都扛起梭镖大刀，带着担架干粮，来到前线，呐喊助威，一时杀声震野，声闻数里。石东、官风两乡的群众挑着饭菜茶水送到了阵地。战场上，战士们和群众互相鼓励。个个神采奕奕，一吐多年胸中郁积。

战斗进行了两天两夜，天门城之敌毫无出援迹象。司令部决定尽早拿下吴家新场。为了减少伤亡，对敌尽量避免强攻，采取先打后拉的办法，首先给予军事打击，然后进行政治瓦解。19 日凌晨，土台上新四军打开火力，封锁土城内一切通道门户，高射机枪则集中猛扫敌碉楼。不一会儿，碉楼被打塌一角，潘典明的小老婆被打死。城内敌人陷入绝境，伪军死伤不少，粮食也快吃光。在此情况下，天北工委书记潘选才向碉堡敌人喊话，展开政治攻势。指出其目前的政治、军事和生活处境困难，晓以民族大义，宣传中国共产党和军队的宽大政策。最后，命令其在 20 日中午 12 时以前缴械投降，并保证对俘虏不杀不辱，私人财物不受侵犯。这时候，伪军无路可走，只得接受新四军命令，准备投降。

20 日正午，城内伪军首先把全部枪支成捆吊出城外，然后开城投降。四十四团一营一部分继续坚守阵地，一部分入城受降。战士们把俘虏押送到文家大湾，听候发落。

下午 2 时许，天门城的日伪军不知吴家新场的一个中队已经投降，派出的一个中队日军和近 1000 名伪军来援，与四十四团前沿部队接了火。四十四团司令部立即令一营、二营驰援。于是，一营除留少数兵力看守俘虏外，其余与二营迅即南驰增援。

在黄岗岭，二连、七连、八连、九连四个连与一个中队的日军展开白刃战。战斗异常激烈，双方伤亡都很大。四十四团三营教导员杨力腹部受重伤，在杀死两个日本兵后壮烈牺牲。一连指导员谢传生亦在肉搏中壮烈殉国。激战至下午 5 时左右，日军死伤大半，残敌 30 余人，且战且退，向东面李家嘴方向退去。四十四团一营黄营长率部紧追，刚出茶壶湾，头部中弹负重伤，送到湖区医院后，在抢救过程中去世。敌人逃至李家嘴村后，受到二营和天北支队的阻击，便跳进一个干堰里，凭借堰堤，继续抵抗，三连、七连、八连、九连赶上来，将敌人团团围住，敌人成了瓮中之鳖。

傅云清带领的一连，打过老龙堤桥时，近 1000 名伪军因已吃过苦头，不敢还手，慌不择路地向天门城狼狈逃窜。一连穷追不舍，直赶到距天门城仅二里的草鞋店。一连回到老龙堤，立即参加歼灭干堰内日军的战斗，同几个连一齐向敌人开火，活捉日军中队长小村，其余30多名日本兵全部被打死在干堰内，战斗于夜9时许结束。

此役共打死日军50余人，生俘日军5人，毙伤伪军100余人，俘虏伪军200余人，缴获平射炮1门，重机枪1挺，长短枪270余支。

吴家新场战斗是在天门县抗日战争的最后一仗，也是歼灭日军最多的一仗。

（二）再次攻打毛家口，横扫府场

襄南地委、三军分区领导鉴于敌伪拒不向新四军投降的情况，召开紧急军事会议，根据王全国掌握的敌人详细兵力部署、地形等情况，决定首先攻打毛家口伪军沈（家常）团。

毛家口北依内荆河，南临沙湖，其工事是国民党一二八师为抵抗日军而修筑的，后又为敌伪所占。街的东、南、西三面筑有一道厚3米、高4米的土城，每隔半里有一座碉堡，掩体密集，只有四条进街的路，每条路口各筑一座三层的炮楼，土城外，挖有深5米、宽10米的壕沟，沟底遍插竹削的梅花桩和柘刺。壕沟上有吊桥，吊桥内有铁栅门，门上布满了用铁丝扭的菱角尖，每至天黑，抽桥关门，谁也不得出入。

沈团共辖三个营，有600余人枪，第一营营长刘炳，系沈的亲信，有200余人枪，防守上街，警卫团部。第二营营长李明显与沈貌合神离，有100余人枪，驻扎下街洪家湾，防守两条路口（一条通福田寺，一条通下车湾）。第三营营长常肇明，是沈的心腹，有200余人枪，驻扎中街，防守街北董家到沟渡口（从河北进街全靠这里渡河），并向街南沙湖方向警戒。团部有一个手枪排担任警卫。

襄南地委、三军分区开会决定攻打毛家口之后，由军分区副司令员王绍南、参谋长魏国运、政治部主任刘放，率领分区主力第四十五团和分区警卫连于8月22日（农历七月十五）向毛家口进发，晚上到达毛家口外围。司令部、团部驻下街外一里多路的吴家庙，监沔县委书记兼县总队政委王全国，亦随司令部到达毛家口，监利县支前的基干队200余人在罗寿世率领下，一同开赴前线待命。

这次战斗，由四十五团团长张秀龙负责指挥。从毛家口至卸甲河约20里，有一条狭窄的河堤，堤北面是河，南面是沙湖，堤上没有任何掩蔽物，不利于进攻，由四十五团三营（营长彭庆云）与监利县指挥部配合从河堤向上街头进攻，并阻击由监利县城来援之敌，第一营（营长常修利）担负下街头的主攻任务。第二营（营长舒宝庆）驻司令部周围，作为第二梯队，如敌沿内荆河河堤逃跑，即进入石码头，与一营配合，前堵后追，将敌消灭在孟家河一线。同时，一营和三营实行火力交叉，封锁沙湖湖面，不让敌人从湖上逃跑。监沔县总队郑华友带领两个连与杨林焕率领的游击队驻守包家铺一线，以防朱河、上车湾、监利城之敌从东南方向前来增援。

毛家口下街外面，从东北到东南，有一块平展的农田，兵力容易展开，可以发起多路进攻。田中多种棉花，便于匍匐前进。因此，张团长选定下街头作为主攻方向。

在做好充分准备后，战斗于8月23日（农历七月十六）打响，四十五团兵分三路从上街、下街和沙湖边向毛家口同时发起进攻。担负着主攻任务的一营指战员英勇顽强，连续不断地向下街头李明显防线冲杀。他们带着绑接的长梯、麻绳，多次冲到敌人的壕沟边，准备越沟登城，突破敌人的防线，均被敌阻。在此情况下，四十五团炮兵向敌多次发射迫击炮弹，有一颗炮弹爆炸后，顿时起火，一时火光冲天。还使用美机上的机关炮，一连发射出几十发炮弹。

在进攻中，新四军牺牲10余人，伤20余人。在开始向毛家口展开进攻之时，三军分区警卫连敌工科科长韩白起带着全连战士赶到监利县城北郊的火把堤，接通了监利县日军警备司令福岗的电话。韩白起对着话筒，语气激昂地对福岗说：“我们是新四军，我军正在攻打毛家口，马上就要消灭沈家常。现在我代表新四军向你宣布：希望你按照日本天皇的命令，迅速向我军投降，否则，我军将以武力消灭驻监利的所有侵华日军。”福岗回话：“我没有接到岳阳司令部的命令，不能向新四军投降，请你原谅。”韩白起以此警告日军，不要向毛家口驰援。

天明，决定暂时停止进攻，大部撤下来休整，只留少数部队用炮火骚扰敌人，并向敌人喊话，进行政治攻势。魏国运和王全国还沿着毛家口详细侦察了解敌情及其工事以及部队夜晚进攻情况，并向司令部作了汇报。同时王绍南主持召开了战地会议，研究了下一步的作战计划。

不久，沈家常派“代表”前来“调停”。新四军除了利用来人做沈的工作外，同时，派人做李明显的工作；还利用常修利与伪营长常肇明的亲属关系做常肇明的工作。经过做工作，李明显愿意起义，接着常肇明也愿意投诚。于是，决定先接受李明显起义，要他打开城门让新四军进城。25 日凌晨 1 时，新四军从李明显部处进城，命令李营集结听候改编。同时，也缴了常肇明的武器。这时，沈家常在刘炳营处，刘炳营尚不肯投降，在新四军强大政治攻势及大军压城下，沈家常于拂晓前来到司令部投降，刘炳营也交了枪，天亮前战斗全部结束。新四军收复了毛家口，缴获长短枪 600 余支，轻机枪 7 挺，迫击炮 1 门。将李明显营的不足 200 人枪编入监沔总队，改为监沔独立团，李明显任副团长，留在监沔。后来他在去抗大学习的途中逃跑。

毛家口攻下之后，驻柳关的伪军大队长吕正刚带领全大队 400 余人枪，仓皇北逃，投靠国民党顽军去了。由于柳关之敌已逃，三军分区主力部队于 8 月 25 日开往府场，当晚将府场包围。半夜战斗打响，天亮战斗结束，将伪军杨振华团驻府场的赵国良营 300 余人全部歼灭，无一漏网。张威留在府场的一部分人也全被俘获。府场之战，共缴获步枪 200 余支，机枪 3 挺，手枪几支，新四军无伤亡。

（三）吕家港截击战

日本宣布投降后，天汉县委根据襄北地委指示，成立了新四军天汉县受降指挥部。天汉县受降指挥部指挥长陈敦秀、副指挥长翟青山、政委鲁持久、副政委王遵义、参谋长戴景裕。指挥部成立后，即通令天汉境内的敌伪投降。

天汉县境内的敌伪，根据国民党政府的命令，拒不向新四军投降，天汉县委将县南支队和各区中队集中，整编成三个大队和一个特务连，每个大队（连）80—100人，由县总队统一指挥，循皂市、柳河、九真、大板、小板、横林、干一、田二河、麻湖渡等地绕了一周，促使日伪投降，和日军、伪军打了几个小仗，缴了几十条枪。

8月22日，天汉县委得到可靠情报，日军的28只差船已从汉口起锚，开往天门。县委决定在吕家港以西一带把它们全部打掉。

事前，县委充分估计，28只船在河里蜿蜒而行，长度将达二三里路，如不选择适当地形，很难收到预期效果。为此，总队长许树庭和参谋长戴景裕沿河仔细观察研究地形，决定在么八湾设伏待敌。8月24日上午8时左右，蜿蜒如龙的日军差船，便鱼贯而入吕家港，向着么八湾驶来。10时许，副政委王遵义下令开枪，埋伏在南北两岸的总队战士，即一齐向着差船射击。船上的伪军进退不得，无处躲藏，纷纷投降，战斗很快胜利结束。清理战场时，发现只打了23只差船，还有5只差船由三十几个日军押运，为防新四军袭击，有意跟在后面。他们一听到枪响，就掉转船头，驶进吕家港弃船上岸，占据了一栋楼房，准备负隅顽抗。总队发觉后，立即包围了这栋楼房，敌人居高临下，和总队打了一天一夜，总队伤亡10多人。25日下午，天汉县委决定改用火攻。首先令两名战士，各带一桶煤油，头顶湿棉絮，由稻田隐蔽前进，接近楼房后，即马上将煤油点燃，顷刻楼房起火，敌人便纷纷跳楼逃命，总队趁势痛击，遂歼灭了这股敌人。

这是天汉对日的最后一战。此次战斗，击毙日军18名，俘虏日军20余名，伪军80余名。缴获机枪5挺，步枪80余支，掷弹筒1个，弹药无数，布匹10多船，白糖、香烟各几船。此外还缴获了一些银圆、金条。

（四）京钟县总队攻克下洋港

下洋港是地处京山、天门、钟祥三县之交的一个小镇，属京钟县东南区管辖。东北临大洪山余脉，山峦起伏，中间有石龙河贯穿南北，南抵汉宜路连接东西，西部是芦苇丛生的平原湖区，是武汉至大洪山的一道天然咽喉。下洋港的敌伪中队长林家元有100余人枪，于日本宣布投降后，接受了国民党的命令，紧闭城门，准备向国民党军队投降。

为攻克下洋港，京钟县总队先后采取了派人劝降、围城迫降和攻城纳降的斗争策略。

9月初，京钟县东南区委书记邓洲根据京钟县委指示，派民主政府下洋港乡乡长陆大贵和开明士绅范馥庭进城劝降。林家元竟扣押了陆大贵。过了两天，陆大贵生死不明。为此，京钟县委调集东南、西南和檀山等五个区中队共400余人，将下洋港团团围住，切断交通要道，然后对敌伪军喊话，宣传政策，以强大的政治压力，迫使林家元投降。但敌伪军一不投降，二不交出被扣人员，三不回话，仍死闭城门。

又过了两天，为防止雁门口、杨家泮、熊桥、旧口、高集等处伪军驰援，京钟县委决定将京钟县总队四个连的兵力，火速调到下洋港，准备实行强攻。一天下午，京钟县总队从傅家巷急行军，沿长滩、高集、何集而下，连夜赶到下洋港。深夜，襄北专署专员谢威和京钟县委书记郭欠恒，京钟县总队长白献文、总队副陆春阳，县委秘书龙飞，东南区委书记邓洲等开会分析敌情，讨论作战方案。会上，陆春阳自告奋勇，连夜带部队攻城。

第二天，县总队在黎明之前紧急集合，向着下洋港西门冲去。一时冲锋号声、机枪声、冲杀声响成一片，战士们从桥上冲过了护城河，进入街道。敌营房周围有两米多高的土城，土城外是用柘刺、树枝围成的障碍物。守桥的伪军未开一枪，退入土城，龟缩碉堡之中。不到半小时，京钟县总队全部开进下洋港城内，占领了有利地形。城外要道仍由各区中队把守。

清晨，京钟县总队进城后，有的用木板和湿了水的棉絮筑简易工事，有的向老百姓作宣传，有的向炮楼伪军喊话，讲形势，要他们尽早缴械投降。但伪军拒不回话，并从炮楼内不时放冷枪。上午10时，从炮楼内偷偷摸摸走出一个伪兵，挑着水桶想去取水，白总队长“叭”的一枪，那伪兵吓得丢下水桶窜进碉堡内。紧接着，白总队长组织10多名神枪手，对敌炮楼门和碉堡枪眼实行封锁。这样，伪军就乱了阵脚，传出伪兵的吵闹声和家属的号哭声。

在此情况下，谢威、郭欠恒再次派范馥庭到伪军炮楼内劝降。范馥庭向林家元及其下属讲明共产党的政策，只要他们放下武器，保证家小安全。林家元在走投无路的情况下，只得来到京钟县总队受降部，签订了投降协定书。

下午5时，京钟县总队派人押着林家元返回炮楼，林家元当即集合全体伪军，宣布向新四军所属的京钟县总队投降，当即清点人员，计投降伪军130余人，收缴枪支130余支，机枪1挺，子弹数千发，县总队同意林家元回家生产，改恶从善，立功赎罪。同时，五军分区四十四团一营、教导团一个大队和军分区警卫连，全歼了拒降的驻京山永隆河伪军张明道部，击毙张明道；三军分区围攻石首调关、焦山河、章华港等日伪据点，歼灭守敌，缴长短枪40余支；四十五团攻打潜江县城，歼灭守敌一部；襄西三十三团歼灭石牌镇敌伪军一部后，又在荆南姚家集、雷都庙等地进袭日伪军，伤敌40余人。

这些战斗的胜利，充分显示了人民战争的巨大威力，在襄河地区军民抗日斗争史上记下了光辉的篇章。

四、襄南、襄北军民保卫胜利果实，投入新的战斗

1945年8月15日，日本宣布投降后，蒋介石为了抢夺胜利果实，一方面从大后方大举向东北、华北、华东、华中、华南运兵，美国也派飞机帮助空运。另一方面，即借口受降，纠集20多个师及九个游击纵队，四面包围鄂豫边抗日民主根据地，内战危险迫在眉睫。中共中央考虑到国民党还保存着相当的实力，又有美国的支持，而我们在南方的根据地还不巩固，战线过长，不利于守。8月中旬，制定了“向南防御、向北发展”的方针，决定把南方八个根据地让出来，将新四军撤到长江以北，以争取和平。鄂豫边区党委根据党中央指示，对所属各地、县作了精简地方机构、充实军事力量、相机北撤的指示。江南县（石公华）是襄南地区的前哨，奉命首先北撤。8月19日至

20 日，江南指挥部五个连和数名地方干部在梁诚、李秉范、郑怀远的指挥下，分三批过江，抵达横沟市。江南县委、石公华行委会、江南挺进支队在横沟市举行联席会议，李秉范传达了上级指示，分析了敌我形势，决定主力北上，留下部分干部和军队坚持游击战争和地下活动。

襄南、襄西各县抗日民主根据地的新四军暨地方部队、党政机关亦陆续向北转移。8 月下旬，国民党军队进占了钟祥、沙市、江陵、监利、石首、公安、华容等县、市，分别接受了该地日伪军的投降。

中国经过 14 年抗战，人民饱受战争之苦，迫切希望和平。中共中央体察民意，在国民党军队大举向根据地推进的时刻，仍以民族利益为重，继续委曲求全，于 8 月 25 日发表了《对目前时局的宣言》，提出“和平、民主、团结”三大口号，要求同国民党“立即实现和平，避免内战”。26 日，中共中央向党内发出《关于同国民党进行和平谈判的通知》，指出：党既要力争和平民主局面的出现，又要坚持自卫原则，做好战争的准备。9 月中旬，中共鄂豫皖中央局根据毛泽东的指示和中央军委 8 月 20 日颁布的《关于目前军队编制的决定》，整编了部队，建立了鄂豫皖野战军司令部，李先念任司令员，郑位三任政委，下辖鄂豫皖野战军，野战军辖第十三、第十四、第十五旅。

与此同时，还组建了鄂东、江汉两个军区，江汉军区的部队即原第三军分区、第五军分区的部队合编而成。江汉军区司令员贺炳炎、副司令员罗厚福、政委郑绍文（代）、副政委廖汉生。下辖天京潜县总队、天汉县军事指挥部、京钟县总队、汉沔指挥部、江南指挥部、监沔总队、襄西指挥部等。

为了稳住中原局势，鄂豫皖野战纵队于 10 月 20 日发起了桐柏战役，对国民党军队的进攻进行了迫不得已的反击。10 月下旬，相继攻克了桐柏、枣阳、新野、唐河四座县城，歼敌 2000 余人。10 月，三五九旅南下支队、嵩岳军区部队与新四军第五师部队这三大主力在大悟山和桐柏山会师。

10 月 30 日，根据中央指示，改鄂豫皖中央局为中原局，在原鄂豫皖军区的基础上建立中原军区。中原军区下辖鄂东、江汉、河南三个军区和第一、第二两个野战纵队。此时，中原地区的人民武装力量已拥有三万余人的主力军和近三万人的地方军。在解放战争的战略防御阶段，江汉军区部队同中原主力部队一起，一直坚持在黄河以南进行外线作战，大量牵制了国民党军队，继续发挥着对其他战区的战略配合作用，为夺取解放战争的胜利作出了重大贡献。

附录一

襄河抗日民主根据地大事记

（1937 年 7 月—1945 年 10 月）

1937 年

7 月

7 日　日本侵略军发动卢沟桥事变，抗日战争全面爆发。

10 月

中旬　中共中央派郭述申来汉，组建了中共湖北省工作委员会，郭述申任书记。

11 月

于光远受中共湖北省工委的派遣，奔赴荆沙地区，对荆沙地下党支部进行审查，并主持和指导荆沙的抗日救亡工作，培养“青救”骨干，发展党的组织。

汉川县彭怀堂、张华堂、郭秀庭、张继堂等人经董必武出面交涉从武昌反省院获释，先后回到汉川，开展抗日救亡活动。

12 月

湖北省工委召开第一次扩大会议，成立了中共湖北省临时委员会，郭述申任书记。

20 日　湖北省农村合作事业指导员训练班在汤池正式开学（简称“汤池训练班”），李范一任班主任，陶铸主持实际工作。训练班共办四期，培训干部 600 余名，为准备和发动抗日游击战争做了思想和干部准备。

冬　八路军驻湘办事处派李服波到华容等地恢复和发展党的组织。

1938 年

1 月

1 日　在荆沙党组织的领导下，新生、黎明两个剧社在沙市中山公园中山纪念堂组织了一次联合公演，演出了《最后一计》《三江好》《九一八以来》等剧目。

5日　湖北省战时乡村促进会正式成立。

汤池训练班党支部建立后，即在皂市开办了书报合作社。童世光负责，大量销售《新华日报》等报刊，大张旗鼓地宣传党的抗日主张。

2月

王治遵照中共湖北省临时委员会指示，重返新堤，秘密建立中共新堤支部，书记王治。

南华工委成立，同时八路军驻汉办事处派人到石首协助工作。

陶铸派顾大椿、夏菲、谢威、石维新等到京山，组建中共京山特支，顾大椿任书记。

湖北临时省委派罗乃夫、魏西等来荆沙再次审查荆沙特支。

4月

湖北临时省委决定解散原鄂西联县县委，成立鄂西工作委员会，罗乃夫任书记。

荆沙各界抗敌后援会在沙市体育场召开群众大会，庆祝台儿庄大捷。

春　陶铸与李范一商量，申报董必武决定，通过统战关系，从皂市米油厂抽出资金3600元，通过八路军驻汉办事处订购枪支弹药。

6月

月初　湖北临时省委在周恩来、董必武的支持下，在武汉召开了临时省委第二次扩大会议，正式成立湖北省委。下设鄂东、鄂南、鄂中三个特委和鄂西、鄂北两个中心县委。郭述申任省委书记。

8月

石（首）公（安）华（容）南（县）安（乡）岳（阳）六县联防政府成立，并组建了洞庭湖巡逻大队。

9月

中旬 汉阳的“乡促”“青救”组织邀请武汉的“朝鲜战时服务团”等团体组织到汉阳各地巡回演出宣传。

29日 中共中央六届六中全会在延安召开。会议决定撤销长江局，成立南方局、中原局。

10月

日军先后出动飞机109架次，对江陵古城、沙市、郝穴等沿江重镇、村庄实行狂轰滥炸，全县炸毁房屋537栋，炸死629人，伤残人数数以千计。

在周恩来、郭沫若安排下，原在国民政府军事委员会政治部三厅任职的刘明凡，到沙市组建“战地文化服务处沙市总处”。刘明凡任主任。

23日 八路军驻武汉办事处和《新华日报》总馆的25名同志，在嘉鱼境内燕子窝（现属洪湖市）惨遭敌机轰炸而壮烈殉难。

27日 汉阳失陷。至此，武汉三镇被日军侵占。

下旬 鄂中特委决定由童世光、谢文耀、梁立玲、王栋组成中共天汉工作委员会，童世光任书记。

11月

中旬 应城抗日游击队在京山丁家冲成立，孙耀华任司令员。

12月

天汉工委召开扩大会议，决定成立中共汉川县委，夏昌云任书记。

汉阳民众抗日游击队改编为川阳抗日游击大队，姚杰任大队长。

陶铸率领应城抗日游击队在京山丁家冲袭击日军，首战获胜。

下旬 在天汉工委指导下，中共天门县委在干驿成立，曹志坚任书记。为加强江陵抗日救亡工作的领导，鄂西中心县委决定成立江陵县委，王栋任书记。

1939年

2月

鄂中区党委在随县长岗店召开扩大会议，钱瑛、杨学成、陶铸等在会上传达了中共中央六届六中全会精神和党中央关于八路军、新四军在敌后建立政权的指示。

3月

鄂西中心县委撤销，中共中央南方局决定成立湘鄂西区党委，统一领导鄂西和湘西北未沦陷地区的党组织，钱瑛任书记。辖南县中心县委、松（滋）枝（江）宜（都）工委和江陵县委。

鄂中区党委决定将天汉工委改为天汉中心县委，童世光任书记。

日军向京山、钟祥大举进犯，5日，钟祥沦陷。京山及钟祥以东地区交通线和大小城镇全部陷入敌手。

中旬　由共产党员和进步人士参加的第五战区文化工作委员会被国民党顽固派污蔑为“共产党的扩张势力”，令其解散。

31日　“应抗”手枪队及京（山）应（城）抗日自卫队40余人，在陶铸率领下，于京山公安寨附近对运送军用物资的日军船只进行伏击，毙敌慰劳团长以下官兵10余人，伤敌10余人，缴获大量军用品。

5月

29日　日军由天门岳口南渡襄河，占领潜江县城。

6月

上旬　李先念、陈少敏等率领新四军挺进团一大队到达京山大山头与应城抗日游击队会合。

中旬　鄂中区党委在京山养马畈召开会议，决定改组鄂中区党委，陈少敏任书记。

7月

新的鄂中区党委决定撤销中共天汉中心县委，成立中共天汉特委，雍文涛任书记。

7日　中共中央发表宣言，提出了“坚持抗战，反对投降；坚持团结，反对分裂；坚持进步，反对倒退”三大政治口号，动员全国人民反对国民党顽固派积极反共阴谋，为争取时局好转而斗争。

7日　鄂豫边区党委机关报《七七报》在京山八字门创刊，李苍江任社长兼总编辑。

下旬　由第三团队的两个中队和汉川县自卫第三中队合并组成新四军豫鄂独立游击支队第四团队，李人林、雍文涛分任团长和政委。

夏　王劲哉以宴请七六六团连以上军官为名，将团长周干臣及连以上军官30多人杀害，从而吞并了天汉地区最大的一支人民抗日武装。

8月

抗日十人团首先在京山县丁家冲一带出现，9月便在丁家冲成立了京应抗日十人团总团。随后，天汉等地先后建立起抗日十人团。

9月

月初　新四军豫鄂独立游击支队四团队跨越襄河，攻入汉阳蔡甸，打击伪“中国人民自卫军”独立第九十二师熊光部，歼敌100余人。

10月

13日　豫鄂独立游击支队第一、第二团队于京山新街同300余名日本兵展开战斗，歼敌180余人，将敌击退。

中共湘鄂西区委员会在松滋邓家铺召开扩大会议，传达中共中央关于巩固党的决定和党在国统区实行精干组织、隐蔽力量的方针，确定了全区今后一个时期的中心任务。

11月

中旬　中共中央中原局决定，建立新的豫鄂边区党委，统一领导鄂中、鄂东、豫南地区党的工作。

12月

月初　中共豫鄂边区委员会在京山八字门正式成立，郑位三任书记（因病未到职），陈少敏任副书记（代理书记），军事部长李先念。区党委的主要任务是领导边区的地方工作。

5日　日伪军1600余人“扫荡”中共豫鄂边区委员会机关驻地京山马家冲，边区领导机关率部进行抗击，毙伤日伪军一部，机关、部队胜利突围。

四团队在府河口伏击日本三井洋行的两只商船，缴获了大批物资。

中共豫鄂边区委员会在京山召开第一次全区组织工作会议，提出大力发展党的组织、提高党员政治思想水平的任务。

30日　顾大椿到达天汉特委所在地陡埠头，着手组建天汉地委领导班子，顾大椿任书记。

1940年

1月

3日　新四军豫鄂挺进纵队在京山八字门正式宣告建军，李先念任司令员，朱理治任政委。下辖五个团队和三个总队，全军9500余人。

12日　美国记者史沫特莱到达京山八字门，受到边区党委负责人和纵队首长及指战员的热烈欢迎。在中国女作家安娥的陪同下，在边区访问近三个月。

2月

中旬　李先念率豫鄂挺进纵队第二、第四、第五团队于汉阳侏儒山歼灭伪军汪步青部一部，威震武汉，盘踞武汉的日军急忙加强防守，并下令戒严三天。

边区党委邀请基本区各县政权负责人和开明士绅在京山丁家冲召开会议，成立了豫鄂边区宪政促进会，陶铸被推选为主席。

3月

8日　豫鄂边区在京山丁家冲召开第一次妇女代表大会，成立了边区妇救总会，陈少敏兼总会长。

天汉军政委员会成立，周志刚任书记，顾大椿、易家驹、李人林等为成员。

11日　毛泽东做《目前抗日统一战线中的策略问题》的报告，确定了“发展进步势力，争取中间势力，孤立顽固势力”的总方针。

4月

中旬　四团队团长李人林、政委岳林率两个营，汉川县国民自卫兵团副团长谢威率两个中队，对化装成土匪，偷渡襄河，潜入竹桥地区的国民党一二八师特务团进行有力还击，打退了他们的进攻。

春　鄂豫边区党委统战部长陶铸赴延安开会，途经汉川时，拜访了向岩，并代表边区党委，向汉川县政府赠款3000元，使向岩深受鼓舞。

6月

8日　日军侵占荆沙，江陵中心县委东迁岑河口。

21日　挺进纵队平汉支队第一、第二团队攻占京山坪坝，全歼黑匪丁巨川、谢占奎部，俘1100人，开辟了白兆山根据地。

7月

鄂豫边区首长命毛凯率挺进纵队挺进襄西，与襄西各地游击武装会合，首战石牌告捷，取得了一个立足点。

日军第3师团两个大队1200余人企图重占坪坝，被平汉支队击退。

边区党委主办的《党的生活》和《七七月刊》在八字门创刊，夏忠武、谢文跃任主编。

8月

中共中央南方局决定撤销湘鄂西区党委，成立湘鄂边特委，特委辖江陵、松枝宜中心县委和公安、石首等县党组织。

13日　汉阳伪中国人民自卫军1500余人在爱国人士杨经曲、伪军一六五旅旅长黄人杰率领下，反正参加新四军，后改编为挺进队第十团、第十一团。

14日　边区党委洪山公学在京山八字门正式开学。陈少敏兼第一任校长。

中旬　新四军挺进纵队天西指挥部成立，刘少卿任指挥长，杨学诚任政治委员，率部南下天西，歼灭助敌的以潘典华、潘尚武为首的反动地主武装一部，解放了天门以西地区，该地区成为后来进军襄南的跳板。

9月

1日　边区党委在八字门召开第一次军政代表大会，传达了中共中央《关于抗日根据地政权问题的指示》，选举成立了边区军政联合办事处，许子威任主任。

月初　天门各界代表大会召开，选举产生了天门县行政委员会，曹志坚任主席。

日军600余人第二次进攻坪坝，被挺进纵队一支队击退。

10月

日军步、骑兵1000余人，第三次进攻坪坝，被挺进纵队第六团队和第三团队等击退。

边区党委在八字门召开财政会计，贯彻中原局关于征收救国公粮和开展二五减租的指示，讨论军队给养和兵源补充问题，成立了以陈少敏兼任书记的财经委员会。

襄西地委成立，李守宪任书记。

1941年

1月

4日　国民党顽固派制造了皖南事变。

5日　荆沙日军司令两角率步骑兵400多人，以两辆坦克开路进占岑河口，中共江陵中心县委机关转移至三湖农村，从此岑河口成为日军据点。

22日 中共中央军委发布命令，新四军豫鄂挺进纵队整编为新四军第五师。

2月

边区抗日保安司令部在京山小花岭成立，郑绍文为司令员，夏忠武兼政治委员。

4月

1日 边区第二次军政代表大会在京山向家冲召开，成立了豫鄂边区行政公署，许子威当选为主席。

上旬 新四军五师全部组建完毕，李先念任师长兼政委，全师1.53万余人。5日，李先念通电就职。10日起，一律使用新番号。

中共江潜监中心县委在潜江正式成立，沈清任书记。天汉地委组织部长易家驹作为新四军代表与王劲哉谈判，双方达成互相合作抗日、互不侵犯的口头协议，使后来天汉地区的紧张局势得到了一定程度的缓和。

5月

天汉地委改汉阳工委为县委，张麟书任书记。

武汉日军河野率步兵5000余人，骑兵2000余人，坦克40辆，在30架飞机配合下，进犯一二八师。该部与日军相持七天，毙伤敌军1800余人，这是易家驹与王劲哉达成共同抗日协议后，取得的一次团结抗日的胜利。

9月

13日 潜江事变，李智、贺其彩牺牲。

10月

天汉地委根据边区财经工作会议精神，成立了天汉贸易局。

11月

17日 五师第十五旅及天汉地方武装，发起汉阳侏儒山战役，后十三旅受命参加总攻作战。战役历时两个半月，对日作战14次，歼灭伪黄卫军第一师5000余人，解放了（汉）川汉（阳）河（阳）大片领土，有力地配合了国民党军队第三次保卫长沙作战。

钟祥县委与京南县委合并，成立京钟县委。

12月

8日　日本偷袭珍珠港，太平洋战争爆发，英美对日宣战，第二次世界大战进一步展开。

1942年

2月

边区行政公署财政处长刘子厚在汉川五房台主持召开了边区税务工作会议，谋求进一步扩大税收。

3月

1日　边区党委和行政公署在京山召开了边区第一届抗日人民代表大会，会议通过了《豫鄂边区施政纲领》。天（门）东农民在县委组织部长陈明领导下，开展了“柴山斗争”。向霸占湖区芦苇的地主进行斗理、斗力和斗法，掀起了万人战“柴山”的割绿肥运动。经过三天的紧张战斗，割平了湖霸控制的柴山，取得了“柴山”斗争的胜利。

4月

由于国民党顽军进攻京北、襄西，襄西地委、行政办事处和主力部队及钟西县委和行委会撤到京钟南山，成立京钟荆当地委。

5月

1日　国民党第五战区顽军向鄂豫边区进行全面进攻，五师以小部队开展阻击作战一个月有余。

华中局指示：李先念任鄂豫边区党政军委员会书记。

夏　《襄河报》创刊，陈剑虹任主编。

6月

5日　五师十三旅全部和十五旅一部在京山圣场对来犯的蒋嫡系暂一师进

行反击，歼灭其一个营，重创两个营，然后转至坪坝以南山地休整。

12日　中共中央决定李先念任豫鄂边区党委书记兼新四军第五师师长和政治委员。边区的党政军委员会随即撤销，实行党的一元化领导。

10月

6日　十三旅、第三军分区部队各一部于京（山）北反击顽军第六纵队，先后解放了八字门、大小花岭、向家冲等地。

鄂豫边区党委根据党中央的指示和襄河地区的形势，为了加强这一地区的一元化领导，决定撤销天汉地委和荆当京钟地委，成立襄河地委、襄河地区行政专员公署、襄河军分区，张执一任地委书记兼军分区政委、杨经曲任军分区司令员、李守宪兼任专署专员。

31日　十三旅和三军分区联合团队开始进行曾家湾战斗，历时五天，共击溃顽军三个营，毙伤350余人，俘70余人，给潘尚武、古鼎新部以沉重打击。

12月

12日　日伪军1000余人在飞机掩护下，“扫荡”天汉湖区。

1943年

2月

中旬　日军第11军等部共5万之众发动了“江北歼灭战”。

25日　王劲哉在激战中受伤被俘。国民党其他部队不战而降，大部分被编为伪军，少数溃散为匪。至此，襄南全部陷落。

3月

襄河地委和三军分区在天汉湖区组建了中共襄南工委和襄南挺进支队，由东路渡河开辟汉沔根据地，向西挺进洪湖。

五师师部决定成立新的十五旅，由师部直接指挥，吴林焕为旅长，方正平任政委。

下旬　三军分区参谋长李人林、四十五团政委戈平率部队从潜北泗港、京山多宝湾两个敌人据点之间的巴家台夜渡襄河。

李人林做争取伪军反正工作，收编倪辑伍部300余人，编为江陵抗日自卫团，倪被任命为团长。

4月

上旬　三军分区政治部主任刘真奉命率部第二批进入襄南，与李人林部会合。

5月

5日　日军第11军以三个师团、一个旅团五个支队的兵力，开始发动所谓“江南歼灭战”。

9日　李人林率部与伪军刘银国部激战，将其击溃，毙伤数十人，俘百余人，一举解放了徐李市。

14日　吴林焕、方正平率十五旅进入襄南敌后。接着撤销襄南工委，成立襄河地委襄南代表团，方正平任书记。

27日　驻守潜江的伪军李正乾部800余人经争取反正，被编为新四军第三军分区第一纵队，李正乾任司令员，徐二达任政委。

31日　五师致电中央军委：请祈指示湘鄂西党组织派人到江北与鄂豫边区党委和新四军第五师联系，以便开辟江南工作。

6月

7日　十五旅和第三军分区地方武装攻克潜江熊口敌伪据点，歼灭伪军第六师第二旅朱秉坤部，俘千余人，使新四军在江陵、潜江地区立稳脚跟，襄南局面基本打开，为向洪湖地区推进创造了条件。

7月

襄河地委决定成立中共监沔县委，李秉范任书记。

月底　襄南指挥部收编了盘踞在周老嘴、分盐一带的伪军徐育扬等部。

30日　李人林收编伪军张威800人枪，编为襄南抗日游击第二纵队，任命张威为纵队司令。8月14日，张威叛变。

8月

中共天潜沔县委和县行政委员会成立，洪范、杨知时分任县委书记和行委会主席。

湘鄂边特委派特委成员、公安县委书记张泽生前往豫鄂边区，汇报石（首）公（安）华（容）的基本情况，商讨开辟石公华抗日根据地。

廖友三、严兴华率两个大队500余人反正，编入新四军襄西支队。

9月

6日　张家坊战斗。四十五团设伏对日伪军乘坐的200只渔船给予狠狠打击，歼灭伪军王一鸣部两个中队，活捉中队长以下60余人，毙伤日伪军100余人，总共歼灭日伪军350多人，这是新四军进入洪湖以后打的一次大胜仗。

襄河地委和三军分区领导机关移驻潜江浩子口一带。这时，十五旅与三军分区合并，张执一任襄河地委书记兼三军分区政委；同时，撤销襄河地委襄南代表团，成立中共襄南中心县委、襄南政务委员会和襄南指挥部，李人林任中心县委书记、指挥长兼政委，刘宝田兼任政务委员会主席。

在潜江熊口建立了中共石公华县委和新四军江南挺进支队，张泽生任县委书记兼支队政委，杨震东任支队长。

至1944年11月止，地委党训班共办四期，每期三个月，培训区乡干部150多人。

10月

中共襄西中心县委和当阳县委紧密配合，策动当阳伪军刘晓岳1000余人枪反正，编入新四军第五师。石公华县委在炮船口召开人民代表大会，选举产生石公华县行政委员会，魏恒若为主席。

11月

上旬　日军统帅部调集第11军和伪军共7万余兵力，再次向湘北、鄂西的国民党部队进攻，发动了常德战役。为了配合正面战场作战，三军分区奉命进军桃花山，向江南敌后发展，创建石公华抗日根据地，形成对武汉之敌的战略包围。

1944 年

2 月

襄河地委召开扩大会议，传达边区党委《关于赶紧组织人民大多数的指示信》，提出将“组大”作为 1944 年党的工作中心。

3 月

19 日　地下党员潘哲夫率领湘鄂边游击总队 1200 余人到达襄南根据地，后编入新四军第五师第三军分区江南挺进纵队，潘哲夫任司令员，徐达三任政委。

4 月

1 日　华中局指示，除斗争环境紧张的地区外，其余各师和军直在 2013 年生产的基础上，都应动员部队进行大规模的生产运动。

5 月

6 日　一架美国援华空军飞机在监利县周老嘴上空爆炸坠毁，一名叫莱威士的飞行员被当地军民营救，受到热情接待。以后，又在沔东下丰岸、潜江湖区、沔东沙湖等地先后营救了几名美国飞行员，都被安全护送到五师师部，他们受到李先念师长的盛情款待。

27 日　日军以 10 万之众发动了湘桂战役。

9 月

5 日　第三军分区部队于沔阳管家棚生俘伪定国军第一师师长汪步青等人。

11 月

10 日　八路军三五九旅南下支队和干部大队，开始从延安出发南下。

襄南地委和三军分区决定撤销襄南中心县委襄南指挥部，同时成立江陵中心县委、指挥部和抗日民主政府。吴云鹏任书记兼县长，温家福任指挥长。

25 日　边区党委和五师首长决定以襄河为界，将襄河地区划分为襄南、襄北两个地区，其党政军机构一分为二。方正平、郑绍文分任襄南、襄北地委书记，吴世安、吴林焕分任第三、第五军分区司令员，李守宪、张谦光分任第三、第五行政专员公署专员。

月底　襄南地委成立了荆当远县委，将原荆当大队改为荆当总队部。王展任县委书记兼总队政委，张炳辉任总队长。

1945年

1月

6日　李人林率部长途奔袭曹武街，全歼守敌，无一漏网。从此，伪二十八师龟缩武汉，再也不敢轻举妄动了。

3月

1日　贺炳炎、廖汉生率领的南下干部大队抵达襄南根据地，襄南地区党政军民及所属各县的代表数千人，在熊口孙家台隆重集会，热烈欢迎南下八路军。

6日　第三行政专署召开第一次行政扩大会议，主要议题是推销建国公债。

10日　襄南地委在熊口召开县委书记联席会议，传达了党中央、五师首长关于发展江南的指示精神，强调在发展江南的同时，还要发展襄西和嘉蒲，打通嘉蒲与洞庭湖的联系，对加强城市工作等都作了具体部署。

下旬　伪军杨少卿率起义队伍1000余人枪到达熊口，第三军分区将其队伍编入四十五团，任命杨为副团长。

春　地委在熊口漆家桥举办了为期六个月的干部培训班，招收学员60余名，学习的主要内容为时事政治、唯物论、社会发展史、党史等。

4月

月初　中共江南中心县委、新四军江南指挥部在石首桃花山九佛岗正式成立。梁诚任书记，张洪卿任指挥长。

23日　中国共产党第七次全国代表大会在延安举行，郑位三、李先念当选为中共中央委员。

28日 五军分区参谋长李人林率新四军主力部队，在地方部队配合下进击石家河。此围困战历时40多天，大小战斗10余次，毙敌伪200余人，取得了战斗的胜利。

6月

20日 天汉新四军伏击敌一差船队，解放了打差的民船40只，缴获了大量的食盐、食糖及枪支弹药等物品。

7月

21日 嘉鱼县县长张国宾率县保安大队170余人起义，北渡长江，于当晚到达汉沔根据地下丰岸，编入汉沔指挥部警卫营。张国宾被任命为汉沔指挥部副指挥长。

26日 中、英、美三国发表《波茨坦公告》，敦促日本无条件投降。

8月

9日 毛泽东发表《对日寇的最后一战》的声明，号召全国人民举行全面大反攻。

11日 新四军第五师向各军区（旅）发布紧急命令，限令日伪军反正、投降，动员全部力量占领被敌伪盘踞的大小城市、交通要道。第三、第五军分区立即执行命令，对所在日伪军发出通牒，展开受降工作。

15日 日本宣布无条件投降。襄南地委和襄北地委当天收听到这一消息后，都决定召开群众大会，把这一喜讯转告襄河两岸人民。

天汉县和石公华行委会都分别举行了庆祝抗战胜利大会，仅天汉县委在沙口举行的庆祝会就有6000多人参加。

19—20日 江南指挥部五个连和数名地方干部在梁诚、李秉范指挥下北渡长江抵达横沟市。江南县委、行委会和挺进支队在横沟市举行联席会议，传达了上级指示，分析了敌我形势，决定了工作方针。

9月

2日　日本政府正式签字投降，抗日战争胜利结束。

10月

30日　根据中央指示，改鄂豫皖中央局为中原局，在原鄂豫皖军区的基础上建立中原军区。中原军区辖鄂东、江汉、河南军区等部队。襄河地区部队属江汉军区，它同主力部队一起，坚持在黄河以南进行外线作战，为夺取解放战争的胜利作出了重大贡献。

附录二

日本侵略军在荆州的主要罪行

1938年10月25日日军占领武汉后，即沿江而上。10月29日，日军吕字6116部侵占新堤，这是日军首次侵占荆州境域。日军在新堤设立警备和政务班（宪兵），加强统治。之后，日军本权骑兵大队进驻龙口，在新堤设立警备队。1938年10月至1943年2月，日军出动兵力进犯洪湖。在洪湖战场使用大炮100余门、战车100余辆、飞机50余架、军舰5艘、汽艇500艘，总兵力由1300人逐次增加到8万余人。1943年3月，日军占领峰口镇，设立“峰口地区警备司令部”，建立宪兵队。至此，洪湖全境处于日军统治之下。

1938年11月8日（农历九月十八），日军为巩固岳阳据点，派遣大佐指挥官岩崎民男部以汽艇渡江，从东侵占监利县白螺、杨林山。日军占领白螺后，即掳掠民夫修建白螺飞机场。

武汉沦陷后，荆沙作为陪都重庆屏障的地位日显重要。1939年1月，中国军事当局决定成立长江上游江防司令部，组建江防军守卫宜昌以下荆江沿线，荆沙战场的重心主要在襄河沿线。1939年1月10日，日军飞机首次轰炸沙市。

1940年6月8日，日军第13师团师团长赤鹿理中将率部2000余人由荆门和潜江分两路侵入江陵。8日晨，日军出动飞机9架轰炸江陵县城、弥市、御路口、岑河、李埠、万城等地，掩护第13师团所属池田支队，一路由襄沙公路经拐王场、李家场、秘师桥攻县城西南北门，入城后再经御路口攻沙市；另一路由丫角、草市攻沙市。日军沿途纵火，长90里、宽10多里的地段上一片火光。日军占领荆沙后，扶植汉奸走狗筹建伪县政府，设地方武装并组建伪和平建国军鄂西绥靖军梯队。

1943年2月16日，日军第11军进攻天门、沔阳、监利及石首江北地区，国民政府军一一八师与之激战后南撤。17日（农历正月十三），石首江北地区沦陷。

3月8日，日军高桥、户田两师团以五千余精锐兵力，在空军掩护下进犯石首江南，在黄水套、天星洲、县城、调关等地渡江，石首县城沦陷。3月上旬，日军第13、第40师团在沙市至岳阳一线分五路发起渡江攻势。公安县虎渡河以东13个乡、镇沦陷。

1943年5月，日军侵入松滋。此后，日军前后大规模侵入松滋全境三次，县境遭受两次全部沦陷，一次半部沦陷，其中有九个乡镇沦陷时间长达三年。

（一）狂轰滥炸

从1938年8月起，日军即对荆州各地进行野蛮轰炸，造成巨大的人员伤亡和财产损失。

1938年9月4日，日军3架飞机袭击石首县城，在绣林镇上空扔下10余枚炸弹，炸毁房屋20余栋，炸死平民11人。

1938年10月23日下午3时半左右，日机在燕子窝（时属汉阳县）长江码头炸沉由武汉撤往重庆行经此处的八路军武汉办事处和新华日报总馆大部分工作人员及一艘难民乘坐的“新升隆”号小火轮，造成100余人死亡、5人重伤，所载印刷设备等物资损失殆尽，燕子窝民用码头停靠的多艘民用船只被烧毁。

1938年11月3日，日机6架轰炸荆州城，炸死炸伤平民57人，炸毁房屋56栋。1939年2月28日，日军飞机3架轰炸荆州城，炸死炸伤平民14人，炸毁房屋13栋。1940年6月8日，日军飞机9架对荆州城进行4次轮番轰炸，炸死炸伤平民15人，炸毁房屋多达128栋。同日，9架日机轰炸李家埠、万城、弥市，炸死炸伤三地平民78人，炸毁房屋23栋，炸毁千年古寺弥陀寺，损失小麦30万斤。

1938年11月11日，日机9架轰炸公安县城南平，炸死平民150余人，炸伤平民60余人，炸毁房屋204栋，炸坏县政府官署和粮库，损失积谷60万斤。后又7次轰炸南平，炸死炸伤平民102人，炸毁房屋26栋。

1938 年 11 月 11 日、21 日、23 日及 1941 年 2 月 19 日，日机先后 4 次轰炸峰口镇（时属沔阳县），炸死平民 2300 余人。

1938 年 11 月 15 日（农历九月二十四），日军 3 架飞机袭击藕池镇，对停泊在江边的军舰和商船轮番轰炸扫射，东北军五十三军一三〇师的两艘军舰被击沉，5 艘商船被炸毁。后又 8 次轰炸藕池，共炸死炸伤平民 700 多人，炸毁房屋 170 多栋。

从 1939 年 1 月 10 日起，日军先后 4 次对沙市进行轰炸和焚烧，共炸毁房屋 5365 栋，伤亡平民 3472 人。

1940 年 1 月 8 日，日军 8 架飞机袭击藕池镇，中心街道民居和商店被夷为平地，炸死平民 100 余人，伤者不计其数。

1940 年 6 月 6 日，1941 年 7 月 19 日、11 月 5 日，1942 年 6 月 17 日，日机 4 次轰炸郝穴，炸死平民 193 人，炸伤平民 600 多人。这些数字还不包括江上被炸散受伤死亡的船民。

1940 年 7 月 6 日上午 9 时许，日军飞机 6 架轰炸松滋老城（县政府所在地），投弹 22 枚，炸死平民 5 人，炸伤平民 24 人，炸毁房屋 126 栋。同月下旬，日机 3 架第二次轰炸老城，炸死炸伤平民 5 人，毁损房屋数百栋。1941 年 2 月 4 日，日机第三次轰炸老城，炸死平民 3 人，毁坏房屋 3 间。

1941 年 3 月 21 日，日军 7 架飞机袭击藕池镇，对三星楼、河街轮番轰炸，炸死平民 197 人，重伤 108 人，轻伤 38 人，共造成 343 人伤亡。三星楼、河街尽成瓦砾。

1941 年 6 月 30 日，日机 8 架对公安县闸口实施狂轰滥炸，炸死炸伤平民 500 多人，炸毁中心小学及居民房屋店铺 300 多家。之后日机又实施 11 次轰炸，炸死炸伤平民 300 多人，炸毁房屋 1000 余栋。

1940 年 8 月 23 日，日军飞机一架轰炸松滋西斋，炸死平民 7 人，重伤 11 人，轻伤 3 人。1943 年 2 月至 4 月，日军先后对松滋李家桥、米积台、天星市、新江口等重要集镇进行轰炸，总共炸死平民 16 人，重伤 9 人，轻伤 19

人。1941 年 10 月 6 日，日机 2 架轰炸公安县北堤，炸死平民孙秀炎、张官贤等 28 人，炸毁房屋 8 栋。

1942 年春，日机 3 架轰炸公安县沙口市，炸毁沙口市国民中心小学和民房 10 余栋，炸死 3 人。次日，又轰炸黄山头镇，炸毁房屋 10 余栋，炸死炸伤平民数人。6 月 12 日，黄山头再次遭到 2 架日机的轰炸。胡家厂是当时公安县著名的集镇之一，街道呈棋盘形，有戏楼、庙宇等古建筑，日军将其大部分炸毁。地处湘鄂边界的东岳庙，是沙东（沙市至东岳庙）公路的终点站，日机炸毁车站、楼房、商店数处，后又纵火将整个集镇彻底摧毁。位于松滋西河东岸的郑东镇，经日机轰炸后，也成为一片废墟。

1943 年 3 月 7 日，日机 9 架再次对公安县闸口进行轰炸，炸死炸伤平民 30 余人，炸毁房屋 1000 余栋。

（二）焚烧房屋，屠杀人民

1943 年 7 月至 1945 年 7 月，日军对中国共产党领导的抗日根据地和游击区进行“扫荡”和“清乡”。在小沙口车马垸实行“三光”政策，将 23 个墩台、1000 多家住房全部烧光，抢走粮食 10 多万斤、船只 300 多艘，杀死 350 余人。在汉沔中心区，日军放火烧毁谢家台至徐家口 27 个村的 3700 多栋房子，烧死 700 多人。在洪湖地区大同湖，日军用“梳篦式”的“清剿”方式，把湖上 300 多艘捕鱼的船只赶至万家岭，一面放火烧船，一面用枪扫射，700 多人惨死湖中。

日军入侵松滋后，对民众或刀刺，或枪杀，或溺毙，或火烧，甚至将活人零割碎剐以成肉酱，有的连未出生的胎儿也不放过，用铁器从孕妇腹中钩出以致毙命。

日军在侵略石首期间，除对石首县城绣林、藕池、调关、焦山河等重要集镇进行破坏、制造血腥惨案外，还在全县范围内制造无数重大烧杀惨案。1943 年 3 月 8 日，日军在老洲烧杀、劫掠、奸淫，打死打伤无辜百姓 30 余人，强奸妇女 20 人。日军为确保南口南尖一线地堡的“火力搜索”点畅通，放火烧毁周边民房48户、160余间。3月，日军将10名难民追赶到新建桥（石桥湖）边，用枪和刺刀逼迫难民投河，难民全部淹死。4月初，日军渡安乡河入石首高陵，将运食岗一线的民房100余栋全部烧光。5月初，日军发动鄂西会战。5月5日，日军进入高陵岗一带，一路疯狂烧杀，制造了无数惨案，其中死亡10人以上的惨案3起，死亡7—9人的惨案2起，死亡2—6人的惨案25起，共屠杀平民140人，致伤致残不计其数。

据公安县政府1946年2月调查统计，日军在公安县杀死、炸死和其他暴行致死致伤的平民达9298人。日军每当占领集镇和村庄后，都对没来得及逃脱或躲避的平民进行扫射。1943年3月，日军占领藕池后，疯狂扫射奔逃的平民，打死186人，打伤206人；同时，在新口镇打死233人，打伤451人。6月15日，日军在鲍家垱发现躲在夹沟里的村民周章仁一家8口，将他们打死。1943年11月，日军发动"常德作战"，集结在闸口的日军第3师团枪杀居民张大礼等50多人。当年5月，日军在麻豪口一带"扫荡"，抓住村民王公伟、潭老幺、傅德红等17人带到麻豪口拷打后，全部枪杀。9月，又在桥头埠枪杀村民赵春生等15人。在杨泗庙枪杀平民40多人，其中一中年农民被绑在王家塝一棵树上，割肉剥皮而死。1943年11月，一股日军在三省桥将70多名躲藏在芦苇丛里的村民（大部分是妇女、儿童）赶出来，用东洋刀杀死14人，其余59人驱赶到一栋房子里，四周堆上稻草，纵火活活烧死。同年3月，一股日军闯进唐家台，挨户搜查，将王补锅匠妻子及3名年幼孩子全部杀死。5月，日军在何家潭烧毁何家祠小学后，将躲藏在地窑里的教师汪崇杨、汪崇义拖出来用刺刀捅死。在龙子岗抓住村民王学富等10多人，捆绑成排，进行刺杀比赛，杨荣江16岁的儿子被割肉剥皮而死。当年3月13日，在项家岭杀死村民万方荣、李厚全、周国安、周才富、项陈氏等10多人。……

日军铁蹄踏入江陵县后，也丧心病狂地大肆屠杀。据史料记载，全县共有20625人惨遭杀害，仅李埠乡被杀害者就达834人。日军39师团231联队

1大队3中队，1942年7月一个月就屠杀平民58名，伤害平民14名，强奸妇女73名。

1942年5月中旬，日军驻沙市军曹大队本部书记铃木荣和横木军曹为试验新发的日本军刀性能，竟将两名中国爱国者带至长江边打靶场，将二人斩首，抛尸江中。

1942年5月中旬，日军231联防队3中队在沙市以东回善堂驻地，将一名28岁的中国人做靶子，让新兵练习刺杀。沙市中山路一电线杆也被日军用作练习杀人的“刺柱”。1945年8月日本投降前夕，驻沙市的日军将关押的500多名中国人用机枪射杀，抛尸江中。

更有甚者，日军还将活人杀后食用。据《侵华日军在湖北暴行史料》所载1954年9月28日的《中尾邦广口供》:“1942年6月，在江陵县郝穴侵略作战返回途中，宿于江陵县马家寨塘时，我命令福田秀雄到附近村子掠夺菜。福田不仅掠夺了小鸡等，还在该村杀了年约30岁的一个男子，杀后将两腿部的肉割了3斤带回。此时福田这种不能容忍（的）滔天罪行，我应负完全责任。但我没有责罚他，反令此事应妥善保密。而后我又叫将3斤人肉和小鸡用油炸了，给小队全员吃了。”

（三）强奸妇女

日军侵占期间，荆州妇女惨遭凌辱者达1万多人。日军官兵上至师团长下至一般士兵，皆以强奸、杀戮、凌辱中国妇女为乐事。

日军当年在荆州设立的慰安所至少有5处：一是日军第39师团慰安所。蹂躏中国妇女211名。二是两个比较小型的慰安所。监禁、蹂躏无家可归的中国妇女15名。三是沙市慰安所。强奸中国妇女数十人，并对一名20岁的中国妇女强奸了5次，对两名朝鲜妇女强奸了6次。四是在洪湖设立的“慰安所”。日军侵占新堤、峰口后，将四处抢掳的妇女送进“慰安所”，供日军淫乐。

1943年6月17日至18日，日军近万人在松滋县李家桥、天星观等地驻扎，不分昼夜，四处掳掠奸淫，凡被掳妇女无一不遭强奸。11月，日军多股侵占松滋西南边镇刘家场，盘踞约两月之久，此间被强奸妇女就达 1509 人。

据现有史料统计，公安县麻豪口发生日军强奸妇女惨案 29 起，遭到强奸的妇女 52 人。1943 年 4 月，一股日军在观东“扫荡”，搜出 11 名躲藏在草丛中的妇女，关在一间屋子里要进行强奸，32 岁的张家秀出面向日军讲道理，被日军当场杀死。在淌满鲜血的屋子里，其他 10 名妇女均遭轮奸。同一时间，6 名日军在包头嘴将一名 13 岁的幼女轮奸致死。……

（四）扶植奸伪

日军侵占荆州期间，还积极扶植奸伪组织，荆州各县都建立了伪政权组织，不少地方还建立了基层政权组织——伪联保办公处。

据《沔阳县抗战史料》记载:“民国二十七年九月，新堤首被敌人占据，组织维持会，其后如脉旺嘴、仙桃镇、沙湖、彭家场、张家沟、峰口、白庙、县城、通海口等地，及其附近市镇据点，亦先后因敌人之盘踞而成立伪组织供日寇之鞭策驱使。”

1940 年 6 月 8 日，日军占领沙市后，即成立伪政权。伪政权作为日军的走狗和帮凶，其主要任务是帮助日军搜集粮食和其他军用物资、征集民夫，维持社会治安，侦察、镇压抗日力量，其保安队协同日军对中国军队作战。日军还利用流氓地痞组织“密侦队”，由日军情报部门直接指挥，以刺探中国军政方面特别是有关共产党和新四军的情报，千方百计地破坏中国人民的抗日斗争，而这些密侦人员，往往倚仗日军势力，助纣为虐，任意诬陷、敲诈、残害普通百姓，打击抗日力量。

1943 年 3 月中旬，日军驻石首部队收罗汉奸，组织成立县、区、乡伪维持会，设新厂、藕池、调关、绣林 4 区 18 乡维持会。1945 年 5 月，正式成立伪石首县政府，同时成立日伪警察局、特警班、密侦组、产业公司等机构。

（五）强征民力

日军侵占荆州后，派兵四处捕抓劳工役使，日军称为“征用苦力”。日军役使的人力分为两类，一为各地驻军使用的劳工，二为军队出发时供部队运输军需辎重使用的劳工。按1946年国民政府统计，日军在侵占松滋期间共征用民力80705人，其中死亡2344人、伤3413人，尚有74948人或回籍或下落不明。在松滋涴市，日军日征劳工就达二三百人。所有被征民力不分男女老幼，视若牛马，任意驱使，如动作稍有迟缓，即以刀枪加身，轻则致伤致残，重则当场毙命。为免受日军摧残，民众四处逃避，有的长期流亡他乡，造成全县许多地区十室九空、田园荒芜的凄凉景象。

石首沦陷近三年，日军共抓、派劳工达43万余人次，被折磨致死的劳工达3000余人。1943年3月27日，日军进攻常德途经石首调关镇，在调关镇抓捕劳工83人，途中打死、累死、病死32人，并在抓夫时打死逃跑的群众17人。3月，日军在章华港修筑碉堡、建浮桥，强拉民夫600余人，建桥时杀害民夫6人，伤12人。7月中旬，日军将太平坊10名烧炭工杀死后推入"杀人坑"。10月，日军强征民夫1000余人，修建调关至来家铺公路，数十民夫被打伤。

日军在监利县修建两个飞机场，征用劳工1万多人。据史料记载，全县共被征劳工78609人。

据日伪报纸不完全统计，1944年沔南（今属洪湖）有3000余名青年被日军劫走服苦役。

（六）破坏文物古迹

荆州城又名江陵城，是中国南方保存最完好的古砖城。荆州城城垣周长10.5公里，城高9米，厚10米，垣顶宽5米，有城门6座，各城门上原均建有城楼，至20世纪30年代仍保存完好，到抗战结束时仅存损坏严重的大北门城楼，其余城楼多毁于日军之手。城内经历代营建，留下诸多著名文物和古建筑，可谓"三步一寺，五步一庙"，如供奉关帝的古关庙，建于东晋的"荆南第一禅林"承天寺，明宰相张居正故宅，清代驻防荆州的将军府署。这些千年古刹和数百年宅府，均被日军毁于一旦，损失之巨，不可估量。

1943年5月，日军为筹集修筑工事的器材，拆毁了石首东岳山关帝庙、一天宫、二天宫、南天门、国公祠、皇经阁等庙宇宫观，拆毁了石首城内的杨公祠、周家祠、喻家祠、何家祠、水府庙、城隍庙及城外的墨山庙、马家台、清真寺，牛皇庙的熊家祠，太平坊的太平坛（庙），南岳山村的陈家祠等古建筑，共拆毁寺庙宫观等建筑 15 处，总计建筑面积 1.2 万平方米。此外，日军还拆毁了公园里的戏楼及六角亭，挖毁了照影桥、八仙洞等三国胜迹，挖毁了明代张阁老墓，砸毁了墓前石人石马及墓表等。石首的文物古迹，毁于一旦。

松滋境内庆贺寺、险桥寺、文昌宫皆为明朝建筑，历史悠久，结构宏伟，为松滋古代建筑文化之珍迹，均毁于日军炮火。

（七）毁损堤防

公安有 800 公里江河大堤，历年都对堤防加高培厚或整修。抗日战争期间，岁修工作被迫基本停止。加上日军在堤上挖战壕、筑工事以及轰炸，大堤千疮百孔，抗灾能力大大下降。仅 1945 年就发生溃口 28 处，给公安社会经济以毁灭性的破坏。

1945 年 8 月 27 日，斗湖堤附近的朱家湾、藕池镇的蒋家塔、康王庙（日军据点所在地）等处长江大堤相继溃决，淹没农田 43 万余亩，毁坏房屋 21000 多栋，淹死 23600 多人。同一时期，顺河大堤、石固垸民堤、六合垸民堤、东南顺河大堤也先后溃决，淹没农田 38394 亩，淹死 428 人。水灾之后又瘟疫流行，仅虎东地区的 13 个乡、镇就死亡 15321 人。

8 月 29 日至 9 月 2 日，藕池河各支堤及江北古长堤 13 处堤垸溃决，淹 28 垸、56.98 万亩农田。灾后霍乱、痢疾大流行。当年因洪灾和疾病共死亡万余人。

（八）掠夺物资

日军侵占荆州期间，大肆推行“以战养战，以华治华”策略，对经济物资肆意掠夺。

据《江陵县抗战史料》记载：“敌人到达地点即勾结当地一般无业流氓地痞组织密侦，而每密侦组又引类出生许多引线，敌人借引导而施行掠夺。密侦侍敌势而行其权威，深入民家即陷害以与国军或游击队、政府公教人员、党团勤旅通气，大行搜索，如不避让，则捆绑或强奸，所有财物衣服牛马猪羊等无存者，此其强抢情形也。再或以收铜器、收食粮、收砖瓦木料、收树木柴等种种组合为名散出密侦，而密侦亦以图厚利而见媚于敌人，凡敌人驻扎近十里地则树木鸡犬牛马为之一空，有不堪其扰害而避走者，则焚烧其房屋（现城西八岭山左右仍是荒凉焦土，难于复原）。其至统制食热与食米，令以铜器掉盐，或以谷米杂粮换烟土，总以掠夺净尽为快。其大宗树木柞料，则炙烧为柴炭运往地方，城内私人宅内家具及砖瓦亦均以汽车运载而去，其掠夺之手段实深惨苦。”

日军在沙市实行所谓《沙市地区警戒规程》及《外运物资管理规程》，将从沙市通向农村的道路，只限于所规定的七个地方可以通行，并在这七处部署武装力量限制交通和物资交流，抬高沙市及农村的生活必需品的物价，以农产品和工业品的不等价交换形式而加以掠夺。同时，严禁携带金属物资、武器弹药、盐、鸦片、药品等外运。

日军强迫荆州民众使用其军票和伪钞，并以伪钞——中储币强买银圆和法币，每元中储币换法币 3 元。如拒绝收用，即有生命危险。日军还大肆抢劫商铺商品，并利用大型商船将其源源不断运往沙市。松滋沙道观、新场、采穴、米积台、老城等地商店行号中米、盐、糖、油、布棉、香烟等大批物资被抢。此外，日军所到之处，还下令伪联保主任勒逼各保搜集钢铁金属各 1000 斤，用以制造军火。如短缺分毫，即唯保甲人员是问。而保甲人员慑于淫威，不得不将所有地方铜铁等尽数搜刮。农家的铜炊子、铜勺子、镐子、锄头、铁锹，甚至炊具上的铁环、衣柜上的铜拉手等都搜索一空。

（摘选自《荆天血案——日军侵鄂罪行录》）

附录三

湖北省第四区财产损失统计总表

湖北省第四区财产损失统计总表[①]

民国三十四年十二月

县别	共计	房屋		粮食		土布		棉花		耕牛		农具		其他
	价值（万元）	数量（栋）	价值（万元）	数量（担）	价值（万元）	数量（正）	价值（万元）	数量（担）	价值（万元）	数量（头）	价值（万元）	数量（具）	价值（万元）	价值（万元）
总计	38,882,553	44,198	19,750,320	25,161,147	12,246,263	1,082,073	553,850	428,027	2,208,963	54,354	462,617	955,733	399,635	3,260,905
沔阳	4,013,165	6,969	931,720	4,711,085	2,059,495	178,888	113,110	53,373	213,492	18,841	151,798	161,530	150,650	392,900
潜江	2,418,432	8,701	1,548,600	1,160,000	592,000	17,000	8,500	4,398	27,592	5,980	49,840	81,200	56,900	135,900
监利	4,335,302	5,255	2,761,800	1,360,000	710,000	162,500	72,500	76,973	483,258	7,567	62,468	35,565	18,276	227,000
石首	1,547,937	1,897	740,000	932,900	474,235	19,000	9,500	15,600	92,400	1,622	15,102	21,300	14,700	202,000
公安	1,575,418	2,230	753,000	1,159,200	491,380	32,610	17,400	13,607	71,642	1,747	14,976	28,800	12,020	215,000
松滋	2,239,862	2,867	766,500	2,068,332	1,155,352	25,622	12,686	5,657	33,628	1,397	12,197	22,481	16,367	243,132
枝江	1,669,474	2,864	891,600	856,000	456,000	35,063	14,459	8,619	51,151	2,412	18,148	21,519	14,986	223,130
江陵	15,198,651	9,333	9,375,600	9,400,000	3,868,727	537,000	268,500	131,500	526,000	10,621	98,968	388,457	90,856	970,000
荆门	5,884,312	4,082	1,981,500	3,513,630	2,439,074	74,390	37,195	118,300	709,800	4,140	39,120	244,381	24,880	652,743

① 湖北省政府社会处统计室编:《湖北省各县抗战时期损失统计》(1945 年 12 月)，湖北省档案馆馆藏档案。

后记

本书是在《襄河抗日民主根据地史稿》(简称“史稿”)的基础上进行修订的，是一部全面、翔实记叙抗日战争时期中国共产党领导襄河人民创建抗日人民武装、开辟抗日民主根据地的奋斗历史及其党组织自身发展历程的专著，具有重要的史料价值和学术价值。同时也是党史教育、爱国主义教育难得的教材。

“史稿”是1987年由鄂豫边区革命史编辑部统一部署，在当时的中共荆州地委统一领导下，具体由地委党史办公室组织有关方面，经过多年努力，协作完成的一部资料性史书。1988年由孙正国、姚成龙、傅烈贵、陈贻顺、熊文、李铨、胡逢林、李克清等同志分章执笔拿出初稿。然后由康中喜、孙正国、范先治同志负责统稿并任主编。通过反复征求参加过襄河根据地斗争的老同志意见，经多次审稿、核实、修改，报审后，正式形成书稿，于1995年正式出版发行。

20多年来，“史稿”对湖北地方党史研究和鄂豫边区抗战史研究发挥了重要作用。由于出版时间已久，现“史稿”存世极少，为抢救史料，并为党史学习和研究提供资料，迫切需要重新修订出版；同时，随着党史研究的不断深化，以及有关资料的进一步发掘，“史稿”在一些方面存在的不足也日渐凸显，亟待重新修订出版。有鉴于此，“史稿”被湖北省新四军研究会列入《新四军和华中抗日根据地历史研究全书》(湖北部分)的选题。

本书由湖北省新四军研究会曾求腾负责修订，通过征求各方面意见并报中国新四军研究会有关专家审稿，形成定稿，定名为《襄河抗日民主根据地史》。

此次修订，主要涉及史实的校核、内容的增删、文字的调整、错漏的订正。同时增补了“日本侵略军在荆州的主要罪行”和“湖北省第四区财产损失统计总表”作为附录，以进一步揭露日本侵略者的罪行，总体上保持了原书的结构和风貌。在修订过程中，刘飞同志在本书的资料付印、信息传递和出版协调方面做了大量服务性的工作。

由于水平和资料所限，这部修订出版的《襄河抗日民主根据地史》亦难免存在缺点和错误，敬请广大读者批评指正。

编　者

2021 年 10 月 9 日

襄西抗日民主根据地史

鄂豫边抗日民主根据地史丛书

湖北省新四军暨华中抗日根据地历史研究会◎编

陈兆尧　贺大霖◎主编

望开国◎修订

新四军和华中抗日根据地历史研究全书

中国文史出版社
CHINA CULTURAL AND HISTORICAL PRESS

图书在版编目（CIP）数据

襄西抗日民主根据地史 / 陈兆尧，贺大霖主编；望开国修订. -- 北京：中国文史出版社，2021.12
（鄂豫边抗日民主根据地史丛书）
ISBN 978-7-5205-3432-1

Ⅰ. ①襄… Ⅱ. ①陈… ②贺… ③望… Ⅲ. ①鄂豫皖抗日根据地—史料—湖北 Ⅳ. ① K269.506

中国版本图书馆 CIP 数据核字 (2021) 第 249850 号

责任编辑： 梁玉梅

出版发行： 中国文史出版社
社　　址： 北京市海淀区西八里庄路 69 号院　邮编：100142
电　　话： 010-81136606　81136602　81136603（发行部）
传　　真： 010-81136655
印　　装： 北京温林源印刷有限公司
经　　销： 全国新华书店
开　　本： 16 开
印　　张： 74.75
字　　数： 1066 千字
版　　次： 2022 年 6 月北京第 1 版
印　　次： 2022 年 6 月第 1 次印刷
定　　价： 258.00 元（全 4 册）

《新四军和华中抗日根据地历史研究全书》

编辑委员会

总序

习近平总书记说："历史是最好的教科书。"一个没有历史记忆的民族是没有前途的。由南方八省红军游击队组建而成的新四军，是中国共产党领导下的主要抗日武装力量之一，在全民族抗日战争中，与八路军相呼应，与正面战场相配合，驰骋大江南北，纵横华中敌后，在日伪军指挥中枢所在地周围和补给通道两侧的华中敌后地区，开展游击战争，灵活机动，浴血奋战，以弱制强，为赢得中国抗日战争和世界反法西斯战争的胜利作出了重大贡献；依靠人民群众，建立了地跨苏、皖、鄂、豫、浙、赣、湘等广大地区的华中抗日民主根据地。新四军不仅创造了辉煌的战绩，积累了丰富的建政、理财、兴文和统战经验，还为后人留下了以铁军精神为特色的宝贵精神财富。新四军和华中抗日根据地的历史，是中国共产党和人民军队历史不可分割的一部分。

中国新四军和华中抗日根据地研究会成立以来，在叶飞、彭冲、周克玉、朱文泉几任会长的带领下，在新四军和华中抗日根据地历史资料搜集整理和学术研究方面，取得了可喜的进步和丰硕成果。随着中央档案馆大量历史文献的陆续公开，各兄弟新四军研究会一些有价值的回忆史料和专题研究论著的出版，这就有可能也有必要把这些最新成果整合起来，更系统、更全面地反映新四军和华中抗日根据地的历史面貌，科学总结带有规律性的历史经验，形成《新四军和华中抗日根据地历史研究全书》(简称《新四军全书》)。坚持历史唯物主义、辩证唯物主义观点，以实事求是的科学态度，以新四军和华中抗日根据地史为经，以战役战斗、事件、人物为纬，全面规划，通力协作，广泛收集，科学整理，逐步实施，努力打造一部约200册规模，系统全面、准确规范、具有权威性的《新四军全书》，发挥存史、资政、育人作用，为实现中华民族伟大复兴的中国梦服务，这是功在当代、利及千秋的重大文化工程，是从事新四军和华中抗日根据地研究者的共同任务，让我们携起手来，去完成这一光荣而艰巨的历史使命。

编撰《新四军全书》，是在党的十八大后，由朱文泉会长发起，已经并将继续得到国家教育部、民政部、中共中央党史研究室、中共江苏省委、江苏省人民政府、军事科学院、原南京军区、南京大学以及北京、上海、重庆、江苏、安徽、湖北、浙江、江西、福建、四川、河南、广西、黑龙江、云南、广州等15省、市、自治区新四军研究会的支持。一代代新四军研究人员的辛勤工作，他们的功德将与新四军的名字相联，永载史册。

中国新四军和华中抗日根据地研究会

2013年10月

《新四军和华中抗日根据地历史研究全书》（湖北部分）

序

《新四军和华中抗日根据地历史研究全书》(简称《新四军全书》)是中国新四军和华中抗日根据地研究会正在打造的一部汇集新四军及华中抗日民主根据地历史研究现有成果的丛书，它规模宏大、系统全面、准确规范，由各省市新四军研究会共同编写，集史料性、学术性和权威性于一身。

湖北省按照中国新四军研究会（新办字〔2017〕13 号）文件精神进行了认真研究和合理规划，正在分步实施。我们已报中国新四军研究会 10 多个书目，决心用五年完成好。

编撰出版《新四军全书》(湖北部分)，有利条件很多。其一是新四军在湖北书写了一段波澜壮阔的辉煌历史。他们所开辟的豫鄂边抗日民主根据地是一块拥有 9 万多平方公里，1300 多万人口，成为活跃在武汉外围的横跨鄂、豫、皖、湘、赣五省的抗战基地，成为新四军和华中抗日民主根据地中面积最大、人口最多的一个战略区，为中国人民取得抗日战争的胜利作出了重要贡献。

在这块抗日热土上，以李先念、陈少敏、任质斌等为代表的新四军第五师党政军领导，高举抗日民族统一战线大旗，在日伪顽的夹缝中，将原则的坚定性和策略的灵活性结合起来，以百折不挠的精神和不胜不休的毅力，破关越隘，克难渡险，稳步开拓根据地，逐步建立“三三制”政权，快步发展人民军队，最终实现了对敌占华中重镇武汉的战略包围。这一奇迹的出现，

是中国共产党人坚强领导的生动体现，是新四军铁军精神的生动体现，是中国革命事业从无到有、从弱到强、从挫折走向胜利的生动体现。

新四军第五师所创造的这一段历史，为后人留下了宝贵的精神财富。自20世纪80年代初湖北省新四军研究会成立以来，在历任领导及新四军第五师老战士、广大研究工作者的共同努力之下，我们搜集、整理了一批极富历史保存价值的资料，推出了一批极有分量的研究成果，出版了一批质量较高的专题著作。《新四军全书》（湖北部分）即是根据这些年史学界研究的成果和国家解密的一些档案资料，对原出版过的重点书籍进行修订出版，而主要精力，则放在深入挖掘史料和撰写重大题材上，编纂推出一批新的专著，完善史料，弥补研究空白，以更好地实现存史、资政、育人的目的。

事过豪情在，精神代代传。这次汇集出版《新四军全书》（湖北部分），既是赓续红色血脉、传承红色基因的需要，也是弘扬革命精神、推进新时代中国特色社会主义道路建设的需要。正如习近平总书记一直强调的“要讲好中国共产党的故事”那样，我们编印《新四军全书》（湖北部分）也是为了给大家学习党史、国史，知史爱党，知史爱国，提供一份精神食粮，因为“伟大的抗战精神，永远是激励中国人民克服一切艰难险阻，为实现中华民族伟大复兴而奋斗的强大精神动力”。当前，我国正处于改革开放深化阶段，各种矛盾交错；新冠肺炎疫情之下，又面临着严峻复杂的国际环境，处在世界未有之百年大变局之中。对此，我们必须以坚定的意志、坚韧的毅力，沉着应对来自各方面的挑战。而宣传抗战历史，反映抗战精神，加强爱国教育，以凝聚全国人民磅礴之力，万众一心建设好中国特色社会主义，在当下更有着特殊的意义。

感谢中共湖北省委、省政府的大力支持和关怀，感谢中国新四军和华中抗日根据地研究会各位领导和编辑委员会对《新四军全书》（湖北部分）出版的大力支持和帮助，感谢中共湖北省委党史研究室的鼎力协助和付出，这一切对我们进一步做好新四军第五师历史的整理和研究工作，都是莫大的鞭策和鼓励。

曾求腾

2021年3月10日

目录

概述

汉水流经襄阳以下民间称襄河。襄西是指襄河以西、长江以北地区。它包括荆门、当阳、远安、南漳、保康等县市全部和钟祥、宜城、江陵、宜昌、枝江、宜都等县市的河西与江北地区。襄西不是一个行政区划，只是一个地域概念，当时分属国民党襄阳、荆州、宜昌三个地区专员公署管辖。日军发动“宜昌作战”[中国方面称枣（阳）宜（昌）会战]后，为了开展抗日游击战争的需要，中国共产党在襄西建立了统一的党组织——襄西地委（前身为荆当地委，亦称荆钟南宜特委），组建了统一的地方武装——襄西独立团，开创了襄西抗日民主根据地，隶属鄂豫边区。襄西抗日民主根据地的中心区主要在荆门、当阳和钟祥河西一带，后期曾发展到江陵、枝江、当阳三县的交界地区。南漳、保康、远安等县因未沦陷，未建立根据地，但地下党在人力、物力等方面支援了襄西根据地。

襄西地理环境优越，西部是山区，东南部是丘陵，荆山山脉横贯其中。襄河沿岸是冲积平原。水路有沮、漳二河穿流而过，此外还有俐河、蛮河向东流入襄河，均可通行小船。陆路有汉宜、襄沙、荆钟、荆当等公路。人口200多万。境内盛产稻、麦、棉、豆、烟、茶、蚕丝、药材、水果、竹木等。矿产资源也很丰富，有煤、铁、铜、石膏、磷、硫黄等。手工业也比较发达。

这些都为襄西抗日民主根据地的建立提供了良好的物质条件。

襄西各县虽然分属三个不同的行政区，但历史上联系比较紧密，政治、经济情况颇为相似。这里的人民历来就有反抗精神，具有光荣的革命传统，历史上曾发生过绿林军起义、白莲教起义等农民自发斗争。特别是中国共产党成立之后，这里进行过许多重大的革命活动。

1921年7月，中国黑暗的上空露出了曙光，神州大地诞生了中国共产党。同年，在我党著名的无产阶级革命家萧楚女的倡议与指导下，当时在襄阳省立第二师范学校读书的荆（门）、当（阳）、远（安）、南（漳）、钟（祥）五县的学生在远安方家口成立了荆当远南钟五县乡俗改良会（简称乡改会）。乡改会以反帝反封建为宗旨，开始了襄西地区新民主主义革命的启蒙运动。乡改会在革命斗争中涌现了一大批革命分子，其中许多骨干后来成为襄西各县党组织的创建者和主要负责人。1925年，襄西开始建党。1926年各县党组织普遍建立。第一次国内革命战争时期，荆、当、远、宜（城）是湖北省农民运动最发达的地区，是迎接北伐、首先举行起义的区域。当北伐战争还在湖南进行的时候，为迎接北伐军的到来，中共当阳党组织负责人李超然，联合辛亥革命元老聂豫（二人均为当阳人），于1926年9月举行了震惊鄂西的当阳城关起义，成立了“国民革命军长江上游先遣军司令部”。起义军连克当阳、远安、荆门、钟祥四座县城，活捉了北洋军阀当阳知事程国藩、荆门知事毕士彦，还委任了这两个县革命政府的县长，起义军迅速发展到数千人。这是中共襄西组织领导武装斗争的早期范例。大革命如狂风暴雨，席卷襄西大地，从政治、经济、文化各个领域向地主阶级展开了强大攻势。农民团结起来把土豪劣绅抓来游街、审判，投入监狱，抗租、减租、废债的经济斗争遍及各县。地主阶级强加给农民的精神枷锁，如宗族、鸦片、赌博、卖淫等一扫而光。在人民觉悟的基础上，党领导人民第一次建立了自己的阶级组织——农民协会、工会。工农群众扬眉吐气。然而，1927年“四一二”反革命政变以后，蒋介石、汪精卫相继背叛了革命，轰轰烈烈的第一次大革命惨遭失败。但是烈士的鲜血没有白流，这次革命的群众运动从根本上动摇了襄西各县封建势力的基础，使襄西党和人民受到了一次革命的锻炼，为后来的革命运动准备了必要的群众条件和干部条件。更重要的是，使襄西党组织在斗争实践中用血的代价，开始认识到，革命运动必须实行武装反抗并和工农群众相结合。这为以后土地革命战争时期和抗日战争时期创建革命根据地奠定了良好的基础。

第一次大革命虽然失败了，但襄西的党组织并没有垮掉，襄西人民并没有被反革命的屠刀所吓倒。他们从地上爬起来，揩干净身上的血迹，掩埋好同伴的遗体，又继续战斗。由于襄西地区党的力量较强，群众基础较好，土地革命时期，湖北省委在组织秋收暴动时，将襄西列为主要的暴动区域。1927 年 9 月 14 日，以共产党员李超然、傅恒之、洪勋、黄冠柏为首在当阳、远安边界瓦仓举行了农民武装暴动，打响了鄂西秋暴第一枪。不久，襄西各地相继爆发了荆门靳家湖、董场、大烟墩集的农民武装起义，钟祥牌楼岗农民暴动，南漳荆山农民起义，枝江安福寺农民武装起义。各地起义农民在共产党的领导下，分地主的浮财，拒交地主的租课，镇压土豪劣绅，组织农民协会，深入开展反封建斗争，使土地革命的口号日益深入人心，扩大了党的政治影响。当时，在全国正处于革命低潮的形势下，虽然这些起义大多失败了，但革命的火种并没有熄灭，多次起义留下的武装力量，后来由黄冠柏、谢威等会合起来组成了荆当远独立团，转战于襄西，后编入洪湖红军主力部队。

土地革命时期，襄西属于湘鄂西苏区的重要组成部分。周逸群、贺龙、邓中夏、段德昌等领导人都曾在这里战斗过。当时襄西各县都曾建立过党的组织。绝大多数县都曾建立过人民武装、苏维埃政府和工、农、青、妇、儿童团等群众组织，被誉为洪湖苏区的西北门户。直至 1932 年 5 月，红军退出洪湖之后，襄西人民坚持了六年之久的土地革命战争，才于 1933 年因孤军无援而失败。党组织被国民党反动派摧残殆尽，少数党员和红军流失人员失去了领导，被迫转入地下隐蔽。

中国共产党领导襄西人民在第一次和第二次国内革命战争期间，前仆后继，浴血奋战，向革命的敌人进行了英勇的斗争。两次斗争虽然都失败了，但失败之中孕育着成功。通过这两次斗争，共产党深得民心，在人民群众中造成了深远的影响。红军走后，农民不堪地主的压迫，常说："看你横行到几时，红军一定会回来的。"他们把自己的出路和希望寄托在共产党和红军身上。同时，通过两次斗争，党和人民积累了丰富的武装斗争经验，造就了一批人才，削弱了封建势力，保留了一部分革命力量。这些都为襄西抗日民主根据地的建立、巩固和发展奠定了基础。

襄西抗日民主根据地是在全国转入战略相持阶段的艰难时刻，于 1940 年 5 月底日军突破国民党军襄河防线，继攻占蒋介石国民政府陪都重庆的东部重要门户宜昌之后逐步建立起来的，是鄂豫边区几块根据地中建立较迟的根据地之一，也是离鄂豫边区中心地区最远的一块根据地。鄂豫边区在华中抗日根据地中是孤悬敌后，而襄西抗日根据地则更是孤悬敌后，前进一步即是国民党军正面战场，紧贴日军前沿阵地的后背。它像摆在敌人脑后的一把钢刀，使日军前进后撤都受到严重威胁，战略地位极为重要。

襄西抗日民主根据地开辟虽迟，但准备工作着手较早。1937 年 10 月，中共湖北省工作委员会刚一成立，省工委和董必武同志就派人到襄西联系土地革命时期隐藏下来的党员，清理、恢复党组织关系。1938 年春，各县党组织普遍恢复和建立，中共湖北省委负责人钱瑛、何功伟、王翰等都曾领导过襄西地区的党组织。党组织恢复和重建之后，除着重抓好自身建设和发展外，主要抓了两个方面的工作。

一方面高举抗日民族统一战线旗帜，组织各种抗日救亡团体，大力开展抗日宣传活动。当时党组织领导下的中华民族解放先锋队、青年救国团、抗日十人团、十姊妹、抗敌后援会、抗战剧团、抗日宣传队、战时乡村促进会等抗日救亡群众组织如雨后春笋般在襄西广大地区成立。他们在剧院、在街头、在车站、在渡口、在城镇、在农村，以群众喜闻乐见的方式搞演讲，办墙报，刷标语，贴漫画，演出抗日戏剧，教唱抗日歌曲，组织时事讨论会，举办文化补习班，抗日宣传活动搞得有声有色。他们用通俗生动的方式，把党的抗日民族统一战线方针政策输入广大人民群众的心中，使襄西的抗战空气十分浓厚。他们的活动如铁附磁，吸引了襄西先进的知识青年和广大的农民群众，为党开辟襄西、为取得抗日战争的胜利打下了坚实的群众基础。

另一方面是抓枪杆子，为开展抗日游击战争做准备。襄西党和人民经过两次国内战争的锻炼，对枪杆子的重要性有着相当深刻的认识。1939 年 3 月，日军侵犯到钟祥至沙洋的襄河一线，企图渡河西犯。此时，国民党反动派消极抗日、积极反共的反动政策已推行，襄西的国民党反共活动亦日益加剧。在此形势下，中原局和鄂西北区党委根据中共中央在敌后独立自主地开展抗日游击战争和建立抗日民主根据地的指示，多次明确指出，当前党的中心工作是做好武装斗争的准备。荆当远中心县委及以后的荆当地委等，根据上级指示精神，曾多次召开会议专题研究和布置武装斗争的准备工作，并对党员进行了形势和任务教育，号召全党以最大的积极性，尽快做好抗日游击武装的准备。当时，襄西党组织还处于地下斗争时期，不能公开组织武装。因此，决定利用合法名义抓武装，选派有才能而又隐蔽得较好的党员参加国民党的军事组织，掌握部分武装的实权。同时，组织党员和群众秘密搜集武器。经过一年多的准备，到日军突破襄河时，襄西地区利用办战时青年训练班、社训班、武术队等方式训练了近千名抗日骨干，掌握了 100 余人枪的队伍和相当数量的弹药，为沦陷后能立即武装开辟襄西做了较为充分的准备。

1940 年 5 月 31 日夜，日军突破襄河，襄西各地相继于 6 月上中旬沦陷。日军侵占了北自荆门的石桥驿，向西南经荆门、当阳至宜昌一线，南至长江一线的广大地区。襄西沦陷后，日军在此驻扎第 13 师团、第 39 师团等师团和一些特种部队。在各交通要道设立了数十个大小据点，戒备森严。当时襄西沦陷区已无国民党正规军，各地游杂武装趁机而起，抢地盘，设关卡，自封司令，占地为王。他们多数拥兵自重，不事抗战。有的挂着抗日的招牌，暗中和日寇勾结；有的公开向日军投降，充当日军帮凶。溃散在襄西周围的10余万国民党正规军，时刻注视着新四军的动态，部分国民党军消极抗日，积极反共。中国共产党领导的十分弱小的襄西抗日武装，一开始就处于日、伪、顽的夹击之中。加之襄西又处在远离新四军鄂东、鄂中根据地的外围突出地带，不要说军事上和其他根据地协同十分困难，有时甚至通信联络都被隔断。要在此形势下创建根据地，的确是任重道远，步履维艰。但是，襄西人民在中国共产党的正确领导下，不畏艰险，迎难而进，经过艰苦、复杂、曲折的斗争，终于创建了襄西抗日民主根据地。襄西抗日民主根据地，大体经历了四个阶段。

第一阶段：武装开辟襄西，创立抗日民主根据地（1940年6月至1941年3月）。襄西沦陷时，党掌握的武装由于分散、弱小，暂时还不能亮旗，只能分散活动，各自为战。7月，鄂豫边区首长命毛凯率挺进纵队警卫连挺进襄西。警卫连在钟祥卢祥瑞游击中队的配合下，顺利地渡过了襄河，并迅速与襄西党组织取得了联系，随即命令各地武装到石牌会合。当时，襄西党组织面临的第一个任务，就是军事上打开局面，逐步建立抗日民主根据地。各地武装会合后，首战石牌告捷，取得了第一个立足点。随即以石牌为依托，相继打开了当东、荆南、北山的局面。为了实现统一领导，加强根据地建设，中共鄂豫边区委员会（简称鄂豫边区党委）于8月决定在襄西建立统一的领导机构——中共襄西军政委员会、襄西临时地委。9月，成立新四军豫鄂挺进纵队襄西独立团。随即由点到面，逐步展开，在短短的几个月时间内，襄西抗日民主根据地就粗具规模。12月，撤销襄西临时地委，正式成立中共襄西地委，同时成立襄西行政委员会及农救会、妇救会等群团组织。各县也先后成立了相应的机构。襄西抗日民主根据地的建立，使人民群众欢欣鼓舞，而日伪顽军却深感不安。他们同时把矛头指向抗日民主根据地，妄想将其扼杀于襁褓之中。襄西抗日民主根据地军民面对此情此景，临危不惧，遇险不惊，为保卫抗日民主根据地，展开了英勇的反日伪军抢粮、反经济封锁、反奸清匪的“三反”斗争和反“扫荡”、反“蚕食”斗争，取得了一个又一个胜利。襄西抗日民主根据地在斗争中逐步巩固，日臻完善。

第二阶段：巩固和发展抗日民主根据地（1941 年 4 月至 1942 年 4 月）。随着斗争的节节胜利，襄西抗日民主根据地逐步扩大，襄西地方武装不断升级，编入正规部队。加之鄂豫边区两次增兵襄西，形势一片大好。为了巩固和发展襄西抗日民主根据地，新四军第五师于 1941 年 4 月在襄西组建了第十五旅，大大增强了襄西的军事实力。第十五旅建军之后，根据地日益巩固发展，经过民选，各级抗日民主政府普遍建立。在抗日民主政府领导下，根据地的经济建设、文化建设欣欣向荣，大生产运动搞得轰轰烈烈。虽然 1942 年襄西遇到了严重的春旱，但在襄西党和民主政府的正确领导下，军民万众一心，终于战胜了旱魔，度过了灾荒，根据地群众生产情绪饱满，社会秩序井然。这次灾荒对襄西根据地是一次严峻考验，它标志着根据地的巩固和发展。

第三阶段：主力部队转移后的坚持斗争（1942 年 5 月至 1943 年 5 月）。1942 年 4 月，蒋介石在日军军事打击为辅、政治诱降为主的方针诱使下，不断制造反共摩擦，向鄂豫边区发动了全面进攻。在襄西地区，国民党军第一八〇师一部和荆、当、钟三县土顽近万人向襄西根据地进犯。日伪军也趁机向根据地进剿。在此严重形势下，为避彼锋芒，保存实力，襄西党政领导机关和主力部队奉命向襄河东作战略转移。为了坚持襄西根据地，地委决定留下少数精干的武装与干部，成立当阳、荆门、北山三个“坚持委员会”，在上述三个地区坚持斗争。

主力部队转移后，由于相邻的国民党军第三十三集团军是友军，他们不愿反共，只是摆个样子应付上级，所以对襄西根据地没有造成多大的危害。但是，荆、当、钟三县土顽则向根据地疯狂“清剿”，抢劫粮食、耕牛，捕杀革命干部和抗日积极分子。日军也乘机在根据地内增设了不少据点。因此，襄西抗日民主根据地进入了最困难的时期。然而，襄西各地党组织并没有屈服，他们紧紧依靠人民群众，与日伪顽军展开了针锋相对的斗争。日伪顽军虽然人多势众，但是他们失去群众，进入根据地就成了聋子、瞎子，只好无目标地乱闯。而襄西抗日游击队在群众的掩护下如鱼得水，进退自如。他们时而分散，时而集中，采用“麻雀战”、“抽签战”（敌人向其夹击时，从中间突破，而后退出，让敌人互打）、“贴烧饼”（敌人出动“扫荡”时，转移到敌据点附近隐蔽）、“换防”（敌人出动“扫荡”时，乘虚进入敌人占领区）、“伪装”（伪装成敌伪军，袭击其同类，扩大其内部矛盾）等灵活巧妙的战术打击敌人。就这样，弱小的襄西抗日游击武装面对强大的敌人，不但没有被吃掉，而且日益发展，根据地也逐步恢复。1942 年 10 月，襄西地区统一的党组织——中共荆当钟中心县委成立，同时组建了襄西支队。至此，坚持斗争度过了最困难的时期，为全面恢复襄西作好了准备。

第四阶段：襄西抗日民主根据地的全面恢复与发展（1943 年 5 月至 1945 年 8 月）。1943 年 5 月，日军发动大规模的“江南歼灭作战”（中国方面称鄂西会战），企图从长江三峡和湘鄂边西犯四川，直逼重庆。为了配合正面战场，扩大抗日根据地，趁日军后方兵力空虚之际，鄂豫边区党委决定向南发展，开辟襄南，恢复襄西。新四军第五师第十五旅、第三军分区主力部队奉命挺进襄南后，一举打通了襄南和襄西的通道，使襄西各个被分割的小块根据地连成了一片，继而全面恢复了襄西抗日民主根据地。在巩固原有根据地的基础上，于 12 月又开辟了江（陵）、枝（江）、当（阳）边界新区，建立了江枝当办事处和地方武装。此时，襄西抗日民主根据地进入了全盛时期。襄西中心县委为了巩固和发展抗日民主根据地，领导广大军民一面开展反“扫荡”、反“蚕食”、锄奸清匪的斗争，一面加强根据地的政权建设和经济建设。形势一天比一天好，终于迎来了抗日战争的胜利。

回顾襄西的战斗历程，襄西抗日民主根据地在鄂豫边区的战略棋盘上，是一个“过河卒子”。俗话说：过河的卒子当车使。襄西抗日民主根据地起到了应有的作用。它开辟虽迟，范围也远不如鄂中、鄂东等抗日民主根据地大，但它创建了两个中等团（14 个连，不含第六团）、两个县大队共 2000 多人的革命武装，有力地配合了正面战场，牵制了日军的西进、东撤，扼守了襄河和汉宜公路两大交通要道，抗击了大量日军和襄西的全部伪军，反击了 1 万余人的地方土顽的进攻。它是鄂豫边区的前哨阵地、西部屏障，为抗日战争作出了应有的贡献。

第一章

襄西抗日民主根据地开创前的准备

（1937 年 7 月—1940 年 6 月）

第一节　中国共产党组织在襄西的建立与发展

一、襄西党组织的重建和发展

1937年7月7日，日本侵略军向卢沟桥发动攻击，中国驻军奋起抵抗。日本由此开始了全面侵华战争，中国人民则展开了全国性艰苦卓绝的抗击日本侵略者的战争。

由于日本军国主义的野蛮入侵，中华民族濒临亡国灭种的境地。处于国民党军队“围剿”之中的中国共产党，勇敢地站在抗日战争的最前列。从1931年日本军国主义者悍然发动九一八事变起，中国共产党为拯救中华民族危亡呐喊——“抗日则生，不抗日则死，抗日救国，已成为每个同胞的神圣天职!”……大力倡导，高举抗日民族统一战线旗帜，并以坚定的意志和模范的行动，终于促成蒋介石承认共产党的合法地位、国共两党重新合作和中国抗日民族统一战线的形成，争取实现了全民族全面持久抗战路线，筑起了中华民族抗击日本侵略者的钢铁长城。在这场关系到民族存亡的殊死决战中，中华民族发扬了“兄弟阋于墙，外御其侮”和“国家兴亡，匹夫有责”的爱国主义精神，空前地团结在抗日民族统一战线的伟大旗帜下。

1937年9月，中共中央先后派杨学诚、董必武、郭述申、何伟、钱瑛、陶铸等到武汉，恢复、建立湖北地区的党组织。10月，中共湖北省工作委员会成立。随即在湖北各地有重点地清理、审查、恢复土地革命时期隐蔽下来的党组织和党员的组织关系。12月，省工作委员会改建为省临时委员会（1938年6月正式成立中共湖北省委员会，以下统称省委）。1938年1月，省委召开扩大会议，决定“建立和改造外县党的基础”，选派干部到全省各地，开展建党工作。

同年12月，董必武通过国民党湖北省建设厅厅长石瑛的关系，由前任建设厅厅长李范一（国民党左派，石瑛的好友）出面，在其家乡应城县汤池创办了“农村合作事业训练班”。这个训练班由湖北省委副书记陶铸主办。训练班以延安抗日军政大学的教学方式和内容，短期轮训抗日干部和共产党的工作干部。

1938年4月，陶铸派共产党员郑速燕（女）和积极分子吴显忠、王炎、唐振裘、张经谋、江有为等到荆门开展建党工作。出发前，陶铸指示：“应把合作社当作‘敲门砖’，敲开重建共产党组织之门。”郑速燕等到荆门后，以农村合作事业指导员的合法身份，开展农村供销、信贷合作业务，同时进行抗日救国的宣传活动，并积极寻找土地革命时期隐蔽下来的党员，秘密进行建党工作。他们很快找到了李纯斋、李云程、许猛（许明奎）、靳帮兴等土地革命失败后失去组织关系的老党员，成立了中共荆门县支部委员会，郑速燕任书记。随后在荆门城关、杨家集、五里铺、南桥、盐池等地成立了党的支部或小组。

同年春，中共鄂中中心县委员会（6月改建为鄂中特别区委员会）派刘慈恺、马仲凡带领汤池训练班学员袁立（女）、刘克理（以上均为中共党员），以及浦通修、李蕴辉等到钟祥工作，后又派党员黄德钦、谭扶平、张丞和积极分子季顺清、冯慕、王采繁、王采薇等到钟祥。不久，中共钟祥县支部委员会成立，刘慈恺任书记。支部成立后，即派黄德钦、刘克理、马仲凡等人到钟祥河西地区做党的重建工作。他们先后在冷水铺、双河、白云、胡家集等地找到了土地革命时期隐蔽下来的老党员郑家坤、童子浩、杜有生、朱凤林等，着手发展党的组织。在黄德钦等去河西前后，杜邦宪在石牌建立了党组织。至当年7月，中共钟祥县委成立时，河西地区已建立12个支部（包括石牌、瓦瓷滩2个支部）。

4 月，省委通过于 4 月上旬成立的中共宜昌特别支部委员会派张翮[①]回枝江安福寺开展建党工作，于 5 月成立了中共横溪河支部委员会，张翮任书记。5—7 月，中共宜昌特支、鄂西工作委员会[②]、鄂西中心县委，先后派吴先琳[③]、杨国民、刘真等到枝江、宜都一带发展党组织。不久，又在枝城、董市、大埠街等地建立了党的组织。

5 月，省委派刘宝田[④]由武汉到当阳进行抗日救亡的宣传工作，为在当阳建党做准备。刘回当阳后，首先在脚东港、清坪河等地办起了"抗日书报阅览室"，以此为阵地，团结了一批知识分子和青年农民。并在淯溪、庙前、慈化等地联系了一批土地革命时期失掉组织关系的老同志，如刘华廷、傅殿云、洪范等人。稍后，中共鄂西工委派张多立[⑤]到当阳县城。张以帮助其祖父做中药生意为掩护，在城关等地联系了一部分知识分子，开展抗日宣传活动。这些都为在当阳重建党的组织创造了条件。7 月，在当阳成立了中共刘家河支部委员会，刘宝田任书记。9 月，成立了中共胡家嘴小组，胡少衢任组长。

6—7 月，省委又从宜昌派张清华[⑥]等到荆门加强工作。张清华等在荆门城北得到立达小学校长、进步人士张葆仁的大力支持与配合，以立达小学为基地，培训青年，开展抗日宣传和对开明士绅的统战等工作。通过这些工作，在城北进一步打开了局面，发展了党的组织。

张清华在到荆北之前，于 1938 年 1 月受省委派遣，赴宜昌开展建党工作。她根据时任省委常委、省委组织部部长钱瑛"先通过抗日群众运动打下基础，

---

① 张翮：又名张凌云，宜都安福寺（现属枝江）人，1932 年在上海加入中国共产党。

② 鄂西工作委员会：1938 年 4 月底在宜昌县城区成立，7 月扩建为鄂西中心县委员会。

③ 吴先琳：女，枝江县枝城镇（现属宜都市）人。

④ 刘宝田：当阳人，1938 年春由陶铸介绍加入中国共产党。

⑤ 张多立：即张泽生，当阳人。

⑥ 张清华：女，又名张方松，宜昌县人，1937 年 10 月入陕北公学学习，不久加入中国共产党。

以建立党的组织”的指示，同苏震[①]一道，首先在教育界组织广大师生开展抗日救亡运动，为在宜昌建党奠定基础。2月，省委又增派李声簧[②]到宜昌，李、张首先吸收苏震重新入党。1938年4月上旬，省委决定成立中共宜昌特别支部（简称宜昌特支），李声簧任特支书记。这是抗日战争初期，党在宜昌、沙市地区最早成立的党的领导机关。特支进一步加强了青救的工作，并在知识青年和工人中吸收了一批新党员。

1938年4月底，中共湖北省委宣布成立中共鄂西工作委员会（简称鄂西工委），李声簧任书记。接着，鄂西工委在宜昌召开组织工作会议。会议研究了“发展党员”“新党员训练”及“干部训练”等工作，并制订了《五月工作计划》[①]。这次会议后，鄂西党组织得到进一步发展，仅宜昌特支，在一个多月内，党员人数就由24人发展到43人，而且党的组织也由宜昌发展到宜都、枝江等地。5月，在枝江相继成立了中共横溪河支部和枝江支部，张翮、吴先琳分任书记。6月，省委鉴于宜昌特支所辖区域的党组织不断扩大，决定改宜昌特支为中共宜昌区委员会（简称宜昌区委），孙世实任书记。

7月，省委派省委委员王致中等到江陵，在原鄂西工委的基础上，组建了中共鄂西中心县委员会（简称鄂西中心县委），王致中任书记，王曦（女，组织部部长）、韦君宜（女，宣传部部长）、张翮、魏泽同等为委员，管辖宜昌、宜都、枝江、远安、沙市、荆门等县的党组织。机关始设沙市，8月迁宜昌县城后改称宜昌中心县委。

10月，代理省委书记钱瑛派刘真到当阳与刘宝田、张多立联系，了解建党情况。省委鉴于当阳抗日群众运动已开展起来，在当阳县建立统一的党组

---

① 苏震：宜都人，1932年在上海加入中国共产党，1933年春被国民党特务抓捕押至苏州反省院，一二·九运动时被释放出狱，1936年初夏考入中华大学，1937年12月在武汉加入青年救国团（简称青救），同年底受青救总团派遣，来到宜昌发展青救。

② 李声簧：中共一大代表李汉俊之子。

① 李声簧：《鄂西报告》，1938年6月20日。

织已有基础，决定成立中共当阳县特别区委员会（简称当阳县特别区委），刘真任书记，刘宝田、魏霁岚为委员。当阳县特别区委成立后，一方面大力进行建党工作，另一方面在原有基础上抓抗日群众工作和统一战线工作。到年底，在当阳县成立了鸦鹊岭区委和胡家嘴特支，并先后在靳家畈、魏家河、虞家潭、漳河、靳上等地建立了19个党支部或特别小组、小组，加上此前成立的刘家河党支部等，共建立了23个党组织（含2个区委或特支），有党员139名。

同月，武汉危急。中共湖北省委“决定创造荆、当、远据点，以便建立省委机关，领导鄂西、北、中各区组织”，并“决定今后工作主要转向农村”[①]，调曾志[②]到荆（门）当（阳）远（安）地区加强领导，成立了中共荆当远中心区委员会（简称荆当远中心区委），曾志任书记，苏震任组织部部长，吴云鹏任宣传部部长。荆当远中心区委成立后，即派李平（女）、史维汉等以农村合作事业指导员的身份到远安进行建党工作，首先找到了土地革命时期隐蔽下来的张代瑾等人。通过抗日宣传活动，又发展了一些进步青年入党，建立了中共远安县特别支部委员会（简称远安县特支），李平任书记。

是月，武汉沦陷前夕，钱瑛和省委秘书长王翰等随省委机关由武汉撤至宜昌前后，对宜昌、宜都、枝江、江陵等县的建党工作更加重视。相继派省委委员、宜昌中心县县委书记王致中和宜昌中心县委委员张翮、魏泽同、张师载（又名张华俊）等，分别到宜昌土门垭、鸦鹊岭和宜都、枝江等县发展党组织，组建了中共宜都县委员会（简称宜都县委），先后由魏泽同、刘惠馨（女，同年11月接任）任书记。同月，在枝江董市成立了中共董市支部（次年春扩建为区委，周绍汉[③]任书记），刘甡鉴、周绍汉先后任书记。同年冬，

---

① 钱瑛:《湖北各区工作报告》，1939年4月7日。

② 曾志：女，又名曾霞。

③ 周绍汉：又名周石，枝江县董市人，1938年2月在山西加入中国共产党，4月转入延安抗大学习军事，毕业后分到八路军驻武汉办事处工作。不久，省委派其回家乡从事党的地下工作。

经宜昌中心县委批准，李先兵[1]在枝江建立了中共江口支部（次年春扩建为江口区委），李先兵任书记。12月，省委鉴于宜昌沿江上下党组织较多，地域较长，范围较广，为了便于领导，决定在宜昌、宜都、枝江等县的江北地区成立中共沿江工作委员会（简称沿江工委，亦称江北工委），王致中兼任书记。同月，钱瑛派张师载到松滋、枝江、宜都三县战时工作人员训练班任教，以教学为掩护，秘密联络松、枝、宜三县的党组织，恢复和发展党的工作。同月底，省委决定成立中共松枝宜工作委员会（简称松枝宜工委），张师载任书记（亦称负责人）。是月，中共横溪河支部扩建为中共安福寺区委员会（简称安福寺区委），刘甡鉴任书记。至1938年底，宜昌、宜都、枝江江北地区的建党工作已基本完成。

11月，荆当远中心区委接管了钟祥河西地区的党组织，鉴于荆门已建立了10多个党支部，但未建立全县性的党组织，决定成立中共荆（门）钟（祥）特别区委员会（简称荆钟特别区委），王守儒、王全国（1938年底从襄阳调入荆当远）、史维汉先后任书记。同时接管了白云（包括段集）区委，并成立了中共双河党支部。撤销荆门县党支部，分别成立中共荆（门）南、荆（门）北区委员会（分别简称荆南区委、荆北区委），李纯斋任荆南区委书记，荆北区委书记先后由王炎、黄道平担任。

12月，中共湖北省委根据形势发展，决定撤销当阳县特别区委，成立中共当阳县委员会（简称当阳县委），刘真任书记，刘宝田（先任组织部部长，后任统战部部长）、魏霁岚（民运部部长）为委员。

根据中共扩大的六届六中全会（1938年9月29日至11月6日）决定，撤销长江局，设立南方局（书记周恩来）和中原局（书记刘少奇），刘少奇在党的六届六中全会结束后主持召开的中原局第一次会议，决定撤销湖北、河南两个省委，成立豫鄂边、鄂豫皖、鄂西北、鄂中四个区党委。在刘少奇于

[1] 李先兵：枝江百里洲人，1938年秋加入中国共产党。

1939 年 1 月下旬到达竹沟后，中原敌后发动抗日游击战争的指导思想和战略部署，在这一地区广大共产党员中得到了进一步的明确。2 月中旬，中共鄂西北区委员会（简称鄂西北区党委）成立，王翰任书记。同时，鄂西北区党委决定在荆当远中心区委的基础上成立中共荆当远中心县委，曾志任书记，吴云鹏（组织部部长）、刘真（宣传部部长）、刘宝田（统战部部长）、李纯斋（民运部部长）、郑速燕、李平等为委员。荆当远中心县委经过月余时间的工作，党员很快“发展到五百余人”①，共建立了 1 个县委，10 个区委，10 多个特别支部。

1939 年 2 月，鄂西北区党委成立后，鉴于南漳、宜城、保康地区的党组织已有恢复和发展，即派马识途（又名马千木）到南漳，组建了中共南（漳）宜（城）工作委员会（简称南宜工委），马识途任书记。南宜工委成立后，中共党员李云汉利用担任国民党南漳县政府秘书之便，通过国民党南漳县县长蒋元的关系，使马识途当上了南漳县民众教育馆馆长。马识途及工委成员在李云汉的协助下，以南漳为中心，通过文化宣传等形式，积极开展南（漳）宜（城）保（康）地区的建党工作。马识途首先在南漳城内文化界发展了一批党员，并建立了党的组织。工委委员张书武等先后在宜城西的南河、雷河、龚河、朱家嘴等地建立了一个区委和三个支部。5 月，马识途因被国民党特务跟踪而被迫撤离南漳，南宜工委的活动中止。但其所属未暴露的党组织和党员仍继续坚持活动。同年秋，鄂西北区党委派曾志到南漳进行南宜保地区党组织的再建工作。10 月，区党委调荆当远中心县委组织部部长吴云鹏到南宜保工作，并将襄阳南部地区、钟祥西北部白云山地区的党组织划归南宜保管辖，成立了中共南宜保中心县委员会（简称南宜保中心县委），吴云鹏任书记，王之铮等为委员。

4 月，中共湘鄂西区委员会（1939 年 3 月建立，简称湘鄂西区党委）从

① 钱瑛:《湖北各区工作报告》，1939 年 4 月 7 日。

恩施调苏震到鄂西北区党委工作，区党委任命苏震为荆当远中心县委副书记。9 月，曾志调离荆当远，苏震接任中心县县委书记。同时，从襄樊调李守宪、王建桥到荆当远工作。

1939 年夏，鄂西北区党委鉴于日军逼近襄河[①]一线，日军渡河西犯的危险日益增大，但目前仍存在日军不渡襄河的可能，因此，襄西[②]党组织要在国民党统治区作好隐蔽坚持的准备。区党委书记王翰亲自到当阳，在刘宝田家中主持召开了荆当远中心县委扩大会议。会上，王翰传达了刘少奇“发动敌后抗日游击战争”的指示，帮助中心县委总结了抓武装的经验，并做了“两手准备”的布置，即一方面布置开展敌后抗日游击战争的准备工作，另一方面准备隐蔽坚持。大量减少脱产干部，要求留在襄西的外来干部一律要有职业做掩护。

襄西地区党组织自鄂西北区党委成立期间到 1940 年 6 月上中旬襄西沦陷前，又有了新的发展。仅当阳县和枝江县江北就又新成立了安福寺中心区委（刘甡鉴任书记）和漳东、漳西、慈化、董市、百里（新场）、云池等区委及庙前、慈化寺等 8 个特支支部。同时，襄西地区党组织在 1940 年 5 月得到了统一领导。

综上所述，襄西地区党组织的建立和发展，并在襄西沦陷前实现了统一领导，为党在襄西建立高举抗日民族统一战线旗帜，实现党的全民族全面持久抗战路线，领导开展抗日救亡群众运动，建立和发展抗日武装同日本侵略军开展抗日游击战争，并建立、巩固和发展襄西抗日民主根据地，夺取抗日战争的胜利奠定了坚实的组织领导基础。

---

① 襄河：汉水流至襄阳以下河段。

② 襄西：指长江以北、襄河以西地区，包括荆门、当阳、远安、南漳、保康等县全部和钟祥、宜城、江陵、宜昌、枝江、宜都等县的（襄）河西、（长）江北地区。

二、整顿党的组织

1939 年 2 月，鄂西北区党委在樊城召开扩大会议，区党委书记王翰主持会议。会议主要任务是总结建党经验，提出并布置整顿党组织的任务。荆当远、南宜保、光（化）谷（城）等中心县委或联县县委的负责人参加了会议，荆当远中心县委派吴云鹏、刘真参加了此次会议。

对于党的建设问题，会议指出：前一段曾强调反对关门主义，要求各地在尽可能短的时间内重建一个精干的联系群众的党组织，现在这个任务虽未全部完成，但已粗具规模。各地重建和恢复的党组织基本是好的或比较好的。但值得注意的是，有一些觉悟不高的人，甚至有极少数政治面貌不清的人进入了党内。针对这一情况，区党委提出今后一段时间建党的工作方针应是：继续慎重发展，整顿已建的党组织，轮训新党员。

在讨论整顿组织时，王翰一再强调：对被认为有政治历史问题的人，要看他的历史，但主要看现在的思想觉悟及工作表现。对一些人的政治历史问题，要重证据，不可轻易给人扣上政治面貌不清或有政治问题的帽子，更不可轻易开除这些人。即使对确有证据是有严重政治问题的，或是阶级异己分子要坚决开除出党的，组织处理时也要讲策略，开除的决定暂不通知其本人，仍要指定人和他联系，继续观察一段时间。王翰还指出，在防止“拉夫”倾向时，还要注意不复活关门主义。对家庭出身不好的知识分子新党员，特别是对那些坚决执行党的抗日民族统一战线政策，在社会上有一定的活动能力，对搞武装有办法、有勇气的知识分子新党员，即使他的家庭出身不好，本人有很多弱点，也不能轻易开除。如果党对这些人处理得当，在襄樊、沙（市）宜（昌）沦陷后，对党发动抗日游击战争有好处。襄樊、沙宜如不沦陷，对党隐蔽精干，准备应付国民党反共事变也都有好处。

会议对战争形势也进行了讨论。当时，日军有侵犯钟祥之势，即将进至汉水一线。为此，会议要求襄阳、南宜保、荆当远三个地区的党组织，要认真做好打游击战争的准备工作。

会议结束后，吴云鹏、刘真立即赶回荆门，在曾志的主持下，召开荆当远中心县委会议，传达贯彻鄂西北区党委扩大会议精神。会议决定:（1）整顿党的组织，开办训练班，分期分批轮训新党员，进行形势教育和党的政策教育，以达到提高思想、纯洁组织的目的;（2）通过各种合法途径，掌握武装，做好开展敌后抗日游击战争的准备;（3）充分利用合法形式，建立群众组织，争取开明士绅，掌握地方政权。中心县委的决定下达后，荆门、当阳、远安、钟祥等地的党组织都认真作了贯彻落实。

同年春，当阳县委进行了党组织的整顿工作。具体做法是：办小型学习班，分期分批轮训党员，教育党员要准备打游击；如日军不渡襄河，要准备长期隐蔽，保全党的组织，保持党与人民群众必要的联系。为此，必须对党员进行秘密工作与公开工作相联系的教育及组织纪律教育，党员之间，未经组织允许，不准发生横的联系；对觉悟低、工作消极，在恶劣环境中产生动摇的人，有计划地进行隔离，但又指定人和他们保持联系，观察教育，视其表现作恰当处理；外地来的党员一律找公开职业作掩护；在一个地方搞“红”了的党员，要设法调离，对有历史问题而主动向组织交代了的党员，着重看其现实的表现。

5 月，王翰和曾志到当阳检查工作，肯定了当阳县委整党的经验，并在各地推广。此后，荆门盐池、五里铺，钟（祥）西胡家集等地分别举办了短训班，对党员进行时事、统一战线、游击战争及反对右倾机会主义等教育。通过这次整党，襄西绝大部分党员的思想觉悟都有了一定的提高；党的组织更加巩固，增强了战斗力，党的秘密工作和公开工作配合得更好了，安全保卫工作也得到了加强。所有这些，都为以后抗日民主根据地的创建与发展打下了良好的基础。

同年秋，宜都县委负责人受上级党组织委派，到枝江、宜都等县江北地区整顿党组织，针对该地区党组织发展过快、吸收党员不够慎重的状况，认为这一地区大部分党员成分不好，历史复杂，党组织不纯，撤销了安福寺中心区委和董市、江口等区委。枝宜等县江北地区党组织的整顿工作，纯洁了党员队伍，但由于过分强调党员的家庭成分和一些党员的历史复杂等问题，不适当地割断了张赞、周绍汉、李先兵、邹开锋等党员的组织关系，使枝江、宜都、宜昌等县分别所辖的安福寺、张家场、鸦鹊岭、黑土坡、董市、周家场、大埠街等地的地方党组织，曾掌握的安福寺区、新周场乡、张家场乡、大埠街等一个区、二个乡、一个联保（都是中共地下党员任国民党政府区、乡长或联保长）的武装丧失了，给枝宜等县江北地区党的工作和进行抗日武装斗争的准备，都造成了不利的影响和损失。枝宜等县江北地区的党组织经整顿后，只留下一些贫苦农民成分的党员，重新组建了中共百里（现七星台）区委员会（简称百里区委），刘惠馨任书记。同年冬，百里区委及所属党组织转属中共江陵中心县委领导。1940 年 8 月，改百里区委为中共江陵县西北区委员会（简称江陵西北区委），后划归中共襄西地委领导。

三、襄西党组织的统一

1940 年 5 月，鄂西北区党委在分析了荆当远和南宜保大部分地区可能沦陷的形势后，为统一组织领导襄西敌后抗日游击战争，决定将荆当远和南宜保两个中心县委合并，组建成立中共荆（门）当（阳）地方委员会（简称荆当地委，亦称荆钟南宜特委）①，赵石任书记②，吴云鹏任副书记，李守宪任组织部部长③，刘真任宣传部部长，王之铮为委员。

荆当地委成立不久，即在荆北叶家闸叶云家召开会议，对襄西地区的形

① 赵石：《鄂西北区党委荆当地委组织工作概述》，1940 年 7 月 11 日；刘真等回忆材料；中共湖北省委组织部、中共湖北省委党史资料征集编研委员会、湖北省档案馆编：《中国共产党湖北省组织史资料》（1920. 秋—1987.11），湖北人民出版社 1991 年版，第 380 页。

② 赵石于 1940 年 1 月调任荆当远中心县委书记，原任荆当远中心县委书记苏震调新四军豫鄂挺进纵队工作。

③ 李守宪于 1940 年 6 月任荆当地委负责人兼组织部部长。

势和今后的工作任务进行了讨论。会议认为：日军即将侵犯襄西地区，全党必须从思想上、组织上行动起来，抓紧时机，尽快做好抗日游击战争的准备工作。因此，决定派一部分最好的党员充实到党已掌握的部队里去工作。会议布置：日军一旦渡河西犯，即将党在当阳、荆南、荆北、钟西、宜城等地掌握的武装，分别拉上“三山”打游击。“三山”即荆当交界的香炉山（绿林山）、荆钟交界的北山、钟祥和宜城交界的白云山（后因白云山地区没有沦陷，上此山的计划未实现）。地委还估计到襄西沦陷后，各地党组织可能会暂时失掉联系，决定地委成员分片负责领导：荆南、当阳由李守宪负责；荆北、钟西由刘真负责；南宜保地区由吴云鹏、王之铮负责。书记赵石①仍留荆当边界周家集求实中学，负责全盘工作。

荆北叶家闸会议，是襄西党组织统一后的一次很重要的会议，它不仅从思想上做好了应变的准备，而且为开展敌后抗日游击战争作出了具体部署。

同年6月初，鄂西北区党委机关所在地——襄樊沦陷，区党委负责人郭其甫撤离，鄂西北区党委陷于瘫痪（中共中央中原局于同年8月宣布撤销鄂西北区党委）。同年6月上旬，根据中共中央中原局书记刘少奇发给新四军豫鄂挺进纵队的电示，襄西荆当远等地区党组织归属中共鄂豫（豫鄂）边区委员会（简称鄂豫边区党委）领导。

---

① 赵石：公开身份为中学教师，人称张先生。

第二节　抗日战争初期的抗日救亡群众运动

1931年，日本军国主义策动九一八事变，仅在四个多月内就侵占了中国东北全境。但蒋介石为了集中力量"围剿"红军，早在7月就提出了"攘外必先安内"的方针。九一八事变发生时，国民党政府电告东北军："日军此举不过寻常寻衅性质，为免除事件扩大起见，绝对抱不抵抗主义。"[①]面对日本军国主义的野蛮侵略和蒋介石国民党政府的不抵抗主义，中国共产党勇敢地站在抗日战争的最前列。早在九一八事变前夜，毛泽东就指出："对日战争是不可避免的……我们的基本口号就是'全面的全民族的抗战'。"[②]九一八事变一爆发，处于国民党军队"围剿"之中的中国共产党，强烈谴责日本对华侵略行径，号召全国人民起来反抗日本帝国主义的侵略，中共中央多次发表宣言，做出决议，为唤起全民族抗战而呐喊，倡导建立高举抗日民族统一战线旗帜，实行全民族全面持久抗战路线，引领中国人民抗日战争的前进方向。

九一八事变是中国人民抗日战争的起点，中国人民不屈不挠的局部抗战揭开了世界反法西斯战争的序幕。

九一八事变消息传到襄西，荆门、当阳、钟祥、江陵、枝江、宜都、宜昌、远安等地的进步学生、爱国青年和广大民众，以各种形式掀起抗日救亡群众运动。如宜昌民众于1931年10月11日在铁路坝广场（今夷陵广场）举行抗日救亡万人大会。会后，学生等在街头进行抗日大宣传，群情激愤，焚烧了日本海军宜昌集会所。当一·二八事变和一二·九运动的消息传到宜昌，宜昌进步师生、爱国青年和各界人士，又先后于1932年2月和1936年1月在

---

①《民国日报》1931年9月27日。

② 北京大学法律系编：《毛泽东同志国际问题言论选录》，世界知识出版社1960年版，第26页。

宜昌举行示威游行，抗议日军的侵略，并在1936年1月举行声势浩大的游行示威中，喊出了国民党当局所禁止的“停止内战，一致抗日”“打倒日本帝国主义”等口号，开展罢课罢考等斗争，声援北平一二·九爱国运动。

1937年，日本军国主义蓄意制造七七事变，疯狂发动了全面侵华战争，中国由此进入全民族全面抗战阶段。中国共产党自九一八事变起，以卓越的政治领导力和正确的战略策略，终于促成国共两党于1937年9月下旬实行第二次合作，共同抗日。

抗战初期，大力开展群众性的抗日救亡运动，是中国共产党实行全民族全面抗战路线的一个重要步骤，也是重建恢复各地党组织的必要步骤。因为只有经过抗日救亡群众运动，才能发现与培养先进分子加入中国共产党。因此，中共湖北省委指示，在全省各地从发动抗日救亡群众运动入手，建立各种抗日救亡群众团体组织，为在各地建立中国共产党组织打下坚实的基础。同时，组织各种形式的抗日救亡宣传队，深入农村，向农民及在乡村的知识青年进行抗日救亡宣传，以各种适当形式组织、发展进步知识青年和农民中的先进分子，并寻找与党失去联系的老同志。

一、各地抗日救亡群众团体的建立及活动

（一）中华民族解放先锋队的普遍建立

一二·九运动和西安事变期间，在上海、北平、武汉等地求学的一批襄西籍进步学生，积极响应中共中央“抗日救国”的号召，带着党领导下的中华民族解放先锋队[①]组织关系，纷纷回到本地开展活动。此时，大革命和土地革命时期与党失掉联系的一批老同志，凭着他们的政治嗅觉，从民先队的活动

① 中华民族解放先锋队：简称民先队，前身是一二·九运动爆发以后，北平学生联合会组织平津500人左右的南下扩大宣传团于1936年2月1日在北平成立的组织，制定了全国统一纲领，建立了统一组织机构，并确定了工作任务。

中，判断他们很可能是共产党领导下的组织，便自觉地加入其活动，以期在活动中寻找党组织。这两批人员的结合，使襄西各地的民先队组织迅速发展起来，它不仅推动了抗日救亡群众运动，而且为党培养、锻炼了一批积极分子。1936 年冬，首先在宜昌成立了民先队。1937 年卢沟桥事变前后，当阳、荆门、钟祥、枝江、宜都、宜城等县的民先队组织相继成立。他们以公开合法的组织形式出现，组织广大青年读书看报，讨论时事，商讨抗日救国大计。中共襄西地方组织建立后，在民先队中培养了一批积极分子，并将他们吸收为中共党员。1938 年 8 月，国民党湖北省政府无理宣布解散民先队，致使襄西地区的很多民先队组织被国民党当局强行解散，被迫转入地下秘密活动。荆、当、远、钟等地的民先队虽被迫转入地下，有些地方却还有新的发展。仅张清华、叶云、刘建章等在荆钟北山的南桥、八角庙、胡家集一带，就先后发展民先队队员近百人。当阳沦陷前夕，拥有民先队员近千人。

（二）青年救国团的成立及其活动

1937 年 12 月，中共湖北省委在武昌成立了青年救国团（简称青救）总团[①]，袁汝镛任总务，省委青运部部长杨学诚任党组织负责人。随后，青救总团陆续选派干部到襄西各地筹建青救。青救宜昌区团部率先于 1938 年 2 月 2 日在宜昌县城正式成立[②]。总务：苏震、文家香。随后，“青救工作迅速开展，组织已深入到城市各阶层，而且逐渐向乡村开展”[③]，领导各地青年开展抗日救亡群众运动。“四月，团员已有三百多，建立分团二十多个。”[④]在此前后，青救组织遍及襄西各地。青救的活动为中共组织在襄西的建立和发展打下了很好的基础。

青救宜昌区团部和青救总团，先后于 1938 年 4 月下旬和 8 月被国民党当

① 总团部设在武昌三道街 39 号。

② 湖北省《青部会议》，1938 年 2 月 15 日，湖北省档案馆馆藏档案。

③ 张清华：《对于湖北工作的初步意见》，湖北省档案馆馆藏档案。

④ 张清华：《对于湖北工作的初步意见》，湖北省档案馆馆藏档案。

局下令强行解散。青救虽然存在的时间不长，但扩大了抗日救亡群众运动的影响，为中共组织培养了大批骨干。襄西抗日民主根据地开辟建立以后，其根据地的各级党、政、军、群领导，许多都是来自青救。如襄西抗日民主根据地的主要负责人苏震、刘真等，都是当时青救的组织者和领导者，他们都是通过参与青救的活动被吸收入党的。

（三）其他抗日救亡团体的普遍建立及其活动

全民族全国性抗战开始前后，除党直接领导的民先队和青救两大组织外，襄西各地在中共组织的发动和指导下，还先后成立了许多群众性的抗日救亡团体。早在1937年，钟祥县在进步青年彭刚、周恩熙、刘克理等倡导和推动下，由钟祥县工商学界合法社团联合组织成立了钟祥县民众抗敌后援会。以后随着襄西党组织的建立，以及民先队、青救等组织抗日救亡活动的影响，襄西各地抗日救亡团体如雨后春笋，以公开或半公开形式出现。先后组织成立了教师宣传队、青年学生工作团、战时教育工作团、妇女工作小组、教师乡村服务团、姊妹会、保乡会、回民协会、五族联合会、友谊会、十姊妹、妇女救国会、妇女生产合作社、乡村工作促进会、抗日救国会、妇女工作促进会、汉土救国会、儿童团等抗日救亡团体。四川省旅宜中学、小学还成立了川中、川小宣传队。这些抗日救亡团体，深入城镇、乡村，到学生和群众中去，“争取群众的大多数”①，广泛开展群众性的抗日救亡宣传、发动工作。同时，利用一切社会关系，举办战时工作人员训练班，吸收“解决地方工作的干部”②，“加强群众的组织与教育”③。他们还充分利用抗战纪念日等时机，举行抗日动员誓师大会、火炬游行等活动，声讨日本侵略军，唤起民众抗战。这些救亡团体，通过亲传亲、友传友等方式凝聚抗日力量。每一个抗日救亡

① 钱瑛：《鄂西报告》，1939年3月5日。
② 钱瑛：《鄂西报告》，1939年3月5日。
③ 钱瑛：《鄂西报告》，1939年3月5日。

团体就像一股细流，众多的涓涓细流，汇集成一条强大的抗日洪流冲刷着襄西大地。襄西各地的抗日救亡群众运动，正如钱瑛当时评价所说：“救亡空气相当活跃。”①

襄西各地党组织在组织各团体，广泛宣传党的抗日救国主张，深入开展抗日救亡群众运动的同时，还广泛“发动群众帮助前线，巩固前线”②，开展募捐、节衣缩食、慰劳抗日将士、支援前方将士抗战等活动。宜城县党组织，组织群众砍柴筹款，前往抗战部队献金，组织妇女为抗战部队做军鞋。宜昌抗战剧团先后发动团员为抗战将士征募献金2000多元、寒衣300多件，并受中华慈幼协会委托，前往抗战前线沙洋等地，抢救了一批难童。1939年元旦，枝江县第三区难民300余人，“举行节食一天，将该日伙食计国币二十一元一角八分，捐献国家，慰劳前方将士”③。同年1月，中共钟祥县委以抗日动员委员会的名义，通过义卖《新钟祥报》和献金等方式，筹集资金300元和大量物资，慰问当地抗日驻军第三十三集团军第三十八师。荆门独创的妇女生产合作社，发动了“几十上百的妇女群众”，“为各军队做衣服鞋袜”④。同年春，中共南宜工委以国民党军第五战区妇女工作委员会南漳分会的名义，与妇女工作促进会紧密结合，发动城乡广大妇女做军鞋、捐赠款物，到涌泉铺慰问抗战负伤的士兵。钟祥段集抗日救亡宣传队通过宣传，为前方抗日将士征募军鞋400双、毛巾25条、牙粉1000包、救急水1200瓶，送交第三十三集团军第三十七师吉星文部队。宜城南河群众凑钱买猪，宰杀后贴上大红纸，敲锣打鼓，鸣放鞭炮，抬到第三十三集团军张自忠部驻地慰问。该部官兵深受感动，表示一定不辜负父老兄弟的厚谊，尽职克敌，保卫国土。

---

① 钱瑛：《鄂西报告》，1939年3月5日。

② 钱瑛：《鄂西报告》，1939年3月5日。

③《枝江难胞节食、集金捐献政府》，《新华日报》1939年1月16日。

④ 钱瑛：《湖北各区工作报告》，1939年4月7日。

二、建立各种宣传教育团体，开展抗日救亡运动

（一）兴办教育事业，提高民众觉悟

抗战初期，一批曾在土地革命时期与党组织失掉联系的党员和爱国青年，在宜昌秘密成立了马列主义读书会等组织。钟祥的一批进步青年还办起了救亡讲座。中共组织在襄西建立后，根据省委“利用合法斗争，大力开展党的活动”的指示，在各地成立了不同类型的教育团体。1938 年 4 月，中共宜昌特支派刘甡鉴、刘真等以合法身份，在征得国民党宜昌县党部同意后，在宜昌开办树人补习学校，一面教文化，一面讲授时事政治及抗战常识。先后在失学青年和工人中培养了一批抗战人才。襄西各县普遍办起了“大众读书会”“民众教育茶园”“义务补习班”“妇女识字班”“战时青年训练班”等，还成立了“教师工作队”[①]。这些教育团体，“都争取了合法”，“都有党的支部”[②]，而且在人数上发展相当快，仅妇女识字班在宜昌、宜都就发展“有二三百人”[③]。这些团体以学习文化的方式讲解民族英雄岳飞、郑成功英勇杀敌的故事，讲解抗日战争的形势，使大家明确：“国家兴亡，匹夫有责。”通过学习，激发了群众的爱国主义热情，推动了抗日救亡群众运动的深入开展。

中共荆当远中心县委成立后，荆北南桥一带党组织利用进步人士张葆仁所办的立达小学，中共党员黄柏青、张清华、柳之一等先后受聘为该校教员。他们除对学生讲授文化课程外，还讲授抗日形势、抗战常识和游击战争等课程。立达小学的学生，很多人都走上了革命道路，后来成为创建襄西抗日民主根据地的骨干，这所学校后被人们誉为襄西的“汤池”。

---

① 钱瑛:《湖北各区工作报告》，1939 年 4 月 7 日。

②《湘鄂西三月来工作报告》，1939 年。

③ 钱瑛:《鄂西报告》，1939 年 3 月 5 日。

（二）开展文化、宣传工作，扩大抗日影响

1938年4月，由周恩来、郭沫若直接领导的国民政府军事委员会政治部第三厅，成了中国共产党团结和组织进步文化界人士，巩固和扩大抗日民族统一战线，开展抗日宣传工作的重要阵地。7月，第三厅成立了战地文化服务处，并在各县设立战地文化服务站或工作站。不久，宜城、宜昌、南漳等县文化服务站相继成立。到武汉沦陷前后，文化服务站在襄西普遍建立，开展了很多卓有成效的工作。如中共南宜工委在1939年2月成立后，利用与国民党南漳县县长蒋元建立的统战关系，以战地文化工作站的名义组织宣传队和战时教育工作团（简称战教团），在南漳办起了《怒吼》壁报，向广大民众宣传党的抗日救国主张。南宜工委还利用蒋元召开全县联保主任大会的机会，鼓动蒋元在会上发表抗日救亡讲话。工委书记马识途利用县民众教育馆馆长的身份，在民众教育馆陈列抗日图书、图片、报纸，并编印了《南漳周报》，广泛宣传党的抗日救国主张。其他各县文化服务站也都以出墙报、刷标语、办刊物、演讲会等形式，通俗简要地把抗日救国的道理及时传播给广大群众，使党的抗日民族统一战线政策深入人心，扩大了党在群众中的影响，有力地推动了抗日救亡群众运动的发展。

1938年冬，中共钟祥县委以“鄂豫边区抗敌工作委员会政治指导部驻钟祥游击司令部指导办公室”的名义，创办了《新钟祥报》。该报实际上成为中共钟祥县委的机关报，并一直办到钟祥县城陷落才停刊。坚持近半年的《新钟祥报》，及时传播了敌后抗战胜利的消息，宣传了共产党团结抗战的主张，对稳定民众、鼓舞士气、动员广大群众投入抗战、推进当地抗日游击战争等，都起到了很好的作用。

（三）运用文艺形式，广泛宣传抗日救国主张

1936年秋，爱国青年冷善远和进步学生陈鸿儒、陈沫潮等，在宜昌组建成立了梅安里话剧组（简称剧组），宣传抗日救国思想。这是襄西最早的抗日宣传团体。抗战全面爆发后，钟祥一批进步青年先后组织成立了儿童救亡

歌咏队和宣传队。1937年底，刘真在宜都将武汉、沙市、宜昌等地回乡学生和进步青年聚集在一起，成立了回乡学生宣传团，深入乡村、集镇进行抗日救国宣传。

文艺演出，是群众喜闻乐见的一种宣传形式，影响面最广。中共组织在襄西建立后，对此十分重视。一方面加强对原有文艺团体的领导，另一方面积极组建新的文艺团体。至武汉沦陷前后，就组建了新的文艺团体数十个。这些文艺团体都“争取了合法地位”，并在很多文艺团体内建立了党的支部或小组。他们在中共组织的领导下，以“演剧、唱歌”等形式[①]，以情动人，广泛深入宣传党的抗日救国主张，这对于动员群众、组织群众都起了很大的作用。以下简述几例。

宜昌抗战剧团　中共宜昌特支成立后，决定由冷善远等利用与国民党上层人士的社会关系，于1938年5月29日将1936年秋成立的梅安里话剧组正式改名为宜昌抗战剧团（简称剧团），并“争取了合法”地位[②]。剧团有团员“90多人”[③]。表面上由国民党宜昌县党部书记长刘绍安任团长，实际上由副团长冷善远负责，保持剧团的独立性。剧团党小组也随之扩建为支部。剧团成立后，先后在宜昌、宜都、枝江、当阳、远安、沙洋等地，演出了《中华民族的子孙》《难民》《血祭卢沟桥》《捉汉奸》等剧目。用生动形象的形式，激发人们对日本侵略军的仇恨、对祖国的热爱。剧团始终以团结抗战为宗旨，赢得了各界人士的高度赞扬。著名作家、戏剧家老舍，现代教育家陶行知和文艺界知名人士陈波儿、宋之的都曾亲临剧团指导，并先后为剧团题词。老舍的题词是:“我们只知为抗战建国尽心尽力，教那没良心的去计较私利吧!”陶行知的题词是:“抗战剧团，艺壮山河。”朝鲜义勇队流动宣传队负责人也挥毫题写了

---

①《湘鄂西三月来工作报告》，1939年。

② 钱瑛:《湖北各区工作报告》，1939年4月7日。

③ 李声簧:《鄂西报告》，1938年6月20日。

"同志们，不要忘记，在白头山下，豆满江畔，也有一群同日本强盗斗争着的人们"的豪言壮语。他们的题词极大地鼓舞了全体团员。剧团成员冒严寒，顶骄阳，风雨无阻地活动于荆山山脉的城镇乡村，每到一处，即用石灰水在墙壁上写下"打倒日本帝国主义"等大字标语，举办抗战图片、漫画展览。并随地进行访问调查，不断增添、丰富演出内容。有时演出，台上台下互动，演员在台上高呼抗战口号时，台下观众情不自禁地随着高呼。台上演员演到悲哀处时，台下观众声声抽泣，场面十分感人。钱瑛对剧团的工作十分满意，并给予高度评价："工作方式相当好"①，为党的统一战线工作起到了"模范作用"②。湘鄂西区党委在宜昌成立后，十分重视该剧团，由区党委宣传部部长何功伟直接领导。后因国民党反动当局处处阻挠，蓄意破坏，鉴于剧团无法再独立开展活动，经湘鄂西区党委和宜昌县委决定，以经费困难为由，于1940年4月27日在《武汉日报》上登报"宣告结束"。剧团成员分赴延安、重庆等地。宜昌抗战剧团（含剧组），历时五个年头，自襄西建立党组织以来，始终在党的领导下，进行了大量的"宣传鼓动"工作③，为唤醒襄西民众，开展抗日救亡群众运动起到了重要作用。

钟祥县非常宣传队和抗日宣传队 1938年8月，中共钟祥县委组织了一批回钟祥的大中学生，商讨抗日救国大计，组成了湖北省非常时期宣传委员会钟祥县宣传队（简称非常宣传队）。非常宣传队先后到钟西的双河、石牌等地进行抗日救亡宣传。杜邦宪、毛凯等曾在石牌街上搭台演讲，大讲亡国灭种的危险性和团结抗日的紧迫性，使党的抗日救国主张深入人心。

1939年夏，马仲凡利用国民党钟祥县政府动员委员会委员的身份，以国民党段集联保处主任胡必成的名义，成立了一支抗日救亡宣传队。其中，10

---

① 钱瑛：《湖北各区工作报告》，1939年4月7日。

② 钱瑛：《鄂西报告》，1939年3月5日。

③ 钟纪明（冷善远）：《写给钱瑛的材料》（标题为引者加），1945年6月4日。

名队员是中共党员。宣传队成立后，经常深入荆钟交界的双河口、盐池庙、胡家集、新集、曾集、张集、段集等集镇及附近人口稠密的村庄，以演讲、唱歌、演戏、漫画展览、刷标语等形式，开展有声有色的抗日救亡宣传活动。宣传队还组织了100多人参加的童子军，深入到钟祥、荆门边界的山区乡村，进行抗日救亡宣传，沿途高唱抗战歌曲，高呼“打倒日本帝国主义”“惩办汉奸卖国贼”等口号，这在当时起到了进一步唤起民众积极投入抗日救亡群众运动的作用。

三、开办新华书店，宣传党的抗日救国主张

中国共产党为宣传其政治主张，动员全国人民奋起抗战，推动和指导国统区的文化工作，于1938年1月11日，在汉口公开出版了《新华日报》。襄西各地党组织根据湖北省委指示，很快设立了《新华日报》宜昌分销处，在宜昌城区、宜都、枝江、当阳、荆门、钟祥等地普遍设立了《新华日报》代销点和书摊。并在宜昌、宜都等地办起了合作、生活、光明等书店。不久，在当阳淯溪镇建立了《新华日报》分销处。同年5月，受中共湖北省委派遣回当阳活动的刘宝田，经与刘华廷、魏霁岚、洪范等联系，分头办起了几所抗日书报阅览室。此时，宜城、南漳等地也先后办起了抗日书报阅览室。这些书店、书摊、阅览室，以《新华日报》为武器，控诉日军的侵略罪行，揭露汉奸卖国贼的投降活动，宣传共产党的抗日救国主张，激发广大民众的抗战救国热情，有力地推动了襄西地区的抗日救亡群众运动。宜昌的合作书店、生活书店和宜都县城关的光明书店，除出售《新华日报》等报刊外，还出售《共产党宣言》《政治经济学》《抗战到底》等革命书籍。由于这些书店影响日益深远，引起了国民党反动当局的注意。他们派遣特务严密监视，横加干涉，于1938年11月，将宜都光明书店和宜昌生活书店、合作书店查封。虽然国民党反动当局暂时未敢贸然将《新华日报》宜昌分销处查封，但对其监视更严。1939年春夏间，湘鄂西区党委面对国民党反动当局对《新华日报》分销处

"之注意"，作出了一系列防范"布置"[①]，使分销处在极其险恶的环境中仍然坚持工作。同年6月16日，国民党宜昌反动当局，竟然不顾社会各界人士的反对，背离抗日民族统一战线，查封了《新华日报》宜昌分销处，逮捕了分销处负责人。为了揭露国民党反动派破坏抗日民族统一战线的阴谋，新华日报社社长潘梓年于6月25日致函国民党中宣部，要求"饬令湖北省当局迅速纠正宜昌当局之谬误处置，并恢复本报宜昌分销处营业常态，即日释放其负责人，保障本报今后之发行"[②]，有力地抨击了国民党反动当局。

四、建立农村合作事业机构，团结广大群众

1938年春，从汤池训练班结业被派到钟祥的学员，很快成立了钟祥县农村合作事业办事处，刘慈恺（后任中共鄂中特委委员，重建的中共钟祥县委第一任书记）任主任指导员。随即派黄德钦、马仲凡、刘克理、张烈等以农村合作事业指导员的身份到钟祥河西冷水铺、上胡家集、白云等地开展工作。中共鄂中中心县委于1938年4月派到荆门的汤池训练班学员郑速燕等人，在县城三里街建立了荆门农村合作事业办事处，并在南桥、八角、子陵、五里铺、杨家集等地成立了供销合作社。荆、钟二县的中共地下党员，凭借这些合法机构，一方面大力开展供销合作业务，部分地解决了当地农民买盐、买布及买其他生活用品难的问题，有的还帮助农民销售粮、棉及其他产品和土布、竹编、草编等手工艺制品。购销价格合理，对商人的中间剥削起了一定的抑制作用，深受农民欢迎。另一方面，向广大群众宣传党的抗日救国主张，秘密查寻土地革命失败后隐蔽下来的党员，为建立党的组织做准备。

---

①《湘鄂西三月来工作报告》，1939年。

②《新华日报》1939年6月25日。

五、组建民间武术组织，培养抗日武装骨干

1937年冬，土地革命失败后与党组织失去联系的当阳县刘华廷，利用其四叔刘瑞武（辛亥革命任团长，此时退休在家）的名义，以习武传艺、抗日保家为名，在其家乡洪庙地区组织了武术班，招收该地区的青年农民为徒，利用农闲时间传教武艺。由于刘华廷本人武艺高强，又聘有当地名师，所以习武的人十分踊跃，武术班远近闻名。1938年夏，刘华廷接到国民党当阳县政府的命令，率武术班60余名学员，到县城参加民间武术大点练，受到了国民党县政府的表彰，并授旗命名为“洪庙抗日国术队”。在此影响下，当阳沮漳河两岸各地都建立了国术队，共有队员300余人。这个组织虽为民间组织，但在襄西沦陷后，襄西党组织在当阳敌后发动群众开展抗日游击战争时，国术队的成员大都成为襄西抗日武装的骨干分子。

襄西党组织还在荆门、钟祥、宜都等地普遍建立了抗日十人团等群众武装组织。仅抗日十人团，在荆门就拥有团员数百人。

第三节 开展抗日民族统一战线工作

襄西地区各级党组织，遵照中共中央抗日民族统一战线方针、政策和省委的指示，结合襄西实际，利用各种合法身份与合法途径，对国民党友军、地方军政人员和爱国民主人士及汉流开展了多种形式的统战工作。

一、对国民党友军的统战工作

襄西地跨国民党第五、第六两个战区和荆州、宜昌、襄阳三个地区专员公署。国共合作形成后，襄西各地党组织积极贯彻落实中共中央关于实行全民族全面抗战的指示，发动襄西广大人民群众开展募捐，护送伤病兵员，组织慰问

队慰劳前方将士，激励友军抗日。襄西战时后援工作，截至1938年3月，仅宜昌慰劳抗战军队“款项达四万余元”，护送伤兵及过境者“前后达七千余名”[1]。

武汉沦陷后，著名抗日将领张自忠将军率领国民党第三十三集团军（辖第五十九军、第七十七军）驻防荆、当、远、钟及宜城、南漳等县，防守襄河一线，总部设在荆门县城（曾一度设在当阳慈化赵家花园）。鉴于这支部队原是西北军，又是卢沟桥事变打响抗日第一枪的英雄部队，是友军，因此襄西地区党组织遵照上级指示，特别注意与该部搞好关系，积极配合其抗日行动。

武汉失守后，日军飞机频繁轰炸荆门县城，城内百姓纷纷弃家逃难，县城实际上成了一座空城，过往军队吃不上饭，喝不上水。中共荆当远中心区委为解决过往军队的食宿问题，加深同国民党第三十三集团军的友谊，巩固抗日民族统一战线，中心区委书记曾志和郑速燕以国民党湖北省建设厅荆门农村合作事业指导员的合法身份，与第七十七军参谋长张克侠（中共秘密党员）联系，由张出面支援一部分经费，于1938年11月将原由荆门地下党组织在县城北门三里街办的饮食店改建为军民合作饭店，以解决过往军队的部分食宿问题。曾志、郑速燕直接领导合作饭店的工作。饭店工作人员大部分由中共地下党员和积极分子担任。他们一面为过往的抗日军队服务，解决食宿困难；一面掩护过境的党的领导干部和地下工作人员，并为党的活动筹集资金。后经曾志、郑速燕再次与张克侠联系，由张出面，动员师、团以上军官捐款，筹办供销合作社和供给部。在张克侠的带动下，很快筹集了一笔资金，在饭店对面又办起了供销合作社和供给部。同时，在荆北的红岩寺、南桥、八角庙及荆南的杨家集等地设立了分店和分社。县城的饭店、合作社越办越兴隆，影响日益扩大，使弃家逃走的百姓先后返回，来往军民的食宿有了一定保障。集团军总司令张自忠对开办军民合作饭店非常称赞，并在饭店设宴

①《宜昌的动态》，《新华日报》1938年3月25日。

招待到该部视察的何应钦。至关重要的是，中共荆当远中心区委、中心县委把军民合作饭店、供销合作社、供给部办成了宣传党的抗日主张，动员广大民众投入抗战，支持和鼓励抗战将士奋勇杀敌的阵地，以实际工作与张自忠部及其他友军“建立了很好的统一战线关系”①，并为以后新四军第五师与该部在襄西合作抗日奠定了基础。

1939 年春，面对国民党反动派在全国范围内积极推行“溶共、防共、限共、反共”的反动政策，国民党武装特务经常到饭店寻衅闹事，中共荆当远中心县委加强了对饭店、合作社的领导，把广大进步青年、进步人士紧紧团结在党的周围，随时警惕国民党反动派制造突然事变。当得知国民党反动派要加害中心县委负责人时，中心县委对在饭店的地下工作人员作了必要的保护措施。一天，国民党三青团头目带领武装特务来饭店寻衅闹事。由于应付得当，饭店未被搜出任何东西，党组织未受到任何损失。事后，中心县委迫于国民党反动派制造的日趋恶化的严峻形势，根据鄂西北区党委书记王翰的指示，将军民合作饭店关闭。饭店从开办到关闭，时间虽然不长，但它在曾是鄂西抗日后方军事重镇的荆门县城，对开展友军的统战工作、群众工作以及党的秘密工作与公开工作的联系等都发挥了重要作用。

第三十三集团军驻守襄河两岸时，国民党军在沙洋镇屯集了数十万斤大米，为防止落入敌手，集团军司令部令国民党荆门县政府组织力量将 20 万斤大米运往当阳县河溶镇。荆门县县长李福振为此军差一筹莫展。李福振原是第三十三集团军人员，随该部移驻荆门后被派任县长，而荆南地方实力派人物不大予以合作，且日机轰炸频繁，乡保长们也难以组织成建制的农民运输队伍。为此，李福振找张克侠求援，张指示李去找荆门农村合作事业办事处帮忙，李便找到了曾志和郑速燕。曾、郑认为：转运军粮，有利抗战，也有利统战工作，还可让农民得到一定的运输工资，决定以办事处的名义动员农

① 钱瑛：《湖北各区工作报告》，1939 年 4 月 7 日。

民弟兄参加运输。但实际是让地下党组织去组织农民群众完成运输任务。他们把这项任务交给了杨家集地下党员杨震东，由第三十三集团军出护照，组成第三十三集团军运输队，杨震东任队长。杨先后组织起数百民工，用小车推、牲畜驮，经半个月时间，终于将这批军粮抢运完毕。荆门农村合作事业办事处的行动受到了第三十三集团军的赞扬，国民党荆门县政府对此也十分感谢。

二、对国民党地方军政人员的统战工作

国共合作形成后，中共襄西地区组织利用各种合法形式，利用一切可以利用的社会关系，对国民党地方军政人员进行了统战工作。

（一）组织战时乡村工作促进会

1938 年初，董必武通过国民党开明人士孔庚（国民党湖北省政府参议长），以合法名义组织成立了湖北省战时乡村工作促进会。2 月，在由省委派到宜昌的中共党员的努力下，成立了战时乡村工作促进会宜昌分会。主要成员是中小学教员，他们成为宜昌党组织开展抗日宣传与组织工作的助手。钟祥上胡家集和北山一带亦组织成立了战时乡村工作促进会钟祥分会。通过这种组织形式，团结进步力量，争取中间势力，扩大了抗日救亡运动的阵容。中共荆当远中心县委成立后，曾志、郑速燕以省战时乡村工作促进会的名义，联络地方军政人员，征得国民党荆门县县长李福振同意，在建业寺开办了一期抗日救国宣传促进团训练班。仅荆南参加学习的爱国青年就达 50 余人。经过学习，学员认识到抗日民族统一战线是我们战胜日本侵略者的强大武器，只有国共合作实行全面抗战，才能拯救国家，挽救民族危亡。学员结业后，编成 5 个组，分赴全县各地进行抗日救亡宣传，并经过他们又培养了很多抗日骨干。

（二）争取地方军政人员，因时因地开展统战工作

各县地方军政人员是各县地方势力的代表，把他们的工作做好了，这个县的统战工作局面也就基本打开了。因此，中共襄西组织确定以各县首脑人

物为统战重点，派党的主要负责人与其接触。根据他们的政治态度和对抗日战争形势的看法，适时地给予开导和鼓励，使他们认识到，只要形成了广泛的抗日民族统一战线，我们就一定能战胜日本侵略者。在此国难当头之际，一个爱国者应以抗日为重、团结为重，国共两党应当摒弃前嫌，共同抗日。通过长期耐心的政治思想工作，其中多数人真心诚意地拥护中国共产党提出的抗日民族统一战线，并为了实现这条战线，协助共产党做了很多工作。1938年春，刘慈恺在钟祥以合作事业办事处主任的名义，经与国民党县长段远谋商妥，在县城大井湾开办合作事业讲习会。讲习会名为培训合作事业贷款人员，实际讲授马列主义和游击战术课程，培训了近百名党的骨干，其中数十名被派往钟西开展工作。此后，还举办了钟祥县战时青年训练班，培训了青年学生300多名。这些青年学生很多走上了革命的道路，奔赴襄西各地和鄂豫边区，参加了敌后抗日游击战争。同时，马仲凡、张烈也在钟祥上胡家集和段家集等地利用联保主任的关系，举办抗日青年训练班，先后培训了50多名骨干，分赴钟西各地，其中不少人后来成为建立抗日民主根据地的骨干。

为在南漳、保康地区开展党的工作，中共湖北省委通过与国民党第五战区建立的抗日民族统一战线，与国民党南漳县县长蒋元建立了关系。蒋元是李宗仁的学生、同乡，原是第五战区中校参谋，李宗仁为了控制南漳地区，于武汉沦陷后，派他出任南漳县县长。由于蒋元倾向抗日，所以在他就任县长前，就向当时实际上为中共地下党所领导的第五战区文化工作委员会要人帮助他的工作。鄂西北区党委抓住这个有利时机，选派李云汉、马识途等去南漳。李云汉很得蒋元的赏识，被委任为县政府秘书兼司法监督和军法官。1939年2月，李云汉将马识途介绍给蒋元，蒋十分佩服马的写作才能，任命他为县民众教育馆馆长，同时撤销了当地士绅周善夫的馆长职务。此后不久，鄂西北区党委又派曾志通过国民党第五战区妇女委员会成员何德仪的统战关系，并得到蒋元的支持，在南漳县城西门以开办军民合作饭店的名义，建立了中共组织在南宜保地区的地下联络站，为进一步开展南宜保地区的工作准备了条件。10 月，鄂西北区党委决定建立南宜保中心县委。

武汉沦陷后，中共襄西地区组织对国民党地方军政人员的统战工作，由广泛开展抗日救亡宣传转入以建立党的抗日武装为目的的活动。中共当阳县委成立后，即充分发挥刘宝田在当阳的社会影响作用，并动员一批党员通过刘宝田的关系，广泛与国民党当阳县地方要员罗石泉（县党部书记长）、苗香海（城关区区长）、张粹伯（淯溪区区长）等开展统战工作。1939 年 3 月，中共当阳县委召开扩大会议，根据刘少奇关于"发动敌后抗日游击战争"的指示，决定以建立和发展抗日游击武装为中心加强统一战线工作。5 月，王翰、曾志来当阳召开了荆当远中心县委扩大会议。会议决定派刘宝田、文省三出面活动，利用国民党当阳县县党部书记长罗石泉对国民党当阳县县长鲁圣辅成立当阳县抗日游击支队时将其排斥在外的不满情绪，鼓动罗石泉成立当阳县自卫第四大队。经过刘宝田、文省三的工作，很快实现了这一方案，罗石泉出任大队长，刘宝田、文省三任副大队长，童勋伯、刘震东分任中队长。不久，刘宝田又通过张粹伯的关系，当上国民党脚东乡乡长，童勋伯经文省三活动，担任了慈化联保主任。

杨震东在荆南杨家集，通过关系当上了联保主任。钟西牌楼地下党组织负责人宁玉庭也与联保主任姚明阶拉上了关系。

由于襄西党组织正确贯彻执行了党的抗日民族统一战线政策，注意充分发挥本地干部的作用，与国民党地方军政要员"建立较密切关系"[①]，有力地配合了抗日救亡群众运动、党的建设和武装斗争的准备等各项工作的开展。

三、对爱国民主人士的统战工作

爱国民主人士虽不如地方军政人员有权，但他们的社会声望和号召力却不比军政人员差。因此，襄西党组织同样把这类人列为重点统战对象，和他

① 钱瑛:《湖北各区工作报告》，1939 年 4 月 7 日。

们一起开展了许多有益于抗日救国的活动。

荆门城北的张葆仁、张葆初是堂兄弟，是南桥有名的士绅。张葆仁早年在武汉读书时，参加过大革命活动，坐过牢。他回家以后，就变卖了部分家产，办起了立达小学，立志为家乡“启发民智，培育人才”，是个具有远见卓识的人物。七七事变后，他拥护中国共产党的主张，在学校积极宣传抗日救国思想。襄西党组织恢复初期，张清华、黄柏青、柳之一、马仲凡等党组织负责人都在立达小学任过教，并建立了党的特别支部，得到了张葆仁的很大支持，因此，这个学校的很多人加入了中国共产党，参加了抗日战争和以后的解放战争。荆门沦陷后，为继续办学，张葆仁将立达小学迁移到大后方，他本人却被国民党逮捕，病死在恩施监牢里。

张葆初虽然历史上有反共行为，但他政治上并不糊涂。他从不认为共产党是“土匪”，而承认其是一个政党，“同国民党是政党之争”，“要消灭共产党不那么容易”。所以他在反共方面总还留一手，比如参加“剿共”时，不残害掉队的红军战士；对在家乡隐蔽的共产党员只要没有公开暴露，他不予过问。荆北地下党员叶云、王炎与他关系密切，叶、王等人探知张葆初赞成国共合作共同抗日，赞成共产党为抗日救国所制定的新政策、新主张时，决定做他的统战工作。后来，通过他营救过共产党、新四军被捕人员，还通过他的关系，将一些地下党员安排到国民党乡保机构中去任职。

荆门城西大地主万人杰，在周家集办了一所求实中学。党组织通过吴达人（当时是中共党员，万人杰的亲戚），安排地委书记赵石到求实中学教书。在襄西沦陷前的一段时间里，求实中学成了地委活动的中心，有不少学生后来加入了中国共产党。

此外，地下党与子陵铺的廖卜三、石牌的严贯一、皮家集的岳佐民，都建立了一定的统战关系。

四、对汉流的统战工作

汉流，原是反清复明的民间组织，民族意识很强，后逐渐演变成帮派势力，在襄西有相当大的实力，甚至很多国民党地方政权也落入汉流手中。但是，汉流组织也具有它的两面性，如果被反动派掌握，会显示出它极大的破坏性，如果引导得当，它就会走向进步，对革命有利，是一支不可忽视的抗日力量。在襄西，谁争取到汉流，谁就掌握了这股力量。中共襄西组织根据当地实际情况，十分重视对汉流的统战工作，并认真把握党的统一战线政策，逐步掌握了一部分汉流的领导权。中共当阳县委在争取汉流工作中，选派了部分党员以个人身份加入其组织，有的凭其社会声望还当上了“大哥”，掌握了当地很大一部分汉流的领导权，并利用汉流掌握了国民党部分区、乡、保、甲政权。在当（阳）东地区，共产党控制的汉流组织，使当地汉流的大头目傅恒山、孟大云等也不得不与其谋求合作。

党在襄西的统战工作之所以卓有成效，是因为正确分析了襄西的形势，得到了上级党委的及时指导。1939 年春夏间，鄂西北区党委书记王翰亲临荆当钟地区，对国民党在襄西的各派地方势力进行了认真的分析比较，亲自调查研究了襄西各种武装力量和社会集团的情况，制定了统一战线的具体政策。这是襄西“统一战线工作”起到了“模范作用”的根本原因[①]。

---

① 钱瑛:《鄂西报告》，1939 年 3 月 5 日。

第四节 抗日游击战争的武装准备

1939年3月，钟祥县城陷落，日军侵犯至襄河一线，过河西犯的企图已十分明显。在此危急时刻，国民党反动派却积极推行“消极抗日、积极反共”的政策，在鄂豫边区日益加剧反共活动。为了防止事变，鄂西北区党委书记王翰于5月到荆当远检查指导工作，在刘宝田家中召开了中心县委会议。在王翰的指导下，中心县委认识到日军为了迫使蒋介石集团投降，有可能进攻重庆的重要门户——宜昌。襄西党组织必须在强调“两手准备”的同时，把“独立自主地开展抗日游击战争”的武装准备工作放在首位。会议分析了襄西党组织所具备开展武装斗争的有利条件：

一是重建的襄西党组织根子扎得正。重建的襄西党组织，由于在建党组织初期就得到董必武、钱瑛、陶铸等领导人的指导，受“王明路线”的影响较小。省委派到襄西各县进行建党工作的同志陆续找到了大革命和土地革命时期幸存下来的老同志，通过审查，有的恢复了组织关系，有的重新办理了入党手续。这部分同志对党有感情，在他们身上体现出党的光荣传统和在革命战争年代培养、锻炼出来的革命精神。他们有知识，有阅历，老成练达，少数同志还懂军事，如荆南的许猛曾任过红军营长。他们各自的周围都团结有一批对党有感情的青年农民，其中一部分已被吸收为党员。这批老同志是襄西党组织的中坚力量。另一项重要工作是重建的襄西党组织发展了一大批知识分子党员。这部分人，一方面受到大革命和土地革命的影响；另一方面看到由于国民党政府“对外妥协投降，对内坚持反共”的反动政策，使日本侵略军步步深入国土，亡国危险日益逼近。他们追求抗日救国的真理，把自己的出路和希望寄托在共产党身上。上述两部分党员，老党员和抗战初期入党的党员中，有些人由党的派遣或同意，担任了国民党县、区、乡、保的职务，使武装斗争的准备工作有了各种合法名义。

二是在党组织已经扎下根的地方，群众中有武装斗争的传统。这是大革命特别是土地革命时期襄西各地武装起义及贺龙领导的红三军在襄西地区纵横驰骋的巨大声威造成的。这是革命前辈和先烈用鲜血浇灌出来的永不衰败的鲜花。

三是这里有较广泛的统战关系。

四是鄂西北区党委扩大会议以后，“独立自主地开展抗日游击战争”在党内已深入人心，襄西党组织已经在各地掌握了一部分武装。

荆当远中心县委会议后，襄西各地迅速开展起秘密抓枪杆子、进行抗日游击战争的准备工作。

一、利用合法名义组织和掌握武装

（一）组建一七九师搜索队

正当襄西党组织积极准备抗日武装力量时，荆当远中心县委得到中共秘密党员何基沣、张克侠提供的情报：蒋介石下令在第五战区的每个师中成立搜索队，用于武装侦察日军（实际上是武装侦察新四军）。何、张向曾志建议，第一七九师搜索队交由襄西党组织组建。中心县委经请示豫鄂边区（因依其主要部分所在和历史习惯，以下统称鄂豫边区）党委后，同意并接受了这个建议。鄂豫边区并派共产党员周正任队长。中心县委动员了襄西地区（主要是荆门）部分党员和积极分子、民先队员100余人到搜索队背枪。搜索队成立后，拉到钟祥中山口换上装备，配备步枪100余支，轻机枪3挺，手枪数支，并配备了充足的弹药，还配备了电台。随后，搜索队即开赴襄河以东地区活动，成了新四军掌握的一支正规武装。

（二）利用合法名义掌握地方武装

1939年6月，中共当阳县委得知国民党当阳县县长鲁圣辅在各区成立国民自卫大队，而把县党部书记长罗石泉排斥在外的消息后，即派文省三找罗石泉联系，拟在慈化、脚东、官垱成立一个自卫大队。通过罗石泉与鲁圣辅力争，终于搞到一个番号：当阳县自卫第四大队，罗石泉任大队长，刘宝田、文省三任大队副，下辖慈化、脚东、官垱三个中队。刘宝田、文省三等人利用这个合法名义自费购置了几支手枪。这支不脱产的民众自卫组织，为当阳党组织利用合法名义掌握武装开辟了道路。此后不久，中共当阳县委又利用国民党地方派系斗争，让刘宝田、童勋伯分别当上联保主任后，刘直接掌握了脚东乡联保处的20多条枪，背枪的大都是党员和农民积极分子。童勋伯与文省三不仅控制了慈化联保处的武装（有步枪20余支），而且积极同驻防慈化的国民党第三十三集团军拉关系，让其帮助训练“国民兵团”的“壮丁”。这批“壮丁”后来大都成为襄西抗日武装的骨干分子。当阳县党组织在日军渡襄河前夕，已掌握有合法名义的两个乡武装，60余人枪。

荆北区委的黄道平、叶云等人，为筹集武装，发动群众将贪污腐败的南桥乡联保主任告垮，企图换上对抗日救国态度较好的刘虎臣接任，未能成功。叶云、段玉美又利用国民党组织民众自卫队的名义，在他们家所在的叶家闸、段家冲两个保，发动富户集资买步枪10多支，组成保自卫队。不久，国民党荆门县政府得悉此事，认为叶云等组成的保自卫队不得有枪支，强令叶云交出，并将段玉美逮捕。经荆门县党组织请民主人士张葆初斡旋，枪支交出4支，保全8支，段玉美获释。

荆钟特别区委所属牌楼党支部书记宁玉庭，与牌楼联保主任姚明阶的关系较好。1939年下半年，姚明阶邀请宁玉庭到他的联保武装（一个分队）当班长，这个班均由宁介绍的人员组成。从此，荆钟特别区委也有了自己的合法名义的武装。

1940年5—6月，荆当地委副书记吴云鹏布置白云区委以党掌握的段集联保队为基础，建立一支抗日武装，白云区委很快成立了拥有60人枪的白云山抗日游击大队，易协钦、杨厚卿分任正副队长，下辖三个中队。为加强骨干力量，区委又选派了20余名地下党员参加游击队。

二、秘密搜集武器

秘密搜集武器，这是襄西地区党组织进行抗日游击战争准备的又一途径。

武汉沦陷后，国民党军队节节败退，中共襄西各地党组织根据上级发展人民抗日武装的指示，在国民党溃不成军之际，想方设法收捡和购买枪弹。荆门抗日十人团成员刘光成，在一竹林中发现国民党军逃兵丢弃的2支捷克式步枪后，迅速报告了五里铺党支部，将枪转移到安全地方。不久，一名地下党员又在一菜地里捡到1支步枪和数十排子弹。牌楼党支部搜集到步枪3支，子弹数百发。当阳等地也收捡到一些枪支弹药。

至襄西沦陷前，襄西党组织共有合法名义的武装（包括搜索队）300余人，枪200余支。

襄西各级党组织在准备抗日游击武装的工作中取得了很大成绩，但也付出了一定的代价。段家冲段玉美被捕，枪支损失4支。钟西冷水铺党支部在秘密搜集武器时，被国民党冷水铺联保处发现，3名党员被捕，除汪德裕受枪击未死逃出外，支部书记郑家坤和一名姓刘的党员惨遭杀害。

第二章

武装开辟襄西，创立襄西抗日民主根据地

（1940 年 6 月—1941 年 3 月）

第一节　襄西地区沦陷与人民群众的抗日斗争

一、襄西沦陷

武汉沦陷以后，抗日战争由防御阶段转入相持阶段。这时，日本军国主义的战略方针发生了变化，即由原来对国民党军采取以军事打击为主、政治诱降为辅，变为以政治诱降为主、军事打击为辅。其主要军事力量则用来对付共产党及其领导的抗日军队。为了控制一块最靠近而最能威逼重庆的地方，以便从水陆两路进攻重庆，并可用飞机轰炸威胁重庆，逼迫蒋介石国民政府妥协投降，日本大本营令日本侵略军第11军对李宗仁指挥的国民党军第五战区所属50多个师的军队发起进攻。日本侵略军称这次进攻为“宜昌作战”①。日军将此次作战分为两期：第一期，1940年5月初开始“襄枣战役”，其目的在于击破襄河以东国民党军队防线，从襄阳以下，打开进入沙（市）、宜（昌）地区的通道。至5月下旬，襄河东岸战斗告停，结束这个战役第一步②。

1940年5月1日，日本军国主义发动的“宜昌作战”打响。日军由信阳、随县、钟祥三个地区同时发起进攻，国民党军第五战区调集江防军（司令郭忏）、右集团军（总司令张自忠）、左集团军（总司令孙连仲）、中央集团军（总司令黄琪翔）等部迎击。激战一星期，日军处于不利状况，遇到了严重的抵抗。但在襄东战斗中，由于日本侵略军截获了国民党军的无线电报，

---

① 日本防卫厅防卫研究所战史室：《中国事变陆军作战史》（译稿）第三卷第二分册，中华书局1983年版，第1页。宜昌作战：中国方面称枣（阳）宜（昌）会战。

② 见《日军侵华资料》，载鄂豫边区革命史编辑部《鄂豫边区抗日根据地历史资料》第五辑，第206—208、210页。

右集团军张自忠将军的前线指挥所被敌重兵突袭。[①]5月16日，张自忠及所率第七十四师特务营在宜城长山西麓之南瓜店陷入日军重围，张将军率众奋战，终因众寡悬殊不敌，特务营伤亡殆尽，张将军身中数弹，为防落入敌手，遂拔枪自戕，壮烈殉国。[②]战至5月下旬，襄河东岸国民党军各部即退却，战斗告停。

5月底，日军即进行第二期作战。“31日半夜”，日军第3师团、第39师团分别“从襄阳东南方”和“从王家集一带奇袭渡过汉水”，第3师团6月“1日攻占襄阳”。[③]6月3日，日军第3师团、第39师团分别攻陷南漳、宜城两县城后“放弃两师团的后方”，“并列南下”。[④]4日夜，日军第13师团等从钟祥“旧口镇以南地区奇袭渡过汉水”[⑤]，分别向沙市、江陵、十里铺一带西进。荆门、拾回桥、十里铺等地于6日被日军攻占。8日，远安、当阳县城相继沦落（日军攻占远安后不久退出）。随即，枝江、宜都等县江北地区也都被日军攻占。日军第13师团“于6月12日16时完全攻占了宜昌”[⑥]。但日军自6月“16日半夜撤退”宜昌后[⑦]，又于“17日12时30分重新占领了宜昌”[⑧]，国民党

① 见《日军侵华资料》，载鄂豫边区革命史编辑部编《鄂豫边区抗日根据地历史资料》第五辑，第206—208、210页。

② 张宪文:《抗日战争正面战场》，河南人民出版社1987年版，第197页。

③ 日本防卫厅防卫研究所战史室:《中国事变陆军作战史》（译稿）第三卷第二分册，中华书局1983年版，第15—16页。

④ 日本防卫厅防卫研究所战史室:《中国事变陆军作战史》（译稿）第三卷第二分册，中华书局1983年版，第16页。

⑤ 日本防卫厅防卫研究所战史室:《中国事变陆军作战史》（译稿）第三卷第二分册，中华书局1983年版，第16页。

⑥ 日本防卫厅防卫研究所战史室:《中国事变陆军作战史》（译稿）第三卷第二分册，中华书局1983年版，第19页。

⑦ 日本防卫厅防卫研究所战史室:《中国事变陆军作战史》（译稿）第三卷第二分册，中华书局1983年版，第24页。

⑧ 日本防卫厅防卫研究所战史室:《中国事变陆军作战史》（译稿）第三卷第二分册，中华书局1983年版，第27页。

军退至宜昌以西阵地设防。从此，襄西广大地区，北至荆门石桥驿，向西南经荆门、当阳至宜昌一线，南至长江，陷于日本侵略军的铁蹄之下。

二、襄西沦陷后的政治、军事及经济形势

襄西沦陷后，日军第13师团、第39师团两个师团以当阳县城为中心控制襄西地区。当阳县城是日军在襄西地区的最高指挥所所在地。先后在荆门、当阳、钟祥河西等控制区内的交通线上遍设据点：襄沙公路上有三当铺、南桥、子陵、荆门、掇刀、团林铺、金鸡冢、五里铺、建阳驿、十里铺（以南至荆沙未列）；荆当公路上有烟墩、小烟墩、淯溪、北门河、当阳、鸦鹊岭（以西至宜昌未列）；汉宜公路上有当阳飞机场（1943年修建于当阳东门外公路北侧朱家湾）、慈化、河溶、拾回桥、后港、高桥、沙洋；襄河一线有塘港、石牌（1942年设置）、马良；荆钟公路上有牌楼、冷水铺、皇庄渡；北山周围有朱堡铺、云雾观、八角等据点。襄西沦陷后，日军修建了荆洋（荆门至沙洋）公路，并在该路通过的沈家集、麻城铺等地设置了据点。上述各据点中的大据点如河溶、淯溪、十里铺、掇刀、子陵、沙洋、南桥以及1942年夏增设的石牌据点等，都配置一个大队以上兵力。上述各大小据点共配置兵力在两个联队以上。1941年4月，新四军第五师第十五旅在襄西建军后，日军配置在上述地区的兵力还有增加。

襄西沦陷后，国民党军退守西至宜昌以西沿荆山东麓经远安至荆门石桥驿一线。防守部队为国民党军第三十三集团军（总司令冯治安，副总司令兼参谋长张克侠，司令部驻南漳县沐浴），辖第五十九军（军长由冯治安兼），该军辖第三十八师（师长黄维纲）、第一八〇师（师长刘振三）、骑第九师（师长张德顺）。防守区域为荆门石桥驿、仙居、刘猴集一线；第七十七军（军长何基沣），该军辖第三十七师（师长吉星文）、第一三二师（师长王长海）、第一七九师（何基沣兼师长）。防守区域从荆门栗溪、南漳东巩至远安一线。襄西沦陷后，蒋介石调第三十军（军长池峰城，辖第二十七、三十、

三十一师）归第三十三集团军指挥。

襄西沦陷后，荆门、当阳、钟祥三个县的国民党县政府，都撤退到了国民党军防区的大后方。

国民党荆门县政府撤退到城北仙居。原任县长李福振是第三十三集团军的人，该集团军撤离后，由王伯膏继任。王是荆门城南高桥乡人，清朝末年当过管带（营长）、代理标统（团长），参加过新军的四川资州起义。民国初建，任过北洋系统鄂军第八师第十九旅第一团团长，代理旅长。王伯膏在荆门沦陷后，命其两个儿子王振纲（曾任沙洋警察局局长）、王广益与国民党荆门后港区区长周赞庭在后港李市拉队伍。王伯膏本人的武装虽只有王广益的100多人枪，实力不强，但以他的声望却成为荆门沦陷后城南地主各派系中当权派均为拥戴的人物。加之王与国民党湖北省第四区（荆州）专员金巨堂有旧，由金推荐，于荆门沦陷不久，即接任国民党荆门县长。荆门县地主当权派历来就有南北两派的对立，县政权常常为城北地主所掌握，他们的后台是罗贡华（曾任国民党湖北省某厅厅长，城北常、罗、李、傅四大家族之一）。县政府有一个大队（辖三个中队）的武装，也为城北地主胡龙山等人掌握。荆门沦陷后，城南地主依靠城南的富庶及县政府对沦陷区管不了等条件，纷纷拉起了武装，割据一方。这样就迫切需要拉出一个城南地主众望所归的人来当县长，因此，选中了王伯膏。

国民党荆门县政府的一个大队，在王伯膏任县长期内（1940年秋至1941年春），是无法进入荆南敌后与城南各地主武装争钱粮的。1941年秋，蒋铭由国民党湖北省政府委派接任荆门县县长，这个大队被编入曾宪成部队序列，到1942年春落入刘黎辉（曾宪成部的参谋长）手中，并且实力也增强了，但仍然不敢贸然进入荆南地区。所以，在新四军襄西主力和襄西地委于1942年5月撤离襄西之前，国民党荆门县政府直属部队始终没有进入荆南敌后。

荆门城南沦陷后，地主当权人物拉起的武装分为两大派系。一派为周赞庭（国民党后港区区长）支队，辖周赞庭、王广益（王伯膏的小儿子）、陈惠卿三个大队，约400人枪，驻沙洋以西至后港汉宜公路两侧地区，属国民党军第六战区荆江潜抗敌指挥部（指挥官王伯膏）；另一派系为左墨香支队，辖廖和堂、舒厚甫、龙剑平三个大队，驻十里铺以北的荆沙公路两侧地区。左墨香兼有国民党军第六战区和第五战区的委任状，既属第六战区王伯膏的荆江潜指挥部指挥，又属第五战区第三挺进纵队指挥（指挥官曾宪成），左支队约有500人枪。此外，还有范天章支队（驻沙洋沈家集，后投敌）、毛泽大队（驻十里铺）。

七七事变后，国民党当阳县政府先后成立了四个自卫大队：第一大队大队长由第一区区长艾练兼任，第二大队大队长由第二区区长张粹伯兼任，第三大队大队长由第三区区长张炳南兼任，第四大队是中共当阳县委以合法名义控制的武装，大队长由国民党县党部书记长罗石泉担任，副大队长刘宝田、文省三均为中共地下党员。当阳沦陷前夕，第四大队被国民党当阳县政府强令解散。

当阳沦陷后，国民党当阳县第一自卫大队由中队长蒋和笙带领，在当阳玉泉寺、双莲一带活动。这个大队是在国民党军第五、六两个战区都挂了号的国民党军“游击队”。这支游击队因和新四军隔着日军重兵驻守的当阳县城，新四军也很少进入城西，与当（阳）东抗日民主根据地的武装未发生冲突。第二自卫大队由胡昆带领，随县政府北迁到当阳、远安交界的三民乡后，一部分改编为国民党军第六战区保安大队，一部分改编为第六战区挺进大队。由县政府控制的这个挺进大队名义上是大队，实力却只有一个中队。为了加强实力，县政府于1941年6月将这个中队与三民、干巩、观音等乡的地主武装集中整训，成立所谓当阳县自卫总队，随县政府活动于庙前横店地区（属当阳沦陷区的边沿地区），与中共襄西地委有较好的统战关系。第三自卫大队，因当阳沦陷时大部分星散，一部分被兵痞郑家良（当阳孙家场地区的汉流头目）掌握，从1940年秋冬开始，逐渐扩充，至1942年发展到2000余人枪，割据沮漳河两岸北至汉宜公路、南至当（阳）江（陵）边界的广大地区。

1941 年春，国民党军第五、六两个战区都给予他“支队”“总队”番号，并派特工人员进驻。因此，郑部反共日益坚决，一直是襄西抗日民主根据地的一大祸患。

原来反共的如河溶贺赞武等，在日军侵占当阳后，他们没有胆量在敌后拉游击队，逃到了大后方。这些地主当权人物，多数躲在大后方，留他们的爪牙在沦陷区或挂名“国民党抗日游击队”，或投敌当维持会长，依仗日伪势力为他们榨取农民租课。

综上所述，襄西当东抗日民主根据地，漳河两岸，香炉山区，南至河溶，北至观音寺，共产党在 1940 年 6 月至 9 月起兵初期，还处于无人与其争夺的有利地位。

1939 年 3 月钟祥县城陷落。该县地方武装逐渐集中到地方当权人物曾宪成手中，从开始的几个中队到襄西沦陷时已有两个支队。国民党军第五战区将曾的队伍改编为“第五战区第三挺进纵队”，曾宪成为纵队司令，下辖第一支队，支队长邓德昌；第二支队，支队长侯思明，共 2000 余人枪。到了 1941 年，荆门县政府的武装收编了城南的陈楚斌、陈楚武、陈汉英[①]等部，名义上称为一个支队，姚金陵任支队长（实际为刘黎辉掌握），归入曾宪成纵队，为第三支队。所以，曾宪成与王伯膏不同，王只有王广益的 100 多人枪，徒有“荆江潜游击指挥部”之名，实际上是空架子。曾则拥有三个支队，近 3000 人枪的力量，是抗日战争时期荆、钟二县兴起的最大的地主武装。

就国民党军收编的襄西各地武装的头领而言，曾宪成与左墨香、郑家良等人都不同。左是老式的反共地方武装，老奸巨猾。郑是兵痞出身，粗暴残忍。左、郑等人的家都在沦陷区，趁乱世拉起武装，割据称霸。曾宪成、刘黎辉、姚金陵三人则是国民党中央军校武汉分校的毕业生，从军多年且受国民党反共教育很深，执行蒋介石反共政策非常坚决，是新四军在襄西更难对

① 陈汉英：即陈惠卿，1941 年下半年举人湾战斗中被新四军俘虏后释放，后又拉起武装。

付的土顽。

此外，还有盘踞在江陵、当阳边界的赵益之（国民党联保主任起家）部，盘踞在当阳、宜都、枝江边界的刘筱约[①]、韩江陵部，盘踞在钟祥马良的周良玉（日军未设据点前）等游杂武装。

襄西沦陷后，国民党地方武装在不到一年的时间内，发展到1万余人。国民党这些地方武装，绝大多数都拥兵自重，割地称雄，不事抗战，专事反共。他们互相之间虽然矛盾重重，但在反对新四军方面却配合默契。因此，共产党领导的新四军在襄西开辟根据地，除与日军作战外，还要对付各地土顽和游杂武装。加之，襄西地处鄂豫边区边缘地带，远离鄂东、鄂中抗日根据地而孤悬敌后，共产党领导的新四军开辟创建的襄西抗日民主根据地又受日军的分割和封锁，不用说与鄂东、鄂中新四军军事上的协同十分困难，有时甚至通信联络都被隔断。但是，襄西党组织在上级党组织的领导下，在人民群众的支持下，历经艰难险阻，终于使襄西人民抗日武装和抗日民主根据地逐步成长壮大起来。

日本侵略军侵占襄西后，一方面武装抢劫、掠夺各种生活物资，另一方面在占领区内以食盐、鸦片和伪产业合作社为三大经济支柱，支撑起“以战养战”战略。日军通过各地伪县、区行政机构和伪产业合作社经济组织，或以征派形式，或以不等价交换方式，用食盐、鸦片和日产工业品，换取农民的粮食、棉花、蓖麻、油脂、木材、煤炭、铜、锡等农副产品及战略物资，以控制其占领区人民的经济生活，充实其财政经费及物资来源，维持其庞大的战争机器运转。

伪产业合作社 日军占领初期，为解决日常生活物资需要，在占领区内疯狂劫抢。但是，时间一长，仅仅依靠破坏性的武力劫抢是不足以解决物资需要的，因而出现以日产工业品和食盐、鸦片等来交换农副产品的形式。开始

---

① 刘筱约：1940年秋投降日军，充当伪皇协军当阳保安司令。

时，是日军自行与赶集农民交换（称为“过港”），或者通过维持会及个别商人转手进行。1942年初，日军在襄西各县组织拼凑“伪产业合作社”，并在各主要据点设立分社，进行物资交换。用香烟、火柴、袜子、索线、食糖、布匹等日产工业品和日用品，向农民兑换鸡蛋、家禽、家畜、蔬菜、柴炭等物资。以产品交换为主要形式，辅以日钞（军用手票）作补充性的流通手段。各种日产品交换没有固定比值、比价，全凭日本侵略军的需求增减而定。兑换所得的农副产品，除粮食、棉花、蓖麻等大宗运往武汉以外，其他日常需用物资，就地直接供应日本驻军。

伪产业合作社几乎囊括了占领区的经济活动。它不仅负责倾销日伪的工业产品，而且搜括民间农副土特产，完全成为日伪从经济上控制、压榨沦陷区人民的工具。它是日本侵略者在襄西编织的一张巨大的吸血网，从这张吸血网里伸出无数支吸血管，肆意吮吸着沦陷区人民仅存无几的膏血。日伪行政和经济组织中的一些丧尽天良的汉奸头目、伪乡保人员及奸商等，都从这种交换里发了国难财。

食盐　食盐的销售，也是日军攫取经费的重要来源。每月由武汉日伪组织拨给襄西各县日伪县政府，按人凭“良民证”高价配购，但实际上老百姓一般都买不到，即或买到盐，但盐中掺假、掺杂很多，盐价高到一石稻谷换一斤。老百姓吃盐异常困难，不少人因长期缺盐吃致生病浮肿。日伪对食盐的控制极严，偷盐、偷运食盐的人一经发现，往往被处死。

鸦片　鸦片的倾销，不仅是日本侵略军的重要经济来源，而且是毒害襄西人民的重要物品。它同食盐一样，由日军直接控制，每月拨给各县伪政府销售。下拨的鸦片，伪县政府以每两日钞70—80元的价格交各区、乡推销。鸦片款一律上交伪县政府，除一部分抵作行政经费外，大部分上缴日军。不仅如此，襄西各据点的日军还直接向驻扎地区的基层派售。

国民党湖北省档案中的有关资料记载：“一九四一年七月十五日（第）六

战区代电：据报，敌人在我陷区内大施毒化政策，后港、拾回桥[①]一带，至六日起，配给宣抚土膏，私土每两值军票五十五元，官土五十元，每两加教育费二元，交换以柴草、苦力为标准。”“一九四三年元月七日内政部转据反正投诚之伪荆门县政府通译官徐向阳报告：……荆门敌势所到之处，每月可销售鸦片二万两，月收入九十万元……”

三、日军的侵略暴行和群众的自发斗争

1938年10月25日武汉沦陷后，日军步步向西进逼，空袭为其先导。襄西地区的主要城镇及人口密集的乡村首当其冲，成为日军狂轰滥炸的重点。空袭，是日本侵略军在过襄河之前就犯下的滔天罪行。

荆门县沙洋镇，地处襄河边，经历代开拓与发展，至抗日战争时，已拥有48000人（含郊区），26条长街，40余条小巷，中轴长达6里。房屋1700余栋，大小商号900余家，百业齐全。水上码头尤其繁荣，每天停靠大小船舶上千艘。镇上不仅有各省的会馆，还有剧院及各类寺观庙宇等建筑。就当时而言，沙洋镇不仅是荆门的经济重镇，而且是鄂中地区主要的物资集散地、川鄂豫陕商品流通的枢纽，素有江汉明珠的美称。可是，就在日军侵入沙洋前后的时间里，侵略者用罪恶的空袭炮火，将一座繁华兴旺、美丽富饶的江镇以及数以亿计的财物，毁灭近尽。2000多名无辜居民死于日机的狂轰滥炸。1938年11月5日，日军对沙洋镇进行第一次轰炸。敌机数十架，轮番投弹轰炸，从早到晚，整天不停。满镇生者呼号，伤者呻吟，路人哭泣，尸陈遍地。一些货铺的货架上，飞溅着人的血肉，秃墙上、断树上挂着人的肠肚。码头街有一座天主教堂，外国传教士们为防日机轰炸，很早以前便在屋顶上铺设了一面很大的意大利国旗，想以此得到“优待”，结果，日军飞机在教堂四周投下数枚重型炸弹，将其夷为平地，传教士们无一幸存。

---

① 拾回桥属荆门——编者注。

不久，沙洋又一次遭到日军飞机轰炸。至此，这座历经数代人营建，已颇具规模的江汉商业重镇便街不成街、镇不成镇了，人口从4万多骤减至几千人。

1940年6月，日军入侵襄西后，所到之处，施行烧光、杀光、抢光的“三光”政策，把襄西人民推到了苦难的深渊。

当阳县城东门外的朱家湾，时有376户人家，除日军侵占的三户农舍外，其余全被日军烧毁，1000余人无家可归。

淯溪镇北的芝麻冲，是难民们跑反回家的必经之路，日军在那里设立哨卡、拦劫财物和捕捉难民。一天夜里，日军先后在那里拦劫了80多个难民，关在一间牛栏里。天亮后，日军把难民们一个个拉出来割耳朵、挖眼睛、砍手、断腿，整得满屋血腥。日军见难民曹良芝年轻力壮，硬说他是“支那兵”，强迫他在屋前挖了一个坑，将其推入坑内，用刺刀捅了数刀后活埋了。晚上，日军先用机枪对着牛栏屋扫射，然后将其点燃烧毁，80多名无辜百姓全部遇难。

当阳玉泉寺是荆楚丛林圣地。沦陷初期，大批难民在寺内躲藏。一天，几名日本军官从当阳县城驱车到玉泉寺周围察看地形，并进入寺内观光。其中一名军官自称是佛教徒，向寺内僧众表示，要保护寺庙，还用日文出具布告，告谕日军不准随便进入寺内。一时玉泉寺众僧俗信以为真，以为侵略强盗真能“放下屠刀，立地成佛”。1940年8月19日下午，大批日军突然分数路向玉泉寺包抄而来。和尚们还深信那张空文，照常身披袈裟聚在大雄宝殿念经拜佛，祈祷佛祖保佑。正当殿内钟鼓齐鸣、法乐高奏时，山门前枪声大作，寺内难民和胆小的和尚纷纷翻墙逃入后山密林中。一大群如狼似虎的日军冲入庙内，见人就杀。般舟堂僧人法朗（号园成），为了保护庙内人身庙产安全，挺身而出，意欲与日军讲理。迎面碰上日军，他连忙合掌顶礼，刚刚叫了一声“太君”，就被日军一刺刀捅死在禅门前。

日军杀死法朗后，拥入寺内搜查，先后有24名大小和尚被捉。这24人中，除了玉泉寺僧人外，还有远安、松滋、宜昌各寺和尚及湖南大同寺和尚。日军将他们绑缚到寺外长店子下的扫帚坡，用机枪射杀。遇难的僧人大多是老和尚，他们信守佛规，与世无争，苦苦修炼，希望终成正果。结果反被号称“佛教大国”的日军杀戮。

日军为在襄西建立轰炸重庆的基地，先后在荆门掇刀、当阳东门外朱家湾各修建一个飞机场。这两个飞机场，都是抓“中国苦力”修建的。修机场的苦力，住宿工棚，周围用铁丝网围着。工棚是用芦苇和稻草搭盖的，长年不修补，形同战俘集中营。一个工棚住数十人，一个挨一个。所有的苦力均无被子，互相挤在一起睡觉，地上垫的稻草被人体碾成灰末，虱子成堆，蛇虫蚂蚁相继为伍。苦力们吃的是用装煤油的铁桶煮的大麦、小麦、高粱等杂粮，一人一勺。没有菜，只有盐水汤，吃饭无碗筷，大家用破瓦片、烂衣片以及水泥纸当碗，用手当筷。苦力们天不亮被赶出去劳动，天黑了又被赶进工棚，一年四季天天如此，因累、饿、冻、病而死者不计其数。人死后，叫另外的苦力拖到工地边沿往事先挖好的大坑里一丢了事，群众称此坑为“万人坑”。日军修这两个飞机场到底死了多少中国人，谁也说不清。修当阳飞机场的苦力基本上死亡殆尽。1943 年 5 月 21 日，机场基本竣工，日本侵略军为了不可告人的目的，将最后在工程中死里逃生的 500 多名苦力赶到机场南边的一块空地上，用机枪全部扫死。为此，日本战败投降后，当阳县政府受通知于 1948 年派代表，到沈阳参加了对日本战犯的审判。

襄西沦陷区到处是火，到处是血，人民遭杀戮，妇女遭奸淫，腥风血雨，民无宁日。据许功 1948 年编《当阳县抗战史料》记载：全县人口伤亡 87600 人。

荆门人民在抗日战争时期遭受的人口伤亡和财产损失，据国民党荆门县政府 1948 年不完全统计，在日本占领荆门的 1897 天中，荆门人民因战争直接致死的为 46520 余人，占当时全县总人数的 9.6%，致伤的 43061 人。财产损失：被毁房屋 39042 间，损失耕牛 17140 余头；损失公私财物、衣被、现款、首饰、车、船等折合当时币值 2000 余万元，至于文物、古迹、珍贵图书画册、艺术珍品的损失，则更无法以金钱计算。[①]

当时，襄西流传着一首民谣："东洋鬼子似狼虎，害得百姓真正苦，罐子里没有过夜粮，身上没有遮羞布。"

日本侵略军的野蛮暴行，遍布襄西各地。但是，也就是日本侵略军的野蛮凶焰，点燃了襄西儿女英勇抗击侵略者的怒火，他们凭着炎黄子孙的血性，赤手空拳地与武装到牙齿的侵略强盗展开了顽强的斗争，留下了一个个可歌可泣的悲壮故事。

1940年6月，荆南沦陷，建阳驿附近乡村里有一个中年妇女，人称余二嫂。日军窜进村时，她未及逃走，当村民们乘黑夜返回村庄时，发现她全身衣服被撕烂，身上被刺刀捅了好几处，倒在血泊中。她嘴唇边满是凝固的血，嘴里含着一大块模糊不清的血块。她的男人痛哭着用手掰开她的牙齿，取出血块，村民见了一声尖叫，原来是余二嫂咬下的侵略者的耳朵。这充分说明，余二嫂是襄西妇女不可侮辱的代表人物。

《当阳县抗战史料》记载着《河溶之六贞女》的事迹：赵运兰、赵纪云、罗凤、罗维、罗维清、罗菊贞均年少有姿，赵罗属世姻，女者互为姨表姊妹，行是年事相若，情至殷，二十九年（1940年）襄河不守，家乡吃紧之时，各家长相约避难，六女遂会集于沮漳乡赵家渡之赵家，适敌寇至，遂陷魔掌之中，无法逃出，六女同密藏两矮楼间一小阁上，是阁三面壁墙，正面则为苇编篱笆。阴历五月二十七日，敌寇十余人过此，瞥见少女倩影，遍寻不得，遂于屋内放火，并声言出者免死，时六女在内见闻，宁为玉碎，遂相约不出，甘受焰火之焚，至今乡人，称为六贞女。这是襄西妇女对日本侵略者的又一控诉。

襄西妇女坚贞不屈，襄西男儿更是英勇顽强，敢打敢拼，他们自发地活捉、消灭了很多零星日本侵略者。

---

① 见《荆门文史资料》第一辑。

当阳沦陷的第十天，有两个日本侵略者到洪庙地区柳家大堰“打捞”，把未及时逃走的人都逼到稻场里，日军先要鸡，后要鸡蛋，最后又要钱，场子里的人七凑八凑，凑了八块洋钱。但日军还是不肯走，又提出要“花姑娘”，把柳志珍的大哥柳志金等四人抓到场子中间跪着，声言不交出“花姑娘”就统统杀掉。柳家几个弟兄都在抗日国术队学过武艺，眼见日本兵如此行凶作恶，任意侮辱中国人，早就忍无可忍了。老大柳志金见一个日本兵进屋去了，突然跃起，一把夺过日本兵的枪，狠狠的一枪托，将其打倒，众兄弟一拥而上，几下就结果了他的性命。另一个日本兵被柳家弟兄堵在屋里，用木杠打死。为了防止日军报复，他们将其尸体沉在藕堰里。稻场里有许多血迹，怎么办呢？老二柳志忠灵机一动，一棒打死了一条狗，把鲜血直流的死狗在场地上拖了一圈后扔在堰堤上。为防日军报复，他们带领乡亲们逃到香炉山中去了。愚蠢的日军到处寻找两个失踪的同伙，到了柳家大堰，闻到了恶臭，但看到是死狗，连忙跑了。柳家兄弟齐心杀敌的壮举，使洪庙地区人民认识到日本兵并不可怕，只要齐心协力也是可以消灭的。以后当地群众又杀死了几个单独行动的日本兵。

离河溶不远的彭家大湾，后山上有一个日军碉堡，日军经常出来奸淫烧杀，周围的群众深受其害。青年彭德金早就盘算着如何为乡亲们报仇雪恨。有一天，碉堡里走出一高一矮两个日本兵，又到大湾里去“打捞”。日本兵进湾后将枪朝一家门前一靠，便钻进屋去抢东西，潜伏在门前稻田里的彭德金一见时机到了，快步冲到门前，刚要取枪，只见矮个子日本兵背朝门外站着，他便一个虎跳冲上去，将敌人拦腰抱住。日本兵挣扎着用右脚腕勾住彭德金的右脚跟，欲将彭摔倒，哪知那双抱住他腰身的双臂竟像一道铁箍一样，使他动弹不得，于是这个日本兵便向屋内大喊。彭德金暗暗一使劲，“啊”的一声大喊，双臂朝上一举，将这个壮牛似的家伙高高举起，掷出一丈开外。恰逢那个高个子日军闻声从屋内跑出，见同伙像堆烂泥似的瘫在他脚前，吓得倒退几步。彭德金一个急转身跨出大门，随手捞起一支枪飞奔而去。叭的一声，日军的枪响了，子弹穿过了彭德金的左臂，鲜血滴在田埂上，但彭德金没有停步，几个虎跃钻进了对面山上的松树林中。从此，碉堡里的日军再也不敢轻易出来了。以后，彭家大湾的人编了一首歌："彭德金，彭德金，钢做的棍，铁打的钉，力大胜过李元霸，打得鬼子吓掉魂。大家都学彭德金，齐心赶走东洋兵。"

在襄西，人民群众自发地奋起反抗日军、活捉日军、打死日军的事迹还很多，如半月山的三个青年娄采成、李启楷、高南章活捉了日军神园八郎；王店金家大庙的少年田英仁（15岁），在他叔叔的配合下，智擒一个迷路的日本兵；河溶韩家冢韩承元等四人临时拜把子，打死了一个强奸妇女的日本兵；共产党员靳玉智只身活捉一个日本兵……

四、襄西沦陷初期，各地党组织的武装活动

当阳沦陷后，脚东乡自卫队遵照荆当地委和县委的部署，拉到荆当边界以香炉山为中心的地区活动，由在当阳的荆当地委负责人李守宪，当阳县委领导人王建桥、王全国以及刘宝田、刘振东等人掌握。同时，按照荆当地委的计划，动员荆南的党员杨震东等七八人参加香炉山的游击队。以此为基础，一面动员当阳县和荆南的党员、群众参军，积极收集国民党军队丢失的枪支，壮大武装；一面伏击进山骚扰的小股日军，并镇压趁火打劫的歹徒，保护人民群众的生命财产安全。很快，党掌握的这支武装由十几人、七八条步枪，发展到50余人、30多支长短枪和1挺轻机枪。为了进一步壮大这支抗日武装，决定由荆南来的杨震东等数名党员回去动员原在红军担任过营、连职务的许猛、靳帮兴等干部、党员前来，并将荆南党组织掌握的枪支带来。

正值杨震东等党员回荆南，日军侵入香炉山一带"扫荡"，队伍撤到荆门朱家店子附近，这支队伍的领导人提出要将这支部队编入左墨香支队。荆当地委和县委的同志在会上产生了不同意见。经过激烈的争论，地委负责人李守宪同意将该队编入左墨香部。决定后，王建桥、王全国和荆南的党员退出

一起去荆南，李守宪留下部署党的工作后也离开这支部队。恰在翌日凌晨，杨震东领着许猛、靳帮兴等 10 余名党员携带步枪前来，见情况有异，当即返回荆南。

中共当阳县委掌握着另一支武装——慈化区中队。日军侵犯慈化时，正值中队长童勋伯出差未归，被国民党县政府拉到了远安、当阳边界的横店地区，并欲编入冯国屏的县自卫大队。童勋伯冒着生命危险，穿过日军的哨所，找到了这支部队，在文省三的帮助下，与县政府巧妙周旋，并借口为县政府筹集钱粮，摆脱了收编。终于按原计划，将这支 50 余人枪的队伍拉到了香炉山地区，与刘宝田部会合。

荆南党组织按荆当地委计划，派一部分党员到香炉山与当阳县委的部队会合，未能实现，许猛等人半途返回，杨震东随李守宪、王建桥、王全国也回到荆南，把 3 支枪埋藏好，隐蔽待机。

驻扎在荆南柴家集的左墨香部第三大队大队长龙剑平给杨震东写来一信，商议扩充队伍的事。经李守宪、李纯斋（荆南县委书记）、王建桥、王全国研究决定，带一部分人和那 3 支枪加入龙剑平大队，并将王建桥、王全国以“国民兵团的弟兄”身份安排到左部。杨任龙的分队长，“二王”分别当上了班长和上等兵，伺机争取这支队伍。

龙剑平是学生出身，大革命时期在江陵读书时曾接受过进步思想，土地革命时在建阳驿参加过农会活动。土地革命失败后外出读书，后来当过荆州专署的科长和十里铺区的区长，是荆门城南青年士绅中的首脑人物。他为人正派，具有爱国心和正义感。他身边还团结有姚志惟、李香甫、李家谟等一批爱国青年。姚原是大革命时武汉军校学员中的党员，大革命失败后，同党失去联系，后在龙剑平手下当区员。李香甫、李家谟都当过联保主任。他们同龙剑平都积极主张抗日救国，合理负担战时勤务，因而触犯了以左墨香为首的大地主集团的利益，龙剑平被迫辞去区长职务。日军侵入荆门后，龙剑平以原来掌握的区自卫中队李家谟等人组织的武装为基础，招兵买马，准备独立自主地组织“抗日自卫大队”。这时，王伯膏正在后港李市等地组织荆江潜游击指挥部，搜罗城南一带的地方武装，自任指挥官，以后港区区长周赞庭为副指挥官兼第一支队长，李市的范达臣部队为第二支队，左墨香部队为第三支队。龙部正在他们的势力包围之中，被迫与周、左谈判，以“受编不受调”为条件，接受编入左支队为第一大队。他们还派了一个姓梁的人来任副大队长，以监视龙部。龙剑平此时既不能独树一帜，又不甘心与他们同流合污，更担心随时会被吃掉，因而迫切希望与共产党联系。

龙剑平大队，除了那个姓梁的副大队长外，其余骨干都是争取对象，姚志惟是大队秘书，实际上的大队二号人物。李香甫在大队部当副官，负责对外联络，是杨震东的同学。李家谟是手枪队队长，手下带有20多支手枪，是大队部的直属队。但是，当时荆南党组织还不完全了解龙的政治态度，对他持有一定的戒备。“二王”与杨震东来到龙部不久，就有人向左墨香告密：龙部有两个河南人（指二王，他们都是鄂北口音，被误认为河南人），来历不明，可能是共产党的奸细。左密令龙剑平查处具报。由于龙正急于找到共产党，对左的命令按件未办，并想通过杨震东了解真相。龙剑平数次试探性地向杨震东问及两个河南人的情况。杨震东由于当时对龙还不完全了解，便一口咬定“两个河南人是国民兵团的弟兄，三支枪是他们背下来的，还有一个弟兄走了”等。

龙剑平见杨不敢吐露真情，便和姚志惟两人一起秘密找杨谈话，诚实地向杨交底：早已有人向左墨香告了你们的状，说你们是新四军，被我们把这件事压下来了。我们是真诚地愿意与新四军合作，共同抗日的，不愿意与左墨香等人为伍，希望你能尽快帮我们同新四军取得联系。同时还谈了他们的处境。杨震东听龙、姚讲的是真心话，答应愿意为他们联系。杨回分队以后，立即向“二王”汇报，“二王”先是觉得杨震东未请示上级，草率地暴露了身份，恐生不测，但经过李守宪、李纯斋、王建桥、王全国冷静地分析，认为龙可能是真诚的。为防万一，决定由杨震东保卫王建桥去和龙、姚谈话，由王全国掌握武装。当晚，王建桥与龙、姚谈得很成功。不久，李纯斋从行商口中得知石牌来了新四军。龙剑平从左墨香处得到情报，证实了这个消息。李守宪、王建桥即带着龙剑平的路条和路费赶往石牌，王全国与杨震东仍留龙部。

不久，左墨香突然通知龙部全体官兵到路西（襄沙公路）乔家岗集合，说是要“点验”。部队集合后，又通知分队长以上军官集合点名。那时已是半夜，龙剑平、王全国、杨震东等人都警惕起来，商议决定，杨推病不去，与一位党员班长罗永仁在附近隐蔽起来。军官集合以后，左墨香听说杨震东因病未到十分恼怒，即刻派五名手枪队队员去寻找。此时，龙、王二人已完全明白左的用意。部队回到驻地后，王全国令杨立即离开龙部。杨拿着“派张副官到石牌购买文具用品”的路条及路费，与罗永仁一起到石牌去了。

杨震东走后，龙剑平向左报告：两个河南人已被开除出队了。又把王全国请到大队部改名尹立，当了副官，与龙、姚共同掌握部队。抓住那个梁副大队长强奸妇女的罪行，处决了这个坏蛋。至此，龙部即为襄西党组织所掌握。

日军突破襄河的当天晚上，荆北党组织根据荆当地委叶家闸会议的决定，将地下党在南乡叶家闸和子陵乡段家冲保等处控制的 13 条枪，由叶云、段玉美、杨润夫等率领当地党员和抗日十人团的团员背着上了荆钟边界的北山，仍用叶家闸保自卫队的名义活动。叶云任队长，陈继平任副队长。上山不几天，就伏击了一小股进山抢劫的日军，打死日军 1 名，缴获长枪 1 支。以后又连续打击了出扰的日军及土匪，保护了山区群众和进山难民的安全，游击队很快发展到 30 余人枪。这时，北山游击队员虽未亮出新四军旗号，却引起了国民党顽固派的注意。弃城逃跑的国民党荆门县政府官员于 6 月底的一天，派中队长李柏泉带领 100 余人的武装窜进北山，在北山游击队驻地附近摆下包围阵势，派人通知叶云前去“商谈要事”，企图用武力强行收编这支抗日武装。这时，李守宪派王建桥来北山传达鄂豫边区党委指示，在北山的地委委员刘真和王建桥、马仲凡、叶云研究了这一紧急情况，决定采用缓兵之计，由叶云出面与李柏泉“商谈”，以赢得时间让游击队转移，还决定将北山游击队交王建桥掌握，伺机突出李柏泉的包围，连夜转移至石牌。叶云明知此去凶多吉少，却毅然对副队长陈继平说：“你们要服从王建桥同志指挥，机智果断地将队伍带出去，千万不能因我个人安危而误大事。游击队的枪是党的枪，决不能让党受损失。”①

李柏泉见叶云进了“圈套”，忙拿出“委任状”，声称：奉县座的命令，来收编北山的部队。叶云以“这几支枪都是叶家闸保的老百姓为了抗日保家，自己掏钱买的，我叶某一人不能做主”为由与李周旋，掩护部队转移下了山。当李柏泉得知北山游击队已撤走，下令追赶时，叶云说：“不用追了，他们都是北山子弟，抗日保家，是不会离开北山的。”② 李无计可施，只好放叶云回去。

第二节　首战石牌，夺得第一个立足点

一、挺进襄西，会师石牌

1939 年 6 月，新四军已在鄂中敌后建立了巩固的根据地，并积极向平汉铁路以东发展。1940 年 1 月，新四军豫鄂挺进纵队（简称纵队）建军。6 月初，襄西沦陷，战局发生了变化。6 月 7 日，中共中央中原局书记刘少奇给纵队发出电报指示：“襄西失陷，纵队发展方向应暂向路西。”③ 边区军政委员会按照这一指示，立即决定纵队主力向西作战略展开，借以牵制敌人，配合正面

①《智破圈套》，载《忆北山》，中共荆门市委党史办编印。
②《智破圈套》，载《忆北山》，中共荆门市委党史办编印。
③ 见胡服给李任陈电报，1940 年 6 月 7 日。

战场作战，相机改善纵队在鄂中敌后的抗日阵地。

6 月中旬，陈兵于平汉路西云梦、孝感、京山、应山一线的纵队主力，根据中原局指示，开始向大洪山发展，进军矛头首先指向大洪山主要支脉——白兆山。6 月 21 日，解放京山平地，遂使鄂中根据地大山头与新四军基地白兆山连成一片。纵队在控制白兆山地区以后，为了扩大鄂中敌后根据地，控制襄河及其两岸敌人交通线，继续挺进京钟南山地区，不久就打开了南山局面。

新四军在南山立足之后，纵队首先即号令进军襄西。1940 年 7 月初，纵队司令员李先念、豫鄂边区党委代理书记陈少敏（女）找京（山）安（陆）县大队长毛凯谈话，令其率部挺进襄西。李、陈交给毛的任务是：千方百计找到地方党，把沦陷区敌顽情况弄清楚。嘱他军事上要灵活机动，见机行事[①]。

毛凯是钟祥石牌人，对石牌地区情况较熟悉，所带部队，乃原在襄西组建的国民党军第一七九师搜索队[②]，全队约 80 人。中队长毛杰，乃毛凯之兄。毛凯带领这支部队，从京山八字门出发，经过钟祥县九里冲，与卢祥瑞（共产党员）游击队 50 多人枪会合，到水湖（新四军游击区）宿营，准备渡襄河。毛凯带着几个随从，化装秘密渡过襄河到石牌。通过侦察了解，基本弄清石牌地区的情况后，便找了三只大木船，将两个中队带到了石牌镇附近。当地小股土匪及地主武装大都望风而逃。部队驻扎不久，荆当地委负责人李守宪同王建桥赶到石牌与毛凯会合，即派王建桥去北山接刘真。

刘真接到命令后，即令王建桥、叶云等带领北山游击队连夜出发赶往石牌。毛凯将北山游击队编为警卫队，叶云任队长。刘真在送走王建桥、叶云去石牌之后，往国统区李家垱找宁玉庭。荆钟沦陷后，宁玉庭带着皮家集乡一个班的武装随姚明阶驻在李家垱，并做姚的争取工作。姚是皮家集乡联保主任，掌握着一个中队的武装。通过宁的工作，姚愿意带部队返回敌后家乡

---

① 毛凯:《进军石牌》，载《革命回忆录》，中共钟祥县委党史办编印。

② 该队于 1940 年 4 月参加新四军豫鄂挺进纵队，编为路西指挥部特务中队。

皮家集与共产党合作抗日。但他仍有顾虑，不知道将来新四军对他采取什么态度。刘真嘱宁转告姚，共产党、新四军的政策是联合一切友军抗日，他把队伍带回敌后，只要打日本人，不反共，新四军决不会损害他的利益，他仍可以做他的联保主任。姚听后表示，接受共产党的主张。不久，姚明阶带着一个中队回到了皮家集。后来襄西独立团成立，姚见襄西大局已定，他单独活动已有困难，就把这个乡武装编入了新四军，姚明阶改任抗日民主政府的副区长。

1940 年 7 月 11 日，各路武装在石牌镇附近会合，这时襄西的新四军兵力，以区党委特务中队（毛杰中队）为主，加上荆钟各地武装近 200 人，拥有步枪约 150 支，轻机枪 3 挺[①]。

二、首战石牌，夺得第一个立足点

1940 年 7 月 12 日，正当毛凯、李守宪、刘真及襄西诸同志根据纵队李先念、陈少敏、任质斌、王翰等首长的指示，研究如何迅速打开襄西局面时，突然接到情报：盘踞在马良（距石牌镇约 20 公里）的惯匪周良玉（人称周老八），昨夜进驻离石牌不远的马公洲，掳去了石牌镇的一些商民，限三天拿钱取人，否则血洗石牌。因此，石牌民众人心惶惶，纷纷要求新四军打击土匪，保护他们的生命财产安全。这时，中队长毛杰也来报告：早上他派了一个班到石牌镇街上巡逻，遇上周良玉的八个匪徒在中央酒楼调戏妇女，酗酒作乐，班长带领战士冲上去缴了他们的枪，现在七人在押，一人逃脱，回去报信了。为了防止意外，他已派了一个排在东门桥警戒。

面对这些情况，荆当地委及毛凯诸同志认为：周良玉来攻打石牌，已不可避免。虽然襄西部分武装新近会合，立足未稳，但斗志正旺，新四军是人民的子弟兵，人民群众迫切要求保护他们，我们不能坐视不理，不然就会失

---

① 毛凯：《进军石牌》，载《革命回忆录》，中共钟祥县委党史办编印。

去群众。同时考虑到目前石牌是襄西同边区联系的唯一渡河点，又是新四军在襄西的第一个立足点，为新四军所必争。周良玉的部队虽然号称八百，数倍于我，但毕竟是一伙乌合之众，且对我军新近会合还不了解，不知底细，所以有取胜的把握。因此决定，这一仗不仅要打，而且要打好，打出一个开门红来，打出新四军的军威来。

地委的决定一传达，战士们个个摩拳擦掌，斗志昂扬，一致表示，坚决打好这一仗。

这时，正值河水猛涨，石牌镇四周的小河成了一道天然屏障，只有东、西北面两条通道。毛凯下令：毛杰中队埋伏在东门桥内，另派一个班，沿石牌外围的土埂巡逻，防止敌人渡水偷袭。北山武装守北门桥西面的高地。卢祥瑞中队守北门桥东的胡家老台。

周良玉匪部进犯东门桥两次没有得逞，又从北门进攻，也受到猛烈阻击。周匪未前进半步，反而丢了许多人枪，只好狼狈撤退。新四军乘胜追击，打死打伤匪军数十人，俘虏数人，缴获长短枪数支及一些弹药。周匪受创后，将部队拖到襄河东去了。战斗中，卢祥瑞中队的副中队长等 7 名同志光荣牺牲。

石牌战斗是新四军在襄西亮旗的第一仗，首战告捷，群情激昂，军威大振，一些流寇游匪，一时销声匿迹。这一仗，使新四军在襄西取得了第一个立足点。

石牌战斗一结束，毛凯即派武装护送李守宪到河东京山八字门向边区党委和纵队首长汇报。边区党委和纵队首长在听取汇报后指示：襄西形势对我军十分有利，应尽快开辟襄西敌后抗日民主根据地，为豫鄂挺进纵队在河西建立一个巩固阵地，为新四军向襄河南岸发展创造条件。

8 月，纵队首长李先念、任质斌向党中央电告：我军在襄河西岸活动之一中队，现仍在该地坚持游击战争，颇受群众爱戴，最近拟再派一部兵力过去。根据这一部署，李炳南、徐静等奉纵队首长之命率纵队第六团第三营七连、八连、九连先后渡河到了襄西，李守宪随部队返回。李炳南、徐静所部在石牌唐家乡与毛凯部会合，并召开了隆重的庆功大会。会上根据上级指示，宣布成立中共鄂豫边区襄西军政委员会（简称襄西军政委员会），作为襄西党、政、军的最高临时领导机构。襄西军政委员会成员有李守宪、刘真、吴云鹏、毛凯、朱立文、李炳南等，李守宪任书记。同月，为统一襄西地区各地党的组织，根据鄂豫边区党委的指示，成立中共襄西地方临时委员会（简称襄西临时地委），李守宪任书记，刘真、吴云鹏为委员。

第三节　武装开辟襄西抗日民主根据地

一、新四军襄西独立团的成立

襄西军政委员会和襄西临时地委成立后，面临的第一个任务，就是军事上打开局面。当时，新四军虽然在石牌地区有了一个立足点，但这个立足点是孤立的，要站住脚，就必须发挥已拥有的武装力量和地方党组织的力量，由点到面，逐步展开，在北山、石牌、荆南、当阳等敌后开辟抗日根据地。考虑到荆南是襄西的中心地带，是联系当阳、北山、石牌的枢纽，而这个地方又被左墨香所控制。要开辟襄西，首先要摧毁左墨香部，夺回荆南以五里铺、杨家集为中心的地区。军政委员会认为：左墨香是荆南地区的大土豪，靠反共起家，从土地革命时期办反动团防起，一直在这里为非作歹，残害百姓，双手沾满了人民的鲜血，为当地人民所深恶痛绝。荆门沦陷后，他纠集土匪旧帮，拉起了武装。为了称霸这里，维护他在城南的封建统治，一方面接受国民党第五、第六两个战区的委任状，挂起抗日的招牌；另一方面又与日军达成了反共协议。因此，开辟荆南，拿左开刀，必然会得到广大群众和民主人士的拥护与支持。军政委员会还考虑到纵队第六团第三营已进入襄西，加上当地党组织掌握的武装，与左部力量相比，虽不占绝对优势，但荆南五里铺、杨家集以西一带土地革命时期是洪湖苏区的游击区，群众基础好。况且，左支队三个大队有一半以上兵力或为共产党的秘密武装，或为襄西地下党组织所控制。

左的第一大队大队长廖和堂是他的死党，但是这个大队有两个中队都是中共当阳县委组织起来的秘密武装。左的第二大队为舒厚甫大队。舒是左的干儿子，土匪出身，这是左的基本力量。左的第三大队为龙剑平大队，已为中共襄西地方组织所掌握。

1940 年 8 月中下旬，襄西军政委员会认为时机已经成熟，决定打左。以在石牌会合的部队为主力，长途奔袭左的司令部驻地乔家岗。主力从东面进攻左部，以第一大队的刘宝田、童勋伯两个中队为内应，在西边阻击，两面夹攻，以求全歼。方案定下后，由刘真化装进入左部与刘宝田商定西边的堵击计划。不料，就在石牌部队行动的当天下午，左墨香突然数次通知刘宝田到司令部开紧急会议。刘疑心他的身份已暴露（后据缴获左部的文件及俘虏的左部参谋长供称：当时左墨香得到新四军进驻石牌的情报后，召开紧急会议，商量对策），决定连夜将部队从乔家岗往西退到朱家店。刘部一走，左墨香顿时警觉起来，加强了警戒，增派了流动哨兵，更换了口令。次日拂晓，新四军奔袭部队接近乔家岗，尚未展开，左部哨兵先开了枪。战斗打响后，刘部未及堵截，左率众从西边逃跑了。此仗虽然捣毁了左的司令部，但舒厚甫、廖和堂两个大队的大部分人马都跑掉了，没有达到全歼之目的。这次战斗俘左部参谋长以下官兵 90 余人，缴获长短枪 10 余支及少量弹药。

左墨香逃往江陵龙会桥老家庄园后，一病不起，从而结束了他反共反人民的一生。舒厚甫逃往蔡家庙，投靠了周赞庭支队。廖和堂逃脱后，带少数人到当阳河溶投降了日军。左墨香支队从此不复存在；左部在荆南所盘踞的地区，从此也就在新四军控制之下。这一仗，使新四军在襄西又取得了一个立足点。

乔家岗战斗结束后，刘宝田、童勋伯两个中队在朱家店与主力会合，一起开往石牌。

打垮左墨香后，龙剑平大队三个中队及一个手枪队300余人枪，在共产党抗日民族统一战线政策感召下，在襄西新四军两战皆胜的影响下，由龙剑平、姚志惟、李家谟等率领参加了新四军。

至此，共产党领导的襄西敌后抗日武装已全部会合。同年9月，襄西军政委员会根据边区党委和纵队的决定，成立新四军豫鄂挺进纵队襄西独立团，并在钟西季家塝召开建军大会。毛凯任团长，李守宪任政治委员，李炳南（纵队第六团第三营营长）任参谋长，刘真任政治处主任。独立团下辖两个大队及警卫连共700余人枪。第一大队大队长龙剑平，教导员王全国。第二大队大队长刘宝田，副大队长许猛，教导员马仲凡。原边区党委特务中队编为警卫连，叶云任连长（毛杰因病已去荆北休养），杨震东任指导员。纵队第六团第三营暂归独立团指挥。从此，共产党领导的襄西敌后抗日游击战争开始了一个新的发展阶段。

二、横店自卫战斗

1940年6月，襄西沦陷后，国民党正规军撤走一空，大片国土被日军侵占。正当共产党领导的襄西抗日武装刚刚组建之时，国民党顽军及钟祥土顽即向襄西独立团发动进攻，企图将这支初建的抗日武装扼杀于襁褓之中。

9月中旬，国民党军新编第二军（蒋介石嫡系部队，军长陈大庆）第九十一师第二七一团、二七二团各一个营，在钟祥土顽曾宪成部配合下，共2000余人进占石牌，并向襄西独立团驻地季家塝进攻。襄西军政委员会闻讯后，以国共合作共同抗日大计为重，为避免摩擦，主动撤出季家塝，向襄沙公路西转移。因途中遇雨，独立团领导人错误估计了敌情，以为已经摆脱了顽军，未按原计划乘夜跨过襄沙公路，下令在荆南横店宿营。次日晨，独立团刚刚开过早饭，顽军从东、南、北三方向独立团包抄攻击，新四军被迫自卫还击。

横店，位于襄沙路东，这里都是南北走向的岗岭。独立团团部率警卫连驻在背靠一条岗子的高家祠堂，东北方向的黄家湾驻第一大队，东南方向的高家湾驻第二大队，正面的何家湾驻纵队第六团第三营。三部驻地成品字形朝东防御，并向团林铺、五里铺日军布置了警戒。一天清晨，团部接到顽军进攻的情报后，立即决定：坚决自卫还击，各大队相互掩护，尽可能快地脱离战斗，向襄沙路西转移。

顽军以所占领的曾家岗为依托，向襄西独立团发起全面攻击，企图从何家湾突破，他们用十几挺轻重机枪，掩护大批军队进击。纵队第六团第三营全体官兵为了掩护兄弟部队转移，勇猛顽强，打退了顽军的多次进攻。战斗中，副营长詹福堂牺牲。第一大队所在阵地为全团东北边突出部分，遭受顽军三面攻击，大队长龙剑平、教导员王全国指挥部队苦战数小时后脱离战斗。该部伤亡较大，大队副教导员姚志惟牺牲，中队长李 ××、指导员杨奇等 10 余人被俘，李、杨二人被押到襄阳，遇害。第三中队 4 名连级干部除指导员黄道平外，均阵亡。第二大队驻地高家湾一线战斗也十分激烈，刘宝田、许猛等大队领导指挥两个中队互相掩护，连续打退了顽军的 10 余次进攻。杨震东等率领的团部警卫连在高家祠堂阻击顽军，他们将祠堂东边的墙挖了一个洞，组织火力，用仅有的一挺机枪，阻击向纵队第六团第三营阵地南侧和第二大队阵地北侧迂回的顽军。几小时后，独立团各部相继脱离战斗，开过襄沙公路，到当阳香炉山地区休整。

这次自卫反击战，在襄西被称为横店战斗，毙敌数十人，但由于与敌力量悬殊，独立团损失很大，伤亡 60 余人。这些中华民族的优秀儿女，为了拯救民族的危亡而聚集在抗日的旗帜下，没有战死在抗日的战场上，却倒在国民党军队的枪口之下。

襄西独立团在襄沙路西地区休整几天后，趁国民党军新编第二军北撤之机，突然回马石牌，歼灭了窜入该地区的土顽曾宪成部一个区中队和手枪队，使石牌地区仍为新四军所控制。

三、襄西抗日民主根据地的建立及早期建设

随着武装开辟襄西的形势发展，中共襄西临时地委和军政委员会于1940年10月初，决定重建当阳县委（原县委于1940年8月终止），开辟以香炉山为中心的抗日民主根据地。随即，刘宝田奉命率10余人返回当阳组建新的中共当阳县委，刘宝田任书记。接着，恢复了南宁、东安区委等基层党组织。同时，成立了荆（门）当（阳）大队，刘宝田兼任大队长，县委委员刘华廷和县委武装部部长刘振东任副大队长。荆当大队成立后，经过动员人员参加和多方搜集枪支，很快发展到50余人枪，并在南宁、东安等乡建立了乡联队等武装。当阳县委和荆当大队成立后不久，刘宝田、刘华廷、胡芝田等高举党的抗日民族统一战线旗帜，运用和贯彻执行党的抗日民族统一战线方针政策，利用其社会关系，联合东安、南宁、西靖、官文等四个乡的爱国人士和开明士绅，成立了当阳县四乡联合办事处（亦称当东区署）。公推刘华廷任办事处主任（亦称区长），雷东伯（开明士绅）任副主任。不久又增加周美成、胡少衢任副主任。当阳县四乡联合办事处是当阳抗日民主根据地最初的政权组织，当时的主要任务是维护社会秩序，为荆当大队筹粮筹款。办事处下辖东安、南宁等乡政府。当阳县四乡联合办事处的成立，为建立当阳县抗日民主根据地打下了很好的基础，同时也为建立襄西抗日民主根据地奠定了一定的基础。

在此之前，中共荆钟特别区委、荆北区委、白云区委等也做了大量工作。荆钟特别区委所属牌楼党支部早在1939年下半年，就掌握了牌楼联保一个班的武装。白云区委于1940年5—6月，建立了一支拥有60人枪的白云山抗日游击大队，下辖三个中队。不久，又先后成立了北山抗日游击队、荆南新兵营等。同时，中共荆钟特别区委和荆南、荆北、白云区委等，大力发动党员秘密搜集枪支弹药。所有这些，都为建立抗日民主根据地打下了一定的基础。

1940年冬，新四军襄西独立团逐步控制了石牌、荆南、当东、北山等地。襄西独立团依靠这些地方人民群众的支援、备粮、筹款、站岗、放哨、传送

情报等，积极打击出扰的小股日军，迫使日军龟缩在据点内。襄西独立团一面武装抗敌，一面广泛宣传党的各项政策，号召广大人民群众起来抗日锄奸清匪，保卫家乡。在荆南的杨家集、五里铺，当阳的脚东、洪庙，荆钟边界的北山等地群众基础较好的地方，开始兴起群众性的清匪锄奸斗争。这时，襄西虽未建立统一的抗日民主政权，但已初步在军事上打开了局面。

12 月，鄂豫边区党委和新四军豫鄂挺进纵队鉴于襄西地区开展抗日游击战争的有利形势，为了加强对襄西的领导，扩大抗日武装力量，“加紧发展襄西的游击战争，创造（襄）河西根据地”，决定再一次征兵襄西，派纵队第六团团长朱立文、政委周志刚率领第六团第一、二营来襄西（第三营先期进入），协助襄西党组织创建襄西抗日民主根据地。并指示：必须进一步发动群众，积极扩大抗日武装，建立各级抗日民主政权。鄂豫边区党委决定撤销襄西临时地委，正式成立中共襄西地方委员会（简称襄西地委），派在豫鄂挺进纵队机关报——《挺进报》任编辑的苏震回襄西任地委书记。苏震在赴任途中，不幸在京山、钟祥两县交界的东桥官验冲，遭国民党武装特务袭击杀害。随后，由原任襄西临时地委书记李守宪继任书记，吴云鹏任组织部部长，刘真任宣传部部长，曹玉清任军事部部长，朱正传任民运部部长。鄂豫边区党委、新四军豫鄂挺进纵队决定：改组襄西军政委员会，由纵队第六团和襄西地委负责同志共同组成，周志刚任书记，李守宪任副书记，吴云鹏、刘真、朱立文、李炳南为委员（毛凯调回襄东）；将襄西独立团改为纵队第八团，由曹玉清任团长，李福泰任政委；为统一领导襄西地区的主力部队和地方武装，决定建立豫鄂挺进纵队襄西地区指挥部（简称襄西指挥部），朱立文任指挥长，周志刚任政委。同时，襄西军政委员会根据鄂豫边区党委和军政联合办事处的指示，成立襄西地区行政委员会。龙剑平（党外进步人士）任主席，刘宝田任副主席，刘真任党组书记。襄西地区行政委员会的成立，标志着襄西抗日民主根据地正式建立。与此同时，在襄西还成立了襄西地区农民救国会、襄西地区妇女救国会，魏霁岚、陶先绣（女）分任主席。

襄西抗日民主根据地早期的组织建设。自1940年10月到1941年3月，襄西各地先后建立的党、政、军、群团组织有：

在荆南，建立了中共荆南县委，李纯斋任书记，王祝宣任副书记。鉴于襄西地区行政委员会常驻荆南，直接领导荆南地区的工作，所以荆南暂不设县级政府机构和县级武装指挥机构。

在当阳，建立了中共当阳县委，刘宝田任书记，刘华廷、魏霁岚、洪范等为委员；当阳县行政委员会（县行政委员会成立，原四乡联合办事处撤销），刘华廷任主席，雷东伯、周美成任副主席，张亚权、阮秉钰为委员；荆当大队，刘宝田兼任大队长，刘华廷、刘振东任副大队长，1941年1月，增加黄道平任教导员，周美成任副大队长；当阳县农民救国会，魏霁岚任主席，袁天新任副主席；当阳县妇女救国会，陶先绣任主席。

在钟西，建立了中共钟西县委，史维汉任书记，柳之一、宁玉庭、段玉美为委员；钟西县（辖石牌、皮集、贺集、瓦瓷、北山等区）行政委员会，朱亚民（国民党员，后叛变）任主席，柳之一任副主席；钟西县大队，有些区乡开始组建区中队、新兵连等，北山区离县委较远，组建北山独立营，叶云任营长。

形势严峻下巩固和发展襄西的思想建设。1941年1月，国民党顽固派制造震惊中外的皖南事变，掀起了国民党第二次反共高潮的最高峰。此时，李宗仁被任命为华中“剿共”总司令。他按照蒋介石的指令将华中分为四个“清剿”区。鄂豫边抗日民主根据地被划为两个“扫荡”区，即鄂中、襄西两区。“襄西区则以冯治安任总指挥，辖所属第五十九、七十七军各部”，“布置向我根据地大举进攻”[①]。但国民党军第五战区冯治安部对襄西“清剿”并不积极，1942年5月两次进入襄西抗日民主根据地，兵力每次为一个团。由于冯部不积极，土顽除了曾宪成部两次进入襄西抗日民主根据地外，新四军主力

① 军委作战部：《鄂豫边反“扫荡”、反摩擦战况》，1942年4月8日。

在 1942 年 5 月撤出襄西之前，土顽都不敢进入襄西抗日民主根据地。

面对日伪顽夹击的严重局势，边区党委及纵队司令部根据党中央、毛泽东主席对国民党顽固派采取“人不犯我，我不犯人，人若犯我，我必犯人”的自卫原则及“有理、有利、有节”的方针，作出了开展游击战争的一系列指示，确定巩固基本区，继续发展襄西。并于 1 月 6 日向中央军委报告了行动及方针：“利用襄河两岸沦陷区的空虚，加紧发展襄西的游击战争。……以创造河西根据地。”[①]1 月 14 日，毛泽东、朱德、王稼祥等复电李先念、任质斌，指出：“你们的部署是对的……你们应开展灵活的游击战，准备在长时间中粉碎反共军的进攻。对其他各部积极进行统战工作，但同时应注意他们可能（被）压迫向我们进攻。”

边区党委遵照党中央的指示，即于 1941 年 1 月 23 日以纵队司令部和党委军事部的名义，联合向各地区、各部队发布《粉碎国民党军队的新进攻》的命令，指出：“在目前，我们战术的基本方针，应该以灵活的游击战积极勇敢地经常不断地去袭击与消灭顽敌之小股部队，以逐渐地疲惫与削弱其有生力量，直到其各种弱点均已暴露，客观情况对我们极端有利时，方集中兵力与其主力决战，以彻底粉碎其向我进攻的计划。”并指示第六、八团“仍在荆宜当江一带力求发展”。同时，为统一各个地区正规兵团与地方武装的指挥，领导各地区在必要时独立坚持斗争，决定成立襄西地区指挥部。任命朱立文为指挥长，周志刚为政委，“统辖现正在襄西活动的第六、八团及襄西各县的地方武装”，巩固和发展襄西地区，牵制日伪西犯和顽军东进。

皖南事变发生后，襄西军政委员会、襄西地区指挥部在正规部队及地方武装中，都召开了声讨大会，控诉国民党蒋介石制造皖南事变、残害抗日将士的罪行，激起了全体指战员的无比愤慨，纷纷表示决心，要用实际行动打退和粉碎国民党顽固派发动的反共高潮，誓死保卫抗日民主根据地。

---

① 李任：《敌顽情况与我军行动及方针》，1941 年 1 月 6 日。

第四节　反“扫荡”、反“蚕食”斗争

一、周家集反“扫荡”歼灭战

纵队第六团第一、二营渡过襄河后不久，驻荆门日军数千人，于1941年2月9日沿大小道路合击石牌地区。

当日清晨，襄西地区指挥部得到了驻荆门日军出动“扫荡”石牌地区的紧急情报，立即作出反“扫荡”作战的具体部署：第八团及第六团第三营（第六团第一、二营渡河后已挺进到荆当边界地区）和地委机关于拂晓前向荆钟边界肖家店地区转移，伺机行动；另派两支游击队向西、向北转移，以监视日军行动。

这次日军合击石牌地区，是新四军开辟襄西以来遇到的第一次大规模“扫荡”，反映了日军对新四军增兵襄西的敏感。由于新四军情报及时、准确，转移神速，日军扑空。新四军除两支地方武装和个别地方干部在石牌附近与日军遭遇，发生零星战斗并略有伤亡外，主力部队与地委机关全部跳出包围圈，没有损失。日伪军在石牌地区骚扰一天，于傍晚撤走。

从石牌转移出来的新四军部队秘密集结于肖家店地区，襄西地区指挥部忽得情报，驻沙洋大官桥日军一个小队、伪军韩克勤一个中队窜入周家集，武装侦察新四军。周志刚、李守宪等当即决定，全力围歼这股敌人。

令一下达，部队急速向周家集运动。当前锋赶到周家集附近时，日伪军正在街上抢劫财物，强拉妇女，焚烧房屋，群众四处奔逃。第八团团长曹玉清当即命令部队从西北两面向敌发起攻击；命第一连迂回到东南方断敌后路。新四军将士勇猛顽强，打退了日伪军的反扑，并从三面向日伪军包抄过去，日伪军回大官桥亦不可能，企图逃往马良。新四军乘胜追击，将一个中队的伪军打得死的死、伤的伤，大部分被活捉。而日军则且战且退，又被一连截住将其压到离周家集3里的台子湖边。这时，日军见已被新四军层层包围，后退无路，便占据岗上的一口干堰顽抗。第八团第一连连长靳帮兴带领部队迅速接近敌人，发起攻击。在通过堰前的一片开阔地时，靳帮兴不幸被日军击倒，光荣牺牲。连指导员杨震东接着指挥部队进攻。团长见一连伤亡较大，立即令童勋伯带领第七连增援，在重机枪的掩护下童率部从东面突击，冲上了堰堤。当时，日军凶焰方张，新四军向其喊话亦不投降，死到临头，犹作困兽斗，端着刺刀，跳出干堰与新四军肉搏，妄图以所谓的“武士道”精神杀出重围。新四军迎敌而上，猛烈拼杀，将跳出干堰的日军消灭殆尽，堰内日军见硬拼无望，只得撤出干堰向湖滨退去，妄想泅水逃命。日军这一举动，完全暴露在新四军的火网之下，大部被击倒在台子湖边，少数几个漂浮在湖上的侵略者，也被赶到湖边的新四军战士击沉于白浪之中，留在岸边的只是日军 8 匹高大战马及丢弃的轻重武器。这就是襄西有名的周家集战斗，全歼日军一个小队，毙小队长以下 30 余名；消灭伪军一个中队，俘获伪军 70 余人，缴获步枪 70 余支，机枪 4 挺，军马 8 匹，以及掷弹筒和一批弹药，新四军伤亡 20 余人。

周家集战斗极大地震慑了在襄西的日伪军，也极大地鼓舞了襄西抗日军民。纵队第六团第一、二营来襄西前，新四军对日军只有零星小战斗，成建制地消灭日伪军，这是第一次。日军“扫荡”石牌地区纠集数千人马，妄图一举消灭新四军主力，结果不仅一无所获，反而损失惨重，新四军以周家集战斗的胜利结束了这次反“扫荡”作战。

二、开展破路斗争，粉碎敌人“蚕食”阴谋

新四军襄西主力部队在石牌反“扫荡”作战之后，集结于荆南路西四明山地区休整。

1941 年 3 月，日军纠集了 2000 余人向四明山地区“扫荡”。襄西军政委员会侦悉，日军这次“扫荡”，目的在于歼灭新四军襄西主力，若达不到目的，也要把新四军赶出荆南，然后强行修筑团林铺至河溶的公路，以便增设

据点，分割新四军襄沙路西及当东抗日民主根据地。

这时，适逢纵队政治部副主任王翰来襄西检查指导工作，筹建新四军第五师第十五旅。拟任第十五旅旅长的王海山同来。襄西军政委员会在王翰的指导下，针对日军的上述阴谋，研究了对策，认为日军的修路计划一旦实现，荆南、当东已连成一片的抗日民主根据地就会被日军肢解。对日军的筑路计划必须予以彻底粉碎，但新四军不能用主力正面阻击敌人，正面阻击正好中了日军的圈套。因此，决定由荆南、当阳两县县委组织地方抗日武装和人民群众开展反筑路斗争。纵队第八团留一支精干武装配合，与日军比决心，直到日军放弃修路计划。主力则跳出荆南地区到外线寻歼日伪军，以配合抗日民主根据地的反筑路斗争。

为实现上述计划，襄西主力部队首先袭击了盘踞在当阳、枝江边界半月山地区的伪军韩江陵部。

韩的司令部设在半月山附近的谈家伍房湾。韩部在民间抢来的大批年轻妇女都关在这里和附近的村子里。每天夜晚，分队长以上的头目，都到这里赌钱，玩女人，下面的班长、士兵也都四处抢劫，拉票喊款，强占民女，搞得鸡犬不宁，民不聊生，整个半月山成了一座人间地狱。

1941 年 3 月的一天夜里，主力部队在荆当大队的配合下，从香炉山出发，急行军 90 余里，凌晨发起进攻，直捣韩江陵司令部。韩部官兵从睡梦中惊醒，只顾逃命，溃不成军。这一仗，新四军没有遇到过多抵抗，没有伤亡，全歼韩江陵司令部驻半月山直属部队，俘虏韩部官兵 100 余人，缴枪数十支及一大批弹药、马匹，并缴获若干金银首饰，解救了被韩部抢来的良家妇女。韩江陵本人因到江南开会得以逃脱。

突袭伪军韩江陵部后，主力部队乘胜西进，由童勋伯率领第八团第七连，夜袭了汉宜公路上的日伪军鸦鹊岭据点。

鸦鹊岭（当阳、宜昌边界）是日伪军的重要据点。童勋伯组成精悍武装，潜入据点内，活捉了日伪鸦鹊岭维持会会长以下 10 余人，经教育，日伪维持会会长答应三天内交出3000银圆和一批军需物资，新四军就将其全部放回。三天后，这个维持会会长如数交齐。因鸦鹊岭一条街，一头驻日军，一头驻日伪维持会，当新四军部队收到款物后，童勋伯即令所部朝街的两头各开了几枪，造成日伪两军混战对打。在日伪两军混战对打中，童勋伯即率部带着款物迅速撤走。此次战斗，不仅袭击了日伪据点，还为部队筹集了一笔资金和一批军用物资。

正当新四军襄西主力部队在外线打击日伪军时，日伪军派出大批武装，强迫荆、当两县人民群众修筑团林铺至河溶的公路。修路的群众白天被日伪军强迫去修路，他们慢慢地修，到晚上，新四军武装部队掩护他们神速去破坏白天修的路。白天修路时，民兵小分队经常潜到公路附近去鸣枪骚扰，筑路的人民群众一听到枪声，乘敌人穷于应付之机，有意四处乱跑。这样拖了一月之久，日军的筑路工程竟毫无进展，迫使日军只好放弃了筑路，使日军妄图实现分割荆南、当东抗日民主根据地的计划破产。

为了配合荆南、路西区人民群众反筑路的斗争，如前所述，新四军襄西主力在外线寻歼伪军；荆南、当东人民群众在内线还进行他们称为割敌人“神经”、挖敌人“眼睛”的斗争。

团林铺位于荆门城南约20公里的襄沙公路上，日军西渡襄河侵犯襄西后，就在这里设立了据点。因为该据点处于荆南抗日民主根据地北侧，正当日军强迫当地人民群众修路时，荆南地方人民抗日武装在1941年3月突袭了这个据点。

同年3月的一天深夜，中共荆南路西区委书记程里（女）率领团林铺乡抗日武装，攻入团林铺日伪据点。日军不明虚实，龟缩在碉堡内，盲目打枪，不敢外出。经过战斗，生俘伪军10余人，并放火烧毁了日伪马房。这一仗，受到边区党委和纵队首长通报全边区之表扬，当地人民群众称火烧团林铺为挖敌人“眼睛”。

同年4月，荆南路东区大同乡杨维成和路西区民权乡乡长李翠廷组织两区数百人，在新四军一个连的配合下，一夜之间，将日军在岳飞城至官家洼架设数公里的电话线路全部拆毁，切断了日军的通信联络。7月，荆南路东区和路西区的人民群众，再一次突然袭击，破坏了日军在团林铺至五里铺架设的全部电话线路，并将公路分节挖断，还设下假桥。同时，当阳县委动员根据地人民群众，数次拆毁了日军在淯溪至河溶架设的电话线路，并破坏了公路，使敌人电话不通，公路不畅，行动困难，无可奈何。因此，当地人民群众称之为割敌人“神经”。

日军见大规模“扫荡”成效甚小，便改为分兵“偷袭”的战术。1941年3月下旬的一天早上，新四军襄西主力之一的纵队第八团第三营及团部警卫排刚刚在荆当边界的常家林子一带驻下，忽然发现从河溶方向窜来了百余名日伪军。团首长考虑到敌人兵力不多，有取胜的把握，立即指挥部队占领附近的癞子山高地，设下伏击圈，准备聚歼来敌。早上7时，战斗打响，新四军用突然的火力，将日伪军压迫到西南的天池山下，正准备围歼时，侦察员来报告：从五里铺、团林铺出发的日伪军，已由东向西朝我军后沿奔来。敌人的援兵快到来时，团长曹玉清立即命令部队撤出阵地，向北边的四明山转移。为了迷惑敌人，掩护各连队转移，令警卫排向西湾一线日伪军出击，以猛烈火力，发起佯攻。日伪军正好中计，纷纷向警卫排方向扑来。战士们坚持和敌人打了一阵，未等敌人包围上来，即撤出阵地，于下午3时到达四明山休整。

部队在四明山会齐，正准备吃饭，侦察员又来报告：一队日军顺张家场到团林铺的公路朝四明山开来。团首长命令第八连立即散开，做好战斗准备。日军接近四明山后，以轻重机枪、掷弹筒向新四军开火，掩护一群端着刺刀的日军呈一字队形冲上山来。第八连指战员沉着应战，打退了敌人的进攻。第七连连长文家法奉命出击，带领全连战士冲下山去，向日军侧翼冲击。敌人见新四军勇猛顽强，实力雄厚，不敢继续顽抗，向团林铺方向撤走。傍晚，新四军也撤出四明山，转移到朱家店宿营。

此次四明山战斗，使日军企图围歼新四军的阴谋未能得逞，反遭重创。

新四军以小的代价，取得了大的胜利。战斗中，第八连有两名战士牺牲，被安葬在癞子山上，抗日民主根据地人民为纪念这两位无名英雄，将癞子山改名为烈士山。

自 1940 年冬以来，新四军在襄西与日伪顽军作战和扩军等工作中取得了显著成绩，纵队首长在给中央和军部的报告中指出："襄西方面最近与敌寇打了几仗，影响很大，扩军亦稍有成绩，中心区域则正整顿与扩大地方武装中。"[1] 襄西开辟以来的工作，受到了上级的表彰。

① 李先念、任质斌：《顽军向我进攻及我军之部署》，1941 年 3 月。

第三章

襄西抗日民主根据地的巩固与发展

（1941 年 4 月—1942 年 4 月）

第一节　新四军第五师第十五旅在襄西建军

一、襄西地方抗日武装的发展与升级

襄西党组织在地下党时期所掌握的几支抗日武装，随着襄西抗日民主根据地的开辟、襄西独立团的成立，都编入了新四军正规部队。1940 年 12 月，中共襄西地委成立以后，各县党组织根据抗日民主政权建设的需要，又重建了地方抗日武装。荆南县委虽无县级地方抗日武装，但各区、乡都成立有抗日武装。襄西地方抗日武装规模较大的有荆当大队、北山独立营、钟西县大队、荆南新兵营等。

（一）荆当大队

中共当阳县委自 1940 年 10 月重新建立后，即着手建立荆当大队。中共东安区委发动群众，在区内的邵家湖一次就打捞起国民党溃退时丢弃的步枪 30 余支，机枪 2 挺，子弹若干箱。其他区乡也搜集到一些零星枪支。县委还通过统战关系，秘密动员淯溪镇上部分商家及原国民党乡保人员捐献手枪数支。县委在很短的时间内共搜集到长短枪 50 余支，轻机枪 2 挺。据此，襄西地委决定在当阳成立荆当大队。县委书记刘宝田任大队长兼教导员，刘华廷、刘振东任副大队长。以刘宝田等人从襄西独立团带回的 10 余人枪为骨干，抽调基本区内的基干民兵数十人组成荆当大队第一中队。中队长由刘振东兼任，洪范任指导员。第一中队下辖第一、第三两个分队。部队随县委机关活动。

1941 年初，与刘宝田因尚信安案同坐过国民党监狱，并有很深友谊的周美成及周的好友郭础，带领 10 余人枪参加荆当大队。周美成是土地革命时期的党员，后因革命失败而脱党。周与郭的家乡——当阳，处在通往大后方的要道上。1940 年 6 月，国民党军溃退时，遗弃了一些枪支弹药，周与郭等人

在共产党抗日救国宣传的影响下，团结当地热血青年，秘密搜集了很多枪支弹药（在秘密搜集枪支中，有一位青年被国民党当局发现，惨遭杀害），当得知刘宝田组织了抗日武装荆当大队后，便带着这10余人枪秘密穿过敌人封锁线，加入了抗日的阵营。

2月，中共当阳县委为了适应抗日武装斗争形势的需要，对荆当大队进行了调整与充实。大队长仍由县委书记刘宝田担任，县委副书记黄道平任教导员，副大队长由刘振东、周美成担任，张焕先任大队参谋。

4月，新四军第五师第十五旅在襄西组建时，中共襄西地委为顾全大局，加强主力部队，将荆当大队第一中队升级，编为第十五旅第四十五团（原纵队第八团）第三营第九连。副大队长周美成随中队调入第十五旅任第四十五团第三营副营长（营长童勋伯）。随即，当阳县委以第一中队留下的骨干及正规部队换下的部分枪支为基础，选调区乡基干民兵组建荆当大队第二中队。时逢襄西主力部队打垮了盘踞在半月山的韩江陵部，当阳县委策动韩部分队长熊凌云（又名熊德魁）起义成功，熊率一个分队人枪加入荆当大队第二中队，中队长由郭础担任，熊凌云任中队副，中队辖第一、三两个分队。

6月，襄西地委又决定将荆当大队第二中队升级，编为第十五旅第四十三团（原纵队第六团）第三营第七连，荆当大队教导员黄道平随部队调走。这便是当阳县委第三次（襄西独立团第二大队为第一次，第一中队为第二次）为敌后抗日战场正规部队成建制地输送抗日武装力量。

荆当大队第一、二中队相继编入新四军正规部队后，当阳县委再次组建荆当大队。以原部队留下的骨干为基础，保留第二中队建制，再从区、乡基干民兵中挑选一批骨干充实。正、副大队长仍由刘宝田、刘振东担任，教导员由县委副书记杨知时担任。

12月，当阳县抗日民主根据地已有很大发展。当阳县委按照鄂豫边区施政条例的规定，早在1941年3月就建立了县、区、乡三级抗日民主政权。为了适应抗日民主根据地政权建设的需要，县委又先后建立了几支地方抗日武装：南宁地区以魏洪炯为中队长，领导 20 余人枪，活动于官垱、闵场、丁场一带，主要任务是警戒并打击从河溶方向出扰的小股日伪军。西靖地区以黄可运为中队长，领导 40 余人枪活动于荆当公路两侧，主要任务是打击从淯溪方向出扰的小股日伪军。这些小型地方抗日武装的建立，对抗日民主根据地政权建设和维持地方治安都起了很大的作用。但在几个月的活动中，由于兵力过于分散，又缺乏军事骨干，因此受到了一些损失。所以，在 1941 年秋，县委将这几支抗日武装都合并到荆当大队。

1942 年夏，新四军襄西主力部队向襄东作战略转移时，荆当大队除留下少数骨干就地坚持斗争外，大部分干部战士随主力部队开往襄东，后都编入新四军正规部队。荆当大队自 1940 年 10 月成立起，经过大小数十次战斗及清匪锄奸的斗争，越战越强，为保卫抗日民主根据地作出了重要贡献，为襄西主力部队成建制地输送了两个大队又两个连。

（二）北山独立营

1940 年 9 月，襄西独立团横店战斗以后，叶云等奉命率领原北山游击队部分骨干队员，返回北山地区活动，重新组建北山抗日游击队，配合主力部队，执行开辟北山抗日民主根据地的任务。这时的北山地区被侯占山、刘斌珊、张海如等几股土匪武装盘踞着。北山抗日游击队首先摸准了侯占山部的活动情况，于 1940 年中秋之夜，在大林观乘其摆宴赏月之机，突袭围歼了这股土匪。12 月，又打垮了刘斌珊部，使北山只剩下较大的一股张海如部了。

张海如曾当过国民党的区长、八角乡联保主任，1940 年 6 月荆北沦陷后，张网罗百余人，在北山地区的田家大竹园、马家冲、尚家冲一带，占山为王，危害人民。

侯占山、刘斌珊等匪部，相继被共产党领导的北山抗日游击队消灭后，张海如受到极大的震动，十分恐慌。叶云得知这一情况后，对张做了争取工作。1940 年底，张海如表示愿意同新四军合作抗日。此后，北山抗日游击队几次袭击出扰的日伪军，张海如曾借枪给抗日游击队使用。为了巩固和发展北山抗日民主根据地，对张海如这支国民党游击队插足北山，名为抗日、实则扰民的问题必须解决。1941 年 9 月，中共襄西地委和襄西抗日游击指挥部决定派第四十五团团长曹玉清率一个连到北山协助北山抗日游击队解决张海如部问题。曹到北山后，并没有以武力解决张部，而是亲自与张谈判，晓以大义，使张认识到占山为王是没有出路的，与人民为敌更是死路一条。张海如在共产党、新四军政策的感召下，决定接受新四军的改编，将 100 余人枪编入了北山抗日游击队。其中极少数不愿参加者，新四军发给路费，遣返回家。改编后，张海如被襄西地区行政委员会任命为北山区抗日民主政府副区长。

北山抗日游击队连战告捷，特别是收编张海如部后，实力得到加强，因此，襄西地委和襄西抗日游击指挥部决定将北山抗日游击队扩编为独立营，叶云任营长，黄道平任教导员。独立营直属襄西地委和襄西抗日游击指挥部领导，活动于荆北、钟西一带，成为北山、石牌抗日民主根据地一支很有实力的地方抗日武装力量。1942 年夏，新四军襄西主力部队向襄东作战略转移时，独立营除留下少数骨干在北山坚持斗争外，大部随主力开往襄东，编入新四军正规部队。

（三）钟西县大队

钟西县大队成立之初也只有一个分队的力量。以后，钟西县委收编了马良民众自卫队的 10 余人枪，使队伍扩大到 50 余人枪。县委对其进行整编后，成立了第七中队，吕在中任中队长，刘建章任指导员。1941 年 2 月，钟西县大队配合纵队第八团一部，进击侵入石牌地区的国民党钟祥县土顽寇正栋、曹尔义部，歼灭其大部，县大队得到一定发展。8 月，钟西县、区抗日武装配合第四十五团进击马良南之刘家集日伪据点，歼灭日伪军 30 余人。战斗中，石牌区中队指导员段云生牺牲。

随着钟西抗日民主根据地的发展、壮大，石牌、北山、皮集、瓦瓷等区陆续建立了区中队，各队约有 20 人枪，各乡也建立了基干队。这些区乡抗日武装，不仅经常配合县大队活动，而且是县大队的后备力量。

（四）荆南新兵营

1940年9月，襄西独立团横店自卫反击战后，襄西军政委员会为了扩大和巩固襄西抗日民主根据地，并为独立团不断提供兵源，拟在荆南建立新兵营，以便将各地征集的新兵集中进行思想教育和军事训练。李家谟等人奉命执行这一任务，在荆南县委的协助下，通过广泛的发动与宣传，半个月内就征集了100余名青壮年。新兵营于10月上旬宣布成立，刘振任营长。

新兵营经常保持有50余名学员，多的时候有100余名，约30支长短枪，遇有特殊情况，即参加战斗。这些学员受过训练后，多数被分派到新四军主力部队，少部分被安排到地方抗日武装为骨干力量。荆南新兵营从成立至1942年夏襄西主力部队向襄东作战略转移时，共为主力部队输送兵员300余名。1942年夏，新兵营大部分学员随主力部队撤往襄东，加入了主力部队，少数人员由刘振带领随荆南坚委活动。1942年6月，由于营长刘振携枪逃跑，新兵营遂消失。

二、新四军第十五旅在襄西诞生

1941年1月，国民党顽固派制造了震惊中外的皖南事变。1月20日，中共中央军委发布重建新四军军部的命令，陈毅任代理军长，刘少奇任政治委员，并统一整编华中部队为七个师和一个独立旅。28日，重建的新四军军部在苏北盐城成立。根据中央军委关于整编部队的指示，新四军豫鄂挺进纵队整编为新四军第五师，中央军委并于2月28日任命李先念任第五师师长兼政治委员[①]，刘少卿任师参谋长，任质斌任师政治部主任，王翰任政治部副主任。辖第十三旅、十四旅、十五旅三个旅及第一、二两个地方游击纵队及区党委警卫团。4月5日，新四军第五师全部组建完毕。李先念等全体将领于白兆山通电就职。4月10日起，部队一律使用新番号。

---

① 1941年7月18日，中央军委根据李先念的建议，任命任质斌为第五师代理政治委员。

根据新四军军部命令，第五师第十五旅在襄西的当阳境内组建并召开了建军誓师大会，王海山任旅长，周志刚任政治委员，张文津任参谋长。第十五旅下辖四十三团、四十四团、四十五团三个团。第四十三团（由纵队第六团改编），朱立文任团长兼政治委员，张卓然任副团长，杨子仿任参谋长，黄涛若任政治处主任；第四十四团（由纵队第三团改编），黄仁杰任团长，黄德魁任政治委员，许大鹏任副团长，方正任政治处主任。该团由于转战于襄东京山、天门一带，未到襄西。第四十五团（由纵队第八团改编），曹玉清任团长，李福泰任政治委员，马仲凡任政治处主任。

新四军第十五旅建军不久，荆南土顽周赞庭蓄意制造摩擦，指令其陈惠卿大队侵入襄西抗日民主根据地荆南路东区，并在举人湾修筑土堡，妄图长期霸占。第十五旅首长为打击土顽的嚣张气焰，保卫抗日民主根据地，调集四十三团、四十五团两个团各一部，在荆、当两县地方武装的配合下，反击入侵顽军。土顽凭借土堡顽抗，旅首长和襄西地委书记李守宪亲临阵地前沿，和团、营长一起制订攻土堡的战术计划，并进行战前动员。战士们顶着淋湿的棉被向敌堡攻击，攻占了接近土堡的房屋，即向土顽官兵喊话："放下武器，不杀不辱。"土顽大队长陈惠卿率官兵 100 余人投降。是役，缴长短枪 100 余支，轻机枪 3 挺，弹药一批。举人湾战斗是新四军在襄西继打垮左墨香部之后，对荆南另一地主武装的沉重打击。战后，释放了土顽大队长陈惠卿等人。5 月，周赞庭不甘心失败，在国民党军第六战区一个团的支援下，为报前仇，倾巢出动，又一次对荆南抗日民主根据地发起攻击。第十五旅被迫自卫还击，在蔡家庙设下埋伏，大败周顽。蔡家庙一仗，新四军缴获虽少，但给周部很大杀伤。周顽两次制造摩擦，两次大败，老本基本输光，从此一蹶不振，再也无力与新四军抗衡了。

6 月，当阳土顽郑家良部第一次窜扰当东抗日民主根据地。第十五旅第四十五团一部在荆当大队配合下，于得胜山设伏，大败郑顽。

6—7 月，日伪军 3000 多人先后两次"扫荡"荆南张家场地区。同时，对香炉山、柴家集、北山地区也都进行了“扫荡”。由于新四军事先得到了准确情报，不仅及时转移，均无损失，而且袭击了小股日伪军。

新四军第十五旅在襄西建军，以及建立后所进行的数次大小战斗连战皆胜，标志着新四军在襄西的军事建设已走上了一个新的阶段。这支人民的子弟兵，在党的教育下，人民群众的支援下，已逐步成长为正规的抗日武装力量，军事、政治素质日益提高，不仅善于灵活的游击战，而且能进行一定规模的运动战，成为坚持襄西敌后抗日战争的主导力量。

8 月，新四军第十五旅奉命率第四十三团全部及第四十五团两个营东渡襄河执行新的任务，留第四十五团童勋伯营在襄西活动，并留下旅参谋长张文津任指挥长，负责襄西军事。

第二节　襄西抗日民主根据地的各项建设

一、各地抗日民主政权的建设

1941 年 2 月，襄西地区各小块抗日民主根据地（荆南、当阳、荆钟、北山、石牌等地）已连成一片，具备了正式建立政权的条件。于是，各县委在襄西地委的统一部署下，按“三三制”的原则，相继建立了各县的县、区、乡抗日民主政权。

（一）荆南县

荆南未设县级抗日民主政权，所辖路东、路西两个区的政府工作，直接由襄西行政委员会领导。党内设区委会，行政上设联乡办事处。路东区区委书记李云程，联乡办事处主任李家谟。区下辖大同、雷柴、桥头、志惟、蔡庙、赵罗、曾集、横店、三家店 9 个乡，70 余个保；路西区区委书记先后由程里（女）、王竹宣担任，办事处主任（亦称区长）李香甫。区下辖民权、民主、民族、全民、合作、周集6个乡，60余个保。

（二）当阳县

中共当阳县委下辖（自1940年10月至1941年10月，按成立时间先后排列）南宁、东安、西靖、真理、正义、脚东、万寿7个区（镇）委和庙前特支；1942年5月至1944年11月，先后又成立了大公、漳东2个区委和东安、大公2个中心区委及漳西、合作等7个特支。

1941年3月，中共襄西地委、襄西地区行政委员会鉴于当阳县抗日民主根据地发展迅速，决定撤销当阳县四乡联合办事处，成立当阳县行政委员会。县行委会主席刘华廷，副主席雷东伯、周美成（两位副主席均为非党进步人士），委员张亚权（进步人士）、阮秉玉。县行委会工作机构有：秘书、行政、民政、文教、财政5个科和税务局。县行委会下辖（自1940年10月至1942年2月成立，按成立时间先后排列）南宁、东安、西靖、淯溪、真理、官文、正义、万寿、脚东、慈化、光洪、新建12个乡（镇）政府；1942年5月至1944年11月，先后又成立了大公、临沮、合作、漳东、周二、漳西、东安、大公8个乡或中心乡政府。共约100个保。

（三）钟西县

钟西县委下辖皮集、贺集、北山、杰全[①]区委和石牌镇委，行政上设区（镇）政府。

1941年夏，北山区又分为山内区和山外区。山内区辖大林、郭刘2个乡政府；山外区辖自治、团结2个乡政府。皮集区辖吴集、盘石、贺毛集、雨霖、肖店5个乡政府。杰全区辖马良、滨汉、牌邓3个乡政府。

此时，襄西抗日民主根据地约为2300平方公里，人口约30万。

---

①杰全区原名瓦瓷区。1941年1月，纵队第六团第三营营长刘杰全在此区与日军作战时牺牲，故改名杰全区，以示纪念。

二、根据地的财政经济、文教卫生建设

襄西抗日民主根据地的财政经济建设，是在同日伪军的封锁与破坏、抢劫的斗争中发展起来的。加之国民党顽军的干扰与破坏，处境十分困难。尤其是在开辟初期，新四军在襄西的基本区还局限于荆南、当东、北山、石牌四小块内，要解决近千人的正规部队（独立团）及部分地方抗日武装和脱产干部的吃饭、穿衣问题，是一个很突出的问题。但是广大军民团结一心，同仇敌忾，克服了难以想象的各种困难，不仅在军事上取得了胜利，而且粉碎了敌人的经济封锁与掠夺，使抗日民主根据地的财政经济和文教卫生事业随着根据地的发展与巩固日益发展。

襄西抗日民主根据地的财政收入主要是税收。1940 年 12 月，襄西地委和行委会成立后，就在各新组建的县、区、乡、保政权中建立财税机构，配备脱产的（县、区、乡级）或不脱产的（保）财税干部，专门负责征税、征粮工作，以解决部队给养及党政机关人员的生活开支。

1941 年 4 月，豫鄂边区行政公署成立。根据边区行政公署的指示，成立豫鄂边区行政公署襄西办事处，刘真任主任，刘宝田任副主任。同时，成立了襄西税务局，襄西各县抗日民主根据地成立了税务局或税务分局，以加强对税务工作的领导。从这时起，正式在襄西抗日民主根据地的大小集镇征收营业税，在水陆交通要道、码头设卡征收行商税。由此，襄西财政经济工作得到了进一步加强。

在日伪顽军夹击下的税收工作是相当复杂困难的。除了与奸商作斗争以外，还要同日伪汉奸及国民党特务作斗争。这些汉奸、特务，常常假扮商人出入根据地，或趁机破坏捣乱，或捕捉劫走税收干部，使根据地的税收工作受到严重影响。襄西党政领导机关为了保证税收工作的顺利进行，保证财税人员的生命安全，在各县税务局或税务分局成立了手枪队，以惩治混入根据地内的汉奸、特务及不法商人，保证税收任务的完成。

襄西抗日根据地的财税工作，和其他工作一样，也有一个发展过程。独

立团成立前后，由于根据地局面尚未完全打开，财税工作是利用国民党旧行政机构，只在两个地区进行：一是钟西石牌地区，这里是襄西比较富庶的地区之一。这个区的国民党区长丁连山，是由国民党钟祥县县长曾宪成在新四军挺进石牌后，取得新四军同意派来的，这个区的财税收入两家分成。由于丁连山是中共地下党员，所以这里的财税收入除上交国民党钟祥县政府一部分外，大部分转入新四军。二是中共当阳县委在当阳沦陷初期，派刘宝田、刘华廷等联合漳东地区实力派人物，以脚东为中心，成立了当东区署（亦称四乡联合办事处），辖脚东、官垱等四个乡，控制了这个区的财税收入。1941年2月，襄西抗日民主根据地建立县、区、乡抗日民主政权以前，纵队第八团和少数地方脱产干部的供给，主要来自上述两个地区。

1941年春，纵队政治部副主任王翰到襄西检查工作，决定在根据地试行“一亩田，一斗谷”的初级田赋政策。并设立若干粮秣囤积处，以确保部队和县、区脱产干部用粮的需要。在王翰的组织带领下，地委在当阳的南宁、东安两乡进行了减租减息（亦称“双减”）的试点工作。通过试点，根据地的农业税收及“双减”工作，明确了以下几点。

田赋（公粮）的负担 田赋，襄西根据地内1941年及1942年上半年暂时按国民党旧章程，按土地占有多少征收。鉴于国民党统治时期，占田多的大地主（权绅）少纳或不纳，权绅凭借权势在买农民的田时，串通国民党县政府将田赋的全部或部分仍留在卖田的农民头上，田赋的负担主要落在中小地主、自耕农（当时未划分阶级成分，统称自耕农，即富农和有田的中农）头上。为此，地委制定了一个起征点，使田少的自耕农减轻了负担，田多的地主不得漏税。

田赋主要征收粮食、棉花 1943年以后，实行边区政府统一税制，改称公粮，按田亩分夏秋两季（名曰上忙、下忙）计征。基本区内征实物，游击区内征钱或者实物。由于襄西抗日民主根据地先是沿袭旧制，后用新制，所以田赋、公粮常被一些人误认为是两种税，实际上只征收了公粮，即农业税一种。并且，国民党统治时期加在农民头上的如“田亩附加”及各种摊派等苛捐杂税一律取消。

减租 根据各地不同情况及习俗，或按正常年景定租（如当东），或按收成情况定租（如荆南），减去佃农交纳地主已定租谷或租金的25%。同时，依法减租后的租谷或租金，佃农应向地主交纳。灾年无收或减产较重，租谷（金）则全免。

减息 进行分半减息（年息一分半厘），禁止高利贷，但对农村借贷，各级政府采取不告不理的办法。如发生债务纠纷，上告到政府的，则按上述原则处理。

以上政策，一直坚持到抗日战争胜利。上述政策减轻了农民所受的封建剥削，改善了农民生活，激发了农民发展生产、支援抗战的积极性。同时让农民交租交息，也照顾了一般地主和富农的利益，便于团结他们一道抗日。

同年夏，襄西地委根据鄂豫边区党委的指示，结合襄西实际，对根据地的公粮（农业税）与工商税进行了一次调整，使税收制度进一步臻于完善。

公粮 先是按国民党政府田赋册子征收，没有旧田赋册子的地方，实行“一亩田，一斗谷”的征粮办法。当年夏，根据鄂豫边区党委的指示，实行有起征点的按亩征收；有田（自耕农）5亩以下不征；有租田关系的，地主交纳公粮的大部分，佃农交纳小部分，虽有起征点，仍然适当扩大了负担面；税率比原定的“一亩田，一斗谷”略有提高，为产量的5%，公粮不实行累进税率，实行“上忙、下忙”两次征收，但无夏收的地区（如荆南）不实行“上忙”征收。废除国民党政府田亩捐、附加、摊派等一切苛捐杂税。

工商业税 坐商税（含有雇佣工的手工作坊），按其营业额计征，税率5%，有起征点。行商税按其货物值计征，税率按不同货物有所不同。

对两面负担的边沿地区，公粮与商业税酌情减免。

对敌占区的税收征粮工作，通过伪人员对某些大户有目标地征收。对拒不缴纳的派武装征收。尽量做到由一般募捐转入固定征缴。

为了保证农业税收工作的顺利进行，在地委的统一部署下，各县委分别举办了有共产党员、各阶层进步人士和农民群众代表参加的训练班，重点学习共产党有关抗日民族统一战线政策、抗日民主根据地农业税收政策，提高大家对为夺取抗日战争胜利而缴纳公粮的认识。训练结束后，各自回到家乡积极带头参加当地农业税的征收工作。先分户核实田亩，然后按上述税则、税率征收。据现有的资料查证，当时公粮税率大约占各地一般亩产的5%。如荆南，正常年景每石田（3亩3分）产谷10石，即每亩产谷3石，税率5%，交公粮1斗5升，合1941年衡计约11.7公斤。有田5亩以下免征。襄西抗日民主根据地1941年共征收公粮约10000石。

襄西抗日民主政府除向根据地农民征收轻微的公粮，以供军食外，敌顽原定的苛捐杂税全部予以废除，因此根据地人民的财粮负担远较蒋管区人民轻。自1941年秋起，襄西抗日民主根据地实行“双减”政策，直到抗日战争胜利，根据地内的地主阶级在农民运动的冲击下，经过党的政策教育，绝大多数地主按政策规定“双减”，已习以为常。襄西部分农民，在土地问题上得到的利益还不止于此。当时在根据地拥有大量田产的大地主，有的成了汉奸，有的是顽固分子而逃离了根据地。襄西抗日民主根据地民主政府没有没收他们的土地，还是只讲“双减”，以免在地主阶级中引起震动，不利于抗日民族统一战线的形成。但租种上述两种对象土地的佃户，自发地抗交田租，抗日民主政府也支持。这是根据地农民自己争得的合法利益。

国民党统治时期，襄西文教卫生事业十分落后，沦陷以后，日军所到之处文教卫生事业更是被摧残殆尽。抗日民主政府成立以后，虽然在这一方面作了很大的努力，但由于日伪军的不断“扫荡”和骚扰，加之地方顽军的摩擦，发展仍然很慢。直到1943年6月，襄南开辟以后，襄西抗日民主根据地与襄南连成一片，改善了襄西的局面，才在文教卫生方面做了一些工作。

保荐入学，培训骨干　随着襄西地区的开辟、党政军群等各项工作的开展，急需大批干部。为此，襄西党、抗日民主政府、军队先后选送数批干部战士及当地爱国青年进入边区的洪山公学、行政干部学校、边区党校、抗大十分校学习。这些学员，学业期满后，一部分分往外地工作，绝大部分都分回襄西，成为襄西各地党政军群的骨干。1940 年 9 月，襄西独立团刚刚建立就选送了第一批学员，这批学员由军政委员会书记李守宪和团长毛凯亲自送往京山小花岭，进入洪山公学学习。

兴办学校，普及教育 为了解决根据地少年儿童的上学问题，1941 年秋季，共产党员刘景崇受当阳县委指示在根据地内的刘家河兴办了一所又新小学。北山区委采用民办公助的办法，在胡家集周围办起了四所小学。各地对于民间办私塾也都给予积极的支持，千方百计普及国民教育。

创办医院 根据战争的需要，在荆南断山口、当阳洪庙、北山山内区等几个基本区内设立简易医院，为部队伤病员和人民群众治病治伤。

三、根据地的反抢粮、反封锁斗争

新四军第五师第十五旅建军以后，日本侵略军在襄西军民的多次沉重打击下，粮食供给日益紧张，于是在 1941 年 5 月纠集数千兵力，对襄西抗日民主根据地进行以掠夺粮食为主要目的的夏季大“扫荡”。日军“扫荡”时间持续近两个月，除了直接抢劫外，还采取了下列手段：

纠集一批汉奸、反共分子及社会渣滓强化各地维持会，由伪维持会出面，强迫群众出粮出钱，推行其“以华治华”“以战养战”的反动政策。

日军发行日本“军用手票”，以“价格从优”的伎俩来骗取农民的粮食。同时，日军对抗日民主根据地实行食盐封锁，群众要吃盐，必须以粮换盐。

襄西军民在党和抗日民主政府的领导下，针对敌人的毒辣手段，采取了相应的措施，尽量减少根据地人民的损失，使敌人的抢劫与封锁计划遭到失败。其主要措施是：

各级党组织和政府广泛组织农民自卫队，建立群众性的情报网，站岗放哨，严密监视日伪的行动。对于日伪的入侵，地方人民抗日武装积极配合新四军主力部队能打则打，不能打时就组织群众“跑反”，发动群众“坚壁清野”，将粮食等物资埋藏起来，使日军的“扫荡”、抢劫处处落空。

在日伪军占领的中心区域周围增设税卡，严禁日军“军用手票”流入根据地内，骗取根据地人民群众的粮食。

利用各种社会关系，通过日伪据点内的群众，把食盐等物资从日伪控制区里买出来，以解决根据地的盐荒。根据地军民还组织人民群众到国统区购买食盐。但由于环境异常残酷，在反食盐封锁的斗争中，根据地军民付出了很大的代价，很多同志为此献出了生命。

武装袭击日敌伪维持会，捕捉惩治汉奸，斩断日军的爪牙。

针对日伪军强征粮食，对抗日民主根据地大肆掠夺的情况，豫鄂边区行政公署襄西办事处发出布告：严禁为敌征粮，违者严厉惩处，偷运粮食价值百元以上者没收，犯两次以上者除没收外，处以三个月徒刑，或罚款500元；情节严重者处死刑，为敌引路或抢粮者处死刑；盗窃粮食者除赔偿外，处三个月徒刑或苦工[①]。

四、根据地的锄奸清匪斗争

随着抗日民主政权的建立，抗日游击战争的深入开展，一场“锄奸清匪”的斗争也同时展开。这场斗争，对于巩固新生的抗日民主政权，打击日伪顽的社会基础，挖掉日伪耳目，夺取抗日战争的胜利，都有着十分重要的作用。

早在土地革命失败后，襄西一些偏僻地方的恶霸、惯匪就互相勾结起来，各霸一方，横行乡里。襄西沦陷后，他们更是趁火打劫。有的虽然挂着抗日招牌，却仍干着土匪勾当；有的则干脆投入日本侵略者的怀抱，认贼作父，充当其爪牙。他们出于对共产党领导的抗日民主政权的仇视，其中当了伪军

---

① 李倩文等:《华中抗日根据地鄂豫边区财政经济史》，武汉大学出版社1987年版，第182页。

的除配合日军对根据地“扫荡”，组织公开的军事进攻外，还向根据地派遣大量特务，在根据地内收买网罗奸细从事颠覆破坏活动，一些游杂土匪一遇时机，也四处抢劫，骚扰破坏。所以，根据地的锄奸清匪斗争，一直是根据地建设中的一项长期而艰巨的工作。

在锄奸清匪斗争中，襄西党组织重点抓了如下工作。

建立情报网，掌握对敌斗争的主动权。为了确保根据地的安全，党在襄西抓政权建设的同时，抽调一批精明强干的干部组建各县联络站，逐步建立了庞大且十分严密的情报网。根据地内各区、乡、保以至村口要道及敌占区内都设立了联络分站，这个以共产党的优秀分子为骨干组成的群众性的情报网络，成为根据地的“千里眼”“顺风耳”。因为情报准确，转送及时，所以，有时日军出动，尚在备马，根据地内业已防备就绪，所派奸细还未出发，根据地早已安排好捕捉计划。因此，襄西抗日民主根据地虽处在敌人的近后方，又无深山大泽为依托，面对着强大的日军，不仅未被“吃掉”，反而越战越强。在众多的原因中，情报工作搞得好是其中之一。

建立情报网的方法：一是渗透日伪政权，为我所用。日本侵略者为达到“以华治华”的目的，大肆网罗汉奸卖国贼，在根据地周围（有的渗透到根据地内）组织伪政权。襄西党利用这个机会，派出一批共产党员和进步人士，通过各种社会关系，打入日伪维持会，或任维持会长，或任联保主任、保甲长，使根据地周围的相当一部分伪政权从一开始就在共产党、新四军的掌握之中。二是安插内线，严密监视敌人。这些内线或为敌中心区域里花行粮行的老板，或为伪军的小头目。被派到日伪机关与驻地去担任情报人员的同志，是党和人民的忠实儿女，他们深入虎穴，忍辱负重，有的甚至献出了生命。在当阳罗家河日军据点担任情报传递工作的共产党员尹启和，一次情报刚拿到手就被日军抓住。他为了确保党和同志的安全，立即将情报（纸条）放进嘴里，日军用刺刀撬开他的嘴时，他已将纸条咽下去了，凶残野蛮的敌人为了破获新四军情报组织，用刺刀活活地将尹的腹腔刺开，但取出来的只是血肉模糊的几个纸团，在场的日本军官也敬畏地伸出大拇指说："中国人是大大的，死啦死啦的不怕。"三是利用统战关系及友好人士搜集情报，并通过他们或营救根据地被抓的军政人民，或对伪军进行策反工作。

缉拿奸匪，清除根据地隐患。根据地各县、区、乡抗日武装以主力部队做后盾，及时、有力地打击了敌人派遣或藏于根据地内的汉奸匪特及其他反革命分子，保卫了根据地党政机关，保护了人民生命财产的安全。

土匪谢厚香，经常聚众在荆南抗日民主根据地的五里铺赵家集一带杀人放火，拦路抢劫，强奸妇女，根据地人民深受其害。五里铺党支部书记、民兵队长刘光吉经过长时间的秘密跟踪，摸清了土匪的活动规律，终将匪伙全部捕获，缴获手枪 1 支，撇把枪 5 支，及手榴弹、大刀等武器，为根据地除了一大祸害。

经乔家岗战斗的打击，逃到蔡家庙一带的舒厚甫部中队长李宗堂，带领土匪，窜入抗日民主根据地路东区的大同乡抢劫。路东区委事前得到了情报，区长李家谟率领区中队将李宗堂等 10 余名匪徒全部擒获，缴长枪 4 支，手枪 2 支，战马 2 匹，匪首李宗堂由于一贯作恶，罪行累累，经襄西行委会批准，将其处决。

1940 年冬，驻当阳县日军网罗一些地主劣绅等筹划在当东抗日民主根据地脚东（地名）设维持会。地主分子黄祖香一贯反对共产党，以为有日军做靠山，公然出任脚东维持会会长，与抗日民主政府为敌，残害人民。县委命令荆当大队手枪队队员将其处决。清坪河、徐家高庙两处的维持会会长也因甘愿当汉奸，带领日伪军捕杀抗日军政人员，被抓获处决。惩办了这几个敢在新四军创建的抗日民主根据地内公开为日军办事作恶的汉奸后，日军所派人员再也不敢来了。

1941 年皖南事变后，国民党顽固派在襄西掀起了反共高潮，国民党顽军频繁窜犯抗日民主根据地。一些伪装进步的反共分子，以为时机已到，真面目渐露。脚东汉流头目傅恒山、官垱汉流头目孟大云，明里对新四军表示友好，暗地里却积极进行反共活动，一面为淯溪镇、河溶镇的日伪军提供情报，一面私通土顽郑家良，妄图三面串通，两面夹击，一举摧毁当阳县抗日民主政权。他们的举动被新四军侦破，并将二犯逮捕正法，布告周知，震慑了反动势力。

同年5月，当阳县南宁乡锄奸队还破获了一起国民党特务颠覆案件。国民党反动派派遣特务潜入当阳县抗日民主根据地内的张家庙一带，网罗社会残滓，秘密组织了所谓“反共义勇团”，阴谋武装暴乱，被当阳县锄奸队查获，一网打尽，首犯魏仁骥、孙联芳等人被抗日民主政府镇压。

钟西县下胡家集是北山抗日民主根据地与县委、地委联络的地方，日伪在这里设立了伪维持会，配有武装。钟西县委决定拔除这个日伪据点。他们先将日军暗探王化龙处决，后又将胡家集日伪维持会长孙家举、联队副白邦英等六名汉奸一网打尽，迫使敌人撤出了据点，使北山的局势很快稳定下来。接着又处决了匪首白子才、喻海山等，基本清除了抗日民主根据地内的匪患。

锄奸清匪斗争消除了隐患，这是襄西抗日军事斗争能够节节胜利、抗日民主根据地不断巩固发展的一个重要原因。

五、根据地人民群众的抗日运动

锄奸清匪的胜利，不仅挖掉了敌人安在根据地内的耳目，而且通过斗争提高了人民群众的抗日积极性，发展与锻炼了一批积极分子。根据地的党组织依靠这些积极分子组织起各级农民救国会、妇女救国会、青年救国会、农民自卫队等抗日群众团体，这些群众团体的建立，有力地推动了根据地的各项建设。

（一）农民救国会

农民救国会（简称农救会）是襄西人民群众抗日运动中的基本力量。在党和抗日民主政府的领导下，为根据地的各项建设作出了重要贡献。

一是积极开展“双减”运动。农救会依照抗日民主政府的法令，一方面实行减租减息，不准地主向佃农夺田，退还佃农押金，减轻封建剥削，改善农民生活；另一方面，又教育农民顾全大局，实行交租交息，团结地主抗日。对于那些顽固的不遵守抗日民主政府法令的不愿减轻封建剥削的地主，则开展说理斗争。荆南大地主廖炳衡、李容祥、杨寡妇等，便是经过当地农民救国会的说理斗争后，才执行“双减”政策的。

二是开展生产救灾运动。1941 年夏，襄西地区遭受了严重旱灾，发生了粮荒。襄西地区党组织号召干部和军人与人民群众同甘共苦，及时领导人民群众进行了生产救灾和禁运粮食等工作，解决了根据地的粮食危机。各级农救会积极领导农民群众兴修水利，受益的地主不出工则出钱、出粮，发给参加修水利的农民。这期间，襄西各地都修建了一些较大的水利工程，如荆南雷李新集的舒家大堰、赵家庙的史家垱等和为数甚多的小垱小堰。农救会还领导农民有组织地向地主借种子、借耕牛。据当时当阳南宁、东安二乡统计，由农救会出面找富户借粮购粮 2050 石，解决了 80% 的农户无种下秧的困难。这样，在一定程度上改善了受灾农民群众的生活，促进了根据地农业生产的发展。

三是开展拥军优属工作。各地农救会都组织了代耕队，帮助抗属、烈属生产。加上抗日民主政府补助抗属、烈属一些米、油、盐等生活必需物资，使他们的生活得到了保障。

（二）妇女救国会

妇女救国会（简称妇救会）的主要任务是：宣传男女平等，反对封建迷信，反对缠足和虐待妇女，争自由，求解放；拥军优属，搜集和传递情报，掩护新四军伤病员，做军鞋慰劳人民子弟兵等。妇救会是扩军工作的重要力量。为了贯彻落实襄西地区党组织提出的参加新四军、保卫根据地、保卫革命果实的号召，妇救会大会动员小会讲，把思想工作做到每家每户，使襄西各地出现了许多母送子、妻送郎参军的动人情景。许多青年结队参军。仅荆南杨家集、五里铺等地，一次就有 300 人报名参军；当阳东安等乡的青壮年 70% 都参加了新四军。

（三）农民自卫队

襄西各村、保政权中，普遍成立了农民自卫队，16—45岁的青壮年大都参加了这一组织。主要任务是配合新四军主力部队和区、乡人民抗日武装对敌作战，是新四军在襄西的部队和地方人民抗日武装的助手和后备力量。自卫队中的民兵基干队是不脱产的群众性抗日武装，在乡、村武装委员的领导下，保护人民群众，巡查放哨，保卫生产，维持地方治安，负责交通联络，探听情报，监视敌人，遇有敌人入侵时，组织掩护群众转移，和抗日部队一起进行"空室清野"。民兵基干队还配合新四军主力部队行动，摸日伪军岗哨，拆毁日军架设的电线、电杆和修建的公路、桥梁等。民兵除担任战斗任务外，还有生产任务，以战斗保卫生产，以生产支援战斗。农忙时持枪放哨，保卫春耕、秋收，积极参加生产。在抗日战争中，根据地的民兵始终密切配合正规军和游击队对日作战，对消灭敌人，巩固和发展根据地起了重要作用。

为了襄西抗战的需要，襄西地区党组织和各级抗日民主政府还在根据地内兴办了"枪械修理所"。如荆南"路西枪械修理所"（厂址设侯家凹）、军用被服社等。由于当时军用物资奇缺，大多靠当地抗日群众团体支援，农救会员、妇救会员、民兵等都积极搜集废弹壳、废钢铁、棉花、棉絮等，保证了工厂的生产。每遇日伪军"扫荡"、顽军的袭击，都是人民群众冒着生命危险予以保护、转移、埋藏。

1941年11月，边区党委委员、民运部部长吴祖贻来襄西检查工作，他在对襄西抗日民主根据地的各项建设进行全面考察后，对根据地的抗日群众运动作了很高的评价，并指出，抗日民主政府只有依靠群众，相信群众，才能保存自己，消灭敌人。

第三节　加强统战工作及其他工作，巩固根据地

一、团结友军，共同抗日

襄西地区党组织和军队，对于真正抗日的国民党军队，一直是十分友好的。与新四军襄西部队相邻的国民党军第三十三集团军（襄西沦陷后，防守宜昌三斗坪经远安、当阳北部至荆门石桥驿一线）是西北军，是真正的友军。中共中央对这个部队实行团结友好、共同对敌的方针，而且有深厚的工作基础。襄西地区党组织还处在地下时期，即同他们友好相处，取得他们的援助（如成立搜索队等），新四军也帮助他们办些条件许可、力所能及的事。所以在对日伪军作战中，一直是互相信任、密切合作的。

1941 年 4 月，王翰离开襄西回师部。行前，他强调加强统战工作，要多交朋友，以孤立打击主要敌人。明确指示这是襄西党和军队在强大的日伪顽军夹击下，求得生存发展所必须坚持的策略。王翰特别指出：对西北军（第三十三集团军）一定要一如既往地执行友好方针。他认为这是一个原则问题。

先从一件不应该发生的事叙起。1941 年 4 月，新四军第十五旅刚建军不久，国民党军第五战区奉蒋介石反共的命令，派第三十三集团军第七十七军第三十七师一个加强团进入襄西抗日民主根据地当阳香炉山地区。这个团声称他们这次是奉命来的，一两天就返回，希望新四军不和他们发生误会。这实际上是向新四军打招呼，和 1940 年 9 月新二军的来势大不一样。襄西地委个别领导人认为他们既是来反共的，又只两个营，就应该打。襄西地区指挥部（简称襄西指挥部）政委周志刚新来不久，不了解情况（我方与三十三集团军有统战关系），于是决定出击，投入第四十三团、四十五团两个团和荆当大队全力反击。凌晨战斗开始，打到近午，发现是一个加强团，歼灭已不可能，新四军主动撤出战斗，第三十三集团军这个团仍驻守香炉山，到晚上才

返回大后方。是役新四军虽俘对方一个排，但也伤亡数十人。襄西指挥部指挥长兼第四十三团团长朱立文负伤，团参谋长杨子仿牺牲。显然这是一次不应该打的仗，违背了党中央及第五师首长对第三十三集团军应实行合作抗日的一贯方针，违背了王翰离开襄西前的指示。战斗结束后，新四军第五师师长李先念即电告中央，“无论如何，这一仗是打得不应该的”[①]。

为了消除不良后果，第十五旅根据上级指示，主动将俘获的人、枪全部交还第三十三集团军。对方被新四军的行动所感动，便派一名团长来向新四军表示歉意说：“我们本身是不愿反共的，但是当我们奉命前来的时候，请你们给我们让开一条路，使我们应付一下就走。”从此，在对日伪军作战中，双方一直互相信任，密切配合。

同年夏，日军占据香炉山主峰，用强大火力将第三十三集团军一部压在山南不到一里长的土岗上，退路被从淯溪河开来的日军切断，伤亡很大，形势十分危急。新四军第五师第十五旅第四十三团闻讯后，在荆当大队的配合下，突袭淯溪来敌之侧翼，迅速将该敌击溃。新四军打得突然，攻得猛烈，友军亦乘势反攻，转败为胜。日军慌忙退出香炉山，向大烟墩溃逃。抗日民主根据地群众也纷纷赶来运护友军伤员。是役，新四军击毙日军驻淯溪军官野口以下官兵多人。

1942 年 1 月，第三十三集团军第一七九师一部进入襄西敌后活动，在当阳洪庙以南地区被日军包围。在此危急时刻，新四军留守襄西的第四十五团一部闻讯后，在荆当大队的配合下，立即向日军两侧发起猛烈攻击。在新四军的突然打击下，日军伤亡很大，当即撤退，解了第一七九师一部之危。

国民党军第三十三集团军是在卢沟桥打响抗日第一枪的英雄部队。它驻防襄西后，对新四军襄西部队和抗日民主根据地能够巩固、发展是一个有利条件，在一定程度上抵消了日军强大的不利因素，更重要的一点是第三十三

① 李任给陈刘并报朱毛:《与顽战斗情形报告》。

集团军从来不做荆当钟三县土顽的后台，从来不配合、支援土顽的反共活动，这对新四军开辟襄西和打破日伪顽军的严重夹击有利。新四军襄西部队和第三十三集团军良好的统战关系是鄂豫边区统战工作的范例之一，也是襄西抗日民主根据地巩固发展的重要原因之一。

二、团结各种地方势力及开明士绅

襄西抗日民主根据地的党和军队，在做好与友军团结共同抗日的同时，还十分重视团结国民党地方势力中的爱国人士和开明士绅，以筑成更为广泛的抗日民族统一战线。

张葆初是国民党荆门县上层统治人物中有地位、有影响的人物，在国民党县政府内有一定势力，也是荆门县大地主的政治代表之一。此人在第一次、第二次国内革命战争时期，是坚决反共的。抗日战争爆发之后，在共产党抗日民族统一战线政策的感召下，他的政治态度有了一定程度的转变。抗战初期，在襄西地下党时期，张葆初与荆北党组织负责人刘真等就有过接触，并营救过地下党的工作人员。襄西党组织还通过他与国民党荆门县县长王伯膏取得了联系。

1941 年初，国民党荆门县政府派张葆初到荆南设立县政府荆南办事处并任主任，为县政府在荆南收缴钱粮。正在襄西指导工作的王翰闻讯后亲自找他交谈。首先分析全国抗战形势及前途，阐明共产党抗日民族统一战线政策，及在敌后根据地的各项政策。着重指出，荆北的爱国人士到敌后来，最好是参加襄西抗日民主政府，如要在荆南成立一个国民党政权机构，是不可能的。襄西党组织负责人问张对形势的看法，张回答说：我从前是反共的，抗日军兴，面对异族入侵，改变了立场，愿真心诚意同共产党联合抗日。通过襄西党组织的工作，张葆初放弃了成立荆南办事处的计划。

活动于当阳县抗日民主根据地西北边的国民党远当自卫总队，是国民党当阳县政府的直属武装。日军侵占当阳后，冯国屏随国民党县政府撤往庙前横店地区，利用汉流，搜集枪支，编为远当自卫总队。冯国屏任总队司令，王定凤任副司令，下辖三个大队，活动区域自远当边界直到当阳县抗日民主根据地漳西的佟家湖一带。为了和冯部搞好关系，当阳县委先后派张亚权、张颉刚等以旧友的身份往访冯国屏，了解其政治态度，宣传共产党的抗日主张。经过数次接触和谈判，终于达成“携手抗战，互不采取军事行动”的协议。此举，使当阳县抗日民主根据地西北地区基本无战事，根据地与冯国屏部直到抗日战争胜利都无大的摩擦。

襄西党组织对各地汉流组织也做了很多工作。参加汉流的人大多数是劳动群众，也有一些流氓无产者，容易被统治阶级利用。因此，襄西党组织决心将其争取过来，引入团结抗日的轨道。如钟西的全楚彦，他是黄家集一带的汉流大哥。通过和他联系，他和他的帮会组织做了很多对根据地有益的工作，起了很好的作用。

三、对伪军工作

当阳县伪军刘筱约部是一股很大的势力。刘筱约是当阳和宜都、宜昌江北三县边界的汉流头子，手下掌握了一帮汉流兄弟。当阳沦陷前夕，他曾任黑土坡联保主任，与宜都、枝江二县江北地区党的地下组织负责人有过一段时间的接触。1940 年冬，刘筱约在当阳投靠了日军，充当伪皇协军当阳县保安司令，辖当阳县各地伪军，如谢修亭大队（驻河溶）、严静兰中队（驻淯溪）、李登朝中队（驻慈化罗家河）等，加上他自己的部队共六七百人枪。

刘筱约投敌后，襄西地委委员刘真派人和他联系。他表示，他决不反新四军，日本人强迫他出兵，先打招呼，并愿意帮新四军做一些他能办到的事。他一并表示，他的内部处境困难和危险时，也告诉新四军联络员。

中共当阳县委还对当阳县伪县政府两个头目做了有成效的争取工作。一个是伪县长傅作楫。他是清末拔贡，是当阳县有名的士绅，也是当阳县地方势力中很有实力的“傅派”头目，于 1940 年 11 月投敌，后担任伪当阳县县长。另一个是伪当阳县警察局局长刘晴岚。他是大地主，“傅派”骨干。这两人与中共当阳县委的主要负责人刘宝田、刘华廷等有旧交。当阳县抗日民主根据地建立后，当阳县委抓住他俩的田产均在当阳县抗日民主根据地内，虽然当了汉奸，但不敢把事做绝，还想做点好事，挽回一点名声的心理状态，令其给根据地提供情报，营救根据地被捕军政人员等。

地委在征得边区党委同意后，调刚从洪山公学结业的周方琳（地下党时期，周曾在荆北工作）回襄西从事敌工工作，担负争取刘筱约的任务。

1941 年 9 月，周方琳执刘真的信，通过刘晴岚引见刘筱约。周在刘的司令部内，问他“此时此刻，司令有何打算”时，刘筱约沉吟很久才回答说：“我刘某自知有了一步之差，前进是悬崖，后退是陷阱。寄人篱下，吃尽了苦头。我也并非真心想这么干，兄弟们这么多，要吃要喝，我不得不找一个栖身之所呀……”[①] 周见刘似有悔改之意，便讲了新四军对他的希望。要他像《三国演义》中的徐庶那样“身在曹营心在汉”，为根据地人民作出贡献。刘表示：“我早就知道傅县长、刘局长（指傅作楫、刘晴岚）和刘宝田是通的，现在再加我一个！”经过周的工作，刘表示：“请转告刘真，路遥知马力，事久见人心。”并将傅作楫、刘晴岚二人叫到一起，共同拟定：刘晴岚负责通信联络。为安全起见，那边（指新四军）提出的问题，先由傅、刘解决，不能解决的刘筱约再出面。

襄西地委的这次策反工作，不仅把在当阳的日伪军、政、警三巨头掌握在自己的手中，提升了抗日民主根据地的安全指数，还为以后策动刘筱约伪军反正，参加新四军奠定了基础。

1942 年 2 月 8 日，襄西行委会驻地荆南沈家中湾遭到日伪军突然袭击，行委会主席龙剑平等 10 余人壮烈牺牲。行委会秘书许玉麟、路西区区长李香甫等

① 周方琳：《奉命打通襄西与刘筱约的关系》，载《沮漳洪流》，中共当阳县委党史办公室编印。

被捕。许玉麟被押到南京做苦力，受尽折磨，后逃出，参加了浙西新四军抗日游击队。李香甫等数人被伪军活埋于河溶镇后的漳河沙滩上。这就是震惊襄西的“沈家中湾事件”。这次事件，经“内线”侦察获悉，乃河溶伪军头目谢修亭（皇协保安大队大队长）及汉奸廖和堂（左被打垮后，廖逃到河溶投降了日军）所为，他们收买了荆南根据地内张家场两个米贩子做内奸，内奸于2月7日探悉行委会驻地后，连夜告密。2月8日凌晨，驻河溶日军袭击了沈家中湾，发生了此严重的事件。这次事件，除牺牲行委会主席以下10余人外，还丢失了一个公文包，包内有一封刘筱约给刘真的信，若为敌人所获，后果不堪设想。因此，周方琳奉命赶赴当阳，直接找刘筱约要他提高警惕，有所准备。刘听后也感到此事的严重性，在与周方琳分手时，刘问周有什么要求，周说：“谢修亭不除，是襄西一大祸患。”春节过后，刘筱约果然假日军宣抚班之手，将这个铁杆汉奸处决于当阳东门城外。

第四章

地委撤离襄西，根据地人民坚持斗争

（1942 年 5 月—1943 年 5 月）

1942年3月23日，蒋介石下令国民党军队首先歼灭华中新四军，要求第五战区在短期内歼灭新四军第五师。在国民党顽固派的谋划下，第五战区对鄂豫边区的反共摩擦迅即达到了高潮。

国民党军第五战区这次向鄂豫边区的进攻，经过了长期的准备和周密布置，先后动用了12个正规师、4个保安团、11个游击纵队和5个独立支队的兵力，实行分区"清剿"。第五战区司令长官李宗仁将边区分为随南、随北、信罗、襄西、鄂东5个"清剿"区。有的土顽还勾结日伪军，妄图将新四军第五师主力压迫于平汉路两侧歼灭。国民党军第五战区的反共行动，导致鄂豫边区陷入了日顽军夹击的严重困境。

为粉碎日顽夹击，打退新的反共高潮，保卫鄂豫边抗日民主根据地，边区党委号召全边区人民行动起来，一面发展经济，克服财经困难；一面反对内战，动员人力、物力、财力支援部队自卫斗争。

第一节　敌顽夹击与地委撤离

一、顽军进犯襄西根据地

1942年4月8日，李宗仁发布密令，限期肃清新四军第五师。确定襄西为一个"清剿"区，由"第五十九军军长黄维纲任指挥，以一个师的兵力及第三游击纵队全部与六战区协同清剿"[①]。

---

① 李宗仁:《反共密令》，1942年4月8日。

国民党军第五十九军属第三十三集团军。4 月，该军仅用其所属第一八〇师一个团与李用民大队（国民党荆门县武装，已编入第三游击纵队，即曾宪成部）配合，从荆北进犯北山，将当时已脱离抗日民主政府、又拉起武装在北山为匪的张海如部缴械，并将张捕去。还将另一支从第二十九集团军（总司令王缵绪）拖出来在北山当土匪的牟少武部击散。第一八〇师的这个团即从北山经石牌以西进犯荆南。李用民大队留在北山山内。此时，曾宪成部张云斋支队亦到北山，并即进犯石牌地区。

曾宪成勾结钟西县行政委员会主席朱亚民做内应，提供抗日民主政府驻地情报。4 月中旬的一天深夜，土顽张云斋部袭击钟西县行政委员会，副主席柳之一（中共党员）等 20 余人被俘，有少数人伤亡，损失枪支 10 余支。朱亚民不知道中共钟西县委驻地，县委未受损失。这就是当时震动襄西的钟西县行政委员会被袭击事件，是国民党顽固派对襄西抗日军民犯下的一次严重罪行。此事件发生后，毛伯陶（皮集区区长，民主人士）、杨振卿、李玉龙相继叛变。张云斋还勾结冯砥卿（陈文家集原国民党联保主任）成立第三游击纵队敌后游击支队港北“清剿”办事处，为曾宪成部筹办粮款，抓丁派夫，刺探新四军情报。到 4 月下旬，除北山山外（胡家集以西、子陵铺以东属荆门地区）和肖家店、贺家集尚为新四军控制外，石牌抗日民主根据地大部分都被顽军曾宪成部侵占。

从 4 月中旬钟祥土顽张云斋支队侵入石牌地区到 5 月上旬地委东渡，约半个月，荆门土顽姚金陵支队未敢进犯荆南抗日民主根据地。国民党当阳县政府冯国屏总队则始终没能进犯当东抗日民主根据地。在汉宜公路以南的当阳土顽郑家良部直到 6 月尚未到当东袭扰。出现这一情况，显然和第一八〇师一个团反共不积极有关。

4 月中旬，国民党军第一八〇师一个团从北山经石牌镇以西进犯荆南抗日民主根据地，没有荆、钟两县土顽配合，在荆南路东地区停下来。这时，襄西地委、指挥部在发现顽情后已从荆南移驻钟西肖家店，命刘真留在荆南监视第一八〇师这个团，并相机联络他们。刘真派人联系后，这个团即派一名军官来见刘真，表明他们不会攻击新四军，并希望新四军及时提供日军情报，动员民工。他们计划破坏团林铺以下一段公路和电线之后，即返回后方复命。刘真满足了他们的要求。刘真去肖家店向地委汇报，建议将上述新情况，特别是第一八〇师一个团的动向电告边区党委；襄西地委、襄西指挥部及第四十五团第三营暂缓撤离襄西。是时，地委已将敌顽夹击、石牌渡河点完全被敌破坏等严重情况电告边区党委及第五师师部，建议将襄西地委、指挥部暂时撤往襄东，等待上级电示。

二、日伪军趁机袭击、"蚕食"襄西根据地

日军第 39 师团乘顽军进攻襄西抗日民主根据地之机，于 1942 年 5—8 月，对荆南、当阳、北山等地袭击、"蚕食"。日军在当阳土龙寺，一次就杀害了陈学涛、曹兆英等 19 名群众。襄西妇救会主席兼当阳县妇救会主席陶先绣被日军杀害于当阳刘家垱。中共当阳真理区委书记兼乡长罗洪年等 8 人，被日军活埋于窑湾。中共南宁区委书记徐森，在日军抓捕他时，为了保守党的秘密，将文件吞入腹中，惨遭日军剖腹，壮烈牺牲。许多同志为了党的事业，为了保持中华民族的气节，在日军屠刀面前宁死不屈，慷慨就义。然而，也出现了原荆当大队副大队长林履刚等少数的民族败类。他们叛变后，带领日军抓捕了刘承良、林禹如、朱新民等一批区乡干部，使根据地的部分基层政权组织受到严重破坏。

在荆南，伪军范天章、廖和堂、毛泽等部，先后强占了荆南张家场、王家草场、高店、李家河、刘家河、许家场等地，并破坏了阴山、宁庙等地的中共组织，杀害了共产党员李元锦等人。与此同时，日军还在当阳城关、河溶、淯溪、慈化等地搜罗汉奸，成立"兴亚会""合作社"等特务组织，专门刺探根据地情报，为进一步"蚕食""扫荡"根据地做准备。

面对日趋恶化的形势，襄西地委为粉碎日伪顽军的严重夹击，保卫根据

地人民利益，组织和领导根据地全体党员、干部、群众及抗日人民武装力量，同日伪顽军进行了顽强的斗争。但终因根据地军民面对日伪顽严重夹击，力量悬殊，使根据地无可避免地受到了严重的损失。

三、主力部队向襄东战略转移

1942 年 5 月，鄂豫边区党委和新四军第五师师部根据襄西地委对襄西日伪顽势态的分析，将襄西党政军机关和主力部队转移到襄（河）东，驻南山地区。

根据上级领导的指示精神，襄西地委和指挥部统一部署了主力转移和留少量游击队在襄西坚持工作。决定将荆当大队、北山独立营等部分地方主要武装力量编入正规部队，随主力部队撤往襄东，部分地方干部和武装力量调集钟祥地区；部分干部、战士送往抗大十分校[①]、洪山公学学习，留少数地方干部和武装力量在根据地内继续坚持斗争。为了适应艰难、复杂的斗争环境，牵制日伪顽军兵力，以便将来恢复根据地时有一个良好的基础，襄西地委在转移之前成立了荆南、当阳、北山三个坚持委员会，分别由李纯斋、洪范、叶云负责。主要任务是：在本地区坚持斗争，发展抗日武装，保卫人民利益，保存革命骨干，向上级提供情报，待机配合主力部队迅速恢复襄西抗日民主根据地。同时，当阳县行政委员会改为当阳县临时行政委员会。

6 月，襄西地委奉命更名为中共荆（门）当（阳）京（山）钟（祥）地委，李守宪任书记，下辖京钟县委和荆南、当阳、北山三个坚持委员会。地委驻京钟南山，领导襄西地区的坚持斗争。

襄西党政军机关和主力部队奉命转移至襄东以后，根据地形势发生了急剧变化。继国民党军第一八〇师一个团和曾宪成部侵入北山、石牌地区之后，

---

① 1941 年 10 月，新四军第五师师部决定在随营军校的基础上扩大建立抗大十分校，李先念任分校校长兼政委，每期半年。

荆、当两县顽军相继侵入根据地，所到之处，抢劫粮食、财物，袭击新四军游击队，捕杀地方工作人员和参加过抗日组织的群众。入侵的顽军还培植地方土顽势力，重新编制保甲，破坏根据地乡保政权，反共气焰极为嚣张。

6 月，国民党军第五战区第三游击纵队（国民党荆门县武装）姚金陵支队侵入荆南抗日民主根据地。为了达到长期独霸荆南的目的，对路东的柴家集、蔡家庙、丁家集、枣树店、赵家集、雷李新集、横店，路西的陈新集、蒋家集、赵庙、周却集、许家集、杨家集等地实行了残酷“清剿”。姚部所到之处，烧、杀、洗劫，民无宁日。仅在路西，姚部一次就杀害了根据地民权乡乡长李向云等 10 余人，同时杀害了靳家湖联络站站长父子。在姚部的扶植下，荆南的地主势力逐渐抬头，横行乡里。荆南恶霸地主公开在王家草场张贴布告，向农民反攻倒算。

7—8 月，国民党军第六战区第三游击纵队（司令郑家良）几次向抗日民主根据地中心地区进行攻击，烧毁刘宝田住宅和很多民房，掳走脚东一带许多农民的耕牛。

早在 4 月就进入北山的李用民大队侵占北山山内后，不断袭扰北山山外根据地，妄图侵占胡家集未得逞。地委和主力部队转移后，坚持在襄西的少数地方武装和在北山、荆南、当阳三个互不联系的点，与敌顽斗争，各自为战。当阳、荆南通过北山与在京钟南山的荆当京钟地委联系。最严重的时候，这种联系也被切断。

在极端恶劣的环境下，留在襄西坚持斗争的党员、干部和武装力量没有向敌顽屈服。他们在荆南、当阳、北山三个坚持委员会的领导下，依靠当地人民群众，采取“机动灵活，避强击弱”等游击战术，袭扰、打击敌人，进行反“清剿”斗争，在敌顽疯狂的夹击下，虽然丧失了根据地的大部分，暂时和地委失去了联系，但三个坚持委员会仍然立住了脚。

8 月，荆当京钟地委派宣传部长刘真率第四十五团第三连（连长陈相保）到襄西检查坚持工作，童勋伯（负责军事）、杨震东、郭础（杨、郭二人拟留襄西参加坚持工作）等同行。部队在距日军据点钟祥石牌镇三里之唐家滩夜渡襄河，宿营于万山嘴，第二天上午，与曾宪成的一支小部队遭遇，将其击溃，缴枪一支。当天，连夜赶到荆南根据地的孙家湾宿营。翌日清晨，侦察员报告：姚金陵有少量部队驻扎在离孙家湾不到一里的段家榨屋。鉴于顽军是小股，戒备松懈，刘真、童勋伯等当即决定，乘其不备，先吃掉这个小部队，借此打击姚金陵部的嚣张气焰，以尽快与荆南坚委取得联系。

战斗命令下达后，童勋伯、陈相保率两个排从正面向段家榨屋进击，杨震东、郭础率一个排从侧面向榨屋后面的高地迂回。负责正面攻击的两个排先擒哨兵，几乎不费一弹就俘获还在酣睡的一排顽兵。部队占领榨屋后，经向俘虏查询，姚金陵及其指挥部两个大队驻在此地。陈相保连搜索部队与顽军发生枪战，枪声引来了姚部数百名援兵。新四军仅一个连，虽然有了点小收获，但不能再打下去。因此，童勋伯立即指挥部队撤出了战斗，姚部的援兵不知虚实，未敢冒进便撤回。是役，打垮姚部一个中队，缴获长枪 30 余支，俘虏 20 余人。撤退中陈相保连有两名战士牺牲，童勋伯负伤。此仗虽小，但影响颇大，根据地人民群众一时遍传：新四军把姚金陵打垮了！

刘真、童勋伯等率部转移到荆沙路西蒋家场西宿营，这是渡河后的第三日。当晚，即同荆南党组织取得了联系。荆南坚委向刘真作了情况汇报：荆南根据地基本被日顽军控制，只剩少数湾子。次日凌晨，驻五里铺、杨家集的日军分两路袭来，部队边打边撤，排长康大发在掩护撤退时负伤。由于尚未与当阳、北山两坚委联系上，襄西整个情况尚待研究。部队无法在荆南停留，便向当阳转移。杨震东、郭础所率迂回助攻段家榨屋的一个排在作战地点未能会合，也转移至当阳。

刘真率部到当阳洪庙，迅速与当阳坚委取得了联系。这时当阳情况较好，虽然敌情严重，但坚委还掌握有四个乡的基本区。并且，坚委的武装力量也有一些发展，刘真在听取了洪范、刘华廷等的汇报后，肯定了当阳坚委的工作经验，并向当阳坚委传达了地委对坚持工作的指示。部队在当阳休整后开往北山，向北山传达地委的指示。

在北山，刘真根据地委指示及当阳的经验，对坚持工作讲了四点意见：（1）对日军严格地遵循“基本的游击战”方针，在我军尚能控制，但已大大缩小的根据地内避免与敌接触，把对日军的战斗引到顽军控制区去打。（2）开展对一切可以争取的伪军及伪人员的争取工作，加强两面政权工作，在我坚持区周围，甚至坚持区内，都可设立两面政权。加强对日军的情报工作，力求减少根据地人民群众损失。在新的条件下，保持我坚持武装和人民群众的联系。（3）对土顽各势力采取有打有拉、各个击破的政策。如当阳冯国屏这次未南下，要继续做工作使其不南下，以便集中力量对付郑家良。又如荆南，应考虑争取舒厚甫，以全力对付姚金陵。（4）扩大、巩固、加强地方部队和人民武装（即不脱产的自卫队和民兵）。同时决定杨震东等留荆南工作，参加坚委为委员，负责军事。并留给荆南 6 支长枪，4 支短枪，以加强荆南武装力量。郭础留当阳工作。三个坚委一致请刘真向地委转达他们的两点要求：（1）成立襄西统一的领导坚持工作的党的机关。（2）增加襄西的机动部队，其兵力要能吃掉顽军一个区乡武装或一个正规连，希望派许猛回襄西。刘真拟向地委转达，并先留陈相保及该连的一个排在襄西。

第二节　三个坚持点的斗争

一、荆南坚委的斗争

中共荆南坚持委员会由李纯斋、刘光玉、刘光直组成，李纯斋任书记，其抗日武装共有 20 余人枪。

地委转移后，日军以襄沙公路为依托，在荆南增设了杨家集据点，不断对襄沙公路东西两侧进行“蚕食”。伪军廖和堂、毛泽等部，在日军的驱使下，哄抢地盘，侵占了张家场、刘家场、王家草场地区（均在路西），伪军范天章部侵占了三家店（在路东）。他们在各占领区培植反共势力，建立伪乡保政权。同时，国民党荆南县政府姚金陵支队（受曾宪成指挥）进入荆南抗日民主根据地。这是国民党荆门县政府武装，自 1940 年 6 月荆南沦陷两年之后第一次进入荆南，达到了他们梦寐以求的目的。他们不是来向日军收复失地，而是在日军的默契“配合”下，侵占了荆南抗日民主根据地中心区柴家集、蔡家庙、雷家新场地区（均在路东）。他们不仅同上述伪军各部协议瓜分荆南抗日民主根据地，互通声气，共同反共，而且于 1942 年 8、9 月间，姚准备以一个中队投降日军，代日军守杨家集据点，后因故其卑鄙企图未得逞。

为了保持当阳、荆南通过北山与驻河东的地委联系，荆南坚委派遣的交通员邓国春等先后被敌顽捕获杀害。原荆南新兵营营长刘振、民权乡组织委员李之益等先后叛变革命，使荆南的坚持斗争陷入了更加严重的困境。

荆南坚委为了阻止敌顽在荆南建立乡保政权，李纯斋率领游击队先后奔袭了赵庙、蒋集、剪子垱等伪乡保公所，并镇压了伪赵庙乡乡长廖 ××、伪剪子垱保长李 ×× 等一批汉奸和姚金陵安插在赵庙等地的耳目。荆南人民群众为了掩护游击队，不顾国民党顽军“五家连坐”的高压政策，冒着生命危险给游击队通风报信，送饭留宿。顽军屡次“追剿”扑空，便对人民群众实行残酷镇压。他们只要发现哪户群众留宿过游击队，就将这户人斩尽杀绝。游击队员们为了不使群众受牵连，只好风餐露宿。尽管生活极端艰苦，但同志们以苦为乐，以苦为荣。李纯斋风趣地鼓励大家，我们现在是“天作罗帐地作毯，星是棋盘路为琴”。游击队员们在李纯斋的激励与带动下，以革命乐观主义精神战胜重重困难，继续坚持斗争。

由于顽军力量过于强大，游击队无法与之抗衡，活动范围很快缩小到只有杨家集至五里铺公路两侧的十几个村庄，随时都有被围歼的危险。在这危急关头，荆南坚委为了使人民群众少受迫害与损失，维护军民联系，保存革命力量，长期坚持斗争，决定将游击队化整为零，实行高度机动的隐蔽斗争。

1942年8月，刘真在襄西检查指导坚持工作时，留杨震东在荆南，增加少量武器，给荆南的坚持斗争带来了新的转机。坚委根据地委检查工作时总结的经验，首先将被迫实行高度分散隐蔽的游击队队员重新组织起来，采取白天分散隐蔽、夜间集中活动的办法，同敌人周旋，让其既知道游击队的存在，又捕捉不到游击队的行踪，不得不处处提防。其次是充分利用日伪顽各势力间的矛盾，积极开展统战和分化瓦解工作，孤立最顽固的敌人，并集中力量镇压了一批死心塌地为日伪顽效力的爪牙，使斗争环境得到了明显的改善。再就是尽力保护人民群众的利益，争取人民群众的信任与支持，组织基干民兵，扩大抗日武装。由于坚委不失时机地开展上述各项工作，荆南坚持斗争的形势逐步好转，抗日游击队的活动范围又逐步扩大。

同年8月的一天，叛徒刘光俊引着驻杨家集、十里铺据点的日伪军，趁着浓密的大雾偷袭游击队驻地蒋家集和大院湾，企图两面夹击，一举全歼游击队。但日伪军尚未出动，游击队早已得到群众提供的情报，提前转移到村外埋伏。待日伪军即将到达时，游击队凭借熟悉的地形朝两个方向同时开火，引起两股日伪军互相对打，使一名日本兵在混战中丧命。日军偷鸡不成反蚀一把米，便气急败坏地对蒋家集、大院湾、许家场一带“扫荡”了三天，并用刺刀威逼群众说出新四军的去向，广大人民群众佯装不知，宁死不向日军吐露真情。日军一无所获，只好撤回据点。

9月的一天，国民党荆南丁枣乡乡长李端甫串通姚金陵支队第三大队大队长丁楚善，派兵到游击队经常出入的东刘湾、西刘湾、任家咀子一带抢劫群众耕牛35头，并在强迫群众参加的大会上公开扬言：谁家再留新四军，就拉谁家的牛。荆南坚委很快对此事作了周密的调查，发现李端甫一方面是为了巩固自己的统治，企图离间新四军与人民群众的关系；另一方面是假公济私，为自己的独生儿子娶亲弄点钱花。坚委便派钟怀清、王永吉、罗永炎化装潜入李端甫家中，武装劫走了正在拜堂的新郎、新娘做人质，迫使李端甫乖乖地将耕牛退还给了人民群众。

李端甫事件的发生，震慑了其他国民党乡保人员，使他们在敲诈人民群众方面有明显的收敛。然而，驻五里铺的日军便衣密探舒世怀、李希常等汉奸，却倚仗日军势力，仍然为非作歹，鱼肉乡民，并多次带领日伪军到杨家集、靳家湖等地抓人抢物，危害人民群众。为了严厉打击这伙死心塌地为日伪军卖命的汉奸，荆南坚委根据广大人民群众的强烈要求，派罗永炎、钟怀清率领一个班的武装，利用舒世怀为其母庆寿之机，镇压了舒世怀、李希常等八名罪大恶极的汉奸、特务，使团林铺、五里铺、杨家集、柴家集等地的汉奸、特务不寒而栗。

荆南抗日游击武装就这样经常深入虎穴，奇袭敌人，沉重地打击了日伪顽的嚣张气焰，迫使一批日伪汉奸和国民党乡保人员不得不采用两面应付的态度来保命。日伪顽失去了在各地的耳目，犹如盲人瞎马，对抗日游击队毫无办法。而游击队则在人民群众的支持与掩护下，如鱼得水，越战越强，使荆南的坚持斗争进入了一个新阶段。

二、当阳县坚委的斗争

中共当阳县坚持委员会由洪范、刘华廷、魏霁岚等人组成，洪范任书记，领导30余人枪的抗日武装坚持斗争。

为了摆脱困境、打开局面，坚委决定成立当阳县坚委军事委员会，由坚委书记洪范负责，尽快重建荆当抗日游击大队。还成立了当阳县临时行政委员会，由胡芝田任代主席。并对统战、情报、财政、税收等项工作作了进一步的安排。

坚委首先将留在当阳坚持的30余人枪编成荆当大队第一中队，重新打出荆当大队的旗号，以香炉山为依托，同日伪顽周旋。同时，组织留在当阳的全体党员、干部，广泛发动群众，积极筹集武器，逐步扩大荆当大队的实力。不久，国民党地方武装冯国屏部丁建中中队，在张家坡附近与日军遭遇。坚委以抗日大局为重，即派南宁乡联队迂回到日军背后策应冯部。不料，冯部被日军一触即溃，南宁乡联队只好跟在日军后面鸣枪骚扰。日军由于情况不明，不敢恋战，很快便撤出了战斗。南宁乡联队在骚扰中拾得步枪 30 余支，子弹 2000 余发。坚委即以此为基础，成立荆当大队第二中队。随后，坚委又以真理乡党组织和群众搜集、自制的 10 多条枪为基础，成立了荆当大队第三中队。为了适应锄奸和情报工作的需要，坚委还集中 7 支手枪，成立了荆当大队手枪队，直属坚委领导。

同时，当阳县坚委还制定出一整套坚持开展武装斗争的具体办法：（1）对大股日军，采取分散隐蔽战术，避免与其拼消耗；（2）对小股或零星分散的日军，尽量引到根据地境外歼灭，以防日军对根据地人民群众进行报复；（3）对国民党友军，无论正规军还是地方军，争取他们一致对外，并用抓到的日军俘虏及缴获日军的除枪弹以外的军械等和第三十三集团军换子弹（当时一名日军俘虏可换五箱子弹）；（4）对严重危害根据地的国民党军郑家良部，集中力量进行打击；（5）加强基干民兵建设和统战、锄奸防特工作，保护人民群众的利益。1942 年 7 月，刘真率部到当阳检查坚持情况时，肯定了当阳坚委的工作，并在襄西推广，更加增强了当阳坚委的信心。

1942 年 8 月 19 日，土顽郑家良部 1000 余人窜到脚东港，抓走共产党员和群众 300 多人。郑部为了煽动群众仇视共产党，强迫被抓去的共产党员刘望龙、刘洪尧、李明伟等动手屠杀无辜群众。刘望龙等宁死不从，被郑部士兵用烧红的烙铁活活烙死，仅这一次，郑部就打死打伤无辜群众 200 余人。郑家良部的疯狂暴行，激起了根据地军民的无比愤怒，他们将失去亲人的悲痛化为仇恨，誓与郑家良血战到底。

9 月，郑家良部倾巢而出，突然袭击洪家山、清坪河、刘家河等地，企图击灭坚委机关。由于群众的支持与掩护，郑部扑了个空。郑部在撤退前下令，放火烧毁了坚委书记洪范和刘宝田等家的房屋，并抓走部分坚委干部的家属作为人质。为了打击郑家良的嚣张气焰，坚委一面向郑家良提出严正警告，一面迅速派人捕捉了一批郑部军官的家属，迫使郑家良交换了人质。但郑仍不甘心，不久又集中三个大队共1000余人，窜到根据地进行报复，荆当大队第二中队在草屋店子对郑部进行伏击，缴获步枪2支。当晚，第二中队又用虚张声势的办法，在离郑部营地不远的丁家新场附近操练队伍，并换了几个地方吹军号。郑部心虚，以为新四军正规部队来了，吓得用机枪胡乱扫射一阵后，仓皇撤走。第二中队以少胜多的事迹，使根据地军民受到了很大的鼓舞。不久，郑部的聂自新大队200余人绕道荆门窜入东安乡花堰冲抢劫。刘华廷随即率荆当大队第一中队和东安乡民兵设伏拦击，夺回了被聂部抢去的30余头耕牛和粮食、布匹、衣物、猪、鸡等物资，使花堰冲的群众免遭了一次浩劫。

同月，日军令皇协军保安司令刘筱约派部驻脚东，监视新四军。刘筱约即派人密告新四军，请求谅解，并表示将严格约束进驻脚东的官兵，不骚扰居民。当阳坚委考虑，不妨利用刘筱约和郑家良的矛盾，借刘之力防郑。坚委还考虑刘部外出，更便于对该部的争取工作，且日军派伪军进驻脚东，当时新四军亦无力阻止。遂将计就计，同意刘筱约派其廖友三、严兴华两个大队驻脚东。此举对牵制郑家良起了一定作用。

随着坚持斗争的不断深入，一些死心塌地为日伪顽效力的汉奸、特务和根据地内的少数叛徒，狼狈为奸，给根据地党组织和人民群众带来了严重损失。为了打击他们对根据地的破坏活动，坚委除专门成立手枪队担任反特锄奸任务外，还在各乡民兵中普遍成立了锄奸队。并在根据地内设立民哨，盘查行人，实行必要的封锁，使许多叛徒、汉奸、特务都受到了应有的惩罚。原临沮乡乡长郭友恒，暗中勾结日军到根据地奸、掳、烧、杀，并多次以收税为名拦路劫财，侵吞公款，在根据地内影响极坏。坚委及时派手枪队将其镇压。东安乡叛徒李帮祥，领着郑家良部窜入根据地，活埋了东安乡农会主席靳玉亮，杀害了基干民兵靳方富、孙成晀、靳镜阳等人。坚委派手枪队将其抓获，交给群众公审后处决。还有郑家良部洗劫脚东时，执刀杀害了8名群众的原脚东镇财政股长皮明伦，出卖真理乡乡长罗洪年等人的李光明、赵纯均，串通国民党第三十七师谍报员敲诈群众的清溪支家河的支可长，坐探高××等，都先后被坚委派人抓获并予以镇压。反特锄奸工作的深入开展，不仅挖掉了日伪顽在根据地内的耳目，而且鼓舞了根据地人民的斗争勇气，使当阳基本区始终在共产党新四军手中。

三、北山坚委的斗争

中共北山坚持委员会由叶云、王子才、张明祖、宁玉庭等人组成，叶云任书记。1942 年秋叶云调河东后，由王子才、丁锐、朱济安等组成北山区委，率有 10 余人枪的抗日武装。

北山独立营转移后，国民党军第五战区第三游击纵队的邓克昌、李用民部队侵占了北山山内区，北山坚委率武装在山外区坚持斗争。土顽曾宪成部不断对山外区进行“清剿”。驻扎在北山外围的日军也时常出动袭击山外区，捕杀抗日干部群众，抢劫粮食、耕牛。潘严坪西面廖家泉的青壮年男人不死于敌，却死于顽，几乎被杀绝。土顽曾宪成部在大石门、孔家湾杀害群众 30 多名，还暴尸示众。面对日顽军的疯狂暴行，北山坚委虽然率领留守北山的 10 余人、3 条半枪（其中一支打不响，算作半支）的武装，在山外区进行了顽强斗争，但因坚持的武装太小，坚委的活动范围逐步缩小到山外一个半保的狭小地区。在这极端恶劣的斗争环境里，坚委深深体会到，要想在北山长期坚持下去，最少必须有一支能对付土顽一个乡公所、保护山外人民的武装。

坚委首先分头联络原根据地内四个乡公所的有关人员，布置他们秘密筹集枪支弹药。同时，坚委设法与丁锐率领的原北山新兵连撤往襄东时掉队的部分人枪取得了联系，加上坚委直接领导的 10 余人枪，将这三股人员集中起来，宣布成立了北山抗日游击队，丁锐任队长。

1942 年 6 月，土顽曾宪成部队一部驻进根据地沙坡一带，遭到日军攻击，不及抵抗便仓皇逃走。坚委组织胡院附近的基干民兵赶到战场，搜集到步枪 5 支，手榴弹数十枚，子弹 10000 多发，使游击队的武器弹药得到了补充。

沙坡事件发生后，顽军曾宪成部对北山窜扰和抢劫仍然不断。一天，邓克昌、李用民率领数百名顽军，带着镰刀、冲担窜入北山山外根据地抢收麦子。坚委获悉这一情况后，当即派游击队进行伏击。打破了顽军的抢粮计划，保卫了群众夏收。邓克昌、李用民在抢粮挨打后，不肯罢休，又勾结驻牌楼岗的日军对游击队进行夹击。这次来山外区抢粮的顽军较多，游击队阻击一阵之后撤出战斗。日军出动时游击队已撤走。被曾顽勾引出来的日军同顽军互打起来，双方均有伤亡。不久，第三游击纵队的李用民大队好不容易将游击队包围在王家湾，经过一番冲杀，顽军却只困住了王子才和其通讯员。群众为了掩护王子才和通讯员，冒着生命危险将他们隐藏在牛栏内，保护王子才和通讯员脱了险。邓克昌、李用民两个大队在山外区连续“清剿”了几天，始终寻找不到游击队的行踪，但等他们在罗家湾刚刚驻下，就受到游击队的突然袭击，吓得邓、李二人慌忙率部逃走。

日军无法歼灭游击队，便用高官厚禄进行引诱。驻荆门城关的日军联队司令部宣抚班主任给叶云写信，强迫叶云的亲属送给叶云。信中写道：投降受编则金票、美女、司令、队长大大的有，否则，大军“扫荡”，鸡犬不留，等等。叶云接到信后，嗤之以鼻，继续率领游击队四处袭击日军据点和运输车辆，破坏公路桥梁，扰得日军日夜不宁。日军宣抚班主任见引诱不成，恼羞成怒，亲率几百名日本兵，用骡马驮着枪炮，对北山山外的杨家庙、仙女庙及潘严坪一带连续“扫荡”了半个月，并狂叫，这次非捉住叶云不可！面对日军的“梳篦式扫荡”，游击队在群众的掩护下，始终和日军“兜圈子”“捉迷藏”，几百名日本兵到处扑空。一天傍晚，叶云和通讯员下山侦察，正碰上那位日军宣抚班主任带着一队人马迎面而来。当时，走在前面开路的日军尖兵离他们不过几百米远，如果向后撤退，势必导致日军的追击。为了不引起日军怀疑，叶云和通讯员不慌不忙地走进秧田，混入一群正在除草的农民中，和他们一起认真地除草。日军队伍大摇大摆地过去后，农民们打趣地说：“唉！要捉叶云，找了这么多天，今天碰到叶云，又不认得，真是一群睁眼瞎子！”游击队就这样在群众的支持与掩护下，粉碎了日军一次又一次的袭击与“扫荡”，始终战斗在北山地区。北山坚委逐步取得了坚持斗争的主动权。

在与日顽展开武装斗争的同时，坚委还镇压了胡开新、蔡老三、胡传泗、蔡关卿等汉奸，以及严传堂等叛徒，挖掉了日顽在北山的耳目。在坚持斗争的局势开始好转后，坚委又号召全体干部、战士一手拿枪，一手拿锄，一面坚持武装斗争，一面保护群众生产；组织群众性的代耕队，为烈军属和困难户代耕代种。为了减轻群众的经济负担，坚委尽量不向北山群众筹粮筹款。坚委的工作人员和游击队的供给问题，主要靠向敌占区的地主、富农筹款来解决。北山群众被迫向日顽军送粮时，游击队就和群众约好时间，在途中将群众送给日顽军的粮食拦截，还给群众。群众的粮食、耕牛被日顽军抢走，游击队就深入敌占区，夺取坚决反共的伪顽乡保人员的粮食和耕牛来补偿被抢群众的损失。当日、顽军对北山实行“扫荡”和“清剿”时，游击队总是首先掩护人民群众转移隐蔽，哪怕是一个人、一支枪，也要坚持到最后才撤，以保证人民群众的生命安全。

游击队越是坚决维护人民群众的利益，人民群众就越是真心实意地拥护和支持游击队。在坚持斗争的困难时期，许多群众主动为游击队洗衣做饭，站岗放哨，有时甚至冒着生命危险，为游击队探听消息，传递情报，掩护坚持斗争的干部和伤员。北山的人民群众不管日顽军如何凶残，环境多么恶劣，只要听说游击队还在根据地活动，就觉得安全有了保障。游击队与北山人民群众真是患难与共，鱼水相依。

北山坚委根据地委对坚持工作的指示和部署，结合北山的实际情况，将工作重点确定为：加强武装斗争，打通并保证北山与荆南、当阳的联系，开展统一战线工作、两面政权工作和争取伪人员工作，在各条战线、在更大范围内同日顽军展开斗争。1943 年 4 月，新四军进军襄南之前，将襄西三个坚持点和上级党的联系任务交给北山，北山出色地完成了任务。为了表彰北山军民英勇顽强的革命精神，鄂豫边区党委授予“北山人民坚持有功”的锦旗，以资奖励。

第三节　恢复襄西的准备

一、荆当钟中心县委成立

1942年8月，三个坚持委员会曾向到襄西检查工作的刘真提出：建立荆当钟党的领导机关和成立一支能击灭顽军一个连的机动武装两点要求。因为当时没有一支机动武装，统一的党委是不能行使职责的。地委认为这两点要求是应当满足的，但地委无兵可派，须请示区党委解决。10月，襄西三个坚持点的局势已基本稳定，且当阳、荆南、北山的抗日武装力量都有发展，各地坚持斗争的方式也由分散隐蔽逐步转变为公开的武装斗争。有时还能主动出击，打击那些危害人民群众利益的小股日伪顽武装。上级党若能增加一些兵力和军事指挥干部，就能组建机动武装。

10月，鄂豫边区党委决定将荆当京钟地委与天汉地委合并成立中共襄河地委（亦称第三地委）。同时，成立襄河行政专员公署、襄河军分区（亦称第三军分区）。同月，襄河地委决定在襄西地区成立中共荆当钟中心县委，并派叶云回襄西。荆当钟中心县委，宁玉庭任书记，李纯斋、叶云、洪范、王展等为委员。根据上级指示决定，成立中共荆南工委，李纯斋任书记。成立中共北山区委，王子才任书记。不久，中心县委又将北山区委改为中共荆钟工委，叶云任书记。

荆当钟中心县委成立后，集中力量狠抓了以下几项工作。

首先是组建新四军襄西支队，整编各地的抗日武装。同月，中心县委根据襄河地委、第三军分区的指示，决定成立襄西支队，作为中心县委直接领导的武装，并统一指挥襄西各地武装。叶云任支队长，宁玉庭兼任支队政委。其兵力来源为，刘真留下的第四十五团一个排和从北山抽调的部分武装。人虽不多，还没有击灭顽军一个连的能力，但已可以活动于北山、荆南、当东的广阔地区，配合各县区武装同日伪顽打些小仗，这样就改变了三个县区各自为战的不利局面。1943 年 1 月，襄河地委派许猛率一个连到襄西，进一步加强襄西支队，由许猛任支队长，叶云改任副支队长。扩编当阳武装为县大队（荆当大队），下辖一个连、一个区中队和一个手枪队。荆南武装整编为一个班，北山武装整编为一个大队。通过对各地武装的整编，加强了党对各地武装的领导，提高了部队的战斗力，进一步打开了武装斗争的局面。

其次是在恢复当阳县政府及荆南、北山办事处的同时，广泛发动群众，筹建和恢复各级基层抗日民主政权组织及民兵、农救会等群众组织，不断扩大新四军在襄西的控制范围。

最后是根据华中局《春季工作指示》和鄂豫边区党委提出的“战斗、生产”“生产、战斗”的口号，一面加紧对反“扫荡”的准备，一面组织发动群众开展春耕生产，帮助群众解决耕牛、粮种等具体困难，为全面恢复襄西抗日民主根据地做好必要的物资准备。

1943 年 2 月，襄西支队到北山，驻舒家坡。土顽邓克昌、李用民两个大队 400 多人，分三路攻击襄西支队。因舒家坡距牌楼岗日军据点较近，襄西支队为了避免遭受日顽夹击，在与顽军稍事接触后，便撤出战斗。襄西支队在撤退中，日军近百名骑兵绕到襄西支队背后进行攻击，情况十分危急。经过一番激烈的战斗，襄西支队撤出战斗。支队政委宁玉庭为掩护部队突围，不幸中弹牺牲。宁玉庭牺牲后，襄西支队的干部、战士十分悲痛。但他们化悲痛为力量，继续深入到北山的邓家庙、杨家庙、仙女庙一带开展活动，迫使邓克昌、李用民两个大队在损兵折将后退出了北山。

同月，襄西支队在从北山向荆南行军途中，姚金陵支队陈楚武部妄图阻击。襄西支队一个冲锋便将陈部击溃，并缴获长枪 5 支。3 月，襄西支队从当阳转入荆南，部队刚在断山口、王山头等地驻下，伪军廖和堂部便包抄上来。襄西支队迅速抢占山头，与伪军展开激战。廖和堂部在损失了 10 余人后，慌忙溃逃。随后，襄西支队又在荆南十字岭伏击前来“扫荡”的日军，打死日军小队长以下数人。4 月，襄西支队又多次从荆南奔袭当阳的蒋家包、金家台等地，在当阳县大队的配合下，痛击十分猖獗的土顽郑家良部，使当阳的斗争局势得到了稳定。

由于襄西支队经常配合荆南、当阳、北山等地的地方武装打击日伪顽军，使襄西坚持斗争的局势有了新的进展，三个坚持点也由孤立防守逐步转为攻势作战，襄西支队在同日伪顽的频繁战斗中日益发展壮大，为打通三个坚持点作出了贡献。

二、三个坚持点的巩固与发展

1942 年 5 月至年底，襄西党和军队经过半年多的艰苦斗争，特别是这年 10 月，荆当钟中心县委、襄西支队成立以来的斗争，使三个坚持点很快打开了新的局面。土顽虽然仍侵占荆南的路东地区，土顽陈楚斌、陈楚武仍侵占荆南周家场地区，伪军廖和堂部仍然骚扰荆南张家场地区，但荆南路西与当东两个坚持点有了发展，两个点的联系得到了确保。北山这个坚持点也有发展，但土顽曾宪成部仍侵占着石牌地区。

襄西支队的积极活动，对姚金陵部造成威胁。1942 年 12 月，姚金陵支队逐渐感到难以继续控制荆南的局面，不惜通敌以自保，通敌以发展他的反共势力，便暗中派人与驻荆门五里铺的日军密谈。要求将其一个中队改编成伪军，驻进杨家集日军据点。荆南工委得到这个情报后，认为如果姚的阴谋得逞，对荆南坚持斗争十分不利。为了查清姚金陵派人投敌的详细情况，荆南工委书记李纯斋亲自找杨家集伪维持会长杨维臣谈话，责成他了解日军改编姚部的进展情况。杨维臣便利用到县城参加会议的机会，探听到日军改编姚部的具体时间和日军对姚部并不放心等情况。荆南工委决定利用日顽之间的互相猜疑，设计粉碎日顽合流的阴谋。

同年 12 月的一天中午，姚金陵部的一个中队从岳飞城出发，前往杨家集日军据点接受改编。工委得知姚部已经出发，便派钟怀清、王永吉率领 8 名战士，化装成农民提前潜入杨家集日军据点附近的树林里，姚部中队行至杨家集附近后，派出4名代表先到据点与日军具体商议改编的有关事项。隐蔽在树林里的游击队员见姚部代表进入日军据点后，便集中火力向日军射击，接着又分别向姚部和日军据点同时射击。据点内的日军本来就对姚部存有戒心，受到袭击后，立即向姚部中队猛烈射击，姚部中队不知是计，也朝着日军据点射击，日顽军混战一场，姚金陵通敌反共的阴谋失败了。

姚金陵受到这次打击后仍不死心，又暗中与伪军勾结，先后派丁洋海等带着15支枪投靠了叛徒刘祖金，帮助刘在杨家集组织起一支30余人枪的伪军队伍。荆南工委了解到这一情况后，派王展通过关系，将姚金陵掌握的30多名伪军编入毛泽大队，并从杨家集调往十里铺驻防，使姚金陵通敌阴谋又落了空。

同年4月至年底，北山山内已为顽军占领。日军在子陵铺、牌楼岗、八角庙都设有据点。以胡家集为中心的这块地区，北山军民习惯称为北山山外区。胡家集属钟祥县，位于荆钟两县的交界处，北接八角庙，西邻襄沙公路边的子陵铺，南靠荆钟公路旁的牌楼岗，东接北山。它比山内人口多、耕地少，群众条件也较好。在1942年反共高潮期间，已侵占北山山内的曾顽，一直想把胡家集控制在自己手中。多次从山内派武装袭击胡家集，并网罗一批叛徒和地头蛇，扶植他们在胡家集筹备建立国民党乡公所。对此，北山区委采取了针锋相对的措施，展开了一场激烈的争夺。

曾宪成部侵入北山之前，曾派钱希沛带着10多人枪，来胡家集任乡长。这是曾顽向新四军争北山政权的第一次尝试。钱希沛沿途杀人立威，到胡家集后又残害新四军军、工、烈属，作恶多端。新四军游击队将钱捕获处决。稍后，曾顽侵占北山山内之后，又派丁海晏来胡家集任乡长，丁海晏一到任便大开杀戒，作威作福，新四军游击队迅速派人将其镇压。第三任乡长由叛徒鲁玉九充任。鲁于当年投降日军，后又投顽，多次带领邓克昌大队到北山“清剿”，并杀害共产党员孙家汉、严经国等6人。为了不让这个叛徒继续危害北山群众，许猛率襄西支队迅速将鲁玉九抓获镇压，缴手枪3支，步枪10

余支。四任乡长艾顺臣，一上任就杀害了北山交通员罗四爷、胡子府、胡子俊等人。1943 年 12 月也被北山军民捕获，处决于大石门。这个争夺胡家集的斗争，一直延续到 1944 年恢复时期。

经过多次较量，北山根据地的山内地区，虽暂时为曾顽侵占，但以胡家集为中心的山外地区仍为新四军控制。从此，北山（山外）与荆南、当阳等地的联系畅通无阻，为以后三个坚持点连成一片，奠定了一个良好的基础。

经过一段时间的艰苦斗争，伪顽在荆南、北山的控制范围不断缩小，但盘踞在当阳县汉宜公路以南地区的土顽郑家良部，仗着实力雄厚，不断袭扰新四军当东根据地。为了打击郑家良的嚣张气焰，中心县委派许猛率领襄西支队在荆当大队配合下，在金台山等地对郑部予以痛击。

金台山位于香炉山以南，脚东港以东，东边山岭连绵，西边为漳河平原，是当阳根据地的基本区之一。1943 年春的一天，郑家良部王凤岐大队 300 余人窜犯此地，襄西支队在许猛的指挥下，以陈相保率领的一个连负责正面阻击，许则亲率另一个连向王部后面迂回。在对其造成夹击之势后，新四军趁势发起冲锋，王部大败而逃，被打死打伤 10 余人，大队长王凤岐亦被打伤。郑部受这次打击后，很长一段时间不敢轻举妄动，因此，当阳坚持斗争的局势日益好转。

由于国民党顽军在襄西控制范围不断缩小，襄西支队和各地方武装力量的活动更加频繁，四处袭击日军据点、伏击出扰小股日军，扰得日军日夜不宁。1943 年春的一天，4 名日本兵到当阳鲁家山上的小酒馆酗酒，荆当大队得到情报后，即派洪直稳等 6 名手枪队队员化装提前到酒馆等候。当 4 名日本兵毫无顾忌地把枪架在门口，钻进酒馆时，洪直稳等立即堵住大门，将日军 2 名打死，2 名活捉，缴获 4 支三八式步枪。不久，洪直稳又率 7 名手枪队队员，乘黑夜摸入桐树垭日军据点，杀死日军哨兵 1 名，缴机枪 1 挺，步枪 10 余支。4 月，荆当大队巧妙地避开前来“扫荡”的大股日军，转移到清坪河张家祠堂伏击小股分散的日军，打死打伤日军数人，缴获步枪 8 支。与此同时，荆南地方武装也采取到日军据点附近张贴标语、散发传单和鸣枪骚扰等方法，迫使日军放弃了设在荆南路西荷堰湾等的据点。

随着襄西斗争形势的好转，中心县委根据鄂豫边区党委《关于加强农村支部领导的指示》，在北山举办地方党员流动训练班，学习党的基本知识、党的纪律和如何发动群众等有关内容，为全面恢复襄西准备了一批骨干。至1943年4月底，除石牌和荆南的路东一部分还为顽军侵占外，荆南（路西）、当阳两个坚持区已基本连成一片，北山已经收复，北山与荆当两区的联系得到确保。各地还建立了一批基层抗日民主政权。因此，全面恢复襄西已是万事俱备，只欠东风了。

第五章

襄西抗日民主根据地的恢复与发展

（1943 年 5 月—1945 年 8 月）

第一节　襄西根据地的恢复

一、三打姚金陵部

1943 年 2 月，日军侵犯襄南，国民党军第一二八师被歼，师长王劲哉被俘。国民党军第六战区挺进军第二游击纵队司令金亦吾率部投降日军。襄南地区完全失陷。

新四军第五师为了配合正面战场作战，实现战略包围武汉的计划，师部于 3 月下令以第十五旅主力和第三军分区部队，发动了以解放襄南为目标的战役攻势，建立了襄南抗日民主根据地。

襄南的开辟，为恢复襄西创造了条件。同时，襄西地区如能恢复，也有利于鄂中、襄南两块根据地的巩固和发展。因此，边区党委与第五师首长决定继襄南开辟之后，恢复襄西。

正当着手恢复襄西时，日本侵略军以第 11、13 两个军及配属部队，共 7 个师团、2 个独立旅团和海军陆战联队，总兵力约 10 万人，于 1943 年 5 月 4 日发动了“江南歼灭作战”（中国方面称鄂西会战）。国民党军第六战区采取正面逐次抵抗，两翼反攻，试图将日军聚歼。鄂西会战中，新四军第五师李先念部队“远出挺进，艰苦辛勤”，于“五月中转战于宜都、安乡、南县诸地”，“在敌后发动全面配合对敌之破击战”，“进袭敌寇，给友军以支援”[①]。襄西和宜昌各地各界民众在鄂西会战中，有钱出钱，有力出力，忍饥挨饿，奋勇支前，特别是会战地区民众更是拼死参战。鄂西会战后，陈诚当年在接待社会各界人士时曾说：“这次战役中，我民众参战极为踊跃，证明军民合作已有进

① 陈毅：《新四军在华中》，1943 年 7 月 5 日。

步，这是克敌制胜的主要因素。”在会战地区，“居民几千人，不分男女老幼，曾在敌人炮火下，为我军运输给养弹药，抬送伤员，积极参战，这是可以告慰后方同胞的”①。经过新四军第五师在敌后发动全面配合正面战场作战和广大民众的拼死参战及大力支援下，于6月14日将日军击退，取得了鄂西会战的胜利。此次会战，成功阻止了日军企图从三峡进窥重庆、四川和从长阳、五峰经湘鄂边西犯重庆、四川，拱卫了陪都重庆和大西南，挫败了日本军国主义逼迫蒋介石国民政府屈服的图谋，大大增强了中国军民战胜日本侵略军的必胜信心。

在进行鄂西会战的同时，也在进行恢复襄西的工作。恢复襄西，首先就要把原襄西抗日民主根据地全部地区夺回来，消灭在坚持时期侵入荆南根据地的姚金陵部和石牌地区的张云斋部（均属曾宪成部）及经常袭扰当阳根据地的郑家良部。姚金陵部横阻在襄西和襄南之间，且不事抗日，专事反共。因而首要的任务是消灭姚金陵部。

5月27日，已在荆门、潜江、江陵边界地区（东荆河、排湖以西）建立了抗日民主根据地的第三军分区部队，由曹玉清率领三个连进击姚金陵部。曹率部对驻扎在荆南官家集的姚金陵部发起突然攻击，将其击溃，俘虏50余人，打死打伤40余人，缴获步枪310支，机枪5挺。姚率残部逃回荆门城北。这次战斗，虽未全歼姚部，但将其从荆南柴家集地区驱出，基本恢复了以柴家集为中心的荆南路东地区，打开了襄南与襄西联系的通道。击败姚金陵部后，荆南工委成立了路东、路西两个区委，并成立了区、乡抗日民主政府。

7月，荆当钟中心县委决定恢复中共当阳县委，洪范任书记。8月，荆当钟中心县委改为襄西中心县委后，洪范调离，刘华廷接任县委书记。

姚金陵受打击后，并未甘心就此放弃荆南，他一面在城北休整部队，补

---

① 李介:《石牌战役亲历记》；白云龙:《“鄂西会战”初探》，转引自李少瑜、雷河清等主编《湖北抗战》，军事谊文出版社1995年版，第599—600页。

充实力，一面不断派人到荆南窥测第三军分区部队动态，随时准备卷土重来。不久，姚金陵乘第三军分区部队调动之机，率部重新侵入荆南，与襄西支队和荆南地方武装对峙于雷李新集至柴家集一线。

由于姚部的再度入侵，而襄西地方武装力量一时又难于消灭姚部，使襄西的恢复工作受到了很大影响。为了加强襄西党的领导，加强地方武装力量，1943年8月，襄河地委和第三军分区派王建桥率一个连回襄西。荆当钟中心县委改为襄西中心县委，王建桥任书记，李纯斋改任中心县委副书记，王所率连队编入襄西支队。

8月，襄河地委和第三军分区又派吴林焕、刘真率第十五旅一个团进入襄西，在雷李新集以北进击姚金陵部。由于迂回部队未及时截断姚部的退路，老奸巨猾的姚金陵一触即逃，新四军这次行动收获仍然不大。

姚金陵在躲过主力部队的进攻后，更加骄横。在他看来，只要襄南主力部队不在荆南长驻，荆南的路东地区仍是他的天下，于是，他一面加强对襄南新四军的监视与警戒，一面加紧对襄西根据地地方武装的攻击，扩大地盘。

1944年2月，襄河地委、第三军分区派刘真、魏正兴、李云程、陈曼杰等人率一个连到襄西工作。刘真任襄西中心县委书记，王建桥改任副书记，所带连队与襄西支队合编成第三军分区独立三十三团，许猛任团长，陈曼杰任政委。同时，成立襄西中心县军事指挥部，魏正兴任指挥长，刘真任政委，王建桥任副政委；成立襄西政务委员会，李云程任主席。以上党、政、军组织成立后，即着手襄西抗日民主根据地的全面恢复工作。

此时，当阳、荆南、北山几块抗日民主根据地虽已初步恢复，但局面未完全打开。除姚金陵部还在荆南路东地区游动外，土顽陈楚斌、陈楚武部盘踞在荆西周却家集一带；钟祥土顽曾宪成的第四支队张云斋部盘踞在石牌地区；当阳土顽郑家良部，虽于1943年底被第三军分区部队击溃逃往当阳北，仍然时常派小股武装到根据地偷袭骚扰。此外，在荆南的沙洋至十里铺（汉宜公路两侧）还盘踞有赵益之、毛泽等部；在北山还有国民党派来的乡公所武装陶沛龙、刘继汉等部。除日军在根据地增设的据点外，大大小小的伪顽军兵力在万人以上，多于新四军在襄西的部队10倍。襄西中心县委认为，在此形势下，绝不能树敌过多，而应捏紧拳头，集中兵力，各个击破伪顽武装力量，首先必须歼灭姚金陵支队。

同月，襄西中心县委在荆南四明山召开会议，研究打姚方案。鉴于姚金陵只注意襄南新四军方面，且襄南主力部队两次长途奔袭都未达到目的等情况，会议认为，把襄西各地武装力量高度集中（各地留下的武装只要能对付伪顽区乡武装即可），加强独立三十三团，集中整训，趁姚两眼只顾向南而寻找战机，突袭姚部，可望将其摧毁。会议后，集中了荆南、当阳、北山的大部分武装，将独立三十三团整编为六个连及一个警卫排的中等团，兵员700人，配有步枪400余支，轻机枪10余挺。为在兵力上对姚部占有优势，确保战斗的全胜，中心县委决定将王展领导的江枝当工委两个连也调往荆南参战。3月，独立三十三团集中整训完毕。

部队整编后，中心县委一面加强练兵，一面加强统战工作，以孤立姚金陵部。对舒厚甫的统战及对毛泽的争取工作，中心县委派从江枝当工委撤回的王展去做，并任命王展为荆南路西区委书记。

舒厚甫原系国民党荆门县左墨香支队第二大队长。1940年8月，左部被打垮后，舒率残部逃到荆南蔡家庙至沙洋一线盘踞。为了保存实力，舒曾投靠国民党周赞庭支队，并与沙洋、十里铺两地日军有来往。1943年随着襄西根据地的恢复与发展，舒为了保住自己的地盘，曾与襄西新四军有过接触，鉴于舒当时的态度比较诚恳，且又未对根据地造成什么危害，襄西抗日武装也就未与舒部发生冲突。这次王展重新与他接触，很快便了解到他与姚金陵有相当大的矛盾。姚是荆北地主豪绅的政治代表之一，自认为是“正牌子”的国民党地方军。舒则出身土匪，投靠荆南大地主左墨香起家。姚部进入荆南后，根本不把舒放在眼里，在舒的控制区内派官、征粮、征税。但舒又不愿得罪国民党荆门县政府和更大势力曾宪成，还指望通过曾购买枪支弹药。为此，他要大老婆带着儿子、女儿到刘猴集上学，以表示对国民党荆门县政府的忠诚。但舒更担心的则是新四军报他反共之仇而“吃掉”他。王展针对舒厚甫的疑虑，向他宣传共产党的抗日民族统一战线政策。对他指出，只要与新四军友好相处，决不算历史旧账。王展还根据中心县委的指示，同舒协商划定防区，互不干涉彼此防区内的事务，不在对方防区内派粮派款。但新四军经过其防区时须给予方便，并提供十里铺、建阳驿、沙洋等地日军情报。经过王展的工作，舒事实上已为襄西新四军所用，不仅保证了襄南与襄西通道的畅通，而且为新四军提供了很多可靠情报及医药用品，还帮助安置了部分伤病员。

王展对毛泽、陈楚斌、陈楚武等部的分化瓦解工作也开展得很有成效，还在他们内部安插内线。至此，全歼姚金陵支队的条件已经完全成熟。

1944 年 4 月下旬，独立三十三团和荆南两个区武装夜间行动，将姚金陵支队包围于荆南枣树店并发起突然攻击。是役，除姚金陵带几名卫兵逃脱外，姚支队两个大队全部被歼。缴获步枪 200 余支，轻机枪 10 余挺，子弹 10 万余发。从此，荆门县南北两大系地主武装，直到抗日战争胜利，再也无力与新四军在荆南制造摩擦了，襄西抗日民主根据地的斗争进入了全面恢复的阶段。

二、策动当阳伪军刘筱约部反正

襄南开辟以后，特别是襄南新四军主力三次对姚金陵部进行打击，打通了襄南与襄西的通道，对刘筱约震动很大。他从日军在太平洋战争中的失利看到驻襄西的日军日益减少，各地抗日武装发展壮大，渐渐感到继续充当伪军前途渺茫。当阳县委根据刘的思想变化，将李先念师长《致湖北各地伪军官兵、伪组织同胞函》，通过刘筱约的侄儿刘斗南（时任刘部秘书）转送给他，希望他认清形势，把握时机，迷途知返。此时，刘真在襄西检查工作，在听取当阳县委的汇报后，亲自给刘筱约写信，规劝他早日反正。一天，刘斗南奉刘筱约之命来找刘真，据确实情报，日军要将刘部驻防脚东的两个大队调往当阳县城。刘筱约认为此次调动凶多吉少，日军可能会对他下手，特来请求对策。刘真及中心县委认为，策动刘筱约部反正的时机已到，即派当阳县委负责人洪范、刘华廷与刘筱约会商大计。刘筱约即派其驻脚东的两个大队长廖友三、严兴华为全权代表，与新四军代表会谈。洪范、刘华廷在根据地内的张家塝与廖、严会晤。通过会谈，终于使廖友三、严兴华在共产党抗日民族统一战线政策的感召下，下定了弃暗投明的决心。

1943 年 8 月的一天清晨，刘筱约部廖友三、严兴华两个大队 500 余人枪，按照当阳县委与其约定的反正时间，从脚东港拔队向香炉山地区的金鸡塚开去，到达指定地点与襄西抗日武装会合，正式宣布起义。但刘筱约带李伯阶大队未能赶到起义地点，没有反正过来，其部被郑家良所编，刘带少数人枪投入黄金章部下。廖、严起义当天，刘真及襄西中心县委负责人即到该部驻地慰问，祝贺他们的新生。随后，中心县委决定将襄西支队（辖两个连）与廖、严两个大队合编，任命刘筱约为新四军襄西支队司令（刘筱约因起义受阻未到职），许猛、廖友三为副司令，王建桥任支队政委，下辖两个团，廖友三、严兴华分任团长，洪范、蒲田分任团政委。

刘筱约部反正，震惊了襄西日伪军。虽然严兴华匪性不改，反正后便拖枪逃跑了；廖友三等一部分伪军军官也因过不惯艰苦生活而先后脱离了革命队伍，但其武器弹药及大部分士兵却留了下来，壮大了襄西抗日武装力量。刘筱约反正后，当阳县委又抓住时机，相继策动了罗家河伪军李登朝和淯溪镇伪军严静兰部部分人员反正，参加新四军抗日队伍。

第二节 江（陵）枝（江）当（阳）根据地的开辟

江枝当地区是指长江以北、汉宜公路以南，东接荆沙、西抵玛瑙河的江、枝、当三县边界地区。东部多为平原，西部多为丘陵，沮漳河纵贯南北，草埠湖、菱角湖罗布其间，面积约1500平方公里。1943年7月，中共襄河地委和第三军分区鉴于襄南与襄西的通道已经打开，襄西抗日民主根据地恢复在即，而江枝当地区大部分为土顽郑家良所盘踞，并长期以来骚扰当阳抗日民主根据地，为了解除襄西抗日民主根据地，特别是当阳抗日民主根据地西南方的威胁，即着手开辟这个地区，向南实行战略展开。

一、江枝当开辟前的形势

1938年底，中共宜昌中心县委在江枝宜当地区重建党的组织，领导人民开展抗日救亡群众运动，并利用合法名义，筹建抗日武装。1938年底和1939年初，首先在安福寺区张家场，利用民主人士张文成（宜昌中心县委委员张翮的叔父）的关系，以合法的“社训队”名义，办了几期不脱产的农民军训班，有一期还聘请了返四川探亲的八路军军人担任教官，社训队30多条步枪为共产党掌握。根据此经验，安福寺区区长杨涛（共产党员）办了更大规模的“社训队”，党用合法名义，掌握了这个区大部分武装。1939年2月，张翮因病逝世，中共安福寺中心区委根据宜昌中心县委指示，按照张翮积累的经验，指示共产党员周绍汉、邹开锋分别打入国民党枝江县新周乡、杨新乡担任联队副、联保主任，掌握和控制了数十人枪。宜都、枝江二县江北地区党组织利用合法名义筹办抗日武装，时间之早，成绩之大，在襄西地区是较为突出的。宜枝江北党组织在1940年6月以前，属湘鄂西区党委领导。1939年秋，中共宜都县委主要负责人到宜都、枝江江北地区整顿党的组织时，撤销了安福寺中心区委，另在江陵、枝江边界的新场地区成立百里区委。整顿工作纯洁了党的组织，但由于过分强调党员家庭成分和某些党员的历史问题，不重视这些党员的政治思想表现及他们对完成党的任务的作用，从而割断了张赞、张世家、周绍汉、李先兵、邹开锋等党员的组织关系，因此放弃了已经掌握的国民党地方政权和武装，致使以后在江枝宜当边界地区沦陷，国民党军向后溃退时极易搜集枪支弹药、扩大武装力量的关键时刻，该地区党组织未能发挥作用。在一定程度上也使得郑家良在当枝边、赵益之在江当边得以崛起。1941—1943 年，新四军三次出兵该地区，也未能打开局面，丧失了在这一地区建立抗日民主根据地的良机。1940 年 5 月，百里区委划归中共江陵县委领导，与江陵西北区两个党支部合并，组成中共江陵西北区委，万竹青任书记。是年底，江陵西北区委划归襄西地委领导。

1941 年 3 月，江陵西北区委书记万竹青率 9 名青年到襄西抗日民主根据地参加新四军，途中被土顽郑家良部抓捕活埋。万竹青牺牲后，襄西地委决定将江陵西北区委改名为江枝特区委。1942 年 7 月派朱玉衡任特区委书记，曾昭荣任副书记。特区委在极端困难的情况下，积极为襄西抗日民主根据地搜集提供日伪顽情报，输送兵员。为了以襄西抗日民主根据地为依托，努力打开江枝当边界地区抗日斗争的局面，特区委曾多次派党员打入迷信组织“黄学会”和游杂武装中抓枪杆子，但由于日伪顽力量过于强大，以及其他复杂原因，始终未能成功。

1941 年 6 月，江枝特区委派副书记曾昭荣到襄西地委报告：盘踞在江枝当边界地区的国民党地方武装赵益之（国民党江陵县万城乡联保主任）已发展到 200 余人枪，与日军打过几次仗，常受荆州城日军威胁追逐，赵的老巢万城马山距日军重兵驻守的荆州城很近，回旋区域狭小。1941 年春，新四军已打开荆南局面，威震荆沙。赵虽接受了国民党第六战区周岩部委任，但周远在江南，对赵无力援助。赵从他的工作人员高凤鉴（特区委秘密派入的共产党员）得悉，他的荆州第八中学同学邹开锋在新四军工作，表示希望会见邹，试探在抗日军事上能否得到新四军援助。地委进行分析，认为：赵益之是抗日的国民党地方武装，应该争取他与我军合作抗日，赵部驻在荆州城西北，如与我军合作，对我军南翼安全很有利。因此，地委决定派邹开锋去与赵部联络。

同年6月，邹开锋去赵部，赵给出了很友好的态度。邹很快了解到，赵益之抗日比较坚决，与日军打过一些仗。地方上的势力，除少数投降日军外，多数上层人士是拥护他的。但赵部纪律很坏，除向老百姓征粮派款外，还经常骚扰群众。现在，他已受江南国民党军第六战区委任，并接受了第六战区派来的常驻联络官。但赵亦不隐讳他要和新四军联系，公开接待新四军干部邹开锋。赵益之对邹表示，不仅愿意为新四军提供荆沙日伪军情报，而且希望邹开锋到赵部去工作，帮助整顿军队。并且表示，只要时机成熟，赵愿意率部参加新四军。襄西地委立即对邹开锋指示：（1）承认赵益之部是抗日友军。（2）如果赵愿意，新四军随时都欢迎他参加襄西抗日军队战斗序列。为了表示对他的信任，任命他为新四军独立江枝支队长，其部不编不调，原地活动。如果战斗需要，可以同意他的要求，允许他的队伍在荆南休整。（3）接受赵益之的要求，派邹开锋到赵部工作。

赵益之接受了新四军的委任后，邹开锋于1942年初进入赵部，就任支队参谋长。通过邹的工作，赵准备把队伍转移到汉宜公路以北的荆南地区受编，并希望会见襄西新四军首长。襄西地委也准备欢迎他。但由于当时国民党第五战区大举反共，不久新四军第十五旅留驻襄西的部队及地委机关奉命向襄东转移，襄西只留下少数人坚持斗争，所以这次收编没有实现。

1943年5月，日军发动“江南歼灭作战”（鄂西会战），襄南广大地区相继失陷。同月，新四军第五师进军襄南，建立襄南抗日民主根据地，急需大量干部。因此，襄南工委将邹开锋等从赵部撤出。此后一段时期，新四军仍与赵部保持了友好联系。

二、江枝当新区的开辟

1943年5月，襄南抗日民主根据地建立，襄西抗日民主根据地也初步恢复。8月，为解除土顽郑家良部对当阳抗日民主根据地的威胁，襄河地委、第三军分区派部队进击土顽郑家良部，开辟江枝当地区。由于赵益之与郑家良的矛盾日益加深，为了获取郑部的情报，第三军分区于9月第二次派邹开锋进入赵部。

9月，第十五旅与第三军分区合并。12月，第三军分区副司令员吴林焕、政治部主任刘真率第四十五团，在襄西支队、荆当大队等地方武装配合下，奔袭郑家良设在当阳双忠祠（新中国成立后划归江陵县）的司令部。由于郑顽驻地分散，且十分警觉，拂晓前部队包围其司令部及几个湾子时，郑却率大部逃窜。军分区首长根据郑顽司令部遗弃的文件和俘虏口供，迅速查明郑部活动规律，包括行军路线和宿营地点。决定部队白天休息，当天夜晚分兵（以营为单位）突然包围郑顽各个可能的驻地，一有发现，即穷追不舍，其地方政权亦在搜剿之列。这样连续三夜在凤台、草埠等地搜剿，虽未打着郑家良本人及其司令部，但打着了他的几支小部队，特别是打着了他的乡公所，缴获了一批枪支弹药、战马和军用物资，摧毁了郑顽的地方政权。郑部本来是乌合之众，经此打击，郑本人率一部仓皇越过汉宜公路逃入远安国民党军队防区，余部由副司令郑宝田率领活动于沮西地区。郑宝田于1944年9月率部向驻河溶日军投降，当了伪军。郑家良从此一蹶不振。此战为开辟江枝当新区扫清了障碍。

郑顽逃窜后，赵益之滋生了向北扩张的野心。打郑战斗刚刚结束，赵益之就以会见“校友”的名义邀请刘真到赵设在万城附近陶家院子的总部去晤谈。军分区首长研究后认为：去有一定危险，不去对开辟江枝当地区不利。决定刘真带10余名精干警卫战士前去赴会。晤谈中，赵益之提出，新四军将已控制的郑家良部原占的双忠祠地区交赵部接管。这一无理要求理所当然地为分区首长所拒绝。为争取赵益之共同抗日，最后与其达成一个口头协议：

（1）原郑家良部所占区域属新四军，赵部已控制的区域属赵；（2）互不干涉对方防区的内部事务，互不在对方防区内征粮、征款、征兵；（3）双方随时互换日军情报，协同作战。随后，军分区首长将邹开锋从赵部撤回。

12月下旬，军分区首长鉴于新区局势趋于稳定，便决定留下襄西支队两个连在新区活动，地方武装分别撤回襄南、襄西抗日民主根据地。

三、江枝当根据地的形成与建设

新四军挺进江枝当，实现了军事上的打开，为建立新区抗日民主政权、进行根据地建设铺平了道路。1943年12月中旬，中共江枝当工委和江枝当军政联合办事处成立，隶属于襄西中心县委领导。王展任工委书记兼办事处主任，曾昭荣任工委副书记兼办事处副主任。原江枝特区委，除留少数同志隐蔽，以防局势变化，便于坚持地下工作外，大部分同志公开参加抗日民主根据地工作。江枝当工委和军政联合办事处开展了一系列工作，进行抗日民主根据地建设。

（一）团结各阶层爱国人士，建立抗日民主政府

建立抗日民主政府是江枝当新区军事上打开以后的首要任务。江枝当工委、办事处正确执行党的抗日民族统一战线政策，以“拥护新四军，赞成抗日”两条原则为标准，大胆吸收爱国青年知识分子参加抗日民主政权建设；争取在当地有一定社会影响的士绅，甚至郑家良统治时期的旧乡政人员，为抗日民主政权服务。坚决打击极少数汉奸、反共顽固分子。短短一月之内，在江枝当边界的中心区建立了双忠祠乡（乡长刘立阶）、凤台乡（乡长王仲华）、草埠乡（乡长李志高）、孙黄乡（代乡长张振声）抗日民主政府，并在枝江问安寺乡、官狄乡、老周场乡，宜都瑶华场、泰和场，当阳半月山等游击区建立了“为我所用”的两面政权，初步打开了工作局面。

（二）组织民兵，清匪肃特

江枝当边界的草埠湖、菱角湖、孙家场等地，是郑家良顽匪的老巢，当

地群众深受其害，人们称这里是：“商人不过路，单身不探亲，云雾黑夜无人走，抛尸露骨到处有。”郑家良顽匪被打垮后，残存下来的小股散匪仍然活动猖獗，甚至夜晚向乡政府驻地打黑枪。为了巩固新生的抗日民主政权，安定群众生活，工委、办事处领导各乡政府发动群众，迅速组建民兵组织。民兵组织以保为单位，三个保联合成立一个民兵大队。各乡成立民兵联队。组建民兵组织的工作得到深受匪患之害的群众的热烈拥护和响应。1944 年 3 月，双忠祠乡、凤台乡、草埠乡民兵联队先后成立，民兵发展到数千人。仅草埠乡就组建了五个民兵大队，其中普通民兵 1500 余人，基干民兵 200 余人。各乡民兵联队成立之日分别召开声势浩大的成立大会，在地方部队配合下，千余民兵威武地擎着土枪、大刀、长矛举行了声势浩大的游行示威，给日伪顽匪以震慑和迷惑。

在民兵组织建立的基础上，各乡政府大力发动群众清剿土匪，组织民兵在全乡范围内突击清查户口，在交通要道站岗放哨，发现匪迹，跟踪追剿。并严密清查日伪顽派来的特务和谍报人员，剜掉其耳目。同时利用乡镇集日召开群众大会，宣传对匪政策，指明出路，宣布：土匪只要改邪归正，具保回家，一律不究；并利用土匪家属和与土匪有密切联系的汉流头目做土匪的争取工作，对负隅顽抗、罪大恶极的匪首则坚决镇压。在抗日民主政府军事打击和政治瓦解的双重攻势下，土匪纷纷登记自首，具保回家。一月之内，根据地中心区匪患基本肃清，社会秩序安定，在清匪肃特斗争中，民兵组织充分显示了熟悉社会情况和地形条件的长处，得到了锻炼和提高。凤台乡、草埠乡民兵联队在清匪中缴枪 10 余支，武装了自己。

（三）征粮征税，保障供给，堵口复堤，发展生产

由于江枝当日伪顽对当地群众多头绪的掠夺、压榨，办事处在进行财粮工作之前就宣传取消日伪顽的一切苛捐杂税，新区财粮工作，实行合理负担政策，说到做到。办事处和各乡政府设立了财粮科、财粮股，专门负责征收公粮、征收商业税的工作。公粮按老区办法实行，但因上忙、下忙征收时间未到，只得向地主富户借粮，以充军食。商业税也按老区办法开征，在凤台、草埠、孙家场等集镇和交通要道设立税卡，对坐商和行商收税，并加强对税收人员反腐蚀教育，抵制少数不法商人的收买、贿赂。江枝当边界地区是国民党统治区和敌占区贸易的通道，由于根据地社会秩序安定，税收合理，通过这一地区进行贸易的大后方和敌占区商人日益增多。行商税成为根据地的一项主要财政收入。所得税款不但保证了新区部队和抗日民主政府的供给，还有相当一部分节余上交，减轻了襄西抗日民主根据地的财政困难。

社会秩序的安定也提高了群众生产的积极性。根据地发展生产的主要威胁是水患，江枝当中心区紧靠沮漳河，过去河堤年久失修，几乎年年溃口。抗日民主政府为了发展生产，积极组织民工堵口复堤，草埠乡有个共和垸，堤防多处溃口。1944 年 4 月，乡政府按田亩摊工，组织 300 多名民工上堤，一个多月完成了堵口复堤的任务。

1944 年 4 月，襄西中心县委在集中兵力打击了盘踞荆南的土顽姚金陵部，消除了抗日民主根据地的心腹之患以后，鉴于江枝当地区在开辟初期终因郑家良部元气未伤，其中心区又为郑的老巢，反动势力仍很强大，赵益之时时想占双忠祠，而江枝当本地力量短时难以壮大，长期以两个连的兵力留在这里，分散了襄西兵力，为此，决定暂时放弃新区。

5 月，早欲侵占江枝当根据地的赵益之，窥测到新四军兵力薄弱，派 300 余人奔袭江枝当工委、办事处驻地孙家场。工委、办事处事先掌握了赵部动态，预先已将各乡政府工作人员于夜晚集中活动，遂于赵部合围前分两路抢渡沮漳河，安全撤到当阳县抗日民主根据地。与此同时，中共江枝当工委、江枝当军政联合办事处撤销，江枝特区委仍在该地坚持地下斗争。赵益之部破坏与新四军达成的协议，侵占了江枝当地区。6 月，又杀害了江枝特区委书记曾昭荣。至此，赵益之走向反共投敌的道路。

第三节　巩固襄西，加强根据地建设

一、巩固根据地的斗争

襄西抗日民主根据地转入恢复时期时，驻襄西日军由于兵力不足，很少离开据点和主要交通线与新四军襄河主力部队及襄西地方人民抗日武装正面交锋，只能眼睁睁地看着新四军在襄西恢复抗日民主根据地。1943 年 9 月，日军第 39 师团到襄西接防后，将其师团部和炮兵联队、自动车联队、工兵联队、通讯大队、辎重大队驻扎在当阳一带，步兵第 231 联队、232 联队、233 联队三个联队则分别驻扎在宜昌鸦鹊岭至荆门一线①，企图重新改变襄西地区的局面，但由于该部的步兵第 233 联队，第 231 联队第三大队，第 232 联队第二大队及野炮、工兵、辎重等部纳入进攻常德的兵力编成，于 9 月底即开始进行作战准备②，仍然无力加强对襄西两地区的控制。直到 12 月，常德战役结束后，日军第 39 师团才开始集中兵力对付襄西各地的抗日武装力量。但此时，襄西抗日武装已经初步恢复，在襄西站稳了脚跟。

日军第 39 师团为了加强对襄西的控制，于 1944 年 1 月，集中驻当阳、荆门一线的日伪军 4000 余人，对荆南的柴家集、雷李新集等地实行大规模的“扫荡”，准备将襄西抗日武装逼出荆南地区。强行修筑麻城铺至后港的公路，以达到其截断襄西抗日民主根据地与襄南联系之目的。为了避敌锋芒，襄西中心县委和地方人民抗日武装迅速从荆南撤往当阳，只留下李家谟、刘光直等率领当地的基干民兵与日伪军周旋。“扫荡”的日伪军寻找不到襄西抗日武装的主力，便像猛兽一样，在荆南横冲直撞，先是焚烧村庄 108 个，打死无

---

① 新四军五师参谋部给军委、军部的报告，1945 年 1 月。

② 参见耿成宽、韦显文编《抗日战争时期的侵华日军》常德战役部分，春秋出版社 1987 年版。

辜群众数十人；随后又在柴家集、雷李新集、枣树店、三青观、乔头集、石牌庙、荆条港等地设置据点，四处强拉民夫，准备强修麻港公路。李家谟等率领基干民兵经常采取偷袭、奇袭等办法对筹备修路的日伪军进行骚扰，迫使日军放弃了柴家集、枣树店两个据点，却未能阻止麻港公路的开工。在此情况下，襄西中心县委要求当阳、北山等地方抗日武装加强对荆南外围日伪军的骚扰，配合荆南工委开展群众性的反筑路斗争。荆南工委一面集中路东区中队的优秀射手配合基干民兵继续骚扰日军据点，袭击掩护修路的日伪军；一面积极组织麻城至后港一带人民群众，白天躲避日伪军拉夫，夜间破坏新修的公路。日伪军苦于当地民夫不足，又到外地强拉民夫，但民夫往往还未到达修路工地，便趁荆南基干民兵鸣枪骚扰之机一哄而散。日军修路一个月，毫无进展，各地据点又不断受到袭击，被迫放弃了修筑麻港公路的计划。

日军强修公路的计划破产后，又企图“蚕食”襄西抗日民主根据地。1944年5月，驻五里铺日军一个小队到荆南蔡家咀一带“扫荡”，襄西中心县委派独立三十三团一个连对日军进行伏击，击毙日军3名，缴获步枪3支。同月13日，第三军分区第四十五团和独立三十三团一部进击盘踞在荆南长湖边蛟尾镇的伪军杨春芳部，与日伪军发生激战，杀伤日伪军数十名，缴获步枪20支、左轮手枪1支。7月10日，驻荆门日伪军一部侵犯胡家集。独立三十三团闻信后，迅速将其击溃，缴获长枪7支、短枪1支。同月27日，驻荆门日伪军百余人，窜到蒋家集捕捉中共地方工作人员，独立三十三团集中5个连向其发动进攻，毙伤日伪军25人，缴获轻机枪1挺、步枪17支、短枪2支、掷弹筒2个、各种子弹数百发。同月29日，独立三十三团一部攻克荆南建阳驿伪军据点，缴获轻机枪1挺、步枪17支、短枪2支，俘伪小队长以下官兵30人。随后，独立三十三团以得胜之师在荆南蔡家庙子、陈家新集等地，连续进攻土顽陈楚斌、陈楚武部，将其大部歼灭，并生俘陈楚武。8月，独立三十三团在地方人民抗日武装的配合下，在荆南歼灭伪军廖和堂一部，在当阳歼灭土顽蒋光云一部（属郑家良部）。随后又歼灭了北山的一个伪乡公所武装。就这样积小胜为大胜，抗日民主根据地不仅没被日伪军“蚕食”掉，襄西抗日武装反而“吃掉”数百名日伪军。

日军在“蚕食”荆南、北山受挫后，便把重点转向了当阳抗日民主根据地。8月中旬，日军第232联队在每个大队中挑选一个中队的精兵，附炮兵一个中队，山炮3门，对当阳的香炉山、脚东港进行大规模的“扫荡”。8月21日，日军向香炉山发起进攻。独立三十三团一部在当阳县大队及人民群众的配合下，英勇抗击，击毙了日军驻淯溪司令官，并打死打伤日军士兵多人。随即，当阳合作乡武工队在距河溶镇日军驻地仅几里的三星寺，拔除了一个伪军据点，俘虏伪军20余人。9月，为了配合当阳根据地军民的反“扫荡”斗争，中心县委和襄西指挥部还在荆当地区组织军民数千人，一夜之间破坏了荆门至沙市、沙市至河溶的公路，并拆毁了公路两旁的电线、电杆，驻荆当地区的日军十分震惊。为此，日军撤掉了傅作楫伪当阳县县长的职务。不久，襄西独立三十三团又在荆南的玉皇庙附近，击毁日军军车1辆，俘获日军上等兵彬木，缴步枪1支、子弹400发[①]。随着反“扫荡”、反“蚕食”斗争的胜利，襄西抗日武装还对窜扰、进犯根据地的刘黎辉、陈惠卿、蒋光云、张云斋等一些国民党地方顽军给予了坚决打击，并在反顽斗争中恢复了钟西的石牌地区，解除了国民党顽军对根据地的威胁，进一步巩固了襄西抗日民主根据地。

襄西抗日民主根据地能够在日伪顽的频繁“扫荡”中不断巩固和发展，其中很重要的一点，就是认真吸取了刘家保叛变的教训，及时狠抓了巩固部队的工作。各连队采用实事求是的态度分析敌情、我情，进行革命英雄主义教育、气节教育和反腐化斗争，提高了广大干部、战士的政治觉悟，准确及时地清除了内部隐患，保持了革命队伍的纯洁。因此，襄西抗日武装立场坚定，斗志旺盛，集中能打大仗，分散能独立作战，甚至人自为战，具有自觉

①《五师各部历次对敌伪作战的战报》，1944年10月。

为中华民族的解放而献身的精神，环境再艰苦也能坚持不懈地进行斗争。

刘家保原系当阳县大队第一中队中队长，因生活腐化堕落，违反群众纪律，被撤销中队长职务。1944 年 4 月 17 日晚，刘串通原中队第二排排长廖湘林等杀害中队指导员罗海棠后，挟持全中队战士叛变，并连夜率领 50 余人围攻设在东安乡赵家屋场的中共当阳县委机关。襄西中心县委副书记兼当阳县委书记王建桥在与叛军搏斗时，不幸中弹牺牲。翌日，刘家保又率叛军洗劫了东安乡税务局和荆当联络总站，并盗用王建桥私章写信，企图将当阳县大队第二中队骗到洪庙强行缴械。第二中队中队长谈美善及时得到县委通报，没有受骗。当阳县委连夜派人赶到荆南向中心县委书记刘真汇报情况。19 日，刘真亲率独立三十三团一个连赶赴当阳，在洪庙地区将叛军包围，捕获叛徒廖湘林等 11 人，而刘家保却乘日军骑兵骚扰之机，带领部分叛军逃脱投顽。廖湘林等 8 名罪行严重的叛徒，经刘真审讯后处决。叛徒刘家保虽然一时漏网，但终在 1948 年大军南下时，被刘真率部抓获，处决于王建桥烈士墓前。

刘家保的叛变，引起了中心县委的高度重视，为了巩固部队，避免类似事件的发生，中心县委要求各地迅速开展形势、气节教育和反对贪污腐化的斗争。在进行上述教育和斗争的同时，中心县委还加强了根据地内的锄奸工作，发动广大干部战士提线索、查隐患，广泛开展锄奸活动。4 月，当阳县委对趁刘家保叛变之机，带枪投敌的傅道贵、柴家玉二人，通过统战关系将其从敌据点引出，予以处决。不久，独立三十三团人员又挖出了一个受土顽陈汉英指使混入一连当兵，并利用值班之机潜入伙房投毒的奸细周茂才，为部队清除了一大隐患。同时，荆南工委也及时镇压了靳殿林、任本富、杨文森等一批汉奸和叛徒，挖掉了日军设在荆南的耳目。叛徒刘祖金虽然在驻杨集日军的庇护下，两次漏网，但最终还是被镇压于五里铺。

锄奸工作挖掉了日伪顽设在根据地内的耳目，保证了革命队伍的纯洁性，大大提高了部队的战斗力，使襄西抗日民主根据地得到了巩固和发展。

二、根据地的党政军组织建设和思想建设

1944 年 10 月，中共中央决定将鄂豫边区改为豫鄂皖湘赣边区，依其主要部分所在和历史习惯，后通称鄂豫皖湘赣边区。原鄂豫边区党委改为中共鄂豫皖湘赣边区委员会（简称鄂豫皖湘赣区党委），同时成立鄂豫皖湘赣军区，李先念任区党委书记、军区司令员兼政委。11 月 25 日，区党委、军区根据襄河抗日根据地“地区辽阔，领导不便”[1]，为了加强领导，决定以襄河为界，将原襄河地委划为襄南（三地委）、襄北（五地委）两地委，第三军分区划分为第三、第五军分区（襄南、襄北军分区），襄河专署划分为第三、第五专署（襄南、襄北专署）。襄南地委、第三专署、第三军分区“以襄河西至荆（门）当（阳）宜（昌），南至洞庭湖之华石公，北至襄河（天门），东至汉阳为三分区”[2]，党政军机关设在潜江熊口，方正平任襄南地委书记兼第三军分区政委，陈守一任第三专署专员，吴世安任第三军分区司令员。

11 月，中共襄南地委和襄西中心县委为了集中一支机动力量消灭赵益之部，恢复江枝当，并进一步解决沙洋的游杂部队，使襄西与襄南连成一片；同时鉴于当阳、荆南根据地已连成一片，地方武装也有了相当发展，需要将荆当建设成巩固的后方，即决定成立中共荆当县委，王展任书记（1945 年 2 月由吴士芳接任）。成立荆当县政府，刘华廷任县长。将当阳和荆门的部分武装合并，成立荆当总队部，王展任总队长（1945 年 2 月由张炳辉接任）兼政委（1945 年 2 月由吴士芳接任）。同时，改当阳县委为当阳县工作委员会（简称当阳县工委），当阳县政府改为当阳县办事处，张焕先任当阳县工委书记兼办事处主任；成立荆南（路西）工作委员会（简称荆南工委）和荆南办事处，李纯斋任荆南工委书记兼办事处主任。

独立三十三团收复钟祥石牌地区后，1945 年 4 月，襄南地委和襄西中心

①《划三分区为两个分区》，1944 年 12 月。

②《五师地区一九四四年年终工作总结》。

县委又决定重建中共荆钟县委、荆钟办事处和荆钟总队部，调吴士芳任县委书记兼总队政委，段玉美任副书记，叶云任总队长。在此之前，于1944年10月，襄西政务委员会对荆南、当阳、北山等地的区乡政权组织及辖区范围作了调整和充实。属荆当县抗日民主政府所辖的荆南路西办事处，下辖合作、民权、民族、朱店、赵庙、周集6个乡级抗日民主政权组织；荆当县政府所辖的当阳办事处，下设东安、大公2个中心乡，分辖南宁、东安、真理、官文、光洪、新建、大公、正义、漳东、周二、合作11个乡级抗日民主政权组织；荆钟办事处，下设荆南路东办事处，下辖大同、志惟、桥头、雷柴、蔡庙、三家店、赵罗、曾集、横店9个乡级抗日民主政权组织；北山办事处和石牌中心乡，分辖自治、团结、荆东、西陵、精城、大林、利南、石南、邱罗、成德、树德、罗集、杨店及南湖、马良、雨霖、北湖、滨汉18个乡级抗日民主政权组织。

随着襄西抗日民主根据地党政军组织的建设，尤其是政权组织的健全与完善，各级抗日民主政府在领导人民群众抗日之前，动员青壮年参军，开展拥军优抗活动，征收田赋、税款，发动人民群众站岗放哨，锄奸防特，组织人民群众开展生产等方面做了大量卓有成效的工作。如“1944年11月底，当阳（县）工委成立，不到一个月就动员了800多名青壮年参加新四军”[①]。

襄西各级抗日民主政权能够迅速建立健全，这与襄西中心县委加强根据地党的思想建设，及时提高干部的素质是分不开的。早在1944年春，延安整风的文件精神刚传达贯彻到襄西时，中心县委即根据边区党委的指示，集中40多名区营级干部在荆南王家草场进行整风学习，使一些原来认为自己是从艰苦环境中熬过来的，遇事爱摆老资格的干部和斗争中不讲策略，单纯强调军事斗争，轻视地方工作，搞个人主义，闹地位以及怕苦、怕难的人的不良

① 鄂豫边区革命史编辑部:《鄂豫边区抗日民主根据地史稿》，湖北人民出版社1995年版，第420页。

倾向及时得到了纠正。由于这次整风学习是从团结的愿望出发，自觉地进行批评和自我批评，做到既解决问题，又不伤害感情，统一了思想，加强了团结，进一步调动了广大干部的积极性。

1944 年 4 月，襄西中心县委考虑到今后随着抗日民主根据地的发展，各地区、乡政权组织和地方人民抗日武装部队，都急需大批领导骨干，决定在荆南举人湾开办中共襄西中心县委干部训练班，为抗日民主根据地培训基层干部。干训班采取理论联系实际的办法，让学员在群众工作的实践中提高领导能力和政策水平，故对外称为“实验工作队”。干训班又是战斗队，发了部分枪弹，独立活动时，自己站岗放哨，遇有敌情，保卫自己。

干训班招收学员，主要是在抗日民主根据地内选拔的比较优秀的区、乡干部和一般干部，也招收来自部队的连、排干部和少数进步的知识青年。每期学员分三组，每组 10 余人，每期党员约占学员总数的 45%。

干训班的学习内容，分为五个方面：一是学习党的基础知识。如学习《党员须知》《论共产党员的修养》等。二是学习政治理论。主要是学习毛泽东在延安整风期间发表的文章，如《新民主主义论》等，还有郑位三写的《组织群众大多数》，以及从边区《七七报》上选择的文章。三是学习军事。主要学习毛泽东关于抗日游击战争的战略战术。四是教唱革命歌曲，组织文化程度低的学员识字写字。五是在实践中学习。实践的内容有：组训民兵，建立与整顿农会，组织群众搞好拥军优抗，给抗属代耕，以及减租减息政策及其如何运用于实践等。

干训班设有班主任、副班主任和行政生活管理队长，教师则由班主任和部分领导兼任。教学方式，主要是在学员自学和教师讲课的基础上，组织学员到实践中去运用，开展互教互学，并结合具体问题帮助学员分析、总结、提高。

干训班成立了党支部，不断从优秀学员中发展党员。中心县委派段玉美到干训班任班主任兼党支部书记。中心县委书记刘真、襄西中心县军事指挥部指挥长魏正兴、独立三十三团政委陈曼杰等根据地主要负责人曾多次到干训班讲课或做报告。中心县委的高度重视，促使学员们能够在生活十分艰苦、驻地经常转移的情况下，自觉遵守纪律，抓紧一切时间努力学习。1944 年 4 月至 1945 年 4 月，襄西中心县委先后开办了五期干部训练班，每期为两个月，共培训 160 余人，为襄西抗日民主根据地转入全面反攻，准备了一大批优秀的基层领导骨干。

三、根据地的其他各项建设

1944 年，襄西抗日民主根据地恢复。从这年春起，抓了下列各项建设工作。

第一，在各地普遍建立基干民兵、自卫队，分期分批举办基干民兵训练班。以为什么要组织民兵基干队、怎样当好一个民兵、游击战的战术为主要内容，对各地基干民兵进行整训。荆南工委还在雷柴、柴家巷举办了两期民兵干部训练班，共训练 60 余人。这批人集训后，工作能力有了明显的提高。由于各地民兵、自卫队带领人民群众对日伪进行严密监视，为抗日民主根据地各项建设的开展提供了安全保障。

第二，建立农民救国会，开展大生产运动。1944 年春，襄西中心县委根据鄂豫边区党委关于“必须抓紧时机，把抗日民主根据地巩固起来，而组织人民大多数是巩固根据地的一个根本环节”的指示精神，要求各地普遍恢复农救会组织，开展反奸清匪斗争，领导群众生产。并号召各地党政机关和部队，帮助农救会开展工作。

为了不误农时，及时解决广大农民缺耕牛、农具、劳力、种子等一系列实际问题，中心县委一面依靠农救会，发动群众组织换工队，号召广大农民“组织起来，生产自救”“亲帮亲，邻帮邻”；一面由各地区、乡抗日民主政府出面，向地主、富农借口粮、借种子，帮助群众度过春荒及时耕种。与此同时，农救会还发动群众组织代耕小组，对抗属、烈属及缺少劳力的困难户实行代耕，保证他们的田有种有收。那些过去因怕群众占便宜，不愿将耕牛、农具参加换工的地主、富农，因找不到人给其帮工而主动找农救会要求参加换工，进一步增强了农民团结起来、换工互助、搞好生产的信心。

第三，组织机关部队生产，力争部分自给，带动根据地农业生产的发展。襄西中心县委成员身体力行，及时组织各地区、乡工作人员和部队一起动手，在根据地内开荒造田，筑坝修堰，种菜养猪，千方百计减轻人民负担，增强自供能力，逐步解决了给养严重不足的困难。荆南路东办事处工作人员在丁家集附近开种的水田，一季就收稻谷几百石，还养耕牛 30 多头，蔬菜自给有余。独立三十三团在荆南许家场、蒋家集、柴家集、枣树店，当阳脚东港、洪庙冲，北山周家坡、廖家湾等地开荒种地也都获得了丰收。独立三十三团还在荆南许家湾开设了榨坊，在当阳田家庙开设了酒坊。这不仅改善了部队的生活，同时也减轻了根据地人民的经济负担。为了增强农业生产的后劲，襄西中心县委还领导根据地人民兴修了荆门“毛家垱”和当阳“千固垱”两项较大的水利工程，使 2000 多亩田地得到了灌溉。除此之外，各地抗日民主政府还组织群众修挖了许多中小型堰塘，仅当阳县就修挖堰塘 300 多口。

大生产运动的开展，不仅打破了日伪顽对根据地的经济封锁，而且密切了根据地党政军群的关系，激发了广大群众生产和拥军优抗的积极性。人民群众看到根据地的干部、战士一手拿锄，一手拿枪，深受鼓舞。他们积极帮助抗属、烈属耕种收割。逢年过节主动捐出瓜菜、鸡蛋、豆腐、米、面等物资慰劳生活困难的抗属、烈属。由于根据地的抗属和烈属受到广大群众的真诚爱戴，一些居住在国统区的抗属、烈属也纷纷搬到根据地内定居。如荆南七里庙一带一次就迁来 30 余户，扩大了根据地在国民党统治区的影响。

第四，开展减租、减息和合理负担运动。1941 年曾开展减租、减息和合理负担运动。坚持时期，除当东、北山的小部分地区还在进行外，根据地大部地区停了两年。1944 年下半年，襄西中心县委在组织群众搞好生产的同时，根据广大农民群众的迫切要求，恢复了减租减息和合理负担运动。由于

1941 年“双减”运动的影响，地主、富农不敢不遵照执行抗日民主政府的法令。加之粮食又在农民手中，减租减息、合理负担两项工作都进行得比较顺利。中心县委为了搞好“双减”工作，在荆南柴家集集中 50 余名干部进行培训，学习政策；并选择雷都庙、陈家祠堂两个保作为试点，认真总结斗争经验，而后在面上推广。

随着大生产和减租减息、合理负担等运动的开展，根据地人民生产劲头十足，群众的生活得到了一定改善。为了鼓励农民继续努力生产，襄西政务委员会于 1945 年 5 月专门在官家大湾召开表彰大会，奖励大生产运动中涌现出来的劳动模范。到会群众 300 多人，手执红旗，敲锣打鼓，一片欢腾。政务委员会领导亲自给劳动模范颁发了锄头、镰刀、日记本、毛巾、牙膏、牙刷等奖品，进一步调动了广大农民的生产积极性。

第五，加强根据地的财政经济建设。当阳县抗日民主根据地的税收虽然有公粮、行商、营业三个税种，但由于根据地在坚持时期屡遭日伪顽军洗劫，人民生活十分困难，所以在根据地刚刚恢复时，襄西中心县委为了减轻人民群众的负担，在根据地遭受了日伪顽军严重破坏的地方，如荆南的柴家集、许家新场等地，除对地主、富农和个别富裕户征收公粮外，对一般农户则采取免缓征收公粮的措施。

为了加强对商业税收的管理，恢复了襄西税务局和各地税务所，并在各重要集镇出入地段和交通要道设立固定或流动税卡，对进出根据地或过境的货物征收行商税，按不同货物及其价值照章纳税；凡流入根据地的中西药、纸、铜、铁、盐等均予免税；布匹等物轻税；而向日伪顽军占区流出的农民出售粮食、生猪、土布等则要照章纳税。至于农民进出根据地卖小菜、鸡蛋，均给予免税，但对那些偷漏税的商贩强行补税，并给予必要的惩罚。违禁商品一律没收。

1944 年，襄西的农业生产获得丰收，襄西政务委员会根据人民群众的承受能力，劝销豫鄂边区行政公署通过边区建设银行（1941 年 4 月成立）发行的建国公债。当时已调任襄南政务委员会主席的刘宝田，来信请刘华廷等将其在当阳家中的100余亩土地出卖，所得款项全部用于购买建国公债，对推动当阳县各类当权人物和人民群众认购建国公债起到了较大的作用。仅当阳县抗日民主根据地人民群众认购的建国公债，就折合银圆3万多元。一些敌占区和国统区的商家及军政人员，为了给自己留条后路，也主动找根据地的统战干部认购公债。襄西抗日民主根据地很快便完成了边区分配的认购公债的任务，为边区经济建设作出了贡献。

第六，兴办文化教育事业。抗日战争全面爆发前，国民党统治时期，荆、当、钟三县各有公立初级中学一所。抗日战争全面爆发后都停办了。不久，荆门县万人杰在荆南办了求实中学，日军入侵荆门时也停办了。三县几乎完全没有公立小学，都是私塾。日军入侵襄西后，社会秩序大乱，教师逃亡，经费无着，都停办了。抗日民主根据地建立后，社会秩序逐渐安定，抗日民主政府即提倡、鼓励私塾开学。荆南柴家集李立亭[①]、五里铺常宅午响应共产党的号召，首先开学，并增加抗日救国的政治课。在他们的带动下，荆南一些私塾陆续开学。有条件的地方，还提倡办规模较大的民办公助的小学。

1944年初，当阳县抗日民主政府请开明士绅吴碧舫出面，聘请8名教师，在当阳南宁乡傅氏宗祠内办起了一所比较正规的学校。学校按照1943年9月公布的《鄂豫边区小学教育实施办法》的规定，结合学生的实际情况，开设公民、国语、算术、常识、地理、历史、音乐等课程，为根据地培养初中文化程度的学生。当阳县委负责人还定期到学校，向学生宣讲抗日斗争的大好形势，并支持学校举办了一次规模盛大的体育运动会。由于学校不断对学生进行爱国主义教育，学生们不仅学到了文化知识，而且政治觉悟有了极大的提高，其中一些优秀学生有的参军参干，有的被分批送往洪山公学深造。傅氏宗祠学校实际上成了抗日民主政府团结革命知识分子的一个重要场所。其

① 李立亭：共产党员，李家谟之兄，解放战争时期被国民党杀害。

他各地兴办的学校虽不如傅氏宗祠学校正规，但使许多青年有了读书的机会，在当时来说也非易事，因而深受人民群众的欢迎。

为了加强爱国主义教育，根据地抗日民主政府明确规定，一切学校和私塾里不得使用汪伪的卖国教材。为了同日伪顽争夺文化阵地，襄西中心县委还在荆南等地办起了文化研究会，组织进步青年学习《星星之火，可以燎原》《新民主主义论》等文章，阅读《七七报》，积极开展理论研究，收到了良好效果。

由于根据地各项建设同步发展，各项工作蒸蒸日上，襄西抗日民主根据地迅速得到巩固和发展，呈现出一派兴旺景象。

第四节　夺取抗日战争的最后胜利

一、抗日战争胜利前夕的襄西局势

被中共中央正式授名为“国民革命军第十八集团军独立第一游击支队”（简称南下支队），全军约5000人（其中有中央调赴新四军第五师工作，由贺炳炎、廖汉生、文建武等率领的干部大队900余人），在八路军第一二〇师第三五九旅首长王震、王首道、王恩茂等率领下，冲破日伪顽军的重重阻挠，历时78天，于1945年1月27日到达大悟山，与新四军第五师胜利会师。这一会师，使中原局势发生了显著变化。当时，重庆《新华日报》在评价南下支队与新四军第五师会师时说：“这一会师，使（鄂豫皖湘赣）五省边区有了通向陕甘宁边区的直达交通线，使华北、华中人民的武装连接了起来；这一会师，扩大了华中解放区，缩小了华中沦陷区；这一会师，打击了敌人，减少了日寇在正面战场上的气焰！”2月，李先念主持召开鄂豫皖湘赣边区党委会议。王震、王首道在会上传达了党中央和毛泽东为使我党能够担负起“把日寇打出中国去”，“就要使我党我军和我们的根据地更加发展和更加巩固起来”的指示[①]。会议根据中央的指示，研究了形势和任务，确定边区（新四军第五师活动地区）今后的工作方针“以发展为主，同时照顾原有地区之巩固工作，发展以南方（鄂南）为主”，并力求“四面”“发展”[②]。会议还决定廖汉生任襄南地委书记兼第三军分区政治委员，贺炳炎任第三军分区司令员。同时指示第三军分区以襄南抗日民主根据地为依托，创立以洞庭湖为中心的湘北鄂西根据地，并与湘鄂赣边根据地相连接。

为了贯彻执行边区党委“以发展为主”的方针，进一步扩大襄西抗日民主根据地，襄南地委和第三军分区首长于1945年2月，派南下干部吴士芳、钟春林等到襄西加强根据地领导，任命吴士芳为襄西中心县委副书记兼荆当县委书记，钟春林为襄西中心县军事指挥部副政委，迅速着手整训独立三十三团和襄西地方人民抗日武装，为巩固和扩大襄西抗日民主根据地做准备。

1945年2月，独立三十三团进击盘踞在石牌地区的张云斋部，歼灭其一部，余部逃往河东，石牌地区收复。4月，荆钟县委辖石牌、北山两个区委，并在石牌恢复发展区、乡抗日民主政府。荆当、荆钟等抗日民主根据地军民在襄南地委和襄西中心县委的领导下，在县委书记吴士芳等带领下，“运用陕北工作经验”及“劳力和武力相结合”的斗争形式，取得了显著成绩[③]。

随着军事斗争的胜利，根据地军民的抗战热情空前高涨，各地农救会积极发动群众，踊跃交售公粮，支援抗战。妇救会组织妇女做军鞋和慰问袋，慰劳部队。很多青年争相报名要求参军，出现了许多父母送儿子、妻子送丈夫、弟妹送兄长参军的动人场面。根据地内群众抗日支前蔚然成风，中心县委和襄西指挥部抓住这一有利时机，领导各地抗日武装、民兵基干队及广大

---

① 毛泽东:《学习和时局》，1944年4月12日，参见《毛泽东选集》(合订袖珍本)，1967年版，第899页。

② 王震、王首道、郑位三、李先念:《听王王传达后之意见》，1945年2月。

③ 贺（炳炎）、廖（汉生）、王、魏、朱:《襄南情形报告》，1945年6月1日。

人民群众与主力部队紧密配合，大胆深入敌后，到处袭击日伪军，为迎接全国规模的战略反攻奠定了坚实的基础。

早在1944年3月，驻宜昌一带的日军第13师团一部东调武汉，参加打通湘桂铁路的战役。不久，日本侵略军为了挽救太平洋战场的失利，又将该师团调往菲岛作战。日军第13师团原在宜昌一带的防区则由第39师团接替。此时的日军第39师团与刚占领襄西时的第39师团已经是今非昔比，它的兵力、士气、官兵素质皆大大不如从前。武士道精神基本垮了，对战争前景十分悲观。除了勉强维持各个县城、重要集镇及主要交通要道的防务外，其他一些战略位置稍次的地方都由伪军支撑。各地伪军也预感到日军日暮途穷，败局已定，不愿继续为其卖命，都想给自己留条后路，整日龟缩在据点内，士气十分低落。有些据点内的伪军还私下找抗日民主根据地的干部联系，表示愿意痛改前非，为抗日出点力。

鉴于驻襄西日军兵力不足，伪军厌战情绪日增，襄西中心县委一面继续组织各地方人民抗日武装袭击日军据点，一面对伪军展开了强大的政治攻势，劝告他们以民族利益为重，弃暗投明，掉转枪口抗日，促使各地伪军进一步分化瓦解。如荆当县委和当阳县工委策动了驻慈化寺据点的伪军李志杰中队100余人枪反正等。

二、英勇出击，痛歼日伪军

1945年3月，日军从襄西地区抽调大批兵力进犯襄阳、宜城地区，致使当阳淯溪、河溶直到宜昌一线的防务更加空虚。第三军分区首长和襄西中心县委为了配合正面战场对日军作战，派吴士芳等率独立三十三团迅速进入荆北山区，主动向日军的侧后出击，以牵制日军的正面进攻。

4月，第三军分区参谋长王绍南率军分区部队，在独立三十三团配合下，进击蛟尾伪军杨春芳部，这是第二次打杨春芳。由于敌伪兵力集中在有坚固防御工事的据点里，新四军襄西部队当时无力攻打大据点。襄西中心县委和襄西指挥部决定选择敌伪防守力量薄弱的据点，集中优势兵力进行攻击，并将第一个目标确定为荆南路东的三家店敌伪据点。敌伪为了控制三家店，从1945年春开始，便将占据在曾家集、筲箕庙等地的小股敌伪军集结到三家店，强拉民夫，修筑工事，使三家店变成了过往日军的宿营地。敌伪为了长期固守三家店，在地势险要的南街口王家大湾四周修筑了许多土炮楼、地堡及散兵坑、交通壕，还在村庄外垒有土围子。在主要路口设有障碍。使三家店据点像一颗扎在荆南路东的“钉子”，对荆南根据地造成了一定的威胁。5月的一天，新四军独立三十三团团长许猛率领5个连从荆南路西许家新场出发，一夜行军80多里，赶到三家店包围了敌伪据点。翌日晨7时许，埋伏在王家大湾外围的第二连战士抓获了一名外出买菜的伪军士兵，据俘虏交代，据点内只有200多名伪兵。团首长当即决定，马上实行强攻。上午8时许，战斗打响，据点内的伪军凭借其坚固工事，拼命顽抗。战斗一直处于胶着状态。团首长见伪军拒不投降，即决定集中所有轻重机枪，对王家大湾实行重点突破。下午1时许，王家大湾四周的土炮楼已被摧毁，但龟缩在地堡内的伪军却仍然负隅顽抗，直到第二连第一排龙排长率领战士冲过密集的火力网，用集束手榴弹炸毁了地堡群后，王家大湾的伪军才被迫离开据点，向南面洼地大堰塘移动，企图利用堰堤继续顽抗。下午2时许，失去据点的伪军被进攻部队四面包围，成为瓮中之鳖，才举起白旗放下了武器。是役，毙伤伪大队长杜永新以下官兵70余人，俘虏130余人，缴获长短枪100多支，机枪4挺，子弹3000余发，取得了全歼伪军一个大队的胜利，但没能达到全歼伪军杨春芳部的目的。

同年4月，当阳县工委根据襄西中心县委的指示，筹集大批粮食和马料，配合新四军独立三十三团、荆当总队在河溶附近袭击日军，打死打伤日伪军100余人。5月，新四军独立三十三团在北山地方人民抗日武装的配合下，进击骚扰北山的钟祥土顽邓克昌、李用民部，歼灭其一个中队。6月，该团又进击窜扰北山的土匪孙思秀部，将其全部歼灭，并生俘匪首孙思秀。同月，当阳县合作乡武工队在新四军独立三十三团一个连的配合下，击败驻周二场伪军赵定海部，将其抓走的民众和抢劫的耕牛全部劫回。是月，第三军分区司令员贺炳炎率部击溃盘踞在江陵、枝江边界的顽军赵益之部。

新四军襄西抗日部队和地方人民抗日武装在打击日伪顽军的战斗中，对国民党友军给予了大力支持。6 月，国民党军第一七九师与日军在当阳香炉山发生战斗，中共襄西中心县委闻讯后，当即指示当阳县工委，对国民党友军在粮食、住房以及向导、情报、抢运伤员等方面给予大力支持，并派出荆当总队配合国民党军第一七九师共同对日军作战。是役，不仅解除了国民党友军的困境，沉重打击了日军，而且在战场上获得了一大批枪械弹药，进一步改善了襄西抗日武装的装备。

三、抗日战争的伟大胜利

1944 年至 1945 年春夏，中国共产党领导人民军队在敌后战场发起连续不断的攻势作战，为转入全面反攻创造了重要条件。

1945 年上半年，世界反法西斯战争进入最后胜利阶段。中国早在 4 月，就成为联合国的创始国之一和五个常任理事国之一。5 月 2 日，苏联红军攻克柏林；8 日，德国法西斯战败投降。

1945 年 7 月 26 日，中、英、美三国发表《波茨坦公告》，敦促日本投降。8 月上旬，美国先后在日本投下两枚原子弹。8 月 8 日，苏联发表对日作战宣言，接着出兵中国东北，同中国军民一道对日作战，加速了彻底打败日本侵略者的进程。9 日，毛泽东发表《对日寇的最后一战》的声明。随后，延安总部朱德总司令发布七道全面反攻命令。中国人民抗日战争进入全面反攻阶段。

这时，国民党军队主要集中在中国的西南、西北地区，而日军在华北、华中和华南占领的大部分城镇、交通要道都处在共产党领导的敌后军民的包围中。面对这种局面，美国总统杜鲁门认为：“假如我们让日本人立即放下他们的武器，并且向海边开去，那么整个中国就将会被共产党人拿过去。因此我们就必须采取异乎寻常的步骤，利用敌人来做守备队，直到我们能将国民党的军队空运到华南，并将海军调去保卫海港为止。”“这种利用日本军队阻止共产党人的办法是国防部和国务院的联合决定而经我批准的。”[①]

8 月 12 日，中共中央指示新四军第五师集结主力进占信阳、武汉一线。中共中央军委对日军的命令中指出：在鄂豫两省的日军，应派出代表至新四军第五师大悟山地区，接受李先念将军之命令。新四军第五师接到延安总部命令后，立即命令五师各军分区动员全部力量迅速占领所辖地区的大小城市和交通要道，即令日伪军在一定时间内缴械投降，并在指定地区驻扎，否则予以消灭。第三军分区接到命令后，立即对所在地的日伪军发出通牒，展开了受降工作。

8 月 14 日，日本政府正式照会中、美、英、苏四国政府，表示接受《波茨坦公告》。8 月 15 日，日本天皇裕仁以广播的形式发布《终战诏书》。日本无条件投降。9 月 2 日，在东京湾的美国军舰“密苏里”号上，日本代表在投降书上签字。侵华日军 128 万人随即向中国投降。至此，中国抗日战争暨世界反法西斯战争胜利结束。次日即 9 月 3 日，成为中国人民抗日战争胜利纪念日。10 月 25 日，中国政府在台湾举行受降仪式。被日本占领 50 年之久的台湾等岛，重归中国主权管辖之下。这成为抗日战争取得完全胜利的重要标志。

新四军襄西部队根据朱德总司令的命令及边区、军分区的部署，向荆门县的团林铺、五里铺、子陵铺、南桥、八角庙，当阳县的淯溪、河溶，钟祥县的石牌、冷水铺、牌楼岗以及根据地周围的日伪军发出通牒，令其向新四军缴械投降。然而，蒋介石已于 8 月 11 日下达了三道“命令”：一是要解放区人民军队“就地驻防待命”，不得向敌伪“擅自行动”；二是要国民党部队“加紧作战，勿稍松懈”；三是要伪军“切实负责维持地方治安”，抵抗人民军

① [美] 哈里 · 杜鲁门：《杜鲁门回忆录》第 2 卷，李石译，世界知识出版社 1965 年版，第 71 页。

队受降。在美帝国主义的支持下，日、伪、蒋合流，中国面临着严重的内战危机。新四军襄西部队则进击石牌镇日伪军，歼灭伪军一部。又在荆南姚家集、雷都庙，当阳清溪等地进击日伪军，迫使部分日伪军缴械投降。

9月，大批国民党军队即从四川、鄂西北的大山上下来，向襄西地区进犯，由于历史给当地党组织的时间不够，在日军投降时，还未来得及把根据地建立得更强大，无法堵住这股“洪水”（当时人民群众把国民党军“下山”比作洪水）。国民党军进入襄西后，所有伪军据点都变成了国民党军的据点，并在襄西抗日民主根据地的中心地带增设了许多据点。几乎全部伪政权和伪军摇身一变，成了国民党的地方政权和地方武装，伪、顽全部合流。抗日有功的共产党和人民成了他们的敌人。如果说在日军投降以后，有些地区还曾有过短暂的和平的话，那么在襄西，这短暂的和平也没有出现过。根据中共中央中原局决定，为了保存襄西的革命力量，襄西中心县委于1945年9月和12月，分两次撤退转移大部分干部和武装。从此，襄西人民的革命斗争又进入了一个新的历史时期。

襄西抗日民主根据地，在鄂豫边区、鄂豫皖湘赣区党委和新四军第五师首长等领导下，襄西地方党组织带领襄西人民同日本侵略者进行了艰苦卓绝的斗争，夺取了抗日战争的伟大胜利，是中国人民抗日战争的重要组成部分。中国人民抗日战争是近代以来中国反抗外敌入侵第一次取得完全胜利的民族解放战争。中国人民抗日战争胜利，是以爱国主义为核心的民族精神的伟大胜利，是中国共产党发挥中流砥柱作用的伟大胜利，是全民族众志成城、奋勇抗战的伟大胜利，是中国人民同反法西斯同盟国以及各国人民并肩战斗的伟大胜利。中国人民抗日战争的胜利，成为中华民族走向复兴的历史转折点，也对世界文明进步具有重大而深远的意义：它彻底打败了日本侵略者，有力地捍卫了中国的国家主权和领土完整；它促进了中华民族的觉醒，使中国人民在精神上、组织上的进步达到了前所未有的高度，为中国共产党带领中国人民实现彻底的民族独立和人民解放奠定了重要基础；它促进了中华民族的大团结，弘扬了以爱国主义为核心的中华民族的伟大精神；它对世界各国人民夺取反法西斯战争的胜利、维护世界和平的伟大事业产生了巨大影响，显著提高了中国的国际地位和国际影响。中国人民在抗日战争的壮阔进程中孕育出伟大的抗战精神，向世界展示了天下兴亡、匹夫有责的爱国情怀，视死如归、宁死不屈的民族气节，不畏强暴、血战到底的英雄气概，百折不挠、坚忍不拔的必胜信念。伟大的抗战精神，是中国人民弥足珍贵的精神财富，将永远激励中国人民克服一切艰难险阻、为实现中华民族伟大复兴而奋斗。

结束语

襄西抗日民主根据地，自1940年7月武装开辟以来，一直处于日伪顽夹击之中。在极端困难的条件下，面对十数倍于己之强大敌人，不为其所攻破，反而在后期得到很大的发展。其基本经验有如下几条。

一、继承和发扬党的光荣传统，正确执行党的路线。在全面抗战初期重建和恢复的中共襄西组织有两个显著的特点：第一，继承和发扬了大革命和土地革命时期把工作重点放在农村，充分发动农民群众进行武装反帝反封建的光荣传统；第二，襄西抗日民主根据地创建较晚（从1940年7月武装开辟算起），党的扩大的六届六中全会精神，在襄西还处在地下时期已传达下来，并认真学习，因此基本上没有受到王明右倾错误的影响。当第一批同志到襄西做建党工作准备时，董必武就指示“重建的党要在农村扎下根，要在贫雇农中扎下根，要联系上大革命、土地革命时期隐蔽保存下来的同志”。这样，重建的党组织一开始就扎正了根子，找准了依靠对象。在执行党的抗日民族统一战线政策时，基本上没有受到王明“一切经过统一战线，一切服从抗日”的错误路线的影响，敢于独立自主地去开展敌后抗日游击战争；敢于在敌顽的夹击中独立作战；敢于放手发动群众，建立抗日民主根据地；敢于独立自主地建立抗日民主政权。正是由于中共襄西组织具备了上述两个特点，才有可能在极端艰难复杂的条件下不迷航，不转向，正确执行党的路线，完成了伟大的历史任务。

二、狠抓枪杆子，从战争中学习战争。中共襄西组织有武装斗争的传统，深知“枪杆子里面出政权”这句话的深刻含义。早在全面抗战初期恢复和重建党组织时，就将武装斗争的准备作为重点来抓。运用合法的、隐蔽的方式狠抓枪杆子，培训武装骨干。到襄西沦陷时，党已通过各种渠道训练了很多骨干，直接掌握了近百人枪的队伍。因此，日军的铁蹄刚一踏进襄西，共产党便能揭竿而起，奋勇迎敌。在襄西，红军时期留下的有作战经验的老红军极少，更没有保存下来成建制的红军部队，这同鄂东等地不一样，没有“拳头”部队，指挥员多是文弱书生，军事骨干奇缺。之所以能够从无到有，从弱到强，锻炼成一支坚强的部队，主要靠毛泽东的军事思想，从战争中学习战争。

襄西抗日武装在战争中十分重视战评工作。每战之后都要及时进行总结，谈经验，找教训。重视侦察情报工作，研究掌握敌情。每战必集中优势兵力，在每一具体战斗中，总是以大击小、以强击弱。就这样，打一仗，进一步，很快学会并掌握了“基本游击战”的战略战术。如反日军“扫荡”，反顽军“摩擦”所运用的“麻雀战”“抽签战”“贴烧饼”；如主动出击的夜袭战、伏击战，以及配合主力打运动战等都运用自如，战胜了日军的多次“扫荡”和顽军制造的多次“摩擦”，胜利保卫了襄西抗日民主根据地。

中共襄西组织能很快学会战争，也和及时得到鄂豫边区党委和五师首长的指示、教导和支持，得到五师主力部队的及时援助和在战术上的传帮教有极其重要的关系。没有上级领导和兄弟部队的援助，新四军襄西抗日武装部队要取得战争胜利是不可能的。

三、开展了卓有成效的统战工作。统一战线是共产党克敌制胜的三大法宝之一。中共襄西组织比较善于运用这一法宝，高举抗日民族统一战线旗帜，并紧密结合当地、当时的实际，用活用到家，使之在十分复杂险恶的环境中减少了敌人，增加了朋友，团结了一切可以团结的力量。使之不但能在日伪顽的夹缝中生存，而且得到了迅速的发展。

1940年6月以前，中共襄西组织还处于地下时期，就根据上级党的指示，进行了一系列统战工作，利用合法名义准备武装。根据地创建之后，中共襄西组织一方面依靠武装力量充分发动群众。另一方面运用统一战线，尽可能多交朋友，争取中间势力，最大限度地孤立顽固势力。当时在襄西众多的土顽中，其头目绝大多数从前都参加过反共反人民的活动。为了减少打击面，中共襄西组织不计前嫌，以抗日大局为重，以现实态度为准，确定只打左墨香、郑家良、曾宪成三股反共最顽固的土顽，其他都在争取之列。就连大革命、土地革命以来长期坚持反共的张葆初后来也为我争取所用。使一些消极因素化为积极因素，使一些新朋友为了斗争的需要，不惜用身家性命来为抗日民主政权出力，帮助维持地方秩序，策反伪军，争取顽军，防匪锄奸，传送情报，掩护伤病员。

中共襄西组织和军队，远离鄂豫边区，孤悬敌后，敌强我弱。如果没有长期细致、深入的统战工作，形成一个十分广泛的包括各阶层人民的服务于根据地建设的关系网，根据地是难以迅速发展和巩固的。特别值得一提的是和国民党军第三十三集团军的统战工作，堪称国共合作的模范。中共襄西组织从地下斗争开始，直到根据地建成和发展，一直和国民党军第三十三集团军友好相处，相互支援，解除了襄西抗日民主根据地的后顾之忧，对于襄西抗日民主根据地的巩固和发展起了重大的作用。

中共襄西组织的统战工作方法灵活多样：从革命的抗日的朋友，到封建的只讲义气的拜把子兄弟；从长期稳定的朋友，到一时一事的关系；从有权势、有影响的头面人物，到各种只能帮一点小忙的人，无不结交，无不加以重视和运用。因此，抗日民族统一战线的阵容不断扩大，促进了抗日民主根据地的巩固和发展。

四、坚持毛主席人民战争思想，充分发动群众，组织群众，依靠群众。襄西人民由于经过大革命和土地革命的锻炼，阶级觉悟很高，民族意识很强。但因经过两次大的失败，长期遭受国民党反动派的血腥镇压，开始和共产党接触时思想上曾有某些顾虑，如担心共产党待不长、斗不过国民党、打不过日本侵略者等。中共襄西组织对此十分理解，没有因此而改变对群众的基本看法，而是坚定不移地实行党在根据地的各项政策，晓之以理，动之以情，用事实来说服群众。始终把贯彻执行党的群众路线、保护人民群众的根本利益和人民生命财产安全放在首位，并作为出发点、落脚点和大事来抓。武装开辟襄西的第一仗，就是荆当地委领导人从保护人民群众的根本利益和当地人民群众的生命财产安全为出发点、落脚点决定打的，使新四军在襄西取得了第一个立足点，并站稳了脚跟。襄西抗日民主根据地刚一建立，地委就领导广大人民群众开展反日军“扫荡”、“蚕食”、抢粮、抓苦力，进行锄奸清匪、合理负担、减租减息、生产救灾等斗争，从而充分发动群众，建立了农救会、妇救会等群众团体和民兵自卫队等人民抗日武装。同时，在党内狠抓全心全意为人民服务的教育，军队则狠抓“三大纪律、八项注意”的教育。人民群众耳闻目睹共产党人和人民军队为人民服务的具体行动，为民族利益而英勇献身的精神，深深体会到共产党代表着全国人民群众的利益，把取得抗日战争胜利的希望完全寄托在共产党身上，真诚地拥护共产党的抗日主张，不惜毁家纾难，全力相助，支援并参与到共产党领导的抗日战争中。冒着生命危险抬担架、送公粮，帮助襄西抗日武装搞情报，锄奸清匪防特，抢救与掩护伤病员，并输送了大批子弟参加新四军，使党及其领导的新四军和地方人民抗日武装同人民群众结成了“有血肉一样的联系”，建立了“根深蒂固的关系”，实行了“真正的全民武装”，做到了“真正军民统一，使军队每一个行动都得到居民的援助与支持”。[①] 襄西军民大团结构筑了敌后抗日游击战场坚不可摧的铜墙铁壁，发挥了人民战争的作用，陷日本侵略者于人民战争的汪洋大海之中。

五、注意培养本地干部。本地干部地情熟、民情熟，扎根当地群众，兼

① 李先念:《地方武装的成就与不够》，1941 年 7 月（原载《七七月刊》第一卷第七期）。

有天时、地利、人和之优势。中共襄西组织从建立初期就十分注意培养提高他们。襄西刚一开辟，党组织立即选送了一批本地干部到鄂豫边区洪山公学、抗大十分校等学校深造。根据地建设走上正轨之后，先后开办了五期干部培训班，培训了160多名区乡干部。造就了一大批与人民群众有血肉联系，有革命精神，有战争经验与工作经验的本地干部，没有这样一批干部，襄西抗日民主根据地的坚持、巩固和发展是不可能的。前文中提到的一大批本地同志，是襄西人民的代表和领导人。一些外来的同志，如李守宪、吴云鹏、马仲凡、王全国、王建桥、李炳南等同志，由于他们与襄西人民建立了紧密联系，在某种意义上说，是已经本地化了的干部，对襄西作出了重大贡献。无论本地干部，还是外来干部，都在中共襄西组织的领导下，紧紧依靠襄西人民，筑成了一条牢不可破的人民防线。襄西人民的好儿子苏震、龙剑平、王建桥、李纯斋、宁玉庭、王展、许猛、刘华廷、张焕先、周美成、靳帮兴、郑家坤等为人民流尽最后一滴血的烈士们，将永远活在人民心中，如巍巍荆山永垂不朽!

抗日战争胜利已经75周年多了。为了认真贯彻落实习近平总书记关于“要把红色资源利用好，把红色传统发扬好，把红色基因传承好”的重要讲话精神，根据中国新四军研究会规划和湖北省新四军研究会研究确定，宜昌市史志研究中心安排落实，由望开国同志于2020年底至2021年初近两个月时间，对《襄西抗日民主根据地史稿》(本书编写组编，湖北人民出版社1993年版）进行修订，现书名为《襄西抗日民主根据地史》。修订该书，因时间很短和水平、资料有限，仍力求全面完整准确反映襄西抗日民主根据地的历史，达到以史为镜、资政育人目的，激励人们为实现中华民族伟大复兴而奋斗。

附录一

襄西抗日民主根据地大事记

1931年

9月18日　日本军国主义策动九一八事变。九一八事变，是日本军国主义企图变中国为其独占殖民地的严重步骤。九一八事变成为中国人民抗日战争的起点，同时揭开了世界反法西斯战争的序幕。

蒋介石早在7月就提出了“攘外必先安内”的方针。九一八事变爆发时，国民党政府电告东北军：对日军的侵略，“绝对抱不抵抗主义”。

10月　九一八事变的消息传到襄西，襄西人民掀起抗日救亡群众运动。其中，宜昌民众于10月11日在铁路坝广场（今夷陵广场）举行抗日救亡万人大会。会后，学生等在街头进行抗日大宣传，群情激愤，焚烧了日本海军宜昌集会所。

1932年

4月　中共中央以中华苏维埃共和国临时中央政府的名义对日宣战。

1933年

1月26日　在民族危机日益严重的形势下，中国共产党继续高举抗日民族统一战线的旗帜。中共中央发出《指示信》(一·二六指示)，指示信中指出：尽可能地造成全民族的反帝统一战线来聚焦和联合一切力量，共同地与日本帝国主义及其走狗斗争。

4月26日　毛泽东等提出《中国人民对日作战的基本纲领》，指出：全体海陆空军、全体人民“总动员对日作战”和“全体人民总武装”，并提出了“联合日本帝国主义的一切敌人作为友军，与一切善意保持中立的国家建立友谊关系”，明确提出了建立国际反法西斯统一战线思想。

1935 年

8 月 1 日 在日本军国主义制造华北事变、中华民族面临生死存亡的紧要关头，中共驻共产国际代表团以中国苏维埃政府和中共中央的名义，起草了通常被称为“八一宣言”的《为抗日救国告全体同胞书》，不久公共发表。宣言指出：“抗日则生，不抗日则死，抗日救国，已成为每个同胞的神圣天职！”

12 月 9 日 中国共产党领导和发动了大规模的“动员全民族抗战的运动”，即一二·九运动。在北平学生英勇斗争的影响下，襄西各地先后爆发以学生为主体的抗日集会和示威大游行，喊出了国民党当局所禁止的“停止内战，一致抗日”“打倒日本帝国主义”等口号，并开展罢课罢考等斗争，声援北平一二·九爱国运动。一二·九运动极大地促进了中华民族的觉醒，标志着中国人民抗日救亡民族运动新高潮的到来。

1936 年

秋 梅安里话剧组在宜昌县城区成立。

冬至次年初 在北平、天津等地求学的一批襄西籍进步学生带着中国共产党领导的中华民族解放先锋队（简称民先队，1936 年 2 月 1 日在北平成立）组织关系回到襄西，经过发动、组织，先后在襄西宜昌、当阳、荆门、枝江、宜都、钟祥、宜城等地成立了民先队。随后，襄西地区各种抗日救亡团体如雨后春笋般成立。

12 月 震惊中外的西安事变发生。中国共产党以抗日大局为重，实行和平解决，逼蒋抗日，使蒋接受了共产党抗日主张，对促成以国共两党合作为基础的抗日民族统一战线的建立，起了重要的作用。

1937 年

7 月 7 日 日本军国主义以炮轰宛平县城和进攻卢沟桥为标志发动全面

侵华战争，妄图变中国为其独占的殖民地，进而吞并亚洲，称霸世界。日本军国主义的野蛮侵略给中国人民造成了空前巨大的灾难，激起了中国人民的顽强反抗。七七事变后，抗击日本军国主义侵略、救亡图存成为中国各党派、各民族、各阶级、各阶层、各团体以及海外华侨华人的共同意志和行动，中国由此进入全民族抗战阶段，并开辟了世界反法西斯战争的东方主战场。

7月8日　中共中央向全国人民发出通电，号召全国同胞、政府和军队团结起来，筑成抗日民族统一战线的坚固长城，全民族实行抗战，抵抗日本军国主义的侵略。

9月　经中国共产党人的长期努力和为早日实现全民族抗战而斗争，为拯救中华民族危亡，代表中国人民和中华民族的根本利益，以自己的政治主张、坚定意志、模范行动，终于促成国民党中央通讯社于9月22日发表《中共中央为公布国共合作宣言》；次日，以蒋介石发表谈话为标志，国共两党第二次合作正式形成。

中共中央先后派董必武、郭述申、钱瑛、陶铸等来武汉，进行湖北地区的建党工作。

10月　中共湖北省工作委员会（简称省工委）成立。省工委在湖北各地有重点地清理、审查，恢复土地革命时期隐蔽下来的党组织和党员的组织关系。

12月　中共湖北省临时委员会成立（简称省临委）。

年底　省临委领导的青年救国团（简称青救）总团派苏震来宜昌，筹建青救宜昌区团部。

宜都成立回乡学生宣传团。

1938年

1月　省临委派张清华等到宜昌开展建党工作，同时派王全国等到宜城开展建党工作。

《新华日报》宜昌分销处成立。

2月2日　青救总团宜昌区团部成立，苏震、文家香任总务。而后，青救组织在襄西各县普遍成立。

2月　省临委派李声簧等到宜昌开展建党工作。

中共宜（城）西中心区委员会（简称宜西中心区委）成立。

湖北省战时乡村工作促进会宜昌分会成立。

初春　陶铸从汤池训练班结业的学员中派刘慈恺等到钟祥，以开办农村合作事业的形式进行建党工作。

春　钟祥县农村合作事业办事处成立。

中共钟祥县支部委员会（简称钟祥县支部）成立，刘慈恺任书记。而后，中共石牌、瓦瓷、冷水铺、干沟支部委员会（简称支部）相继成立。

《新华日报》当阳淯溪分销处建立。随后，襄西各地普遍建立了《新华日报》分销处或代销点。

4月上旬　中共宜昌特别支部委员会（简称宜昌特支）成立，李声簧任书记。

4月　中共鄂西工作委员会（简称鄂西工委）成立，李声簧任书记。

陶铸从汤池训练班结业的学员中派郑速燕等到荆门，以开办农村合作事业的形式进行建党工作。

荆门县农村合作事业办事处成立。

中共荆门县支部委员会（简称荆门县支部）成立，郑速燕任书记。

4月底　鄂西工委在宜昌召开组织工作会议，并制订了《五月工作计划》。

5月　中共湖北省委员会（简称省委）成立。

省委选派刘宝田、张翮等分别回当阳、枝江开展建党工作。而后，省委从宜昌、襄阳、汤池等地先后派张清华、苏震、刘真、张泽生、李平、史维汉等，分别到荆门、当阳、远安等县开展建党工作。

5月29日　宜昌抗战剧团成立（将1936年秋在宜昌县城区成立的梅安里

话剧组改名成立）。

6月　鄂西工委在枝江安福寺组织起一支50多人、40条枪的民众自卫队。

夏　当阳洪庙国术队成立。

荆门、钟祥、宜都等地普遍成立抗日十人团。

7月　鄂西工委扩建为中共鄂西中心县委（8月起称宜昌中心县委），王致中任书记。

中共钟祥县委成立，刘慈恺任书记。

襄西各县普遍成立战地文化服务团或工作站。

8月5日　著名作家、戏剧家老舍为宜昌抗战剧团题词："我们只知为抗战建国尽心尽力，教那没良心的去计较私利吧！"

10月　中共当阳县特别区委、远安县特别支部、远安县工作委员会、宜都县委等相继成立。

10月下旬　省委组织部部长、代理省委书记钱瑛和省委秘书长王翰随省委机关从武汉撤至宜昌。省委"决定创造荆、当、远据点"，调曾志、吴云鹏等到荆当远地区加强领导。

10月22日　现代教育家陶行知为宜昌抗战剧团题词："抗战剧团，艺壮山河。"

10月底　中共荆当远中心区委成立，曾志任书记。

11月　省委将钟祥（襄）河西地区党组织划归荆当远中心区委领导，中共荆钟特别区委成立。

荆门县支部撤销，成立中共荆南区委和荆北区委。

中共荆当远中心区委主办的荆门军民合作饭店开业。

冬　中共钟祥县委以合法名义创办了《新钟祥报》。

12月　中共当阳县委、松枝宜工作委员会（简称松枝宜工委）、沿江工作委员会（简称沿江工委）成立，刘真、张师载、王致中分别任书记。

1939年

1月　中共豫鄂边区（依其主要部分所在和历史习惯，以下统称鄂豫边区）委员会（简称鄂豫边区党委）成立，朱理治任书记。

2月　中共鄂西北区委员会（简称鄂西北区党委）成立，王翰任书记。

中共荆当远中心县委成立，曾志任书记。

中共南（漳）宜（城）工作委员会（简称南宜工委）成立，马识途任书记。

中共沿江工委决定在安福寺、董市、江口三个区委的基础上，组建成立中共安福寺中心区委，刘甦鉴任书记。

中共荆当远中心县委以湖北省战时乡村工作促进会的名义，在荆门建业寺开办抗日救国宣传促进团训练班。

3月　中共湘鄂西区委员会（简称湘鄂西区党委）成立，钱瑛任书记。

中共宜昌工作委员会（简称宜昌工委）成立，王致中兼任书记。

中共当阳县委召开扩大会议，作出了建立和发展敌后抗日游击战争的四条决定。

春　中共松枝宜工委举办战时工作人员训练班。

春至秋　襄西地区党组织先后分片进行组织整顿。

5月　远安县特别支部扩建为中共远安县特别区委。

王翰到当阳主持召开荆当远中心县委会议，传达了刘少奇“发动敌后抗日游击战争”的指示，布置了襄西开展敌后抗日游击战争的准备工作。会议肯定了当阳县委整党和抓武装的经验，决定派刘宝田出面借用国民党的名义，成立当阳县自卫第四大队。

6月16日　国民党宜昌当局查封《新华日报》宜昌分销处，并逮捕分销处负责人。

6月25日　新华日报社社长潘梓年致函国民党中宣部，要求“饬令湖北省当局迅速纠正宜昌当局之谬误处置，并恢复本报宜昌分销处营业常态，即日释放其负责人，保障本报今后之发行”。

夏 中共荆当远中心县委利用国民党军队名义，选调人员组成国民党军第一七九师搜索队。搜索队成立不久，参加了新四军豫鄂挺进支队，后被整编为鄂豫边区党委和纵队警卫连。

9月 苏震任中共荆当远中心县委书记。

秋 中共荆当远中心县委派刘宝田通过关系，在当阳组建了脚东乡自卫队。

10月 中共南（漳）宜（城）保（康）中心县委成立，吴云鹏任书记。

1940年

1月 新四军豫鄂挺进纵队（由豫鄂挺进支队整编）成立，司令员李先念，政治委员朱理治。

赵石调任中共荆当远中心县委书记。

5月1日 日本军国主义发动的“宜昌作战”（中国方面称枣宜会战）打响。

5月 中共荆当远、南宜保两个中心县委合并，成立中共荆当地方委员会（简称荆当地委，亦称荆钟南宜特委），赵石任书记。襄西地区党组织得到统一。

中共荆当地委在荆北叶家闸召开会议。会议分析了襄西地区的形势，讨论了今后的任务，布置了武装抗日游击战争的发动和准备工作。

5—6月 中共白云区委在钟（祥）西白云山成立抗日游击大队。

5月31日夜 日军奇袭突破襄河，入侵襄（河）西地区。

6月1—12日 宜城、钟祥（襄）河西、南漳（日军不久放弃南漳、宜城两县城）、荆门、当阳、远安（日军不久退出）、江陵和枝江、宜都、宜昌江北地区先后沦陷。

6月7日　中共中央中原局书记刘少奇指示鄂豫边区党委、挺进纵队向襄西敌后发展。

6月　李守宪任中共荆当地委负责人。

7月初　新四军豫鄂挺进纵队李先念等首长派毛凯率纵队警卫连（原在襄西地下党时期组建的国民党军第一七九师搜索队）挺进襄西。

7月中旬　中共荆当地委负责人及所掌握的荆钟地区地方抗日武装（包括钟祥河东卢祥瑞、毛杰中队），陆续在钟祥石牌地区会合。

纵队警卫连及荆钟地区地方抗日武装，在石牌镇亮出新四军旗帜，打击土匪周良玉部。周部受重创后逃往襄（河）东。新四军在襄西首战告捷，夺得了第一个立足点。

中共荆当地委负责人李守宪东渡襄河，到纵队司令部汇报襄西情况。

8月　新四军豫鄂挺进纵队第六团第三营奉命西渡襄河，增兵襄西。李守宪随部队返回襄西。

中共襄西军政委员会、襄西地方临时委员会（简称襄西临委）成立，李守宪任书记。

新四军襄西部队击溃荆南土顽左墨香部。该部第三大队大队长龙剑平率部起义，加入新四军。

击败左部后，原中共当阳县委掌握的武装刘宝田中队及童勋伯中队与襄西军政委员会、襄西临委会合。

9月　新四军豫鄂挺进纵队襄西独立团成立，毛凯任团长，李守宪兼政治委员。

9月中旬　襄西独立团于荆南横店地区反击国民党新二军及荆钟土顽3000余人的进攻。

10月　重建中共当阳县委，刘保田任书记。荆（门）当（阳）大队成立，刘宝田兼任大队长。当阳县四乡联合办事处（亦称当东区署）成立，刘华廷任主任。

荆南新兵营成立。

12月　鄂豫边区党委决定撤销襄西临委，成立中共襄西地委，派苏震任襄西地委书记，苏到职途中遭国民党武装特务袭击杀害，李守宪继任书记。

襄西地区行政委员会成立，龙剑平任主席。

纵队首长再次增兵襄西，派纵队第六团团长朱立文、政委周志刚率第六团第一、二营开赴襄西。

新四军豫鄂挺进纵队襄西地区指挥部成立，朱立文任指挥长，周志刚任政治委员。

襄西军政委员会改组，由第六团和地方党的负责人共同组成，周志刚任书记。

中共荆南县委成立。

襄西独立团改编为纵队第八团。

中共钟西县委、钟西县行政委员会（简称钟西县行委）、钟西县大队成立。

襄西地区农民救国会、妇女救国会及荆南、当阳、钟西三县农民救国会成立。

1941年

1月　国民党顽固派制造了震惊中外的皖南事变。

1月中旬　国民党顽军向鄂东、鄂中、襄西等抗日民主根据地发动大规模进攻。

1月28日　新四军军部重建。随后，豫鄂挺进纵队整编为新四军第五师。

2月上旬　日军大规模“扫荡”襄西抗日民主根据地石牌地区。

新四军襄西部队在反“扫荡”中，于石牌周家集地区全歼日军一个小队，伪军一个中队。

2月　荆南、当阳、钟西三县妇女救国会成立。

3月　新四军第五师政治部副主任王翰同王海山（拟任新四军第五师第

十五旅旅长）到襄西检查指导工作，并筹建新四军第五师第十五旅。

当阳县行政委员会（简称当阳县行委）成立，刘华廷任主席。当阳县四乡联合办事处撤销。

新四军襄西主力部队在荆当大队的配合下，乘夜突袭全歼伪军韩江陵司令部驻半月山直属部队，俘韩部官兵100余人，缴获一批枪支弹药等。

新四军豫鄂挺进纵队第八团第七连，夜袭日伪鸦鹊岭据点，缴获甚重。

日军2000余人“扫荡”荆南四明山地区。荆当抗日民主根据地人民在反击日军“扫荡”中，粉碎了日军修筑团林铺至河溶公路的计划。

中共荆南路西区委书记程里率领地方抗日武装乘夜袭击日伪团林铺据点，俘伪军10余人，并放火烧毁了日伪军马房。

4月1日 豫鄂边区行政公署成立。同时，设立襄西行政办事处。

4月上旬 新四军第五师第十五旅在襄西当阳境内组建完毕，王海山任旅长，周志刚任政治委员，张文津任参谋长，召开了建军誓师大会。第十五旅下辖第四十三团（由纵队第六团改编）、四十四团（由纵队第三团改编）、四十五团（由纵队第八团改编）。部队从4月10日起，启用新番号。

4月中旬 新四军第五师第十五旅第四十三团、四十五团各一部，在荆南举人湾反击土顽周赞庭部陈惠卿大队的进攻，全歼该部。

襄西税务局成立。

5月 土顽周赞庭部又一次进攻荆南抗日民主根据地，新四军第十五旅主力在蔡家庙设伏，大败顽军，周赞庭部从此一蹶不振。

荆当大队第一中队升编入新四军第五师第十五旅第四十五团。

新四军第十五旅第四十三团、四十五团在当阳县抗日民主根据地香炉山地区反击国民党军第五十九军一个加强团的进攻。

当阳县南宁乡锄奸队在张家场，破获国民党特务在抗日民主根据地组建的反动组织“反共义勇团”。

6月 新四军第十五旅主力部队在荆当大队的配合下，于当阳得胜山地区狙击国民党军第六战区一个团的进攻，将其击退。

荆当大队第二中队升编入新四军第十五旅第四十三团。

日军“扫荡”香炉山地区。

夏 新四军第十五旅第四十三团在荆当大队的配合下，于当阳香炉山支援国民党军第三十三集团军一部，突袭从淯溪河来的日军之侧翼，将日军击溃，友军亦乘势反攻，转败为胜。是役，新四军击毙日军驻淯溪军官野口以下官兵多人。

7月 北山区中队成立。

8月 新四军第十五旅奉命开往襄东执行新的任务，留第四十五团第三营在襄西，由旅参谋长张文津率领，负责襄西军事。

9月 北山独立营成立。

11月 鄂豫边区党委委员、民运部部长吴祖贻到襄西检查工作。

襄西抗日民主根据地开始实施农业税收政策。

1942年

1月 国民党军第一七九师一部进入襄西敌后活动，于当阳洪庙以南地区遭日军包围，新四军襄西留守部队及荆当大队全力救援，侧击日军，遂解其围。

2月8日 襄西行委会驻地荆南沈家中湾遭日伪军突袭，行委会主席龙剑平等10余人牺牲。

4月中旬 国民党顽军第三游击纵队张云斋支队一部夜袭钟西县行政委员会，副主席柳之一等20余人被俘。

5月 国民党第五战区在鄂豫边区制造反共摩擦，派第一八〇师一部及第五、六两个战区的第三游击纵队，先后侵入襄西抗日民主根据地。

襄西党政军机关随主力部队陆续向襄东作战略转移。钟西县行委会主席朱亚民、荆当大队副中队长林吕刚等先后叛变。

中共襄西地委决定成立荆南、当阳、北山三个坚持委员会，领导襄西坚持斗争。

荆当大队重建。

成立当阳县临时行政委员会。

6 月　襄西地委奉命更名为中共荆当京钟地委，李守宪任书记，襄西地区党组织归属其领导。

日军在襄西增设 10 余个据点，并同伪军在襄西反复“扫荡”，大肆捕杀抗日干部、群众。荆南新兵营营长刘振经不起考验，叛变投敌。

襄西地区妇女救国会主席兼当阳县妇女救国会主席陶先绣在当阳刘家垱遭日军杀害。

7—8 月　国民党军第六战区第三游击纵队（司令郑家良）几次向襄西抗日民主根据地攻击。仅 8 月 19 日，郑家良部 1000 多人洗劫当阳脚东港，抓走共产党员和群众 300 多人，并烧毁刘宝田住宅和很多民房，掳走许多农民的耕牛。

8 月　中共荆当京钟地委派宣传部部长刘真率一个连到襄西检查指导工作，并留下部分干部及一个排的武装力量加强襄西坚持斗争。

9 月　国民党军第六战区第三游击纵队郑家良部，在当阳一次打死打伤根据地共产党员和革命群众 200 余人。

10 月　鄂豫边区党委决定，将天汉地委和荆当京钟地委合并，建立中共襄河地委（亦称第三地委）。同时，成立襄河行政专员公署、襄河军分区（亦称第三军分区）。

中共荆当钟中心县委、襄西支队成立。同时，改荆南坚委为荆南工委，改北山坚委为北山区委。

12 月　中共荆南工委阻止土顽姚金陵部一个中队改编伪军取得成功。

年底　恢复荆南、北山办事处。

1943年

1月　中共襄河地委、第三军分区派许猛率一个连到襄西，加强襄西支队的武装力量。

2月　土顽邓克昌、李用民部400余人与日军在北山舒家坡袭击襄西支队，中共荆当钟中心县委书记兼襄西支队政委宁玉庭不幸中弹牺牲。

3月　襄西支队在荆南十字岭伏击前来“扫荡”的日军，击毙日军小队长以下数人。

江（陵）枝（江）当（阳）边界地方武装赵益之部，不顾中共江枝特别区委的劝告，结果在江陵马山横大路地区受到土顽郑家良部与日伪军的夹击后，缩回原防区。

4月　荆当大队在当阳清坪河张家祠堂伏击日军，毙伤数人，缴获步枪8支。

5月　曹玉清率第三军分区三个连在荆南官家集将土顽姚金陵部击溃，缴获步枪310支、机枪5挺，打开了襄西与襄南联系的通道。

5—6月　日本侵略军发动“江南歼灭作战”（中国方面称鄂西会战）。国民党军第六战区采取正面逐次抵抗，两翼反攻，试图将日军聚歼。新四军第五师李先念部队远出挺进，转战宜都、安乡、南县等地，“在敌后发动全面配合对敌之破击战”，“进袭敌寇，给友军以支援”。襄西、宜昌各地民众奋勇支前，会战地区民众更是拼死参战，终于“助成鄂西大捷”。

7月　中共荆当钟中心县委决定恢复中共当阳县委，洪范任书记。

8月　中共襄河地委和第三军分区派王建桥率一个连到襄西，将荆当钟中心县委改为中共襄西中心县委，并在荆南恢复路东、路西两个区委。

中共襄河地委、第三军分区派吴林焕、刘真率第十五旅一个团，在荆南柴家集地区再次将土顽姚金陵部击溃。

经中共当阳县委做工作，日伪皇协当阳县保安司令刘筱约部500余名伪军起义，编入新四军。

9 月　当阳县抗日武装击毙日军驻脚东港警备队队长。

中共当阳县委筹集 10000 块钢洋和 83 头耕牛，送往襄南抗日民主根据地。

12 月　第三军分区部队在襄西地方武装的配合下，一举捣毁土顽郑家良部的老巢，扫清了开辟江枝当新区的障碍。

江枝当抗日民主根据地建立，王展任中共江枝当工委书记兼江枝当军政联合办事处主任，所辖武装部队主力两个连。

1944 年

1 月　日伪军 4000 余人“扫荡”荆南，强行修筑麻城至后港的公路。中共荆南工委组织群众性的反筑路斗争，迫使日军放弃了筑路计划。

2 月　中共襄河地委、第三军分区派刘真等率一个连到襄西，与襄西支队合并组建第三军分区独立三十三团。同时，成立襄西政务委员会和襄西中心县军事指挥部。刘真任襄西中心县委书记兼指挥部政委，李云程任襄西政务委员会主席，魏正兴任襄西中心县军事指挥部指挥长。

中共襄西中心县委在荆南四明山召开会议，研究攻打姚金陵部方案。会议决定，从荆南、当阳、北山等地抽调部分武装加强独立三十三团，并集中整训。

3 月　中共襄西中心县委集中 40 余名区级干部在荆南王家草场进行整风学习。

4 月　荆当大队第一中队中队长刘家保挟持战士叛变，并开枪打死襄西中心县委副书记兼当阳县委书记王建桥。两天后，刘真率独立三十三团一个连赶赴当阳，在东安乡柳家大堰将叛军包围缴械。

独立三十三团在荆南地方武装的配合下，于荆南枣树店全歼土顽姚金陵部两个大队，缴获步枪 200 余支、轻机枪 10 余挺、子弹 10 万发。

中共襄西中心县委和襄西军事指挥部决定，在荆南举人湾开办“中共襄西中心县委干部训练班”，为抗日民主根据地培训基层干部。一年内，训练班先后办了 5 期，共培训干部 160 余人。

5 月　中共襄西中心县委根据鄂豫边区党委“停止发展、巩固为主”的指示精神，决定放弃江枝当新区。

第三军分区第四十五团和独立三十三团一部在荆南长湖边的蛟尾镇与日伪军发生激战，杀伤日伪军数十名，缴获步枪 20 余支、左轮手枪 1 支。

7 月　独立三十三团在荆门蒋家集毙伤日伪军 25 人，缴获轻机枪 1 挺、步枪 17 支、短枪 2 支、掷弹筒 2 个和各种子弹数百发。

独立三十三团一部攻克荆南建阳驿伪军据点，俘伪军小队长以下 30 人，缴获轻机枪 1 挺、步枪 17 支、短枪 2 支。

8 月　日军第 39 师团第 232 联队大规模“扫荡”当阳香炉山和脚东港地区，当阳地方抗日武装避实就虚，击毙日军驻淯溪司令官以下数人，并在距河溶镇日军驻地仅几里的三星寺，拔除伪军据点 1 个，俘伪军 20 余人。

9 月　中共襄西中心县委和襄西中心县军事指挥部在荆当地区组织军民数千人，一夜之间破坏了荆门至沙市、沙市至河溶的公路，并拆毁了公路两旁的电线和电杆。

10 月　中共中央决定将鄂豫边区改为豫鄂皖湘赣边区（后通称鄂豫皖湘赣边区），原鄂豫边区党委改为鄂豫皖湘赣区党委，同时成立鄂豫皖湘赣军区，李先念任区党委书记、军区司令员兼政委。

第三军分区部队在荆南玉皇庙附近击毁日军军车一辆。

11 月 25 日　鄂豫皖湘赣区党委、军区决定，以襄河为界，将原襄河地委划为襄南（三地委）、襄北（五地委）两地委，第三军分区划分为第三、第五军分区，襄河专署划分为第三、第五专署。襄西隶属襄南地委、第三专署、第三军分区，方正平任地委书记兼军分区政委，陈守一任专员，吴世安任司令员。

11 月　中共襄南地委、第三专署、第三军分区和襄西中心县委决定，成立中共荆当县委、荆当县政府、荆当总队部，王展任县委书记、总队长兼政委，刘华廷任县长。同时，改当阳县委为中共当阳县工委，改当阳县行政委员会为当阳县办事处；成立中共荆南（路西）工委和荆南办事处。

11 月底　中共当阳县工委成立不到一个月，就动员 800 多名青壮年参加新四军。

1945 年

1 月 27 日　被中共中央正式授名为“国民革命军第十八集团军独立第一游击支队”（简称南下支队），全军约 5000 人，在王震、王首道、王恩茂等率领下，与新四军第五师在大悟山胜利会师。

2 月　李先念主持召开鄂豫皖湘赣边区党委会议。会议根据中共中央的指示，确定今后的工作方针是“以发展为主，同时照顾原有地区之巩固工作”，并力求“四面”“发展”。会议决定廖汉生任襄南地委书记兼第三军分区政委，贺炳炎任第三军分区司令员。

南下干部吴士芳、钟春林等率领一支部队到襄西，加强襄西抗日民主根据地的领导，吴士芳任襄西中心县委副书记、荆当县委书记兼荆当总队部政委。

3 月　日军从襄西地区抽调大批兵力侵犯襄阳、宜城地区，独立三十三团趁机进入荆北山区，主动向日军侧后出击。

4 月　中国成为联合国的创始国之一和五个常任理事国之一。

荆当总队部配合独立三十三团，在当阳河溶附近毙伤日伪军 100 余人。

5 月　中共襄南地委、第三专署、第三军分区和襄西中心县委决定，成立中共荆钟县委、荆钟办事处、荆钟总队部，吴士芳任县委书记兼总队政委，叶云任总队长。

独立三十三团在荆南三家店毙伤伪军大队长杜永新以下 70 余人，俘 130 余人，缴获长短枪 100 多支、机枪 4 挺、子弹 3000 余发。

驻当阳慈化伪军 100 余人，在中队长李志杰率领下起义投诚。

襄西政务委员会在荆门官家大湾召开3000多人参加的群众大会，奖励大生产运动中涌现出来的模范。

第三军分区司令员贺炳炎率部击溃盘踞在江陵、枝江边界的顽军赵益之部。

6月 国民党军第一七九师在当阳香炉山与日军发生战斗，中共襄西中心县委当即派出荆当总队协同作战，并指示当阳县工委在粮食、住房、情报、抢运伤员等方面给予大力支持。

7月 由于叛徒出卖，中共襄西中心县委副书记兼荆南工委书记李纯斋在荆南蒋家集野鸡庙附近遭日军杀害。

7月26日 中、英、美三国发表《波茨坦公告》，敦促日本投降。

8月6日和9日 美国先后在日本共投下两枚原子弹。

8月8日 苏联对日宣战。

8月9日 毛泽东发表《对日寇的最后一战》的声明。

8月14日 日本政府正式照会中、美、英、苏四国政府，表示接受《波茨坦公告》。

8月15日 日本宣布无条件投降。襄西中心县军事指挥部根据朱德总司令的命令及第三军分区的具体部署，向石牌、冷水、子陵、南桥、双河、荆门城关、团林铺、荆南、脚东港、淯溪、河溶、慈化及抗日民主根据地周围的日伪军发出通牒，令其向人民抗日武装缴械投降。

9月2日 日本代表在投降书上签字。至此，中国抗日战争暨世界反法西斯战争胜利结束。

9月3日 成为中国人民抗日战争胜利纪念日。

10月25日 中国政府在台湾举行受降仪式。被日本占领50年之久的台湾等岛，重归中国主权管辖之下。这成为抗日战争取得完全胜利的重要标志。

附录二

襄西抗日民主根据地区（营）级以上烈士名录

姓名	性别	籍贯	入党时间（年 月）	入伍时间（年 月）	牺牲时年龄	牺牲时部别	职务	牺牲时间（年 月）	牺牲地点及原因
苏 震	男	宜都	1932	1940.1	26	中共襄西地委	书记	1940.12	在钟祥东桥官验冲遭国民党武装特务杀害
龙剑平	男	荆门	1941.5	1940	35	襄西行政委员会	主席	1942.2	于荆南沈家中湾遭日伪军突袭牺牲
宁玉庭	男	荆门	1938	1930	31	中共荆（门）当（阳）钟（祥）中心县委	书记	1943.2	于荆钟北山遭土顽、日军袭击牺牲
王建桥	男	枣阳	1938	1940	28	中共襄西中心县委	副书记	1944.4	于当阳洪庙被叛徒杀害
朱立文	男	广西百色	—	红军	32	第四军第五师第十五旅	副旅长	1941.12	于汉阳索河与日军战斗中牺牲
王 展	男	宜昌	1940.8	1940	26	中共荆（门）当（阳）远（安）中心县委	书记	1947.5	在荆门黄家集遭国民党地方武装袭击牺牲
陶先绣	女	当阳	1927.5		33	襄西妇女救国会	主席	1942.7	于当阳官垱遭日军杀害
李纯斋	男	荆门	1927	1928	48	中共襄西中心县委	副书记	1945.7	于荆南蒋家集遭日军杀害
许 猛	男	荆门	不详	红军		中共襄西工作委员会	副书记	1948.5	于荆门十姑洞与国民党地方武装作战时牺牲
吴士芳	男	陕西子长	不详	红军		中共荆当县委	书记	1947.1	在兴山与国民党军作战时牺牲

续表

姓名	性别	籍贯	入党时间（年月）	入伍时间（年月）	牺牲时年龄	牺牲时部别	职务	牺牲时间（年月）	牺牲地点及原因
李尧阶	男	荆门	1945	1944	27	荆当远中心县行委会	副主任	1946.10	被国民党杀害于荆门城关白云楼
李香甫	男	荆门	不详	1937	29	荆南路西区	区长	1942.2	在荆南遭日伪军袭击被俘后，活埋于河溶
郑坤祥	男	京山	—			新四军第五师第十五旅第四十三团	政委	1944	在京山与日军遭遇战中牺牲
刘华廷	男	当阳	1938		46	荆当县政府	县长	1946.5	遭国民党暗杀于沙洋汉水边
周美成	男	当阳	—	1941	38	辽南行署金库	主任	1946.12	在辽宁复州瓦房店遭国民党军袭击牺牲
文家法	男	当阳	1941	1940	24	新四军第五师第十五旅第四十三团第二营	营长	1945.7	于河南驻马店与国民党顽军战斗中牺牲
张焕先	男	当阳	1939	1940	32	江汉军区第三团第一营	教导员	1946. 冬	在南漳与国民党军遭遇战中牺牲
曾昭荣	男	枝江	1939	1940	26	中共江（陵）枝（江）当（阳）工委	副书记	1944.6	遭国民党土顽赵益之杀害于江陵陈家草场
杨子仿	男	成都	1936	1938	27	新四军第五师第十五旅第四十三团	参谋长	1941.4	于当阳香炉山与国民党军战斗牺牲
杜邦宪	男	钟祥	1938		36	第三军分区政治部	副主任	1943.9	于京山、钟祥南山收编伪军时遭叛徒杀害

续表

姓名	性别	籍贯	入党时间（年 月）	入伍时间（年 月）	牺牲时年龄	牺牲时部别	职务	牺牲时间（年 月）	牺牲地点及原因
朱继安	男	荆门	1939	1937	33	中共荆钟北山区委	书记	1942.10	牺牲于钟祥
陈仁富	男	荆门	1929		37	荆门县农会	主席	1942	牺牲于当阳
李太贞	男	荆门	1932	1932		中共荆南路西区委	书记	1945.6	牺牲于荆门
郑家坤	男	钟祥	1926		48	中共荆钟特别区委	委员	1940.2	遭国民党反动派杀害于钟祥冷水铺陶家岭
刘杰全	男	河南唐河	—			新四军豫鄂挺进纵队第六团第三营	营长	1941.1	于钟祥瓦瓷与日军战斗中牺牲
万竹青	男	枝江	1939.3		26	中共江陵西北区委	书记	1942.1	被国民党土顽郑家良部杀害于江陵
徐　森	男	当阳	1927	1931	34	中共当阳县南宁区委	书记	1942.8	于荆门蒋家集遭日军剖腹牺牲
周绍汉	男	枝江	1938		23	中共枝江县董市区委	书记	1940.8	于枝江百里洲宝筏寺遭日军捕杀
罗洪年	男	当阳	1939.8		35	中共当阳县真理区委	书记	1942.8	遭日军活埋于当阳窑湾
陈华轩	男	宜城	1928	1928	47	中共宜城王集区委	书记	1941	被国民党捕获后牺牲

续表

姓名	性别	籍贯	入党时间（年月）	入伍时间（年月）	牺牲时年龄	牺牲时部别	职务	牺牲时间（年月）	牺牲地点及原因
李树阁	男	河北	—			新四军第五师第十五旅第四十三团	副营长	1941.4	于当阳香炉山与国民党顽军战斗中牺牲
詹福堂	男	应城	—			新四军豫鄂挺进纵队第六团第三营	副营长	1940.9	于荆门横店与国民党顽军战斗中牺牲
姚志惟	男	云梦	—			新四军豫鄂挺进纵队襄西独立团第一大队	副教导员	1940.9	于荆门横店与国民党顽军战斗中牺牲
刘志成	男	荆门	—	1940	29	新四军第五师第十五旅某部政工大队	副大队长	1943	牺牲于当阳
蔡子伦	男	江陵	1928	1928.12		中共江枝特别区委	委员	1943.11	被国民党土顽郑家良部杀害于江陵
邹文春	男	枝江	1940			中共江枝特别区委	委员	1944.9	遭日军杀害于枝江
曹子民	男	当阳	—			新四军第五师第十五旅新兵营	营长	1942	与国民党土顽郑家良部作战中牺牲
张葆仁	男	荆门	—					1942	被国民党捕去，折磨致死于恩施监狱中
常振纲	男	荆门	1943			荆南抗日民主根据地教育事业组织人之一		1946	被国民党杀害于荆门
郭先春	男	荆门	1940	1940		新四军第五师第十五旅第四十三团	营长		在汉川与日军作战时牺牲

续表

姓名	性别	籍贯	入党时间（年月）	入伍时间（年月）	牺牲时年龄	牺牲时部别	职务	牺牲时间（年月）	牺牲地点及原因
李　平	女	松滋	1937		24	中共鄂皖中心县委宣传部	部长	1943. 秋	牺牲于新洲张渡湖
张晓伍	男	松滋	不详			中共松枝宜纸厂河区委	书记	1942.4	被国民党捕去折磨致死于恩施龙凤坝
王祝宣	男		不详			中共荆南县委	副书记		在天汉与日军作战时牺牲
吴云鹏	男	汉阳	1937		31	中共鄂西北区第五地委	书记	1946.12	在南河葫芦坝与国民党军作战中跳崖牺牲
沈文清	男	钟祥	—			新四军第五师第十五旅第四十三团第二营	营长		在战斗中牺牲
苟洪宣	男		—			新四军第五师第十五旅第四十三团第二营	教导员		在当阳与国民党土顽郑家良部战斗中牺牲
蔡振华	男		—			新四军第五师第十五旅第四十三团第一营	营长		在战斗中牺牲
雷天明	男		—						在鄂西北战斗中牺牲
周　围	男	当阳	—			江汉独立旅某团	参谋	1948	在来凤与国民党军战斗中牺牲
马仲凡	男	云南腾冲	不详		36	《七七日报》采（访）通（讯）部	主任	1946.11	被国民党活埋于荆门城郊高店

续表

姓名	性别	籍贯	入党时间（年 月）	入伍时间（年 月）	牺牲时年龄	牺牲时部别	职务	牺牲时间（年月）	牺牲地点及原因
刘惠馨	女	江苏淮阴	1938		27	中共鄂西特委妇女部（曾任中共宜都县委书记）	部长	1941.11	被国民党杀害于恩施方家坝
孙世实	男	江苏吴江	—			中共宜昌特别支部	书记	1938.10	于嘉鱼遭日机轰炸牺牲
张代瑾	男	远安	1928		39	中共远安县特别区委	书记	1948.2	被国民党杀害于远安高楼村
王崇林	男	远安	1939		26	中共远安县特别区委	书记	1948.3	被国民党活埋于荆门南桥
张炳辉	男	当阳	—			荆当总队部	总队长	1946.10	在荆当边界与国民党军遭遇，战斗中牺牲
杨德望	男	当阳	不详			中共当阳县某区委	委员	1943	牺牲于当阳清平河
阮秉玉	男	当阳	—			当阳县抗日武装某大队	大队长	1943	牺牲于当阳清平河
熊禹吉	男	当阳	不详			中共当阳县真理区委	委员	1942.8	遭日军活埋于当阳窑湾
曾庆生	男	当阳	不详			中共当阳县某区委	委员	1942.8	牺牲于当阳慈化
任少堂	男	当阳	不详		31	中共当阳县某区委	书记	1943.8	牺牲于当阳河溶

续表

姓名	性别	籍贯	入党时间（年 月）	入伍时间（年 月）	牺牲时年龄	牺牲时部别	职务	牺牲时间（年 月）	牺牲地点及原因
袁天龙	男	当阳	不详			中共当阳县某区委	委员	1942	牺牲于荆门龙家辛集
刘望道	男	当阳	不详			中共当阳县某区委	委员	1943	牺牲于当阳丁场
魏洪炯	男	当阳	—			当阳县脚东镇联队	联队长	1943	牺牲于荆门张家场
邢成烈	男	当阳	不详			中共当阳县某区委	委员	1943	牺牲于冯家场
张　瓒	男	枝江	—			宜都县江北游击大队	副大队长	1944.10	于枝江新周场战斗中牺牲
朱正传	男	江苏常州	1938		28	中共鄂西北区第三地委社会部	部长	1946.12	于房、郧青石沟与国民党军遭遇战中牺牲
郭成枢	男	安陆	—			新四军第五师第十五旅第四十三团某营	副营长	1943	在曾家湾战斗中牺牲
郑明祥	男	河南	—			新四军第五师第十五旅第四十三团第三营	营长	1942	在襄西牺牲
周守惠	女	宜城	1928		41	中共宜城黄龙妇女支部	书记	1940.5	于宜（城）西遭日军杀害
尹启和	男	当阳	1939		31	中共当阳县真理区委情报组	组长	1941.9	于当阳邓家河被日军杀害

续表

姓名	性别	籍贯	入党时间（年月）	入伍时间（年 月）	牺牲时年龄	牺牲时部别	职务	牺牲时间（年 月）	牺牲地点及原因
张尚贵	男	当阳	—			中共当阳县真理区委	军事委员	1942.8	遭日军活埋于当阳窑湾
靳帮兴	男	荆门	—	红军		新四军豫鄂挺进纵队第八团		1941.2	在钟祥周家集与日军作战中牺牲
曾庆望	男	当阳	不详			中共当阳县真理区委	财政委员	1942.8	遭日军活埋于当阳窑湾
张文津	男	钟祥	1937	1939	39	中原干部旅	旅长	1946.8	被国民党军胡宗南部扣押秘杀于宁陕东江口
杨　奇	男	广东	1938	1940		新四军豫鄂挺进纵队襄西独立团		1940.9	横店战斗中被国民党新二军俘去杀害
李××	男		—			新四军豫鄂挺进纵队襄西独立团		1940.9	横店战斗中被国民党新二军俘去杀害
何功伟	男	咸宁	1936.8		26	中共鄂西特委（曾任湘鄂西区党委书记）	书记	1941.11	被国民党杀害于恩施方家坝

后 记

本书是在《襄西抗日民主根据地史稿》（简称“史稿”）的基础上进行修订的。是第一部全面记叙抗战时期中国共产党领导襄西人民创建抗日人民武装、开辟抗日民主根据地的奋斗历程及党组织自身发展历程的专著，具有重要的史料价值和学术价值。但随着时间的沉淀和地方党史研究的不断深化，以及有关史料的进一步发掘，“史稿”在一些方面存在的不足和局限性也日渐凸显，亟待重新修订。有鉴于此，“史稿”被正式列入《新四军和华中抗日根据地历史研究全书》（湖北部分）选题后，湖北省新四军研究会即于2019年9月25日作出决定，委托宜昌市新四军研究会组织专班，着手开展对“史稿”的修订工作。

受宜昌市新四军研究会委托，市史志研究中心孙志中主任召集副主任杨鹏、宣教科科长周开军等同志召开专题部署会，聘请望开国同志具体负责“史稿”的修订工作。修订过程中，认真吸纳中央档案馆和近几年的一些发展成果、资料，对“史稿”进行了增删、校核和调整，使本书更加全面真实地展现了襄西抗日民主根据地不断发展壮大的光辉历史。在中国新四军研究会徐红、徐君华等专家和湖北省新四军研究会有关专家审读意见的基础上，经再次勘误校对后形成定稿，并定名为《襄西抗日民主根据地史》。本书在修订过程中，宜昌市史志研究中心宣教科科长周开军做了大量协调联络工作。

本书的修订出版由曾求腾会长策划并主持，最后进行复审、统稿。刘飞负责本书的资料收集、信息传递、付印、出版过程中的协调等工作。

由于水平和资料所限，这部修订再版的《襄西抗日民主根据地史》亦难免存在错漏之处，敬请广大读者批评指正。

编 者

2021 年 5 月 10 日

9

鄂东抗日民主根据地史

鄂豫边抗日民主根据地史丛书

湖北省新四军暨华中抗日根据地历史研究会◎编

汪　杰◎主编

库　充◎修订

新四军和华中抗日根据地历史研究全书

中国文史出版社
CHINA CULTURAL AND HISTORICAL PRESS

图书在版编目（CIP）数据

鄂东抗日民主根据地史 / 汪杰主编 ; 库充修订 . --
北京 : 中国文史出版社 , 2021.12
（鄂豫边抗日民主根据地史丛书）
ISBN 978-7-5205-3432-1

Ⅰ . ①鄂… Ⅱ . ①汪… ②库… Ⅲ . ①鄂豫皖抗日根
据地—史料—湖北 Ⅳ . ① K269.506

中国版本图书馆 CIP 数据核字 (2021) 第 249844 号

责任编辑： 梁玉梅

出版发行： 中国文史出版社
社　　址： 北京市海淀区西八里庄路 69 号院　邮编：100142
电　　话： 010-81136606　81136602　81136603（发行部）
传　　真： 010-81136655
印　　装： 北京温林源印刷有限公司
经　　销： 全国新华书店
开　　本： 16 开
印　　张： 74.75
字　　数： 1066 千字
版　　次： 2022 年 6 月北京第 1 版
印　　次： 2022 年 6 月第 1 次印刷
定　　价： 258.00 元（全 4 册）

《新四军和华中抗日根据地历史研究全书》

总 序

习近平总书记说："历史是最好的教科书。"一个没有历史记忆的民族是没有前途的。由南方八省红军游击队组建而成的新四军，是中国共产党领导下的主要抗日武装力量之一，在全民族抗日战争中，与八路军相呼应，与正面战场相配合，驰骋大江南北，纵横华中敌后，在日伪军指挥中枢所在地周围和补给通道两侧的华中敌后地区，开展游击战争，灵活机动，浴血奋战，以弱制强，为赢得中国抗日战争和世界反法西斯战争的胜利作出了重大贡献；依靠人民群众，建立了地跨苏、皖、鄂、豫、浙、赣、湘等广大地区的华中抗日民主根据地。新四军不仅创造了辉煌的战绩，积累了丰富的建政、理财、兴文和统战经验，还为后人留下了以铁军精神为特色的宝贵精神财富。新四军和华中抗日根据地的历史，是中国共产党和人民军队历史不可分割的一部分。

中国新四军和华中抗日根据地研究会成立以来，在叶飞、彭冲、周克玉、朱文泉几任会长的带领下，在新四军和华中抗日根据地历史资料搜集整理和学术研究方面，取得了可喜的进步和丰硕成果。随着中央档案馆大量历史文献的陆续公开，各兄弟新四军研究会一些有价值的回忆史料和专题研究论著的出版，这就有可能也有必要把这些最新成果整合起来，更系统、更全面地反映新四军和华中抗日根据地的历史面貌，科学总结带有规律性的历史经验，形成《新四军和华中抗日根据地历史研究全书》（简称《新四军全书》）。坚持历史唯物主义、辩证唯物主义观点，以实事求是的科学态度，以新四军和华中抗日根据地史为经，以战役战斗、事件、人物为纬，全面规划，通力协作，广泛收集，科学整理，逐步实施，努力打造一部约200册规模，系统全面、准确规范、具有权威性的《新四军全书》，发挥存史、资政、育人作用，为实现中华民族伟大复兴的中国梦服务，这是功在当代、利及千秋的重大文化工程，是从事新四军和华中抗日根据地研究者的共同任务，让我们携起手来，去完成这一光荣而艰巨的历史使命。

编撰《新四军全书》，是在党的十八大后，由朱文泉会长发起，已经并将继续得到国家教育部、民政部、中共中央党史研究室、中共江苏省委、江苏省人民政府、军事科学院、原南京军区、南京大学以及北京、上海、重庆、江苏、安徽、湖北、浙江、江西、福建、四川、河南、广西、黑龙江、云南、广州等15省、市、自治区新四军研究会的支持。一代代新四军研究人员的辛勤工作，他们的功德将与新四军的名字相联，永载史册。

中国新四军和华中抗日根据地研究会

2013年10月

《新四军和华中抗日根据地历史研究全书》（湖北部分）

序

《新四军和华中抗日根据地历史研究全书》(简称《新四军全书》)是中国新四军和华中抗日根据地研究会正在打造的一部汇集新四军及华中抗日民主根据地历史研究现有成果的丛书，它规模宏大、系统全面、准确规范，由各省市新四军研究会共同编写，集史料性、学术性和权威性于一身。

湖北省按照中国新四军研究会（新办字〔2017〕13 号）文件精神进行了认真研究和合理规划，正在分步实施。我们已报中国新四军研究会 10 多个书目，决心用五年完成好。

编撰出版《新四军全书》(湖北部分)，有利条件很多。其一是新四军在湖北书写了一段波澜壮阔的辉煌历史。他们所开辟的豫鄂边抗日民主根据地是一块拥有 9 万多平方公里，1300 多万人口，成为活跃在武汉外围的横跨鄂、豫、皖、湘、赣五省的抗战基地，成为新四军和华中抗日民主根据地中面积最大、人口最多的一个战略区，为中国人民取得抗日战争的胜利作出了重要贡献。

在这块抗日热土上，以李先念、陈少敏、任质斌等为代表的新四军第五师党政军领导，高举抗日民族统一战线大旗，在日伪顽的夹缝中，将原则的坚定性和策略的灵活性结合起来，以百折不挠的精神和不胜不休的毅力，破关越隘，克难渡险，稳步开拓根据地，逐步建立“三三制”政权，快步发展人民军队，最终实现了对敌占华中重镇武汉的战略包围。这一奇迹的出现，

是中国共产党人坚强领导的生动体现，是新四军铁军精神的生动体现，是中国革命事业从无到有、从弱到强、从挫折走向胜利的生动体现。

新四军第五师所创造的这一段历史，为后人留下了宝贵的精神财富。自20世纪80年代初湖北省新四军研究会成立以来，在历任领导及新四军第五师老战士、广大研究工作者的共同努力之下，我们搜集、整理了一批极富历史保存价值的资料，推出了一批极有分量的研究成果，出版了一批质量较高的专题著作。《新四军全书》(湖北部分）即是根据这些年史学界研究的成果和国家解密的一些档案资料，对原出版过的重点书籍进行修订出版，而主要精力，则放在深入挖掘史料和撰写重大题材上，编纂推出一批新的专著，完善史料，弥补研究空白，以更好地实现存史、资政、育人的目的。

事过豪情在，精神代代传。这次汇集出版《新四军全书》(湖北部分)，既是赓续红色血脉、传承红色基因的需要，也是弘扬革命精神、推进新时代中国特色社会主义道路建设的需要。正如习近平总书记一直强调的“要讲好中国共产党的故事”那样，我们编印《新四军全书》(湖北部分）也是为了给大家学习党史、国史，知史爱党，知史爱国，提供一份精神食粮，因为“伟大的抗战精神，永远是激励中国人民克服一切艰难险阻，为实现中华民族伟大复兴而奋斗的强大精神动力”。当前，我国正处于改革开放深化阶段，各种矛盾交错；新冠肺炎疫情之下，又面临着严峻复杂的国际环境，处在世界未有之百年大变局之中。对此，我们必须以坚定的意志、坚韧的毅力，沉着应对来自各方面的挑战。而宣传抗战历史，反映抗战精神，加强爱国教育，以凝聚全国人民磅礴之力，万众一心建设好中国特色社会主义，在当下更有着特殊的意义。

感谢中共湖北省委、省政府的大力支持和关怀，感谢中国新四军和华中抗日根据地研究会各位领导和编辑委员会对《新四军全书》(湖北部分）出版的大力支持和帮助，感谢中共湖北省委党史研究室的鼎力协助和付出，这一切对我们进一步做好新四军第五师历史的整理和研究工作，都是莫大的鞭策和鼓励。

曾求腾

2021年3月10日

目录

前 言

抗日战争时期，富有光荣革命传统的鄂东人民，在中国共产党领导下，经过艰难、复杂的斗争，建立了具有重要战略地位和起了重大作用的鄂东抗日民主根据地。《鄂东抗日民主根据地史》所叙述的，就是鄂东人民创建、发展、巩固抗日民主根据地的光辉历程及其英雄业绩。

鄂东，系指湖北省平汉铁路（今京广铁路）以东、长江以北的与豫、皖、赣毗邻的地区。长江奔流其南，大别山横亘其北。境内以山地、丘陵为主，兼有平原，湖港星罗棋布，河流纵横交错，土地肥沃，人口稠密，物产丰富，历来就是兵家必争之地。大革命时期，鄂东的黄冈（含今黄冈市黄州区、团风县和武汉市新洲区）、黄安（今红安）、麻城（今麻城市）、黄梅等县是农民运动最澎湃的地方。土地革命战争时期，鄂东是鄂豫皖、湘鄂赣两大革命根据地的重要组成部分。1927 年 11 月，鄂东的黄安、麻城爆发了著名的“黄麻暴动”，创建了鄂豫皖的第一支工农革命武装——鄂东军，创建了第一个红色政权——黄安县农民政府。随后，鄂东军与商（城）南、六（安）霍（山）等地的农民起义军合编为红一军。不久，红一军又与黄梅成立的红十五军合编为红四军。1931 年 11 月，红四军与在麻埠成立的红二十五军在黄安七里坪整编成红四方面军。而后，红四方面军接连发起了黄安、商（城）潢（川）、苏家埠、潢（川）光（山）四大战役，共歼国民党军队约6万人，粉碎了蒋介石对鄂豫皖革命根据地的第三次“围剿”，促使根据地迅速发展到面积有4万平方公里，人口达350万，拥有黄安、商城、霍丘、英山、罗田、广济（今武穴市）6座县城和26个县苏维埃政权的地跨鄂豫皖三省的广大区域；红四方面军总兵力也扩展到4.5万余人。1932年10月第四次反“围剿”斗争失败，红四方面军被迫向西转移（后与红一方面军会合进行了长征）。为继续坚持鄂豫皖地区的斗争，11月在黄安檀树岗又重建了红二十五军。此后，红二十五军不仅担当了鄂豫皖反“围剿”斗争的主力，在艰难斗争中多次挫败蒋介石“清剿”“进剿”“驻剿”鄂豫皖的计划，而且于1934年11月开始了举世闻名的长征，是长征中首先到达陕北的红军主力部队。红二十五军长征以后，经过国民党军队残酷的“围剿”“清乡”，鄂东的革命力量和人民群众受到严重摧残，但革命斗争的烽火终未熄灭，高敬亭率领的红二十八军及所领导的红色便衣队，又在这里坚持了三年艰苦卓绝的游击战争。总之，在整个土地革命战争时期，鄂东人民进行了英勇顽强的武装斗争，付出了惨重代价，不仅对促进中国革命武装斗争的星火燎原和中国工农红军的发展壮大，为探索中国革命走农村包围城市的道路，作出了重大贡献，而且为而后广泛开展的游击战争，奠定了有力的基础。

全民族抗日战争爆发后，鄂东人民在中国共产党团结抗日的路线、方针指引下，发扬了英勇斗争的革命传统，毅然地投入了抗击日本帝国主义侵略的民族解放战争。他们在敌强我弱、顽大我小、日顽严重夹击的形势下，在中共鄂东各地党组织的领导下，坚持独立自主地开展武装斗争，发展抗日民族统一战线，团结各方面的抗日力量，克服重重困难，创建和发展了广阔的鄂东抗日民主根据地。许多共产党人和革命群众在争取民族解放的斗争中，洒下了热血，甚至献出了宝贵的生命。他们的丰功伟绩，将永远名垂青史，光照后人。

鄂东抗日民主根据地创建、发展的斗争历程，大致经历了以下四个阶段。

（一）抗日救亡运动的开展与抗日游击战争的发动阶段（1937 年 7 月至 1938 年 10 月），即《鄂东抗日民主根据地史》的第一章。在这个阶段，经过与国民党当局谈判，红二十八军改编为新四军四支队开赴皖中、皖东前线，在黄安七里坪成立了四支队留守处。中共鄂东特委在中共中央长江局、中共湖北省委领导下，以七里坪留守处为战略支点，培训抗日干部，聚集和发展革命力量，同时，在鄂东各县恢复、建立和发展党的组织，广泛深入地开展群众性的抗日救亡运动。随着日本侵略军的步步逼近和抗日救亡运动的蓬勃开展，中共黄冈中心县委和黄梅、黄陂等地党组织贯彻党中央和湖北省委指示，纷纷行动起来，把党的工作重心放到农村，积极筹建武装，依托农村准备发动敌后游击战争。

（二）开展游击战，开辟游击区，初创根据地阶段（1938 年 10 月至 1941 年 3 月），即《鄂东抗日民主根据地史》的第二章。1938 年 10 月武汉及鄂东沦陷后，中共鄂东的党组织先后在黄冈和鄂豫边的罗（山）礼（山）(黄）陂孝（感）、鄂皖边的黄梅，创建了五大队、六大队和八大队三支抗日武装。除八大队在成立之初被国民党反共顽固派绞杀外，五大队、六大队频频开展游击战，打击日、伪，并且在斗争中迅速发展壮大。1939 年 9 月 1 日，鄂东国民党反共顽固派发动了妄图一举消灭五大队的“夏家山事件”。五大队主力胜利突围西去，与六大队会合，仅留少数部队由黄冈中心县委率领，深入黄冈沿江敌后湖区，初创黄冈抗日游击根据地。1939 年 11 月，鄂东党组织和武装部队归属豫鄂边区党委和新四军豫鄂挺进纵队统一领导，从而进入了一个新的发展时期。接着，在豫鄂边区党委、豫鄂挺进纵队首长的直接领导和部署下，四次东进鄂东，开创了以大、小悟山为中心的礼山（今大悟）、(黄）陂（黄）安南、(黄）安礼（山）、(黄）安麻（城）等边县抗日根据地。同时，又组建了鄂东独立团，东进鄂皖边，开辟了浠（水）蕲（春）黄（梅）广（济）边广阔的游击区。

（三）抗日民主根据地建成与发展阶段（1941 年 3 月至 1944 年 4 月），即

《鄂东抗日民主根据地史》的第三章和第四章。1941 年初“皖南事变”以后，随着新四军五师建军，以及军事斗争的不断胜利，鄂东抗日民主根据地逐步发展形成了三大块：一是以大小悟山为中心，跨礼山、黄陂（今武汉市黄陂区）、黄安、麻城等县的鄂东北山区；二是以王家坊、涨渡湖为中心的黄冈、浠水沿江湖区；三是包括蕲春、广济、黄梅的鄂皖边湖区和山区。在上述三大块中，相继建立了十几个边区县级抗日政权和两个专署。随着抗日根据地的范围扩大及党组织和武装力量的蓬勃发展，鄂东抗日根据地在民主政权建设、统战工作、群众工作、生产建设、财贸税收、减租减息，以及教育、文化、卫生等方面，都得到了全面的发展。同时通过整党整风，加强了党的思想建设和组织建设。

（四）抗日根据地的继续扩大与巩固，夺取抗日战争最后胜利的斗争阶段（1944 年 4 月至 1945 年 9 月），即《鄂东抗日民主根据地史》的第五章。在这一阶段，鄂东地区的党政军民坚持斗争，不断粉碎日、顽的“蚕食”“清乡”“围剿”，进一步发展了鄂皖边敌后沿江和湖区根据地，创建了以彭泽、湖口为中心的赣北游击根据地，沟通了新四军五师与七师的联系通道。经过 14 年浴血奋战，鄂东军民和全国人民一道，终于取得了近百年来中国人民反抗外来侵略所取得的第一次完全的胜利。

鄂东抗日民主根据地地域辽阔。当时，归属鄂东抗日民主根据地党组织领导和抗日民主政府管辖，以及抗日武装游击活动的范围，不仅包括鄂东之孝感（今孝感市孝南区和孝昌县）、黄陂、礼山、黄安、麻城、黄冈、浠水、罗田、英山、蕲春、广济、黄梅等县的大部分地区，还包括豫南、皖西、鄂南、赣北的部分地区，总计 20 余县的广大农村。这一地区地处吴头楚尾，踞武汉东北，扼长江中游，控平汉铁路南端，具有重要的战略地位，在抗击日本侵略者的斗争中，发挥了重要作用，主要表现在以下几个方面。

（一）鄂东抗日民主根据地是鄂豫边抗日民主根据地的重要组成部分，是新四军五师赖以执行自己的战略任务，达到保存和发展自己，消灭和驱逐日伪目的的重要战略基地之一。1941 年初，新四军豫鄂挺进纵队主力第四次东进鄂东，在大小悟山站稳了脚。由于大小悟山三面临敌，一面接顽，又是老苏区，便于利用日顽矛盾，较之京山的八字门、随南的白兆山更具地利人和的条件，鄂豫边区首脑机关和随后成立的新四军五师指挥基地就由八字门、白兆山转移到大小悟山。此后一直到日本侵略军投降，鄂豫边区首脑机关和五师的指挥基地就都设在鄂东地区。鄂东抗日民主根据地的不断发展、扩大，还为五师部队开辟了广阔的回旋余地和消灭日伪的良好战场。五师以及鄂东地方人民武装，以鄂东根据地为依托，抗击、牵制了鄂东境内数十个日军据点的日伪军，从东北对武汉实施战略包围，威胁、袭扰武汉日军至伪首都南京的长江航道。人民抗日武装在鄂东直接打击日伪军的战斗数百次，不仅粉碎了日伪军频繁的“扫荡”，其中包括 1942 年 12 月日军第 3 师团全部、第 40 师团和伪十一师各一部共一万余人对鄂东抗日民主根据地的“扫荡”，而且经常主动出击，广泛开展游击战、破袭战，一度攻克仓子埠、阳逻、下巴河、蕲州等沿江日伪军据点，还拔除或迫使日伪军放弃宋墙、淋山河、上巴河、方高坪、中馆驿等 10 多处据点。伪八军李汉鹏部，就是被鄂东人民抗日武装彻底打垮的。

（二）鄂东抗日民主根据地是鄂豫边区、新四军五师的重要后勤补给基地。五师的兵工厂、修械所、被服厂、印刷厂、医院等，有许多设在鄂东礼山、陂安南和黄冈根据地。为供给鄂豫边区机关、五师部队上万人的衣食和五师兵员补充之需，鄂东抗日民主根据地民众踊跃出钱、出粮、出人。据不完全统计，1941 年到 1942 年，鄂东各地每月提供给边区、五师的税款达百万元（法币[①]）以上，是当时鄂豫边区税收贡献大户之一。鄂东抗日根据地还为鄂豫边区、五师提供了大量粮食，仅 1943 年一年即达 20 万石（担）以上。

---

① 法币，指 1935 年 11 月以后国民政府通过中央、中国、交通、农民四个银行所发行的货币。

为了组建、补充、扩大新四军五师主力部队，鄂东根据地除经常动员青年入伍、不断补充五师主力部队战斗减员外，还将地方武装成建制地升级、改编为五师主力部队。五师第十四旅主要是由鄂东地方武装升级、组建的。抗战期间，黄冈县先后组建了五大队、鄂东独立团、十四旅四十一团、四分区挺进十七团等武装，提供成建制的兵员3000人以上；浠水县地方武装编入五师的有700余人；蕲（春）黄（梅）广（济）地区先后组建了四个独立团。在十四旅四十团编为五师特务旅一团以后，蕲广独立团便升级替补为四十团；陂安南、安礼、安麻三个边区县到1944年成建制升级的兵力达2500人。1945年日本投降以后，鄂东地方武装又组建了中原军区独立第二旅。

（三）鄂东抗日民主根据地是鄂豫边区、五师实现其战略意图，向东打通与新四军七师联系，发展皖西、赣北抗日游击根据地的前进出发地和后勤补给基地。为了向东打通与新四军军部的联系，改变五师孤悬敌后的处境，并策应华中新四军二师、七师反顽作战，五师多次组织鄂东地方武装东进皖西。1941年4月22日，五师十四旅四十二团东进到皖西宿松陈汉沟，与七师挺进团先头部队胜利会合，首次沟通了与新四军兄弟部队的联系。1943年6月，奉五师之命，以黄梅等县地方武装编成的挺进十八团，在鄂皖边中心县委副书记郑重的率领下，东进皖中。这次东进，虽因在太湖、潜山遭顽军堵截被迫返回，未能实现沟通与七师联系的预定计划，但吸引、牵制了桂军的力量，对新四军兄弟部队的反顽斗争起到了策应、配合的作用。同年9月，郑重奉命再次率挺进十八团一部东进，到达安徽桐城山区，与七师临江支队会合。随后，郑重又率部挺进到江南赣北的彭泽、湖口一带，创建了以彭泽、湖口为中心的赣北游击根据地，从而完成了建立五师、七师两师经常性联系通道的任务。这条相对安全、稳定的通道，对沟通五师与七师，并通过七师沟通与军部的战略联系、人员交往，发挥了一定的作用。

（四）鄂东抗日民主根据地是发展鄂南、进军湘粤赣的桥头堡和跳板，还是南进部队休整补充、给养供应的后方基地。1939年秋，中共黄冈中心县委即派人到江南鄂城（今鄂州市）沿江地区发动游击战，并创建了沿江小块游击根据地。1942年5月初，根据新四军军部命令，五师十四旅分两路由黄冈、下巴河之间的长圻寮和蕲春、田家镇之间的银山垅过江，挺进鄂南。而后，十四旅又以鄂东沿江湖区抗日根据地为依托和跳板，以控制和发展长江南岸沿江湖区根据地为重点，多次跨越长江，长途奔袭，创建和发展了鄂南抗日民主根据地。根据党中央的战略部署，王震、王首道等于1945年2月率八路军三五九旅南下支队南征湘粤赣，同年9月又率队北返，往返均经鄂东地区，并都曾在鄂东根据地进行休整。鄂东抗日民主根据地党政军民为他们的安全渡江以及休整补充，在衣食住行等方面提供了充分的保障和妥善的安排。

此外，抗日战争胜利后，面对蒋介石发动的反革命内战，鄂东抗日民主根据地党政军民继续坚持斗争，发挥了新的作用。1946年夏，鄂东独二旅为吸引、牵制国民党军队的兵力，掩护五师主力部队实施中原突围，坚持在鄂皖边、鄂豫边进行艰苦的游击战争。1947年，鄂东军民又迎来了挺进大别山的晋冀鲁豫野战军（习惯称刘邓大军），积极为刘邓大军筹集粮秣，侦察敌情，配合作战，为刘邓大军主力部队迅速展开，并在鄂东取得著名的高山铺大捷，以及鄂豫解放区的建立，创造了极为有利的条件，作出了重要贡献。

第一章

鄂东抗日救亡运动的开展与抗日游击战争的发动

（1937 年 7 月—1938 年 10 月）

第一节　鄂东抗日民族统一战线的形成与七里坪战略支点的建立

一、抗日战争爆发时的鄂东政治形势

1937年7月7日，日本侵略军发动卢沟桥事变，抗日战争全面爆发。经过中国共产党的积极推动，在各阶层人民高涨的抗日热情影响和日本帝国主义的步步紧逼下，以蒋介石为首的国民党当局迫于形势，与中共代表举行了关于国共两党合作事宜的谈判，并先后达成包括“西北红军主力改编为国民革命军第八路军”“南方八省边界十三个地区的红军和游击队改编为国民革命军陆军新编第四军”等内容的两党合作抗日的协议。9月，董必武以中共中央代表的身份到达武汉。10月，在汉口安仁里2号正式成立中共中央代表与八路军驻汉的公开机关——八路军驻武汉办事处（简称“八办”。12月中共中央长江局在武汉成立，“八办”对内则是中共中央长江局）。不久，正式宣布成立新四军，叶挺任军长，项英任副军长（实为政治委员）。这样，在全国范围内便逐步形成了以国共两党为主体的全国各阶级、各党派、各阶层联合抗日的新局面。

随着全国抗日民族统一战线新局面的形成，鄂东政治形势也相应地发生了变化。1937年4月至6月，蒋介石曾调集200个团共30多万人，对活动于鄂豫皖边区的红二十八军实行所谓“三月秘密围剿”。到全国抗战爆发时，“三月秘密围剿”已基本停止。8月，鄂东地区内战的枪声渐告平息。但是，由于鄂东国民党地方军政人员大都是土地革命战争时期共产党的死对头，不少人双手沾满了革命志士和无辜群众的鲜血，其中的一些人在抗战爆发后依然热衷于搞“攘外必先安内”的对内残杀。如当时的国民党黄冈县长余希纯等，压

制群众抗日救亡运动，并继续公开发表反共言论；黄安县长蔡成则继续使用“剿抚兼施”的手段，指使黄安县第三区区长曹文卿给红二十八军在七里坪区的便衣队送信，引诱便衣队向其投降。同时，国民党在鄂东的政治机构大都相当腐败，尤其是基层的保甲组织更加黑暗腐化。土豪劣绅等封建势力与官府相勾结，利用保甲把持行政，横行乡里，鱼肉百姓。“流氓地痞之横行无忌，官方勾结土劣之敲榨人民，纵容土匪之骚扰地方，不一而足。”[①]腐败的封建官僚统治和残酷的阶级剥削，加上国民党当局实施的白色恐怖，使鄂东地区广大人民群众处于水深火热之中。不过，面对异族的侵犯，在鄂东国民党军政人员和地方士绅中，也因各人经历有异，反共的程度有所不同，对国共合作抗日的态度也有所区别。其中曾经参加过辛亥革命、北伐战争或跟共产党曾有过联系的一部分人，出于民族正义感，逐渐趋向开明。他们赞成停止内战，一致御外。自抗日民族统一战线形成以后，这些人基本上不再发表破坏团结的言论，在行动上也有某种抗日的表现。也有部分国民党地方军政人员和地主豪绅慑于民众救亡运动的浩大声势，其反共气焰不得不有所收敛。

另一方面，鄂东具有光荣的革命传统，受过革命的洗礼。1920 年成立的中国共产党武汉早期组织六名成员中，就有董必武、陈潭秋、张国恩、包惠僧四人是鄂东人；其中董必武、陈潭秋和包惠僧还出席了中国共产党第一次全国代表大会。鄂东的黄冈、黄安、黄梅、麻城等县在大革命时期是农民运动最澎湃的地方。土地革命战争时期，鄂东是鄂豫皖、湘鄂赣两大革命根据地的重要组成部分。1927 年 11 月，黄安、麻城爆发了著名的“黄麻起义”，并在斗争中建立了鄂东第一支工农革命军——鄂东军。随后，鄂东军发展为红七军。1928 年 7 月，鄂东军改编为红十一军三十一师。1930 年，红十一军三十一师又同商南、六霍农民起义武装合编为红一军。1931 年 1 月，红一军与在黄梅成立的红十五军合编为红四军。同年 11 月，红四军与在麻埠成立的

---

① 中共鄂东特委：《鄂东工作报告书》(1938 年 6 月 30 日)。

红二十五军在黄安七里坪组编成红四方面军。1932 年 10 月，红四方面军被迫向西转移至四川、陕西。而后，在黄安檀树岗重建红二十五军。1934 年，红二十五军北上长征后，高敬亭领导的红二十八军及其属下的便衣队仍然继续坚持斗争。在这期间，遭受国民党长期残酷“围剿”“清剿”，鄂东的革命力量虽然受到严重摧残，遭受重大损失，但革命斗争的烽火终未熄灭，在广大的农村地区依然有坚实的群众基础。到 1937 年 8 月，在黄安，有黄安县委及其所属之便衣队 100 余名骨干；在黄梅、蕲春、英山，有邹一清、张凤林、何启、詹绪辉、林岩等地下党员骨干及几支小便衣队；在黄冈，有漆先庭、刘天元、王福堂、林桂华、刘洪顺、高山、林少怀等组成的三个秘密区委及三四十名零散党员。[①] 在国难当头，尤其是南京失守前后，面对着生死存亡的问题，像全国各地一样，鄂东各阶层人民都迫切要求抗日，并且掀起了群众性的抗日救亡运动高潮。共产党人站在了抗日斗争的前列，并随着抗日救亡运动的展开，影响力与日俱增。许多青年知识分子在大革命和土地革命战争时期曾直接或间接地受过马列主义的影响，支持或同情中国共产党。抗日救亡运动的激荡，使他们进一步认定只有在抗日民族统一战线的旗帜下，在中国共产党的领导下，才能实现民族独立和人民解放，从而以更加自觉的姿态投入到了党领导的抗日斗争的洪流中。

二、岳西、七里坪谈判与鄂东抗日民族统一战线的初步形成

1937 年 7 月 15 日，率领红二十八军在大别山浴血奋战三年、与党中央失去联系的军政委高敬亭，得到交通员从红军驻西安联络处带回的中共中央有关国共合作、停止内战的文件后，不计血海深仇，以民族利益为重，主动致函国民党军事当局派驻豫鄂皖边区的“剿共”督办卫立煌，提出停战谈判。7 月 20 日，高敬亭委派中共皖鄂特委书记何耀榜与国民党豫鄂皖边区督办公署

① 中共湖北省委组织部:《抗日战争初期湖北全省组织情况》(1938 年 5 月 19 日)。

的全权代表刘纲夫，在安徽省岳西县青天畈举行谈判。经过协商，达成了停止内战、一致抗日的协议。28日，双方代表在岳西县九河朱家大屋举行签字仪式。高敬亭化名李守义，以红二十八军政治部主任的身份出席签字仪式。何耀榜和刘纲夫分别代表本方在停战协议上签字。从此，国共两党自1927年以来在鄂豫皖边区所进行的长达10年的内战，便告结束。

在此之前，中共中央已从多方面设法沟通与红二十八军的联系，并决定从中央党校和延安红军大学抽出一批干部，由郑位三、肖望东率领，前往鄂豫皖边区向红二十八军领导人传达中共中央关于国共合作实行抗日统一战线的指示。1937年7月上旬，毛泽东接见了郑位三、肖望东以及程启文、张体学、熊作芳等20多名即将前往鄂豫皖边区工作的干部。9月，郑位三、肖望东等一行先后辗转到达黄安县七里坪，与高敬亭等红二十八军领导人会合。

10月，郑位三、高敬亭、何耀榜与刘纲夫和鄂东行政督察区[①]专员程汝怀等在七里坪再次举行了谈判，并达成如下协议：（一）国共合作抗日；（二）双方释放被俘人员；（三）七里坪为红二十八军集结改编地点，国民党军队全部撤出这个地区；（四）红军和便衣队停止打土豪，其给养暂由国民党方面负责；（五）救济失业人员和安置跑反回来的群众。

根据国共双方在岳西和七里坪谈判达成的协议，1937年9月上旬至10月下旬，红二十八军和活动于大别山区的地方游击队（包括鄂东的黄安、麻城、黄冈、浠水、蕲春以及鄂皖边的30多个便衣队）共1000余人，陆续集结于七里坪和礼山吕王城、宣化店一带。在此期间，黄冈县中共组织负责人漆先庭、石昆山、林少怀、周德顺（程鹤鸣）也与国民党黄冈县当局及驻黄冈的地方保安部队代表达成结束内战的协议，使得漆少川等一批被关押或监禁的

---

① 1936年3月，黄冈、黄安、黄陂、礼山、麻城、罗田、英山、浠水、蕲春、广济、黄梅划归湖北省第二行政督察区专员公署（又称鄂东行政督察区专员公署）管辖。1940年1月至1945年11月曾改组为鄂东行署，并一度增辖孝感等县。

“政治犯”获释。至此，以国共两党合作为基础的抗日民族统一战线在鄂东形成。

为了巩固和发展抗日统一战线，董必武、郑位三还利用各种途径与国民党地方军政官员及地方士绅进行交流，积极向他们宣传中共的抗日民族统一战线政策。1937 年 9 月，董必武专程会见了参加国民党湖北省政府“应变会议”而逗留汉口的程汝怀，对其晓以民族大义，并共商国共在鄂东合作抗战的事宜。早在 1937 年 7 月中旬，郑位三即通过其弟、中共地下交通员郑植惠从延安带来了致黄安县委的信。郑位三在信中介绍了党的统一战线政策，并提出可与国民党当地军政当局谈判。黄安县委据此曾试图与国民党黄安县政府谈判，但遭到国民党黄安县长蔡成的顽固拒绝。直到 1937 年 11 月，董必武以及黄安县委争取了新上任的国民党黄安县长余义民和县府的秘书、科长，以及区长、民教馆长和中学校长董贤玉等人的合作。

三、七里坪抗日战略支点的建立

1937 年 12 月，新四军军部在汉口成立。1938 年 1 月中旬，八路军参谋长叶剑英由汉口前往七里坪视察红二十八军的整训情况，并就部队的改编、东进和创建根据地等工作进行了部署。接着，红二十八军正式改编为新四军第四支队，高敬亭为司令员，林维先为参谋长，戴季英为政治部主任，下辖七、八、九团和手枪队、直属队。经过补充，四支队总兵力共 3100 多人。2 月 20 日，四支队接到新四军军部东进的命令。3 月 8 日，四支队在七里坪沙滩上召开东进誓师大会，并事先广泛张贴了《告老苏区人民书》。黄安县北各乡村群众闻讯，纷纷涌集七里坪，欢送子弟兵开赴皖中、皖东抗日前线。

四支队东进后，根据国共两党谈判达成的协议，1938 年 3 月上旬在七里坪成立了第四支队汉（口）蚌（埠）通讯处（也称四支队七里坪留守处）。留守处在中共中央长江局和湖北（临时）省委领导下开展工作，汪群、詹以锦先后任主任。除主任以外，留守处还有管理员、会计、文书、通讯员、勤务员、医生、看护（卫生员）、文印员、炊事员等20余名工作人员。这其中有的是随郑位三从延安南下的干部，有的是湖北（临时）省委派来的干部，有的是原红二十八军便衣队长和县区级地方干部。留守处的任务除安置和照顾四支队留下来的伤病员与家属、负责同八路军驻武汉办事处等有关方面的联络之外，更重要的任务就是掩护中共在鄂东的领导机关——中共鄂东北特别委员会（书记郑位三，后改组为鄂东特委）。因此，留守处实际上就是特委机关。

在中共中央长江局和湖北（临时）省委的领导下，红二十八军和四支队留守处以七里坪为基地，开展了以下几个方面的工作。

第一是培训抗日骨干。1937年10月至12月，红二十八军在七里坪福德乡秦氏祠堂办了一期“游击队干部训练班”和一期“青年干部训练班”，学员是集结起来的红二十八军便衣队员、地方干部和湖北（临时）省委从武汉介绍来的进步学生，共二三百人。12月起，受湖北（临时）省委之托，又在横湾村举办了两期“青年干部训练班”和一期“共产党员训练班”，学员主要是来自国统区的进步青年学生和共产党员，共300余人。“青年干部训练班”设“抗日民族统一战线”“抗日战争游击战术”“党的建设和群众工作”等课程。先后有郑位三、方毅、彭康、聂鹤亭和孙毅等负责各科讲授。学员还进行军事训练和野外演习。“共产党员训练班”的课程有《共产党宣言》和“党的建设”等。董必武、叶剑英都曾到七里坪训练班做过报告。训练班的学员“都是具有抗日热情、思想进步的知识青年。他们因敬慕中国共产党、追求救国救民的真理而来，他们在七里坪训练班呼吸到新鲜的民主自由的空气，如饥似渴地学习崭新的学问和知识，扩大了政治视野，思想理论水平大大提高，许多人坚定了走与工农相结合的道路和信念，从此成为职业革命者或党的骨干”[①]。七里坪训练班毕业的学员，一部分被分配到新四军第四支队战地服务团，一

① 方毅：《七里坪抗日训练班始末》，载《中原敌后风云》，湖北人民出版社1985年版，第92页。

部分被分配到国民政府湖北省建设厅合作指导处（中共实际控制的统战机构），还有一部分被分到全国各地。后来，在鄂豫边区和全国其他地区从事革命工作的袁立（女，后牺牲）、韦君宜（女，作家）、舒赛（女）、魏坚、史维汉、马识途（作家）、李齐璜（女）、刘惠馨（女，后牺牲）、胡笃畏，以及在鄂东担任领导工作的刘西尧、陈忠万（又名郑重，后牺牲）、陈景文（女）等，都曾是七里坪训练班的学员。

第二是筹建抗日武装。留守处将部分工作人员和集中在七里坪的四支队留守人员及伤病员共30余人，组成了共两个班28条枪的留守处警卫排。警卫排由罗厚福任排长，张体学任政治指导员，成员有聂庆泰、黄世德、黄宏坤、易元鳌、官楚印、熊桐柏、石建金、徐锡璜、潘继义、石天华等。这批人基本上是土地革命战争时期红军或地方游击队的基层干部，以后都成了发展鄂东抗日人民武装的骨干和中坚力量（多数牺牲在战场上）。警卫排人数虽少，但在四支队东进后的一段时间里，是中国共产党在整个鄂豫边区所掌握的唯一一支武装，也是中原敌后仅有的一支以成建制的红军为基础的部队。

第三是开展群众工作和统战工作。留守处经常派干部深入到群众之中宣传中共的抗日主张和统一战线方针、政策，进行社会调查，发动组织群众起来抗日。并且在农村中寻找原来的红军家属，了解他们的生活情况和在国民党“围剿”时被摧残的情况，对他们进行慰问。与此同时，运用董必武的影响和老关系，在国民党政府官员和士绅中开展统战工作，并以留守处名义同黄安、经扶县（今河南新县）政府及以及七里坪、箭厂河地区的国民党区署、联保及保甲长联系沟通，对他们晓以民族大义，说服、团结他们积极抗战，争取对留守处工作的支持。要求他们负责保证留守处和深入到农村工作的人员的安全，妥善照顾八路军、新四军的家属，注意帮助其解决生活中的困难。

留守处卓有成效的工作，极大地鼓舞了当地人民群众的热情。尤其是所办的青年干部训练班，十分活跃。课余时间，男女学员三五成群，抗日歌声在山乡缭绕，生机盎然。他们还利用业余时间登山或走访农村，演唱抗日歌曲，做群众工作。在国民党严密统治的七里坪出现这样一个“小延安”，国民党武汉行营深感不安。他们向长江局提出质疑：共产党在延安搞了个“抗大”，为什么又要在这里搞训练班？他们认为七里坪留守处已经超出后方留守机关的人员规模和活动范围，而且领导人（主要指郑位三）规格过高，因而提出压缩留守处人员并限制其活动范围的要求。为维护国共合作的大局，长江局和湖北省委采取了一些措施：一是让郑位三移驻武汉指导留守处的工作（日常具体工作由留守处党支部书记熊作芳负责）；二是减少留守处的工作人员，把四支队留下来的何耀榜、黄宏儒、刘名榜、易元鳌、官楚印等 8 名较有影响的红军干部送到延安学习，同时将一部分干部分派到各县委工作，并按本人意愿将个别身体病弱者遣散回乡；三是在青年干部训练班第二期结业后，将干部培训工作转移到应城的汤池。一直到武汉沦陷，留守处才由七里坪转移到经扶县城以西的陡山河白马山，于 1938 年 12 月正式撤销。

七里坪留守处从正式成立到撤销，虽然时间不长，但是在当时错综复杂的历史情况下，对中共组织和党的抗日武装在鄂东地区的恢复、建立和发展，对于宣传党的抗日主张，巩固和发展抗日民族统一战线，对于培养党的干部、发动和组织群众起来抗击日本帝国主义的侵略，发挥了重要作用。光荣的七里坪因而和竹沟（属河南确山县）、汤池一起，成为鄂豫边区和新四军第五师发展的三个战略支撑点。

第二节　鄂东群众性抗日救亡运动的高涨

在抗日民族统一战线初步形成的新形势下，鄂东出现了波澜壮阔的抗日救亡运动。“战时乡村抗日工作促进会”（简称“乡促会”）、“抗敌后援会”、“抗日工作团”、“青年救国团”、“妇女工作团”等抗日救亡团体如雨后春笋，在鄂东许多城镇成立和发展。这些组织通过各种形式广泛宣传发动、团结各阶层人民共同抗日。1937 年 12 月南京失守以后，徐州、安庆又相继沦陷，武汉危在旦夕，许多学校迁往鄂东避难，救亡图存的紧迫感日益凸显在鄂东各阶层人士的面前。与此同时，中共中央一系列关于国共合作、团结抗日的方针政策，通过武汉大学生巡回宣传队等各种渠道从武汉传到鄂东各地，进一步激发了鄂东民众的爱国激情和抗日斗志，从而掀起了抗日救亡运动的高潮。

在鄂东的政治中心黄冈县，除成立了“乡促会”黄冈分会外，还在黄州、仓子埠分别成立了“青年救国团”和“妇女工作团”的分团，并且在仓子埠成立了最能吸引广大群众的团体——合作社。为了领导和推动抗日救亡运动的深入开展，中共黄冈中心县委先后派张明、陈景文等党员骨干深入农村，宣传中共的抗日主张和统一战线政策，并发动群众积极投身于抗日斗争的第一线。在中共组织的宣传号召下，广大民众（尤其是青年知识分子）的抗日激情日益高涨，随时都在讨论抗战的形势和自身应尽的职责。许多知识青年毅然决然地投笔从戎，奔向抗日战场。其中仅黄冈六中就有 100 余名学生要报考军校，鄂东中学也有许多学生自发要求回乡参加抗日救亡工作。此外，还有不少社会贤达、开明士绅以及一些国民党基层政权工作人员，如地方士绅洪性初、叶大章、姚文轩及黄冈三区区长苏化龙等，在中共的抗日主张和统一战线政策的感召下，也热心参与抗日救亡活动，并在掩护中共地下党员和抗日干部及筹款筹枪等方面做了大量有益的工作。仓子埠附近龙王墩民主人士夏絜三、周繁淑夫妇，1937 年底从武汉回到农村。从 1938 年上半年起，他们长期接待中共工作人员及东北、华北进步流亡学生，并先后支持六个子女参加了抗日战争和革命工作。黄冈全县到处喊出了抗日救国的口号，唱起了抗日救亡的歌曲。其中一首歌唱道：

国民党，共产党，
两党合作来抗战，

两党合作中国不会亡；
国民党，共产党，
两党合作来抗战，
两党合作中国有希望。
…………

在毗邻武汉的黄陂，七七事变后不久，祝季伟、魏天一、杜石夫、刘天明、彭何能（彭鹤龄）等一些爱国青年，为寻求救国之道，奔赴延安陕北公学学习。1938 年 3 月，他们从延安学习归来，当即被武汉“八办”派往黄陂开展抗日救亡运动。魏天一等回到黄陂后，首先通过统战关系进入国民党黄陂县政府组织的黄陂县民众抗日动员委员会流动宣传队，到横店、滠口、祁家湾、罗汉寺、研子岗、长轩岭、六指店、许家桥等地开展抗日宣传活动。接着，他们又联合各界代表 20 余人，发起成立了湖北省战时乡村抗日工作促进会黄陂分会。同时，还在黄陂城内创办了暑期补习班和书报供应社。通过暑期补习班来团结进步青年，用书报供应社来发行战时的进步书刊报纸，帮助群众了解战时国内外形势。1938 年 7 月，黄陂“中华民族解放先锋队”（简称“民先”）在东城街陈慕点家正式成立，由祝季伟负责，任士舜代表共产党组织出席并讲话。在“民先”的积极宣传和动员下，很多进步青年参加了“民先”或流动宣传队。流动宣传队通过演讲、话剧、标语、漫画、传单等大众化形式，号召群众起来抗战。他们的宣传获得广大群众的共鸣和支持，在群众中播下了抗日的种子，激起了抗日热情。不少流亡的东北铁路工人，看完他们演出的《放下你的鞭子》等剧目以后，激动得当场大哭不已。

在老苏区黄安县，由于董必武、七里坪留守处和中共黄安县委的大力推动，国共合作出现了新的局面，抗日救亡运动呈现高潮。曾与董必武一起参加过反袁世凯斗争的李景韩（愈友），经黄安县委联系、动员，积极参加抗日救亡运动。在李景韩的影响下，黄安教育界的一批爱国进步知识分子，都团结在共产党周围，以学校为阵地，积极开展抗日救亡的宣传活动。在救亡运动的高潮中，非常时期宣传委员会、抗敌后援委员会、各界人民抗敌联合会等抗日救亡团体，先在全县三个区（抗战前夕，国民党将黄安县划为三个区）相继成立，然后又成立了全县的组织。不久又成立了黄安县文化行动委员会（简称“动委会”）。全县各校师生员工都积极加入“动委会”组织的巡回宣传活动。“动委会”领导人陈祺生等率领的黄安中学师生抗日宣传演出队到桃花、永河、八里湾、詹店、田店、桥店、河口等地进行宣传演出活动，激发了广大群众的抗日救亡热情。经各救亡团体宣传发动以后，各阶层为抗日救国做到了“有力的出力，有钱的出钱”。黄安县仅一个月时间就出动民工 20 万人次，修筑了从经扶白沙关至礼山黄陂站长达百余里的国防工事，其中建土堡 500 余座。各阶层人士还踊跃认购国民政府发行的救国公债，仅黄安县的殷实富户就认购了 2000 余元。

在黄梅县，地方党组织负责人桂林栖以黄梅县抗日动员委员会这个合法组织为活动中心，广泛联络土地革命战争时期的老同志、老关系，了解各阶层人士的动态，宣传共产党的抗日方针、政策。经过几个月的工作，在黄梅逐渐形成了一支以桂林栖和老党员邹一清及进步青年蒋永孚、石莹等为骨干的抗日力量。1938 年 3 月，桂林栖又动员他的哥哥桂艳清（湖北省公路部门职员）弃职回黄梅，参加“动委会”工作。他们通过“动委会”团结上层人士，并动员各阶层（重点是青年学生）中的积极分子参加救亡工作。后经桂林栖提议，在“动委会”领导下，成立了黄梅青年战时服务团，王占松任团长，蒋永孚任副团长，团址设在县城东街天后宫。服务团吸收了大量的知识青年，他们在县城及大河、油铺、土桥、停前、卓壁、独山等地动员各界人士组织“动委会”分会，并通过召开群众大会、演抗战戏剧、唱抗战歌曲等各种形式，开展抗日宣传活动。服务团不仅为团结爱国青年、动员群众起了积极作用，而且为黄梅沦陷后开展武装斗争准备了骨干。蒋永孚、杨鼎、蔡琼等一批爱国进步青年，就是通过服务团走上了革命道路，有的还在革命斗争中献出了生命。

在英山县，王枫、郑重等受湖北省委的派遣相继抵达后，即积极投入到了抗日救亡运动的组织工作中。1938 年 7 月，中共党员郑道瑛以民众教育馆馆长的公开身份，在城东蔡家铺利用英山县小学教师暑期讲习班开展抗日救亡的宣传活动。讲习班结束时，组成 30 余人的师生暑期抗日宣传队，分三个小队分别到东河、西河、南河开展抗日宣传活动。后来，共产党员魏新民（魏文伯）通过国民党政府县长杨必声（又名杨德华，中共地下党员）的关系，任英山县抗日动员委员会指导员。他们通过"动委会"，一是发动群众，建立和健全抗日群众组织，如农民抗敌会、妇女抗敌会、青年抗敌会和儿童团等；二是积极发展进步力量，动员和组织进步青年参加工作团或前往延安。程贞茂、余湛等爱国青年就是当时奔赴延安参加革命的；三是动员青年参军，组织地方武装。英山县的抗日救亡工作卓有成效，曾被誉为第五战区的抗日模范县。

此外，鄂东的浠水、广济、蕲春、礼山、麻城、罗田各地，也都广泛地开展了抗日救亡运动。广济县武穴镇举办的民众教育馆天天通过壁报发表通俗抗战小说、抗日军人传记等作品，宣传颂扬前线的爱国抗日军人，还举办了工人训练班、壮丁训练班等不同形式的培训教育活动，吸引了广大民众的踊跃参与；浠水县 1938 年 1 月成立了抗日动员委员会，接着，县、区、乡的青年抗敌会、妇女抗敌会等各界群众抗日团体也相继成立；罗田县党组织负责人黎景（原名黎竞平）出任县抗日动员委员会组织部长兼第三区"动委会"指导员，并通过"动委会"与罗田籍武汉学生抗日宣传团协作，在各区组织青年、妇女、农民"抗敌会"分会，举办抗日青年训练班；麻城籍中共党员汪国祯、江兰波（又名江文）和进步学生李道揆、龚邦定前往麻城、罗田毗邻地区开展抗日宣传，并与罗麻边的木子店、东义洲、殷家园、黄市、滕家堡等地进步青年广泛联络，成立了罗麻边青年抗日救国分团。

第三节　中共鄂东党组织的恢复和发展

红四方面军、红二十五军等主力红军相继撤离鄂豫皖革命根据地后，鄂东各县共产党组织大部分被国民党反动派摧毁，无数共产党员和群众惨遭杀害。在白色恐怖的环境下，鄂东人民没有屈服，共产党员更没有屈服。他们有的隐蔽起来等待时机；有的千方百计与红二十八军接上组织关系，秘密地开展活动。抗战全面爆发后，在中共湖北（临时）省委和鄂东特委领导下，鄂东党组织得到了迅速的恢复和发展。在不到一年的时间里，鄂东地区共产党员数已达到1528人。到1938年10月武汉失陷前，由于战争中党员的流动，鄂东尚有党员1300人[①]，是武汉外围党员最多的一个区域，占当时湖北省党员总数的40%以上。

一、鄂东北地区共产党组织的恢复和发展

1937年10月，中共长江沿岸委员会决定，在红二十八军活动区域建立以郑位三为书记的中共鄂豫皖特别委员会，领导鄂东、豫东南和皖西红军游击区域的党组织和红军游击队的工作，直属中共长江沿岸委员会（后改为中共中央长江局）领导。1938年1月2日，长江局对鄂豫皖特委成员做了充实，确定由郑位三、吴先元、郑维孝等人组成特委，郑位三仍任书记。3月8日，长江局决定撤销鄂豫皖特委，分别建立鄂东北特委和皖西工委。郑位三任鄂东北特委书记，管辖鄂东北和豫东南原红军游击区域的地方党组织。

鄂东北特委组建以后，鄂东北及鄂豫边地区党组织的恢复、整顿工作迅速展开。特委机关的20多名干部深入原鄂豫边苏区，寻找在被“清剿”时失散隐蔽下来的党员和发展新党员，并首先在豫东南组建了罗（山）南县委

① 中共湖北省委组织部:《湖北全省组织情形报告》(1938年5月19日)。

（书记杨厚益，对外称“四支队留守处罗南通讯处”）、经（扶）光（山）县委（书记田东）。接着，特委又派红军老干部杨业珍回到毗邻黄安县的麻城林店家乡建立和发展党的组织，开始建立了基层党支部。5 月，建立了黄（安）麻（城）县工作委员会（亦称安麻工委），书记杨业珍，党员有 20 余人。接着，在麻（城）罗（田）边境建立了张家畈、毕家榨两个党支部。

1938 年 6 月，鄂东北特委改组为鄂东特委，书记郑位三，副书记方静吉（方毅），划归湖北省委管辖。根据鄂东特委的部署，黄安县委负责人郑维忠、吴彩藻、童海峰、吴先奎等于 6 月开始着手恢复黄安县的党组织。第一步对原失散的党员进行审查甄别，首先恢复了从延安、武汉、上海等地返乡及以负伤名义从八路军复员的熊大福、江家生、黄维栋、曾广泰等 20 余名党员的党籍。接着在他们的协助下，经过调查登记，审查甄别，先后恢复了来显淼等 50 余人的党籍。这些党员成了在黄安农村发展党员、建立基层组织的骨干力量。第二步发展新党员，建立党的基层组织。到 1938 年 10 月黄安沦陷前，党的组织在全县 7 个乡（当时黄安县共有 13 个乡）已经恢复发展起来，共建立了 40 多个党支部，有党员 500 多人。

特委还派干部分别前往黄安西北部和毗邻的礼山县恢复党的组织。在黄安北部建立了安北县委，书记黄宏儒（后黄宏儒去延安学习，安北县委即撤销）；在礼山、黄安边建立了黄礼区委，钱运华为区委书记。钱运华于 1938 年初回到礼山四姑墩地区活动。他常化装成小商贩或卖柴的农民，走村串户，首先恢复失去组织关系而无变节行为的党员的党籍。到 1938 年春夏之间，先后在四姑墩、龙王山、华河桥建立三个党支部，共有党员 30 余人。与此同时，石天华带领甘元景、王德瑞、赵德成等党员，在礼山黄陂站一带筹建区委会，贺健华（贺建华）等在宣化店一带筹建宣化区委会。

二、中共黄冈中心县委的组建与黄冈、浠水等地党组织的恢复和发展

黄冈县原有一些零星党员，分散在各地秘密坚持斗争。1938 年 1 月，湖

北（临时）省委派刘西尧到鄂东组建黄冈中心县委，并担任书记。为了工作方便，省委决定刘西尧与陈景文（女）结伴前往黄州。陈景文的公开身份是刘西尧的“妻子”，实际是黄冈中心县委秘书。1月24日，他们到达黄州后，即按董必武的事先安排，以湖北省战时乡村抗日工作促进会工作人员的身份，找到董必武大革命时期的老朋友、黄州中心小学校长吴荫堂，并在中心小学取得代课教员的公开职业。2月初，吴荫堂又带他们在黄州考棚街租到两间房子，安下了中心县委机关。除了刘西尧外，黄冈中心县委委员还有省委派来的张明（任组织部长）、秦镜湖（负责黄石港工运工作）、黄尊望（黄德钦）。黄冈中心县委阵地主要在黄冈，并在浠水和田家镇、黄石港、武穴等沿江城镇开展工作。[①]

开始，黄冈中心县委主要是在黄州城里发展党的组织。黄冈第六中学在开展抗日救亡运动中，学生段亚杰（后改名文祥）曾主动到黄安七里坪找中共组织，寻求领导。刘西尧、陈景文到黄州后即首先找到文祥，并将文祥和黄冈中心小学教师胡定烈、樊毓明（女，后改名姚汝安）吸收入党。接着又将黄冈六中的孙恒久（后改名易鹏）、涂剑欧、贺佑三、樊明甫等进步学生发展为党员。黄冈六中很快建立了有十几名党员的党支部。2月10日，原在贾庙（含今团风县杜皮乡、贾庙乡等地）山区坚持斗争的老党员漆先庭、林少怀、石昆山到汉口“八办”进短期训练班接受培训。结业后，漆先庭由“八办”和湖北（临时）省委介绍到黄州与刘西尧接上关系，并参加中心县委为委员。通过漆先庭等人，黄冈中心县委逐渐与原来分散各地坚持斗争的零星党员接上了党的关系。接着，刘西尧、张明、秦镜湖、陈景文还分别到石灰窑、武穴、田家镇、团风、仓子埠、黄陂等地接收党的组织关系，并在团风启黄中学学生中发展了孙超、孙砚田等几名党员。后来，随着日军的逼近，黄冈中心县委的工作重心转移到农村，并积极在农民中发展党员，建立党组织。到5月，

① 刘西尧：《鄂东八年》，载《中原敌后风云》，湖北人民出版社1985年版，第95页。

中心县委已成立黄冈三区、四区[①]两个区委和黄州、团风两个特别支部，还在浠水、仓子埠成立了两个特别党小组，党员发展到250人。

1938年4月，黄冈中心县委派张明任浠水县委书记，并到浠水组建中共浠水县委员会，发展党的组织。6月初，张明在何家寨组织成立了浠水县抗日战争时期的第一个党支部，支部书记为祁开枝。到6月底，又建立了两个党支部和两个党小组。到8月，浠水县共建立了18个党支部。张明还到蕲春、广济接收党的关系，发展党的组织。他先后同王幼林、何启、张凤林、张翼南、居文焕等原来隐蔽下来的零散党员，接上了党的组织关系，并组建了党支部。

在此期间，受湖北（临时）省委的委派，黎景前往罗田县恢复和发展党的组织，并组建了中共罗田特别支部。在罗田特支的领导下，先后恢复和建立了滕家堡、平湖、河铺三个支部。1938年9月，罗田特支改组为罗田工委，划归浠水县委管辖。

三、中共黄陂特别支部的建立

1938年7月，日军发起了攻占武汉的战役。鄂东的抗日救亡运动愈益高涨，毗邻武汉的黄陂人民抗日情绪也更加激昂，形势已提出了必须建立共产党的组织来领导抗日救亡运动的要求。同时，黄陂的一些爱国青年如祝季伟、魏天一、杜石夫、刘天明、陈慕点等在抗日救亡运动中，经受了锻炼和考验，先后加入了中国共产党，因而也有了在黄陂建立共产党组织的条件。8月，在湖北省委的直接领导下，中共黄陂特别支部在黄陂罗汉寺刘家畈刘天明家里正式成立。参加成立大会的有湖北省委派来的林翔和黄陂的青年党员祝季伟、刘天明、何奇伟、陈慕点等。会上，由林翔代表湖北省委宣布中共黄陂特别

---

① 当时的黄冈县划分为六个区，各区署所在地为：一区黄州，二区团风，三区但店，四区新洲，五区阳逻，六区仓子埠。1949年以后，四、五、六区（又称冈西）划出成立新洲县。

支部正式成立，并指定祝季伟为特支书记。为了加强领导，不久，湖北省委又派任士舜回黄陂领导特支。在黄陂特支成立后，中国共产党就从政治上、思想上、组织上进一步领导了黄陂人民的抗日救亡运动，使黄陂抗日面貌为之一新。

四、鄂皖边地区共产党组织的恢复和发展

1937年冬，桂林栖在武汉接受董必武的指示后回到黄梅。他在黄梅开展抗日救亡运动的同时，广泛联络土地革命战争时期的老党员，为恢复党的组织做准备。不久，就与邹一清等失去党的关系的老党员取得了联系。随后，通过抗日救亡运动的考察，又发展蒋永孚、石莹等进步青年入党。1938年5月，桂林栖在黄梅考田吴之汉家召开了第一次建党会议，出席的有桂林栖、邹一清、蒋永孚、石莹、桂挹清等。会议讨论了关于建党工作计划、成立中共黄梅临时县委，以及与上级党组织取得联系等问题，还批准吸收了几名新党员。会后，按照会议的决定，加强了基层的组织发展工作，先后成立了中共一区（大河）、二区（蔡山）、三区（土桥）、四区（独山）四个区委和一些支部。接着，黄梅临时县委又在吴之汉家召开第二次会议。会议正式确定了县委组成人员：书记桂林栖，组织委员邹一清，宣传委员桂挹清，军事委员蒋永孚，青年委员吴光治，民运委员吴之汉，执行委员石莹。会议还作出以下决定：一是整顿和加强党组织的建设，秘密、严格地发展党的组织，党员不公开，党员之间不发生横向联系，凡有5个党员以上的乡（镇）必须建立区分委；二是抓紧巩固扩大武装，在扩大区乡（镇）自卫队同时，特别要加强对黄梅县政府第四中队的训练和领导；三是加强群众动员和组织工作。6月，黄梅临时县委与鄂东特委取得了联系，接受鄂东特委的领导。

1938年春，受湖北省委的派遣，王枫以国民党湖北省政府“农村合作经济督导员”的身份赴英山开展工作。王枫很快与姜克东、林岩等长期在英山坚持地下斗争的老共产党员取得了联系。6月，在七里坪训练班结业的郑重也

奉命来到英山，正式组成了以郑重为书记的中共英山县工作委员会。鄂东沦陷前，英山工委举办了青年讲习班，培训积极参加抗日救亡运动的进步青年，并从中吸收了李进、郑庆生等20多名进步青年入党。这些青年在以后的抗日各项工作中，都起了骨干和模范作用。

第四节 鄂东抗日游击战争的准备

鄂东的许多地区是老苏区，具有武装斗争的传统和经验，抗日救亡运动的高涨，共产党组织的恢复和发展，为建立抗日武装，开展抗日游击战争，创建抗日根据地打下了坚实的基础。在武汉会战即将开始、日军步步逼近的形势下，中共鄂东各级党组织和广大党员在上级党组织领导下，纷纷行动起来，把党的工作重心转向农村，依靠农村准备游击战争，并发动党员群众收捡枪支，通过各种途径创建抗日武装，为坚持长期的武装斗争进行了充分的准备。

一、工作重心向农村的转移

1938年3月8日，黄冈中心县委书记刘西尧化装成裁缝，深入到土地革命战争时期的贾庙山区根据地考察。在贾庙一带，刘西尧亲身感受到老根据地的良好群众基础，加上看到正面战场国民党军队的溃败，便确定把党的工作重心由沿江城镇转移到农村，依靠农村准备游击战争。4月，原红二十五军交通队长、七里坪留守处警卫排指导员张体学奉命来到贾庙，出任黄冈中心县委军事部长，与刘西尧等一起着手筹建抗日武装工作。中心县委机关随即也迁到贾庙的孙家冲。6月初，湖北省委书记郭述申前往黄冈检查工作，并就鄂东敌后游击战争的准备作出了指示。随后，省委农运部长、新任鄂东特委副书记方毅根据省委的派遣前往黄冈，代表鄂东特委直接指导黄冈、浠水等县的工作，并带来一些干部（其中包括丁宇宸等三位有军事工作经验的干部）。方毅来后，即进一步确定黄冈党组织的工作重心转移到农村，组织群众，准备发动游击战争。

随着黄冈中心县委机关迁到山里，20余名学生党员、青年积极分子进了山，把学生救亡运动与农民运动结合了起来。这对后来以农村为基地，创建抗日武装，开展游击战争，是有决定意义的一步。黄冈中心县委进山后，即宣传、发动、组织群众，迅速建立和扩大了黄冈、浠水、罗田、麻城连接的广大地区党的基层组织。为培训抗日骨干，黄冈中心县委和后来的黄冈县委还在孙家冲、何家冲举办了鄂东青年训练班，由刘西尧、陈景文等授课，漆少川负责生活供应保障等总务工作。

与此同时，中共黄陂特支根据黄陂北部大小悟山冈峦起伏、利于开展抗日游击战争的地理特点，决定在陂北山区的梅店一带建立活动据点，发动、组织山区群众起来抗日。为此，黄陂特支派任士舜回到他较为熟悉的老家梅店。任士舜回到梅店后，广泛联系各界群众，发动组织新梅店社，团结了一批爱国青年和其他阶层的抗日力量。

二、抗日人民武装的筹建

1938年7月，日军已近鄂东，国民党军队节节败退。针对这一形势，黄冈中心县委于7月21日至22日在黄冈贺坳孙家细屋召开扩大会议，就即将展开的鄂东敌后游击战进行了研究部署。参加会议的有方毅、刘西尧、张明、陈景文、文祥、漆少川、易鹏、孙超、张良卿、孙侠夫、林友先、林冬英、林荷先等20余人。会议决定迅速建立抗日人民武装，并号召党员紧急行动起来“一带三”（自己带头当兵，并动员三个群众当兵）。会议同时要求党员干部积极发动群众，收捡国民党溃兵遗弃的武器弹药，并利用各种社会关系筹枪、筹粮、筹款。会议还决定撤销黄冈中心县委，重组黄冈县委和浠水县委，并决定在日军可能占领的地区发展党组织，以便在日军的心脏地带建立党的阵地。会后，黄冈中心县委将贾庙支部秘密保存的“七条半枪”(“半条”即锯掉枪托的步枪）和总路咀党员以抗日保家名义从乡公所借出来的 10 多支枪集中起来，组织了一支有 30 多人的秘密武装，利用夜间进行军事训练。9 月初，国民党军队的溃军开始逶迤于途，党组织及时布置党员带领群众捡枪、换枪、买枪，队伍一下子发展到七八十人枪。

与此同时，在黄梅、浠水、英山、黄安、黄陂等县，地方党组织也通过各种途径筹建抗日武装。

地处鄂东边陲的黄梅，是鄂东最先被日军铁蹄践踏的地区。8 月初，黄梅县城沦陷后，中共黄梅党组织便依靠大别山为屏障，准备开展抗击日军的武装斗争。他们先是组成了以蒋永孚为队长、以党团员为主的近百人的抗日少年先锋队，四处收捡和收买国民党溃军遗弃和出卖的枪支弹药。后来，桂林栖又通过统战工作，取得了国民党县长刘鸿逵的合作，获得了公开建立抗日武装的许可。他们即以抗日少年先锋队和黄梅青年战时服务团为基础，建立了一支有七八十人的队伍，定名为“黄梅县抗日总队第四中队”，由蒋永孚任队长，桂挹清任指导员。下设三个分队。

1938 年 7 月，浠水县委在浠水县西北部与黄冈大崎山隔巴河相望的何家寨，组建了浠水县第一支人民抗日武装——鄂东抗日游击小组。不久，发展成为 90 多人的何家寨抗日游击队，队长姜晓轩，浠水县委组织部长蒋立兼指导员。

在鄂皖边的英山，县工委于 1938 年 7 月发动进步青年参加以林岩、沈华兴、沈兴耀等共产党员为骨干的英山县西河抗日自卫队，并且通过统战关系让有一定社会地位的程铁梅（北京大学学生）和沈兴兰为正、副队长。全队迅速发展到 70 余人枪，此后部分成员编入中共掌握的英山县抗日自卫队。

在黄安，许多共产党基层组织的负责人和老党员，从长期革命斗争中深知武装的重要。在国难当头之际，他们纷纷起来抓枪杆子，拉队伍。1938 年

8月，永河乡中心党支部书记董绍明组建了有15条枪、20余人的抗日游击队，接着吴彩藻、徐锡煌等在七里乡成立了天台山抗日游击队、杨山抗日游击队。还有柳林河、檀树岗、马鞍山、安东、安礼边、黄才畈、龙王山、安南等地也纷纷成立抗日游击队。到10月下旬黄安县城失陷时，黄安总共成立了13支抗日游击队。这些主要靠收捡国民党溃兵丢弃的枪支组成的抗日游击队，少则十余人枪，多则三四十人枪，总计400余人枪。

1938年8月，在黄陂北部梅店一带活动的任士舜，通过对国民党县长潘正道的统战工作，利用国民党县政府的名义，发动群众在汉（口）宣（化店）公路两旁收捡和收买国民党溃军抛散的枪支30余支，子弹10余箱，建立了有30多人的“梅店自卫队”。

第二章

鄂东抗日人民武装的建立和鄂东抗日民主根据地的开辟

（1938 年 10 月—1941 年 3 月）

第一节 鄂东地区的沦陷

一、日军对鄂东的入侵及所犯罪行

鄂东是抗战初期屏障大武汉的前哨阵地。1938 年 6 月至 10 月，日军发动了武汉战役。当日军兵分两路分别溯江而上和越大别山南下进攻武汉时，鄂东首当其冲。从 6 月中旬起，日军对鄂东各地的重要城镇及交通要道开始进行频繁的空袭。这些空袭目标除少数系军队驻地等军事目标外，绝大多数为居民区、商业区，以及学校、名胜古迹等非军事目标，导致大量的难民、居民以及军队伤病员丧生。据国民党湖北省政府的不完全统计，仅截至 1939 年 12 月底，鄂东地区就遭日军空袭 97 次，有空袭天数达 71 天。其间，日军在鄂东境内共投掷炸弹 1646 枚，直接造成 1098 名平民伤亡，3825 栋（间）房屋毁坏。[①]

1938 年 7 月 25 日下午 2 时，日军第 11 军波田支队突破鄂东的东南端要塞长江小池口侵入鄂东。随后，日军华中派遣军第 11 军第 6 师团自皖西西进，于 8 月 4 日占领黄梅县城，9 月 6 日占领广济县城梅川，10 月 17 日占领浠水县城，10 月 24 日占领黄陂县城；波田支队和第 116 师团石源支队、志摩支队沿江而上，于 9 月 17 日占领武穴，10 月 8 日占领蕲春县城蕲州，10 月 23 日占领黄州；第 2 军第 16 师团沿大别山北麓于 10 月 24 日进入鄂东北地区，于 10 月 25 日占领麻城县城，10 月 27 日占领黄安县城。在攻城略地的过程中，日军对沦陷区的平民和国民政府军非战斗人员进行了大肆屠杀，并到处焚烧民房。在杀人放火的同时，日军还大肆强奸妇女，连七旬老媪和 10 岁

①《湖北省抗战以来敌机空袭损害统计表》，存湖北省档案馆，档号 LSA2.14-10。

幼女都不放过。许多妇女遭蹂躏后，还被日军以惨无人道的手段杀害。日军残害中国人的方式无奇不有，其手段有刀砍枪杀、挖穴活埋、狼狗撕咬、剜眼砍头、装袋沉江、煤油淋烧、活人当靶、剖腹剜心、碎尸裂骨、倒插泥田等数十种，凶残至极。

鄂东地区沦陷后，日军在沿江和公路两侧相继设立了夏店（礼山境），小河溪、东阳岗（孝感境），姚家集、长轩岭、研子岗、横山渠、黄陂城、风剖桥、六指店（黄陂境），冯秀潭、黄安城、桃花店、尹家河（黄安境），宋埠、歧亭、中馆驿（麻城境），刘福二、柳子港、仓子埠、李家集、周山铺、阳逻、团风、大埠街、堵城、黄州、巴铺、方高坪、宋墙、淋山河、新洲（黄冈境），田家镇、武穴、龙坪（广济境），胡世柏、孔垄、小池口、濯港（黄梅境），兰溪、巴河（浠水境），蕲州、茅山、李家洲（蕲春境）等30多处据点[①]，并对大别山国民政府军控制区和中国共产党领导的鄂东抗日民主根据地进行了严酷的经济封锁和频繁的军事“扫荡”。为达到“以华制华”“以战养战”及巩固殖民统治的目的，日军还在其占领区建立扶持伪傀儡政权、榨取经济资源和进行奴化教育，并在其占领区压迫和镇压人民，实行极为残暴的法西斯统治，给鄂东地区人民的生命财产造成了巨大的损失，给人民生活和经济、社会的发展带来了深重的灾难。

据国民党湖北省政府的不完全统计，整个抗战时期，仅黄冈、黄安、麻城、罗田、英山、浠水、蕲春、广济、黄梅九县因日军入侵造成的直接死亡者就达40814人，占战前九个县人口总数的1%；被日伪军直接伤残的平民达50223人，占战前人口总数的1.2%；造成人口减少30.3万，占战前人口总数的7.4%（加上间接损失，共计造成人口损失50万以上）；造成公私财产直接损失5.1087亿元（折合1937年7月法币币值，以下同），其中居民财产损失4.6039亿元，社会财产损失5048万元；造成公私财产间接损失2.4225亿

① 中央军委作战部:《鄂豫边区根据地兵要地理》。

元，其中居民财产间接损失 2.0103 亿元，社会财产间接损失 4121.4 万余元；造成 139.6453 万人沦为难民，占战前人口总数的 34.3％；造成 42.2184 万人沦为赤贫，占战前人口总数的 10.4％。①

二、鄂东沦陷初期的形势

在日本侵略者面前，鄂东各县大批国民党地方要员带眷携款，逃之夭夭，行政系统大部瘫痪，一度处于“权力真空”的状况。一些地主、流氓、兵痞、国民政府军溃散军官，以及某些有爱国之心的士绅，纷纷打出“乡村自卫”的旗帜。他们乘国民党军队溃败时的混乱时机，收捡枪支，拉起队伍。一时间“游击队”比比皆是，“司令”多如牛毛。除其中的极少数以外，大量游杂队伍均打着“抗日”的旗号，干着坑害百姓的勾当，越发加重了鄂东民众的苦难。

黄州失陷后，程汝怀率鄂东国民党军政人员仓皇逃到新洲。不几天，又转至罗田的大崎山黄土岭。随后，程汝怀派人收编鄂东各地以“抗日”之名割据一方的地方武装，于 1939 年 1 月组建了鄂东游击总队，并出任总指挥。鄂东游击总队初设有三个纵队：第一纵队（后改为第十六纵队），司令李九皋，驻防黄安、黄陂、礼山；第二纵队（后改为第十七纵队），司令李倜生（后为王药宇、王丹侯），驻防巴水以东之浠水、蕲春、广济；第三纵队（后改为第十八纵队），司令王啸风，驻防巴水以西、歧（亭）宋（埠）公路以东之黄冈、麻城一带。三个纵队（旅）共辖有八个支队（团），另黄陂、麻城各一个独立支队。随后，又组编了第十九纵队，司令蒋少瑗，驻黄陂、孝感、礼山，下辖陈佑文部、张维生部、陈文清部等五个支队。鄂东游击总队总兵

① 参见《抗战两年来湖北省公私损失统计表》（存湖北省档案馆，档号 LS2-1-146）、《湖北省抗战损失统计》（存湖北省档案馆，档号 LSA2-24-18）。财产损失的法币币值系依据 1948 年国民政府主计部统计局编印的《中华民国统计年鉴》所载之《抗战期间全国零售物价总指数表》换算而成。

力合计约1.3万人。此外，受程汝怀节制的还有两个保安团和鄂东各县国民党县政府的保安队、自卫队等武装。程汝怀本是反共老手，他所网罗的游杂部队中也有不少骨干是内战时期镇压革命的刽子手。如第十九纵队支队长刘梅溪，1932年率“清乡团”在礼山刘家河一次就屠杀了128名革命群众（其中7户被杀绝）。抗战期间，程汝怀所率领的这支游击武装不积极打击日军，而是将主要精力“游击”百姓，鄂东群众对其恨之入骨。民间曾流传着这样一副用镶嵌修辞手法讥讽程汝怀及其亲信头目王啸风的对联：“王子本无能，啸聚山林，风声鹤唳，日寇未来先丧胆；程督果合格，汝图富贵，怀安旦夕，人民虽死不关心。”

1938年11月底，在日军停止追击国民党军队后，蒋介石重新划分了战区，将大别山划属第五战区，由国民党军战斗力较强的“新桂系”部队（亦称桂军，鄂东民众俗称其为“广西佬”或“老广”）之廖磊（后为李品仙）所率二十一集团军进驻，司令部设在安徽立煌（今金寨县）。驻防鄂东的为其第七军，军长张淦（后为八十四军，军长莫树杰），及其所辖由河南、安徽地方部队编成的第二、第四、第二十一游击纵队，共约4万人。第七军主要活动于鄂东北、豫东南及皖西山区，军部设在罗田滕家堡。全国抗战初期，驻鄂东的桂系部队虽然抗日态度是积极的，但出于其阶级立场和一己之私利，在本质上是反共反人民的。抗战之后，桂系军队远离其老巢两广（广东、广西）。为了建立新的立足点，以保存实力，对抗蒋介石的嫡系势力，它一直把整个五战区视为根据地和势力范围，对防区内的所有异己力量（包括鄂东国民党地方势力）均极尽排挤打击之能事。同时，桂军和其他国民党顽固派军队一样，军纪败坏，每到一地即挨家挨户打狗捕猫。鄂东民众对其敢怒而不敢言，因而流传着“养大的儿子是老蒋的（群众痛恨国民党蒋介石抓壮丁）；养大的猫狗是老广的（百姓称广西军为‘老广’）”的民谣。

抗战之初，代表大地主大资产阶级的国民党政府虽然被迫抗日，但并没有改变其反共反人民的本质。在武汉沦陷、抗日战争由防御阶段转入相持阶段以后，随着抗战形势的发展和日本对华政策策略的变化，国民党政府的内外政策也发生了变化，将重点由抗日转到反共，实行消极抗日、积极反共的政策。1939 年 1 月，国民党五届五中全会制定了“溶共、限共、防共、反共”的方针，接着又秘密颁布了《共党问题处置办法》《防止异党活动办法》《沦陷区防范共党活动办法》等一系列文件，积极推动反共反人民的政策，国内团结抗日、生机勃勃的政治局面发生逆转。此后，鄂东地区曾一度出现的合作抗战的局面逐渐消失，反共气氛逐渐加浓，国共关系日趋紧张。这一态势表明，当武汉沦陷、抗日战争进入相持阶段后，鄂东即处于中日战场的前沿，日本侵略军的近后方，存在着国民党军和日军两大军事势力的对抗，从而使中国共产党领导创建根据地的人民斗争面临着极端的困难，预示着共产党建立抗日武装、创立根据地，只能在国民党军和日军两大军事势力的夹缝之中艰难地周旋、生存和发展。

第二节　人民抗日武装的创建和敌后抗日游击斗争的开展

鄂东沦陷之初，鄂东一些地方的中共组织，抓住国民党军政当局溃退时的无政府状态和大批枪支散失的机会，积极发动群众，收捡武器，开展敌后游击战争，很快建立了几支武装。其中有两支在日顽夹击中不断发展壮大，成为鄂东发动抗日游击战、创建抗日民主根据地的基本力量，另一支则不幸失败。

一、独立游击第五大队的建立与活动

独立游击第五大队，是全国抗战初期中国共产党在鄂东直接组织和领导的最大的一支抗日人民武装。

鄂东沦陷前，在鄂东特委副书记方毅的直接领导下，黄冈县委秘密成立的游击队即不断扩大。1938 年 10 月 24 日（黄冈县城沦陷次日），秘密游击队在贾庙张家山正式打出“鄂东抗日游击挺进队”（队长张体学，指导员文祥）的旗号，并四处张贴《告黄冈父老同胞书》和宣传抗日的标语，公开招兵买马。群众得知有自己的抗日队伍，非常高兴，纷纷报名参军，五天后，鄂东抗日游击挺进队即增到 130 多人。接着，部队深入到日军控制的淋山河至新洲公路沿线活动。黄冈地方党组织抓住时机，组织党员和积极分子前往淋山河、方高坪、三庙河、上巴河等地的公路旁、草丛中收捡国民党溃军遗弃的枪支，或用便衣、饭食、钱币与散兵交换枪支弹药。其中仅在上江庙宇国民党军队遗弃的仓库中，就获得苏联援助抗战的崭新步枪 300 余支，子弹 50 箱。11 月，方毅率领鄂东抗日游击挺进队一个中队，在黄冈地方党组织的配合下，袭击了淋山河日军据点，打响了黄冈敌后抗日的第一枪。

浠水县委书记张明于 10 月从黄冈县委领去步枪 5 支、子弹两箱，在原何家寨抗日游击队的基础上，成立了鄂东抗日游击挺进队浠水第四中队。四中队成立不久，即在上巴河一带收捡到国民党军队丢弃的四五十支枪。一个月后，四中队发展到 140 余人。12 月，四中队开到李家山，与鄂东抗日游击挺进队合并。此时，鄂东抗日游击挺进队共达 400 余人。

1939 年 1 月，中共鄂豫皖临时省委①为使鄂东抗日游击挺进队取得“合法”名义，以解决给养问题，经与桂军二十一集团军谈判，使鄂东抗日游击挺进队戴上了“国民革命军陆军第二十一集团军独立游击第五大队”的帽子，并划定麻城夏家山、黄冈芦泗坳一带为其防区。由于二十一集团军司令部远在安徽立煌，经议定，五大队由国民党鄂东游击总队代管。

整编后的五大队共有四个中队 730 余人，大队长张体学，副大队长丁宇

---

① 1939 年 1 月，由中共鄂东特委和安徽工委合组而成的鄂豫皖临时省委在安徽立煌成立，辖鄂东、豫东南、皖西地区的党组织。3 月初，鄂豫皖临时省委改组为中共鄂豫皖区委员会。

宸，政治处主任文祥、副主任蒋立，供给处长郭力（姚渠），副官处长孙侠夫。五大队组建的同时，成立了军政委员会，作为党的领导机关，统一领导五大队及其活动区域的军事、政治和党的工作，书记方毅（1939 年 2 月谭希林接任），副书记刘西尧。五大队官兵大部分驻扎于麻城夏家山、黄冈芦泗坳一带。此外，在黄冈鹅公包、龙王山、回龙山和麻城徐古、浠水何家寨等地也有少部分队伍驻扎。

独立游击第五大队成立伊始，便深入敌后，主动出击日军。1939 年 1 月 3 日，（武）汉麻（城）公路和柳界公路沿线据点的日伪军 2000 多人，分三路“扫荡”大崎山。其中有两路进攻程汝怀属下的保安第八团防区，一路进攻独立五大队防区。保安八团放了几枪，便仓皇逃进从山中。独立五大队在张体学、丁宇宸指挥下，也兵分三路：一路支援保八团；一路插入新洲、柳子港等地袭击日伪据点；另一路在糍粑垴、象棋山和沙河以东、蔡家河以北的山地中，用“麻雀战”“呵嗬战”等游击战术与日伪军周旋。在当地群众的支援下，五大队击毙日伪军尾部散兵 10 余人，并且镇压了带领日军进山的汉奸李旭东，逮捕了新洲伪维持会长梅书山，粉碎了日军进山“扫荡”的计划。

2 月，五大队中队长漆少川率部以奇袭手段一举拔除宋家墙日军据点。宋家墙位于武汉至团风、黄州的公路线上，靠近方高坪。日军一个小队盘踞在公路边的制高点上，守卫这段公路上的一座大桥。制高点四周是水壕，水壕岸边上又围铁丝网，进出要通过吊桥。在离宋家墙不到 20 里的地方驻着国民党黄冈县自卫大队邵鹏程部 400 余人，可是当日军出来“扫荡”时，这个自卫大队就只自己“卫”自己，一跑了事。漆少川根据大队长张体学“打巧仗”的要求，决定采取奇袭的办法拔除宋家墙据点。他通过地方党组织详细侦察了解敌情，然后请来当地群众带两个战士趁夜晚潜入据点，以集束手榴弹将驻守据点的12名日本兵全部击毙。[①]此后，五大队还袭击了方高坪、宋埠、中馆驿等日军据点，破坏了巴铺大桥等日军交通线，并多次在公路上伏击来往日军，连国民党鄂东专署和五战区司令部也不得不承认五大队“抗战有功”。

1939年4月，刘西尧接任五大队军政委员会书记，张体学任副书记。在此前后，鄂豫皖区党委陆续派来汪进先（任副大队长）、吴林焕（任参谋长）、刘传贤、熊桐柏等原红军干部前往五大队工作，并对内按团的建制设置了三个营，由熊桐柏、刘传贤、漆少川分别担任各营营长。至此，五大队正式的编制序列发展到六个主力中队、一个警卫队（对内均编制为连）和一个机炮排，另建有党内掌握的四个地方自卫中队，合计总兵力1300余人。在五大队基本控制或经常活动的黄冈一、二、三、四区，以及麻城四区和白果以南、汉麻公路以东的广大农村，均建有中共基层组织。

二、新四军游击第六大队的创建与活动

新四军游击第六大队，是中国共产党在鄂东组织、领导创建的又一支人民抗日队伍。这支部队的基础是原新四军四支队七里坪留守处警卫排。

鄂东北地区于1938年10月下旬沦陷后，随着国民政府军的溃退，大量的枪支弹药被遗弃，大量的散兵游勇四处逃窜，其中的一些官兵（包括成班、排建制的人员）前往新四军第四支队七里坪留守处，请求收留参加抗日。但由于鄂东特委主要负责人受长江局书记王明所谓“一切通过统一战线”口号的影响，害怕“刺激”国民党当局、“破坏”统一战线，不敢独立自主地发展抗日武装，既不允许留守处警卫排人员和地方干部收捡遗弃枪支，更不允许收容国民政府军失散官兵，甚至强令将已经收捡的枪支也拱手送交国民党乡

① 文祥、易鹏:《战歌一曲震鄂东——回忆五大队的战斗历程》，载《战斗在鄂豫边区》(二)，湖北人民出版社1981年版，第167页。

公所。这样，就丧失了发展抗日人民武装的一个重要机遇。[①]

1938 年 11 月，鄂东特委和四支队留守处转移到河南经扶的白马山后，各地一些已经暴露、在当地无法存身的共产党员，陆续来到白马山参军。这样留守处警卫排才缓慢地扩大到 50 余人。

12 月 17 日晚，国民党黄陂县政府遭到伪“中国人民自卫军”第八军李汉鹏部的突然袭击，县长潘正道被捕。原来名义上属黄陂县政府统一指挥、实际上由中共黄陂特支掌握的梅店自卫队，在任士舜的率领下，连夜转移到白马山与留守处警卫排会合。在此前后，贺健华由河南潢川、息县带来的十几个农民、学生，也来到了白马山。

12 月，郭述申参加中共六届六中全会后，由延安赴皖西组建鄂豫皖临时省委。途经白马山期间，郭述申向鄂东特委和留守处全体人员传达了六届六中全会精神，并决定以留守处警卫排为基础，加上梅店自卫队和由竹沟随行而来的警卫人员及贺健华带来的农民、学生，合编为新四军游击第六大队。该大队辖两个中队，共 100 余人，罗厚福任大队长，熊作芳任政治委员。1939 年 1 月初，在白马山龚家湾举行了六大队成立大会。会场上贴有一副醒目的对联，写的是：

坚决拥护抗日民族统一战线方针，团结武装广大群众提高警惕，反对投降分裂破坏阴谋，军民同心协力独立自主卫国土；

继续发扬工农红军优良传统精神，开展敌后游击战争紧握刀枪，不畏艰险牺牲斗争到底，意志英勇顽强歼灭敌伪保家园。

在组建六大队的同时，成立了中共罗（山）礼（山）(黄）陂孝（感）中

① 熊作芳:《火种漫燃——回忆新四军游击第六大队的成长》，载《战斗在鄂豫边区》(二)，湖北人民出版社 1981 年版，第 145 页。

心县委，领导六大队和鄂东之礼山、黄陂、孝感及豫南之罗山等地党的工作。罗礼陂孝中心县委书记为贺健华，委员有罗厚福、熊作芳、顾循和廖毅。

1939 年 2 月，六大队又收编了当谷山蔡玉昆部八九十人的地方武装为第二中队。此后不久，中共罗南县委书记杨厚益，将原编入国民党罗山县政府的由罗山县委所控制的一个中队武装带出，编入六大队为第四中队。至此，六大队发展到 300 余人，枪 200 余支。

六大队成立后，立即开赴信（阳）南敌后开展游击活动，并两次袭击驻有日军的火车站。一次是六大队进入李家寨车站刷抗战标语、散发日文反战传单时，与守站日军不期而遇，猝不及防的日军落荒而逃，丢在车站里的太阳旗被六大队缴获。另一次是打新店车站，缴获了日军的一些武器和布匹。

3 月，六大队与李先念率领的新四军豫鄂独立游击大队在信（阳）罗（山）边九里关狮子口会合。根据李先念的意见，六大队于 4 月沿平汉路东侧南下，向鄂东敌后挺进。5 月 3 日，六大队进抵礼山中部的余家河。大队长罗厚福随即带领部分队伍前往黄家畈捉拿伪维持会长，政委熊作芳则带领一、二两个中队在余家河以北的曹门坳待命。下午 2 时许，忽由余家河以南传来枪声，但见余家河方向的群众扶老携幼，拖着被子，驮着包袱，牵着耕牛，一起向北奔跑。据守余家河附近的国民党地方部队曹伯龙、张楚杰部扛着枪械，逃窜在人群的最前面。原来是盘踞在余家河附近之夏店的日伪军 100 多人出来“打掳”（抢夺群众财物）。为保卫人民群众生命财产，熊作芳当即将部队带到余家河南岸的山头，设下埋伏。骄横的日军毫无戒备，径直钻进六大队阵地。六大队居高临下，予以痛击，打得日军措手不及，哇哇乱叫，抢的包袱、被子、耕牛丢得满畈都是。其后，日军在轻重机枪的掩护下多次进行反攻，均被六大队击退。战斗一直延续到黄昏，日军在其骑兵接应下才仓皇逃走。这次战斗击毙日军 8 人，打伤 20 多人，截获了日军掳掠的全部财物，并将其送还群众。战斗中，六大队一中队一排长牺牲，政委熊作芳负重伤。六大队首战告捷，打出了军威，受到群众赞扬，附近据点的日军再也不敢轻易出来

“打掳”了。

5月下旬，鄂豫皖区党委委员程坦抵达礼山四姑墩，与罗礼陂孝中心县委和六大队负责人会合，并以区党委驻鄂东代表团负责人的身份领导鄂东及豫东南地区的党组织。随后，五大队第三中队在副大队长汪进先率领下西征到陂孝边，在孝感县青山口以南与六大队会合。为了开辟陂孝地区的工作，六大队决定联合五大队三中队歼击伪“中国人民自卫军”第八军李汉鹏部。

李汉鹏部原为陂孝地区的地方反动武装，先前投靠国民党，沦陷后又投靠日本侵略军。该部约4000人，盘踞在蔡店附近的李新塆一带。5月26日下午，六大队一、三中队及手枪队，在五大队三中队的配合下，兵分三路，向李汉鹏部盘踞的李新塆、接见寺、蔡店等地发起进攻。奔袭李新塆的部队途中俘获伪军逃兵两名，并得悉伪八军口令，随即冒充伪八军司令部特务连，在大队长罗厚福的指挥下，直捣伪八军司令部。正在聚赌的伪旅、团长猝不及防，全部束手就擒。伪八军司令部驻地的一个步兵营及驻村外部队仓皇溃逃，迫击炮连和特务连在其长官带领下放下武器。拂晓战斗结束，计俘伪旅长1名、团长3名及以下官兵300余人，缴获迫击炮3门、重机枪9挺、长短枪500余支。溃散的伪军大部与鄂东国民党地方武装蒋少瑗、刘梅溪、杨希超等部合流，从此伪八军即不复存在。这次战斗，鄂东人民子弟兵创造了以少胜多且无一伤亡的出色战例，扩大了中国共产党和新四军的政治影响，打开了蔡店、梅店地区的局面，为进一步开创鄂东抗日根据地创造了有利条件。

在打垮伪第八军后，鄂东代表团迅速作出决定，成立陂孝县委，黄宏儒任书记。而后，陂孝县委以蔡店、梅店地区为中心，广泛发动群众，开展地方工作，建立民众武装，艰苦地进行根据地的创建工作。

7月7日，时值“七七”抗战两周年之际，六大队又联合五大队汪进先、吴林焕带领的两个中队，从陂北黄门冲出发，夜袭盘踞于孝感杜涂塆的伪军二十五师赵光荣部，俘其旅长以下官兵200余人。至此，六大队已经发展到

800 余人。

三、新四军江北游击第八大队的成立

新四军江北游击第八大队，是沦陷初期中共领导的创建于黄梅的鄂东第三支人民抗日武装。

黄梅地处鄂东边陲，东北与安徽太湖、宿松接壤，南与江西九江隔江相望。武汉会战中，黄梅最先失陷。1938 年 8 月，黄梅临时县委（1939 年初改组为黄梅县委）将党的外围组织——县抗敌后援会改组为黄梅抗日工作团，下乡宣传抗日，组织群众，收捡武器。11 月，该团发展到百余人，改名为黄梅少年抗日先锋队。12 月，又编为国民党县政府的自卫大队第四中队。1939 年 2 月，接替刘鸿逵任国民党黄梅县长的陈宗猷（桂系军人），以所谓“共产党在国民党部队发展党员，破坏抗日统一战线”为借口，突然命令解散第四中队，将其成员分别编入黄梅县自卫大队的二、五中队，企图瓦解、扼杀中共所控制的四中队。但由于中共黄梅党组织坚持抗日统一战线政策，在各方面做了大量工作，不久就争取了黄梅县自卫队二中队队长洪恩波和五中队队长李楚凡的合作。因而，黄梅县委不仅仍能掌握形式上已经分散的四中队，而且还实际控制了二、五中队。

同时，黄梅县委还积极活动，掌握了另几支抗日武装。一支是由国民党黄梅县第一区区队长吴国珍（中共党员）、副区队长吴白水（中共党员）所带领的约 40 人的区抗日联队；一支是县委委员石莹以黄梅县第二区区长的公开身份组织领导的区抗日联队。这个联队有 100 多人，其中 1/3 是共产党员，还建立有中共党支部。

1939 年 4 月，中共鄂皖地委成立，书记李丰平，下辖蕲春、黄梅、广济、宿松、太湖、望江等县党组织。根据鄂豫皖区党委的指示，鄂皖地委成立后，即着手筹建新四军江北游击第八大队。6 月 18 日，黄梅县委集中黄梅县自卫大队二、五两个中队（包括混编在其中的四中队）及一、二、三区联队共 500

余人，在位于敌后太白湖区的周宣塆正式成立八大队，同时颁布了由大队长邹一清、政治处主任邓克东（郑重）署名的《国民革命军新编第四军江北游击第八大队成立宣言》。《宣言》申明，“本大队的成立是由黄梅一带中华民族最优秀的儿女——中国共产党党员”，“秉着民族至上、国家至上、兴亡有责的精神，马克思列宁主义的革命教育”，“誓愿努力为打倒日本帝国主义，实行三民主义，建立民主自由幸福的新中国而奋斗”，并希望“友军友党及各地方政府以互助互让的精神，取得联络和帮助，共同努力，驱逐日寇”。八大队下辖五个中队和一个手枪队。其领导成员除《宣言》公开署名的大队长、政治处主任外，还有政治委员桂林栖、副大队长蒋永孚、参谋长苏鹏、政治处副主任吴光治。

八大队本可以与五大队、六大队一样大有作为的，但由于思想上对国民党顽固派缺乏警惕，对统一战线中可能发生的斗争估计不足，八大队组建后，没有坚持向日军控制的湖区发展，却向桂军已重兵占据的山区开进，结果遭到桂军和程汝怀部的联合进攻而遭到失败。

第三节　鄂东统一战线与群众工作的发展

一、多方面深入开展统一战线工作

武汉沦陷后的一段时间内，由于鄂东各级中共组织多方面深入地开展统战工作，地方人民抗日武装与驻守大别山区的桂系军队曾维持了一段相对较融洽的关系，双方互以“友军”相待。鄂东党组织与设在安徽立煌的鄂豫皖区党委之间的人员交往，途经罗田桂军防区时基本上畅通无阻。1939 年 5 月，五大队军政委员会书记刘西尧去鄂豫皖区党委开会，途经罗田滕家堡时，曾前去桂军第七军军部会见了第七军军长张淦，并在那里住了一夜。同时，与鄂东国民党地方武装首领也一度互有往来。1939年春节前两天，程汝怀曾以鄂东游击总队总指挥的身份，到五大队驻地进行“检阅”“点验”。同年7月7日，国民党鄂东游击总队第十八纵队司令兼湖北省保安八团团长王啸风，也曾应邀出席了五大队在夏家山召开的军民纪念抗战两周年大会，并在会上作了讲演。对于程汝怀的下属部队，如鄂东游击第十六纵队、第十九纵队，鄂东各级党组织还通过派人、去信等方式加强联络，并同其中的不少支队、大队建立了比较友好的统战关系。1938年11月至1939年2月，黄安县委领导下的吴彩藻、徐锡煌部人民抗日游击武装就曾与鄂东游击第十六纵队一支队、黄安县县北自卫大队，几度密切配合，抗击和袭扰进占七里坪的日军，取得了保卫家乡的胜利。

鄂东各级党组织还通过各种渠道，发展与国民党地方政府之间的统战关系。1938年10月，七里坪留守处以董必武的名义，写信给国民党黄陂县长潘正道，提出与其合作抗日、共同对敌的主张，并由罗厚福、熊作芳等持信会见潘正道。此后，潘正道不仅把董必武留交的一笔经费给了罗厚福等，而且还同意地方中共组织借用县政府的名义开办“抗日青年训练班”、收捡国民党溃军遗弃的武器、组建“梅店抗日自卫队”。1938年12月，黄陂县政府遭伪军突然袭击，潘正道被绑走。中共黄陂特支又通过潘怡如等人的关系与新任黄陂县长胡俊荪取得联系，建立了统战关系。中共党员魏天一、杜天仇（石夫）、刘天明（时人称之为黄陂“三天”）等参加了黄陂县政府的工作。接着恢复了“黄陂抗日动员委员会”（县长胡俊荪兼主任委员，魏天一兼任主任秘书，杜天仇、刘天明、祝季伟等分别负责组织、宣传等工作），开办了“抗日人员训练班”，并组织了宣传队，深入敌后农村宣传抗战。

黄梅沦陷之初，在日军占领县城、国民党县政府撤到小溪山的紧迫形势下，中共黄梅县委与国民党黄梅县长刘鸿逵保持了一段较好的关系。刘鸿逵同意桂林栖、邹一清、吴光治等共产党员出席有各区乡、各阶层代表人士参加的全县第一次行政扩大会。桂林栖以共产党代表的身份在大会上发言，申述了广泛发动群众、组织抗日人民武装的主张。大会接受了桂林栖的意见，承认中共组织领导的武装为合法的人民抗日武装，并给中共组建的武装定名为黄梅县政府抗日自卫大队第四中队。会后，不仅四中队得到了县政府的给养供应，黄梅县委成员桂艳清、邹一清、石莹等还被刘鸿逵委以区一级的行政职务。

在英山县，由于国共合作的局面和共产党员的骨干模范作用，曾一度使国民党县政府成为共产党实际控制的抗日民主政权。1939 年初，廖磊派五战区上校参谋杨必声（杨德华，中共党员）兼任英山县长。同时，鄂豫皖区党委派魏新民（魏文伯）到英山，将英山县工委改组为英山县委（后为中心县委），并任县委书记。魏新民的公开身份是县政府的主任秘书、县民众抗日动员委员会指导员。县政府的科长及组长、县守备队队长及分队长、区乡抗日救国会小组长等多半是共产党员。他们在抗日救国的旗帜下，召开各界人民代表大会，制定了实行政治民主、减租减息、节约财政、发展生产、区乡联防、扩大统一战线、镇压汉奸敌特等十大政纲。并且经过国民党上级政府（第五战区桂系所控制的安徽省政府）批准，公开审判、处决了一批罪大恶极的汉奸、土匪和犯有严重贪污勒索罪行的区、乡、保长。当年夏，日伪出动万人兵力“扫荡”英山，杨必声、魏新民等领导英山县地方武装和全县人民与桂军区寿年率领的一七六师密切配合，将日伪军击退，俘日伪军 100 余人。廖磊曾由立煌到英山视察，并倍加赞扬。经廖磊报请五战区，授予英山县为第五战区“模范县”称号。①

在积极发展与国民党军政人员的统战关系的同时，鄂东各级党组织还通过各种形式同地方士绅开展交友活动，大力争取中间势力。六大队成立后，

① 杨必声：《英山战时工作纪实》（1939 年 7 月 15 日）和《穿针引线——回忆在白区做统战工作》（1981 年 8 月）。1939 年冬国民党掀起第一次反共高潮后，杨必声调离，魏文伯、郑重等已暴露的共产党员被迫撤离，英山县政府遂完全为国民党桂系所控制。

罗礼陂孝中心县委书记贺健华经常以“贺参谋”的名义主持召开地方保甲长和士绅座谈会，宣传共产党的抗日主张，争取了他们的合作。当时，鄂东尚未建立抗日民主政权，抗日武装部队的给养除靠缴获日伪的财物外，主要是靠统战工作，通过国民党地方保甲长和地方士绅就地筹集解决。黄冈的老党员刘天元多次在黄冈第四区召开士绅座谈会，团结争取了新洲镇大商人张竹生、毛铺的大富户毛玉门、熊家畈的大士绅熊瑞珍以及洪性初等地方士绅。洪性初为抗日武装募枪 15 支，交给黄冈第四区党组织负责人陶子玉。黄陂县的士绅势力极大，其中陈（陈仇九）、石（石 ××）、胡（胡康民）、鲍（鲍家寨）四大家几乎可以左右黄陂行政，国民党历任县长上任必先登门造访他们。为了团结抗日，中共黄陂特支注重同他们的联系，积极向他们宣传中共团结抗战的政策，赢得了他们的支持。其中大士绅胡康民一直与共产党保持较好的合作关系，后来还参加了抗日民主政权的工作，并成为豫鄂边区的参议员。中共黄梅县委非常注重对开明士绅和旧军人的统战团结工作，因而在开展抗日救亡活动和组建八大队时，得到了于甘侯等开明士绅和少数旧军人的合作和协助。当国民党军队围攻八大队时，于甘侯等挺身而出，抗议国民党“倒行逆施”“有负民族”的罪行，并因此被桂军逮捕下狱。旧军人李楚凡亦因此被杀害。

二、群众性抗日活动的进一步发展

鄂东沦陷初期，中共鄂东各级党组织在创建抗日武装、开辟游击区的过程中，面对着比自己强大的日伪力量与国民党顽固派势力，特别注意群众工作，通过各种形式，充分发动群众、组织群众，壮大革命力量。1938 年 12 月，英山、黄梅、罗田等县成立了县抗日动员委员会。接着，在动委会的领导下，各区乡农抗会、工抗会、青抗会、妇抗会、商抗会、文抗会、童抗会等各种抗日救亡组织纷纷建立。黄陂、黄梅、蕲春等县还成立了抗日十人团。这些抗日组织在共产党的领导下，在各地进行抗日宣传，发动群众参军、募捐、运输支前、防缉汉奸、掩护伤员和组织群众生产等工作。英山县党组织利用实际掌握的县民众抗日动委会和县政府的名义，通过青训班、妇训班、学生军和英山中学招收进步青年进行培训，结业后以乡为单位组成工作组，奔赴农村从事群众工作。同时，还组织成立了农抗会、青抗会、妇抗会和各界抗日联合会等群众团体。1938 年冬至 1939 年春，整个英山城乡出现了一个波澜壮阔的抗日热潮。1939 年 3 月 11 日，英山县举行了规模巨大的“坚壁清野”大演习。全县 23 万人，不论男女老少都参加，表现了严密的组织性和空前高涨的抗日斗志。

此外，鄂东共产党组织还根据具体情况，结合当时实际，利用民间帮会组织“汉流”这种特殊形式，广泛组织与发动群众，收到较为明显的效果。

鄂东沦陷后，日本侵略者的暴行激起鄂东广大人民群众的强烈仇恨，也使一些人惶恐不安。群众迫切要求抗日，而又对国民党政府深感失望，于是有些地方的群众便自发起来拉帮结伙，祈求自保。一时间，“汉流会”应运而起，并在浠水、黄冈、麻城、黄陂、礼山、广济等县滋生蔓延，其中浠水、黄冈两县尤为活跃。为争取鄂东兴起的“汉流会”，国民党地方当局采取派人打入其内部的办法，企图暗中发挥领导作用。1939 年初，国民党特务组织鄂东调查统计室专员夏南山奉命以“紫金山”山头的名义，在黄冈、麻城山区组织“汉流会”，企图利用当地群众封建意识较浓厚的特点，以宿命论蛊惑人心，以封建依附性拉拢群众，从而扩展反共顽固势力。

为了适应当时的形势，发动和团结更多的群众，组成有各阶层人士参加的广泛的抗日统一战线；同时，也为了粉碎顽固派腐蚀、毒化群众的阴谋，黄冈中心县委决定派老党员漆先庭和刘天元采取“旧瓶装新酒”的策略，以个人名义组织“抗日汉流会”。漆先庭和刘天元都是大革命时期农民运动中的积极分子、土地革命时期入党的共产党员，并且分别是黄冈三区和四区的共产党组织的负责人。在长期的斗争中，无论环境如何艰难险恶，他们从未离开过自己的战斗岗位，始终和当地人民群众战斗在一起，鱼水难分，关系密切。他们遵照党组织的安排，分别组织起“全华山”和“复兴景宝山”两个汉流山头，招收会员。1939年5月11日，漆先庭以“全华山寨主”——双龙头大爷的身份在贾庙铁冶东山寺首次“开堂子”，正式打出“全华山”旗号，吸收第一批会员。黄冈中心县委还派党员袁新民、熊发季作为漆先庭的助手，并为其印制了大量发给入会会员的所谓“宝”。“宝”上印有“全华山上把香烧，仁义堂前聚英豪。统一抗日齐努力，得到解放自然高”等口号。第一次“砍香”就有30多人入会。从此，“漆大爷”的鼎鼎大名在鄂东便闻名遐迩了。

许多群众知道漆先庭和刘天元是共产党员，共产党办事情错不了；再加上他们在群众中的影响和威望，登高一呼，八方响应。因此，“全华山”和“复兴景宝山”的旗号一打出来，就成为鄂东历史上的一种特殊的具有统战性质的抗日群众团体，影响越来越大。不仅穷人亲拉亲、邻攞邻要求加入，有些士绅、地主、商贩为找靠山、保全生命财产也要求加入。后来，那些“小老幺”（小头目）打着“漆大爷”“刘大爷”的牌子，到处“开堂子”。不到四个月，吸收了包括农民、手工业者、商人、青年学生及流氓无产者、地主士绅在内的数以万计的会员。原来已加入“紫金山”的汉流成员，也纷纷要求“换帽子”加入“全华山”或“复兴景宝山”。在黄冈、罗田、浠水、麻城等县群众中流传着“全华山，往里钻；紫金山，莫沾边”的歌谣。夏南山的“紫金山”汉流从此就被挤垮了。

黄冈中心县委通过“抗日汉流”在鄂东进行抗日宣传、募捐筹款、收集武器、侦察敌情等抗日活动。“全华山”和“复兴景宝山”号召为抗日“有钱出钱”“有力出力”。它发“宝”给穷人分文不取，但有钱的士绅、商人、地主要想得到“宝”，则须交款。在鄂东地方党组织尚未建立自己的抗日民主政权和税收机关，而国民党二十一集团军又不按时发放甚至停发军饷的情况下，两个“抗日汉流”山头发“宝”的收入（带有募捐性质），就成为五大队给养的重要来源之一。一次五大队经费出现严重缺口，连口粮都难以为继。大队部即派人找漆先庭设法解决。恰好在旧街发展会员的两个“小老幺”送来一笔发“宝”的收入，漆先庭便将这笔收款交给来人，连夜带回夏家山，解了五大队的燃眉之急。

1940 年以后，中共在鄂东敌后建立了数块抗日民主根据地，建立了民主政权，组织了农救会、妇救会、青救会等群众团体，鄂东“抗日汉流”完成了它的历史使命，才停止活动。在原来参加“抗日汉流”的人中，不少人经过共产党的教育，参加了抗日武装，加入中国共产党，走上革命的道路。黄冈四区孙家咀孙国英等六名青年学生和两名雇农，就是在加入了“复兴景宝山”以后，由“刘大爷”（天元）介绍到杜皮咀找到“漆大爷”（先庭），然后由“漆大爷”引领参加了五大队的。还有的“抗日汉流”成员，为抗日壮烈牺牲。如被称为“洪大爷”的汉流成员戴洪卿，他通过“砍香”“献宝”，发动群众，多次为五大队筹集军饷，因而遭到国民党顽固派的仇视。1939 年 9 月 19 日夜晚，戴洪卿被国民党顽固派秘密抓去，惨遭杀害。

第四节　国民党顽固派对鄂东人民抗日武装的围攻

中国共产党领导的抗日人民武装在武汉外围地区的发展，引起了国民党顽固派的嫉恨。蒋介石数次电令第五战区，扬言要“武力解决”武汉外围地区的新四军部队及共产党领导的其他人民抗日武装。1939 年 5 月，国民党安徽省政府给所辖地区行政系统下达密令（由于湖北省政府迁至恩施，鄂东地方行政一度由桂系掌控的安徽省政府实际管辖），命令国民党各县政府“严令各乡镇长督视八路军、新四军行动，并报省府以便防止”，“发现新四军在地方组织群众，扩大部队，呈报省府即派军队解决，各乡镇公所机关，如有共产党员，一律驱出”。密令还特别强调，“不准新四军打汉奸，如发现者，呈报省府，定以武力制止；新四军人员在各乡镇活动，即使带公文符号者，也一律捕获，处以死刑”。[①] 此后，他们停发了原来许诺给五大队的军饷。五大队送鄂豫皖区党委维修的一部电台，也在运回途中经过滕家堡时被扣留。与此同时，还多次扣留鄂东往返立煌的中共工作人员。到6月底，桂军在罗田共扣留了持有护照的往返中共人员19名，企图切断五大队与鄂豫皖区党委的联系。

6月中旬，新成立的新四军江北游击第八大队向黄梅山区开拔的途中，程汝怀和桂军一七二师师长程树芬纠集3000余人，以“共产党叛变造反”的莫须有罪名，对八大队大举“围剿”。除李丰平、桂林栖、郑重等冲破重围脱险和邹一清等少数人转入当地隐蔽下来以外，八大队几乎全军覆没。黄梅县委委员石莹、八大队参谋长苏鹏、三中队长洪涛等英勇牺牲。8月12日，国民党顽固派将被俘的八大队指战员周振扬、刘瑛、汪柱、洪继良、刘汉邦、王显如、张俊、吴国珍、吴白水、冯瑞仁、殷日红、徐金龙、陈金生、石宝亚、张杰、李寿君、李伯成、桂龙、翟孟侯等28人押到小溪山乌珠尖，用机枪扫射，全部杀害。这就是黄梅县革命斗争史上英勇悲壮的“乌珠尖惨案”。随后，反共顽固派在垅坪山开办“感化院”，对其他被捕的八大队人员，在精神上进行折磨、迫害，强迫他们背叛共产党。

面对鄂东日趋恶化的局势，五大队军政委员会对国民党顽固派保持了高度警惕，并且识破程汝怀企图通过鸿门宴扣留刘西尧、张体学的阴谋。尽管鄂豫皖区党委和五大队领导人早已意识到靠近国民党顽固派军队占领区的危险性，在1939年2月就曾有西进敌后与新四军游击第六大队会合的计划，但由于鄂豫皖区党委主要领导人害怕“影响统一战线”，坚持要求五大队争取“合法出动”，致使五大队迟迟未能摆脱危险的境地。

从8月中旬开始，桂军和程汝怀部队以全线出击新洲等地的日军为名，调集10倍于五大队的兵力，向芦泗坳、夏家山等五大队驻地步步逼近。29日

①《项英给中共中央的报告》(1939年7月25日)。

中午，桂军一七二师两个团突然出现在夏家山东北、西北一线，扬言要“出击日军”，要五大队让路。驻扎在夏家山的军政委员会书记刘西尧和副大队长丁宇宸、参谋长吴林焕等分析形势后，当即决定：吴林焕率两个自卫中队立即出动，会合由陂安南返回途中的副大队长汪进先所率第三中队一同西进；刘西尧、丁宇宸率第一、第五中队和机炮排及大队部随后跟进。同时通知驻扎在黄冈龙王山一带的大队长张体学率警卫连及大队部后勤人员西进会合；黄冈中心县委机关和第六中队及活动于回龙山的第四中队等部留在黄冈坚持斗争。随后，刘西尧将上述部署电告鄂豫皖区党委。

吴林焕按部署带两个中队于29日晚顺利地钻出了顽军的包围圈。此时，刘西尧接到鄂豫皖区党委复电。电报虽然同意五大队主力西进，但认为形势并未恶化到刘西尧电文所述的程度，因而仍指令张体学带一个中队及后勤人员留在黄冈，以维持和桂军的统战局面。刘西尧对鄂豫皖区党委关于形势的估计和安排持有异议，拟再去电力争按原定部署行动，但电台发生故障，无法接通。随后，侦察员回来报告，驻夏家山前方的程汝怀所部，包括驻扎在夏家山至黄冈老三区必经之地的程部主力保八团，都声称要去“打日军”，已经全部撤走。恰在此时，前往鄂豫皖区党委联系工作的五大队三名人员从立煌平安抵达夏家山。他们一路上碰着许多桂军，不仅未曾刁难，而且态度友好。这样一来，刘西尧等便产生了错觉，相信了鄂豫皖区党委对形势的判断，没有按原定部署行动，而是于当晚将驻扎在夏家山的部队及机关人员转移到芦泗坳，并通知张体学等前往芦泗坳会合。由于延误了时机，使得桂军从容地完成了包围五大队的部署。

8月31日午后，刘西尧和丁宇宸带第一、五两个中队、机炮排及部分机关人员从芦泗坳出发，按原定计划西进。黄昏行至夫子河附近，先头部队被国民党顽军所阻，几经交涉均不让通过。刘西尧等预感局势已严重恶化，立即向仍在芦泗坳的张体学通报情况，同时将所率部队部署在芦泗坳至夫子河的大路北侧隐蔽宿营，以便接应兵力单薄的张体学所率部队。

9月1日凌晨，桂军两个团伙同国民党鄂东游击总队第十八游击纵队王啸风部，向夏家山、芦泗坳、龙王山、回龙山等五大队驻地发起全面进攻，制造了震惊全国的“夏家山事件”。五大队各部被迫分路抗击、突围。

芦泗坳方向最先打响。刘西尧、丁宇宸率部回头向连接芦泗坳的山头发起冲锋，试图接应被围困在芦泗坳的张体学所率部队。激战中，丁宇宸负伤。由于顽军火力猛烈，刘西尧等突击受阻，只得边打边撤，退至一个三面被围的山头上与顽军对峙。值此危急时刻，尾随部队的机炮排及时赶到，并用唯一的一门迫击炮和仅有的36发炮弹摧毁了顽军的三挺重机枪。刘西尧、丁宇宸乘势率五中队从山头北侧突出重围，而殿后掩护的一中队仅一个排及时跟进突围，另两个排被增援赶到的桂军围歼。刘西尧、丁宇宸率部一路疾行，于黄昏时分抵近一个山口。正待设法了解情况，恰遇身着便衣的第二中队副指导员林勉斌守候在一座土地庙前。原来二中队在一营营长熊桐柏率领下活动于汉（口）麻（城）公路一带。当听到夏家山方向的战斗打响时，熟悉大别山地形的熊桐柏便当即对林勉斌作出判断：“要么他们全部出不来。要出来，只有这一条路。”并命林勉斌迅速前去山口接应。随后，在林勉斌引导下，刘西尧、丁宇宸一行绕过顽军封锁线，与熊桐柏及所率二中队会合，并一同向西挺进。

另一路突围的部队是驻扎在龙王山的第六中队和黄冈中心县委机关。他们在黄冈中心县委书记文祥和三营营长漆少川、副营长刘洪顺、副教导员易鹏率领下，突破了桂军一个营及国民党黄冈县大队的包围圈后，从龙王山转移至将军山。接着，出其不意地挺进黄冈西部贴近日占区的王家坊一带，按预定部署留守在黄冈坚持斗争。

最后突围的一路是大队长张体学率领的警卫连和部分大队部机关人员。8月31日晚，顽军为了探听五大队的虚实，多次打电话到芦泗坳。张体学为了麻痹顽军，彻夜未眠，在电话中沉着答对，虚与周旋。9月1日凌晨，王啸风率保八团1000余人倾巢而出，猛攻芦泗坳。经过激战，警卫连被顽军打散，大队部机关的非战斗人员全部被俘。张体学率身边仅随的一二十名指战员坚持到天黑后，换上保八团的服装，乘着保八团向山头发起冲锋的纷乱之际，利用夜幕遮掩巧妙地撤离了芦泗坳。在连续穿过了保八团的封锁区和桂军的封锁线之后，张体学率部于 9 月 6 日抵达（黄）冈西莲湖畈，与文祥等所率六中队会合。随后，除留下一个手枪队继续坚守黄冈外，六中队大部交由张体学率领继续西进。

9 月 18 日，五大队各路突围西进的部队与新四军游击第六大队及豫南二团队在河南罗山彭新店胜利会合，随后联合组成了以王海山为司令员、程坦为政治委员的临时支队，踏上了开创和发展鄂东敌后抗日根据地的新征程。至此，国民党顽固派企图一举消灭五大队的阴谋彻底破产。

五大队虽然大部胜利突围，但仍损失严重。黄冈中心县委组织部长张良卿，五大队供给处长姚渠，政治处组织股长徐梦堂、宣传股长吴醒国，医务主任戴醒群（张体学之妻），三营教导员曹云露，中队长刘占元、勋文，分队长熊楚新，电话队长王天凯，区委书记杜金鸣、李福润、李佑泊等 100 余人牺牲，副大队长丁宇宸、中队长周金等 20 余人受伤，一中队、警卫连损失大半，四中队因叛徒出卖全部被顽军缴械。此外，还有 300 多名大队部机关人员、伤病指战员以及地方干部被捕。

“夏家山事件”后，国民党顽军在五大队活动的主要活动区域黄冈三、四区捕杀革命群众 200 多人，并在这些地方实施移民并村、联保连坐、路口盘查等防御措施，同时悬赏通缉刘西尧、张体学、漆先庭、漆少川、文祥等五大队和黄冈中心县委负责人。一时，整个黄冈笼罩在白色恐怖之中，“五大队已经彻底垮了”的谣言到处流传。

第五节　黄冈沿江湖区敌后抗日民主根据地的创建

根据“夏家山事件”前五大队军政委员会的部署，文祥和漆少川、刘洪顺、易鹏等率三营六中队及手枪队共100多人留在黄冈坚持斗争。他们突围到将军山以后，开会研究了行动方向。大家一致认为：坚持黄冈抗日斗争，只有向敌后——日军占领区发展。刘洪顺此前曾随丁宇宸在王家坊打过游击，他提出那里是开展游击战争的好地方。王家坊地区位于长江北岸河湖港汊错综交织的平原水网地带，东邻团风，西望阳逻，有四河六沟和几十个大小湖泊，回旋余地比较大，距日军据点较近，顽军不敢深入；同时，当地人民群众由于深受日伪军的压迫，反抗侵略的意志更加坚定，并对顽军的分裂行为更加痛恨，这就为党组织及领导的人民抗日武装提供了生存发展的广阔天地。会议决定利用上述有利条件，到王家坊去领导群众坚持抗日斗争，创建抗日根据地。

一、地方便衣武装的发展与黄冈游击大队的组建

文祥、漆少川等挺进王家坊以西之王福六、舒家墩后，决定吸取红军便衣队的经验，将部队化整为零，以少数队伍掩护黄冈中心县委机关隐蔽下来，其余武装分编为两支便衣队：一队秘密地回到顽军占领的三、四老区——贾庙、铁冶、滚子河、宋家坳一带活动，收集掉队人员，恢复党的组织，伺机袭击顽军，钳制日顽夹击；一队深入到冈西仓子埠、阳逻一带日军统治区开展游击斗争。9月5日，漆少川、易鹏带领30人的便衣队第一次进入山区，在沙钵垴消灭顽军一个班，缴获机枪一挺，步枪10余支，还打垮不少沿路的盘查哨。与此同时，文祥和刘洪顺带领的另一支便衣队挺进到冈西湖区，在蔡家山惩办了杀害戴洪卿等进步群众的武装特务，在夏家畈打击了桂军别动

队，同时消灭顽军几个小股武装，破获了暗杀小组和特务组织。此后，漆少川又多次带便衣队进山反击顽军，并与当地党组织和漆先庭、林少怀等10多名地方干部接上了关系；文祥、易鹏等则率便衣队辗转冈西地区，镇压了汉奸王凤山，并打垮成朗轩的土匪武装。便衣队的斗争有效地打击了日伪军和国民党顽军的嚣张气焰，极大地提高和鼓舞了人民群众的斗争情绪。

鉴于两支便衣队成功的经验，黄冈中心县委决定，各级党组织立即行动起来，广泛开展组织便衣队的活动。不到两个月，在新洲、仓子埠、阳逻、团风、黄州附近，以及与黄冈相邻的浠水、麻城部分地区，共建立了十几支武装便衣队。同时，黄冈中心县委为满足敌占区群众武装抗日保家的迫切要求，抽调一批干部到二区和冈西叶店、彭城、汪集等敌后地区，广泛建立群众性的抗日保家自卫队。随后，根据斗争的需要，黄冈中心县委决定在便衣队的基础上建立起一支骨干队伍。1939年10月，黄冈游击大队组建，漆少川任大队长，易鹏任教导员，刘洪顺任副大队长（后增补李扬德）。到1940年春，黄冈游击大队发展到300多人。黄冈游击大队和各区乡便衣队（后改称武工队）相结合，出没于日伪据点和顽军盘踞的但店、三里畈、黄土岭等地，发动群众，搜集情报，捕捉日伪特务，镇压反动分子，使王家坊根据地逐渐巩固。

二、开展群众工作与党的建设

在大力发展地方武装的同时，黄冈中心县委还十分注重宣传、组织群众和发展党组织的工作。针对日顽散布的“五大队已经彻底垮了”等谣言，文祥等转移到王家坊后，用萝卜镌刻一枚“独立游击第五大队”的印章，以五大队的名义到处刷标语、贴布告、出告示，向广大群众昭示“五大队没有垮”“天没有塌”。接着，黄冈中心县委又设法购买了一架油印机，组织了一个编印的小班子，由杜陵（杜时效）负责，大量印制宣传中国共产党抗战、团结、进步的“三大方针”和揭露“夏家山事件”真相等内容的传单，并发动党组织、便衣队广泛散发张贴，从而安定了人心，鼓舞了群众。

黄冈中心县委还经常组织宣传队，深入日占区，宣传党的抗日方针和政策。有的宣传人员为此献出了生命。1940 年 3 月，以钟子恕、柳铁耕为正、副队长的一支由 8 人组成的宣传队，沿着大埠街到阳逻 70 余里的江边村落，在群众中开展宣传活动。一天早晨，他们在秦家淌准备吃早饭，突然从团风开来两艘满载日军的汽艇，随后包围了秦家淌。钟子恕侥幸脱险，柳铁耕等 7 人不幸被捕并押解至团风。除一名本地少年经地方群众保释外，柳铁耕等 6 人均遭日军的残酷毒打甚至军犬撕咬。柳铁耕等视死如归，坚贞不屈，并痛斥日本侵略者。凶残的日军最后竟将他们装进麻袋，投入长江。

在扩大宣传和武装活动，广泛组织抗日自卫队的基础上，黄冈中心县委又组织建立了各种抗日救国群众团体。1940 年 3 月 8 日，黄冈县妇女代表大会在王家坊召开，成立了黄冈县妇女抗日救国会，主席林冬英，副主席林友先。此后，除三区外，黄冈各区都相继成立了妇救会，区下各乡也均建有开展具体活动的基层组织。5 月，在王家坊又成立了黄冈县农民抗日救国会，主席王正春。全县大部分区随后也陆续建立了农救会，并以保为单位建立基层组织，吸收农民会员。同年，黄冈县抗日民主青年救国会也成立了。青救会刚成立时人数不多，后来发展很快，许多地区也相继建立了分会。一般学校建立小组。凡 14—28 岁的青少年，只要赞成共产党的抗日政策，不论什么阶层均可加入。通过上述各种群众组织，团结和发动黄冈县各界各阶层的广大群众，使黄冈中心县委领导的抗日武装斗争、政权建设和党组织的发展，有了广泛的、牢固的群众基础。

武装斗争的胜利和群众工作的广泛深入，促进了党组织的发展壮大。为适应新党员、新干部迅速增加的形势，1939 年底到 1940 年初，黄冈中心县委在王家坊曾家塆举办了党员训练班，随后又在赤脚寺开办了鄂东青年训练班。在培训新党员、新干部的同时，还充分注意发挥老党员的骨干带头作用。许多老党员骨干在中心县委领导下，既是党的工作者，又是便衣队员和宣传员。

他们不顾艰难险阻深入日、顽占领区，隐蔽地开展工作，与群众打成一片，为党组织的建设和发展作出了积极的贡献。如钟子恕深入到叶店乡，通过党员训练班的培训和抗日斗争的实际考验，培养和发展新党员 20 多人，并建立了复兴、莲湖畈两个党支部；苏九如深入到汪集、彭城两乡，发展新党员 50 多名，并组建了汪集党总支和冯铺、河南畈等 7 个党支部。

由于党员数量和基层组织的发展变化，1939 年 10 月起，黄冈中心县委对所辖党组织陆续进行了调整。调整后的县级党组织有七个县（工）委，即冈西县委（活动范围为黄冈五、六两区，书记先后为夏瑞香、苏九如）、冈中县委（活动于黄冈二区，书记林少怀）、（黄）冈麻（城）边县委（活动于黄冈四区及麻城南部，亦称冈北县委，书记先后为陶子玉、程鹤鸣）、罗田县工委（萧继苏等先后任书记）、浠水县委（王表、胡祖虞等先后任书记）、浠（水）蕲（春）黄（梅）广（济）边县委（书记张明）、樊湖工委（活动于江南之鄂城等地，书记陈大发）。此外还直辖有黄冈一区区委和三区工委两个区级党组织。

三、建立抗日民主政权

在开展武装斗争、发展党组织和发动群众的基础上，黄冈中心县委即着手建立抗日民主政权，在根据地进行民主建设。

首先，和平接收、改造旧政权。随着武装斗争的开展，群众抗日自卫队的建立，原国民党黄冈县第五、六区署的一班人混不下去了。1940 年初，黄冈中心县委派员接管这两个区署，对他们宣布：愿意在中国共产党领导下执行抗日纲领、团结抗日的人员可以留用，否则礼送出境。五区区长李耀明愿意留下参加抗日，继续留任。六区区长汪单一是个顽固分子，不愿合作，被礼送出境，区长由原科员李四清接任。黄冈中心县委还组织留用人员学习《抗日救国十大纲领》等党的文件，以帮助其树立抗日救国和为人民服务的思想。4 月，黄冈中心县委又在黄冈第二区及所属鹅江乡开展民主建政工作的试点，并建立了由共产党员出任乡长的鹅江乡乡公所和由开明士绅出任区长的二区区署。

1940 年 5 月，在冈西余家楼成立黄冈县抗日民主宪政促进会（简称“宪促会”）。出席成立大会的有共产党员、国民党员、民主人士等各界拥护抗战者 300 余人，其中包括童小武和陈子厚（二人曾任国民党政府县长）、李少谷（清末翰林，任过知县）等特邀人士。大会民主选举了宪促会的领导成员。孙侠夫当选为宪促会主席。当选的委员有李期民、王维让、姚文轩、方黄池（以上四人为士绅、民主人士），姚春飞、徐远才、廖百红、林冬英、王正春（以上五人为共产党员，并分别代表妇救会、农救会等群众团体）和涂仲明（国民党党员）等，他们分别负责民政、财政、建设、教育及农民、青年、妇女等方面的工作。

宪促会是黄冈抗日民主政权的一种过渡组织形式，它为黄冈县抗日民主政府的成立准备了条件。1940 年 12 月，黄冈县抗日民主政府成立，孙侠夫任县长。抗日民主政府的组成实行“三三制”政策，即参政人员中共产党员约占 1/3，左派和进步分子约占 1/3，中间和其他分子约占 1/3。黄冈县抗日民主政府成立后，逐步设立四科、四局、一室。四科即民政科、财政科、建设科、教育科（以后又增加司法科、财粮科）；四局即公安局、税务局、粮食局、湖管局；一室是秘书室。县以下普遍建立区乡政权。

由于处在日顽夹击的包围中，环境异常动荡，黄冈县抗日民主政府没有固定的办公地点，常常于叶店、莲花畈、陆家湾、柳林咀、王家坊、方高坪等地辗转办公，因此，与群众联系密切。为了安全，黄冈县抗日民主政府配属一个武装警卫连和手枪队。

在黄冈抗日民主根据地，每年都要召开各界人民代表大会。1941 年 1 月在方高坪火车岭召开的黄冈各界人民代表大会，选举孙侠夫、林桂华、朱伯良、林友先、林少南、邵汝清、左云鹏、姚文轩、汪宗三、涂仲明等 12 人为出席豫鄂边区代表大会的代表。他们中既有共产党员，也有国民党员和民主人士。

黄冈沿江敌后抗日民主根据地的建立和发展，不仅抗击、牵制了本地区的日伪军，威胁日军占领的长江航道，而且为鄂豫边区、新四军豫鄂挺进纵队（后五师部队）及鄂东地方党组织提供了人力、财力，成了东进发展鄂皖边和发展鄂南抗日斗争的后勤基地和桥头堡，对整个鄂东抗日根据地的发展发挥了巨大作用，作出了重大贡献。

第六节　豫鄂挺进纵队东进与大悟山根据地的创建

1939 年 1 月，中共中央中原局派李先念率领百余人的新四军独立游击大队从河南确山县竹沟出发，向鄂豫边敌后挺进，统一领导鄂豫边区的斗争。4 月至 10 月，陈少敏、朱理治和任质斌也先后从竹沟南下至鄂豫边与李先念会合。与此同时，中央命令鄂东五大队、六大队撤至平汉铁路以西之安陆赵家棚集结，向李先念部靠拢。1939 年 11 月中旬，朱理治、李先念、陈少敏、任质斌等在豫南四望山召开了有豫南、鄂东、鄂中党和军队领导人参加的会议。会议根据中原局和刘少奇关于统一鄂中、鄂东、豫南党组织和武装部队，创建抗日根据地，并使之逐渐打成一片的指示，决定将豫南、鄂东、鄂中党组织和军队实行全面的统一领导。这是一项关系到中原敌后抗战进程的重大战略决策，对鄂东抗日游击斗争的发展和抗日根据地的创建产生了重大作用和深远影响。

四望山会议后，随即落实了以下两项具体措施。

一是撤销鄂豫皖、豫鄂、鄂中三个区党委，统一成立新的豫鄂边区党委。为了加强各地党的工作，边区党委组建了鄂东等四个地委。鄂东地委书记程坦，组织部长刘西尧，宣传部长贺健华，军事部长熊作芳（后为何耀榜）。此后直到抗日战争胜利结束，鄂东一直归属鄂豫边区，鄂东抗日民主根据地亦成为鄂豫边区抗日民主根据地的重要组成部分。

二是完成了对各地武装力量的整编。1940 年 1 月上旬，新四军豫鄂挺进纵队在京山八字门正式建立，司令员李先念，政治委员朱理治，参谋长刘少卿，政治部主任任质斌。纵队组建之初辖有五个团队（后改称团）和三个总队。鄂东五大队和六大队合编为第一团队，团长罗厚福，政治委员方正平，副团长张体学，参谋长吴林焕，政治处主任廖毅。鄂东地方武装及安陆、应山（今广水市）地方武装一部编为鄂东游击总队，总队长熊作芳（后何耀榜），政治委员由鄂东地委书记程坦兼任，参谋长石建金，政治处主任郑重。

一、豫鄂挺进纵队东进大小悟山

1939 年冬，国民党顽固派在全国范围内掀起第一次反共高潮。鄂豫边区周围的国民党顽军随即借对日军发动“冬季攻势”为名，侵入中共领导的抗日根据地制造摩擦。与此同时，日军亦对鄂中抗日根据地进行“扫荡”。在日顽夹击的严重局势下，中共中央中原局于 1940 年 1 月 12 日电令豫鄂边区，要求除留少数兵力坚持鄂中外，豫鄂挺进纵队主力应挺进平汉路东还击程汝怀部，并发动群众建立鄂东抗日根据地。根据中原局指示，李先念等决定对平汉路西取守势，率领主力，挥师东进大悟山和小悟山。这是鄂豫边区实现了党和武装的全面统一以后，以鄂中、豫南为基本区，向武汉外围敌后实行战略展开的首次战略行动；是从战略上配合各敌后抗日根据地（特别是华中抗日根据地），迎击国民党顽固派掀起的第一次反共高潮的重要军事活动。

李先念将东进的突破口选定在大小悟山，这是因为大小悟山具有重要的战略地位。大悟山位于大别山脉西部，土地革命战争时期曾是鄂豫皖革命根据地的重要组成部分，是红四方面军从外线包围武汉的重要战场和指挥阵地。这里群山环峙，峰回路转，南通武汉，雄视江汉平原，鸟瞰长江；西与桐柏山、武当山山脉相连，并扼南北交通动脉平汉铁路；东侧峰峦绵亘，直指吴越。小悟山位于大悟山脉南端，与大悟山相衔接。它东起黄陂蔡店、梅店、官田畈，西至孝感的东阳岗、周家巷、青山口、槐河店。一旦控制大小悟山地区，新四军豫鄂挺进纵队不仅拥有了更加广阔的回旋余地和开展游击战争的优越地理条件，而且可以自东北对武汉形成战略包围之势，并可以作为向东发展与新四军主力相连接的前进阵地，对整个华中根据地的发展壮大具有重要的战略意义。

由于大小悟山三面临日伪，一面接顽军，各方势力犬牙交错，情况复杂，矛盾尖锐，而日顽兵力（尤其是顽军）雄厚于抗日人民武装，所以豫鄂挺进纵队在进军大小悟山过程中，进退往还，几经周折，在 1940 年 1 月至 1941 年 2 月的一年多时间里，先后四次东进，才在大小悟山地区站住了脚，建立了抗日根据地，并使其成为鄂豫边区及以后新四军五师的指挥基地。

1940 年 1 月中旬，李先念、任质斌、刘少卿率豫鄂挺进纵队一、二、三团队，由赵家棚出发，过平汉铁路，向盘踞小悟山的程汝怀属下十九纵队第三支队刘梅溪部展开攻击。经过两昼夜激战，攻取了刘家山、姚家山、青石畈等几个重要地点，歼顽军 700 余名，缴枪 400 余支（包括轻重机枪）。顽军返至白羊岭、祖师顶等山寨负隅顽抗。挺进纵队连攻未克，且有伤亡。同时，桂军和蒋少瑗部向挺进纵队侧翼之二团进攻，日军亦自铁路线上出兵进行炮击。为避免与桂军直接冲突，纵队首长遂下令撤军西返。

2 月 10 日，中共中央和中央军委根据当时的形势，发出关于八路军、新四军战略方针的指示，要求“李先念部力争鄂中、鄂东，坚决建立政权，建立根据地，扩大军队至三万以上，坚决消灭程汝怀”。[①] 据此，豫鄂边区党委和挺进纵队命鄂东地委书记程坦率鄂东总队随第一、二团队再次向小悟山挺进。2 月中旬，程坦等率部经孝感中和乡出槐河店、滑石冲，从姚家山进入黄陂北部，顽军刘梅溪部不战而退。接着，一、二团队挺进陈家冲，一举围歼试图投奔刘梅溪的云梦伪军贺承慈部残部。根据豫鄂边区党委和鄂东地委的部署，随

①《中共中央及军委致朱、彭、关、聂、胡服、陈毅等的电文》（1940 年 2 月 10 日）。

部队东进的边区党委委员吴祖贻和刘西尧、黄宏儒等迅即分遣到黄陂、（黄）陂（黄）安南等地开展群众工作和统战工作，为创建游击根据地做准备。由于桂军随后增援刘梅溪部，加上时逢严寒，大雪封山，给养困难，一、二团队和鄂东总队无法立足，只得再次撤至平汉路西。

3 月，蒋介石亲自策划华中顽军重点进攻新四军四、五支队及皖东根据地。为了牵制大别山桂军，中共中央中原局和刘少奇于 3 月 6 日发出指示，命豫鄂挺进纵队调 2—3 个团东进大别山，打击程汝怀部及制造反共摩擦之一切顽军部队，并建立路东根据地，以策应四、五支队的反顽斗争。4 月 5 日，中共中央军委和毛泽东、王稼祥联名致电刘少奇、李先念，再次要求豫鄂挺进纵队抽调三个团挺进鄂东打击程汝怀部并开辟根据地，以吸引桂军不使其东去助战。

根据中共中央和毛泽东的指示，4 月 17 日，李先念、任质斌、刘少卿又率领挺进纵队一、二、三团及信（阳）应（山）总队越过平汉铁路，对盘踞在大小悟山地区的程汝怀部十九纵队刘梅溪、刘亚卿、杨希超（均为十九纵队属下的支队长）等部 2000 余人展开攻击，当日夺取了重要据点小悟山严家冲等地。至 18 日下午，攻下了顽军在大小悟山中最后的两个重要据点歪歪寨和望府山。随后，挺进纵队控制了大小悟山，豫鄂边区党委机关和纵队司令部进驻范家冲和姚家山。

5 月 1 日，日军出动七个师团的兵力，发动了襄（阳）宜（昌）战役。正当挺进纵队挥师西进，牵制日军，配合友军正面作战之时，桂军第七军两个团在程汝怀部十六、十九两个纵队的协同下，于 6 月 2 日分头进攻大小悟山。驻守大小悟山的豫鄂挺进纵队奋战五昼夜，终因力量悬殊，不得不放弃大小悟山，边区党委和纵队首脑机关及所属各部均转移到平汉路西。

在不到半年的时间里，新四军豫鄂挺进纵队遵照党中央和中原局的指示，三度东征，虽然没能在大小悟山站住脚，但歼灭了程汝怀部鄂东十九纵队的有生力量，牵制了桂军向东进攻新四军四、五支队的兵力，扩大了共产党、新四军在鄂东的政治影响，进一步熟悉了鄂东社会和地理情况，为而后大规模地发展鄂东根据地打下基础。

1940年10月19日，国民党军事当局发出“皓电”，对八路军、新四军大肆进行造谣污蔑，并强令八路军、新四军于一个月内开赴黄河以北，企图借日军之手消灭中国共产党领导的人民抗日武装。以此为发端，国民党当局在全国范围内掀起了第二次反共高潮。为配合全国范围内的反共高潮，国民党五战区在鄂豫边区划定鄂中、襄西、鄂东为三个“清剿”区。鄂东区由五战区鄂豫皖游击兵团总指挥部鄂豫分区司令莫树杰主持，指挥桂军两个师及鄂东、豫东南的两个游击纵队和保八团等共2万余人，企图以大悟山为基地围攻共产党在鄂东的抗日武装。豫鄂边区党委、豫鄂挺进纵队进行了针锋相对的斗争，并决定乘鄂东顽军反共部署尚未就绪之际，集中四个团第四次进军大小悟山。

1941年2月17日夜，豫鄂挺进纵队第二、三团由赵家棚地区出发，越过平汉线后分路挺进，从西线包围大悟山；第一、九团由陂安南出发，控制大悟山的东线阵地。四个团互相呼应，将顽十九纵队四面围困。次日，挺进纵队发起总攻。经连续三天战斗，攻克顽军固守的全部阵地，并击退从北面前来增援的桂军一部。这次震撼鄂东的战斗，挺进纵队俘顽十九纵队四支队长刘亚卿（战后释放）以下官兵2000余人，基本上控制了大小悟山及其周边地区。从此，大悟山便成为鄂豫边区首脑机关新的指挥阵地。

二、礼山游击根据地的初创

豫鄂挺进纵队四次进军大小悟山期间，在豫鄂边区党委领导下，鄂东地委及其所属各级共产党组织和游击武装，抓紧时机，积极深入开展工作，在礼山及其与黄安、罗山相连的地区，初创了（黄）安礼（山）边、礼（山）南、罗（山）礼（山）边抗日游击根据地。

（一）安礼边游击根据地

安礼边包括礼山东部和黄安西北部。六大队于1939年春挺进鄂东后，安礼边之四姑墩等地即成为其主要活动基地。同年5月，鄂豫皖区党委委员程坦抵达四姑墩，代表区党委领导鄂东地区的党组织。“夏家山事件”后，五、六大队退至平汉铁路西，安礼边为国民党顽军所控制。随着豫鄂挺进纵队的第四次东进，安礼边的形势迅速好转。1941年2月安礼边工委成立，王瑞平任工委书记（后林维）。6月又成立了安礼边办事处，张安达任办事处主任。安礼边工委、办事处活动区域为黄安之金牛、龙山乡和礼山之四姑墩、吕王城、张家岗一带。

（二）礼南游击根据地

1940年4月，豫鄂挺进纵队第三次东进时，豫鄂边区党委即派郭欣、王敬平等到大悟山叶家冲、杨冲、南冲、沈冲等地秘密开展党的建设和抗日宣传活动，并在叶家冲建立了秘密党支部。1941年春，豫鄂挺进纵队第四次东进基本上控制了大小悟山以后，便在胡家河成立了礼南办事处（党内叫礼南行政委员会），由郭欣负责。礼南行政委员会成立后，即在南冲举办党员训练班，培训党、政、军干部。此时，杨子明来到礼南办事处接替郭欣负责党政领导工作，活动于礼山的安来、义善两乡。

（三）罗礼边游击根据地

1940年春，在礼北成立罗礼县委（后改为罗礼应县委），孙保元任县委书记。之后程达、吴继刚相继任县委书记。其活动范围是：东至宣化店，北到定远店、杨万店，西到九里关、铁铺，南至东新店。县委及其武装主要在大小鸡笼山、朝天山、香炉寺、五岳山、三瓜山等地游击。

第七节 黄陂、孝感、黄安、麻城游击根据地的开辟

在鄂豫挺进纵队四次东进鄂东初创礼山抗日游击根据地期间，中共鄂东地委、鄂东总队和黄陂、孝感、黄安、麻城的中共组织初创了（黄）陂孝（感）北、陂安南、（黄）安麻（城）边等抗日游击根据地。

一、陂孝北游击根据地的开辟

陂孝北，系指黄陂西北和孝感东北毗邻的地区。它东临汉（口）宣（化店）公路，西抵平汉铁路线，北至小河溪、金鼓河口，南至祁湾、横店和黄陂县城，纵横150余里。从1940年起，这里便被开辟为抗日游击根据地，以后建立了陂孝北抗日民主政权。因其辖区大部分在黄陂境内，且其使用的又是原“黄陂县政府”的印章，故陂孝北抗日民主政府亦称黄陂县抗日民主政府。

1939年9月，五、六大队突围到平汉铁路以西之后，中共黄陂特支的杜天仇、彭鹤龄等按照党组织的决定，深入日军占领的县城开展对敌秘密斗争，魏天一、刘天明等则仍继续在黄陂北部坚持斗争。1940年初，豫鄂挺进纵队东进鄂东后，吴祖贻、刘西尧等曾到蔡店一带活动。4月，何耀榜率鄂东总队数百人进入陂北道士冲与国民党黄陂县政府谈判关于联合抗日的问题。县长田江昌回避不见，只身他去。何耀榜获得国民党黄陂县政府印章，经协商，推举愿与共产党合作抗日的原国民党黄陂县第二区（长堰区）区长黄曙晴为县长，组建联合政府。由于遭到国民党黄陂县党部书记刘法的极力反对和程汝怀部的武力“围剿”，何耀榜等于6月被迫退入孝感铁路以西地区，联合政府夭折。1941年春，随着豫鄂挺进纵队重返鄂东，陂孝北的形势好转。3月，正式组建中共黄陂县委，雷同代理县委书记（后为任士舜）。与此同时，豫鄂

边区军政联合办事处在蔡店汪家畈召开各界人民代表大会，按“三三制”原则组建了黄陂县抗日民主政府，魏天一当选为县长。陂孝北根据地初创时，所辖范围主要在黄陂西北的四区、陂五区，以后还包括孝三区（以孝感中和乡为主）、孝五区（以孝感西阳岗为中心）的部分地区。

二、陂安南游击根据地的开辟

陂安南是黄陂东北部与黄安南部地区的合称。它西连陂孝，北通大小悟山，东接安麻，南衔黄陂、黄冈而直抵长江，距武汉不过百里，处于日顽交界的空隙间。这一地区原是土地革命战争时期的革命根据地，人民群众富有光荣革命传统。鄂东沦陷后，中共在这里建立和发展了党组织，建立了游击武装，并配合五、六大队开展游击活动，还组建了第八大队（后编入六大队）。“夏家山事件”后，这里遭到日伪和顽军夹击，主要领导干部随鄂东地委撤到平汉铁路以西。

1940 年 2 月中旬，豫鄂挺进纵队主力再次进军小悟山，鄂东地委率鄂东游击总队不失时机地跨过平汉铁路，积极配合挺进纵队主力的军事行动，同时派遣干部深入黄安南部与黄陂北部的交界处发动群众，开展统战工作，并于 3 月组建了（黄）安南县委（书记杨业珍），初步开辟了以陂安南为中心的鄂东北抗日游击根据地，从而为日后进军鄂东北建立了一个支点。

4 月，豫鄂挺进纵队主力第三次东进并控制了大小悟山地区，鄂东地委书记程坦随即率领地委机关和鄂东总队一部由路西赵家棚进入陂安南。4 月 23 日，鄂东顽军第十六纵队李九皋部 2000 余人进犯陂安南根据地，企图消灭刚组建不久的豫鄂挺进纵队鄂东独立团。鄂东独立团组织反击并将其击退，使陂安南成为大小悟山根据地外围的一块比较巩固的根据地。4 月底，鄂东地委机关进驻黄安南部的庙咀塆。不久，桂军一个团侵入陂安南地区，并收买叛徒杀害了安南县委书记杨业珍。鄂东地委机关随即被迫撤离陂安南地区，向平汉铁路以西转移。鄂东地区仅留下鄂东独立团第二大队（后与黄冈游击大队一部合并重组为新的鄂东独立团），坚持鄂东斗争并相机向鄂皖边敌后地区发展。

1941 年 1 月 25 日，鄂东地委随豫鄂挺进纵队一团再次跨过平汉铁路东进。2 月初，一团和九团（由鄂东独立团改编）在黄冈回龙山会师，随后挥师北上，在高桥河至觅儿寺、袁家畈一带，将盘踞陂安南的顽十六纵队袁绍祺支队驱逐出境，使北起高桥河、南抵太平桥、东到椿树店、西至黄陂柿子树店的陂安南大片地区为中共抗日武装所控制。鄂东地委及安南县委抓住这一有利时机，进一步广泛发动群众，组织群众团体，建立地方武装，为建立基层抗日政权创造了条件。此后，这一地区便成为鄂东地委的指挥基地和机关所在地。1941 年 3 月，鄂东地委在陂安南进行改组：地委书记程坦，组织部长蔡承祖，宣传部长刘西尧（后任副书记兼宣传部长），军事部长张体学（后为何耀榜），政权部长汪心一。由于陂安南地区与大小悟山肩背相连，西可接应陂孝、东南连黄冈而逼长江，因而陂安南抗日根据地的创立与发展、巩固，为鄂东乃至鄂豫边区大悟山指挥基地提供了一道安全屏障和一块赖以执行自己战略任务的较坚实的战略基地。

三、安麻边游击根据地的开辟

安麻边包括黄安东部之七里、紫云、三角、桃花、水河等乡和麻城西部的料棚、西张店、乘马岗一带，以及河南经扶南面的泗店、箭河等地。七里、紫云、乘马曾是黄麻起义的策源地，土地革命战争时期，这里的共产党组织和武装斗争一直未间断。在安麻边建立抗日根据地，就可与陂安南连成一片，互为屏障，扩大回旋余地。但由于日军在麻城至宋埠、宋埠至黄安的公路线上设置了 10 多个据点，对安麻边形成包围之势，加上国民党黄安县军政机关退居七里坪、檀树岗一带，国民党正规军和地方武装分别盘踞在黄安江潮二和麻城林店一带，使安麻边根据地的创建和发展面临着极大的困难。

1939 年春，成立了中共安麻边工作委员会，郑维忠任工委书记。接着，安麻工委在安麻边发展了一些党的支部和小组，建立了两支各有十数人枪的武装小分队。“夏家山事件”后，安麻工委随鄂东地委转移至平汉铁路以西，境内的武装则分散游击。1940 年初，豫鄂挺进纵队东进以后，安麻边的形势趋于好转，安麻工委返回，继续领导开辟安麻边根据地的工作，并于 2 月在两道桥召开安麻边各界人民代表大会，选举产生安麻边行政委员会，郑维忠当选为主任。5 月，安麻工委在工作基础较好的三角山一带，组建了陡东、陡西、叶油和张店四个乡的中共党支部和抗日游击武装，并着手建立乡政权。此后，又在沙有乡、大有乡、道义乡开展建立政权和组建武工队的工作。共产党员吴先奎、高志明、高飞等还在安麻边北部紫云、乘马地区组建了一支有 20 多人枪的抗日游击武装。

第八节　鄂东独立团东进与鄂皖边游击区的开辟

鄂皖边地区包括鄂东之蕲春、黄梅、广济、英山和皖西之霍山、立煌、宿松、太湖、望江等县。这里山峦起伏，纵横绵亘数百里，南临长江天堑，横贯大别山腹地，东可扼南京，西可指武汉，进可以攻，退可以守，素有天然防线之称，战略地位十分重要。在土地革命战争时期，它是鄂豫皖、湘鄂赣两大革命根据地的重要组成部分，是共产党和红军生存、发展的重要基地。武汉沦陷后，这里即成为中日双方激烈争夺的前沿地带，亦是桂军重兵盘踞的基地。鄂皖边还是孤悬敌后的中原新四军部队打通与华中抗日根据地及新四军军部联系所必争的战略要地，也是中原新四军部队在战略和战役上直接配合华中新四军部队抗日反顽的主要战场。因此，根据中共中央、中央军委、中原局以及新四军军部的指示，豫鄂边区党委和中原新四军部队曾多次组织和派遣主力东进鄂皖边，开辟和发展鄂皖边抗日游击根据地。

一、鄂东独立团东进鄂皖边

1940 年 3 月，豫鄂挺进纵队以一团队两个中队及鄂东、安应地方武装一部共 300 余人，组成鄂东独立团，任命吴林焕为团长，张体学为政治委员，担负东进黄冈敌占区、与黄冈游击根据地取得联系的任务。独立团组建后即跨过平汉铁路，挺进陂安南地区。4 月，程坦率鄂东地委机关及鄂东总队一个大队抵达陂安南与独立团会合（该大队随后改编为独立团第三大队）。黄冈中心县委得知程坦、张体学等回到陂安南的消息后，便派黄冈游击大队教导员易鹏、副大队长李扬德带一个中队前去接头。正当易鹏等与阻拦的顽军袁绍祺部交战时，张体学等听到枪声率独立团前来支援，从而在战场上胜利重逢。接着，文祥和漆少川奉命又带一个中队前往庙咀塆向地委汇报工作。随后，两个中队被留下并合编为独立团第二大队。5 月，张体学率新组建的独立团第二大队进入黄冈筹款。月底，由于桂军的大举进攻，鄂东地委机关和独立团大部随豫鄂挺进纵队主力退回平汉铁路以西，张体学所率独立团二大队被阻隔在黄冈。

此时，平汉铁路被日顽阻隔，亦无电台联系。豫鄂边区党委、豫鄂挺进纵队司令部决定派刘西尧和吴林焕带独立团一个大队过平汉路前往黄冈，传达中原局和豫鄂边区党委关于组织东进鄂皖边的指示精神。当刘西尧、吴林焕率部行进至河（口）汉（口）公路附近时，获悉有顽军埋伏，便又返回路西。边区党委和纵队司令部随后决定，改由刘西尧独自化装赴黄冈组织东进行动，并代表鄂东地委领导黄冈及鄂皖边地区的工作。

6 月中旬，刘西尧和陈景文在一个警卫员护送下，由黄冈中心县委地下交通员姚去非带路，途经汉口菜园子，乘小木船顺长江而下，到达大埠街日军据点附近的王家坊上岸。刚一上岸，就遇到民兵的仔细盘查。见根据地的群众组织发动得如此之好，刘西尧心里着实高兴。当天晚上，刘西尧与张体学等会合后，接着召开会议。参加人有刘西尧、张体学、赵辛初、陈景文、熊桐柏、文祥、漆少川、易鹏、孙侠夫等。会议传达了中原局和豫鄂边区党委的指示精神，并根据豫鄂挺进纵队首长的决定，以独立团第二大队和黄冈游击大队的两个中队为基础，整编成立了新的鄂东独立团[①]。整编后的鄂东独立团共两个营660多人，团政治委员张体学，副团长熊桐柏。7月，豫鄂挺进纵队任命官楚印为团长（赴职途中牺牲，易元鳌继任）。

正当独立团筹建之时，国民党黄冈县自卫大队邵继武、邵鹏程率三四百人进驻冈西辛冲、汪家集，他们在驻总路咀、长岭岗之顽邓兴支队的配合下，不断骚扰冈西抗日民主根据地。熊桐柏、漆少川、易鹏、李扬德率部一举拔除顽军在冈西的汪家集等据点。接着，又连夜奇袭邓兴支队，打了个漂亮仗，基本歼灭邓兴支队，进一步稳定了冈西局势，为独立团的成立和东进创造了条件，但李扬德不幸在战斗中牺牲。此后，刘西尧、张体学和黄冈中心县委便积极进行东进鄂皖边的准备工作。

根据中央军委和中原局的意图，鄂东独立团东进的战略任务是：开辟鄂皖边游击根据地，牵制国民党桂系顽军的力量，以配合新四军江北指挥部和四、五支队发展皖东的抗日斗争，并相机打通中原与华中的联系走廊。当时，鄂皖边各县的县城、集镇以及交通要道和要塞，除少数为日伪占领外，大部分为国民党顽固派军队所占领。其中既有国民党桂系顽军，又有程汝怀所属鄂东游击纵队和各县政府的自卫大队。他们人数多，势力大。而独立团东进鄂皖边，基本上是无后方作战。部队给养、伤病员治疗、冬夏装换季、兵员补充增编等，大部分要靠黄冈中心县委建立的沿江湖区根据地供给。为支持鄂东独立团东进，支持鄂皖边人民斗争，黄冈中心县委动员黄冈的党员群众全力以赴，做到了要人出人、要钱出钱、要物出物、要干部出干部。独立团东进期间，黄冈中心县委先后抽调县区级干部钟子恕、黄维栋、陶子玉、王表、黄明清、周省耕、林同、欧阳杰、熊森、方盛才、林裕先（张干）、陶

---

① 鄂东独立团重新组建之前，豫鄂挺进纵队决定以退守平汉路西的原鄂东独立团第一、三大队为基础成立第九团。1940年11月，第九团并入第十团，原九团番号随即撤销。1941年1月，鄂东独立团改编为新的第九团。

权、熊作师、李汉清、黄再兴等20余人（加上一般干部共130多人）随军前往。独立团又从部队基层干部中挑选100多人组成便衣队。这些干部和便衣队员，沿途下放。部队打到一个地方，他们就下去开辟、发展一个地方。他们的任务是：发动群众，发展党员，建立地方党组织；积极扩大抗日武装；发展抗日民族统一战线，培养和依靠本地干部，建立抗日民主根据地。在而后的斗争实践中，这批东进干部和当地干部及积极分子一道，充分发挥了既是战斗队又是工作队的作用。

8月8日，刘西尧、张体学等率鄂东独立团在“人不犯我，我不犯人”的口号下，从王家坊出发，东进鄂皖边。他们过巴河，经浠水，在浠（水）蕲（春）边彭思桥还击前来阻击的国民党顽蕲春县自卫大队，消灭其两个排。接着又攻打了浠蕲边三角山的三角寺，顽蕲春县自卫大队凭险据守，没有打开，双方互有伤亡。随后，独立团在蕲春、浠水、广济，以及与蕲春交界的英山、安徽太湖等地的山区游击。在广济青山岭，独立团击溃程汝怀部第十七纵队的一个大队。返回黄冈途中，顽军派大部队追击独立团，刘西尧、张体学采纳了熊桐柏副团长“杀回马枪”的建议，远距离奔袭顽十七纵队的司令部——广济十八堡。熊桐柏亲率尖兵，先从俘虏的顽十七纵队士兵口中得到口令，然后冒充顽十七纵队的队伍，一枪未发就占领十八堡后山哨所，居高临下，突然冲进司令部。顽十七纵队司令王丹侯猝不及防，仅带少数卫兵落荒而逃。独立团缴获新枪400多支，大大改善了装备。

从9月起，程汝怀在桂系第七军的配合下，开展了对鄂皖边抗日人民武装的所谓“三月围剿”（又称“百日围剿”）。顽军以六个支队和一个团的兵力，将鄂东独立团一路追赶至蕲春仙人台。刘西尧、张体学和新任团长易元鳌等在仙人台研究决定，以分兵游击应对顽军的重兵集结；待顽军分兵行动，再集结兵力歼其一部。随后，刘西尧在一个班护卫下转入蕲（春）广（济）边沿江湖区活动，一营营长康洪山率一个连返回黄冈根据地筹措给养，张体学、易元鳌则率独立团大部转入蕲春、宿松、太湖三县边界的山区游击，仅留少部兵力在团政治处副主任易鹏率领下坚守仙人台一带。独立团主力在张体学、易元鳌率领下，辗转两个多月，战斗频繁，减员严重。一天，张体学、易元鳌等在鄂皖边的滴水岩突然与尾随独立团的王丹侯部三个支队遭遇。易元鳌本着最后一拼的决心，扛起机枪，带领警卫排，一阵猛打，一举击溃人数众多的顽军，并俘获顽军多人，缴获一批枪支弹药（其中机枪两挺）。接着，独立团乘胜奔袭黄梅县城，歼灭顽黄梅县自卫总队两个中队，活捉自卫总队队长穆振球（战后释放），并先后在独山、停前召开群众大会，从而声威大振。在此期间，漆少川、康洪山等率部在黄冈、陂安南也取得了数次反顽战斗的胜利。亲赴蕲春刘公河督战的程汝怀为保存实力，不得不率部撤离鄂皖边。至此，国民党在鄂东发动的“三月围剿”计划破产。张体学、易元鳌和刘西尧等随后重返仙人台与易鹏等会合，并于 1941 年初返回黄冈根据地休整。此后，鄂东独立团改编为豫鄂挺进纵队第九团。

由于国民党顽军的重兵围剿，独立团此次东进无法打通与华中新四军主力部队的联系走廊，未能实现中共中央、中央军委和中原局关于改变中原新四军部队孤悬敌后之处境的战略意图。但是通过此次东进，熟悉了鄂皖边情况，鼓舞了鄂皖边人民斗志，锻炼和提高了部队战斗力，发展了地方游击武装，开辟了鄂皖边广阔的游击区，为而后东进，建立与发展鄂皖边游击根据地，沟通与华中新四军部队的联系，创造了条件，打下了基础。

二、鄂皖边游击区的开辟

土地革命战争时期，鄂皖边地区许多地方建立了党的组织和苏维埃政权。红军主力北上后，这里还有红二十八军领导的便衣队坚持斗争。全国抗日战争爆发后，便衣队随红二十八军整编为新四军四支队开赴皖东，当地仍留下一批党员骨干，如詹绪辉、鲁教瑞、田双贵、黄必德、查茂红、查信中等二十来人，分散各地。沦陷初期，黄梅县曾一度出现了较好的抗战局面，群众救亡运动声势浩大，发展了一批武装，但在组建新四军江北游击第八大队后不久，遭到国民党顽固派的包围袭击而失败。鄂东独立团这次东进，是八大队失败后重新打开鄂皖边局面的开始。虽然在程汝怀发动的所谓“三月围剿”中，浠蕲边等地区遭到了较大的损失，但恢复和开辟了蕲广边、蕲（春）太（湖）英（山）边、黄（梅）广（济）边、蕲（春）宿（松）太（湖）边和黄（梅）宿（松）边抗日游击根据地。

在浠蕲边（亦称蕲南），1940年3月，于蒋家山蕲春境内的螺丝垮成立浠蕲边县委（书记张明），下辖西河驿、陈家园、漕河三个支部。鄂东独立团东进到这里，留下了王表、刘洪顺等一些干部，充实了县委（书记张明、副书记胡祖虞，委员何启、王表等），并组建了西河驿、彭思桥、管家窑、散花洲、李垱、荆竹山六个区委；还成立了浠蕲便衣队（队长刘洪顺、指导员张明）。便衣队开始只有10多人，很快发展到近百人。活动地区在蕲春西北、浠水东南，西滨长江，以浠蕲交界的蒋家山为中心。在程汝怀的“三月围剿”中，这里因目标较大，原来公开活动，革命力量大多暴露，因而遭到的破坏也较严重。

在蕲春和安徽太湖交界的桐山冲，独立团留下了黄维栋、黄再兴、黄明清、方盛才等一批由黄冈带来的干部，与当地的老党员詹绪辉、鲁教瑞、黄必德、查信中等会合，组成蕲太英边工委，黄维栋为书记，辖仙人台、四安寨、田家桥、桐山冲、大王山5个区委，共12个支部；并组建了7人小便衣队（队长鲁教瑞）。活动地区包括蕲春东北、太湖西部、英山南部、浠水东部，北靠大别山，以桐山冲为中心。到1941年春，便衣队发展到70余人。

在蕲春西南、广济西部以菩堤坝、白民田为中心的蕲广边地区，1939年3月，张明曾到这一带开辟工作。他找到了当地的张翼南、张凤林等老党员，发展了居文焕、陈友清等一批党员，并于1939年10月建立了中共蕲广总支委员会（书记张翼南）。1940年3月，根据黄冈中心县委决定，蕲广边总支改建为蕲广边县委，并建立了30多人的蕲广便衣队。到1941年初，蕲广边共建立6支便衣队。蕲广边县委将他们整编为两个连的蕲广边独立营（同年9

月扩编为蕲广独立团）。蕲广边因工作隐蔽，基础扎实，“三月围剿”期间未遭破坏，浠蕲边县委主要成员便转移到蕲广边，刘西尧、赵辛初带着小部队也转入这一带活动。1940 年 11 月，在赵辛初主持下，进一步扩充、加强了蕲广边县委（书记张明）。其下属组织也由原来的菩堤坝一个区委六个支部，发展到菩堤坝、黄土岭、白民田三个区委共 21 个支部。

鄂东独立团还在蕲宿太边，留下了张干等武装骨干，建立了有 20 多人的便衣队（队长张干）。活动区域在蕲春东北、宿松西北、太湖西南，北靠大别山，以境内张德斌冲为中心。

在黄梅，八大队失败后，党组织也遭到严重破坏，抗日民主革命进入低潮。但是，大惨案的幸存者，如邹一清、柳升、程国卿、孙忠、潘老五等，仍然潜伏下来，开展隐蔽斗争。在黄宿边大山上潜伏的邹一清等，把豺狗洞、毛狗洞当宿营地，度过极端困难的岁月。鄂东独立团东进鄂皖边的消息传来后，邹一清即派汪纯如、戢记火分途外出打探、寻找，终于与独立团接上关系。邹一清在宿松花凉亭会见了刘西尧、张体学等。接着，邹一清又到蕲（春）黄（梅）边塞老祖见到赵辛初，并从那里领回了 5 条长枪，成立了有 9 人的便衣队。后经四出联络，八大队老战士程国卿、柳升、何瑞明、王占松、周光赐、蔡琼、周腊苟、陈金旺、潘老五等纷纷寻来，便衣队很快在黄宿边发展起来。到 1941 年春，便衣队发展到 60 多人。

第三章

鄂东抗日民主根据地之建成与发展

（1941年3月—1944年4月）

第一节　地方武装的发展壮大及其重大作用

1941年1月6日，国民党当局调集重兵，于皖南泾县茂林地区向奉命北移的新四军军部及所属皖南部队发起突然袭击，制造了震惊中外的皖南事变。皖南事变后，中国共产党据理反击，对国民党蒋介石的反共暴行进行针锋相对的斗争。1月20日，中共中央军事委员会发布重建新四军军部的命令，任命陈毅为代理军长，刘少奇为政治委员。1月25日，重建的新四军军部在苏北盐城召开成立大会。根据中共中央关于整编部队的指示，将全军扩编为七个师、一个独立旅。新四军豫鄂挺进纵队整编为新四军第五师，李先念任师长兼政治委员，刘少卿任师参谋长，任质斌任师政治部主任（后任副政治委员兼政治部主任）。4月5日，全师组建完毕，李先念在鄂中白兆山通电就职。五师辖十三旅、十四旅、十五旅。其中，鄂东地方抗日人民武装合编为十四旅。4月15日，在陂安南二房塆召开了庆祝十四旅建军大会。在庆祝大会上，李先念宣布了建立十四旅的命令：旅长罗厚福，政治委员张体学，副旅长吴林焕，政治部主任夏农苔。十四旅下辖三个团：豫鄂挺进纵队一团编为十四旅四十团，团长黄宏坤，政治委员熊作芳；黄冈游击大队等地方武装合编为四十一团，团长漆少川，政治委员罗通；九团（原鄂东独立团）改编为四十二团，团长熊桐柏，政治委员聂庆泰。11月，五师又以十四旅四十团和鄂东地方武装一部为基础组建特务旅，罗厚福任旅长，何耀榜任政治委员，并将蕲广边独立团改编为新的十四旅四十团。

一、地方武装之发展与组织机构之演变

为适应日顽夹击的严重局势，巩固和发展抗日根据地，鄂东各级党组织、

政权机构、民众团体十分重视发展地方武装，在基本区和游击区广泛、持久、深入地开展了扩军运动，既扩大了主力部队，又发展了根据地生存、发展、巩固所必需的地方武装力量。

在鄂东各基本区和游击区，地方党组织除发动党员带头参军和吸收苦大仇深的贫雇农主动参军外，还在广泛深入宣传的基础上，通过积极分子或个人社会关系动员青年参军。在蕲宿太边王裕冲，通过宣传新四军抗日保家乡、官兵平等和共产党、人民政府实行减租减息等政策后，青年积极分子邓金明报名参了军。随后通过邓金明一个传一个的介绍，王裕冲共有 20 多名青年报名参军。陂孝指挥部参谋田明洲，利用其社会关系，一次就扩军 19 人。还有许多被俘的伪军或顽军士兵，经过宣传教育，也自愿留下当新四军。同时，在黄陂、安南、礼山等根据地的少数基本区，采取了“选兵制”，即通过乡、保政权组织，挑选适合对象，动员其参军。仅礼南安来乡第七保，通过选兵制就先后扩兵 27 名。黄冈根据地 1943 年也实行过选兵制。此外，还有通过改造帮会武装组建的。如黄陂塔城乡的基干武装，就是任士舜、魏天一等对塔城的“红学”武装加以改造和训练的基础上，于 1942 年建立起来的。冈麻边的顾宇乡武工队则是地方党组织对洪帮（汉流会）人员李幼青所组建的帮会武装加以训练改造后，于 1944 年 2 月正式成立（李幼青被任命为武工队队长）。

为适应根据地的发展和形势的变化，1942 年春夏之交，经中共中央批准，五师决定组建三个军分区。鄂东地区划为第一军分区（又称鄂东军分区），以五师特务旅旅部及所属第三团为基础组建，罗厚福任司令员，鄂东地委书记程坦兼政治委员。第一军分区下辖鄂东地委所属各县的地方武装，其活动区域西至平汉铁路，东至鄂皖边，南至鄂南，北含黄安、礼山南部。[①] 8 月 10 日，

① 1942 年 3 月成立中共豫东南地委和罗（山）礼（山）经（扶）光（山）指挥部，原隶属于鄂东地委的罗山、经扶、光山和礼山、黄安北部党组织及地方武装分别划归其领导。

豫鄂边区党委和五师师部决定组建江南兵团指挥部（又称鄂皖兵团指挥部、鄂皖湘赣指挥部），五师参谋长刘少卿兼指挥长，边区党委组织部长杨学诚兼政治委员。同时决定以挺进江南的师特务团（原特务旅一团）和十四旅大部为基础组建第四军分区，以江南兵团指挥部首长兼四军分区首长；以留在江北的十四旅一部为基础组建第五军分区（又称鄂皖边军分区），张体学任司令员，新组建的鄂皖边地委书记刘西尧兼政治委员。1943 年 1 月，边区党委和五师首长决定成立长江地委，并改组四军分区（又称长江军分区），夏农苔为地委书记兼军分区政治委员，熊作芳任军分区司令员，其活动区域为鄂南地区和江北之黄冈、浠水、罗田及冈麻边等县。

1943 年 6 月，鄂豫边区党委[①]和五师首长决定将长江地委和鄂皖边地委合并组建新的长江地委，并将四、五两个军分区合并组建新的四军分区。刘西尧任地委书记兼军分区政治委员，刘少卿兼任司令员（后张体学）。同时决定将罗礼经光指挥部重新划归鄂东军分区管辖。此后，鄂东地方抗日武装即分属于两个军分区管辖：鄂东军分区活动区域西起平汉铁路（铁路不属），东至麻城东北，北达罗山南部，南抵宋埠至黄陂公路（公路属内），以黄陂北部、黄安南部、礼山南部、麻城西部为基本区；长江军分区活动区域北起麻城南部，西抵汉口近郊，东至皖西之宿松、太湖、望江，南达鄂南之崇阳、蒲圻和赣北之瑞昌、武宁，以黄冈及蕲广边等地区为基本区。在军分区之下，建立有县级或中心县级指挥机构，管理、指挥县、区、乡地方武装。鄂东军分区之下有罗礼经光指挥部、陂孝指挥部、陂安南指挥部、安麻指挥部、礼南指挥部等；长江军分区之下有黄冈指挥部、鄂皖边指挥部、鄂南指挥部等。

二、地方武装所发挥的重大作用

鄂东抗日民主根据地和游击区的便衣队、自卫队、区中队、县大队等地

① 据中共中央 1943 年 2 月 13 日电示，中共豫鄂边区委员会此后改称中共鄂豫边区委员会。

方游击武装，是地方最基层的武装组织，他们像一把把锋利的刺刀，插入敌占区，活跃在广大敌后的村庄、江河湖泊、铁路公路两侧、日伪据点周围。在抗击日伪“清乡”“蚕食”和顽军反共摩擦的残酷斗争岁月里，他们以土造的刀枪和不断从日顽手中缴获来的枪支为武器，开展广泛的游击战争，成为五师主力部队的有力羽翼，有效地打击了日顽，对抗日根据地的发展、巩固和坚持，作出了不可磨灭的贡献。

（一）破坏日军交通。一是袭击日军的运输车船。1941 年 10 月，8 名黄冈便衣队员在魏家淌对岸伏击日军一列拖驳，缴获大量军用、民用物资；1943 年 5 月，安南六区武工队 12 人埋伏于（黄）陂宋（埠）公路之骆驼铺附近，恰有 2 辆日军用货车通过，武工队扔去 4 个手榴弹，炸死炸伤押车的日伪军 9 名，击毁日军汽车 2 部，缴获军用物资一批。二是摧毁日军的交通设施。1944 年春，日伪军突然袭击陂安南等抗日根据地。日伪采取军事打击与“清乡”“蚕食”相结合的战术，一边进行“分区扫荡”，一边增设新据点。为了配合主力部队的反“扫荡”斗争，陂安南地区组织自卫队破毁日伪军必经之公路计 200 余里，破毁大小寨墙 57 个；陂孝地区反“清乡”指挥部指挥自卫队和民兵对日伪新修的公路全部予以破坏，并将日伪控制的花园至小河、杨店驿至东阳岗的原有公路及桥梁全部予以摧毁。地方武装声势浩大的破袭战，使日伪军路不能通车，顾此失彼，处处挨打。最后疲惫不堪，不得不仓皇退走。此外，便衣队、武工队还经常通过锯电杆、割电线切断日伪军通信联系，如田镇至蕲州的日伪军用电线就很少能架通和保持联络。

（二）袭扰日伪据点。这种“敌驻我扰”的战术最令日伪军胆战心惊，也最能发挥游击武装灵活机动、神出鬼没的优势。1941 年 10 月，广济地方游击队 40 余人夜袭伪军在童司牌的据点，20 多名熟睡的伪兵除炸死外全部被捉。1944 年春，冈东纵队 20 余名武工队员夜袭伪军设在下巴河上街的哨所，击毙伪军多人，活捉 3 人，并缴获一批枪支弹药和一部电话机。此后一连几个夜晚，哨所附近的日伪炮楼风声鹤唳，彻夜鸣枪壮胆。安礼县和罗礼经光边县的自卫队、民兵先后拔除或迫使日伪撤除河（口）宣（化）公路沿线据点十多处，并经常袭击河口、夏店、二郎店日伪据点，迫使夏店日军龟缩于望夫山，二郎店日军龟缩于泉水寨，不敢随意外出掳掠。在黄冈县，由于地方抗日人民武装的袭扰，团风、上巴河等处据点的日伪军因长期不得安眠而患病者在半数以上。此外，民兵游击队还常在漆黑夜里出其不意地偷袭日伪军的仓库。陂安南地方武装曾多次成功地偷袭日伪在柳子港的仓库，不仅缴获许多军用物资，而且获得群众迫切需要的食盐。在武装偷袭的同时，游击小分队还时常潜入黄安、河口、团风、武穴、蕲州等地的日军据点，通过散发传单、张贴标语等形式展开政治攻势，在瓦解日伪、争取群众方面发挥了积极作用。

（三）保护地方安全。民兵、自卫队、武工队担负着站岗放哨、守护家园的任务。对闯入根据地骚扰抢掠的小股日伪军，自卫队、便衣队有时埋伏在河边，待其涉水河中时，伺机袭击；有时隐蔽山林或庄稼地里，突发冷枪。1942 年 2 月，驻广济田镇朱头壳据点的小股日伪军到下郑塆抢夺财物、奸淫妇女，当地武工队闻讯赶去，一阵猛击，打死日军 1 名，伪军 2 名，追回了被抢掠的财物。1943 年 7 月中旬，河口据点的 9 名日本兵、11 名伪兵到石尹乡“打掳”后赴一个山岗上喝酒。隐蔽在山林间的安礼县的一个游击小组四枪齐发，击毙了日军官，其余日伪军抱头逃窜。据不完全统计，1943 年至 1944 年上半年的一年多时间内，仅陂安南二区、陂安南六区、安麻边二区、安麻边四区、经麻边工委、冈麻边顾宇乡、冈麻边三店乡、冈麻边两清乡 8 个武工队，就与外出骚扰的小股日伪军战斗 30 次，共击毙日伪军 6 人，俘虏伪军 28 人。[①] 当时，县、区、乡政府大都随同县大队和区、乡武装行动，征粮、收税人员一般也都有武工队、便衣队警戒、保护。各地自卫队、民兵还通过巡更放哨、守口子、查路条、清户口等措施，积极配合锄奸反特斗争。

---

① 新四军第五师政治部:《一军分区武工队调查材料——连队调查材料之七》（1944 年 7 月）。

黄陂、礼山、陂安南、黄冈等地的武工队、自卫队、民兵曾多次成功捕获潜入根据地的日伪密探和国民党顽军特务。

（四）为主力部队输送兵员。各县地方武装及区乡自卫队、民兵是主力部队补充兵员的重要渠道。当各级地方武装人数扩大时，就逐级向上输送或成建制升级为主力军。1941 年春，黄冈游击大队改编为五师十四旅四十一团后，黄冈县又由各区、乡武装中抽调人员组成县保安大队。随后不久，十四旅四十团改编为五师特务旅第一团，蕲广边独立一团（亦称广济独立团）随即整编为十四旅四十团。从 1941 年到 1945 年的五年里，仅浠水县地方武装编入五师正规部队的就有 700 多人。陂安南、安礼边、安麻边三县到 1944 年，先后成建制地补充到军分区部队的兵力有 2500 人。

第二节　艰苦卓绝的反“扫荡”、反“蚕食”斗争

一、粉碎日伪的“蚕食”和“扫荡”

从 1941 年 5 月起，日军在中原地区多次发动了进攻国民政府军的大规模战役行动。同时为了解除其后顾之忧，日军调集兵力持续对鄂东北地区的抗日根据地进行“扫荡”，并派遣武装特务破坏地方组织，捕杀抗日干部群众，掠夺资财，以保证其近后方的治安、交通和经济控制能力。仅 1941 年 5 月至 11 月，日伪军就以“分进合击”的战术，先后三次对陂安南根据地进行“蚕食”性的重点“清剿”和“扫荡”，企图摧毁陂安南根据地，进而“蚕食”以大悟山为中心的整个鄂东北抗日根据地。

5 月 1 日，3000 多名日伪兵分 13 路对陂安南地区进攻。五师十四旅四十团第一、二营在团长黄宏坤、政委熊作芳率领下，迅速抢占了黄安红毛寨、马鞍山、傅家寨一线，先敌开火，把各路日伪军的注意力吸引过来；然后，

三营掩护鄂东地委机关和群众从合围的缝隙中顺利跳出日伪包围圈。一、二营坚守阵地到下午，突然阴云密布，狂风骤起，大雨滂沱，能见度极低，一、二营乘机向日军接合部猛打猛冲，一口气打破日军的合围，转移到外线。天黑之后，大雨不停。黄宏坤、熊作芳决定利用地形熟、群众关系好的有利条件，杀日军一个回马枪。于是，派手枪队和二连摸到院子塆和姚家凹，采取小股多处偷袭的战术，分组向日军驻地神速突击，快速撤离。闹得日伪军心惊胆颤，草木皆兵，通宵鸣枪壮胆。次日大早，13 路日伪军抬着尸体和伤兵各自奔回据点。7 月，日军再次侵入陂安南根据地。鉴于第一次“扫荡”的失败，日军改变了战术，采取安设据点，组织维持会，修筑公路的“蚕食”办法，妄图长期盘踞。陂安南军民立即展开针锋相对的斗争，坚决打击敢于组织维持会的汉奸，不断袭击修路日军和新建的据点。被日军逼迫修路的群众，白天消极怠工，夜间又将刚修的公路予以破坏，不让日军通车，使新插在陂安南的各据点陷入孤立。在陂安南军民封锁、围困和不断袭扰下，第二次占领陂安南的日伪军再度被迫撤退。11 月，日军又纠集 3000 余人，分九路第三次大规模“扫荡”陂安南地区。十四旅四十团运用前两次成功的战斗经验，配合县大队、区中队等地方武装，在广大群众的支持下，再次开展“破袭战”等形式的反“扫荡”斗争。日军修筑的公路屡修屡破，安设的据点一日数惊，一筹莫展，终于相继撤退。

日军对鄂东北地区规模最大的一次“扫荡”，是 1942 年 12 月中旬对大悟山发动的万人“铁壁合围”。15 日，日军以其第 3 师团全部、第 58 师团和伪十一师各一部共 1 万余人，附炮 80 余门，于礼山大小悟山周围据点集结，并在平汉铁路和河（口）汉（口）公路线上构成封锁线。16 日下午，日伪军分 14 路，采用“分进合击”“铁壁合围”的战术，向大悟山逼进，同时严密封锁了大小悟山所有道路及山口，企图一举歼灭鄂豫边区首脑机关和五师主力部队。根据敌情，李先念等师首长决定采取避敌主力、化整为零、敌打进来我打出去的战略战术，在各路日军尚在运动之际，果断地指挥五师主力和领导机关于16日黄昏分数路向平汉铁路西和陂安南地区转移。各路部队和机关人员在夜幕中常与日军正面遭遇，但借着有利地形和气候条件，果敢机智地摆脱了日军，于17日拂晓前胜利突出重围。

由于根据地群众在各级政府和各界救国会的领导下，采取了空舍清野和严密封锁消息等措施，日伪军进入根据地后如盲人骑瞎马到处扑空，派来的三架飞机也无能为力，盲目丢下几颗炸弹后就飞走了。而五师留在内线掩护群众坚持斗争的十三旅三十七团、十五旅四十五团各一个营与礼南县大队、民兵自卫队，以班、组为单位，灵活地运用“麻雀战”袭击日军。同时，五师转入外线的部队则深入敌后，袭扰日军据点。三十七团一部在夏世厚团长率领下，袭入日军盘踞的夏店，一、二军分区地方武装分别向平汉铁路、河汉公路沿线日军据点袭扰。一时间，方圆近两百里的日军后方，枪声炮声四起。有的据点被拔除，公路被切断，电话也不通了。日伪军在合围扑空、据点受袭扰的情况下，气急败坏地烧毁大悟山安来乡2000多间民房后，于17日晚退出大小悟山地区。18日，转移出去的豫鄂边区、五师机关部队返回大悟山。19日，大悟山区人民群众和党政军机关、人民团体，礼南县大队与民兵自卫队，以及三十七团、四十五团等部队，携带着战利品，唱着凯歌，从四面八方拥向滚子河大操场，举行反“扫荡”祝捷大会。

1943年8月，日伪军又纠集2000余人分三路“扫荡”大悟山。五师和礼南县大队与日伪军在余家楼、陶家河、长岭等地展开激战，击毙日伪军200余人，使日伪一周的“扫荡”计划三天就收了场。

日伪在对陂安南、大悟山等抗日民主根据地“扫荡”中，任意残杀无辜，烧房屋，抢财物，使根据地生灵涂炭，有的村庄顿成瓦砾废墟。战后，鄂东各地抗日民主政府即派人到灾区慰问群众，帮助群众重建家园。

二、开展机动灵活的敌后游击战

除了坚决反击日伪军的“扫荡”外，鄂东军民还采取突袭、伏击、打据点、截交通等各种办法，积极主动地开展游击战，频频打击日伪军。据不完全统计，仅1943年就达百次以上。这些行动有效地打击了日伪，保卫了人民群众的生命财产，发展和巩固了抗日民主根据地。

黄陂邻近武汉，是日军在鄂东的重要基地，日军设立的据点也比较多，黄陂城还驻有日军联队部。但在抗日军民的频频打击下，日伪不得不从一些据点撤走。塔耳岗曾是日军的一个较大据点，最多时驻日伪军600余人。1941年10月起，当地抗日军民每夜派出游击小组袭击日军，使得日军穷于应付，被迫撤走。在罗汉寺据点里，日军修有碉堡，黄陂县大队采取突然袭击，杀伤日伪20多人，碉堡被摧毁，据点被拔除。1942年2月12日清晨，黄陂日伪军240人（多数是日军）前往王家河“清乡”抢劫。安南六区武工队一个小组与日伪军遭遇，遂在王家河东北一带山岗展开，与日伪周旋。十来分钟后，六区区中队与武工队的另外两个小组赶来增援，并在王家河东、北、东南三面展开。日伪见三面打枪，不明虚实，不敢妄动，相持至近黄昏，被迫向黄陂城撤去。此仗以负伤1人的代价，击毙日伪军2名，伤其8人，缴获大衣1件，刺刀1把。

在陂安南、安麻边和安礼边，据1942年冬至1943年5月不完全统计，根据地军民对日伪作战达40余次。[①]1942年3月，驻河口、冯受二日伪军200余人，在安礼边县河口以北地区“打掳”，劫去过境商人的布匹、瓷器共12手推车。五师特务旅在安礼边县大队配合下，采取远程夜袭战术，一举攻入冯受二日伪据点，不仅夺回了被抢物资，还打死打伤日伪军8人，俘虏伪军10余人。1943年4月，伪十一师李宝莲部1000余人，窜至陂安南之洪界山一带骚扰，鄂东军分区部队在陂安南县大队配合下，将其击溃，俘伪军数名，缴获武器10余件。在此前后，驻黄安永河之日伪军50余人到安麻边张店一带“打掳”，安麻边县委书记林维和县大队长张玉阶闻讯，即率县大队出击，

① 新四军第五师政治部：《一军分区武工队调查材料——连队调查材料之七》（1944年7月）。

毙日军小队长和士兵各一名。安麻边县大队一中队长光荣牺牲。5 月，安麻边县警卫班护送县委负责人到陂安南参加鄂东地委召开的会议，在门前塆附近与下乡“打掳”的 30 余名日寇遭遇。警卫班发扬敢打敢拼的精神，与两倍于己的日军展开激战，打死日军 4 人，迫使日军撤回据点。

在黄冈，抗日军民对日伪据点能拔除则拔除，不能拔除则经常敲敲打打，使其不得安宁；对于外出骚扰“打掳”的日军，则给予有力打击。同时寻机截击日伪的车船，缴获其物资。1941 年春末，五师两个团在回龙山遭遇 200 余名外出“打掳”的日军，随即一路追击到陶店，毙伤日军 20 多人。1942 年春，十四旅四十一团在黄冈地方武装配合下，分三路攻击汪集、徐河、孔埠三个日伪据点，将徐河、孔埠两据点碉堡攻开、烧毁，据点内伪军全部缴械投诚。8 月，五师特务团一部由江南返回黄冈休整期间，驻扎陶店附近的特务团二营再次遭遇外出“打掳”的 100 多名日伪军，二营迅速出击，一举击沉敌船 2 只，并截获全部所抢物资。1943 年 5 月，日伪军 3 辆卡车将搜刮的钞票从仓子埠解往汉口，鄂南中心县委书记李平得悉情报后，带领警卫班和金台乡武工队员在淘金山公路两边设伏，成功击毁两辆卡车，并缴获“储币”[1] 1000 多万元，机枪 1 挺，掷弹筒 3 个，长枪 10 多支，俘日伪军 11 人。6 月 30 日晚，黄冈地方武装一举拔除毛集、韩衖两处伪军据点，击毙伪军连长 1 人，伪军 80 余人全部缴械投降。11 月 20 日，黄冈指挥部副指挥长于保诚率黄冈地方武装于拂晓打进日伪军据点阳逻，炸毁碉堡一座，缴获一批军用物资。

在浠水县，人民抗日武装曾六次成功地袭击下巴河日伪据点。1942 年 3 月，浠水县独立营一个排和两个手枪队夜袭下巴河，攻下雷神庙哨卡，活捉伪军队长，缴获步马枪 14 支，手榴弹 100 多枚。4 月，浠水独立营配合黄冈地方武装和十四旅四十一团一个连，再次突袭下巴河，毙伤日伪军 11 人，并

---

①“储币”系汪精卫伪政府在沦陷区发行的货币，又称伪币。

砸开监狱，救出被押抗日志士和群众30多人。1943年9月和11月，又两次袭击下巴河，共计打死日伪军40多人，活捉伪军4人，缴电话机1部。1944年1月，浠水县指挥部所辖地方武装攻进下巴河，俘获伪县长向正邦之侄和日军情报官井上及其翻译，击毙日伪军37人，缴获步枪20支，手枪1支，收音机7部，西药2箱。最后一次是这年3月，下巴河日伪军捕捉南湖群众28人，关押在下巴河狱中。为营救群众，浠水县指挥部组织30多名精干人员，在先行打入伪军内部的左元等地下人员接应下，打开下巴河监狱，救出全部被押群众。由于抗日武装多次袭击，龟缩在下巴河镇上的日伪军十分惊慌，不敢轻举妄动、外出骚扰。

在鄂皖边地区，抗日军民打击日伪的战斗尤为频繁。1941年6月，蕲广边独立营教导员易鹏率领一个连在广济县仓头埠抗击前来抢掠的日军，击毙日军3名，另10余名逃遁。9月上旬，驻蕲州日军20余人及伪警备团两个分队到杨家井一带“打掳”，蕲广边独立营在黄土岭度盘石伏击，击毙日宣抚班长田岛等多人。10月上旬，蕲黄广中心县委书记赵辛初率县委警卫队和新整编的蕲广边独立团一个排，在赤东下窑歼灭伪水上警备队，活捉伪警备队长景国宝，缴枪10余支。1942年5月，驻武穴日伪军30余人到石佛寺一带“打掳”，蕲广边便衣队在陈二墩与日伪军遭遇。陈德荣、李四英等地群众配合便衣队将日伪军围在二湖村杨家山。接着，廖宗泰、廖祥、魏高邑、董干等附近村塆的六七百名村民手拿锄头铁叉前来助战。此役击毙日军5人，伪军2人，缴获机枪1挺，步枪5支，钢炮1门。1943年2月和4月，挺进十九团（原蕲广边独立团）和蕲广边便衣队两次夜袭田镇日军据点，活捉田镇维持会长等汉奸10余人。此后，驻田镇日伪军天黑即龟缩在江中的汽艇上，白天也不敢外出“打掳”。1943年4月21日夜，漆少川率四十一团一个营，在挺进十九团两个连及蕲广边便衣队配合下，攻打蕲春县城蕲州镇，漆少川等分三路包围日军碉楼，迅速占领银山，日伪军纷纷逃窜。攻击部队还打进城北门外石碑楼日伪农产公司，缴获棉布700匹，及大量食盐、糖、香烟、银圆。

在抗击日伪军的战斗中，不少优秀的共产党员、新四军及地方武装的指战员英勇地献出了生命，熊桐柏就是其中的一个。熊桐柏是新四军五师十四旅四十二团团长。1941 年 10 月，他与妻子林少南刚新婚不到一月，就率四十二团二营在黄梅多云山一带开展游击活动。中旬，黄梅县城日军一个中队到油铺街“打掳”，途经多云山地区。熊桐柏为保卫人民群众生命财产安全，当即决定在多云山设伏截击。当日军行进到伏击圈，立刻被突如其来的火力打乱，于是企图边打边退。熊桐柏指挥部队将日军紧紧压制在一个小河沟里，经两小时激战，毙伤日军 46 人。战斗中，熊桐柏带头冲锋，不幸被一颗子弹击中颈部。限于当时医疗条件，抬下战场后不久即牺牲。噩耗传开，全体指战员啜泣哀思。他的战友赵辛初当即写下两首挽诗。其中一首诗云：“战争未罢失同俦，惆怅临风泪暗流。壮志未酬遗恨在，江山无语白云浮。多年战绩传吴楚，一片丹心贯斗牛。寄语九泉休怅惘，丰收留与后人收。”

三、开展政治攻势，从内部瓦解和削弱日伪力量

在抗击日伪“扫荡”，加强抗日游击活动的同时，中共鄂东各级党组织和抗日民主政权，还注重开展对日伪的政治攻势。地、县两级党委一般均设有专门从事瓦解日伪工作的机构，有专人分管其事。黄冈中心县委在 1941 年就建立了敌伪工作部，蕲黄广中心县委则由社会部负责对日伪的瓦解工作。后来，鄂东地委也设立了敌伪工作部，负责统筹全区对日伪的分化瓦解工作。在鄂东一些重要日伪据点，如黄陂、河口、黄安、宋埠、黄州、团风、阳逻、仓子埠、新洲、下巴河、蕲州等处，都配备有专职的敌伪工作干部，或派人打入日伪组织内部，开展工作。他们运用宣传、离间、威胁等一切可能的办法，从内部分化瓦解、打击和削弱日军的力量。鄂东各据点敌伪工作的开展，对于抗日民主根据地的创建、巩固与发展，起了重要的作用。

黄陂县城驻有日军的联队司令部，指挥黄陂、黄安、礼山、麻城、黄冈

等县的日伪军。为了收集日伪情报，开展敌伪工作，1940 年底，安南县委派陂四区（王家河区）区长齐蔚，配合豫鄂挺进纵队的情报人员陈庆陆，在黄陂城内建立了情报工作站。通过齐蔚的社会关系，陈庆陆打入伪保安队任文书。情报工作站经过个别接触、宣传，争取了不甘心当汉奸的伪保安大队军医杜立藻及伪保安大队修械室工人王秋舫、江兴绍等人。情报工作站通过杜立藻等购运根据地急需的药品物资，并获取军事情报。1941 年夏，日军 200 余人，携带大炮 2 门，在数百名伪军的协同下，向黄陂塔耳岗周围进行“清乡”活动。陈庆陆等抢先送出这个紧急情报，使根据地军民及时做好应变的准备，避免了损失。同年秋，日军准备在塔耳岗建立据点，强拉民夫，抢修黄陂城至塔耳岗的公路，由日军指导官和伪军指挥、监督。一天，当日军指导官和 60 多名伪兵分乘 3 辆汽车，将要出城时，杜立藻等及时送出了情报。抗日武装部队在离城 5 公里处设伏，打得日伪措手不及，除日军指导官和少数伪军逃跑外，俘伪军小队长刘继纯等 40 余人，烧毁运兵汽车 3 辆。驻城日军闻讯赶来救援时，抗日武装已胜利转移。这一仗粉碎了日军企图在塔耳岗东北一带建立伪政权的计划，黄陂城至塔耳岗的公路也不得不停止修建。陈庆陆等还策动伪军一个班携带枪支，从六指店经王家河到达抗日根据地长堰，向新四军投诚。

鄂东一些地区，还通过“汉流会”做瓦解日伪的工作。“汉流会”人员成分复杂，不少骨干是流氓无产者。他们中有的人与伪方军政人员有着千丝万缕的联系。尤其是在伪军队、伪政权的下层机构，如各县、区税收、警察机构中，就有不少“汉流会”成员。抗日民主政府通过争取“汉流会”，进而策动伪军、伪组织成员反正，或秘密为抗战服务，收到较明显的效果。有些伪政权因而成了“两面政权”。1942 年春，浠水县委通过“汉流会”大爷刘广元，将下巴河日伪联络部职员王子建、金子文找到黄冈王家榨坊面谈。经过宣传教育、晓以利害后，王子建、金子文答应为地方党和抗日武装提供情报，并尽力为抗日人员在下巴河的活动提供掩护。抗日武装多次成功袭击下巴河，他们提供的准确情报起了重要作用。有一次8名伪职人员经策反，携枪投奔抗日民主政府。日军因此企图血洗抗日根据地——西洋河、锡山一带。当晚金子文、王子建即派人送出情报。抗日军民连夜撤离，使日军扑空。对下巴河伪组织中的上层分子，浠水党组织和武装也分别加以控制、利用。如利用下巴河维持会会长陈楚平、商会会长周克安在下巴河镇为抗日政府收“坐商税”。他们不仅能做到按时交纳，而且还负责供应根据地短缺的物资。

在日伪盘踞的新洲，黄冈中心县委派出专职敌工干部杨子宽（原“抗日汉流会”骨干，对外称“杨大爷”）和陈义夫前去做策反和情报工作。陈义夫通过社会关系打进伪组织，以伪职员身份为掩护，又通过交往、宣传、考察，发展了吴佑记等人，并且通过威慑的办法，控制和利用一些伪军政人员，其中有翻译官吴××、江求元等。杨子宽、陈义夫、吴佑记等通过这些伪军政人员的关系，为抗日根据地提供情报、购买药品、转运食盐。驻新洲日军一有动作，抗日根据地军民就能事先得到情报。1942年秋，杨子宽布置人巧妙地从日军仓库里窃取出崭新的日式轻机枪3挺、三八式步枪8支，交给鄂东办事处主任汪心一。鄂东军分区司令员罗厚福获悉，极为重视，连夜派部队取走。蕲春县的蕲州城也是如此。城里伪军的头目、日军宪兵的密探，都被新四军和蕲春抗日地方武装所争取、控制。虽然蕲春沿江湖区抗日游击根据地距城非常近，但日军却无可奈何。抗日武装不仅对城里日军的情况了如指掌，而且还能在城里搞到所需的各种物资，甚至包括武器。

宋埠镇当时曾有“小汉口”之称誉，日军将麻城县伪政府设在这里。冈麻边抗日民主政府通过各种途径在宋埠开展敌伪工作。1942年8月，抗日民主政府通过商人戴小安，把宋埠日伪维持会长、商会会长“请”到凉亭，对他们晓以利害，要求他们维护中共人员进出宋埠的安全和帮助抗日民主政府在宋埠开展税收工作。以后，他们每月定期收缴5万元左右的税款，交给抗日民主政府。

鄂东党组织和抗日民主政府、人民抗日武装，在开展敌伪工作中，认真贯彻以政治宣传、广泛争取为主的同时，辅以军事打击的方针，做到宽严并举，软硬兼施。对于为虎作伥，死心塌地为日军效劳，残酷地迫害抗日群众，经多次警诫仍不悔悟者，坚决予以镇压。黄冈便衣队曾夜袭新洲，镇压了罪大恶极的汉奸、新洲伪维持会会长熊明廷。浠水抗日武装在下巴河镇压了多次为日军送情报、极端反动的伪保长杨厚如，并分别将熊、杨二汉奸的罪状广为公布。虽然所杀的汉奸为数极少，但影响震动极大。熊明廷被镇压后不久，伪军连长陈富先即率部投诚；在宋埠的麻城伪县长朱甲乡、伪县大队长朱伯英、伪警察局长项季民都改变了态度，主动派人与抗日民主政府联系，争取宽大处理，并定期提供情报。此后，抗日工作人员进出宋埠不受限制，只要伸出四个指头暗示是新四军，就可自由出入。由于敌伪工作的开展，日军的耳目被完全封闭，成了“瞎子”“聋子”，根据地的许多医院、被服厂、印刷厂、仓库、修械所，尽管隐蔽安置地点与日军据点（如黄冈的团风、阳逻、仓子埠、大埠街）近在咫尺，但日军却一无所知，从而使日军的占领区变成了根据地的安全后方。

第三节　击退和制止国民党顽固派的反共摩擦

一、奋起迎击国民党顽军的频繁进攻

皖南事变后，国民党当局将全国范围内的第二次反共高潮推向了顶点。在蒋介石的统一指挥、策划下，五战区及鄂东地方顽军的反共摩擦加剧。自1941年春至1944年春的三年期间，对鄂东抗日民主根据地发动了无数次进攻，给根据地的生存、发展，造成了严重的困难和危害。为了坚持抗战，坚持进步，鄂东抗日根据地党政军民，遵循党中央提出的“人不犯我，我不犯人，人若犯我，我必犯人”的方针，在豫鄂边区党委、五师首长直接领导下，

奋起自卫，迎击并粉碎了顽军的进攻，使鄂东抗日民主根据地在日顽夹击中不断发展和巩固。

1941 年 5 月至 6 月，五战区桂军一部配合顽豫南挺进军围攻豫东南地区的抗日根据地，接着又进攻鄂东北的礼（山）孝（感）边、安麻边等地。安麻边县委书记田东等 10 余人被杀害。

1941 年底至 1942 年 3 月，程汝怀为防止其部队被桂军吞并而显示其实力，在鄂东发动了一次反共大摩擦。在其行将发动反共摩擦之前的 1941 年 11 月，豫鄂边区党委和五师领导人任质斌曾写信劝其悬崖勒马，共御外侮，并派人与其谈判。谈判中程汝怀竟拿出“奸伪投诚实施办法”，要新四军向其投诚，否定共产党、新四军的合法地位和抗日权利，并派所属保安第二旅等部向鄂皖边抗日游击根据地“围剿”。1942 年 1 月 24 日，国民党鄂东党政军头目举行联席会议，会议通过了所谓关于对新四军“应遵令综合党政军力量依限彻底肃清案”，确定“于元月 25 日开始活动，务于一个月内彻底肃清”[①]。随即进行军事部署，一是任命王啸风为“进剿”司令，指挥保三旅及保八团于 2 月 20 日东进，配合桂军在蕲黄广一带“进剿”，企图先消灭十四旅然后西进，消灭黄安、麻城、黄陂、礼山一带之抗日武装；二是令驻黄安、礼山之保一旅（旅长李九皋）于 2 月 20 日东进黄冈大崎山，企图消灭冈麻边之抗日武装。

为了阻止保一旅东进，豫鄂边区、五师领导人通过潘怡如的关系，劝说李九皋不要扩大摩擦，但李九皋仍坚持其反动立场。豫鄂边区、五师领导人遂转向其下层官兵做统战工作，重点争取该旅下属团长张维生在 2 月底宣布脱离顽军。此时，程汝怀仍执迷不悟，令保一旅东进“剿共”。五师遂于 2 月 25 日以十三旅三十七团、三十八团埋伏在保一旅东进途中，将其大部击溃，使该旅开抵大崎山时仅剩两个营。程汝怀的反共部署遂被瓦解。

---

① 国民党《鄂东党政军第六次联席会议记录》（1942 年 1 月 20 日至 25 日）。

程汝怀掀起的反共浪潮刚刚平息，五战区根据蒋介石的命令，对鄂豫边区实行八个月的“围剿”又开始了。李宗仁对此作了周密准备和布置。他将鄂豫边区划分为随南、随北、信罗、襄西、鄂东五个“清剿”区，动用了10万余兵力，还阴谋勾结日伪夹击，妄图将五师主力压迫于平汉路西侧予以歼灭，甚至提出“反共第一、抗日第二，反共即是抗日”的反动口号。鄂东程汝怀、王啸风等竟与麻城伪县长书信联系，要求日伪在顽军“进剿”新四军期间“予以谅解”，并与汉口日军特务机关交涉，承认彼此为中立军，互不侵犯。1942年5月1日起，鄂东“清剿”司令、桂系八十四军军长莫树杰指挥顽军，分三路向鄂东抗日民主根据地进攻：右路顽军侵入信罗边、罗礼边等地；左路顽军伸向鄂皖边地区；中路顽军进占安麻公路以南、河（口）汉（口）公路以东地区。顽军此次进攻采取了步步为营的方针和“分区清乡”“检举清乡”等策略。每占领一处，顽军即大量构筑碉堡和封锁线，并迅速建立行政机构，同时配合其党政特务人员，通过培植暗探、鼓动告密和户族连座、诛杀嫡亲等手段，大力营造恐怖的氛围。在这八个月内，大小悟山、安麻边等抗日根据地损失严重，许多中心根据地被顽军夺去，许多基本区变为游击区。加上日军“蚕食”“扫荡”，强化其统治，根据地处境极为艰难。豫鄂边区党委、行署、五师机关等被迫于9月4日以前撤出大小悟山，退至平汉铁路以西、浠水以东之狭窄的平原及湖沼地带。

面对日顽夹击的严重局势，1942年8月3日，边区党委发出了《关于猛烈展开群众战争动员的指示》，要求各地党组织积极进行群众动员工作，依靠群众力量和人民战争的威力，粉碎顽军的反共摩擦和日军的“扫荡”。按照边区党委和五师师部的统一部署，鄂东军分区和鄂皖边军分区以及各县党政军领导一手抓地方武装，组织开展敌后游击战争；一手抓群众战争动员，大打人民战争。除分遣到鄂东地方的原十四旅四十、四十一、四十二团等主力部队外，鄂东军分区还改编和组建了自卫一、二、三、四团等生力军，鄂皖边军分区则将浠蕲边、黄梅、蕲广边、蕲太英边地方武装分别改编为挺进十七、

十八、十九、二十团。另外，各县还建有县游击大队、区游击队、乡游击队和保自卫队。这些地方武装发挥其熟悉社会情况和地形条件的优势，一方面积极配合十三旅等主力部队开展游击战，另一方面将反顽斗争同保卫秋收结合起来，积极动员群众参军支前，成功地挫败了顽军的多次进攻。

1942 年 7 月上旬，十三旅三十七团与师特务团，采取避实击虚、突然袭击的战术，进行了陂安南战斗。战斗中，陂安南地区男女老幼踊跃支前参军，在火线上抬担架、送茶饭。在人民群众有力支持下，先后歼灭顽军两个营，并迫使该部顽军北窜。8 月 1 日，为反击侵占安麻边之顽军，十三旅全部北进，配合鄂东军分区自卫四团，胜利地进行安麻边的两道桥战斗，歼灭顽保一旅一部。8 月下旬，国民党三十九军由安徽开来鄂东，企图配合保四旅进攻大小悟山。五师首长迅速集中十三旅全部、十五旅之四十五团和鄂东军分区自卫一、二团等部队，在国民党三十九军尚未赶来之前，于 8 月 31 日至 9 月 2 日突然袭击驻礼（山）北王家冲、但家冲、丰家店一带之保四旅，以迂回包抄、穿插分割的战术，取得歼灭顽保四旅旅部及两个团的胜利，俘顽保四旅旅长蒋少瑗、三团团长刘亚卿、国民党礼山县长钟锦德以下 2000 余人，缴长短枪 1500 余支，轻机枪 95 挺，重机枪 8 挺，迫击炮 4 门，电台 1 部。进攻罗礼经光、安礼等地的顽军闻讯震惊，纷纷北撤，罗礼经光、安礼边、陂礼孝中心根据地遂连成一片，成功地粉碎了顽军对鄂东最大的一次“围剿”。从此，鄂东北地区的局势转趋缓和。9 月 14 日，新四军军部首长来电嘉奖五师歼灭保四旅的胜利。

在豫鄂边区党委、五师首长统一部署下，鄂皖边抗日武装也对顽军的摩擦进行了成功反击。1943 年 1 月，鄂皖边军分区司令员张体学率四十二团一个营和挺进十七团、十九团，向顽蕲春县政府所在地刘公河发起攻击，全歼顽军一个支队，俘顽蕲春县长以下 600 余人。这一仗打击了顽军的嚣张气焰，对稳定鄂皖边局势和促进根据地各项工作的开展，起了重要作用。

1943 年 3 月，蒋介石发表《中国之命运》一书，声称要在两年之内“消灭共产党”，进而在全国范国内掀起了第三次反共高潮。此时，驻鄂东的国民党桂军在与鄂东地方实力派程汝怀的派系争斗中占了上风，程汝怀被迫下台。原程汝怀指挥的地方武装被桂军改编为鄂东挺进军第十六、十七、十八三个纵队，总指挥由桂系第七军副军长程树芬兼任。桂系视鄂东为其独家的势力范围，在使国民党地方武装“桂化”以后，便更集中精力加紧了对抗日民主根据地的“围剿”。虽然顽军进犯的规模没有1942年那么大，但连续不断，次数频繁，且多由其正规军主力上阵。

5月30日，顽三十九军一部约2500人，袭击黄安八里湾及黄陂长堰地区的五师兵站医院，俘去伤病员7名，捕杀陂安南地方行政人员数名，正在长堰兵站医院住院的鄂东军分区司令部侦察科长路征被杀害。6月2日晚，顽军又继续向驻黄陂东北小寨顶的十三旅三十八团进攻。是夜，五师首长集中特务团、十三旅三十七团、鄂东军分区四十二团各两个营的兵力，将顽军围困于长岭岗地区。经两昼夜激战，被围顽军在其增援部队接应下，从根据地撤走。接着，五师副政委任质斌率十三旅三十七团、三十八团一部挥师东进黄冈、浠水，配合四十二团以及长江军分区、鄂皖边军分区等部共4000余人，于6月13日发起浠水白石山战斗，向屡次进扰浠蕲边、捕杀抗日军民的鄂东挺进军十七纵队王丹侯部发起反击。经一天战斗，将顽十七纵队大部歼灭（王丹侯因此被撤职坐牢，十七纵队番号亦不复存在），并将来援之保八团击溃。

程树芬取代程汝怀当上了鄂东挺进军总指挥以后，为了消灭鄂东的共产党和新四军部队，竟然与日伪相互利用，暗施联合“剿共”之计。1943年春至同年6月，程树芬先后派遣其副官、军法处长、参谋等人员与伪黄冈县长罗荣衮及驻汉口的日军特务机关接洽，并达成互不侵犯、联合“剿共”及互通军事情报与军需物资等秘密协议。日顽密约之后，为报复五师部队开展的白石山战斗等反顽斗争，二十一集团军司令李品仙于7月调动其正规军和鄂东挺进军十六、十八纵队共1.2万余人，企图将五师主力和长江军分区地方武装围歼于黄冈、浠水、蕲春、广济之沿江地区。8月，顽军侵入黄冈、冈麻边等抗日根据地的基本区，所到之处，大肆捕杀共产党人，并到处搜刮民脂民膏，且比日伪军的“扫荡”时间更久，弄得人民群众十室九空，无法生存。黄冈民众讥讽借“剿灭共匪”之名搜刮百姓财物的顽军抓着“南瓜葫芦是大匪，茄子辣椒是小匪”，并痛骂他们是“倒三罐，吃光队”。

鉴于顽军兵力雄厚，五师首长决定长江军分区四十一团越过长江到阳新、大冶地区活动，挺进十八团出皖西之宿松、太湖地区活动，挺进二十团向英山、岳西地区游击，师部率十三旅转入黄冈以西向冈麻边顽军之右翼侧击，仅留2000余人的地方武装分散在原地坚持游击。各路顽军到处窜扰，却找不到五师主力部队所在，反被袭击30余次，疲惫不堪。国民党五战区司令长官李宗仁在8月30日致李品仙的信中不得不承认，“自剿匪以来将两月，不惟无多结果，反使共匪流窜在我军防地”。[①]

二、广泛、深入地开展统战工作

虽然鄂东顽军挑起的反共摩擦事件有增无减，但鄂东党政军各级组织始终坚持从抗日大局出发，以民族利益为重。他们在豫鄂边区党委、五师首长的直接领导下，在进行必要的自卫还击时，做到有理有节，并且利用矛盾，通过各种途径，不失时机地广泛深入开展对国民党军政人员的统战工作，竭尽一切努力制止摩擦，以维护团结抗战的大局。

一是利用桂系和鄂东地方势力之间的矛盾。驻鄂东的五战区桂系部队与程汝怀为代表的鄂东地方势力，在积极反共这点上是一致的，但他们为了各自的私利又矛盾重重。鄂东沦陷之初，桂系进驻鄂东，桂、程之间为鄂东防务、桂军给养等问题曾多次发生纠纷。接着，桂系为控制鄂东，无限度安插桂系军政人员，如浠水县长杨飞龙，黄梅县长陈宗猷，十七纵队司令李倜生，

---

① 新四军五师司令部:《鄂东反摩擦总结》(1943年5—10月)。

十七纵队支队长李汉、甘汉芝等，进而试图对已纳入五战区系列的程汝怀部队实行吞并，因而引起以程汝怀为代表的鄂东地方势力的不满与对抗。以后，程汝怀与迁往恩施的湖北省政府挂上了钩，并在湖北省政府主席陈诚支持下，于1941年初将原属五战区序列的鄂东四个游击纵队，改编为湖北省政府旗下的保安部队，编制为四个保安旅，以前桂系安插的李偶生等均撤职不用（由王丹侯接替李偶生的纵队司令职务）。双方矛盾由此进一步激化，并不断升级。桂军甚至图谋以武力胁迫程汝怀就范，程汝怀亦密令各保安旅官兵严阵以待，防备桂军突然袭击。一时间双方剑拔弩张，官司甚至打到了国民党中央军事委员会。

对于桂、程之间的矛盾，中共在鄂东的党政军领导遵照中共中央有关指示精神，采取了利用矛盾、区别对待，多交朋友、少树敌人的策略方针。鉴于桂、程之间的争斗，客观上对桂系这个大别山区最大的反共势力有一定的牵制作用，因此，豫鄂边区及鄂东党组织和抗日人民武装将统战的重点放在“联程”方面，以程汝怀部为缓冲力量，阻止桂系营造一家独大的局面。为了“联程”，豫鄂边区党委和五师领导人曾多次致书程汝怀，呼吁停止摩擦、团结抗日，并组织黄冈、黄陂、黄安等县的地方士绅前往请愿。尽管程汝怀拒绝了边区党委和五师领导人的“联”和“拉”，但经过深入的工作，其部分下属军政人员却与鄂东党组织和抗日武装建立了不同形式的联系。其中保安第一旅旅长及黄安县长与鄂东军分区首长、黄梅县长与五师十四旅首长还分别订立了互不侵犯的秘密协定。此外，保一旅第一团的两个营长也与鄂东地方抗日武装达成了互不侵犯的约定，保三旅一个营及保四旅1/3的连级军官都与抗日武装建立了统战关系。

在五师政治部的配合下，鄂东地委经过深入细致的工作，还争取了顽保一旅之张维生部脱离顽军。张维生原为保一旅之团长，为保存其实力，抗拒桂系之改编。经鄂东地委争取，张维生率部于1942年2月底宣布脱离顽军，在礼山县吕王城打出了“鄂东抗日自卫军指挥部”旗号，并发表了团结抗战、反对摩擦的抗日宣言。“鄂东抗日自卫军指挥部”将原来的五个营编为四个团，张维生自任司令。五师政治部派去蔡光耀任特派员、徐达三任参谋长。

二是坚持有理、有利、有节的斗争原则。对于国民党顽固派军队的进攻，中共组织及其所领导的人民武装坚决予以回击，但反击的力度适可而止，不把事情做绝。在反顽战斗中，对于俘获之国民党军政人员，战后均予释放。如1941年在反击程汝怀部制造摩擦的战斗中，将俘获的保一旅参谋长及黄安县府科长等百余人全部释放；1942年初在广济（梅川）战斗中，将俘获的广济县长龚绍波释放。1942年9月5日，五师部队将礼北反顽战斗中俘获的保四旅旅长蒋少瑗、二团团长刘亚卿、国民党礼山县长钟锦德等均予释放，同时还送给蒋少瑗4.1万元，马两匹，驳壳枪三支。从此以后，不仅蒋少瑗对共产党、新四军产生好感，就连任国民党孝感县长、原是共产党死对头的刘梅溪，也因其侄子刘亚卿的释放而有所转变，承诺不再杀害中共地方工作人员。

1941年3月12日，豫鄂挺进纵队九团在浠蕲边彭思桥以东反击国民党蕲春县自卫队时，发现参与固守碉堡的有五战区第二挺进纵队属下的一个中队。第二纵队（司令沈光武）是桂军收编的河南地方武装，被迫驻扎在鄂皖边，备受桂军的歧视和鄂东地方顽军的排挤。九团决定利用矛盾，先后五次向其送信，并组织喊话，说明新四军对沈部的态度，并提出让开一条路使其撤走。正交涉间，沈部一个大队前来增援。九团迫不得已，予以迎击，俘其大队长沈训漠（沈光武之子）及大队副匡心春等以下50余人。随后，九团向沈训漠等宣传团结抗战主张，劝其与新四军合作抗日，不要助纣为虐，同时在生活上予以优待。沈训漠等深受感动，保证不再参加反共内战。九团即将沈训谟等释放，并交还所俘获的人枪，还发了路费。同时网开一面，让参与守碉堡的沈部中队撤离。沈部撤走后，顽蕲春县中队见后援无望，被迫放下武器。此后，九团与沈部接触时，只要事先打个招呼，他们就会让路。由于九团善于利用顽军之间的矛盾，正确地执行了统一战线政策，创造了“火线统战”的成功经验。五师成立之后，师政治部总结了他们的经验，并作为“火线统战”的典型范例通报全师。

在开展与国民党军队的统战工作中，鄂东地方党组织和抗日人民武装领导人根据豫鄂边区党委、五师首长的有关指示精神，对愿意停止摩擦、合作抗日的国民党军政人员所提谈判条件，在不危及党组织和抗日人民武装的生存与独立性的前提下，均作出了必要的妥协和让步。如在与顽保四旅谈判合作协定时，从团结抗战的大局出发，作出了地方游击队撤出礼山北部之五岳山、税收征管人员撤出礼山东部之黄陂站等让步，换取了保四旅不破坏当地党组织、不阻挠抗日人民武装往返鄂豫边地区及互换情报、经济互不封锁等承诺。由于既坚持了原则，又作了必要的让步，充分体现互利互让的合作精神，因而促进了双方的合作和统战工作的发展。

三是利用各种渠道与顽方人员建立合作关系。即使某些过去相互间敌对性很大的顽固派，仍然本着少树敌人、多交朋友的方针，通过各种关系试探着去争取。如通过孝感士绅做刘梅溪的统战工作，通过潘怡如疏通与保一旅旅长李九皋的联系等。鄂东军分区副司令员黄序周与保三旅第三团团长傅盐梅早年相识，关系甚笃。经黄序周（后又派蔡光耀到傅团）做工作，傅盐梅成为共产党和新四军的自觉拥护者。此后，傅团不仅与新四军互不侵犯，而且以打假仗、朝天放枪等虚张声势的方式，给新四军输送枪械弹药。此外，对顽方的下级区、乡政府，也通过各种渠道与之联系，允许他们做“两面派”（不反共，也可为国民党办事）。国民党蕲春县第四区（张塝）区长陈廉，是蕲春北部地区的实力派，拥有二三百人的武装。他的老家李家山是抗日游击根据地。中共通过其家属对他宣传统战政策，并动员其三哥传信，提出双方互不侵犯的建议。陈廉为保存实力和家属安全，于 1942 年春同张体学在桐山冲订立互不侵犯的秘密协定。以后，陈廉又多次与中共代表秘密接头，传送情报，还为抗日武装代购枪支弹药。中共对于国民党区、乡政府人员中存在的贪污等较为普遍的问题，则不予追究。这也为在根据地周围和游击区建立“两面政权”创造了条件。

在对国民党军政人员广泛深入开展统战工作的同时，豫鄂边区党委、五师首长及各级党、政、军负责人，十分注意对地主士绅开展统战工作。1942年1月底，李先念率部队在蕲春横车铺尔咀停留时，主持召开了策山地区统战对象会议，蕲春著名士绅管孝严、周实甫等10余人参加。李先念赞扬了他们与共产党友好合作的行动，动员他们积极抗日，保持民族气节，做到“有钱出钱，有力出力”。由于全党重视，上下齐努力，鄂东团结士绅的统战工作，收到了较好的效果，对促进全民族团结抗战，对推动鄂东各项抗战工作的开展，以及抗日民主根据地的发展、巩固，起了重要作用。

在开展对士绅的统战工作中，一是尊重他们的合法利益，缓和阶级矛盾。鄂东各抗日民主政府不仅对住在根据地内的地主士绅的财产实行保护政策，就是住在日占区（只要没有当汉奸），或者住在顽区、历史上曾经参加过反共活动的地主富农，其留在根据地的土地财产也一律加以保护。他们可以回来收租，保证他们往返安全。家住礼南安来乡四保的一严姓地主，因惧怕共产党而逃离家乡。当得知共产党的宽大政策之后，让其留在家乡的女儿四处求情，要求回到家乡。蕲太英边三角山地区程家畈地主刘润夫，尽管土地革命战争时期曾当过反共团总，地方党组织仍然既往不咎。经过团结抗战的宣传教育，他把当团总时保存下来的一支长枪和一支短枪交给抗日武装。在实行减租减息的地区，既要地主减租减息，以减轻封建剥削，改善贫苦农民的生活；又让农民交租交息，兼顾了地主阶层的利益，使他们支持抗日。程汝怀的妻子就曾公开回到位于陂安南抗日根据地内的家乡黄安永河收租。在劳动政策上，既要求注意适当提高工人的工资，改善工人生活和劳动条件；又要求工人遵守劳动纪律，提高劳动生产率，使资方有钱可赚。在抗日负担方面，坚持“有钱出钱，有力出力”的合理负担政策，使80%以上的居民均负担田粮赋税，不将负担全部压在地主资本家身上。在游击区和根据地的边缘区则没有实行减租减息政策，只是动员各阶层联合抗战，号召“有钱出钱，有力出力”，反对地主豪绅横行乡里、欺压民众的恶霸行为。鄂东的中共地、县党组织和抗日民主政权领导人，还经常召开士绅座谈会，检查政策执行情形，听取士绅意见，改进统战工作。黄陂抗日民主政府县长魏天一，在塔西乡召开了有37名士绅参加的座谈会，就田亩复查及减租等政策的执行上存在的问题听取意见并作检讨。士绅裴鸿坤、郭绳武、李庆云、李占书、李高峰、汪文举、吴斌鹏、郭健昌等踊跃发言，提出了许多批评和建议。

二是注意团结开明士绅，同他们交知心朋友。开明士绅中不少是知识分子，他们深明大义，民族意识较强，有正义感和爱国心。在同他们的交往中，鄂东地方党组织充分信任他们，尊重他们，对他们讲真话、讲信用，并吸收他们参政，因而与他们中的许多人建立了友好合作关系。蕲春县管窑著名士绅管孝严，人称“管二老爷”，在鄂皖边各级党组织的团结争取下，成为拥护共产党的进步人士，并在收集情报、提供掩护等方面为抗日人民武装做了大量工作。鄂东顽军实施“三月围剿”期间，刘西尧和赵辛初曾带便衣队前往管孝严家隐蔽。其间，管孝严执意要与刘西尧同榻共寝，以示相互信赖。黄冈王家坊小湖主王维让的家，是刘少卿、张体学等常进常出之地。党组织和新四军人员到他家，他都待如亲人（王维让后来加入了中国共产党）。冈西新洲有名的士绅较多，举水以西国民党师级以上的上层人物就有30多人（如肖耀南、徐源泉、朱怀冰、万耀煌等）。经过统战工作，肖耀南的侄子肖炳臣主动向抗日民主政府交粮，并把肖耀南在汉阳兵工厂保存的枪支献给了新四军。有的士绅，如汪宪庭、陶鹏程等还参加民主政权的建设。黄陂县的大士绅胡康民不仅是黄陂抗日民主政府的成员，还是豫鄂边区参议员。浠水竹瓦店士绅何益之，是国民党县参议员，在当地很有名望。浠水县委负责人于保诚多次上他家做工作，终于建立了较好的统战关系。有一次，于保诚接紧急任务必须连夜赶到黄冈，而竹瓦店国民党驻军有三道岗，不能出去。何益之亲自找到驻军营长交涉，把于保诚送了出去。浠水杨祠的杨孝如是当地杨门大户族人，原来倾向国民党，经中共人士多次做工作，他转变了立场，并出任了抗日民主政府乡长。汪岗商会会长王意如和富商潘国柱也本着“有钱出钱”

的精神，在经济上给新四军以支持。王意如还通过商会收“坐商税”送给新四军。由于边区抗日民主政府处在日顽夹击之中，非常动荡，有些公正的开明士绅愿意与共产党合作抗战，但怕遭日顽报复打击而不敢抛头露面。中共有关方面体谅他们，让他们采取秘密联系的办法参加抗日工作。在中共统战政策的感召下，许多士绅成为自觉的革命同路人。浠水的进步知识分子闻正之、杜树华等，不仅自己参加抗日工作，而且介绍和组织青年学生走上革命道路。闻正之把自己的两个女儿闻立英、闻立玮托付给当地党组织送往豫鄂边区抗大十分校学习。黄冈路口李家咀士绅涂仲明是黄冈县和豫鄂边区的参议员，一次碰见桂军第七军的部队在三台河抓丁、打狗、索粮，逼得人急狗跳墙，便当面斥责桂军是土匪。桂军营长知道涂有个儿子是国民政府军的高级军官，不敢发作，便挑衅地问他：“是新四军好，还是广西军好?”涂仲明揶揄地说：“还是广西军比新四军好！一是枪比他们好，二是你们不打日本人。”桂军营长被堵得哑口无言。1941 年冬，鄂东的顽军挑起大规模反共摩擦时，黄冈等地的进步人士和开明士绅坐着大轿到程汝怀司令部请愿，呼吁停止摩擦、团结抗日，收到了政治上揭露和孤立顽军的效果。

此外，鄂东抗日民主根据地的许多地区，还通过根据地内的地主、士绅、户族头人，同根据地外的亲朋和国民党军政人员的联系，为党组织发出大量统战信件和宣传品，动员和争取外界力量支持抗战。如英山开明士绅陈石山，在顽军占据的英山县城开了一家大药店，当地党组织托其在根据地的亲戚与之联系，他多次满足了党组织提出的要求，派人送钱送药送布到抗日民主根据地。

第四节 鄂皖边游击根据地的发展和鄂南游击根据地的开辟

一、鄂皖边游击根据地的恢复与发展

1941年3月，为反击程汝怀的进攻，继续实施中共中央中原局和豫鄂边区党委关于大力发展鄂东、开辟鄂皖边，以配合华中新四军部队的作战，并相机打通与新四军军部联系的战略意图，张体学、易元鳌和熊桐柏等又率豫鄂挺进纵队九团由黄冈东进。这次东进第一仗，在浠蕲边打下彭思桥。战后，九团留下一个连，集拢原被打散的人员，加上收编的当地几支便衣队，共300余人，于3月17日在彭思桥成立浠蕲边独立营，从而恢复了在程汝怀1940年“三月围剿”中受挫的浠蕲边游击根据地。

3月下旬，九团东进至黄梅之吴祥，一举歼灭企图阻止其前进的顽黄梅县自卫大队的四个中队。驻扎此地的沈光武所属部队与九团有互不侵犯之约，袖手旁观。接着，九团进入安徽，在宿松之许家岭又消灭顽军一个中队（团长易元鳌不幸被暗枪击中牺牲）。随后，张体学、熊桐柏等率九团继续东进。4月22日，九团（此时已改编为新四军第五师十四旅四十二团）一部挺进到宿松之陈汉沟，与林维先率领的新四军第七师挺进团一部胜利会合，首次沟通了中原新四军部队与华中新四军部队的联系。

随着九团的再次东进，1940年8月所开辟的鄂皖边游击根据地重新得到恢复和发展。为适应斗争形势的发展变化，1941年3月，鄂东地委决定成立蕲黄广中心县委（书记赵辛初，副书记郑重）。此后，蕲黄广中心县委从鄂皖边地区的实际情况出发，在继续巩固和发展山区游击根据地的同时，着重加强沿江湖区敌后根据地的开辟工作，先后恢复或新建了浠蕲边工委（书记王表）、蕲太英边工委（书记陶子玉，赴任途中被顽军杀害，钟子恕继任）、黄宿边工委（书记桂平）、蕲东工委（书记张干），并进一步充实了蕲广边县委

（书记易鹏）。继浠蕲边独立营之后，蕲广边、蕲太英边、黄宿边县（工）委也相继将所辖便衣武装改编为独立营（其中蕲广边独立营不久扩编为蕲广边独立团）。

1941年9月至1942年3月，为策应皖东新四军二师、七师抗击桂军的大举进攻，继续实现打通与七师联系、改变五师孤悬敌后的战略意图，并打击日伪，发展鄂皖边抗日游击根据地，根据中共中央指示，五师首长部署了由主力部队实施的东进。

此次东进的武装部队共分三批。第一批是1941年9月，由十四旅政委张体学率四十二团先行。四十二团沿途打击日顽，稳定了浠（水）蕲（春）英（山）边局势，一直东进到黄梅。第二批是由十四旅旅长吴林焕、副旅长熊作芳率领的旅部和四十一团。接着，这两批东进部队向顽军腹地大别山挺进，积极开展顽后袭扰活动，配合新四军二师的反击作战。第三批是1942年1月，由李先念亲率五师主力十三旅、特务旅各一部分数路进入蕲春。他们在浠、蕲交界的三角山与十四旅会合。此时，程汝怀部不顾新四军五师多次争取，甘受桂军李品仙驱使，充当反共先锋。五师根据新四军军部指示，决定对程部予以坚决打击。1942年1月20日、2月10日和3月初，李先念率部先后发起了攻打浠水县城、广济县城和蕲春漕河镇的战斗，共消灭顽浠水和广济两县自卫队七个中队、程汝怀部保二旅第二团及顽军第二游击纵队一个支队。

浠水战斗后，李先念率部由蕲春狮子口圆襟冲木梓树塆转移至蕲春横车之铺尔咀。在此期间，李先念听取了蕲黄广中心县委书记赵辛初、副书记郑重等地方负责人的工作汇报，并于1月22日在铺尔咀张策山主持召开十四旅及鄂皖边地区县团级以上军政干部会议，就鄂皖边的斗争形势与任务进行研究与部署。会议还具体就鄂皖边党政军建设和统战工作进行了研究与部署。3月上旬，十三旅、特务旅返回大悟山根据地。此后，十四旅继续转战蕲黄广地区，顽强地与来犯之桂军和程汝怀部9个团的兵力周旋。在蕲春漕河抗击顽军的进攻中，四十二团政委聂庆泰英勇牺牲。

这次东进，进一步开创了鄂皖边根据地建设的新局面。当地党组织相继公开活动，筹建政权，并发动群众，扩大各种抗日群众团体，开办青年训练班，培养骨干，动员群众支援抗战。在军事胜利的鼓舞下，群众抗日热情高涨，踊跃参军参战，地方武装迅速发展。除原蕲广边独立营已扩建为蕲广独立团（又称蕲广独立第一团，团长康洪山，政治委员易鹏）外，还将黄梅独立第四营扩编为黄梅独立第二团（团长邹一清，政治委员桂平），浠蕲独立营扩编为独立第三团（团长李璧东，政治委员黄维栋），蕲太英独立营与英（山）罗（田）独立营合并扩编为独立第四团（团长李汉清，政治委员钟子恕）。此外，鄂皖边各县还有数十个便衣队、武工队，整个地方武装发展到2000余人。

1943年夏，为了配合全国各抗日民主根据地打退国民党发动的第三次反共高潮，沟通五师与新四军军部的联系，改善五师孤悬敌后的处境，五师派挺进十八团（原黄梅独立二团）再次东进皖西。5月，为了便于与七师和桐（城）岳（西）舒（城）地方党组织取得联系，成立了中共皖西工作委员会，书记郑重，组织部长田仁永，宣传部长廖挺。6月，挺进十八团在郑重和团长张海彪等率领下，进入皖西之太湖、潜山一带，试图在此建立一个较稳定的立足点，以逐步取得与七师的联系。挺进十八团的行动引起国民党桂军的注意，并立即向这一地区增派了一个师。由于桂军的楔入，挺进十八团主力不久即撤回到蕲黄广地区，仅派田仁永率小股武装深入桐岳舒山区活动。田仁永原在七师工作，曾在桐城一带活动，情况较熟悉。他通过桐城、潜山地方党组织，与活动于当地的七师沿江支队游击队负责人钟大湖取得了联系，然后返回蕲黄广向郑重作了汇报。

9月初，郑重奉命率挺进十八团由蕲东山区又一次向皖西挺进。部队分两路行动，一路由郑重、廖挺带队，一路由张海彪、田仁永带队，约定在桐城山区会合。挺进十八团昼伏夜行，隐蔽前进，沿途虽曾遇到过顽军阻击，但未发生大的战斗，比较顺利地到达了桐城山区，与钟大湖所率游击队会合。

会合后，郑重、廖挺带一部分部队前往无为县严家桥附近的皖中区党委机关和七师师部，会见了曾希圣、谭希林等七师领导人。张海彪、田仁永等则带领挺进十八团主力留在桐城、舒城、岳西交界的山区活动。这次五、七两师的部队再度会师，引起了新四军军部的极大关注。9月24日，新四军军部电示五、七师要巩固两师会合的胜利成果，并利用日顽矛盾在沿江敌后地区（尤其宿松东面湖泊地区）积极开展工作，建立游击基地。

接军部电示后，郑重经与曾希圣、谭希林等反复研究，最后决定挺进到江南的彭泽、湖口一带去图发展。因为彭泽、湖口一带在大革命和土地革命战争时期都曾有中共的活动，群众基础较好。而且七师挺进团于1942年初还曾分遣一支30余人的游击武装，在商群率领下隐蔽活动于这一地区。于是，郑重带领挺进十八团少数部队从无为出发，入贵池，经东流（今安徽省东至县北部），于1944年初到达赣北之彭泽，找到了七师挺进团留下的商群所率游击队。为避免过早暴露目标，郑重等对外使用“赣北挺进大队”的番号，在以彭泽为中心的沿江两岸开展游击活动。随后，留在江北的挺进十八团主力也挺进赣北，并在彭泽建立了彭泽行政办事处，逐渐形成以彭泽为中心的赣北敌后游击根据地，成为七师沿江游击根据地与鄂皖边沿江游击根据地的连接纽带。

二、鄂南游击根据地的开辟

早在1939年秋，黄冈中心县委在开辟、创建江北沿江敌后抗日根据地的同时，就先后派刘天元、陈大发（钟喜堂）、陈大行（夏瑞香）、郭木生、谭道如、杨涤尘等前往江南鄂城县开辟工作，在华容、葛店、段店等沿江地区发展党组织，建立中共樊湖工作委员会（又称鄂南工委，书记陈大发，副书记郭木生），并创建了江南沿江游击根据地。此后，活动地区逐渐由公路以北的刘家衖、胡家墩、曾四分塆，扩展到公路以南的胡家大塆、庙岭一带。在上述地区建立了中共区委，组织了农救会、妇救会、船（工）救会等抗日群众团体，还建立了民兵组织和小型游击队，并且在六个乡建立了抗日民主政权。1941 年 2 月，日伪军从葛店、华容、段店及长江水面上，四路出兵，突然对刘家衖地区进行“铁壁合围”，挨村挨户搜查，陈大行、郭木生等被捕后惨遭杀害，江南沿江抗日游击根据地受到重大损失，但地方党组织的活动仍然坚持了下来。

1942 年 5 月初，日军开始进攻浙赣线。为牵制日军新的进攻，开辟江南抗日根据地，也为了配合鄂东的反顽军事斗争和扩大五师部队的回旋余地，根据新四军军部指示，五师命令十四旅立即挺进鄂南，开辟鄂南敌后游击战争。十四旅当即决定以鄂东沿江湖区为依托，分东西两路横渡长江：西路部队由四十一团政委罗通、鄂南中心县委书记李平率四十一团直属队、二营和鄂南地方武装共 400 余人组成，东路部队由十四旅旅长吴林焕、副旅长熊作芳率旅直属队和四十二团两个营共 1000 余人组成。鄂东沿江和湖区的地方党组织，迅速动员组织当地船民、渔民积极支援，及时保证了部队渡江所需要的船只和水手。

西路部队于 5 月 9 日夜间从黄冈与巴河之间的长圻寮过江，顺利到达鄂城一区，随即建立中共鄂（城）大（冶）工作委员会和鄂大政务委员会。为巩固鄂大地区，西路部队分遣部分兵力随地方党组织活动。随后主力继续前进，直抵咸宁的西岭、挂榜山，并伸入到蒲圻之石坑渡。沿途摧毁了顽固反共的国民党特务机关，控制了陆水以北地区，从而开辟了以西岭、挂榜山为中心的咸（宁）崇（阳）蒲（圻）抗日游击根据地。

东路部队于 5 月 14 日夜间从蕲州和田家镇之间的银山垅过江。熟悉当地敌情和长江水情的广济沿江湖区渔民、船夫，在地方党的动员、组织下，不仅为渡江部队准备好了 80 多条好船，还为渡江部队选定了良好的渡口，避开了日军的江上巡逻舰船。部队登岸以后，即于拂晓前占领阳新之筠山。15 日和 18 日，在阳新太子庙先后击溃国民党二十一支队程金门部和大冶、阳新 400 余名日军的阻击与进犯，控制了大王殿、太子庙一带地区。不久，建立了中共阳（新）大（冶）工作委员会，并成立了阳大支队。

7 月下旬，东、西两路部队在咸宁高槎桥胜利会师。继军事上打开局面之后，渡江部队进一步发扬了既是战斗队又是工作队的光荣传统，广泛展开宣传群众、组织群众和武装群众的活动。

根据华中局关于大力发展鄂南的指示，8 月 1 日，五师参谋长刘少卿率师特务团和留在江北的四十一团、四十二团余部再次从黄冈长圻寮过江，配合先期南下的四十一团、四十二团主力展开第二阶段的军事行动。8 月 10 日，豫鄂边区党委和五师师部决定组建江南兵团指挥部，刘少卿（化名江岳洪）任指挥长，杨学诚任政治委员，统一领导开辟和发展江南抗日根据地的战略行动。随着五师部队在江南的军事展开，鄂南地区的党组织得以迅速恢复和发展。至 9 月份，鄂南地区已建立了鄂南工委、咸崇蒲中心县委及 10 余个县级党组织，鄂大边、阳大边、武（昌）鄂（城）边、咸（宁）武（昌）鄂（城）边等游击根据地还建立了抗日民主政权。

江南抗日根据地的开辟，给日军以严重的打击和威胁。日伪军多次调动兵力，向鄂南各根据地“扫荡”；国民党顽固派也深恐五师部队在江南发展，一再命令九战区将五师部队逐回江北。由于日军的“扫荡”和国民党九战区、五战区武装的多次夹击，挺进江南的大部分五师部队于 1942 年 11 月以后被迫陆续撤回江北休整。鉴于这一形势，边区党委和五师师部确定了“以江北黄冈为后方，以控制沿江湖区为重点，兼向山地发展”的坚持鄂南的方针。根据这一方针，边区党委和五师师部于 1943 年 1 月决定撤销江南兵团指挥部，同时组建新的四军分区（又称长江军分区）领导机构，并将其工作区域由鄂南地区延伸至江北之黄冈、浠水、罗田及冈麻边地区。此后，长江军分区以沿江湖区抗日根据地为依托，又多次跳跃长江南北。3 月初，四十一团一部和鄂南地方武装渡江南进，在沿江湖区群众的支援掩护下，隐蔽地插入顽军腹地大幕山一带。6 月 11 日起，长江军分区四十团和四十一团余部，以黄冈为依托，跨越长江，先后在鄂城的麦家岭、大海李和上下倪村三次给顽别动军以重大杀伤。之后，主力返回黄冈休整，在鄂南仅留下四十一团一个营（对外称鄂南抗日游击总队），进入山地，配合鄂南地方武装在顽军背后活动，以牵制进攻鄂南沿江湖区抗日游击根据地之顽军，并坚持与扩大山区根据地。

第四章

鄂东抗日民主根据地之建成与发展

（1941 年 3 月—1944 年 4 月）

在日顽夹击的艰苦环境中，鄂东抗日民主根据地虽然有时有所缩小，豫鄂边区党委、新四军五师等指挥机关也曾一度被迫撤出大小悟山根据地，但在粉碎日顽进攻并不断取得胜利的过程中，中共组织和武装力量仍然蓬勃发展，根据地地域日益扩大。鄂东地区相继建立十几个边区县级抗日民主政权，并在此基础上建立了两个专员公署（办事处）。在此期间，鄂东各级党政领导，在抓民主建政、组织群众、发展生产、减租减息、财税贸易，以及发展文化、教育、卫生事业等各个方面的工作中，克服重重困难，取得重大成绩，使鄂东抗日民主根据地不断发展与巩固。

第一节 抗日民主根据地的政权建设

在国民党政府消极抗日积极反共的情况下，为广泛发动群众，团结各阶层爱国力量，挑起救亡兴邦重任，鄂东地委以及后来成立的长江地委、鄂皖边地委，在大力加强党的建设同时，加强了抗日民主政权建设。1941 年 4 月豫鄂边区行政公署组建后，设立了鄂东等四个办事处，作为边区行署派出的代表机关。鄂东地委政权部长汪心一任鄂东办事处主任。鄂东办事处设秘书、民政、财政、建设、教育等科室，负责指导鄂东地委活动区域内的抗日民主政权建设与改造工作，并代管边区公安局、贸易统制（税务）总局和建设银行在鄂东的分支机构。1942 年 9 月，鄂东办事处改组为鄂东专员公署（专员贺健华，后为李实、彭绳吾；副专员任泉生）。1943 年 1 月，成立了长江专署（专员贺健华，副专员鲁明健）。此时，鄂东专署下辖陂安南、陂孝北、礼南、安麻边等县级抗日民主政权；长江专署下辖黄冈、鄂南和鄂皖边各县抗日民主政权。不过，鄂东各地由于形势发展不同，政权建设的情形也有明显差异。比较巩固的基本区，政权比较稳定，机构也较健全；不稳定的游击区，政权游击性大，机构较小，且形式灵活多样，变动频繁。总的来说，政权稳定、机构健全的地区较少，大部分是环境动荡、政权不稳定、机构不健全的地区，基层政权多数是“两面政权”或“三面政权”。

在比较稳定的地区，各级抗日民主政权在组建中，认真地贯彻了“三三制”政策，普遍召开有各阶层、各界人士代表参加的会议，实行民主选举。各县还特别注意在各保召开保民大会，通过保民大会直接选举保委会和乡民意代表。在礼南、陂安南、黄冈等根据地较稳定的基本区，保委会和乡民意代表的选举一般采用了这样的办法：请候选人都坐在一排椅子上，让选举人对每个候选人了解清楚，然后每个候选人背后放一只碗（或土壶）作为“票箱”。再按应选名额发给每个选民相应数量的豆子做“选票”。选民将豆子投入自己同意的候选人背后的碗里，候选人以豆子数量多并超过半数者当选。用这种民选方式推举出来的乡保干部“都不贪污，不压迫民众，不阳奉阴违”，“把过去的官僚作风一变而为能接近群众，为群众谋利益的作风”。①

一、鄂东专员公署所辖的抗日民主政权

（一）陂安南（亦称黄安）县抗日民主政府

1941 年 11 月，安南各界人民代表大会在八里区陈家田村召开，成立了安南办事处，张振亚任主任。在创建安南抗日民主政权的同时，黄陂东部的抗日根据地有了很大发展。1942 年 6 月，黄陂二区（以长堰为中心，包括大阳山、栖凤山、白龙寺一带）、六区（包括六指、武湖、甘棠铺、桃园店一带）

① 许子威:《鄂豫边区政权建设的初步检讨及今后工作的意见》(1944 年 7 月 1 日)，载鄂豫边区《党的生活》第 26 期。

合并，成立中共武湖工作委员会和武湖办事处，隶属黄陂县委领导。不久，武湖办事处改为武湖行政委员会，隶属鄂东地委直接领导，由王表任武湖工委书记兼行委会主席。8月，安南与武湖两地党政军领导机构合并，成立了陂安南县委、县抗日民主政府和军事指挥部，任士舜（后王景瑞、汪心一、吴皓、安天纵）任县委书记，孔晓春（后魏天一、李实、鲁孚若、魏天一）任县长，石天华（后汪立波）任县军事指挥长。县境范围东迄（黄）安宋（埠）公路，西抵滠水河，南达仓子埠，北至河口。全县共分5个区和5个中心乡，以后又调整为安城、河口、长姚、李集、甲山、长堰、八里、金山、陂城、甘棠、木兰11个区，总人口60余万。陂安南为鄂东最大的一块抗日民主根据地，亦为鄂东地委、鄂东专署和鄂东军分区机关所在地。陂安南抗日民主县政府对外以“黄安县政府”名义发表通令、文告，故亦称之为黄安县抗日民主政府。

（二）黄陂县（又名陂孝北、陂孝礼）抗日民主政府

1941年春，黄陂县委和黄陂（陂孝北）抗日民主政府正式成立，任士舜任县委书记，魏天一任县长。此后，随着武装斗争的胜利，共产党各项政策的贯彻，抗日根据地不断发展。除一区（范围是日伪盘踞的黄陂县城及城南的平汉铁路沿线）纳入汉（阳）孝（感）(黄）陂抗日根据地，归属鄂中地区外，其余五个区先后建立了行政机构。1942年8月，黄陂二、六区（包括长轩岭、大河以东全部地区）划归陂安南以后，黄陂县抗日民主政府的活动中心就转移到北部蔡店与孝感、礼山相邻地区。因此，黄陂抗日民主根据地对内亦称陂孝或陂孝礼根据地，县属机构也有变革。为了更好地开展各项工作，在较稳定的基本区设中心乡，有乡武工队。一个中心乡下辖4—5个普通乡。离敌占区较近的游击地带仍保持区的建制。当时计有塔城、高望、文治、永乐四个中心乡（其中永乐乡在孝感境内）和河姚、观长、陂四三个区。1944年因根据地扩大，又将中心乡改为区，建立了蔡店区（包括塔城中心乡所辖范围）、方梅区（包括方家潭、梅店地区）、阳岗区（孝感与黄陂相连地区）、

河姚区（河口、姚家集地区）、陂四区（李集、罗汉寺地区）。其中以陂四区范围最大，敌情最为复杂，斗争最为尖锐。县抗日民主政府公安局长任崇常驻陂四区指导工作，并把斗争范围扩展到黄陂城郊、祁家湾和横店，变日军据点周围为游击区。

（三）安礼边县抗日民主政府

1941 年 6 月，安礼边工委重建，同时成立安礼边行政办事处，林维任工委书记，张安达任办事处主任。还成立了安礼边独立营，杨洪先任营长。工委和办事处成立后，建立了四个中心乡。四姑墩一带为第一中心乡，张家岗一带为第二中心乡，毛家畈一带为第三中心乡，方刘家冲一带为第四中心乡。各中心乡成立了党支部。1942 年春，豫鄂边区党委决定将安礼边工委改组为县委，同时决定成立安礼边县政府和军事指挥部，划归豫东南地委领导。1943 年 6 月，豫东南地委撤销，安礼边重新归属鄂东地委管辖。安礼县委、县政府成立后，按照“三三制”原则，组建各级抗日民主政权，并将全县划分为六个区：一区设四姑墩，下辖四姑、沙河、老山、长岵四乡；二区设张家岗，下辖彭陈、铁壁、夹山、新城四乡；三区设毛家畈，下辖石灰、尹兴、东烟、华河下四乡；四区设方刘家冲，下辖河汉上、河汉下、系龙、徒义四乡；五区、六区辖礼山的吕王、夏店一带。安礼县所辖范围，南抵（黄）安河（口）公路，北至丰家店，西至大悟山，东到华家河。南北长 80 余里，东西宽 60 余里。

（四）礼南（又名礼山）县抗日民主政府

1942 年 9 月初，五师歼灭顽保四旅后，豫鄂边区党委撤销礼南办事处，在新屋畈成立礼南县委和礼南县政府，后迁大悟山南冲上徐家塆。其管辖范围：西南至平汉铁路线，包括孝感的大公会、保合会、八里乡和应山的邓店；北至阳平口、汪洋店；东至新村、毛家集、夏店；南至姚家山。豫鄂边区党委、五师师部和边区行政公署机关，大部分时间驻在这一地区。县下设大悟、芳畈、河西、崇林、夏店五个区。杨子明、李昌、李游、宋襄庭相继任县委书记，杨子明、卢明远、孔晓春、李树诚相继任县长，陶正堂任军事指挥长。各区的行政机构对外称中心乡。每个中心乡有中共总支，各小乡有中共支部。礼南县抗日民主政府对外又称礼山县政府。

（五）安麻边县抗日民主政府

1940年2月，在黄安两道桥马家塆召开各界人民代表大会。会议根据“三三制”原则选举产生了安麻边县行政委员会，郑维忠当选为行政委员会主任。1942年2月，安麻边县委成立，县委书记黄宏儒（后刘志远、林维、郑维孝、周楷）。同时召开第二次各界人民代表大会，正式成立安麻边县抗日民主政府，黄宏儒当选为县长。此外，还成立了农民、青年、妇女救国会等群众组织。安麻边县划为三个区和两个中心乡。第一区辖箭厂河一带，第二区辖紫云寨一带，麻四区辖古范、七庙、卧牛、拜郊乡一带；第一中心乡辖八角店一带的陡东、陡西、三角、桃西四个乡，第二中心乡辖五云山北一带的叶油、沙有、道义三个乡。安麻边县抗日民主政府所辖范围，北起山石门，南至宋埠以北，西迄（黄）安宋（埠）公路，东到料棚，南北长140余里，东西宽50余里，人口有20余万。安麻边抗日民主根据地的建立，使陂安南、冈麻连成一片，并且成为鄂东地委、专署、军分区所在地陂安南的东面屏障。

（六）孝东县抗日民主政府

1942年8月，豫鄂边区党委决定在孝感县东部地区组建孝东工委，刘天明任工委书记，划归鄂东地委管辖。孝东工委组建的同时，成立了孝东县行政委员会，刘天明兼县行委会主任。1944年10月，孝东工委改组为孝东县委，易鹏任县委书记（后刘天明）；县行政委员会改组为县抗日民主政府，鲁孚若任县长。同时成立孝东县军事指挥部，许大鹏任指挥长。孝东县抗日民主政府以西阳岗、滑石冲一带为活动中心，下辖平汉铁路以东的孝感第三区（包括周巷、涂巷、花园、小河等地）、第五区（包括邹岗、朋兴、陆山等地）、第六区（包括杨店、三汊、祝站等地）等三个区。

（七）罗礼应县抗日民主政府

1940年春，罗礼县委成立，孙保元任县委书记（后程达）。同时成立县行政委员会，孙保元兼县行委会主任。1942年春，罗礼县划归新成立的豫东南地委领导。1942年9月，县行委会改组为县抗日民主政府，程达兼县长。1942年12月，罗礼县委、县政府分别改组为罗礼应县委、罗礼应县政府，程达任县委书记（后吴继刚），陈韧、丁兆一、程达先后担任县长。同时成立罗礼应县军事指挥部，吴琨任指挥长。1943年6月，罗礼应县重新划归鄂东地委管辖。罗礼应县抗日民主政府以礼山境内的刘家塆、双桥镇等地为活动中心，下辖有第一区（包括姚畈以东之宣化店、王店、丰店等地）、第二区（包含定远、铁铺、九里关、三里城等地）、第三区（包括平汉铁路以东、汪洋店以西、阳平口以北地区）。

二、长江专员公署所辖的抗日民主政权

（一）黄冈县抗日民主政府

黄冈中心县委直接领导、组建的黄冈县抗日民主政府，是鄂东成立较早的县级抗日民主政权，原隶属于鄂东地委和鄂东专署。先后担任黄冈中心县委书记的有刘西尧、文祥、孔晓春、蔡承祖、汪进先；担任县长的有孙侠夫、黄绍九（黄彦平）、贺健华、苏化龙、蔡云岭；担任军事指挥长的有罗通、汪进先、漆少川。1942年，黄冈中心县辖区进行了调整。在冈西，除划出一部分归属陂安南和冈麻边外，还增设了新三区和新七区（1943年夏撤销）。新三区辖叶店、彭城、汪集等乡，新七区辖辛冲及周边地区。在冈东，增设了新八区，辖回龙、马曹庙等地。1943年初，黄冈中心县划归新成立的长江地委、长江专署管辖。至1944年5月，黄冈中心县委所辖党组织计有冈浠边、冈麻边两个县委，老二区（团风、淋山河、王家坊一带）、新三区（叶店、汪集、刘集、破月、八房塆一带）、新五区（仓子埠、孔埠一带）、新六区（双柳、阳逻一带）等四个区委，以及老三区（贾庙、但店、上巴河、总路咀一带）、

罗田（罗田平湖、河铺和浠水团陂相连地区）两个秘密工委。

在形势较稳定的时候，黄冈县适时开展了民主建政工作。一是自下而上实行民主选举，由下而上建立民主政权，并且经过试点，总结经验，普遍推广。他们总结推广的经验是：首先以甲为单位召开群众会，直接选举出席保代会的代表，接着由保代会选出乡代表，然后由乡代会选出正副乡长和出席县各界代表会的代表。全县各界人民代表大会每年举行一次。继 1941 年 1 月在方高坪火车岭召开全县各界人民代表大会，并选出 12 名出席豫鄂边区各界人民代表大会的代表后，1942 年 2 月，又在樊家楼召开全县各界人民代表大会。1943 年春，因形势紧张，各界人民代表大会未能如期召开，但仍然运用灵活的民主方式，选举了出席豫鄂边区参议会的参议员张凤卿、叶绿中、袁光民。二是实行和完善"三三制"。县一级政权机构一般按"三三制"要求，共产党与其他党派、各界人士各占 1/3 左右；区乡级政权则根据实际情况而定，不机械按 1/3 的比例。当时有名的湖主王维让就当了二区区长和县政府的科长，士绅姚文轩先后任五区副区长、县宪促会副主席。他们都对抗日民主政权的建设发挥了积极作用。

（二）冈麻边县行政委员会

1939 年春，冈北工委成立以后，其活动区域逐渐由冈西第四区（新洲一带），发展到麻城铁门、白果地区，并改称为冈麻边工委（亦称冈北工委），书记程鹤鸣（后陶子玉、程鹤鸣、程志远、赵家驹、刘克理）。1942 年 4 月，成立冈麻边县指挥部（后改称县总队），姚泽宏、易汉卿、于保诚、陈国卿先后担任指挥长（总队长）。同年 8 月，冈麻边工委改为冈麻边县委，同时成立冈麻边县行政委员会，主席程鹤鸣（后程志远、赵家驹、刘克理）。冈麻边行政委员会管辖范围：西至汉（口）麻（城）公路的凤凰、宋埠段，北至麻城中馆驿、闵集，南含三店、徐古等原属黄冈四区的大部分地区。冈麻边县委和冈麻边行政委员会隶属于黄冈中心县委和黄冈县抗日民主政府。

（三）浠水县行政委员会

1941年10月，浠水县工作委员会成立（书记于保诚），隶属于黄冈中心县委。11月，浠水工委在西洋河马儿岗召开有全县各界代表60余人参加的县宪政促进会成立大会，刘浩（原名龙光裕）当选为宪促会主席。宪促会按“三三制”原则组成，行使政府职能，其施政方针是：认真贯彻抗日民族统一战线政策，反对日伪，反对摩擦，团结抗日，保卫国土，建立安定的浠水县，使人民安居乐业。宪促会组建之初，在竹瓦、巴河一带建立了四区，下辖西蜜、巴龙、七泉、汤驿、竹瓦、走马六个乡。1942年3月，在西河郭家咀再次召开各界代表会议，将县宪政促进会改为县行政委员会，主席刘浩（后为王越、林少怀、邓凯、王维新、谢挺）。随着根据地的扩大，行政委员会除在四区扩建两个乡政权外，还新组建第五区，使团陂、何家寨、汪岗、关口、竹瓦、下巴河等地区连成一片。浠水县行政委员会辖区内面积有500多平方公里，人口近14万，约占当时浠水全县面积、人口的各1/4（不包括浠蕲边、蕲太英边抗日民主政权所辖浠水境内的面积和人口）。1942年11月，浠水工委与浠罗边工委合并，组建浠水县委（书记先后是林少怀、邓凯、王维新、谢挺）。

（四）冈浠边县行政办事处

1943年11月，黄冈中心县委决定成立冈东县委和冈东行政办事处，王维新任县委书记兼办事处主任，下辖黄冈老一区（路口一带）、新八区（铁铺、堵城一带）及原二区所属之雅霍乡。1944年5月，冈东县委、县行政办事处与浠水县委、县行政委员会分别合并，改组为冈浠边县委、冈浠边县行政办事处（王维新、夏瑞金、林桂华先后任县委书记兼县行政办事处主任），其辖区为黄冈县第一区、八区和浠水县第五、六区。同时成立冈浠边县总队（于保诚、潘继义先后任总队长），隶属于长江军分区黄冈指挥部。

（五）浠蕲边县军政联合办事处

浠蕲边，位于蕲春西北，浠水东南，西滨长江，以浠水、蕲春交界之蒋家山为中心，延及沿江策湖及其周围的地区。1940 年 3 月，浠蕲边县委成立，书记张明（后黄维栋、王维新、程文杰、王全国、李璧东）。同年 10 月，浠蕲边党组织遭国民党顽固派破坏，转入地下斗争。1941 年 3 月以后，随着抗日武装活动的开展和武装力量的发展，浠蕲边县委加强了建党和建政工作，下辖组织扩大到蕲春西边围、管家窑、西河驿、张策山、李家垱等六个区委，以及浠水蒿墩、天然、散花等 10 个支部。1942 年 2 月，浠蕲边县委在原宪政促进会的基础上，成立了浠蕲边县军民联合办事处，主任李璧东。9 月，在浠水境内福主庙将浠蕲边县军民联合办事处改为浠蕲边县军政联合办事处（后移至蒋家山蕲春一侧）。浠蕲边办事处下辖横车桥、蒋家山、西河驿、铺尔咀、彭思桥、西边围、福主庙、散花、蒿墩等乡。1943 年 7 月，成立浠蕲边县指挥部（指挥长李璧东），统一领导浠蕲边县委辖区内各区、乡武装。

（六）蕲广边县抗日民主政府

蕲广边是指蕲春西南、广济西北，滨临长江，以菩堤坝、白民田及其周围湖区为中心的抗日游击根据地。1940 年 3 月成立的蕲广边县委，到 1941 年 3 月后，其下辖党组织已逐渐由白民田、菩堤坝、黄土岭、大阳菖、崇山口、栗木桥等区委，发展到白民田、菩堤坝、黄土岭三个中心区委及广济西北部 12 个小区委。先后担任蕲广边县委书记的有张翼南、张明、陶子玉、易鹏、赵辛初、杨知时、吴光治、赵家驹、马远清、程文杰。1941 年 8 月，蕲广边县委在蕲春白民田乡长塘村张德里塆召开了有士绅和各界代表参加的会议，依“三三制”原则成立了蕲广边县军政联合办事处，主任张凤林，副主任包括伍建春（国民党代表）、翟玉成（民主人士代表）等 8 人。1942 年 7 月，鄂东地委副书记刘西尧在蕲春邱山下召开区委干部会，讨论建政等问题。会议决定撤销军政联合办事处，成立蕲广边县抗日民主政府，县长张凤林（后居文焕）。蕲广边县辖菩堤坝、黄土岭、白民田、竹瓦店、关沙河（以上为蕲春县境）、翟家畈、乐麻豹、栗木桥、松阳桥、马西、大阳菖、上官、沿江（以上为广济县境）等乡。1943 年夏，建立蕲广边县指挥部（指挥长张国祥），统率蕲广边县委辖区各乡地方武装。随后，由于抗日力量向广济东部、黄梅方向发展，于是又设黄广边军政联合办事处，主任黄道平。黄广边军政联合办事处辖区有花桥、郑公塔、团山河、兰杰、金平、仁太寺、余川、太平、龙湫、面石等乡。

（七）蕲太英边县军政联合办事处

中共蕲太英边（亦称蕲太英浠边）工作委员会成立于 1940 年 9 月，1941 年 3 月改组为蕲太英边县委，辖蕲春、太湖、英山、浠水边界之三角山、仙人台、将军山地区的 10 个区委（先后担任工委和县委书记的有黄维栋、钟子恕、王全国、黄再兴）。1941 年 11 月，蕲太英边县委在蕲春田家桥桥上塆召开各区乡党政代表、农民代表、士绅代表大会。会议决定成立蕲太英边的政权机构——蕲太英边县军政联合办事处，并推举黄再兴为主任，詹绪辉（农民代表）、詹启英（国民党代表）为副主任。办事处流动办公，活动地区包括蕲春东北、安徽太湖西部、英山南部以及浠水东部，以桐山冲、仙人冲为中心。辖田家桥、桐山冲、朱家冲、刘曹、九潭冲、仙人冲、汪家坝、三角山、李家垱、白金株（以上蕲春）、四安寨、松山铺、黄泥塘、苦竹坳（以上英山）等乡。1943 年 11 月成立蕲太英边指挥部（指挥长华加文），统一管理蕲太英边县委辖区的地方武装。

（八）蕲宿太边县军政联合办事处

蕲宿太边，包括蕲春东南和安徽太湖西南、宿松西北的地区。它北依大别山，以蕲春东南之张德斌冲为中心。1942 年 4 月，中共在这里成立了蕲东县委和蕲东县行政委员会，张干任县委书记兼县行委会主任。8 月，蕲东县总队成立，领导蕲东县委辖区各区、乡武装（总队长龚苏）。以后，由于武装力量发展，活动地区逐渐扩大到安徽宿松陈汉沟地区和太湖边境。1943 年 4 月，蕲东县委扩建为蕲宿太边县委（张干、孙超、熊作师先后担任书记）。同时，蕲东行政委员会亦改建为蕲宿太边县军政联合办事处（主任张国平，副主任胡孝三），蕲东县总队改为蕲宿太边县总队（总队长姚广顺，1943 年 7 月改称县指挥部）。蕲宿太边县辖蕲春境内的张德斌冲、白水畈、青石岭、桐梓河、边街、大公寺、裴蔡冲、大王山、孙家冲和宿松境内的陈汉沟等乡。

（九）黄宿边县军政联合办事处

1941年冬，中共黄宿边工委领导建立了黄宿边军政联合办事处（主任桂平）。1942年8月，黄梅县委（郑重、吴光治先后任书记）、黄梅县抗日民主政府（县长邹一清）成立，黄宿边、黄广边地区均划归其管辖。1943年6月，黄梅县委撤销，同时撤销黄梅县抗日民主政府（对外仍保留其名义）。此后，黄宿边工委（桂平、张干先后任工委书记）改属鄂皖边中心县委领导。同年10月，黄宿边军政联合办事处重新组建，其活动区域以黄梅、安徽宿松相连接的湖区为中心，包括黄梅境内上沿、下新、山南、石家堰、孔东、塘穴、穴清扬、独山、黄花、蔡上、蔡下及宿松西南湖区的大片地区，辖有黄濯、城南、上沿、黄独等10个乡公所。

（十）黄广边县军政联合办事处

1943年6月黄梅县委撤销后，原所辖之黄广边工委改组为县委（黄道平、徐协农、岳朝胜、余士钧先后任县委书记），隶属于鄂皖边中心县委领导。同年7月成立黄（梅）广（济）宿（松）边军政联合办事处，统一领导黄广边、黄宿边地区的政权建设，黄道平兼办事处主任。10月，黄广宿边军政联合办事处撤销，新建黄宿边、黄广边两个县军政联合办事处。其中黄广边县军政联合办事处随黄广边县委活动，下辖有新开、蔡山、段窑、太平、干仕、郑公塔等乡公所，黄道平、徐协农、岳朝胜、余士钧先后兼办事处主任。

三、游击根据地的“两面政权”

鄂东抗日游击根据地（尤其是游击区、边缘区）由于与日顽势力混杂，局势异常动荡，因此，除了在基本区建立共产党组织和抗日民主政权机构外，还积极开展对日伪政权的策反工作和对国民党政权的统战工作，采取“打进去、拉出来”等办法，利用或挟制伪、顽的基层乡、保政权，开展抗日、反顽活动，发展和巩固抗日根据地。

在日伪统治区和接近日占区的抗日民主根据地边缘区，主要是通过小股武装（便衣队、武工队）的威慑活动，对日伪的基层政权人员进行挟制、策反，使其成为“两面政权”。如位于长江中游的黄冈县团风、堵城、三江口三个日军据点中间的雅霍洲（包括雅霍洲和罗霍洲两个江中沙洲）。洲上建立了日伪乡、保政权，但没有日伪武装。1944 年初，黄冈中心县委派黄金彪带一支小便衣队到洲上，以雅霍乡抗日民主政府乡长的名义开展工作。便衣队首先处决了铁杆汉奸乔金才和一个最顽固的伪保长，然后趁黑夜潜入伪维持会长胡余安家里。胡吓得跪地直磕头。黄金彪对胡晓以利害，胁迫他答应配合抗日民主政府的工作。接着，召开伪保长会，全乡剩余的九个伪保长和胡余安都以身家性命担保，负责到洲上活动的共产党、新四军人员和民众的安全。随后，抗日民主政府通过发动群众进行民主选举，使两个地下党员当选为保长，三个地下党员当选为副保长。从此以后，在这两个江心孤洲上，虽然日伪维持会的牌子名义上仍然挂着，但抗日武装可以在那里安营扎寨，伤病员可以在那里休养调理，共产党和抗日民主政府的政策、法令可以在那里贯彻实施。 直到抗日战争胜利，日军还不知道在他们眼皮底下有这么一个中共领导的乡抗日民主政权。

在国民党统治区和抗日民主根据地的接顽区、游击区，主要是通过统战工作、武装斗争和群众工作，争取国民党基层政权工作人员的秘密合作。浠水县委为争取国民党西河乡乡长谢 ××、西河保长蔡以清，多次上门做工作，终于与他们建立了合作共事关系。1942 年初，国民党蕲春县政府委任地方士绅陈挺生为狮子乡乡长。陈挺生既不敢应允，又不敢拒绝，于是主动找当地中共组织和抗日民主政权的负责人协商。在陈挺生答应“服从中共领导、不得欺压群众、保证中共赋税收入和人员活动安全”等条件后，中共有关负责人同意他就任国民党政府乡长。而后，陈挺生在其近两年任期内，基本履行了上述承诺。国民党政府的这个乡政府，实际上成了中共所控制、利用的

“两面政府”。对于不愿合作的极少数顽固分子，或礼送出境，或采取打击控制的办法（通常是缴枪、还枪）迫使其成为“两面派”。此外，还由没有露身份的中共地下党员或可靠的党外人士通过一定的关系出任顽政府的乡、保长。

抗战期间，鄂东建有比较健全的基层抗日民主政权的地区，仅限于黄陂、礼山、黄安、黄冈、麻城等少数基本区和蕲广边的两个乡，绝大部分游击根据地及游击区主要是“两面政权”。这些被抗日军民利用或实际控制的“两面政权”，可利用其了解日伪和顽军情报，筹备粮款，组织群众参加抗战，掩护新四军行动，安置伤病员。如1942年12月，鄂东军分区就曾通过“两面政权”的渠道，事先获得日军“扫荡”大悟山的情报。与此同时，还可抵制日、顽的苛捐杂税，保护人民群众的利益。如国民党到吕王城一带征粮，该地乡、保长就前往四姑墩与安礼县抗日民主政府商量。县抗日民主政府根据统战政策，既不让群众吃亏，又不能不让国民党征粮，于是派士绅出面讨价还价，条件讲好了再根据“有钱出钱，有力出力”的政策办理。在蕲浠边、蕲广边抗日游击根据地，抗日武装便衣队通过对顽政府“两面派”乡、保长的控制和通过士绅代表出面周旋，使国民党行政当局不敢任意对群众摊派苛捐杂税。因此，尽管在建立“两面政权”的地区，群众要两方纳税、交粮，但由于共产党和人民武装的作用和影响，群众的负担比完全由日伪或国民党政府控制的地区，反而有所减轻。

除了“两面政权”之外，由于鄂东情况复杂，在一部分日、顽、抗日民主政权三方交界之处，还存在着“三面政权”。它既要应付日军、国民党，同时也为抗日民主政府办事。共产党、抗日武装和抗日民主政府控制、利用“三面政权”的方法，大体与上述“两面政权”相似。

第二节　抗日民主根据地的生产建设

由于长期的国内战争和白色恐怖，鄂东地区的生产力、自然环境和生态平衡均遭到严重破坏，加上气候不调，连年灾荒不断，继1940年和1941年出现60年未见的特大旱灾之后，1944年又有半数县发生大灾，农产品减少，有的地方颗粒无收。同时，日军对抗日民主根据地除进行军事和政治进攻外，还搞经济破坏，即实行经济掠夺与"三光"政策。他们走到哪里，哪里屋舍为墟，人烟绝迹，田地荒芜，生产遭到破坏。加之日伪实行经济掠夺，并向抗日根据地大量抛掷法币，以高价收购抗日根据地农产品，造成抗日根据地通货膨胀。国民党顽军也大肆抢掠，包围封锁抗日根据地。因此，鄂东抗日民主根据地和鄂豫边区其他地区一样，面临着严重的财政困难，部队和政府工作人员给养难以保障，有时不得不以野菜、葛根、黄金叶充饥。

为了粉碎日顽对抗日民主根据地实行的经济掠夺和封锁，领导群众同舟共济，战胜灾荒，渡过困难，豫鄂边区党委于1942年1月10日作出了《关于经济建设的决定》。《决定》要求各级党组织和政府要把经济工作"当作中心工作来干，坚持进行"，"特别我们支部党员，积极参加这一工作"，"要以过去领导群众斗争之精神领导今天经济建设事业"，并且要把"经济建设工作动员到广大群众中去，号召群众积极参加经济建设事业，提高群众热忱，组织群众到生产战线上去"。边区党委在《决定》中还提出了发展生产、实行统制贸易、爱护人力物力、减少群众负担等具体措施和要求。接着，在3月21日的豫鄂边区首届抗日人民代表大会上，又通过了一系列经济建设的提案。鄂东地委也号召全区党政军民立即行动起来，按照豫鄂边区党委的要求，联系实际，"认真的计划"，"组织和发动一切力量——包括干部和全体人民——

克服一切阻碍，使救灾春耕运动，真正深入到每一个角落里去”。[①]根据上述精神，鄂东各抗日根据地的县、区、乡党委、支部和各级民主政府，立即采取措施，加强根据地的生产建设。

一、开展农业生产运动，组织生产自救

中共鄂东各级党组织和政府都把发展农业生产作为经济建设的中心环节来抓，在抗日根据地开展了以兴修水利、扩大生产为主要内容的生产运动。

（一）兴修水利

由于国民党长期的腐败统治和日本侵略战争的破坏，原有的水利设施多年失修，以致许多地方抵不住天旱和水涝，往往出现山区禾苗枯死、湖区禾苗淹没的景象。1940年、1941年和1944年发生的大旱灾，造成严重荒年，水利失修便是最重要的原因。因此，礼南、陂安南、黄陂、安麻、黄冈等县各级抗日民主政府，非常重视兴修水利，把水利建设作为党和政府的一项重要工作来抓。这些地方每年冬、春两季都要组织农民按照“小型水利群众自办，大型水利政府投资”和“因地制宜，就地取材”的方针和土办法，大力挖塘、筑堰，使根据地的水利设施和灌溉条件均有所改善。黄冈县在日伪“扫荡”的情况下，坚持兴修水利，将长20里的太和池围堤加固增高，使蓄水量大大增加。1944年春，黄冈雅霍洲抗日民主政府乡长黄金彪带领群众奋战两个月，修起了防护堤，治服了历年危害农业的“龙水”，夺得了粮食丰收，乐得洲上群众要给黄金彪送“万民伞”。在水利建设中，贫苦农民濒于春荒饥馑，加之自己无田、无地，无力兴修水利；而地主、富农多有余粮，而无人力，对水利建设又缺乏积极性。各边区县党和政府提出“有田出粮、无田出力，以工代赈”的办法，除较大的河堤工程由政府拨款和动员富户捐资兴办外，一般

① 鄂东地委机关报《正义报》署名（刘西尧）社论:《把救灾春耕运动深入到每一个角落里去》(1942年2月28日)。

私塘由富户出粮作为贫苦农民的报酬。这样调动了广大农民兴修水利的积极性，掀起了兴修水利的高潮。安麻边县民主政府所在地陡家冲、红花冲一带，水利设施年久失修，几乎所有塘埂堰堤都被冲断，许多田地被水打沙压。经过发动群众，兴修水利，使这两条山冲的塘堰都整修一新，还因地制宜修了一些新塘和小水库。礼南县安来乡白果树塆一条河，在1942年以前没有河堰，两岸的田地只能种苞谷，不能种植水稻。1943年到1944年，政府领导修堰19座，使河两岸旱地改为水田，出现了“春天菜花香，秋后稻谷黄”的景象。

（二）组织开荒和生产互助

在兴修水利的基础上，各级抗日民主政府还提倡精耕细作，开垦生荒，并且从政策上、经济上和精神上予以支持和鼓励。凡开生荒者三年不征土地税，熟荒一年不纳粮。区乡干部还带头和群众一起开荒。陂安南县庙咀塆一带，除垦覆土地革命战争时期荒芜的田地外，还开垦了大片生荒。黄陂县高望乡开垦荒地600多亩，另一个乡的三个保，七天开垦生熟荒20余石[①]，当年就种下了豌豆和小麦。同时，各级政府还筹措资金，发放贷款，帮助贫苦农民解决畜力、种子等困难。礼南、黄陂等县基本区，每年春耕冬播时节，政府便及时向农民发放用于购买耕牛、农具、肥料的贷款，青黄不接时则及时给困难户发放粮食贷款（秋后按粮价折实归还政府）。在陂安南县黄土咀村，一年之内政府贷款两次，帮贫困户买耕牛2头、水车3部。安麻边县沙有乡一次救济困难户口粮、种子共20余担稻谷。1944年，黄陂县给一个乡的贷款就有1.5万元（法币）。

---

① 旧时鄂东民间通常以石（石以下为斗、升、合，均为十进位制）作为田地计量单位，但在不同地方的含义各异。有的系指栽种一石（斗、升、合）稻种的田地面积，有的系指预期产量约一石稻谷的田地面积。由于各地在耕作习惯、土壤品质、种子类型、量器规格等方面的差异，无论何种含义的石均难以使用统一的标准按亩为单位进行换算。综合黄陂等地的有关情形分析，此处作为开荒统计数的石当系以播种量计，每石或相当于4亩。

为了抢生产季节，有的地方还动员农民换工互助，组织劳动合作。安来乡第七保在换工锄草中，将整塆的小孩集中在一起，由两个不能锄草的老人看孩子，还把10来岁的孩子也组织起来割麦草。礼南农民在农救会领导下，自愿组织互助组、换工队，以村为单位，10—20户为一小组，平时换工互助，农忙或抗灾时集体劳动。1944年，据礼南四个乡统计，参加换工的有5345人。换工不仅可以及时满足相互需要，提高工效，不误农时，而且节省了以前互相请帮工所需的大笔吃喝招待费用。安来乡第十四保生产互助搞得好，曾获豫鄂边区党委副书记陈少敏授予的“十四保换工第一”的奖旗。

（三）发展副业生产

在发展农业生产的同时，各级政府也十分重视发展副业生产。黄冈、黄陂、陂安南等基本区人多土地少，劳动力有剩余，农闲的时候，农救会就组织农民发展副业生产。副业的种类有运输业（主要是挑贩）、纺织业、喂养业（养猪、羊、牛、鱼）和开榨坊、粉坊及其他杂类、手艺等。效益较突出的是挑贩队和家庭手工纺织。黄陂、陂安南抗日民主政府通过农救会组织挑贩队，将根据地生产的纸烟及其他农副产品运到日占区或根据地的外围区，换回根据地军民所需的食盐、火柴及其他工业品。挑贩业获利较农业为多，因而发展也较快。黄陂塔西乡第二保83户副业经营者中，挑贩者即占33户；彭城乡谌家稻场，除喂猪外，7户有6户是挑贩。在发展家庭手工纺织方面，黄冈、黄陂等许多地区，素有妇女家庭纺纱、土机织布的习惯。民主政府便购进棉花，通过农救会、妇救会贷给群众纺织成布，再以1斤布兑换2斤或2.5斤棉花（按布质量而定）或付加工费的办法收购群众织成的布。如此往复循环，不仅增加了群众的收入，解决农民自己穿衣的问题，而且解决了军用之需。此外，还组织农民烧窑和开榨坊、豆腐坊、粉坊。在发展养殖业方面，抗日民主政府因地制宜，在山区发展养牛、养羊，在湖区则发展养鱼。在边区行署的直接领导下，黄冈抗日民主政府于1942年底设立了湖业管理局。湖管局取缔了大小渔霸们盘剥渔民的“湖规”后，按生产种类和自然条件，组织渔民建立了33个渔业合作社，参加合作社的渔民达1万余人。湖管局组织渔民新挖鱼池37个，养成鱼苗76万尾，分放各湖。为了指导喂鱼方法，该局以鱼苗10万尾分养于农村集镇附近的鱼塘，用麻饼、谷糖及牛马粪作饲料养鱼，使5月的鱼苗至10月就长到一斤多重。湖管局还发动渔民植莲藕1800余亩，并贷款给渔民购置船网，在秋冬水浅时合理划定捕鱼场所，帮助渔民解决困难。1943年，黄冈湖区鲜鱼增产4000担，藕增产2000担，成为历史上收成最好的年份。渔民建船置业的增多了，集镇的鱼行也增多了。辛冲街的鱼行由战前的3家增加到5家，莲湖畈的鱼行由3家增加到6家。渔业的发展，促进了渔区商业的发展。渔民需要的渔需品、柴米油盐、杂货、百货等商业繁荣兴旺，改善了渔民的生活。

（四）开展生产自给运动

由于日顽夹击，生产遭到破坏，加上连年灾害，部队、机关人员的供应遭遇了莫大的困难。1942年春节时，“地方机关部队都无钱买肉吃，有的县委搞到点钱给政府、军队吃，而自己关上门饿饭睡觉过年”。[①]为了战胜灾荒，渡过困难，豫鄂边区党委遵照党中央关于大搞生产运动的指示，作出了“自己动手，克服困难”的决定，号召各级党委把生产运动作为巩固根据地、搞好工农联盟和军民关系的重要任务来抓，并特别强调领导干部要带头生产，机关、部队、学校都要自力更生开展生产运动。此后，生产自给运动在边区展开。李先念等边区领导人和白果树塆的群众一起挑塘泥、插秧和割麦，李先念、陈少敏带头开荒种菜并赤脚下田、挑粪拔草。他们的事迹一时成为美谈，“李师长，种南瓜，种的南瓜人人夸；陈大姐，种白菜，种的白菜人人爱”的歌谣在边区广为流传。[②]在边区党委的领导和带动下，机关、部队、学校积极

① 豫鄂边区党委:《致华中局、中央的工作报告》(1942年4月14日)。

② 从文:《开创大、小悟山根据地的前前后后》，载《中原敌后风云》，湖北人民出版社1985年版，第130页。

组织开展种菜、种粮、喂猪、喂鸡鸭、打豆腐、榨油、打鱼及采集各种山货和进行各种手工业生产。少数单位做到柴、炭、菜全部自给，粮食部分自给；个别单位达到全部自给。

1943年9月，中共中央华中局派郑位三前往鄂豫边区参与领导工作。他在大悟山传达了中央关于发展生产、保障供给的方针和开展大生产运动的指示。此后，边区的生产自给运动发展成为大生产运动。在边区党委和行署的领导带动下，鄂东和长江地委、专署以及各县委、县政府进一步掀起了生产热潮。黄陂县委书记任士舜在县委驻地杨家河王氏祠侧面开垦了一亩多荒地，有时他在地里边劳动，边听汇报和布置工作。黄陂县政府的干部在驻地附近开了6亩多荒地；方梅区所属的高望、双河、望东、官田、黄潭五个乡的干部都开荒种地。其中一个乡的乡公所、游击队、公安派出所和区委共同组织了一个大的生产队。生产队下分若干个组：贸易组负责做生意，供给组负责解决肥料、种子、工具和耕牛，畜牧组负责喂猪、牛、羊。人们大战七天，开垦了生熟荒地3石9斗5升，种大小麦1石5升，种蔬菜5升，下花生饼7石，办榨坊和油盐行投资2万元，每月可获盈利3000余元。

部队与党政机关的大生产运动，不仅减轻了人民的负担，有助于克服财政困难，使机关、部队本身的生活有所改善，而且通过生产劳动，锻炼了部队和地方党政工作人员，增强了他们的群众观点和劳动观念，改善了官兵关系、军政关系和军民关系。

二、发展工业、手工业生产

鄂东各抗日根据地多系山区、湖区和丘陵地带，村落分散。境内不仅无一县城，几乎连居民千人以上的集镇也没有。这些地区过去工业基础薄弱、多数是手工作坊。为了打破日伪顽之经济封锁，满足军民战斗、生产和生活需要，鄂东地区各县在发展农业生产的同时，兴办了一些私营、公私合营和公营工厂。这些工厂，可分为军需和民用两类。军需方面有修理枪械，制造手榴弹、枪榴弹的兵工厂和制药厂、被服厂、印刷厂，等等；民用方面有榨油、编织、酿酒、织袜、造纸、卷烟、电池、皮鞋、米酒、浇蜡、炼铁、陶器厂，等等。这些厂大都是白手起家，土法生产，手工操作。有的有固定厂房，有的公营工厂没有固定厂房，就分散在几个村的农户中（黄冈湖区有的工厂散设在船上）。工厂时常流动，敌情严重便隐蔽起来。后来，虽有少数机器也是从日伪那里缴获来的。到 1944 年，军用和民用手工业进一步发展，在鄂东几乎所有的基本区，如黄陂、陂安南、礼南、安礼、黄冈，以及蕲黄广的部分地区，都办有小型工厂。其中，分布在黄陂蔡店、塔耳、长堰一带的修械厂、电料厂、被服厂、纸烟厂、皮革厂、硝皮厂、造纸厂、肥皂厂等大小工厂数十个。它们有直属五师经营的，如被服厂、修械厂、造纸厂等；有地、县财政科与私人合办的，如民生烟草公司就是鄂东专署财政科、陂安南县财政科与双河乡陈家土门的陈玉庭合办的。在黄陂长堰（属陂安南县辖区）周围，有 200 多户从事卷烟业。农民农闲卷烟，农忙种田，但生产烟丝的仅两家，而且资金和卷烟纸等原料短缺。后来，民主政府加以扶持，使其得到发展。到 1943 年 3 月，创办了大达和民生两个烟厂。大达有一个总厂，下设烟丝、烟纸、卷烟分厂，工厂分散在翁家冲、傅家洼、姚家田、彭家大堰等地；民生烟厂曾七易厂址。开始是手工生产，后来使用机器，生产几十种品牌的香烟。其中“三三”“女将军”“双鱼”“木兰山”等牌号的香烟质量好，销售量大，除畅销鄂豫边区，深受根据地军民欢迎外，还远销天门、沔阳、鄂南、武汉等日占区域，给根据地开辟了一条生财之道。由于生产的发展，工厂规模不断扩大，到 1944 年夏发展到百余工人。

黄冈中心县委在王家坊赤脚寺创办了一所被服厂。五师成立后，由五师后勤部接手经办。该被服厂月产军服 3000 套左右，主要供给十四旅全部、十三旅一部分，以及鄂东地委、专署和黄冈中心县委党政人员，有时还扩及鄂皖边和鄂南地区。被服厂生产最繁忙时，有职工 200 余人，分住涨渡湖边五六个渔村，经常有 10 多条船为被服厂搞运输。1942 年冬，为满足鄂皖边地方武装和党政人员对服装的需要，黄冈被服厂还分出10多部缝纫机和60多名工人到蕲广边另办一个被服厂。

还有黄冈的糕点制作，安礼县的皮油加工，安麻县的铸造（铸锅、犁铧）、陶器和竹木加工等私营作坊，也办得较好。此外，各级政府还鼓励各地能工巧匠，积极发展编织、缝纫和竹、木、铁器加工等各项生产。

鄂东各县工业、手工业生产的发展，对满足军民生活、生产需要，以及繁荣根据地经济起了很好的作用。但是，各根据地由于自然条件和所处的战争环境不同，发展情况也有很大差别。有些地方的党政军干部，只能忙于同日顽进行频繁的军事、政治斗争，而无暇顾及也没有条件领导群众发展生产。

第三节　抗日民主根据地的减租减息与财贸税收工作

一、减租减息与反（湖）霸斗争的开展

鄂东地区农村和全国农村一样，长期存在着严重的封建剥削关系。地主阶级凭借占据着的大量土地，对广大贫苦农民进行残酷的剥削，这是鄂东长期贫困和落后的重要原因之一。以黄陂为例，据1942年调查统计，地主富农占总户数的5.3%，却占有水田总数的53%；贫农占总户数的78%，只占有水田的28%，而且土质差，水利不便，灌溉不易，产量低。地主阶级利用占有的大量土地租给农民耕种，通过高额地租对农民进行残酷剥削。鄂东地区一般地租占总收获量的50%，最高的达到67%。如黄陂五区鲍家的地租，高到10租、11租，平均是8.45租。即种鲍家1石田（每石平均收获量是12石

5斗4升），平均每年交地租8石4斗5升，最高的交到11石。[①]礼南县安来乡第一保租稞的最高额是8稞，即每斗田每年要交地主6斗谷、2斗麦。最低的是谷麦对分。普通的都是7稞，即每斗田每年交地主谷5斗、麦2斗。

为了适当调节、缓解农民和地主之间的矛盾，限制过重的封建剥削，增加农民的收益，调动农民生产的积极性，促进生产的发展，从1941年起，鄂东地委、鄂东办事处便在陂安南县的部分乡开始试行减租减息。1942年秋，鄂豫边区颁布减租法令以后，黄冈、黄陂、安麻、安礼、礼南等县在比较稳定的基本区普遍推行了减租减息。减租减息的原则是，一方面要地主减租减息，另一方面要农民交租交息。基本规定是：地租不得超过主要作物实收量的375‰，保证所属地区一律按二五减租比例收租，佃农按此比例交租；借贷利息由双方约定，但旧债不得超过年息2分。在减租过程中，大多数地主对减租减息的土地政策基本上是拥护的。他们虽然由于减租法令及一些合理摊派而减少了一定的收入，但在抗日政权和军队的保护下，不仅保全了自己的所有田地，而且避免了日军的掠夺和伪顽政权的苛捐杂税，确保了其合法的收益。黄冈有的地主自沦陷以来未收到租，在听说“一面减租一面交租”的政策后，都表示情愿多出公粮。不少开明士绅深明抗日大义，不仅自己带头减租，而且协助民主政府开展减租减息。总的来说，在鄂东基本区实行减租减息比较顺利。黄冈县王家坊中心区花竹乡第七、八保减租户占佃户总数的96%，减租田占总佃田数的97%。黄陂的大地主鲍济堂一家即退出租谷600多石。全县共退出价值500石谷的押金。礼南县第一乡（安来乡）第七保减租地主22户，受益佃户46户，减租额共为22石。减租减息政策的推行，既极大地减轻了农村封建性的剥削，相当程度地改善了穷苦农民的生活，同时又在保证交租的政策下面，顾全了地主阶层的利益。在互相让步、互相尊重

① 夏忠武:《地租》，载《七七月刊》1943年1月号。按20世纪40年代鄂东地区的稻谷单产水平衡量，此处所述黄陂五区鲍家的1石田约合4亩。

对方权益的情况下，加强了各阶层间的团结，调动了各方抗战的积极性。当时陂安南抗日根据地就流传着这样一首歌谣："民主政府，实行'双减'，租额固定，债利有限。按照比例，统一计算，政策到户，合理负担。穷欢喜，富不怨，各方都照顾，团结为抗战。"

但是，鄂东抗日根据地基本区实行的减租减息，也遭到极少数顽固地主的不满和反抗，有的挑拨离间，煽动农民和小地主或小土地出租者对民主政府不满；有的则威胁恐吓农民，说什么"(国民党)五战区就要来了，谁吃了黄铜谁就要吐生漆""新四军在边区驻不长，新四军就要开走了，国军来了，日本人来了""有你们过的""小心你们这些狗杂种的性命"。再加当时日顽夹击严重，社会局势动荡，个别地方在实行减租减息中发动群众不够，把减租当成是民主政府的"恩赐"，因而有的基层干部和农民群众有顾虑，不敢减租。礼南县第二乡有个保长，对自己的佃田减下的谷不敢动用，准备一旦形势有变就给地主再送回去。还有的地方存在着"明减暗不减"的现象。

1943年，鄂东各县党委和抗日民主政府根据中共中央关于"减租是农民的群众斗争，党的指示和政府的法令是领导和帮助这个群众斗争，而不是给群众以恩赐"的指示精神，认真检查总结了各地的减租工作，按照基本区、游击区、边缘区的不同情况采取不同方式，有计划有步骤地大胆发动群众，开展大规模的减租减息斗争。礼南县在此前的减租减息工作中，由于有的干部缺乏群众工作的经验，把减租当成政府的"恩赐"，简单地通过行政命令来推进，而没有将其转化成为群众的自觉行动，从而未能解决部分群众的思想顾虑。有些地主利用民主政府的上述缺点，在减租以后，进行反扑，一方面对政府叫喊"干部搞过火了"，另一方面对群众进行威胁，致使许多地方明减暗不减，甚至有个别地方名减实增。1944年秋，礼南又进行了减租减息斗争。这次减租减息采取了以下方法：(1)自上而下，层层发动，召开农民代表会、参议会、佃农会、地主士绅会，宣传党的减租减息政策；(2)干部深入农村，通过农救会组织农民，并依靠农民的团结，由贫佃农自己出头减租；(3)制止地主以退佃威胁农民的不法行为，帮助农民对违法地主进行说理斗争；（4）组织评租委员会、秋收委员会，公平合理评定收成。经过以上各方面的工作，共产党的政策为大多数人所了解、掌握，农民发动起来了，敢于面对面地同地主进行说理斗争了。安来乡农民在滚子河召开大会，对杨家畈几户违法地主进行了说理斗争，推动了全乡的减租减息。这次减租比较彻底，有的地方退了押金，换了契约，保证了农民的佃权。少数地主在减租中还退了未减或少减的麦租，使农民得到了实惠。广大农民在共产党领导下，正确执行共产党的政策，交租交息，也保障了守法地主的利益。减租后，在陂孝北山区流行着一首民谣："田是农民开，秧是农民栽。往年租稞重，二五减回来。民主政府好，穷人乐开怀。"礼南县大悟山一带，也流传着"七月秋风呀，遍地谷子像黄金呀，秋收委员呀来看成，合理公道把租评来咿呀嗬咳"的减租歌，表达了减租减息后生产的发展和丰收后农民的喜悦心情。

其他各县基本区的减租减息和礼南县一样，取得了较好的结果，农民生活普遍有所改善。黄陂高旺乡第四保王家塆有一户佃农，往年种了 1 石 9 斗佃田，粮食除交租外，自己总不够吃，还要靠副业收入来补；1942 年经过减租后，他就不缺粮了，便逐年将副业收入积攒起来。到 1944 年，一共买了 6 斗佃田，还喂了两头大肥猪，储存了 2 石小麦和 1 石 5 斗豌豆。

除实行减租减息外，抗日民主政府还在黄冈涨渡湖等湖区，领导渔民开展反湖霸斗争，保护和提高了渔民的生产积极性。黄冈根据地内有大小湖泊 30 多个，约有 18 万亩湖田，相当于当时全县可耕地的 1/3。其中，涨渡湖是黄冈有名的大湖，鲜鱼产量很高，有"开湖臭（腥）三县"之称。但是大小湖霸霸占着所有的水面，春夏征收水稞，秋冬禁止渔民打鱼，独占渔利。1942 年冬，陈少敏曾亲自来黄冈，深入湖区，指导湖区渔民的反霸斗争。同年底，豫鄂边区行署根据广大渔民的愿望，成立了黄冈湖业管理局（由黄冈中心县委、黄冈县民主政府代管），张翼任局长，漆先庭任副局长（后任局长）。湖管局成立后，即根据《豫鄂边区施政纲领》中关于"取缔私人征收湖稞河稞”的规定，宣布废除各种残酷剥削的湖规，合理规定了湖主与渔民的分成比例。这些合理的做法得到了渔民的支持和拥护，多数湖主也能遵章执行，但却遭到了个别渔霸的抵制。詹家湖湖主詹庆仁对湖管局多次派人送去的关于“开放湖业”的通告，不予理睬，并施以淫威，不许渔民和湖管局工作人员接近。漆先庭带人深入渔民家中，隐蔽地开展工作，发动300多户渔民联合起来，同詹庆仁展开面对面的说理斗争，詹庆仁终于答应了渔民的合理要求。1943年以后，黄冈湖区实现了湖产归公，免除湖霸的盘剥，促进了湖区的生产。

鄂东各地在减租减息和湖区实行湖泊归公的斗争中，仍然注重对地主、湖主的团结争取工作，通过召开地主、湖主士绅会等形式，对他们进行守法教育。经过深入的宣传教育，使他们认识到抗日民主政府实行限制封建剥削的政策，既是为了发动农（渔）民群众起来发展生产、抗战保家乡，也保护了地（湖）主一定的利益。因此，多数地（湖）主士绅都表示拥护、支持抗日民主政府的政策。这样，减租减息和实行湖泊归公的斗争，不仅发动了群众，改善了群众生活，加强了共产党对农（渔）民的领导，削弱了封建势力，而且按照抗日民族统一战线的政策，实现了联合地（湖）主共同抗日的战略目的，缓和了阶级矛盾，巩固了边区的抗日民主政权。

此外，在不具备实行减租减息条件的广大游击区，各地抗日游击政权则在地方武装支持下，领导群众，运用各种隐蔽灵活的方法，反对日顽的苛捐杂税，反对抓丁拉夫，反对日伪顽乡、保长以及地主恶霸欺压盘剥群众的行为。由于共产党、新四军的活动和声威，日伪顽基层行政人员以及地主恶霸均不敢过于放肆，其欺压盘剥群众的行为不得不有所收敛。这也在一定程度上减轻了群众负担，保护了群众利益。

二、发展内部商业，统制对外贸易

抗战初期，鄂东各县对外贸易是自流的。日军利用这种自流状况，派出八大洋行，组织伪合作社，以日伪钞票和日货奢侈品扰乱鄂东各根据地的市场，以大量掠取粮食、花生、棉花、药材、皮油、皮革等物资。同时，又严密实行经济封锁，严控食盐、药品等物资和军需用品流入根据地市场，导致根据地物资短缺，物价紊乱（如食盐价格高涨到战前的200倍）。根据地人民生活大受影响，抗日民主政府财政极其困难。为改善经济环境，鄂东各地抗日民主政权依照《豫鄂边区施政纲领》中的有关规定和上级指示，在经济上开展了反封锁斗争，其主要途径是发展内部商业，统制对外贸易。

在发展内部商业方面，各地抗日民主政府因地制宜，采取了建立公营商业、发展合作商业、保护私营商业等措施。有的根据地由地方政府集中一些资金和物资，建立公营公司。虽然这种公营公司数量不多，但在根据地的经济中占有一定的地位。黄陂蔡店公营贸易公司、陂安南公营贸易公司就是突出的典型。蔡店公营贸易公司成立于1942年9月，除经营下设的综合性商店外，还负责管理德兴、谦益、公益和抗大四个公营商行。德兴、谦益、公益商行主要经营粮食、植物油、食盐和棉花，抗大商行主要经营文具、纸张和医药用品等。陂安南贸易公司是由蔡店贸易公司分出来的。它在长堰和同兴集各设了一个综合性商店，经营范围有铁木农具、煤炭、盘纸、钞票纸、高级油墨、香料、烧碱等，还有粮食、植物油、食盐、糖、布匹、杂货以及医药、文化用品等生活资料和皮木油、烟叶等土特产品。蔡店和陂安南公营贸易公司及其管理的公营商业，通过预付发放收购货款、组织原材料供应和收购农副产品运销等活动，在繁荣当地经济、冲破日伪经济封锁、保证军需民用等多方面，作出了重要贡献。

礼南、陂孝、陂安南等抗日根据地还大力发展合作商业，并在县、区、乡建立了运销供给公用合作社。合作社是以群众自愿组织为原则，在各级政府及建设银行的指导和协助下，集资投股筹办的。它以改善军民生活、帮助战时物资统制为目的，收购当地农副土特产品，同时供应农民小型生产工具和日用必需品。礼南等地区粮食、食盐供销合作社的作用很大。礼南第一乡（安来乡）第七保由群众合股办了一个合作社，“合作社的物价一般较街上低一些。比如肉价，合作社的每斤64元，街上卖72元；盐价合作社每斤68元，街上卖78元；油价合作社每斤45元，街上62元。所以群众在合作社可以买到便宜的东西。另一方面，平抑了市面上的价格”。[①] 各地的合作商业在购销业务、资金周转等方面，还得到了公营贸易公司的扶助。黄陂蔡店和陂安南地区的合作商业，在公营贸易商行的扶持和组织领导下，得到很大发展。这些地区原来私营商业独占市场的局面，已发展成为以公营为主导的合作商业和私营商业相结合的多种经济成分的商业市场。蔡店的集贸市场由原来的隔天逢集，发展到天天逢集的繁荣景象，成为鄂豫边区根据地经济中心之一，有“小汉口”之称。

在发展公营商业和合作商业的同时，鄂东各县对私营商业也进行组织管理，注意发挥私商的作用，以协调进行对敌贸易斗争和开展根据地物资交流。陂安南地区将较大集镇牙行组织起来，政府投资一部分，实行公私合营。在小集镇，组织私人合资联营，称为公行制。市场粮棉油等物资供过于求时，政府购进；供不应求时，政府卖出。这样不仅有助于平抑物价，而且政府还掌握了物资进口主动权，防止物资流入日占区。对于私营的贾商、行商（包括小商贩），只要不勾结日伪，不为日伪走私，不囤积居奇，一律受到抗日民主政府法令保护。

在统制对外贸易方面，豫鄂边区军政联合办事处于1940年10月建立了贸易统制总局[②]，负责统制对外贸易、发展内部商业和各项赋税的征管工作。1941年春，边区贸易统制总局设立了鄂东分总局（1943年春又设立了长江分总局），并在较巩固的基本区设立了分局。在边区总局的统一领导下，鄂东地

---

① 夏忠武:《礼南第一乡第七保调查研究材料》(1944年1月)，载鄂豫边区《党的生活》第24期。

② 边区贸易统制总局曾先后改称税务总局（1941年8月）、物资统制总局（1943年春）、贸易管理总局（1944年春），但其职能基本不变。

区各分总局和分局通过各种政策强化了根据地的贸易管制：一是禁止或限制粮食、棉花、油料作物及猪鬃、牛皮等重要物资流入日占区；二是禁止或限制非生产生活必需品流入根据地；三是鼓励商人购进根据地急需的物资和输出根据地出产的土特产品。为落实这些政策，鄂东地区各分总局和分局采取了灵活的税收办法和严厉的制裁措施：日占区运来的军用品、食盐、医药等急需物品概不收税；粮、棉、油等管制物资须经贸易统制机关特许并缴纳关税始可出境；经特许进入根据地的消费品、奢侈品等非生产生活必需品一概课以高额赋税；对未经特许的管制商品的交易行为予以严厉打击，并没收其货物。

为确保根据地的资金流通和货币周转，以稳定金融秩序和市场秩序，1941年4月，新成立的豫鄂边区行政公署决定组建边区建设银行，并先后设立了鄂东、长江等分行。边区建设银行成立后，根据豫鄂边区第二次军政代表大会的决定，开始发行边区货币（简称“边币”），同时在礼山、黄冈开办了印钞厂。1942年3月，边区首届人民代表大会决定进一步调整金融关系，并规定边币为边区的主要流通货币。此后，鄂东地方抗日民主政权进一步加强了金融管制。在边缘地区或与日顽交错地区，虽可继续使用法币和日伪发行的伪币（又称“储币”），以便向外购买货物，但严格控制边币与法币、伪币的比值，不使其冲击根据地的市场和物价。1944年4月14日，鄂东专署发出命令，就黄安等地出现的边币与伪币、法币比值偏低的情形提出了批评，并要求各地从4月20日起，对边币一律按法币的七五折计值，并在各项税收上打九折，同时禁止500元、1000元面值的伪币在市场上流通。1945年6月2日，鄂东专署又发出密令，禁止使用5元、10元面值的伪币，同时规定100元面值的伪币按边币的六折或五折使用、500元面值的伪币按八折使用，并争取边币与法币同值。陂安南县抗日民主政府也为此多次发出《通知》《通令》和《布告》，要求根据地内党政军民遵守专署的命令。为了维护市场秩序，保护行商安全，各县采取了武装保护措施。安麻边、安礼县政府经常派出武装，打击拦路抢劫商人钱货的匪徒。陂安南县政府为此成立了商警大队（大队长辛柏森），共200余人枪，分驻于八里湾、詹店、柿子树店、王家河等集镇巡逻，维持秩序，保护商人的利益和安全。

在发展商业、统制对外贸易方面，虽然采取了上述措施，取得一定效果，但因鄂东情况复杂，战斗频繁，时局动荡，抗日民主政府的主要精力用于应付战争，故《豫鄂边区施政纲领》中的有关规定和要求在鄂东大部地区未能实行。即使实行的地区，其实行的时间、程度以及效果，也有所差异。

三、税收秩序的建立和规范

豫鄂边区贸易统制（税务）总局鄂东分总局和长江分总局相继成立后，陆续在黄冈、陂孝边、礼南、陂安南、冈麻边、安礼边及鄂皖边等抗日根据地设立了分局，并在一些集镇和要道分别设立了税所和税卡，形成了垂直的税收征管体系。此后，鄂东抗日根据地的财税工作逐步走上了正规化的统一管理。鄂东抗日根据地的税收来源，主要有两个方面。

一是工商税（包括坐商税、行商税）。工商税的征收工作一般在集镇和交通要道进行，因此鄂东、长江分总局的税务人员必须经常潜入到日伪占领区，向位于集镇的较大商户（包括日本洋行）征收关税、坐商税等工商各税。为配合分总局的工作，黄陂、黄冈、陂安南、蕲广边等县抗日民主政府经常组织地方武装和民兵，协助税务人员前往日伪占领区，采取政治攻势和武力威慑相结合的办法征收税款。1942年4月，黄冈柳子港的宫冈洋行和井泽洋行抗税不交。鄂东二分局局长苏文波、副局长刘汉文率税警队、手枪队60多人，在200多名民兵的配合下，攻进柳子港，打进井泽洋行，逮住井泽经理，没收洋行全部货物，以示惩罚，并告诫其以后必须按抗日民主政府的规章纳税。同年秋，设在黄冈仓子埠的日本江商洋行通过武湖往武汉运棉花，企图逃税。苏文波率税警、手枪队70余人中途截击，缴获棉花300包。不久，这家洋行主动派员来向鄂东二分局承认错误，承诺照章纳税，请求对该行货物查验税收，不再截取。[①]为了加强对工商税的征管，1943年6月至1944年9月，长江分总局还一度建立了特税局，专门负责对日本洋行所经营的烟叶、牛皮等土产税的征收工作。

由于深入日军占领区收税易受袭击，税收干部的牺牲比例较其他地方干部更大。他们中有不少人，由于忠于职守而惨死日军的屠刀之下。黄冈大埠街税所所长虢瑞清夫妇和干部刘国清，先后被日军逮捕杀害。虢瑞清被活埋于团风周家窝子江边，其妻被投入长江，刘国清则惨死于日军军犬的撕咬。1942年2月，李集税务所所长曹柏超在执行任务时，被张店日军逮捕。日军软硬兼施，劝其投降。曹柏超正气凛然，义正词严地痛斥日本侵略者。残忍的日军将他钉在木板上，令军犬撕咬致死。新洲一个税务干部被日军捉去后，面对日军的严刑拷问只字不透，凶残的日军竟用烧红的铁棒捅进肛门而致其惨死。柳林税务所税务人员李全甫和沈幼亭在卧车盘收税时，突遭国民党桂军袭击被俘。尽管李、沈二人向桂军公开表明身份，仍遭桂军毒打后枪杀。蕲广边税务分局局长汪新在广济过马塘收税时被捕，日军逼他带路去找枪和同伴。他带着日军走到一个山洞跟前，说了声"我跟你拿枪去"，便抱着一名日本兵跳入山洞同归于尽。据不完全统计，在鄂东因征收关税而牺牲的税务人员达60余人。为了不断充实税收力量，中共鄂东各级党委组织部门，多从地方、军队干部中抽调立场坚定、斗争英勇的干部，充实和加强税收干部队伍。

鄂东各级税收人员的英勇斗争，取得了丰硕成果，除了供给鄂东本地区党政军所需之外，每月提供给鄂豫边区、五师的税款就达百万元（法币）以上，是鄂豫边区的税收贡献大户之一。其中宋埠、拜郊、刘集、大埠街四个税所的月均收税款5万元（法币）以上，麻城盐田河税所仅1941年即缴纳银圆近3000元、粮食30万斤、土布20多担。1943年3月至7月，天（门）汉（汉川、汉阳）根据地缩小，豫鄂边区总局曾一度将税收工作的重点转移到鄂

---

① 刘川:《抗日战争时期的鄂东税收》，载《地方革命史研究》1986年第6期。

东，依靠鄂东的税收解决边区的财政急需。

二是田赋税。1942年3月，豫鄂边区首届人民代表大会通过进一步实行户口田亩登记的决议案以后，鄂东各抗日根据地基本区即大力开展户口田亩登记工作，实行以收成多少累进计征的政策，多收入多纳税。为了总结经验，更好地贯彻合理负担政策，1942年6月中旬，豫鄂边区党委组织工作组结合征收“上忙”（夏收）工作，对黄冈县花竹乡的两个保进行户口田亩登记的试点。工作组经过深入调查研究，并分别召开保甲人员、士绅户长和农救支部、贫雇农座谈，在民主协商的基础上，确定了黄冈各基本区应征田亩的基数（2斗田以下农户免征），并查出地主、富农瞒报的田地40多石，同时纠正了100多户所征数额的不符政策之处。由于贯彻了合理负担的原则，黄冈抗日根据地的登记土地和整顿田赋公粮工作成效显著，基本区的“下忙”（秋收）田赋公粮，比“上忙”增加了20万亩。黄冈县整顿田赋公粮工作的经验在豫鄂边区党委机关刊物《党的生活》杂志上介绍以后，对全边区进一步实行户口田亩登记起了借鉴的作用。

1943年以后，根据边区人民代表大会关于田赋公粮征收实物、实行累进税的决定，鄂东各抗日根据地改变了按田亩平均摊派的方法，改为根据田地质量和产量等不同情况征收田赋公粮，即首先将田地质量分成不同等级（黄安等县将田分为上、中、下三等，黄冈县将田分为特上、上、中、下、特下五等），然后以田地多、实收多者多负担为原则，根据完公粮的基数（实收量）多少来确定累进征收的比例。以黄冈为例，特上等田每亩征1斗2升（约占其收入的15%），上等田每亩征9升（约占其收入的12%），中等田每亩征6升（约占其收入的8%），下等田每亩征3升（约占其收入的5%），特下等田则酌情少征或不征。公粮亦按累进税率比例征收。缴纳公粮在基数（3石）以下者不征收累进税，3石至3.5石的征收6%，3.5石至4.5石的征收8%，4.5石至5.5石的征收14%。总之基数越大，征收比率越高，但累进率最高不得超过50%。征收公粮一年分两次，即“上忙”和“下忙”，“上忙”是夏收后借征，“下忙”是秋收后正式征收。全年两次征收一次结算。

鄂东各根据地税收和田赋实行的是低税制，其征收额大大低于日占区和国民党统治区的征收额。以黄冈为例，在日伪统治的黄冈城林乡第一保，1943年一个月人民负担日伪的苛捐杂税计有：

（一）公路上栽杨树费派洋40元；

（二）抽一个保长受训，派训练费洋80元；

（三）每保养（小）鸡50只，每只价洋2元5角，计125元。去年所要各保养的小鸡，现在每月一保要老鸡一个送给日军，花洋35元；

（四）换市民证每张连照片计洋12元，一个保以600人计，共换了325张市民证，计洋3900元；

（五）每保要储蓄金300元；

（六）保安队要清乡费，每保派洋50元；

（七）每保要门牌费100元。

总共洋4630元，平均每保每天负担日伪捐税154元3角，平均每人（男女小孩在内）每日出洋2角5分。

另外，还有日军出发打掳的临时招待应酬，如购盐及领购盐证用费等，还不在内。①

国民党政府统治区苛捐杂税也相当繁重。国民党黄冈县政府对其所控制区每亩征收田赋5斗3升谷，外有12种苛捐杂税；而抗日民主根据地除每亩征收1斗3升谷（按5等平均计算）外，农民别无其他任何捐税。再以国民党统治的英山县为例，除田赋税外，仅1943年度负担的捐款（不包括本县各级政府的摊派）计有：

①《敌伪区人民的负担每保每天一百五十元》，载《老百姓》1943年7月22日。

鄂东挺进军夏服费24.33万元；

滑翔机捐款0.185万元；

人民献金104万元；

一县一机捐款0.9万元；

国军一三八师政治活动文化劳军费5万元；

国军一三八师司令部建筑公墓费2万元；

一户一机捐款67.9万元；

自卫队棉衣费30万元。①

由于正确执行了征收农业税的有关政策，同时注意加强思想政治工作，提高广大农民的政治觉悟，鄂东各根据地农业税的征收工作取得了很大成绩。1943年，礼南县征收公粮1.92万石。黄陂、黄冈每年约征公粮6万石。陂安南、浠蕲边、蕲广边和黄广边各县也都征收了一定数量的田赋，这对解决部队、政府上万人的吃饭问题，对发展和巩固抗日根据地，争取抗日战争的胜利起了重要作用。在征粮过程中，鄂东各抗日民主根据地的农民，纷纷踊跃交粮，涌现出不少交粮模范乡和模范个人，促进了征粮工作的顺利开展。礼南第一乡第十保有100多农户，三个小时内就交齐了应交的数目；第五保是小保，在一个小时内便交完了。在鄂东的一些地区流传着一首《交粮歌》，充分反映了人民群众的爱国热情：

礼南第一乡，交粮的好榜样，交得快来交得齐，交的全是干净米，你看刮气不刮气；

新四军是亲兄弟，前方去杀敌，又打仗来又生产，减轻人民的负担，月捐杂税都不要，只收田赋粮，大家交清是应当……

---

① 国民党英山县政府编:《英山县抗战史料》(1948年)。

第四节　教育、文化、卫生事业的兴办和发展

在加强经济工作的同时，鄂东各县抗日民主政府还努力兴办国民教育，发展文化、卫生事业，培训军政干部，解决青少年入学问题，组织开展群众性的文化活动。

一、兴办国民教育，培养有文化的干部

根据《豫鄂边区施政纲领》提出的普及国民教育的要求，黄陂、陂安南、安礼边、礼南、安麻边、黄冈等县抗日民主政府从1942年起，采取公立学校、宗族学校和改良私塾同时并举的方针，调动各方面办教育的积极性。这些县基本上做到了区（中心乡）有中心小学（完小），乡、保有小学（初小），大村有宗族办的学校及改良私塾。除偏远地区和动荡不安的边缘地区外，基本上都办有小学。在此基础上，各县开始发展中学教育。小学教育的发展，又带动各地冬学的开展，各地农民掀起识字扫盲热潮。黄陂各根据地基本区普遍开办了夜校，由各小学老师担任夜校老师。陂安南县仅二程、高桥两区，就办有冬学34所，学员816人；办识字班53个，学员954人。

根据地各类学校的发展需要大量教师。各县抗日民主政府采取办短训班以老教师带新教师的办法，分期分批培训教师。各县政府设立了教育科，配备了督学员，经常深入学校，了解情况，帮助教师解决教学和生活中的困难。在课程设置和教材使用上，根据学校不同类型提出不同要求。区、乡小学和规模较大的族学，按豫鄂边区教育会议的要求，开设国语、算术、常识、历史、地理、政治等课；对改良私塾不强求一致，以识字教育为主。教材以边区编印的课本为主，另外加进本地的乡土教材，使教学内容适合学生的实际，提高学生的学习兴趣。冬学扫盲教材注重联系实际、通俗易懂，内容多与农民生产生活的道理和常识相关，如“年过罢，月过罢，扛起锄头种庄稼”“山

里田窄人又多，田不种好靠什么”“春暖花开，挖塘修堰，政府提倡勤俭，反对游手好闲”等。

1943年以后，陂安南、黄陂、黄冈等基本区认真贯彻执行边区行政公署确定的仍以普及小学教育、改良私塾为主的学校建设方针。有条件的地方大力兴办正规学校，没有条件的地方则扶持塾师办好私塾。当时，黄陂、黄冈抗日民主根据地兴办的正规学校，在鄂豫边区是比较多的。黄冈根据地办有中学1所，正规小学20所。黄陂根据地所办中学分为三部：一部位于长生庵（后迁至姚家老屋），学校规模由开始的两个班发展到6个班，教员由7人发展到16人，肖勤先、王节思先后任校长；二部在柿子树店北的杜家庙（后划归陂安南），校长柳棣元，教员10余人，学生200余名；三部在泡桐树店附近的大黄塆，校长为陈端甫。这三部中学的经费都由政府供给，教职员的薪金每人每月7斗至1石大米，贫寒学生每人每月给予1斗3升米的救济。在发展公立中小学的同时，还广泛鼓励社会力量办学。黄陂籍的汉口同和米厂老板陈国安于1943年3月在半边店永福寺开办济民中学，附设小学部。私塾教师胡业桢于柳家田祠堂开办私立木兰中学，乡绅胡康年、赵南山予以资助并出任名誉校长。到1945年初，除接近日伪据点的河口、长轩岭、黄陂城、祁家湾、杨岗等游击区外，向黄陂县抗日民主政府备案的小学有110多所，其中完全小学约占1/3。

在兴办国民教育的同时，鄂东地委、鄂东办事处（专署）以及各县还通过办党校、党训班、干部学校等途径，有计划地提高广大党员、干部的理论、文化水平，吸收和培养社会进步青年。1942年2月，鄂东地委、鄂东办事处在黄陂黄门冲开办了鄂东公学（校长柳野青，教导主任刘继梁），学生有100多人。他们有的是根据地的知识青年，有的是从党政机关抽调的党员干部，也有少数是从沦陷区和国民党统治区越过封锁线来的进步青年。鄂东党政领导人程坦、刘西尧、汪心一等都曾到鄂东公学视察、讲课。1942年10月，豫鄂边区行政公署教育处还在黄陂境内先后开办育才学校、师范学校。1943年初，原在京山开办的鄂豫边区洪山公学迁移到黄冈湖区根据地。洪山公学设有行政班、银行班、财经班、教育班，是一所综合干部学校，也是当时鄂豫边区的最高学府，边区党委副书记陈少敏和边区行署教育处处长李实先后兼任校长。同年夏，洪山公学部分学员由副校长周达夫率领转入平汉路西继续开办；其余年龄较小的学员编入新组建的实验中学，仍留在黄冈湖区开办。鄂东公学和洪山公学的共同特点是：既没有固定的校址和校舍，又没有教学上所需的任何设备。在动荡的游击环境里，只能根据战局的变化和根据地人民所能提供的条件流动办学，且每个学员只能携带不得超过 8 斤的背包（包括行李衣物和文具纸张）。师生们以老百姓的家屋为校舍，天冷以地面垫草当铺，天热以农户门板做床；以祠堂、庙宇、空场地、住家屋做教室，以适用的墙壁或门板做黑板；以双膝当桌，以地面做凳。学员与新四军战士同等生活待遇，即每天 1.5 斤米、3 钱油，每月两角津贴。家境贫困的同学每年另发冬夏装各一件套。尽管办学条件差，但在没有发生战事的情况下，学校教学依然严格有序。除确保上课、讨论和自习的时间与质量以外，学校每天坚持早训练、晚唱歌，每周坚持举行一次生活检讨会，呈现出一片团结、紧张、严肃、活泼的景象。①

1944 年，鄂豫边区办的建国公学在陂安南等地设立分部，就地招收小学毕业生和社会知识青年入学。各县抗日民主政府对建国公学的招生工作极为重视，组织力量将招生广告在各区乡广为张贴，并为此专门向所属区乡发出训令。陂安南县政府在《关于动员青年入建国公学的训令》中强调，建国公学的开办是吸纳青年知识分子、培养边区干部的重要途径，是抗日根据地建设与发展的重要任务之一。训令要求各级负责人高度重视建国公学的招生工作，并以此为契机，积极争取青年知识分子投奔抗日根据地接受教育。

上述这些干部学校的创办，不仅促进了鄂东根据地中学教育的发展，而

① 徐寄群：《在战火中办学——回忆洪山公学和鄂东公学片断》（1982 年 11 月 12 日）。

且为抗日根据地培养了有文化知识的干部。

二、发展文化事业，开展群众性文化活动

抗战期间，鄂东地委、专署和各县委、县政府均未设专门的文化机构，而是在党委统一领导下，由宣传部牵头，党政军民一齐动手发展宣传文化事业，运用各种形式组织开展群众性的文化活动。无论是基本区，还是游击区，宣传文化活动最常用而又受群众欢迎的是唱歌、演戏、打鼓说书等。各县都组织人教唱抗日歌曲。由于歌词明白易懂，曲调好唱易记，又深受抗日部队、机关和学校的熏陶和影响，因而不论男女老少普遍喜欢学唱抗日歌曲，而且几乎都能唱几首。当时在群众中广泛流行的歌曲有几十首，如《抗日军人个个要牢记》(《三大纪律八项注意歌》)、《送郎参军》、《五杯茶》、《妇女歌》、《救亡歌》、《反对顽固派》、《唱五更》、《锄头歌》、《砍柴歌》、《团结起来上战场》，等等。下面是《团结起来上战场》的歌词全文：

月儿弯弯影儿长哟，
呀儿哟，依呀哟，呀哟呀哟依呀哟。
逃难的人儿想家乡啊，
呀儿哟，依呀哟，呀哟呀哟依呀哟。
问你家住在哪里？
大河岸、茅草房，有山有水好风光。
莫非就是那王家庄？
王家庄，好地方，逃难出门未回还。
问你为什么不回家？
提起来，话儿长，日本鬼子太猖狂。
日本鬼子又怎么样？
怎么样，赛虎狼，烧杀奸淫又掳抢。

他们要杀什么人？
什么人，也难防，成千上万都杀光！
他们要烧什么地方？
什么地方，都烧光，烧了这庄烧那庄。
他们强奸谁家女？
谁家女，都遭殃，管她媳妇大姑娘。
他们抢些啥东西？
啥东西，都要抢，鸡犬不留抢个光。
问你反抗不反抗？
要反抗，要反抗，抗日救国保家乡！
怎么样反抗力量强哟？
呀儿哟，依呀哟，呀哟呀哟依呀哟，
团结起来上战场哟！
呀儿哟，依呀哟，呀哟呀哟依呀哟。

各抗日根据地还有这样一首教小学生唱的《抗日歌》：

战云起，怒涛涛，
日本强盗残杀我同胞；
风凄凄，雨切切，
黄泉染赤同胞血。
唤起小同胞，
此仇当共雪；
终日莫贪玩，
读书思救国。

像上述这样密切联系形势、接近生活、感染力强的抗日歌曲，不仅易懂易学易唱，还可运用独唱、对唱、小合唱、表演唱等多种灵活形式，既可活跃群众文化生活，又可寓教于乐，激发人民群众对日本侵略者的仇恨，热爱家乡，热爱领导人民抗日的中国共产党及英勇抗日的新四军。

各地还运用群众喜闻乐见的花鼓戏、渔鼓、打鼓说书等文艺形式，宣传生产模范、杀敌英雄，揭露日伪、汉奸罪行。一批热衷于抗日文艺的知识分子创作了许多剧目，深受群众欢迎。如陈祺生编导的《怒吼的黄安》《劝夫参军》等新剧，陂安南中学师生自编自导的新京剧《东条英机难救希特勒》，陂安南文教救国会自编自演的活报剧《三个魔鬼》等揭露德、意、日侵略罪行的抗日戏剧，每次演出都吸引了大量群众。通过广泛的群众性的文化活动，大大提高了根据地人民的思想觉悟和民族气节，鼓舞了抗日斗志，抵制了日伪的亲日反共宣传，同时也活跃了根据地军民的文化生活。

鄂东地委为了加强宣传工作，于1941年创办了《正义报》。报头原为地委书记程坦所书写。因字较草，不易辨认，后由地委组织部长兼秘书长蔡承祖书写。《正义报》为油印四开小报，主编杜陵。1942年《正义报》改为《鄂东报》，由原礼山县委宣传部长林波担任主编。开始仍为油印，后改为石印。蔡承祖兼任黄冈中心县委书记期间，还创办了报纸《黄冈农民》（主编刘克理）。该报油印四开四版，每周一期，在黄冈基本区鹅江乡的窑上编辑出版。此外，油印报刊还有陂安南县编印的《黄安新闻》（主编杨炳）和《农救新闻》，陂孝边编印的《陂孝农救报》，礼南县编印的《农忙之友》，以及安礼边、安麻边编印的《党员须知》《游击战术》，等等。

三、发展医疗卫生事业

在日顽夹击，环境动荡，物质条件十分困难的情况下，为了战争的需要，鄂东各抗日根据地克服了种种困难，发展医疗卫生事业，因陋就简地创办了许多规模不大，但效益显著的医院。

早在独立游击五大队成立之初，漆先庭就请袁立三为五大队办了医务训练班。袁立三原是国民政府军军医，在土地革命战争时期就离开了国民党军队，住在黄冈贾庙百丈崖，在山乡行医。他为人正直，医术高、医德好，既懂内科，又懂外科，还能运用中、西医结合治病。他与漆先庭相交甚笃，便应邀当了医务训练班的“教授”。训练班招收了段续平、王树生、林丹桂、林荷先、晏焕明等 20 多人。结业后，他们都到夏家山参加了五大队卫生队。

1940 年夏，张体学率鄂东独立团一部挺进黄冈，与转入沿江湖区坚持斗争的黄冈地方党组织及地方武装会合后，随即在涨渡湖区创办了黄冈医院。黄冈医院院址设在李牌楼塆，李鉴秋、金涤夫、王仲民先后担任院长。院下分设三个医务所：一所设在莲湖畈，首任所长王楚英，主要收治重伤员；二所设在滨湖咀，首任所长范汉章，主要收治普通伤员；三所设在陶家大塆，首任所长陈小松，主要收治轻伤和生病干部。院本部主要负责组织对各医务所所遇疑难杂症的会诊，并负责药品和器械的供应、干部和经费的管理、医护人员的培训等。全院包括医生、看护、行政、后勤等共有 170 多人，收治伤病员最多时达 700 余人。

当时，医院设备简陋，药品匮乏，但医护人员极端负责，千方百计克服重重因难，治愈了大批伤病员。鄂东独立团连长刘永贤在一次战斗中负伤，炮弹片打进了大脑颅骨，生命垂危，医生段续平用剃刀拆开颅骨，取出弹片。经医护人员的精心治疗，刘永贤伤愈重返战场，再立战功。这所医院及所辖三个所，在涨渡湖开设数年，虽几经日伪袭扰，在根据地群众和民兵大力掩护下，每次都能安全转移，从未受过任何损失。

鄂东独立团东进鄂皖边以后，又在蕲太英边的仙人冲建立了一所秘密医院，由袁立三负责。伤病员经常在百人以上，分散住在长约 15 里的 10 个村庄的山谷中。为了解决医护人员不足的困难，袁立三还在仙人冲普陀庵办了两期医护学习班，每期 20 多人，学员由各区选送和部队抽调。当时医疗设备很简陋，药物又缺乏，往往只能用盐水洗伤口，还要提防日顽袭击。在这样极端困难的条件下，袁立三和其他医护人员一道，克服了一个又一个困难。在他和他的同事共同努力下，鄂皖边山区和沿江敌后湖区，都设有各种形式的医疗点，收治和治愈大量的伤病员。其中仅山区就累计治愈伤病员 2000 多人次。

此外，在礼山、黄陂、陂安南，以及蕲广边的红门楼等地，都设有规模不大、条件不好，但效益显著的医院或医疗所。

1941 年 4 月新四军第五师组建以后，师卫生部将黄冈医院和蕲太英边医院统一整编扩建为五师的野战医院，除分别承担鄂东和鄂皖边地方党政军人员的医疗、保健任务外，重点负责五师十四旅部队及部分十三旅部队的医疗、保健任务。

由于环境动荡，形势不稳定，鄂东各根据地和游击区开设的医院和医疗所，大都是游动的、隐蔽的或半隐蔽的。伤病员一般安置在群众家中，与群众同住，得到群众的关照和保护。还有许多未脱产的民间郎中（中医），中共各级党组织很注意动员他们，发挥他们的积极作用，他们对抗日根据地医疗卫生事业的发展，对抗日武装伤病员的治疗，作出了一定的贡献。

第五节　抗日民主根据地的群众工作

抗日战争是民族战争，只有动员群众、依靠群众、组织人民战争，才能战胜民族敌人。鄂东抗日武装和抗日根据地的创建、发展，便是动员群众、依靠群众，组织人民战争的结果。鄂东各级党委和民主政府始终把群众工作当作自己的中心工作之一，并且以适合鄂东形势和特点的方式方法，动员群众，组织群众，充分发挥群众的力量和作用。

一、发展各界群众团体，广泛、深入地开展群众工作

基于抗日战争的民族性，鄂东各级党组织和民主政府在开展群众工作中，十分注意其广泛性。抗日救亡运动初期，鄂东各地就分别以不同的组织形式，发动、组织群众，普遍成立了工人救国会、农民救国会、青年救国会、妇女救国会等群众团体。1941 年以后，随着形势的发展和根据地的扩大，根据地内工救会、农救会、青救会、妇救会等组织进一步深入发展，在基本区的区、乡，以至保，都成立了相应的基层组织。黄陂县还成立了教师抗日救国联合会。这些群众组织不仅团结了广大工人、农民等基本群众，还广泛吸收了除汉奸以外的所有阶层的人士参加。如黄冈抗日根据地的鹅江、花竹等乡，几乎所有的妇女都参加了妇救会，连地主富农家庭的妇女也积极要求参加，否则觉得不光彩。许多党员干部还深入到三教九流的各类帮会组织成员中开展群众工作，对他们进行团结、改造，化消极因素为积极因素。1942 年春，鄂东税务分总局副局长孙方主动跟黄冈的 12 名强盗帮伙成员联系，动员他们为抗日出力。这些人见共产党的干部把他们当人看待，感动得掉泪。其中的 6 人后来改邪归正，参与了共产党领导的抗日活动。麻城中驿有两名和尚，经党组织的教育争取后，积极投身抗日斗争，多次到宋埠日军据点为新四军搜集情报，并冒着生命危险掩护党的干部，其中一人后被日军逮捕，英勇牺牲。长江税务分总局组建了拥有 53 条短枪的税警队，其中就不乏三教九流之辈。他们经常在长江两岸的日占区活动，进据点，闯洋行，惩汉奸，掩护干部，收取税款，发挥了一定的积极作用。

在长期的革命斗争中，鄂东各地产生了漆先庭、刘天元、林少怀、王正春、何启、张翼南、刘子平、袁斗南、张凤林、詹绪辉、居文焕、邹一清等一大批与当地群众联系密切且有较高威望的党员干部，还有晏焕明、林友先、林冬英等有一定影响的妇女干部。他们是党组织、民主政府与群众联系的纽带。鄂东根据地的基本区都是分散的小块，地域狭小，环境动荡，对群众的宣传和动员工作，主要就是依靠上述这些党员干部的影响和社会关系，挨门

逐户隐蔽地推进和展开。党员干部们通过与根据地群众同吃、同住、同劳动，建立了深厚的感情。其中的许多群众发展成为与共产党生死与共的联络户或堡垒户，成为地方党组织和人民抗日武装的秘密地下交通站。如1941年起，冈麻边五区的李胜塆、杨畈乡、荣家洲、王岗乡、胡园、铁门陶园等地，就都有由联络户担负的地下交通站，承担了传送情报，接待来往人员，保存、解送军需经费、物资等工作。

黄冈沿江湖区是五师的后方基地之一，军需供应任务很重，仅部队、机关人员穿鞋一项，数量就很大。当时没有制鞋工厂，这些鞋全是通过县、区、乡、保各级妇救会，组织、动员妇女一针一线做成的。在黄冈基本区余家楼、花竹乡、鹅江乡，县妇救会只要把棉花发给乡妇救会，乡妇救会再发到保，然后分发到各家会员，不几天工夫，就可以由棉花变成棉纱，由棉纱变成土布，直到变成一双双优质布鞋，源源不断供应到部队。这中间的群众工作和群众活动，公开场合见不到，甚至连白天也很难看到，都是在隐蔽中进行的。

由于群众工作的广泛、深入、隐蔽，还由于共产党人和新四军指战员以自己的正确政策和抗战中的模范行动，直接或间接地保护了广大群众利益，因而得到广大人民群众的无比信任和拥护。在鄂东抗日根据地，群众不仅是衣食父母，而且是根据地安全的铜墙铁壁。在日伪的眼皮底下，在日顽夹击之中，办工厂、设医院、开学校、印报纸，没有群众的掩护，根本是不可能的。鄂东各地的群众，为保护新四军伤病员和抗日民主政府的地方工作人员，义不容辞，舍生忘死，出现了许多可歌可泣的事迹。

——黄冈县新洲区程远里塆，处在抗日民主根据地与日顽连接的边缘区，从1940年到1945年抗日战争胜利，这个塆子一直处在日顽夹击之中，但抗日民主政权始终存在。来往于这个塆子的中共党政军干部和工作人员数以百计，从未遭到日顽的打击。1941年春的一天上午，黄冈县手枪队彭队长，在这个塆里突然与日伪便衣队20多人遭遇。彭队长正想孤注一掷，冒险冲出。塆里有位陈四婆急中生智，拿了一把铁锹冲到彭队长面前，怒气冲冲地训斥道：

“这么晚了，还在这里七游八逛的，就是不想做活。”她一边唠叨一边把锹递给彭队长：“还不快去把小圩里的麦沟清一下，不起完沟，莫想回来吃中饭。”彭队长会意，接过铁锹，瞒过日伪便衣队，走向村外，安全脱险。

——1943年8月，浠水县行政委员会一些干部住在郭家岗村民郭本元家里。一天，桂军一个营和国民党浠水县自卫队共数百人将郭家岗包围，并用机枪封锁了郭本元家的大门，郭本元的叔父不幸中弹身亡。但是郭本元不顾自家安危，含着眼泪带着行委会干部，从后门小道冲出顽军重围，一直把他们送到巴水河边的孙家咀安全地带，才回家安葬亲人。然后又把县行委会财粮科托他保管的300块银圆从灶膛灰里扒出来，前往黄冈亲手交给行委会负责人刘浩。

——麻城县宋埠联络户罗七姐及其丈夫陈列臣在掩护新四军人员时，不幸被日军逮捕。日军施以酷刑，他俩坚贞不屈，壮烈牺牲。

——蕲黄广游击区是最动荡的地方。当地的抗日民主政权工作人员一天至少搬一次家，有时一天要搬两三次家。但每到一处，都能及时得到四面八方的情报。送情报的有农民，有商人，也有士绅。在蕲太英边仙人冲的秘密医院，上百名伤病员散住在30多户农民家里，有些就住在山沟草棚里，主要依靠当地农民照料。妇女负责给重伤病员喂水喂饭、接屎接尿等护理工作；中青年男子负责抬送、转移伤病员和站岗放哨等工作。几年间，日顽曾多次进犯，却始终没有发现设立在这里的秘密医院，更没有抓住一个伤病员。这个地区的群众，在三年游击战争时期就是这么做的，在以后的解放战争期间也是这么做的。有的群众为掩护伤病员付出了生命的代价。他们充分体现了鄂东人民的光荣革命传统。

二、开展拥政爱民与优待抗属活动

为了使党政军和人民群众打成一片，五师和地方部队、鄂东各地党政机关发扬拥政爱民的光荣传统，积极动员、组织机关和部队的干部、战士帮助群众生产。首先，在部队、机关中广泛深入开展宣传教育，强调要爱护和巩固根据地，必须爱护群众，树立群众观点；地方党政干部要通过与群众一起劳动，来防止和克服官僚主义作风。在思想动员的基础上，黄陂、礼南和陂安南等地的党政机关和部队，经常组织干部、战士利用战斗训练和工作的间隙，帮当地群众兴修水利、收割庄稼。鄂东地委、鄂东军分区和陂安南县委、县政府的机关干部，在驻地冲洼、寨洼、马鞍山一带修筑了“爱民塘”。鄂东各级党政机关还发动党政军干部，通过开展居民调查、召开群众座谈会或党政军民联席会等途径，了解农民的生活、生产情况，听取群众对党政机关、部队的批评和建议，以便开展工作。春节期间，党政军干部纷纷给驻地群众拜年，请房东聚餐，进一步密切军政民关系。

在开展拥政爱民活动的同时，还广泛开展了优待抗日军人家属（简称“优抗”）活动。每逢过年过节，民主政府、群众团体和驻军领导就要对抗日军人家属进行慰问并送礼。1943 年中秋节，豫鄂边区行署组织慰问抗属工作队，慰问了礼南县 30 多户抗属（其中一户是顽军程树芬部士兵的家属），每户送肉 2 斤，面 3 斤，食盐 1 斤。对于生活有困难、生产缺劳力的抗属，还给予生活补助和组织代耕。尽管当时各县抗日民主政府财经十分困难，但仍设立“优抗基金”。对抗日军属的优待，不仅是新四军的家属，还包括国民党友军的家属。黄陂县抗日民主政府在 1943 年 5 月的契税收入项下，提出 36 万元为“优抗基金”。该县政府除明令区乡政府加紧调查抗属，分别执行优抗工作外，还以大批妇女干部组成了“优抗工作团”，于 6 月 28 日深入到高望乡、塔西乡开展优抗工作。在塔西乡第三保，调查抗属 10 户（红军家属 2 户、新四军抗属 6 户、国民党友军抗属 2 户），逐户登记慰问，发优抗金 1200 元，并在该保组织了代耕队、优抗会和抗属会。此外，对陂四区、孝五区等地一些家境贫困的抗属，还发放贷款和粮食，并免除其捐税。

黄安（陂安南）的优抗工作也开展得很扎实。有个乡共有抗日军人家属 58 户（其中新四军抗属 45 户，红军家属 2 户，国民政府军家属 11 户）。1943 年春，该乡根据抗属的不同情况采取了以下不同优待办法：

1. 家庭生活较富裕的20户抗属（其中新四军家属13户，红军1户，国民政府军家属6户），给予慰问和名誉奖励；

2. 以物资金钱优待的抗属38户（其中新四军家属32户，红军家属1户，国民政府军家属5户），共优待法币4900元，谷38石；

3. 全部抗属均享受代耕，但根据家庭经济状况不同，享受的程度有别，分为一、二、三等；

4. 贷肥的有26户（新四军家属20户，红军家属1户，国民政府军家属5户），计贷豆饼2600斤；

5. 耕牛、种子、农具，也进行互助……①

三、“组织人民大多数”工作的开展

鄂豫边区的群众工作虽然取得了巨大的成绩，根据地的广大群众在参军参战、对敌斗争、生产建设、物资支持等方面对抗战贡献了巨大力量，但由于敌情严重、环境动荡、工作发展不平衡，有的地方群众发动得不够深入广泛，群众组织不够键全。为了进一步组织与发动群众、大力发展生产、开展对敌斗争、保卫生产成果，鄂豫边区党委于1944年2月17日发出《关于赶紧组织人民大多数的指示信》，号召全党动员起来，为秋收前组织200万群众而斗争，并要求各地区主要领导亲自动手，直接下乡领导这一工作。之后，“组织人民大多数”（简称“组大”），便成了全边区党的工作重心。

为抓好典型，以点带面，边区党委和行署确定礼南县的安来乡作为“组大”工作的“试验乡”，由边区党委副书记陈少敏亲自兼任安来乡乡长，并先后组织100多名干部到安来乡办点。他们到安来乡首先调查研究，了解农民及其他各阶层的思想状况。调查的结果是，广大农民迫切要求进一步巩固和发展抗日根据地，并盼望尽早过上好日子。也有部分农民害怕国民党军队和

①《黄安一个乡的优抗工作》（1943年7月26日），载《七七报》第23号3版。

地主分子像土地革命战争时期的“还乡团”那样反攻倒算，怕干部脱离群众、不关心群众疾苦、不解决实际问题。针对群众的上述期盼和顾虑，党组织在进行宣传解释的同时，通过大力发展生产、解决群众困难、完善减租减息政策等措施，使人民群众的生活得以改善。同时通过健全各界救国会和民兵组织、实行劳武结合等措施，使根据地不断巩固，农民群众也进一步体会到团结的力量和组织起来的好处。在此基础上，边区党委于 1944 年 3 月召开了安来乡农救会代表大会，通过了巩固与扩大农救会等决议，进一步明确了农救会的宗旨和性质，规范和完善了农救会的组织程序，并明确了会员持证在根据地通行不受盘查限制等权利。4 月，边区党委又召开了“试验乡”试点工作总结会议，交流了“组大”工作经验。

“试验乡”的经验在边区推广后，鄂东的礼南、陂安南、陂孝边、黄冈等县在部分根据地先后开展了“组大”工作。各地的做法与“试验乡”大致相同，即从组织群众着手，根据自愿互利原则，用各种互助形式把群众组织起来，并进一步健全劳武结合的民兵和游击队，为巩固根据地打下坚实的组织基础。同时着手纠正在土地登记、夫役摊派、扩军优抗等工作中出现的差错和侵犯群众利益等问题，以进一步减轻人民负担和团结中间势力。

鄂东地委和长江地委还分别作出了关于纠正破坏政策现象的决定和指示。长江地委在《关于雷厉风行地彻底检查政策和纠正错误的指示》中，强调正确执行党的政策，是战胜恶劣环境和巩固长江地区的第一要素，并决定就执行政策上的错误开展检查，对严重违反政策者给予处分。不少县的党政负责人（如黄陂魏天一等）还深入基层，召开各种旨在检查政策执行情况的座谈会，广泛听取农民群众和各阶层人士的意见。在已有基础的地区（如黄冈、黄陂等已建立农救会等组织的地方），主要是恢复与扩大组织，并健全领导机构和工作机制。陂安南、礼南等县基本区则由点到面渐次铺开，先发动群众一村一塆地组织生产互助并建立农救会组织，然后在乡一级组织起农救会、妇救会、工救会、儿童团等组织，再由下而上建立和完善区、县两级群众团体的组织系统。

各根据地的“组大”工作，对健全群众组织、巩固民主政权、改进干部作风、密切党群关系、扩大统一战线以及提高农民的觉悟和主人翁意识、改善群众的生产生活条件等方面发挥了一定的促进作用。但由于鄂东抗日民主根据地与日顽控制区犬牙交错，环境动荡，既不可能像华北某些巩固的抗日根据地那样大张旗鼓地全面铺开，也不可能完全照搬“试验乡”集中干部一村一塆“精雕细刻”的模式。因此，除少数环境比较稳定的基本区外，鄂东大部分地区基本上没有组织开展“组大”工作。

第六节　整风运动的开展与党组织的巩固和发展

全国抗日战争期间，鄂东党的组织和党员数量发展很快，其中仅黄冈县的党员就曾达到1.5万人左右，是鄂豫边区党员数量最多的一个县。虽然绝大多数党员认真执行中共关于抗日根据地的各项方针政策，积极团结、带领各阶层人民开展抗日反顽斗争和各项建设，深得广大人民群众的信任和拥护。但由于鄂东党组织的恢复和发展是在与日伪和国民党顽军的斗争中进行的，党员干部及人民武装数量的严重不足与抗日根据地的迅速扩展极不适应。为应付这个复杂的环境，地方党组织主要致力于党组织及抗日武装的发展壮大，而对党的组织建设和思想建设有所放松，组织不纯的现象在所难免。如黄冈县花竹乡分区委的四个脱产干部中，属于工农成分的仅有一人；1000多名党员中的许多人系由“抗日汉流”直接转党或通过亲友关系入党。其中的一些人思想上并没有入党，一遇环境恶化就发生动摇。还有不少地方的党员干部封建家族思想严重，甚至出现“家庭小组”乃至“家庭支部”之间为保护家族利益互相械斗的事件。有的干部则陶醉于已有的胜利，妄自尊大，生活腐化，作风蛮横。这种思想不纯、组织不纯、作风不纯的现象，严重阻碍着党的方针政策的贯彻执行，妨碍着军事、政权、经济等各项工作的开展和根据地的进一步巩固与发展。因此，完全有必要通过整党，进一步加强鄂东党的思想建设和组织建设。

1942 年 6 月，中共中央发出《关于在全党进行整顿三风学习运动的指示》之后，豫鄂边区党委随即根据中央的指示，要求边区各机关、学校和部分部队认真学习整风文件，准备开展整风运动。9 月，边区党委召开全边区组织部长联席会议，要求各地党委注意在斗争中建设党，把改造思想、整顿三风同群众斗争和实际工作结合起来，克服主观主义、宗派主义以及各种非无产阶级思想，使边区党的组织更加纯洁和健全。此后，黄冈中心县委按照边区组织部长联席会议的精神，重点抓了基层党组织的整顿工作。在基本区，首先由中心县委组织部开办党员训练班，召集各保支部书记及部分乡总支书记集中进行了整风学习；各支部或总支书记学习结业后，再在本地的党员干部中开展整风。对边缘区和游击区的党支部，黄冈中心县委通过区、乡党组织以个别联系的方式开展整风教育。经过整顿，黄冈抗日根据地的基层党组织发展了一批贫雇农成分的新党员，提拔了一些贫雇农成分的党员干部，同时清除了少数不合格党员，从而使党员的素质有所提高、党的组织更加健全。但由于环境十分动荡，各级党组织的力量主要集中于粉碎顽军的进攻和日伪的“扫荡”，除黄冈中心县委之外，整风运动尚未在鄂东各抗日根据地全面展开。

1943 年以后，鄂豫边区抗日根据地形势逐渐趋于稳定，边区党委决定在初步整顿三风的基础上，全面开展整风运动，以提高党员（重点是干部）的思想，整顿党的组织，提高党的战斗力。11 月 18 日，鄂豫边区党委发出《关于彻底开展整风运动的指示》，对整风的主要任务、方针政策、步骤方法作出了明确的规定。1944 年 2 月，鄂豫边区党委抽调一批地、县领导干部进入“高干整风班”离职学习，并着手探索和推广整风运动的成功经验，以推动广大党员干部的整风学习，边区的整风运动至此全面展开。

按照边区党委的部署，鄂东地委书记程坦、长江地委书记刘西尧及部分地、县委负责人被抽调至边区党委“高干整风班”学习。此后，周季方、张体学分别继任鄂东地委书记和长江地委书记，部分中心县委和县委领导班子也进行了相应调整。从1944年下半年开始，鄂东各级党组织开始部署和组织整风工作。鄂东地委和长江地委还分别在陂安南、王家坊举办了整风学习班，组织区、乡干部和地方武装的连、排干部进行整风学习。整风学习班首先组织干部学习理论，提高思想认识。然后以整风文件为武器检查思想，检查工作，开展批评与自我批评。在此基础上，分析产生错误的原因，找出克服错误的办法，以达到提高思想、整顿三风、纯洁组织的目的。在整风中，广大党员干部联系工作中的经验教训，着重批判和检讨了忽视调查研究、以感情代替政策，粗枝大叶、自以为是的主观主义作风。同时通过对个人与党、局部与整体、党与群众、军队与地方、干部与干部等关系的再认识，批判和检讨了个人主义、本位主义、宗派主义、命令主义、军阀残余等错误思想和行为。一些犯了错误的党员干部通过学习，提高了思想认识，并纷纷在大会上作典型检查。在整顿思想的基础上，鄂东各根据地对党的组织进行了整顿。各级党组织对一些不履行党员义务、违犯党的纪律或品德败坏、贪污腐化的党员，根据不同情况和党章规定，分别采取了开除党籍、留党察看、警告等组织处理。

随着整风运动的深入，为了进一步纯洁党组织，根据鄂豫边区党委的指示和部署，鄂东一些地方的党组织开展了审干与肃反工作。由于贯彻了中共中央《关于审查干部的决定》中规定的九条指导方针，同时吸取了土地革命战争时期肃反扩大化的历史教训，多数地区采取了“惩前毖后，治病救人，既要弄清思想，又要团结同志”的方针与实事求是、和风细雨的方法，基本上做到了正确划清两类不同性质的矛盾，始终把教育干部、挽救同志放在首位。

肃反审干工作在少数地方也出现了偏差。1944年春，长江地委和黄冈中心县委曾接到上级党组织转来的情报，称冈麻边党组织内混入了内奸，并指明冈麻边县委组织部长等人是“特务”。整风运动展开以后，根据边区党委的指示，冈麻边县委组织部长等人被送往边区党校“普通整风班”审查。

面对黄冈党员干部人人自危的局面，边区党校负责人刘西尧和长江地委书记张体学逐渐认识到上级有关情报和冈麻边的整风审干方式均存在着失误。经与边区党委领导人沟通，并对上级有关情报作进一步分析研究之后，刘西尧、张体学等决定停止整风审干中的“逼供信”行为，并做了大量善后工作。刘西尧等还出面召集受到波及的党员干部座谈，充分听取他们的批评意见，并让他们返回原地区，重新走上工作岗位。

除冈麻边等个别地区出现了偏差并旋即得到纠正以外，鄂东各根据地党组织基本上没有搞扩大化，没有开展以“残酷斗争、无情打击”和“逼供信”为斗争手段的“抢救运动”，从而使整风工作基本上按照党中央的要求顺利完成。

整风运动的开展，是一次马列主义的教育运动，使鄂东各级党组织和党员干部在思想上、政治上和组织上更加统一，素质进一步提高，同时进一步加强了政策观念和群众观念，提高了执行党的各项方针政策的自觉性，从思想上和组织上为夺取抗日战争在鄂东地区的最终胜利奠定了基础。与此同时，党组织和抗日人民武装也有所发展。至整风运动后期的1944年底，鄂东地委所辖党组织计有罗礼经光、陂孝礼两个中心县委和陂安南、安礼边、安麻边、黄安等八个县（工）委，地方武装3980人，民兵2374人；长江地委所辖党组织计有黄冈、鄂南、鄂皖边三个中心县委及冈麻边、（黄）冈浠（水）边、浠蕲边、蕲广边、蕲太英边、蕲宿太边、黄宿边、黄广边、英（山）立（煌）岳（西）霍（山）太（湖）边等17个县（工）委，地方武装3153人（不含挺进赣北的挺进十八团及部分分散于顽后活动的地方游击队），民兵4000余人。此外，还有不脱产的民兵6000余人（其中鄂东地区2374人，长江地区4000人）。

第五章

鄂东敌后抗日根据地的继续扩大与巩固，夺取抗日战争最后胜利的斗争

（1944 年 4 月—1945 年 9 月）

第一节　保卫鄂东抗日民主根据地的斗争

为打通中国大陆的南北交通线，以扭转在太平洋战场的不利形势，从1944年4月起，日军集中了10多万兵力，发动了豫湘桂战役。在北线河南战场，日军以五六万兵力，击溃了国民党40万大军，郑州、洛阳等38县沦陷；在南线湘桂战场，日军攻陷长沙、衡阳，接着又占领了桂林、柳州、南宁，20多万平方公里的国土沦陷。与这种大溃败的情形截然相反，全国各解放区战场都积极发动局部性反攻。鄂东抗日根据地军民和全国其他解放区一样，积极开展抗击日伪的斗争，巩固与扩大抗日游击根据地，为全面反攻创造条件。

由于新占领了大片土地，兵力不够分配，原驻鄂豫边区周围各据点的日军几乎全部撤换，改由日本新兵和朝鲜新兵组成的旅团接替防务，而且兵力有所减少，有些据点不得不抽调伪军接防。但是，日军为保持其后方基地和交通运输线的安全，对抗日根据地的小规模“扫荡”“清乡”比1943年更多，特别是对地处武汉外围的鄂东地区的“扫荡”尤为频繁。针对这一情况，五师主力部队和地方部队广泛开展游击活动，积极抗击日伪军的“扫荡”，同时寻机主动向日伪进击。1944年全边区对日伪战斗达864次，主动出击达123次。其中7—11月大小战斗就达624次，缴获步枪978支，其他武器无数。

1944年4月中旬，伪十一师李宝莲部三十团向陂安南进攻，被鄂东军分区部队歼灭其六个连。4月25日，驻花园、小河、广水、杨家寨之日军第13师团一部500余人，分两路奔袭鄂东大悟山根据地。是日晨，由花园出动之日军200余人（内含骑兵100余人），窜至礼堰口，向夸家潭、熊家河进发。上午9时许，五师十三旅三十七团一个营在陡坡、土门等地阻击日军。另一股日军200余人，由广水、杨家寨出动，经邓店、栗林店向刘家寨进攻，鄂东军分区守军当即予以迎头痛击。在两地战斗中，抗日武装士气高昂。当日军一股进至苎麻岭时，三十七团连长周克一率两个班的战士英勇出击，与数倍的日军激战两小时，将其击退。这场战斗抗日武装以寡敌众，同拥有大炮4门、重机枪6挺及大量轻机枪之日军血战终日，毙伤日军80余人，迫使日军退出了抗日民主根据地。

5月20日，伪十一师主力三十二团，连同配合的日军共2000余人，在师长李宝莲率领下，由宋埠一带出发向陂安南“扫荡”，侵入谢家大垸龙王山一带。陂安南民兵沿途不断给予袭击、骚扰，滞延其行动，鄂东军分区四十二团和长江军分区四十团则相机集结于龙王山地区。23日晨，四十团、四十二团出其不意地向日伪军发起袭击并将其击溃，随后又乘胜追至李家集。这次战斗生俘日军1名，共毙伤伪军官兵67人，击伤伪师长李宝莲，缴获迫击炮1门，轻重机枪各1挺，步枪150余支。[①]接着，抗日武装又在伍家河击溃伪十一师残部一个营。为进一步摧毁李宝莲部在鄂东的立足点，鄂东地方武装于6月24日分路出击，向伪黄冈县政府所在地仓子埠及徐家河、周山铺等伪军据点发起进攻。经过两大的战斗，攻下伪军碉堡11座，并一举击溃伪增援部队百余人，俘获人枪数十，缴获掷弹筒两个。至25日，鄂东抗日武装一举收复了仓子埠等9个据点。在鄂东抗日武装的军事打击和政治攻势下，驻汪集的伪十一师三十二团二十三中队的两个排共60余人，携轻机枪10挺、步枪40余支主动投诚。

在反“扫荡”斗争中，许多优秀的鄂东儿女献出了宝贵的生命。1945年春，日军对黄梅濯港湖区连续进行了残酷的“扫荡”，黄宿边工委书记张干率地方武装英勇抗击。由于寡不敌众，张干所率部队陷入日军重围。激战中，

①《积极策应正面友军作战我五师各部出击获胜》，载延安《解放日报》1944年6月28日第1版。

张干左腿受伤，流血不止。为不影响部队行动，张干决定独自留下负责掩护，并挥舞手枪，强行命令不忍离去的战士们迅速突围。最后，他毅然拉响了战士们留下的所有手榴弹，与逼近的日军同归于尽。

在抗击日伪军频繁“扫荡”的同时，鄂东各抗日游击根据地军民还不得不频频迎击国民党顽军的进攻。抗战后期，鄂东国民党地方武装已完全为桂系所掌控，并被编为鄂东挺进军（总指挥程树芬），且实力已经大大削弱（仅有十六、十八两个纵队）。因此，在对鄂东各抗日根据地发起反共摩擦时，多由桂军主力直接上阵对付根据地的抗日人民武装。

1944 年 5 月 7 日，正值日军入侵河南战事激烈之际，桂军八十四军一八九师五六五团，伙同鄂东地方顽军两个支队，借“反攻日军”之名，自宣化店南进到礼南根据地的新伏集。为了顾全大局，五师部队一面让出顽军“反攻日军”必经的汪洋店、柳林河至阳平口一线，一面派联络人员持李先念师长致桂军五六五团团长的信前去交涉。8 日晨，桂军突然掉转方向进攻五师的老寬寨、大山寺、大包子、娘娘顶、歪边咀等处阵地。五师部队在退让中仓促自卫，大包子阵地失守。李先念再次致信顽军头目，就其借“反攻日军”之名行反共摩擦之实的行径提出抗议。但顽方置之不理，反而对大山寺阵地展开了更加猛烈的进攻。五师部队利用鹿寨堑壕坚决阻击，连续打退顽军多次进攻，稳住了大山寺阵地，并数次夺回大包子阵地。12 日，桂军终因伤亡过重、弹药耗尽而不得不撤退，但却以“通匪”为名扣押了前去交涉调解的地方士绅。此次反共摩擦期间，顽军烧杀奸掳，无恶不作，礼北汪家田士绅程玉山、李家沟学生李宝成、汪洋店居民夏德荣夫妇及居民夏德发、张守朴等均被顽军杀害，石家冲、绕盘沟一带被奸淫的老少妇女不下百余人。

8 月 22 日，桂军又纠集 10 个营的兵力，远距离奔袭大悟山根据地。五师十三旅在童子寨、大山寺、大包子等阵地前，与顽军反复争夺，相持五日。在此期间，为策应大悟山的反顽作战，鄂东、长江两军分区的四十团、四十一团、四十二团奉命由陂安南向礼北顽军侧后迂回，向黄陂站、丰家店、三里城等地发起进攻；罗礼经光之地方武装则奉命向顽军后方发起袭扰。由于五师部队和鄂东地方武装的英勇抗击与袭扰，顽军被迫于28日撤走。在这次战斗中，礼山抗日根据地的群众不仅加强后方戒备，严密岗哨，沿路设置茶水站，而且出动了数千民夫，昼夜运弹药、抬伤员、送饭送水。大悟山余乐兰领导的一个担架队，一天就抬了52名伤员。老理发工人何光润自愿来到前线，一连背回7名伤员，还给伤员擦洗喂饭。礼南农救会员马不停蹄地抬运伤员，妇救会员不分昼夜地精心照料，连裹小脚的妇救会员也上前线劳军。此役，共毙伤顽军300余人。

在黄冈、浠水、安麻边以及鄂皖边地区，桂军均加强了进攻和袭扰。在黄梅北部山区，桂军集中兵力实行"铁壁合围"，用所谓"梳篦式"战术，"围剿"坚持斗争的抗日游击武装。1944年4月22日拂晓，桂军一三八师四一三团在黄梅北部山区包围了黄宿边工委委员、黄北区委书记杨鼎带领的抗日游击武工队。杨鼎毫无惧色，命令武工队员们散开隐蔽，自带两支手枪阻击。目标暴露后，几十个顽军一齐扑来。杨鼎纵身跃入龙须岩，躲进一个石洞抗击。顽军追了上来，狂叫"捉活的"。杨鼎孤身奋战，打退了顽军一次又一次进攻，掩护了其他武工队员突围。最后杨鼎将一支手枪在石头上砸坏，用另一支手枪仅有的一颗子弹对准自己的胸膛最后一击，壮烈殉难。杨鼎年轻英俊，生前曾有人给他介绍一位妙龄少女为妻，他果断地拒绝说："匈奴未灭，何以家为？国家民族在如此危亡关头，哪里还顾得上谈这个。"真正是：临危不惧传忠烈，浩气长存作鬼雄。

驻鄂东的日军，在其力量减弱而又遭到抗日军民连连打击的情况下，非常胆怯，也更加奸诈狡猾。他们一面更多地使用伪军"蚕食"抗日根据地；一面加紧拉拢勾结顽军，以对付抗日人民武装。这一点也正符合桂军反共、保存实力与扩大地盘的愿望。于是，他们之间互相联络，默契配合，搞"剿共"合作。1944年7月8日，驻新洲日军警备队长致函国民党鄂东挺进军总指挥程树芬称："吾人决不容东亚共匪一兵一卒存在，剿共为吾人共同目标，深信贵军不久亦获得赫赫战果。我军于9日进攻王富六之共军，决不扰贵军，特此奉知。”[①] 果然，日伪军于9日出动数百人“扫荡”新洲王富六、辛家冲等地，所幸根据地军民事先截获日军警备队长信件，已采取预防措施，未受损失。三天后的12日午后，长江军分区挺进十七团自江南抗击日伪军返回黄州东面三台河时，突遭桂军一七四师五二二团三营及顽黄冈县自卫中队600余人拦截袭击。挺进十七团牺牲70余人，团长肖刚等14人负伤。

7月初，鄂豫边区党委提出了在全边区贯彻“以巩固为中心”的工作方针，并且采取了收缩主力部队、减少战斗频繁等措施，日伪军和国民党顽军乘机加紧了对鄂东各抗日根据地的“蚕食”和“进剿”，致使抗日根据地基本区和游击区如黄冈、安麻边、鄂皖边（山区）等地有所缩小。但是，经过抗日军民顽强斗争，鄂东抗日民主根据地绝大部分仍然得到巩固，并且发展了鄂皖边沿江湖区和赣北抗日游击根据地。到1944年底，鄂东军分区的活动区域南北长130余公里，东西横宽100余公里，总面积共约1.3万平方公里。其中较巩固的基本区（礼山、黄陂、陂安南）约4680平方公里，占36%；游击区约8320平方公里，占64%。长江军分区的活动区域南北长约154公里，东西宽约200公里，总面积约3.08万平方公里。其中较巩固的基本区（黄冈、鄂皖边）约占10%；游击区占90%。[②]

---

① 新四军五师司令部:《敌顽勾结夹击我军》，载《七七报》1944年7月14日。

② 新四军五师司令部:《五师地区一九四四年年终工作总结报告》。

第二节　鄂皖边湖区和赣北沿江抗日游击根据地的发展

一、消灭卢自朝土匪武装，发展黄梅湖区抗日游击根据地

鄂皖边抗日游击根据地开辟以后，鄂皖边地方党组织和抗日人民武装挺进日军占领的黄梅南部，利用当地人口密、村庄大、湖网面积广的特点，创建了黄宿边、黄广边抗日游击根据地，并使这一地区成为新四军五师和鄂东地方武装重要的给养来源之一。但与日伪和顽军均有密切联系的卢自朝土匪武装却长期窜扰黄梅湖区，不仅危害一方百姓，而且严重阻碍了抗日人民武装在湖区的发展。1943 年后，卢自朝势力发展到 300 多人，其活动地域由孔垄、小池逐渐延伸到蔡山一带，对黄广边抗日根据地构成了直接威胁。

为解除卢自朝部的威胁，鄂皖边中心县委曾多次展开政治攻势，试图说服卢自朝弃暗投明。但卢自朝态度顽固，坚持与抗日人民武装为敌，鄂皖边中心县委不得不决定以武力解决。1944 年 5 月，鄂皖边中心县委书记兼长江军分区鄂皖边指挥部指挥长黄世德率黄广独立营进入蔡山，与黄宿边工委书记桂平率领的一个连会合后，向驻朱墩的卢部匪军发起突然袭击，并迅速将其击溃。此后，鄂皖边地方抗日武装又对卢部匪军的活动地盘进行了多次军事打击。但卢部匪军每次都化整为零，混迹于百姓之中逃之夭夭，不过数日又继续啸集为害，匪患始终未能彻底根除。

1944 年 9 月，卢自朝伙同鄂东地方顽军一个大队共 600 余人前往白神墩、周宣一带骚扰。黄世德等得知情报后，决定抓住战机，聚而歼之。经过周密部署，先派一个连由白神墩边打边退，将太白湖边的顽军大队引至周宣一带；再由一个连从广济高里村直插湖边截断其北退之路。其余部队则直扑周宣，从东、西、南三面向卢部匪军和顽军大队发起猛攻。陷入三面夹击的匪军和顽军晕头转向，乱作一团。除一部缴械投降外，大部故技重演，企图隐入百

姓家中伺机逃匿，但撞上了抗日根据地人民群众组成的铜墙铁壁。周宣、田宝等村垮的老百姓纷纷带领抗日武装前去家中“瓮中捉鳖”，将藏匿的匪军悉数牵出。此役将卢自朝土匪武装一网打尽，缴长枪300余支、机枪9挺。

此战不仅根除了长期横行湖区、鱼肉民众的匪患，扫除了抗日武装在湖区开展工作的重大障碍，打通了黄广边、黄宿边与赣北至皖中的联系通道，而且把黄宿边的孔东、化南、穴清扬、塘穴、段窑和黄广边的蔡上、蔡下、新开、孔西、段塘、白湖连成一片。至此，除日伪军的少数据点以外，黄梅县的南部地区几乎均为抗日人民武装所控制。

二、赣北抗日游击根据地的发展和巩固

1944年初，鄂皖边中心县委副书记郑重率挺进十八团教导队和手枪队30余人由皖中挺进赣北，与商群率领的彭泽地方游击队会合。随后，郑重率部以“新四军赣北挺进大队”的名义开展游击活动，初步打开了彭泽、湖口地区的局面。6月，挺进十八团主力兵分两路，分别由皖中和蕲黄广地区开进彭泽，并正式成立了以郑重为书记的彭泽县委。不久，根据形势发展，彭泽县委改组为彭（泽）至（德）宿（松）望（江）湖（口）鄱（阳）工作委员会（简称“彭泽大工委”，又称“沿江工委”），书记郑重。彭泽大工委隶属于鄂皖边中心县委，下辖彭（泽）湖（口）工委（书记商群）、彭泽工委（书记廖挺）、彭（泽）至（德）工委（书记田仁永）、宿（松）望（江）工委（书记杨光明）。

挺进十八团主力进入彭泽后，即对外公开打出新四军第五师挺进十八团的旗号，并将商群所率地方武装编为江南挺进支队（商群任支队长兼政治委员，陶权副之）。随后又发展了彭至游击大队（曹晓春任大队长，田仁永兼政治委员）和联防队、纠察队等小股抗日武装。在开辟、扩大和巩固以彭泽、湖口为中心的赣北抗日游击根据地的斗争过程中，挺进十八团等抗日武装，机动灵活地运用了敌进我退、敌驻我扰、敌疲我打、敌退我追等战术，经历

了大小战斗数十次，取得了不少的胜利。兹略举以下战例。

（一）巧打伏击战。1944 年 6 月，驻彭泽县城的日军纠集马当、安庆等据点的日伪军，向彭泽、至德（今安徽省东至县南部）一带山区大举“扫荡”。国民党川军王陵基部的一四七师及国民党至德县保安部队，一枪不放，逃之夭夭。挺进十八团闻讯，当即以三个主力连埋伏于桥亭、浪溪港之间的山地。由于日伪军在这次“扫荡”的沿途尚未遇到抵抗，便毫无顾忌，大摇大摆地进入了伏击圈。挺进十八团勇士们占据有利地形，步枪、机枪、手榴弹、枪榴弹突然齐发，日军猝不及防，晕头转向，丢盔卸甲而逃。此战震撼了日、伪、顽，提高了新四军的声威，鼓舞了当地群众抗日斗志，对开辟和扩大彭泽、湖口抗日游击根据地，有较大的影响。

（二）智取望夫山。望夫山位于彭泽、湖口交界处，是座突出的孤山。日军在山上建有两座碉堡，驻守日伪军曾有数十人。碉堡周围挖有一丈多深的壕沟，围了带刺的铁丝网，仅一条路可供出入。豫湘桂战役以后，日军兵力不支，撤走了伪军，只驻有 6 名日军，收缩在一座碉堡里，有机枪 1 挺，小钢炮 1 门，掷弹筒 1 具，步枪 6 支，并有充足弹药。为弥补兵力不足，日军每日强征民工加固工事，企图凭坚固守。1945 年 5 月，商群、陶权、詹润民率领的江南挺进支队决定智取碉堡，并组成以王火应为组长的 15 人作战小组，化装成民工混入挖战壕的工地。一日天气炎热，除留两名监工外，其余日军都到伙房洗澡。王火应瞅准机会发出暗号，15 人一齐动手，分别击毙了监工和洗澡的日军，并缴获了碉堡里的全部武器及望远镜、军大衣、军毯等物资。

（三）袭击日军汽艇。1944 年 12 月，商群带江南挺进支队，与彭泽县太字乡自卫队密切配合，在长江袭击了日军运钞票的汽艇，缴获了大量钱财。其中，有国民政府的法币，有伪政府的储币，还有银圆。郑重等用这些钱到安庆购买布匹等物品，解决了挺进十八团等部队急需的服装和给养。1945 年 6 月，江南挺进支队手枪连又在永河洲袭击了日军巡逻艇，击毙日军 1 名。

在开展武装斗争、打击日伪、发展抗日武装的同时，郑重等还大力开展群众工作、统战工作和敌伪工作。在至德一带，群众因受了日顽的欺骗宣传，对共产党、新四军的政策很不了解，一听说新四军来了，都跑到山里躲起来，有的敌对情绪很强。

挺进十八团等抗日武装坚持宣传、执行党的政策，深入开展群众工作，以实际行动教育、影响群众。民间帮会组织“大刀会”在至德很普遍。一次，国民党地方保安队在当地敲诈勒索，打骂群众，“大刀会”和当地群众派人到彭泽请求支援。郑重立即派参谋长曾少怀率部队前去将国民党保安队驱逐，从此更赢得了“大刀会”和群众的信赖。郑重还多次在梅塘、青山桥一带召集士绅座谈会和群众大会，并争取了“大刀会”的头面人物徐焕美。此后，徐焕美不仅自动提出解散“大刀会”，还带领一些“大刀会”会员参加了新四军抗日武装，并被任命为抗日游击大队副大队长（后在与日伪的作战中英勇牺牲）。在湖口，郑重还团结了周范廉、骆彦升、韩茂义、周荫淮等知名士绅，这些人为协助共产党抗日做了不少工作。

在武装斗争、群众工作、统战工作的基础上，赣北抗日游击根据地还开展了抗日民主政权的建设工作，先后建立以下四个行政办事处：

彭泽行政办事处，主任廖挺，下辖郭桥、路南、彭西、彭东、马路、大庙 6 个联村（相当于区）行政办事处。

彭湖边行政办事处（前身为棠山行政办事处），主任詹润民，辖湖西、太字及原棠山行政办事处所辖之 11 个联村（相当于乡）行政办事处，共计数百个行政村。

彭至边行政办事处，主任曾在禄。

宿望边行政办事处，主任陈明。

赣北抗日游击根据地发展迅速。在其鼎盛时期，活动区域西起鄱阳湖口，东接皖中之东流，东西长约 200 里，南北宽约 100 里，辖区人口 20 余万。这块根据地的开辟和巩固，使孤悬中原敌后的新四军五师绕过了盘踞大别山脉之桂系顽军的封堵，与活动于皖中地区的新四军七师之间建立了相对安全、稳定的联络走廊，并以皖中为枢纽，构筑了一条沟通新四军军部的重要交通线。1944 年 9 月底，襄河地委书记张执一由鄂豫边区调往新四军军部工作，即是由鄂皖边抗日根据地南渡至赣北，再由挺进十八团武装护送至皖中，然后在七师部队的护送下转至苏皖边新四军军部。新四军军部派往五师工作的译电员及配送给五师的电台等设备，亦是经皖中至赣北转鄂皖边根据地，最后由鄂皖边抗日武装护送到鄂东大悟山五师师部。

在开辟和发展赣北抗日游击根据地的斗争中，郑重历尽艰难困苦，发挥了重要的作用，作出了卓越的贡献。1945 年 3 月 17 日晚，在宿松湖区王家墩与国民党顽水警大队的战斗中，郑重不幸中弹牺牲。郑重为人随和，勤奋好学，豁达健谈。因斗争生活艰苦，营养不良，他常年眼睛红肿，脚生脓疮，连鞋也穿不进，只得拖着鞋爬山涉水。他身上总揣着眼药水，深夜工作眼力不济时，便滴几滴眼药水接着干。工作、战斗间隙，常与战友们促膝长谈，纵论天下大事。他严于律己，宽厚待人，与同志们亲密无间，情同手足，深受大家爱戴。战友们对于他的牺牲，莫不沉痛无比。与他长期共事的赵辛初闻讯，嗟叹不已，饮泪感赋《哭郑重同志》诗二首，并发表于鄂豫边区党委机关报《七七报》。其中一首诗云：“暂别何期永诀成，含悲饮泪暗吞声。一江南北同风雨，万众安危共死生。苦战常嫌长夜短，谈兵围火每天明。大材自古多夭折，常使英雄泪满襟。”

郑重牺牲后，鄂皖边中心县委组织部长吴光治奉命奔赴赣北，接任彭泽大工委书记兼挺进十八团政委，继续领导赣北军民坚持、巩固和扩大以彭泽、湖口为中心的抗日游击根据地的斗争。直到日本投降以后，因形势变化，吴光治等才奉命率挺进十八团及彭泽、湖口等地的地方干部撤到黄梅小溪山油铺街，与黄世德、赵辛初等鄂皖边中心县委领导人会合。

第三节　配合创建湘鄂赣边区抗日根据地的斗争

鉴于湘桂战役后华南大片地区沦陷的局势，中共中央决定组成八路军南下支队挺进华南敌后，发展华南抗日根据地，为夺取抗日战争的全面胜利创造条件。1944年11月8日，王震、王首道、王恩茂等率领新组成的八路军三五九旅南下支队（包括两个干部大队）共4000余人，从延安出发，冲破日伪和顽军的重重封锁阻挠，于1945年1月27日到达鄂东大悟山抗日民主根据地，受到了鄂豫皖湘赣边区[①]党政军领导以及鄂东民众的热烈欢迎和亲切慰问。1月29日，在礼山陈家塆召开了庆祝南下支队和五师部队会师的欢迎大会。参加大会的有当地驻军和群众共2万余人，为边区少有的盛会。会后，边区号召五师全体干部战士和根据地党政军民节衣缩食，大力支援三五九旅南下支队的南征行动，并派长江地委书记、长江军分区司令员兼政委张体学率四十团、四十一团等军分区主力部队，配合南下支队挺进湘鄂赣。另派长江军分区副政委罗通组建先遣支队，担负侦察勘探和给养筹备等任务。

南下支队在大悟山休整17天后，于2月14日与张体学所率部队一同启程向南进发，准备分两路由黄冈、浠水、蕲春、广济渡江。鄂东党政军民，尤其是黄冈、浠水、蕲春、广济等沿江的各县党组织和抗日民主政府，积极响应边区发出的大力支援南下支队的号召，紧急行动起来，为南下支队募集船工、水手并筹措经费和棉衣、鞋袜、军械等物资，为确保南下支队顺利渡江做了周密的准备。

2月中旬，南下支队一路到达黄冈。黄冈抗日根据地的党政军民对南下支

① 1944年10月，经中共中央军委同意，五师活动地区成立了鄂豫皖湘赣军区，五师首长兼军区首长。此后，鄂豫边区亦称鄂豫皖湘赣边区。

队表示了最热烈的欢迎和慰劳。19日，南下支队第四大队及部分直属机关从黄州、下巴河之间的长圻寮渡江，顺利地登上长江南岸进入鄂南。在此前后，王震、王首道等率南下支队主力与张体学所率长江军分区部队沿江东下，于2月21日进入蕲春蒋家山地区。次日经黄柏城、元丰山到易家河，然后徒涉蕲河，过八斗地、黄通八，从恒丰堤穿插赤东湖，进抵蕲广边黄土岭一带，与鄂皖边中心县委负责人会合。

在此之前，鄂皖边中心县委及所属沿江地方党组织和游击武装已在王宣、新塘、扎营港等地组织民船300余只、船工500余名，并集结于新桥周塆铺渡口一带待命。为保证大军安全渡江，鄂皖边中心县委社会部副部长孙方等还深入日占区蕲州，通过已被策反的伪职人员冯正平、黄金斌等调遣木船15只，以前往武穴运盐之名为渡江行动巡逻查险，以防意外。

2月23日下午4时许，渡江部队从黄土岭胡家塆出发，向扎营港江岸一带集结待命，并在附近封锁了消息。黄昏后，部队都集结在新桥附近的江边，大小船只则潜伏在芦苇丛中，等待启航命令。王震亲自担任渡江指挥员。他仔细地检查了各项准备工作，为防止在渡江过程中遭到日顽袭击，又对掩护兵力、火炮配置作了具体部署，并同先期由黄冈渡江的支队副司令员郭鹏、支队副参谋长苏鳌等取得联系。然后，全体指战员按大小船只（大船每只乘30人，小船每只乘6—7人）编成乘船小队，井然有序地先后上船。正待启航，突然从九江方向飞来两架日机，在空中盘旋，投下几颗照明弹，把整个江面照得如同白昼，接着又胡乱投下几颗炸弹，落在江心，掀起一两丈高的水柱。部队早已疏散隐蔽起来。日机未发现踪迹，就飞走了。

23日晚8时，王震发出启航命令，同时通知各部队："敌人如不开枪，一概不准射击。"转瞬，100多只大小船只一齐掉头向南，船工们使劲摇动船桨，一些南方战士也帮着划桨。这一带江面宽二三里。当船行至江心，突然下游传来马达声，驶来三艘日军巡逻艇。指战员都异常沉着，眼睛盯着汽艇，枪口对着日军，只要一声令下，立即投入战斗。少顷，艇上有人厉声发问："喂，干什么的?”“打鱼的。”有经验的船工镇定地回答。“打鱼?哪来这么多船?”“刚下过雨(当天下午下过一阵大雨),正好打鱼。”以往他们在江心碰到日军巡逻艇每次都是这样回答。日军巡逻艇转了一会会,未看出破绽,便开足马力扬长而去。全体指战员如释重负,继续渡江,驰向江南阳新的侯家矶菖蒲滩。登陆后,迅速分设岗哨,并点火发出信号,后续部队随即分多路渡江。

南下支队主力和张体学所率部队进入江南以后,击溃了在阳(新)大(冶)公路阻击的日伪军。在大田畈与1000多名日伪军及日军一个炮队展开一场恶战,歼灭日军70余名、伪军200余名,缴获大炮7门和轻重机枪20余挺。3月,除张体学所率长江军分区部队继续留在鄂南活动外,南下支队主力进军湖南。26日,南下支队攻占平江,旋即分散在岳阳、临湘、平江、通城和崇阳之间的广大地区,发动群众,创建根据地。4月底至5月初,南下支队一部又东进赣北,进击武宁、修水地区。至此,除公路、铁路沿线及少数日伪据点外,彭泽以西、岳阳以东、长江以南的湘鄂赣边大部地区获得解放,形成了南北130余公里、东西180余公里的抗日游击根据地。

随着军事斗争的胜利和抗日游击根据地的扩大,为适应斗争形势的发展,1945年四五月间,经中共中央批准,鄂豫皖湘赣边区党委和五师首长决定撤销长江地委、四军分区和长江专署。原长江地委所属黄冈中心县委划归鄂东地委管辖。此后,鄂东地委活动区域北起罗山南部,西抵平汉铁路,南临长江,东含浠水、罗田大部,共有地方武装6310人(其中县以上武装5228人,区乡武装1082人)。原长江地委所辖之鄂皖边中心县委、鄂皖边指挥部拟分别改组为鄂皖地委和鄂皖军分区,并拟由黄世德任鄂皖地委书记、军分区司令员兼政治委员,但由于形势的发展变化未及正式传达实施。此后,鄂皖边中心县委归属湘鄂赣边区东地委领导。7月,湘鄂赣边区临时党委改组为鄂南地委(张体学任地委书记、鄂南军分区司令员兼政治委员),鄂皖边中心县委随即划归鄂南地委领导。

第四节　人民抗日武装向日伪占领区的进军

1945年8月，抗日战争进入大反攻阶段。8月9日，苏联百万红军进入中国东北，向日本关东军大举进攻。在太平洋战场，美军捷报频传。8月6日和9日，美国先后向日本广岛和长崎投掷了原子弹。8月9日，毛泽东发表《对日寇的最后一战》的声明，提出“猛烈地扩大解放区，缩小沦陷区”的战略方针，号召中国人民的一切抗日力量举行全国的反攻。8月10日，朱德总司令向所有解放区部队发布进军命令。八路军、新四军随即向日军所占城镇、交通线和东北进军，展开大规模的反攻，收复了大片国土。日本帝国主义在中国人民和世界反法西斯力量打击下，人力、物力消耗巨大，已经陷入山穷水尽的地步，无力再战，被迫于8月15日宣布无条件投降。当日本帝国主义无条件投降的消息传到鄂东后，鄂东各抗日根据地军民奔走相告，乡乡村村好像过农历年那般热闹，到处鞭炮轰鸣，锣鼓喧天，开会，唱戏，热闹非凡。黄陂塔耳岗还举办了万人庆祝大会，并唱了好几天戏。

此时，五师部队根据中共中央和延安总部关于“五师华中主力进占信阳、武汉一线”的指示和命令，立即动员全部力量迅速占领日伪盘踞的大小城镇、交通要道，限令日军投降缴械。日伪据点附近的人民群众也纷纷自发行动起来，用锄头、扁担、镰刀等农具，甚至赤手空拳去缴获日伪枪支，并歼灭拒降之敌。

但是，国民党当局竟限定光山、礼山一带为五师部队驻地，“命令”根据地人民军队不得向日伪“擅自行动”。同时，还派飞机至日占区散发传单，命令日伪军不得向共产党领导的抗日武装投降，并命令伪军继续维持“地方治安”并听候改编。鄂东各日占区据点的日伪军因而拒不向抗日人民武装投降。为此，鄂东各地抗日军民通过大力宣传“既往不咎，立功受奖”“投降宽大”等政策，向日伪军展开了强大的政治攻势，以瓦解日伪，敦促其向抗日人民武装投降。抗日军民还在一些交通要道设立纳降站，并在花园、王家店、小河等地的维持会门口贴满了日本投降的消息和朱德总司令的命令。在抗日军民强大的政治攻势下，孝感王家店、花园之日伪铁路队和礼山、河口等据点伪军大批向人民抗日武装投降，并全部得到宽大处理。

在开展政治攻势的同时，鄂东抗日人民武装对拒降之日伪军予以了坚决的打击。8 月下旬，鄂东军分区在攻克黄陂甘棠铺、六指店后，随即向河口拒降之日伪军发动攻击。由鄂东军分区四十二团和教导团从南进攻，礼南和安礼县大队从西面锁住自夏店到河口一线之日伪军，四姑墩区乡武装自西北面进攻。在战斗中，国民党黄安县大队前来阻止新四军受降，被抗日人民武装击退。在抗日人民武装强大攻势的威压下，驻河口的伪黄安县大队官兵 300 余人全部投降，缴轻机枪 9 挺，重机枪 3 挺，迫击炮 8 门，长短枪 200 余支，俘罪大恶极的伪县长韩子钊、伪县大队长涂子敬。为庆祝收复河口，鄂东军分区和安礼县委在河口召开庆祝和平大会，除黄陂、礼山、黄安各县党政干部、开明士坤和工农商学各界代表外，还有河口附近的各区乡代表 300 余人出席。

在收复河口的前后，鄂东抗日军民向其他日伪据点也发起了攻击。8 月中下旬，陂安南县地方武装攻克了拒绝投降的歧亭日伪据点，毙伤日伪军 10 余人，缴枪 20 余支。接着又相继拔除了石板冲、刘福二等日伪据点，毙伤拒降之日伪军 20 余人，俘日军 14 人、伪军 40 余人，缴枪 40 余支。战后，当地民兵和群众纷纷涌向日伪据点，将碉堡全部拆除，并把各种军用品运回根据地。鄂东军分区警卫团二营还收复了夏店，并缴获大量军需品。鄂皖边地方武装也于 8 月下旬挺进江南，收缴了码头镇、三眼桥、大冶、大王店、太子庙等日伪据点的枪支。9 月中旬，黄冈指挥部根据鄂东军分区一定要解放黄州的命令，一面对盘踞黄州的拒降日伪军展开宣传攻势，一面命冈浠总队袭扰黄州。16 日，冈浠总队兵分三路，架云梯实施强攻。深夜，在城内地下党员的策应下，北门最先突破，黄州城胜利光复。

鄂东人民在中国共产党领导下，艰苦抗战八年之久，作出了重大牺牲，终于取得了最后胜利。至 1945 年 9 月中旬，整个鄂东抗日根据地扩大到东达皖西之宿松、太湖，西至平汉铁路，北起豫东南之罗山、光山，南至赣北之彭泽、湖口、瑞昌的广阔地区。其中鄂东地委活动区域有 3 个中心县委、11 个县（工）委、7 个县抗日民主政府，基本区和游击区总人口 205 万；隶属于鄂南地委的鄂皖边中心县委活动区域有 7 个县（工）委，两个县抗日民主政府，基本区和游击区总人口 50 万以上。上述地区大部分为抗日民主政权控制的有黄冈、黄陂、黄安、礼山、孝感（孝东）五县，局部为抗日民主政权控制的有麻城、浠水、蕲春、广济、黄梅、彭泽六县。

鄂东抗日民主根据地是鄂豫边抗日民主根据地的重要组成部分，鄂豫边区首脑机关和新四军五师的指挥基地绝大部分时间就设在鄂东。鄂东抗日民主根据地和抗日游击区的开辟、发展和坚持，既抗击、牵制了数十个日伪据点的日伪军，从东北对武汉实施战略包围，威胁、袭扰武汉日军至伪首都南京的长江航道，又为五师部队提供了可靠的后勤补给基地和广阔的战斗回旋余地，成为向东沟通与新四军七师的联系、向南开辟湘鄂赣边区的基地和桥头堡，具有重要的战略地位，起了重要的作用，在全民族的伟大抗日战争中，占有光荣的一席。

八年抗战，鄂东人民遭受了巨大灾难，但战争也教育了鄂东人民。人民赢得了战争，赢得了和平，又赢得了进步。经过严峻战争考验和锻炼的鄂东人民和军队，在政治上、思想上、组织上更加强大。这就为抗战胜利后反对蒋介石发动的反革命战争和夺取民主革命的胜利奠定了基础。

附录一

鄂东抗日民主根据地大事记

1937 年

7 月

7 日　日本侵略军发动卢沟桥事变，抗日战争全面爆发。

20 日　受红二十八军政治委员高敬亭的指派，中共皖鄂特委书记何耀榜与国民党豫鄂皖边区督办公署的全权代表刘纲夫在安徽省岳西县青天畈举行谈判，并于 28 日达成停止内战、一致抗日的协议。

8 月

上旬　高敬亭率红二十八军及活动于鄂豫皖边的各地便衣队武装陆续集结于黄安七里坪至礼山宣化店一带。

23 日　中共长江沿岸委员会成立。

9 月

本月　中共中央代表、中共长江沿岸委员会委员董必武抵达武汉筹建八路军驻武汉办事处。10 月，八路军驻武汉办事处成立。

本月　中共中央派郑位三、肖望东率 20 余名干部由延安南下七里坪，向红二十八军传达贯彻中共中央关于团结抗日的指示精神，并整顿和恢复鄂豫皖边党组织。

10 月

12 日　中国共产党与国民党谈判达成协议，将南方八省的红军游击队改编为国民革命军陆军新编第四军。

本月　郑位三、高敬亭、何耀榜再次与刘纲夫和国民党湖北省第二行政督察区专员程汝怀等在七里坪举行谈判，并达成合作抗日等五项具体协议。

本月　中共湖北省工委成立。

本月　中共长江沿岸委员会决定，在红二十八军活动区域建立以郑位三为书记的中共鄂豫皖特委，直属长江沿岸委员会（后改为长江局）领导。

12月

23日　中共中央长江局在武汉正式组建。

25日　新四军军部在武汉组建。1938年1月6日迁往南昌。

本月　中共湖北省工委改组为湖北临时省委。

本月　湖北临时省委在七里坪开办抗日青年训练班、党员训练班。至1938年3月止，共培训进步青年和党员干部300余名。

1938年

1月

中旬　八路军参谋长叶剑英从汉口到七里坪视察。

24日　受湖北临时省委派遣，刘西尧到达黄州，随后在黄州组建了中共黄冈中心县委。

2月

中旬　红二十八军正式改编为新四军第四支队，高敬亭为司令员。

3月

8日　新四军四支队在七里坪召开东进抗日誓师大会后，开赴皖中、皖东抗日前线。四支队留守处同时在七里坪成立，留守处主任詹以锦，党支部书记熊作芳。

同日　中共中央长江局决定撤销鄂豫皖特委，分别建立鄂东北特委和皖西工委。郑位三任鄂东北特委书记。

中旬　四支队留守处警卫排组成，排长罗厚福，指导员张体学。

4月

本月　张体学由七里坪派赴黄冈，任黄冈中心县委军事部长。

本月　黄冈中心县委派张明前往浠水组建中共浠水县委。

5月

中旬 董必武前往安徽舒城县向四支队领导人传达中共中央指示精神，返回途中巡视鄂东北特委的工作。

22日 中共中央发出《中央关于徐州失守后华中工作的指示》，提出华中工作的中心任务是武装民众，准备与发动游击战争。同时要求将党的工作中心转入农村。

本月 中共黄（安）麻（城）工委成立，书记杨业珍。

本月 中共黄梅临时县委成立，书记桂林栖。

6月

本月 中共湖北省委正式成立。鄂东北特委随后改组为鄂东特委，书记郑位三，副书记方静吉（方毅），划归湖北省委管辖。

本月 中共英山工委成立，书记郑重（陈钟万）。

本月 鄂东特委副书记方毅来到黄冈领导工作，进一步确定党的工作中心转移到农村，组织群众，准备发动游击战争。

7月

21日 黄冈中心县委在黄冈贺坳孙家细屋召开扩大会议，决定筹建抗日人民武装，为开展黄冈敌后游击战争做准备。

25日 日军第十一军波田支队突破鄂东南要塞长江小池口，侵入鄂东。

下旬 黄冈中心县委改组为黄冈县委。

8月

4日 日军占领黄梅县城。

本月 黄梅临时县委将党的外围组织抗敌后援会改组为黄梅抗日工作团，下乡宣传抗日，并组织群众收捡武器。

本月 中共黄陂县特别支部成立，书记祝季伟。

9月

6日 日军占领广济县城梅川。

17 日　日军占领武穴镇。

29 日　田家镇失守。

10月

8 日　蕲春县城蕲州沦陷。

17 日　浠水县城沦陷。

23 日　黄州沦陷。

24 日　鄂东抗日游击挺进队在黄冈孙家冲张家山成立。队长张体学，政治指导员文祥。

同日　黄陂县城沦陷。

25 日　麻城县城沦陷。

27 日　黄安县城沦陷。

本月　浠水县成立何家寨抗日游击队。

11月

本月　方毅率鄂东抗日游击挺进队一个中队袭击淋山河日军据点，打响了黄冈敌后抗日第一枪。

本月　黄梅抗日工作团改名为黄梅少年抗日先锋队。12 月改编为国民党县政府自卫大队第四中队，队长蒋永孚。

12月

本月　鄂东特委和四支队留守处转移至河南经扶白马山。1939 年 1 月，鄂东特委和四支队留守处正式撤销。

1939 年

1月

月初　以四支队留守处警卫排为基础改编的新四军游击第六大队正式成立，罗厚福任大队长，熊作芳任政治委员。同时成立中共罗（山）礼（山）（黄）陂孝（感）中心县委，书记贺健华。

3 日　日伪军 2000 余人分三路“扫荡”大崎山。张体学、丁宇宸指挥黄冈地方抗日武装利用有利地形展开反“扫荡”，击毙日伪军十余人。

本月　中共鄂豫皖临时省委在安徽立煌县成立。

本月　鄂东抗日游击挺进队改编为国民革命军陆军第二十一集团军独立游击第五大队（简称五大队），大队长张体学。随后成立五大队军政委员会，书记方毅，副书记刘西尧。

本月　黄梅临时县委改组为黄梅县委，书记桂林栖。

2 月

本月　中共安麻工委重建，书记郑维忠。

下旬　中共英山县工委改组为英山县委，魏新民（魏文伯）任书记。

本月　五大队一部奇袭宋家墙日军据点，击毙日军 12 人。

本月　中共黄冈中心县委重建，文祥任书记。

本月　中共黄（安）麻（城）经（扶）中心县委成立，书记田东。

本月　中共浠（水）蕲（春）边工委成立，书记张明。

3 月

月初　中共鄂豫皖临时省委改组为鄂豫皖区党委。

11 日　英山县举行全县规模的“坚壁清野”大演习。

本月　新四军游击第六大队与李先念率领的新四军豫鄂独立游击大队在信（阳）罗（山）边狮子口会合。

4 月

本月　中共鄂皖地委成立，书记李丰平。

5 月

4 日　六大队在礼山余家河伏击前来“扫荡”的日军，毙伤日军 30 余人。

11 日　黄冈中心县委委员漆先庭打出抗日汉流“全华山”旗号。

下旬　鄂豫皖区党委委员程坦抵礼山四姑墩与六大队会合，代表区党委领导鄂东地区党的工作。

26日　六大队在黄陂县李新塆歼灭伪八军，俘伪旅长以下官兵300余人。

本月　中共（黄）陂孝（感）县委成立，书记黄宏儒。

本月　英山县委改组为英山中心县委，书记魏文伯。

本月　中共（黄）冈麻（城）边工委成立，书记程鹤鸣。

本月　中共罗田县工委成立，书记黎景。

6月

18日　新四军江北游击第八大队在黄梅县周宣塆正式成立，大队长邹一清，政治委员桂林栖。27日，八大队遭国民党鄂东地方顽军和桂军联合绞杀。

本月　国民党顽军袭击罗山杨家店六大队通讯处，罗（山）南县委书记杨厚益等5人遇难。

7月

7日　六大队及五大队一部于孝感杜涂塆歼灭伪军第二十五师一部，俘其旅长以下官兵200余人。

9月

1日　国民党桂军两个团及鄂东地方顽军向五大队驻地夏家山等地发起全面进攻，制造了震惊全国的"夏家山事件"。

3日　第二次世界大战爆发。

18日　五大队主力突围至河南罗山彭新店同六大队会合。10月，五、六大队转入鄂中之安（陆）应（山）边一带活动。

本月　黄冈中心县委率五大队三营一部转入黄冈王家坊湖区开辟抗日游击据地。随后组建黄冈游击大队，大队长漆少川，教导员易鹏。

本月　中共英山中心县委改组为英山县委，书记李华宗。

本月　中共孝感县委组建，书记赵辛初。

10月

26日　浠蕲边工委改组为浠（水）蕲（春）黄（梅）广（济）边县委，书记张明。

本月 中共蕲（春）广（济）边总支成立，书记张翼南。

本月 中共（黄）冈西县委（书记夏瑞香）、（黄）冈中县委（书记林少怀）、樊湖工委（书记陈大发）成立。

11月

中旬 中共中央中原局委员朱理治等在豫南四望山召开豫南、鄂中、鄂东党组织和地方武装负责人会议，决定撤销鄂豫皖、豫鄂、鄂中三个区党委，成立新的豫鄂边区党委。

本月 中共鄂东地委在安陆县赵家棚组建，书记程坦。

12月

本月 中共英（山）岳（西）工委成立，书记姜克东。

1940年

1月

上旬 新四军豫鄂挺进纵队在京山县八字门正式建军。鄂东抗日武装五、六大队合编为一团队，团长罗厚福，政治委员方正平。同时组建鄂东游击总队，总队长熊作芳，程坦任政治委员。

中旬 豫鄂挺进纵队第一、二、三团队东进礼山之大小悟山地区，给国民党鄂东游击总队十九纵队第三支队刘梅溪以歼灭性的打击。

2月

中旬 豫鄂挺进纵队第一、二团队及鄂东总队直属部队再次东进大小悟山。

本月 安麻边县行政委员会成立，郑维忠为行委会主任。

3月

本月 浠蕲黄广边县委改组为浠蕲边县委，书记张明。原所属蕲广边总支改组为蕲广边县委，书记张翼南。

本月 豫鄂挺进纵队组建鄂东独立团，团长吴林焕，政治委员张体学，担负东进黄冈敌占区，与黄冈中心县委取得联系的任务。

本月　中共（黄）安南县委成立，书记杨业珍。

4月

17日　豫鄂挺进纵队第一、二、三团及信（阳）应（城）总队第三次向大小悟山进军，击溃鄂东地方顽军十九纵队2000余人。

23日　鄂东独立团于（黄）陂（黄）安南之詹店、孟尝山一带击溃鄂东地方顽军十六纵队2000余人的进攻。

本月　中共黄陂县工委成立，书记任士舜。同月下旬成立黄陂县抗日民主政府，黄曙晴任县长。

本月　中共罗（山）礼（山）县委、县行政委员会、县大队成立，孙保元任县委书记、行委会主任、县大队长兼政治委员。

5月

月初　国民党桂系顽军一个团侵入陂安南，安南县委书记杨业珍遇难。

本月　黄冈县抗日民主宪政促进会在冈西余家楼成立，主席孙侠夫。

本月　张体学率鄂东独立团第二大队挺进黄冈。

6月

2日　桂军第七军及鄂东地方顽军1万余人侵犯大小悟山根据地。鄂东地委机关随边区和纵队首脑机关退回平汉铁路以西之鄂中地区。

中旬　鄂东地委组织部长刘西尧到达黄冈，代表地委领导平汉铁路以东地区党的工作。

本月　鄂东独立团第二大队和黄冈游击大队一部联合整编为新的鄂东独立团。

8月

8日　刘西尧、张体学等率鄂东独立团向鄂皖边挺进。

9月

1日　豫鄂边区军政联合办事处成立。

上旬 中共蕲（春）太（湖）英（山）边工委成立，书记黄维栋。

10月

19日 蒋介石发出“皓电”，掀起第二次反共高潮。鄂东国民党地方顽军对鄂皖边发动“三月围剿”。

12月

本月 中共中央发出《关于建立和巩固华中抗日根据地的指示》。

本月 鄂东独立团于浠蕲黄广地区粉碎了鄂东地方国民党顽军的“三月围剿”。

本月 浠水独立营成立，营长童国卿，教导员于保诚。

本月 黄冈县抗日民主政府成立，孙侠夫任县长。

1941年

1月

6日 国民党当局调集重兵，向奉命北移的新四军军部及所属皖南部队发起突然袭击，制造了震惊中外的“皖南事变”。

25日 新四军军部在苏北盐城重建。

本月 黄冈县各界人民代表大会召开。大会选举产生了出席豫鄂边区军政代表大会的12名代表。

本月 鄂东独立团改编为豫鄂挺进纵队第九团。

2月

11日 鄂东地委率鄂东总队直属部队配合豫鄂挺进纵队第一、九团挺进陂安南，并歼灭盘踞陂安南的鄂东顽军十六纵队第三支队，重建了陂安南根据地。

17日 豫鄂挺进纵队第一、二、三、九团向占据大小悟山的顽十九纵队发起进攻并歼灭其大部，恢复了大小悟山根据地。此后，大小悟山地区成为豫鄂边区的抗日指挥基地。

本月　中共（黄）安礼（山）边工委成立，书记王瑞平。

春　黄冈县抗日民主政府颁布《土地登记暂行公约》，决定在根据地实施查田定产、按田亩交纳公粮的政策。

3月

12日　豫鄂挺进纵队九团在反击国民党蕲春县自卫队的战斗中，对协防的国民党五战区第二纵队一部成功实行“火线统战”，使其撤离并不再参与反共内战。

17日　浠蕲边独立营成立，营长李璧东，教导员王表。同时重建中共浠蕲边工委，书记王表。

本月　中共蕲黄广中心县委成立，书记赵辛初，副书记郑重。

本月　中共安南工委组建，书记田东。同时成立安南行政委员会，主席董绍明。

本月　中共黄陂县委组建，代理县委书记雷同。同时重建黄陂县抗日民主政府，魏天一任县长。

下旬　九团在黄梅县吴祥歼灭国民党黄梅县自卫大队四个中队。

4月

5日　豫鄂挺进纵队正式整编为新四军第五师，李先念师长于随南白兆山通电就职。

上旬　豫鄂边区行政公署成立。边区行署下设鄂东等四个办事处，汪心一任鄂东办事处主任。

15日　新四军第五师第十四旅成立大会在陂安南二房塆召开。李先念师长宣布组建十四旅的命令：旅长罗厚福，政治委员张体学，副旅长吴林焕，政治部主任夏农苔。豫鄂挺进纵队一团改编为十四旅四十团，黄冈游击大队改编为四十一团，九团改编为四十二团。

22日　十四旅四十二团一部东进至安徽宿松陈汉沟，与新四军第七师挺进团一部会合。

本月　鄂皖边地方武装新组编三个独立营：蕲广边独立营营长李汉清，教导员易鹏；蕲太英边独立营营长鲁教瑞，教导员黄维栋；黄梅独立第四营营长邹一清，教导员王占松。

本月　中共鄂南游击地委改组为鄂南中心县委，划归鄂东地委管辖。

5月

1日　3000多名日伪兵分13路“扫荡”陂安南。

本月　鄂东地委机关报《正义报》创刊，主编杜陵（杜时效）。

6月

22日　德军进攻苏联。

本月　蕲广边独立营在广济仓头埠抗击出外抢掠的日军，击毙日军3名。

本月　蕲太英边工委改组为县委，钟子恕任书记。

本月　安礼边工委重建，书记林维。同时成立安礼边行政办事处，主任张安达。

7月

本月　黄冈抗日根据地医院扩建为五师十四旅野战医院。

8月

本月　蕲广边县军政联合办事处成立，主任张若愚。

本月　鄂东青年干部训练班在冈西叶店附近开办。

9月

1日　五师十三、十四旅于安麻边之江潮二、两道桥一带歼灭鄂东地方顽军保安一旅一部及顽县、区自卫队，俘顽官兵1000余人。

上旬　蕲广边独立营在黄土岭度盘石击毙日宣抚班长田岛等多人。

本月　十四旅政委张体学率四十二团再次东进鄂皖边。

本月　十四旅四十团在黄陂长轩岭伏击战斗中，击毙日军10余人，俘日军2人、伪军17人，缴获汽车3辆。

本月　蕲广边独立营扩编为蕲广边独立团，团长康洪山，政治委员易鹏；

黄梅独立第四营改编为黄梅独立第三支队，支队长邹一清。

10月

中旬　十四旅四十二团在黄梅多云山地区伏击“扫荡”油铺街之日军，毙伤日军中队长以下46人。四十二团团长熊桐柏牺牲。

本月　广济游击队袭击日军在童司牌的据点，歼灭20多名伪兵。

本月　中共黄（梅）宿（松）边县工委建立，书记桂平。

本月　中共浠水县委析置为浠水、浠（水）罗（田）边两个工委。浠水工委书记于保诚，浠罗边工委书记何政。同月成立浠罗边独立营，营长何政，教导员王越。

11月

月初　十四旅旅部和四十一团东进鄂皖边。

17日　五师驻黄冈办事处成立。在办事处组织领导下，黄冈沿江湖区根据地开办了被服、电池、牙刷、毛巾等生产厂。

本月　五师成立特务旅，旅长罗厚福，政治委员何耀榜。原十四旅四十团改编为特务旅一团，蕲广边独立团改编为新的十四旅四十团。蕲广边县委随后组建新的蕲广边独立团。

本月　中共蕲（春）东工委成立，书记张干。

本月　浠蕲边工委改组为县委，书记黄维栋。

本月　日伪军3000余人，分九路“扫荡”陂安南地区。

本月　安南行政委员会改组为安南行政办事处，主任张振亚。

本月　蕲太英边县军政联合办事处成立，黄再兴为主任。

12月

8日　美国和英国对日宣战。

冬　黄宿边军政联合办事处成立，主任桂平。

冬　黄冈保安大队成立，大队长易汉卿。

1942年

1月

11日　豫鄂边区党委作出《关于经济建设的决定》。

中旬　李先念率十三旅、特务旅各一部进入浠水，于20日攻打浠水县城。

22日　李先念在蕲春铺尔咀主持召开鄂皖边县、团级以上军政干部会议，研究鄂皖边地区的形势与任务等问题。随后又召集有鄂皖边地区著名士绅参加的统战工作会议。

2月

上旬　中共安麻边县委、县抗日民主政府和安麻指挥部成立，县委书记、县长兼指挥部政治委员黄宏儒，指挥长曾广太。

10日　十四旅及特务旅一团在蕲广边独立团的配合下，攻克广济县城梅川。

12日　驻黄陂日伪军240人到王家河“清乡”抢劫。安南地方武装将日伪军击退，毙日伪军2人，伤日伪军8人。

25日　五师十三旅一部于麻城乘马岗反击国民党鄂东保一旅，俘其参谋长及黄安县政府科长以下100余人。

本月　安南工委改组为县委，书记易鹏；安南办事处改组为县抗日民主政府，县长张振亚。同时成立安南指挥部，指挥长石天华，政治委员易鹏。

本月　浠蕲边县军民联合办事处成立，主任李璧东。9月改为军政联合办事处。

本月　黄梅独立第三支队改编为独立第二团，团长邹一清，政治委员桂平；浠蕲边独立营改编为独立第三团，团长李璧东，政治委员黄维栋；蕲太英边独立营改编为独立第四团，团长李汉清，政治委员钟子恕。蕲广边独立团同时改称独立第一团。

本月 中共安礼边县委、安礼边指挥部成立，吴皓任县委书记兼指挥部政治委员，居宗彩任指挥长。

3月

上旬 十四旅四十二团政委聂庆泰在蕲春漕河抗击顽军的战斗中牺牲。

13日 豫鄂边区第一届抗日人民代表大会召开。大会通过了《豫鄂边区施政纲领》。

中旬 鄂东公学在黄陂黄门冲正式开学。

本月 中共豫东南地委和罗（山）礼（山）经（扶）光（山）指挥部成立，原隶属于鄂东地委的罗山、经扶、光山及礼山、黄安北部的党组织和地方武装划归其管辖。

本月 浠水县独立营夜袭巴河，活捉伪军队长。

本月 浠水县宪政促进会改组为浠水县行政委员会，主席刘浩。

春 豫鄂边区行署纪律检查团到黄冈根据地检查区、乡工作，处决了违法乱纪的叶店乡长。

4月

20日 日军3000余人分两路“扫荡”大悟山。五师十三旅三十七团在望府山一线抵抗，毙日军40余人。

本月 鄂东税务二分局税警队攻进黄冈柳子港，没收抗税的日商井泽洋行的全部货物，以示惩戒。

本月 冈麻边指挥部成立，指挥长姚泽宏，政治委员程鹤鸣。

本月 浠水独立营等抗日武装再次突袭巴河，毙伤日伪军11人，救出被押抗日志士和群众30多人。

本月 蕲东工委改组为县委，书记张干。同时成立蕲东独立营，营长张国平，教导员胡孝三。

5月

1日 桂军八十四军军长莫树杰指挥顽军分三路向鄂东抗日民主根据地进

攻。

上旬 豫鄂边区建设银行在陂孝边建立鄂东分行和第二印钞厂。

上中旬 十四旅以鄂东沿江湖区根据地为依托，分东西两路，分别于9日、14日南渡长江，开辟鄂南抗日根据地。

本月 蕲广边便衣队在陈二墩与日伪军遭遇，击毙日军5人，伪军2人。

本月 五师以特务旅旅部及所属第三团为基础组建第一军分区（又称鄂东军分区）。罗厚福任军分区司令员，程坦任政治委员。特务旅第一团改编为五师特务团。

6月

12日 中共中央决定李先念任豫鄂边区党委书记，仍任五师师长兼政治委员。

中旬 豫鄂边区派出工作组赴黄冈县花竹乡开展户口田亩登记的试点工作。

29日 日伪军2000余人在飞机掩护下"扫荡"陂安南地区，被五师部队击退。

本月 中共武湖工委和武湖办事处（后改为武湖行政委员会）成立，王表任工委书记兼行委会主席。

本月 中共黄广边工委成立，书记向洪。

7月

17日 蕲太英边县便衣队长查志山、指导员陈芳清被国民党英山县政府杀害于县城南门外。

本月 蕲广边军政联合办事处改组为蕲广边县抗日民主政府，县长张凤林。

本月 黄陂县委改组为陂孝县委，谭扶平任县委书记。同时组建陂孝指挥部，谭扶平任指挥长兼政治委员。

8月

6日 五师特务团二营于黄冈陶店歼灭日军一个小队。

10日 五师组建江南兵团指挥部，刘少卿任指挥长，杨学诚任政治委员。同时以挺进江南的师特务团和十四旅大部为基础组建第四军分区，以江南兵团指挥部首长兼四军分区首长；以留在江北的十四旅一部为基础组建第五军分区，张体学任司令员，刘西尧任政治委员。

本月 中共鄂皖边地委成立，书记刘西尧。

本月 浠蕲边独立三团改编为五分区挺进十七团，团长李璧东，政治委员干维新；蕲广边独立一团改编为挺进十八团，团长张正坤，政治委员吴光治。

本月 安南县委、武湖工委合并组建陂安南工委，书记任士舜。同时组建县抗日民主政府和指挥部，孔晓春任县长（11月到职），石天华任指挥长，任士舜兼指挥部政治委员。

本月 冈麻边工委改组为冈麻边县委，书记程志远。同时正式组建冈麻边行政委员会，主席程志远。

本月 黄冈保安大队与浠罗独立营合编为一军分区自卫五团，团长于保诚，政治委员谢挺。同时成立一军分区黄冈纵队，司令员黄序周，政治委员文祥。

本月 蕲东独立营改编为蕲东游击总队，总队长龚苏，政治委员张干。

本月 中共孝（感）东工委、孝东行政委员会成立，刘天明任工委书记兼行委会主任。

月末 五师一部及鄂东地方武装在礼北歼灭顽军保四旅大部，俘其旅长蒋少瑗及国民党礼山县县长钟锦德以下2000余人，受到新四军军部首长嘉奖。

9月

月初 中共礼（山）南县委、县抗日民主政府、县指挥部成立，杨子明任县委书记、县长兼指挥部政治委员，陶正堂任指挥长。

本月 鄂东办事处改组为鄂东专员公署，专员贺健华。

本月 罗礼县行政委员会改组为县抗日民主政府，县长程达。同时成立罗礼指挥部。

本月 豫鄂边区行署及鄂东专署在黄陂蔡店组建公营贸易公司，下辖德兴、谦益、公益、抗大四个公营商行。

本月 黄陂县委组织工作队深入各乡帮助开展减租减息工作。

10月

本月 豫鄂边区行署教育处在黄陂境内先后开办育才学校和师范学校。

11月

本月 中共浠水工委、浠罗边县工委合并，重新组建浠水县委，书记林少怀。

12月

15—17日 日军以其3师团全部、40师团和伪十一师各一部共万余人，分14路“扫荡”大小悟山。五师机关部队分数路向安麻、陂安南等地胜利突围。

本月 罗礼县委改组为罗礼应（山）县委，书记程达；罗礼县政府改组为罗礼应县政府，县长陈韧；罗礼指挥部改组为罗礼应指挥部，指挥长吴琨，政治委员程达。

年底 黄冈湖业管理局成立，局长张翼，副局长漆先庭。

年底 豫鄂边区建设银行建立黄冈办事处和第三印钞厂。

1943年

1月

1日 毛泽东提出敌后抗日根据地三大任务：战斗、生产、学习。

本月 豫鄂边区党委在大悟山蒋家楼子召开扩大会议，正式宣布实行党、政、军一元化领导。

本月 中共长江地委、长江专署成立，地委书记夏农苔，专员贺健华（10月到职）。同时组建新的四军分区领导机构，司令员熊作芳，政治委员夏农苔。

2月

本月　陂安南工委改组为县委，汪心一任县委书记。

本月　黄冈指挥部成立，政治委员谢挺，副指挥长于保诚。

本月　黄梅独立二团改编为五分区挺进十八团，团长邹一清，政治委员郑重；蕲太英独立四团改编为挺进二十团，团长鲁教瑞，政治委员钟子恕。

本月　鄂东专署财政科、陂安南县财政科与黄陂双河乡民合股创办“民生烟厂”（后改为“民生烟草公司”）。

春　长江地委发出《关于雷厉风行地彻底检查政策和纠正错误的指示》，决定对执行政策上的错误开展检查，对严重违反政策者给予处分。

4月

21日　四军分区四十一团一个营在五军分区挺进十九团及蕲广边地方便衣队的配合下，攻入日伪军占据的蕲春县城蕲州，并缴获棉布700匹及食盐等大量物资。

本月　蕲东县委改组为蕲（春）宿（松）太（湖）边县委，书记张干；蕲东行委会改组为蕲宿太边县军政联合办事处，主任张国平；蕲东县总队改组为蕲宿太边县总队，总队长姚广顺，政治委员张干。

本月　伪十一师1000余人，骚扰陂安南洪界山一带，被五师一军分区部队击溃。

5月

本月　陂安南六区武工队在（黄）陂宋（埠）公路的骆驼铺附近，袭击两辆日军运输车。

本月　黄冈县地方武装袭击日军3辆卡车，缴获“储币”1000多万元，俘日伪军11人。

月底　国民党顽三十九军暂编五十一师侵入陂安南根据地，并袭击五师部队设在陂安南塔耳岗一带的医务所。住院休养的一军分区司令部侦察科长路征等被顽军杀害。

6月

2日 一军分区四十二团配合五师主力一部对侵入陂安南的国民党顽军进行反击。经两昼夜激战，将国民党顽军逐出陂安南地区。四十二团政治处主任路登在战斗中负重伤后牺牲。

12日 四、五军分区武装部队配合五师主力一部发起浠水白石山战斗，将顽固反共的国民党地方顽军十七纵队王丹侯部基本歼灭。

中旬 长江地委、鄂皖边地委合并组建新的长江地委，地委书记刘西尧，副书记夏农苔。四、五军分区合编为新的四军分区（亦称长江军分区），司令员刘少卿，政治委员刘西尧。

本月 中共鄂皖边中心县委、四军分区鄂皖边指挥部成立，张体学任中心县委书记兼鄂皖边指挥长、政治委员。同时成立鄂皖边行政委员会，主任吴光治。

本月 豫东南地委撤销，罗山、经扶、光山及礼山、黄安北部党组织重新划归鄂东地委管辖。

本月 黄广边工委改组为县委，黄道平任县委书记。7月建立黄广宿边（后改为黄宿边）军政联合办事处，黄道平兼办事处主任。

7月

12日 安麻边、陂安南指挥部联合行动，奔袭张店日伪驻点，击毙日伪军50余人，俘10余人。

本月 国民党五战区桂系军队和鄂东地方顽军十六、十八纵队共1.2万余人，围攻黄冈、浠水、蕲春、广济之沿江地区五师主力和鄂东地方武装。

本月 鄂皖边相继建立浠蕲边指挥部（指挥长李璧东、政治委员王维新）、蕲广边指挥部（指挥长张正坤、政治委员马远清）、蕲宿太边指挥部（指挥长姚广顺、政治委员张干）、黄广边指挥部（指挥长何海清、政治委员黄道平）。

9月

上旬 鄂皖边中心县委副书记郑重率挺进十八团东进皖中，再次与新四军

第七师部队会师，并与七师和皖中区党委领导人取得联系。

10月

1日　中共中央发出《关于减租、生产、拥政爱民运动的指示》。

11月

18日　鄂豫边区党委发出《关于彻底开展整风运动的决定》。

20日　黄冈指挥部所属地方武装攻克日军据点阳逻。

24日　中共中央华中局代表郑位三到达鄂豫边区。

本月　蕲太英边指挥部成立，指挥长华加文，政治委员黄再兴。

本月　中共英（山）立（煌）岳（西）霍（山）太（湖）边工委及英立岳霍太边指挥部成立，钟子恕任工委书记兼指挥部政治委员，鲁教瑞任指挥长。

本月　中共（黄）冈东县委、冈东县办事处、冈东县支队成立，王维新任县委书记、办事处主任兼县支队政治委员，童烈先任支队长。

12月

本月　浠水县指挥部成立，谢挺任指挥长兼政治委员。

1944年

1月

本月　郑重率挺进十八团一部挺进江南之彭泽、湖口地区，开辟赣北沿江抗日游击根据地。

2月

4日　鄂豫边区党委举办的高干整风班在礼南县王冲开班。鄂东地委书记程坦、长江地委书记刘西尧等被抽调至高干整风班离职学习，周季方、张体学分别继任鄂东地委书记和长江地委书记。

17日　鄂豫边区党委向各根据地发出《关于赶紧组织人民大多数的指示》。

本月　中共（黄）陂孝（感）礼（山）中心县委和一军分区陂孝礼指挥部成立，任士舜代理中心县委书记兼指挥部政治委员，石建金任指挥长。

4月

18日　日军发动河南战役。

中旬　伪军第十一师三十团向陂安南根据地发起进攻，一军分区武装奋勇反击，并歼灭其6个连。

22日　黄宿边工委委员、黄北区委书记杨鼎带领的抗日武工队遭桂军一三八师四一三团围攻。杨鼎孤身奋战掩护战士突围，最后弹尽力竭而牺牲。

5月

本月　四军分区所属各县指挥部改组为县总队。冈麻边总队长陈国卿，政治委员赵家驹；浠蕲边总队长詹宁，政治委员李璧东；蕲广边总队长张国祥，政治委员程文杰；蕲太英边总队长华加文，政治委员钟子恕；蕲宿太边总队长姚广顺，政治委员熊作师；黄广边总队长何海清，政治委员徐协农。

本月　浠水县委、行委会、指挥部和冈东县委、办事处、县支队分别合并，组建中共冈浠边县委、办事处、县总队，县委书记、办事处主任兼县总队政治委员王维新，总队长于保诚。

20日　伪十一师三十二团伙同日军共2000余人在师长李宝莲率领下再次“扫荡”陂安南地区。一军分区四十二团和四军分区四十团于23日向日伪军发起袭击并将其击溃。

6月

22日　鄂豫边区第一届临时参议会在大悟山南冲召开。

24日　鄂东地方抗日武装向黄冈伪县政府所在地仓子埠及徐家河、周山铺等伪十一师据点发起进攻。至25日，一举收复仓子埠等9个据点。

本月　中共彭泽县委成立，书记郑重。后改组为彭（泽）至（德）宿（松）望（江）湖（口）鄱（阳）工委（简称彭泽大工委）。

本月　广济县地方武装在翟畈与日伪军战斗，毙伤日伪军数十人。

夏　黄冈中心县委创办《黄冈农民》，主编刘克理。

7月

9日 日伪军出动数百人“扫荡”新洲王富六、辛家冲等地。

12日 四军分区挺进十七团在黄冈三台河突遭桂军袭击，牺牲70余人，团长肖刚等14人负伤。

8月

2日 日伪军1000余人“扫荡”陂安南地区。

22日 国民党桂军一八九旅及第四游击纵队一部进攻大悟山根据地，被五师部队击退。

本月 安麻指挥部改组为安麻县总队，总队长兼政治委员郑维孝。

9月

本月 鄂皖边指挥部所属抗日武装围歼横行于黄梅湖区的卢自朝土匪武装，从而使黄梅南部基本为抗日人民武装所控制。

10月

19日 中共中央同意，五师活动区域划为湘鄂豫皖军区（后通称鄂豫皖湘赣军区）。

本月 孝东工委改组为孝东县委，易鹏任县委书记；孝东行委会改组为县政府，鲁孚若任县长。同时组建孝东指挥部，许大鹏任指挥长，易鹏兼任政治委员。

12月

本月 江南挺进支队与彭泽县地方武装密切配合，在长江袭击日军运钞的汽艇，缴获大量钱财。

1945年

1月

27日 八路军三五九旅南下支队到达大悟山抗日民主根据地。29日，在礼山陈家塆召开有2万余人参加的庆祝会师欢迎大会。

本月　边区第二次临时参议会在礼山召开。

本月　鄂豫边区建国公学鄂东分校（一分校）在陂安南筹建。3 月正式开学。鄂东专署专员彭绳吾兼任校长。

2 月

19 日和 23 日　张体学率四军分区主力配合三五九旅南下支队分两路先后从黄冈至浠水下巴河之间、蕲春至广济田家镇之间渡江南下。

3 月

17 日　鄂皖边中心县委副书记、彭泽大工委书记兼挺进十八团政委郑重在宿松王家墩与国民党水警大队的战斗中牺牲。

4 月

本月　长江地委、长江专署和四军分区撤销，黄冈中心县委及所辖党、政、军组织分别划归鄂东地委、鄂东专署、一军分区领导。

春　日军对黄梅濯港地区连续进行“扫荡”。黄宿边工委书记张干负伤并陷入日军重围，最后拉响集束手榴弹与逼近的日军同归于尽。

5 月

8 日　德国无条件投降，欧战结束。

本月　赣北的江南挺进部队智取望夫山的日军碉堡，击毙日军 6 名，缴获了武器一批。

月初　湘鄂赣边区临时党委、行署、军区成立。鄂皖边中心县委及所辖党、政、军组织分别划归湘鄂赣边区东地委、东行委会、东军分区领导。

6 月

2 日　鄂东专署发出财字第 17 号密令，要求各地严格限制伪钞在根据地的使用，并争取边币与法币等值。

7 月

7 日　鄂南地委、专署和军分区重建，张体学任地委书记、军分区司令员兼政治委员，贺健华任专员。鄂皖边中心县委及所辖党、政、军组织分别划归鄂南地委、专署和军分区领导。

8月

11日　五师和鄂豫皖湘赣军区发布紧急命令，要求各军分区（旅）迅速占领驻地附近的城镇及交通线。

12日　中共中央批准建立鄂豫皖中央局，管辖五师活动区域内之党、政、军组织及河南区党委与河南军区。

15日　日本宣布无条件投降。

中下旬　陂安南县地方武装攻克拒降的歧亭、石板冲、刘福二等日伪据点。

下旬　一军分区向河口等地拒降的日伪军发动攻击。

本月　国民党军队20多个师及9个地方游击纵队向鄂豫皖湘赣边区大举进攻，并接连侵占鄂东等根据地的大部分地区。

9月

2日　日本在投降书上签字。

16日　冈浠总队攻克拒降日伪军盘踞的黄州城。

18日　中共中央批准鄂豫皖地区组建鄂东、江汉两个区党委、军区和行政分署。聂洪钧代理鄂东区党委书记兼鄂东军区政治委员，张体学代理鄂东军区司令员，彭绳吾任鄂东行政分署主任。

附录二

鄂东抗日民主根据地党、政、军组织机构沿革

一、中共鄂豫皖特委、鄂东北特委、鄂东特委及所辖县级党组织（1937.10—1939.1）

（一）**中共鄂豫皖特委**（1937.10—1938.3，隶属于长江沿岸委员会、长江局）

书　记　郑位三

（二）**中共鄂东北特委**（1938.3—1938.6，隶属于长江局）

书　记　郑位三

（三）**中共鄂东特委**（1938.6—1939.1，隶属于湖北省委）

书　记　郑位三

副书记　方静吉（方　毅）

下　辖：

1. 罗（山）南县委

书　记　杨厚益

2. 经（扶）光（山）县委

书　记　田　东

3. 黄安县委

书　记　郑维忠

4. 黄（安）麻（城）工委

书　记　杨业珍

5. 黄陂特支

书　记　祝季伟（后任士舜）

6. 黄冈县委（1938.2—1938.6，为中心县委，直属湖北省委）

书　记　刘西尧

7. 浠水县委

书　记　张　明

8. 英山县工委

书　记　郑　重

9. 黄梅临时县委

书　记　桂林栖

二、中共鄂豫皖区委员会所辖鄂东地区县以上党组织和地方武装组织（1939.1—1939.11）

（一）中共罗（山）礼（山）(黄）陂孝（感）中心县委

书　记　贺健华（贺建华）

抗日游击第六大队

大队长　罗厚福

政　委　熊作芳

下　辖：

1. 罗南县工委

书　记　杨厚益

2. 礼山县工委

书　记　林　维

3. 罗（山）礼（山）工委

书　记　孙保元

4.（黄）陂孝（感）县委

书　记　黄宏儒

5. 孝感县委

书　记　赵辛初

（二）中共黄（安）麻（城）经（扶）中心县委

书　记　田　东

下　辖：

1. 经扶县工委

书　记　刘名榜

独立营长　居宗彩

独立营政委　郑维孝

2. 黄安县工委

书记兼游击队政委　吴彩藻

游击队长　徐锡煌（后曾广太）

3.（黄）安南县工委（1939.4—6）

书记兼游击大队政委　黄宏儒

游击大队长　戴　政（后程敬太）

4.（黄）安麻（城）边县工委

书记兼游击队政委　郑维忠

游击队长　江家生

（三）独立游击第五大队

军政委员会书记　方　毅（后谭希霖、刘西尧）

大队长　张体学

副大队长　丁宇宸　汪进先

参谋长　吴林焕

政治处主任　文　祥（兼）

（四）中共黄冈中心县委

书　记　文　祥

下　辖：

1.（黄）冈麻（城）边县工委

书　记　程鹤鸣

2.（黄）冈中县委（1939.10 建立）

书　记　林少怀

3.（黄）冈西县委（1939.10 建立）

书　记　夏瑞香（陈大行）

4. 浠水县委

书　记　赵辛初（后王表）

5. 浠（水）蕲（春）边县工委（1939.10 改为浠蕲黄广边县委）

书　记　张　明

6. 樊湖工委（1939.10 建立）

书　记　钟喜堂（陈大发）

（五）中共英山中心县委

书　记　魏文伯

下　辖：

罗田县工委

书　记　黎　景

（六）中共鄂皖边地委（1939.4—1939.6）

书　记　李丰平

江北游击第八大队

大队长　邹一清

政　委　桂林栖

副大队长　蒋永孚

参谋长　苏　鹏

政治处主任　郑　重

下　辖：

黄梅县委

书　记　桂林栖（后蒋永孚）

三、中共鄂东地委及所辖县以上党组织、地方武装组织（1939.11—1941.3，隶属于豫鄂边区）

中共鄂东地委

书　记　程　坦

组织部长　刘西尧

宣传部长　贺健华

军事部长　熊作芳（后何耀榜）

秘书长　顾　循

鄂东游击总队

总队长　熊作芳（后何耀榜）

政　委　程　坦（兼）

下　辖：

1. 孝感县县委

书　记　赵辛初（后顾循）

县大队长　闵惠洲

县大队政委　石天华

2. 黄麻经中心县委

书　记　田　东

（1）经扶县工委

书　记　刘名榜

游击大队长　肖先发

（2）黄安县工委

书记兼游击队政委　吴彩藻

游击大队长　曾广太

（3）安麻边县工委

书记兼县大队政委　郑维忠

县大队长　江家生

3. 安南县委（1940.3 重建）

书记兼县大队政委　杨业珍（后黄宏儒）

县大队长　程敬太（后戴政）

4.（黄）安礼（山）边县委

书　记　王瑞平

县大队长　居宗彩

5. 罗（山）礼（山）边县委

书　记　孙保元

县大队长　孙保元（兼）

6. 黄冈中心县委

书　记　文　祥

游击大队长　漆少川

游击大队教导员　易　鹏

（1）冈麻边县委

书　记　陶子玉（后程鹤鸣）

（2）冈中县委（1940.3 撤销）

书　记　林少怀

（3）冈西县委（1940.3 撤销）

书　记　苏九如

（4）浠水县委

书　记　王　表［后刘治天（胡祖虞）］

独立营长　童国卿

独立营教导员　于保诚

（5）罗田县工委

书　记　肖继苏［后廖惠安（代）］

（6）樊湖工委（1940.12 划归鄂南游击地委）

书　记　钟喜堂

（7）浠蕲边县委（1940.8 后直属鄂东地委）

书　记　张　明

（8）蕲（春）广（济）边县委（1940.8 后直属鄂东地委）

书　记　张翼南（后张明）

7. 蕲（春）太（湖）英（山）边县工委（1940.9 建立）

书　记　黄维栋

四、中共鄂东地委及所辖县以上党、政、军组织（1941.4—1942.8，隶属于豫鄂边区）

中共鄂东地委

书　记　程　坦

副书记　刘西尧

军事部长　张体学（后何耀榜）

政权部长　汪心一

组织部长　蔡承祖

宣传部长　刘西尧（兼）（后文祥）

秘书长　田　东［后蔡承祖（兼）］

鄂东行政办事处

主　任　汪心一

鄂东保安指挥部

指挥长　石建金

五师第一军分区（1942.5 组建）

司令员　罗厚福

政　委　程　坦（兼）

副司令员　何耀榜　黄序周

下　辖：

1. 黄陂县委

书　记　任士舜

县　长　魏天一

2. 安南（又称安麻）县（工）委

书　记　田　东（后程志远　张振亚　易　鹏）

行政委员会（办事处、县政府）

主任（县长）　董绍明（后张振亚　杜成才）

县大队长（指挥长）　左树华（后石天华）

县大队（指挥部）政委　张振亚（后易鹏）

3. 黄麻经中心县委（1941 年秋—1942.3）

书　记　黄宏儒

（1）罗礼边县委（1942.3 后划归豫东南地委）

书　记　孙保元

行政委员会主任　孙保元

县大队长　孙保元（兼）

（2）经扶县（1942.3 后划归豫东南地委）

县委书记　刘名榜（后刘海山）

游击大队长　肖先发

（3）黄安县工委（1942.3 后划归豫东南地委）

书记兼游击大队政委　吴彩藻

游击大队长　曾广太（后黄宏传）

（4）安礼边县（工）委（1942.3 后划归豫东南地委）

书　记　何耀榜（后林维）

行政办事处主任　张安达

独立营营长　杨洪先

（5）安麻边县（工）委（1942.3 后直属鄂东地委）

书记兼县大队政委　郑维忠（后黄宏儒）

行政委员会（政府）主任（县长）　郑维忠（后黄宏儒）

县大队长　童 × ×

4. 黄冈（中心）县委

书　记　文　祥（后孔晓春）

县　长　孙侠夫

保安大队长　易汉卿

（1）冈麻边县工委

书　记　程鹤鸣

行政委员会主席　程鹤鸣（兼）

（2）浠水县（工）委

书　记　刘治天（后于保诚）

宪政促进会主席　刘　浩

独立营营长　童国卿（后高坤）

独立营教导员　于保诚

（3）浠（水）罗（田）边县工委（1941.10 建立）

书记兼独立营教导员　王　越

独立营营长　何　政

（4）罗田县工委

负责人　廖惠安

5. 蕲（春）黄（梅）广（济）中心县委

书　记　赵辛初

副书记　郑　重

（1）浠蕲边县（工）委

书记兼独立营（团）政委　王　表（后黄维栋）

军民联合办事处主任　李璧东

独立营（团）长　李璧东

（2）蕲广边县委

书记兼独立营（团）政委　易　鹏（后赵辛初、杨知时）

军政联合办事处主任　张凤林

独立营（团）长　李汉清（后康洪山 张正坤）

（3）蕲太英边县委

书记兼独立营（团）政委　钟子恕

军民联合办事处主任　黄再兴

独立营（团）长　鲁教瑞（后李汉清）

（4）蕲（春）东县工委（1941.11 建立）

书　记　张　干

（5）黄（梅）宿（松）边县工委

书　记　桂　平

军政联合办事处主任　桂　平（兼）

独立营（团）长　邹一清

6. 鄂南中心县委及所辖县级党政军组织（略）

五、中共鄂东地委、长江地委、鄂皖边地委及所辖县以上党、政、军组织（1942.9—1943.6，隶属于豫鄂边区）

（一）中共鄂东地委

书　记　程　坦

副书记　张旺午 王光力

军事部长　罗厚福

政权部长　贺健华

组织部长　蔡承祖[后王光力（兼）]

宣传部长　刘　东（女）

社会部长　邓　凯（后李轩）

秘书长　蔡承祖（兼）(后杜石夫）

鄂东专员公署

专　员　贺健华

副专员　任泉生

五师第一军分区

司令员　罗厚福

政　委　程　坦（兼）

副司令员　何耀榜　黄序周

下　辖：

1. 黄陂县委（后改为陂孝县）

书　记　谭扶平［后任士舜、孟昭毅（女）］

县　长　魏天一（后任士舜）

县支队长（指挥长）　闵惠洲

2. 礼（山）南县委

书记兼指挥部政委　杨子明

县　长　杨子明（兼）

指挥长　陶正堂

3. 安麻边县委

书记兼指挥部政委　黄宏儒

县　长　黄宏儒（兼）

指挥长　曾广太（后吴明忠）

4.（黄）陂（黄）安南县（工）委

书记兼指挥部政委　任士舜（后王景瑞、汪心一）

县　长　孔晓春

指挥长　石天华

5. 黄冈中心县委（1943.1 后划归长江地委）

书　记　孔晓春（后罗通）

县　长　孙侠夫(后黄绍九)

黄冈纵队司令员　黄序周（兼）

黄冈纵队政委　文 祥

（1）冈麻边县委

书记兼指挥部政委　程志远

行政委员会主席　程志远（兼）

指挥长　易汉卿

（2）浠水县（工）委

书　记　于保诚(后林少怀)

行政委员会主席　刘　浩(后王越、林少怀)

独立营营长　何　政

独立营教导员　于保诚（兼)(后王越)

（3）浠罗边县工委（后并入浠水县）

书　记　王　越

（4）罗田县工委

书　记　廖惠安

（二）中共长江地委（1943.1 建立）

书　记　夏农苔

长江专员公署

专　员　贺健华（未到职）

五师第四军分区

司令员　熊作芳

政　委　夏农苔（兼）

副司令员　黄序周

下　辖：

1. 黄冈中心县委

书　记　蔡承租

县　长　黄绍九

黄冈指挥部副指挥长　于保诚

指挥部政委　谢　挺

（1）冈麻边县委

书记兼指挥部政委　程志远

行政委员会主席　程志远（兼）

指挥长　易汉卿

（2）浠水县委

书　记　林少怀（后邓凯）

行政委员会主席　林少怀（后邓凯）

（3）罗田县工委

书　记　廖惠安

2. 鄂南工委及所辖县级党政军组织（略）

3. 咸（宁）崇（阳）蒲（圻）中心县委及所辖县级党政军组织（略）

（三）中共鄂皖边地委

书　记　刘西尧

军事部长　张体学

组织部长　赵家驹

宣传部长　赵辛初

统战部长　吴光治

社会部长　王全国

五师第五军分区

司令员　张体学

政　委　刘西尧（兼）

下　辖：

1. 浠蕲边县委

书记兼挺进十七团政委　王维新

军民联合办事处主任　李璧东

挺进十七团团长　李璧东

2. 蕲广边县委

书记兼挺进十九团政委　吴光治（后赵家驹）

县　长　张凤林（后居文焕）

挺进十九团团长　张正坤

3. 蕲太英边县委

书记兼挺进二十团政委　钟子恕（后王全国）

军民联合办事处主任　黄再兴

挺进二十团团长　鲁教瑞

4. 蕲东县委（后改为蕲宿太边县）

书记兼县总队政委　张　干

行委会（办事处）主任　张　干（兼）（后张国平）

总队长　张国平（后龚苏、姚广顺）

5. 黄梅县委

书记兼挺进十八团政委　郑　重（后吴光治）

县　长　邹一清

挺进十八团团长　邹一清

六、中共鄂东地委、长江地委及所辖县以上党、政、军组织
（1943.6—1945.4，隶属于鄂豫边区、鄂豫皖湘赣边区）

（一）中共鄂东地委

书　记　程　坦（后周季方）

副书记　张旺午　王光力

军事部长　何耀榜（后熊作芳、吴诚忠）

政权部长　任泉生

组织部长　王光力（兼）（后吴皓、王子谟）

宣传部长　吴　皓［后周季方（兼）］

社会部长　李　轩（后石玉伦）

秘书长　杜石夫（后祝季伟、丁兆一）

鄂东专员公署

专　员　李　实

副专员　任泉生

五师第一军分区

司令员　何耀榜（后熊作芳、吴诚忠）

政　委　程　坦（兼）［后周季方（兼）］

副司令员　黄序周

副政委　熊作芳

下　辖：

1. 安麻边县委

书记兼指挥部（总队）政委　黄宏儒（后刘志远、林维）
郑维孝　周　凯

县　长　黄宏儒（兼）（后郑维忠）

指挥长（总队长）　吴明忠（后郑维孝、贺有山）

2. 陂安南县委

书记兼指挥部政委　汪心一（后吴皓、安天纵、魏天一）

县　长　孔晓春［后魏天一、李实（兼）、鲁孚若］

指挥长　石天华（后汪立波）

3. 陂孝县委（1944.2 改组为陂孝礼中心县委）

书记兼县大队政委　孟昭毅（女）

县　长　任士舜

县大队长　李　斌

4. 礼南县委（1944.2 划归陂孝礼中心县委管辖）

书记兼指挥部政委　杨子明

县　长　杨子明（兼）（后卢明远）

指挥长　陶正堂

5.（黄）陂孝（感）礼（山）中心县委（1944.2 建立）

书记兼指挥部政委　任士舜（代）（后王光力）

副书记兼县长　任士舜

指挥长　石建金

（1）孝（感）东县委

书记兼指挥部（总队）政委　易　鹏（后刘天明）

县　长　鲁孚若

指挥长（总队长）　许大鹏

（2）礼南县委

书记兼指挥部（总队）政委　李　昌（后李游、宋襄庭）

县　长　卢明远（后孔晓春）

指挥长（总队长）　陶正堂

6. 罗（山）礼（山）经（扶）光（山）中心县委

书记兼指挥部政委　何耀榜（后方中立、李轩）

副书记　黄宏儒

指挥长　石建金（后居宗彩）

（1）罗（山）礼（山）应（山）县委

书记兼指挥部（总队）政委　程　达

县　长　丁兆一［后程达（兼）］

指挥长（总队长）　吴　琨

（2）经扶县委

书记兼指挥部（总队）政委　刘名榜

指挥长（总队长）　胡元成［后居宗彩（兼）］

（3）黄安县工委（1944.5 撤销）

书记兼游击大队政委　吴彩藻

游击大队长　黄宏传（后戴家清）

（4）安礼边县委

书记兼指挥部政委　黄宏儒

县　长　黄宏儒（兼）

指挥长　吴明忠

（二）中共长江地委

书　记　刘西尧（后张体学）

副书记　夏农苔

军事部长　张体学

政权部长　贺健华

组织部长　蔡承祖（后刘士杰）

宣传部长　陈景文（女）

社会部长　王守愚

长江专员公署

专　员　贺健华

副专员　鲁明健（未到职）

五师第四军分区

司令员　刘少卿（兼）（后张体学）

政　委　刘西尧（兼）[后张体学（兼）]

副司令员　张体学

副政委　罗　通

下　辖：

1. 黄冈中心县委

书　记　蔡承祖（兼）（后汪进先）

副书记　赵家驹

县　长　黄绍九 [后贺健华（兼）、苏微、蔡云岭]

指挥长　罗　通 [后汪进先（兼）、漆少川]

指挥部政委　罗　通（兼）[后汪进先（兼）]

（1）冈麻边县委

书记兼指挥部政委　程志远（后赵家驹）

行委会主席　程志远（兼）[后赵家驹（兼）]

指挥长（总队长）　易汉卿（后于保诚、陈国卿）

（2）（黄）冈东县委（1943 年冬建立）

书记兼县支队政委　王维新

行政办事处主任　王维新（兼）

县支队长　童烈先

（3）浠水县委

书记兼指挥部政委　邓　凯(后王维新、谢挺)

行政委员会主席　邓　凯(兼)[后王维新(兼)、谢挺(兼)]

指挥长　谢　挺

(4)(黄)冈浠(水)边县委(1944.5由冈东、浠水两县合并建立)

书记兼县总队政委　王维新(后林桂华)

行政办事处主任　王维新(兼)[后林桂华(兼)]

县总队长　于保诚(后潘继义)

(5)罗田县工委

书　记　廖汝怀

2. 鄂皖边中心县委

书记兼指挥部政委　张体学(兼)(后赵辛初、黄世德)

副书记　赵辛初 郑　重 黄世德

行政委员会主任　吴光治

指挥长　张体学(兼)(后黄世德)

(1)浠蕲边县委

书记兼指挥部(总队)政委　王维新[后程文杰、王全国、李璧东(代)]

军政联合办事处主任　李璧东

指挥长(总队长)　李璧东

(2)蕲广边县委

书记兼指挥部(总队)政委　向　洪(后马远清、程文杰)

县　长　居文焕

指挥长(总队长)　张国祥

(3)蕲太英边县委

书记兼指挥部(总队)政委　王全国(后黄再兴、钟子恕)

军民联合办事处主任　黄再兴[后詹绪辉(代)]

指挥长(总队长)　华加文

（4）蕲（春）宿（松）太（湖）边县委

书记兼指挥部（总队）政委 张 干（后孙超、熊作师、黄再兴）

军政联合办事处主任 张国平

指挥长（总队长） 姚广顺

（5）黄宿边县工委

书 记 桂 平（后张干）

军政联合办事处主任 桂 平（兼）[后张干（兼）]

（6）黄（梅）广（济）边县工委

书记兼指挥队（总队）政委 黄道平（后徐协农）

军政联合办事处主任 黄道平（兼）[后徐协农（兼）]

指挥长（总队长） 何海清

（7）英（山）立（煌）岳（西）霍（山）太（湖）边县工委（1943.11—1944.4）

书记兼指挥部政委 钟子恕

指挥长 鲁教瑞

（8）彭（泽）至（德）宿（松）望（江）湖（口）鄱（阳）边县大工委（1944年夏建立）

书记兼挺进十八团政委 郑 重（后吴光治）

挺进十八团团长 张海彪

3. 鄂南中心县委及所辖各县党政军组织（略）

七、中共鄂东地委及所辖县以上党、政、军组织（1945.5—1945.8，隶属于鄂豫皖湘赣边区）

中共鄂东地委

书 记 熊作芳（后周季方）

军事部长　吴诚忠

政权部长　任泉生

组织部长　王子谟

宣传部长　周季方（兼）

社会部长　石玉伦

敌工部长　赵家驹

城工部副部长　刘天明

秘书长　丁兆一

鄂东专员公署

专　员　彭绳吾

副专员　任泉生

五师第一军分区

司令员　吴诚忠

政　委　熊作芳（兼）[后周季方（兼）]

副司令员　黄序周

下 辖：

1. 安麻边县委

书记兼总队政委　周　凯

县总队长　方应福

2. 陂安南县委

书记兼指挥部政委　魏天一

县　长　魏天一（兼）

指挥长　汪立波（后石坤山）

3. 陂孝礼中心县委

书记兼指挥部政委　王光力（后任士舜）

副书记兼县长　任士舜

指挥长　石建金

（1）孝东县委

书记兼总队政委　刘天明

县　长　鲁孚若

县总队长　许大鹏

（2）礼南县委

书记兼总队政委　宋襄庭

县　长　李树成

县总队长　陶正堂

4. 罗礼经光中心县委

书记兼指挥部政委　李　轩

副书记　黄宏儒

指挥长　居宗彩

（1）罗礼应县委

书记兼总队政委　吴继刚

县　长　程　达

县总队长　吴　琨

（2）经扶县委

书记兼总队政委　刘名榜

县总队长　居宗彩（兼）

（3）安礼边县委

书记兼指挥部政委　黄宏儒

县　长　黄宏儒（兼）

指挥长　吴明忠

5. 黄冈中心县委

书记兼指挥部政委　汪进先

县　长　蔡云岭

指挥长　漆少川

（1）冈麻边县委

书记兼总队政委　刘克理

行政委员会主席　刘克理（兼）

县总队长　陈国卿

（2）冈浠边县委

书记兼总队政委　林桂华

行政办事处主任　林桂华（兼）

县总队长　潘继义

（3）罗田县工委

书　记　廖汝怀

八、中共鄂皖边中心县委及所辖县级党、政、军组织
（1945.5—1945.8，先后隶属于湘鄂赣东地委、鄂南地委）

中共鄂皖边中心县委

书　记　黄世德

副书记　赵辛初

鄂皖边行政委员会

主　任　吴光治

鄂皖边军事指挥部

指挥长兼政委　黄世德

下　辖：

1. 浠蕲边县委

负责人　李璧东

军政联合办事处主任　李璧东

县总队长兼政委　李璧东

2. 蕲广边县委

书记兼总队政委　程文杰

县　长　居文焕

县总队长　徐协农

3. 蕲太英边县委

书记兼总队政委　钟子恕

军民联合办事处主任　詹绪辉（代）

县总队长　华加文

4. 蕲宿太边县委

书记兼总队政委　黄再兴

军政联合办事处主任　张国平

县总队长　姚广顺

5. 黄宿边县工委

书　记　张　干

军政联合办事处主任　张　干（兼）

6. 黄广边县工委

书记兼总队政委　岳朝胜（后周元瑞）

军政联合办事处主任　岳朝胜（兼）[后周元瑞（兼）]

县总队长　刘瀚清（后管汉英）

7. 彭至宿望湖鄱边县大工委

书记兼挺进十八团政委　吴光治（兼）

挺进十八团团长　张海彪

后记

《鄂东抗日民主根据地史》是1986年春中共湖北省委确定编写的鄂豫边区抗日根据地史的六部分史之一。在刘西尧、熊作芳、赵辛初、文祥、易鹏、吴光治、江心一、蔡承祖、赵家驹等抗战时期曾在鄂东工作过的革命前辈指导下，这部专史的编写工作于1989年12月完成（其中主体部分由汪杰执笔，附录之大事记和组织机构沿革分别由贺志民、库充执笔），并定名为《鄂东抗日民主根据地史稿》(简称“史稿”)。1991年6月，“史稿”由武汉大学出版社公开出版。

《鄂东抗日民主根据地史稿》是第一部全面记叙抗战时期中国共产党领导鄂东人民创建抗日人民武装、开辟抗日民主根据地的奋斗历程及党组织自身发展历程的专著，具有重要的史料价值和学术价值。30年来，“史稿”一直是研究、宣传黄冈地方党史、鄂东抗战史重要的立论依据和史料来源之一，对湖北地方党史研究和鄂豫边区抗战史研究也发挥了重要的参考借鉴作用。但随着时间的沉淀和地方党史研究的不断深化，以及有关史料的进一步发掘，

“史稿”在一些方面存在的不足和局限性也日渐凸显，亟待修订。有鉴于此，“史稿”被正式列入《新四军和华中抗日根据地历史研究全书》(湖北部分)选题后，湖北省新四军研究会即于2019年9月25日作出决定，要求黄冈市新四军研究会组织专班，着手开展对“史稿”的修订工作。

按照湖北省新四军研究会的要求，黄冈市新四军研究会成立了以会长王楚平为组长，常务副会长颜宏启为副组长，何汉斌、库充、陈太其、史智鹏、陈军、汪小华为成员的工作专班，并指定库充为修订执笔人。在黄冈市史志研究中心等单位的支持和配合下，修订工作于2020年4月底开始启动，11月底完成送审稿。2021年2月下旬，在吸取中国新四军研究会徐红、徐君华等专家和省新四军研究会有关专家的审读意见的基础上，经再次勘误校正后形成定稿，并定名为《鄂东抗日民主根据地史》。

此次修订以“史稿”的主体部分为侧重点，主要涉及史实的校核、内容的增删、文字的加工、结构的调整四个方面。史实方面：对“史稿”在时间、地名、人物、事件、历史背景、组织沿革、统计数据、部队番号、机构名称、地理方位等方面存在的121处错漏进行了订正、充实或注解。内容方面：补充了抗战时期鄂东地区人口伤亡与财产损失情况及孝东、罗礼应、冈浠边、黄广边等地党组织与抗日民主政权的发展演变及活动区域等方面的史料，同时对日军所犯罪行及抗战后期的肃反审干活动等内容作了压缩，并删减了抗战胜利后鄂东人民武装的集结整编和三五九旅南下支队的北返等内容。文字方面：在基本保持原有语言风格的前提下，适当进行了加工润色，并对部分段落分别作了删改、合并或分解处理，力求使语言更精练、逻辑更严密、脉络更清晰。结构方面：由原来的六章27节调整为五章26节（原第六章并入第五章），并对部分单元（如抗战初期党组织的恢复和发展，抗日民主根据地的生产建设、群众工作，抗战后期的整风运动等节）的条目顺序或章节归属作了调整。除主体部分之外，对附录之“鄂东抗日民主根据地大事记”和“鄂东抗日民主根据地党、政、军组织机构沿革”也进行了一定的修改和增删。

由于水平和资料所限，这部修订再版的《鄂东抗日民主根据地史》亦难免存在着错漏乃至谬误之处，敬请广大读者批评指正。

编 者

2021 年 3 月 1 日

鄂南抗日民主根据地史

★ 鄂豫边抗日民主根据地史丛书 ★

湖北省新四军暨华中抗日根据地历史研究会◎编

饶有庆　李学钧◎主编

曾求腾◎修订

新四军和华中抗日根据地
历史研究全书

中国文史出版社
CHINA CULTURAL AND HISTORICAL PRESS

图书在版编目（CIP）数据

鄂南抗日民主根据地史 / 饶有庆，李学钧主编；曾求腾修订. -- 北京：中国文史出版社，2021.12

（鄂豫边抗日民主根据地史丛书）

ISBN 978-7-5205-3432-1

Ⅰ.①鄂… Ⅱ.①饶… ②李… ③曾… Ⅲ.①鄂豫皖抗日根据地—史料—湖北 Ⅳ.① K269.506

中国版本图书馆 CIP 数据核字 (2021) 第 249843 号

责任编辑： 梁玉梅

出版发行： 中国文史出版社

社　　址： 北京市海淀区西八里庄路 69 号院　邮编：100142

电　　话： 010-81136606　81136602　81136603（发行部）

传　　真： 010-81136655

印　　装： 北京温林源印刷有限公司

经　　销： 全国新华书店

开　　本： 16 开

印　　张： 74.75

字　　数： 1066 千字

版　　次： 2022 年 6 月北京第 1 版

印　　次： 2022 年 6 月第 1 次印刷

定　　价： 258.00 元（全 4 册）

《新四军和华中抗日根据地历史研究全书》

编辑委员会

总 序

习近平总书记说："历史是最好的教科书。"一个没有历史记忆的民族是没有前途的。由南方八省红军游击队组建而成的新四军，是中国共产党领导下的主要抗日武装力量之一，在全民族抗日战争中，与八路军相呼应，与正面战场相配合，驰骋大江南北，纵横华中敌后，在日伪军指挥中枢所在地周围和补给通道两侧的华中敌后地区，开展游击战争，灵活机动，浴血奋战，以弱制强，为赢得中国抗日战争和世界反法西斯战争的胜利作出了重大贡献；依靠人民群众，建立了地跨苏、皖、鄂、豫、浙、赣、湘等广大地区的华中抗日民主根据地。新四军不仅创造了辉煌的战绩，积累了丰富的建政、理财、兴文和统战经验，还为后人留下了以铁军精神为特色的宝贵精神财富。新四军和华中抗日根据地的历史，是中国共产党和人民军队历史不可分割的一部分。

中国新四军和华中抗日根据地研究会成立以来，在叶飞、彭冲、周克玉、朱文泉几任会长的带领下，在新四军和华中抗日根据地历史资料搜集整理和学术研究方面，取得了可喜的进步和丰硕成果。随着中央档案馆大量历史文献的陆续公开，各兄弟新四军研究会一些有价值的回忆史料和专题研究论著的出版，这就有可能也有必要把这些最新成果整合起来，更系统、更全面地反映新四军和华中抗日根据地的历史面貌，科学总结带有规律性的历史经验，形成《新四军和华中抗日根据地历史研究全书》(简称《新四军全书》)。坚持历史唯物主义、辩证唯物主义观点，以实事求是的科学态度，以新四军和华中抗日根据地史为经，以战役战斗、事件、人物为纬，全面规划，通力协作，广泛收集，科学整理，逐步实施，努力打造一部约200册规模，系统全面、准确规范、具有权威性的《新四军全书》，发挥存史、资政、育人作用，为实现中华民族伟大复兴的中国梦服务，这是功在当代、利及千秋的重大文化工程，是从事新四军和华中抗日根据地研究者的共同任务，让我们携起手来，去完成这一光荣而艰巨的历史使命。

编撰《新四军全书》，是在党的十八大后，由朱文泉会长发起，已经并将继续得到国家教育部、民政部、中共中央党史研究室、中共江苏省委、江苏省人民政府、军事科学院、原南京军区、南京大学以及北京、上海、重庆、江苏、安徽、湖北、浙江、江西、福建、四川、河南、广西、黑龙江、云南、广州等15省、市、自治区新四军研究会的支持。一代代新四军研究人员的辛勤工作，他们的功德将与新四军的名字相联，永载史册。

中国新四军和华中抗日根据地研究会

2013年10月

《新四军和华中抗日根据地历史研究全书》
（湖北部分）

序

《新四军和华中抗日根据地历史研究全书》（简称《新四军全书》）是中国新四军和华中抗日根据地研究会正在打造的一部汇集新四军及华中抗日民主根据地历史研究现有成果的丛书，它规模宏大、系统全面、准确规范，由各省市新四军研究会共同编写，集史料性、学术性和权威性于一身。

湖北省按照中国新四军研究会（新办字〔2017〕13 号）文件精神进行了认真研究和合理规划，正在分步实施。我们已报中国新四军研究会 10 多个书目，决心用五年完成好。

编撰出版《新四军全书》（湖北部分），有利条件很多。其一是新四军在湖北书写了一段波澜壮阔的辉煌历史。他们所开辟的豫鄂边抗日民主根据地是一块拥有 9 万多平方公里，1300 多万人口，成为活跃在武汉外围的横跨鄂、豫、皖、湘、赣五省的抗战基地，成为新四军和华中抗日民主根据地中面积最大、人口最多的一个战略区，为中国人民取得抗日战争的胜利作出了重要贡献。

在这块抗日热土上，以李先念、陈少敏、任质斌等为代表的新四军第五师党政军领导，高举抗日民族统一战线大旗，在日伪顽的夹缝中，将原则的坚定性和策略的灵活性结合起来，以百折不挠的精神和不胜不休的毅力，破关越隘，克难渡险，稳步开拓根据地，逐步建立“三三制”政权，快步发展人民军队，最终实现了对敌占华中重镇武汉的战略包围。这一奇迹的出现，

是中国共产党人坚强领导的生动体现，是新四军铁军精神的生动体现，是中国革命事业从无到有、从弱到强、从挫折走向胜利的生动体现。

新四军第五师所创造的这一段历史，为后人留下了宝贵的精神财富。自20世纪80年代初湖北省新四军研究会成立以来，在历任领导及新四军第五师老战士、广大研究工作者的共同努力之下，我们搜集、整理了一批极富历史保存价值的资料，推出了一批极有分量的研究成果，出版了一批质量较高的专题著作。《新四军全书》(湖北部分)即是根据这些年史学界研究的成果和国家解密的一些档案资料，对原出版过的重点书籍进行修订出版，而主要精力，则放在深入挖掘史料和撰写重大题材上，编纂推出一批新的专著，完善史料，弥补研究空白，以更好地实现存史、资政、育人的目的。

事过豪情在，精神代代传。这次汇集出版《新四军全书》(湖北部分)，既是赓续红色血脉、传承红色基因的需要，也是弘扬革命精神、推进新时代中国特色社会主义道路建设的需要。正如习近平总书记一直强调的"要讲好中国共产党的故事"那样，我们编印《新四军全书》(湖北部分)也是为了给大家学习党史、国史，知史爱党，知史爱国，提供一份精神食粮，因为"伟大的抗战精神，永远是激励中国人民克服一切艰难险阻，为实现中华民族伟大复兴而奋斗的强大精神动力"。当前，我国正处于改革开放深化阶段，各种矛盾交错；新冠肺炎疫情之下，又面临着严峻复杂的国际环境，处在世界未有之百年大变局之中。对此，我们必须以坚定的意志、坚韧的毅力，沉着应对来自各方面的挑战。而宣传抗战历史，反映抗战精神，加强爱国教育，以凝聚全国人民磅礴之力，万众一心建设好中国特色社会主义，在当下更有着特殊的意义。

感谢中共湖北省委、省政府的大力支持和关怀，感谢中国新四军和华中抗日根据地研究会各位领导和编辑委员会对《新四军全书》(湖北部分)出版的大力支持和帮助，感谢中共湖北省委党史研究室的鼎力协助和付出，这一切对我们进一步做好新四军第五师历史的整理和研究工作，都是莫大的鞭策和鼓励。

曾求腾

2021年3月10日

目录

第三章　鄂南抗日游击根据地的创立与独立自主游击战的展开

第四章　鄂南抗日民主根据地的建立和发展

前 言

鄂南抗日民主根据地，辖域包括现在的咸宁市、黄石市、鄂州市，武汉市的武昌、青山、洪山三区江南部分。当时，敌占交通线和九宫山北麓国民党三十集团军驻地外的广大地区，还包括湘东北、赣西北部分县市的一些地方。在抗日战争时期，1940 年 6 月以前，这块辖区归湘鄂赣边区特委和湖北省委领导；1940 年 6 月以后至抗日战争胜利归鄂豫边区党委领导，其中又有一段时间属湘鄂赣边区领导。因此，抗日战争胜利后，中共中央公布的 19 块解放区中，她既是鄂豫边区的一部分，又是湘鄂赣边区的主体①。

鄂南人民有着光荣的革命传统。在中国现代史上，鄂南人民写下了一页又一页的光辉篇章：北伐战争的汀泗桥、贺胜桥战役，土地革命时期的鄂南秋收暴动、大冶兵暴，彭德怀曾率红五军、红八军（红三军团）转战鄂南，以及红十二军、红十五军、红三师的组建，鄂东南苏区的创立等，都是鄂南人民的骄傲。

1938 年 9 月下旬至 11 月上旬，鄂南大部分地区先后沦陷，成了中日正面交战的主体战场。侵华日军主力第 11 军司令部驻扎武昌，粤汉铁路武昌至岳阳段和阳新、通山、崇阳、通城公路沿线驻有第 11 军所辖的三个师团和一个

① 1944 年 10 月以后，鄂豫边区称鄂豫皖湘赣边区，鄂南是鄂豫皖湘赣边区的一部分。

旅团。1939 年 9 月，日军曾宣称“武汉地方，不但是下期作战的策源地，也是长久驻屯部队的地方，更将成为新生中国的政治、经济、文化的心脏”。自 1939 年 3 月至 1944 年 5 月，日军以鄂南一带为基地发动了对南昌、长沙、常德等城市的进攻。日军前梯指挥部曾设在蒲圻、咸宁城关。日军还在鄂南拼凑了伪军和二师、和三师、保安旅成渠部等。

鄂南的九宫山、幕阜山、九岭至湖南岳阳新墙河一线在 1944 年春以前是第九战区的前线，当时第九战区配置有 54 个师的兵力，驻在鄂南南沿的有国民党第三十集团军王陵基部和第二十七集团军杨森部。武汉沦陷初期，国民党政府曾在鄂南敌后留下正规军一九七师、一二八师，统编了各色杂牌武装，后又将这些队伍扩编为第九战区挺进军，有 8 个纵队，活动在赣北、湘北和鄂南。

鄂南抗日民主根据地，就是在中日正面交战的主体战场、敌人的近后方、敌伪顽都十分关注的地带和社会结构十分复杂的环境中，由于战斗在鄂南的共产党人前赴后继，才得以创立、坚持和扩大的。她的开辟、坚持与发展，大致经历了五个阶段：

准备和发动阶段（1937 年 10 月至 1939 年 6 月）；

艰苦深入阶段（1939 年 7 月至 1940 年 5 月）；

初创游击根据地阶段（1940 年 6 月至 1942 年 4 月）；

建立、坚持、巩固、发展抗日民主根据地阶段（1942 年 5 月至 1945 年 1 月）；

抗日民主根据地的巩固扩大与鄂南光复阶段（1945 年 2 月至 1945 年 8 月）。

在准备和发动阶段，中共湘鄂赣特（省）委和湖北省工（省）委先后派黄全德、赵勤、刘青、何功伟回鄂南，在中共鄂南特委领导下，对恢复和发展党组织进行了大量的工作，掀起了群众抗日救亡运动的高潮，并创建了 5 支抗日游击队。

在艰苦深入和初创抗日游击根据地阶段，鄂南的共产党员和广大群众，在中共鄂南代表团、中共鄂南游击地委（中心县委）的领导下，坚忍不拔，前仆后继，英勇奋斗，使鄂南敌后抗日斗争度过了极端艰苦的岁月。

在建立、坚持、巩固、发展抗日民主根据地阶段，在鄂豫边区党委和新四军第五师的领导下，新四军十四旅挺进鄂南，鄂南各级党、政、军组织坚持抗日民族统一战线的政策，在发展进步势力、团结友军抗日、孤立顽固势力、瓦解伪军等方面，进行了卓有成效的工作。

1945 年 2 月，王震、王首道率八路军南下支队在新四军第五师四军分区的配合下，进军鄂南，鄂南抗日民主根据地得到了大发展。这是八路军、新四军两支兄弟部队共同奋斗的结果，也是中国共产党全面抗战路线的伟大胜利。

鄂南抗日民主根据地，对于中国的抗日战争和全世界的反法西斯战争做出了应有的贡献。

一、她是插在中日正面交战主体战场上敌人近后方的一把钢刀。她的存在，不但实现了从南翼包围武汉侵华日军的战略任务，而且有力地牵制了侵华日军南下西进。日军华中派遣军第 11 军司令部周围的油坊岭驻点，被鄂南的抗日武装攻入 3 次；它的司令部备用的青山飞机场被武鄂抗日武装打得稀巴烂；它重兵镇守的大冶铁矿管理人员被抗日战士杀死，劳工被解放……这一切，迫使日军不得不首先考虑它近后方的安全。日军占领武汉，企图掠夺周围农村的农副产品、矿产资源，达到“以战养战”的目的。鄂南抗日游击队出没在江湖、丛林之中及铁路、公路两旁，打差船、收敌货、捣洋行，还深入敌巢对日商、汉奸强行征税。这些活动，都是对侵略者的有力打击。

二、消灭敌人的有生力量，配合了正面战场作战。自鄂南沦陷至抗日战争胜利，鄂南抗日民主根据地的武装对日伪较大的作战有 130 多次。1942 年 5 月，新四军十四旅由鄂东分两路进军鄂南，回旋跳跃，抓住战机，打击日伪军，日军 3000 多人在长达三个月的时间内被新四军十四旅牵着鼻子转。1945

年 2 月、6 月的大田畈战斗、山口铺战斗，两次击毙日军近 300 名，有力地钳制了日军，配合了正面战场作战。伪军更是望风披靡，至 1945 年 7 月止，鄂南伪军 8000 多人基本被消灭。

三、鄂南抗日民主根据地，既是新四军第五师跳跃长江南北寻机歼敌的基地，又是八路军、新四军南下收复失地的桥头堡和可靠后方。她创立的各小块根据地互为犄角，互相依靠，有利于整个根据地的巩固发展。在全国抗日民族解放战争的战场上，她成了新四军、八路军南下收复失地的可靠后方。1945 年 2 月，王震、王首道率南下支队转战湘、鄂、赣、粤，对于其部队的休整、扩充和给养的解决等，鄂南抗日民主根据地都作出了很大贡献。

第一章

抗日战争爆发至武汉沦陷时鄂南的形势

抗日战争，是近代以来中国人民反抗外敌入侵持续时间最长、规模最大、牺牲最多的民族解放斗争，也是第一次取得完全胜利的民族解放斗争。中国共产党在全民族抗战中，发挥了中流砥柱作用，这是中国人民抗日战争取得完全胜利的决定性因素。这场战争全面爆发之后，历时 8 年之久，经过了战略防御、战略相持、战略反攻三个阶段。从 1937 年 7 月的卢沟桥事变到 1938 年 10 月武汉沦陷，是日军进行战略进攻和中国军民进行战略防御的阶段。这一时期，鄂南地区爱国军民聚集在中国共产党抗日民族统一战线旗帜下，奋起反击日本侵略者的侵略，进行了可歌可泣的斗争。鄂南的共产党组织得到了恢复和发展，领导了各种形式的抗日宣传活动和敌后武装斗争的筹备工作。

第一节　鄂南沦陷前后的政治经济形势

一、鄂南地理

鄂南地区，是湖北省东南部的一块辖区。它位于长江中游南岸，即城陵矶下侧太平口至富池口以上的一段。长江环流其北，幕阜山脉逶迤其南，境内为低山丘陵湖网地带。它的西北是鄂中江汉平原，东北是鄂东大别山低山丘陵，东南是江西省的修水、武宁、瑞昌，西南是湖南省的岳阳、临湘、平江。鄂南地区的面积按现行区划测绘统计为 17709 平方公里，抗战前隶属湖北省第一行政专员公署。

鄂南地区的南部，为幕阜山脉的北麓，地形南高北低，南沿高峰耸立，如九宫山老鸦尖海拔 1656 米。高峰之间有许多雄关险隘，如天岳关、保定关等，为南来北往必经之路。幕阜山脉北麓的径流，形成富水、陆水两大水系，均注入长江，有舟楫之利。两水沿岸有陆水的陆溪口、车埠、黄龙、莼川、石坑渡、天城、大沙坪、石城、隽水，富水的富池口、兴国、星潭铺、大畈、通羊等港埠集镇。

鄂南东部长江南沿的半壁山与江对岸的田家镇所构成的田南要塞，是长江中游著名的险关，有“武汉门户”之称。

鄂南中部是低山丘陵，山势呈东西走向，有�山、龙角山、大幕山、药姑山，奇峰突兀，重峦叠嶂。大幕山在这些山脉的中部，雄跨咸宁、通山、崇阳、阳新、大冶五县，主峰海拔954米。

鄂南东北部溪港如网，湖泊众多。较大的湖泊有黄盖湖、大岩湖、西凉湖、斧头湖、鲁湖、汤孙湖、梁子湖、保安湖、大冶湖、网湖等。较大的溪港有新店河、汀泗河、淦水河、金水、高桥河、虬川等。这些湖泊溪港的水和陆水、富水一样都注入长江。因此，沿江有许多有名的口岸，如太平口、陆溪口、金口、樊口、漳源口、富池口等。同时，又由于残丘阻碍着江流，形成许多岩咀和淤洲，如著名的长江曲流处簰洲，又如石头矶（赤壁）、黄鹄矶（黄鹤楼旧址）、青山咀、燕矶等。

鄂南湖网之间，丘陵起伏，地势复杂，既有孤峰独岭、湖中衔山；也有浑圆残丘、平畈湖田。这儿是折叠蜿蜒的残岭石咀伸向湖心，那儿又是七弯八曲的湖汊展到门前。有这样一首歌谣，描写梁子湖的地形复杂：“百里梁子湖，湖汊九十九，数了九十九，还有九十九。”

武汉位于长江与汉水汇合处，是中国中部最大城市，素有“九省通衢”之称，水盛时长江自武汉以下可通万吨轮，以上千吨轮可入巴蜀，百吨驳船自武汉可达陕西白河。当时，京汉、粤汉铁路同长江航线直交，纵横东西南北，更突出了武汉的军事、政治、经济地位。

鄂南作为武汉的南郊，自然成为武汉的南部屏障及其政治经济活动的组成部分。粤汉铁路以武昌为起点，沿大幕山、药姑山北麓向西南行至岳阳、长沙、广州。在鄂南较著名的车站有纸坊、山坡、贺胜桥、横沟桥、咸宁、汀泗桥、官塘驿、中伙铺、蒲圻、茶庵岭、赵李桥，接湘鄂交界的羊楼司。湘鄂公路起武昌，与粤汉路平行至咸宁，翻越大幕山的晓岭，经楠林桥、路口、白霓桥、天城镇、大沙坪、通城隽水镇去长沙。鄂赣公路，由武昌沿长江南岸东行，从残丘浑岭湖汊之间，穿鄂城、大冶过富水河，翻全家源、箬溪一带的险隘去南昌。鄂南中南部陆水与富水、湘鄂公路与鄂赣公路之间，自阳新、星潭铺，沿富水北岸至通山楠林桥有阳通公路。

鄂南气候温暖，雨量充沛，竹林茂密，盛产稻谷、苎麻、茶叶、鱼、莲藕和各类水果，既是鱼米之乡，又是林果的王国。还蕴藏着丰富质优的铜、铁、煤等矿产资源。大冶铜录山古铜矿遗址是人类采冶史之最。

鄂南地区，由于所处的战略地位、复杂的地形条件和丰富的物产资源，历史上曾是兵家必争之地：决定三国鼎立的赤壁之战，就发生在这里；岳飞曾持节鄂南，保卫了南宋半壁山河；历代农民起义军，如黄巢、杨幺、徐寿辉、李自成等均曾挥戈鄂南；太平天国的领导者非常重视鄂南的战略地位，在占领武汉三镇后，对鄂南城乡进行了政权建设和大力发展生产，陆溪口的洪庙港就是那时开挖的。

二、日本侵略者对大冶矿产的掠夺

大冶，盛产铜铁，是“大兴炉冶”的荆楚古县。清末民初逐步发展成拥有煤矿、铁矿、炼铁、水泥、电力等从采矿到冶炼自成系统的重工业基地。大冶工矿区，包括铁山（象鼻山铁矿）、下陆、黄石港、袁家湖等地，聚集一万余名产业工人。据记载，1926 年至 1936 年年产铁矿石 30 万—60 万吨。这些宝贵的地下资源，除总产量的四分之一为大冶钢铁厂和六河沟扬子公司购运外，其余四分之三统由日本在华的东亚、八幡两公司廉价收购，运往日本。

日本帝国主义觊觎大冶丰富铁矿资源由来已久。早在 1897 年，日本人西泽公雄就以清朝实业顾问的合法身份赴中国各地私访，探得大冶铁矿蕴藏量大、品位高。于是密告日本当局：“日本创办钢铁工业以取得中国原料为上策。”1898 年，日本首相访华，向清政府提出了购买大冶铁矿石的要求。1899 年，清政府代表盛宣怀与日本制铁所长官和田签订了《煤焦铁矿互售合同》。合同规定，日本以每年低于开采成本的价格从大冶铁矿运走上等铁矿石 5 万吨。日本政府为掠夺大冶矿石，在大冶石灰窑设立监运铁矿局，西泽公雄任局长。

20 世纪初，盛宣怀出任汉冶萍公司总经理。他进一步与日本帝国主义相勾结，以大冶铁矿做抵押，先后向日本借款 3500 万日元。这以后的 30 余年间，日本帝国主义通过盛氏买办集团，从大冶廉价运走铁矿石近 1000 万吨。当时，铁矿石每吨成本（包括采、运、卸、装）在 3 元以上（山价还未列算在内），而售价每吨仅 3 元至 3.8 元。盛宣怀死后，其子盛恩颐任汉冶萍公司总经理。他多次东渡日本，签订借款合同，按日本人要求，在汉冶萍公司所属机构内设立日铁工务所、办事处，由日本人担任所长和办事处主任，掌握公司与厂矿的全部实权。汉冶萍公司，实际上成了日铁的代办机构。

七七事变后，盛恩颐秘密乘日本军用飞机飞往日本，还公开宣布同意日军占领大冶后，汉冶萍公司与日本“通力合作”。1938 年 2 月，大冶爱国人士胡忠写信给《生活周刊》，揭露盛氏卖国行径后，才迫使国民政府于 4 月 25 日勒令大冶厂矿停止开采矿石。

三、封建买办对鄂南农村经济的摧残

在日本帝国主义疯狂掠夺鄂南铁矿资源的同时，国内外反动派沆瀣一气，加剧了对鄂南农村经济的摧残。

（一）国民党各级政府横征暴敛，土豪劣绅趁机兼并土地，鄂南农村经济迅速破产

1931 年九一八事变后，日本帝国主义占领了东北三省，以蒋介石为首的南京政府采取“攘外必先安内”的政策，调集数十万兵力，对革命根据地一次又一次地进行“围剿”。在鄂南，他们纠合 29 个团的兵力，对苏区反复“清剿”，把内战强加在鄂南人民头上。1936 年，国民党在大畈设立大畈特别政治局，直属省领导。管辖东起大冶花犹树、阳新三溪口，南到阳新龙港、贾家源和通山横石潭，西至通山板桥、咸宁大幕，北到咸宁杨林桥与鄂城学

堂胡，东西相距50公里，南北相距45公里，人口约20万的地区。当时，鄂南上自行政督察区专员、党部书记长、保安司令，下到各区、乡联保主任，无不趁机侵占农民的土地山林。这些人又多半是兼买办商人、高利贷者，他们疯狂地掠夺农民，苛捐杂税多如牛毛，横征暴敛无孔不入。十年内战中，国民党政府每年的军费支出平均占年度财政实际支出的40%—50%。这些支出，通过增加关税、盐税、统税三项间接地落在广大劳动者身上。以盐税为例，它占国民党政府中央财政收入的第二位，1927年至1936年十年之内增加了3倍[①]。田赋是国民党政府地方财政收入的主要项目。1934年鄂南水田田赋及附加税总额比1927年以前增加10倍多，而且实行预征制，有的县从民国二十几年预征到民国三四十年了。又据调查，1929—1933年鄂南农村不同名目的苛捐杂税有188种，另外还要负担各种徭役。蒋介石为镇压湘鄂赣苏区红军，1934年至1936年修筑武长（又称湘鄂）、武南（又称鄂赣）公路，这两条公路通过鄂南的地段和另修的阳（新）通（山）公路，都是征用鄂南农民修建的。帝国主义、封建主义、官僚资本主义的残酷剥削，使鄂南农村经济迅速破产，佃农增加，游民增多，土地更迅速地集中于官僚买办地主手中。据调查，抗日战争全面爆发的前一年，嘉鱼县合镇垸有耕地60740亩，其中地主占有50220亩，占全垸耕地总面积的83%。地主占有大量土地，出租给农民耕种，佃户几乎连简单再生产的能力都没有，一家一户凭着一把薅锄、一把镰刀给地主耕耘收割，即所谓“搭锄头”。该垸广福庵村当时有近千人，祖孙三代住在一条小船上到处漂泊的竟有500多人[②]。

（二）帝国主义的掠夺，洋奴买办的搜刮，鄂南农业生产遭到极大的破坏

鄂南苎麻生产的没落，充分说明了这一点。

---

① 于素云、张俊华、周品威编:《中国近代经济史》，辽宁人民出版社1983年版，第368—370页。

② 1974年阁镇公社调查材料。

苎麻是中国名产，湖北苎麻又在全国居首位。据《中南区土产参考资料》载，湖北苎麻历史最高年产量曾达60万担，以后产量逐年减少，1936年为39.5万担，1939年为14万担。

鄂南各县，县县产麻。鄂南的植麻面积、麻年产量均为全省之冠，占全省总产量的77%以上。

当时的苎麻都是以原材料出口的，其中70%销于日本。据《湖北全省实业志》记载："每年输出美英法等国约1.5万担，输出日本约21万担，当时日本在中国开设有三井、岩井、吉田、大同、棉麻、诚记等洋行，每年在汉口、武穴等地坐庄收买。"

苎麻收购手续甚繁。麻农出售苎麻不仅一斤麻要花出10%—15%的回扣和佣金，而且还要通过麻贩、地方经纪人、麻行、洋行买办的层层盘剥。地方麻贩，贬级压价，大秤加扣，从中渔利。地方经纪人（多是地方豪绅、高利贷者）乘麻农之危买青苗，息高价低，新麻上市，陈麻半价。洋行、买办在收购的同时，倾销洋货，1斤麻换1盒火柴是常有的事。设在武穴的日资洋行，收购鄂南苎麻，其手段之恶劣，《湖北近代经济贸易史》曾有摘录记载："日商之营业手腕毒辣殊甚，其联合本国同业，利用吾国商民之弱点，以操纵于其离间之策术，言之可惊。"

综上所述，鄂南农村经济在国内外反动派的严重摧残下，日益衰败。加之1931年大水灾、1934年大旱、1935年洪涝，灾荒之年农民流离失所，农业劳动力大量死亡。1931年大水灾，金口一带的农民群集在金口附近的山头吃福音堂的"施粥"，每日踩死、饿死、病死的在200人以上。据当时湖北省水灾急赈委员会统计，他们从1931年8月至次年4月在武昌洪山一带掩埋的无主尸体有32605具[①]。

总之，抗日战争全面爆发前夕，素称"鱼米之乡""林果王国"的鄂南农

①《1954年与1931年》，载1954年7月《人民日报》。

村，土地荒芜，百业凋敝，瘟疫流行，人口锐减。20 年代有 60 万人口的阳新县，到 1937 年春只有 37 万多人口，有 13 万人口的通山县，亦下降到 8.9 万。

鄂南农村如此凄凉的景象，是帝国主义、封建主义、官僚买办阶级压迫剥削广大农民的必然结果，为帝国主义的继续入侵创造了条件。

四、抗日民族统一战线在鄂南的形成

1931 年九一八事变后，中共中央作出决议，提出“应该加紧组织群众的反帝运动，发动群众斗争，来反抗日本帝国主义的侵略”。当时，鄂南人民在中共鄂东南特委、湘鄂赣省苏维埃政府鄂东南办事处的领导下，把反对日本帝国主义的侵略作为革命的主要任务。

附：1934—1935 年鄂南各县受灾情况统计①

县别	1934 年 受旱面积（亩）	1935 年受水旱灾情况
武昌	3232800	白沙洲、青山外堤一带一片汪洋。
鄂城	2535875	境内 47 个乡镇，数十日无雨，秋收绝望。
蒲圻	2132000	城郊及滨江一带任家垸洪山等均被淹没。
咸宁	888422	
阳新	1242194	江水漫溢，平地尽成泽国。
大畈特区	1663552	山乡入秋不雨，受旱损失颇巨。
通山	243388	
嘉鱼	1406976	江水飞涨，淹没大小垸子 17 个。
通城	1206700	石潭碑一带，人畜淹毙甚多。
崇阳	1576500	沿隽水两岸一片汪洋，禾田悉被淹没。
大冶	1357210	秋后雨量缺乏，旱地竟成焦土。

1932 年一·二八事变以后，中共湘鄂赣省委作出了普遍建立反帝大同盟

①《湖北省档案史料》1984 年第 4 辑，第 21—27 页。受旱面积包括山林、田、地、洲滩等。

组织的决定。1932 年 5 月，中共鄂东南特委召开群众代表会议组成鄂东南反帝大同盟，主任曹衍安。接着，阳新、大冶、通山、崇阳、通城、蒲圻、咸宁、鄂城等县苏维埃政权的辖区及其所属的区乡都建立了群众反帝大同盟组织。有的反帝大同盟组织内还建立了抗日反帝宣传队或新剧讲演团，通过群众喜闻乐见的版画、壁报和张贴标语、印刷宣传册子、教唱抗日歌曲、演文明戏等多种形式，把日军侵占东北三省、南京国民政府采取不抵抗政策等内容，宣传到家喻户晓。

1935 年 8 月 1 日，中共中央为建立全民族的抗日统一战线，发表了《八一宣言》。1935 年的一二 · 九学生爱国运动与 1936 年发生的西安事变，把中国共产党倡导的抗日民族统一战线的政策推向全国各个阶层。消息传到鄂东南，江渭清、秦化龙、饶国树（后化名李平）、刘士杰、宋运昌等深入冷水坪、金塘、大幕山等地召开群众大会，介绍西安事变真相，宣传国共合作团结抗日的道理，大大鼓舞了人民群众坚持斗争的积极性。

1937 年 5 月，中共中央在延安召开中共全国代表会议。会上，毛泽东做了《中国共产党在抗日时期的任务》的报告和《为争取千百万群众进入抗日民族统一战线而斗争》的总结。这些文件的精神传到鄂南后，中共湘鄂赣省委及其驻西北代表团的全体红军干部战士以民族大义为重，共赴国难。同年 6 月 10 日，组成以傅秋涛为主席，涂正坤、张玉清、明安楼、邓洪、刘玉堂、谭启龙、郑宝、钟期光等人为委员的中华军委湘鄂赣军区人民抗日军事委员会，并于 5 月 15 日向全国发出“快邮代电”。代电中说：

“吾国不幸，外患日深，新的民族危机正当千钧一发，在这样空前的严重形势下，凡稍关心国家存亡者，莫不义愤填膺，急谋抗战。”“目前，东北同胞更是处在黑暗地狱，瞻望山海关外血腥满地，尸骨山积，曷禁痛心！”“秋涛等适应现实情势，站在整个民族利益立场，取得全省人民的拥护，特在全省范围内组织人民抗日军事委员会，指挥全省人民和一切武装抗日的军事行动，并于本月 10 日正式宣布成立，就职视事。嗣后，秋涛等誓以全力负担起挽救民族危亡的伟大而光荣的任务。凡诸同情本会抗日救国主张者，本会愿与之合作，共同奔赴国难，并期时赐指南，以达到共同抗日救国的目的。如果谁阻挡本会军事行动之进行，便是全国民众的公敌，本会誓领全省民众立即予以歼灭，不达到民族解放的最后目的，决不终止。”

人民抗日军事委员会建立后，江渭清、秦化龙、饶国树、刘士杰等人走遍鄂南山山岭岭，收集各地红军游击队及红军流散人员。七七事变后，战斗在湘鄂赣边境的中共湘鄂赣省委、省苏维埃政府根据中共中央1937年8月洛川会议通过的《关于目前形势与党的任务的决定》和《抗日救国十大纲领》的精神，发表了《为和平合作联合宣言》。宣言中说，“实行全民族抗战”，要做到“有钱出钱，无钱出力，有枪的拿枪，有人的出人，有智识的出智识，集中全中国人力、财力、武力共赴国难，以挽救民族危亡于万一”。在这个宣言中，省委、省苏维埃政府还阐明了湘鄂赣边境地区的战略地位，同时也揭露了国民党当局在合作抗日问题上所玩弄的阴谋。

接着，鄂东南地区党政军领导人江渭清等，根据省委的指示精神专门召开会议，决定将湘鄂赣省苏维埃政府驻西北办事处改为鄂东南抗日民主政府，将鄂东南红军游击队改编为湘鄂赣抗日游击第三纵队，江渭清任纵队司令员兼政委。与此同时，江渭清根据党委会议决定，向湘、鄂、赣三省与边境各县的国民党当局发出了通电。通电发出以后，国民党湖北省政府主席兼武汉行营主任、第四预备军司令长官何成浚首先作出反应，他按约派两名代表来与鄂东南红军游击纵队谈判。国民党方面的谈判代表，一个是武汉行营的副长官，一个是岳阳警备区司令，他们见共产党方面的代表江渭清等人只是20多岁的青年，就派头十足地要中共方面提出谈判条件，江渭清不卑不亢，提出了三个条件：

第一，以何成浚、江渭清的名义共同签发致全国通电，首先保证从此停止一切敌对行动；

第二，停止军事行动后，军费给养均由省方妥善解决；

第三，具体谈判过程，暂定三个月时间（理由是谈判结果要请示党中央同意）。

国民党代表本无和平合作的诚意，他们对江渭清等提出的条件避而不答。后来，何成浚给江渭清写了一封信，信中要挟江渭清“统率所部开赴岳阳，整训受编”“连发三关饷”，“否则以武力解决”。

何成浚的来信破坏了这次谈判，国民党调集 8 个团的兵力围攻鄂东南红军游击根据地。为了打击国民党顽固分子的嚣张气焰，争取早日形成鄂南的和平抗日局面，江渭清率领红军游击纵队歼灭国民党正规军一个排，又击溃国民党保安团 1000 余人。何成浚弄巧成拙，不得不派武汉行营的一个少将参谋与通城县长再次上山，答应接受中共方面提出的三个条件，并将谈判地点改在通城县城。9 月，江渭清书面向中共中央驻武汉代表董必武报告了第一次谈判情况，董必武回信指示江渭清七个字“独立自举靠山扎”。江渭清根据这个指示，细嚼这个“举”字，将部队驻扎在根据地的山脚下，带领秘书与警卫员一行三人到通城县城，与国民党代表举行了第二次谈判。

当天下午，江渭清等人进入通城县城。通城县县长曹公锦与县保安团团长胡某非常客气地接待了江渭清等人。江渭清不见国民党武汉行营的代表，开门见山地问及此事，胡某才说出何成浚委托他们与红军代表作初步谈判的意思。江渭清见何成浚又耍花样，就直接讲了具体条件：“为了谈合作，我军已有半个多月不打土豪劣绅了，现在我们经济有困难，何主席许下了‘连发三关饷’的诺言，望尽早兑现。”条件一提出，曹公锦就试探红军游击纵队的人数。江渭清随口讲道：“官兵计 1500 人。”曹、胡两人慑于红军游击纵队的声威，谈判进行得比较顺利。谈判结果，达成三条协议：

（一）共同通电，停止内战；

（二）解决红军游击纵队部分给养，颁发武汉行营护照，以便部队的联络与集中；

（三）红军游击纵队在通城设立一个办事处。

这次谈判取得初步胜利，江渭清等人安全回到驻地，并用谈判得到的资金为战士做了500套军衣，购买了一批粮食。江渭清派秘书邱炳任通城办事处主任。鄂东南各地红军游击队到达通城大坪花墩桥、尖山铺集结，并督促各县国民党政府释放123名政治犯。

第二次谈判后，何成浚派汽车到红军游击纵队驻地接江渭清等人到武汉行营谈判。同月，江渭清与湘鄂赣省委代表一起会见了中共中央代表董必武，通过董必武与武汉行营代表谈判，取得成功，实现了湘鄂赣地区的和平合作，建立了抗日民族统一战线。

鄂东南红军战士经过土地革命的战斗洗礼和三年游击战争的磨炼，再次汇集在一起，通过短时期的整训，在江渭清、刘士杰、李平等人的带领下，于9月底离开通城尖山铺，翻越黄袍山的天岳关，到湖南平江嘉义镇集中，编为国民革命军新编第四军第一支队一团第三营，1938年1月奔赴苏北抗日救国第一线。

第二节　中共鄂南地方组织的恢复与发展

一、鄂南党组织的恢复与新四军通讯处的建立及其活动

（一）鄂南党组织的恢复

1937年9月，根据中共中央指示，湘鄂赣省召开执委扩大会议，将湘鄂赣省委改为湘鄂赣特委，划归即将建立的中共中央长江局领导。

中共湘鄂赣特委由下列人员组成：

特委书记：涂正坤；组织部长：罗梓铭；宣传部长：骆其勋；民运部长：黄耀南；保卫部长：谢乾；妇女部长：冯杏娥；青年部长：谭启龙。

湘鄂赣特委成立后，首先派出一批干部到各地去恢复与发展党的组织。特委在给各地的一封题为《关于组织问题给各级党部的指示信》中，就“发

展与普遍组织问题”“健全各级党部的组织建设工作”“党对群众的领导”“提拔与培养干部”四个问题作了具体的布置，明确指出：“正确地开展布尔什维克的思想斗争，克服党内一切不良倾向，健全与巩固党的基础，使每个党员做民族抗战的先锋，领导全边区人民一致参加抗战，誓死保卫边区，保卫自己的家乡，保卫我们的祖国。”①

根据湘鄂赣特委的指示，曹德茂、潘际汉、黄全德等人于 1937 年 10 月初到阳新大畈（今属通山县）组建了中共阳通中心县委，书记曹德茂，组织部长潘际汉，宣传部长黄全德。曹德茂等人以商贩做掩护，先将中心县委机关设在大畈镇刘记客栈，后又迁到竹林下进义祥店铺中。他们分别带着袁观学等人，恢复与发展当地的党组织。潘际汉、黄全德等人在黄沙、大畈、板桥等地联系上了在当地坚持斗争的共产党员阮星斗（绰号薛仁贵）、窦秀凤、吴伟政等人，并发展了窦理斋等 30 余人入党，组成了中共通山县委，黄全德兼任县委书记。11 月前后，特委派往阳新的赵勤在陶港张谷才组建中共阳新县委，书记由赵勤担任。1938 年元月，赵勤被阳新地方顽固派杀害，湘鄂赣特委又派马泛舟任书记。至 1937 年底，中共阳通中心县委在大（冶）、阳（新）、通（山）领导党员 200 余人，积极开展党的活动。当时，黄沙党支部书记阮星斗，大畈党支部书记窦秀凤，在收集流散在大幕山区的红军游击队员，宣传党的《抗日救国十大纲领》方面，做出了显著成绩。

1937 年冬，湘鄂赣特委派往岳（阳）临（湘）通城一带工作的共产党员组成了中共岳阳中心县委，书记杨洛如。12 月，杨洛如在通城磨桥与当地共产党员黄菊庄等人联系上，组成中共通城县委会，书记由黄菊庄担任，下辖两个区委、一个特支，有党员百余人。

1937 年 9 月，中共中央代表董必武、周恩来、叶剑英等人，在武汉建立八路军驻武汉办事处。10 月，郭述申、钱瑛、陶铸等人组成中共湖北省工委。

①《湘鄂赣革命根据地文献资料》第 3 辑，人民出版社 1986 年版，第 253 页。

同月，隐蔽在武昌近郊活动的共产党员许保民，在汉口富源里找到省工委书记郭述申，经郭述申批准，组成中共武昌近郊区委，书记许保民，组织委员周竹轩，民运委员舒江皋。11 月，省工委派戴荣、潘斌到武昌保福祠，审查并恢复了涂文清、葛达等人的组织关系，建立党小组。随后，武昌豹子澥、青山、纸坊等地的党组织得到恢复，省工委派林翔为书记，组成中共武昌县委，民运委员许保民，组织委员王健民，党员有许大鹏、刘茂公等 10 多人。

1937 年 12 月，中共湖北省工委召开第二次扩大会议，组成中共湖北省临时委员会，书记郭述申。1938 年初，湖北临时省委派张明、蒋立（又名姜铎）到大冶，建立中共石灰窑工矿区特委，书记蒋立。特委下辖鄂城、大冶等地党组织，办有油印的《工人抗日报》，在工矿区内恢复党的组织，建立铁厂、铁矿、煤矿、电厂、水泥厂、码头等 10 余个支部，有党员 100 余人，领导着大冶工矿区的抗日救亡运动。

1937 年冬，湖北省工委派王佛炳到崇阳工作，恢复了华陂、古市的党组织。1938 年 2 月，省工委又派汤池训练班学员侯彦、赵龙骧、胡特庸（胡太阳）、吴子义、刘光前、冯玉亭、陈立群等回鄂南。同月，赵龙骧等在大冶组成中共大冶特别支部，书记赵龙骧。刘光前到崇阳后，与王佛炳一道工作，3 月成立中共崇阳县委，书记王佛炳。

1938 年 2 月，湖北临时省委负责农委工作的何功伟（何彬）派南京、北平、天津学生抗日救亡宣传团团长兼中共党支部书记董凌云和团员张励（甘柏）等到咸宁抗战动员委员会工作。与此同时，省委还派了党员许鸾修到咸宁。董凌云、许鸾修发展了张励入党，在咸宁抗战动员会内成立中共咸宁抗战委员会支部。4 月，何功伟又派乡促会农村工作服务队队长兼中共党支部书记陈士方（陈堃）率队到咸宁做抗战动员的工作。不久，董凌云、陈士方、许鸾修等人因调动工作，先后离开了鄂南。

同年 4 月，湖北临时省委派刘青到阳新工作。刘青联系了阳大等地党组织负责人，准备组建阳新中心县委，不期被反动派拘捕（史称“刘青事件”）。此后，共产党员彭济时、曹君迈、马泛舟等人，于5月组成中共阳大工作委员会。

中共沔阳特别支部建立后，于1938年3月派袁超在嘉鱼建立了中共江南支部，书记袁超，活动在陆溪、沱湖一带。

就这样，在中共中央及其长江局的领导下，从湘鄂赣特委、湖北工委、湖北临时省委所派的共产党员从各地汇集鄂南，积极贯彻国共合作、团结抗战的精神，在鄂南各地恢复党的组织。据1938年5月统计，鄂南地区有党员435人[①]。

（二）新四军通讯处的建立及其活动

1937年底，新四军第一支队第一团在平江县嘉义镇设立留守处，主任黄耀南，以掩护湘鄂赣特委工作。同时，湘鄂赣特委以新四军第一支队第一团的名义派一批干部到宜春、平江、浏阳、阳新、通山、通城、大冶、修水等县建立新四军办事处与通讯处。

中共阳通中心县委建立不久，为了便于工作，曹德茂等人以新四军大畈通讯处的名义开展活动，通讯处主任先后为曹德茂、黄全德。通讯处设有宣传、组织、民运、保卫等股，由黄全德、潘际汉、窦秀凤、袁观学等人负责，其主要工作成绩表现在：一是广泛地开展抗日救亡宣传活动。1937年底，大畈新四军通讯处曹德茂等人，与阳新县县长林涌泉交涉成功，将中国共产党的《抗日救国十大纲领》印制1万余份，发至城乡广为宣传。阳通中心县委还规定，所属支部与全体党员都要把宣传《抗日救国十大纲领》作为中心任务来完成。当时宣传工作做得好的黄沙、大畈、板桥、慈口等地的人民群众，基本上都知道《抗日救国十大纲领》。二是积极动员群众，深入开展统一战线工作。新四军大畈通讯处除宣传发动群众外，还利用各种合法形式组织抗日团体。潘际汉、黄全德等人还到国民党第六十军（军长卢汉）驻大畈某部内做统战工作，很快与某部参谋长杨华（中共地下党员）取得联系。以武装民众的名义，取得了一定数量的枪支、军用物资与宣传用品。

---

① 郭述申:《湖北农民运动与组织工作》1938年。

设在鄂南的新四军通讯处还有通城、大冶、阳新三个，他们在抗战初期同样做了大量的工作。通城县新四军通讯处主任邱炳，带领工作人员10余人，以城内袁家饭铺为活动地点，担负起收集失散红军、宣传《抗日救国十大纲领》、发展党组织三大任务，他们还积极为新四军筹集粮食和药品，在通城动员30余人参加了新四军。阳新新四军通讯处设在陶港，主任赵勤，在该处活动的还有黄玉堂等人。1938年1月，这个通讯处被阳新地方顽固派破坏，赵勤等6人被杀害。大冶新四军通讯处在冯玉亭、彭济时、柯逢年、陈立群等人的主持下，也积极开展活动。

二、中共鄂南特委的成立及其为开展游击战争所做的准备

1938年5月19日徐州失守。日军转兵南下，进逼武汉，保卫武汉迫在眉睫。同年5月22日，中共中央发出《关于徐州失守后对华中工作的指示》。与此同时，中共湖北省委正式成立。中共中央在对华中工作指示中提出，希望湖北省委大批动员在武汉的鄂赣皖三省的进步学生、工人、知识分子回到自己的家乡，组织武装，开展抗日游击战争，保卫家乡。

1938年7月，中共湖北省委派何功伟回鄂南。

7月初，何功伟回到咸宁，将家乡学生的读书会——扶摇社改造为抗日的社团，宣传党的抗日方针政策。他吸收何功国（何勋）、何功济（何愚）、雷同（雷荫民）等人入党，并建立了中共咸宁柏墩支部，书记雷同。青年学生有了领导他们抗日的核心，都积极要求入党，扶摇社的社友大多数都成为共产党员。这些新党员，又分散到各地去发展党的组织。7月中旬，柏墩支部扩建为咸宁特支，书记何功楷。不到两个月时间，咸宁县的共产党员发展到100多人，建立了柏墩、大幕山、桃坪、马桥四个区委。不久，组成中共咸宁中心县委，书记何功伟，组织部长潘际汉，宣传部长黄全德。同月，郭益进等人在大冶组成中共大冶中心县委，书记郭益进，组织部长林平，宣传部长郭亮，统战部长冯玉亭，军事部长彭济时。大冶中心县委成立后，恢复了大冶

城关、姜桥、铜矿等区委。此外，窦联顺等在通山组成中共阳通县委，书记窦联顺。张进、江国忠等人在蒲圻组成中共蒲圻特支，负责人张进。张文明等人在嘉鱼江南支部与渡普特支的基础上，组成中共嘉鱼县特别支部。

根据鄂南党组织蓬勃发展的形势，中共湖北省委决定在咸宁、大冶两个中心县委的基础上，组成中共鄂南区特别委员会（简称鄂南特委），统一领导鄂南十县的工作。

1938 年 8 月，中共鄂南特委在咸宁仙人墩正式成立。特委书记何功伟，组织部长刘青，宣传部长黄全德，特委委员有郭益进等人。

鄂南特委建立后，遵照党中央关于华中工作的指示以及当时保卫武汉的需要，迅速将党员派往各地：何功楷、钱远镜、李一戎到咸宁。王锡珍（陈约珥）、王佛炳、刘光前到崇阳。张进、江国忠到蒲圻。刘青、黄全德、郭益进、彭济时、胡特庸、侯彦、赵龙骧等到阳新、大冶。黄菊庄、甘佐皋到通城。潘际汉、窦联顺到通山。肖子南、王健民、舒江皋、王水、潘斌、许保民、许大鹏等人在武昌。

鄂南特委成立的时候，日军已沿长江分江北、江南、溯江三路进逼武汉。9 月 25 日，富池口陷落。10 月，激烈的武汉保卫战江南战场在鄂南土地上进行。鄂南特委在恢复、发展党组织和宣传组织群众抗日的同时，抓住时机，为开展抗日游击战争进一步做了大量的准备工作。

1. 训练干部。早在恢复党组织的初期，鄂南党的领导人就进行了大量的工作。他们一方面选派优秀青年去延安抗大、八路军武汉农民训练班、汤池训练班等处学习；另一方面各县委成立后通过党员训练班、青年农民训练班、抗日学校等形式，培训了大批的干部，如武昌县委王健民和八路军武汉办事处张执一在武昌龙泉江王村办的抗日学校和崇阳县委王佛炳在华陂办的抗日学校，都办得很好。

2. 积极物色军事干部。开展游击战争，需要懂军事的干部。这时，鄂南特委一方面积极寻找流散在鄂南的红军干部。如张曙光，汉川人，长征路上被打散后，长期隐蔽在武昌青山咀当长工，在汉川恢复党的关系后，又回到鄂南。与张曙光同时回鄂南的还有天汉苏区干部祁曙东。在这一时期归队的红军军事干部还有红军连长王儒林（后更名王苏、王一鸣）、红军手枪队班长程贤友等人。另一方面动员有军事斗争经验的各类人员出来打游击。咸宁县委成功地团结何寰桢，就是动员旧人员的一例。何寰桢当过县保安团团长，有军事工作经验，在旧军人中有号召力。特委书记何功伟向他宣传抗日民族统一战线的政策，劝他以民族大义为重，共赴国难，他后来出任了党所领导的咸宁自卫大队二大队队长一职。

3. 积极收集枪支弹药。这方面的事例很多。8 月，西北军六十旅旅部驻在大冶县委统战部长冯玉亭家，冯玉亭与该旅旅长混得很熟。10 月中旬，该旅撤往湖南时，将带不走的 70 多支步枪及一批弹药和军需物资交给冯玉亭。10 月下旬，许大鹏等在家乡油坊岭以乡村促进会的名义组织群众收集枪支，他们一面自己捡枪、捡子弹，一面从散兵手里买，三五块银圆一支步枪，一二十块银圆一挺机枪。有一次，他们还从一口塘里捞起机枪 6 挺，步枪 100 多支，子弹近万发。在很短的时间里，他们就收集步枪 400 多支，机枪 20 来挺。在这期间，咸宁、崇阳县委也收集了一批枪支子弹。武昌县委王健民、潘斌等在保福祠地区收集了几十支步枪。

第三节　在抗日民族统一战线旗帜下开展群众救亡运动

自 1937 年 9 月八路军武汉办事处成立之日起至 1938 年 10 月 26 日武汉沦陷这段时期内，中共中央长江局、湖北省委、鄂南特委在鄂南土地上进行广泛的群众救亡宣传活动，群众救亡组织遍及鄂南的每个角落。

一、群众救亡宣传活动遍及鄂南

1. 南京、北平和天津学生宣传团[①]在鄂南各地的活动

1937年日军进攻上海，中共南京市委决定动员南京学联和平津流亡同学会的部分积极分子组成首都平津学生宣传团，宣传团员五六十人，推选董凌云、胡笃弘、李赓、方璞德、叶笃廉、陈士方、李植青为宣传团执委，董凌云任团长。宣传团建有党的支部，支部委员董凌云、胡笃弘、方璞德，董凌云担任支部书记。首都平津学生宣传团于1937年12月10日到达武汉，增加了一批新团员，根据湖北省工委农运负责人何功伟的安排，宣传团分为两队，分赴江北黄麻地区与江南大冶工矿区开展活动。江南一路称二队，由胡笃弘任领队。1938年春，在汉冶萍公司与地下党员姜铎（蒋立）等人取得联系，开始进行抗日救亡的宣传活动。他们除运用演剧、歌咏、漫画、壁报、讲演、访问等方式进行活动外，还在晚间举行抗日救亡问题的讲座。宣传团的公开活动与大冶工矿区特委的地下活动相结合，有力地配合当地工作的开展。

2. 上海救亡演剧二队与孩子剧团在鄂南的活动

1937年11月26日，根据周恩来的指示与安排，洪琛、冼星海等人率领上海救亡演剧二队一行30余人到大冶工矿区。不久，武汉大学学生救亡歌咏队数十人也加入这个行列。他们深入黄石港、石灰窑、袁家湖、铁山等产业工人聚集的地区，在工厂、矿山、学校、伤兵营、农村中教唱抗日歌曲，散发抗日传单，演出《卢沟桥》《放下你的鞭子》《逃难到黄石港》等活报剧，收到了极好的效果。冼星海以满腔的爱国热忱，在鄂南进行流动演出。他还帮助黄石振德中学组成学生歌咏队，帮助大冶铁矿组成由工人参加的冶雄歌咏队。“起来，不愿做奴隶的人们，把我们的血肉，筑成我们新的长城！”激起了鄂南人民大众的共鸣。

1938年3月，共产党员吴新稼、林犁田等人率领由上海沪东学生组成的

---

① 当时称首都（南京）平津（北平、天津）学生宣传团。

孩子剧团到黄石。他们之中，年龄最大的只有13岁，最小的仅有8岁。小歌手们为工人演唱《帮助我们的游击队》《团结起来》《保卫大武汉》，更是激动人心，催人泪下。

3. 郭沫若领导的文艺队伍在鄂南的活动

抗日战争爆发后，郭沫若只身从日本归来，任国民政府军事委员会政治部第三厅厅长。他团结全国文化界知名人士阳翰笙、胡愈之、田汉、洪琛、徐悲鸿等人，领导着4个抗敌宣传队、10个抗战演剧队、1个孩子剧团、1个漫画宣传队、1个电影制片厂和5个电影放映队，加上勤杂人员与警卫人员，共3000人以上。这支浩浩荡荡的宣传大军，深入武汉的大街小巷、郊区县和鄂南的城镇乡村、工矿、兵营、学校开展大规模的宣传，提高了人民大众与国民党爱国官兵的民族觉悟，唤起了军民的爱国热忱。

1938年6月刊登在《新华日报》上的署名文章《晚会在阳新》，向读者介绍了抗敌宣传队在阳新刘家湾宣传抗日的情形。文章说："刘家湾是一个一共只有50户人家的村庄，全村都姓刘，我们住在这里一星期，经过多次的家庭访问，跟湾里的男女老幼都混熟了。什么要宣传的话，都已说得很明白了。"由于当时正是农忙时节，但"晚会还是开了起来。村里的男男女女、老老少少都集中禾场看了宣传队的演出，许多人感动得落下了眼泪。这时一个中年农民站起来问大家，如果是日本鬼子打来了，我们怎么办。在场的人都齐声回答：'日本强盗如果来了，我们总是没有好日子过的，要说逃，我们也不能把田地、房屋背着走呀！逃是死路一条，要是白白等死，那还不如团结起来与他们拼。'"由此可见，当时宣传工作是多么深入人心。

1938年9月15日夜，中日双方军队鏖战的时刻，郭沫若等亲赴土塘、阳辛镇前线阵地，看望守土将士。9月16日，沈钧儒、张澜、李德全等还率武汉各界组成的战地慰问团到了阳瑞前线，抗敌宣传队在隆隆的炮声中向将士们进行了慰问演出。

二、鄂南的群众救亡组织

1. 湖北省战时乡村工作促进会在鄂南各县建立分会

战时乡村工作促进会（简称乡促会）是中共湖北省委领导的、在农村中最有群众基础的群众救亡团体。它于 1938 年 1 月，由董必武联络孔庚、黄松龄、马哲民在武汉成立。中共湖北省工委农运负责人何功伟是省乡促会的秘书。鄂南各县在 1938 年春都成立了这一组织，其中武昌、崇阳、蒲圻等县最为活跃。

武昌县乡促会的主要负责人是许保民。该县油坊岭、保福祠、五里山、十字岭、青山等地都成立了乡促会支会。特别是油坊岭支会，由于有大革命时期就有威信的共产党员许保民为支会会长，工作很出色，会员有 400 余人，当地的小学教员都参加了支会的工作。油坊岭、保福祠乡促会支会还办有抗日宣传站，宣传中共提出的《抗日救国十大纲领》，揭露日军侵华暴行。

崇阳县乡促会分会由北平回乡参加抗日救亡运动的全国民先队队员、燕京大学教授吴藻溪和其妻子王克诚负责组织，吴藻溪任分会会长。分会会址设在崇阳华陂老屋畈。吴藻溪在崇阳的活动，得到了中共崇阳县委书记王佛炳的支持。吴藻溪夫妇在崇阳县南门办起一所抗战学校，有学员 20 余人。他们还从北平、武汉等地运回一批进步书籍，在学校中办起永兴书馆。这个学校的学员都是崇阳乡促会的积极分子。

2. 活跃在咸宁一带的抗日后援会与抗日动员委员会

（1）咸宁抗日后援会

抗日战争爆发后，鄂南各地都先后建立起抗战后援会，开展训练壮丁、募捐支援前线等项工作，都取得了一定成绩。其中，咸宁县抗日后援会活动最有成效。

咸宁县县长戴超群，钟祥县人，是一个具有爱国热忱的知识分子。他出任咸宁县长后，积极主张抗日，常到艾家墩和群众一道挑土建飞机场。当时，担任县政府秘书的王功魁系中共地下党员，戴超群对王功魁十分信任。1937

年秋，为了发动咸宁的抗日救亡运动，中共党员聂洪声奉命回咸宁联合国民党县政府，成立了咸宁抗日后援会，会长聂洪声，副会长夏干臣。后援会建立后，开展“一人一日一分钱”的募捐活动，广泛地发动了群众。

（2）咸宁抗日动员委员会

1938 年春，根据中共湖北省委要求，在咸宁抗日后援会的基础上组成咸宁抗日动员委员会，会址在县民众教育馆内。县长戴超群表示支持该会的工作。咸宁抗日动员委员会有十几名工作人员，其中有几名是共产党员，还建有党支部。他们将《论持久战》等册子到处发送，并组织话剧演出、唱救亡歌曲、办墙报、画抗日宣传画、慰问伤病员等活动，鼓舞了军民抗日的斗志。

3. 抗战教育研究会在大冶

抗战教育研究会，是在中共湖北省委倡导下，由当时的知名人士孔庚、沈钧儒、陈时、王造时、马哲民、光未然等发起建立的，是一个研究与推行抗战教育的群众抗日团体。该会建立后深入大冶做了下列工作：

（1）主编《工人周报》。《工人周报》开辟有时事述评、政治述评、抗日前线动态、全国工人救亡运动动态等，主要发表抗日救亡文章。

（2）兴办工人夜校。抗战教育研究会在大冶矿区办了工人夜校三所，上夜校青年工人数百人。工人夜校教工人读书认字，组织读报与教唱抗日救亡歌曲。

4. 青年救国团

青年救国团简称“青救”，1937 年 12 月 20 日在武昌成立。它比全国性先进青年组织“民先队”（全称为中华民族解放先锋队）有着更广泛的群众基础。杨学诚、何功伟等人都是武汉青年救国会的负责人。

5. 扶摇社

扶摇社，开始是不带政治色彩的自由结社，由咸宁的一些青年学生组成。1938 年 7 月，何功伟回到鄂南以后，把扶摇社的何功济、何功国、雷同、何功楷等人引向革命。这时，扶摇社有社友 20 人，入党者有 13 人，其中，除一人叛变外，都成为鄂南抗日时期的骨干力量，有 5 人牺牲在抗日战场上。

6.《新华日报》推销站

《新华日报》是抗战时期中国共产党能在国民党统治区公开发行的唯一报纸。1938 年 3 月,《新华日报》记者张明到大冶石灰窑，与共产党员于仲儒、姜铎商量决定，由吴运铎在石灰窑土门 18 栋成立《新华日报》推销站。这个推销站，在石灰窑区特委领导下进行工作，组织工人阅读与传递《新华日报》，举行时事座谈，募捐支援八路军。

除上述组织以外，还有活动在嘉鱼县的抗日救亡宣传队，崇阳县的抗日募捐委员会、儿童抗敌服务团，大冶县的战地服务团等组织。

第四节　武汉会战期间的鄂南战场和日军入侵鄂南的暴行

一、爱国将士喋血鄂南战场

武汉会战，从 1938 年 6 月 12 日日军在安庆登陆到 10 月 25 日中国军队撤离武汉，历时四个半月。战场在武汉外围沿长江南北两岸展开。战斗初期，日军动用 5 个师团，后期达 12 个师团，120 余艘舰艇，500 余架飞机，共 35 万余人。国民政府军事委员会确定长江以北的第五战区和长江以南的第九战区联合进行保卫武汉的作战。重点立于外线，逐次抵抗，消耗日军，防御重点保持在长江以南。战役中不断增兵，后期达 129 个师和其他部队，40 余艘舰艇，100 余架飞机，共约 110 万人。

武汉会战，中日双方军队在纵横千里的战线上激战四个多月。阳新一带是江南主要战场，自 8 月 24 日瑞昌县城失守至 11 月 9 日通城县城陷落的两个半月时间，鄂南土地上大小战斗数百起。中国军队的广大爱国官兵英勇杀敌，不少健儿牺牲在鄂南土地上，表现出中华儿女舍生忘死、忠勇爱国的精神。

1. 死战田南要塞

田南要塞，指位于鄂南长江北岸的田家镇与位于长江南岸的富池口、半壁山一线，这里形势险要，田家镇、半壁山、富池口三处的山岭隔江耸立，江面狭窄，易守难攻，是武汉的东大门。

9月14日，40余艘日舰在空军的掩护下，以猛烈火力轰击江南要塞富池口，配合其第9师团和波田支队西进。日军大量施放毒气，中国军队冒毒气死守，数度退敌，牺牲惨重。25日，富池口陷于敌手。在此前后，守卫在江北田家镇要塞的中国军队，与敌人激战八昼夜，牺牲逾万。结果，敌人在百门大炮与70架飞机的掩护下，狂轰滥炸，并数次大量施放毒气，田家镇阵地的守军成连成营地壮烈牺牲。29日晚，田家镇陷落。

日军自攻占富池口后即不断以海空联合掩护其海军陆战队在半壁山、六步墩间强行登陆。同时，步兵在富池口架设帆布桥强渡。守军九十八军三八五旅全旅官兵沉着应战，击沉击伤日舰艇数艘、毙伤日军数百人。田家镇陷落后，江防门户洞开，半壁山阵地独负守江重任。江南、江北、溯江而上的三路日军，集中力量，连续几天，出动战舰和飞机对半壁山阵地轮番狂轰滥炸，多次施放毒气，7次强行登陆，均被守军击退。10月4日晨，日军出动舰艇32艘，汽艇70艘，飞机80余架，掩护波田支队和第5特别陆战队从富池口、田家镇向半壁山猛攻，守军与敌人血战于半壁山下。半壁山弹丸之地被炸成焦土，守土部队在日军飞机、大炮、毒气的攻击下，伤亡惨重。三八五旅是个加强旅，在半壁山的保卫战中阵亡826人、伤248人。10月4日深夜，最后守卫半壁山山顶阵地的一一二四团第二营两个连，只剩下20多人了，奉命转防梁子湖。

2. 与岩岭山阵地同存亡

10月5日，攻占武宁箬溪的日军第27师团主力，沿鄂赣公路进犯鄂南。10月8日，在武宁与通山交界之岩岭山与中国军队六十军某营遭遇，中国军队利用岩岭山有利地势，与日军苦战三昼夜，日军伤亡数百人，没能前进半步，后日军调来飞机大炮狂轰滥炸，并施放大量毒气弹，该营官兵全部战死在阵地上。

3. 血染富水河

10月上旬，沿阳（新）瑞（昌）西犯的日军到达木石港后西窜排市。守军一八四师与日军激战于石梯、汤公泉、仰天窝一带，誓与阵地共存亡。日军伤亡惨重，恼羞成怒，不仅派飞机轮番轰炸，调大炮狂轰，而且大量发射毒气弹，守军伤亡过半。阻击战从10月1日坚持到5日，日军在排市周围多次强渡富水，均被击退。10月6日，日军出动汽艇百余艘强行登陆，双方展开肉搏，鲜血染红富水河。

4. 与桂花矶永存的炮兵

10月15日，奉令守大冶西塞桂花矶炮台的一个炮兵连和独立二旅某部，坚守炮台阵地，阻击日军西进。经过一场激战，他们全部殉国。

5. 郑营长血洒虎山

11月3日，日军2000余人，进击蒲圻县黄龙象山、虎山中国守军阵地，经三度肉搏冲刺，日军死伤700余人。4日拂晓，日军增援千余步兵，在数十架飞机的掩护下再度猛攻，守军阵地被毁殆尽。象山失守，虎山危急。守卫虎山的某营官兵，在郑营长指挥下坚守阵地，两度肉搏击退了敌人。日军又出动飞机向虎山滥炸，并投掷燃烧弹。顿时，虎山一片火海，这一营官兵死伤大半，郑营长左臂中弹受伤，仍沉着指挥余部作战至午刻，终因众寡悬殊，被敌重重包围，经一场激烈的肉搏冲刺，郑营全部殉国。

6. 中山舰金口“遇难”

1938年10月24日，中国海军中山舰在金口一带江面警戒。12时许，6架日机轰炸中国满载军火的10余艘驳轮。中山舰官兵奋起迎击。作战中，中山舰被日机击中，舵轮失灵，高射机炮被炸坏，指挥台崩塌起火，舰长萨师俊手受伤，脚被炸断，仍坚持指挥战斗。这次作战，日机被击中3架，中山舰也在沌口沉入江底，萨师俊等16名官兵壮烈牺牲。

二、鄂南各县沦陷的经过

1938年8月24日瑞昌失守，江南战场日军分兵沿瑞码、瑞阳、瑞武公路向阳新挺进。日本海军也溯江而上进攻田南要塞，中日双方在阳新山岳地带激战一个多月。9月10日，阳新境内的大风山被日军占领。24日，日军占领木石港。25日，富池口失守。10月4日，半壁山陷落。6日，排市被敌占领。沿瑞武公路进犯的日军10月5日占领箬溪后，沿鄂赣公路向阳新进逼。10月18日，星潭铺失守，阳新县城陷落。至此，日军又分兵进犯：一路沿富水进攻通山；一路沿三溪口、杨畈进攻咸宁；一路经大冶向金牛、贺胜桥进犯。同时，海军陆战队自长江进入大冶湖、梁子湖配合行动。10月27日占领粤汉铁路上的桃林铺车站（此地在咸宁横沟桥与贺胜桥之间）。同日，通山县城陷落。进入咸宁的日军又兵分两路，一路沿粤汉铁路进攻蒲圻、嘉鱼，一路沿湘鄂公路进攻晓岭，攻占崇阳、通城。

附：鄂南各县县城沦陷时间表

县别	县城陷落时间	县别	县城陷落时间
阳新	1938.10.18	咸宁	1938.10.29
大冶	1938.10.21	嘉鱼	1938.11.3
鄂城	1938.10.22	蒲圻	1938.11.6
武昌	1938.10.26	崇阳	1938.11.6
通山	1938.10.27	通城	1938.11.9

三、日军入侵鄂南的暴行

日军侵略中国，在世界文明史上留下最野蛮最可耻的一页。下面，是日军侵犯鄂南时的一些暴行。

（一）对鄂南城乡进行毁灭性的轰炸

在武汉保卫战的四个多月时间里，日军飞机对鄂南10县县城进行毁灭性的轰炸。据不完全统计，截至11月上旬，鄂南各地被日军轰炸数百次，炸死炸伤近万人，炸毁城镇20余座，村庄数百个。如大冶县城，在1938年7月至10月里，就被日机轰炸75次，炸死400余人。阳新兴国镇、通山通羊镇、崇阳天城镇、通城隽水镇等都是唐宋以来的古镇，鄂城城关更是两千多年的东吴古都，均被日机狂轰滥炸，几乎夷为平地。阳新县兴国镇在1938年8月某日被日军12架飞机轮番轰炸，死伤1000余人，房屋被毁150余栋。9月某日通城县城经日机轰炸，死100余人，毁房屋360余栋。通山县城被轰炸起火，连烧三日，城中主要街道被毁，死100余人。9月底至10月上旬，日机6次轰炸崇阳天城镇，炸死军民2000余人，毁房1200余栋。

（二）悍然违反国际公法，在战争中施放毒气

1925年，世界主要国家在日内瓦通过协定书，禁止在战争中使用窒息性、有毒性的气体及一切类似的液体或物体，禁止用细菌或类似的方法作战。日本是当时在这个协定书上签了字的国家，但他们无视国际公法，在对武汉作战中施放毒气375次，发射毒气弹4000发以上。

日军在战争中放毒气弹，残害当地人民。日军进攻阳新石角山时放毒瓦斯，当地有2000多人受害。

（三）日军所到之处，烧杀奸掳无恶不作

日本侵略军每到一处，都要杀人放火，奸淫掳掠。1938年10月，日军占领大冶后，在殷祖附近抓老百姓100余人，绑在山坡松树上做“活人靶”练刺刀、比赛射击。11月上旬，日军占领崇阳天城镇后，沿湘鄂公路继续南犯，在石城乌龟山俘虏中国军队第六十军的800余人，押至石城下首青松庵用机枪扫射，无一幸存者。接着，日军又在石城荻州畈杀死无辜百姓300余人，其中徐家大屋被杀80余人，致使该地多年荒无人烟。

至于烧毁民房，更是无法统计。1938年11月中旬，日军路过通山宝石，见林荫中的数百家青砖瓦屋，即纵火烧屋毁林，将这个有400余户的古老山村烧去大半，并杀害老幼青年10余人。日军在鄂南的奸淫暴行更令人发指，所到之处从10余岁的幼女到60多岁的老妪都不能幸免。据各县统计，仅

1938年10月至11月，鄂南各地被日军奸淫的妇女有2000余人，其中被轮奸致死致残的幼女、老妪在100人以上，并将青壮年妇女掳至白霓桥、楠林桥、星潭铺、刘仁八等地据点与兵站之中，肆意糟蹋。

（四）抓劳工，掠夺资源

1938年10月，日军占领大冶工矿区之后，立即将铁山附近27个村庄全部烧毁，将方圆10余里的矿山围起，装置6600伏的电网，并在路上修起碉堡10余座，把矿区变成法西斯的集中营。然后，到处抓劳工，强迫他们为其掠夺战争服务。

被关进集中营的劳工，没有丝毫的人身自由，稍不顺从就被抓去活埋，或让狼狗咬死，惨不忍睹。

第二章

鄂南抗日武装的初创，抗日游击战的开展

第一节　中共鄂南党组织领导的抗日武装

1938 年 11 月 9 日通城沦陷后，鄂南除九宫山、幕阜山麓少数地方外，都沦于敌手。沿岳阳新墙河、临湘大云山、通城九岭和麦市、崇阳高枧、通山横石潭、修水南茶一线是中日正面交战主体战场前沿。这时，中国的抗日战争进入相持阶段。

鄂甫沦陷前，中共鄂南特委已遵照中共中央《关于徐州失守后对华中工作的指示》，为“武装民众，准备和发动游击战争，有计划地建立几个基干游击队与游击区”做了必要的准备。因此，鄂南地区沦陷后，鄂南党组织领导的几支抗日武装先后建立。这时，鄂南特委与省委失去联系。根据省委预先的安排，1938 年 12 月鄂南特委派王锡珍（陈约珥）去平江县嘉义镇与湘鄂赣特委接上关系。12 月底，按照湘鄂赣特委的决定将鄂南特委改为通山中心县委，习惯上称鄂南中心县委。1939 年 6 月 12 日“平江惨案”发生，鄂南中心县委与湘鄂赣特委失去联系。1940 年春再与湘鄂赣特委接上关系后，遵特委决定将通山中心县委改为中共鄂南代表团。自鄂南沦陷到 1940 年 6 月，鄂南党组织为开辟鄂南敌后游击战争，创建抗日武装，走过一段十分坎坷的路程。

一、鄂南抗日武装的建立

鄂南党组织在武汉沦陷初期建立抗日武装，为适应当时的客观形势，有的是由党直接组织领导的，有的则是在抗日统一战线的旗帜下利用合法名义组织的。

1. 八路军鄂南抗日游击纵队。有两个纵队：一是 1938 年 6 月，中共大冶中心县委在大冶刘文武村与项家山一带组织的“八路军鄂南抗日游击纵队”，司令员由中心县委军事部长彭济时兼，政治委员由鄂南特委组织部长刘青兼，有30余人枪，活动在阳大交界的山区。二是1938年9月，曾在土地革命时期担任过中共大冶县第五区执行委员的郑世顺，在大冶南山头脚下的郑家沟组织的“八路军鄂南抗日游击队第二纵队”，司令员郑世顺，政委彭玉珍（红军干部）。该队组建后，共产党员冯玉亭按中共大冶中心县委的指示，将他从西北军独立六十旅搞到的枪支弹药给了他们一部分。其时，该纵队有30多条枪，40余人，活动于大冶、鄂城边界。

2. 崇阳县抗日大队。1938年8月底，中共崇阳县委在华陂畈组建崇阳县抗日游击队，拥有60余人，40多支枪，县委书记王佛炳兼任队长，程澍堂为副队长。该队队员多数是共产党员和崇阳抗日学校培养的爱国青年。同年9月，崇阳县委吸收了积极与中共合作抗日的西山游击支队队长熊鹤龄入党。9月底，王佛炳、熊鹤龄进西山，与西山支队李伯勋等谈判，将崇阳县抗日游击队与西山支队合编，合编后改名为崇阳县抗日大队，有800余人枪，大队长熊鹤龄。崇阳抗日游击队为大队的直属中队。

3. 湘鄂赣游击总指挥部直属咸宁第二大队。1938年7月6日，何功伟从武汉回咸宁柏墩，在组建中共鄂南特委和发展党组织的同时，即着手建立抗日武装。他派人到西岭、挂榜山一带组成农民抗日自卫队，在陇口冯的太尉庙建立一支农民自卫队，有40余人，10多条枪。8月中旬，中共鄂南特委在中田畈召开咸宁县党员会议，研究扩大抗日武装和建立抗日民族统一战线问题。会后，何功伟动员咸宁士绅何寰桢出任游击队队长，咸宁县的党组织派党员去各地收捡枪支，动员爱国青年和招集流散的士兵。到10月，在农民自卫队的基础上组建了一支300余人的游击队。游击队分为三个中队，驻在柏墩、马桥附近，拥有3挺机枪，300余支步枪，何寰桢任大队长，雷同任大队指导员兼第一中队指导员，钱远熔、钱远镜分别任第二中队中队长、指导员，刘克林（孝感人）、何功国分别担任第三中队中队长、指导员。该部首战挂榜山告捷后，自称湘鄂赣边区游击总指挥的一二八师师长王劲哉派该师靠拢共产党的政治部主任田任秩（大冶人）来与游击队联系，提出了收编游击队的问题。当时，鄂南特委同意在原编制和领导人员不变的条件下，将游击队名称改为湘鄂赣总指挥部直属咸宁第二大队。

4. 梁湖抗日游击大队。1938 年 8 月，由中共湖北省委直接领导的武昌区委成立时，省委秘书长王翰宣布武昌区委的主要任务是在武汉失守后将区委移至保福祠一带农村，发动群众，开展敌后游击战争。10 月 22 日，武昌区委王健民、王水、潘斌、肖子南和党员胡传经、况公仆等会合于保福祠，当即就保福祠共产党员掌握的枪支组建了一支小游击队。随后又考虑到保福祠虽有好的群众基础，但离敌人据点太近，队伍没有回旋余地，因此，区委把发展抗日武装的地方改为鄂城涂家垴。

王水、王健民到达涂家垴后，首先走访设在白云寺内的经馆，结识了爱国学生鲁伯英和当过红军连长的王儒林。王儒林见到王水等人时，激动地说：“国家兴亡，匹夫有责。今天，我重新入伍打日本鬼子的愿望要实现了。”他更名王苏，意思是要在痛苦中复苏。通过王苏又找到了当过红军的刘守信，同时，王苏向武昌区委介绍了涂家垴一带当权派的情况。这个武鄂交界地区表面上有区、乡、保，实际上是大姓大族的士绅当权。鲁斗南是当地有威望的爱国开明士绅，鲁伯英是他儿子，因此他对王水、王健民等组建抗日武装是积极支持的。

武昌区委紧接着在涂家垴召开 300 多人的群众大会，由鲁伯英等人带头当场表示，要拿起枪杆打击日本侵略者，保卫家乡。会后，王健民、潘斌、况公仆等把收藏的 50 多条枪集中到白云寺。当时，涂镇一带因日军尚未去过，流落有许多伤兵、难民。涂镇商会会长王锡三收集有国军溃军的步枪七八十支，机枪 4 挺。他打着“保商安民”的旗号，制造了“伤兵抢劫”事件，暗中与金牛的维持会会长柯有吉信使往来，准备成立维持会。这时，武昌区委决定收缴王锡三所收藏的枪支。

1938 年 11 月中旬，武昌区委召开扩大会议，研究抗日游击队的名称、建制、领导成员、兵源、军饷等问题，在征得群众代表和爱国士绅同意后，即在白云寺举行大会，宣布梁湖抗日游击大队成立。大队长王水，第一副队长兼第一中队中队长王苏，第二副队长兼第二中队中队长潘斌，第三副队长兼第三中队中队长况公仆，军需主任鲁斗南，士兵150多人，稍后即发展到200多人，步枪150多支，机枪4挺。

1939年5月，这支部队为建立广泛的统一战线，在领导人员和驻地不变等条件下，受编为湖北省第一区保安司令部直属国民自卫队第一大队，仍简称梁湖大队。

5. 鄂南抗日游击队樊湖大队。1938年10月，在武昌乡促会工作的共产党员许大鹏、舒江皋，在油坊岭一带组建抗日队伍。他们通过动员油坊岭、豹子澥、九峰一带的农民组织小队伍和收容溃散的贵州兵，到11月就组建了一支抗日工作大队，许大鹏任大队长，有200多人枪。与此同时，爱国人士黄人杰利用自己的声望，以乡促会的名义收集散兵游勇和枪支，并开条子到各村收“救国捐”，也拉起了300多条枪、400来人的队伍。

1939年春节刚过，这两支队伍合并，自称鄂南人民抗日自卫总队，黄人杰任总队长，许大鹏任第一中队中队长，在该部工作的有共产党员刘思彬、刘茂公、齐遇春等人。不久，他们将番号改为鄂南抗日游击樊湖大队，后受编为湖北省第一区保安司令部直辖国民自卫队第二大队，简称樊湖大队。

二、“项家山惨案”和“高枧事件”“何寰桢事件”“郑家沟事件”

鄂南沦陷初期，各派势力蜂起，豪绅地主、失意政客、军人及其他暴徒都趁机以抗日为名，各据一方，各自为政，抓兵派款，互相火并，各自扩大自己的势力。至1939年春，队伍规模较大的头目：阳新有程金门、马振亚、吴桂斋、尹兰轩，大冶有田维中、陈在中、柯兴、欧阳毅、左宏德，鄂城有成渠、卢鸿雁、王宽林、廖义华、张奎甫，武昌有程尚武、肖磊，咸宁有周锡武（周九如）、吴良佐，蒲圻有孔耀庭，崇阳有熊默兴，通城有葛国华，湘北临湘有王翦波，赣北武宁有钟石盘，还有活动在鲁湖、梁子湖区的方步舟部。这些队伍中的代表人物，许多人对共产党组织的抗日队伍十分仇视，总是千方百计企图扼杀。1938 年 11 月发生的“项家山惨案”，就是阳新以马槐树、曹坤玉、马振亚为首的一伙豪绅恶霸、汉奸卖国贼制造的。在这一惨案中，鄂南特委驻大冶中心县委代表刘青、中心县委组织部长林平、宣传部长郭亮（女）等 4 人惨遭杀害。事情的经过是：

1938 年 10 月大冶城关沦陷前夕，大冶中心县委的林平、郭亮到项家山与活动在这里的程贤友会合，组织抗日武装打游击。林平、郭亮都是青年学生，在汤池训练班毕业后，以省建设厅农村合作事业指导员的身份到大冶。郭亮，生在大冶，长在武汉，16 岁入党。程贤友，阳新县中庄铺人，曾任鄂东南红军手枪队的班长，以后改名换姓隐居在项家山地区，发动项隆臣等青年走上革命道路。11 月初，中心县委在刘文武村开会，认为项家山条件好，要刘青等 10 人也上项家山。上山后，成立以项安之为书记的中共项家山临时支部，宣布成立鄂南抗日游击纵队。另外，因项家山原属阳新第四区管辖，县城与交通干线虽被日军占领，但农村政权还存在，林平等上山后便以新四军驻阳新、大冶通讯处的名义，找四区区长马槐树、副区长曹坤玉、联保主任马振亚（马槐树、马振亚后都成为伪军头目）就八路军、新四军在大冶组织武装在项家山抗日问题，与马、曹等谈判。第一次接触后，双方同意谈判地点在项家山。

11 月中旬一天上午，马槐树、曹坤玉、马振亚等带着 20 多名全副武装的护兵到项家山。谈判时，就地盘、给养、番号等达成协议，马振亚还写了便条：“兹有国共合作人员到彭和庄取枪，沿途关哨，请予放行。”当晚，协议墨迹未干，他们就密谋指使乡分队逮捕了去彭和庄取枪的程贤友、马保卿、朱明月、项以德、项隆柳、项安之等 8 人。

第二天上午，北乡分队长石均平带全队人员到秦家庄与马振亚的人会合，共 70 多人。经过周密策划，马槐树、马振亚在离项家山不远的一个独户村坐镇指挥，由石均平等土匪流氓，血洗项家山。

这伙土匪走到大保海村附近，遇见林平和曹某，他们不由林平分说，一拥而上，扭住双臂，抢去大衣，推到路旁山坳枪杀了。曹某猛踢这群匪徒，挣脱绳索，跑了四五条田埂，终被匪徒开枪击倒。傍晚，匪徒们赶到项家山，包围项家山村庄，刘青、郭亮、马泛舟、欧阳其家、张致祥、王泽宏、项隆臣、吴子义、马疤子等都壮烈牺牲。程贤友、朱明月、马保卿在匪徒审讯他们时，高声回答："共产党抗日何罪?！人民抗日何错?！你们这样下毒手，将会遗臭万年！"这次惨案从 11 月中旬开始，历时个把星期。中共大冶中心县委的干部，除郭益进、彭济时、冯玉亭三人有事不在山上幸免于难外，有 14 人惨遭杀害，还被抢走 30 多支枪及一批军用物资。这是反共顽固派在鄂南破坏抗日民族统一战线最惨重的事件之一。噩耗传到延安，中共中央召开追悼大会，悼念"项家山惨案"的死难烈士，痛斥国民党顽固派的罪恶行径。

"项家山惨案"发生后，在鄂南的反共顽固派还制造了几起流血事件，如"高枧事件"。1938 年 12 月，国民党崇阳县县长郎维汉收买原西山支队头目李柏勋等，在高枧里应外合，缴直属中队的枪支，捕捉中共崇阳县委和直属中队负责人，有两个中队长和一个支队副牺牲，熊鹤龄只身脱险。

"何寰桢事件"。1939 年元旦前夕，自称湘鄂赣边区游击总指挥的一二八师师长王劲哉，以"元旦团拜"名义通知咸宁第二大队大队长何寰桢去司令部，去后即行扣押，并逼他交出咸宁二大队的人枪。何寰桢不依不屈，惨遭枪杀。何寰桢牺牲后，一中队中队长聚众哗变，枪杀中队内的一名共产党员后把队伍拉走了。三中队中队长也将队伍拉回保安团，咸宁二大队遭到重大挫折。

"郑家沟事件"。1939 年 1 月 5 日，驻郑家沟的八路军鄂南抗日游击队第二纵队遭田维中部曹方阁支队偷袭，郑世顺、彭玉珍、王贤德、李圣和等领导人被杀害，队伍被吞并。

三、鄂南贯彻中共中央六届六中全会精神

1938年9月29日至11月7日，中共中央在延安召开六届六中全会。毛泽东主席在会上做《中国共产党在民族战争中的地位》的报告和《统一战线中的独立自主问题》的总结讲话。全会总结抗战以来的经验教训，确定了中国共产党在抗日民族战争中的地位。

1939年1月，中共通山中心县委书记何功伟在咸宁县马桥区何家新屋召开中心县委扩大会议，传达党的六届六中全会精神，参加会议的有王锡珍、黄全德、李一戎、钱远镜、何愚、雷同、熊鹤龄等20余人，会期近半个月。与会人员结合鄂南斗争实际进行讨论，体会到前段的失利和挫折是在抗日游击战争中坚持独立自主不够，对反共顽固派缺乏警惕。会上，中心县委作出加强党在鄂南工作的决定，决定明确指出要继续发展抗日武装，开展敌后游击战争。与此同时，为加强军事领导，湘鄂赣特委派吴铁刚（又名吴自立）任中心县委军事部长。同年5月，又改派从延安马列主义学院学习回来的饶国树，化名李平接替吴铁刚任中心县委军事部长一职。中心县委扩大会议结束后，立即着手加强党组织建设。这时，通山中心县委组成人员是，书记何功伟，组织部长黄全德，宣传部长王锡珍，军事部长吴铁刚（后为李平），青年部长何功楷，委员王佛炳。他们为加强各县的领导力量，1939年1月又组建中共咸宁县委，书记李一戎，组织部长何愚，军事部长钱远镜，宣传部长兼青年部长雷同，委员钱道权。2月，调王佛炳（化名雷鸣）到武昌，成立武昌县委，书记雷鸣，委员胡波（女，原名刘淑慎，后又改名江萍）、王水、王健民、舒江皋、吴铁刚（兼）。同时，派张曙光、祁曙东开展金水流域工作，任务是发展党组织、筹建一条贯通大江南北的地下交通线。4月，成立阳通工委，在通山宝石河建立联络站，调雷同任书记，委员窦联顺、刘祚斗。至1939年春，鄂南党组织又有新的发展，在通山中心县委领导下，下辖有阳大鄂代表团（包括大冶县委、阳新金凤区工委、鄂城特支），武昌、崇阳、咸宁等县委和阳通、咸蒲工委，有党员500多人。

在加强党组织建设的同时，鄂南中心县委加紧组织人民抗日武装。何功伟、吴铁刚、胡波都到梁湖大队，与武昌县委一道，加强对梁湖大队的领导。到1939年4月，梁湖大队发展到500多人，400多支枪，活动范围扩大到北抵鄂城梁子，东到沙咀，南及咸宁余花坪，西到斧头湖一带。与此同时，武昌县委派县委委员舒江皋、潘斌及一批党员干部到樊湖大队加强领导。到1939年5月，樊湖大队发展到1000多人、700多支步枪、20多挺机枪，舒江皋任大队指导员，潘斌任大队副，许大鹏任一中队队长，沈池麟任一中队指导员，蒋鹏任五中队队长。1939年春，自称湘鄂赣边区民众武装抗敌总指挥部的方步舟部，有共产党员冯玉亭任该部政治部主任，中共大冶县委负责人刘正旭、彭济时、石教珍、曹洪波也相继到方部工作。中共通山中心县委派陈珍如到方部建立中共特别支部，书记陈珍如，军事委员冯玉亭，组织委员彭济时，有党员50余人。1939年6月，中共湘鄂赣特委派通山中心县委军事部长李平为代表去鲊洲与方步舟谈判。当时，方步舟提出三点：（1）把方部改为新四军或八路军的番号，部队开过江北去；（2）要求派一批军政干部和曾在红十六师工作过的领导人去方部工作；（3）方步舟个人的前途问题。李平答应向上级反映他的要求，但有个时间过程。6月12日“平江惨案”发生，方步舟即资遣了在该部工作的共产党员，率部受编为第九战区湘鄂赣游击总指挥部第二纵队，1940年后称第九战区挺进军第八纵队，方为纵队司令员。再次表明方是个反复无常的人。

四、鄂南抗日游击武装初试锋芒

首战挂榜山　1938年11月初，咸宁第二大队已在挂榜山进行短期练兵。一天，哨兵报告，日军一个小分队朝鸣水泉方向行进。大队领导人何功伟、何寰桢和雷同，立即率二大队一中队穿过丛林，赶到鸣水泉边的山头，做好伏击准备。日军进入伏击圈，何功伟一声令下，顿时机枪、步枪齐发。日军没有想到，离据点几里路的地方会杀出一支抗日队伍，他们盲目还击一阵后，带着伤员逃走了。

八挂岩杀日军，南咀打橡皮艇 1938年12月初，马桥据点日军到挂榜山八挂岩“扫荡”。何功国带领咸宁二大队二中队的游击队员埋伏在八挂岩的险路旁，当日军尖兵路过时，机、步枪齐鸣，射倒日军2人。1938年底，保安据点的日军乘橡皮艇3只，到南咀一带渔船上抢鱼，梁湖大队二中队潘斌率两个分队飞舟前去阻击，打坏日军橡皮艇1只，击伤日军多名。此后，日军很长时间不敢到南咀掳掠了。

金贺公路上打汽车 从1938年12月到1939年初，梁湖大队第三中队在中队长况公仆领导下，在金（牛）贺（胜桥）公路上阻击日军汽车三次。第一次，阻击日军汽车1辆，打伤日军汽车司机1名，伤敌5人，夺取5支枪。正准备搬运汽车上的物资时，日军援军赶到，三中队撤出战斗。第二次，三中队埋伏在没有人烟的丘陵地带，当日军5辆汽车进入伏击圈后立即开火，由于日军火力很猛，终于冲出了伏击区。第三次，三中队用一束手榴弹埋在公路上，日军1辆汽车开过爆炸，没有造成日军伤亡。

盆塘畈夺回日军掳掠的财物 1938年12月下旬，曾家咀日军下乡掳掠，一连抢劫几个村庄，他们抓几个村民挑东西，向着盆塘畈走去。这时，何功国带游击队员埋伏在路边小山上，当敌人进入盆塘畈抢劫时，山上枪声大作，日军遭到突然袭击，丢下村民和抢去的财物逃回据点。何功国传讯各村各户认领被夺回的粮食、牛、衣物，群众千言万语盛赞游击队。

徐家桥伏击战 1939年5月的一天，驻金牛的日军100余人，由金牛伪维持会会长柯有吉带路，在涂镇掳掠后向金牛返防。下午4时许，当这群日军在通过徐家桥时，遭到梁湖大队一、三中队的伏击，打得敌人纷纷落水，日军伤亡10多人。这次战斗，对日军震动很大。第二天，日军气势汹汹，来徐家桥报复，但不敢过桥，只是架起钢炮，乱轰游击队战士埋伏过的山头。

保福祠武装智歼日军 1939年，驻山坡日军经常去保福祠掳掠，强奸妇女。共产党员葛鹏程、艾声扬决心带领群众杀杀侵略者的凶焰。7月上旬的一天，8个日本兵又到保福祠骚扰。葛鹏程等在酒店“请他们赴宴”。当日军酒兴正浓时，快慢机的子弹向他们射去，当即毙倒4人，其余4人冲出门外，有3人被群众用锄头、扁担击毙，只1人逃回山坡。不久，日军对保福祠人民进行了疯狂的报复。

麻塘村杀汉奸 咸宁麻塘村马桥伪维持会干事、汉奸沈逢臣经常带日军下乡，奸掳烧杀，强征粮食。1939年7月4日，咸宁抗日自卫队二大队二中队指导员钱远镜和队长钱远熔得悉沈逢臣回钱沈村，当晚即率小分队12人奔袭钱沈村，将其从床上拖至该村土地庙旁枪决，并贴上布告：“替日军办事者杀无赦！”

朱子桂山伏击战 1939年7月，驻武汉日伪军乘12辆汽车进犯豹子澥镇。樊湖大队一中队中队长许大鹏获讯即率部埋伏在镇西的朱子桂山上。当敌人所乘汽车进入伏击圈后，游击战士用猛烈火力打击敌人，击毁汽车数辆，杀伤日伪军数十人。

肃清土匪，保境安民 鄂南沦陷初期，日军奸掳烧杀，一些惯匪也横行乡里。1938年12月初，一匪首率众30多人，企图抢劫涂镇。梁湖大队一中队中队长王苏率部把土匪包围在涂镇西街头，通过喊话，匪众缴械，匪首反抗被击毙。同年12月中旬，有股土匪准备抢劫梁子镇。梁湖大队二中队中队长潘斌派一个分队埋伏在梁子镇渡船码头附近，匪徒十余人登岸就被擒获。这些行动使涂镇、梁子的商民十分高兴，他们积极出款支援梁湖大队的抗日活动。

五、鄂南沦陷初期群众性的杀敌活动

在抗日民族统一战线旗帜下，群众性的救亡宣传活动在鄂南深入人心。工农群众纷纷拿起武器，同日本侵略者进行殊死的搏斗。

董胜村人民杀敌 1938年11月，驻大冶县得道湾的3个日本兵，窜至东四乡董胜村强奸妇女，号哭之声惨不忍闻。村民董长隆即邀集数十名青年持刀矛杀死日本兵2人，跑掉1人。这时，一胡姓妇女回家拾取衣物，见那日

本兵伏卧在她家床底下，她佯装没有看见，急忙出门大喊，那日本兵又窜至楼上，村人把他从楼上柴堆里搜出，拖至村外杀死。3个日本兵既死，村人封锁消息很严密，得道湾日军没有发现蛛丝马迹。

窑工奋勇杀敌 1938年冬，有两个日本兵从嘉鱼县官堡乡乘船回县城据点。船经大团屋窑场时，两个日本兵见一妇女下河洗衣，就逼迫船家靠岸，弃枪去抓洗衣妇女，均被当地窑工打死。事后，日军数次搜查未获，最后纵火而去。

炸毁日军瓦斯车 1939年春，大冶矿工张昌林带领一支游击小分队，袭击日军为修复铁山至石灰窑江边铁路的李家坊工地，杀死日军4人。不久，日军查出李家坊张昌林的活动，将张昌林一家四口杀死。大冶“日铁”一些运输工人为了给张昌林报仇，在铁山至石灰窑江边的铁路上炸毁瓦斯车1辆，当场炸死日军6人，伪警8人，杀害张昌林一家的日军小队长吉野也被炸死。

老猎手击日酋 1940年2月的一天黄昏，崇阳石城的一小队日军从山里掳掠后回据点，老猎手邓大拓隐藏在日军必经的蔡家屋后树林里，待日军小分队走过时，开枪击毙其尾部指挥官。

徐达成英勇抗日 徐达成，通山县楠林桥人。1940年初夏，他见一日本兵进村寻奸妇女，就将这名日本兵诱至楼上击毙，缴获步枪1支。同年一个秋夜，他约青年三人摸进文化尖煤矿日本掌柜住房里，杀死日本掌柜，缴获短枪1支。徐达成还多次乘夜色摸入敌人营房杀敌、夺枪、捣毁武器。

孤胆英雄杨斌 杨斌，四川人，原二十七集团军士兵，在一次对日作战中被俘，押到蒲圻服苦役。1940年春，他摸了日军的枪和服装，从蒲圻县城逃走，经常在中伙铺至汪家堡的粤汉铁路两侧智歼日军。一天，3个日本兵窜到杨家岭乡间抢劫财物。杨斌发现后埋伏在日军必须通过的舒漆桥旁，当日本兵大摇大摆走到桥上后，他击毙1人，其余2人卧倒反抗，杨斌掷出1枚手榴弹又炸死1人，另1人滚下桥仓皇逃脱。杨斌常常装成日本兵或老百姓，摸清了汪家堡日军每天在铁路上查哨的时间和规律。1940年春的一天，杨斌头戴日军钢盔，身穿日本军服，足穿大皮靴，挎刀扛枪走到汪家堡附近的日军岗哨，岗哨里的敌人刚一转过身来，杨斌就给他一刺刀，拿起枪就走。1940年夏，10多个日本兵在杨家岭北庄徐家掳掠，杨斌抢占有利地形，开枪打死日军多人后躲开。他的这些活动，使得日军挖空心思要抓住他。最后，他被一个化装成农民的日本兵打死。

火烧日军军火库 通山县楠林桥是湘鄂公路上的重要集镇，日军在楠林桥设了兵站、军火库。军火库设在王桥徐家祠堂里，并在祠堂背后文化尖等处的制高点上筑了几个碉堡，派军守卫。1940年7月7日，侵略军为庆祝他们的“武运长久”，在楠林桥据点里大摆筵席，看守军火库的日军喝得烂醉如泥，一到徐家祠堂倒头便睡。在军火库里做仆役的少年徐亚东苦大仇深，1939年他的亲人被日军杀了，他孤苦一人被抓进这军火库里当苦力。夜深了，军火库里日军鼾声如雷，他感到报仇的机会到了，轻轻地把蜡烛移到隔壁的汽油桶附近，整个军火库立即在火海中爆炸，山上文化尖等处守敌见山下火光冲天，认为是中国军队进攻军火库，用机枪盲目扫射，山下军火库四周据点里的日军也盲目鸣枪壮胆。这样，山上山下的枪炮声和军火库的爆炸声响到天明，堆积如山的枪支弹药被火烧尽，守卫军火库的日军全部被烧死。英雄少年徐亚东虽然离开爆炸现场，但他终因受重伤没有逃出日军的虎口。

姚善功智袭日哨 1940年6月，离蒲圻茶庵岭镇不远的马鞍岭上有一日军哨所，守备日军13人。日军强拉附近村民为其修工事，并肆意虐待民工。马鞍岭山下姚村青年姚善功对此极为愤懑。一天，姚善功约集20名青年喝雄鸡血酒盟誓，决意杀尽哨所日军。第二天，他们各藏匕首一把，如往常一样抬树上山，将近哨所时，哨兵用枪拦住：“什么的干活？”姚善功答：“良民的干活！”并上前递烟点火，另一青年插到哨兵身后，拔匕首刺其喉，哨兵扑地无声。这时，哨棚里的日军正在休息，姚善功一挥手，大家冲进去一阵刀砍棍打，日军全被击毙，缴获机枪1挺，步枪6支。

奋起自卫的鄂南妇女 日军闯进鄂南后，侮辱奸淫妇女。广大妇女奋起自卫，严厉制裁日本侵略者。1939 年 4 月 20 日，驻崇阳白霓区的 5 个日本兵窜到龙浪乡一带奸淫掳掠。这天，龙浪乡岭背村有一曾姓妇女被一日本兵抓住按在床上，曾女急从床头摸出剪刀，朝这日军的喉部猛刺，日军将曾女拖至堂前剖腹杀死。1939 年夏的一天，嘉鱼县六码头据点里有一个日本兵窜至附近村庄抢劫，见一妇女在田间锄草，急步赶去，正在危急时其夫刘某赶来，将敌杀死。1940 年 6 月的一天，驻通城日军窜至竹坡屋，一敌抓住妇女张禄元欲行奸污，她奋力挣脱，躲进家里，用斧头砍死追来之敌，旋即弃家远逃。这些英勇的鄂南妇女，不畏强暴，奋起自卫，维护了中国妇女的尊严。

第二节　日军加强对鄂南的控制

武汉沦陷后，日本侵华军主力第 11 军驻在以武汉为中心的地带，“采取常驻自给态势”。他们以政治诱降为主，配合军事作战，以“建设大东亚新秩序”为诱饵，以“三光”政策为手段，拼凑伪政权，网罗伪军，推行以华制华的“治安强化运动”。

一、日军重兵侵占鄂南

日第 11 军辖 8 个师团和 1 个旅团，还有各种特种部队，总兵力 36.2 万人[①]。1938 年 12 月至 1939 年 9 月，驻鄂南的日军有第 11 军所辖的第 6、9、27 师团和波田支队，及第 15 师团步兵第 51、60 联队等。第 6 师团司令部驻蒲圻清净庵，部队驻崇阳、通城一带。第 9 师团驻咸宁至湖南岳阳铁路沿线，

① 未包括海、空军。抗战初期日军 1 个师团战时兵力约 2.2 万人，马 5800 匹，步枪 9500 支，火炮 108 门，战车 24 辆。

第27师团守星潭铺、通羊镇、楠林桥一带，第15师团步兵第51联队、第60联队驻扎于大冶、阳新，波田支队驻金牛镇、贺胜桥一带。

日本驻军经常换防，其军官、番号时有变动。驻武汉第11军的司令长官的人选变化也很大，自1938年至1945年先后有冈村宁次、园部和一郎、阿南惟几、横山勇等。因此，其下属部队的军官、番号、驻地以及兵力等也随之有变动。例如，第40师团于1939年6月在普通寺组成，10月末担任咸宁、通山、大冶地区的警备，参加过湘赣、宜昌作战，合计兵力14260人，马295匹，汽车138辆。第6师团司令部驻岳阳，后移驻蒲圻，主力集中在岳阳、蒲圻、崇阳、通城一带，到1943年，鄂南的主要驻敌为第40师团（称天谷师团），司令部驻咸宁文昌阁内，主力分布在粤汉铁路北段正面前线及嘉鱼、崇阳、通山一带。蒲圻境内有日军医院，规模较大。

在鄂南，日驻军除上述各正规师团外，长期保留的守备部队（或称警备队）总计有2万余人。所谓守备部队，系由满蒙与朝鲜人及一部分日正规军合编的，编制以60—100人为一单位，分驻各大小据点，上设司令部或守备队总队部。日军据点均设在水陆交通要道及重要城镇。据当年文献记载，鄂南日军据点有120处：阳新县驻一个守备总队，据点16处，计有城关、富池口、漳源口、白沙铺、排市、星潭铺、三溪口、张谷才、新田铺等地。大冶驻有守备队近2000人，据点8处，计有城关、石灰窑、下陆、盛洪卿、保安、殷祖、刘仁八等地。鄂城有据点6处，分布于县城、金牛（现归大冶管辖）、葛店、华容、段店、樊口等地。咸宁有据点17处，分布于县城、贺胜桥、横沟桥、官埠桥、汀泗桥和湘鄂公路沿线的王家桥、窑咀、潜山、马桥、郑家咀、港下雷、晓岭等地。崇阳有据点13处，计有县城、白霓桥、毛家畈、石城、茶州、桂口、大沙坪、大源山等地。蒲圻有据点13个，分布在城关、赵李桥、羊楼洞、官塘驿等处。通城有据点18个，计有县城、沙堆、景山、锡山、北港、石南、水兴、里港等地。嘉鱼有据点5个，分布在陆溪口、鱼岳镇、舒桥、龙口、新滩口（龙口、新滩口现属洪湖市）等地。武昌有据点16个，计有纸坊、山坡、五里界、郑家店、金口等地。通山的楠林桥设有日军兵站，另有通羊镇芭蕉岭、西坑潭等8个据点。各据点除驻有守备队外，还有伪保安队40来人。个别据点，驻敌较多，例如大冶县的刘仁八村，设有司令部，计有4个中队，1个马队，还有宪兵队、密侦队、保安队、军需仓库、随军慰劳队（军妓院）等，最多时拥兵1000余人。

遍布鄂南的日军据点，点线结合，构列三个层次：第一层为长江沿线，顺陆水河、富水河深入鄂南腹地；第二层为铁道沿线，从南昌到九江的南浔线，从武昌到岳阳的粤汉铁路武岳段，构成一个八字形；第三层是以鄂南境内的主要公路，东北的鄂赣公路武龙（港）段，西北的湘鄂公路武通（城）段，中南部的阳（新）通（山）公路，构成以武汉为尖顶、以阳通为底线的三角形。

二、日军在鄂南占领区推行“三光”政策

日军以据点为中心，对其周围乡村进行残酷“扫荡”，推行灭绝人性的“三光”政策。

1938年12月，日军为了在通山县楠林桥建立兵站，将楠林桥附近18个村庄夷为平地，将楠中畈400亩良田变为放马场。日军在大冶县刘仁八村屯兵养马，占用刘仁八附近的港背、细董、上下苏家畈、刘桥等10余个村庄的房屋并肆意毁坏，仅刘仁八一村就毁坏房屋500余间。日军在嘉鱼县城关建造兵营，将南街房屋一律拆毁，使近百户的400余人露宿街头巷尾。

1939年3月20日，日军在崇阳县丁家冲、景山、肖家祠一带，将在田畈犁田、施肥的农民56人用绳索捆住，押到筲箕窝荒坪，先用机枪扫射，然后用刺刀猛刺，有的肝肠外流，有的肢断体裂，惨不忍睹。

1939年5月7日（农历三月十八日），日军数百人将咸宁大屋万、畈北万、旺家庄、钱铺万、山塆万、张家万等万姓九门（号称九门万）紧紧包围，为报复中国军队对它的打击，对手无寸铁的村民大肆杀戮。大屋万村176人

中，当日被包围的58人，除10人逃脱外，其余48名妇女、老人、小孩被日军逼至村东禾场上用机枪全部射死，日军还放火烧了村庄，该村15户被杀绝，415间房子变成瓦砾。与此同时，日军将畈北万男女老少赶到禾场上，一个接一个捆绑后，放出狼狗去咬，许多人被撕得鲜血淋漓，日军却在一旁拍手狂笑。随后，他们在畈北万村点上一把火，将人一个个投入火海。畈北万几被杀绝，仅一名当日外出未归者幸免于难。1948年万氏宗谱记录日军这一罪行，称为“三一八惨案”。文中说，这次惨案中，九门万有108人被杀死，820间房屋变为瓦砾。

1939年秋，驻咸宁港下雷的一名日本兵在大屋雷奸淫妇女，被该妇女家族人砸死。事后，日军报复，杀死大屋雷老幼96人，烧毁房屋800多间。

1939年5月24日，崇阳白霓桥两个日本兵到后溪一带强奸妇女，被当地群众打死。第二天，日军出动大队人马“扫荡”，一连三天，见人就杀，见屋就烧，后溪一带这次被杀害的有73人，被烧房屋687间。

1939年4月25日，蒲圻官塘驿据点的日军到神山龟山石家一带掳掠，将石家村的财物抢去，房屋全部烧毁，全村48人被杀害，连襁褓中的婴儿也没能幸免。

1941年10月27日，日军一辆军用汽车在金贺公路被抗日游击队炸毁，两名军官被炸死。29日，驻贺胜桥、金牛的日伪军倾巢而出，分成几路到金贺公路两旁烧杀，共烧毁咸宁至武昌的村庄108个，沿途20余里变成一片火海，群众哭声动地。仅咸宁余花乡就烧了15个村，计房屋552间，还杀死无辜百姓8人。

1942年11月，日军火烧鄂城郭家垱村，杀死老百姓30多人。

1943年9月12日至14日，官塘驿、汀泗桥、中伙铺等地日军数百人，对官塘驿铁路以南大贵畈、九岭为中心的地带进行“大扫荡”，三天共烧毁房屋200余间，杀死无辜群众100余名。

日军在鄂南推行“三光”政策，罪行累累，罄竹难书。据抗战胜利后统计，仅通城县在沦陷的七年时间里，日军就杀死无辜群众2万多人，烧毁民房4.2万多间，抢走猪牛2.95万头。

三、日军在鄂南拼凑日伪政权和搜罗伪军

日军在鄂南推行“三光”政策的同时，着力网罗民族败类，拼凑日伪政权，组织伪军队。1939年春，各地伪维持会相继成立。1941年鄂南多数县建立起日伪政权，不过名称有所不同。例如：咸宁县，1938年10月日军占领县城后，11月成立县伪维持会，随之各乡镇也建立了伪维持会；1939年9月，敌酋尾月部队又扶持成立伪县政府筹备处，下设警察局、保安队等；1940年11月成立伪县政府，各乡镇伪维持会即随之解散，成立伪区公所、联保处。大冶县，1938年10月就建立县伪维持会，翌年9月成立伪县政府，日酋龙川任伪县政府指导官，下设内政、建设、财政、教育、警察等科及特务队。

随着日伪政权的建立，名目繁多、系统不一的伪军也在鄂南出现，这些伪军大致分两类：一类是伪保安部队，它随同级伪政权设立。1941年前，除各县系列的伪保安部队外，鄂南最大的伪保安部队是伪湖北省鄂南保安司令成渠部。成渠，鄂城金牛人（现属大冶），鄂城沦陷初期，他收罗土匪、叛徒，抓兵抢粮，火并同类，杀人越货，拼凑了一支队伍，自称鄂城游击队。1939年春，成渠部被收编为第九战区湘鄂赣边区游击队总指挥部第七支队。1940年春，成渠率部投敌，编为两个旅，拥有兵力5000余人，步、马枪3000余支。伪保安部队较大的还有驻武昌法泗洲一带的伪保安旅袁杰部，有500余人。另一类是汪伪反共和平救国军。这类队伍大都是溃散的国民党军队士兵，被汪伪政权收编给予番号的。1940年以前有反共自卫军金龙章的残部，1941年有伪和平救国军二师周九如部，周部原系第九战区挺进军第十八支队，1941年6月投敌，驻咸宁双溪桥一带，有3000余人、2000多支枪。1942年以后还有伪和三师陈中全部，伪和十二师张启璜部，张部驻武昌近郊沿粤汉铁路一线。1942年后在蒲圻车埠一带又有伪和二师黄玉洁部（此时原和二师周九如

部又受编为湖北省保安六团)。

日军为推行“治安强化”运动，还建立了名目繁多、机构庞大、组织严密的敌伪特务系统。鄂南与武汉紧连，武汉的敌伪特务系统直接深入鄂南，构成极其复杂的状况:(1)武汉陆军特务部为敌在武汉一带的最高统治机关，下设经济、军民、党政、文化、义务等特工课，在各县伪政府、伪社会群团均派有指导员，各地宣抚班也归它领导。它在汉口设秘密特务机关。他们经常派特务潜入鄂南各地刺探新四军和地方抗日的军、政、民等方面的情报，暗杀抗日军政人员和有抗日热忱的爱国志士。(2)各级宣抚班的政权指导班，为各县实际统治机关，指导伪傀儡政权的一切，鄂南10县设有宣抚班86处，如武昌县的山坡，大冶县的石灰窑、刘仁八，蒲圻县的曹家项、水西殿、赵李桥、羊楼洞，等等。(3)日华中宪兵司令部，将宪兵分派给各师团。每一联队设宪兵分部，下设宪兵队、密侦队。为训练奸细打入抗日的军、政、群、学组织进行破坏，各县城和敌兵据点均设有宪兵队。

日军利用伪政权和伪军推行“治安强化”运动，鄂南人民挣扎在死亡线上。老百姓白天走路过卡时，要出示“良民证”，稍有差错就被拳打脚踢。驻大冶殷祖的日军头目吉野，把没有“良民证”的老百姓统统捉起，晚上押到殷祖附近，蒙住眼睛绑在树上，让日本兵当靶子练刺杀。吉野规定：不准一刀把人刺死，要在刺不死的部位下刀。附近村庄的人，几乎每天夜晚都听到日军杀人时的狂吼声和被杀群众撕裂人心的惨叫声。据事后调查，在那里被刺杀的无辜百姓有100余人。群众上集镇或走亲戚，也会被汉奸、特务盯梢，稍有疑点即被杀害。嘉鱼县鱼岳镇的日伪沆瀣一气，对外地特别是江北做买卖的农民，随时以“共产党密探”罪名任意捕杀，或装进麻袋抛入江中。抗日胜利后统计，仅以此罪名在嘉鱼城关被杀害的群众就有400余名。

四、日军对鄂南的经济掠夺

随着日伪政权的建立，日伪军政统治者在残酷屠杀鄂南人民、公开抢夺鄂南财富的同时，又进行了野蛮的经济掠夺。

1. 统制粮食、棉花、苎麻等农副产品和食盐、火柴等工业品的流通，任意扩大剪刀差，实行超强制的掠夺。日伪军通过它在交通要道上所设的据点，严禁鄂南农副产品外流。在铁路、公路旁，成百上千贩运棉花、苎麻的中国人被日军杀死。嘉鱼县大岩村一商人用针线之类换苎麻，被一群日军打倒踢死。该村另一农民孙国太挑货在蒲圻西过铁路时被日军抓住，被塞在麻袋里活活摔死。在严格禁止农副产品外流的同时，日伪军还垄断食盐、火柴专卖权，任意抬价压价。一般是 120 斤稻谷换 1 斤盐，即“石谷斤盐”；1 斤苎麻换 1 盒火柴。据统计，崇阳县在沦陷的 7 年时间里，被日军强制掠夺的粮食有 9400 多万斤。

2. 食盐高价专卖。各县由日军驻县守备队批准，设立食盐专卖处，将食盐按“良民”户口配给各维持会或伪合作社卖给百姓。每人每月按市秤 5—7 两，其售价由伪县政府报请守备队许可后以命令形式公布。在农村，则规定以粮换盐。更为残酷的是，日伪在食盐中掺放异物或投放有毒物品，绝大多数人食后患疟疾或生毒疮，遍体脓疱，肌肤溃烂，重者以致丧命。

3. 鸦片专卖。敌伪机关设有烟土专卖局，垄断鸦片专卖业务，进行经济掠夺，毒害中国人。日军驻县守备队命令，凡贩卖鸦片者，须纳保证金 100 元[①]，凡吸烟者必须缴纳登记税，甲种 3 元，乙种 1 元，有效期 3 个月。日军侵华期间，吸鸦片烟之风在鄂南盛行。据 1941 年有关资料记载，蒲圻县城关有挂牌鸦片烟馆 18 家，更多的是“地下烟馆”“秘密烟馆”和有后台的“背景烟馆”“势力烟馆”。通山县白军宣抚班每月向日伪省政府领鸦片烟土 5000 两，一是将烟土转发给各伪合作社，由县日伪政府内政科产业股股长朱子雄、联合事业委员会金融组组长夏先觉，第三保安中队中队长王森等人按牌发给吸烟者；二是通过伪县政府转卖给伪区公所与乡联保人员，再转卖给烟民。日

---

① 本书的货币单位“元”，除注明者外均指银圆。

军在鄂南各县收集流氓地痞为其爪牙，大量开设烟馆、推销烟土，从中勒索巨款供日军军需与伪政权经费。据阳新县1941年统计，鸦片烟销售量1.04万两，谋利3万多元。

4. 抢掘大冶铁矿，残杀大冶矿工。1938年10月20日，日军高品支队侵占铁山。11月，日本内阁正式决定把大冶铁矿委托给日本制铁株式会社经营。日本制铁株式会社在大冶成立了日铁株式会社大冶矿业所，任命斋藤为所长。随后接管了汉冶萍公司所属的大冶铁矿和湖北省建设厅所属的象鼻山矿（官矿）。日铁大冶矿业所内设有宪兵队、警卫队、领事馆等，对矿工实行恐怖统治。

日铁大冶矿业所成立后，一方面将汉冶萍于抗战爆发后在大冶铁矿开采出来的25万吨铁矿石运往日本，另一方面进行掠夺性的采掘。日本人小田到武汉将汉冶萍的技术档案资料和图表等强行索取出来交给“日铁”，“日铁”即着手修复机电设备和铁山至石灰窑江边的铁路，每天采矿石近5000吨。

由于日本人采用掠夺式的开采方法，矿石产量增长很快，1941年突破100万吨，1942年增至140万吨。自1938年10月大冶沦陷至1945年抗战胜利，日本侵略者掠夺走大冶铁矿的矿石约500万吨，占当时全国（包括东北）被掠夺的铁矿石4430万吨的10.8%[①]。

日军侵占大冶铁矿期间，日籍人员连家属在内最多时有2000余人。日本侵略者依靠这些日本人，对矿山的中国工人进行野蛮统治和血腥镇压。有一次，一青年工人过哨卡时没理睬一日籍监工，这监工说他不敬“皇军”，当场抽出马刀将这个工人砍死。还有一次，日本宪兵队长野藤在一名修理工具的矿工身上搜出5颗钉子，野藤就用这5颗钉子把这个矿工钉在一棵树上，直至其痛死。一天，日军为丢失一支枪，把矿工刘玉正等抓起来审问。刘玉正辩了一句，一个日本兵抓起一块铁矿石往他嘴里塞，矿石比嘴大塞不进去，

① 严中平:《中国近代经济史统计资料选辑》，科学出版社1955年版，第143页。

这日本兵抡起铁锤砸，刘玉正的嘴顿时裂开，牙齿被砸掉，满口鲜血直流。日军又用烧得通红的烙铁烙刘玉正的大腿，当场把刘玉正折磨死。就这样，铁山矿工被日军杀死、打死、折磨死、累死的不计其数。仅1940年一个夏天，就电杀7人，活埋12人，狼狗咬死24人。面对残暴的敌人，大冶矿工也给侵略者以应有的惩处。1941年秋的一天中午，铁山宪兵队长野藤和他的帮凶“二胡子”带着狼狗在陆家洪村附近钓鱼，工人陈七等将他俩和狼狗打死后，抛尸于水塘内。一天晚上，日本工头田川在得道湾酒馆喝醉后回宿舍，埋伏在大路旁的工人将其击昏，拖到矿洞内杀害。

日伪军政统治者对鄂南经济的掠夺远远不止上述的几种，还有多如牛毛的税收、随时随地的派捐。伪军还靠抢掠、绑票、拉夫、砍伐贩运树木等手段捞钱，残害百姓。据嘉鱼县八斗乡统计，伪和二师在该乡砍伐直径1米以上的古树3000株以上。

第三节 反共顽固派破坏抗日民族统一战线

一、“平江惨案”后的鄂南形势

1939年1月，国民党五届五中全会后秘密颁布了《限制异党活动办法》，规定严密地限制共产党和一切进步分子的思想、言论和行动，设法破坏共产党的抗日组织。6月12日，国民党第二十七集团军根据蒋介石的密令，派兵包围新四军设在湖南平江嘉义的通讯处，残杀湘鄂赣特委书记涂正坤和八路军少校副官、湘鄂赣特委组织部长罗梓铭等6人，制造了震惊全国的“平江惨案”。

“平江惨案”后，中共鄂南组织与上级失去联系。这时，鄂南的形势发生了许多重大变化。

1. 日军在占领区内以交通要津为据点的网络已经形成，以烧光、杀光、抢光等手段开道，大肆搜罗民族败类，积极拼凑伪政府、伪军队，并以鄂南敌后为其近前线的后方基地。1939 年 3 月至 5 月发动过向南昌、宜昌、随县、枣阳的进攻。9 月第一次进攻长沙。

2. 国民党政府对鄂南的统治加强。一是恢复了自专署至乡保甲的行政机构。在大幕山成立湖北省第一行政专员公署，1939 年在任的专员是咸宁人李辉武，专署所属除政府机构外，还辖有军队，即湖北省保安六团和各县国民自卫队。二是统编鄂南杂牌游击武装。派樊松甫任第九战区湘鄂赣游击总指挥，指挥部驻武宁温汤。1940 年春，第九战区又将湘鄂赣边区游击总指挥部改编为第九战区挺进军，指挥李默庵，指挥部驻修水南茶，下辖 8 个纵队。活动在鄂南一带的有：一纵队孔荷宠部，以崇阳、修水为基地，后整编为新编五十四师。三纵队钟石磐部，辖瑞昌、武宁的游击队和保安团。四纵队盛瑜部（盛瑜系军统特务），辖十九支队尹兰轩部以及程金门、马钦武部，活动在阳新、大冶等县。五纵队尹立言部，辖田维中部、陈在中部。八纵队方步舟部，辖二十一支队廖义华部、二十二支队肖琪及杨岳斌部，活动在梁子湖、斧头湖一带。七纵队王翦波部，活动在岳阳、临湘、蒲圻一带。还有八支队孔耀庭部，直属挺进军指挥部，活动在嘉鱼、蒲圻一带。孔耀庭 1941 年病死，徐自然接任支队长。还有九支队活动于崇阳路西。十支队活动于通城路西。三是派出大批特务深入鄂南活动。军统以唐新、黄藩初、曹曙光、周凌云为首，中统以袁雍、程鹏为首。四是由三十集团军总司令、反共老手王陵基统辖鄂南、赣北的所有国民党正规军、挺进军，以划分“战区”为名，围剿进入鄂南的新四军，残杀鄂南党政军人员。

3. 国民党所辖的一些杂牌武装纷纷投敌。如成渠部、周九如部，还有徐自然、马振亚、王宽林、卢鸿雁等部。这些部队内部火并也激烈，柯兴、陈在中就是火并时被部下枪杀的。

总之，“平江惨案”后，反共空气在鄂南是很浓厚的。国民党派驻鄂南的一九七师师长兼鄂南游击指挥官丁炳权，在他办的鄂南青年抗敌工作干训班里，每日上课7小时就有5小时专讲反共问题。他组织的“梅花团”，以三青团团员为基础，宣布以“抗日、除奸、反共”为三大任务。鄂南国民党所辖各部队和各级政府奉湘鄂赣边区游击总指挥部密令，凡发现共产党员从事游击活动者一律就地正法。

二、反共顽固派摧垮梁湖大队

早在“平江惨案”发生前的3月中旬，一九七师丁炳权部就几次派特务到梁湖大队刺探情报。与此同时，廖义华部也派部队进入梁湖大队游击区南咀一带。他们都企图吞并梁湖大队。

1939年7月，方步舟部廖义华支队在南咀驻扎，并活动于北咀周围，完成了对梁湖大队的包围。与此同时，一九七师也派出小部队深入梁子湖一带活动，准备吞并梁湖大队。在这样的情况下，通山中心县委暨武昌县委决定：为保存力量，将一、二中队枪支埋藏，留况公仆的第三中队在白云寺周围活动。8月初，王苏、江萍、胡传经等带少量人员转移到江北天汉地委。不久，况公仆领导的三中队在舒安地区被廖义华支队打散，况公仆带着三中队余部到李辉武处，暂时隐伏。9月初，廖义华部在北咀将隐蔽养伤的王水逮捕。

第四节　采取措施，积蓄抗日力量

“平江惨案”后，由于敌伪顽的围攻，中共鄂南组织遭到破坏，人民抗日武装受到较大的挫折。但是，鄂南人民并没有消沉，鄂南党组织积极采取应变措施，在极端困难条件下保存了部分武装力量和一大批干部。

一、以退为进，积蓄力量

1939 年 7 月，中共通山中心县委在鄂城涂家垴召开紧急会议。会上，书记何功伟分析鄂南的形势，总结经验教训，提出今后的任务。他还拿出咸宁县爱国人士、咸宁直属第二大队大队长何寰桢牺牲前写给他和战友们的一封信在会上传阅，信中写道：“吾本一介书生，半生戎马，前半生罪恶累累，抗战后在尔等帮助下，始悟往日之非。本想以后半生献给人民，以赎前愆，不意遭至迫害，壮志难酬。但吾绝不苟且偷生，誓以身殉。希尔等不要以吾为念，好自为之！”与会人员传阅后深受感动，决心学习烈士精神，坚持到抗战的最后胜利。会议决定：（1）立即派人与上级党组织，特别是与鄂豫边区党委取得联系；（2）组织上维持现状，暂时不变；（3）紧急疏散“露红”干部；（4）创造条件，独立自主地筹建抗日武装。会后，采取了如下措施。

（一）沟通党组织的上下级联系，转入隐蔽斗争。为了先与上级党组织接上关系，派黄全德到湖南找党，何功伟北渡长江找党，两人分头行动。不久，何功伟与鄂豫边区党委取得了联系，并奉命调往鄂西特委，中共通山中心县委书记由李平接任。1939 年 10 月，鄂豫边区党委所属的中共黄冈中心县委又派刘元顺、陈大发、谭道如、陈大行等到鄂城沿江开展工作，组建樊湖工委，成立了以全正东和袁绍正领导的两支沿江武工队。原中共通山中心县委所辖的大冶县委、武昌县委、咸宁县委、崇阳县委、阳新金凤工委、阳通工委、蒲圻特支迫于形势恶劣，转入隐蔽斗争。

（二）适时转移人员，保存有生力量。1939 年 7 月，原在方部任职的共产党员冯玉亭、彭济时、刘正旭、石教珍、曹洪波、陈珍如等 50 余人撤离方部。他们有的留在鄂南，坚持开展秘密活动，有的因已“露红”被调往天汉地委工作。刘正旭在转移途中牺牲。自 1939 年 7 月至 1940 年 5 月，鄂南分四批转移了大批“露红”干部，其中有王锡珍、钱远镜、赵斌甫、毛国飞、曹坤、李一戎、胡平、薛平、雷同、何功国、何功济、何功楷、彭济时、刘毓兰、何济华等三四十人。

（三）收藏枪支，保存实力，以利再战。1939 年 9 月，梁湖大队遭受挫折，曾将部分枪支埋藏在武昌青山咀和王源家中。后来，张曙光、王源搬家到法泗洲，又把枪运到法泗洲埋藏起来。这些枪支，后来成了鄂南抗日挺进队起家之宝。

（四）建立地下交通站网，秘密开展抗日活动。“平江惨案”后，中共鄂南党组织负责人李平、黄全德、王佛炳、潘际汉、张曙光等分别在各地隐蔽活动，经过一段时期的艰苦工作，陆续建立了岳阳县花毛尖，通城县磨桥，崇阳县华陂、白泉桥，咸宁县飞机墩、宝塔洲、张公庙，嘉鱼县渡普口，武昌县法泗洲、金水闸，阳新县富池口、黄颡口、漳源口，通山县宝石、窦家桥，大冶县石灰窑，鄂城县池湖港、樊口等地下交通站，形成了北起京山和大悟山根据地，南至湘鄂赣边区的地下交通站网。它们担负收集情报、传递信件、护送干部和学生、宣传群众、动员转送兵员等任务。鄂南地下交通站网的人们，所进行的是一场特殊的战斗。如张公庙地下交通站周围，日伪军炮楼林立，为了能在敌人鼻子底下开展工作，女共产党员冯天仙与黄全德假扮夫妻，住在黄全德一个叔伯哥哥的理发店里。理发店每天人来人往，有当地的，也有过路的，有日伪军官兵，也有小商小贩。地下交通站建立后，地下党员多次在这里碰头，交换情报，敌人丝毫没有觉察。

二、开辟金水流域地下交通线

1939 年 11 月，中共通山中心县委派王锡珍去江北，在京山八字门向鄂豫边区党委汇报工作，鄂豫边区党委暂时接受领导鄂南党组织工作，同时要鄂南党组织继续接通与湘鄂赣特委的联系，并指示鄂南党组织设法建立一条贯通大江南北、连接鄂豫边区和湘鄂赣边区的鄂南地下交通线，以应付突然事变，保存抗日力量，准备新的斗争。

要建立巩固的鄂南地下交通线，必须在原有地下交通站网的基础上把主干线建起来。蜿蜒百里的金水河汇聚着宋家河、汀泗河、淦水等河港，连接西凉湖、斧头湖的出口，流经蒲圻、嘉鱼、咸宁、武昌等县，从金口注入长江。金水流域的水陆交通完全具备了作为鄂南地下交通主干线的条件。因此，中共通山中心县委指示共产党员张曙光将全家从梁子湖畔的青山咀搬到金水河畔的法泗洲，派他和王源两人开辟金水两岸的工作。

法泗洲，地处金水流域中心，南接斧头湖，直达咸宁，可通崇阳、通城、修水，连接湘鄂赣特委，西接西凉湖，连通蒲圻、嘉鱼，北接鲁湖，越土地堂可达梁子镇、鄂城等地，东靠近粤汉铁路的山坡车站，连接武汉和鄂南各县，交通极为方便。此外，法泗洲地区外乡人多，来自 9 省 12 县，有逃荒要饭来的，有革命处于危难关头来这里隐蔽的。张曙光和王源到法泗洲，以搞湖莲为名，串联船民，发展党员，建立中共水上支部。他们又与活动在这里的中共地下党员祁曙东接上关系，让他在法泗洲街上开商店，人称“杨四老板”。以他的商店为基地，建立了可靠的地下交通站。通过一段时间的工作，他们在金水流域沿线和法泗洲发展 50 余名共产党员，建立了渡普口、菱米、霍家地、赤矶山、大青埠、桂山、港尖、船工（河下）等 11 个党支部，并于 1940 年 2 月在桂子山弓字港边八坛村建立了中共金水工委，书记张曙光，组织委员祁曙东，宣传委员王源。

金水工委领导 11 个支部，承担起地下交通线的工作任务，诸如领取经费、运送武器、传递文件、护送干部、收集情报，等等。这条地下交通线畅通后，金水流域一度成为中共鄂南组织的活动中心，鄂南各地的不少干部和爱国青年通过这一交通线到达鄂豫边区，许多革命书籍和上级机关的电报、文件，又通过这一交通线传递到鄂南各地。金水流域地下交通线，在当时发挥了特殊的战斗作用。

金水流域地下交通线，不是一条简单的孤立线。它与鄂南一些地下交通联络点、站构成一张布满鄂南各地的极其复杂的地下交通网。与其配合的比较重要的三个点、站，即连接这条地下交通线南北两端的重要点、站是汉口小夹街聚丰海味号地下联络点、通山县黄沙窦家桥地下联络站和崇阳河西联络站。

（一）汉口聚丰海味号地下联络点是1939年9月建立的。当时，中共通山中心县委为了能通过金水流域地下交通线与新四军豫鄂挺进纵队和鄂豫边区党委保持经常联系，便于大江南北信件的传递和干部来往，派钱道权到武汉建立了汉口小夹街聚丰海味号中共特别支部，支部负责人先后有钱道权、何功国、钱远镜、刘毓兰等。其主要任务是：（1）传递信件。有汉川脉旺嘴、武昌金口和咸宁柏墩三个交通站跟它接头。（2）动员输送大批进步学生到边区去。钱道权、刘毓兰等都送过进步青年，仅1941年夏天一批就送走10多名。如余济时、周德盛、朱海泉等。（3）护送干部。他们护送的南下北上干部很多，有钱远镜、赵辛初、王来贵、李一戎、熊锐、陈祖甲、吴刚、王清鑫等，仅雷同一人就被来往护送三次。

（二）通山县黄沙窦家桥地下联络站是1940年建立的。1939年“平江惨案”发生后，雷同在通山宝石地下联络站坚持到9月才撤出转移。1940年中共鄂南组织再度组成阳通县委，坚持山地抗日斗争。阳通县委在窦家桥建立地下交通联络站，负责人窦联顺，交通员阮星斗。窦联顺早年加入中国共产党，参加红军长征到延安，1938年受党派遣返回鄂南，组织阳新、通山人民进行抗日。同年7月，在通山大畈组成中共阳通县委，发展党员40余人。以后又组建黄大区委、板桥支部和窦家桥地下联络站。他们在窦家桥办了小商店，出售油盐及日用百货。窦家桥联络站主要活动地区是大幕山，活动的对象是争取方步舟部抗日。地下党员窦秀凤、窦理斋常利用送货的机会与方步舟的副官姜中信联系，收集军事情报和武器。窦家桥联络站常与金水流域地下交通线联络，将日伪军事情报送给江北新四军豫鄂挺进纵队和鄂豫边区党委。

（三）崇阳河西联络站，是“平江惨案”后不久建立的，地址在白泉桥官塘冲，站长赵斌甫。这个联络站，是金水流域交通线连接湘鄂赣特委的一个重要交通点。

总之，金水流域地下交通线与汉口聚丰海味号联络点、通山县黄沙窦家桥联络站以及其他县20余个地下交通站连接起来，组成了一个秘密联络网点。

三、中共鄂南代表团成立

1940 年 2 月，中共湘鄂赣特委得以重建。通山中心县委派李平、王佛炳与特委接上关系，李平任特委青年部长。同月按特委决定，中共通山中心县委改为中共鄂南代表团，领导岳（阳）临（湘）通（城）地区党的工作，李平兼任代表团书记，黄全德任组织部长，王佛炳任宣传部长，潘际汉任青年部长，张曙光任统战部长，党的领导机关由鄂城涂家垴迁至金水流域。

中共鄂南代表团成立后，整顿了咸宁、崇阳、武昌等县和阳大地区党组织。3 月，大冶县委书记曹君迈在大冶四棵树牺牲。4 月，国民党又制造了一次“平江惨案”，湘鄂赣特委再次遭到破坏，鄂南党组织又与上级失去联系。

四、樊湖大队的变化及黄人杰率部反正

1939 年 5 月下旬，樊湖大队在覃公庙遭一九七师丁炳权部袭击，损失三个中队。7 月，他们流动在油坊岭、五里界、覃公庙、豹子澥一带，又遭日伪军“清剿”，处境艰难。大队领导人黄人杰的舅父杨经曲与伪军司令金龙章是老相识，他给了黄人杰一个伪鄂南独立旅的番号。黄人杰一接受这个番号，在该部工作的共产党员潘斌、沈池麟、舒江皋就带领部分战士离开了部队。尚在该部的共产党员许大鹏等也反对黄人杰的行动。但杨经曲说：“狡兔有三窟。搞起这支队伍不容易，想生存下去只得借金龙章这个屋躲雨。”没几天，舒江皋秘密回到油坊岭，向许大鹏传达了中共通山中心县委暨武昌县委的指示：许大鹏、齐遇春、刘茂功、刘思彬等几个党员仍然留在黄人杰部，等待时机把队伍拉回来。不久，黄人杰把部队带到汉阳，天汉中心县委就以与黄有私交的汉阳县县长肖利三的名义，写信给黄人杰，派韦维、何哲、余成刚等五六个党员到黄部工作，秘密成立了党的临时领导小组，书记韦维，副书记何哲，组织部长刘思彬，军事部长许大鹏。8 月，黄部又从汉阳开回武昌油坊岭一带驻扎，紧紧地靠近日伪军。这时，党临时领导小组内有人性急想动手，黄人杰得知消息后赶走了韦维、何哲等人。11 月，汉奸汪步青成立伪和

平救国军第八十二师，盘踞在黄陵矶、侏儒山一带，黄部受编为伪八十二师一六五旅，黄人杰为旅长，许大鹏为一营营长。许大鹏仍团结在该部的共产党员张子敬、齐遇春、余成刚、刘茂公等人做兵运工作。1940年春，中共天汉地委把许保民调回汉阳，利用他与杨经曲、黄人杰的同乡关系和多年私交，以党的使者身份进入黄部，做杨经曲、黄人杰的工作，直接与新四军豫鄂纵队参谋长张执一联系。1940年8月13日，这支产生在武昌北部的部队，共1500多人，终于又回到党的怀抱，受编为新四军豫鄂挺进纵队第四支队。杨经曲任支队长，黄人杰任第十团团长，许大鹏任副团长，杨瀛任第十一团团长（后叛变）。在反正途中，共产党员张子敬和30多名武昌籍战士与日伪军白刃格斗，光荣牺牲。

第三章

鄂南抗日游击根据地的创立与独立自主游击战的展开

第一节　中共鄂南游击地委的成立与独立五团的创建

1940年6月，中共鄂南组织正式划归鄂豫边区党委领导，鄂南的抗日游击战争进入新阶段。自这以后至1942年4月，是鄂南抗日民主根据地大发展的准备阶段。这段时间，国际国内形势发生了许多重大变化。这些变化，都直接影响着鄂南敌后抗日游击战争。

1939年9月3日，第二次世界大战全面爆发。1941年6月22日，德国进攻苏联。1941年12月，日军偷袭珍珠港，美国对日宣战。1942年元旦，《联合国家宣言》发表，全世界反法西斯统一战线形成。

在中日战场上，日军企图击溃、消灭中国军队主力，迫降国民党政府。1939年9月14日至10月10日，1941年9月7日至10月9日，1941年12月24日至1942年1月15日，日军先后三次对长沙用兵，即所谓三次长沙会战。第三次会战，日军第11军司令官阿南惟几纠集7万余众攻长沙，结果以日军伤亡惨重告终。日军败退原地，疯狂地对敌后根据地进行报复性的“大扫荡”，鄂南首当其冲。

在中国抗日民族统一战线内部，国民党顽固派继1939年制造“平江惨案”之后，1941年1月又制造了震惊中外的皖南事变。在鄂豫边区，对新四军第五师也发动了一次又一次的进攻。1941年11月，鄂南人民的优秀儿子何功伟在恩施惨遭杀害。当时，鄂南敌后战场也是十分混乱的，第九战区挺进军8个纵队，内部互相残杀，火并激烈。有的暗中与日军勾结，如卢鸿雁部。有的则公开投敌，如成渠、周九如、徐自然等部。在这样的情况下，中共鄂豫边区党委遵照中共中央的指示，在坚守鄂中、鄂东等抗日民主根据地的同时，着手大力发展鄂南的抗日游击战争，从困难中图发展。

一、鄂南抗日挺进队的战斗活动

根据鄂豫边区党委的指示，中共鄂南代表团决定放开手脚，独立自主地开展游击战争。1940 年 10 月，鄂南抗日挺进队，在咸宁县城郊宝塔洲成立。鄂南代表团书记李平兼任政委，统战部长张曙光兼任队长。抗日挺进队，开始时有 20 余人，几乎全部由共产党员组成，他们大部分是湖南来的学生。武器就是张曙光藏的一挺机枪和三支驳壳枪。10 月初的一天，来自汉口、武昌、鄂城、法泗洲、咸宁和湖南临湘、岳阳的五路人员，以帮张曙光搭茅屋为名，全部按预定计划在宝塔洲集中，开始了鄂南山地游击战的活动。

在向鄂南山地挺进的头几天里，挺进队不仅首战告捷，还在通山的大畈取到地下党埋藏的枪支弹药和油印机等，在茅坪附近的陆家坑缴获了几个土匪的枪支，在中共咸宁县委书记钱远镜的家乡吸收了一批进步青年参加队伍。抗日挺进队发展很快，不久增加到 30 余人，枪也增加到 20 多条。

抗日挺进队日夜兼程，连续作战。到崇阳方山时，黄全德、潘际汉病重不能随队行动，就派人护送他们回咸宁治疗。路过崇阳白霓桥地下交通站休息时，不料日军一个巡逻队尾随而来，把他们押到县城关日伪侦缉队。情况紧急，只得请崇阳县石城湾曾留学日本的伪维持会长邓清泉（邓是中共地下党员）出面营救。经过邓清泉的活动，不几天，侦缉队就把黄全德、潘际汉放回咸宁养病。在营救过程中，挺进队打听到一个为日军侦察情报的敌探住在华陂，无恶不作。一天下午，抗日挺进队队员得知这个敌探正在情妇家里。晚上，派人闯进屋去，把他抓到清水河边枪毙了。挺进队边工作边打游击，很快发展到 50 余人，活动于咸宁、通山、蒲圻、崇阳、通城和湖南的临湘，为广泛开展独立自主的抗日游击战争做了准备。

同年 11 月，挺进队在崇阳西庄桃花山遭到日军袭击。突围中，击倒日军 4 人，挺进队机枪班班长毛国飞、秘书李衷礼等 6 人牺牲，队长张曙光等 7 人负伤。桃花山战斗后，鄂南党代表团考虑到鄂南的形势和挺进队的实际情况，决定一部分队员转至江北根据地学习，一部分人隐蔽到各地坚持斗争。

二、中共鄂南游击地委的成立

中共鄂南代表团领导的抗日武装——鄂南抗日挺进队，活动于咸宁、通山、蒲圻、崇阳、通城、临湘，袭击敌伪，联系各地党组织，调配骨干力量，认真总结抗战初期鄂南创建抗日武装的经验教训，为重新开展鄂南的抗日游击战争做了必要的准备。1940 年 12 月，中共鄂豫边区党委决定撤销鄂南党代表团建制，成立中共鄂南游击地委，书记李平，组织部长黄全德（化名黄溪），宣传部长王佛炳，青年部长潘际汉，军事部长王苏（化名王一鸣）。地委领导机关，由金水流域转至鄂城滨江一带，并先后调舒江皋、钱远镜（化名程全）、何愚（原名何功济）、苏平（原名程秩香）、王志坚、许曼、熊辉祥等人回鄂南，加强对鄂南抗日游击战争的领导。

此时，中共鄂南游击地委下辖的党组织除金水工委、武昌县委、崇阳县委、咸宁县委和阳通工委外，经鄂豫边区党委批准，由李平、王佛炳、赵斌甫、彭湘莲（女）与鄂东特委联系，将原属黄冈中心县委领导的樊湖工委及其武装交由鄂南游击地委领导。这时的樊湖工委由陈大发任书记，组织部长陈大行，宣传部长喻南山，统战部长郭穆生，委员杨涤尘。樊湖工委已在鄂城华南、华滨、五合、共和、德马、小庙、永一等乡建立了党的区委，下辖支部 44 个。

中共鄂南游击地委成立后，鄂南的抗日斗争得到较全面的发展。4 月，李平回黄冈向鄂东特委汇报工作，后留在鄂东特委工作。经鄂东特委批准，撤销鄂南游击地委建制，改建鄂南中心县委，书记黄全德兼独立五团政委，组织部长钱远镜，宣传部长王佛炳，军事部长王苏兼五团团长，统战部长何愚。

三、创建新四军鄂南独立第五团

1941 年 1 月，鄂南游击地委决定，以鄂城葛店、华容、段店地区沿江便衣队和鄂南抗日挺进队为基础，组建新四军鄂南独立第五团（简称独立五团）。3 月 24 日，独立五团在鄂城小庙乡韩家墩宣布成立，团长王苏，政治委员李平，下辖一个营（称三营），营长熊辉祥，教导员秦云卿（又名钱振东），拥有机枪两挺、步枪 70 余支、手枪 10 余支、指战员 100 余人。

1941 年 1 月，王志坚任中共武昌纸坊区委书记，与王忠组建了武昌抗日游击队，中队长王忠，指导员王志坚，活跃在武昌八分山、石咀与沌口的江面。5 月，与何愚率领的手枪队会合，有 70 余人。后来王忠在战斗中牺牲，何愚、王志坚率部回樊湖游击根据地，组成独立五团警卫连。与此同时，舒江皋、王近生打入武昌油坊岭伪皇协军进行策反工作，争取了余松甫所部 100 余人，编入独立五团。6 月，新四军鄂南独立五团发展到 270 人枪。独立五团在壮大过程中对日伪军进行了有力的打击。1940 年冬，驻华容的日军在南碛湖一带掳掠，黄冈中心县委书记文祥带沿江便衣队侧袭日军，并镇压了汉奸秦牯牛。不久，沿江便衣队又处决了土匪恶霸周九勾子。周九勾子原名周恒山，仗日军庇护称霸华容地区，作恶多端，群众深恶痛绝。武昌抗日游击队 1941 年 1 月成立后，在纸坊一带处决了 3 个死心塌地跟随日本人作恶的汉奸；3 月，又在武汉近郊粤汉铁路两侧的大花岭、青菱湖、白沙洲一带活动，割电线，炸铁路，并在石咀击沉日军汽艇一艘，歼敌多名；在龚家铺击溃一股骚扰的日伪军，营救了几十名被日伪军俘虏的乡民。

第二节　樊湖、武北抗日根据地的创立和发展

1941 年春，中共鄂南游击地委领导独立五团英勇战斗，迅速创立并扩大了樊湖、武北抗日游击根据地。

一、樊湖根据地

樊湖，抗日战争初期是梁湖大队、樊湖大队活动地区。1939 年 9 月，“夏

家山事件”之后，中共黄冈中心县委派党员刘元顺、易元鳌、陈大发、郭穆生、陈大行、喻南山、谭道如、杨涤尘等人在葛店、华容沿江一带开展抗日斗争。10月，建立鄂南工委（不久，改称樊湖工委、鄂城县委）。随后，吸收了曾发臣、张弦、张直方（化名方针）、张武先、胡振国等人入党，并建立了葛（店）华（容）便衣队（又称沿江便衣队）。与此同时，黄冈中心县委又派漆先庭、邱国卿等人在葛店、华容、段店一带以汉流“泉华山”的名义发展抗日组织，先后参加者2000多人。在这些人中，樊湖工委发展了党员和“抗日十人团”组织。这时，樊湖工委的活动范围沿武鄂公路由路北的刘家衕、胡家墩、曾四分附近，逐渐扩展到路南的胡家大湾、姜三分、小庙、庙岭一带，组织了农救会、妇救会、船救会以及小型游击队。同时，随着形势的发展，又组织宪政促进会，团结一批爱国人士共同抗日。1941年春，葛店、华容地区建立了7个乡的抗日民主政权。华南乡，乡长姜斗南，副乡长周鸿钧，督导员孙仲钦；五合乡，乡长朱仁山，副乡长谢南山，督导员高佑龙；共和乡，乡长胡朗山，副乡长张才清，督导员童子安；华北乡，乡长袁绍正；德马乡，乡长余子聘，督导员谭道如；小庙乡，乡长肖柏林，督导员胡振国；永一乡，乡长张翰卿，督导员杨涤尘。与此同时，建立税务所，在三江口、巴铺、蚂蟥咀设立税卡，征收商业税。在陈王涂成立船救会，建立以王丝雨为首的水上秘密交通线。樊湖这块游击根据地沿武鄂公路扩展，粗具规模；西起武昌青山，东临鄂城樊口，北望黄冈，南临梁子湖，人口近8万。

二、武北根据地

武北，系武汉南部近郊，西起石咀，南到郑店、纸坊，东至油坊岭、豹子澥，北达青菱寺、白沙洲等地方。这里也是樊湖大队、梁湖大队战斗过的地方。1939年9月，梁湖大队受挫后，中共武昌县委书记王佛炳到武北大桥王篓子湾以教私塾为掩护，与大革命时期的共产党员王近生一道坚持地下工作，陆续在李家桥、十字岭、王篓子湾、刘医生湾建立党支部，发展王志坚等20多人入党。1940年春，成立十字岭区委，王志坚任书记。

1940年12月，王佛炳调鄂南游击地委，武昌县委的工作由王近生负责。1941年3月，十字岭区委改为纸坊区委，书记仍是王志坚，并以王篓子湾、十字岭、李家桥的党员为主体组成武昌抗日游击队，建立明德、明义、新店等三个乡的政权。

武北抗日游击根据地建立后，汤孙湖畔的乔子石、沙咀、庙山以及八分山、夜泊山、豹子山等地，一度成为新四军的“窝子”。

樊湖、武北抗日游击根据地，始创于1939年秋，到1940年12月中共鄂南游击地委成立后，它成为鄂南游击地委（后为鄂南中心县委）活动的基地，从南面威胁着武汉的日伪军，起到了联结鄂东南滩头阵地的作用。

第三节 反击日军“扫荡”，血战夏家塝

一、日军对樊湖、武北根据地的“扫荡”

樊湖、武北游击根据地的创立，独立五团的积极活动，直接威胁着武汉日军的安全。日伪军在武鄂地区的青山、九峰、驼子店、王家店、新店、葛店、华容、三江口、樊口、油坊岭、豹子澥、覃公庙、五里界、纸坊、金口等村镇，扩建据点，构筑公路，拼凑县、区、乡、保伪政权，搜罗建立伪保安队、侦缉队，编织特务网络，并在据点的制高点筑瞭望哨，安探照灯，江面上舰艇日夜巡逻，铁路上装甲车不停奔驰。同时，动辄对无辜百姓进行奸、掳、烧、杀。武北、樊湖人民的抗日斗争，遭到日军疯狂的报复。日军一方面率侦缉队、保安队捕杀根据地的军政人员。1941年4月至6月，在华南乡由于汉奸汪豆腐告密，中共铁咀支部书记姜少山，党员崔长根、姜旭平、王火卿等人被驻华容日军捕杀。在五合乡，由于汉奸朱继安告密，乡长朱仁山、

副乡长谢南山和税务所所长夏细水被日军捕杀。另一方面，日军率大部队对武北、樊湖地区进行大规模的“清乡”“扫荡”。1941年春，敌人在油坊岭一线增兵，切断武北与樊湖地区的联系。而后，出动武昌城内、油坊岭、纸坊三处的日军，分两队向汤孙湖、豹子山合围，出动青山、葛店、华容、段店、樊口、鄂城城内六处的日军向武鄂公路南北“扫荡”；长江、樊湖、梁子湖等水面则另派汽艇封锁。三路日军协同作战，对武鄂地区进行拉网式的“清剿”。日军所到之处，烧杀掳抢，无恶不作，特别是抗日军政人员的家属和房屋，日军一经发觉，则实行烧光杀绝。此时，武昌抗日游击队为反击敌人的“扫荡”，突破敌人江面封锁，转移至汉阳肖家湾一带，与日军进行激烈的较量。坚持在樊湖地区的军政人员，则化整为零，坚持反“扫荡”斗争。这次反“扫荡”斗争中，鄂城县委组织部长陈大行、统战部长郭穆生、妇女干部许曼英勇牺牲。

1941年6月29日，鄂城、樊口、段店、华容、葛店、油坊岭、豹子澥之敌倾巢出动，向武鄂公路南面的德马、共和等地合围“扫荡”，鄂南中心县委的干部和独立五团战士同群众一道，活跃在山山岭岭丛林之间和湖洲芦苇林中，敌人的“扫荡”又落了空。6月30日，各地日军又采取突然袭击，在华南乡妄图歼灭独立五团，团长王苏率队伍跳出日军的合围圈，由内线转到外线，敌人又扑了空。

二、血战夏家塝

日军在一次又一次“扫荡”“清乡”失败之后，改变了策略。武汉日军特工课派出大批特务，潜入樊湖根据地，利用一些民族败类刺探樊湖根据地抗日军民的行踪，然后突然袭击抗日武装力量。

1941年7月6日，鄂南中心县委和独立五团又一次从小庙出发，跳出日军的“扫荡”圈，向葛店、脉家岭一带转移，准备在长江边迎接南下的主力部队。当日傍晚，部队到达胡家大湾，原定在此村宿营，后考虑到目标大，决定中心县委机关和独立五团团部直属部队到夏家塝宿营。夏家塝距葛店15里，有条大路直通葛店日军据点，五团领导决定三营（实际只有100来人）宿胡长湾，警戒葛店之敌。便衣队去夏家塝西部的袁家咀。晚上9时许，中心县委机关和五团团部直属部队到达夏家塝。该村50多户人家，坐落在三面环水的小土岗边。到达夏家塝后，中心县委召开县委扩大会议，研究迎接主力部队渡江和扩大鄂南抗日根据地的问题。不料，这些行动被日伪密探侦悉，密报日军，日军急调驻华容日伪军封锁湖面，调葛店日军200多名加上一个中队的伪军绕过三营的警戒，分三路包围夏家塝。

7月7日，东方刚现白，村西头哨所发现敌人，独立团团长王苏即率警卫连阻击敌人。中心县委书记黄全德指挥干部从村东突围，中心县委其他领导人也各自带几个战士同敌人拼杀。村东头是茫茫的湖面，仅一只小木船，首先上船的是县委秘书彭湘莲（女），她带领10多个机关人员和文件从湖面突围，有会水的则游水过湖。这时候天亮了，负伤的团长王苏仍在沉着指挥干部战士同敌人血战，但几经突围未能成功，警卫连的战士绝大部分壮烈牺牲。中心县委黄全德、何愚、舒江皋，武昌县委王近生，咸宁县委吴刚，团部军医胡修文，军需程瑞如及其儿子等在村民夏新举、夏之林、廖柯益等人掩护下，混在群众之中。

敌人逐屋搜查，将全村群众集中到稻场，胁迫群众交出新四军。这时，王苏、黄全德、何愚等人挺身而出，使群众得以开脱，但王苏、黄全德等18人被捕。村民夏新举等3人当即被日军杀害。黄全德等被押至葛店，日伪军对他们威逼利诱，他们个个坚贞不屈，最后全被杀害。日军见何愚是个刚满20岁的学生，想在他身上捞点情报，何愚对敌人的诱降答得很干脆："头可断，血可流，决不当亡国奴！"并大骂日本强盗和认贼作父的民族败类。最后，葛店宣抚班的日军将何愚绑在树上浇汽油烧死。

王苏被俘后，敌人将他押至鄂城，企图通过他"招抚"活跃在樊湖的新四军。日军对他诱降未成，将其残杀于鄂城。

在胡长湾宿营的独立五团三营听到夏家塝的枪声后，试图解夏家塝之围，后发现敌人太多，只得连夜向华南乡孙家咀一带转移。7 月中旬的一天，汉奸姜封远探悉三营行踪后密报华容日军，日军即组织千余人分兵四路“围剿”三营。三营指战员从白马洲乘船向季家畈骡洲咀转移，船将靠岸时遭早已埋伏在棉花地里的日伪军突然袭击，营长熊辉祥即指挥部队跃上湖岸抢占有利地形，沉着应战。后敌人密集而至，三营战士与敌人展开肉搏，终因敌我兵力悬殊，没有突破敌人的包围，阵亡 50 余人，营长熊辉祥等 10 余人受伤被俘，押至葛店后全部壮烈牺牲。

听到夏家塝血战的消息后，中心县委组织部长兼咸宁县委书记钱远镜，即从咸宁返鄂城铁咀村找到突围出来的王志坚等人，并派王志坚去找樊湖工委书记陈大发，由王志坚、陈大发一道去鄂东特委汇报夏家塝血战的经过。钱远镜留在樊湖收集失散的干部战士，整顿组织，不幸于同年 8 月上旬在德马乡被日军抓获，8 月 13 日牺牲于樊口。

在独立五团与日伪军血战夏家塝前一个月，鄂南中心县委宣传部长兼崇阳县委书记王佛炳（化名雷鸣）与崇阳县委组织部长赵斌甫在崇阳洪上牺牲。

7 月 8 日，罗通率十四旅四十一团，从团风王家寨过江到鄂城胡林一带，获悉发生“夏家塝事件”、独立五团受挫，考虑到没有地方党组织与武装力量的配合，即率部返回江北。

血战夏家塝之后，鄂南敌后的抗日游击战争又一次受到重大挫折。

第四节　重建鄂南中心县委，为大规模开展敌后抗日游击战争做准备

一、重建鄂南中心县委

鄂南敌后抗日游击队虽然遭受重大挫折，但中共鄂豫边区党委开辟鄂南敌后抗日战场的决心没有丝毫动摇。8 月上旬，重建鄂南中心县委，由李平任书记，委员有雷同、陈大发、刘光前、张曙光。

李平受命于危难之际，即同刘光前到鄂城刘家衕一带收集独立五团流散人员。7 月 6 日，在袁家咀宿营的便衣队与突围出来的战士都归了队，由刘光前带领到黄冈整训。8 月中旬，恢复新四军鄂南独立五团的建制，李平任政委。

与此同时，鄂南中心县委在刘家衕召开会议，认真分析独立五团受挫的原因。烈士的鲜血，再一次教育了战斗在鄂南的共产党人：在鄂南发展独立自主的抗日游击战争，要正确认识鄂南的特点，善于从鄂南的具体情况出发，不失时机地研究和改进斗争艺术，以达到保存自己、打击敌人、消灭敌人的目的。五团失败的原因在于：主力活动范围仅局限于樊湖，没有积极向外发展。樊湖地区狭小，敌人据点林立，根据地开辟不久，群众还没有充分发动，在反击日军“扫荡”的战斗中，部队又不够机动灵活，没有采取大踏步地前进或者后退，因而易于遭敌攻击。加之，当时敌伪顽对共产党领导的抗日民主根据地实行残酷的经济封锁，樊湖部队在筹集给养方面有过“左”行为，失去了一部分中间人的支持。

鄂南中心县委通过认真总结，提高了认识，采取了新的行动，继续开展鄂南游击战争。

二、巩固鄂南沿江阵地

1941 年 8 月中旬，鄂南中心县委派陈大发、杨涤尘、喻南山、王志坚等

人组建中共鄂城县委和鄂城县政委会，陈大发任县委书记兼县长，杨涤尘任组织部长，喻南山任统战部长，县委委员王志坚。这以后，又成立了鄂城县抗日游击大队，大队长胡柏才，副大队长欧正楷，活动在葛店、华容、段店沿江一带。县党、政、军干部分片负责，发动群众，组织武装，开展锄奸斗争。张弦负责华南、新民、华滨一带，杨涤尘负责德马、小庙一带，喻南山负责燕矶、池湖、王河一带，高佑龙负责谢家大湾、胡林一带，王志坚负责葛店、脉家岭、严家大湾一带，曾协斋负责华北、共和一带。这些人分途组织便衣队，整顿地方党组织，访问当地知名人士，对汉奸、日伪“坐探”则进行严厉的镇压。

9月，华南乡党的组织镇压了汉奸汪豆腐和夏福成。段店伪维持会会长熊才卿顽固不化，成为死心塌地的汉奸。辛巳年除夕（1942年2月14日）鄂南中心县委张高昇及五团手枪队队长胡柏才、指导员舒少斌等4人潜入段店，冲进熊家将其击毙。没过几天，胡柏才、张高昇又带手枪队员在党员王春祥、冯汉生配合下，镇压了日伪侦缉队队长汪财宝。这些行动，威慑了敌人，争取更多的人站到抗日旗帜下来。

三、独立五团游击鄂南敌军

1941年9月，鄂南中心县委抽调一部分干部和独立五团100余人，在李平、雷同、刘光前的率领下，以新四军鄂南独立五团的番号由黄冈过江，经樊湖、覃公庙、保福祠进入鄂南山区。这支部队严格执行“三大纪律，八项注意”，所到之处大力宣传党的抗日民族统一战线，深得群众拥护。9月下旬，这支部队在武昌县保福祠舒家窑围歼伪军周筱山部一个班，与中共保福祠区委艾凤林、左玉成、涂继文等人接上关系，并留喻南山、王志坚两人在武昌工作。王志坚依靠中共李家桥支部迅速恢复了武北地下党组织，并组建了武北抗日游击队。喻南山协助保福祠区委对党组织进行了整顿。这时，保福祠地区已建立中共地下支部7个，有党员60余人，还在敌人周围设有情报站。

10 月，这支部队活动在武昌、咸宁、崇阳一带，与金水流域、咸宁马桥、毛坪等地下党组织接上关系，并派何功国、李一戎组成咸宁县委；何功国任书记，李一戎（化名杨洪）任组织部长。同时，留雷同在西岭、挂榜山一带组织武工队，帮助咸宁县委工作。何功国、李一戎在咸宁西北过铁路时被日军枪杀于朱家湾北拱桥。与此同时，鄂南中心县委派刘光前在崇阳前沙坪、后沙坪一带活动，组建了崇阳县委和武工队。

11 月、12 月，李平率独立五团继续前进，活跃在崇阳、蒲圻、通城、临湘一带，在铁路、公路沿线袭击日军车辆，惩治汉奸伪军，在八斗山、方山、药姑大山、大沙岭等地宣传党的抗日统一战线政策，日伪顽多次对这支部队进行“围剿”，这支部队均能机动灵活，安全突围。他们经常露宿山林或群众屋檐下，过着“时挑野菜连根煮，有辣无盐野味多”的艰苦生活。12 月下旬，中共岳临通县委派人到崇阳与鄂南中心县委接上关系。这支部队则经蒲圻石坑渡返回咸宁，在古田泉口与在咸宁西北部开展工作的张曙光会合。在咸宁活动一段时间后，于 1942 年 1 月经樊湖根据地回到江北黄冈。

1942 年 2 月 19 日，李平、刘光前等人在黄冈洪家铺合影留念。刘光前受大家的委托在相片上题字：“苦难，创造，斗争，是我们这辈人的职责和命运。” 3 月，李平等又回到樊湖，率独立五团在新四军十三旅三十九团一个营的配合下，攻打华容敌人的据点，缴获一批军用物资。与此同时，鄂南中心县委检查、部署了鄂城县委的工作，由陈大发负责在黄冈长圻寮与鄂城池湖港之间建立交通站，搜集江南情况，准备开辟鄂（城）大（冶）抗日根据地。3 月中旬，李平、雷同去京山小花岭、黄陂姚家山，向鄂豫边区党委和新四军第五师司令部汇报他们率独立五团深入鄂南山区，历时半年，转战千里，收集日伪军政情况，为大规模开辟鄂南敌后游击根据地所做的恢复党组织、建立武装等准备工作。边区党委和五师司令部听了他们的汇报后，向中共中央、华中局、新四军军部发出《鄂南的情形和我们开辟鄂南的计划》的电文，决定派十四旅渡江，挺进鄂南，建立以大幕山为中心的鄂南根据地。

第四章

鄂南抗日民主根据地的建立和发展

第一节 新四军十四旅挺进鄂南

一、中共中央军委电示：开辟鄂南敌后战场

开辟鄂南，创建鄂南敌后抗日根据地，是中共中央、毛泽东主席依据抗日战争形势的发展和全国抗战的全局作出的重大决策。

早在1941年6月14日，毛泽东、朱德和王稼祥就在给新四军代军长陈毅、政委刘少奇和五师师长李先念的复电中指出："目前五师是处在敌伪和顽军双方夹击和压缩的紧张中，先念7日电提出坚持原地，开辟鄂南的意见基本上是应当的……进入鄂南的部队，须依过去的经验教训，一开始就着重各种政策的正确执行，建立巩固的群众基础，不要虚张声势，而要切实工作。因此，同意派得力干部去鄂南掌握政策。"[①]

开辟鄂南敌后战场，创建鄂南抗日民主根据地，从地域上既可隔江与鄂东黄冈、蕲春、黄梅、广济连成一片，东与皖东、赣北新四军第二师、第七师的根据地连接，改变五师孤悬敌后的处境，减轻日伪顽对鄂豫边区的压力，扩大五师回旋跳跃的范围，还可与天门、汉川、沔阳的新四军五师兄弟部队携手向南发展，形成对武汉日军的包围，达到实现新四军军部"控制长江下游的战略意图"[②]，创建新四军向南发展的基地。1942年5月2日，鄂豫边区党委和新四军五师司令部，在向中共中央军委和新四军军部报告鄂南情况和开辟鄂南计划后，命令十四旅主力部分甩掉正向鄂东压来的六七万顽军，挺进鄂南，开辟以大幕山为中心的敌后根据地。

---

① 新四军五师电报。

② 新四军五师电报。

二、十四旅挺进鄂南敌后

受命挺进鄂南的新四军十四旅第一梯队，分东西两路渡江。西路部队四十一团团直及二营、三营和鄂南独立五团共500余人组成，由四十一团政委罗通和中共鄂南中心县委书记李平率领；东路部队由十四旅四十二团一营、三营、旅直和地方武装近千人组成，由旅长吴林焕、副旅长熊作芳和政治部主任夏农苔率领。

1942年5月2日傍晚，西路部队从黄冈长圻寮分乘近百只木船直取南岸，在鄂城池湖港登岸，后进入麻羊垴与先期过江的雷同、秦大进率领的先遣分队会合。他们在王家冲（一说陈家桥）消灭伪鄂城自卫大队王宽林部20余人，争取和瓦解一部分“红学会”，并协助组建了中共鄂（城）大（冶）临时工委，由谭道如任书记，组织部长曹洪波，军事部长童国卿。以后，西路部队留下一个连协助地方工作，主力越过大冶铁山日军据点，取道杨林桥、晏公庙、峡山口、高桥等地，直插咸宁西岭、挂榜山。

东路部队在吴林焕、熊作芳的率领下，于6月14日夜间从田家镇附近的王家垸、金水垄一带渡江，在阳新的沙林、玉树一带登岸，15日拂晓前占领长江南岸制高点筠山，解除了阻挡登陆的第九战区挺进军十九支队程金门部、第一大队柯宇门部的武装，后续部队一个班在江心遇上日军巡逻艇，在激战中全班战士牺牲。翌日晨，东路部队继续前进，17日到达阳新大王殿、太子庙一带。程金门企图阻止新四军进入其地盘，率其全部武装前来阻击，十四旅领导人派人与程金门联系，愿与他共同抗日，程坚持不允，东路部队被迫将程部击溃，大队长以下人员300余人被俘，缴获轻重机枪各2挺，长短枪200多支。18日，驻大冶、阳新的日军出动400多人向十四旅东路部队驻地袁家湾进攻，十四旅四十二团投入6个连的兵力，与敌激战竟日，消灭日军30多人。下午5时许，天降大雨，日军怯战退兵。东路部队在太子庙、袁家湾战斗中获胜，人民群众欢欣鼓舞，纷纷劳军、参军。部队领导人在长乐原一带召开群众大会、士绅座谈会，宣传中国共产党的抗日政策，并建立了中共阳（新）大（冶）工委，成立了阳大支队。

东路部队在大冶湖畔和筠山一带立稳脚跟之后，队伍越过阳（新）大（冶）公路进入老苏区龙角山一带，苏区人民满含热泪互传喜讯：“老红军又回来了！”

东路部队到龙角山后，发挥新四军既是战斗队又是工作队的优良传统，深入群众中宣传共产党的抗日主张，呼吁当地士绅、乡保人员联合抗日，还派人给驻守刘仁八、傅家山的九战区挺进军五纵队八支队田维中部送信，呼吁团结抗日。在田部将送信人扣留后，东路部队领导人为顾全大局再次给田维中写信，呼吁联合抗日，一致对外。田维中对新四军十四旅领导人一而再再而三的呼吁不仅不理睬，反而派其儿子田峻率1500人袭击龙角山。东路部队四十二团被迫凭险据守，将其击退。与此同时，中共阳（新）大（冶）工委和阳（新）瑞（昌）工委相继建立，以龙角山为中心的阳（新）、大（冶）、鄂（城）地区的抗日局面迅速打开，并在龙角山、筠山一带设立了机关、学校、被服厂。

6月下旬，十四旅西路部队南进到咸宁西岭山游家垱，当地老百姓控诉了土匪刘尔训部的罪行。刘部是流散的川军，自称“天部”。他们在西岭一带为非作歹，鱼肉百姓，群众恨之入骨。有歌谣说：“天见天部，日月不明；地见天部，草木不生；男见天部，有死无生；女见天部，跑不脱身。”十四旅西路部队听了群众的控告，当即向刘尔训发出警告，不准其再为非作歹、欺压百姓，并派雷同到该部谈判，争取改造这支部队。但刘部无视西路部队的警告，继续胡作非为。因此，西路部队决定严惩这些匪徒，为西岭群众除害。他们兵分两路：一路由罗通、陈国清带四个连攻打刘尔训司令部驻地雷窝，一路由李平率一个连攻打刘部巢穴花纹泉。天刚蒙蒙亮，队伍便分头出发了。罗通、陈国清以雷同为向导，率队直捣刘尔训的司令部，两个连从村背后进攻，两个连从村口正面攻击。刘部士兵听到枪声，没命地钻进村边竹林逃走了。李平率部进攻花纹泉也打了胜仗。“天部”逃到冯家山一带。

当地群众对“天部”恨之入骨，纷纷给新四军送情报、带路。于是，罗通、雷同又率部二打“天部”，歼其一部。刘尔训率残部逃到铁路西蒲圻神山、宋家河一带投敌。至此，西岭、挂榜山成为咸（宁）崇（阳）蒲（圻）抗日民主根据地的主要组成部分。

6月的一天，十四旅西路部队派鄂南地方武装挺进十五团团长雷同和四十一团六连连长徐国华，组织突击队袭击了日军据点港下雷村。

港下雷村位于湘鄂公路险要地段晓岭的北麓。晓岭的南麓楠林桥设有日军前线兵站。日军占领咸宁后，在晓岭至柏墩几公里的公路上，以鼎足之势设立了晓岭、港下雷、郑家咀三个据点，以保障前方兵站的安全。雷同是港下雷村附近大屋雷村人，他接受任务后，即挑选10名熟悉地势和有作战经验的战士，每人配一支手枪、一把大刀和两枚手榴弹。徐国华也挑选两个精锐班，每班配有一挺机枪。这两部分指战员共38人，为了便于黑夜识别，每人左臂上扎有白毛巾。

下午，这支突击队从岩西出发，急行军直奔港下雷，深夜到大屋雷中兴屋村。雷同找群众进一步了解日军兵力部署情况后，将突击队一分为二，由雷同带一个班守陈王桥，监视碉堡里的敌人和警戒晓岭、郑家咀的敌兵，徐国华率其余战士歼灭村里的敌人。战斗打响后，大刀、手枪一起发挥作用，敌人伤亡惨重。当山上碉堡里的日军用小钢炮报警示威时，突击队员无一伤亡地退出战斗。

第二天，日军运走一卡车死伤者，并作为报复杀害了一个放牛的小孩。

新四军十四旅西路部队二打“天部”和夜袭港下雷之后，第九战区挺进军九支队队长刘定一携其妻子和警卫人员来西岭、挂榜山要求与新四军一道抗日。罗通在花纹泉召开群众大会，宣传党的抗日民族统一战线政策，并热烈欢迎刘定一与新四军一道抗日。不久，西路部队控制陆水中游以北地区，在咸宁西岭、挂榜山和蒲圻随阳山一带，建立咸（宁）崇（阳）蒲（圻）抗日民主根据地，成立了咸崇蒲中心县委，组建了咸崇蒲、咸通阳、咸崇通、咸武（昌）鄂（城）和金水等县委和工委。原咸宁县委下属组织直属中心县委领导。

咸崇蒲根据地，战略地位非常重要，粤汉铁路在其北，湘鄂公路横贯其中。北伐战争时期和土地革命时期，这里就是苏区根据地。1938年秋，这里又燃起抗日烽火，咸宁第二大队、崇阳熊鹤龄大队以及鄂南抗日挺进队都曾以这一带为活动基地。咸崇蒲抗日游击战争的展开，严重地威胁着日军华中派遣第11军咸宁前梯指挥所和粤汉铁路、湘鄂公路两条重要交通线的安全。6月下旬，驻咸宁日军第40师团部调集蒲圻、咸宁、汀泗桥、马桥、通山、崇阳等据点的日军1000余人，分多路“扫荡”西岭、挂榜山。

西路部队机智地跳出敌人的包围，隐蔽在崇阳前沙坪、后沙坪的高山密林之中。7月初，日军100多人在金沙一带找不着新四军，在后沙坪村前坪子集合准备返防。这时，隐蔽在后沙坪周围制高点的西路部队三个连队，在罗通的指挥下机枪、步枪一齐开火，手榴弹在敌群中开花，日军突遭袭击，遗下多具尸体，夺路而逃。在咸宁钱塘畈、古田畈等地，日军又被武工队的麻雀战紧紧缠住，陷入进退维谷的境地，只得悻然撤兵。日军对咸崇蒲根据地的第一次“大扫荡”，就这样被粉碎了。

7月10日，旅部得到罗通的信件，了解到西路部队的活动情况后，即由熊作芳、夏农苔带两个连携电台一部挺进咸崇山地。7月15日，新四军十四旅东、西两部队在咸宁高槎桥胜利会合。

两军会合后，当即决定以四十一团二营、四十二团的两个连转回东路主力驻地龙角山。此时，挺进军田维中、廖义华部在东路部队进军筠山、龙角山以后，即陈兵谈家桥、傅家山一带，不断派出部队袭击十四旅后勤机关、学校和外出工作人员。东西两路部队在返回龙角山途中，又遇到田维中部的小股骚扰。有几个骚扰士兵被抓获，从中得知田维中、廖义华等乘十四旅东、西两路部队会师后尚未回龙角山的机会，倾田、廖两部兵力共3000余人向龙角山留守部队进攻。夏农苔、熊作芳等领导人得知这一情况后，即乘田维中部后方空虚之机，袭击了该部老巢——傅家山、谈家桥和刘仁八附近，迫使田部从龙角山退兵。随后，又在谈家桥还击廖义华支队的进攻。此后，吴林焕、罗通回江北向新四军第五师汇报进军鄂南敌后的情况。

7月7日，中共中央华中局进一步指示鄂豫边区党委，应大力发展鄂南。为此，新四军第五师党委决定，由师参谋长刘少卿和十四旅政治委员张体学率特务团和四十一团、四十二团留在江北的部队组成挺进鄂南的第二梯队。

7月27日，新四军十四旅第二梯队进入鄂南后，田维中、廖义华两部扼守谈家桥、傅家山一带，阻挠十四旅进军开辟以大幕山为中心的根据地，不断袭击十四旅部队，十四旅指战员忍无可忍，遂兵分两路于8月2日在谈家桥、傅家山和刘仁八附近给予还击。

8月5日，国民党三十集团军王陵基部出动三个师纠集挺进军九个支队分两路“围剿”新四军十四旅和鄂南抗日根据地谈家桥、傅家山、�山、大王殿、龙角山和西岭、挂榜山等地，历时近一个月。8月6日，十四旅主力撤回江北，留以罗通为司令、岳林为政委的游击司令部，率特务团、四十一团各一个营在鄂南山地坚持斗争。

三、打开鄂南敌后抗日斗争新局面

1942年9月初，鄂豫边区党委组织部长杨学诚率领的以吴师筑为首的鄂南政务工作团近百名县、区干部进入鄂南。

新四军五师挺进鄂南的部队，加上鄂南原有的地方武装，总兵力不足三千人，敌、我兵力对比极为悬殊。如何打开鄂南敌后抗日局面呢？刘少卿、杨学诚等遵照中央军委的指示，“一开始，就着重各种政策的正确执行，建立巩固的群众基础”。他们高举抗日民族统一战线的旗帜，严格按照党的方针、政策办事，发展进步势力，争取中间势力，孤立和打击顽固势力，对鄂南各派势力依其对新四军的态度分别采取不同的策略：对远离根据地的川军王陵基部，鄂南军政领导人给他们写信，宣传新四军真诚联合一切友军共同抗日的主张，坚决反对同室操戈的行为；对地方势力派，新四军分别派代表或写信与其联络，晓以抗日大义。例如，对当时在鄂南兵力较强的方步舟部，中共鄂南组织领导人李平曾两次与其接触，商谈合作抗日事宜。后又通过方步舟侄儿项树林，传信表示愿与其达成互不侵犯的协议。刘少卿、杨学诚到鄂南后，又请大冶地方士绅卢峙中送信方步舟，争取方部中立。杨学诚到鄂南后，非常重视统战工作，走到哪里就在哪里找有影响的开明士绅、知识分子、乡保人员和其他社会人士谈心或开座谈会，向他们宣传党的政策，争取他们支持新四军的抗日活动。在党的政策感召下，鄂南一些地方势力愿与新四军携手合作抗日。例如，阳（新）大（冶）地区的程金门，新四军过江时同他打了几仗，消灭了他的主力，其余部分转入地下活动。中共阳大工委书记黄道平、桂平等了解到程金门反对新四军只是为保住自己的地盘，属于地方势力，在共产党势力强大的情况下可与其合作抗日。于是，他们找阳大地区与程金门关系密切的士绅，向其转告新四军愿与他们共赴国难之意。在这种情况下，程金门同意与新四军合作。后来，阳大政务委员会成立，程金门被选为政务委员会副主席，其部队被改编为阳大人民自卫团，程金门任团长。新四军不但积极争取友军共同抗日，而且对伪军也尽力宣传党的政策，进行分化。例如，对驻咸宁的伪和平救国军第二师周九如部，新四军十四旅领导人曾派咸宁县委书记陈觉生通过关系多次与周九如接触。对于乡、保、甲人员，鄂南各级党政军干部通过写信、访问、交朋友等方式做工作，团结他们共同抗日。1941 年 11 月、1942 年 8 月，咸崇蒲中心县委宣传部长兼崇阳县委书记刘光前曾分别给崇阳县乡保人员沈行吾、雷兆达、吴良弼写信。这两封信的原文如下：

沈乡长行吾、雷副乡长兆达二兄勋鉴：

昨日，敝部在岭下游击，听说贵乡公所召集会议，策动进攻敝部。因此，敝部雷队长、方指导员前往贵乡公所址谒晤吾兄，不料兄等竟避而不见，以致发生误会。弟系崇阳人，今天在敌后坚持抗日游击战争，此乃青年军人之天职，不敢言功，但亦无过。可是，时至今日，坚持艰苦抗战救国之新四军却不谅解于当局。自反共军退走以来，迄今已二月之久，贵属保长皆潜不见面，待敝部如仇敌。另方面，贵所及所属保长均可与敌伪通往来（各保办事处设有洋保长），兄等可允许洋保长为虎作伥，帮日寇筹集粮食，而对我们抗日军队却置之不理，视如仇敌，请问以此之所作所为，是抗日还是联日？作为炎黄子孙，将自身置之于何地？现弟剀切陈言，共产党员是消灭不了的，请代为告诉那些反共“英雄”们，我们中国共产党人和共产党所领导的新四军真诚地欢迎一切愿意抗日的党派、人士与我们合作抗日，愿与友党友军团结到底、抗战到底。谁要是破坏抗日，搞反共“摩擦”，那只能是“搬起石头砸自己的脚”。我们坚决执行“人不犯我，我不犯人，人若犯我，我必犯人”的自卫原则，对挑衅者予以迎头痛击。

最后，弟真诚地希望兄等深明大义，说服贵所所属保长速来会晤，吾兄之驾，亦盼光临。否则，是兄等先弃吾人也。

此致

团结抗日之礼

弟　刘光前

吴保长良弼先生：

此次因亲日派之嗾使，当局派大军进剿我抗日根据地，企图一举消灭我鄂南之新四军；另方面在群众面前大肆污蔑我军，妄图离间群众同我军的关系。事实上，这是徒劳的。我军至今仍骄傲地自由驰骋在鄂南敌后，群众不仅没有离开我们，反而更加亲密地团结在我军周围。请告诉反共军，不管那些反共“英雄”怎样猖狂，群众是镇压不了的，新四军是消灭不了的。我们一定要坚持抗战，把日寇驱逐出中国。

不久前，我军在谈傅刘一带对反共军进行自卫还击。现在，我们仍回到咸崇蒲来了。旧历七月十四日（8 月 16 日）我军在马桥附近主动出击，并缴获日寇轻机枪 1 挺、步枪 7 支。这表明我军是以民族利益为重，真正的抗日队伍。

最近得地方情报，你们的上司不与我军合作，你们不仅不帮助我军，反而将我军行止报告给反共军。若果如此，实有违当初联合抗日之心愿。希望你们本着团结抗日之旨意，共赴国难。如果自相残杀，只能使亲者痛、仇者快。

先生亦开明之士，必以弟言为是，更盼出面呼吁团结为盼！

刘光前

这两封信，真实地反映了鄂南共产党人真诚团结抗日的态度。

第二节　鄂南抗日民主根据地的建立和发展

1942 年 8 月 10 日，鄂豫边区党委经请示华中局批准，在原鄂城谈家桥正式组成新四军鄂皖湘赣指挥部（亦称江南指挥部）[①]，刘少卿（化名江岳洪）任指挥长，杨学诚任政委，吴林焕任副指挥长，熊作芳任参谋长，夏农苔任政治部主任，并由刘少卿、杨学诚、吴林焕、熊作芳、夏农苔组成中共鄂皖湘赣指挥部党委，杨学诚任书记。指挥部党委成立后，在谈家桥召开党委扩大会议。会议分析了鄂南的形势，研究在鄂南敌后的战略部署和工作方针，决定迅速向大幕山区发展，创建以大幕山为中心的鄂南抗日民主根据地。后因形势发展复杂，对创建以大幕山为中心的根据地的方针，采取了灵活执行的

① 五师电报和《新四军第五师抗日战争史》称鄂皖兵团指挥部，亦称江南兵团指挥部。

态度。但总的说来，1942 年 8 月至 1943 年是鄂南抗日民主根据地建立和大发展的时期。

一、根据地中共组织的发展

鄂皖湘赣指挥部党委根据鄂南抗日斗争形势发展的需要，将鄂南抗日民主根据地划为山地和沿江两片。在山地已于 6 月成立中共咸崇（阳）蒲（圻）中心县委，由罗通任书记，李平任副书记，下辖县级党组织有：咸宁（咸崇蒲）县委（书记陈觉生），咸（宁）崇（阳）通（城）县委（书记刘光前），咸（宁）武（昌）鄂（城）工委（书记江萍，后雷同），嘉（鱼）蒲（圻）临（湘）工委（书记张进），咸（宁）通（山）阳（新）县委（书记雷同，后窦联顺），金水工委（书记张曙光）。在沿江片县级党组织有：武（昌）鄂（城）工委（1942 年 8 月称鄂城县委，书记杨涤尘；9 月称樊湖工委，书记王守愚；10 月称梁子湖工委、武鄂工委，书记张凡。1943 年 2 月武鄂工委又分为武昌和樊湖两个工委，武昌工委书记张进，樊湖工委书记张凡），鄂（城）大（冶）工委（驻地麻羊垴，书记王表），阳（新）大（冶）工委（书记黄道平，后桂平），阳（新）瑞（昌）工委（书记孙超），大（冶）鄂（城）工委（驻地谈家桥，书记李洛）。沿江片县级党组织在 1942 年底以前直属鄂皖湘赣指挥部，由鄂南工委（书记鲁明健，副书记吴师筑）领导。

这一时期，县级党组织一般下辖区委或分区区委，区委或分区区委下辖支部。例如，咸宁县委就建立了马桥、柏墩、花纹、汀潭、甘棠、黄大 6 个区委；咸武鄂工委建立了保福、忠义、山民、余花 4 个区委，下辖 30 个支部，有党员 344 人。

这一时期，鄂南根据地的党组织有很大的发展，到 1943 年初先后建立了阳瑞、阳大、鄂大、樊湖、武昌、咸武鄂、咸通阳、咸崇蒲、咸崇通（城）、金水（武嘉咸）、嘉蒲临 11 个县级党委，有党员 2000 余人。

鄂南的党组织，是领导鄂南抗日民主根据地的核心力量。各级党组织在抓好组织建设的同时，还注意抓紧党员队伍的思想建设，对党员进行党的宗旨、政策、纪律和气节教育，号召党员要有富贵不能淫、威武不能屈、贫贱不能移的高贵品德，忠于共产主义伟大理想，严守党的秘密，永不叛党。咸武鄂工委就很重视对党员的思想教育工作，分工工委委员汪勇抓党员培训工作，工委书记雷同亲自讲课，汪勇和薛平等同基层党组织的负责人一道，先后在五里山、中山陈、下熊等地举办数期党训班，组织党员学习党章、学习毛泽东著作《纪念白求恩》和党的其他刊物，由于党员的模范带头作用，咸武鄂中心区保福祠成为当时鄂南最巩固的根据地地区之一。

二、根据地各级政权的建立与发展

鄂豫边区党委为加强鄂南根据地的建设，抽调大批地方干部组成鄂南政务工作团，9 月初随杨学诚渡江南下。

鄂南政务工作团根据鄂南形势发展的需要和鄂豫边区行政公署施政纲领的有关精神，更名为鄂南政务委员会，主任吴师筑，副主任鲁明健。工作团干部除少量人员留在政委会外，大部分奔赴基层协助建设县、区、乡政权。鄂南政务委员会作为鄂豫边区行政公署派驻鄂南的最高行政机构，统一领导鄂南抗日民主根据地的各级政权。至 1943 年初在鄂南政务委员会的领导下，先后在阳大、鄂大、大鄂、武鄂、武北（又称武昌）、咸武鄂等根据地建立县级政务委员会。咸崇蒲根据地在县、工委领导下建立了 20 多个乡级政权。阳瑞根据地建立中心乡。嘉蒲临、金水流域也依靠“白皮红心”的政权进行活动。

1. 阳大政务委员会。1942 年 5 月，十四旅挺进阳大地区，在大王殿组建阳大政务委员会，主席桂平，秘书罗明，财务科科长刘昆山。到 1942 年 9 月，阳大工委与地方势力程金门等谈判取得成功，在阳新大王殿的王家祠堂召开人民代表大会，阳大地区各界知名人士及群众代表近千人参加了大会。大会按照鄂豫边区行政公署施政纲领的要求和“三三制”的原则，选出中共代表4人、国民党左派代表3人、地方开明士绅代表2人组成阳大政务委员会，主席桂平，副主席程金门，财务科科长刘昆山，秘书罗明。阳大政务委员会成立后，根据地各项建设全面铺开，先后建立了太子庙、大王殿、漳源口、黄颡口、中山铺、大箕铺、小箕铺等10多个乡的抗日民主政权，形成了以太子庙为中心，东临长江、西至龙角山、南抵长乐原、北达大冶湖，人口近10万的抗日民主根据地。这块根据地，既是财源之地，又是大部队渡江的江南滩头阵地。这里地势险要，得而又失，反复拉锯的时间比较长。

2. 鄂大政务委员会。鄂大抗日根据地北靠长江，西起鄂城城关碧石渡，东至黄石港，南抵铁山、下陆，处于鄂城、燕矶、黄石、铁山、陈盛、碧石渡等日军据点中间。这块地方是十四旅驰骋大江南北、抗击日军的重要滩头阵地，它的中心麻羊垴可鸟瞰樊湖，近击可攻鄂城、黄石一带之敌，南攻可进大鄂谈家桥，其辖区的池湖港既是新四军跳跃大江南北的主要码头，又是一块财源之地。但敌伪对它控制严密，不便于大部队活动，只能以此为立足点跳跃回旋。这块根据地，自创建到抗战胜利，作出了独特的贡献。早在抗战初期，中共大冶县委就派彭济时、冯玉亭等在宋皇、吕泉一带活动。他们联络刘丹池、曹洪波等在鄂大地区发动群众，团结地方人士抗日。1941年，中共鄂城县委书记陈大发也经常带手枪队在这一带活动。1942年5月，十四旅主力渡江后，8月成立鄂大工委，书记王表，组织部长陈楷，同时成立鄂大政务委员会，冯玉亭任主席，下设税务、公安、财政、司法等科。10月，冯玉亭调任大鄂政务委员会主席，鄂大政务委员会主席由鄂大工委书记王表兼任，谭道如任副主席兼税务、公安局长。鄂大政务委员会根据斗争需要把鄂大划分为三片：第一片为沿江燕矶至麻羊垴以北，包括新封、洪二、湖东、湖西4个乡；第二片为沿江燕矶至黄石港、花湖以北，包括燕矶、映陂、打石、金太4个乡；第三片由七花、宋皇、吕泉、凤凰4个乡组成。以上12个乡均建立了抗日民主政权，辖区人口约6万。

3. 大鄂政务委员会。1942年9月，在江南指挥部党委的领导下，建立大鄂工委，书记李洛，委员李平生、熊众平、彭济时、冯玉亭。工委建立后，接着组建大鄂抗日大队，武装开辟大鄂根据地。根据地范围迅速扩大，形成南到殷祖、刘仁八，北到铁山，西临金牛，东接姜桥、龙角山的一块根据地。10 月，组成大鄂政务委员会，下设民、财、建、教各科。大鄂政务委员会以谈家桥为中心，控制了 10 多个乡的政权。

4. 武鄂政务委员会。武鄂地区紧邻武昌郊区，南临梁子湖，北望黄冈，中贯鄂赣公路，境内河湖港汊纵横交错，水陆交通便利，为武汉东南屏障，系战略要地。在抗日战争中，武鄂这块根据地直接威慑武汉日军，它既是新四军出入武汉筹集军事物资的要道，又是游击战士袭击武汉近郊日军的回旋基地，还是江北新四军第五师小部队往返鄂南山地的通途。这块根据地自 1940 年初创，直至抗日战争胜利，辖域虽然有变化，但始终没有丢失。1942 年 5 月十四旅主力挺进鄂南后，先后派郭非、林奎、王守愚、张凡等到樊湖一带工作。8 月，重组鄂城行政委员会，主席陈大发，副主席张弦。11 月，樊湖工委与武昌县委合并为武鄂工委，成立武鄂政务委员会，黄人杰任主席，张凡任副主席。武鄂政务委员会下辖新民、界牌、庙岭、横山、泽林、五合、共和、华滨、华南、小庙、德马、明义、逊让、明德等乡政权。武鄂根据地辖区南到鲊洲，北临长江，东抵碧石渡一带，西达武昌豹子澥、油坊岭，纵横百余里，除日伪在交通线上所占的据点外，均为新四军控制，辖区人口近 10 万。1943 年春，武鄂政务委员会又分为鄂城和武昌两个政务委员会。鄂城政委会由樊湖工委书记张凡兼主席。

5. 武昌（也称武北）政务委员会。武昌政务委员会是 1943 年春成立的。早在 1941 年 6 月，中共武昌纸坊区委书记王志坚就在武昌南郊汤孙湖周围三个乡创建了抗日游击根据地。以后，向东发展与樊湖根据地连成一片，成为鄂南中心县委管辖的基本区之一。1943 年春，鄂南党组织为了沟通樊湖与咸武鄂两块根据地之间的联系，扎根武昌近郊，造成对市区日军的直接威胁，决定将武北地区从武鄂根据地划出，由张进、许大鹏、梁洪组成武昌工委。与此同时，成立武昌政务委员会和军事指挥部。政务委员会主席黄人杰（后张进兼任），副主席姜南平，敌工科科长梁洪，联络科科长王志坚，军事指挥长许大鹏。武昌政委会在覃公庙、九峰、油坊岭、豹子澥、纸坊、十字岭、汤孙湖一带建立乡政权，辖村庄43个。如明德乡（乡长王远泽），精诚乡（乡长潘鹤林），明义乡（乡长杨子玉），逊让乡（乡长胡旭初），保丰、新店乡（乡长胡兰阶、鄢少卿）。

6. 咸武鄂政务委员会。1942年8月，鄂南抗日局面打开后，咸崇蒲中心县委决定乘胜开辟咸武鄂抗日根据地，派王源、方针、余明清等4人带3条枪组成咸武鄂工作团，进入咸武鄂地区，与当地的地下党组织接上关系。当时，在咸武鄂地区一直坚持地下斗争的有保福祠区委（书记艾风林）。1942年10月，成立咸武鄂政务委员会，况公仆任主席，下辖保福乡（乡长倪秀清）、忠义乡（乡长李国臣、吴振华）、仙人乡（乡长徐焕卿）、新大乡（乡长李林甫）、积善乡（乡长易从新、安奎山）、山民乡（乡长方刚）、余花乡、双溪乡（乡长樊松涛）8个乡的抗日政权。这块根据地以保福祠为中心，辖区包括土地堂以南，横沟、双溪以北，东至涂家垴，西达法泗、西凉湖，方圆百余里。它是鄂豫边区的鄂东通向鄂南山地的中继站。1943年6月至1944年2月，这块根据地的工作很出色，新四军第五师首长曾称赞道：“鄂南的根据地都像咸武鄂保福祠一样，形势就大好了。”

7. 咸崇蒲抗日根据地。1942年5月十四旅挺进鄂南后，咸崇蒲抗日根据地是中共咸崇蒲中心县委所在地。在该地花纹、汀潭、柏墩、马桥等地建立了党的区委，如马桥区委（书记阚长春）、花纹区委（书记薛平）。这些区委领导着20多个乡的抗日政权。如白精乡［乡长刘正华（后朱以武）］，柏墩乡［乡长黄子英（1942年他又被派任伪维持会长）］。这些乡普遍建立了党支部和党领导的抗日武装。咸崇蒲抗日根据地也是咸宁、崇阳、通山、蒲圻、嘉鱼等县抗日武装活动中心。以咸崇蒲根据地为活动中心，建立的抗日游击区尚有：咸崇通（城）县委领导的，以崇阳金沙为中心的咸崇通游击根据地；

嘉蒲临工委领导的，以嘉鱼大岩山、仙人洞为中心的游击根据地，金水工委领导的金水河流域。这些游击区都是“白皮红心”的两面政权。

8. 阳瑞根据地。阳瑞根据地位于长江南、富水河东、阳瑞公路的中间地带。这里山高林密，河湖港汊密布。1942 年 9 月，鄂皖湘赣指挥部遵照五师及鄂豫边区党委的指示，派孙超、冯坤吾、陈志益、曹剑若、徐协农、曹能全等率江南支队一部渡江南下，进至阳新柯家塘后，当即组成中共阳瑞工委，书记孙超，组织部长为陈志益。不久，工委以江南支队为基础，组建下羊和柯家塘两支武工队。这两支武工队在阳瑞工委领导下，活跃在富水河东的山林及河湖港汊之中，不断袭击日伪军及其运输船只车辆。经过一段时间的斗争，阳瑞工委在柯家塘组建了阳瑞根据地的抗日政权阳瑞中心乡。

总之，这一时期是鄂南抗日民主根据地的建立和大发展时期。但由于鄂南各抗日民主根据地所处的条件不同，其政权的组织形式也是多种多样的，县级政务委员会基本上是按照鄂豫边区行政公署施政纲领建立的，乡级政权则采取了灵活多样的组织形式，在比较巩固的根据地或在根据地的中心区，基本上建立了党领导下的抗日民主乡政府，在游击根据地或根据地的边缘地区，则存在“白皮红心”的两面政权。据统计，自 1942 年 6 月至 1943 年 3 月，先后建立了 8 个县级政务委员会，3 个相当于县级的游击根据地政权，辖区人口约 50 万。这些政权建设，为鄂南抗日民主根据地的全面建立奠定了基础。

三、根据地的武装建设

1942 年 5 月，新四军十四旅挺进鄂南后，6 月鄂南独立五团与四十一团合编，成立鄂南地方武装鄂豫边区挺进十五团，团长雷同，政委李平。挺进十五团根据斗争需要，存在的时间不长。

1942 年 8 月鄂皖湘赣指挥部成立以后，将鄂东、鄂南改编为四、五两个军分区，鄂皖湘赣指挥部是代表新四军鄂豫边区党委和军事首长在鄂南行使权力的最高机构，鄂南抗日民主根据地建立后，新四军活动在鄂南、鄂东、皖西的主力部队有四十一团、四十二团、特务团（原四十团）三个团的编制，总兵力 2743 人[①]。这支主力部队，在开创和保卫鄂南抗日民主根据地的斗争中发挥了极其重要的作用。除主力部队外，鄂南抗日根据地的各级党政组织，都以极大的注意力抓武装建设，在主力部队帮助下，建起了不同规模的抗日武装。

1. 阳大根据地的武装

阳大根据地主要有两支武装：一是阳大支队，拥有百余人枪，彭济时任大队长，政委黄道平，下辖三个中队。这支武装，曾多次袭击日伪军，并取得许多胜利。另一支是阳大人民自卫团。这是对程金门部进行整编而组建的一支武装，由程金门任团长，黄道平任政委，拥有 300 余人、200 多条枪。

2. 鄂大根据地的武装

鄂大工委建立后，积极筹建抗日武装，1942 年秋成立江防大队，不久改为便衣队，杨雄任队长，刘远任指导员，有二三十人。随后，便衣队与王表带领的武装合编为鄂大总队一连。1943 年春，鄂南指挥部成立后，鄂大总队一连被编为指挥部警卫连，不久王表又从各武工队中抽调队员，与从铁山逃出来的劳工、地方民兵组建为鄂大总队二连。

鄂大根据地的武装，除鄂大总队的两个连外，还有三个大区委领导的武工队。

3. 大鄂根据地的武装

1942 年 8 月，大鄂工委书记李洛通过对红军家属的访贫问苦，动员青年农民组成一支拥有 50 余人枪的大鄂抗日中队，后与彭济时在龙角山组织的一支 40 余人枪的中队合并，组成大鄂抗日大队，彭济时任大队长，李洛任政委。

4. 武鄂根据地的武装

武鄂地区是 1938 年樊湖大队的诞生地。1941 年冬，武鄂县委书记陈大发

---

① 这是 1942 年 5 月五师向军委军部上报的数字。

在葛店、段店沿江一带组成30多人枪的沿江便衣队（也称手枪队），队长胡伯才，指导员张高昇。

1942年5月十四旅过江后，以特务团一个连为核心，组建了樊湖挺进支队，支队长林魁，有200多人枪。另外，各区还建有挺进大（中）队。如樊湖大队，大队长郭非；长港大队，大队长余汉卿；港畈区中队，队长胡炎卿，指导员冯汉生。这些大、中队各有二三十人枪。11月，这些武装都进行了整编，统属武鄂县总队领导。1943年春，县总队所指挥的武装有一个主力连和各区分游击队（后改武工队）及民兵组织。

5. 武北根据地的武装

1941年1月，王忠、王志坚在郑店、纸坊一带建立武昌抗日游击队，有30多人枪，队长王忠，指导员王志坚。1943年2月，武昌县工委组建武昌县支队，百来人枪，由许大鹏任支队长，张进任政委，姜南平任副政委。各乡都建有武工队。精诚乡武工队，队长涂文卿，指导员高子清；逊让乡武工队，队长陈之林，指导员李新民；豹子澥乡武工队，队长许汉林，指导员李保民；明义乡游击队，队长艾佛威。各武工队均有10来人枪。

6. 咸武鄂根据地的武装

咸武鄂根据地，是1938年10月至1939年9月梁湖抗日游击大队战斗过的地方。1942年10月至1943年6月，咸武鄂的武装称抗日游击大队，大队长李飞鹏。1943年7月，又成立咸武鄂武装指挥部，指挥长雷同，参谋长李飞鹏，100多人枪。8月，又成立粤汉挺进支队，支队长李飞鹏，政委方针。咸武鄂根据地各乡都建立了武工队，还有群众性的武装组织，称抗日人民自卫队，乡设大队，下分中队、分队及基干队。

7. 咸崇蒲根据地的武装

咸崇蒲根据地在咸崇蒲中心县委和所属县委、工委的领导下，组建了许多支抗日武装。咸宁县委（咸崇蒲县委）领导的武装有汀潭区武工队（队长周斌）、马桥区武工队（队长钱子喜）、柏墩区武工队（队长周恩）、古田区武工队（队长孙仲清）、路西铁血营（营长胡有才）。咸崇通县委领导的武装有崇阳武工队（队长何红雨，40余人枪）。蒲圻有蒲圻便衣队。咸通阳县委领导的武装有通山抗日游击队（队长朱超，30余人枪）。通山还有石门武工队（队长朱治明）。

鄂南抗日根据地这一时期的武装还有：阳瑞工委领导的柯家塘抗日游击队，金水工委领导的法泗抗日游击队，嘉蒲临工委领导的路西支队（又名粤汉挺进支队）。

根据地的这些大大小小的抗日武装，都在中国共产党的统一领导下英勇不屈地同日伪军进行斗争。他们不仅在打日寇、杀汉奸、剿土匪、除恶霸等斗争中发挥了巨大的威力，而且还经常给主力部队送情报、当向导，配合主力部队同敌伪作战。

四、军民一体，机动灵活作战，消灭日伪军

鄂南抗日民主根据地的建立和扩大，抗日游击战争的深入发展，给日军以严重的打击和威胁。日军从1942年8月至12月，多次调动兵力向鄂南各根据地进行“扫荡”。同时，国民党顽固派深恐新四军在鄂南敌后发展，一再命令第九战区将新四军逐回江北。鄂南抗日军民，面临尖锐复杂的斗争局面。

1942年8月，日军近3000人从通山城关、慈口、三溪口、刘仁八出动，“扫荡”大鄂谈家桥地区。11月，武鄂公路一线的日军千人“扫荡”武鄂地区。鄂城、铁山、港石的日军千人“扫荡”鄂大地区。不久，大冶、阳新、金牛、保安之敌近3000人又进攻鄂皖湘赣指挥部驻地谈家桥、傅家山一带。与此同时，咸宁、通山、崇阳的日军对咸崇蒲地区也进行了频繁的“扫荡”。日军的这些“扫荡”，前后达五个月之久。

1942年8月6日，国民党顽固派一再命令九战区调动七十二军所属的新十三师、新十五师的兵力，配合湘北、赣北、鄂南各路挺进军共2万多人，由通山、湘北出动，分路袭击谈家桥、龙角山、筠山以及咸崇蒲根据地。

11月，王陵基部又出动五个团的兵力，配合九战区挺进军两个纵队，又一次围攻筠山、傅家山和西岭挂榜山，时间延续到12月底。

在日军的频繁“扫荡”和顽固派的进攻中，鄂南抗日民主根据地得而复失，一些党政机关和后勤部门蒙受损失。但由于共产党高举抗日大旗，深得鄂南各界人民的拥护。鄂南党的领导人如李平、鲁明健、雷同、张进、许大鹏、张凡、彭济时、冯玉亭、刘光前等都是鄂南人民的优秀代表，与鄂南人民血肉相连，所以敌人要找新四军，只能是大海捞针。1942年8月中旬，日军沿湘鄂公路咸宁至通山段不到30公里的泉山、马桥、曾家咀、港下雷等地驻有重兵。公路西边的西岭挂榜山和公路东的大幕山桃花尖这些咸崇蒲根据地的中心地带也被顽固派所派遣的川军两个师占有了。这时，战斗在咸宁的十四旅5个连队，只能游击在粤汉铁路两侧，带队的咸崇蒲中心县委书记、四十一团政委罗通得了伤寒病，不能随军活动，只好安排到柏墩维持会会长黄子英家养病。黄子英是经中共柏墩支部推荐、由地方选派去充任维持会会长的。罗通和两个警卫员在黄家住了22天，敌人去搜查过6次，都没有发现。很多群众知道罗通在黄家，也没有任何人泄密。马桥士绅钱仲衡感慨地说:“共产党现在力量小一点，但天下将是共产党的。”

鄂皖湘赣指挥部在反击日军“扫荡”和日顽夹击的战斗中，指挥是正确的。当川军进入鄂南后，指挥部坚持团结抗日的方针，主力部队主动转移江北，罗通率领四十一团一个营配合地方武装，深入大幕山一带侧击敌人，坚持斗争，岳林、李洛率特务团一个营配合地方武装，在大鄂地区坚持斗争。同时，主力部队利用长江天险跳跃大江南北，时而长途奔袭，时而回旋包抄，出其不意地打击敌人，支援鄂南的斗争。

1942年8月中旬的一天黄昏，四十一团二营的一个连队在官埠桥日军据点南侧的老蟹桥村宿营，日伪侦缉队长发现并报告了据点的日军。半夜里，日军气势汹汹地包围了村子。谁知，村里连个人影也没有。原来，新四军一到村里宿营，群众就将日伪侦缉队长的行动报告了新四军。新四军立即组织群众转移，战士们也抢占有利地形，观察敌人的行踪。这天夜里很黑，日军在村里扑了空，正在村前集合准备返回据点，隐蔽在村旁树林里的四十一团二营营长陈国卿立即乘夜色指挥一班战士向日军猛烈开火。这次战斗，毙敌数名，缴获轻机枪一挺、步枪数支。当日军再次集合大队人马前来报复时，新四军早已转移到安全的地方，日军指挥官气急败坏，一刀砍死了伪侦缉队长。

8 月中旬的又一天，驻白沙铺的日军到大王殿抗日根据地掳掠，阳大支队从内线获得情报后，立即赶到敌人必经之路赤马山两旁的山坡上埋伏起来。午饭后，敌人果然出现在赤马山下，走在前面开路的是日军一个尖兵班，中间是被抓来当挑夫的老百姓，最后面是一个小队的日军。阳大支队决定先打尖兵班，救出被抓民众。当尖兵班进入火力射程之后，两旁山坡上无数条火舌射向敌群，日军曹长被击毙，被抓民众随即丢下担子钻进路旁的树林，后面的日军被火力阻击不能前进。这次战斗，毙敌一名，缴银圆 400 块。不久，驻阳新太平桥附近的新四军某排化装成日军外出执行任务，在太平桥头遇上一小队从白沙铺据点过来的日军。日军见是自己人，毫无戒备，新四军战士一面沉着地接近敌人，一面做好战斗准备，当战士们进入一山坳沟口，距敌只有十多米时，前面的一个班向敌人猛烈开火，后面两个班跃上两边高坑，日军被夹在沟里，伤亡 10 多人，走在后面的日军逃走了。白沙铺据点的日军遭受打击后，很长一段时间不敢出来。乘此机会，阳大政务委员会主席桂平率阳大支队夜袭白沙铺据点，派一个中队监视封锁日军碉堡，其余部队猛攻伪军马振亚部营房，击毙伪军 20 余人，缴枪 30 余支。

与此同时，四十二团某排也积极出击，一战日军于阳新斗笠垴，俘敌 3 人。接着，再战日军于王窟垅，毙伤日伪军 14 名。

11 月，张进、石寿堂率路西挺进支队在嘉鱼仙人洞一带活动。20 日，部队在古潭渡口与一船日军相遇，日军发现挺进支队即弃船登岸，在堤上架起机枪向挺进支队猛烈扫射。挺进支队在张进、石寿堂的指挥下奋勇反击。张进带一排战士向日军机枪阵地冲击，石寿堂命令全队集中火力猛射日军机枪阵地，压制了日军的火力，张进率战士迅速冲到堤脚，杀伤日军多名，剩下几个日本兵逃到钱家屋后龟山上负隅顽抗。这时，蒲圻、车埠的日军赶来增援，挺进支队为免遭腹背受敌，转移他地。这次战斗，挺进支队打死打伤日军十几名，缴步枪 8 支、机枪 1 挺，挺进支队也牺牲 20 多人。

12 月，姜南平率武北游击队击溃驼子店伪军，在驼子店杀汉奸、除地头蛇、发动群众，扩大了武北游击区。

1943 年 2 月，张进、王志坚率武昌抗日游击队在梁子湖歼灭伪军成渠一个班，缴枪 8 支。

同月，李平、雷同率部在余花坪与日军相遇，击毙日军 2 名，缴获马枪 2 支。

在鄂南武装力量广泛开展游击战争的同时，鄂皖湘赣指挥部率主力部队转战大江南北，歼灭了成股的日伪军。

1942 年 11 月 24 日，驻金牛、保安伪军鄂南保安旅成渠部第四团约 500 人，配合日军在谈家桥附近的纪家祠堂设立据点，鄂皖湘赣指挥部集结四十二团 6 个连、特务团 1 个连，由江北黄冈一带乘船长途奔袭这股伪军，激战 5 小时，将该部全部击溃，毙伤 3 人，俘 90 人，缴步枪 90 支，手枪 1 支，拔掉了纪家祠的伪军据点。26 日，金牛、保安的日伪军千余人分路“扫荡”谈家桥，四十一团与其周旋竟日，歼敌 60 余人。12 月 17 日，大冶日军 200 余人分路“扫荡”龙角山根据地，四十团（特务团）与敌激战一天，敌伤亡 10 余人后退却。

1943 年 1 月，鄂豫边区党委根据斗争形势的变化，撤销鄂皖湘赣指挥部建制。2 月，杨学诚调回边区党委，鄂南的党政军工作由熊作芳指挥，成立鄂南中心县委和鄂南指挥部，熊作芳任书记兼指挥部指挥长、政委。不久，鲁明健任中心县委书记，罗通任指挥长。鄂豫军区四、五两军分区也于 6 月中旬合并为新的第四军分区，刘少卿任司令员，张体学任副司令员，刘西尧兼政治委员，辖黄冈、鄂南、鄂皖边三个指挥部。

1943 年 3 月，鄂南党组织在武鄂孟家大垅召开会议，传达鄂豫边区党委的指示。出席会议的有鲁明健、张进、王表、桂平、李洛、张凡等人。会议分析了鄂南的斗争形势，决定采取“小割据”的方针，坚持独立自主的游击战争，工作重心放在沿江地区，以沿江为依托，伺机向山区发展。

1943 年春、夏，为支持鄂南的斗争，主力部队四十团和四十一团以黄冈为依托，多次跨越长江，配合鄂南地方武装反击日伪军的“清剿”和反共特务武装的“驻剿”。6 月，岱李澥战斗后，熊作芳、罗通、李平、张凡、汤楚英、马旭初等在武昌覃公庙开会决定，抽调部分主力部队使之地方化，大力发展县、区武装，以四十一团二营和鄂南地方武装共 500 余人组成鄂南抗日游击总队，简称鄂南总队，司令员汤楚英、政治委员马旭初（不久，由李平兼任政治委员）。鄂南总队游击鄂南，配合地方党政军组织，为创造以大幕山为中心的鄂南抗日民主根据地进行坚持不懈的斗争。

从此，鄂南抗日民主根据地的斗争，进入一个坚持、发展的阶段。

第三节　鄂南抗日民主根据地的各项建设

一、巩固根据地政权的斗争

鄂南抗日民主根据地的各级政权机构，是中国共产党领导的各阶层人民联合抗日的行政机关。1942 年后，在鄂南的县级政权组织建设中，结合实际情况，按“三三制”原则的精神，尽可能地吸收党外民主人士任职参政。乡保政权中更为灵活，只要是积极抗日的人士都可与其共事。

巩固抗日民主新政权与巩固抗日民主根据地是相互一致的，新政权各项工作的展开，首要任务是安定社会秩序，创造团结各阶层共同抗日的环境。

1942年下半年至1943年春，正是出于这一目的，在根据地内部深入开展了清匪除奸、瓦解封建会道门“红学会”的斗争。

（一）瓦解“红学会”

“红学会”是大冶、鄂城沿江一带大小地主士绅为保卫各自的利益，打着“保境安民”的旗号，利用封建迷信蒙蔽群众组织起来的地方团体。各地“红学会”对抗日的态度也取决于各地地主豪绅的态度，其中倾向共产党、积极要求抗日的只有少数，但对共产党的政策不了解、对抗日持观望态度的是绝大多数。加之“红学会”的绝大多数会员都是基本群众。因此，共产党对他们的方针主要是向其广泛宣传和正确执行党的抗日民族统一政策，瓦解其组织，教育争取其会员，在共产党的领导下共同抗日。

1942年，鄂大地区遍布“红学会”，成年男子大都加入了“红学会”。6月，中共鄂大临时工委成立，决定以解决“红学会”问题为突破口，打开鄂大地区的抗战局面。当他们了解到池湖港“红学会”的大队长佘子松是一个比较开明的士绅时，就决定先做佘子松的工作。鄂大临时工委书记谭道如和工委两位委员一同上门向佘子松宣传党的政策，阐明共产党、新四军同一切诚心抗日的党派、社会团体联合起来共同抗日的决心。佘子松不但满口答应做好所辖“红学会”的工作，而且表示愿意协助工委做好周围村镇“红学会”的工作。在他的带动下，燕矶以上至鄂城沿长江的池湖港、洪二乡、凤凰乡、陈家桥等各乡的“红学会”都欢迎新四军进入他们地区抗日。但燕矶以下几个乡的“红学会”还不同意新四军进入其地区抗日。为此，谭道如带领几名干部和鄂大武工队到应陂乡李家祠堂召集当地士绅及“红学会”头目开会，商谈解散“红学会”事宜。谈判中，“红学会”的拳师周学高、毛大旺在杨家湾“红学会”头目杨少庭的指使下，暗中鼓动不明真相的会员，企图加害鄂大工委的干部。工委领导发现这一情况后，为避免冲突，主动撤离了会场。事后，“红学会”继续向武工队挑衅。1942年9月鄂南政务委员会成立后，由政委会副主任鲁明健带四十一团二营一个连的武装协助鄂大工委解决“红学会”的问题。部队进驻钟鼓楼不久，“红学会”头目杨少庭、毛大旺、严子良等竟鼓动数千会员围攻钟鼓楼。政委会的干部带领战士们向会员喊话，呼吁团结抗日。尽管战士们喊得声嘶力竭，会员在头目指使下，仍口念符咒，跳跃前进，长矛直至迫近战士的胸前，不得已，政委会领导人才命令枪手对准冲在最前面的两个头目点射，会员才四散开来。

不久，工委再次召集当地开明士绅和“红学会”头目商谈“红学会”问题，会上达成协议：（1）解散“红学会”，拆毁会坛；（2）会员的刀矛等武器由各“红学会”头目和乡保负责收缴上交新四军；（3）“红学会”各地大小头目及会员一概不捉、不审、不追究。会后，曾鼓动会员围攻新四军的严子良主动解散了燕矶的“红学会”，并将武器缴给新四军。共产党、新四军对他们也真诚相待，后来任命严子良为燕矶抗日乡政权的乡长。其他各乡“红学会”在严子良的带动下也纷纷解体。对于极个别继续捣乱的顽固分子，例如杨家湾“红学会”头目杨少庭，则予以坚决镇压。

阳大、武鄂等根据地亦有类似问题，都得到了圆满的解决。“红学会”问题的妥善解决，为鄂城、大冶沿江地区抗日斗争时期开展和建设根据地铺平了道路。

（二）清匪除奸，安定社会秩序

鄂南沦陷后，土匪、汉奸成群。日、伪、匪三位一体，对人民生命财产造成极大威胁。因此，鄂南抗日民主根据地在建立、巩固政权的过程中，必然要对之进行镇压。

1942 年最有影响的清匪工作，是消灭卢鸿雁、明帮国两股土匪的战斗。

卢鸿雁是一个集匪、伪、顽三位一体的坐山虎，活动在樊湖一带，他通过设香堂拜把子，豢养了一批爪牙。武汉沦陷后，他拼凑人枪，自任湘鄂赣游击二纵队司令，暗地里勾结日伪，与鄂城伪县长、伪保安大队大队长往来密切，并指使他的副官、把兄弟王春堂公开投敌，充任伪樊口侦缉队队长。卢与王多次狼狈为奸，破坏新四军在樊湖地区的抗日活动，樊湖人民对其恨之入骨。

1942年10月，中共武鄂工委决定消灭这股土匪。工委书记张凡主持讨论了对卢的处理方案，决定由王守愚、张弦、郭非出面邀请卢鸿雁谈判，希望他能弃恶从善，共同抗日。几经周折，卢鸿雁同意谈判，但要求把谈判地点设在他控制的离樊口日军据点较近的路口王中南药铺。武鄂工委同意他的要求，王守愚、张弦、郭非等按时到达约定地点，但他背信违约耍阴谋，在谈判进行中派20余人荷枪实弹包围谈判地点，并控制岸边所有的船只，企图加害王守愚等。对于流氓成性的土匪卢鸿雁，武鄂工委谈判代表早有提防，由工委会勤务员李功兴设法弄来船只，将部队迂回运送过港，并当场活捉和处决了卢鸿雁。

明帮国是活动在大冶四区的惯匪。大冶四区南临大冶湖，北靠狮子山、铁山，宽不到30里，长不足百里，境内到处是湖汊。明帮国就依仗百余人枪横行乡里，无恶不作，群众对这伙匪徒恨之入骨。1942年5月新四军渡江后，他表面上不与新四军对抗，暗中却杀害新四军外出采购人员。为了维护地方治安，1942年10月鄂南政务委员会决定解决明帮国的问题，任务由政委会大冶四区工作组带手枪队会同阳大政委会以及四十二团二营完成。阳大政委会主席黄道平和二营教导员汤楚英及大冶四区工作组负责人林迅接受任务后，派二营将明部盘踞之地围困，而后由黄道平与明帮国联系。明帮国见大势已去，只好率部过湖受编。黄道平设宴招待他和他的几名随从。席间，当黄道平提出将明部分散编入阳大支队、调离原地等具体条件时，明帮国坚持要保持原建制，受编不受调，继续留在大冶四区。在僵持一阵后，明帮国突然拔出手枪，企图率部冲走，被手枪队张国梁当场击毙。汤楚英当即指挥二营，将明帮国部缴械。

鄂大地区有一支所谓“戈矛队”，队长万青云是碧石渡的土匪恶霸。他与日伪军勾结，抽捐绑票，滥杀无辜。一次“戈矛队”与“红学会”发生械斗，事后他指挥“戈矛队”杀死“红学会”会员51人。1942年9月的一天，万青云安排唱大戏、聚大赌，他由两个老婆陪着看戏。鄂大政委会主席王表带手枪队趁机将他捕获镇压了。

咸武鄂、咸崇蒲等根据地也都进行了肃清土匪、保境安民的工作。

除奸是指清除潜伏在根据地的汉奸和特务。各根据地采取宽大与镇压相结合的方法，对死心塌地的汉奸和坚决反共的特务坚决实行镇压。例如，在咸宁镇压了汉奸、地头蛇雷全星等。

在阳大地区大王殿、太子庙有两支匪、特、伪三位一体的队伍，叫“刀子队”，又叫“寂（暗）杀队”。两支队伍的骨干都是十分凶残的惯匪，一支匪首是向海门，另一支匪首是徐德池。这些匪徒人人都带短刀，昼伏夜出，杀人越货。1942 年 5 月新四军过江后，国民党湖北省政府委派的大冶县县长严夏阳（中统特务，杀害何功伟烈士的凶手）收罗了这伙土匪，暗杀新四军党政军人员。四十二团二营在阳大地区活动，被其杀害的有事务长 3 人、通讯员 2 人，被窃去长短枪 8 支。阳大政委会在四十二团二营教导员汤楚英率部的配合下，通过分化瓦解匪众和利用矛盾各个击破等措施，枪毙了匪首向海门、徐德池，改造了匪众。

二、财政经济建设

鄂南是帝国主义势力入侵最早的地区之一，城乡经济早已遭到极大的破坏。日军入侵鄂南后，又狂轰滥炸，奸掳烧杀，制造了一片又一片的无人区，鄂南处处人烟稀少，田园荒芜。抗日战争进入相持阶段后，敌、伪和国民党政府驻扎在这里的军政人员，粗略计算不下 20 万人，当时鄂南人口号称 300 万（含武昌市区），老百姓要负担多方面征徭，其痛苦程度是可以想见的。

1940 年 6 月以前，中共鄂南组织活动的经费基本无着，1939 年从组织上取得的活动经费仅 300 元[①]，部队的给养、干部的生活费都要靠鄂南党组织自

① 何功伟 1939 年给南方局的报告。

筹解决。有时根据“有钱出钱，有力出力”的原则，从地方官绅和商家那里筹集一点经费。有时负责干部毁家纾难。1939 年春，雷同父亲开的店铺就是通山中心县委干部吃住的“旅社”。1941 年至 1942 年日军集中其主力，对中国共产党领导的抗日民主根据地进行连续“扫荡”。战争和残酷的“三光”政策，使抗日民主根据地缩小了，财政经济极端困难。新四军第五师孤悬敌后，反共顽固派又不断制造“摩擦”，财政经济困难更大。1942 年春，“师部分文均无，司政两部、十三旅、特务旅每月伙食费共 120 万元（法币），来源仅 12 万元（法币）。抗大（十分校）、卫生部、后勤部每月伙食 40 万元（法币），现在分文收不到。部队饥饿……”①

新四军十四旅就是在这个时候挺进鄂南的。因此，十四旅领导人和中共鄂皖湘赣指挥部党委，对财政经济工作都很重视。一方面取之于民，用之于民；另一方面又要使人民的经济有所增长。其办法就是发展经济，开源节流，合理负担。鄂南根据地的财政经济建设，就是在这样的指导思想下进行的。

（一）财政税收

1942 年夏，鄂豫边区行政公署在鄂城南堤口成立鄂南税务局，局长李毕东、杜协成，属鄂豫边区税务总局直接领导，下设三个分局：一分局设在樊湖龙王庙，二分局设在沙窝草陂乡，三分局设在黄冈。在此前，1941 年 5 月樊湖工委就在马桥、三江口、巴铺、蚂蟥咀设了税卡，属边区鄂东税务局领导。1942 年秋，随着各根据地县级政权的建立，也相应地成立了税务局、所、卡。阳大、鄂大、武鄂、咸武鄂、咸崇蒲的税收干部都配备得比较强。这些干部大多是经过洪山公学、抗大十分校等一类干部学校培训的，一般都经过较长时期锻炼，有一定的政策水平。局下设税务所、经征处、税警队。税务所有所长、检查员、司票员，人数不等，多的如鄂大三峡税务所 20 人。税务人员收税一般 3—5 人一起活动，检查员检查货物，司票员出具税票，税警查

① 新四军第五师李（先念）、任（质斌）、刘（少卿）1942 年 3 月给军委电报。

缉走私，武装保卫收税，检查税票，换兑税票，防止不法者偷税漏税和司票员徇私舞弊。税收人员触犯法纪，要受严厉制裁。

1942 年秋，阳大政务委员会第一任税务局局长是政务委员、中共阳大工委财经部长刘昆山。新四军十四旅旅部还派其政治部锄奸科科长汤瑞普，率手枪队一个排协助阳大根据地收税。阳大税务局在大王殿、太子庙、黄颡口、海螺山、太垅等水陆交通要道设立税所、税卡。大王殿、太子庙等集镇的商业比较发达，当时鄂南根据地军政人员每人每天 3 钱油、4 钱盐、1.5 斤米、5 分菜食的供给和衣被等经费，都是来源于商业税收。这样负担在较大的范围内普遍化了，从而减轻了根据地人民的负担。同时，根据地的商业税率一般都比较轻，比较合理。营业税税率只占商品营业总额的 5%。行商税在 1942 年底以前执行中浮动比例比较大。1943 年 4 月 1 日，鄂豫边区物资统制总局发布“统字第 1 号公告”，又发布了《鄂豫边区物资统制关税税则》《关税征收办法》《关税税率》，比较详细地规定了进出口税率。进口税率分 7 种：（1）免税：笔墨纸张、耕畜、食盐、铜、煤油等。（2）2%：鞋、袜、桐油等。（3）5%：万金油、人丹、黄花、木耳、食糖、牙膏、牙刷等。（4）10%：洋纱、鞭炮、毛织品等。（5）15%：人参、燕窝、银耳、钟表等。（6）20%：纸烟、罐头、酒、化妆品等。（7）违禁品：鸦片等毒品及敌伪书报宣传品、淫秽书画等。

出口税率，又分到敌区、友区两类。一是到敌区，从既有利于边区经济的繁荣，又不资敌出发，分六种：（1）2%：烟草等。（2）5%：一般土产品。（3）10%：禽畜产品。（4）15%：桐油、木材等。（5）20%：粮棉油产品。（6）禁止出口：耕牛、五金、铜、金、银等。二是到友区的分三种，为 2%、6%、10%。

鄂南各根据地税收人员，在征税过程中一般能执行政策规定。对根据地人民征税较轻，如屠户宰一头猪卖，只征收相当于 2.5 斤肉钱的营业税。阳大税收人员严格执行税收政策，受到过往商人的好评。各地商人都愿意到阳大根据地的大王殿、太子庙一带做生意。因此，阳大的税源丰裕，大王殿税所每天可收税金 100 元以上。

鄂大税务局首任局长是谭道如。武鄂税务局局长是李鹤、陈立三。鄂城三江口、城区东门外、陈桥、碧石渡、西河埠、燕矶、三峡都设有税卡，凡过往车、挑、船运的商贩都要纳税。民主政府注意保护商人利益，既实行轻税率，又对土匪经常出没地方的商人派手枪队护送。因此，商人都乐意来鄂南各根据地，如鄂大三峡、池湖一带，既是个极好的避风港，又是个安全地带，商船都愿在那里避风、夜泊。这里税务所的收入有时月收入高达四五千元。

鄂南各根据地长期处在拉锯状态，游击性比较大，根据地人民负担又很重，民主政府还采用另两种办法解决给养困难。一是在敌驻集镇及其附近征税。如对鄂城城关区，鄂大政委会所属税务所每月要日伪政权的区长包干800元税款，一般时候他们都能完成。1943年，张静周当伪区长，企图抗税。他家住城关附近张家窑村，武工队趁其儿子结婚之机，把他抓来，晓以大义，张静周交三个月欠税款后就放了。对极个别为敌效劳、一贯抗税不交的汉奸，则予以镇压。平时，武工队去敌驻集镇活动，随身带有税票，走到哪里就收税到哪里。如武汉近郊的八铺街，税收人就多次去征过税。二是截击敌人的军用物资。1943年8月，鄂南总队袭击咸宁小龙潭，抓住日军佐级军商两人。驻咸宁日军数百人，即从咸宁、柏墩出发追击鄂南总队，遭到鄂南总队的不断伏击后，只得胁迫柏墩维持会谈判，表示愿出钱换人，并扬言如不放人，就要烧毁咸崇蒲根据地西岭挂榜山周围一切村庄，杀死柏墩周围四十里以内所有老百姓。鄂南总队领导人从群众利益出发，以换取食盐万斤、日币万元、棉布百匹为条件，在柏墩维持会把全部钱物交齐后，放了这两名日商。1942年，在太子庙抓住一日商金某某，罚款1万元。日军占领鄂南期间，统制食盐、争夺食盐是一场特殊的战斗。1943年夏，鄂城华容汉奸姜辉煌运食盐3吨去鲊洲，武鄂武工队在白沙洲将其截获，廉价卖给了群众。还有阳大、鄂大、咸武鄂的武工队，都多次从日伪军手里夺取食盐，救济老百姓。

1943年春，武鄂总队在樊口附近伏击日军4辆军用汽车，缴获大批军用物资。4 月，伪军成渠部有 32 条粮船开往鄂城，被武鄂政委会副主任张弦和税务局局长李鹤带武工队截击，获粮食 40 余万斤。此时，正值青黄不接，武鄂县委拿一部分粮食救济灾民，另一部分则充当军粮。

1941 年 4 月，鄂豫边区第二次军政代表大会通过整理田赋、整理捐税、开源节流、建立预决算制度及收支报告制度的提案，把田赋收入作为边区收入的主要来源。根据地的田亩实行清查登记，按分级累进的办法征收实物，一般是征亩收入的 10% 左右。自田赋公粮开征之后，田亩抗日月捐和一切临时摊派全部取消。这样，人民负担合理了，政府收入增加了。1943 年以后，鄂南各根据地均开征田赋，既可交实物，也可折款缴纳。在两面负担的地区，主要是征收大地主的田产和族产、庙产，征率也轻。1944 年鄂大政务委员会召开人民代表大会。代表们提议实行“税契制”，即重新清理登记田亩，并在地契上加盖人民政府印章。买卖土地，买契税率为买价的 10%，交税盖印，通称“红契”。此后，一律凭红契所载土地数交纳公粮。1943 年至 1944 年，鄂大、武鄂、咸武鄂、咸崇蒲等根据地田赋征收工作都做得比较好，使鄂南军政人员的给养建立在可靠基础之上。

（二）发展经济，改善生活

1940 年 12 月，中共中央关于建设和巩固华中抗日根据地的指示明确指出：“关于财政经济应注意一开始便作长期打算，节省人力物力，注意培养积蓄，认真地爱护根据地，反对临时性抓一把的办法。要有比较固定的经常的政策，严格建立各级预决算制度，实行统筹统支，实行统一的累进税制，建立银行，开展合作运动，发展工业农业生产，发展对外贸易。反对贪污浪费。严格规定动员人力物力办法，禁止各部门随便自由募捐筹款，禁止一切浪费人力物力破坏生产的现象。”“根据地居民 80% 以上的人口均应负担。”“尤其在我军刚占新区域时，不要向老百姓要过多的东西……”[1] 十四旅挺进鄂南后，

①《鄂豫边区抗日根据地历史资料》第 7 辑。

鄂皖湘赣指挥部党委认真地贯彻了中共中央的指示精神，在发展根据地经济、改善根据地人民生活、支持鄂南长期抗战等方面作出了成绩。

1. 武装保卫人民生命财产的安全，保护民族工业

日伪军的“清乡”“扫荡”，到处烧、杀、掳、抢，群众的生产生活没有保障。因此，遇有日伪军窜到根据地掳掠时，民主政权总是千方百计保护人民的生命财产。

1942 年 10 月，日伪军几十人窜到大鄂大茗山附近掳掠，当他们傍晚满载粮、牛、猪、鸡而归的时候，大鄂第一中队早已设下埋伏，全体指战员枪弹齐发，敌人丢下几具尸体狼狈而逃，抢去的物资全部被夺回。

1942 年鄂大根据地建立之后，对在根据地范围内的利华煤矿极力保护。沦陷时，该矿有存煤 10 多万吨，还有一套进口运输设备没有撤走，资本家徐荣迁在沦陷前已去重庆，利华矿的事务委托柯凤卿代理，伪政权对其资产肆意挥霍。鄂大政委会积极组织力量打击伪军，并动员一些商人采购这批存煤，在其纳税之后外销各地。根据地政府每天既可征税金 100 元以上，利华也保住了煤的权益。柯凤卿见民主政府如此关心民族资本家的利益，就托人出面请鄂大政委会代为保护来不及撤退的进口运输设备。鄂大政委会欣然应允，并打击企图破坏运输设备的伪区长胡幼堂和日本商人植田。柯凤卿代表资方向新四军捐款 3000 元和存煤 4 万吨。

2. 发展公营经济，服务战争

发展经济，保障供给，是抗战时期中共中央提出的财政经济工作总方针。1942 年，各根据地都建立了一些直接为军政人员生活服务和作战需要的公营经济，如被服厂、修械所等。

阳大被服厂设在�山樟树垸，有缝纫机 10 架，工人 10 多人，能为十四旅旅直属部队赶制冬、夏衣。武鄂被服厂设在胡林的下冯村，鄂大被服厂设在麻羊垴山下。武鄂、鄂大这两个被服厂，采取分散作业和集中赶制两种办法：一种是冬、夏换衣季节，把布料、棉花分散到可靠群众家里缝制、保管，需

要时再收取。另一种是集中熟练工人、缝纫机，在敌伪顽骚扰较少的村庄突击赶制衣被。老百姓为被服厂缝制衣被，一般都给一定报酬。随队缝纫的工人则同军政人员过一样的生活。咸武鄂被服厂设在保福祠石碑码头附近的张家，有工人 10 多人，1943 年春至 1944 年春，这个被服厂为鄂南总队缝制了上千件衣被。

1942 年，在�山建立阳大修械所，在麻羊垴建立鄂大修械所。1943 年在保福祠古岭（后迁移至叶家祠堂）建立鄂豫边区第四军分区修械所。修械所工人，主要是各乡村的铜匠、铁匠，任务是检修枪支。保福祠修械所、鄂大修械所能把搜集来的步枪弹壳重新装上火药、弹头予以复造，还能生产撇把子手枪。1945 年 2 月八路军南下支队渡江后，部队发展军需工业有较安定的条件，大幕山修械所在 1945 年的 4、5 月就检修轻重机枪几十挺，步、马枪上千支，还将缴获的 10 余万发子弹按口径区分并经擦拭后供战斗使用。以后，又在咸崇蒲根据地前沙坪建立湘鄂赣军区供给部，部下设立修械所、被服厂等，部队枪支的一般修理和被服供给，基本上都能自己解决。

3. 兴修农田水利，发展农业生产

日伪的抢掠，反共顽固派的横征暴敛，加之战火不息、自然灾害频繁，使鄂南农业生产遭到极大破坏。

1943 年冬至 1944 年春，中共武鄂县委组织五合、华南、华北三乡群众以村、族为单位，疏通武胜桥至毛家湖、华家桥至丁桥陈家湖两条大港，长 15 里，还领导群众修筑塘堰 150 余处。

1943 年春，武鄂政委会还领导军民疏通马桥港，既排泄了五合乡的内渍水，又沟通了马桥湖与鸭儿湖的水道，对交通有利。

梁子湖区盛产白莲，原被顽、伪霸占。1945 年，武鄂县政府任命严肃兰管理梁子湖湖区，组织湖区人民下湖采莲，政府只征极少量莲子抵税款。这年，梁子湖区人民上缴鄂豫边区的壳莲有 5 万多斤。

鄂南的财政经济工作是出色的，据当年在鄂南战斗过的老人回忆，1942

年至1944年每年有10—20担银圆（每担1000—1200元），送缴鄂豫边区政府。这些成绩是来之不易的，许多先烈为此献出了生命。

三、文化教育事业

1940年以后，鄂南各级日伪政权逐步建立。这些傀儡政府，效力日本帝国主义，在文化教育上推行奴化教育，灌输军国主义思想，幻想把中国下一代人培育成为具有奴才思想的“忠良国民”。日本占领军在占领区各学校内，一般都配有日籍教员1—2人，既教日语课，又监督奴化教育的实施。

根据地的文化教育，要为抗日战争服务。鄂豫边区政府于1942年3月召开第一届各界抗日人民代表大会，通过《鄂豫边区施政纲领》。纲领第21条写道：“发展边区抗战文化教育，提高边区人民文化政治水平，提高民族气节，粉碎敌伪奴化教育与亲日反共宣传，普及国民教育，推广识字运动，减少文盲，改良私塾，训练师资，改善教员待遇，推广书报发行，加强干部学习，提高文化娱乐，爱护与培养知识青年，救济失学失业青年，健全正规学校。”鄂南抗日民主根据地在鄂豫边区政府的领导下，积极实施这一纲领。

鄂南根据地是十几块长期处在日伪分割、日伪顽夹击之中的地区，拉锯状态是经常的。在这样的游击环境中办教育十分困难。但是，鄂南党组织坚决执行抗日民族统一战线政策，依靠广大人民群众的积极性，坚持多种形式的文化教育建设，有力地回击了日伪的奴化教育。

（一）以干部教育为主，为现实的抗日战争服务

抗日民族解放战争需要大批德才兼备的军政干部。鄂豫边区政府和新四军第五师党委为满足这种需求，采取多种速成办法培养干部。边区党校、抗大十分校、军分区教导队、洪山公学、行政干部学校、建国公学、师范学校、育才学校和各种专业训练班等，为鄂南造就了大批干部。鄂大、武鄂根据地的许多干部，都在洪山公学学习过。十四旅挺进鄂南以后，在阳大�山石臼窝开办青年学校，负责人梁立林，历时五个月，训练了70多名学员。其他各

根据地都举办了各种形式的干部、党员训练班。如 1943 年 12 月以后，在五里山由咸武鄂书记雷同主持，汪勇、薛平负责办了四期党员训练班，共训练党员 200 多人。1942 年 8 月，鄂南中心县委宣传部长刘光前在后沙坪创办新华公学，培训干部。

1943 年，四军分区教导队的学员由上年的 120 人增加到 250 人，学员一般都是区乡武工队员、游击队长、便衣队长。学习内容，军事课占 50%，政治课 30%，文化课 20%。学习方法，少而精，重实习，互相帮助，注重启发。学员通过学习，军事、政治素质都有很大提高。

（二）团结一切抗日力量，多种教学形式并存，反对奴化教育

"所谓新民主主义的文化，就是人民大众反帝反封建的文化。在今日，就是抗日统一战线的文化。"[①] 鄂南抗日根据地各级政府对于各种文化活动、办学形式，只要是有利于反击日本帝国主义的奴化教育和卖国宣传，都允许其存在。特别在办学形式上，为了满足沦陷区青少年学文化的要求，积极提倡私人办学，对族学和各种形式的识字班都允许存在。武汉沦陷后，博物学家、教育学家刘问山与夫人一道回到老家咸宁泉畈办乐山学校，向当地青年传授知识，进行爱国主义教育。中华大学教授汪振华回到家乡咸宁胡翰林村办学，教 20 多个学生，开设小学到中学的课程。女诗人葛大章及其侄葛其美在通城办补习学校，姑侄二人手抄课本，教授语文、数学，自 1939 年至 1941 年历时两年半，培养学生 30 多人。据统计，当时这类以抗日为宗旨传授科学文化知识的私办学校，在鄂南有 10 多所。私塾当时在鄂南是较普遍的办学形式，教材主要是《百家姓》、《三字经》、"四书"、"五经"之类。教师多是乡村贫苦知识分子，他们有爱国热情，不用日伪政权编的教材。根据地的党政干部经常到这样的学校去，向教师学生宣传抗日思想。在根据地比较巩固的鄂大、武

① 毛泽东:《新民主主义论》，选自《毛泽东选集》第 1 卷，人民出版社 1991 年版，第 659 页。

鄂、咸武鄂地区，1942 年以后还开展了冬学运动，识字、学文化，进行政治思想教育，讲抗战形势和要求，揭露敌人的罪行，提高了群众的民族自尊心，取得了较好效果。

四、医疗卫生事业

根据地的医疗卫生事业，基本任务是服务抗日战争，力所能及地为群众治病。

随军医疗机构：新四军第五师师部有卫生部，部属有医训班、军医院，旅有卫生处。1942 年 6 月十四旅渡江前，组建鄂豫边区四兵站医院，属四军分区领导［鄂皖湘赣指挥部兵站医院，由十四旅旅部卫生科（处）为首组建的］。战斗在鄂南的四十团、四十一团、四十二团都有卫生队，营有医生，连有卫生员。医务人员跟随所在部队活动，有时也相对集中救护伤员。

1942 年 5 月，十四旅在阳大�山建有军医院。11 月，�山地区的后方机关遭到顽军破坏。此后，在鄂南作战中负伤的人员都分散在各小块根据地治疗。

1943 年夏秋，在咸武鄂根据地保福祠附近成立鄂豫边区第四军分区第二医疗所，所长涂康民，有医生 4 人，护士 6 人。他们与根据地群众组织义务护理队，伤员分散在古井、新屋董等几个小村庄里。1944 年 3 月，军统特务武装马钦武部占驻保福祠时，医疗所的伤员转移到日军驻点山坡街上，隐蔽分散住在居民家里。

医疗所对外的招牌是“涂康民西药店”，该店离日军宣抚班仅 100 米，离日军守备队驻点也只 200 米，日军的活动情况由被争取过来的日军宣抚班翻译林白及时向医疗所反映。地下党员周平（原名黄天翔）机智地掩护伤员，应酬日伪军。地下工作人员彭光明的“洋行”负责在武汉采购药品。山坡地下医疗所在 1944 年春、夏，不怕艰难，不怕危险，使 50 余名伤员康复重返前线。

游击战争环境恶劣，每次战斗，医务人员都要随伤员隐蔽，组成临时诊所。1944 年 1 月，董家岭战斗有伤员 7 人，交嘉蒲临根据地八蛇畈吕家群众安排，保长吕日光等将他们隐蔽在一个偏僻的庄屋里，随军毛医生和一护士巡回治疗。限于当时条件，治疗伤员一般用盐水洗伤口，用纱布绞脓，用锯断肢，在没有麻醉药的情况下，伤员十分痛苦。7 名伤员经过治疗，半年后，两人因残疾退役，5 人重返前线。

1945 年 2 月以后，根据地有了大发展。3 月，八路军南下支队卫生部长潘世徽，在大幕山夹龙山搭 8 个草棚设立野战医院。樊湖根据地在鲊洲建立综合医院，不但为军民治病，还培训医务人员。各县级根据地，普遍建立医院或卫生所。根据地卫生所、站的医务人员，多是民间医生和部队受过短期训练的救护人员。他们凭着认真的工作，创造了医疗史上的奇迹。鄂大手枪队队长杨雄在战斗中膝盖骨被打碎、胸部腹部软组织被打穿，鄂大卫生所靠中草药为他治愈了。鄂大政务委员会副主任谭道如，多次为群众看病，在鄂南传为佳话。

《鄂豫边区施政纲领》中有“提倡民众体育卫生运动，推广卫生行政……”的条款，同时规定在根据地取缔鸦片烟馆，烟馆老板屡教不改者，要处以极刑。

五、群众运动

抗日战争爆发后，在武汉保卫战中，在中共中央长江局领导下，以政治部第三厅宣传队为主体，深入鄂南城乡，广泛地开展了群众救亡运动。

1942 年 5 月，新四军十四旅挺进鄂南后，鄂南的抗日群众运动得到进一步发展。各根据地深入贯彻中共中央《关于深入群众工作的决定》和鄂豫边区党委召开的救联干部会议精神，农民救国会、妇女救国会、青年救国会、商民救国会、船民救国会、抗日十人团等各种抗日群众组织都得到发展壮大。中共鄂南各级组织注意保护群众利益，凡动员新兵、筹集给养、建立政权等都从打击日伪军、消灭土匪、保障人民生命财产安全入手，形势比较稳定的地方都坚持减租减息，减轻农民负担，派工征粮力求负担合理。所以，鄂南环境当时虽然十分恶劣，但有深入扎实的群众工作，使政府、军队同鄂南人民保持了鱼水相依、血肉相连的关系。

鄂南的群众工作，是以各类救国会为中心进行的。在鄂南的各类救国会都有显著贡献，尤以船民救国会的贡献更为突出。鄂南环江带湖，嘉蒲临、金水、咸武鄂、武鄂、大鄂、鄂大、阳大、阳瑞等根据地处在江河湖网丘陵地带，既有舟楫之利、鱼米之饶，也给游击战争的回旋跳跃、运动作战带来不便，解决这个问题的唯一办法就是依靠船民。例如，1944 年奇袭敌人武昌青山机场的战斗，就是 10 名船民驾驶 6 只木船，掩护 58 名战士进入阵地的，战斗只进行了 20 分钟，而 10 位船民却驾船行驶 8 个小时，行程 150 多里。樊湖中的三山岛上，住着渔民百余户，这里曾是大鄂根据地的依托地带。1943 年春节，日伪军“扫荡”樊湖，船民把大鄂机关人员和武工队转移到芦苇中。“扫荡”的日伪军包围芦苇荡，并进行炮击、机步枪扫射，从清晨闹到黄昏，一无所获。像这类船民抗敌、保卫鄂南干部战士的事迹是不胜枚举的。船民为什么这样热爱新四军呢？这是与中共鄂南组织对船民进行细致的工作分不开的。

（一）船民有了比较安定的栖息场所

活跃在鄂南江湖的船民，大多数世代以捕鱼或经营商业运输为业。鄂南沦陷后，日伪军占领的据点都是交通要津，过去多是船民栖息之所，日军占领后随意烧杀奸掳，船民只有躲到偏僻荒凉的湖泊港湾栖息。而这些偏僻地方都有土匪强人出没，船民没有安身之地。鄂南根据地的党组织，坚持团结各阶层人民共同抗日，打击伪军，剿灭土匪，安定社会秩序，船民的生命财产有了保障。因此，船民都云集根据地的港岸，乐意组织起来为革命事业而奋斗。

（二）公买公卖，不拉船差，船民的生活得到逐步改善

日伪顽军对搞运输业的船民、捕鱼为生的渔民经常拉差，强征他们服役。新四军买鱼、乘船给钱，解决了船民衣食之源。鄂大政务委员会规定动用民船，南北渡一次江，大船给 5—10 元，小船给 1—2 元。1943 年春，新四军十四旅一个班的战士从池湖港过江，船钱不够，战士们拿米袋里的口粮凑够钱数，船民感动得流泪。1942—1945 年，鄂大政委会还几次拨粮供应池湖港、五丈港、泥湖港的船民。

（三）依靠船民、团结爱国人士，共同对敌

为了共同抗日，当时对渔行老板、湖域把头，只要他们不当汉奸，则坚持团结他们。1942 年冬，鄂大根据地的领导人林迅带工作队到大冶湖区做渔民的工作，他们通过爱国人士罗维礼结识了大冶湖边一渔行老板，这个渔行就成为他们的联络处、落脚点。

他们雇两只船活跃在大冶湖上，船上的两位老渔民既是工作队的炊事员，又是通讯联络员。经过一段时间，他们就把九十里的大冶湖区和上千船民以船民救国会为中心组织起来了。

当时船民组织得最好的是鄂大池湖港，有“江南桥头堡”之称。池湖港一带有百十条船，一般的船载重 10 吨左右。鄂大工委谭道如，在这里发动船民佘植富，以船民救国会为中心把船民组织起来了。佘植富利用汉流景阳山大哥的关系，掌握港口停泊船只情况，不论刮风下雨、大雪纷飞，也不论新四军大批军队过江还是单个交通员递送情报，他都能及时派出船只。1945 年 2 月，八路军南下支队 1600 号人马从江北长圻寮进入鄂大根据地，就是由池湖港船民救国会组织船只一夜之间完成任务的。

第四节 麻羊垴、保福祠根据地

一、麻羊垴根据地

麻羊垴是鄂大根据地的中心，处于鄂城至黄石的滨江带湖丘陵地区。它的北面和东面是长江和花湖环绕，南面有层峦叠嶂、海拔在450米以上的白雉山和架洪山，西面是鄂赣公路和程潮湖、碧石湖。麻羊垴主峰海拔205.5米，周围还有几座百米以上的山峰环抱。鄂大地区旧制属鄂城县一区和大冶县二区，1938年10月沦陷后，日军在它周围的鄂城、黄州、燕矶、黄石、铁山、陈盛、碧石渡等处建有据点。1942年春以前，中共大冶、鄂城的党组织曾派人到这一带活动，但由于它的位置和日军的封锁，这一带被封建会道门“红学会”控制了。自1942年6月新四军十四旅西路部队过江在这里建立政权起直至抗日战争胜利，这块根据地一直是巩固的。

1942年4月29日即新四军十四旅挺进鄂南前夕，鄂南中心县委委员雷同和四十一团二营教导员秦大进率一个连担任先遣任务到达麻羊垴。随后，以谭道如、曹洪波等人组成鄂大临时工作委员会。1942年8月撤销临时工委，组成以王表为首的中共鄂大工委会，委员有陈楷、谭道如、欧少伧、梁洪、冯玉亭、柯逢年等，后来还有林迅、江萍、喻南山等。鄂大党组织自成立之日起，就注意实现党政军一体，全民抓枪杆子抗击日伪军。鄂大政务委员会与中共鄂大工委同时在麻羊垴山下成立，王表兼任政委会主席，谭道如兼任税务局局长，欧少伧兼任鄂大总队长，工委分工到片，党、政、军一齐抓，各片的工委委员分别是该片的党政军负责人，对区、乡组织也是一样。三年多的时间内人员虽然变动频繁，但在党组织统一领导下的分工负责制没有变。如1943年5月至1944年5月，分工负责的情况是：第一片辖新封、洪二、湖东、湖西四个乡，包括麻羊垴以北至燕矶、池湖港至文家塘一带。这片由工委委员喻南山、江萍负责，在各乡都成立了党的区委会。新封乡区委书记先后为曹坤、朱彪，辖严家道土湾、周家湾两个支部。洪二乡区委书记先后为湛杰、方祝华、杨守池，辖池湖港、文家塘两个支部。湖东乡区委书记李辉，辖吕家畈支部。湖西乡区委书记王锡，辖公路边支部。第二片辖燕矶、映陂、打石、金太四个乡，麻羊垴以东，包括燕矶至黄石、花湖以北一带，这片由工委委员柯逢年负责。燕矶乡区委书记柯超群，辖沿江支部。映陂乡区委书记先后为漆国平（女）、李朝玉，辖一个支部。打石乡、金太乡也均有党员活动。第三片辖七花、宋皇、吕泉、凤凰四个乡，由工委委员陈楷、谭道如负责。七花乡区委书记黄秀清，辖阮家湾两个支部。

在这种以党组织为核心的严密的组织体系中，各级党组织的负责人又是武工队的领导人，如柯逢年领导沿江武工队，陈楷（后谭道如）领导铁山武工队，李辉领导东湖武工队，杨守池领导洪二武工队，柯超群领导燕矶武工队，曹坤领导新封武工队，董建安领导七花武工队，王锡领导湖西武工队，曹洪波领导武装税收队，等等。这些武工队，大的有二三十人枪，一般的有十来人枪。以这些武工队为基干，鄂大地区把 18 岁至 46 岁的男子都统编为民兵，乡为大队，保为中队、小队。在沿江还成立了船民民兵大队。这种全民皆兵的武装组织，在打击日伪军、保卫根据地的战斗中发挥了巨大的威力。1943 年春的一天，驻铁山、陈盛的日伪 100 多人攻占凤凰山，根据地的武装在统一领导下，四面出击，日伪军到处挨打，不得不撤退。1945 年 3 月，日伪军 1000 多人“围剿”麻羊垴地区，麻羊垴座座山头的树林里都埋伏着抗日武装人员，敌人走到哪里，不是挨枪击就是吃手榴弹，他们转了一天，除死伤十几人外，什么也没有捞到。

“团结起来，打击日本侵略者”，这是麻羊垴根据地人民心中的主题。中共鄂大临时工委一成立，就从团结抗日的前提出发，在鄂南政务委员会的协助下分化、改造了“红学会”，使鄂大根据地各阶层人民团结起来保卫根据地。其后，在政权建设中，特别注意团结各界人士，当地知名士绅如阮子霞、周伯英、王少庭等都担任了政委会的委员。同时，鄂大政委会很注意加强根据地人民内部的团结。宋皇乡杨岗和李四显两村的杨、李二姓，因宗族纠纷在1936年发生了械斗，双方共打死9人，打伤多人，结下了深仇。1943年6月，两姓族头都找到鄂大政务委员会，要求对方抵命和赔偿。鄂大政委会副主席兼司法科科长谭道如等经过调查研究后，认为这起案件已过七年之久，又在国难当头、民族危亡的时刻，不宜追究双方刑事责任，应立足于调解，以利抗日。一天，谭道如以政委会的名义摆了两桌酒席，请当地士绅和杨、李二村的族长和房头赴宴。席间，谭道如宣传党的团结抗日政策、自己人不应打自己人，并宣布鄂大抗日民主政府的决定：从两姓房族产的积累中给每个死者家属抚恤金500元。两姓两村今后应重新和好，共同抗日，如再挑起衅端，决不放过。当地士绅和两村两姓的族长房头都表示，服从民主政府的裁决。

麻羊垴根据地，是鄂南各块根据地中环境较为安定的一块。因此，中共鄂南党组织对党在抗战时期建设根据地的各项工作，如减租减息、清查田亩、合理负担、农田基本建设以及扫除文盲和不定期召开各界人民代表大会等，都在鄂大根据地执行了。1943年，花湖一带江堤年久失修，汛期一到洪水泛滥，庄稼被淹，房屋倒塌。这年冬天，鄂大政委会派政务委员中的当地知名人士出面，领导群众整修了花湖一带的江堤。战火连天的年代整修江堤，这是罕见的。

鄂大还是一块财源宝地，沿江的池湖港、五丈港和三硖口附近的新淤洲，都是长江上下过往船只的避风港，这些地方设有税所，配有税警，保护过往船只安全。这里商船云集，税收收入很可观。税收还是一场经济仗。麻羊垴西面，鄂城城关东门外，陈家桥、泽林咀、文家塘、司徒庙一带，鄂大税务局都设有税卡，配有税警或武工队。这些税卡严格按鄂豫边区物资统制关税税则办事，实行对日伪军的经济封锁，并迫使鄂城城关日伪经营的企业按时纳税。1944年春，鄂城城关区日伪经营的企业没有按时纳税，鄂大政委会就动员群众不进出鄂城城关买卖，各税卡也将进出鄂城城关的道路堵死。鄂城城内的日伪人员和一些居民日常所需要的柴米油鱼肉来路一堵死，城内食物奇缺，物价暴涨，市场大乱，日伪维持会也只得按时如数纳税。

麻羊垴根据地自建立以后，政通人和，连年五谷丰登，财源茂盛，这里是鄂南中心县委和鄂南指挥部机关常驻地，这里还设有鄂南指挥部的被服厂、医疗所、修械所，主力部队进入鄂南作战也经常在这里停留休整一两天。八路军南下支队西路渡江队伍经过这里，这里先就备有10万斤米粮迎接他们。

新四军第五师进入鄂南敌后开展游击战争，渡江路线大致有五处：一是圻春银坑渡至阳新玉树进入太子庙；二是黄冈长圻寮至鄂城池湖港进入麻羊垴；三是黄冈王家坊、团风至鄂城赵家咀经华容至樊湖一线；四是张渡湖、汪家集至葛店、新店经覃公庙至保福祠进入西岭挂榜山；五是洪湖老湾至嘉鱼红庙港进入大岩山、小柏山一带。这五条渡江路线中，黄冈长圻寮至鄂城池湖港是一条重要的线路。池湖港附近，上有五丈港下有泥湖港，池湖港口有段废堤，堤墩上有杂货铺，港内可泊木船百来只。池湖港在鄂城与燕矶之间，距日军据点较远。它与江北长圻寮港口隔江相望，上下相距7里左右。新四军第五师在这里开展敌后游击战后，这里长江两岸的船民都加入船民救国会，在船民救国会里组织了渡江船队，江南池湖港的船队长佘植富，江北长圻寮船队长廖祖兴。由于这里渡江安全可靠，1942年5月新四军十四旅西路部队挺进鄂南，同年7月27日新四军第五师参谋长刘少卿率部进军鄂南，1943年至1944年横山、上下倪等几次反击军统特务武装马钦武、廖义华部的进攻，以及1945年2月八路军南下支队渡江先遣队，都是从长圻寮横渡长江到池湖港登陆至麻羊垴的。这里也是鄂豫边区党委与中共中央华中局联系的交通要道之一。1943年8月，华中局派往鄂豫边区的党代表郑位三就在麻羊垴脚下宋湾住了一夜，然后渡江去大悟山的。

二、保福祠根据地

保福祠根据地，位于武昌县南部梁子湖西南角，东、北、西三面环湖呈半岛形，紧靠粤汉铁路山坡敌据点。这块方圆不到二十里、人口不满六千人的弹丸之地，却是咸武鄂抗日民主根据地的中心。它周围有湖泗桥、贺胜桥、山坡、土地堂、梁子、涂家垴等日伪据点。这块地方，在1942年以后至抗日战争胜利，为鄂南敌后抗日游击战争作出了特殊的贡献。

保福祠这块根据地的独特作用，是由其独特的地位所决定的。当年新四军第五师的干部和小规模的部队深入鄂南山地日军前线阵地开展游击战争，走的路线是从黄冈汪家集一带过江，穿过日军在葛店、新店、豹子澥一带的据点，经覃公庙至保福祠。保福祠是落脚点。同样，从鄂南山地咸崇蒲根据地的中心地带西岭、挂榜山去五师驻地大悟山，也要在保福祠落脚。保福祠地区，是新四军第五师指战员自江北进入鄂南山地的安全走廊。

保福祠地区，在土地革命时期曾赢得“白区红色乡”的光荣称号。抗日战争爆发后，乡村工作促进会遍及全乡，还组建了一支抗日游击队，不久被编为梁湖大队第三中队。

梁湖大队受挫后，保福祠的党组织转入地下。1940年4月，中共金水工委派王源与保福祠地下党接上关系，在王源的领导下，成立保福祠地下区委。1942年8月，中共咸崇蒲中心县委派王源、方针、余明清等四人带三条枪组成咸武鄂工作团，到保福祠地区与地下党接头，在五里山附近的中共保福祠地下区委委员闵应显家里，召开有区委艾凤林、董南方参加，由方针传达上级党委决定的会议。会议决定在保福祠地区扩大党的组织，深入发动群众，扩建人民武装，创建抗日根据地。

1942年10月，在保福祠地区成立中共咸武鄂工委，工委书记江萍（女，又名胡波），同时成立咸武鄂抗日游击大队、咸武鄂政务会。1943年8月打退顽固派的进攻后，又重新组成中共咸武鄂工委、咸武鄂政委会和武装指挥部，工委书记雷同。在咸武鄂工委领导下，保福祠地区党的建设得到迅速发展，全区（在行政上是一个乡）有党员200多名。84个自然村，有79个村建立了党组织，大村有支部，小村有小组，村村有党员。为了提高党员的战斗力，咸武鄂工委在保福祠蔡黄村办了四期党训班，党员人人都接受了培训。同时，还举办了保长训练班、自卫队中队长和基干民兵训练班。党员在支部领导下统一行动，群众在党员的带领下共同行动，党的号召在保福祠地区能一呼百应。

保福祠地区三面靠湖，一面靠粤汉铁路和金贺公路。为了保卫来往的新四军主力部队和咸武鄂机关的安全，保福祠区委特别重视情报工作，在通往外地的水陆要道上安设了 14 个哨位，日夜监视着敌人的行动。

保福祠地区普遍建有民兵组织，并依据战争的需要，将民兵分为普通民兵和基干民兵。基干民兵都是受过基本军事训练的。这些民兵平时站岗放哨，盘查过往行人，负责通信联络。1943 年三伏天的一个傍晚，李飞鹏带一支队伍去铁路西边活动。行动被伪军发现了，李飞鹏即乘夜色率队返回原地。当路过吴家四坊向吴家二坊前进时，一个民兵气喘吁吁地迎面跑来挡住部队前进，说："伪省保安司令部教导团团长朱威带一个连的兵力埋伏在吴家二坊的土株山，四挺机枪对着你们前进的道路。"李飞鹏马上就地隐蔽了部队。直到鸡叫两遍，对面山上的伪军见李飞鹏的部队还没露面，便撤走了。敌人刚撤，吴家二坊的民兵就提着灯笼来接应李飞鹏的部队，安全返回驻地。

保福祠地区充分发挥人民战争的威力。当敌人小股骚扰时，保福祠的民兵就配合主力部队或地方武装将其消灭。当它大股入侵时，保福祠军民则坚壁清野，分散隐蔽，避其锋芒。敌人有时也要些花招，但都瞒不过群众，湖上来了陌生船，村里来了可疑的客人，保福祠的领导人都掌握得一清二楚。新四军干部战士每次到保福祠根据地来，总是亲切地说："我们又回家了，在'碉堡'里可以睡个安稳觉。"

保福祠地区的敌伪工作做得很好，山坡的日军翻译林白（朝鲜人）也被保福祠党组织争取过来，为保福祠抗日军民送了不少情报。

保福祠地区设有交通站，一些女交通员机智勇敢地与敌周旋，来回穿越敌伪封锁线与顽军盘踞区，准确及时地把情报信函转送到目的地。她们的足迹遍及西岭、挂榜山、樊湖、大王殿、麻羊垴等地。

日伪顽为控制保福祠地区，勾结该地的一些地头蛇、流氓专门刺探新四军情报。1942 年秋，部队有几次刚从梁子湖上岸进入保福祠，消息就被走漏出去，突然遭日伪顽袭击。针对这种情况，中共咸武鄂工委决定由保福祠武工队在根据地内部消除内部隐患，保护部队的安全。

保福镇上有一个地痞叫甘顺荣，他在 1943 年春三天两头就往日伪据点山坡跑。有一次，保福祠武工队便派队员化装跟踪，只见他通过日军岗哨不但不向日寇行礼，日寇还跟他打招呼。到了山坡街上，他溜进了一家日本人开的烟馆，与日本老板交头接耳，打得火热。末了，日本老板还往他手上塞一叠钞票。这天晚上，武工队捉拿了甘顺荣，经审问他招认了投敌罪行。咸武鄂政务委员会镇压了这个民族败类。

舒家窑是新四军从梁子湖上进入保福祠的必经之地，保福祠武工队经广泛侦察，在群众中得到消息，发现每当新四军部队从舒家窑经过，伪保长舒天惠的老婆就梳妆打扮过湖回娘家。她家也常有一些打扮得花枝招展的女客来往。有一天，舒天惠的老婆又过湖回娘家，武工队员化装成渔民跟踪监视，发现她的所谓“娘家”竟是伪军周筱山的团部。经过调查发现，原来舒天惠是一个死心塌地的汉奸，他曾多次向敌伪告密。他家进出的那些女客都是日伪特务。保福祠武工队员李开兴就是因舒天惠告密而死在伪军手里的。舒天惠的罪行被揭露之后，咸武鄂政务委员会召开群众大会将其镇压。

1943 年夏，特务夏大裕带领军统特务武装廖义华部魏笑侬大队包围了中门陈村，逼着人们交出新四军中队长陈国香，这伙凶残的匪徒把男人拉去吊打，把妇女拉去侮辱，夏大裕还惨无人道地将睡在摇篮里的婴儿扯出来用火烙。最后，中门陈村还被洗劫一空。对此，保福祠区委决定活捉夏大裕，为民除害。夏大裕很狡猾，他躲在湖对岸，受顽伪军的保护，日夜枪不离身，时常更换住所。为抓此人，保福祠武工队派两名共产党员和夏大裕攀上“干亲家”，请他“喝酒”时，捕捉归案，在召开群众大会公审后将其处决。

保福祠地区的中心保福镇，离日军据点山坡仅 8 公里。山坡日军对其据点周围乡村实行联保连坐法。中共保福祠区委对此反其道而行之，就势将敌伪的乡保政权变成“白皮红心”的政权。保福祠区委采取了三条措施：一是教育争取，对那些表现较好、被迫出任的伪保长，区委派人进行爱国教育，使其做到“身在曹营心在汉”；二是区委直接派党员或开明士绅出任；三是对个别罪大恶极、死心塌地当汉奸的则实行坚决镇压。经过艰苦工作，到1943年秋，保福祠地区的七个乡保都换成“白皮红心”的抗日政权。日军三天两头要这些保长去汇报，他们就故意夸大新四军的实力，使日军不敢轻举妄动。保福祠的这些两面政权，在安排新四军的伤病员，筹办粮食、食盐、西药、被服、军鞋等物资方面，做了大量的工作。1943年至抗战胜利，保福祠根据地是新四军第五师主力部队在鄂南山地作战的补给线。几年间，部队在这里临时休整，兵源在这里补充，伤员在这里医治，枪支在这里修理，不论环境多么险恶，保福祠群众都胜利完成了任务。

在支援部队的物资中，最困难的是食盐，日本侵略者把食盐的专卖权紧紧地控制在手里，用盐来榨取中国人民的膏血，一石谷只能换到一斤盐。保福祠群众省下粒粒盐颗，支援自己的子弟兵。有一次，部队从山里出来，路过保福祠根据地五里山，部队急需补员，五里山党支部连夜进行动员，　夜间有几十人参军。在军鞋、被服方面，每年保福祠群众要为部队做上千双军鞋。为了使新四军战士能及时穿上夏装和冬服，1943年保福祠办起被服厂。被服厂厂长闵应显、陈伯英远走江西，用烟叶换回土布，没有染料就用木梓叶煮汁，把布染成灰色。1943年春，保福祠区委在古岭村建有修械所，所长由区委书记艾凤林兼任。同年夏天，在保福祠设立了鄂豫边区第四军分区第二治疗所，治疗点分散在保福镇附近的古井、新屋董、蔡董等几个小村子里。治疗所有4名医生、6名护士，伤病员最多时达51人。房屋、床铺、被褥等都由保福祠群众出。医护人员不够，群众自动组织义务护理队，轮流为治疗所站岗、放哨，护理伤员。治疗站缺乏医药用品，保福祠区委在敌占区通过关系采购大批药品和医疗器械，不仅能满足保福祠治疗所的需要，还能支援兄弟治疗所和医院。

第五章

鄂南抗日民主根据地的进一步发展与巩固

1943年，是世界反法西斯战争开始反攻的一年。1943年后，日本侵略者为改变其太平洋和印度支那战场上日益加深的困境，在中国占领区一方面交替使用“怀柔”与“三光”政策，巩固伪政权，加紧对占领区经济资源的掠夺；另一方面，发动所谓“打通大陆交通作战”，也就是“豫湘桂战役”。鄂南，由于它的特殊地位，更是日军活动的中心。1944年，日军侵华司令部的前梯指挥所就曾设在咸宁城关。

与此同时，国民党政府由于消极抗战而日趋腐败，在豫湘桂战役中一败千里。在政治上更强化法西斯统治，坚持国民党一党专政，它在鄂南敌后派出特务和特务武装，勾结日伪军，占据要津，纠集鄂南的反共力量，对抗日民主根据地实行“驻剿”。1943年4月，军统特务武装别动军盛瑜部派其第一攻击司令马钦武率部占据樊湖中心木门、鲊洲，派其第二攻击司令廖义华率部占据大鄂中心谈家桥、大茗山。

在敌伪和反共顽固派的夹击下，鄂南抗日民主根据地许多地方是得而复失，失而复得，犬牙交错，反复争夺。鄂南中心县委适应变化了的情况，采取“巩固沿江阵地，伺机发展山地游击战争”的策略。1944年，鄂豫边区党委提出“以巩固为中心”的口号，要求“减少战斗”。这时，留在鄂南坚持的主力部队和干部相对减少了，但鄂南党组织通过加强自身的建设，全面贯彻党的方针政策，不但率部主动出击日伪据点，袭击日军机场，而且在汉沔（洪湖）根据地军民配合下，进军嘉蒲临，从南翼完成了新四军第五师对武汉侵华日军的战略包围的态势。

第一节　鄂南抗日游击战的广泛开展

一、主力部队地方化，声东击西，打击日伪军

1943 年，在鄂南抽调部分主力部队地方化，部队在鄂南中心县委和鄂南指挥部的统一领导下与县、区党组织配合，使各县、区、乡武装有了较好的发展。这时，县级武装称县总队、支队或大队，一般百来人枪。乡武装称武工队，一般 10—20 人枪。就是这样一支支大大小小的时而兵、时而民的抗日队伍，机动灵活地给侵略者以狠狠的打击。

1943 年 1 月，许大鹏、孙超率武鄂抗日挺进支队攻入武昌南郊日军据点油坊岭，日宣抚班人员逃遁，武鄂挺进支队缴获有日钞一麻袋及其他物资。4 月，李平率部在武昌活动，袭击驻青山的伪军肖春庭部，缴获其枪支弹药后转移至江北张渡湖。不久又在阳逻附近袭击日军，缴获敌人卡车一辆，抓了几个俘虏。5 月，李平、雷同、许大鹏等率部将油坊岭据点的日军碉堡团团围住，而后突入日军宣抚班和伪军营房，缴获一批枪支弹药和军用物资后退出战斗。

伪军咸宁自卫团团长熊彪是个死心塌地为日军效劳的汉奸，他强迫群众成立民哨，实行“连坐”，斧头湖一带群众深受其害。1943 年 10 月，鄂南中心县委决定攻打熊彪的窝子窑咀。窑咀是伸入斧头湖的半岛，它的西边湖对岸是甘棠角，熊彪部筑有碉堡，派有一个小队据守。攻打窑咀的战斗由鲁明健、汤楚英、雷同、李飞鹏带两个连乘斧头湖船民提供的 118 只小船从南北两面夹攻，迫使熊彪部从湖西面向甘棠角逃遁，李平则带一个连，在甘棠角设伏截击。这次战斗，由于熊彪部固守在碉堡群里，窑咀没有攻下，但甘棠角据点的伪军被消灭，碉堡被烧毁。熊彪部受到这次打击后，反动气焰明显收敛。在此前后，粤汉支队还积极开展锄奸工作，镇压了熊彪部情报组长李全富和汉奸保长王维一等。这次战斗后，民心振奋，顺势成立了抗日民主政

权新（窑）大（咀）乡公所。第二天，李平在撤返途中又打了马桥伪保安队，俘虏数人，缴枪数支。

11 月，鄂南总队在通山石门与日军遭遇，双方进行了激烈的战斗，伤毙日军 10 多人。

二、沿江挺进第一支队沿江杀敌

1943 年秋，中共汉沔工委组建的汉沔支队江防第一大队，活动在洪湖新滩口（原属嘉鱼）、汉阳大咀、嘉鱼潘家湾、老官咀、簰洲至武昌双窑、金水闸一带的长江两岸。一方面打击日伪军，另一方面在长江上设卡收税。1944 年 5 月，江防第一大队改为沿江挺进第一支队，隶属四军分区鄂南指挥部，中共金水工委书记张曙光兼任支队政委，李政肃任副政委兼税务局局长，丁南平任支队支队长。原属金水工委的法泗游击队也与沿江挺进第一支队统一行动。为麻痹日伪军，该支队曾派人去武汉拉关系，挂过伪和平救国军立佐部队特务团的牌子，在日伪军内部打击日伪军。

1943 年冬，日军一艘从武汉方向开来的汽艇在嘉鱼簰洲沙滩上搁浅。日军派人去新滩口据点报信，另有 4 个日本兵带 1 挺机枪、3 支步枪到曾家渔棚喝酒。沿江一支队得知后，迅速作出智取方案，队员江德喜背着一捆柴火，装着去渔棚送柴，副队长程青云带几名战士化装成渔民随后跟进，程青云见江德喜进了渔棚，立即指挥队员们包围渔棚，对准在狼吞虎咽的日军开枪，江德喜也立即抱起敌人的机枪钻进芦苇林。这一仗打死日军 3 人，俘虏 1 人，缴获机枪 1 挺，步枪 3 支。当新滩口的日军赶来支援时，队员们早已撤走了。

不久，嘉鱼县伪保安队在老官咀与伪和三师火并失败，有一股伪军逃窜到双窑，支队得知消息后，队员有的化装成赶牛车的，有的扮成挑夫，有的装着下地干活的农民，从四面八方缓慢地向这伙伪军靠拢。这股伪军正跑累了，东倒西歪地躺在地上休息，对周围出现的“农民”毫不介意。忽然“农民”变成游击战士，从四面杀来，伪军们吓得心惊肉跳，没放一枪，全部投降。是役缴枪 50 余支。

1943 年冬有一天上午，日军一艘木船在嘉鱼老官咀江边码头靠岸，20 多个日本兵上岸朝桑家墩走去，船上剩下几个日本兵。支队得悉这一情况，立即兵分两路：一路由支队长丁南平带手枪队 20 余人，埋伏在桑家墩墩头上几户农民家里，一路由副支队长郑启一带 30 多人的长枪队迅速进入高粱地里，然后又兵分两部，一部伏击退却的敌人，一部伺机攻击船上的敌人。布置就绪，丁南平提上几只大母鸡停在墩头第四家大门口。日军一进村，就抓鸡捉猪，赶妇女。4 个日本兵向丁南平走去时，他迎上一步说："'太君'，我们慰劳'皇军'来了。"当日本兵伸手接鸡时，隐藏在他背后屋里的两名战士同时开枪，4 个日本兵立即毙命。与此同时，手枪队队员齐向敌人开火，毙伤日军数人，剩下的日军边打边退，又落入长枪队的伏击圈。这次战斗，上岸的日军 20 多人全部消灭，缴获机枪 1 挺、步枪 10 多支。

1944 年 1 月，驻嘉鱼渡普口的伪和三师派两个连袭击沿江挺进第一支队驻地老官咀，一个连从河边上岸进攻，一个连从大路进攻。支队获悉情报后，立即做好伏击的准备。岸上的伪军接近老官咀时，见没有动静，不敢前进。河边来的伪军离伏击点很近时，支队两个连的战士一齐开火，当场打死 20 多人，其余伪军闻风而逃。

1 月 27 日，驻武昌马鞍山的日军到法泗洲镇骚扰。法泗游击队埋伏在马鞍山至法泗大道旁的山林里，日军一进入伏击圈内，机、步枪一齐开火，打死日军 3 人，缴枪 3 支。

三、武工队杀敌锄奸

1943 年以后，鄂南根据地各县各乡都组织了小型武工队。他们除侦察敌情、肃清土匪、协助税收、维护地方治安外，还神出鬼没地深入敌人心脏杀汉奸、袭据点、断交通，机智勇敢地打击敌人。

1943 年，盘踞在大冶铁山的日军，在铁山以北地方逐步建立据点，钳制鄂大根据地军民行动。4 月，日军在陈盛村建据点，破土动工时，武工队员和群众 200 多人突然袭击，一举摧毁其设施，并缴获一批物资和武器。

同年秋，王表、林迅等人带领鄂大武工队出击根据地周围的日军，先到宋皇、吕泉等地活动，夜袭铁山。然后，又从铁山沿公路北上，突袭碧石渡据点，敌人缩进“乌龟壳”里胡乱放枪。同时，鄂大武工队还带领群众，锯倒沿公路的电杆，收缴电线，破坏日伪的通信设备。

王表曾在黄石利华煤矿做工，通过他的关系，黄石的工人经常给鄂大政委会送情报、运出钢铁，鄂大武工队员也经常深入黄石厂矿区进行活动。日军为掠夺大冶的钢铁，将俘虏的中国士兵和抓获的中国劳工押往铁山采矿，用通电的铁丝网围着，强迫他们劳动。1943 年 8 月，鄂大武工队与铁山电厂的地下工作人员，制造停电事故，配合这些劳工暴动，偷越铁丝网，逃出 100 多人，组成一个连队，后编入新四军第五师第四军分区主力部队。

还有阳瑞武装工作队，在中共阳瑞工委领导下，经常活动于日军据点之间。1943 年夏，阳瑞柯家塘武工队在队长曹剑若的带领下，奔袭瑞昌亭子铺，炸毁日军炮楼一座。同年 7 月，柯家塘武工队又配合新四军四十二团一个营，击溃驻栗林下的一个日军小队，烧毁日军炮楼，捣毁栗林下的伪联保处。

武工队还深入敌人心脏地带贴标语、杀汉奸、营救遇难同志。

1944 年，武北武工队活动到武昌市区内，把抗日的标语贴到武昌珞珈山日本驻军大本营。

樊口铁杆汉奸董汉生，曾带领日军先后捕杀新四军税务干部王厚昌、陶彪和无辜群众余根艮、徐细才等人。他凶恶残忍，血债累累，群众恨之入骨。武鄂公安局局长杨涤尘派德马乡武工队队员陆西芬化装到樊口，摸清董汉生的起居情况和活动范围后，又派武工队副队长余国民等人在县手枪队的配合下，潜入樊口剧院将董汉生抓获，就地处决。随后，德马乡武工队又处决了董汉生的同伙王细送及汉奸徐克山。不久，张弦还带领武工队到葛店魏家咀，将葛店日军侦缉队队员胡秋宝抓住处决。

1943 年 11 月，伪和三师两个士兵到武昌菱米湖抢劫民财，地下党员宋志斌带领民众将他们用石块砸死。事后，伪和三师又派一兵来侦察，地下党员万松柏知道后，又带 10 多名武工队队员将他打死。

1943 年 11 月，驻嘉鱼渡普口的伪和三师两个班押运 10 条船，上面装着 120 多副棺木，沿金水河运往武汉。法泗武工队得知这一情报后，队长韩定和率部在新墩进行截击，将两班伪军全部消灭。

1943 年 12 月的一天，武北地区的武工队队长张少卿得知驼子店肖家湾据点里的日军守备队有 20 多人到王店那边掳掠去了，便把队伍埋伏在日军返回必经之处的王氏公陵峡谷中。下午 2 时许，满载而归的日军钻进武工队设下的埋伏圈。等到驼子店的日军听到枪声赶来营救时，武工队早已带着胜利品走得无影无踪了，留下的是 10 多具日军的尸体。

同年，鄂皖指挥部派干鹄率一个加强连，从广济南渡长江进入阳新，在富池口地区的丰山伏击日军，歼敌 40 多人。

1944 年 2 月，武北汤孙湖武工队队长涂文清率部攻打五里界伪保安队，活捉伪队长严广益，消灭伪军 20 余人，缴枪 10 支。

崇阳县苏伯华武工队袭击敌人的方法更为巧妙。这支武工队有 30 余人枪，他们经常用“夜摸营”（乘夜色，派少量人员摸进日军守备队的营房，杀死敌人，夺取枪支）、“美人计”等独特战术，给敌人以沉重打击。1944 年 5 月的一天，黄岩乡附近的据点里出来 5 个日本兵，窜到黄岩村去掳掠。武工队队长苏伯华接到消息后，决定用“美人计”收拾他们。他派 6 个武工队队员装扮成打猪草的青年妇女，结伴走出村子。5 个日本兵望见“花姑娘”便没命地追来。这群“花姑娘”不紧不慢地往回跑，一直跑进村后的一条大山沟里东躲西藏，转眼这 5 个日本兵就追上来了，没想到这些“花姑娘”突然拔出手枪结束了他们的性命。这支武工队就是这样运用各种形式，前后击毙日军几十人。

四、奇袭青山飞机场

奇袭青山飞机场，是中共鄂南组织充分利用鄂南地理条件，运用人民战争的战术思想，打击敌人非常成功的战例。

1944年初，驻华中的日军在武汉青山白浒湾修建备用机场。同年6月，机场修建正在紧张地进行，伪保安大队肖春庭部担任工地警戒任务。为了破坏敌人修建机场的计划，鄂南中心县委和鄂南军事指挥部决定袭击机场。经侦察员侦察，机场的北面是长江大堤，堤外是天堑长江，西北方的青山，东南两方的鄂城、葛店驻有日军，如果从东、南、西方面进攻，难于隐蔽接近敌人，且有湖泊阻隔，部队运动困难，只有从北面渡江，直抵机场北面的江堤，出敌不意，发起突然袭击，成功可能性最大，但部队人数不能过多，要短小精悍。中心县委书记鲁明健等根据侦察获悉的情况判断，决定从北面进攻，令武鄂总队长汤楚英率一个加强排，武昌支队政委姜南平率两个班共同完成此任务。

6月20日，正是长江汛期。临近黄昏，刮起东南风，这对逆水航行十分有利。入夜，58名指战员斗志昂扬地登上5只帆船，向武昌青山白浒湾进发。为了避开敌人设置在沿江两岸的据点，小船在江里张帆走“之”字形，葛店据点闪过去了，阳逻据点又在眼前。不料，迎面驶来两艘敌艇。这时，汤楚英和姜南平命令大家做好战斗准备。敌艇靠近了，喊话:“干什么的?”船老板轻松地回答说:“去阳逻卖货的!”敌舰的探照灯晃了一晃，就让过去了。

午夜1时，船只抵达白浒湾江堤脚下，放出警戒后，姜南平带两个班迅速干掉了哨兵，汤楚英即指挥机枪手把机场上的探照灯打灭，然后向保安大队部指挥楼发起冲锋。敌人猝不及防，乱成一团，争相逃命，不到20分钟就结束了战斗，共毙、伤、俘伪军29人，其中击毙伪保安大队副1人，缴获长短枪15支和其他军用品，还打死了几个日军工程兵，自己无一伤亡，仍乘原船扬帆返航，于拂晓回到出发点休息。

次日，武汉全市戒严，持续一周之久，武汉群众兴高采烈，纷纷传说新四军是“神兵天降”。

第二节 有理、有利、有节地反击顽固派的进攻

一、军统特务纠集鄂南反共力量

反共顽固派对于八路军、新四军在敌后深入发展抗日游击战争深恶痛绝。早在 1942 年 4 月 8 日，五战区司令长官李宗仁就传达蒋介石反共密电云：“奉委座寅梗令，奸匪已确实掌握华北，巩固华中，发展华南……（应）支援程汝怀部，期与李仙洲协同，截断奸匪东西联络，从而击灭之。”

1942 年鄂南抗日民主根据地得到发展，顽固派消灭新四军第十四旅的计划落了空，这时，又从三个方面着手，妄图把新四军逐回江北。

一方面，令驻江西修水的三十集团军司令长官王陵基就近“驻剿”鄂南人民抗日武装，并随时支援活动在鄂南敌后的军统。特务武装专事反共活动。王陵基部曾于 1942 年 8 月 5 日、11 月初两次进入鄂南敌后，“围剿”新四军。

另一方面，派军统特务盛瑜率装备优良的别动军，深入鄂南敌后腹地“驻剿”新四军。盛瑜，字子谨，安徽省人，与军统特务头目戴笠是黄埔军校同班同学。他先是九战区挺进军第四纵队司令，活动在大冶、阳新，控制着田维中、尹兰轩、吴桂芝等部。田维中等部溃散后，盛瑜受命为别动军五纵司令，统编了鄂南反共最得力的两支武装马钦武部和廖义华部。

再一方面，严密特务系统，钳制多方势力，暗中勾结日伪势力，极力限制共产党在鄂南的发展。1941 年以后，军统特务唐新担任三十集团军王陵基部调查室主任，唐新所率特务达 500 人，三十集团军师、团单位都建立了锄奸委员会，活动在赣北、鄂南。在鄂南的头目有黄藩初、曹曙光、周凌云等。中统特务也在鄂南建立了严密的系列，头目有驻大幕山的国民党汉口特别市党部主任袁雍、程鹏和严夏阳等。

这些特务对鄂南各派势力采取不同手法，把他们控制在反共旗帜下。对叛国投敌、充当伪鄂南保安司令原第九战区挺进军第四纵队副司令兼第七支

队支队长成渠及其部队，唐新、盛瑜在该部设立了军统湖北武鄂站，委任成渠的心腹机要秘书余迪夫任站长。军统湖北站站长黄藩初也常驻在成部。成渠可经黄藩初、余迪夫和唐新、盛瑜直接与军统重庆本部联系。1941 年后，对鄂南新四军活动情况，该部及时向九战区情报室反映。成渠还与国民党汉口特别市党部主任袁雍、三十集团军调查室主任唐新等人联系密切，对军统、中统特务在鄂南的活动多方支持。因而，成渠一时是伪保安司令，一时又是挺进军纵队司令，成为鄂南顽固派中“顽伪合流”“正伪一体”、反对共产党和抗日人民的典型。

抗日战争初期，第九战区挺进军第八纵队方步舟曾率杨岳斌、程尚武两支队做了一些抗日工作，与鄂南共产党组织也一直保持关系。“平江惨案”后，方部接受第九战区统编，顽固派仍认为方部反共不力，一方面借故把方部搞垮，另一方面迫使方部反共。

他们将方部积极反共的廖义华部收编为别动军五纵队第二攻击支队，并以“春节团拜”为名，在通山横石潭五十八军军部把方步舟部彻底改编。

二、军统特务武装大肆摧残鄂南抗日力量

军统特务武装在鄂南大肆摧残鄂南抗日力量的事件屡见不鲜。1942 年 12 月制造了“白茅山事件”，经过是这样的。

1942 年 12 月，鄂南政务委员会主任吴师筑和新四军四十一团政委罗通率四十一团一个连和团直机关与嘉蒲临工委书记张进、咸宁县委书记陈觉生所率领的地方武装在咸崇蒲山地坚持抗日斗争。12 月 12 日，吴师筑、罗通率部驻扎在咸宁高槎桥、箭厂附近的白茅山（又名巴茅山）[①] 一村庄。这以前一段时间，第九战区已根据挺进军八纵队情报搜集所主任曹曙光提供的情报，令新编十三师唐郇伯部并配有大批特务组成的侦察队率挺进军八纵队方步舟部

① 此白茅山与通山慈乌岩白毛山不是同一地方。

在大幕山一带寻击新四军。12 月 11 日，吴师筑、罗通率部在大幕山四门楼宿营，被潜伏在这一带活动的三十集团军调查室特务皮寿仙（又名皮干臣）发现，唐郁伯即令十三师万余人和方步舟部（两个支队约 2000 人）在茶地铺、四门楼搜索前进。13 日晨，八纵队十三支队肖琪玉部首先同白茅山哨兵打响，罗通即率四十一团一个连阻击。肖部企图占领白茅山村后山，罗通即令连长、指导员冯占元、叶从和团部保卫股股长李新迅速控制了后山，在阻击中李新牺牲。吴师筑和张进、陈觉生等地方干部以及他们率领的地方武装，在向梅山峡转移途中落入十三师三十八团伏击圈，突围中有 30 多人被捕、牺牲。吴师筑见顽军疯狂扫射隐藏在巴茅山中的工作人员，并围山搜索，为挽救他人，自己主动走下山，因而被捕，后被押到江西修水三十集团军司令部，他在顽固派的迫降面前威武不屈，惨遭杀害。咸宁县委书记陈觉生受伤后，隐蔽在麻塘镇养伤，三个月后被伪军熊彪派人杀害。

在大肆摧残鄂南抗日力量方面，马钦武、廖义华两人是盛瑜最得力的干将，马钦武更为突出。1943 年以来，他指使下属捕杀鄂南抗日民主根据地的党、政、军工作人员。是年秋，马钦武率部进攻小庙乡，鄂南中心县委书记鲁明健负伤。随后，马钦武又进攻胡家大湾，将新四军被服全部抢走。9 月，马钦武再次进攻小庙乡，将区委书记肖柏林捉住活埋。此后不久，马钦武又纠集人马包围吕家畈，将税收干部刘锡山、吴梦云和谢友炎等抓住杀害。马钦武除公开捕杀新四军工作人员和革命干部外，还暗里派遣特务潜入根据地杀害不少抗日干部，华容乡乡长姜楚云就是马钦武派特务姜楚全杀害的。

马钦武大肆摧残抗日力量，连抗日人员的家属也不能幸免。咸武鄂政委会民政科科长涂继文的父亲涂文清就是一例。涂文清，武昌县保福祠人，中共党员，1942 年冬他回保福祠根据地，负责咸武鄂政务委员会的统战工作，为新四军筹办粮食、布匹、食盐以及其他经费，军统特务早怀恨在心。1944 年春，马钦武部 2000 多人侵入保福祠抗日根据地，抓住了涂文清。他任凭敌人严刑拷打，始终没有吐露新四军的半点情况。马部凶残地将他和他的老伴郭氏一同押到鄂城峒山活埋了，同时被害的还有党员陈玉春。

军统特务武装杀害新四军战士，连伤病员也不放过。十四旅西路部队有13名重伤重病战士隐蔽在西岭游家垱一带山林中治病养伤，被军统特务获悉，13人全被杀害。

三、反击马钦武、廖义华部的进攻

1943年初，马钦武部占据木门、鲊洲和廖义华部占据谈家桥后，在大肆杀害根据地军民、抢劫人民财物的同时，步步蚕食武鄂、鄂大根据地，武鄂、鄂大军政人员被迫在沿江一线活动。

为了巩固和发展鄂南敌后抗日根据地，四军分区主力团在刘少卿、夏农苔、罗通等率领下于1943年4月渡江南下，在横山、峒山等地狠狠回击了马钦武部的挑衅。同时，李平和四十团政治部主任林魁也率领四十团和地方武装一部组成前卫支队，南渡葛店白浒镇配合作战，在鄂城的麦家岭痛击马部一个大队，林魁在战斗中牺牲。同年6月，马钦武部又进攻武鄂小庙乡，军分区主力团在熊作芳、罗通率领下给予了还击。

横山、麦家岭战斗不久，马钦武率领八九百人从碧石渡、陈盛方向越过公路进攻鄂大地区，前锋直达杨思爱附近。熊作芳、罗通率领四十一团奋起迎击，鄂大工委书记王表也率地方武装从汀祖、陈盛方向夹击，将进犯的马部击退。

1943年，廖义华占据谈家桥后大发国难财，扰得民不聊生。9月，鄂南中心县委为了教训廖义华部，决定由罗通带四十一团两个连从江北渡江南下，直驱咸宁双溪桥附近与鄂南总队会合，然后掉头奔袭谈家桥附近的畈上吴村廖义华司令部，并俘获其姨太太及副官等人。同年秋，马钦武又纠集数百人，连续进攻武鄂地区的小庙乡胡家大湾，破坏抗日政权，抢劫人民财产。11月，马钦武部孟昭厚大队再次进攻小庙乡，还停驻在下倪村，捕捉根据地人员。新四军四十团、四十一团主力被迫于11月19日在上下倪村还击孟昭厚大队，俘获孟昭厚以下 200 余人，缴枪数百支，为了表明国共两党共同抗日的民族大义，将孟昭厚等人教育后释放。

1944 年 3 月，盛瑜指挥马钦武部、廖义华部共 2000 余人，进攻鄂大根据地麻羊垴、花湖及杨思爱等地方。新四军四军分区首长张体学、罗通决定还击。罗通率两个连由长圻寮先行过江，船到江中恰遇一小舟报信告知，鄂大、洪二武工队正在还击马钦武部的进攻。接着，张体学率四十团、四十一团渡江从鄂大赶走了盛瑜的部队。这次作战中，武鄂总队在张凡率领下，进逼马钦武部巢穴鲊洲，有力地配合了整个战斗。

第三节　团结鄂南各界人士共同抗日

一、扎扎实实开展统战工作

毛泽东说："抗日战争胜利的基本条件，是抗日统一战线的扩大和巩固。"①鄂南党组织认真贯彻执行中共中央的路线方针，在团结鄂南各界人士抗日方面做了许多扎扎实实的工作。

走访地方士绅，召开士绅座谈会，宣传党的抗日民族统一战线政策是鄂南历届党组织经常性的工作。他们通过介绍中国的抗日战争和世界反法西斯战争的形势，以及中国共产党的对策，使一些爱国人士认识到共产党抗日救国的真诚，愿意在党的领导下共同努力，把日本侵略者驱逐出去。1942 年秋，杨学诚在大鄂一次士绅会上发表演说后，一位白发苍苍的老先生双目注视这位衣着朴素、不到而立之年的鄂南领导人，感慨地说："共产党英才济济，救国重任，舍彼其谁？"杨学诚在大鄂还多次上大小雷山，拜访隐居当地的两名

① 《毛泽东选集》第 1 卷，人民出版社 1991 年版，第 703 页。

士绅，请他们出任了大鄂政委会政务委员。

不计前嫌，待之以礼，共商抗日大计，这是鄂南党组织领导人对待爱国人士的一贯态度。

1942 年 6 月，新四军十四旅西路部队宣传队在花纹泉搞宣传演出，欢迎偕妻前来合作抗日的第九战区挺进军第九支队支队长刘定一。西路部队领导人罗通将刘定一安排在首位就座，刘定一感慨地说："我单枪匹马来投，你们都待之如上宾，为了抗日，你们礼让三分，令人敬佩。"鄂南党组织对一切抗日人士，不但不计前嫌，待之以礼，而且还请他们到政委会任职，共商抗日大计。阳新程金门，在土地革命时期是反共的金海镇长，1942 年 5 月新四军十四旅进入鄂南，他又率部阻击；但当他枪口对外、愿与共产党合作抗日的时候，鄂南政委会就委任他为阳大政委会副主席、阳大自卫团团长。

廉洁奉公、不拿群众一针一线是鄂南党组织领导人的一贯作风，因而赢得了爱国人士的拥护，愿意在共产党的领导下工作。有这么一件小事，1942 年 7 月，咸宁钱仲衡为争取伪军和二师师长周九如反正，约定周九如与十四旅领导人熊作芳、罗通在钱仲衡家面谈，由于周九如本性难移，没有如约到钱家。熊、罗同警卫人员在钱家吃住两天，钱招待是热情的。伙食钱怎么办？按餐算账给钱，钱仲衡是不会要的。熊、罗想了一个主意，将在战斗中缴获的一包白木耳，叫警卫员泡着。第二天，熊、罗离开钱家，已发泡一大脚盆了。熊、罗对钱说："不好带走，就留下吧。"钱仲衡非常感激地说："你们共产党人爱民之心，令人叹服！"

共产党员以民族利益、人民利益为重的献身精神是一种无形的凝聚力，它团结着无数爱国人士在自己的周围工作。鄂大工委书记兼政委会主席王表经常是衣补帽缀，风尘仆仆，奔波在大冶、鄂城边的敌后战场上，一会儿带兵打仗，一会儿理政安民，大冶士绅阮子霞感慨地说："从古到今，当县长的哪个没有妻、妾？王县长成天赤脚草鞋，破衣烂衫，饱一餐，饿一餐，连个老婆都没有，共产党都是这样的人，天下一定是共产党的。"在抗日战场上，许多共产党员确实做到了完全彻底献身于民族。夏家塝血战中，在独立五团工作的医生胡修文被俘了，同在被俘之列的鄂南中心县委统战部长何愚，在这生命攸关的时刻，他想到的是胡修文的安全，他先以手势与日军交谈，说："我是共产党、新四军，他是医生。"后又向押送胡修文的伪军表白。这个伪军还有中国人的良心，在押送途中将胡放了，何愚却牺牲在葛店沐鹅港。

二、鄂南爱国人士的抗日活动

全心全意为把日本侵略者从中国驱逐出去的鄂南共产党人，他们与鄂南各界人士肝胆相照，荣辱与共，激发了许多开明士绅、知名学者、社会贤达乃至曾经与共产党为敌的上层人物的爱国热情，纷纷投身于伟大的抗日洪流。有的始终保持民族气节，誓不屈身事仇；有的不避艰险，营救遇难同胞；有的拿起武器，并肩战斗；有的吃大苦耐大劳，从事抗日文化教育事业；更多的是参加抗日民主政权，为坚持发展抗日根据地贡献力量。

大冶人阮子霞，是名噪一时的知名学者，幼读诗书，深明大义，留学东瀛，精通日语。日军侵占大冶县后，曾屡次派人邀请他出山任职，他均以年老为辞，并暗助新四军地方工作人员，刺探敌人情况，营救遇难同志。1944年1月，阮子霞应邀参加鄂大人民代表大会，被选为鄂大政务委员会委员，为巩固鄂大政权贡献了力量。

钱仲衡，咸宁县马桥区钱家庄人，思想进步，性格开朗，是位著名的爱国人士。大革命时期，他担任过咸宁县县长。抗日战争爆发后，在敌顽压迫新四军时，他不顾自身安危，掩护鄂南党政军人员开展工作。钱家庄离日军马桥据点不过八里，在咸宁沦陷七年多的时间里，他的家一直是新四军和地方工作人员的歇脚点。1945年，他被选为咸阳通政务委员会主席，起早贪黑，征粮收税，为支援三五九旅南下做了大量工作。

谢司农，鄂城段店人，被称为"武鄂根据地的爱国楷模"。他为人正直，长期教私塾，做过不少有利于抗日的工作。1943年，他积极协助新四军从事对敌工作。段店保安分队分队长范正天反正，他也协助做了工作。段店伪合作社社长刘波平作恶多端，民愤极大，新四军会同谢司农串联乡保人员，以合法形式向日军控诉，要求撤办。日军军官抓住谢司农，逼问是不是共产党主使，谢慷慨陈词，据理争辩，说确系众怒难平，与共产党无关，并当场讨来日军军刀断指为誓，使参与此事的人员幸免于难。武鄂工委委员张弦闻讯后前往他家探望，谢说："共产党员不惜断头颅抗日救国，我已风烛残年，能救人一命，何惜断去几指！"他积极动员自己的子侄参加新四军。1944 年 9 月，他儿子谢友炎被军统特务马钦武抓去杀害，他悲痛地说："吾儿为国捐躯，虽死犹荣！"

罗维礼，大冶人，原是采矿师、煤矿经理。沦陷前，他愤然炸毁矿井，回到家乡闲居。他对国民党地方军不抗日、专门残害人民十分痛恨。当阳大地区的局面为新四军打开后，党的抗日政策以及新四军杀汉奸、除土匪、打日伪、保护老百姓的种种行动深深地教育和感动了他，他称赞新四军"真是仁义之师，秋毫无犯，从未见过这样好的队伍"。1942 年 10 月，鄂南政务工作团派手枪队进入大冶四区后，罗维礼的家很快成了手枪队的联络处。手枪队的歇脚点，离敌人据点近，很容易遭到敌人的袭击。罗维礼建议手枪队以船为家，白天出没在满湖渔船之间，晚上，悄悄伴湖汊的渔船过夜。手枪队尊重他的意见，很快地打开大冶湖滨的工作局面。罗维礼还建议成立鄂南矿务公司，在大冶湖旁采煤，抵制了日商植田企图染指利华煤矿的阴谋。

为了挽救民族危亡，一些遁迹空门、与世无争的宗教界人士也为抗日救国奔走效劳。崇阳县方山庙有个长老和尚，人称"邓法师"，蒲圻人。因庙处深山，香火很少，他带几十个和尚开荒种地，用自己的劳动来养活自己。邓法师热心正义事业，早在土地革命时期就积极支持工农革命。抗日战争爆发后，他曾冒着生命危险掩护新四军战士，支持抗日事业。1941 年秋，鄂南中心县委书记李平带领新四军鄂南独立五团一部挺进鄂南山地，到达崇阳方山庙。邓法师见到李平等人，像见到久别重逢的亲人一样，把他们省下的粮食煮饭给战士们吃，独立五团负伤战士送到方山庙，邓法师又组织和尚把这些伤员隐蔽到岩洞或山棚里，精心照料。邓法师还拄着拐杖给伤员送饭，弄些草药给伤员治疗。方山庙对面山上就筑有日军的碉堡，步枪子弹可以射到庙里。有一天，敌挺进军九支队把邓法师抓去，逼他讲出新四军的活动情况。邓法师忍受着各种折磨，没有吐露任何情况。方山庙前有一口小水塘，独立五团战士带不走的枪支就涂上机油沉入塘底，由邓法师代为看管，从来没有丢失过。每当部队离开方山庙时，邓法师总是站在山门口相送。

随着抗日民族解放运动的蓬勃发展，党的抗日民族统一战线政策日益深入人心，鄂南还有许许多多开明人士如冯少甫、刘丹池、仇达山、周伯英、谢梅村等都做了不少有益于抗日的工作，如贯彻民主政府法令、推行合理负担、筹集军粮、策动伪军反正、营救遇难抗日人员、购买军用物资以及收集情报、协助税收和掩护伤员，等等。

第四节　三、四军分区会师赤壁，从南翼完成对武汉日军的战略包围

一、鄂南根据地的发展态势

1943 年，世界反法西斯战争开始从战略防御转向战略反攻。中国的抗日民族解放战争正同各国人民的反法西斯战争汇合起来，逐步走向胜利。在这重大的历史转折关头，中共中央指示鄂豫边区党委进一步领导边区军民，进行以战略包围武汉为目的的对日攻势作战。1943 年 2 月，新四军第五师十五旅和三军分区武装分东、西两路进军襄南。西路创建潜（江）江（陵）监（利）根据地，东路创建洪湖根据地。接着又分兵挺进襄西和洞庭湖区的桃花山一带，在桃花山区创立了石（首）公（安）华（容）根据地。至 1943 年冬，除武汉西南方的嘉鱼、蒲圻和湘北临湘尚有一段空隙外，对武汉日军作

战的包围态势基本形成。

1943 年，鄂南抗日民主根据地经过反“扫荡”、反“围剿”的艰苦斗争，得到巩固和发展，根据地更向敌据点近处伸展，根据地的干部更加成熟，根据地武装的战斗力大为提高。在这种形势下，鄂南中心县委和鄂南指挥部决定集中部队与三军分区协同作战，进军嘉蒲临。

二、嘉蒲临抗日根据地的开辟

嘉蒲临地区是粤汉铁路蒲圻中伙铺至湖南临湘段西北，陆水河蒲圻到长江入口段沿岸，北沿长江、东至嘉鱼城关、西至湖南临湘的一块丘陵湖洲地带，北与洪湖的新堤、龙口一带隔江相望，西与石（首）公（安）华（容）根据地毗邻，东北与咸崇蒲根据地接壤。境内水陆交错、湖汊纵横，有着极其重要的战略地位。开辟嘉蒲临，不仅可以沟通新四军三、四军分区的联系，从南翼完成对武汉日军的战略包围，而且能使鄂南抗日民主根据地更加巩固、更有依托。

嘉蒲临地区的人民，有着光荣的革命传统。抗日战争爆发后，张进曾以湖北乡村促进会的名义在蒲圻车埠、白驹一带组织青年开展抗日救亡工作。1939 年初，中共汉沔工委曾派袁超在嘉鱼陆溪口一带建立过党支部。1942 年新四军十四旅挺进鄂南后，建立了以张进为书记的嘉蒲临工委。

1943 年 12 月，鄂南指挥部指挥长罗通率四十一团两个连与鄂南总队在咸宁的泉塘畈整训后，会合张进率领的地方部队共 500 多人，于 1944 年 1 月初越过粤汉铁路向嘉蒲临地区挺进。嘉蒲临地区紧邻日军与第九战区交火线的前沿阵地岳阳、临湘。日军设在这里的据点林立、特务横行，还有和三师、和二师等伪军，伪挺进军第七至第十一支队也经常出没在这里。1 月 6 日，鄂南总队向丁母山前进中，在中伙铺击退前来阻击的日军，8 日宿营蒲圻罗现王村。9 日上午，部队离开罗现王村，继续向赤壁挺进，在董家岭痛击日军。9 日下午 3 时许，当部队正从嘉蒲公路上的董家岭与洪水铺通过时，一辆满载日军的汽车从董家岭方向驶来。鄂南总队司令汤楚英即令部队抢占附近制高点聂家后山，组织机、步枪火力猛射。日军汽车被拦阻在过垅的拱桥上，被击倒数人，余敌纷纷滚向港沟。这时，已经横过公路的先头部队也飞快控制垅畈对面的大井滩高地。部队左右夹击，战斗异常激烈，敌人一露头就被神枪手打死。躲在港湾里的敌人，也被战士投去的手榴弹炸得血肉横飞。由于此地离蒲圻城不到10公里，部队没恋战，继续向赤壁前进。这次战斗，日军伤亡惨重，鄂南指挥部龙龚成排长牺牲，伤7人。伤员转移到公路西边八蛇畈吕家养伤，当地群众主动送茶送饭，护理伤员，并安葬龙排长。

董家岭战斗后，部队继续西进，第二天晚上在哮咆岭宿营。驻扎在嘉鱼高铁、哮咆岭一带的伪军和二师企图阻击，但刚与鄂南总队前哨一接触，就不战而逃。接着，指挥部派七连到大岩山、仙人洞一带活动，消灭了土匪30多人，控制了嘉蒲临根据地的中心。部队继续前进，在左家畈受到挺进军十支队的阻击。部队转经柳山湖窑咀至小柏，在小柏附近开展抗日宣传活动。挺进军八支队1000余人在小柏魏家湾围攻鄂南指挥部的领导机关，被击退。

此时，罗通将连日来的作战情况用电报向师长李先念汇报，李师长即电三军分区独立五团跨越长江，由鄂南指挥部统一指挥，配合作战。

1月24日（腊月二十九日）大雪纷飞，李平、张进、汤楚英在小柏至太平口一带活动。罗通则亲率警卫队连夜过江，迎接三军分区独立五团。

1月25日（甲申年正月初一），寒风凛冽，独立五团团长青雄虎带领一个营，与鄂南部队会师于赤壁。

三、对武汉日军战略包围的实现

1944年1月28日，会师后的兄弟部队在小柏山举行联欢会，并抓紧战斗的空隙时间派人到各地去发动群众，发展党的组织，扩大地方武装，建立民主政权。不久，就成立了赤壁乡，由小柏青年张建寅任乡长；成立了江防挺进支队和嘉蒲游击大队，由李超龙、杜泽龙分别担任支队长和大队长；建立了党的地方组织，吸收潘万栋、潘世猛、潘世南、魏启艮、魏均发、张建帮、张建鹤、江子仁、邓尧昌等一批优秀青年加入中国共产党。地方党组织和地方政权、地方武装的建立，在打击敌伪、收集情报、肃清土匪、征税征粮等方面都做了大量工作，加快了开辟嘉蒲临根据地的步伐。

2 月，鄂南指挥部派一部分主力进军临湘源潭一带，击溃王翦波纵队一个大队。同时，在墩家大屋打散了不抗日、专扰民的国民党嘉鱼县政府。至此，嘉蒲临根据地的工作得以全面展开，从而形成新四军第五师战略上包围武汉日军的态势。打开嘉蒲临地区的局面，震惊了国民党顽固派。敌挺进军第七、第八、第九支队共 3000 余兵力进犯嘉蒲临地区。鄂南指挥部所属部队在蒲圻垸子洲遭到袭击，突围时损失一个排。主力部队撤至洪庙河（陆水河出长江处），张进组织上百条船安全渡河，退到陆溪口界石山吴主庙一带。

3 月，洪湖独立五团回转江北，罗通、李平、汤楚英率部返回咸宁西岭挂榜山。张进则带 100 余人的武装坚守嘉蒲临地区，以嘉鱼八斗角大岩山为中心，在沙湖棚、大岩湖、小柏山和高铁岭附近的坑头山、天井坡等地活动，继续发动群众，巩固根据地。当时，驻八斗角的伪和二师，杀人放火，奸淫妇女，掳掠财物。有一次，他们一部分人窜出据点骚扰百姓，被张进派出的游击队在蒲竹咀围剿捕获。这以后，日伪汉奸、土匪特务再也不敢在八斗角、哮咆岭等地骚扰破坏、肆意横行了。

4 月，张进安排好嘉蒲临根据地的工作后，即带领部队到江北。8 月，他担任汉（阳）沔（阳）工委书记兼汉沔支队政委。从此，汉沔支队配合嘉蒲临地方武装，为坚持、巩固这块根据地，进行了艰巨的斗争。

第六章

湘鄂赣边区抗日民主根据地的建立，夺取抗日战争的最后胜利

第一节　接受桥头堡任务，迎接八路军南下支队

1944 年 4 月，日军发动湘桂黔战役，以求打通大陆交通线。6 月，日军攻陷长沙。10 月，占领福州。11 月，又攻占桂林、柳州、南宁等地。正面战场上的国民党军队在继中原大溃退后，在湘桂战场上又一次大溃退，致使华南大片国土沦入敌手。

此时，毛泽东指出："现在的任务是要准备担负比较过去更为重大的责任。我们要准备不论在任何情况下把日寇打出中国去。""今后的问题就是在继续抗战中使我党我军和我们的根据地更加发展和更加巩固，这就是为着将来担负巨大工作的第一个必要的思想准备和物资准备。没有这种准备，我们就不能把日寇赶出去，就不能解放全中国。"①1944 年 7 月 9 日，新四军军长陈毅在给新四军各师的指示中指出："对于湘鄂赣边区的阵地均必须先机争取。"②7 月 10 日，中共中央在给新四军军部和鄂豫边区党委的电报中还明确指出："对于湘鄂赣，你们应利用目前机会去占领若干有利阵地，以便将来能有更大发展。亦应组织湘鄂赣工作委员会，有得力干部去领导。"③中央关于发展湘鄂赣边区方针的提出，既是将华北、华中、华南各敌后抗日根据地连成一片战略计划的具体实施，也是为最后打垮日本帝国主义、解放全中国所做的必要的思想准备和物资准备。

鄂豫边区党委及新四军第五师在接到中央发展湘鄂赣边区的指示后，李

① 《毛泽东选集》第 3 卷，人民出版社 1991 年版，第 900 页。

② 见五师电报。

③ 见五师电报。

先念、郑位三、陈少敏立即向四分区、四地委领导人罗通、蔡承祖传达中央指示，并指出坚持、巩固鄂南根据地是迎接大军南下、发展湘鄂赣、实现挺进华南敌后的重要条件，是为新四军南渡长江建立一个坚固的桥头堡。据此，鄂豫边区党委、新四军第五师党委决定调四分区副政治委员罗通兼任鄂南中心县委书记、鄂南指挥部指挥长兼政委，由罗通、李平等组成鄂南中心县委。原中心县委书记鲁明健调边区整风班学习。以罗通为书记的鄂南中心县委成立后，立即召开扩大会议，一方面以中共中央关于整风的精神为武器，客观地总结在鄂南过去工作中的经验教训，加强党的自身建设；另一方面，对鄂南形势认真进行分析，制定加强根据地建设的工作方案。

一、巩固鄂南桥头堡的斗争

1944 年 2 月，中共中央华中局驻鄂豫边区代表郑位三提出“以巩固为中心”的工作方针。鄂豫边区党委扩大会议为贯彻这个方针，主力部队集中训练，主要干部集中整风，这样，战斗在鄂南的主力部队和领导力量大大减少，日伪军也加紧对根据地的“蚕食”。因此，反击日伪军的进攻，成为巩固鄂南根据地最迫切的任务。

9 月 19 日，驻铁山日伪军 100 余人袭击鄂城朱皇乡陈盛村附近的鄂大根据地，鄂南指挥部立即命令所属的两个连设伏反击，击毙日军官佐一人，毙伤伪军多人，并缴获一批枪支弹药。日伪军在陈盛村遭伏击后不甘失败，派出日军警备队 20 余人、伪军 80 余人在陈盛村设据点，拆毁民房构筑碉堡工事。9 月 26 日，鄂南指挥部乘敌工事未成，派出武装冒雨夜袭陈盛据点，日伪军遭袭被迫退回铁山据点。这场战斗，毙伤日伪军 20 余人，并缴获一批枪支弹药。

在此前后，坚持在鄂南山地的咸崇蒲县委，由雷同率武装 30 余人与阳通县委接上关系。阳通的朱超游击队、石门武工队积极开展游击活动。咸崇蒲武装也在雷同、叶丛的领导下，活跃在西岭、挂榜山、马桥、柏墩、汀泗桥一带与日军作战，队伍很快发展到 110 人。

在武鄂和咸武鄂地区，日伪军“蚕食”根据地，反共顽军马钦武部也极力“围剿”根据地军民。同年 8 月，马钦武部进攻樊湖吕家畈，被武鄂总队击退。与此同时，日伪军在驼子店附近包围武北区游击队，区委书记李晓黎在突围中被捕牺牲。接着，武鄂工委派王志坚再次开辟武北工作。10 月，武鄂总队再次攻入驼子店，杀伤一些日伪军，恢复了武北根据地。

在巩固根据地的工作中，鄂南中心县委在环境较安定的鄂大根据地加强政权建设，整顿区、乡行政组织，改进田赋征收工作，继 1944 年 1 月召开鄂大人民代表大会之后，7 月又召开一次人民代表大会，通过实行减租减息决议。在减租减息运动中，中心县委组织部长兼鄂大工委书记李平和鄂大工委其他领导人深入各乡村，严格执行鄂豫边区减租规定和统一战线政策，向业主认真细致地宣传党的政策，对少数抵制减租的业主通过说理算账，按规定实行了减租。鄂大一带的地租剥削是比较重的，一般是对半分、倒四六（业主得六成，佃户得四成）或倒三七（业主得七成，佃户得三成）。通过减租，鄂大地区的地租减到 37.5%。洪二乡有的地主家住在鄂城城关，群众选派代表把他们找回，按规定减租。通过减租运动，进一步调动了根据地广大人民群众的抗日积极性，使抗日民族统一战线阵营不断扩大，并为巩固鄂南桥头堡奠定了群众基础和物质基础。

二、迎接八路军南下支队南下

1944 年 9 月，党中央决定派遣王震、王首道等率八路军一二〇师三五九旅一部作为发展湘鄂赣及华南地区敌后工作的南下部队。10 月 31 日，南下部队正式授名为国民革命军第十八集团军独立第一游击支队（简称南下支队）。支队司令员王震，政治委员王首道，副司令员郭鹏，副政委王恩茂，参谋长朱早观，副参谋长苏鳌、邹毕兆，政治部主任刘型，副主任李立。以三五九旅第七一七团两个营组成第一大队，大队长陈外欧，政委李铨；第七一八团三个营组成第二大队，大队长陈冬尧，政委罗章；第七一九团一个营组成第三大队，大队长张仲瀚，政委曾涤；特务团的教导营和旅直参谋训练队组成第四大队，大队长徐国贤，政委廖明。另外，中央调赴鄂豫边区和新四军第五师工作，随军南下的干部组成第五、第六大队，由贺炳炎、廖汉生率领第五大队，文建武、张成召率领第六大队。全军共5000余人。中央还决定由王震、王首道、贺炳炎、廖汉生、王恩茂、文建武、张成召、刘型等人组成军政委员会，以王首道为书记，统一领导全军的政治、军事工作。

1944年冬，鄂南中心县委派王表具体领导迎接南下支队的给养和后勤准备工作。首先是筹集粮食、保卫粮食，鄂大政务委员会很快筹集粮食10余万斤。12月的一天，鄂大政务委员会得知驻鄂城日军第二天要到马家畈去抢劫这批粮食，为了保卫粮食，鄂南指挥部立即派出部队连夜赶赴警戒。鄂大政务委员会动员马家畈附近的群众星夜转运，一夜之间便将10余万斤粮食转移到各乡、保中妥善保存。同时，鄂南中心县委和鄂南指挥部还积极做好收集日伪军情报的工作。王表在沿江一带设立交通站，组织船民利用打鱼或为日伪军运送物资的机会，摸清鄂城、黄石港等地日伪军据点情况和活动规律，为南下支队渡江南下提供可靠的军事情报。鄂南沿江根据地的船民有着强烈的抗日热情，曾为新四军十四旅多次转战大江南北作出贡献。此次，为迎接南下支队挺进鄂南，鄂南中心县委及鄂南指挥部在沿江各根据地组织船队，并对船民进行护送部队的训练。

为了保证鄂南沿江各根据地为大军南下的准备工作顺利进行，鄂南中心县委谨慎地安排工作，牵制和迷惑日伪军，掩护沿江各根据地。12月，武北区委书记王志坚和陈芝林、张少卿等人深入武北地区活动，以策应武鄂沿江地区。同时，沿江挺进第一支队积极活动于金水闸、簰洲、老官咀一带打差船、筹军粮。

至1945年初，鄂南党政军民为南下支队挺进鄂南和实现党中央关于打通华南的战略意图，已在鄂南构筑起一座以沿江为滩头阵地、以山地为前哨的桥头堡垒。

第二节　八路军南下支队南下，湘鄂赣边区抗日民主根据地的创立

1945年1月17日，南下支队在大悟山与新四军第五师胜利会师。2月初，鄂豫边区党委召开会议，传达贯彻党中央的指示，确定第五师今后着重发展鄂南、恢复和扩大鄂南敌后抗日民主根据地的工作方针。同时，决定新四军四分区张体学、罗通率四十团、四十一团配合南下支队行动，归王震、王首道统一指挥。

一、南下支队渡江南下

南下支队在大悟山进行短期休整后，便会同新四军四分区张体学部组成东、西两路飞越长江天堑。西路部队为渡江先遣支队，由新四军四分区的四十团、四十一团与南下支队颜龙斌独立营、干部大队组成，罗通任司令兼政委、苏鳌为副司令，在黄冈与下巴河之间渡江。东路由王震、王首道率南下支队主力会同张体学率领的部队沿江东下，直驱田家镇附近。

2月10日，先遣支队派李平带侦察分队先行过江，沿武大公路及金牛、保安、谈家桥一带侦察敌情。2月12日（腊月三十），罗通、苏鳌率先遣支队从黄冈长圻寮渡江，进入鄂大根据地。除夕夜，大雪纷飞，先遣队冒着鹅毛大雪跨过鄂赣公路，侦察分队前来与之会合。15日，南下先遣支队对占据大鄂根据地谈家桥阻止南下支队南进的军统特务武装廖义华部发起反击，激战一天将廖部击溃，消灭其官兵300多名，缴获一大批枪支弹药。

2月23日，南下支队的一、二、三大队及部分直属机关和张体学所部在王震、王首道的率领下到达田家镇的新桥和亚口渡一带集结。晚8时，主力部队分乘百余艘船只驶向长江南岸，当行至江心时，突遇日军三艘巡逻艇。这时，船工们沉着镇定地骗过敌人，从他们眼皮下越过长江天堑。同时，第

一大队在大队长陈外欧、政委李铨的指挥下，先以警卫连渡江占领滩头阵地，监视黄颡口日军的外围据点。接着，以二、三连和重机枪排组成前卫营对南岸实施强行登陆。前卫营在登陆成功后，即对黄颡口日军据点发起攻击，并很快占领敌据点，为大队开辟了渡江通道。24日凌晨3时，南下支队全部渡江，并立即电告党中央。

二、大田畈战斗

王震、王首道率南下支队主力渡江后，在阳新的赵家湾短暂宿营后即冒雨雪行军，继续南进。2月25日，部队经过石盆头、汪王颈迅速向白沙铺与浮屠街之间的阳大公路靠拢。下午，正当部队越过公路时，突然三辆载着100多名日本兵的汽车疾驰而来。此时，王震即令第一、三大队一部设伏阻击，主力部队仍继续前进，从魏家湾绕道进至陈家湾宿营。26日，部队由陈家湾出发经程方祠翻越大同山，中午进抵大田畈、伍家祠、团林湾一线。此时，支队领导考虑部队经过10余天的行军和渡江作战的疲劳，决定就地宿营。第一大队住宿在大田畈村，支队司令部住宿在伍家祠，其他住宿在伍家祠至团林湾一线的村庄。

当第一大队进驻大田畈村宿营时，陈外欧考虑到部队初到江南，对当地地形、敌情都不了解，他首先带领各营、连干部察看大田畈周围的地形和敌情，规定各营派出警戒分队的位置和方向。之后，命令五连占领大田畈东南三里左右的一处山岗，并构筑工事，作为防御敌人进攻的主要阵地。五连进入阵地后，立即向敌情比较严重的三溪口方向派出侦察组。在各警戒分队分头进入阵地和哨位后，大队各营、连才进入宿营地，然后约定紧急集合场地和联络信号，从连一级开始，层层向上级派出联络人员，保证在紧急情况下全大队上传下达准确无误。

日军在阳大公路遭南下支队打击后，又纠集阳新、大冶、三溪口等据点日军600余人，于26日午后向大田畈方向扑来。侦察组曾世勇发现这一情况后即鸣枪报警，并将4名侦察员分成两组一齐向大路上的日军开火，他们互相掩护，边打边退，暂时拖住日军。二营长听到从前面传来的激烈枪炮声，立即赶到五连阵地观察敌情。为了进一步摸清敌人的具体战斗部署，争取时间巩固主阵地，二营长命令五连二排推进到主阵地前300米的无名高地，继续同敌人展开持久的前哨战。曾世勇等4名侦察员在同敌人周旋一段时间后，也退到无名高地。日军在无名高地前遭受五连二排的顽强阻击后，恼羞成怒，不断地向二排发动猖狂进攻。二排全体指战员沉着应战，连续打退敌人三次冲锋，坚守阵地两个小时，最后奉命撤回主阵地。

日军占领无名高地后，重新调整了战斗部署，在密集的炮火掩护下又向五连主阵地发起一次又一次的攻击。五连以构筑的工事为依托，给日军以极大的杀伤力，迫使日军暂时停止进攻，双方形成对峙局面。在五连顽强阻击日军进攻的同时，一大队陈外欧、李铨迅速将敌情报告司令部。王震接到报告后，立即命令一大队投入战斗，坚决消灭来犯之敌，同时命令第二大队的一、三连迅速驰援。

一大队在接到司令部命令后，当即分左、中、右三面对无名高地的日军作战术包围。左翼包抄由二大队驰援部队担任，右翼由二营担任，正面主攻由一营二连担任。反击时间为晚8时。

26日下午，西路先遣支队由谈家桥急速赶到伍家祠与主力部队会合，并担任伍家祠西南、西北方向的警戒。

日军在停止攻击后，即在无名高地构筑工事。入夜，反击部队立即按战斗部署分头行动。二连在连长朱新阳和当地群众伍修长的带领下，迅速隐蔽地进入无名高地附近的指定位置。晚8时许，冲锋号响了，三路部队同时向无名高地的日军发起冲锋。担任正面主攻的二连跃到日军阵地上的第一道战壕，几经拼杀，夺取了日军的前沿阵地，并继续向其心腹阵地发动攻击。日军在南下支队三面夹击下，仍集中兵力对正面攻击的二连进行反扑，企图夺回丢失的阵地。为坚守既得阵地，朱新阳率领全连全力抵挡。战斗中，朱新阳身先士卒，冲入敌群，展开肉搏。这时，一颗子弹击中他的腹部，肠子流了出来，他一手捂着伤口，继续指挥战斗。在朱新阳的鼓舞下，二连不仅打退了日军的反扑，而且将日军压迫在山坳之中。日军见大势已去，急忙纠集残余兵力突围逃走。朱新阳终因流血过多，壮烈牺牲。

这次大田畈战斗，南下支队共击毙击伤日军70余名，并缴获一批枪支弹药①。

三、肃清大幕山地区的顽伪合流势力

南下支队和四十团、四十一团在大田畈战斗后，即挥师向大幕山区周九如部进军。以西岭挂榜山为中心的大幕山根据地，在十四旅挺进鄂南后曾得到扩大，后由于顽固派多次出动重兵“围剿”，这块根据地缩小了。大幕山有开展游击战争的天然条件，在这里坚持抗日游击战争，把鄂南各个分割的小块根据地连成一片，既能北接鄂豫边区本部、巩固中原、威慑武汉，牵制敌人的正面进攻，又可继续向南发展，成为对日反攻作战的前哨阵地，并以此为出发点，打开南北通道，把中原地区和华南地区的抗日力量连成一片。

大幕山曾是多种伪顽势力争夺的地区，1944年至1945年以周九如（周锡武）、熊彪两部为主。周九如，1940年任湖北省第一区保安司令部抗日自卫第一团团长，因与该部第三团团长吴良佐争夺权势失败，于1941年5月26日率部投敌。同年6月17日，他在双溪桥受编为汪伪和平救国军第二军鲁汉民部第二师（简称和二师）。周九如投敌后，借助日军势力，联络土匪天部易尚海（后投敌编为伪和三师之一部），与吴良佐争夺大幕山地区得逞后，又于1942年10月返归，1943年3月受编为湖北省保安六团。熊彪，原是周九如部一个营长，随周投敌。周受编为保安六团后，熊彪部仍称“咸宁人民自卫团”，驻窑咀。1944年12月，熊彪部被收编为湖北省第一行政专署咸宁自卫

① 1945年3月11日，王震、王首道、王恩茂给中共中央的电报。

大队。这两股伪顽合流势力，盘踞着大幕山大部分地区，勾结日军，凶残地盘剥和践踏当地人民，鄂南抗日军民曾多次向这两股顽伪合流武装发出警告，但他们本性难移，继续为非作歹。这次，南下支队和四军分区主力进入大幕山，周九如和熊彪又联合进行阻击。为此，南下支队和四军分区主力决定协同作战，歼灭这两股武装。

3月3日拂晓，原第四军分区的四十团、四十一团配合南下支队三、五大队经过一夜行军到达大幕山西坑，向阻击的熊彪部发起攻击，三大队先从西迂回至南，再从南直扫到北，打得熊彪部四散奔逃。五大队一路打泉山口，一路打月塘，一路打周冲，俘获熊彪部150人。与此同时，四十团和二大队向周九如部进行回击，俘获副团长以下官兵200多名，缴机步枪100多支。周九如、熊彪率余部向通山横石潭方向逃窜。

大幕山地区伪顽武装被击溃后，南下支队在大幕山地区建立了修械所、野战医院等后勤机构，又继续南进。张体学则率四军分区主力四十团、四十一团和鄂南地方武装，在南下支队留在鄂南的军政干部和武装的支持下，集中力量扫荡鄂南地区的伪军和军统特务武装，加强根据地的建设。

四、湘鄂赣边区党委和湘鄂赣军区成立

1945年3月6日，南下支队进占崇阳、通城地区的大源、金塘、高枧。3月7日，南下支队召集当地知名人士和地方开明士绅座谈会，宣传党的抗日主张和民族统一战线政策。3月8日，南下支队又在大源林家门前大田召开军民联欢大会。会上，由王首道宣布崇（阳）通（城）通（山）县抗日民主政府成立。不久，南下支队又在药姑大山东麓建立崇通办事处。南下支队在崇阳、通城一带建立后方基地后，于3月17日从大源出发进入江西修水县的水口坳。23日，南下支队又撤回通城，从通城南部的大坳进入湖南。入湘后，为了适应斗争发展的需要和扩大政治影响，经党中央批准，南下支队取消国民革命军第十八集团军独立第一游击支队的番号，改称为湖南人民抗日救国

军，下属各大队全部改为支队，并以原第一大队二营、原直属警卫连和侦察连，以及第二大队一连为基础扩编为第五和第六支队。3 月 26 日，南下支队进占平江县城。次日清晨，部队在县城公开张贴毛泽东主席修改过的《国民革命军湖南人民抗日救国军司令部布告》，其主要内容是：

去岁湖南沦陷，日寇肆虐横行。
皆因抵抗不力，政府抛弃人民。
本军奉命援湘，消灭万恶敌人。
实行统一战线，团结一切好人。
工农商学各界，军队地方士绅。
不分阶级党派，皆愿相见以诚。
一致联合对敌，展开民族斗争。
独裁贻误国事，专制违反民心。
唯有迅速改革，方能耳目一新。
实行三民主义，恢复中山精神。
建立联合政府，制止一党横行。
取缔贪官污吏，扶持好人正绅。
厉行减租减息，改善社会民生。
取消苛捐杂税，买卖务求公平。
反对强迫兵役，欢迎志愿从军。
保障人权财权，维持社会安宁。
严惩汉奸特务，悔过可以宽容。
中国有共产党，华北有八路军。
满布大江南北，则有新四大军。
广东广西一带，抗日起义纷纷。
德寇正在瓦解，日寇亦将土崩。

……[1]

4月13日，南下支队在汪坪召开军政委员会，经党中央批准，决定建立湘鄂赣边区党政军统一的领导机构，以便加强党的统一领导和军事上的统一指挥，更好地开展湘鄂赣边的对敌斗争。4月15日，敌三十集团军王陵基部出动两个军向南下支队发动围攻。为减少不必要的牺牲，南下支队主动撤出平江县城，回师鄂南。为了打破国民党顽固派的“围剿”计划，减轻鄂南根据地的压力，王震、王恩茂率领一、二支队楔入赣北武宁、修水直捣王陵基后方，逼王陵基部主力东调。王首道则率军直机关以及三、四、五、六支队留守鄂南。同月，四军分区改组。

4月28日，王震、王首道、王恩茂向中央和鄂豫边区党委发出“拟成立湘鄂边区”的电报，电报认为创立鄂南10县及湘北6县的湘鄂边区敌后根据地的条件已具备。王震、王首道、王恩茂还在电文中对湘鄂边区领导人员的组成提出了建议：“在主力未南下时，以王首道为区党委书记，王震为军区司令员，聂洪钧为行署主任，张体学为副司令，汪乃贵、曾涤等人参加区党委会。当主力南进湘南后，我们决定留张仲瀚部队为湘北军分区主力，并以聂洪钧任区党委书记兼政委，张体学任军区司令员，张仲瀚任副司令员，曾涤为副政委。在目前斗争形势下，提议受湖南省委领导，（湖南）省委受中央及豫鄂湘皖赣党委领导。”[2]

5月初，王首道率部留守鄂南后，“即按五师党委指示，以王（首道）、聂（洪钧）、刘（型）、张（体学）组成湘鄂赣临时党委”[3]。湘鄂赣边区临时党委下辖三个地委。鄂南以梁子湖、大幕山为界，以东地区组成东地委，亦称一地

① 王首道：《忆南征》，人民出版社1981年版，第100页。

② 见新四军五师电报根据地部分。

③ 见新四军五师电报根据地部分。

委；以西地区组成西地委，亦称二地委；湘北地区组成湘北地委，亦称三地委。“不久，得郑（位三）、李（先念）批示，成立湘鄂赣军区，以王震为司令员，张体学为副司令员，王首道为政委，刘型为政治部主任，朱早观为参谋长。鄂南梁子湖、大幕山以东为东分区，以西为西分区。东分区以汪乃贵为司令，刘士杰、周民为正副政委。西分区以罗通为司令兼政委，蒋树为副司令，方正为副政委。湘北成立湘北军分区，以张仲瀚为司令，曾涤、李平为正副政委。”①

第三节　湘鄂赣边区鄂南抗日民主根据地的发展

1945年5月，湘鄂赣边区临时党委成立后，立即领导边区人民开展建设湘鄂赣边区抗日民主根据地的斗争。5月4日，毛泽东电示王震、王首道、郑位三、李先念：“湘鄂赣边区根据地必须建立，以为南北枢纽。区委组成问题，中央另电通知。”5月6日，湘鄂赣边区党委在通山山口铺召开会议，研究今后的行动。王震率南下支队主力第一、二支队和第五、六支队一部跳跃式向湘北挺进，王首道率军直机关和三、四支队及鄂南军分区武装，在五师司令部和鄂豫边区党委的大力支持下，集中干部和武装力量突击鄂南工作，进一步巩固、发展鄂南根据地。

一、肃清马钦武等特务武装，安定根据地秩序

当鄂南军分区主力配合南下支队活动在咸、崇、通、湘北的时候，盘踞在木门、鲊洲、梁子湖区的军统特务武装马钦武部乘机骚扰鄂大、武鄂、咸

① 见新四军五师电报根据地部分。

武鄂等根据地。

3月，马钦武部曹柏林大队占据保福祠，郑铎、方针率咸武鄂总队与其激战于舒家窑，曹柏林大队被击溃。其部队有一部分被咸武鄂总队收编，曹柏林本人则率残部到土地堂投降了日军。

6月，马钦武率部在梁子湖地区骚扰，遭到回击失败后，龟缩到梁子湖的月山岛，凭借月山岛三面环水和他们在此经营多年、月山南北山头都构筑有碉堡暗道等有利条件，准备以此为基地，派出小部队继续四处骚扰。

6月中旬，张体学率四十团进驻长港六十口、东港一带，决定捣毁马钦武的巢穴月山。攻打月山的战斗由张体学部署，四十团三营执行。午夜，三营战士分两路涉水发动袭击，营长贺导海率一个连抢占北山头，副营长李道友和军分区作战科科长汤楚英带两个连直捣南山头马部司令部，另由四十团政委肖德明带一个连作掩护。由于侦察和判断的失误，原估计月山只驻有马部杨百雨一个大队的兵力。战斗打响后，发现马钦武率其主力也在月山，兵力不少于1000人，并且南北山头都有当时最新式的美式重机枪，凭借碉堡疯狂扫射，不时发射曳光弹，给抢占山头的三营战士造成很大困难，北山头不仅没有占领，部队反而被压向了南山头，双方部队在南山头展开激烈的争夺战。冲杀上去，反扑下来，反复拉锯三次之多。拂晓，张体学派军分区交通科科长熊荣华率部增援，途中熊荣华被马部迫击炮击中牺牲。三营战士在天亮前撤出战斗。马钦武经此打击，也于当晚率残部逃离月山。

月山战斗后，马钦武部的主力部队在大队长宦某的率领下投敌，余部流窜各地，被鄂南各根据地的武装歼灭。马钦武则率几个心腹逃到伪湖北省保安第一旅袁四正部驻豹子澥的一个连队里，后被袁四正率部反正时处决。

在肃清马钦武的同时，南下支队协同地方武装肃清阳通一带的特务武装阮宝山部200多人。

鄂南各根据地的特务武装肃清后，根据地的各项工作得以全面展开。

二、抗日武装力量的壮大

湘鄂赣军区成立后，鄂南抗日武装力量在军区的统一领导下得到迅速发展。在7月中旬以前，王震率南下支队主力以鄂南为基地，转战湘鄂赣边区，还抽出徐国贤、廖明支队留在东分区，张仲瀚、左齐支队留在西分区和湘北分区，协同原鄂南军分区的主力，配合各根据地迅速扩大武装力量。

5月，南下支队干部刘亚球、冯素真在崇阳大沙坪附近的水口铺一带发动群众参军和收编改造游散武装，很快建立一支百余人的新四军崇通大队，冯素真任指导员。

同月，咸崇蒲县委在河田建成70多人的武工人队，领导人先后有胡宏宇、余少卿、苏伯华等，下辖黄岩、黄坪、龙浪、金沙四支武工队。不久，又在三山洪家湾成立金紫区武工大队，大队长舒少斌，下辖方山、三山、洪下等武工队。

同月，南下支队干部熊宗存（林彬）带18人活跃在嘉鱼米埠一带，通过动员青年参军和策动伪军反正，很快地建立起100多人的队伍。张进在嘉鱼沙湖棚、仙人洞、左家畈、哮咆岭一带建立六支武工队，共有百来人。

与此同时，东分区阳大、阳端等县委积极开展打击日伪的活动，动员青年参军，武装力量得到迅速扩大。阳大武工队原来只有30多人，通过不断地打击和瓦解伪军队伍发展到100多人。阳新县委在荻田一带动员青年参军，仅在三溪口附近一次就有50余人报名参军。

5月，咸通阳、阳通的武装在南下支队支持下迅速发展。咸通阳总队在政委雷同、总队长叶丛的领导下，配合南下支队消灭了严宏大、胡汉文两股土匪，收降改编了伪军徐臣高等部，队伍迅速发展到100余人。阳通总队在政委赵巍、总队长何辉的领导下，配合南下支队消灭了阮宝山军统特务武装，收降了成渠残部，队伍迅速扩大到80余人。

在咸通阳、阳通地区，还有高槎坪、龙岭、石门、黄沙等武工队。这些武工队，有的是原有的，有的是1945年3月后建立的，至1945年7月共有70

多人，后编为通山抗日挺进队，队长魏必大，指导员吴国英。沿江挺进第一支队，至1945年6月已发展到200多人枪。与此同时，鄂大、武鄂、咸武鄂等根据地的武装也得到迅速发展。

1945年7月7日，南下支队在鄂南休整一段时间后，主力部队继续南进，留张仲瀚、左齐率领南下支队第三支队协助张体学继续巩固鄂南，发展湘北。7月11日，中共中央复电李先念和王震、王首道，在南下支队主力南下后，“以成立（鄂南）地委，直接属鄂豫皖边区党委指导为妥。地委由张体学为书记”。后由于形势变化太快，这项决定未公布，领导人员组成仍由聂洪钧、张体学代行湘鄂赣边区党委、政府和军区的职责。此时，湘鄂赣边区总计兵力有4000余人。

1945年5月7日，德国向盟国无条件投降，日本法西斯已完全陷于孤立，那些伪军已是惶惶不可终日。在这有利的形势下，鄂南军分区向鄂南伪军发起了强大的政治攻势。他们通过阵地喊话，或利用各种关系打入伪军内部，向伪军大力宣传世界反法西斯战争形势，宣传中国共产党的抗日民族统一战线政策，宣传弃暗投明、立功受奖、既往不咎的方针。因此，在策动伪军反正、扩大抗日队伍方面取得显著成绩。

伪省保安第一旅袁四正部反正，接受改编，就是成功的一例。袁部原属汪伪湖北省主席兼保安司令叶蓬统辖，1941年后驻防法泗洲、豹子澥、土地堂、山坡、贺胜桥一带。1945年春，鄂豫边区行署副主席杨经曲奉命找旧友金龙章深入袁部策反。金是袁的姐夫，两人关系一向深厚，先是通过金龙章的关系，安插了两名干部在袁四正的旅部工作，并取得他的信任。同年5、6月，成渠、马钦武等部被歼，对袁四正震动很大。这时，金龙章等多方启发袁四正，指明其幡然自新之路。不久，马钦武只身窜到袁部驻豹子澥的一个连队来，在电话里向袁四正求援。这时，金龙章和派在袁四正身边工作的两位干部认为处决马钦武、策动袁四正反正的时机已到。他们进言道：“袁旅长，你为人民立功的机会已到，马钦武祸国殃民，双手沾满抗日人民的鲜血，今天他自己送上门来，你应满口答应他的要求，请他来旅部。”袁四正在这重要关头转变了，他接过话筒豪爽地答应了马钦武的要求，并按预定时间“设宴”，在酒席筵上枪杀了马钦武。随后，郑铎、李飞鹏和金龙章带领队伍到武昌县仙人乡接袁部反正，袁部在花屋董村集合，稍事休整，立即去梁子、涂家垴，然后北上礼山，编入新四军第五师部队。

8 月 9 日，中共汉沔中心县委也成功地策动了张国斌率伪嘉鱼县保安队一中队和特务中队反正。张国斌，东北人，1944 年就任伪嘉鱼县县长。1945 年 6 月，他通过其秘书与嘉鱼县地下党组织和汉沔中心县委取得联系，经双方多次协商和周密安排，决定于 8 月 9 日张国斌率县保安队一中队和特务中队共 170 余人以去江北巡防江堤为名乘船开赴汉沔根据地，经整编为汉沔指挥部警卫营一、二连。

此外，还策动了伪军徐勋部的反正。

这些部队的反正，一方面削弱了法西斯阵营，打击了日本侵略者，同时也削弱了而后国民党顽固派发动内战的资本。另一方面伪军反正后成为人民抗日武装一部分，从而扩大了中国共产党领导下的人民武装。

三、东、西、湘北三地委的成立

南下支队的胜利进军和鄂南地方武装的不断壮大，为鄂南根据地党组织的建设和发展创造了有利条件。南下支队在积极开展武装斗争的同时，十分重视对新开辟地区党组织的建设。

1945 年 5 月，湘鄂赣边区党委成立后，统一了鄂南及湘北地区党的领导。为了适应斗争的需要，边区党委在鄂南设立东、西两地委，具体领导鄂南各级党组织。

东地委，刘士杰任书记，具体领导武鄂中心县委和阳大通中心县委。武鄂中心县委，邝坚任书记（后杨信义），下辖：武鄂县委，书记张凡；鄂大县委，书记王表。阳大通中心县委，明枫任书记，下辖：阳大县委，书记桂平；

大冶[1]县委，书记彭济时；阳通县委，书记赵均之（赵巍）。还有阳瑞县委。

西地委，罗通任书记，下辖：咸武鄂县委，书记郑铎；咸通阳县委，书记雷同；咸崇蒲县委，书记张正光；嘉蒲临县委，书记张进；金水工委（武嘉咸），书记张曙光。

在湘北地委所辖的属鄂南部分的临蒲、崇通也建立了党组织。这些县委之下都建立了若干区委和其他基层组织。例如，阳通县委下辖黄沙、梅田、石马 3 个区委，有党员 30 余人。时至 1945 年 5 月下旬，鄂南地区党组织拥有党员 1000 余人。

在党组织发展壮大的同时，边区党委还积极加强党组织的思想建设。1945 年 5 月，边区党委开办一所军政学校，培训各级党政军干部 400 余人。还在鄂南成立新华社湘鄂赣分社，创办边区党委机关报《解放报》。6 月，中国共产党第七次代表大会胜利闭幕，边区党委立即召开湘鄂赣边区军民庆祝大会，组织党政军干部认真学习七大文件。《解放报》编辑出版了庆祝党的七大专刊。

四、政权建设的新发展

湘鄂赣边区党委和军区成立后，随之成立了以聂洪钧为主任的湘鄂赣边区行政公署，管辖东、西、湘北三分区行政委员会。东分区辖武鄂、鄂大、阳大、阳新、湘富、阳瑞及阳通 7 个县。西分区辖咸武鄂、咸通阳、咸崇蒲、嘉蒲临 4 个县及武嘉咸（金水）。

另外，湘鄂赣边区所辖县级政权单位，在鄂南区域内尚有崇（阳）通（城）、临（湘）蒲（圻）、崇（阳）通（山）通（城）等 3 个办事处或政委会。

消灭成渠、马钦武等伪顽势力以后，各根据地政府的行政权所及，较之 1944 年发生了根本性的变化。

---

① 1945 年 5 月 31 日，《湘鄂赣边区工作报告》记载为阳新。

武鄂、鄂大根据地自1942年秋巩固后，得到较好的发展，武昌、樊湖（武鄂）工委于1944年6月合并，成立了新的武鄂工委，书记张凡，副书记杨涤尘、姜南平，政委会主席由张凡兼任。到1945年鄂大以麻羊垴为中心，武鄂以鲊洲、长港、六十口为中心，整个梁子湖、樊湖区域，除鄂城、大冶、武昌等地有少数日伪据点外，都是鄂大、武鄂行使政权的范围。鄂大政委会主席先后有林迅、易苗、邝坚。1945年7月武鄂地区在鲊洲召开民众大会，会上湘鄂赣边区行署主席聂洪钧讲了话，会议按“三三制”的原则选举产生了武鄂政委会，张凡被选为武鄂县县长。

阳大以太子庙为中心，阳新以龙角山为中心，这两块根据地的政委会1942年建立后，由于与顽伪势力反复拉锯，1944年处于坚持情势。1945年2月，南下支队与鄂南四军分区主力一过江，这两块根据地就得到全面恢复和发展。以龙角山为中心的阳新根据地基本区就是1942年的大鄂根据地的辖域。阳大根据地则有较大的发展，西南抵鄂赣公路阳大段，东北抵长乐原，成为阳大的基本辖区。

咸武鄂根据地的中心地区保福祠，1944年4月以后由于马钦武部曹柏林大队的“驻剿”，曾一度转入地下活动。1945年3月，郑铎、方针率武装到保福祠地区。5月，咸武鄂政委会成立，主席郑铎，副主席葛达，它以双溪桥和葡肖湖为中心，南连咸通阳，北接梁子湖区，西抵鲁湖、斧头湖，连接金水（武嘉咸）根据地。

嘉蒲临根据地1944年2月再次开辟后，留下少数党员带武工队，以陆水河为界分东、西两部分，坚持一段时间后转入地下活动。8月，张进任中共汉沔县委书记。这段时间，嘉鱼、蒲圻沿江是三军分区活动地区。1945年2月南下支队过江后，张体学曾派熊宗存到嘉蒲临地区工作，任县委书记。5月，张进、谭云率沿江挺进第二支队过江以后，以嘉鱼大岩山为中心，巩固了嘉蒲临根据地，党政军机构全面建立，张进任嘉蒲临县委书记兼政委会主席。他们的活动地区是粤汉铁路西，沿长江两岸，江南上自篾洲，下至潘家湾，江北上自珂里湾，下至新滩口。

1945年建立的咸崇蒲县，以崇阳金沙为中心，是原咸崇蒲根据地向西扩大的一块地区。政委会设在板坑，主席刘亚球（南下支队干部），副主席贾永康，下辖花纹、河田、金紫三区，区长先后有黄中良、余壁、胡龙奎和副区长苏伯华等人，区下辖古田、泉畈、甘棠、河田、黄岩、黄坪、龙浪、方山、三山、洪下等乡抗日民主政府。

咸通阳是原咸崇蒲根据地向东发展扩大的一块地区，它以大幕山高桥为中心，南至通山山口、焦夏，西南至崇阳田心、黑桥，西北连咸崇蒲根据地，东北接咸武鄂根据地，东南连阳通根据地，面积约1000平方公里，人口约6万。咸通阳县政委会是1945年3月成立的，县长钱仲衡，县以下成立了柏墩、马桥、高桥、大幕、山口等中心乡。中心乡干部是派出的，中心乡下管原乡、保。

咸崇蒲、咸通阳两大根据地是1945年3月至7月南下支队和湘鄂赣边区党政军领导机关经常活动的地带。

阳通根据地以通山黄沙、梅田为中心，南达燕厦，东起三溪口、星潭铺一带，西北与咸通阳相连，东北与以龙角山为中心的阳新根据地相接。阳通政委会，1945年3月在通山梅田成立，面积约1000平方公里，人口约8万。县政委会主席赵巍。县以下设有黄沙、国和、石马等中心乡，中心乡乡长是派出的，辖旧制乡政权。如黄沙中心乡乡长先后是贺江泉、阮金堂、窦华堂等，下辖黄沙、孟垄、梅田、慈口等乡。

湘富，这是1945年4月后新开辟的一块根据地，它以阳新湘河（三溪口下游河段称湘河）和富水汇合处的三角地带为中心，西起八湘、车桥（现富水）接阳通根据地，东抵阳新城关、木石港与阳瑞根据地相接，南近龙港，北邻阳新、阳大根据地。这块根据地由于地处阳大、阳瑞两公路和鄂赣公路龙港至白沙段之间，斗争很尖锐，自始至终处于游击状态。

除正式建立县级政府的根据地外，还有几个办事处或临时政委会。

崇通政委会1945年3月8日在崇阳大源林家大屋成立，南下支队干部姜胜任主席，余璧（五师干部）、廖辉武（党外人士）为副主席。3月23日，南下支队继续转战湘北，姜胜、余璧随部队行动，崇通政委会自行消失。

新四军崇通抗日办事处1945年3月中旬成立，主任刘亚球，副主任胡龙奎，它是大药姑山以东，湘鄂公路石城、大沙坪至通城段以西，以崇阳石门（双港）、台山和通城墨烟、东冲、北港一带为活动区域的游击根据地的政权机构。驻地在杨家铺、双港一带。

新四军临蒲抗日办事处1945年3月中旬成立，主任王用予，驻地在新店附近的朱家巷湖沿李家。它是药姑山西北，赵李桥、新店以西，临湘、蒲圻两县交界处的一块游击根据地的政权机构。

崇通、临蒲两个办事处自成立后，至同年9月南下支队渡江北上以前一直存在。它们是湘鄂赣边区鄂南片与湘北片连接的跳板，南下支队往返湘北、湘南都是以此为落脚点。两个办事处的工作人员，在团结原乡保人员开展征粮、扩军、养护伤员方面做了大量的工作。

武嘉咸一些乡级政权是中共金水工委领导下的政权机构。金水流域自1939年开辟根据地以来，中共金水工委书记张曙光和委员祁曙东一直活动在这一带。这一地区既有长江与内荆河汇合处的新滩口、簰洲，又有金水与长江汇合处的金口，水路交通方便，物产极为丰富。伪军汪步青、陈中全、袁杰等都争夺过这块地区。1944年以前，张曙光等只能以隐蔽的形式活动，1944年5月，三军分区汉沔支队江防大队改建为沿江挺进第一支队，张曙光任支队政委。1945年5月，张曙光等在驻地嘉鱼老官咀周围建立了沿江、簰洲、东岭、老官、苍梧、上沙湫、金水（范湖）、法泗（菱米湖）8个乡政权，由中共金水工委任命了乡长。

各地在基层政权的建设中，对保甲长大都尽量利用，只对一些与新政权为敌的才改换。同时，每个地区都十分注意贯彻党的抗日民族统一战线政策，按“三三制”的原则成立政委会，认真听取各界人士的意见。因此，各界人士都很感动。如王首道等在樊湖召开的一次各界代表座谈会上，一位皓首银须的开明士绅慷慨陈词：“我堂堂华胄，开化极早，历史文明古国。近世只缘内忧外患，落于人后。今遭日寇内侵，实有亡国灭种之虞。贵党贵军决策英明，勇猛御敌，风靡天下，实不愧为当世英雄。此次南来，历尽艰辛，不计旧时积怨，深明大义，为国为民，余人不胜感激之至。古云：‘国家兴亡，匹夫有责。’老朽年迈，虽不能驰驱沙场，但愿奉献余生微力，以期早日驱逐日寇，复兴中华！”[①]

至 1945 年 5 月底，除公路、铁路沿线外，在鄂南的广大地区，建立起“南北二百余里，人口 180 余万”[②]的湘鄂赣边区鄂南抗日民主根据地。鄂南抗日民主根据地的建立和发展，不仅成为湘鄂赣边区的中心，而且也完成了毛泽东提出的“以为南北枢纽”的战略任务。

五、根据地人民的支前工作

至 1945 年，鄂南受敌伪蹂躏已进入第七个年头，公路、铁路沿线昔日富庶的地区，村落荡然，田园荒芜；沿江滨湖昔日的鱼米之乡，船摧网破，堤塌田淹；大幕山地，纵横百余里，日军奸掳烧杀，顽特武装横行，虐民害命。加之 1943 年和 1944 年连续两年的旱灾，使得鄂南人民苦不堪言。

鄂南人民是困苦的，但鄂南人民对子弟兵仍然给予最大的支持。1945 年战斗在鄂南的军政人员最多时曾达 7000 余人，这些人员的衣食供给、伤病员的疗养、兵源的补充、枪械的修理等，在鄂南都得到了充分保障。

首先，鄂南地方党组织和政委会的人员，在鄂豫皖湘赣边区党委领导下，通过征税、拦劫没收日伪物资和征收田赋公粮，广开财源，筹集了大量的粮

---

①王首道:《忆南征》，人民出版社 1981 年版，第 119 页。

②《湘鄂赣边区工作报告》，见《鄂豫边区抗日根据地历史资料》第 7 辑，鄂豫边区革命史编辑部编，第 29 页。

食和资金。1944年以后，鄂南根据地征收长江过往船只的税收范围由武汉下游的鄂城、大冶、阳新一带发展到武汉上游，在武昌的金口、法泗洲和嘉鱼的簰洲、老官咀都设立了税务所。沿江挺进第一支队副政委李政肃兼任金水流域税务局局长，沿江挺进队的主要任务就是为部队筹集给养，他们在金口以上潘家湾以下设有13步税卡，既按规定征收过往船只的税收，也运用各种方法截击日伪军的运输船只。税收每月收入上缴不下万元。截击日军货物，如窑咀夺盐就是很成功的。

新滩口是内荆河与长江的汇合处，它与对江的簰洲镇隔江相望，都是富庶的集镇。这里的一些豪绅充当日伪走狗，大发国难财，聚集了大量的财富。1945年4月，沿江挺进支队二大队长冯克东奉命要新滩口伪镇长方少周为抗日捐款，方少周依仗他住在日军警备队隔壁，拒不捐款。冯克东带4人化装潜入新滩口，没有抓住他，却抓住了他的儿子，经过谈判，方少周被迫交出了金砖、金条和各种金银首饰共60斤。方少周交款后，簰洲镇伪镇长陈仰臣等人经过动员，也缴纳18担银圆（3万多元）送到咸武鄂根据地。

其次，根据地人民支前热情很高。成渠、马钦武等伪顽被消灭后，日军龟缩在据点里，梁子湖、樊湖地区人民不再被日伪顽敲诈勒索，生活也较安定了，他们缴公粮、做军鞋，为部队提供大量的给养。他们缴的粮食、棉花，在1945年9月部队北上以后还没有用完。

6月下旬南下支队主力第二次返回鄂南，停留在通山山口乡。山口中心乡乡长兼武工队队长魏必大带领武工队队员到处买粮，还武装打开通山日伪县长夏之日老家的粮仓，征得稻谷百余担，及时保证了南下支队粮食的供应。

27日，南下支队4000多人在咸宁茶地铺休整，粮食供应发生困难。咸通阳县委书记雷同，带领县委一班人员到处筹粮。雷同还亲自动员，带领200多名群众到通山一都畈挑粮。同月，左齐、汪昌贵、李平率部在蒲圻西部“扫荡”伪军和二师时，洪山寺周围的群众挑茶送饭到战地，支援战士消灭敌人，就是驻有日军的新店，各界人士也秘密行动起来，支援南下支队作战，商民陈古愚自动捐粮3000余斤，还协助嘉蒲临工委动员新店伪镇长的儿子余正纯打开日伪合作社的仓库，拿出大米百担、香烟40多箱、食油10多担以及医药、布匹等，支援南下支队。1945年战斗频繁，伤病员大增，救护伤员的药品及器械奇缺，根据地的军政人员冒着生命危险去武汉等日军驻地采购。有一次，武鄂根据地的冯汉生等在汉口日本洋行弄到一批救护伤员用的药品和简易手术器械，为了躲过沿途林立的关卡检查，他们一行四人化装成挑粪的，将药品器械严密包装后放在粪桶里，随粪挑上船倒在粪舱里运回根据地。

第四节 山口铺等地歼灭日军和伪军成渠等部

一、回击日伪军对麻羊垴等地的“蚕食”

南下支队在鄂大地区渡江南下，日军对此十分震惊。3月，1000多名日伪兵从鄂城、碧石、陈盛方向分三路“扫荡”鄂大地区。鄂大县委书记林迅和指挥长谢挺得知敌人这一行动后，即令各乡武工队带领基干民兵和群众跑到麻羊垴周围的高山上，林迅等则隐蔽在麻羊垴最高峰上与各武工队以暗号联络。日伪军一进麻羊垴山谷，到处打枪，但是漫山遍野都是人，分辨不清哪些山头是军，哪些山头是民，转了一天只好各回据点。日军这次“扫荡”失败后，又在鄂大地区的中心文家塘设据点。鄂大县委动员群众断绝日伪军的一切给养，又命令武工队轮流夜袭敌人据点，白天在文家塘至鄂城的路上截击敌人给养，文家塘的据点终于被拔除。

4月，嘉蒲临总队一武工队在龙口、汪王庙、新滩口一带打击日军过往船只。一次，武工队员化装给装日军货物的船只拉纤，打死押运日军两人。又一次，捉捕了一名跳伞着陆的日军飞行员。

二、大咀夺盐

1945年4、5月间，沿江挺进支队得悉汉口日军的40多只木船，载盐千吨去宜昌，押运的日军只有10多人。支队政委张曙光决定拦截这批食盐。

沿江挺进支队驻地在长江簰洲大湾流形成半岛的葫芦颈上，这里紧靠长江，前花口，后双窑，相距只有4公里。双窑与大咀隔江对峙，靠大咀一边的江中有一夹洲，洲上芦苇丛生。夹洲与大咀间的河床仅宽百十米，水深流缓，涨水季节上水木船都从此经过。这里坡岸陡峭，可居高临下控制水面，是理想的设伏处。但大咀驻有伪军一个连，把他们控制住，才能拦截盐船。

沿江挺进支队有200多人埋伏在这里，等待拦截盐船。等了两天还不见盐船到，主力部队执行其他任务去了，在这里的只有40多人。情报人员报告盐船过金口快到大咀了，支队长丁南平马上带领这40多人化装成伪军，分乘三只小木船，一船人阻击伪军，另两船人埋伏在支河下游口和江心洲上。傍晚，载满食盐的船只先后进入设伏区。顿时，枪声大作，战士们高呼："船工们，我们是新四军，你们快靠岸。"一听枪声喊声，船工们都把帆篷落下准备靠岸，只有第三只船上押运的日军在鸣枪顽抗。丁南平即令一组队员将靠岸的盐船带往双窑，他指挥20来人将第三只船上的日军击毙。经过半小时的战斗，挺进支队无一伤亡，击毙日军12人，缴获机枪1挺，步枪8支，食盐近千吨。伪军未敢出动。

张曙光组织老官咀一带的群众和挺进支队的战士出动牛车、手推车，连夜搬运食盐，除留一部分上缴鄂南主力部队食用外，其余都廉价卖给群众和奖给船工。

三、山口铺战斗

6月下旬，南下支队主力从湘北第二次返回鄂南，在通山山口铺半坑和留守部队会合，一支队一部、二支队全部、五支队一部共1000多人分驻在山口铺及其西北洞口罗、坳上焦等十几个村庄内，筹集粮食，准备休整。

6月26日，日军调集咸宁、通山及崇阳的驻军1000多人，从楠林桥、通羊镇、柏墩三地出发，突袭驻山口铺一带的南下支队。

27日拂晓，当楠林桥日军近200人进入山口铺街口时，二支队机步枪齐射，手榴弹飞扬，当即毙敌数十人。余敌向港下严、港背严一带流窜。驻坳上焦的二支队一部急从其后侧包抄过来，击毙日军百余人，残敌向寺下方向溃退。这时，通山出发的日军二三百人才赶到，两股敌人合拢后占领了杨家大包、徐家大包、吴家大包三个山头，企图顽抗，等待援军。驻洞口罗的五支队一部马上从左侧迂回敌后，与二支队前后夹击敌人，攻占杨家大包和徐家大包，又歼敌100余人。咸宁大股日军上午9时许才来增援，二、五支队回师迎击，吴家大包的敌人趁机逃离据点。此役，共歼敌200余人。

山口铺战斗的胜利，是鄂南抗日战争中的重要转折点，驻鄂南的日军从此以后龟缩在据点里，不敢随便行动。

四、歼灭伪军成渠、黄玉洁、陈中全等驻鄂部

成渠在1940年春率部投敌后，大肆拉丁绑票、设卡收税、榨取民财、滥杀无辜，闹得驻地金牛、保安一带民不聊生。1943年世界反法西斯战争进入反攻阶段，成渠预感形势不利，积极与军统、中统特务相勾结，1944年5月在军统特务湖北站站长黄藩初、武鄂组组长余惕孚的策动下，受编为第九战区挺进军第五纵队（此时挺进军五纵盛瑜部已改编为别动军五纵），有2000余人，驻毛碧寺（大草湖，现毛铺乡南山头）、杨林桥一带。

1945年2月27日，南下支队挺进大幕山。成部慑于八路军、新四军的威力，在南下支队通过其驻地时没有用兵。对于成部，张体学、罗通曾多次派人敦促他投诚立功。但嗜杀成性的成渠暗地在杨林桥、毛碧寺山头构筑工事，并派出便衣队暗杀武鄂、咸武鄂根据地的工作人员，还令其副司令高树森率领一支队伍再次投降驻金牛的日军。因此，张体学于4月17日率领主力部队（原四军分区的四十团、四十一团、四十二团）向成部驻地毛碧寺发起攻击，

激战一上午后，决定围而不打，伏击逃敌。入晚，果然成部乘夜色逃窜，落入伏击圈内，400 多人马被生俘或毙伤。困守杨林桥的成渠指挥部设置于一山庄，队伍沿山脚散开。新四军、地方武装组成一个尖刀连，直插其指挥中心。与此同时，主攻部队进行猛攻，消灭成部 200 多人。这两次攻击，端了成渠的巢穴，其部队四处溃散。成渠本人则率其心腹精干百余人再度到金牛投敌，结果队伍被日军缴械，人员被押至金牛西山观枪杀。成渠及其同伙刘容、孙斌等头目则被日军押至咸宁枪杀。

自这以后，成部的残余逐一被消灭。如咸武鄂工委郑铎、李飞鹏带领的队伍就俘虏成部 200 多人，后又与成部的石监典、卢永清谈判，招降 600 多人。

1941 年后，咸宁、蒲圻、嘉鱼及临湘的沿江湖网地带有两支残害人民的伪军，他们是伪和平救国军第二军鲁汉民部的第二师、第三师（简称和二师、和三师）。

伪和二师的建制原是周九如部的番号，1942 年秋周九如受编为湖北省保安六团后，其建制番号为川军杨森部投敌团长黄玉洁所继承，司令部驻蒲圻车埠，活动在陆水下游至黄盖湖一带，约 2000 人，师长黄玉洁，四川人。

伪和三师兵力约 3000 人，最初号称“天部”，是 1941 年 10 月败落为匪的川军王陵基部的陈中全、刘尔训部和易尚海部，1942 年受编为日伪军，司令部驻蒲圻神山、泉口一带，第一任师长覃宗敏，第二任师长易尚海，第三任师长陈中全。副师长刘尔训兼一团团长，队伍驻宋家河。二团团长吴雨全，队伍驻金水河渡普口东岸。师直特务营，驻金水渡普口西岸。三团团长李桂枝，队伍驻嘉鱼港口、朱砂、净堡咀。

这两支伪军，被称为“锤子兵”，奸掳烧杀，横征暴敛，毁林越货，无所不尽其极。因而在其占领区，田园荒芜，鸡犬少见，大树砍伐殆尽。例如，1943 年 1 月，伪和三师三团团长李桂枝抢一杨姓妇女玩乐，强征朱砂桥、港口一带耕牛 8 头，猪 35 头，鸡 300 多只，蛋 2000 多个，鲜鱼 1000 多斤，银圆5000多块，供其挥霍。不久，其副团长易昆山也抢一民女行乐，掠夺同等数量的金钱物资，集赌挥霍三天三夜。

咸（宁）嘉（鱼）蒲（圻）临（湘）一带的群众，对这些伪军深恶痛绝，纷纷请求鄂南抗日根据地政府消灭这伙民族败类。1945年6月，嘉蒲临总队政委张进、支队长谭云、副政委熊宗存（林彬）率队伍300余人，紧密配合南下支队保卫部长左齐、第三支队副支队长汪昌贵和湘北军分区副政委李平所率的南下支队第三支队，组织了消灭这两股伪军的战役。

伪和二师在其司令部驻地车埠的外围天井山、偏髻山、洪山寺三处呈直线驻扎队伍。天井山据点有伪军500多人；偏髻山海拔近300米，是伪军后勤辎重营地，有伪军100多人据守；洪山寺在峭壁悬崖的峰尖上，只有一条辟石开凿的天梯可上。6月15日，左齐、汪昌贵、李平、张进等人指挥战斗。首先，消灭伪和二师的外围据点。李平率主力打天井山，汪昌贵率精干小队奇袭偏髻山，张进、熊宗存率嘉蒲临总队阻击车埠增援之敌。歼灭天井山伪军的战斗，是15日午夜打响的。李平、张进等考虑到如果强攻拿下天井山，伤亡必然很大。于是在突破伪军第一道工事后采取围而不打的战术。同时在阻击阵地上增强兵力，引诱车埠伪军增援，相机歼灭，以扩大战果。16日上午，车埠伪军400多人果然增援天井山，很快落入嘉蒲临总队的伏击圈而遭到歼灭。17日下午，守天井山的伪军在断水断粮、援军又不至的情况下开始突围，结果除跑掉80多人外，其余全部被歼。

与此同时，汪昌贵率两个连的武装于15日夜将偏髻山包围后，派出一个排在武工队的带领下从小路摸上去，守备伪军100多人除少数被击毙外，其余都当了俘虏。

驻天井山、偏髻山的伪军被消灭后，6月20日，李平、汪昌贵立即率领部队包围驻余家桥洪山寺的伪军。这支伪军号称一个营，实际只有100多人。他们准备了充足的水粮，被围后凭着洪山的险峻固守。南下支队发射两枚迫击炮，炸毁了他们的厨房、水缸。第三天，两个伪兵下来挑水又被击毙。他们师部派来增援的队伍走到寒门坳，落入南下支队设下的伏击圈，丢下几十具尸体逃回车埠。近在咫尺的驻新店日军警备队只有二三十人，也没有增援他们。第四天，寺里伪军饿得男号女哭孩子叫。第五天，寺里伪军摇晃着白旗投降。

洪山寺战斗结束后，伪和二师黄玉洁部基本被消灭了，剩下少数人也只得龟缩在车埠日军据点里。

在消灭伪和二师的同时，张体学、罗通率四十团、四十一团配合咸崇蒲、咸武鄂总队和沿江挺进第一支队积极围歼伪和三师，拔除他们在金水河沿岸的官垱、九湾、肖家洲、潘湾、烟墩、港口等多处据点。伪师长陈中全带部分亲信溜进武汉日军据点。6 月的一天，伪和三师 300 多人由蒲圻神山转移去武汉，路过法泗洲地区被沿江挺进支队击溃，剩下的队伍被伪副师长刘尔训收编，龟缩在神山一带（日军投降后，伪和二师和三师的残余队伍被军统局三十集团军调查室唐新收编）。

在消灭伪军的战斗中，四十团团长肖刚从咸崇蒲根据地到达嘉鱼，在八斗角附近的峡山、张银山口指挥战斗时英勇牺牲，葬在张银山。

在成渠等伪军被消灭的同时，在阳大、鄂大、大鄂、武鄂等地区消灭了马振亚、熊云成等部伪军，鄂大、武鄂的武装拔除了樊口、雷山、陈盛、碧石渡等处伪军的据点，武鄂、鄂大连成一片。武北地方武装，消灭了武昌驼子店伪军一个连，再次拔掉驼子店伪军的据点。至 1945 年 8 月，鄂南抗日根据地的武装，已由弱变强，处于绝对优势，孤立的日军据点，完全处在人民抗日武装的包围之中。

第五节　日军投降，鄂南各人民武装胜利北上

1945年7月26日，中、英、美三国发表《波茨坦公告》，促令日本无条件投降。8月10日至11日，朱德总司令发布受降及配合苏军作战等七道命令，令华北、华中、华南各解放区的人民军队迅速推进，收缴日伪武装，接受日军投降。与此同时，鄂豫皖军区和新四军第五师根据朱总司令的命令向日本驻军发出通牒。8月14日，日本天皇发表投降声明。15日，朱德总司令在命令冈村宁次投降的命令中指出："在鄂、豫两省的日军，应由你命令在武汉的代表，至新四军第五师大悟山地区，接受李先念将军的命令。"在此形势下，鄂豫边区党委和新四军第五师集结主力进占信阳、武汉一线，开始接受日军投降和坚决消灭拒降之敌。

一、反攻鄂南日军

日本帝国主义宣布无条件投降后，日军拒不向中国共产党领导的人民武装投降。据此，鄂南人民抗日武装遵照新四军第五师指示，对拒降日军予以坚决消灭。在阳通地区，县委书记赵均之率阳通县总队在太平塘至三溪口一线对龟缩在据点内拒降的日军发起进攻。他们乘黑夜的掩护，潜至敌军炮楼下，用手榴弹消灭顽抗之敌，并烧毁炮楼。在嘉蒲临地区，张进率挺进第二支队发起由北向南的扫荡，先后收复了八斗角、哮咆岭、黄龙、车埠等地。在收复陆溪口的战斗中，头一天，四十团副政委熊宗存化装进入陆溪口进行侦察。第二天，嘉蒲临总队和四十团的部分队伍包围了陆溪口日军据点并令其投降。日军见状，是夜乘汽船逃入县城。此时，鄂南人民抗日武装还先后攻克咸宁的马桥、郑家嘴、鸣泉畈，鄂城的樊口、王家店、驼子店等日伪据点。

二、争取和平，渡江北上

抗日战争胜利后，国际国内形势发生巨大变化。国民党在美帝国主义的指使下抢夺胜利果实，积极准备内战。此时，在幕阜山驻扎七年的三十集团军，迅速向鄂南各重要城镇及交通要道调兵遣将。鄂南地处中原解放区的最南端，首当其冲地受到从大后方蜂拥而入的大批国民党军队的冲击。在阳新、咸宁的三十集团军先后命令三十四师及新十五师迅速入城接受日军投降，国民党军队在占领县城后即以收缴敌人枪械为名向解放区进攻。

9 月 3 日，郑位三、李先念在向中央的报告中陈述边区进行受降工作和进行反内战准备工作的情况后，提出拟将五师师部由大悟山转移到平汉铁路以西的四望山，创造主要根据地，整编主力军。9 月 4 日，中央复电同意五师师部及主力转移四望山，待机行动。9 月 19 日，中共中央《目前的任务和战略部署》明确指出：全国战略是向北发展向南防御。为着实现向南防御向北发展，中央决定撤出江南八个解放区，缩短防线，集中兵力。根据中央指示，鄂豫边区党委和新四军第五师即令鄂南各人民武装在完成掩护南下支队北返渡江任务后，主动撤出。此时，中央电告进入湘粤边境的南下支队：“你们目前处境异常艰难，在日寇投降、时局变化的情况下，你们确已难于完成原有任务。同意你们即由现地自己选择路线，北上与五师靠拢。”南下支队接到中央电报后立即北返，于 9 月 22 日越过国民党军队从通城至桃林一段的封锁线，直插羊楼司进入鄂南。这时，张体学率武装部队在鄂南吸引和钳制国民党军队的围追堵截，以掩护南下支队行动。9 月 23 日，南下支队主力在大古堂与新四军十四旅及留守鄂南的第三支队会合。部队会合后，分水陆两路去樊湖地区，略事休整，9 月 27 日取道鄂城段店至江边泥咀渡口，渡江北返。在完成掩护南下支队北返任务后，张体学即指挥鄂南各地武装和党政干部以及机关后勤人员，全部撤至江北，执行新的任务。至此，鄂南抗日民主根据地胜利完成其历史使命。

结束语

在抗日民族解放战争中，中共鄂南组织在鄂豫边区党委、湘鄂赣边区党委领导下，率领鄂南人民群众坚定不移地执行中共中央制定的路线、方针和政策，同日本侵略者进行了殊死的搏斗，创建了东起江西瑞昌、武宁，南抵幕阜山脉，西至黄盖湖，北邻鄂东皖西的鄂南抗日民主根据地，组建了鄂南行政专署，下辖14个县级政权机构，人口近200万，至抗日战争胜利前夕，组建了4000余人的正规军和万余人的民兵、地方武装，消灭日伪军万余人，有力地配合了正面作战，从南翼完成了对武汉日军的战略包围。收复了鄂南敌后70%以上的土地，把驻鄂南日军钳制围困在一个个据点里，陷入了人民战争的汪洋大海之中。

鄂南抗日民主根据地同全国一切解放区一样，既是被压迫民族、被压迫人民求解放的产物，又是新中国即将产生的曙光。她的崛起，为以农村包围城市、武装反抗外来侵略、反抗剥削压迫、推翻三座大山的统治、夺取政权提供了许多宝贵的经验，给后人以无穷的启迪。

一、高举抗日大旗，动员和团结各阶层人民坚持全面抗战路线

抗战一开始，国共两党对进行这场战争存在两种不同的态度。蒋介石集团实行片面抗战路线，单纯依靠政府和军队的抗战，不愿意实行民主，不敢发动和依靠人民大众。中国共产党则主张实行全面抗战路线，废除国民党的一党专政，给人民以充分的抗日民主权利，适当地改善工农大众的生活，充分动员、组织和武装民众抗战，使抗日战争成为真正的人民战争。

全面抗战路线是放手让人民群众主宰自己的命运的路线，它深刻地反映了历史发展的规律。忠实地执行中共中央制定的全面抗战路线的鄂南党组织，高举抗日大旗，团结各阶层人民共同对敌，这样就抓住了人民群众的最大要

求，人民也把抗日救国的重任寄希望于共产党。因此，鄂南党组织能在鄂南沦陷初期，迅速组织5支抗日队伍，打响鄂南抗日游击战争的第一枪，并掀起了群众性的杀敌热潮。以后，在根据地的建设过程中，鄂南党组织全面执行抗日民族统一战线的政策，如“三三制”原则、“有钱出钱、有力出力”的合理负担政策，以及团结友军、瓦解伪军等方面的工作都做得很细。因此，在发展进步势力、争取中间势力、孤立顽固势力，扩大抗日民族统一战线工作中，卓有成效，能把广大群众团结在共产党的周围，结成广泛的抗日民族统一战线。

全面抗战路线是全民族共命运的路线，而当全民族绝大多数成员意识到自己是历史的主人的时候，其力量是所向无敌的。

鄂南抗日民主根据地孤悬江南一隅，三面环江，境内湖港众多。俗话说：隔山容易隔水难，但是这些江河湖港对敌人是不可逾越的天堑；对鄂南党组织和人民军队来说，却是不可多得的通途和财源之路。其原因就是江湖之上的广大船民、渔民都是抗日救国的主体，他们不论在何种恶劣的条件下，只要听到召唤，常常是全家冒着生命危险，为自己的子弟兵服务。日伪军“扫荡”三山岛的时候，三山湖几十条渔船载着大鄂指挥部和政委会的干部战士隐蔽在芦苇荡中，任凭敌人机步枪扫射、炮击和喊叫，一家家渔民与大鄂干部战士共命运，敌人折腾了一天，一无所获。

人民群众行动起来，奇迹就会出现！日军在青山白浒湾修飞机场，白浒湾内有湖、外有江，上下只一条路，并派有一个大队的兵力镇守，应该说防守是坚固的，却被58个新四军战士在10个船民支持下，打得稀巴烂。山坡是粤汉铁路上一个1000多人的小镇，1944年驻有日军100人，四周有4座碉堡，就在此种情况下，这个小镇上有50多名鄂南抗日游击总队的伤员养伤半年，伤愈后重返了前线。

抗战期间，蒋介石在鄂南南沿和湘北布置有2个集团军和8个游击纵队，八路军和新四军在鄂南力量最集中的时候也没有超过6000人，无情的历史事实却是，共产党领导的鄂南抗日民主根据地崛起了。其原因就是——谁相信人民是历史的主人，谁就是胜利者，而全面抗战的路线就反映了这个实质。

二、坚决贯彻落实党的抗日民族统一战线和独立自主方针

全面抗战路线是一条只有革命的政党才能贯彻执行的路线。但抗战初期，共产党内有人对贯彻全面抗战路线既要坚持抗日民族统一战线、又要坚持独立自主的方针，缺乏辩证的认识。鄂南党组织对这一问题，也是在斗争中不断总结经验教训而加深的。他们在初创抗日游击武装时期，由于对坚持独立自主的方针认识不够，又缺乏经验，建立起来的队伍遭到了反共顽固派的破坏，队伍失散很多。党的六届六中全会精神在鄂南传达后，党组织又得到发展，抗日游击队又得到扩大。“平江惨案”后，反共顽固派围攻鄂南党组织及其领导的队伍，梁湖大队、樊湖大队等抗日武装都遭到重大损失，挫折再一次教训了鄂南共产党人，他们更坚定了深入敌后，独立自主抓武装，发动群众，开展抗日游击战争的信念，自信有能力领导鄂南人民把日本人赶出去。他们积极采取措施，积蓄力量，使鄂南敌后抗战度过了极端困难的时期。1940 年 6 月以后，鄂南敌后抗战在鄂豫边区党委领导下，放开手脚大干起来了。1942 年 5 月，新四军十四旅挺进鄂南开辟以大幕山为中心的根据地。1943 年鄂南根据地山地、沿江互为犄角，由长江边到山地，由点到面，逐步得到了巩固。1944 年，鄂南指挥部的武装不但能组织较大规模的袭击战，而且有能力去开辟发展新的根据地，把鄂南建成新四军、八路军南下收复失地的桥头堡。这一切，都是在高举抗日民族统一战线旗帜下，坚持独立自主方针的胜利。这中间虽有过失误，但那是战术问题，或者是贯彻政策没有恰到好处的问题。

三、加强根据地建设，打牢持久抗战的经济基础

抗日战争是一场残酷的持久战，抗日游击队必须有达到保存和发展自己、

消灭和驱逐敌人的战略基地。这个基地就是抗日根据地。对于这个根据地，一开始就应有长期经营的思想。

鄂南，20世纪20年代以后，战火不息，民生凋敝，在鄂南创建抗日根据地，首先应注意积蓄民力，保养民力，把人民为抗日所担的负担，严格控制在人民承受能力之内。1941年前，个别人为解决给养，有临时抓一把的思想。这种思想很快得到纠正。新四军十四旅挺进鄂南是背钱背粮过江的。随着根据地的逐步发展，税收机构逐步建立，鄂南根据地党政军人员的供给主要来自征收过往船只的行商税和在敌占城镇征收的商业税。把抗日经费的来源依赖于商业税收，使负担在较大范围内普遍化，相应地减轻了根据地人民的负担。加之，鄂南党政军组织兵精政简，勤俭节约，与人民一道过着艰苦朴素的生活，因而做到了少扰民或不扰民。事实上，鄂南根据地在1943年以后才在部分地区征收田赋，而且也很轻。相反，日伪军在其占领区奸掳烧杀，反共顽固派的特务武装也在其占领区设卡拦掠，摊粮摊款绑票，拉夫抽丁，发国难财。在拉锯地区，一个老百姓要应付三方面的人员，他们根据自己的实际遭遇进行比较，敌、我、友就十分清楚了，这对巩固扩大根据地意义重大。加之，根据地党政军人员注意各项经济政策的同时，严格执行“三大纪律，八项注意”，军政团结，军民团结，军爱民，民拥军，人民生活相对安定，并在一些地区贯彻了减租减息的政策，兴修了农田水利，生产得到发展。因此，鄂南党组织能扎根在人民之中，坚持长期抗战。

四、从实际出发，采取灵活机动的战略战术消灭敌人

鄂南地形复杂，日伪据点林立，不利于大部队运动作战，小部队又容易被吃掉。面对这种情况，鄂南党政军领导人能从实际出发，坚持在党的领导下主力部队地方化，大力发展县区乡武装，做到主力部队与地方武装紧密结合，抓住战机，利用群众基础好的有利条件，集中优势兵力，跳跃大江南北，回旋湖泊东西，出其不意，长途奔袭敌人作战。同时，鄂南部队经常变换番

号，主力部队以连为单位与县区乡武装实行党政军一体，组织大小不等的便衣队、武工队、税收队，时而兵，时而民，活跃在敌人的心脏地带，发动群众，收集情报，捕歼小规模活动的日伪军，惩治死心塌地的汉奸，以及解决部队给养，等等，真正成为一支战斗队、工作队和同人民一起的生产队。鄂南部队采取灵活多样的战略战术，体现着人民军队战无不胜的本色，对开创、巩固、扩大根据地发挥了重大作用。

五、发扬共产党员先锋模范作用，为人民利益勇于牺牲奉献

历史是人民创造的。人民创造历史要依赖人民中的先进分子以自己的模范行动影响人民，组织人民去战胜前进中的困难。鄂南沦陷了，中华民族处于危急存亡之秋。战斗在鄂南的共产党人来自五湖四海，团结战斗，以自己的实践塑造了共产党人的形象。在敌伪据点林立、“扫荡”频繁，反共顽固派不断迫害、天天行军作战的情况下，坚持与鄂南人民同呼吸共命运，用自己的生命和鲜血保卫人民的利益。血战夏家塝的过程中，当日伪军将夏家塝的群众围困到稻场上，机枪口对准人群，胁迫群众交出新四军时，鄂南中心县委的干部黄全德、王苏、何愚等挺身而出，解救了群众，而中心县委的干部18人则惨遭杀害。血战夏家塝之后，中共鄂南中心县委的领导干部仅剩钱远镜了，最后年仅22岁的钱远镜又牺牲于樊口。一批鄂南中心县委的干部倒下了，又一批鄂南中心县委的干部挑起前任的担子往前闯，血战夏家塝之后不到一个月，中共鄂豫边区党委又重组了以李平为首的鄂南中心县委，率部挺进鄂南。没有这样一批又一批完全彻底为中华民族求解放甘愿洒热血的共产党人，鄂南抗日民主根据地的建立、巩固、扩大是不可能的。

鄂南沦陷初期，各式各样的所谓“抗日武装”山头林立，而战斗在鄂南的共产党人是几位红军和一群刚放下笔的学生。历史发展的结局是共产党领导人民收复了失地，创建了鄂南抗日民主根据地。这其中的奥秘何在呢？只能用一句老话回答：人心所向决定政权的存亡，共产党领导人民打日军、救

中国，代表了中华民族的最大利益，人民当然要拥护共产党。那些土匪、特务武装成天鱼肉人民，老百姓恨之入骨，“民欲与之偕亡，孰能不亡！”谁代表人民利益，谁就有取之不尽的力量源泉，谁就是胜利者。正如当年一位爱国士绅说的：“天下一定是共产党的。”

无数烈士的鲜血，证实了当年战斗在鄂南的许多共产党员是以人民利益、民族利益为重的先进人物。他们流血在前，吃苦在前，因而得到了鄂南人民的衷心拥护。他们作为一股凝聚力，把鄂南群众团结在自己的周围。这是鄂南抗日民主根据地崛起的根本性原因，也是一条永恒的真理。据统计，抗战期间牺牲在鄂南战场上县、团以上干部有赵毅、刘青、马泛舟、林平、郭亮（女）、刘正旭、曹君迈、李衷礼、黄全德、王苏、何愚、舒江皋、钱远镜、何功国、王佛炳、潘际汉、刘光前、吴师筑、徐宏毅、陈觉生、林魁、肖刚、熊荣华以及欧阳其家、张致祥、程贤友、郑世顺、彭玉珍、王健民、郭穆生、陈大行、王近生、吴刚、李一戎、赵斌甫、胡振国、程洛生、柯逢年、李晓力、李辉等。

我们今天的幸福生活，是无数革命先烈前赴后继，英勇奋斗，用鲜血和生命换来的，他们为民族的解放、人民的幸福，做出的不朽贡献名垂千古。我们要永远铭记他们的丰功伟绩，为中华民族的伟大复兴努力奋斗！

附录一

鄂南抗日民主根据地大事记

1937年

7月

7日夜　日军在北平附近寻衅，向宛平县卢沟桥进攻，当地驻军奋起抵抗，中国人民全国性的抗日战争开始。

8日　中共中央为卢沟桥事变发通电，号召全国同胞和军队团结起来，“筑成民族统一战线的坚固长城”，抵抗日本侵略。

15日　中共中央将《中国共产党为公布国共合作宣言》交国民党中央。

17日　国共两党代表在庐山会谈。

8月

22—25日　中共中央在陕北洛川召开政治局会议，通过《抗日救国十大纲领》。

25日　根据国共两党协议，红军改编为国民革命军第八路军（9月称十八集团军）。

下旬　湘鄂赣省委根据《抗日救国十大纲领》精神，发表《为和平合作联合宣言》。

9月

月初　中共中央代表董必武到达武汉。

上旬　八路军武汉办事处成立，开始营救关押在国民党监狱的共产党员和其他革命分子。

中旬　湘鄂赣省委改为湘鄂赣特委，书记涂正坤，组织部长罗梓铭（中央派来的），宣传部长骆奇勋，民运部长黄耀南，妇女部长冯杏娥，青年部长谭启龙，保卫部长谢乾。

22日　国民政府发表《中国共产党为公布国共合作宣言》。

23日　蒋介石发表谈话，承认中国共产党的合法地位和以国共合作为基础的抗日民族统一战线。

月底　鄂东南红军游击队（湘鄂赣抗日游击第三纵队）在通城尖山铺集结后，开赴平江嘉义镇。

10月

月初　中共湘鄂赣特委派曹德茂、潘际汉、黄全德回阳新大畈（现属通山），建立阳（新）通（山）中心县委和新四军大畈通讯处，中心县委书记曹德茂，组织部长潘际汉，宣传部长黄全德。下辖阳新、通山两县委，黄全德兼通山县委书记。新四军大畈通讯处，由曹德茂兼主任。

新四军通城通讯处成立。

12日　南方八省13个地区红军游击队改编为国民革命军陆军新编第四军，叶挺任军长，项英任副军长。辖4个支队。

中旬　中共湖北省工作委员会在武汉成立，书记郭述申，组织部长钱瑛，宣传部长陶铸。董必武直接指导和参与省工委工作。

同期，许保民与郭述申接上关系，根据省工委指示，组建中共武昌近郊区委，书记许保民，组织委员周竹轩，宣传委员舒江皋。

下旬　省工委派王佛炳回崇阳，在华陂、古市一带恢复党组织。

11月

月初　中共湘鄂赣特委派赵勤（阳新人，原红军团长，手负伤残疾）回阳新，在陶港组建县委，书记赵勤。

12月

月初　中共湖北省工委改建为湖北临时省委。省委派常委陶铸赴应城汤池，与民主人士李范一合作举办“农村合作事业训练班”。

13日　南京沦陷。

中旬　岳临通中心县委成立。

湘鄂赣红军游击队在平江嘉义完成改编任务，鄂东南红军游击队被编入新四军一团三营。

中共通城县委成立。

1938年

1月

5日　湖北省战时乡村工作促进会在武汉成立。

上旬　新四军第一支队第一团从平江嘉义开赴皖南抗日前线。

中共阳新县委书记赵勤被阳新地方反共势力杀害。

中旬　中共湘鄂赣特委又派马泛舟（红军团长）回阳新，任阳新县委书记。

下旬　鄂南10县战时乡村工作促进会相继成立。中共湖北临时省委在武汉市区成立武昌、硚（口）汉（阳）、汉口三个区委，武昌区委书记何功伟。

2月

汤池训练班学员侯彦、赵龙骧、胡特庸、冯玉亭、吴子义、刘光前、陈力群等人，以“农村合作事业指导员”的名义回鄂南工作。

潘际汉在通山黄沙发展党员，建立中共黄沙下里屋支部。

首都平津学生救亡宣传团二队到大冶开展抗日宣传组织活动。

中共武昌保福祠支部成立。

中共石灰窑工矿区特支成立。

3月

中共崇阳县委成立。

中共咸宁抗战动员委员会特支成立。

5月

11日　中共湖北临时省委派刘青到阳新，组成阳新中心县委。第一次在阳新开会，全体到会人员被阳新地方反共势力逮捕，史称“刘青事件”。

22日　中共中央发出《关于徐州失守后华中工作的指示》，动员大批住在武汉的鄂豫皖三省进步学生、失业工人、革命知识分子回到自己的家乡，组织家乡人民开展抗日游击战争。

下旬　湘鄂赣特委派彭济时、曹君迈、马泛舟等到大冶工作，成立阳（新）大（冶）工作委员会。

6月

中共湖北省委正式成立。同时决定成立鄂东、鄂南、鄂中特委和鄂西、鄂北中心县委。

政治部第三厅抗敌宣传队、演剧队、孩子剧团在阳新、大冶工矿、农村进行广泛的抗日宣传活动。

7月

省委派何功伟（化名何彬）回鄂南，与黄全德、林平接上关系。何功伟吸收“扶摇社”成员何功国（何勋）、何功济（何愚）、雷荫民（雷同）等人入党，建立中共柏墩支部，继而成立中共咸宁县特支。

中共咸宁中心县委成立，书记何功伟，委员有黄全德、潘际汉。

省委派郭益进、郭亮（女）到大冶，组建大冶中心县委。

8月

中共鄂南特委成立，书记何功伟，组织委员刘青，宣传委员黄全德，委员郭益进，特委机关驻咸宁仙人墩。

鄂南特委派出党员分别到县工作，何功楷、钱远镜在咸宁，甘佐皋回通城，张进回蒲圻，王佛炳在崇阳，潘际汉在通山。特委以巡视员的身份到各县，王锡珍（化名陈约珥）到崇阳，刘青、黄全德赴阳新、大冶。

中共大冶中心县委在大冶城关重建，委员分工：书记郭益进，组织委员林平，宣传委员郭亮（女），军事委员彭济时，统战委员冯玉亭，委员马泛舟兼阳新县委书记。

省委重组武昌区委。

24日　瑞昌县城失守。

下旬　咸宁、崇阳、通城等县委相继恢复。鄂南特委所属有大冶、阳新、通城、咸宁、崇阳县（区）委和蒲圻特支，共计党员435人（武昌县委当时属省委直接领导，嘉鱼特支属汉沔工委领导，党员人数未统计在内）。

9月

14日　瑞昌马头镇陷落，日军开始进入鄂南。

15日　郭沫若等在阳辛镇和土塘慰问守土战士。

16日　沈钧儒、张澜、李德全等率武汉各界战地慰问团在阳新前线进行慰问演出。

中旬　崇阳县委组建崇阳县抗日大队。

中共党员郑世顺、彭玉珍等在大冶南山头郑家沟组建鄂南抗日游击队第二纵队。

24日　木石港沦陷。

25日　富池口陷落。

24—29日　日军飞机滥炸崇阳县天城镇，投燃烧弹烧毁全部房屋，炸死无辜居民和伤员2000多人。

黄全德、王佛炳在崇阳华陂举办抗日青年训练班。

同时成立华陂、白霓区委。

10月

4日　半壁山陷落。

月初　中共鄂南特委组成直属咸宁第二大队。

4日、8日　日军轰炸六十军后方医院，炸死伤员800多人。

18日　阳新县城陷落。

21日　大冶城关陷落。

22日　武昌区委人员会合于保福祠，研究组织抗日游击武装。

25日　汉口沦陷。

26日　武昌沦陷，日军第11军司令部驻武汉。

29日　咸宁县永安镇沦陷。

11 月

月初　咸宁二大队在鸣水泉伏击日军，打响了中共鄂南特委领导的抗日游击战争的第一枪。

4 日　蒲圻虎山中国守军一个营全部殉国。

6 日　日军在崇阳石城枪杀被俘人员 800 余人。

上旬　日本制铁株式会社在大冶矿区建立日本制铁株式会社大冶矿业所（简称“日铁大冶矿业所”）。

“项家山惨案”发生，鄂南特委刘青和大冶中心县委林平、郭亮等 14 人牺牲。

中旬　中共武昌区委组织的梁湖抗日游击大队在涂家垴白云寺成立。

中共党员许大鹏、舒江皋在武昌油坊岭一带以油坊岭乡促会的名义收集枪支，组建了一支 200 多人的抗日工作大队。

黄人杰也以油坊岭乡促会的名义收集枪支，组建了一支 200 多人的队伍。

12 月

崇阳抗日大队，被崇阳县政府收买两个中队长从中暴动搞垮。

樊松甫逐步将鄂南杂牌武装收编在湘鄂赣边区游击总指挥部的控制之下。

李辉武在大幕山组成鄂一区专署和保安司令部。

特委派王锡珍去平江嘉义镇与湘鄂赣特委接上关系，根据省委预先指示，鄂南沦陷后鄂南党组织由湘鄂赣特委领导。

鄂南特委改为通山中心县委。

建立咸宁经崇阳高枧、通城至平江嘉义的地下交通线。

武昌区委划归通山中心县委领导，改称武昌县委。

一二八师师长王劲哉枪杀咸宁第二大队队长何寰桢，下令逮捕何功伟、雷同，第二大队部分队伍为咸宁县政府吞并。

日军在通山楠林桥、大冶刘仁八等地将周围村庄夷为平地，建立兵站。

梁湖大队二中队在南咀击沉日军橡皮艇一只。

梁湖大队三中队在金贺公路伏击日军汽车三次。

1939年

1月

月初　通山中心县委在咸宁何家新屋召开通山中心县委扩大会议，传达中共中央六届六中全会精神。

5日　鄂南抗日游击队第二纵队被田维中搞垮，郑世顺、彭玉珍等人牺牲。

21日　国民党在重庆召开五届五中全会，通过蒋介石提出的《限制异党活动办法》。

下旬　重组中共咸宁县委。

2月

王佛炳（化名雷鸣）任武昌县委书记。

何功伟、王佛炳到梁湖大队检查工作。

吴铁钢（吴自立）、胡波（女，原名刘淑慎，又名江萍）到梁湖大队加强领导。

经胡波等人审查，恢复了保福祠地区艾凤林等人党籍，发展了一批新党员，保福祠地区建立了三个党支部。

张曙光、祁曙东等人开辟金水流域工作，建立了一条贯通大江南北的地下交通线。

方步舟在梁子湖、鲁湖、斧头湖地区成立湘鄂赣边区民众武装抗敌总指挥部，共产党员冯玉亭任该部政治部主任。

鄂南人民抗日游击大队（简称樊湖大队）在油坊岭成立。

3月

月初　冯玉亭到梁湖大队与通山中心县委接上关系，中心县委同意冯玉亭继续在方步舟部工作。

陈珍如等在方步舟部组成特别支部。

22 日　日军在崇阳县丁家冲一带枪杀正在犁田的农民 56 人。

27 日　南昌陷落。

4 月

中共阳通工委在通山宝石河成立，书记雷同。

梁湖大队一、三中队在鄂城涂家垴附近的徐家桥伏击日伪军获胜。

湘鄂赣特委派许诚心（许诺）担任崇阳县委书记。

至 1939 年春末，通山中心县委（习惯称鄂南中心县委）所辖组织情况是：

阳大鄂代表团——包括大冶县委、阳新金凤区工委、鄂城县特支，党员 200 多人。

武昌县委，书记王佛炳，舒江皋、王健民等任委员，党员 100 余人。

咸宁县委，书记李一戎，组织委员何愚，宣传兼青年委员雷同，军事委员钱远镜，委员钱道权，党员 100 余人。

崇阳县委（包括通城特支），书记许诺，组织委员周治贞，宣传委员邓勋元（又名邓清泉）。

咸蒲工委（蒲圻支部），书记张进、江国忠等。

阳通工委，书记雷同，组织委员刘祚斗，委员窦连顺，党员 60 多人。

鄂南 10 县，党员人数合计 500 多人，农民占 80% 以上。

随（县）枣（阳）会战，于 4 月 30 日开始，至 5 月 23 日结束。

5 月

上旬　党派饶国树化名李平，由延安回鄂南接吴铁钢任通山中心县委军事部长。

湘鄂赣特委派李平为代表，与方步舟谈判合作抗日问题。

7 日　日军将咸宁大屋万、九门万等村庄全部烧毁，枪杀无辜百姓 108 人。

中旬　梁湖抗日游击大队在原编制领导、人员不变的情况下，改编为湖北省第一区保安司令部直属国民自卫第一大队。这时，梁湖大队发展到500多人，400多支枪。

樊湖大队亦改编为湖北省第一区保安司令部直属国民自卫第二大队。

24日 日军枪杀崇阳后溪无辜百姓73人，烧毁房屋687间。

月底 李平去方步舟司令部所在地鲊洲，与方步舟谈判合作抗日问题。

6月

12日 “平江惨案”发生，通山中心县委与湘鄂赣特委失去联系。

中旬 日军在鄂南实行食盐专卖。

7月

月初 通山中心县委在鄂城涂家垴召开紧急会议，针对“平江惨案”后的情况作出三项决议：（1）组织维持现状；（2）派人至江北接鄂豫边区党委关系，同时派人去平江找湘鄂赣特委关系；（3）紧急疏散“露红”干部，保存力量。

中旬 梁湖大队三中队队员配合保福祠地下党员，智毙日军7人。

樊湖大队二中队在豹子澥镇朱子桂山伏击日军获胜，击毁日军卡车数辆，毙伤日伪军多人。

下旬 方步舟部接受第九战区改编。

樊湖大队在覃公庙遭一九七师丁炳权部袭击，损失3个中队。

8月

月初 廖义华支队袭击梁湖大队于武昌湖泗区徐家河等地。梁湖大队受到重大挫折。

通山中心县委派出干部北上南下找上级组织，黄全德南下找湘鄂赣特委，未联系上。何功伟去江北找鄂豫边区党委，未归，奉令调湘鄂西，李平接替何功伟任通山中心县委书记。

中旬 金水工委成立。

鄂南撤退一批干部至江北，有冯玉亭、王苏、江萍、胡传经、王松山、石教贞、曹洪波、彭济时。

汉口小夹街聚丰号中共地下特支成立。

9月

阳通工委撤至咸宁。

中共武昌县委书记雷鸣在武昌大桥十字岭等地建立4个党支部。

黄人杰率樊湖大队受编于伪中国人民反共自卫军金龙章部。

舒江皋传达武昌县委决定，许大鹏等人继续留在黄人杰部工作。

伪咸宁县政府筹备处成立。

第一次长沙会战（9月14日至10月10日）。

10月

黄冈中心县委派刘元顺、易元鳌、陈大发、郭穆生、陈大行、喻南山、谭道如、杨涤尘等人到鄂城沿江发动群众，组织抗日斗争，先后吸收了曾发臣、张弦、张直方（化名方针）、张武先、胡振国等人入党。

中共樊湖工委成立。

中共天汉特委派韦维、何哲到黄人杰部工作，与许大鹏等组成黄人杰部中共临时领导小组。

日军48师团司令部驻咸宁。

日军在大屋雷枪杀老幼96人，烧毁房屋800多间。

11月

通山中心县委派王锡珍前往江北，在京山八字门向鄂豫边区党委汇报鄂南情况，边区党委暂时接受领导鄂南的任务。

张曙光、王源加强以法泗洲为中心的金水流域地下交通线。

12月

黄人杰部又受编为伪和平救国军八十二师十五旅。

1940年

1月

王锡珍调鄂豫边区党委工作。

2月

通山中心县委派李平、王佛炳去平江。

中共湘鄂赣特委重建。李平任湘鄂赣特委青年部长。

遵特委意见，通山中心县委改为中共鄂南代表团，李平任书记，组织部长黄全德，宣传部长王佛炳，青年部长潘际汉，统战部长张曙光。党的领导机关，由涂家垴迁至金水流域。

鄂南干部第二批撤至江北，有雷同、钱远镜、何功济、何功国、刘毓兰（化名刘剑）、何建华（又名何桂仙）等。

鄂南党代表团整顿了咸宁、崇阳、武昌、阳大等县（工）委组织。

第九战区将湘鄂赣边区游击总指挥部改编为第九战区挺进军。

3月

大冶县委书记曹君迈在大冶四棵松牺牲，大冶县委遭到破坏。

王源到保福祠接上关系，恢复了保福祠区委。

第九战区挺进军成渠部投敌，受编为伪鄂南保安旅（有的文献记载为伪和平救国军第一师）。

4月

驻平江的湘鄂赣特委又遭到顽固派的破坏，鄂南党代表团又与上级失去联系。

岳阳中心县委与鄂南党代表团接上关系。岳阳中心县委在没有和湘鄂赣特委联系上以前，由鄂南党代表团领导。

窦联顺等人在大畈组成阳通县委。

鄂豫边区党委派许保民到黄人杰部工作。

5月

鄂南党代表团组织第三批干部到江北，有程秩香（化名苏平）、程乐生（化名王槐）、雷林树（化名邱平）、王志坚、许复、曹坤等人。

阳通县委在黄沙、大畈建立黄大区委，同时成立黄大抗日游击队。

6月

月初　李平到鄂豫边区，在京山八字门会见陈少敏，鄂南党的工作正式划归鄂豫边区党委领导。

8日　沙市沦陷。

12日　宜昌沦陷。

8月

月初　鄂南党组织第四批干部至江北，进入鄂豫边区党校学习，有赵斌甫、熊辉祥、李一戎、胡平、薛平、毛国飞等人。

13日　杨经曲、黄人杰率所部官兵1500多人反正，编为鄂豫边区挺进纵队第四支队。中共党员张子敬和武昌籍战士30余人在反正作战中牺牲。

10月

月初　鄂南抗日挺进纵队在咸宁宝塔州成立。

11月

鄂南抗日挺进纵队在崇阳西庄附近山地遭日军袭击，6人牺牲，7人负伤。

12月

鄂豫边区党委决定组建鄂南游击地委。

黄冈中心县委将樊湖工委划归鄂南游击地委领导。

这时，樊湖工委已在鄂城、华南、五合、共和、德马、华北、小庙等乡建立党支部41个。

1941年

1月

7日　皖南事变发生。

中旬　鄂豫边区党委调王苏（化名王一鸣）、钱远镜（化名程全）、何愚、舒江皋、苏平、王志坚、许曼（女）等人回鄂南。樊湖工委组织部长陈大行、统战部长郭木生在鄂城华容刘家同牺牲。

鄂南游击地委在鄂城小庙乡韩家墩召开扩大会议，宣布游击地委和新四军鄂南独立第五团成立。

20日　中共中央军委发布重建新四军军部的命令。

28日　新四军新的军部在苏北盐城成立。

中共武昌纸坊区委和武昌抗日游击队成立。

2月

李平带独立五团10余人到金水、咸宁、崇阳和保福祠等地联系党组织，迎接鄂南抗日挺进队部分隐蔽人员归队。

3月

在黄冈刘家集平定封建迷信团体“红学会”叛乱的战斗中，鄂南游击地委青年部长潘际汉牺牲。

武昌抗日游击队在纸坊、石咀、龚家铺、大花岭、白沙洲一带伏击日军运输船只车辆并破坏其通信设施。

樊湖工委在华南、五合、共和、华北、德马、小庙等六乡建立抗日政府。樊湖游击根据地粗具规模。

武昌纸坊区委建立明德、明义、新店三个乡政权，武北游击根据地已具雏形。

22日　豫鄂边区第一届抗日人民代表大会通过《豫鄂边区施政纲领》。

4月

鄂南游击地委改为鄂南中心县委，黄全德任书记。

华南乡乡长姜斗南、副乡长周鸿钧、铁咀党支部书记姜少山和党员崔长根、姜旭平、王火卿等人被日军杀害。

五合乡乡长朱红山、副乡长谢南山和税务所所长夏细水被日军杀害。

5月

余松甫所部百余人反正。

独立五团手枪队与武昌游击队会合。在武昌青菱寺、八分山、大桥十字岭开展游击活动，队伍发展到70余人。

26日　第九战区挺进军十八支队支队长周九如率部投敌。

日伪军4—5月反复“扫荡”樊湖、武北游击根据地。

6月

武昌抗日游击队编为独立五团警卫连。

11日　新四军军部在对五师反顽意见中说：“加紧开辟鄂南工作。”

14日　中共中央军委“复电新四军代军长陈毅和政治委员刘少奇及五师师长李先念同意新四军第五师开辟鄂南敌后战场，并指出，进入鄂南的部队，须依过去的经验教训，一开始就着重在各种政策的正确执行。……派得力干部去鄂南掌握政策”。

下旬　王佛炳、赵斌甫率部在崇阳、洪上地方活动，遭挺进军八支队袭击牺牲。

29—30日　武北、鄂城一带的日伪军倾巢出动，“扫荡”活动在武鄂公路两侧的鄂南独立五团。

7月

7日　独立五团团部与日军血战夏家塝，阵亡28人，被俘18人，鄂南中心县委和独立五团领导人黄全德、王苏、何愚、舒江皋，武昌县委负责人王近生、咸宁县委负责人吴刚和军需程瑞如等人牺牲。

8日　新四军四十一团从团风到鄂城铁咀，得悉独立五团受挫，即率部返回江北。

中旬　独立五团三营近70人在小庙乡季家畈骡洲咀遭日军袭击，全部壮烈牺牲。

16日　周九如部受编为汪伪和平军第二师，辖四个团。

8月

13日　鄂南中心县委组织部长钱远镜在樊口被日军杀害。

中旬　鄂豫边区党委调李平、雷同、刘光前重建鄂南中心县委，书记李平，委员雷同、刘光前、陈大发、张曙光。

鄂南中心县委在鄂城刘家同召开会议，分析独立五团受挫原因。李平、刘光前在黄冈张渡湖收集独立五团失散队伍进行整编，恢复独立五团。

鄂南中心县委派陈大发、杨涤尘、喻南山、王志坚、张弦等人组建中共鄂城县委和鄂城县政委会。鄂城县抗日游击大队成立。

9月

新四军鄂南独立五团在李平、雷同、刘光前的率领下进入大幕山区开展游击战争。

第二次长沙会战（9月7日至10月9日）。

10月

鄂豫边区党委调何功国、李一戎回咸宁，重组咸宁县委。

刘光前在崇阳重建崇阳县委，并组织了三支抗日游击队。

雷同在马桥、柏墩、西岭挂榜山一带组织了一支游击队。

11月

咸宁县委书记何功国、组织部长李一戎，在咸宁北拱桥被日军杀害。

李平、刘光前率独立五团部分武装在蒲圻、临湘、崇阳、通城的铁路公路沿线打击日军，破坏日军交通和通信设施。

12日　岳临通县委与鄂南中心县委接上关系。李平、刘光前率独立五团回咸宁古田泉口与张曙光会合。

17 日　何功伟在恩施方家坝后山五道涧慷慨就义。

第三次长沙会战（1941 年 12 月 24 日至 1942 年 1 月 15 日）。

1942 年

1 月

李平、刘光前率独立五团到黄冈休整。

雷同在咸宁坚持斗争，失利后脱险回江北。

2 月

14 日　除夕之夜，中共鄂南中心县委派五团手枪队指导员张高昇、队长胡伯才等人潜入日军据点段店，镇压了汉奸、段店伪维持会会长熊才卿。同时，还镇压日伪侦缉队队长汪财宝等。

3 月

李平、雷同去京山小花岭和黄陂姚家山鄂豫边区党委和新四军五师司令部向李先念师长汇报鄂南的情况。

4 月

10 日　李平、雷同在黄冈王家坊接受配合十四旅挺进鄂南的任务。

13 日　新四军军部作战部在一份电文中指出：“豫鄂方面，现顽军大举向我进攻，使我处于敌顽夹击空前严重局面下，为着坚持该区，我十四旅已有约一个团的兵力，转鄂城、阳新、咸宁地区活动，开辟工作。”

29 日　雷同、秦大进率四十一团二营五连从长圻寮过江，到达鄂城一区麻羊垴。

5 月

2 日　五师师长李先念、政委任质斌、参谋长刘少卿向中央军委、新四军军部发出《鄂南情况与我们开辟鄂南计划》的电文报告。

四十一团政委罗通和鄂南中心县委书记李平率西路部队 500 多人，从黄冈长圻寮渡江至麻羊垴与雷同、秦大进的先头部队会合后，除留一个连掩护鄂大工委开展工作外，主力继续挺进。

14日　十四旅旅长吴林焕、副旅长熊作芳率东路部队千人从蕲春银山垅过江。

15—17日　东路部队解除了阻击新四军过江的程金门部的部分武装，进入阳新太子庙、大王殿一带。

18日　驻大冶、阳新的日军进攻十四旅东路部队驻地袁家湾，四十二团与之激战竟日，毙伤日军30多人。

19日　西路部队在西岭雷窝、花纹一带打击伪军土匪刘尔顺部。

中旬　阳大工委与阳大指挥部成立。鄂大临时工委成立。

下旬　东路部队在龙角山一带建立游击根据地。

6月

东路部队打击在白沙铺一带的伪军马振亚部。

鄂南独立五团与四十一团部分人员合编成立鄂豫边区挺进十五团，团长雷同，政委李平。

西路部队夜袭港下雷日军据点。

鄂南中心县委在咸宁花纹泉改为咸崇蒲中心县委，书记罗通，副书记李平，辖咸崇蒲、咸通阳、咸武鄂、咸崇通（城）、金水和嘉蒲临工委。

罗通率西路部队主力继续向西发展，直至蒲圻石坑渡。

下旬　驻咸宁日军四十师团部调集蒲圻、汀泗桥、马桥、通山等地日军1000余人，“扫荡”西岭挂榜山。

西路部队在崇阳后沙坪反击日军“扫荡”获胜。

7月

7日　五师师部向新四军军部和中共中央军委发出电文，“准备将鄂南地区逐渐培养成为一个单独战略单位”。

15日　熊作芳、夏农苔率东路部队两个连与西路部队罗通率领的三个连在咸宁高槎桥会合后，返回龙角山旅部。

中旬　熊作芳、罗通率部在傅家冲、谈家桥反击田维中、廖义华部的进攻，打破了田、廖两部对龙角山的进攻。

吴林焕、罗通接电报，回江北向五师参谋长刘少卿汇报，田、廖两部多次攻打龙角山，决定予以反击。

下旬　鄂南税务局在鄂城南堤口成立。

27日　五师参谋长刘少卿率特务团进入鄂南。

8月

2日　在谈家桥、傅家山、刘仁八等地反击田维中、廖义华部的联合进攻。

5日　三十集团军王陵基部出动3个师并挺进军9个支队分两路"围剿"新四军十四旅和鄂南抗日民主根据地傅家山、龙角山、大王殿、傅家冲、谈家桥、高桥、西岭挂榜山等地区近一个月。

6日　十四旅主力撤回江北，留以罗通为司令员、岳林为政委的游击司令部，率特务团一个营在鄂南山区坚持斗争。

10日　经新四军军部批准，组成新四军鄂皖湘赣指挥部（亦称江南指挥部）[①]，同时组成中共鄂皖湘赣指挥部党委。

中旬　通山、阳新、大冶、咸宁等地日军3000多人，进犯谈家桥、西岭挂榜山一带。

四十一团二营在咸宁老蟹桥伏击日军获胜。

罗通率四十一团一个营到大幕山一带活动。

鄂大工委成立。

雷同、江萍等再次开辟咸武鄂根据地。

阳大支队和四十二团在赤马山、太平桥等地伏击日军获胜。

---

① 电文为鄂皖兵团指挥部。

阳大支队夜袭白沙铺伪军据点成功。

下旬　程金门部改编为“阳大人民自卫团”。

9月

杨学诚率十四旅3个营和干部大队渡江，进驻谈家桥，发展鄂南根据地。

鄂南政务委员会成立，主任吴师筑，副主任鲁明健。

鄂南工委成立，书记鲁明健，副书记吴师筑。

鄂大根据地成功瓦解“红学会”。

樊湖、武鄂工委在开明士绅谢司农的配合下，争取了段店保安中队范天正部反正。

刘光前在崇阳金沙镇泉洪荡苍下屋牺牲。

阳瑞工委和阳瑞中心乡成立。

10月

大鄂抗日游击大队成立。

大鄂政委会成立。

林迅带手枪队在大冶铁山、下陆、袁家湖一带活动，开辟了利华、源华煤矿的税收工作。

中共阳瑞工委在阳新柯家塘成立。

阳大政委会在大王殿王家祠堂召开千人群众大会，按“三三制”原则选举政委会，主席桂平，副主席程金门。

咸武鄂政委会成立。

阳大地方武装在四十二团二营的配合下，解除了明帮国部的武装。

阳大税务局在大王殿成立。

阳大被服厂在太子庙附近的张洪桥成立。

大冶利华煤矿资方代表柯凤卿向鄂大政委会捐赠煤4万吨、银圆3000元作为抗日经费。

11月

第九战区王陵基部又出动5个团的兵力，配合九战区挺进军2个纵队围攻筠山、傅家山、谈家桥和西岭挂榜山一带，时间延续到12月底。

嘉蒲临工委领导的粤汉挺进支队成立（又称路西支队）。

武鄂政委会成立。

20日　路西（粤汉）挺进支队在陆水古潭渡口与日军遭遇，杀伤日军多人，夺得机枪一挺。

24日　江南指挥部集结7个连，进击伪军成渠部第四团纪家罗驻地，将该部击溃，俘伪军90名，缴获步枪90支、轻机枪1挺。

12月

月初　第九战区以5个团的兵力和挺进军9个支队第二次进犯谈家桥、筠山、高桥、高槎桥一带。江南指挥部后勤机关和学校遭受部分损失。

13日　新编十三师唐郇伯部与挺进军八纵队围攻鄂南政务工作团驻地白茅山（又名巴茅山），突围中鄂南政务委员会主席吴师筑不幸被俘，后牺牲于江西修水。

罗通率四十一团一部分返回江北，在黄冈就任中心县委书记兼指挥长。李平、雷同在咸崇蒲坚持游击战。

16日　金牛、保安日伪军千余人分路“扫荡”谈家桥地区，四十一团与之激战竟日，敌伤亡60余人。

17日　大冶、刘仁八日伪军分路“扫荡”龙角山地区，鄂皖湘赣指挥部率四十团与敌激战一天，敌伤亡10余人撤退。

下旬　成立大鄂指挥部，由岳林、李洛率四十团一个营坚持大鄂地区的斗争。

武鄂工委肃清土匪卢鸿雁部。

姜南平率部打开驼子店，再次开辟武北游击区。

1943年

1月

许大鹏、孙超率武鄂挺进支队攻入油坊岭敌驻点。

鄂豫边区党委决定撤销鄂皖湘赣指挥部建制。

2月

杨学诚调回鄂豫边区党委，鄂南工作由熊作芳指挥。

张进、王志坚率部在梁子湖中与伪军成渠部遭遇，歼灭成渠部一个班。

方步舟部在通山横石潭被五十八军缴械改编。

雷同在咸宁皮家庄将“白茅山事件”告密特务皮寿仙处决。

李平、雷同率部在余花坪击毙日军两人。

武鄂工委改组为樊湖工委和武昌工委，武鄂政委会也改组为武鄂政委会和武昌政委会。

22日　四十一团五个连、四十二团及特务团各一个营转至黄冈。

3月

鄂南工委在鄂城孟家大垅召开工委扩大会议，参加会议的有鲁明健、张凡、桂平、李洛、王表、张进、姜南平。

4月

1日　鄂豫边区物资统制总局发布《鄂豫边区物资统制关税税则》《关税征收办法》《关税税率》等文件。

月初　撤销鄂南工委和咸崇蒲中心县委，成立鄂南中心县委和指挥部，熊作芳任中心县委书记兼指挥长。不久，由鲁明健任书记，罗通任指挥长。

中下旬　鄂城、武昌、葛店、碧石等据点伪日军2000多人，分五路“扫荡”武鄂、大鄂地区。横山湖船民掩护大鄂干部突围。

别动军五纵指挥官盛瑜委派马钦武为第一攻击司令，率2000多人占据三山、月山、长港、鲊洲和木门，委派廖义华为第二攻击司令，率1000多人占据谈家桥。

李平带鄂南地方武装在武北一带活动后转移至张渡湖，在阳逻截获日军汽车一辆。

鄂皖指挥部于鹄率一个加强连在富池丰山地方伏击日军，消灭敌人40余人。

鄂大总队捣毁陈盛村日伪军据点。

5月

18日　四军分区主力在横山、峒山、麦家岭一带回击马钦武部的进攻。

下旬　熊作芳、罗通等率部回击马钦武部对鄂大根据地的进攻。

许大鹏率地方游击队，第二次攻入油坊岭日军据点。

廖义华部进攻三山岛。大鄂工委撤离大鄂根据地。

6月

8日　武鄂武工队潜入段店，杀死汉奸、伪商会会长刘波平。

上旬　樊湖工委与武昌工委合并，重组武鄂工委。

18日　四、五军分区合并为新的四军分区。

下旬　四军分区主力在岱海李回击马钦武部的进攻。覃公庙会议。鄂南总队成立。

7月

阳瑞柯家塘游击队配合鄂皖指挥部主力攻入栗林下日军据点。

8月

重组咸武鄂工委、政委会和军事指挥部。咸武鄂指挥部粤汉挺进支队成立。

鄂南总队袭击小龙潭，活捉日本军商两人。

鄂大武工队在铁山制造停电事故，配合铁山劳工暴动，逃出劳工100多人。

9月

咸宁县委书记徐弦毅在咸宁蔡家岭被叛徒杀害。

四十一团和鄂大地方武装配合行动，在谈家桥回击廖义华部的进攻。

10月

上旬 马钦武部进攻武鄂根据地胡家大湾一带，抢走鄂南总队一批被服。

马钦武部再次进攻武鄂晓庙乡，鄂南中心县委书记鲁明健负伤。

汉沔指挥部在嘉鱼花口组建汉沔支队江防第一大队。

武鄂游击队活动在武昌城下，将抗日标语贴进珞珈山日军大本营。

鄂南总队暨咸武鄂总队共同攻打伪军熊彪据点窑咀。

四军分区第二修械所在保福祠古岭成立。

11月

四军分区主力在上下倪村反击马钦武部，俘其大队长孟昭厚。

鄂南总队在通山石门与日军激战。

12月

四十一团一部分与鄂南总队在咸宁泉塘畈休整。

鄂南中心县委决定集中鄂南主力一部挺进粤汉路西，开辟嘉蒲临抗日根据地。

武鄂梁子分队在驼子店王氏公陵伏击日军获胜。

武鄂政委会领导根据地人民兴修农田水利。

咸武鄂工委在保福祠五里山开办党员、民兵干部训练班。

1944年

1月

6日 罗通、李平率部从咸宁泉塘畈出发，开赴嘉蒲临地区。

9日 董家岭阻击日军。

中旬 鄂大政委会召开鄂大第一次人民代表大会，按“三三制”选举政委会。

24 日　罗通接第五师师部回电，三分区独立五团归鄂南指挥部指挥。指挥长罗通亲自带警卫班去洪湖接洪湖独立团过江。

28 日　洪湖独立五团与鄂南部队会师赤壁，在小柏山举行联欢会。

2 月

九战区挺进军七、八、九三个支队进攻嘉蒲临地区，鄂南指挥部武装在蒲圻坑子洲遭袭击，突围时一个排全部牺牲。

武鄂葛华游击队在华容廖家窑遭日军包围，牺牲 8 人，其余人被俘。

马钦武率部 2000 余人突袭保福祠地区，王槐牺牲，涂文卿夫妇被活埋。

马钦武、廖义华联合所部进攻麻羊垴。

3 月

四十一团二连和鄂南指挥部通讯班在长港毛家墩遭马钦武部一个大队的袭击，伤亡 11 人。

盛瑜指挥马钦武、廖义华两部共 2000 多人进犯麻羊垴，被击退。

在嘉鱼洪庙港，洪湖独立五团回江北，鄂南指挥部武装回咸崇蒲根据地。

张进率部在嘉鱼大岩山、坑头山一带发动群众，巩固嘉蒲临根据地。

鄂南中心县委调雷同、叶丛回咸崇蒲分别担任县委书记和总队长。

5 月

19 日　马钦武部袭击鄂大根据地，鄂大武装伤亡 20 人。

27 日　日军分三路侵入湖南。

6 月

19 日　长沙沦陷。

21 日　武鄂总队奇袭敌青山飞机场。

7 月

9 日　陈毅在电文中指出，对湘鄂赣边的阵地均必须先机争取。

10 日　中共中央同意新四军第五师巩固原地区并向河南、湘鄂赣发展的方针。

中旬　鄂豫边区党委李先念、郑位三、陈少敏等人，向四分区代表罗通、蔡承祖口授任务：坚持鄂南桥头堡，为发展湘鄂赣和华南敌后抗日游击战争做准备。

四分区党委作出加强鄂南领导、整顿鄂南工作、巩固桥头堡、加强鄂东南长江两岸人民组织工作的决定。

调四军分区副政委罗通兼任鄂南中心县委书记和鄂南指挥部指挥长。调李平任鄂南中心县委组织部长兼鄂大书记。

8月

中旬　鄂南中心县委在麻羊垴召开中心县委扩大会议，以中共中央的整风精神为武器，客观地总结过去工作中的经验教训，部署巩固鄂南桥头堡的工作。

下旬　鄂大召开第二次人民代表大会。

9月

17日　鄂南指挥部武装袭击碧石渡日伪军据点。

19日　鄂南指挥部的二、三连及警卫连反击日伪军对鄂大朱皇乡的进攻，毙日军官佐一人，伤日伪军多人。

26日　鄂南指挥部夜袭陈盛村日伪据点，毙伪军20余人，缴枪14支，收复陈盛村。

中旬　阳瑞柯家塘游击队在阳新猪婆湖伏击日军船队，毙伤日军10多人。

10月

王表在鄂大沿江一带组织船只，筹集粮食，准备迎接南下支队南下。

30日　马钦武部两个大队配合伪军肖春庭200余人，进攻武鄂地区。

11月

以三五九旅为主体组成的国民革命军第十八集团军独立第一游击支队（简称南下支队，进入湖南后改为湖南人民抗日救国军），从延安出发，开始南下。

中旬　雷同率咸崇蒲总队回鄂大、黄冈休整。

12月

武鄂工委派王志坚、陈芝林、张少卿等人重新整顿武北地区工作。

鄂大地区群众一夜之间将粮食10多万斤转移至安全地带，日伪军抢粮计划落空。

1945年

1月

27日　南下支队与新四军五师在大悟山会师。

2月

上旬　四军分区7个连与南下支队颜龙斌独立营、南下支队干部大队在黄冈下巴河、团风之间的长圻寮组成渡江南下先遣支队。

10日　李平率前卫队渡江侦察敌情。

12日　先遣支队在黄冈长圻寮渡江成功。

23日　南下支队大部队和四军分区主力在田家镇、新桥、亚口渡一带渡江成功。

26日　大田畈战斗。

下旬　大冶、铁山、鄂城的日军进犯鄂大地区，在文家塘、燕矶增设据点，被鄂大武工队击退。

武鄂总队突袭葛店夹铺岭伪军特务队，俘伪军40多人。

3月

3日　四军分区部队配合南下支队在大幕山飞机墩、港背陈、东坑、西坑一带歼灭周九如部和熊彪部各一部分。

8日　南下支队代表在崇阳大源宣布成立崇（阳）、通（山）、通（城）抗日民主政府。

上旬　咸崇蒲、咸通阳、阳通县委和政委会成立。

中旬　咸武鄂总队反击马钦武部曹柏林大队获胜，曹柏林大队被击溃。

崇通、临蒲两办事处成立。

南下支队大幕山野战军医院成立。

26日　南下支队在平江县城张贴《国民革命军湖南人民抗日救国军司令部布告》。

31日　毛泽东在两份电报中指示南下支队“只取自卫姿态反击夹攻之顽”。

4月

月初　张进、谭云率汉沔挺进第二支队进驻嘉鱼大岩山、陆水河一带。

13日　南下支队在平江汪坪召开军政委员会，决定建立湘鄂赣边党政军统一领导机构。

17日　鄂南主力在杨林桥、毛碧寺一带歼灭伪军成渠部主力。

中旬　嘉蒲临政委会成立。

开辟湘富游击区。

四十团团长肖刚在嘉鱼张银山与伪军作战中牺牲。

28日　王震、王首道、王恩茂向中共中央发出拟成立湘鄂边区的电文，并对湘鄂边区领导人员提出组建名单。

30日　苏联红军攻克柏林。

下旬　沿江挺进支队在大咀截击日军盐船成功。

5月

月初　成立湘鄂赣临时党委。

4日　毛泽东电示王震、王首道、郑位三、李先念：“湘鄂赣边区根据地必建立，以为南北枢纽。”

6日　湘鄂赣边区党委在通山山口铺召开会议。

成立湘鄂赣边区党委和湘鄂赣军区，下辖3个地委、3个军分区和3个分区政委会。东分区（一地委）辖7个县级党委和7个县级政委会；西分区（二地委）辖5个县级党委和4个县级政委会；湘北分区（三地委）。

中旬　湘鄂赣边区军政干部学校在大幕山成立。

新华社湘鄂赣分社在樊湖成立。

湘鄂赣综合医院在樊湖成立。

武鄂总队夜袭三江口日军据点，获胜。

6月

中旬　月山战斗，击溃马钦武部。马钦武投靠伪军。

武鄂中心县委在鲊洲召开民众大会，选举产生武鄂政委会。

15—17日　湘北军分区武装和嘉蒲临总队在天井山、偏髻山、洪山寺一带歼灭伪军和二师。

下旬　南下支队在通山山口铺歼灭日军200多人。

7月

7日　中共中央复电李先念、王震、王首道，在南下支队继续南下后，在鄂南成立鄂南地委和专署，直属鄂豫边区领导。

8月

伪省保安第一旅袁四正在武昌仙人乡花屋董村诱杀马钦武后，率部反正。

9日　伪嘉鱼县县长张国宾率两个保安中队反正。

14日　日本天皇宣布无条件投降。

下旬　鄂南军分区抗日武装在鄂南各地连续反攻作战，攻下马桥、郑家咀、杨家畈、陆溪口、黄龙、车埠、八斗角、樊口、王家店、驼子店、燕矶等日伪军据点。

9月

22日　南下支队重返鄂南。

27日　南下支队北上，鄂南抗日民主根据地党政军人员也奉命北上。

附录二

抗日战争中几个主要时期鄂南县以上党政军组织沿革

鄂南党组织恢复时期系统

（1937 年 10 月—1938 年 5 月）

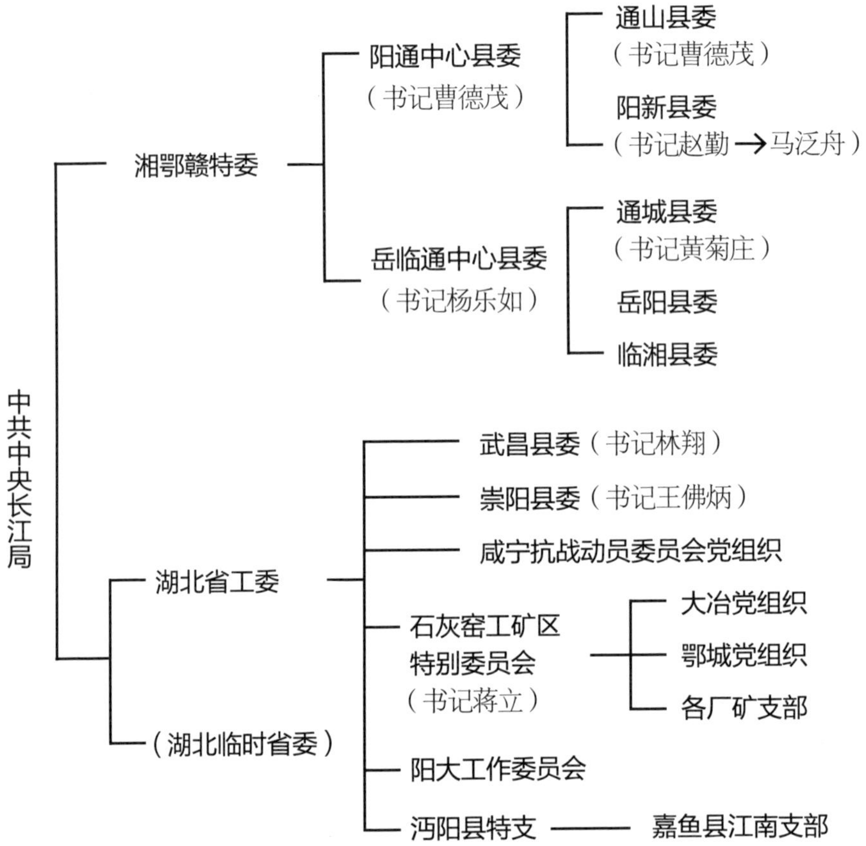

鄂南抗日游击战争发动时期党组织序列

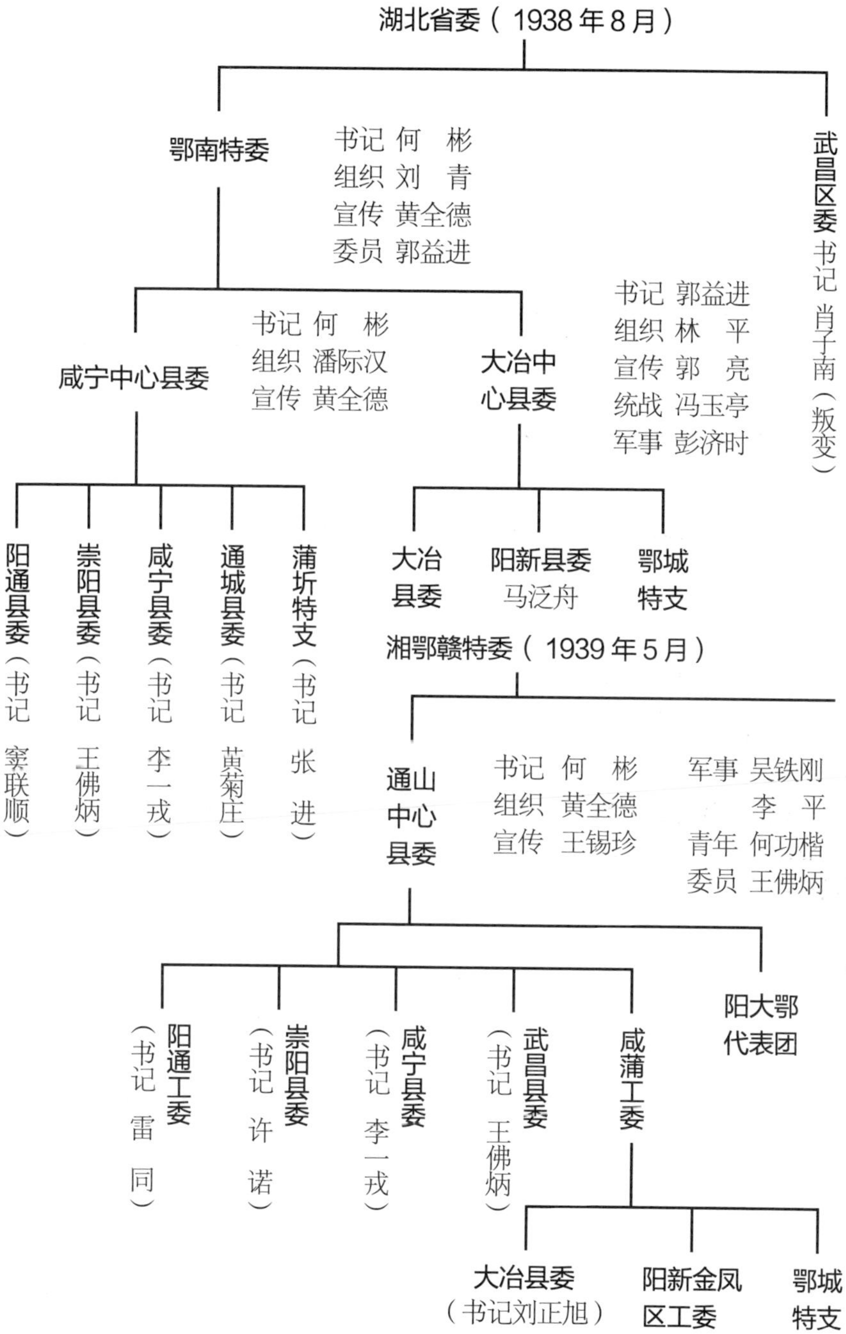

鄂南抗日游击战争发动时期党组织所掌握的武装部队番号

（1938 年 9 月—1939 年 8 月）

1. 八路军鄂南抗日游击队第二纵队	司令员　郑世顺 政治委员　彭玉珍
2. 崇阳县抗日大队	大队长　熊鹤龄
3. 湘鄂赣游击总指挥部直属咸宁第二大队	大队长　何寰桢 指导员　雷　同
4. 梁湖抗日游击大队（又称湖北省第一区保安司令部直属国民自卫第一大队）	大队长　王　水
5. 鄂南抗日游击樊湖大队（又称湖北省第一区保安司令部直属国民自卫第二大队）	大队长　黄人杰 指导员　舒江皋

1942年9月鄂南抗日民主根据地党组织系统

- **中共鄂皖湘赣指挥部党委（又称鄂皖兵团指挥部党委或江南兵团指挥部党委）**
  书记　杨学诚
  成员　刘少卿（化名江岳洪）
  　　　吴林焕
  　　　熊作芳
  　　　夏农苔
  - **鄂南工委**[①]
    书　记　鲁明健
    副书记　吴师筑
  - **咸崇蒲中心县委**
    书　记　罗　通
    副书记　李　平
    - **阳瑞工委**　书记　孙　超
    - **阳大工委**　书记　黄道平（后桂平）
    - **鄂大工委**　书记　王　表
    - **大鄂工委**　书记　李　洛
    - **武鄂工委**[②]　书记　张　凡（10月到任）
    - **咸武鄂工委**　书记　江　萍（女，又名胡波，原名刘淑慎）（后雷同）
    - **咸宁**[③]**县委**　书记　陈觉生
    - **咸崇通（城）县委**　书记　刘光前
    - **嘉蒲临工委**　书记　张　进
    - **咸通（山）阳**　雷　同（后窦联顺）
    - **金水工委（又称武嘉咸工委）**　张曙光

① 据罗通说，他与鲁明健共同回忆，鄂南工委为鄂南政务工作团内党组织，因此，阳瑞、阳大、鄂大、大鄂、武鄂等工委直属鄂皖湘鄂指挥部，由鄂南工委具体领导。

② 8—9月曾称樊湖工委、梁子湖工委，1943年2月又分为武鄂工委与武昌工委，武鄂工委书记张凡，武昌工委书记张进。

③ 咸崇蒲。

1942年11月鄂南抗日民主根据地政权组织序列

- 鄂南政务委员会（主　席　吴师筑；副主席　鲁明健）
  - 阳大政委会　主　席　桂　平；副主席　程金门
  - 鄂大政委会　主　席　王　表（兼）；副主席　谭道如
  - 大鄂政委会　主　席　冯玉亭
  - 武鄂政委会　主　席　黄人杰、张　凡（兼）
  - 武昌政委会（1943年2月成立）　主　席　黄人杰（后张进）
  - 咸武鄂政委会　主　席　况公仆
  - 中共咸崇蒲中心县委下辖的花纹、汀潭、马桥、柏墩等乡政权
  - 阳瑞中心乡

1942 年 5 月—1943 年 1 月鄂南抗日民主根据地武装序列、番号、负责人及其隶属关系

新四军十四旅（1942 年 5 月至 8 月）
- 旅长　吴林焕
- 政治委员　张体学
- 副旅长兼参谋长　熊作芳
- 政治部主任　夏农苔

↓

鄂皖湘赣指挥部，亦称鄂皖兵团指挥部或江南兵团指挥部（1942 年 8 月 10 日至 12 月）
- 指挥长　刘少卿（兼）
- 政治委员　杨学诚

↓

鄂豫军区第四军分区（1943 年 1 月至 5 月）
- 司令员　熊作芳
- 政治委员　夏农苔

↓

鄂豫军区第五军分区（1943 年 1 月至 5 月）
- 司令员　张体学
- 政治委员　刘西尧

↓

鄂豫军区第四军分区[①]鄂南指挥部（1943 年 6 月至 1945 年 1 月）
- 指挥长　罗通（兼）

下属：

- 主力部队
  - 特务团（四十团）　政治委员　岳林
  - 四十一团二、三营　政治委员　罗通
  - 四十二团一、三营
- 挺进十五团　团长　雷同；政治委员　李平
- 阳大支队　支队长　彭济时　桂平（1942 年 10 月前）；政治委员　黄道平
- 阳大人民自卫团　团长　程金门；政治委员　黄道平（兼）
- 鄂大总队　总队长兼政治委员　王表
- 大鄂大队　大队长　彭济时（1942 年 11 月后）；政治委员　李洛
- 武鄂（樊湖）挺进支队　支队长　林魁（后许大鹏）；政治委员　张凡（1942 年 10 月后）
- 武昌支队　支队长　许大鹏；政治委员　张进
- 咸武鄂武装指挥部　指挥长　雷同（1943 年 7 月）
- 嘉蒲临粤汉挺进支队　支队长　石寿堂；政治委员　张进（1942 年 9 月至 12 月）
- 咸宁支队　队长　叶丛；政治委员　陈觉生
- 阳通游击队　队长　朱超；政治委员　窦联顺
- 崇阳游击队　队长　何红雨；政治委员　刘光前
- 阳瑞支队　队长　孙超

---

① 军分区领导人的变动情况。1943 年 12 月前，刘少卿兼司令员，刘西尧任政委，后由张体学任司令员兼政治委员，罗通任政委，余潜任政治部主任。

1944 年 1 月鄂南抗日民主根据地党组织序列

鄂南中心县委

书记[1] 鲁明健
军事指挥长 罗 通（兼）
组织委员 李 平

- **阳大工委** 书记 桂 平
- **鄂大工委** 书记 王 表
- **武鄂工委** 书记 张 凡
- **咸武鄂工委** 书记 雷 同
- **咸宁县委** 书记 1943 年徐弦毅（徐牺牲后由雷同兼）
- **咸崇蒲县委** 书记 李 平（兼）（直属鄂南中心县委）
- **咸通阳县委** 书记 窦联顺
- **嘉蒲临工委** 书记 张 进
- **金水（武嘉咸）工委** 书记 张曙光
- **阳瑞工委（此时属鄂皖指挥部，受圻黄广中心县委与鄂南中心县委双重领导）** 书记 干 鹄

---

① 1943 年 1 月至 1945 年 2 月担任鄂南中心县委书记的人员是：
1945 年 2—3 月 熊作芳
1943 年 4 月—1944 年 6 月 鲁明健
1944 年 7 月—1945 年 2 月 罗通（兼）

1945年5月、8月鄂南抗日民主根据地党组织序列

5月

- **湘鄂赣边区党委**
  - **东地委** 书记：刘士杰 副书记：周干民
    - **武鄂中心县委** 书记 邝　坚（后杨信义）
      - 8月：**武鄂县委** 书记 张　凡
      - 8月：**鄂大县委** 书记 土　表
    - **阳大通中心县委** 书记 明　枫
      - 8月：**阳大县委** 书记 桂　平
      - 8月：**阳新县委** 书记 彭济时
      - 8月：**阳通县委** 书记 赵均之
      - 8月：**阳瑞县委** 书记 孙　超
      - 8月：**湘富县委**
  - **西地委** 书记：罗　通 副书记：方　正
    - **咸武鄂县委** 书记 郑　铎
    - **咸通阳县委** 书记 雷　同
    - **咸崇蒲县委** 书记 张正光
    - **嘉蒲临县委** 书记 张　进
    - **金水（武嘉咸）工委** 书记 张曙光
  - **湘北地委** 书记：曾　涤 副书记：李　平
    - **崇通办党组织** 刘亚球
    - **临蒲办党组织**
    - ……

8月

- **鄂豫边区鄂南地委** 书记 张体学（未公布实施）（辖鄂大县委至金水（武嘉咸）工委）

1945年5月、8月鄂南抗日民主根据地政权机构序列

5月

- 湘鄂赣边区行政公署
  - 东分区行政委员会
    - 武鄂县政府　县长 张　凡
    - 鄂大政委会　主席 林　迅、易　苗
    - 阳大政委会　主席 桂　平
    - 阳新政委会　主席 彭济时
    - 阳瑞政委会
    - 阳通政委会　主席 赵　巍（赵均之）
    - 湘富
  - 西分区行政委员会
    - 咸武鄂政委会　主席 郑　铎（兼）
    - 咸通阳政委会　县长 钱仲衡
    - 咸崇蒲政委会　主席 张正光（兼）
    - 嘉蒲临政委会　主席 张　进（兼）
    - 武嘉咸（金水）　主席 张曙光（兼）
  - 湘北分区
    - 临蒲办事处　主任 王用予
    - 崇通办事处　主任 胡龙奎

8月

- 鄂豫边区行政公署第七专署——鄂南行政专署
  - 专员：贺建华（未公布实施）

1945 年 5 月、8 月鄂南抗日武装序列

5月	8月

- 湘鄂赣军区
  司令员：王　震
  政治委员：王首道
  副司令：张体学
  参谋长：朱早观
  政治部主任：刘　型
  - 一支队
  - 二支队
  - 三支队
  - 四支队
  - 五支队
  - 六支队
  - 四十团
  - 四十一团
  - 东军分区
    司令员：汪乃贵
    政治委员：刘七杰
    副政治委员：周干民
    - 武鄂总队
    - 鄂大总队
    - 阳大总队
    - 阳新总队
    - 阳通总队
    - 阳瑞总队
    （8月）总队长：何　辉
  - 西军分区
    司令员兼政治委员：罗　通
    副司令员：蒋　树
    副政治委员：方　正
    - 咸通阳总队　总队长：叶　丛
    - 咸武鄂总队　总队长：米国新
    - 咸崇蒲总队
    - 嘉蒲临总队　总队长：谭　云
    - 金水沿江挺进　支队长：张曙光、丁南平
  - 湘北军分区
    司令员：张仲瀚
    政治委员：曾　涤
    副政治委员：李　平
    - 崇通大队
    - 临蒲中队
    - ……

（8月）属鄂豫皖湘赣军区鄂南军分区，任职人选安排未公布落实

附录三

日本侵略军在咸宁的主要罪行

1938年10月18日，阳新县城陷落，日军兵分三路进犯咸宁：一路沿富水进攻通山，一路沿三溪口、杨畈进攻咸宁县，另一路经大冶向金牛、贺胜桥进犯。

10月27日，日军第11军第9师团、第27师团向通山进犯，通山县城沦陷。

10月29日，日军第9师团占领咸宁县城。进入咸宁的日军又兵分两路，一路沿粤汉铁路进攻蒲圻、嘉鱼，一路沿湘鄂公路进攻小岭，攻占崇阳、通城。

10月31日，日本第27师团沿粤汉铁路南下进犯蒲圻。11月1日，中伙铺失守。3日凌晨，日军2000余人向县城东北黄龙、象山、虎山中国守军阵地进犯受阻。4日拂晓，日军增援步兵千余人、炮6门，在飞机掩护下再度进犯，中国守军阵地工事被摧毁殆尽，黄龙等地相继被日军突破。6日，蒲圻县城沦陷。日军第21师团约两个联队兵分三路，一路经青石桥、益阳攻新店，一路经荆泉中心坪攻羊楼洞，另一路沿铁路南进。7日凌晨，赵李桥失守。当晚，羊楼洞、新店被突破，蒲圻全境沦陷。

11月1日，日军第9师团骑兵第9联队、步兵第19联队第3大队，从贺胜桥经山坡、法泗至十里铺、五里牌，驻嘉鱼县的国民政府军第五十五师炮兵第九团在该地与日军作殊死战，鏖战两昼夜，终因寡不敌众败退。11月3日拂晓，嘉鱼县城陷落。

11月5日，日军第6师团板垣川岛、第40师团谷寿川等部队，附配空军分道进袭崇阳。左翼由通山杨芳林，过界头塘，趋小沙坪，抵东保；中路由通山、楠林桥，沿武长公路经白羊铺、白霓桥，进扑崇阳城；右翼由咸宁经抛牛西岭，抵龙头。国民政府军第六十军卢汉部在抛牛西岭、白羊铺一带阻击日军6小时后不敌，6日下午1时，崇阳县城陷落。随后，日军向通城推进，国民政府军在石城湾、石壁一线阻击日军一昼夜，7日在大沙坪、燕窝一线与日军对战8小时，将阵地转移至通城九岭。至此，崇阳公路沿线地区全部陷落。11月8日，通城县城被日军侵占。

驻咸宁日军先后有第11军所辖第6、9、27、40师团，第34军独立混成第12旅团和波田支队。第6师团司令部驻蒲圻清净庵，部队驻崇阳、通城一带。第9师团驻咸宁至岳阳铁路沿线，第27师团驻星潭铺、通羊镇、楠林桥一带，波田支队驻金牛镇、贺胜桥一带。师团野战医院驻咸宁县温泉，日军前敌指挥部曾设在蒲圻、咸宁城关。日军除驻有上述正规师团外，长期保留的守备部队（或称警备队）总计1万余人，分驻各大小据点，上设司令部或守备队总队部。日军据点均设在各县水陆交通要道及重要城镇：咸宁县有据点17处，分布于县城、贺胜桥、横沟桥、官埠桥、汀泗桥和湖鄂公路沿线的五家桥、窑咀、潜山、马桥、郑家咀、港下雷、小岭等地；嘉鱼有据点5个，分布于陆溪口、鱼岳镇、舒桥、龙口、新滩口（龙口、新滩口现属洪湖市）；蒲圻有据点13个，分布在城关、赵李桥、羊楼洞、官塘驿等处；通山楠林桥设有日军兵站，另有通羊镇、芭蕉岭、西坑潭等8个据点；崇阳有据点13处，分布于县城、白霓桥、毛桥畈、石城、荻州、桂口、大沙坪、大源山等地；通城有据点18个，分布于县城、沙堆、景山、锡山、北港、石南、水兴、里港等地。就这样，日军将进出咸宁的所有要塞全部控制，既可保证日军兵力调动和物资运输畅通，又可阻碍和限制咸宁抗日武装队伍行动，开始了对咸宁长达7年的肆意蹂躏和残酷统治。

（一）狂轰滥炸

在武汉保卫战的四个多月时间里，日军飞机对处于武汉外围的咸宁六县市区进行毁灭性轰炸，受害最为惨重的是通城。据通城县参议会1947年编写的《通城县抗战史料》记载，抗战期间，日军飞机轰炸通城共344架次，每次飞机多至近40架，少至3架不等，“此项受灾约占本县寇灾的20%”。嘉鱼从1938年10月10日至11月5日以及1940年5月9日，先后遭到日机6次狂轰滥炸，炸死炸伤279人，炸毁房屋408间，炸毁国民政府军武汉空军志愿大队飞机2架，炸沉中山舰，炸沉新华日报社和八路军驻武汉办事处西上重庆的“新升隆”轮，炸毁庙宇2座，炸毁客船1只。1938年4月至1941年，日机先后5次轰炸通山县城，投弹45枚。咸宁县城遭到日机空袭约6次，投弹69枚，城内建筑“十毁其九”。1938年10月16日，崇阳遭54架日机轰炸，大火延烧三昼夜，县城尽成瓦砾。1937年至1939年，蒲圻遭空袭8次，投弹总数68枚。

（二）烧杀掳掠

日军侵占咸宁后，惨绝人寰地实行杀光、烧光、抢光的“三光”政策。他们以杀人为乐，其手段极其野蛮残忍，实为战争史上所罕见，所犯罪行罄竹难书。

1. 杀戮：日军在咸宁杀人主要有两种形式：一是大屠杀。日军在咸宁6个县制造杀死10人以上的大惨案、大屠杀共31起。惨案最多的咸宁县7起，共杀死村民469人，伤5人，71户绝户，其中一起惨案就杀死村民126人，伤3人，21户绝户。二是酷刑致死。日军酷刑手段毒辣至极，令人发指。如断喉饮血、火烧油熬、灌汤灌油、互相活埋、刀棍捅刺、吞蛇食蝎、剜心剖腹、投河浸死、汤煮甑蒸、狗噬日曝、四马分尸等多达30余种，通城受害者为其之最。

2. 烧毁：日军每到一处，能抢就抢，抢不走的就烧毁。日军在咸宁制造的10起惨案中，共焚烧142个自然村的房屋4543间。1938年11月11日晚，日军闯进嘉鱼西正街左长生杂货店，将成堆的鞭炮点燃，共烧毁28家铺面和住宅，仅商品一项就损失银圆31万元之多。日军在通山制造的数十起惨案中，烧毁民房3619间、校舍20间、祠庙（堂）2座、牌坊1座，烧毁粮食52500斤。1938年11月，日军指挥官友马大佐带领数百名日军进驻蒲圻羊楼洞，一到达就点燃从尖坝子到观音口的房屋，高大房屋被烧毁，茶叶被烧光。据《蒲圻志》记载，1934年蒲圻产砖茶201万担，到1941年仅4.5万担。1939年4月，驻崇阳白霓桥日军向东堡“扫荡”，将塘口杜家垄、金家边至东堡沙堤、古市佛岭一带长约25公里的5000多栋房屋烧毁。

3. 掳抢：日军侵华奉行“以战养战”策略，每到一处，明火执仗地抢劫人民财产。在咸宁，日军除抢劫粮食、家禽、耕牛等外，还疯狂掠夺竹木、茶叶、苎麻、桂花、油料、水产品等特产资源。1938年11月3日，日军侵占嘉鱼县城当天，城内每所房屋都被洗劫，仅西正街益大恒杂货店就被日军抢走衣服10箱、盐300担、糖100担、酒15担、酱菜醋等40担、银圆3500元。

（三）强奸妇女

日军在咸宁强奸妇女，不分昼夜，不择场地，不论年龄大小，从10余岁的少女到70多岁的老妪都不放过。有的妇女被日军轮奸后，于阴部内塞以棍、竹签、萝卜等异物，或先奸而后杀，逢老弱病残或丑陋者，则强迫其子侄、兄弟、家长、雇工与之奸淫，有令翁奸媳者，有令孙奸祖者，其行令人发指，使受害者身心遭受严重摧残。咸宁张公乡胡广林的三妈被3名日军轮奸之后，又被日军割下双乳，活活痛死家中。蒲圻中伙铺镇中伙村一名70多岁的老太婆躲在屋后，被8名日军发现后轮奸致死。夏家畈一女孩年仅12岁，被日军轮奸后流血不止而亡。蒲圻杨岭村妇女龚某时年35岁，4个日本兵将其轮奸后用火烧其阴部致死；通城沙堆乡15名妇女被日军强奸后，集体投塘自杀。1941年1月22日《新华报》载：在通城，日军“复掳去我青年妇女300余人，供敌兽行”。日军在嘉鱼、崇阳还开设慰安所，强暴致死致伤妇女百余人。据史料记载，咸宁被日军强奸的妇女达4600多人（咸宁107人、嘉鱼85人、蒲圻151人、通山264人、崇阳4000多人、通城52人）。由于受害者及其亲属大多不愿说出遭辱事实，实际上被强奸的妇女远不止此数。

（四）施放毒气

日军无视国际公约，在通山、崇阳和通城，不管是战场还是居民区都施放毒气和病毒细菌，甚至在食盐中投放有毒物品，受害人轻者遍体脓疱，肌肤溃烂，重者卧床不起，以致丧命。在通山，日军多次投放传染病毒，使全县不少民众脚部溃烂无法愈合。1938 年 10 月 8 日，日军西路 27 师团一部从江西箬溪迂回入鄂，国民政府军三十六军的一个营奋起反击。日军受挫后，为迅速扫清通道，派飞机投掷毒气弹，致使该营官兵全部牺牲。1938 年 11 月 6 日崇阳县城沦陷后，日军因侵占塘口、高枧等地受阻，遂用飞机向田间山头投放毒液、毒罐头，仅塘口一带确知中毒（因劳作，双腿接触毒气腐烂）致残的村民就有 37 人，其中村子香、姜有莲、余林安、秋田等 13 人因中毒腐烂致死，江桃清因吃毒罐头死亡。1941 年 3 月，国民政府军收复通城。3 月 14 日《大公报》副刊《前驱》报道，这次战斗缴获的日军战利品中有“防毒面具 100 余个，大小毒烟筒 200 个”。不久，通城全县瘟疫（病名不详）流行，死亡近 5000 人。

（五）强征劳役

日军侵占咸宁后，为修公路、筑碉堡、挖战壕、运输军需辎重，四处强抓民夫，奴役劳工。往往由各部队于出发前至各乡镇或农村围捕，或挨户搜捕，不分男女老少，一律捆去，强迫负重，随军出发。这些民夫被迫自带口粮、劳动工具和建筑材料，没有任何报酬，日军称其为“征用苦力”。在日军的监督下，民夫冒着烈日或严寒为其负重，稍有不从，就被皮鞭抽打或狼狗撕咬。强征劳工人数最多的为嘉鱼、崇阳和通城三县。1938 年 11 月 4 日陆溪口沦陷，盘踞陆溪口的日军百余人，强抓民夫筑碉堡、挖战壕、设立军事据点。1941 年 9 月，日军第二次大举进攻长沙，驻崇阳县、白霓桥、大沙坪、石城湾的日军，均集中由羊楼洞会同进犯湘北，沿途强拉民夫。1944 年 5 月，日军大举进犯湘桂，分五道经过崇阳，沿途强拉民夫补充兵员，人员数以万计。

（六）奴化教育

日军入侵后，咸宁各类小学停办，其他学校迁移至山乡，大部分学生失学。日伪政府还在咸宁、通山、崇阳和嘉鱼等地开设日语学校，强制开展奴化教育。日军在咸宁县办有10所“兴亚小学”，有学生100余名。1940年春，日军在崇阳县城、常下畈、桂口、石城湾、荻洲、桂花树等沦陷区设初小8所，计12个班，学生300余人。翌年，日军在白霓桥设日语学校1所，2个班，学生45人。教员由日本人担任，以日文为主课，如不及格则遭留级处分。教材内掺进“亲善”“联邦”“大东亚”等字样，宣传“中日亲善”“建设新秩序”“大东亚共荣”等。民众教育馆、图书馆关闭（咸宁图书馆3000册藏书损失殆尽），报刊、广播收音站撤销，蔡墩育婴堂、县救济院、天主堂、育婴堂以及其他专司养老、养残、育婴、养孤等慈善机构全部解散。

（七）破坏资源

1942年，因太平洋战争爆发，日军能源匮乏，在咸宁柏墩一带砍伐数十年甚至百年以上大桂、古桂约4万株，用来烧炭供作汽车燃料，给咸宁桂花资源以毁灭性破坏。崇阳的林木资源也遭到日军的严重破坏，武长公路两侧林木被砍光，成为当时湖北全省森林破坏最严重的48个县之一。蒲圻陆水河两岸、铁路两侧、西梁子湖周围的山林遭严重破坏。日本岩井洋行代表山本辰男报告称：本（蒲圻）县和平区（日军占领区）的木材应尽砍伐的已搬出殆尽，如果再要砍伐，非要从“游匪区”着手不可。

（八）毁坏古迹

日军侵占咸宁后，境内文物古迹遭受严重破坏，损失巨大。许多有很高价值的寺庙、古刹、书斋、古楼被洗劫、捣毁或炸毁，大批文物典籍被盗走或毁掉。1938年至1941年，日军在嘉鱼拆毁、炸毁的古迹有北宋建隆二年（961年）兴建的法华寺，南宋绍熙元年（1190年）兴建的静宝寺，明洪武元年（1368年）兴建的菩提庵、准提庵。1938年，通山九宫寺被日军毁坏，崇阳有200多年历史的城隍庙被炸毁，有100年历史的凌云塔被拆毁。通城县的拱北桥初建于南宋咸淳元年至十年（1265—1274），明嘉靖二年（1523年）重修花工20多万个，用石数万块，耗银5000余两，具有珍贵的文物价值，于1938年10月16日被日机炸毁。蒲圻石城始于唐太宗贞观年间，日军飞机投下的大量炸弹和燃烧弹将古城墙的西门、丰乐门炸坏，城内北街、板桥街、城隍街、曾家巷等古街也遭到不同程度的损坏。1938 年 11 月，日军指挥官友马大佐带领几百名士兵进驻羊楼洞古镇，将羊楼洞明清石板街松峰巷两侧吊脚楼、三官庙、水仙庙、鲁班庙、羊福庙、大雄宝殿、文昌庙、积善堂、宝塔公园等 9 处具有上千年历史的文物古迹拆毁，总面积 1.2 万平方米。1938 年 9 月 13 日和 14 日，日军飞机对始建于唐代的新店古镇轰炸两天，古镇沿河的吊脚楼（约 1 公里）大部分被炸垮塌。

（本文摘选自《荆天血案——日军侵鄂罪行实录》）

附录四

湖北省第一区财产损失统计总表

湖北省第一区财产损失统计总表[①]

（民国 34 年 12 月）

县别	共计	房屋		粮食		土布		棉花		耕牛		农具		其他
	价值（万元）	数量（栋）	价值（万元）	数量（担）	价值（万元）	数量（匹）	价值（万元）	数量（担）	价值（万元）	数量（头）	价值（万元）	数量（具）	价值（万元）	价值（万元）
总计	24,990,274	50,259	14,747,352	12,375,075	6,004,565	332,012	174,986	214,241	836,221	42,441	344,327	392,158	380,099	2,502,724
武昌	6,026,135	9,366	3,922,800	1,813,500	904,190	60,700	30,350	63,780	255,120	6,590	54,610	116,667	71,633	787,432
汉阳	2,714,798	3,289	1,383,300	1,327,682	628,211	56,000	28,000	49,200	196,800	9,563	77,510	65,926	45,577	354,900
嘉鱼	581,335	1,221	333,230	98,500	51,230	22,600	10,170	11,670	53,526	2,774	21,292	17,346	9,787	102,100
咸宁	3,598,295	6,481	2,784,200	993,337	533,015	44,380	26,628	17,170	60,095	1,809	18,090	19,535	12,207	164,060
蒲圻	2,110,334	4,120	1,099,837	1,120,315	566,924	40,619	26,402	14,013	49,046	3,691	36,910	29,903	65,044	266,721
崇阳	2,525,050	4,404	1,646,400	1,049,293	550,844	31,880	17,534	9,201	36,804	3,900	30,600	33,689	55,914	186,954
通城	423,330	1,336	176,800	60,435	32,280	8,147	3,259	1,648	5,668	1,096	878	58,028	53,445	151,000
通山	356,130	8,333	85,025	115,403	72,482	6,000	1,800	3,376	11,810	2,830	22,760	40,054	27,982	134,271
阳新	1,952,929	3,468	809,560	1,819,570	946,559	20,986	10,493	12,290	49,160	2,997	23,976	4,983	18,095	95,086
大冶	1,363,663	1,385	298,700	1,692,740	897,675	14,700	7,350	9,383	28,152	4,087	32,791	3,817	15,595	83,400
鄂城	3,337,725	6,850	2,207,000	2,284,300	821,155	26,000	13,000	22,510	90,040	3,104	24,910	2,210	4,820	176,800

① 湖北省政府社会处、统计室编:《湖北省各县抗战时期损失统计》(1945 年 12 月)，湖北省档案馆馆藏档案。

后 记

本书是在《鄂南抗日民主根据地史稿》(简称“史稿”)的基础上进行修订的，是一部全面记叙抗日战争时期中国共产党领导鄂南人民创建抗日人民武装、开辟抗日民主根据地的奋斗历史及党组织自身发展历程的专著，具有重要的史料价值和学术价值。

“史稿”是1987年由鄂豫边区革命史编辑部统一部署，在当时的咸宁地委统一领导下，具体由地委党史办公室组织有关方面，经过一年多的时间的征集编撰而成的资料性史书。由饶有庆、李学钧主编。初稿由李学钧、周法浩、石功彬、安士忠、郑传辉、龚仕贵、曹仕力等同志分别撰写，由李学钧统稿。后又多次征求各方面意见和进行审稿，李学钧、饶有庆对史稿进行反复修改整理，并通过审批，于1989年1月定稿交付出版。

30多年来，“史稿”对湖北地方党史研究和鄂豫边区抗战史研究发挥了重要作用。由于出版时间已逾三十年，“史稿”存世极少，为抢救史料，并为党史学习和研究提供资料，迫切需要重新修订出版；同时，随着党史研究的不断深化，以及有关资料的进一步发掘，“史稿”在一些方面存在的不足日渐凸显，也亟待重新修订出版。有鉴于此，“史稿”被湖北省新四军研究会列入《新四军和华中抗日根据地历史研究全书》(湖北部分)的选题。

本书由湖北省新四军研究会曾求腾负责修订，通过征求各方面意见并报中国新四军研究会有关专家审稿，形成定稿，定名为《鄂南抗日民主根据地史》。

此次修订，主要涉及史实的校核、内容的增删、文字的调整、错漏的订正。同时增补了《日本侵略军在咸宁的主要罪行》和《湖北省第一区财产损失统计总表》作为附录，以进一步揭露日本侵略者的罪行，总体上保持了原书的结构和风貌。在修订出版过程中，刘飞同志在本书的资料付印、信息传递和出版协调方面做了大量服务性工作。

由于水平和资料所限，这部修订出版的《鄂南抗日民主根据地史》亦难免存在缺点和错误，敬请广大读者批评指正。

编 者

2021 年 9 月 20 日